深化改革背景下的检察制度发展

——第十八届全国检察理论研究年会暨中国法学会检察学研究会年会论文集

最高人民检察院检察理论研究所
中国法学会检察学研究会 ◎编

中国检察出版社

图书在版编目（CIP）数据

深化改革背景下的检察制度发展：第十八届全国检察理论研究年会暨中国法学会检察学研究会年会论文集/最高人民检察院检察理论研究所，中国法学会检察学研究会编．—北京：中国检察出版社，2017.12
ISBN 978－7－5102－2009－8

Ⅰ.①深…　Ⅱ.①最…②中…　Ⅲ.①检察机关－司法制度－体制改革－中国－学术会议－文集　Ⅳ.①D926.3

中国版本图书馆 CIP 数据核字（2017）第 265367 号

深化改革背景下的检察制度发展
——第十八届全国检察理论研究年会暨中国法学会检察学研究会年会论文集

最高人民检察院检察理论研究所
中国法学会检察学研究会　编

出版发行：中国检察出版社
社　　址：北京市石景山区香山南路 109 号（100144）
网　　址：中国检察出版社（www.zgjccbs.com）
编辑电话：（010）86423708
发行电话：（010）86423726　86423727　86423728
（010）86423730　68650016
经　　销：新华书店
印　　刷：北京中石油彩色印刷有限公司
开　　本：710 mm×960 mm　16 开
印　　张：57.5　插页 4
字　　数：1066 千字
版　　次：2017 年 12 月第一版　2017 年 12 月第一次印刷
书　　号：ISBN 978－7－5102－2009－8
定　　价：138.00 元

2017年6月5日中国检察学研究会暨第十八届全国检察理论研究年会
在深圳开幕

最高人民检察院副检察长徐显明致辞

法治前海研究基地揭牌仪式

全国检察理论研究优秀成果奖颁奖仪式

出版说明

全国检察理论研究年会是检察系统为繁荣检察理论研究、推动检察工作、研讨检察改革和检察实践中疑难问题的全国性重要学术会议。年会以国家大政方针为指导，紧扣年度检察理论研究的热点问题，向检察系统和学术界征集学术论文，邀请优秀论文作者到会研讨，从2000年起至今已经成功举办了十八届，在检察理论界具有广泛的影响力，为检察工作和检察改革提供了有力的理论支持和丰富的实践经验总结。特别是十八大以后，每一届年会的成果都体现了检察理论工作者对全面依法治国和推进检察事业的真知灼见。为了让这些宝贵的思想资源得到进一步传播，在检察实务界和学术界取得更大的影响力，我们决定从2017年起将全国检察理论研究年会的优秀论文结集出版，以飨读者。

2017年6月5日至6日，中国法学会检察学研究会暨第十八届全国检察理论研究年会以“深化改革背景下的检察制度发展”为主题，在广东深圳召开。最高人民检察院徐显明副检察长、最高人民检察院检察理论研究领导小组成员、各省级院研究室负责人、2016年度高检院检察理论研究重点课题组代表、入选年会论文作者代表和获奖作者代表、专家学者以及新闻出版单位代表共150人出席了会议。此次年会聚焦检察制度与检察改革中的机遇与挑战，征集理论建言与实践样本，得到了来自实务部门和学界的热烈响应，共收到投稿820篇，经评审，有73篇优秀论文入选年会论文集，供会上交流。现将入选论文按照“检察监督完善和检察职能调整”“检察改革与司法责任制落实”“检察机关提起公益诉讼制度研究”“检察职能发挥与刑事诉讼制度完善”“检察公信力建设”五个专题进行编排，每个专题集中探讨一个具体领域的问题，希望能为检察工作发展和正处于深水区的检察改革提供借鉴。今后也欢迎更多有识之士关注每年年初的全国检察理论研究年会征文通知，踊跃投稿，我们将严格评审，择优入选，继续邀请优秀论文作者到会交流，并力争将全国检察理论研究年会系列成果打造成检察理论研究领域的荣誉品牌。

目　　录

特　　稿

一、检察监督完善和检察职能调整

二、检察改革与司法责任制落实

三、检察机关提起公益诉讼制度研究

四、检察职能发挥与刑事诉讼制度完善

五、检察公信力建设

特 稿

把握方向　突出重点
推动检察理论研究创新发展

徐显明*

过去一年，顺应现实需求，检察理论研究围绕检察改革、检察工作机制创新、检察监督体系完善、检察制度完善等问题扎实推进、不断深化，交出了一份优异成绩单（据统计，去年有300余篇检察理论研究文章发表在权威期刊、知名期刊上），对于总结改革经验、解决实践问题、推动制度完善起到了良好的促进作用。曹建明检察长在年初召开的全国检察长工作会议上对检察理论研究工作取得的新成效给予充分的肯定。今后，全面深化司法体制改革背景下如何加强检察理论研究、引导和推动检察制度与检察监督体系创新发展，需要思考以下问题：

一、在全面深化改革背景下，深刻认识检察理论研究的重要意义

实践基础上的理论创新是社会发展和变革的先导。在广阔时空坐标下审视中国共产党带领中国人民进行革命、建设和改革所取得的伟大历史成就，一条取胜的基本经验就是马克思主义基本原理同中国具体实际相结合，一个非常重要的因素就是坚持既坚定地遵循正确的理论指导，又自信地进行理论创新。改革开放之初，经济体制严重束缚生产力发展，小平同志创造性地提出社会主义本质理论、中国特色社会主义市场经济理论，对我国改革开放和经济社会发展发挥了至关重要的作用。十八大以后，改革进入深水区和攻坚期，以习近平同志为核心的党中央创造性地形成了治国理政新理念新思想新战略，深化了我们党对共产党执政规律、社会主义建设规律、人类社会发展规律的认识，为全面建成小康社会、实现中华民族伟大复兴中国梦提供了科学的理论指导和实践指

---

* 最高人民检察院副检察长。本文系徐显明副检察长2017年6月5日在广东深圳召开的中国法学会检察学研究会暨第十八届全国检察理论研究年会上的讲话，修订后已刊发于《人民检察》2017年第12期。

南。历史事实充分说明，理论研究对实践发展具有重大指引作用，每一次重大的理论创新，都将推动经济社会发展实现新的历史跨越。

深化司法体制改革和检察改革已进入关键时期，在这一特殊背景下，我们要对理论研究工作有着更为准确的认识和定位。

（一）理论研究能够为改革提供思想引领和理论准备

司法体制改革在全面深化改革、全面依法治国中居于重要地位。司法体制改革是司法领域一场深刻的革命，是政治体制改革在法治领域中的展开，必将引起深刻的社会变革和历史变迁。改革不是缝缝补补，而是要打破旧观念、转换旧思路、改变旧体制。体制改革有三个显著特征：一是进行顶层设计，是着眼全局的制度安排；二是要调整国家权力与公民权利之间的关系，这二者是此消彼长的关系；三是要调整公权力与公权力之间的关系，要对权力重新进行安排。因此，体制改革必定是伤筋动骨的改革。习近平总书记在视察中国政法大学时的讲话中指出：改革一定要敢于啃硬骨头，敢于涉险滩，敢于闯难关。在变旧立新之间，如何始终保证改革方向的正确性，如何确保改革决策适应实践需求，需要我们在借鉴古今中外司法制度文明优秀成果的基础上，研究思考中国特色社会主义司法制度的发展规律，提出一套系统性、合逻辑、顺规律、有创新的改革理论来引领改革。当前推行的以司法责任制为核心的四项改革、以审判为中心的诉讼制度改革等一系列高度关联的改革举措，正是基于对司法价值目标、司法权力结构、司法管理体制、司法运行机理等基本问题的深入研究，对司法规律的科学认识和准确把握，以科学的理论为深化司法改革提供历史经验、实践依据和行之有效的指导，使改革行进在正确道路上。

（二）理论研究有助于推动发现、认识、解决改革和发展中的问题

随着司法体制改革的不断深入，各项改革任务取得有效突破，成效逐步显现。这轮改革的目标有四个基本指向：一是着眼于我们司法制度的文明性、先进性的思考，即建立公正高效权威的社会主义司法制度；二是着眼于司法公信力的恢复与提高，提高司法公信力永无止境；三是着眼于建立高素质的法官、检察官队伍，为司法公正提供主体条件和保障；四是着眼于提高参与司法体制改革内外两方面的积极性，减少改革所遇到的阻力。改革的对象是制约司法能力、影响司法公正的体制性机制性障碍，改的是体制机制，动的是利益藩篱，在解决旧问题的同时，也会逐渐暴露出一些新的问题和情况。通过理论研究，能够及时发现改革中的偏差和难题，及时将问题反馈到决策层面。通过理论研究，能够不断总结实践经验，深入分析问题及原因，提出调整措施、做到对症下药。通过理论研究，能够把改革的目标讲清、道理讲透、前景讲明，有效引

导司法人员理性看待改革中的利益调整，凝聚改革共识，增强参与改革的自觉性。

（三）理论研究有助于提升司法人员业务素养和办案能力

司法是解决社会问题的工作，社会问题有多复杂，司法工作就有多棘手。司法工作集政治性、理论性、应用性于一身，要求司法人员既要具备较高的政治素养，又要具备高超的业务水平和扎实的理论功底。许多不起眼的小案中都蕴藏着深厚的部门法法理和法哲学问题。司法人员如果只顾埋头办案，不重视理论研究和学习，不注重总结办案规律，就难以实现办案理念和办案水平的提升，最终影响办案质量、办案效率和办案效果。如果不重视探寻实践问题的理论要义，就只能停留在办案的初级阶段，在同一水平重复，成为“只知一案，不知类案”“只懂法条，不通法理”“只会办同案，不会办异案”的机械司法官。司法人员只有在实际工作中以案促学、以案促研，才能不断提高自身的政策把握能力、法律适用能力和释法说理能力，进而提升国家整体的司法权威和司法公信力。

当前，全面深化司法体制改革和深化监察体制改革双期叠加，触及了检察理论的基础性命题。以审判为中心的诉讼制度改革，对检察机关的职责使命、办案理念和办案方式提出了新的要求。以司法责任制为核心的司法体制改革，对检察人员的业务能力提出了更高期待。面对这些新课题、新任务，我们要统一认识、坚定信心，比以往任何时候都要更加重视检察理论研究和理论建设，通过理论研究解决改革与实践难题，推动检察制度发展完善。

二、坚持和发展中国特色社会主义检察制度，确保检察理论研究的正确方向

（一）关于研究的方向

检察机关既是党领导下的具有业务性的政治机关，也是党领导下的具有政治性的业务机关，在宪法定位上，既是国家法律监督机关，也是司法机关，是捍卫社会主义制度的重要力量。检察理论研究是检察机关的一项重要工作，在方向上必须始终保持政治清醒和政治自觉，切实增强政治意识、大局意识、核心意识、看齐意识，自觉在思想上政治上行动上同以习近平同志为核心的党中央保持高度一致。要清醒认识到新形势下加强意识形态工作的极端重要性和紧迫性。习近平总书记在对中央政法工作会议的重要批示中强调指出，要把维护国家政治安全特别是政权安全、制度安全放在第一位，提高对各种矛盾问题的预测预警预防能力。2014 年 4 月 15 日，习近平总书记在中央国安委第一次会

议上提出了“总体国家安全观”，其核心要义有：以人民安全为宗旨，以政治安全为根本，以经济安全为基础，以军事、文化、社会安全为保障，以促进国际安全为依托。“总体国家安全观”的核心是政治安全，而意识形态安全是政治安全、制度安全的重要组成部分。检察理论研究工作是检察机关意识形态工作的主要阵地。研究者一定要守住政治安全这条底线，紧绷意识形态安全这根弦，理论观点、价值取向不能出现与社会主义核心价值观相违背的情况。要严防理论观点的“西化”和“分化”，要懂得每一个法治观点的背后都有一套政治逻辑、每个法学观点都是为一定的政治目标服务的道理。要切实把思想统一到党中央重大决策部署上来，旗帜鲜明地批驳和反对各种“西化”“分化”的错误思潮和错误观点，坚决维护司法领域意识形态安全。这是检察理论研究根本的方向问题，绝不能有丝毫放松和马虎。

（二）关于研究的立场

法律监督是我国宪法赋予检察机关的神圣职责，是党和国家为保障宪法法律统一正确实施作出的重大制度设计，是中国特色社会主义检察制度的根本属性。检察机关作为党领导下的国家法律监督机关和司法机关，在全面依法治国中肩负着重要责任。法治的真谛是人民的利益，法治的最终发展目的是造福人民。检察理论研究要从检察机关的宪法定位出发，站稳人民的政治立场，坚持人民的主体地位，坚持以人民为中心的研究理念，坚持以人民权益为目的的制度设计和制度安排，坚持以人民当家做主为目标的政治发展道路。习近平总书记“五三”讲话中指出，全面依法治国，法治理论很重要。没有正确的法治理论引领，就不可能有正确的法治实践。法学教育与法学研究必须坚持中国特色社会主义道路，坚持以马克思主义法学思想和中国特色社会主义法治理论为指导，坚持运用马克思主义立场、观点、方法分析和解决检察工作发展中的问题，为中国特色社会主义检察制度不断发展完善提供思想保证和理论指引。

（三）关于研究的方法论

党的十八大以来，习近平总书记系列重要讲话提出了治国理政的新理念新思想新战略，已形成了系统完整的科学理论体系。总书记的理论创新是我们理论研究工作者最好的表率。总书记的理论创新有六个鲜明的特点：一是坚定的理想信念，二是牢固的人民立场，三是强烈的历史担当，四是一贯的务实作风，五是大胆的创新精神，六是科学的思想方法。学习总书记的思想方法和工作方法，在我们的研究工作中要着力解决三个问题：

1. 研究要坚持问题导向和实践导向。问题是研究的引擎和动力。科学研究应当是从发现问题始，到解决问题终。缺乏问题意识的研究，尽管洋洋洒洒鸿篇大论，也不过是缺乏生命力的低水平重复。有的研究哪怕通篇只是发现和提出了一个真正的问题，也是为后来的研究作出了一定的理论贡献。检察理论研究一定要善于发现、分析、提炼、总结检察工作与实践中的问题，将问题在理论层面升华，推动研究的持续进步。检察学是面向实践的学科，检察理论研究的目的是服务检察工作实践，研究和解决影响、制约检察工作科学发展的现实问题。这是我们这个学科最大的特点。检察理论研究要特别注重防止理论与实践“两层皮”的倾向，要面向实际进行调查研究，面向实际提出有效建议和对策。既要讲清楚是什么、怎么看，又要讲清楚怎么办、怎么干。

2. 研究既要站在检察之内，也要跳出检察之外。中国特色社会主义检察制度是中国司法制度乃至政治制度的重要组成，整个国家的法治、政治制度都对检察制度的发展有着直接或间接的影响。检察学是一门综合性的法学学科体系。法学之外，它与政治学、管理学、社会学等密切相关；法学之内，它又与宪法学、法理学、刑事、民事法学、行政法学等紧密相连。学术之外，它又与政治、经济、社会等关联紧密。检察理论也是一门世界性的学问，各国检察制度互有优劣、各有短长。检察理论研究要在把握政治立场坚定性、立足于研究检察监督问题的同时，保持研究视野、胸怀、思路、论据、方法上的开放性，跳出一亩三分地思维，加强跨学科研究和比较研究，要善于从法治建设全局的高度甚至政治全局的高度，再进一步，要从党和国家事业全局的高度来审视和认识检察事业，不为检察而检察，要有“不畏浮云遮望眼，只缘身在最高层”的站位和眼界，为检察理论和国家法治理论的进步贡献智识。

3. 研究要体现“实”和“新”。检察学是“接地气”的学科，检察理论研究的土壤根植于检察工作与检察实践，全国检察机关近年来每年提起公诉的案件数量超过100万件，这充分说明检察理论研究是能够用事实、案例和数据支撑起来的研究。这是我们与其他学科相比所具有的优势。检察理论研究要避免理论上空对空的“自说自话”。在研究内容上，讲法理要有事实依据，谈改革要有实践支撑，分析情况要有案情、数据为依据。在研究方法上，要特别注重运用大数据等现代科技手段进行实证研究，提出符合实际、令人信服的对策和结论。理论研究的生命在于创新，创新才能发展，否则只是对过去的简单重复。全面依法治国向纵深推进，司法体制改革与检察改革进一步深化，新形势下，我们更要大力地推进检察理论创新，以理论创新带动体制机制创新，以理论创新破解发展难题。

三、围绕改革、聚焦主业，以强化检察理论研究回应实践需求

检察理论研究的核心是“检察”二字，研究的主题和重点由此而生。检

察理论研究只有紧密结合检察实践，研究解决时代发展赋予检察机关的任务、对检察工作提出的问题和挑战，才能真正发挥研究的功效，奏响法治检察的时代最强音。

（一）加强对完善检察监督体系、提高检察监督能力的研究

检察监督是检察机关的主责主业，在国家法治建设中发挥着重要作用。党的十八大以来，以习近平同志为核心的党中央对检察工作高度重视，多次强调检察机关要加强检察监督，维护宪法法律权威。2016 年 7 月，孟建柱书记在对“十四检”会议的重要批示中，也突出强调要完善检察监督体系。曹建明检察长在“十四检”会议上指出，检察监督体系是一个全面发展的体系，也是一个开放发展的体系。如何构建系统完备、科学规范的检察监督体系，促进中国特色社会主义检察制度更加成熟定型？需要在理论上给予充分回应。

要研究如何完善更加符合司法规律的以侦查监督、公诉、死刑复核监督、刑事执行监督等为主要内容的刑事检察工作机制，健全民事诉讼监督、支持起诉、民事公益诉讼协调发展的多元化民事检察工作格局，坚持行政诉讼监督与行政违法行为监督并举构建符合我国国情的行政检察制度，完善集信访、举报、纠错、赔偿、救助于一体的控告申诉检察工作机制，培育在转隶完成后检察工作新的亮点和增长点。研究探索如何建立健全检察室（官）驻派出所侦查活动监督机制、重大刑事申诉案件异地审查机制等新的监督机制，推动检察监督体系创新发展、检察监督能力不断提升。

（二）加强对推进司法体制改革和检察改革的研究

今年是本轮司法体制改革决战之年。五年改革进入收官阶段，既为检察理论研究带来了广阔空间，也提出了更多任务和挑战。

一要认真研究总结改革经验，为党的十九大部署新一轮改革做好思想理论准备。要以全面提升司法质量、效率和公信力为衡量标准，对改革试点情况进行效果评估和经验概括，从完善顶层设计、制定统一规范的高度研究检察改革的普适性、差异性和协调性问题，将改革成功实践总结为可复制推广的经验模板，并对如何进一步深化司法体制改革进行前瞻性研究。

二要认真研究梳理改革问题，提供有效对策推动各项具体任务落实落地。要加强对已经推动的员额制、分类管理改革、办案责任制、职业保障机制等改革措施中需要细化问题的研究，比如未入额问题、员额退出问题、履职评价和保障问题、职业尊荣问题、法律职业共同体、检察官交流任职等，深入分析论证，设计完善配套措施。加强对以审判为中心的刑事诉讼制度改革的研究，研究检察机关如何适应改革，推进相关配套制度。加强对正在试点的公益诉讼、

认罪认罚从宽制度改革、内设机构改革等改革任务中存在或可能出现问题的研究，增强改革的主动性、针对性和前瞻性，为今后立法或者全面铺开打下基础。

三要认真研究检察机关与监察委员会衔接的具体问题，主动谋划检察工作发展。既要研究反贪等机构转隶前，如何抓好过渡时期各项政策的落实和工作衔接，研究贪污、受贿犯罪起刑点和量刑标准变化给反贪工作带来的影响以及应对措施；也要研究转隶之后，检察机关与监察委员会的工作衔接机制，检察机关办理职务犯罪案件采取强制措施、审查起诉、提起公诉、不起诉等具体司法程序，检察机关如何进一步科学设置内设机构等问题，确保党中央决策部署在检察机关全面实现。

（三）加强对人民检察院组织法、检察官法等法律修改和配套制度的研究

人民检察院组织法的修改即将进入立法审议阶段，检察官法的修改也已列为今年立法规划的预备项目。这是检察理论研究的历史机遇。要抓紧时间、集中精力，研究如何把修改后三大诉讼法新增的检察职能纳入其中，把司法体制改革和检察改革的重要成果吸收进去，充分照顾“两法”之间以及“两法”与其他相关法律的协调问题，并且考虑检察事业未来发展的预留空间，为“两法”修改提供科学合理的建议，让这两部法律真正能够反映这些年检察事业进步的成果，全面体现中国特色社会主义检察制度的理论与实践创新，使这两部检察基本法的作用真正发挥到实处。“两法”修改、检察改革会涉及其他法律的修改，或者会涉及到如何在法律上巩固改革试点成果，有些问题已经进入到了立法机关的视野，我们要主动思考和研究，形成有价值的研究成果，为相关制度的完善和法律的修改提供理论支撑。

四、加强领导、创新机制，推动检察理论研究工作不断发展

在全面深化改革的关键历史时期，检察理论研究服务检察改革、服务检察决策的功能更加明显、作用更加突出。各级检察机关要充分认识到新形势下加强检察理论研究工作的重要性，进一步增强责任感和使命感，认真履行检察理论研究的组织和领导职责。

近年来，最高人民检察院和各省级院不断落实和健全检察理论研究年会制、课题制和专题研讨等理论研究的载体或平台，形式越来越丰富，开放性越来越强，检察理论研究迈上新台阶。检察学研究会依托有关省级院，陆续成立了刑事诉讼监督、检察基础理论、公诉、民行、金融检察、未成年人检察等专业委员会，通过专业化建设丰富和完善了检察学学科体系。检察理论研究所与

华东政法大学、华东地区检察机关合作成立的华东检察研究院，与前海蛇口自贸区人民检察院合作成立的法治前海研究基地，都是具有开拓性、建设性和可复制性的新型检察智库，对于推动检察理论研究具有重要意义。

在今后的工作中，我们要进一步发挥合作型检察研究院、合作型研究基地、检察学研究会以及各专业委员会的平台作用，积极借助外部研究力量，加强与法学界、法学院校的合作交流。各地检察机关可以结合实际、借鉴上述经验进行有益探索，不断创新和完善检察理论研究工作和检察智库建设机制。要始终坚持人才是第一资源的思想，重视人才的作用，采取有效措施，大力培养检察理论研究人才，提升检察人员理论素养。要在继续坚持和完善年会制、课题制、理论研究激励机制和成果转化机制的基础上，积极探索适应检察理论研究创新要求的激励措施和平台，为检察人员提高研究水平、推出优秀研究成果创造良好的条件和氛围。

坚定不移地推进司法体制改革，是时代赋予全国检察机关和法治工作者的伟大历史使命。我衷心希望，检察理论研究工作紧紧围绕落实党中央和高检院决策部署，紧密结合检察工作实际，扎实推进，开拓创新，为检察制度的发展完善和全面依法治国的不断进步作出新的贡献。

一、检察监督完善和检察职能调整

在发展的背景中诠释与理解检察监督

梁景明*

一、法律监督作为检察制度的专门化概念面临挑战

中国的大一统观念和特别强调监督作用的法制文化传统深深蕴涵在民族法制意识和法治观念之中，内在地影响着中国法制以及检察制度的设计理念和价值偏好。[①] 法律监督的术语很早就在检察制度的研究和建设中得到运用，而在社会主义法制理论形成的初级阶段，法理学界也试图把法律监督上升为法制的一个环节，并为此进行了建设性的、积极的理论探求。比如，早在1983年李步云教授就提出，护法（即各种组织和公民监督法律实施）是社会主义法制的五个重要环节之一。[②] 此后，在从动态角度对法制的主要环节或运行环节进行讨论时，不仅只从正面研究法的运行机制即法的制定与法的适用，也开始注重法的适用与法的监督制约并重，伴随法的适用理论体系的确立，法律监督问题被提上议事日程。[③] 尽管法学基础理论和司法实务研究中对法律监督的含义存在广泛的争论，法制运行的“五环节说”（立法、执法、司法、守法和护法）已然取代了“三环节说”（立法、司法和守法），并成为法理学上的通说。特别是在二十世纪八十年代至九十年代，在科学之法理学建构的过程中，关于法制运行方面的理论尝试及理论突破使得法律监督的地位和价值在法律科学的视域中得到突出，法律监督作为对国家权力的重要控制措施纳入建构法治理性的法学理论研究体系当中，法律监督在法的运行中的独立性获得了理论支撑。

但是，在多元思想体系交错混杂的法学理论研究的复合格局中，学者们对法律监督的主体、客体和内容界定有所不同，法律监督甚至被泛化为监督法律

---

* 梁景明，北京市人民检察院四级高级检察官，北京检察改革与发展研究中心副秘书长。

① 冯向辉：《当代中国检察制度的设计理路及改革历程》，载《学术交流》2009年第4期。

② 李步云：《走向法治》，湖南人民出版社1998年版，第256页、第666页以下。

③ 李龙、汪习根：《二十世纪中国法理学回眸》，载《法学评论》1999年第4期。

实施，将之当作社会生活中各种维护法制、监督国家法律实施的活动。中国对法律实施的监督是通过多种途径实现的，除了人民检察院法律监督以外，还有党的监督、人大监督、行政监察监督、民主党派监督、舆论监督、群众监督以及其他形式的监督，构成了一个完整的监督体系。[①] 广义论为法律监督赋予几乎包罗一切的广泛含义，包括了国家机关和社会主体对立法、执法、司法和守法活动进行监督、督促，并对违法行为进行检举、控制和矫正，从而建构了国家机关的监督和社会力量的监督有机结合的统一的法律监督体系。这种观点不要求法律监督主体的特定性，而是关注法律监督活动行为的本身，只要这种行为对法律统一、正确适用有监督作用，就具有法律监督意义，行为主体即成为法律监督主体。不过，广义的法律监督是以权利为主要基础的多元主体的监督体系，其所内含的“监督法律实施”这一共性造成了法律监督概念的多样化，抹杀了专门机关实施以权力为基础的法律监督的特殊性，使其与监督或监督法律实施具有了近乎相等、相似或相近的内涵与外延。并且，泛化地概括和解释法律监督的结果是：基于理论参照系（理论预设）、研究方法、视角的不同而对法律监督体系的基本问题产生重大认识分歧，法律监督概念更加似是而非，不仅无助于法律监督内涵的确定，相反还使法律监督的范围更加模糊起来，以法律监督为主要特征的检察权在国家权力体系中也一度遭遇被边缘化的危机。

的确，对于法律监督的研究不能忽视中国语境的制约和本土的实践逻辑。“监督”在中国被广泛使用，而且意义不同。监督体系是由法律效力、主体和客体、权利与义务以及运作程序不尽相同的监督形式组成的，各种监督均具有特别的属性和内涵。观念有了疏离才更需要认同。现行宪法中多处使用了“监督”一词，意义也不尽相同。但值得注意的是，“法律监督”的用语在现行宪法文本中仅仅出现一次，即第 129 条规定“中华人民共和国检察机关是国家的法律监督机关”，而“监督”一词（包括“法律监督”）则出现 17 次之多。理论上讲，全国人民代表大会应该成为法律监督机关的首选，但是，作为执行立法权的全国人民代表大会的监督有其特殊性，全国人民代表大会既非单独的监督机关，其具体监督范围也不可能太广，授权专门的机关来行使统一、外在、专门的权力监督成为必要的选择。在有关全国人大及其常委会职权的规定中，宪法也是使用“监督”而避免使用“法律监督”，其他地方使用的也是与“监督法律的正确实施”相关的用语。[②] 或者说，宪法只是在规定检察

① 孙谦主编：《中国特色社会主义检察制度》，中国检察出版社 2009 年版，第 7 页。

② 夏黎阳：《强化法律监督的制度设计》，载张智辉主编：《中国检察——检察理念与法律监督》（第 7 卷），北京大学出版社 2004 年版，第 345 页。

机关的性质时才使用了“法律监督”一词，可以说明宪法制定者是有意将法律监督职责明确授予检察机关，并与其他监督权力予以区别。

不过，仅此一点无法全然厘清法律监督的丰富内涵。对特定法律关系的主体的行为是否遵守法律或是否符合法律的要求实施监督，是一切执法职能的应有之义或固有属性，这也为理论界、实务界对法律监督的多元理解留下了广阔的空间。宪法的确认或者保障只是先定、决定了检察机关是国家的法律监督机关的宪法地位，但检察机关不必然是唯一的法律监督机关。① “法律监督”一词虽然被现行宪法、法律明确赋予了检察机关，但均未对其应含的内容作出明确的阐述，这也导致法律监督成为一个客观见之于主观的、缺乏确定性的概念，因而理论界和司法实务界对术语本身及其内容一直争论不休。在舆论监督、群众监督、行政监督、审计监督、政党监督等各种监督形式多样化的背景下，人民检察院法律监督需要彰显其专门性、有效性以补强其正当性和合理性。而目前正在进行的国家监察体制改革，将人民检察院查处贪污贿赂、失职渎职以及预防职务犯罪等部门的相关职能整合至监察委员会，人员整体转隶，正在形成以人民代表大会常委会、人民检察院、国家监察委员会三位一体的法律监督格局，监察委员会的法律监督是对人的监督，人民检察院的法律监督则是对事的监督。其实，不论职权范围如何调整，在整个国家权力架构运行的监督体系中，人民检察院法律监督始终是其重要的组成部分之一，与其他监督形式具有一定的联系，既发挥其独特的监督职能，又与其他监督形式互相配合、协调，合力发挥中国监督体系的整体效能。②

二、法律监督与检察的疏离与统合

法律监督在中国是一种在探索和不断改进中逐步走向成熟的法律现象，检察制度便是这种法律现象的实体法律结构形式和得以运行的手段。③ 宪法和人民检察院组织法均明确提出了“法律监督”的概念，刑事诉讼法、民事诉讼法、行政诉讼法、人民警察法、监狱法明确规定人民检察院有权对诉讼活动等实行法律监督，这些法律的规定将法律监督与检察联系在一起。不过，检察与法律监督是否同一或者相等，是长期以来认识不尽一致的一个理论问题。肯定论者认为，检察机关既然是国家设置的专门的法律监督机关，其职权也就是法

① 甄贞等：《21世纪的中国检察制度研究》，法律出版社2008年版，第7页。

② 孙谦主编：《中国特色社会主义检察制度》，中国检察出版社2009年版，第8页。

③ 陈云生：《法律监督的价值与功能》，载《广西政法管理干部学院学报》2009年第2期。

律监督权，因为法律关于检察职权的规范都是为了体现宪法明确的法律监督的性质和充分发挥法律监督职能作用而规定的。比如：刑事诉讼法之所以将贪污罪、侵犯公民民主权利罪、渎职罪等犯罪案件交由人民检察院管辖，体现了检察机关对国家工作人员触犯法律的监督；检察机关对于确实构成犯罪、需要追究刑事责任的人依法提起公诉，也同样具有法律监督的含义；对于公安机关侦查的案件，起诉之前的审查是一种侦查监督行为，在侦查之后的活动又是审判监督行为；对于自行侦查的案件，既体现了对国家工作人员触犯法律的监督，又体现了对审判活动的监督，直至使犯罪的国家工作人员依法受到应有的刑罚处罚为止。[①] 故而，法律监督与检察具有同等性，检察权与法律监督权是同一含义，检察制度也就是法律监督制度。反对论的观点则认为，检察机关的职权除了包含依法实施法律监督外，还拥有侦查权和公诉权两种权力。侦查和公诉是刑事诉讼活动的组成部分，但不是法律监督活动，所以检察的外延大于法律监督。[②] 也有研究者主张，检察权的基本职能是公诉，检察本质上表现为公诉，以公诉权为主要内容的检察权在本质属性和终极意义上应属于行政权。检察机关在刑事诉讼中的各项权力都是程序性的诉讼权力，与所谓的法律监督机关、法律监督权并无必然的关联性。[③]

有宪法学者批评说，这些争论没有跳出西方传统的诉讼制度范畴，它们只不过是检察权中应当不应当包括法律监督的争论。这种理解并没有准确把握中西检察制度的区别，必然导致法律监督的虚化。[④] 而且，检察权的公权力性质，以及作为国家的一个特定的结构性制度安排，决不是只从刑事诉讼一个法学专业的学科知识所能破解和彻底阐释的。人民检察院的设置、法律监督机关的定位、国家检察权的赋予和独立行使方式的规制，说到底还是一个国家的宪法制度问题，是宪法理论和宪法学说应当面对和必须予以深入研究和阐释的问题。确实，就关于检察权和法律监督制度的理论研究和实践总结而言，相关研究是大量的、深入的，但总体上却几乎是分别进行的。反对论者较多地关注诉讼制度中检察权的运行而有意或无意地疏离法律监督，经常以部门法条文所规定的检察机关权限甚至依据西方法治国家尤其是英美的刑事诉讼制度评价检察机关

① 程荣斌主编：《检察制度基础理论》，中国检察出版社 1992 年版，第 24 页。

② 程荣斌主编：《检察制度基础理论》，中国检察出版社 1992 年版，第 23 页。

③ 陈卫东：《中国检察权的反思和重构——以公诉权为核心的分析》，载《法学研究》2002 年第 2 期。

④ 蒋德海：《检察权和法律监督，是同一种权力还是不同的权力?》，载《诉讼规律和诉讼监督规律同检察职能的优化配置》，中国法学会检察学研究会检察基础理论专业委员会成立大会暨首届中国检察基础理论论文文集，湖北人民出版社 2011 年版，第 12 页。

的法律监督机关定位的不自恰，对宪法和法律的规定作出误读或者批判。而肯定论者则较多关注法律监督的机关定位并循着法律监督与检察权的本质一致的思路诠释检察职能，往往引证中国执政党和国家的政法界领袖人物（例如董必武、刘少奇、彭真等人）或者启蒙时期、拨乱返正时代检察理论研究者（例如王桂五等人）的讲话或著述，是从某种既定观点出发的，其正确性没有太多争论的余地，论证过程有无并不重要，往往表现出自说自话的政治的、传统的和非实证的话语特质。[①] 尽管理论争辩过程中双方都关注了检察机关的法律监督机关定位和检察权的司法定性的关系问题，但对二者的疏离关系以及宪法、法律相关规定的联系却鲜有深入的分析，在质疑声中重又陷入理论辨析上的概念化、简单化甚至意识形态化的自说自话，间或也进行带有激进语言的论战。

将检察权定性为国家的司法权，并将检察机关定位为国家的法律监督机关，是中国宪法对检察制度的一个具有特色的规定，反映了检察制度在宪法中的实际定位与作用。[②] 显然，宪法和法律在对检察制度进行构建时同时使用"法律监督"和"检察"是有其深刻寓意的。细言之，现行宪法使用层级处理的立法技术在第 129 条规定了"法律监督机关"，在第 133 条规定了"检察权"，双面界定检察机关的机关定位和职权性质。前者隶属于国家机关体系的整体构造，即在国家机构总体结构和序列中，明确检察机关是专门司职"法律监督"的国家机关，这是与其他国家机关在职能属性上的区别，也是宪法给予检察机关作为国家机关的宪法定位。不过，宪法文件并没有对什么是法律监督作进一步的说明或者界定。因为人们对法律监督可能会有不同理解，是全面监督还是有限监督，是专门监督还是常规监督，是程序性监督还是包括程序和实体在内的混合监督，是等同于检察权还是人大法律监督的分权，等等。[③] 这种界定的不明确，正是理论上产生纷争的重要原因之一，也是长期以来存在一些消极观点与意见的根源之一。而后者则表明了实然的一般职权，是宪法规定上对国家权能的宪法定性。在国家权能配置上，宪法将统一的国家权力按照性质划分为若干子权力系统，并按照特定价值预期为每个子系统设定量身定做的权力性质和活动范围，[④] 实行权能分离、职权分工、事有专司、责任专负、

① 甄贞等：《法律监督原论》，法律出版社 2007 年版，第 332 页。

② 陈云生：《检察权与法律监督机关"疏离"的宪法安排及其寓意解析》，载《法治研究》2010 年第 11 期。

③ 尹晋华：《试析影响法律监督的现实问题》，载刘佑生、石少侠主编：《规范执法：检察权的独立行使与制约》，中国方正出版社 2007 年版，第 3 页。

④ 陈云生：《中国宪法上检察"权能定性"及其意义探析》，载《法治研究》2011 年第 3 期。

权力制衡，以便使国家权能有效地运转起来。在中国式的议行合一的国家权力体系中，由最高权力产生或派生出立法权、行政权、监察权、司法权、[①] 军事领导权以及相应地方权力系统，其中司法权是由国家审判权和国家检察权构成，依附并相对独立于最高权力体系。更确切地说，宪法将检察机关定位为国家法律监督机关的同时，又将检察权和审判权联合定性为司法权，司法的双轨制形成了中国国家权能配置的特色。

相对于人民法院审判权的权能定性和审判机关的机关定位的一致性，人民检察院的检察权的权能定性和法律监督机关的机关定位上明显出现了疏离的现象。这是因为，国家审判权、审判机关和审判制度的建立，法理和事理均比较单纯，有相对成熟的经验可以借鉴，也有相对普世的范例可以因循，法院作为审判机关的定位和审判权作为司法权的定性比较明确，较难发生误会与争论。而检察制度是后生性的缺乏共识与体认的国家制度，检察权是晚生性的内涵和外延均缺乏明确界定的国家权力，检察机关是组织形式和机构建制上尚未完成定型的国家机关，在世界范围内比较难找到具有普世借鉴和参考意义又契合国家政治制度、文化传统以及适合具体国情的形制参照实体。因而，在去苏联化和中国化的过程中，坚定地在宪法中将法律监督留给了检察机关，同时也坚定地在国家政权中设定检察权为司法权的一部分。有宪法学者认为，将宪法上规定的检察权理解成国家权能中的司法权能的一个必不可少的组成部分，又将宪法上规定的检察制度理解成中国宪法体制中一项重要的司法制度，当会澄清学术界长期以来在检察权和检察制度方面存在的混乱思想。[②] 尽管，迄今为止的政治、法律智慧还达不到构建一种科学的体系与完备的制度以准确地实施全面的法律监督，但中国过往和当下的检察实践也表明由法律监督机关实现国家检察权是最适当、最灵活、最务实的。因为，法律监督和检察均具有相对开放性，可以放得很宽，又可以收得很紧。通过法律监督机关的运作，针对实际情况和经常变化的情事随时对检察职能作出调整、补充和修正，不仅符合本国经验和国际经验相结合的原则，也可以适应中国政治体制对检察制度的内在需求，并能顺应和推动中国法治建设和司法改革的进程。

检察权功能体系中的法律监督的内涵和范围只能从各种法律、法律规范性

---

① 由于中国不实行三权分立的宪政体制，宪法中拒绝或刻意回避使用了立法、行政和司法等概念，这是现制与学术研究的区别之处，应予注意。但未免学术交流时遭遇概念上的尴尬，使用共同话语范围内的概念是必要的甚至是必须的。——笔者注

② 陈云生：《中国宪法上检察“权能定性”及其意义探析》，载《法治研究》2011 年第 3 期。

文件的相关规定以及实践经验中寻找和概括。我国宪法和人民检察院组织法均明确规定“人民检察院是国家的法律监督机关”。从逻辑上讲，法律监督的外延应当是与法律的外延相一致的，也就是说，检察机关应当对各种法律的实施实行监督。但是，由于在法律监督问题上缺乏统一、系统化的思路，诉讼法等相关行为法的规定显得过于抽象、笼统，法律监督的概念和效力范围始终处于一种模糊混淆的状态，[①] 从最初监督范围具有包括行政监督在内的一般监督到现在的诉讼监督，法律监督在“全面法律监督→局部法律监督→相对全面法律监督”的图景上曲折变化，其效力范围也经历了由强到弱、复又增强的过程。随着国家立法工作的深入，宪法、基本法律、部门法律规范性文件三个层次的法律体系已具规模，检察机关的法律监督已经形成了以刑事诉讼为主体，以民事诉讼和行政诉讼为两翼的“三位一体”的诉讼监督格局；而检察权则是以公诉监督权能为核心、职务犯罪侦查权能和诉讼监督权能鼎力以及其他附属或延伸权能辅助的权力配置，通过追诉犯罪和纠正法律适用中的违法行为来保障国家法律在全国范围内统一、正确实施。[②]

当然，现制上检察机关并未统揽法律监督所有权能，原有的行政监督等重要监督权力已被剥离，而是比较集中在对刑事诉讼、民事审判和行政诉讼活动的监督上，主要是通过参加诉讼程序具体行使的。因为，宪法规定只有全国人大及其常委会才有权对国务院、中央军委、最高人民法院、最高人民检察院实施宪法和法律的情况进行监督，检察机关是在权力机关之下与行政机关、审判机关和军事机关并列的专门的法律监督机关，只有人民代表大会才享有全面的法律监督权。检察机关的法律监督范围是由权力机关以宪法和法律限定的，对于行政法规、地方性法规以及政府和部门规章执行情况的监督不属于检察机关法律监督的范围。在新的社会和法制情境中，实验性的以法律监督机关匹配国家检察权能的检察制度已经逐渐长大并结出了成熟的果实，[③] 既借鉴国外有益的经验，又立足于中国的国情，结合中国的经济基础、国家性质、政权组织形式，兼顾中国的历史、文化、传统和法律制度的地方性，走出了一条中国特色的、理性的发展道路。无疑，检察机关是要承担起维护和保证刑事司法体系的

---

① 陈慧瑜：《当前检察监督权的立法缺陷及完善构想——关于检察机关法律监督权的探讨之二》，载张智辉、谢鹏程主编：《中国检察》（第三卷），中国检察出版社2003年版，第415页。

② 甄贞等：《法律监督原论》，法律出版社2007年版，第13页。

③ 参见陈云生：《检察权与法律监督机关“疏离”的宪法安排及其寓意解析》，载《法治研究》2010年第11期。

有效性和良性运行的职能，以及纠正民事行政诉讼中错误的职能，从而保障宪法和法律得到统一正确实施，维护社会公平正义。现在的问题仅在于监督的刚性如何强化，制约的有效性、有用性如何提升。[①] 尽管人民检察院组织法、三大诉讼法和其他法律及法律规范性文件的规定都还有修正、完善和进一步改进的必要，但瑕不掩瑜，诉讼监督职能的强化突出了检察机关作为国家法律监督机关的主体形象，使检察机关防止权力滥用和权力腐败的特征更加明确，理清了检察权的定位，推动了中国特色检察制度优势的发挥和制度的完善。[②]

党中央始终重视发挥检察机关的监督职能以及检察权的监督属性，十八大以来对完善检察机关行使监督权的法律制度指明了方向。党的十八大提出了要确保决策权、执行权、监督权既相互制约又相互协调，确保国家机关按照法定权限和程序行使权力，提出了要加强法律监督。三中全会重申了加强和规范对司法活动的法律监督，完善行政执法与刑事司法衔接机制，法律监督向监督行政执法领域延伸。四中全会提出完善检察机关行使监督权的法律制度，提出对涉及公民人身、财产权益的行政强制措施进行检察监督，对履行职责中发现的行政机关违法行使职权或不行使职权的行为予以督促纠正，探索由检察机关提起公益诉讼，检察机关的法律监督拓展到国家治理体系和治理能力现代化上。五中全会进一步强调要加强对权力的司法监督。六中全会提出党委要支持和保证司法机关对国家机关及公职人员依法进行监督。应当从党中央的方针政策中理解领会中央对检察工作提出的要求，找准宪法和法律上的定位，找好政治上的定位。实际上，在国家治理体系的一系列决策部署中，每次都有检察机关的任务，可以说，强化法律监督是党在执政和治理国家的政治活动中对检察机关提出的要求和希望。国家监察体制改革试点中，职务犯罪侦查职能从检察职能中剥离，检察机关的法律监督对人的监督部分整合到监察委员会，但司法体制改革中的检察监督也从过去的对诉讼活动的法律监督扩展到非诉讼领域，在新的时期，检察机关的法律监督将更多地围绕对国家机关及公职人员是否严格执行法律、是否严格落实法定职责、是否有效保护社会公益等情况来开展。

在司法制度领域讨论的检察机关的法律监督并不具有独立的权力属性，它只是对检察机关行使权力所要达到的功能和目的的一种整体描述和定义，是归属于检察权能范畴的概念，所要解决的是检察的功能问题，而不是解决检察权

① 向泽选、罗树中：《检察职能的演变规律及启示》，载孙谦主编：《检察论丛》（第15卷），法律出版社2010年版，第52页。

② 慕平：《中国特色检察制度的优越性、合理性与科学性》，载《人民检察》2009年第24期。

的构成和内容问题。[①] 当然，“法律监督”既是中国宪法和法律用于界定检察机关定位或检察权基本职能的专用名词，同时也已经成为中国检察制度建设和检察理论研究的基础理念，在司法制度层面也不妨说，作为一个范式或一种理论框架的检察理论，也就是法律监督理论；[②] 检察机关的法律监督实践，也就是检察职能的具体履行。法律监督作为一种功能，是平静的、稳定的，但其范围却是可以根据不同时期的国家政治、经济、法制建设等状况而变化的。这与检察职权的多变性和较大的流动性是一致的，也正因此宪法将检察机关定位于法律监督机关，用“法律监督”去实现国家检察权，具有了积极的过渡性价值。因为，检察权的设置本身是国家权力的配置，是国家宪法体制层面的设计，而绝不仅是某一诉讼法或诉讼程序上的设计。实际上，仅仅靠诉讼手段解决法律监督问题，是一种天真的想法，在现实中很难完全实现。以法律监督为特质的检察制度是建立在与政治理论、法律理论和政策理论相一致的基础上，并通过这种形式使检察官承担起通过法律执行政策的角色。[③] 法律监督只有以诉讼手段为主，辅以综合利用各种必要的政治手段，才能保证国家法律得到完全、正确的实施。作为司法机关的检察机关，在诉讼中与公安机关、审判机关构成了分工负责、互相配合、互相制约的关系，通过行使诉讼权能实现对行政权力和司法权力的制度化、法制化的监督。只不过，承认检察权具有诉讼权能，却不能将其视为仅仅是一种诉讼权力，因为诉讼权能只是全部检察权能的一部分。

组织法和诉讼法等法律赋予了检察机关批准和决定逮捕、检察侦查、公诉以及诉讼监督等重要职权，其中诉讼监督与法律监督的亲近性并无疑义，但其他诉讼性的检察职能是否与法律监督有关系，则存在不同看法。正如前论，法律监督是检察机关行使权力在功能上的集中表现，其要在司法实践中实现必须落实到检察机关的具体诉讼权力即诉讼性的检察职能上。因为，法律监督是功能、是目的，检察职能是形式、是载体。检察职能的履行是法律监督功能外在的表现和依托，当然，这种表现是具体的、个别的而不是全面的。而法律监督则是检察职能的概括和抽象，需要通过一定的检察权能的行使表现自己的存在。具言之，法律监督的有效运行或者功能展现，是不能脱离具体的检察职能的，因为离开了检察职能，法律监督只是一个抽象的概念而无所依托和实践，就失去了存在的意义。也即，法律监督必须以检察职能为基础、为条件，检察

① 万毅：《法律监督的内涵》，载《人民检察》2008 年第 11 期。

② 甄贞等：《21 世纪的中国检察制度研究》，法律出版社 2008 年版，第 51 页。

③ 王新环：《法律监督职能的制度完善》，载《法学杂志》2004 年第 1 期。

职能则是法律监督功能得以发挥的必要途径和手段。[①] 特别是在司法活动中，法律监督必须与诉讼活动有机结合，否则法律监督将无法体现。检察机关享有的检察职能包括批准逮捕、公诉、诉讼监督以及职务犯罪侦查，这些职能都是检察机关实施法律监督的重要手段，是法律监督功能外在的侧面，是法律监督功能实现的方式和途径，其中任何一项职能都是检察权的一项具体权能，却不该也不能成为检察权的全部和本质。并且，各项职权之间彼此衔接、相辅相成，构成了一个有机联系的整体。[②] 根据系统论的观点，由要素构成的系统结构在赋予系统整体性的同时，又具有了任何要素所没有的新质，那么，当具体职能按照一定形式组合构成以法律监督为特质的检察权系统时，各项职权不仅内在地统一于检察，同时也内在地统一于法律监督。故而，批准和决定逮捕权不仅仅是逮捕强制措施的司法性审查权，更是具有了对侦查机关侦查活动进行监督和控制的功能。而职务犯罪侦查权，其主要目的是查清犯罪事实，监督国家公职人员依法履行职权的行为，带有监督和弹劾的性质，已经与公安机关对普通刑事案件的侦查具有了不同层面的法治目标，检察侦查是对国家权力进行制约和监督，公安侦查却是维护社会秩序的国家管理。同时，对司法工作人员职务犯罪的侦查，还成为诉讼监督的重要保障。当然，国家监察体制改革后，职务犯罪侦查权将整合到监察委员会，实务中的检察工作将从主打反贪牌向主打监督牌转变，深耕监督主业，检察制度转型发展后侦查职能的转移将通过监察与检察的衔接予以保障。至于世界各国检察机关所共有的公诉权，也是与法律监督紧密相连的，不仅是检察机关追究犯罪的一项权能，也是对公安机关的侦查活动和人民法院的审判活动实行监督的权能。

三、检察监督是“人民检察院法律监督”的全新诠释

“法律监督”“法律监督机关”“法律监督权”“诉讼监督”“检察监督”等概念是中国检察理论研究中讨论频率最高的几个词汇。在中国检察（法律监督）制度的起落兴衰、转型发展的过程中，无论宪法和法律的有关规定，还是检察（法律监督）制度基础理论的研究中，这些名词概念的运用和理解上，均缺乏统一、权威的解释，存在着不同的看法，各说各话，有学术观点的交锋论战，有法学理念的对话辩争。“人民检察院法律监督”的内涵与外延问题，是回归宪法定位、端正政治定位、深耕监督主责主业的问题，在理论上的检视和实践上的阐释不能忽视各种观点之间的差别与歧义。

---

① 参见孙谦：《检察：理念、制度与改革》，法律出版社2004年版，第432页。

② 孙谦主编：《中国特色社会主义检察制度》，中国检察出版社2009年版，第152页。

诉讼监督是中国检察机关法律监督职能的重要组成部分，相比其他国家的检察制度，检察工作层面的中国特色集中在诉讼监督方面。在习惯上，人民检察院法律监督通常被简化为检察监督，为了区别检察机关的司法职能，其内涵也被实际地定义为诉讼监督。诉讼监督的理论，也可谓中国法律监督（检察）理论的特色所在。只不过，相关的研究长期以来一直隐藏在法律监督（检察）理论或者诉讼制度理论之中，略显生涩。人民检察院组织法中曾经规定了检察机关的“一般监督”（对于地方国家机关的决议、命令和措施是否合法，国家机关工作人员和公民是否遵守法律实行监督）、“侦查监督”（对于侦查机关的侦查活动是否合法实行监督）、“审判监督”（对于人民法院的审判活动是否合法实行监督）和“刑罚执行和监所监督”（对于刑事案件判决、裁定的执行和监狱、看守所、劳动改造机关的活动是否合法实行监督）等检察职能，诉讼法中规定了“刑事诉讼法律监督”（对刑事诉讼活动实行法律监督）、“民事审判法律监督”（对民事审判活动实行法律监督）、“行政诉讼法律监督”（对行政诉讼活动实行法律监督）等检察职能，并没有将“诉讼监督”明确列入，“诉讼监督”的概念并非一个法典用语。“诉讼监督”在法律文件中的使用，从最早在1996年12月31日最高人民检察院发布的《关于刑事诉讼法律监督工作贯彻刑诉法若干问题的意见》中出现，之后的几年间，仍很少见于其他法律文件。直至1999年2月8日，最高人民检察院印发《检察工作五年发展规划》（高检发〔1999〕4号），部署1999年至2003年检察工作时，才再次在正式文件中使用“诉讼监督”这一用语。诉讼监督被作为检察机关履行法律监督职能的三项重点工作之一，强化诉讼监督成为检察工作新的着力点。[①] 诉讼监督基本上与严厉打击严重刑事犯罪、查办职务犯罪工作形成检察业务的三足之势，[②] 只是在工作布局上发展缓慢，屈居末席。

---

① 《担起诉讼监督的重任》，载《人民检察》2000年第5期。

② 2000年5月29日，最高人民检察院第九届检察委员会第六十二次会议通过《关于加强渎职侵权检察工作的决定》，提出“把诉讼监督与查办渎职侵权犯罪案件工作有机地结合起来，协调配合，共同促进”。2000年5月30日，最高人民检察院印发《关于进一步推进基层检察院建设若干问题的意见》（高检发〔2000〕15号）提出“要突出工作重点，积极培植新的业务增长点，争取在查办贪污贿赂大案要案、渎职侵权案件以及各项诉讼监督方面取得更大的成绩”。2005年6月10日，最高人民检察院印发《关于进一步加强公诉工作强化法律监督的意见》指出：“公诉工作是法律监督的重要组织部分，检察机关在依法指控犯罪的同时，对刑事诉讼活动实施法律监督，是中国特色社会主义检察制度的重要特征，而履行指控犯罪和诉讼监督这两项公诉基本职能，都必须以办案质量为基础和保障。”要求在公诉工作中“坚持指控犯罪与诉讼监督并举”。——笔者注

诉讼活动中执法不严、司法不公越来越被人民群众所诟病，加强对执法司法活动的监督成为时代的要求，各地纷纷寻求问题的破解之道，着力解决困扰诉讼监督发展的根本问题。北京市人民检察院对全市检察机关开展诉讼监督工作的情况进行了专题调研，并向北京市人大常委会进行了专项报告，在此基础上北京市人大常委会于2008年9月25日讨论通过了《关于加强人民检察院对诉讼活动的法律监督工作的决议》，促进了诉讼监督工作的发展。该决议一出台就产生了全国性影响，四川、湖北、辽宁、上海、黑龙江等省市人大常委会也相继跟进。这些源自实践总结而出台的法律文件引起了知名学者研究诉讼监督的兴趣，专业期刊刊登的研究性文章开始增多。至今，全国31个省、市、自治区均通过了有关加强检察机关法律监督工作的决议、决定，最高人民检察院也印发了《关于进一步加强对诉讼活动法律监督工作的意见》，[①]"对诉讼活动的法律监督"基本被公认为诉讼监督的一般内涵，并以其崭新的身份和样态走进法律性文件，诉讼监督俨然作为三大诉讼法领域中检察机关实行法律监督的抽象概念，成为诸多个别监督职能在共性基础上归纳并统一命名的专门用语。

2016年7月20日，第十四次全国检察工作会议指出，要"以深化司法体制改革为契机，以维护社会公平正义和司法公正为目标，完善检察监督体系、提高检察监督能力"，并将"检察监督在中国特色社会主义法治体系中的职能作用得到更好发挥，各项检察职能全面履行，法律监督工作协调发展，相对薄弱环节明显加强"作为十三五时期要实现的六个目标之一。这是首次提出检察监督体系。完善检察监督体系既是深化司法体制改革的逻辑结果，也是在新的历史起点上推动中国特色社会主义检察制度更加成熟定型的内在要求。第十四次全国检察工作会议对检察监督进行了体系化的论述，指出：检察监督体系是检察机关在党的领导下依法履行法律监督职能的制度体系，包括检察机关法律监督各领域的法律规范、体制机制和工作制度，是中国特色社会主义法治体系的重要组成部分。在具体内容上涵盖了从刑事检察、职务犯罪侦查等传统司法办案职能到"民事诉讼监督、支持起诉、民事公益诉讼"协调发展的民事检察以及行政诉讼监督与行政违法行为监督并举的行政检察等监督职能。

这里的检察监督体系涵盖了检察机关的所有职能和制度，是最为广义的检察监督。作为一种专门监督，检察机关的法律监督不可能是面面俱到、无所不包的一般监督，只能依托诉讼或直接、或间接地保障法律实施。在学术研究和

① 2009年2月18日最高人民检察院第十一届检察委员会第九次会议通过，2010年1月4日印发。

实践工作中，检察机关的法律监督经常被等同于诉讼监督，限缩了检察机关的职权行使。实际上，法律监督主要包括司法办案和诉讼监督，而且发展新增的检察职权已经不能用这些概念来涵盖。比如，十八届三中全会提出加强和规范对司法活动的法律监督，健全司法权力运行机制，完善行政执法与刑事司法衔接机制。十八届四中全会更是针对行政机关违法行使职权或不行使职权的问题，要求检察机关启动督促起诉、提出检察建议、提起公益诉讼，促进依法行政、推进法治政府建设。用检察监督的概念来界定，是诉讼监督概念的发展，也是对诉讼监督概念的超越，是新形势下对人民检察院法律监督的新的概念诠释。

从目前的法律框架和司法实践来看，检察监督应当包括对刑事诉讼、民事诉讼和行政诉讼的监督，对涉及公民人身、财产权益的行政强制措施的监督以及对行政机关违法行使职权或者不行使职权的监督。其中后两者是亟待着力探索和加强的领域。不过，目前，检察监督体系还是不太健全，缺乏体系性的制度规范。尤其是十八届四中全会提出的涉及行政权的监督只有行政公益诉讼一个试点领域，其他方面仍付之阙如；诉讼监督领域虽然发展有年，覆盖了刑事立案、侦查、审判、执行及民事、行政等所有诉讼领域，但在监督手段和监督效力等方面需要进一步细化，部分监督规则属于检察机关的内部规范，规范层级较低，不为被监督对象所认可和接受。人大立法或授权是检察机关开展各项检察监督工作的基本前提，也符合专门法律监督机关的行权规则。检察监督体系建设的中央重大决定和精神，通过立法程序上升为国家意志和法律规范，检察监督工作和各项改革任务才能于法有据。检察监督体系是一个全面发展的体系，也是一个开放发展的体系。随着十八大以后中央重视发挥检察机关的权力制约功能，使监督职能从诉讼活动向行政执法领域延伸，推动诉讼监督发展成为检察监督。所以，除了在传统诉讼监督领域拓宽范围、增加方式、完善机制之外，更要在行政权监督体系上下功夫、做文章。检察监督并不是僵化封闭的体系，必须顺应时代发展、与时俱进，不断创新完善，推动中国特色社会主义检察制度更加成熟定型。

检察监督体系的现代化展开

吴　轩*

2016年7月召开的第十四次全国检察工作会议上，曹建明检察长指出，要“以深化司法体制改革为契机，以维护社会公平正义和司法公正为目标，完善检察监督体系、提高检察监督能力”，并将“检察监督在中国特色社会主义法治体系中的职能作用得到更好发挥，各项检察职能全面履行，法律监督工作协调发展，相对薄弱环节明显加强”作为“十三五”时期要实现的六个目标之一。完善检察监督体系既是深化司法体制改革的逻辑结果，也是在新的历史起点上推动中国特色社会主义检察制度更加成熟定型的内在要求。

一、检察机关检察监督的功能定位

检察机关肩负着宪法赋予的法律监督职责。其实，关于检察机关的定位问题一直存有争议。若要体现我国检察监督的特色，可避开现有的理论争议，寻找一个新的理论支撑工具以形成一个立体的、开放的、多元的检察监督体系。

（一）定位应以权能为中心展开讨论

对检察机关的定位应以权能为中心展开讨论，其属性包括行政属性、监督属性、公益属性等。检察监督需解决检察权如何运行这一根本问题，可以检察自由裁量权为切入点寻找一个新的理论工具，因为检察机关从自由裁量权的限权和扩权等角度，以新的理论工具进行分析并进一步构建检察监督格局，能够更加清晰地了解检察机关该监督什么以及该如何监督等问题。当前检察机关检察监督的触角不宜伸得太广，主要原因不在于宪法定位，而在于检察机关现在有没有能力去监督？若没有足够的能力去监督，则现阶段的检察监督格局不宜过大，应在现有法律规定的法律监督范畴之下将其做得更加完善，即检察机关仍应定位于对侦查机关和审判机关实施的监督，并在此定位发展更加完善的基础上，再考虑延伸检察监督的触角。唯有如此，检察机关才有能力去主动监督

* 吴轩，天津市人民检察院第一分院助理检察员。

社会中出现的种种事件，并有效解决社会公众所反映的诸多问题。

（二）充分结合当下的司法改革背景

检察机关在构建检察监督体系的过程中，还应充分结合当下的司法改革背景。以往我们一直在强调检察机关的法律监督属性，但当下正在推进诉讼格局的整体布局，该格局同以往相比有较大变化，如何适应这种变化以进一步推进检察监督的工作开展，需引起高度重视。如以审判为中心的诉讼制度改革就对检察监督工作提出了新要求，以审判为中心必然要求有效地控诉、有效地辩护和居中裁判。毋庸置疑，这涉及在新的诉讼制度格局下，检察机关如何对侦查机关及其侦查行为进行监督，才能更加符合以审判为中心的诉讼制度改革这一总体要求。对于侦诉关系而言，检察机关以往更多的是强调中立的监督者身份，但现在应有所改变，作为监督者与被监督者的侦诉双方之间应形成帮助关系，以真正凝聚控诉力量。因此，我们必须善于结合正在进行的司法改革，通过完善办案模式和优化内设机构设置等方式，推动检察监督体系创新发展。[①]

（三）推动人大立法或授权提供法律依据

人大立法或授权是检察机关开展各项检察监督工作的基本前提，也符合专门法律监督机关的行权规则。十八届四中全会提出的涉及行政权的监督只有行政公益诉讼一个试点领域，而其他方面仍付之阙如；诉讼监督领域虽然发展有年，覆盖了刑事立案、侦查、审判、执行及民事、行政等所有诉讼领域，但在监督手段和监督效力等方面仍需要进一步细化，部分监督规则属于检察机关的内部规范，规范层级较低，不为被监督对象所认可和接受。如此这些都亟须检察机关积极推动涉及检察监督体系建设的中央重大决定和精神通过立法程序上升为国家意志和法律规范，确保检察监督工作和各项改革任务于法有据。当然，《人民检察院组织法》修改的内容也应在检察监督体系的构建中有所体现，在此基础上结合中国检察改革的特色及自身的理论研究成果，才会形成一个相对更加完整、更加有前瞻性的体系。

二、检察监督体系的主要内容

（一）对刑事诉讼、民事诉讼和行政诉讼的监督

在检察监督体系中，诉讼监督主要包括对刑事诉讼、民事诉讼和行政诉讼的监督。但是，随着三大诉讼法的修改，诉讼监督在监督内容、监督方式、监

① 陈光中、龙宗智：《关于深化司法改革若干问题的思考》，载《中国法学》2013 年第 4 期。

督机制等方面有了新的发展，对刑事诉讼监督、民事诉讼监督和行政诉讼监督的检察监督体系需要进一步完善。

首先，刑事诉讼监督主要包括侦查监督、审判监督和执行监督三个方面，涉及刑事诉讼的全过程，包括刑事诉讼的侦查、审判和执行三个环节。2012年刑事诉讼法修改后，检察机关需充分发挥侦查监督部门在审前程序中的主导、把关、过滤、监督作用，严格审查逮捕标准，履行立案监督、侦查活动监督职能，进一步完善机制、提升品质。在审判监督领域，对审判活动违法行为的监督方式与对侦查活动违法行为的监督方式基本相同，对刑事判决、裁定的监督方式主要是二审抗诉和再审抗诉，对死刑复核案件主要以省级检察院提请监督报告以及最高人民检察院提出死刑复核案件意见的方式进行监督。另外，对于刑事执行监督，监督对象主要涉及司法行政部门、人民法院等，监督内容主要包括羁押必要性审查、刑罚变更执行监督、强制医疗监督、社区矫正监督、财产刑执行监督和刑罚执行活动监督等，监督方式主要包括提出检察建议、口头或书面纠正违法等。

其次，关于民事诉讼监督，2012 年修改后的民事诉讼法扩大了人民检察院对民事诉讼活动的监督范围，检察机关不仅监督法院作出的生效判决、裁定以及法院作出的损害国家利益、社会公共利益的调解书，还监督审判程序中审判人员存在的违法行为或民事执行活动存在的违法行为。检察机关通过抗诉、再审检察建议、检察建议和纠正违法等对民事诉讼活动实行法律监督。这其中对民事调解、民事执行、法院诉讼活动中的违法行为等领域的监督是新增职能，检察建议是新增监督方式。

最后，行政诉讼监督是检察机关独立行使宪法赋予的法律监督权，对审判机关、当事人和其他诉讼参与人的行政诉讼活动实施检察监督，保证国家的法律能够得到正确的实施。行政诉讼监督的方式包括：抗诉、再审检察建议、检察建议和纠正违法等。这其中检察机关对审判人员违法活动和执行活动的监督是新增的监督职能，检察建议、同级监督是新增的监督方式。行政诉讼监督类案件检察机关主要依申请进行监督，而行政诉讼本身数量就不多，大多数行政机关在法院判决生效后，大多不愿意再耗费时间在诉讼程序上，而向检察机关进行申请监督又存在着心理“障碍”，故进行申请的可能性微乎其微。行政诉讼监督工作的开展大致受限于此。

（二）对涉及公民人身、财产权益的行政强制措施的监督

十八届四中全会提出要“完善对涉及公民人身、财产权益的行政强制措施实行司法监督制度”。有学者认为，这里的“司法监督”宜理解为专指检察

机关行使检察权的情形，也就是说强调的应该是“检察监督”。[①] 这里的“行政强制措施”应该是一个专门法律概念，即行政强制法所定义的概念。行政强制措施是行政强制这一法律概念的下位概念，属于具体行政行为。行政强制，包括行政强制措施和行政强制执行。[②]

行政强制措施是行政机关行使行政职权时对人或物必须采取的控制手段和措施，比如警方的留置盘问措施。针对行政强制措施，法律一般都为行政相对人规定了救济途径和手段。对行政强制措施的监督应坚持依法监督原则和实效性原则。与行政诉讼法中有明确的检察监督规定不同，在行政强制法中并没有检察监督条款，在其他相关法律、行政法规或部门规章也鲜见检察监督规定。这表明目前对行政强制措施的监督依然缺乏明确的法律依据，这就决定了开展这项监督还需要法律授权，解决检察监督合法性问题。与此同时，实效性原则强调监督的方式和手段应该以能够实现检察监督目标为必要。慎用诉讼式纠纷性解决方式，如行政公益诉讼，善于运用检察建议、纠正违法等监督方式，在立法层面和政治责任层面，保证检察建议和纠正违法的效力。

十八届四中全会针对行政机关违法行使职权或不行使职权的问题，要求检察机关启动督促起诉、提出检察建议、提起公益诉讼，促进依法行政、推进法治政府建设。[③] 行政管理活动的纷繁庞杂以及行政权行使环境的复杂多变性，尤其是是否采取行政强制措施或者采取什么样的行政强制措施，取决于执法活动面临的具体环境。[④] 因此，检察监督的对象应该是行政强制措施的合法性而不是合理性，否则有过分干预和限制行政裁量权之虞。

行政权力的行使强调上令下从和行政效率，行政行为具有公定力、确定力、拘束力和执行力等效力，检察机关的监督必须是一种事后监督和结果监督，而不应该是事前监督和过程监督，否则会影响整个行政权运作。作为具体行政行为，行政强制措施往往有明确的行政相对人，法律赋予了行政相对人多种权利救济途径，包括行政复议和行政诉讼等，这本身构成了对行政机关的内

---

① 杨建顺：《完善对行政机关行使职权的检察监督制度》，载《检察日报》2014 年 12 月 22 日。

② 《行政强制法》第 9 条规定：“行政强制措施的种类包括：（一）限制公民人身自由；（二）查封场所、设施或者财物；（三）扣押财物；（四）冻结存款、汇款；（五）其他行政强制措施。”除了第（五）项兜底性条款外，其他四项都可能是检察机关监督的内容。

③ 参见习近平：《关于〈关于中共中央关于全面推进依法治国若干重大问题的决定〉的说明》。

④ 朱孝清、张智辉主编：《检察学》，中国检察出版社 2010 年版，第 379 页。

部和外部监督。检察监督应该是在这些监督和救济途径都不能见效的情况下才有介入的必要，或者作为与这些监督制约途径并列的一种途径，供行政相对人选择。

（三）对行政机关违法行使职权或者不行使职权行为的监督

十八届四中全会提出，“检察机关在履行职责中发现行政机关违法行使职权或者不行使职权的行为，应该督促其纠正”。此决定拓展了检察机关对行政机关及其工作人员履职行为的监督。检察机关对行政行为的监督，体现的是一种国家机构间的权力制约，事关政治稳定和权力运行高效顺畅。因此，检察监督应该慎用诉讼的方式解决纠纷，善于运用检察建议、纠正违法等监督方式，更注重对在履行职责过程中发现的行政机关的“类行为”的整体监督，这样才能既尊重了行政权运行的自身规律，又实现了权力制约的目标和效果。①

行政机关的行为表现主要就是作为和不作为，由于只是对行为形式的界定，并不涉及对行政机关的范围或行政管理领域的限定，也不涉及对行为性质严重性的限定。“履行职责中发现”应该是指检察机关在履行其他法定职责中发现行政机关的行政违法行为，需要督促纠正的。如果行政相对人有行政复议、行政诉讼等其他途径救济，应该建议其先走行政复议、行政诉讼等救济途径，而不能直接启动检察监督程序，否则可能变为一般监督。如果其他救济途径已经穷尽，可以启动检察机关行政诉讼监督程序。于是，检察机关对行政机关违法行使职权或者不行使职权的行为的监督，需要通过立法授权的形式既解决监督的合法性依据问题，明确监督范围，限定检察机关监督的启动程序，能够确保检察监督“出师有名”，监督有效。反之，检察机关的检察监督容易沦为一般监督，或者出现检察监督四处出击、监督泛化或检察机关放弃职责、不作为的倾向。

三、检察监督体系的实现路径

当前，司法责任制改革已进入关键时期，如何进一步加强检察监督工作是摆在检察机关面前的一个重要课题。

（一）恪守检察机关的独立性定位，合理配置检察机关与地方权力制约关系

目前，检察实践中“双重领导、地方为主”的领导体制在一定程度上侵

① 刘慧、杨先德：《加强理论研究、深化改革创新，推动检察监督体系更加成熟定型》，载《检察改革与发展研究参考》2016 年第 3 期。

蚀了检察机关的独立性，进而影响到检察一体化的基本格局。一方面，地方党委对检察机关的领导与控制削弱了上级检察机关对下级检察机关的领导功能。这种领导体制的直接后果就是，原本为了在全国范围内保证国家法律统一正确实施的检察监督权，却在实践中不可避免地带上了地方化色彩，为地方对检察权施加影响提供了便利。[①] 另一方面，检察机关在财政经费等方面受制于地方政府，增加了检察机关对同级政府的依赖，检察机关的执法活动必然受到政府意志的影响。当检察监督触及地方利益时，检察机关可能会屈从于地方保护主义，从而影响检察活动的公正性和正当性。

对此，我们要恪守检察机关独立性的定位，重构“上级检察机关与同级地方党委双重领导，以上级检察机关领导为主”的检察领导体制，在一定程度上去地方化。对地方权力对检察工作的介入程度、方式以及范围予以规范和制约，防止地方权力干扰检察权的正常运作。因此，通过强化上级检察机关对下级检察机关业务领导和检察长的领导，加强上级检察院对检察业务工作的领导。同时改革和完善检察机关干部管理体制和经费体制，理顺检察机关领导关系，改变“块块为主、条条为辅”的领导体制，实行“条条为主、块块为辅”的领导体制。即上级检察院党组直接领导和管理下级检察院党组，最高人民检察院党组领导全国各级检察院党组。最高人民检察院接受党中央的领导，同时对全国人大负责、报告工作并接受监督。地方上级检察院领导管理下级检察院，同时接受地方同级党委的领导，以上级检察院领导为主，同时向同级人大负责、报告工作并接受其监督。此外，在财政和人事制度上降低地方权力对检察工作的控制和影响。在组织人事方面，加大上级检察院对下级检察院干部的管理力度；在经费体制方面，建立“地方足额上缴，中央统筹预算，系统层层下拨”的经费保障制度。

（二）强化外部监督，检察权在制约中实现有限制的独立

目前，就检察机关的外部监督制约机制而言，监督力量弱化、监督途径欠规范。一方面，实践中人民代表大会的监督途径不畅，且个案监督的方式有待规范。我国宪法规定了全国人民代表大会和县级以上地方各级人民代表大会及其常委会对同级检察机关的监督职权，但是并未明确规定监督的范围、条件和途径，人大监督的案件范围、程序具有很大的随意性，个案监督的形式在一定程度上容易造成个人监督、违背民主原则。另一方面，以人民监督员制度为代

① 宋英辉、吴宏耀：《刑事审判前程序研究》，中国政法大学出版社2002年版，第205页。

表的社会权利的制约力量正在形成，且人民监督员资格、产生的程序、监督的效力等问题还需要进一步完善。

对此，应该改善人民代表大会对检察权的监督制约方式、强化人民代表大会对检察权制约的功能。为了改变人大对检察工作信息了解不够及时、全面准确的现状。一是在同级人大常委会与各级检察院之间，建立起信息通报、备案制度。对检察机关遵守和执行宪法和法律的情况，遵守和执行上级和本级人大及其常委会决议的情况，办理本级人大及其常委会交办的代表建议、批评、意见的情况，办理公民、法人和其他组织的申诉、控告、检举的情况等通报同级人民代表大会。二是规范人大的个案监督。明确人大个案监督的范围和条件。笔者认为，结合关于当事人申诉的规定，人大进行个案监督的案件应该设置三个条件：（1）当事人及其近亲属向司法机关申诉、控告，但没有得到受理的或者受理后长期不予回复的；（2）办理该案的人员可能存在滥用职权、玩忽职守、侵犯公民、法人等合法权益的行为；（3）案件在事实认定或者法律适用上存在明显错误。从而有序地发挥人大个案监督的功能。三是将人民监督员监督与人大监督衔接起来，改变人民监督员的选任办法，在各级人大常委会增设管理机构，专门负责人民监督的选任及日常管理。同时，增强人民监督员表决的效力。[①] 人民监督员的表决意见，一般情况下，检察机关都应采纳。但如果检察机关不予采纳的应制定限制性条文规定。如应当增设检察机关不同意人民监督员表决意见的法定理由，以及增设不同意人民监督员表决意见的程序性规定。

（三）扩充检察监督职权和监督手段，确保检察机关检察监督功能的落实

检察机关在我国法治建设和社会生活中担任着重要角色，笔者认为，应当改变目前我国检察机关“盛名之下，其实难副”的现状，顺应检察权的发展规律，以充分发挥检察机关在促进依法治国和建设社会主义和谐社会中的作用为宗旨，以强化检察监督为主线，适当充实和完善我国检察机关职权。一是强化对侦查机关强制措施和侦查行为的监督措施。具体包括：（1）检察机关对侦查机关应当立案而不立案的案件，在通知其立案后可以要求公安机关进行限时通报，了解案件侦查进展情况，及时提出侦查取证的建议，减少立而不侦、侦而不结的情况发生；（2）对于目前侦查机关有权独立决定的拘留、搜查、扣押、监听等与公民人身权利有重大影响的侦查行为设立司法审查制度，由检

① 向泽选：《法律监督原理》，群众出版社2006年版，第38页。

察机关予以批准，紧急情况下可以事后报请审查合法性；（3）建立公安机关立案、变更强制措施以及撤案向检察机关通报制度，强化检察机关对侦查活动的监督，防止枉自分流刑事案件或者懈怠侦查情况的发生。二是构建完善的民事行政诉讼检察监督体系。改变目前民事、行政诉讼法总则规定的监督权力的广泛性和分则规定的具体监督方式的狭窄性状况。在现行审判监督程序的抗诉制度的基础上，增加上诉程序的抗诉，使检察机关在一审判决作出后就有权进行抗诉。三是强化检察机关对刑罚执行的监督。刑罚执行监督在现行刑事诉讼法典中仅作了一些原则性的规定，缺乏可操作性，直接导致了执行监督工作难以准确到位。对此，具体做法如下：（1）明确检察机关的随时介入和调阅案卷材料制度。对于刑罚执行机关与刑罚执行有关的活动，检察机关可以随时介入，要求执行机关提供有关材料接受检查。（2）赋予检察机关必要的监督处分权，如对于检察机关的《检察建议书》和《纠正违法通知书》，公安机关必须在法定期限内采取措施或予以纠正，并将结果书面通知人民检察院。（3）赋予检察机关提请惩戒权。对公安人员在立案活动中有严重违法行为的，检察机关有权提请其所在单位或上级主管部门予以惩戒，并将结果通知人民检察院。

四、检察监督体系的健全和完善

（一）构建新型检、法关系，强化审判监督

随着审判方式的改革以及抗辩式庭审方式的确立，“检、法两家作为两个独立、并行的司法主体，在实现有效制约的同时，矛盾与冲突不可避免出现”。影响审判监督主要体现在以下几个方面：一是检、法两家司法解释权的冲突。由于检、法两家有权对某一类案件作出司法解释，以指导各自的实践工作。但由于理解的不一致或者本位主义思想，有的司法解释不统一甚至出现矛盾，就会导致检、法认定的犯罪及刑罚标准不一致，检察机关对法院的错误判决而无法提起抗诉。二是审判监督的地位缺乏相应的制度支撑。刑事诉讼法对检察机关刑事审判监督的监督方式、监督时间及效率上不明确，在实践中缺乏操作性。[①] 如刑事诉讼规则规定在诉讼过程中，检察机关发现法院违反程序的，应当在庭后提出，对于庭后提出的意见，人民法院认为正确的应当采纳。这些规定树立了审判权威，但对检察监督明显削弱，检察监督的时间、方式、结果以及评判标准均掌握在被监督者手里，使法律监督流于形式。三是检、法两家关系准则的缺位。确立司法权威，维护公平正义是检、法两家共同的目

① 谢鹏程：《检察官办案责任制改革的三个问题》，载《国家检察官学院学报》2014年第11期。

标，审判监督有益于两家共同促进、共同提高，但实践中检、法两家的认识还统一不到这一高度，容易导致关系的缺位，有时一团和气，不去监督，或者认为法律监督是揭短、挑毛病，而导致关系僵化，使监督的渠道不够畅通。鉴于此，有必要构建新型的检、法关系，更好地发挥检察机关的法律监督作用。一是检、法两家共同提高认识，把两家的关系准则统一到维护社会公平正义上来，检察监督不是可有可无，而是必要的手段，要充分利用检察长列席审委会的便利条件，通过沟通、协调，达成共识。二是脱离本位主义的枷锁，在立法、司法解释领域共同合作，不搞单独的影响对方执法的司法解释，使立法及司法解释工作回归到指导整个司法活动的轨道上来，而不是背离宗旨，单独为哪一个机关服务。三是检察机关的审判监督权本质上是一种请求权，要求人民法院改变错误的判决和裁定，表明检察机关对事实认定和适用法律的立场和态度。因此，审判监督的提出要以检察机关自身对事实和法律的认识为依据，不以法院是否改判为前提。

（二）构建新型检、警关系，强化侦查监督

适应抗辩式庭审模式的需求，以公检联席会议制度为纽带，现行的检、警关系基本是检察引导侦查，对于重大复杂疑难案件或者社会影响大的案件，检察机关通过提前介入，引导公安机关侦查取证，通过检察引导侦查，检察机关充分发挥过程中的监督作用，较好地保障了刑事诉讼的正常进行。但在这种流水作业式诉讼构造中，往往会出现配合有余、监督不足的局面，重配合、轻监督的思想一定程度地存在，侦查监督的主要不足表现为：一是检、警关系模式定位模糊。检警一体化的思想不同程度地存在，在一体化的前提下，侦查是为公诉服务的，不存在监督者和被监督者的问题，从而放弃监督职能，只注重配合协调。二是法律监督权的法律规定过于原则，有待完善。依照刑事诉讼法的规定，除了对立案监督有程序性要求外，其他监督缺乏细致的规定，就是立案监督本身也只规定应当立案而不立案的检察机关可以监督，但对不应当立案而立案的，却没有相应的规定。三是侦查监督的手段较为软弱。侦查监督中发出的纠正违法或者追捕、追诉的，只规定侦查机关应当执行并通知检察机关，对被监督者没有义务性条款的规定。鉴于此，有必要构建新型的检、警关系，更好地发挥检察机关的检察监督作用。一是公检联席会议功能的重新定位。在现行检、警关系中，公检联席会议对于规范双方执法行为，解决某一类案件发挥着非常重要的作用。公检联席会议的主要职能局限在沟通协调方面，是公检双方配合的产物。因此检察机关有必要深化公检联席会议制度，给予公检联席会议功能重新定位，将其作为行使法律监督权的重要手段，既有配合又有监督。对于公安机关执法中不规范甚至违法的问题，在会议上予以提出并要求改正，形成会议纪要，将会大大丰富法律监督的手段、方法，是刑事诉讼法规定的程序之外的监督方式，简便、快捷而有实效。[①] 二是关注非传统意义上侦查监督的内容。在加强追捕追诉工作的同时，对公安机关使用强制措施、变更强制措施、逮捕执行及撤销案件等程序问题予以关注，使侦查监督工作兼顾程序与实体两个方面，全面履行法律监督职责。三是在立案监督上有所突破。大力宣传检察机关的立案监督权限，主动掌握第一手资料，在对有案不立进行监督的同时，加强对公安机关乱用立案权的监督。特别是经济犯罪案件，存在民刑交叉、界限模糊的特点，容易产生公安机关运用立案权干涉经济纠纷的现象，通过对应当立案而不立案和不应当立案而立案的监督，从源头上防止不用或乱用侦查权，保障执法的公正性。

（三）从主动履职、依法履职出发，强化对公权力的监督

从我国五十年代初最高人民检察署成立到1955年，相关检察条例中均明确规定检察机关享有司法监督权和一般监督权。一般监督权即指检察机关有权对所有的公权力机关、公民等遵守宪法和法律的情况进行监督，体现了广泛的人民监督思想。但到“文革”结束后，1978年国家恢复人民检察院时却取消了一般监督权，这与我国当时的政权组织架构有很大的关系。当前，我国正全面推进依法治国。在深化司法体制改革的背景下，党的十八届四中全会《关于全面推进依法治国若干重大问题的决定》作出了恢复检察机关五十年代初实行一般监督权的政策指引，对此我们应该从理论层面作进一步的研究和探讨，将检察机关由诉讼型的司法监督机关转变为履职型的检察监督机关。要以民事诉讼法、行政诉讼法修改和司法改革为契机，以人民群众的需求为导向，以加强对公权力的监督为核心，健全“民事诉讼监督、支持起诉、民事公益诉讼”协调发展的多元化民事检察工作格局。坚持行政诉讼监督与行政违法行为监督并举，构建符合我国国情的行政检察制度，更好地维护司法公正、促进依法行政。与此同时，健全军地检察协作机制，探索建立办案指导、联席会议等制度，支持军事检察机关全面履职。进一步理顺铁路运输检察院管理体制，深化铁检改革，依托铁路运输检察院，探索设立跨行政区划的人民检察院。

① 张军：《刑事证据规则理解与适用》，法律出版社2010年版，第233页。

转型下的检察监督与检察监督的转型

李领臣*

十八大以来推进的司法四项改革，既涉及检察人员的重新分类，也涉及检察权运行的始终，改革不可谓不大，但亦不影响检察监督发展的固有路径。然而，当前检察监督遇到前所未有之变局，检察监督面临转型，研究当前转型之形势以及如何主动适应并推进转型，是检察同仁迫在眉睫之事。

一、转型下的检察监督

几十年来，检察监督虽然按照固有路径在发展和完善，但是检察监督的困境和问题一直或大或小、或明或暗地存在，这些问题本身并不是伤筋动骨的大问题，然而，日积月累的老问题同国家监察体制改革、以审判为中心等新形势相汇聚，产生连锁反应，检察监督转型之势已到。

（一）职务犯罪侦查转隶

十八届六中全会首次将“监察机关”与人大、政府、司法机关并列，暗示了国家监察权与国家行政权的分离，由此拉开了国家监察体制改革的大幕。国家监察体制改革是以习近平同志为核心的党中央确立的一项事关全局的重大政治改革，是国家监察制度的顶层设计，是推进国家治理体系和治理能力现代化的重要举措，对于坚持和加强党对反腐败工作的集中统一领导，进一步整合反腐败资源力量，深入推进党风廉政建设和反腐败斗争，实施组织和制度创新，构建不敢腐、不能腐、不想腐的有效机制，具有重大意义。监察体制改革，影响最大的就是检察机关。对于检察机关是否还行使职务犯罪侦查权，当前仍然存在争议。如马怀德就认为，“国家监察委员会应当定位为执法监督机关，而非司法机关。国家监察委员会行使监督、调查、处置等权力。检察机关拥有的侦查权、批捕权、公诉权，国家监察委员会并不继受行使。监察委员会

---

* 李领臣，法学博士，安徽省人民检察院法律政策研究室副主任。

的调查权不会取代检察院的侦查权，性质上也不同于侦查权。”[①] 不可否认，职务犯罪侦查的转隶，将对检察监督产生影响。

（二）传统领域需要突破

在检察监督体系中，诉讼监督在监督内容、监督方式、监督机制等方面最为健全和完善，[②] 诉讼监督可以说是检察监督的传统领域和主业。然而，多年来诉讼监督在实践中没有发挥其应有之作用，呈现出传统领域没有固守、主业不主之现象。探究其根源，主要还是长期不重视。在检察机关各项职权中，职务犯罪侦查效果来得快，批捕和公诉工作是刚性任务，诉讼监督逐渐沦为软任务，甚至可有可无。实践中，与相关部门主动配合的不少，着眼监督独立开展检察工作的却不多；流于形式回避责任的监督不少，攻坚克难主动担责的监督却不多。长期的关注和作为不够，诉讼监督几乎成了被遗忘的角落，导致主阵地不突出，以致社会只知职务犯罪侦查、批捕和公诉业务，而不知诉讼监督为何物。

当前，检察监督需要回归主业，诉讼监督亟须突破转型之势已经非常明显和紧迫。职务犯罪侦查权的剥离，检察工作和检察机关的地位和权威需要寻求新的支点。批捕和公诉工作虽然重要，但作为诉讼的中间环节，并没有多少发挥的空间，且其本身已不是严格意义上的法律监督事项，故无法担当强化检察监督的重任。诉讼监督作为检察监督的主业，最能体现检察监督的特质，也是最有发挥空间的领域，可担大任。在回归主业强化传统领地过程中，一边是传统实践中的以侦查为中心，一边是改革上要求的以审判为中心，检察机关位于中间必然要承受双重挤压，诉讼监督面临前所未有之考验。

一是以侦查为中心之老问题需要破解。多年的司法实践中，公检法三机关之间的相互制约、相互监督机制并未起到应有的作用，审查起诉似乎只是侦查环节的自然延续，整个诉讼制度的重心和支点似乎都在侦查。作为第一道工序的侦查是认定案件事实的实质性环节，侦查机关一旦抓获犯罪嫌疑人就意味着此案成功告破、就可以举行破案立功表彰大会，而审查起诉只是紧随其后的一个流程、一道工序，是对上游工序的例行检验与有罪包装，大量的侦查违法行为无法通过诉讼监督得到纠正，诉讼监督流于形式，导致冤假错案时有发生。公安机关在维护国家政权、社会稳定上一直发挥着至关重要的作用，在国家机关体系中一直处于强势地位，诉讼监督一直可谓心有余而无力。以前，各级政

---

① 马怀德：《国家监察体制改革的重要意义和主要任务》，载《国家行政学院学报》2016年第6期。

② 参见刘慧：《检察监督的内涵及体系化建设》，载《人民检察》2016年第23期。

法委书记兼任公安厅局长，让检察院去监督公安的违法行为，等于火中取栗；当前，各级政府部门副职兼任公安厅局长，虽然从文本上看检察机关不是政府组成部门，检察长们也不归副省长副市长副县长们领导，但公安强势之老问题亦决定了诉讼监督的不易。

二是以审判为中心之新挑战需要应对。四中全会《关于全面推进依法治国若干重大问题的决定》提出，推进以审判为中心的诉讼制度改革，确保侦查、审查起诉的案件事实证据经得起法律的检验，通过法庭审判的程序公正实现案件裁判的实体公正，有效防范冤假错案。检察工作位于审判前，以审判为中心的诉讼制度改革势必对检察工作产生重大挑战。根据宪法和刑事诉讼法的规定，公安机关、检察院和法院分享侦查、起诉和审判权，三家处理刑事案件的程序呈现出明显的分段包干式的流水作业现象。诉讼流程划分为若干诉讼阶段，诉讼活动从开始到终结，被看作向前运动、逐步发展的过程，循序进行的相互连接而又相对独立的各个部分，称为刑事诉讼阶段。人们常用“铁路警察各管一段”“一个车间，三道工序”来形容我国的诉讼阶段构造和公检法三机关的接力关系，公检法之间没有高低，不分中心，无分轩轾，莫论伯仲。[①]但就是在没有强调以审判为中心的前提下，对法院的监督亦可谓困难重重、效果不太明显。虽然以审判为中心，不是以法官为中心，也不是以法院为中心，但是审判中心地位的确立，势必提升法院和法官的地位，势必增加监督的难度。

（三）新拓领域需要发力

十八届四中全会既在宏观上明确提出，全面推进依法治国，形成“严密的法治监督体系”“完善检察机关行使监督权的法律制度，加强对刑事诉讼、民事诉讼、行政诉讼的法律监督”，又对检察监督新举措做了突破性的规定，“完善对涉及公民人身、财产权益的行政强制措施实行司法监督制度”“检察机关在履行职责中发现行政机关违法行使职权或者不行使职权的行为，应该督促其纠正。探索建立检察机关提起公益诉讼制度。”将行政违法行为和不作为纳入检察监督的范围，以及公益诉讼的提起，对国家和社会而言，有利于促进依法行政、严格执法，维护宪法法律权威，维护社会公平正义，维护国家和社会公共利益；对检察机关而言，可以通过对行政违法行为和不作为的监督将自己的触角延伸到对一般行政行为的监督，极大地扩大了检察监督的范围。行政

① 参见张建伟：《审判中心主义的实质与表象》，载《人民法院报》2014年6月20日。

乱作为和不作为一直是国家治理的难点，也是社会关注的热点，检察监督大有用武之地。可以说，十八届四中全会是对检察监督的扩权，赋予了检察监督新的增长极和着力点。

四中全会的决定如何快速精准落地变为现实，以展现检察监督的效用和魅力，回应国家意志和民众期许，是个迫切的问题。一方面，不能滥用、乱用检察监督。检察监督的扩权只是手段，必须服从于对行政违法行为和不作为监督之国家意志，服从于改革初衷。另一方面，要敢于、善于检察监督。对行政行为的监督虽是扩权，但监督对象是行政机关，是一块难啃的硬骨头。前期推行期间，必须找准突破口，选准着力点，切切实实体现出检察监督的担当与成效，将改革落地，以接受社会的检验。2015 年 7 月 1 日，十二届全国人大常委会作出《关于授权最高人民检察院在部分地区开展公益诉讼试点工作的决定》，授权最高人民检察院在北京等 13 个省级检察机关开展为期 2 年的提起公益诉讼试点，截至 2016 年 6 月，试点地区检察机关共在履行职责中发现公益诉讼案件线索 1942 件，办理诉前程序案件 1106 件，向法院提起公益诉讼 30 件，可以说试点期限过半，但是办案数太少，成效释放不出来，将影响检察监督的未来期许与发展。最高人民检察院已经注意到这一问题，并通过下放审批权等巨作，要求全国检察机关加大办案力度，至 2017 年 1 月，共提起公益诉讼 495 件，但未来仍需努力。

面对新拓领域，检察监督大有可为，亦应有所为，如何作为亦处在关键时刻，影响着检察监督的未来发展空间。

二、检察监督的转型

新改革与老问题相互交织，检察监督已经被推到关键的十字路口，无论情愿与否，都面临着关键领域被剥离、传统领域需突破、新拓领域需发力的转型之势。唯有主动适应并推动转型，检察监督才有希望。

（一）厚植检察监督的信心

面对法院系统巡回法庭的增设，面对职务犯罪侦查权的剥离，当前检察干警普遍存在着一种攀比、悲观情绪，必须予以重视，并正本清源。无论当前面临的形势多么严峻，检察监督在我国未来有其足够发展的空间，检察干警对此要充满信心并展现给社会。

一是检察监督有其独特的政治逻辑。在权力制约与监督的历史演变中，现代西方国家选择的普遍模式是采用两党制或多党制，相互制约，检察机关是刑事诉讼中的纯粹的公诉机关，无须强调其法律监督性质，在宪法上也不具有独立性。我国实行共产党领导的一元化体制，在国家的公共权力配置中，监督权具有相对独立性，检察监督是由社会主义国家权力的基本性质和运行方式决定的，它遵循了权力制衡的基本原理，是我国国家权力相互制约的特定模式。[①]不管当前如何改革，检察监督面临何种转型，即使是职务犯罪侦查权的剥离会影响检察机关和检察监督权的权威，但检察监督的定位不会变。对于监察委设置的初衷，意在实现对公职人员贪腐行为预防和查处的全覆盖，督促公职人员依法依纪履职，本质上也是一种监督，但不是法律监督，法律监督的范围也没有因此而减损。习近平总书记十八届中央纪委第六次全体会议上指出，“要完善监督制度，做好监督体系顶层设计，既加强党的自我监督，又加强对国家机器的监督”“要健全国家监察组织架构，形成全面覆盖国家机关及其公务员的国家监察体系”。同时，还需要明确的是，自侦权由谁来行使并没有固定的模式，可以赋予检察机关，也可以赋予其他机关，国家基于治理体系和治理能力现代化的需要作出调整，实属正常调整。

二是检察监督有其独特的实践价值。检察监督的价值不仅在宪法文本上，也不仅存在国家治理体制需要的应然探讨上，也存在中国的法治建设需要上。检察监督有利于保障法律的统一正确实施。我国地域广大、地域差异性明显，特别是在市场经济的运行过程中，加大了各地经济社会发展的差异程度，对法律的理解和执行不可避免地出现不同。如何不让这种差异影响法治的尊严，保证法律精神与法治原则得以彰显，检察机关的责任越来越大。检察监督有利于全面推进依法治国。检察机关通过强化法律监督，有助于建立规范的权力运用机制、严密的权力监督制约机制、完善的腐败惩治机制，有助于推动形成高效的法治实施体系、严密的法治监督体系、有力的法治保障体系，[②] 从而推进依宪治国、依法治国方略的全面实施。检察监督有利于充分保障人权。相比其他监督，检察监督具有监督的国家性、专门性、依法性、强制性和完整性等特征，通过追诉犯罪和纠正法律运用中的违法行为来保障人权。[③]

（二）研究检察监督的规律

法检两家具有很多相似性，无论是从国家层面还是社会观感，往往将两家等同看待、等同要求，这具有一定的合理性，[④] 但是我们在推进检察监督工作

① 参见谢佑平：《中国检察监督的政治逻辑及其监督指向》，载《人民检察》2016年第16期。

② 参见高宗祥：《强化检察机关法律监督的几点思考》，载《人民检察》2016年第2期。

③ 参见张智辉：《法律监督辨析》，载《人民检察》2000年第5期。

④ 参见万春：《〈人民检察院组织法〉修改重点问题》，载《国家检察官学院学报》2017年第1期。

时，更应注重研究检察机关和检察监督工作的特殊性。无论何种制度，法院作为审判机关都不可或缺，对于其作用和地位均争议不大，故没有必要再去突出审判机关的价值，特别是中国审判机关的价值。然而，检察制度作为中国特色主义司法制度中的最特色而言，必须研究检察监督的规律，凸显检察监督的价值，特别是中国检察监督的价值。

（三）完善检察监督的思路

第一，以主动适应推动检察监督的转型。监察体制改革对检察机关既是危机，也是转型机遇。一是缓解了当前检察机关的角色冲突，缓解了检察机关长期存在的监督身份的质疑。此前检察机关既搞侦查，又搞监督，社会质疑声音不断，于是检察机关不断自我限权、自我约束、自我监督，如侦捕诉分离、报批报备、批捕权上提一级、人民监督员制度等，但仍无法让社会信服。自侦部门的转隶，从根本上解决了“同体监督”的问题。二是自侦部门的转隶，检察机关将不再处于刑事犯罪打击的第一线，集中精力专司监督，从而使其在审前程序中更为中立与公正，为检察公信力的提升奠定了良好的基础。检察机关必须积极适应，变危为机，主动推动检察监督的转型。

第二，以强化主业撑起检察监督之名与实。监督是检察机关的根本属性和特色，检察机关必须回到诉讼监督的主业，突出主阵地，在监督上做大文章。自侦效果来得快，诉讼监督一直正业不务，没有外在压力，自我革新很难。可以利用此次的外在压力，有所推进，实现检察监督的真正蜕变。过去，我们往往过于强调事了人和而忽略了法律的是非曲直，过于强调社会效果而忽视了法律效果，过于强调公检法的沟通协调而忽视了监督乃检察机关的安身立命之本，检察监督的作用没有体现出来。检察机关必须淡化协调，强调监督。

第三，以检察尊荣塑造监督持久动力源。长期以来，我们习惯并满足于以各种考核来推动检察工作。实践证明，考核效果对于检察工作短期的业绩是有效果的，但就检察工作的长远发展而言其效果是极其有限的，甚至是负面的。特别是一些违反检察工作规律的考核，其副作用极其明显。一方面我们喊着要按照司法规律和检察规律办事，另一方面我们仍然关注无罪案件的判决，宣传错案要追究，并通过各种形式予以考核、通报，这种自相矛盾的态度让检察人员无所适从，这对检察荣誉的建立是毁灭性的破坏。我们必须回到职业尊荣的塑造上，通过我们的努力来体现检察工作的独特价值，体现检察监督的效用，体现检察人的存在感与担当感，这样社会才会认可，检察监督才有持久动力。

（四）强化检察监督的刚性

第一，积极争取保留一定的侦查权。如前所述，监察体制改革后，伴随着自侦部门的整体转隶，检察院不再行使一般意义上的职务犯罪侦查权。同时，自侦部门的整体转隶也并不意味着检察机关不再行使任何侦查权。检察机关应当积极争取保留机动侦查权或补充侦查权，在一定情形下行使职务犯罪的侦查权。对于机动侦查权，监察体制改革前亦有论述，[①] 改革后更为必要。一是有助于监察委员会和检察机关形成相互衔接和相互制约的机制，有利于提升国家治理成效。以澳门地区为例，虽然有专司职务犯罪侦查的廉政公署，但检察机关也行使一定的侦查权。二是有利于强化法律监督的刚性和效果。法律监督体系建设对于法治国家建设不可或缺，如何保障法律监督效果，对于国家而言亦是一个重大命题。检察机关保留一定的侦查权，可以从根基上保障监督实效，这对国家而言亦是以一种低成本实现高收益的有效方式。

第二，改进已有监督方式的法律效果。在自侦权剥离后，检察监督的形式主要是发出检察建议、纠正违法通知书等，都是弹性化监督，没有多少强制力，更多是被监督对象的自觉，效果正如王桂五先生指出的那样，“监督权与处分权是相分离的。因为按照列宁的原则，检察机关拥有广泛的法律监督的权力，一切违法犯罪行为的处理都应当在其视线之内予以检察和纠正。但是，对于违法犯罪行为的处理，检察机关只能分别情况提起诉讼，请求法院判决，或者提出纠正，由主管部门予以纠正，而无权自行作出实质性的决定和处分。”[②] 检察机关必须积极争取国家和社会支持，改进已有监督方式的刚性。一个比较可行的方式是，明确被监督机关的强制回应义务和检察建议处分权。[③] 对于检察监督，被监督对象必须予以回应，且检察机关对于回应有进行评价并建议有关部门予以处分的权力，增加监督的刚性。

第三，用好现有监督方式敢于动真碰硬。最坏的结果是侦查权完全剥离，检察机关不再行使任何侦查权，而且现有监督的刚性无法得以改进，检察机关可以结合诉讼活动的实际需要，综合运用各种监督方式，敢于对违反司法规律和检察规律的现象说不，形成监督合力；可以适时提前介入，以拓展有效的线索渠道，从源头上减少和遏制违法行为的发生，强化全程监督；可以强化审前的主导作用，正确运用不批捕不起诉的权力，发出监督的声音；可以通过强化

---

① 参见张翔：《关于赋予检察机关特别侦查权的思考》，载《法学杂志》2009 年第 11 期；兰跃军：《论适当扩大检察机关的机动侦查权》，载《内蒙古社会科学》（汉文版）2011 年第 2 期。

② 王桂五主编：《中华人民共和国检察制度研究》，法律出版社 1991 年版，第 270—271 页。

③ 参见朱立恒：《我国刑事检察监督制度改革初探——以刑事检察监督的弹性化为中心》，载《法学评论》2010 年第 1 期。

调查权，还原事实真相，并通过检察公开的方式借助社会力量，来提升监督约束力。当前正在进行的行政公益诉讼试点，并没有多少检察机关以此为后盾，被起诉对象也明显知道不会被侦查，但是效果很明显。这一事实证明，关键还是检察机关敢不敢、愿不愿去动真碰硬，有没有真正做出自己的贡献。

（五）提升检察监督的实效

第一，在监督目的上，要在控制公权中保护人权。检察机关从其产生之日起，就体现了以检察权制约侦查权和审判权的宗旨。就我国国情来说，公民的法治意识淡薄，执法不严、执法不公现象还比较严重，又因为几千年的封建传统固化了人们崇尚权力的意识，刺激着权力的膨胀，导致权力更易滥用。检察机关必须要有硬碰硬的思维和担当，着眼于对公权的制约来保障人权。

第二，在监督机制上，要在分工明确中立体联动。长期以来的实践中，检察权部门化、封闭化现象严重，各部门单打独斗的情况比较普遍，资源整合不够，信息共享不足，工作衔接不到位，监督弱化，监督措施缺乏针对性，检察机关内部没有形成监督的合力，刑事诉讼监督职能没有充分发挥，有不少关键环节和重点部位成为监督盲点。如对刑事拘留不提请逮捕，捕后随意变更措施导致案件在公安机关预审环节流失等情况也不同程度存在。究其原因，也都与诉讼监督部门之间缺乏协作和信息传递沟通不无关系。[①] 为此，必须建立诉讼监督的立体联动机制，在上下级检察机关之间、检察机关各内设机构之间以诉讼信息资源共享为基础，优化配置，进一步健全上下一体、分工合理、权责明确、高效运行的诉讼监督体制，对诉讼进行全方位、全过程的动态监督。

第三，在监督类型上，要在个案监督上实现类案监督。类案监督更易达到监督效果，更强调监督的能动作用，也更强调监督者的监督能力。可以将个案监督与综合监督相结合，在纠正具体案件诉讼活动违法的同时，对侦查机关、审判机关执法不当的共性问题进行总结分析，提出建设性的监督意见，以此促进严格、公正、文明执法。可以建立健全诉讼监督工作情况报告和通报制度，把对诉讼监督工作中遇到的重大问题、重要案件、典型案例以及案件复查报告、调研或研讨报告等及时报告上级人民检察院，上级人民检察院对其进行分析研究，对具有指导意义的复查报告、调研或研讨报告以及成功的经验和典型案例等，及时下发下级人民检察院参考，[②] 进而推动类案监督的运用。

---

① 参见张淑萍、韩超：《构建立体化刑事诉讼监督工作机制的思考》，载《中国检察官》2010 年第 11 期。

② 参见彭东：《论公诉职能中的刑事诉讼监督》，载《国家检察官学院学报》2005 年第 3 期。

司法体制改革背景下检察监督体系完善的路径考量

陈俊杰　刘俊杰*

一、法律监督与检察监督及诉讼监督的辨析：兼谈检察监督体系的提出

我国《宪法》和《人民检察院组织法》均规定："中华人民共和国人民检察院是国家的法律监督机关"。

最高人民检察院确立的工作主题也是"强化法律监督，维护公平正义"。因此，宪法始终把检察机关定位为法律监督机关，监督是检察权的本质。

检察监督就是为维护国家法制统一而履行的检察权能，检察监督则是检察机关实现法律监督目的和功能的手段或方式。① 从这一点看，法律监督与检察监督是目的与手段、功能定位与具体职能的关系。②

至于为什么要提及检察监督及检察监督体系的问题，需要从理论和现实层次来探讨。笔者认为主要有三个原因：第一，检察监督的概念完善是提出检察监督体系的理论原因。检察监督的概念要超越诉讼监督。所谓诉讼监督是指检察机关依照法律规定对民事诉讼、行政诉讼、刑事诉讼活动的法律监督。而检察监督的内涵除了包含诉讼监督外，还包含对具体行政行为的监督。因此，检察监督不等同于诉讼监督，检察监督是诉讼监督的发展，也是对诉讼监督的超越。在概念位阶上，它是法律监督的下位概念，又是诉讼监督的上位概念。③ 第二，法制完善是提出检察监督体系的规范原因。随着三大诉讼法的修改完

---

* 陈俊杰，南通市崇川区人民检察院党组成员、纪检组长；刘俊杰，南通市崇川区人民检察院检察员。

① 刘慧：《检察监督的内涵及体系化建设》，载《人民检察》2016 年第 23 期。

② 敬大力：《不断提升检察监督的法治化水平》，载《人民检察》2016 年第 23 期。

③ 敬大力：《不断提升检察监督的法治化水平》，载《人民检察》2016 年第 23 期。

善，以及通过人大授权试点，检察机关传统的诉讼监督除了职能得到强化，监督范围得到拓展，监督手段得到丰富外，行政违法行为、行政强制措施、公众利益等均成为检察机关监督的范围。因此有必要适应时势的要求提出检察监督概念。第三，当前检察监督的各范畴存在不均衡是提出检察监督体系的现实原因。随着监察体制改革的试点，检察机关的职务犯罪侦防权将与监察机关在更高的位阶进行重组和融合，检察监督的范畴将更加集中于诉讼监督、行政监督、公益监督，在这三大检察监督中，刑事诉讼监督与民事行政诉讼监督不均衡，诉讼监督与行政监督及公益诉讼监督均不平衡，正如木桶理论一样，只有补齐检察监督的薄弱环节，才能不断完善检察监督体系，全面加强检察监督。

二、检察监督体系的主要范畴：兼谈检察监督体系的构建

关于检察监督体系的主要范畴，不同的学者有不同的观点。有观点认为，应包含诉讼监督、对涉及公民人身、财产权利的行政强制措施的监督，对行政机关违法行使职权或者不行使职权的监督三项监督职能。[①] 也有观点认为，检察监督体系应按照检察机关职能部门来划分。笔者认为，研究检察监督体系的主要范畴，应考虑到党的十八届三中、四中全会“要完善检察机关行使监督权的法律制度”的顶层设计，并应注意到检察监督体系的开放发展和全面发展的特性，顺应时代发展要求，科学合理地对检察监督体系的主要范畴予以界定。笔者认为我们应构建“诉讼—公权—公益”一体化的三维检察监督体系。

（一）检察监督体系的传统范畴应定位于诉讼监督

我国的诉讼法为检察机关开展诉讼监督提供了最基本的法律支撑，明确了监督的对象、监督方式、监督程序等。诉讼监督一直是检察机关检察监督体系的传统范畴。每次诉讼法的修改完善，其中的一个思路就是把没有纳入检察机关监督的范畴予以明确，这是从根本上对诉讼监督予以完善。比如，修改后的刑事诉讼法，把指定居所监视居住的执行监督、羁押必要性审查、强制医疗的执行监督等明确赋予检察机关。修改后的民事诉讼法也把民事执行的监督明确赋予检察机关。从这一点看，检察监督体系的传统范畴应定位于诉讼监督。

（二）检察监督体系的延伸范畴应定位于公权监督

随着民事诉讼法及行政诉讼法的修改，及司法改革的不断推进，检察机关的检察监督体系如果仍局限于对诉讼活动的监督，则不能适应社会的发展需求。因为在实践中，违法限制公民人身自由，违法查封经营场所，违法查封生

---

① 刘慧：《检察监督的内涵及体系化建设》，载《人民检察》2016年第23期。

产设备，违法查封合法财物等行为还较多地存在，这并不符合国家尊重和保障人权的宪法理想。因此，在传统的诉讼监督之外，还要强化对公权监督，健全多元化民事检察工作格局，坚持行政诉讼监督与行政违法行为监督并举，构建符合我国国情的行政检察制度。这表明检察监督体系应向公权领域延伸。

（三）检察监督体系的拓展范畴应定位于公益监督

为促进行政机关和有关社会组织主动履行保护公益职责，十二届全国人大常委会第十五次会议通过决定，授权最高人民检察院在北京等 13 个省、自治区、直辖市开展为期二年的提起公益诉讼试点。试点以来，检察机关围绕生态环境和资源保护、国有资产保护、国有土地使用权出让、食品药品安全等重点领域，通过督促行政机关或相关社会组织履行职责，提起公益诉讼等方式，推动侵害公益问题的解决，努力实现公益诉讼的公益价值。这表明，检察监督的体系除了从诉讼环节延伸至公权范畴外，还需要从公权范畴拓展至公益范畴。

因此，围绕“诉讼—公权—公益”三个位阶的检察范畴，构建一体化的三维检察监督体系，不断整合融合，互相补充配合，可以在检察权的司法性、行政性、监督性外，渗入社会性的因子，一定程度上降低检察机关固有的封闭性和神秘性，有利于打造检察公信力，有利于建设检察公共关系，有利于实现更高层面的依法治国，最终更好地实现强化法律监督的宪法定位。

三、检察监督体系完善的现实动力：兼谈检察监督体系存在的问题

提出检察监督体系的概念并非真正意义上实现了检察监督，这需要一个很长的过程去实现。而要完善检察监督体系，需要对当前我国检察监督体系进行剖析。笔者认为，当前我国检察监督体系存在的问题主要体现在以下几个方面：

（一）行政检察缺乏制度机制和理念的体系支撑

毫无疑问，当前行政检察监督机制不够完善，法律规范及制度框架远不能适应社会的发展要求，是检察监督体系中最薄弱的一环，行政检察监督机制的质量在很大程度上影响着检察监督体系的整体水准。[①] 这主要体现在：第一，行政检察监督的外部性、主动性、全面性弥补行政诉讼的被动、保守、私益性的总体结构整体上还不够完善，检察监督更多地局限于诉讼监督，并没有更多

① 刘艺：《构建行政检察监督机制的意义、方法和重点》，载《人民检察》2016 年第 16 期。

地指向行政权力运行，对涉及公民人身、财产权益的行政强制措施检察监督及检察机关在履职过程中监督纠正行政机关违法行使职权或者不行使职权的机制尚处于探索阶段。第二，研究检察权与行政权关系的理论还不够深入，这就导致行政违法行为检察的理论体系不完善，理论储备不充分。第三，行政检察的人力资源配置依然匮乏。行政检察是行政诉讼检察的延伸，原有的行政诉讼检察本就存在较严重的边缘化倾向，第一批司法改革试点省的改革方案并没有扭转行政检察机构弱化和边缘化的问题。

（二）检察监督存在总体上结构失衡问题

一些地方继员额制改革之后，稳步推进大部制改革，合并职能相近的内设机构，充实一线办案岗位，着力解决职能交叉、官多兵少等问题，把侦查监督部门、控告申诉部门、民行检察部门、刑事执行检察部门合并为诉讼监督部，这种改革思路无疑是正确的。但是诉讼监督依然存在总体结构性失衡问题，“重刑事、轻民行”“重决定监督，轻执行监督”“重单打独斗，轻内外协作”“重诉讼、轻监督”等意识仍广泛存在，这些意识的存在导致传统的诉讼监督存在总体结构失衡问题。司法体制改革一方面要在裁并机构上努力，去行政化，实现扁平化，赋予检察官相对独立的判断权，另一方面也要在充实监督力量上努力，防止新一轮司法体制改革推进过程中出现新的总体性结构失衡、机构设置交叉、职能配置不清、人员配备不足等问题。

（三）检察监督程序尚未体系化、法律化

当前，我国的相关法律、法规和司法解释在规定检察监督程序方面还有许多遗漏和不足，从而导致检察权在刑事诉讼、民事诉讼、行政诉讼等方面的监督实践中发挥的作用不均衡，实际效果也大打折扣，监督模式不统一，监督体系不完善，监督程序不完备，监督渊源不集中。[①] 检察一体化运行机制未能以法律的形式固定，民事诉讼监督、行政诉讼监督、公益诉讼监督、非诉讼性监督职权行使的程序化、规范化、法律化亟须完善，[②] 对行政执法行为的监督程序、职权设置、保障救济措施不明确，实践中缺乏必要的可操作性。检察长、检察委员会、检察官、检察官助理的权力清单、责任清单、职业保护、绩效考评等制度亟须建立和完善。

---

① 王国宏：《完善检察机关法律监督程序若干思考》，载《人民检察》2016 年第 16 期。

② 徐汉明：《在“四个全面”战略布局中加快推进法律监督体系和法律监督能力现代化》，载《人民检察》2016 年第 12、13 期合刊。

四、检察监督体系完善的路径选择：兼谈检察监督体系的完善方向

检察监督体系完善的主要方向是以司法改革为契机，以剖析检察监督体系存在的问题为抓手，推动涉及检察监督体系建设的中央重大决定和精神通过立法程序上升为国家意志和法律规范，① 促使检察监督制度更精细，检察监督格局更完善，检察监督手段更全面，检察监督程序更规范。在司法改革背景下，检察监督体系的完善可以从以下几个方面着手。

（一）集中力量构建行政检察监督体系

笔者认为，在完善检察监督体系中，最重要的就是集中力量构建行政检察监督体系，具体的路径体现在以下几点：第一，要认真研究行政内部监督、行政外部监督的不足与缺陷，找准行政检察监督介入行政执法活动的切入点，实现对行政裁量的合理规制。② 第二，要以党的十八届四中全会精神为引领，积极推动修改完善《人民检察院组织法》，从法律层面明确检察机关对行政机关执法监督的权能，在立法的基础上，对行政检察的法律、行政法规、司法解释等渊源进行体系化清理，并不断丰富和完善行政检察程序立法，构建制发检察建议、提起行政公益诉讼、职务犯罪侦查等监督手段体系。第三，司法改革不仅要机构改革，更要观念改革。要配优配强行政检察监督力量，摆脱行政检察单兵作战的困境，调动行使职务犯罪、侦查、公诉、侦查监督、控告申诉、刑事执行等职权的检察官向行政检察人员提供线索制度，营造检察院一盘棋支持行政检察监督的氛围，逐步实现从个案监督到类案监督的转变，提升行政检察的影响力，促进依法行政。比如，有的地方公诉部门在审查起诉案件过程中，发现该地市场监管局对注水牛肉的监管不到位，遂将线索移交给行政检察部门，行政检察部门依法发出督促履职类检察建议，取得较好的效果。

（二）创新创优完善诉讼监督体系

诉讼监督是检察监督体系的传统范畴，在司法体制改革背景下，要创新创优完善诉讼监督体系。笔者建议从以下几个方面努力：第一，紧扣司法体制改革的契机，完善办案模式，优化内设机构设置，大力推进去行政化，完善内部工作机制和协作配合机制，着力补齐民事检察、刑事执行检察的短板，完善减刑、假释、暂予监外执行的同步监督，构建社区矫正多元化监督模式，多方协同推进财产刑执行监督，并在此基础上推进监督业务办案化，特别是对刑事执

① 刘慧：《检察监督的内涵及体系化建设》，载《人民检察》2016 年第 23 期。

② 湛中乐：《三个方面构建科学的行政检察监督体系》，载《人民检察》2015 年第 2 期。

行监督的办案化要纳入检察机关统一业务系统。[1] 第二，推行侦查监督审查逮捕程序中控辩裁三方听证模式。现行的审查逮捕模式是以书面为主，以讯问犯罪嫌疑人、听取辩护律师意见、询问证人等诉讼参与人为辅，不能有效防范错捕、滥捕的问题，为此需要建构控辩裁三方听证模式，在中立的检察官主持下，由侦查人员与犯罪嫌疑人及其辩护律师等诉讼参与人共同参与，以言辞方式进行的程序性裁判机制。[2] 第三，建立以刑事抗诉为核心的多元化审判监督体系。要坚持以审判为中心的诉讼制度改革，发挥刑事抗诉的引领作用，发挥检察机关内设机构之间的合力，深入开展刑事抗诉质效年活动，深入排查抗诉线索。同时要认真建构纠正违法通知书、口头纠正违法、检察建议书等多层次的审判监督体系，积极开展类案研究，推进检察长列席审判委员会制度的落实，防止多头监督和监督盲点。

（三）不断规范和完善检察监督程序

规范和完善检察监督程序是尊重程序的独立价值、遵循诉讼规律和提升检察监督效果的重要体现。在当前司法体制改革的背景下，规范和完善检察监督程序可以从以下几个方面开展：第一，加强对检察监督程序的理论研究。检察监督体系的理论研究成果较少，对司法改革背景下检察监督的属性、规律没有形成体系，对检察监督的模式以及检察监督手段体系等均缺乏系统的研究，对于口头纠正违法、书面纠正违法、制发检察建议等手段缺乏清晰的层次界定，对此检察监督的理论研究要注重科学性、创新性、精细性。第二，深入落实宪法精神，推动相关法律的修改和完善。随着司法体制的深入进行，《人民检察院组织法》《检察官法》等法律需要修改和完善。为此，需要紧扣宪法精神、检察工作规律，完善独立行使检察权的检察监督程序，转变外部式监督为内部式监督，积极借鉴对刑事诉讼的监督模式，明确检察机关在民事和行政诉讼中的国家公诉人地位，[3] 同时要注意相关法律与三大诉讼法等法律的衔接和协调。第三，系统清理检察监督的程序性规范，促进规范化建设。目前，有的检察监督程序规范不集中，分布较散，有的规定在法律中，有的规定在司法解释、会议纪要中，还有的规定在司法改革文件中，要充分利用司法改革的契机，对上述规范进行系统清理、汇编，为将来制定有关检察监督程序性法律规范提供基础，实现监督标准、监督程序、监督手段和监督文书的规范。

---

① 祝黎明：《监督业务办案化的实现路径》，载《人民检察》2016 年第 23 期。

② 闵春雷：《审查逮捕程序中控辩裁三方听证模式的建构》，载《法制与社会发展》2016 年第 3 期。

③ 王国宏：《完善检察机关法律监督程序若干思考》，载《人民检察》2016 年第 16 期。

论我国刑事检察监督体系的完善

程相鹏*

一、刑事检察监督的实证分析

关于刑事检察监督的立法，散见于2012年《刑事诉讼法》各编各章，条文不多，大致有21条，在290个条文中约占7%，其中第8条（人民检察院依法对刑事诉讼实行法律监督）上承《宪法》，是总则性规定；第47条规定检察机关对阻碍辩护人、诉讼代理人依法行使诉讼权利的行为，予以纠正；第55条规定监督侦查机关纠正非法证据；第73条规定对指定居所监视居住是否合法实行监督；第85、86、87、88条规定提前介入、审查逮捕；第93条规定羁押必要性监督；第98、168条规定监督公安机关侦查活动是否合法；第111条确立立案监督制度；第203条规定监督人民法院审理案件程序；第240条规定死刑复核监督；第243条规定再审监督；第255、256条规定对暂予监外执行监督；第262、263条规定对减刑、假释予以监督；第265条规定对刑罚执行活动是否合法实行监督；第289条规定对强制医疗予以监督。2012年《人民检察院刑事诉讼规则（试行）》以专章形式（第十四章“刑事诉讼法律监督”）对刑诉法规定的刑事检察监督作了司法解释，共9节116条，从第552条至第667条。2012年最高人民法院、最高人民检察院、公安部、国家安全部、司法部、全国人大常委会法制工作委员会联合制定的《关于实施刑事诉讼法若干问题的规定》（以下简称《六机关规定》）对刑诉法有关条文作出解释，也关涉刑事检察监督。可见，“根据现行法律规定，检察机关对刑事诉讼的法律监督主要体现在四个方面，即刑事立案监督、刑事侦查监督、刑事审判监督和刑事执行监督”。①

---

* 程相鹏，浙江省湖州市人民检察院案件管理办公室副主任，一级检察官，全国首批检察调研骨干人才。

① 卞建林、李晶：《刑事诉讼法律监督制度的健全与完善》，载《国家检察官学院学报》2012年第3期。

为直观地分析检察机关履行刑事检察监督职责状况，笔者选取2010年至2015年全国检察机关实施刑事检察监督的业务数据加以分析，为保证数据来源权威，以中国法律年鉴社公开出版的《中国法律年鉴》和《最高人民检察院工作报告》为依据对刑事检察监督数据进行了年度统计，[①] 为行文方便，下面试分述之。

（一）刑事立案监督司法现状

表一：人民检察院立案监督纠正情况统计表（2010—2015）

年度	监督立案（件次）	已纠正	纠正率（%）	监督撤案（件次）	已纠正	纠正率（%）
2010	32830	31203	95.0	11311	10703	94.6
2011	21201	19786	93.3	11966	11867	99.2
2012	29732	27837	93.6	20470	20163	98.5
2013	31754	29359	92.5	25627	25211	98.4
2014	24072	21236	88.2	18200	17673	97.1
2015	17546	14509	82.7	10464	10384	99.2
合计	157135	143930	91.6	98038	96001	97.9

表二：人民检察院立案监督情况统计表（2010—2015）

年度	公安刑事立案数（件）	监督立案已纠正（件次）	监督立案率（%）	监督撤案已纠正（件次）	监督撤案率（%）
2010	5969892	31203	0.52	10703	0.18
2011	6004951	19786	0.33	11867	0.20
2012	6551440	27837	0.42	20163	0.31
2013	6440066	29359	0.46	25211	0.39
2014	6539692	21236	0.32	17673	0.27
2015	7174037	14509	0.20	10384	0.14
合计	38680078	143930	0.37	96001	0.25

① 本文引用数据，如无特别注明，均引自2011—2016年《中国法律年鉴》和《最高人民检察院工作报告》。

从表一、表二可以看出，检察机关实施刑事立案监督包括两个方面的内容：一是监督立案，二是监督撤案。其中监督撤案是超出刑事诉讼法规定的立案监督范围的，1996 年和 2012 年《刑事诉讼法》仅是规定了对公安机关应当立案而不立案的情形予以监督，对于不应当立案而立案的情形并未涵盖。监督撤案是最高检察机关鉴于司法实践中公安机关滥用刑事手段插手民事经济纠纷现象比较明显而在《人民检察院刑事诉讼规则（试行）》中作了扩张司法解释,[①] 在司法实践中也得到了公安机关的认可，2010 年 7 月 26 日，最高人民检察院、公安部联合印发了《关于刑事立案监督有关问题的规定（试行）》。表一主要反映的是全国检察机关在 2010 年至 2015 年度的监督公安机关立案、撤案以及公安机关纠正情况的数据，提出监督立案的数量从 2010 年度的 30000 余件下滑到 2015 年度的不到 15000 件，公安机关纠正率比较一般，最高是 2010 年度的 95.0%，最低是 2015 年度的 82.7%，监督立案数量与纠正率呈现出逐年下降趋势，2012 年《刑事诉讼法》修改后反而不如修改之前高，但是监督撤案数量却是相对在增长，从 2010 年度与监督立案数量相差 20000 余件缩小到 2015 年度相差 7000 件，纠正率也是逐年提高，最高达 99% 以上。立案监督数量总量不是很多，最高的年份 2013 度也只是书面提出纠正 57000 余件，与同期全国 3218 家基层检察院的庞大机构数量相较，平均一家基层检察院办理了 17.8 件立案监督案件，如果再把 401 家分、州、市级检察院算上，这个比例更低，仅有 15.8 件；最低年份 2015 年度书面提出纠正仅仅有 28010 件，基层检察院平均办理约 8.7 件，加上地市级检察院，一家检察院平均仅办理约 7.7 件。表二主要反映的是全国检察机关在 2010 年至 2015 年度监督公安机关立案、撤案已纠正案件数与全国公安机关同期刑事立案数量的比较情况，可以看出，立案监督数量包括监督立案与监督撤案已纠正数量占公安机关刑事立案数量的比例非常低，最高仅占比 0.85%，最低占比 0.34%，在公安机关每年立案六七百万案件中似乎可以忽略不计，百分之一的比例也占不到，几乎都没有公安机关刑事立案数量的零头大。综上，检察机关实施刑事立案监督案件总量绝对数看似不小，每年从 2—3 万件至 5—6 万件不等，纠正率也达到百分之八九十，监督撤案纠正率甚至高达 99%，但是立案监督总量与公安机关年均刑事立案六七百万的案件数量相比几乎没有成绩可言，纠正率也没有做到百分之百，特别是监督立案纠正率比较低，刑诉法明确规定检察机关通知立案

① 参见刘福谦：《〈关于刑事立案监督有关问题的规定（试行）〉之理解与适用》，载《人民检察》2010 年第 17 期。

的，公安机关应当立案，监督结果却是公安机关竟然有百分之一二十的案件拒不立案侦查。因此，有学者在考证后指出“检察机关的立案监督职能发挥了一定作用，但程度较为有限。”①

（二）刑事侦查监督司法现状

为便于说明问题，笔者将检察机关对侦查活动的监督分为检察机关对公安机关的侦查程序性监督和结果性监督，结果性监督包括审查逮捕监督和审查起诉监督。侦查程序性监督主要是纠正违法行为，书面提出纠正意见；结果性监督主要是作出批准逮捕、不批准逮捕、追加逮捕（即纠正漏捕）、不起诉、追加起诉（即纠正漏诉），产生一定的刑事诉讼结果。从表三可以看出，2010—2015年度，书面提出纠正意见数量从三万余件至七万余件不等，最高年份是2013年度72000余件，比最低年份2010年度34000余件增加一倍不止，先增长后下降，总量上看似不低，但是与公安机关同期刑事立案数量相比真正称得上小巫见大巫，书面提出纠正意见率最高也才百分之一多一点，最低仅有百分之零点五，简直可以忽略不计。书面提出纠正意见总量如果和检察机关机构数量相比较，也是非常之低。按照2013年度72718件，平均全国每个基层检察院也仅办理22.6件，如果加上地市级检察院，平均办理20.1件。提出纠正意见的纠正率，客观地说，还是比较高的，最高达到百分之九十七之多，最低也有百分之八十五，侦查机关基本上接受了检察机关书面提出的纠正意见，但是并没有完全接受，最高有百分之十五之多不予纠正。相较于侦查程序性监督方面，侦查结果性监督方面效果更好一些，从表四、表五可以清晰地看到，检察机关批准逮捕人数逐年稳步下降，相应地，不批准逮捕、不起诉人数逐年上升，不捕率、不诉率也逐年上升，不捕率最高达到了百分之二十多，不诉率也达到了百分之五多，追捕、追诉人数逐年下降，追捕率、追诉率也是逐年下降，这充分说明检察机关能够秉持客观中立的立场，遵守检察官客观性义务原则，按照《宪法》《刑事诉讼法》尊重和保障人权的规定，履行法律监督职责。

① 左卫民、赵开年：《侦查监督制度的考察与反思——一种基于实证的研究》，载《现代法学》2006年第6期。

表三：人民检察院侦查监督情况（程序性监督）统计表（2010—2015）

年度	公安刑事立案数（件）	书面提出纠正意见（件次）	提出纠正意见率（%）	已纠正（件次）	纠正率（%）
2010	5969892	34180	0.57	32599	95.4
2011	6004951	39812	0.66	38217	96.0
2012	6551440	57280	0.87	55582	97.0
2013	6440066	72718	1.13	70432	96.9
2014	6539692	55299	0.85	52340	94.6
2015	7174037	37292	0.52	31874	85.5
合计	38680078	296581	0.77	281044	94.8

表四：人民检察院侦查监督情况（审查逮捕监督）统计表（2010—2015）

年度	批捕（人）	追捕（人）	追捕率（%）	不批捕（人）	不捕率（%）
2010	916209	—	—	—	—
2011	908756	36976	4.1	151095	14.3
2012	969905	42756	4.4	179212	15.6
2013	879817	39656	4.5	195378	18.2
2014	879615	27496	3.1	201759	18.7
2015	873148	18196	2.1	221761	20.3
合计	5427450	165080	3.7	949205	17.4

表五：人民检察院侦查监督情况（审查起诉监督）统计表（2010—2015）

年度	提起公诉（人）	追诉（人）	追诉率（%）	不起诉（人）	不诉率（%）
2010	1148409	—	—	—	—
2011	1201032	31868	2.7	39754	3.2
2012	1390771	37620	2.7	51393	3.7
2013	1324404	34933	2.6	67820	4.9
2014	1391225	32280	2.3	75487	5.1
2015	1390933	23722	1.7	76565	5.2
合计	7846774	160423	2.4	311019	4.4

(三)刑事审判监督司法现状

表六:人民检察院刑事审判监督情况统计表(2010—2015)

年度	人民法院审理刑事案件数(件)	书面提出纠正意见(件次)	提出纠正意见率(%)	已纠正	纠正率(%)
2010	—	6628	—	—	—
2011	—	8655	—	—	—
2012	1097341	12323	1.1	11799	95.7
2013	1059752	17217	1.6	16778	97.5
2014	1144838	10246	0.9	9891	96.5
2015	1243204	7232	0.6	6544	90.5
合计	4545135	47018	1.0	45012	95.7

表七:人民检察院办理刑事二审抗诉案件情况统计表(2012—2015)

<table>
<tr><th rowspan="2">年度</th><th rowspan="2">提出抗诉(件)</th><th colspan="3">审判结果合计(件)</th><th rowspan="2">改判/审判结果</th><th rowspan="2">法院二审结案(件)</th><th rowspan="2">抗诉结案/二审结案</th><th rowspan="2">法院二审改判(件)</th><th rowspan="2">抗诉改判/二审改判</th></tr>
<tr><th>改判</th><th>维持原判</th><th>发回重审</th></tr>
<tr><td rowspan="2">2012</td><td rowspan="2">5264</td><td colspan="3">3627</td><td rowspan="2">50.0%</td><td rowspan="2">108096</td><td rowspan="2">3.4%</td><td rowspan="2">13511</td><td rowspan="2">13.4%</td></tr>
<tr><td>1813</td><td>779</td><td>1035</td></tr>
<tr><td rowspan="2">2013</td><td rowspan="2">5421</td><td colspan="3">3715</td><td rowspan="2">57.1%</td><td rowspan="2">102991</td><td rowspan="2">3.6%</td><td rowspan="2">14724</td><td rowspan="2">14.4%</td></tr>
<tr><td>2121</td><td>740</td><td>854</td></tr>
<tr><td rowspan="2">2014</td><td rowspan="2">6126</td><td colspan="3">4089</td><td rowspan="2">55.4%</td><td rowspan="2">118915</td><td rowspan="2">3.4%</td><td rowspan="2">14314</td><td rowspan="2">15.8%</td></tr>
<tr><td>2267</td><td>881</td><td>941</td></tr>
<tr><td rowspan="2">2015</td><td rowspan="2">5696</td><td colspan="3">3770</td><td rowspan="2">48.9%</td><td rowspan="2">141155</td><td rowspan="2">2.7%</td><td rowspan="2">15571</td><td rowspan="2">11.8%</td></tr>
<tr><td>1845</td><td>957</td><td>968</td></tr>
<tr><td rowspan="2">合计</td><td rowspan="2">22507</td><td colspan="3">15201</td><td rowspan="2">52.9%</td><td rowspan="2">471157</td><td rowspan="2">3.2%</td><td rowspan="2">58120</td><td rowspan="2">13.8%</td></tr>
<tr><td>8046</td><td>3357</td><td>3798</td></tr>
</table>

表八：人民检察院办理刑事再审抗诉案件情况统计表（2012—2015）

年度	提出抗诉(件)	审判结果合计(件)			改判/审判结果	法院再审结案(件)	抗诉结案/再审结案	法院再审改判(件)	抗诉改判/再审改判
		改判	维持原判	指令再审					
2012	932	842			36.7%	2853	29.5%	1246	24.8%
		309	71	462					
2013	813	670			46.6%	2785	24.1%	1176	26.5%
		312	60	298					
2014	927	719			47.0%	2906	24.7%	1317	25.7%
		338	58	323					
2015	895	624			45.4%	2844	21.9%	1357	20.9%
		283	54	287					
合计	3567	2855			43.5%	11388	25.1%	5096	24.4%
		1242	243	1370					

有学者认为，检察机关通过三种方式开展刑事审判活动监督：一是以检察院的名义对法院违反法定程序的审判活动、行为提出纠正意见；二是通过抗诉对法院裁判提出异议而启动二审、再审程序；三是通过立案侦查审判人员的贪赃枉法、徇私舞弊等犯罪行为，保障司法公正。[①] 考虑到职务犯罪侦查权的转隶，本文就没有将立案侦查审判人员职务犯罪案件纳入统计，表六、表七、表八仅是纠正违法和抗诉数据。从表六可以看出，在2012年至2015年期间，检察机关共提出书面纠正意见47018件次，平均每年提出11754件次，最多年份2013年度才有17000余件，最少年份2015年度仅有区区7000余件，与人民法院审理刑事一审、二审、再审案件百余万件的总量相比较，平均书面提出纠正意见率也仅有百分之一，2015年度更是仅有0.6%，最高年度2013年度才有1.6%；具体到全国3000余家基层检察院这样一个庞大机构数量，每家基层检察院2015年平均也仅仅书面提出纠正意见2件次，如果包括地市级检察院，平均没有2件，检察机关对人民法院的刑事审判监督可以说几乎没有开展。虽然检察机关书面提出纠正意见总量不大，但是人民法院纠正率还是比较高的，平均达到95.7%，最低纠正率也有百分之九十以上，最高可达到百分之九十七以上，说明人民法院对检察机关书面提出的纠正意见基本接受，当然离完全

① 参见陈国庆：《检察制度原理》，法律出版社2009年版，第20页。

接受还是有一点差距。与2010年之前相比较，人民法院的纠正率已经有大大的提高，1998年至2009年平均纠正率才近百分之七十，书面提出纠正意见20924件次，法院纠正14767件次。[①]

从表七可以看出，全国检察机关四年共提出二审抗诉案件22570件，年均约5643件，总量不大，平均到3000余家基层检察院，每家基层检察院才提起抗诉约1.9件，还不到2件，如果再加上地市级检察院，数据更低。法院对检察院抗诉案件作出改判结果四年共有8046件，占抗诉作出审判结果案件的52.9%，改判率一半以上，加上发回重审，比例更高。抗诉结案占法院二审结案比例非常低，最低2015年度仅有2.7%，年均只有3.2%，意味着96.8%的二审结案均是被告人上诉。抗诉改判案件占法院二审改判案件比例也不高，最低也是2015年度，仅有11.8%，年均只有13.8%，86.2%的改判案件都是被告人上诉案件。从另一个视角看，根据上诉不加刑的法律规定，86.2%的改判案件都是由重改轻，检察机关没有对这些案件提起抗诉。

从表八分析，人民检察院办理刑事再审案件总量比较小，四年共办理3567件，年均不到900件，具体到全国3000余家基层检察院，平均每家办理0.3件，几乎可以忽略不计。法院对再审抗诉案件已经作出审判结果2855件，其中改判1242件，改判占作出审判结果43.5%，改判率不到一半。抗诉结案占法院再审结案的比例相较于二审要高得多，年均25.1%，最低也有21.9%。抗诉改判案件占法院再审改判案件也比二审情况要好一点，占比年均24.4%，最低年份也有20.9%。但是从年均来看，罪犯申诉改判占比高达75.6%，也是非常高。表七、表八显示，检察机关并没有对法院所有的错误裁判提起抗诉，无论是二审还是再审。

（四）刑事执行监督司法现状

表九：人民检察院刑事执行监督情况统计表（2010—2015）

年度	书面提出纠正（人次）	已纠正（人次）	纠正率（%）	提出纠正监管活动（人次）	提出纠正减刑假释暂予监外执行不当（人次）	提出纠正超期羁押（人次）
2010	31634	—	—	20181	10928	525
2011	36563	—	—	24075	12245	243
2012	47911	47253	98.6	32472	14851	588
2013	60750	60013	98.8	43389	16906	455

① 数据来源参考中国法律年鉴社出版的1999年至2010年《中国法律年鉴》。

续表

年度	书面提出纠正(人次)	已纠正(人次)	纠正率(%)	提出纠正监管活动(人次)	提出纠正减刑假释暂予监外执行不当(人次)	提出纠正超期羁押(人次)
2014	68445	67942	99.3	43855	24116	474
2015	55063	54487	99.0	31607	23017	439
合计	232169	229695	98.9	175398	101575	2723

从表九统计数据范围可以看出，检察机关对刑事执行监督主要是包括三部分：一是对监管场所的监管活动的监督，二是对刑事执行机关办理减刑、假释、暂予监外执行不当的监督，三是对监管场所羁押期限监督，即纠正超期羁押。2012 年至 2015 年度，全国检察机关书面提出纠正意见 232169 人次，平均每年提出 58042 人次，刑事执行机关已经纠正 229695 人次，纠正率平均达到 98.9%，基本上是逐年提高，最高是 2014 年度高至 99.3%。分类来看，提出纠正监管活动与提出纠正减刑假释暂予监外执行人次数量基本上是逐年增加，超期羁押基本上保持在 500 人左右，只有 2011 年度比较少，仅有 242 人次。由于《中国法律年鉴》基本上没有刑事执行机关的相关统计数据，检察机关实施刑事执行监督与刑事执行机关办理案件的比较难做到，仅发现 2013 年度，全国监狱办理减刑假释暂予监外执行案件数（件）450809 件，而全国检察机关 2013 年度提出减刑假释暂予监外执行不当 16906 人次，提出纠正监督率约为 3.8%，虽然不够高，但是与刑事立案监督、侦查监督、审判监督不到百分之一的提出纠正监督率相比，已经算是比较高了。

本文对刑事检察监督的实证分析主要是从检察机关监督法律规范和司法实践两个层面展开，具体到司法实践现状，基本上按照检察机关实施刑事立案监督、侦查监督、审判监督与执行监督提出监督纠正意见与被监督机关办理刑事案件数量相比较以及提出纠正意见被接受度（即纠正率）两个方面进行统计数据解读，从以上监督数据基本可以看出检察机关实施刑事检察监督力度有限、实效性不足，检察机关的法律监督职责履行的并不到位。需要说明的是，这是检察机关在以完全拥有职务犯罪侦查权力为法律监督坚实支撑力量的前提下做到的监督结果。如果没有职务犯罪侦查权力，刑事检察监督的效果可想而知。

二、当下刑事检察监督的问题分析

《刑事诉讼法》虽然经历了两次大修，对我国刑事检察监督制度作出了一定程度的完善，例如，扩展了检察监督的范围，细化和完善了检察监督的程序，强化了检察监督的效力和刚性，完善了检察机关对诉讼参与人的权利救济机制，[①] 但是上文刑事检察监督的司法实践现状表明仍然存在一些不容忽视的缺陷。归纳起来，主要有以下几点：

（一）刑事检察监督法律规范不严谨

关于刑事检察监督的法律规范，2012 年《刑事诉讼法》及相关司法解释、规范性法律文件依然有不一致之处，缺乏法律规范应有的严谨性。以刑事立案监督规定为例，1996 年《刑事诉讼法》第 87 条仅规定了对公安机关应当立案侦查而不立案侦查的监督，但是 1998 年《人民检察院刑事诉讼规则》却既规定了对公安机关应当立案侦查而不立案侦查的监督，又规定了对公安机关不应当立案侦查而立案侦查的案件的监督，显然最高人民检察院的司法解释属于扩张解释，超出了刑事诉讼法立法条文含义应有的范畴，2012 年修改《刑事诉讼法》和《人民检察院刑事诉讼规则》时却并未对此作出修改，而是将 1996 年《刑事诉讼法》的第 87 条条文原封不动转换为 2012 年《刑事诉讼法》的第 111 条，相应地，司法解释也没有修改，内容完全一致，立法与司法解释的不一致得到了保留。客观地讲，“本条是根据实践中存在的一些公安机关应当立案而不立案，群众告状无门，对犯罪打击不力的实际情况而新增加的规定。”[②] 该条立法规定无疑突出了加强打击犯罪的刑事诉讼目的导向，但却疏漏了刑事诉讼另一目的——保障人权，导致了立法不够周延。相比较而言，最高人民检察院的司法解释倒是比较完备，规定周延。再以刑事审判监督为例，2012 年《刑事诉讼法》第 203 条规定：“人民检察院发现人民法院审理案件违反法律规定的诉讼程序，有权向人民法院提出纠正意见。”2012 年《六机关规定》第 32 条却规定人民检察院对违反法定程序的庭审活动提出纠正意见，应当由人民检察院在庭审后提出。秉持这一立法解读精神，最高人民检察院《人民检察院刑事诉讼规则（试行）》第 580 条作出了“人民检察院对违反程序的庭审活动提出纠正意见，应当由人民检察院在庭审后提出”的规定。事实上 1996 年《刑事诉讼法》、1998 年《六机关规定》和最高人民检察院司法解释也是如此规定，2012 年对此没有作出任何修改，全盘接受。从刑诉法的条文词语涵义解读，应当涵盖庭审时当庭提出纠正意见和庭审后提出纠正意见

① 参见宋维彬：《新刑事诉讼法实施中的检察监督》，载《国家检察官学院学报》2013 年第 3 期。

② 全国人大常委会法制工作委员会刑法室编：《中华人民共和国刑事诉讼法条文说明、立法理由及相关规定》，北京大学出版社 1998 年版，第 242 页。

两种情形，但是《六机关规定》和最高人民检察院司法解释却将刑诉法条文解读为“庭审后”一种情形，显然作了限缩解释，法律规范不一致。《六机关规定》是否具备法律效力？司法实践证明是约束了刑事诉讼各方的。最高人民法院、最高人民检察院拥有司法解释权力，其他四机关并无司法解释权力，更无立法解释权，全国人大常委会虽有立法解释权力，但是其内设机构法制工作委员会并无此项权力。笔者只能称作其为规范性法律文件。

（二）刑事检察监督力度有限

从上文对刑事检察监督的实证分析，可以清晰地看出检察机关实施刑事立案监督、侦查监督、审判监督及执行监督力度不大，非常有限，立案监督、侦查监督提出纠正意见率年平均不到百分之一，最高略高于百分之一，最低仅有千分之五多，审判监督提出纠正意见率平均也只有百分之一，从已知数据看，只有执行监督相对较好，但也只有百分之三多。检察机关对于侦查机关、审判机关与执行机关等被监督机关办理的天量案件提出的监督纠正意见竟然如此之少，平均一百件案件也不过是对一件案件提出监督意见，甚至是“千里挑儿”。这是否意味着我国公安机关、法院和监狱等机关的执法司法水平非常之高，检察监督可有可无？事实上，“这种千里挑儿的侦查监督局面并非说明我国公安机关的办案质量已经达到了无可挑剔的程度，就近年来不断曝光的由刑讯逼供导致的冤假错案和社会上对侦查行为表现出的不满来看，我国检察机关的侦查监督工作还有很大的改进余地”。① 另外，从总体上看，法院二审、再审改判案件数量也呈上升趋势。“这表明我国刑事案件裁判的质量仍不尽如人意，近年来媒体屡屡曝光的刑事冤错案件也证明了这一点。可以说，强化检察机关对法院裁判的监督具有较为强烈的现实必要性。”② 理论上、应然层面上，检察机关享有《宪法》《刑事诉讼法》赋予的法律监督职权；司法实践中、实然层面上，为何刑事检察监督却监督乏力，力度有限？笔者认为，《刑事诉讼法》“在立法设计时将检察机关的法律监督模式塑造为了一种‘外在式’‘事后型’监督模式，即检察机关不具体负责或支配某项程序权力，而仅仅是以一个程序‘旁观者’或曰‘第三者’的立场和身份来对刑事诉讼流程实施监督，这一立法设计弱化甚或虚化了检察机关在刑事诉讼中的法律监督角色，”③ 直接导致了实践中刑事检察监督力度有限。“外在式”“事后型”监督模式导

① 詹建红、张威：《我国侦查权的程序性控制》，载《法学研究》2015 年第 3 期。

② 宋维彬：《新刑事诉讼法实施中的检察监督》，载《国家检察官学院学报》2013 年第 3 期。

③ 万毅：《论检察监督模式之转型》，载《法学论坛》2010 年第 1 期。

致检察机关游离于侦查程序之外，侦查机关的侦查活动脱离于侦查监督，以至于“无论是司法实务中还是司法解释上，侦查监督基本依赖卷宗，基本是事后审查”，[①] 也基本是在办理审查批准逮捕案件时发现立案监督、侦查监督线索，除此之外，除非受理诉讼参与人控告、申诉，检察机关基本无从知晓侦查机关的立案、侦查行为是否合法，违法行为发现机制极为不畅，也就难以起到监督侦查行为合法性的作用。在刑事审判监督上的事后监督，“至多起到一种下不为例的警示而已，与法律监督本该起到的纠错作用相去甚远；而审判机关完全可以对这种庭审后的书面纠正意见或‘采’而不‘纳’，或‘纳’而不‘改’，理由倒也充足合理：庭审已结束。”[②] “久而久之，这种事后的监督将很有可能流于形式。”[③]

（三）刑事检察监督实效性不足

从前文刑事检察监督实证分析可以看出，刑事审判监督和刑事执行监督，案件监督纠正率比较高，最低年份也在百分之九十以上，最高年份接近于百分之百，但是刑事立案监督与侦查监督的纠正率相对而言就比较低，“2013 年 1 月至 2016 年 9 月，对公安机关应当立案而不立案的，监督立案 75208 件，公安机关立案率为 87%；对公安机关不应当立案而立案的，督促撤案 59307 件，公安机关撤案率为 97%；共书面纠正侦查活动违法 175062 件次，侦查机关采纳率为 91.5%。”[④] 可见 2012 年刑诉法修改以来，立案监督有 13% 的案件，检察机关通知公安机关立案而公安机关却不予立案，书面纠正侦查活动违法有 8.5% 的案件，侦查机关接到纠正违法通知后未予纠正，对此，检察机关按照目前立法和司法解释，除该侦查行为形成证据符合非法证据情形予以排除和构成职务犯罪予以追究刑事责任外，也只能督促回复和向上一级检察院报告。“而事实上，前者效力十分微弱，后者这种通过上级检察机关通知同级公安机关督促下级公安机关实现纠正意见的做法很少运用。因此，对于被监督机关既不执行纠正违法又不提出异议的行为，检察机关无可奈何。”[⑤] 这充分说明刑

---

① 左卫民、赵开年：《侦查监督制度的考察与反思——一种基于实证的研究》，载《现代法学》2006 年第 6 期。

② 万毅：《论检察监督模式之转型》，载《法学论坛》2010 年第 1 期。

③ 谭芳、伍金雄：《论刑事审判的法律监督》，载《律师世界》1999 年第 2 期。

④ 参见曹建明：《最高人民检察院关于加强侦查监督、维护司法公正情况的报告——2016 年 11 月 5 日在第十二届全国人民代表大会常务委员会第二十四次会议上》。

⑤ 叶萍：《论刑事诉讼检察监督中的纠正违法制度》，载《河南社会科学》2015 年第 12 期。

事检察监督实效性不足，检察权威不高，法律监督苍白无力。为何理论上检察机关的法律地位如此之高，而实践中法律监督却出现如此尴尬被动局面？笔者认为，这是因为“长期以来，我国立法总是习惯于从正面规定检察机关有权对哪些事项进行监督，而很少规定如果被监督的机关拒绝执行检察机关的监督意见，检察机关可以采取何种制裁措施。由于缺乏制裁机制做保障，被监督者听与不听几乎不承担任何法律后果，导致检察机关的指令经常被消极抵制，检察监督流于形式。”① 如2012年《刑事诉讼法》第115条（人民检察院对申诉应当及时进行审查，情况属实的，通知有关机关予以纠正）和第255条（监狱、看守所提出暂予监外执行的书面意见的，应当将书面意见的副本抄送人民检察院。人民检察院可以向决定或者批准机关提出书面意见）就是此类规定。“这种仅限于通知或提出纠正意见的监督方式，对被监督机关没有任何威慑力，被监督者即使不纠正也不会承担不利后果，导致检察监督的许多条款在实践中形同空文。”②

（四）刑事检察监督尚未充分体现刑事诉讼保障人权的目的

由于“诉讼目的决定着法律监督的任务、范围和方法”，③ 所以刑事检察监督必须服务于刑事诉讼目的，充分体现刑事诉讼目的。我国《刑事诉讼法》经过2012年的修改，初步实现了刑事诉讼目的的转型，即从单一的惩罚犯罪目的转型为惩罚犯罪与保障人权的双重目的。相应地，刑事检察监督的功能定位应当从控制犯罪转型为惩罚犯罪与保障人权，特别是要更加突出保障人权。因为对侦查活动的监督并非属于实现控制犯罪的途径，理由很简单，“没有监督的侦查，对于犯罪的威慑更大，而受到监督的侦查则是保证其在法治范围内进行。”④ “从历史的发展上来看，侦查监督制度并非与控制犯罪的方式同时产生，而是现代文明社会发展的产物，侦查监督制度的目的就在于预防侦查权的恣意化和扩张性，保障侦查活动相对人的合法权益，人权保障为侦查监督制度的建立和发展提供了正当性基础。”⑤ “而修改后的刑事诉讼法将加强对公权力

① 顾永忠：《畅通监督渠道强化过程监督——关于侦查监督的若干思考》，载《河南社会科学》2010年第6期。

② 宋维彬：《新刑事诉讼法实施中的检察监督》，载《国家检察官学院学报》2013年第3期。

③ 樊崇义：《刑事诉讼目的转型与诉讼法律监督》，载《检察日报》2013年9月3日。

④ 张永进：《侦查监督制度改革新论》，载《湖北社会科学》2015年第9期。

⑤ 陈卫东、赵恒：《人权保障理念视角下的侦查监督改革》，载《人民检察》2014年第9期。

的监督制约和对私权利的有效保障作为核心理念就是最好的例证。”① 所以人权保障成为当下刑事检察监督制度的主要功能。而当下刑事检察监督尚未完全实现功能定位上的转型，没有充分体现刑事诉讼人权保障的目的。例如，《刑事诉讼法》规定的重大案件提前介入侦查以及司法实务中开展的检察引导侦查制度改革，它们的“侧重点在于控制犯罪，而侦查监督本来的侧重点在于发现并纠正侦查机关的违法侦查行为，与引导侦查、介入侦查不应也不可能完全一致，甚至可能完全相反”。② “虽然检察引导侦查和介入侦查而使侦查监督从所谓的静态监督转为动态监督，但是主要是配合而非监督。由于监督者与被监督者控制犯罪的角色合一，导致侦查监督机关对犯罪嫌疑人的救济地位与侦查监督的救济职能的缺失。”③ 又如，审查起诉中的退回公安机关补充侦查与自行侦查制度，这也充分体现了控制犯罪的侦查思维，是典型的追诉理念在作怪。“作为历史的产物，检察机关既要监督侦查权，防止陷入警察国家的梦魇，又要监督审判权，确保公正审判。”④ 在审查起诉中，或者说在刑事审前程序中，检察官是中立角色，对于侦查机关提请起诉意见，应当秉持客观中立立场，审查符合法定条件则提起公诉，交付审判；不符合法定条件，则不予起诉，而不是退回补充侦查，更不能越俎代庖自行侦查。倘如此，监督者与被监督者角色融为一体，犯罪嫌疑人的合法权益如何保障？再如刑事审判监督，实证研究证明检察机关并未对错误的法院裁判全部提起抗诉，法院刑事二审、再审结案和改判情况均显示检察机关的抗诉数量非常少，占比更小，绝大多数的二审、再审案件是被告人、罪犯提出的，而且可以肯定地讲，这些案件都是从轻改判甚至是冤假错案；检察机关提出抗诉的一般是从轻判改为重判，即抗轻，目前很少看到检察机关抗重案例。

三、完善刑事检察监督体系建议

（一）完善刑事检察监督法律规范

建议对《人民检察院组织法》《刑事诉讼法》与司法解释、规范性法律文

---

① 孙谦：《关于修改后刑事诉讼法执行情况的若干思考》，载《人民检察》2015年第7期。

② 左卫民、赵开年：《侦查监督制度的考察与反思——一种基于实证的研究》，载《现代法学》2006年第6期。

③ 左卫民、赵开年：《侦查监督制度的考察与反思——一种基于实证的研究》，载《现代法学》2006年第6期。

④ 林钰雄：《检察官论》，法律出版社2008年版，第85页。

件等现有刑事检察监督法律规范予以全面梳理，针对不严谨、不一致的规定之处，一一列明清单，逐一研究分析，按照党的十八届四中全会决定“加强法律监督”的精神作出有利于加强刑事检察监督的一致性规定。以刑事立案监督为例，建议《刑事诉讼法》修改将检察机关对公安机关不应当立案而立案的情形应予以监督吸收进去，即采纳最高人民检察院司法解释的观点，做到立法周延，体现刑事诉讼的人权保障目的，坚决制止公安机关违法动用刑事手段插手经济纠纷等现象发生，平等保护市场经济主体，维护社会主义市场经济秩序。再以刑事审判监督为例，“公诉人认为庭审程序违法却不能当庭提出异议的程序设计是荒唐的。现代国家都允许检察官、辩护人当庭提出异议，而不是在庭后再提出书面的‘纠正意见’。”① 建议尊重立法原意，修改《六机关规定》和最高人民检察院《人民检察院刑事诉讼规则（试行）》关于刑事审判监督的规定，统一到《刑事诉讼法》的立法规定上来，既可以在庭审时当庭提出纠正意见，也可以在庭审后提出纠正意见，将规范性法律文件与司法解释限定的检察机关对刑事审判的监督方式只能事后监督改为事中监督（即同步监督）与事后监督并行，由检察机关自身裁量监督方式，从而改变刑事审判监督的被动局面。

另外，自1979年以来，我国现行《刑事诉讼法》已是第三部法典，即2012年《刑事诉讼法》，三部法典立法体例均是一脉相承，基本是按照刑事诉讼程序阶段立法，对立案侦查、起诉、审判、执行分别单独规定，对刑事检察监督的立法规定是贯穿到各阶段条文中，是一种分散性立法。笔者建议，未来修改《刑事诉讼法》可将刑事检察监督单列一编，列在第五编“特别程序”之后，对刑事立案监督、刑事侦查监督、刑事审判监督、刑事执行监督集中单独立法，作出体系化规定。现有关于起诉立法依然保留，它是刑事诉讼的一个重要组成程序、重要阶段。通过对刑事检察监督集中单独立法，充分体现检察机关是宪法规定的国家的法律监督机关的宪法地位，真正贯彻落实法律监督职责，在刑事诉讼法典上体现出其应有的地位。

（二）将“外在式”“事后型”刑事检察监督模式转型为“参与式”和“事前、事中、事后并重型”监督模式

现行“外在式”“事后型”监督模式导致了刑事检察监督力度有限，因此必须对该监督模式予以调整，建议将其改造为“参与式”和“事前、事中、事后并重型”监督模式，使检察机关不再游离于侦查、执行程序之外，而是

① 刘计划：《检察机关刑事审判监督职能重构》，载《中国法学》2012年第5期。

能随时直接参与到刑事立案、侦查、审判、执行各环节并予以事前监督或事中监督，以扭转刑事检察监督乏力、力度有限的局面。具体可以通过建立完善以下几项制度，实现监督模式的转型。

第一，建立检察机关对侦查措施进行司法审查的制度。即赋予检察机关对侦查机关采取侦查措施予以司法审查权力，建立中国特色的司法审查制度。所谓司法审查制度，“即以独立、中立的司法权，对强制侦查进行事先审查，以司法令状批准并将其作为强制侦查正当性与合法性的依据；或以司法权对已实施的侦查行为进行事后审查及诉讼救济，以实现公民权益保障的目的”。[①] 大陆法系和英美法系法治国家一般是将司法审查权力赋予法院。但是鉴于我国宪法规定检察机关也是司法机关，承担法律监督职能，“因此，由检察机关行使强制性侦查措施的司法审查权亦符合中国国情和法治原则”。[②] 考虑我国司法实际和社会基础，结合党的十八届三中全会、四中全会明确提出的“完善人权司法保障制度”“规范查封、扣押、冻结、处理涉案财物的司法程序”“完善对限制人身自由司法措施和侦查手段的司法监督”等改革要求，笔者建议，从三个方面建立检察机关的司法审查制度：一是事先审查机制、限制公民人身自由权利和隐私权利的强制性侦查措施如拘传、拘留、逮捕、取保候审、监视居住、通缉、搜查和监听、窃听等技术侦查措施“对公民基本权益损害较大，一旦采用无法回转，出于对人权保障和降低侦查违法风险的考虑”[③]，侦查机关在采取之前，除紧急情形需要先行拘传、拘留外，一律应当事先向检察机关提出申请，检察机关依据侦查法定原则和运用强制措施的比例原则，及时对侦查机关提请报告予以审查，决定是否批准以及强制性侦查措施适用范围或者强度。侦查机关因紧急情形采取措施后24小时内必须报告检察机关，取得司法确认，否则无效。二是事后审查机制。侦查机关采取其他侦查措施如查封、扣押、冻结以及讯问、询问、勘验、检查、鉴定等，应当在采取措施后48小时内向检察机关备案，检察机关予以审查，如认为不妥，指令侦查机关撤销该侦查措施。三是司法救济机制。主要是指当事人以及其他诉讼参与人在受到违法侦查行为侵害之后，可以向检察机关控告或者申诉，申请司法救济。

第二，建立侦查机关受案、立案、撤案需向检察机关备案制度。针对侦查

---

① 龙宗智：《强制侦查司法审查制度的完善》，载《中国法学》2011年第6期。

② 李建明：《强制性侦查措施的法律规制与法律监督》，载《法学研究》2011年第4期。

③ 刘卉：《论我国刑事侦查程序司法审查制度的构建》，载《河南大学学报》2016年第5期。

机关受案、立案、撤案等信息，检察机关均不知情，为了便于掌握信息，解决检察机关立案监督发现线索难的问题，侦查机关应当将受案、立案、撤案等案件信息情况在二日内向检察机关备案，接受事后监督，检察机关通过审查，发现应当立案而不立案或者不应当立案而立案以及不应当撤案而撤案等违法情形时，在第一时间可以提出纠正违法意见。

第三，建立对刑事审判的同步监督。即检察机关在庭审时发现违法情形，可以当庭提出纠正违法意见，而不是只能在庭审后提出。由于前文已论及，此处不再赘述。

第四，完善对刑事执行的检察监督。2012 年《刑事诉讼法》规定了检察机关对减刑、假释、暂予监外执行的同步监督，执行机关在作出提请减刑、假释、暂予监外执行建议决定之后报请人民法院审核裁定以及决定或者批准暂予监外执行机关时将建议书副本抄送检察机关。该规定只是使检察机关实现了与人民法院、决定或者批准暂予监外执行机关同步获知信息权力，只能称之为初步实现了对人民法院、决定或者批准暂予监外执行机关对刑罚变更执行的同步监督，并没有实现对刑罚执行机关的同步监督。因为，“服刑人员能否获得减刑、假释的机会，决定性环节就是日常的执行管理。在减刑、假释程序中，只有在执行机关已经得出决定性的考核结论，基本确定了服刑人员能否减刑、假释，检察机关才有机会进行法律监督，很显然，这是一种事后监督”。[①] 所以要完善对刑罚执行的同步监督，一是赋予检察机关列席执行机关减刑、假释评审会议的权力，实现同步监督；二是实行事先监督，执行机关应将计分、考核、立功、奖惩等日常执行管理活动情况向检察机关及时报送备案，检察机关及时书面审查，对罪犯单项奖励予以检察监督；三是实行参与性监督，检察机关有权随机深入三大现场，检查执行工作情况，介入执行程序；四是健全同步监督范围，2012 年《刑事诉讼法》没有规定财产刑执行的具体检察监督措施，也没有规定死缓改判的监督措施。建议增加检察机关对人民法院执行没收财产的临场监督，通过同步监督避免人民法院对不应当没收财产予以没收；增加省级检察院对死刑缓期改判的同步监督，避免发生错误。

（三）补充完善检察监督制裁权

针对当下刑事检察监督实效性不足的缺陷，笔者建议赋予检察机关对侦查机关、审判机关与执行机关违法诉讼行为的检察监督制裁权。“制裁权是纠正

---

① 陈鹏飞、张静：《减刑、假释程序中的检察监督》，载《上海政法学院学报》2016 年第 4 期。

违法取得实效的保障。只有赋予检察机关强制被监督机关纠正违法行为的权力，才能使诉讼监督权拥有与行政权、审判权等相抗衡的力量。”① 从而在根本上改变刑事检察监督软弱无力的局面。

第一，健全检察机关程序性制裁权力。《刑事诉讼法》已经确立了非法证据排除规则，检察机关有权对非法言词证据和不能补正或者作出合理解释的物证、书证予以排除，直接否定该证据的合法性，只是目前在司法实践中实例比较少，今后检察机关要敢于、善于使用。另外，建议对于某些违法的侦查措施或者执行监管活动，检察机关有权直接作出宣告无效的决定，使违法侦查行为和违法监管活动归于无效。

第二，赋予检察机关实体性制裁权。具体包括：一是直接纠正违法诉讼行为的权力。对于提出纠正违法意见而被监督机关拒不纠正的，检察机关有权直接纠正违法行为。例如，侦查机关不应当立案而立案侦查的，检察机关可以直接作出撤案决定；执行机关不应当提出减刑、假释意见的而提出的，检察机关有权直接撤回。二是建议更换办案人员的权力。在检察监督中，检察机关发现办案人员存在违法行为，认为该办案人员不宜继续承办该案件，可以建议办案机关更换该办案人员。三是对责任人员的惩戒建议权。对办案人员违法情节较重，应当给予一定行政处分或者司法处分的，检察机关应将违法违纪线索移送同级监察委员会，并且提出惩戒建议；对于构成职务犯罪的，检察机关应将犯罪线索移送同级监察委员会调查与处置。由于国家监察体制改革形成了对国家公职人员监察全覆盖，监察委员会负责监督检查公职人员依法履职、秉公用权等情况，调查职务违法和职务犯罪行为并作出处置，所以移送监察委员会作出处分更为合适。

第三，重新赋予检察机关机动侦查权。历史上检察机关曾拥有该项权力，由于滥用，被最高立法机关在1996年修改刑诉法时予以取消。笔者认为，在当下重新赋予检察机关机动侦查权，将其作为检察机关直接纠正违法侦查行为权力予以配置，同时加以严格限制适用条件和程序，防止检察机关滥用，对保障法律统一实施，加强检察监督，具有重大现实意义。可以规定：检察机关发现侦查机关应当立案侦查而不立案侦查的应予立案监督，发出通知立案书，对于侦查机关拒不执行立案通知的，检察机关有权在经过上一级检察机关批准后直接立案侦查，代位行使侦查机关的立案侦查权力，立案侦查罪名不限。赋予检察机关机动侦查权，并严格控制使用条件与程序，可以制约侦查机关不作

① 叶萍：《论刑事诉讼检察监督中的纠正违法制度》，载《河南社会科学》2015年第12期。

为，一般情况下会备而不用，能够避免造成与侦查机关的冲突。

（四）突出刑事检察监督保障人权功能的制度设计

针对刑事检察监督没有充分体现刑事诉讼人权保障目的的缺陷，需要全面审视我国刑事检察监督体系，对于检察机关片面追求控制犯罪的追诉倾向加以遏制，突出保障人权功能。笔者建议：一是取消检察机关审查起诉中的退回侦查机关补充侦查和自行侦查权力，规定侦查机关移送审查起诉案件，经审查，检察机关认为事实不清或者证据不足的，应当直接作出存疑不诉的审查决定，否决侦查结果，避免侦查机关利用退查方式弥补侦查不足。“司法实践中滥用退查延长犯罪嫌疑人羁押期限，为侦查机关争取办案期限的情况比较普遍。这种普遍情形严重损害了犯罪嫌疑人的权益，使其承受了更大程度上的非正义。”① 同时摒弃自行侦查，既减少了检察机关惩罚犯罪的片面性，也更符合公检法办理刑事案件“分工负责、互相配合、互相制约”之原则。二是取消检察机关提前介入侦查、检察引导侦查的规定与探索，避免发生检察机关与侦查机关合力追诉犯罪嫌疑人的现象，保持检察机关在审前程序的中立性，恪守检察官客观公正义务。三是完善业务考核，引导检察官对于法院裁判量刑公正审查，必须对所有刑事裁定判决量刑全面审查监督，认为确有错误的，无论是重罪轻判，还是轻罪重判，都要根据罪刑相适应原则提出抗诉予以纠偏，即既要抗轻也要抗重，不可偏废，充分体现刑事检察监督的人权保障功能。正如德国刑事诉讼法改革时期的米德迈尔教授所说：“检察官应仅力求真实正义，因为他知道，显露他（片面地打击被告）的狂热将减损他的效用和威信。他也知晓，只有公正合宜的刑罚才符合国家的利益。”②

随着国家监察体制改革在试点地区的全面推开，职务犯罪侦查职能的转隶，刑事检察监督将面临着更加严峻的挑战，完善刑事检察监督体系迫在眉睫。《宪法》《刑事诉讼法》《国家监察法》《人民检察院组织法》《检察官法》等宪法法律的修改、制定已经提上最高立法机关的议事日程，检察机关应当借助修法机会，坚守宪法定位，全面梳理刑事检察监督体系，完善刑事检察监督法律规范，转型检察监督模式，突出检察监督保障人权功能制度设计，赋予检察机关检察监督制裁措施，从而健全刑事检察监督制度，完善具有中国特色的检察监督体系。

---

① 程相鹏：《检察权配置的路径选择》，载《宁夏社会科学》2011 年第 2 期。

② 孙谦：《维护司法的公平和正义是检察官的基本追求——〈检察官论〉评介（二）》，载《人民检察》2004 年第 3 期。

论检察监督司法化问题

王晓雪*

一、检察监督司法化的内涵

（一）检察监督的概念及性质

狭义的检察监督仅指检察机关对侦查、审判和执行活动的监督，即诉讼监督。广义的检察监督则是法律监督，是检察机关依据法律授予的权力，按照法定程序，运用特定的职权，通过具体方式和措施，对包括刑事诉讼、民事诉讼和行政诉讼中有关法律适用情况进行检察督促的专门性活动，具体包括批准逮捕权、法定自侦案件的侦查权、公诉权和诉讼监督权。在我国，人民检察院是宪法明确规定的法律监督机关，履行法律监督的职能，确保国家权力的正确行使，保障国家法律在全国范围内统一、正确实施，最终实现社会公平正义。故在我国语境下，检察监督是检察权因其法律监督属性而应当依法履行的各项法律监督职能，检察监督与检察权是同一事物两种不同的表述，前者是强调其法律性质和法治功能，着眼于解决检察机关与行政机关、审判机关之间的制约与监督关系，后者则强调具体权能和实际运行情况，是对检察机关所享有的所有权力的总称，二者具有相同的内涵和外延。① 所以当代中国法律监督权的理论争议实质是关于检察权的性质定位的争论。

在法律层面，能够体现检察权属性的共有三个法律文件：一是《宪法》第129条“中华人民共和国人民检察院是国家的法律监督机关。”第131条“人民检察院依照法律规定独立行使检察权，不受行政机关、社会团体和个人的干涉。”二是《人民检察院组织法》第1条“中华人民共和国人民检察院是国家的法律监督机关。”第5条规定各级检察院的职权。三是《刑事诉讼法》第3条规定检察机关职权。第8条规定“人民检察院依法对刑事诉讼实行法律

---

* 王晓雪，北京市顺义区人民检察院检察官助理。

① 参见孙谦：《中国的检察改革》，载《法学研究》2003年第6期。

监督”。根据上述法律文件，我国检察机关具有行政权、司法权和法律监督权三种属性。

在政策层面，2006年《中共中央关于进一步加强人民法院、人民检察院工作的决定》明确人民检察院是国家司法机关。历次中国共产党的代表大会报告也明确使用“司法机关”这一概念，十七大报告没有明确提出“司法机关”这一概念，分别用审判机关、检察机关行使审判权、检察权来表述。十八大强调要加强法律监督，十八届三中全会重申了要加强和规范对司法活动的法律监督，十八届四中全会则明确提出完善检察机关行使监督权的法律制度。从政策表述上分析，我国检察权具有司法权和法律监督两种属性。

在学术层面，大多数学者认为我国检察机关应定位为司法机关，认为在体制上检察院与法院地位同等，我国宪法和党政机关文件将检察院与法院同列为司法机关，且检察机关所承担的主要是诉讼活动和诉讼监督活动，而诉讼活动就是司法活动。[①] 也有学者认为检察权实际上是一种行政权，其代表国家对犯罪展开追诉，其作用等同于公安机关，不具有司法权的中立性质；也有学者认为我国检察权具有行政性和司法性两重属性；当然，也有学者认为法律监督是检察权的本质特点，司法属性和行政属性都只是检察权的兼有特性和局部特征。

任何一项制度都是为了满足社会发展的某种需求而产生的，具有一定的功能性。不同的国情、不同的时期，社会的需求可能会有所不同，职能也会有所变化，性质自然发生变动。故而，对制度属性的正确定位应该遵循“社会需求—职能分配—属性判断”的基本范式。检察权的性质取决于不同的社会需求，包括权力结构和社会发展阶段。首先就权力结构而言，英美法系采取三权分立的权力模式，在该模式下，一种国家权力不是立法权和司法权就是行政权，不是行政权和立法权就是司法权，而且三权之间能够形成有效的制约，无须设立一个独立的监督机关。然我国的权力结构属于一元分立模式，即在人民代表大会这一权力机关的监督之下，各机关分别行使职权。“由于行使立法权的权力机关缺乏一种对行政机关与审判机关进行动态监督与制约的机制，就必须有一种独立于行政权与审判权的法律监督权来进行制约与监督，检察权只能定位为一种法律监督权。”[②] 故域外对检察权法律监督属性的否定与我国对检察权法律监督属性的肯定都是为了迎合各自不同权力结构的现实需要。其次就社会发展时期而言，十八大以后我国全面深化改革、全面依法治国、全面建成

① 陈光中、崔洁：《司法、司法机关的中国解读》，载《中国法学》2008年第2期。

② 樊崇义：《刑事诉讼法哲理思维》，中国人民公安大学出版社2010年版，第312页。

小康社会、全面从严治党，开创了新的历史时期，对守法、执法和司法的监督理所应当被提到前所未有的高度，检察机关法律监督功能正是“四个全面”战略布局的重要保障。

综上，笔者认为检察权具有行政权和司法权的双重属性，同时这双重属性构成了中国语境下独特的检察监督的概念。人民检察院的法律监督属性是由我国权力模式和社会发展阶段所决定的。无论检察机关行使公诉权、批捕权、诉讼监督权都是在践行宪法赋予其法律监督的职能。我国学界对检察权性质定位的争议很大程度上源于不能妥善区分法律移植与本土化的界限。

（二）检察监督的司法性

作为中国本土化一元分立模式下的法律监督机关，其完全可以具备西方三权分立体制下行政和司法的双重属性，二者并不矛盾。从世界法制化进程的角度，域外检察权最初是从审判权中分离出来的，发展至今其基本功能可以概括为监督法官以防止其擅断、监督警察以防止其恣意。从这一点看，域外的检察权从理论上可以概括为一种监督权。除权力结构不同外，我国的检察权与域外检察权的差异仅在于监督权力范围而已，无论检察权所具有行政属性还是司法属性，皆具有监督的性质和功能。故而，在中国语境下探讨检察监督的司法性实际上就是讨论检察监督权中具有司法属性的那部分权力，具有理论支撑和现实可能。下文从司法本身具有被动性、独立性、平等性、参与性和终局性的特征来证成检察监督部分权力的司法属性。

一是被动性，即司法权的启动特征。司法权必须由相关权利主体起诉或申请，不能由司法机关自行发起。国家监察体质改革之后，检察机关最具有主动性的职务犯罪侦查权将不复存在，其他检察监督职能的行使多体现出被动性的一面。如公诉权的行使以侦查机关将案件侦查终结后移送审查起诉为前提；逮捕审批权的行使以公安机关提请逮捕为前提；救济权的行使以诉讼参与人的控诉为前提。

二是独立性，即有效排除外来干预。司法改革之前我国法律框架下的检察权独立行使是指检察权的对外独立，对内检察权的行使实际上采用的是三级审批制，检察官的独立性不足。司改后，除法律规定必须由检察长或检委会行使的职权外，其他案件处理决定可以由检察官独立作出。改革赋予了检察官办案独立性。

三是中立性，即司法权的结构特征，对双方当事人保持不偏不倚的态度。在审查逮捕程序中，检察机关作为中立的裁判者，中立地听取侦查机关和犯罪嫌疑人双方的陈述。

四是参与性，即司法权的过程特征，当事人享有充分的程序参与权力。如

《刑事诉讼法》第86条规定了人民检察院在审查批捕过程中讯问犯罪嫌疑人、询问证人等诉讼参与人、听取辩护律师意见等。在审查批捕权行使实际上形成了侦、辩、检三方组合的诉讼构造。

五是终结性，即司法权的结果特征，对于纠纷有最终确定力。由于根据无罪推定和控审分离原则，定罪权专属于审判机关，检察机关没有入罪权，但法律赋予了检察机关不起诉决定权，即出罪权。从某种意义上，类似于法院的无罪裁判，[①] 客观上实现了司法定分止争的功能。

（三）检察监督的司法化

检察监督的司法性是检察监督所具有的静态属性，检察监督司法化则是以司法化的模式运行检察监督权力，前者是后者实现的基础和前提，后者是对前者的理论挖掘和应用。从实然层面，中国特色检察监督权具备行政和司法的双重属性，角色混同直接导致检察监督权中行政与司法职能不分，以行政方式运行司法权力，不符合正当程序的要求，无法实现法律监督的公开、参与、对抗。笔者认为可以通过检察监督的司法化运行，实现法律监督过程的公开化、参与化、对抗化，满足人民对司法民主、司法公正以及司法公信力的要求。从应然层面，既然检察监督具有司法属性，则对于具备司法属性的检察监督职权理应按照司法规律运行，从而确保其运行的公正性。

二、检察监督司法化的范围

与侦查权和审判权的单一性相较，我国检察监督权更具有多样性，具有司法和行政的双重属性，所以并不是所有的检察监督权都具备司法化的条件；与此同时，我国处于深化改革的特殊发展时期，要求对社会资源进行高度的优化配置，与行政方式的高效低耗相较，司法对程序化的高要求必然消耗更多的社会资源，所以当前检察监督司法化又要以必要性为原则。基于上述两点考量，并非所有检察监督权都具有司法化运行的条件和需求，能够进行司法化运行的检察监督权是有其特定范围的。

（一）检察监督司法化的标准确定

1. 能否调整成三方主体结构

检察监督的司法化就是检察监督运行程序的司法化，“司法化程序的核心

① 龙宗智：《检察机关办案方式的适度司法化改革》，载《法学研究》2013年第1期。

要素是主体之间的关系结构”。[①] 决定检察监督能否司法化的一个基本前提是程序主体间的程序结构能否进行司法化调整，即能否从单方或双方结构调整为三方结构。

根据程序结构中程序主体的数量可将程序结构分为单方结构、双方结构以及三方结构。其中单方结构是指权力主体依职权单方作出决定，其他主体不参与的情况；双方结构是指权力主体与另一方主体共同参与下作出决定的情况；三方结构是指在纠纷双方共同参与下，权力主体居中裁判的情况。一方结构和双方结构无法实现司法的中立性和参与性，不具备司法化的基础；三方结构是实现中立性和参与性的结构性基础，是程序公正的内在要求，是程序理性的重要内容。而且三方构造必须是在同一时空下的三方，即面对面的举证、质证和辩论。审查批捕和审查起诉都需要讯问犯罪嫌疑人，听取辩护人意见，具备形式上的三方结构。但三方主体不在同一时空下，对抗双方没有机会进行质证、辩论，检察官更不可能依据言词原则进行审查。这与司法的干涉性、亲历性背道而驰。依据此标准，检察监督权无一幸免，均不具备司法化最基本的主体结构这一条件。所以，本文拟采用的标准是是否能够调整成三方主体结构，而非是否为三方主体结构，这是一个应然和实然的区别。所以审查批准逮捕程序和审查起诉程序虽然只是形式上的三方结构，却具有进行司法化改造的空间。

2. 是否关涉重大利益、存在重大权力制衡

出于节约法律监督资源的考量，检察监督的司法化要以必要性为原则。何为必要？笔者认为应该从人权保护和权力制约两个角度进行思考：如果检察监督权的对象涉及公民重大人身、程序权利且存在对其他国家机关重大权力的制衡，则有必要采用司法化的程序，以保证检察机关作出公正、准确的决定。如十八届四中全会提出“完善检察机关行使监督权的法律制度”，要求检察机关对涉及公民人身、财产权益的行政强制措施进行监督。

一般而言，我们可以从上述两个标准来对检察监督的各个权能进行分析，第一个标准是检察监督权司法化范围确定之形式标准，必须存在三方构造，且检察机关是另两方利益争端的裁断者，具有相对的中立性和独立性。第二个标准是实质标准，必须关涉重大利益存在重大权力制衡。

（二）检察监督司法化的应然范围

我国检察机关被法律赋予了众多权能，但并非每个权能都具有司法性，我

① 左卫民：《司法化：中国刑事诉讼修改的当下与未来走向》，载《四川大学学报（哲学社会科学版）》2012 年第 1 期。

们可以根据检察监督司法化的上述标准对各项检察监督职能进行筛选，从而确定检察监督司法化的范围。

1. 审查批准逮捕权的司法化

就主体之间的结构，审查批捕程序具有形成三方构造的可能性，即检察机关、公安机关和犯罪嫌疑人，检察机关居中裁判，公安机关和犯罪嫌疑人两造对抗。从司法决定对公民权利的影响看，羁押关涉到犯罪嫌疑人的人身自由，属于重大利益。故审查逮捕程序司法化具有重要意义，体现了人权的保障、审查程序的正当和民主，同时也有利于检察机关作出正确的决定，实现司法公信力的提高等。审查程序的司法化应是审查逮捕程序改革的必然趋势。

2. 不起诉权的司法化

就主体之间的关系而言，存在检察机关、侦查机关、犯罪嫌疑人三方结构。不起诉程序会关涉到对犯罪嫌疑人出罪的实体处理，对被不起诉人可以予以训诫或者责令具结悔过、赔礼道歉、赔偿损失，还可以对其违法所得及其他涉案财产进行相关处理。这种处理涉及公民实体权利，应当采用抗辩式的对审程序作出，以保证程序和实体的公正性。且绝对不起诉的案件涉及对公安已送案件刑事违法性的彻底否定，应该慎重。故对于拟作不起诉的案件，应当予以司法化。

3. 诉讼监督权的司法化

我国检察机关的诉讼监督范围从立案一直到刑罚执行，监督的对象既有侦查机关、审判机关和刑罚执行机关的侦查、审判和执行行为，又有它们作出的决定和裁决，也是一个巨大的权力束。其中可能具备司法化形式要件和必要性的有立案监督、羁押必要性审查、民事、行政审判监督以及刑事申诉审查。

首先，立案监督在主体之间的关系结构上形成了检察机关、公安机关以及控告人或申诉人三方构造。公安机关应立案而不立案、不应立案而又违法立案都会对申诉人和控告人的合法权益造成损害，检察监督权的行使关涉到公民合法权益的保护。因此，立案监督程序采用司法化的方式进行有其可能性和必要性。其次，羁押必要性的审查权涉及检察机关、公安机关和犯罪嫌疑人三方，且羁押涉及犯罪嫌疑人的人身自由，是重大权力，有必要进行司法化改良。再次，民事、行政生效裁判的监督既关涉到申诉人的合法权益，又关涉到法院裁判的权威性、独立性和中立性问题，是否提起抗诉当属重大的程序决定事项，具备进行司法化审查的可能性、必要性。最后，刑事申诉案件[①]有申诉人、作

① 刑事申诉案件主要包括两类案件：一是对检察机关作出的终结性刑事处理决定如不批准逮捕决定、不起诉决定、撤销案件决定等；二是对法院生效的刑事裁判。

出决定的检察机关和作出裁判的法院以及享有审查权的检察机关，能够形成三方构造。启动对上述两类案件的审查应属重大的程序决定事项，具备司法化审查的必要性。

4. 救济权的司法化

当辩护人、诉讼代理人的程序权利以及当事人、利害关系人的实体权利在刑事诉讼中受到侵害时，“法理上认为只能由一个独立和中立于控辩双方，且具有裁决权的主体来审查和处置争议，纠正违法或不当的侵权性程序行为。”[①]该权力的行使被称为司法救济权。在西方，司法救济权由法官行使。而在我国，2012 年《刑事诉讼法》第 47 条和第 115 条将该职能赋予检察机关。救济权赋予给谁固然重要，但救济权运行方式更加影响救济效果。在救济权赋予检察机关的现实语境下，我们需要探讨的是如何通过权力运行方式的优化确保救济权力的完满实现。我国救济权以控告、申诉人与司法机关及其工作人员为两造，由同级或者上级检察院居中裁判，同时以保护诉讼参与人的诉讼权利为重心，以制衡其他权力机关为必要。可见，救济权行使具备司法化的必要性，但在三方主体上有所欠缺，因为在控告申诉对象为检察机关时，居中裁判权虽然上调一级，但从权力关系上，仍为检察机关，但其具有可调整性，可以考虑引入另一方主体，进行三方结构的改良，采用公开的、抗辩式的对审程序，以便保证司法救济决定权的公正性与准确性。

三、检察监督司法化的阻碍及实现路径

我国检察监督权具有中国特色，兼顾行政权与司法权属性，代表国家追诉犯罪与监督司法行政机关保证犯罪嫌疑人权利并行，权力的交织与角色的混同是否会阻碍检察监督司法化的运行？答案是肯定的。最备受诟病的角色混同不外乎是检察机关自侦案件的立案、侦查监督、审查逮捕、羁押必要性审查以及起诉审查。检察机关既是运动员又是裁判员，何来公正可言？但伴随此次监察体制改革，这一最大的角色冲突将不复存在，这也是我国检察监督司法化的重要一步。另外，如果是检察机关及其工作人员阻碍辩护人、诉讼代理人依法行使诉讼权利的；检察机关及其工作人员的侦查行为侵犯当事人实体权利的；不服检察机关司法决定提起的申诉案件。在上述三种情形中，检察机关既是审查者又是当事人，角色冲突比较明显。目前的解决渠道主要是通过上提一级进行审查。但这种内部的监督必然具有局限性，还需要引入人民监督员的外部监督

① 龙宗智：《检察机关办案方式的适度司法化改革》，载《法学研究》2013 年第 1 期。

进行替代。[①] 另外，去行政化司法改革以后，三级审批的内部监督被祛除，在检察长和检委会授权下，检察官具有独立作出决定的权力，是否更易滋生司法权力腐败？笔者认为检察官权力的真空状态恰恰可以借助检察监督司法化予以解决。以审查逮捕权的行使为例，侦查机关提请逮捕的犯罪嫌疑人可以通过对检察官主持听证程序的参与并积极对抗，从而对检察官的捕与不捕决定的作出产生积极的影响。在现行的法律框架下，最直接的角色冲突已经通过检察监督权力的重新配置得以解决，对于尚未解决的间接性的角色冲突则应通过正当程序来提高检察公信力、实现司法公正。去行政化后检察官的独立司法权更为检察监督司法化提供了运行基础。从此种意义上，角色冲突和去行政化不仅不是检察监督司法化的阻碍因素，反而是促进因素。

排除上述两项阻碍后，检察监督司法化具体路径的探索就顺理成章了。从我国检察改革的方向看，笔者主张建立以听证制度为支撑的案件公开审查制度作为检察监督司法化的现实路径。在这方面，我国已经有过尝试，如 2013 年 11 月，最高人民检察院公布了《人民检察院民事诉讼监督规则（试行）》详细规定了由检察官主持的听证程序；2014 年 10 月，最高人民检察院公布了修改后的《人民检察院复查刑事申诉案件规定》，明确了对两类申诉案件[②]的复查程序可以采用司法化的方式进行；2015 年 2 月 28 日最高人民检察院颁发了《关于全面推进检务公开工作的意见》明确对有较大争议或社会影响的刑事申诉应当进行公开审查。案件公开审查制度改革实质就是探索特定案件中检察监督运行的司法化，以公开听证的方式对案件进行审查。当然，检察监督司法化运行并非一蹴而就的，从个别案件到一类案件再到几类，最后囊括全部，只有“立足于中国的刑事司法实际，合理配置资源，突出重点，逐步推进，最终形成具有中国样式的刑事诉讼程序的司法化构造”。[③]

---

① 2015 年 3 月 7 日，最高人民检察院、司法部联合发布了《深化人民监督员制度改革方案》，规定人民监督员对于检察机关直接受理案件的 11 种情形实施监督。

② 一是对检察机关作出的终结性刑事处理决定如不批准逮捕决定、不起诉决定、撤销案件决定等；二是对法院生效的刑事裁判。

③ 左卫民：《司法化：中国刑事诉讼修改的当下与未来走向》，载《四川大学学报》（哲学社会科学版）2012 年第 1 期。

刑事诉讼监督权的完善

苏喜民　宋春阳　杨文武*

一、整合刑事诉讼监督部门的构想及整合后各部门的职权划分

《宪法》和《刑事诉讼法》明确规定了检察机关的刑事诉讼监督权包括立案监督权、侦查活动监督权、审判监督权和刑罚执行监督权四部分，而这四部分监督权分别由侦查监督部门、公诉部门和刑事执行检察部门三部门享有。为了整合诉讼监督资源，形成监督合力，很有必要将这些监督权整合，设立一个独立的刑事诉讼监督中心来行使。笔者认为独立的刑事诉讼监督中心职权应包含：侦查监督部门行使的立案监督权，侦查监督部门和公诉部门行使的侦查活动监督权，公诉部门行使的审判监督权，刑事执行检察部门行使的全部刑罚执行监督权。这样，三部门就分别更名为审查逮捕部门、公诉部门、刑事诉讼监督中心。刑事诉讼监督中心全权负责刑事诉讼从立案、侦查、批捕、起诉、审判一直到执行的监督。

（一）刑事诉讼监督中心单设后各部门职权划分

刑事诉讼监督中心单设后，将侦查监督、公诉、刑事执行检察部门承担的监督权整合起来，由统一的部门来行使，各职能部门的职权也将重新划分。

1. 刑事诉讼监督中心的职权（在本文第二部门作专门论述）

2. 审查逮捕部门的职权

具体包括：（1）依法对侦查机关提请逮捕的犯罪嫌疑人，根据案件事实和证据分别予以批准逮捕或不批准逮捕；（2）对公安机关和本院侦查部门提请逮捕案件定性错误的，改变定性；（3）对于漏捕的，建议侦查机关提请逮捕或者直接决定追捕；（4）对经侦查后应当撤销案件而未撤销的，建议侦查机

* 苏喜民，河北省张家口市人民检察院侦查监督一处处长，全国检察业务专家，全国检察理论研究人才；宋春阳，河北省张家口市人民检察院技术处副处长；杨文武，河北省张家口市宣化区人民检察院检察长、党组书记。

关撤销案件。

3. 公诉部门的职权

具体包括：(1) 依法对侦查机关移送审查起诉的案件分别作出提出公诉和不起诉（包括绝对不起诉、相对不起诉、存疑不起诉三种）决定。(2) 对侦查机关移送审查起诉的案件定性错误的，改变定性。(3) 对漏捕漏诉的，退回公安机关补充侦查，或者直接向审查逮捕部门报捕和自行追诉。对遗漏罪名的，直接追诉罪名。对遗漏犯罪事实，退回公安机关补充侦查，也可自行侦查。(4) 对应当移送起诉而未移送起诉的，建议公安机关移送起诉。对经侦查后应当撤销案件而未撤销的，建议侦查机关撤销案件。(5) 公诉部门对向人民法院提起公诉的案件，要代表国家出庭支持公诉，指控犯罪。(6) 行使抗诉权。对人民法院未生效的一审判决或裁定以及已生效的判决或裁定，要审查其判决或裁定是否正确，是否存在认定事实不清、证据不足、适用刑罚不当以及审理过程中严重违反法律规定的诉讼程序等情形，提出是否提请抗诉的意见。对人民法院未生效的一审判决或裁定的抗诉，应当依法向上一级人民法院提出。对未提出抗诉而当事人提出上诉的案件进行跟踪了解，将二审法院的裁判及时报上级检察机关备案。对同级人民法院已经发生法律效力的刑事判决、裁定需要提请抗诉的，经检察委员会讨论决定抗诉后，报上一级人民检察院审查。

4. 刑事申诉赔偿中心的职权

控告申诉部门也就是刑事申诉赔偿中心，作为对检察机关内部执法行为监督、有效规范执法行为的部门，是刑事诉讼监督的重要组成部分。负责受理当事人不服人民检察院不批准逮捕、不起诉、撤销案件及其他处理决定的申诉，受理不服人民法院已经发生法律效力的刑事判决、裁定的申诉，受理人民检察院负有赔偿义务的刑事赔偿案件等工作。

（二）设立其他部门的职权划分

1. 单独设立未成年人检察部门的职权

最高人民检察院曹建明检察长指出，“严格落实未成年人刑事诉讼特殊程序，推进对未成年人的综合保护”。未成年人检察部门的职责包括：一是负责未成年人犯罪案件的审查批捕、审查起诉案件的办理及出庭公诉工作；二是对作出附条件不起诉的未成年犯罪嫌疑人进行监督和考察；三是对公安机关涉及未成年人犯罪案件的侦查活动、人民法院涉及未成年人犯罪案件的审判活动依法进行监督；四是建立未成年人犯罪档案库，负责对未成年人犯罪记录进行封存和提供查询；五是开展未成年人犯罪的调查研究，探索加强青少年法制教育、权益保护和预防犯罪的方法和措施，不断完善未成年人检察工作制度等工作；六是参与社会综合治理，开展教育、感化、挽救等社会帮教工作，预防和减少未成年人犯罪。

2. 单独设立民事行政检察部门的职权

最高人民检察院曹建明检察长指出，“以加强对公权力监督为核心，推动健全多元化民事检察监督格局，常态化开展虚假诉讼监督工作，加强对生效裁判、调解书以及审判人员违法、执行活动的监督。统筹推进行政生效裁判、审判程序和执行活动监督”。民事行政检察部门的职权包括：一是受理公民、法人和其他组织不服同级法院已经生效的民事及行政判决、裁定、调解书、支付令、仲裁裁决以及公证债权文书等法律文书的申诉。二是对本院受理提请抗诉的民事、行政申诉案件进行审查，认为原裁判确有错误、符合抗诉条件的，依法报请上级院提出抗诉。对决定不予抗诉的案件，通知申诉人。三是对人民法院生效的民事、行政调解违反法律规定、损害国家利益、社会公共利益或者内容虚假的民事调解，以及支付令违法的，有权以抗诉、再审检察建议、检察建议等方式，监督法院纠正。四是对决定抗诉的民事、行政案件，依法派员出庭支持抗诉，并对法庭的审判活动是否合法进行监督。五是对抗诉案件的再审判决、裁定、调解，进行审查，并提出审查意见。六是对同级法院确有错误的民事及行政判决、裁定、调解，符合抗诉条件的，经院检察委员会决定，向同级法院提出再审检察建议。七是对审判、执行人员在民事、行政诉讼活动中存在枉法裁判行为、滥用职权、徇私舞弊、执行判决裁定失职、执行判决裁定滥用职权、收受贿赂等渎职、违法行为，有权进行调查核实，并根据核实的违法事实性质和情节，提出监督意见。发现涉嫌贪污、受贿、民事枉法裁判等职务犯罪的，移送职务犯罪侦查部门办理，并可以配合侦查。八是对于环境污染等损害社会公共利益的案件，侵害农民工等弱势群体的合法权益，且被侵害人因缺乏诉讼能力等原因，不能或者不敢提起诉讼的案件的当事人，均可向检察机关提交申请书和相应的材料，对符合民事诉讼法关于起诉条件规定的案件，检察机关即可受理。九是对人民法院民事、行政执行活动中的各种违法情形，有权以纠正违法通知书、检察建议等方式，监督法院纠正。十是对有关部门没有履行监管职责可能导致国有资产流失等重大损失的，督促有关机关履行职责。

3. 设立检察事务管理部门的构想及其职权

除审查逮捕、公诉和诉讼监督等主要业务部门以外，办公室和计财装备部门主要负责全院的行政事务和财务工作，为全院各项工作有条不紊地运行提供硬件保障。政治部和纪检监察部门主要负责检察队伍建设，通过强化对检察人员政治、业务和职业道德素质的培训，提升检察人员的法律监督能力和执法水平；通过加强检务督察工作，强化纪律作风教育，确保检察人员正确行使检察权，为有中国特色的检察事业长远发展提供人力保障。法律政策研究部门作为综合性业务部门，既负责对检察委员会的日常工作，又负责业务研讨；案件管理部门作为综合性业务部门，负责对案件受理、流程监控、质量监控、赃款赃物管理等，对推进检察机关业务建设有重要保障作用。以上部门无论是提供硬件保障、人力保障还是业务保障，都旨在通过强有力的综合保障为推进各项检察工作深入、健康、科学发展服务。因此笔者认为按照精简效能的原则，将之合并成检察事务管理部门是大势所趋。

检察事务管理部门即综合部门，职责是为检察业务提供有力的保障，做检察工作的坚实后盾。笔者认为，为具体细化工作分工和职责范围，它又可以分为三部分：即综合服务部门具体负责文字、秘书、统计、档案、人大代表联络、人民监督员、督查、行政事务管理、财务、资产、装备管理及后勤保障等工作；人力资源部门具体负责组织人事、理论宣传、教育培训、党务群工和检察社团以及对检察人员违法违纪案件的查处和检务督察等工作；综合业务部门具体负责调查研究、检委会办公室和案件管理等工作。

二、刑事诉讼监督中心的职权

通过整合刑事诉讼监督资源而设立的刑事诉讼监督中心具有以下职权：

（一）立案监督权

最高人民检察院曹建明检察长指出，“强化刑事立案监督，坚决纠正有案不立、以罚代刑、插手经济纠纷等问题”。立案监督包括对公安机关有案不立、以劳代刑、以罚代刑、应当立案而不立案的情形进行监督；对通知公安机关立案的，应当依法对通知立案的执行情况进行监督。对于公安机关不应当立案而立案侦查的，人民检察院应当监督公安机关撤案。

（二）侦查活动监督权

最高人民检察院曹建明检察长指出，“强化对侦查活动的监督，坚决纠正刑讯逼供、非法取证、漏捕漏诉、滥用强制措施、违法查封扣押冻结财物等侦查违法行为”。主要包括六项：一是对侦查机关在侦查活动中的下列违法行为，刑事诉讼监督中心予以监督纠正，即对犯罪嫌疑人刑讯逼供、诱供的；对被害人、证人以体罚、威胁、诱骗等非法手段收集证据的；伪造、隐匿、销毁、调换或者私自涂改证据的；徇私舞弊、放纵、包庇犯罪分子的；故意制造冤、假、错案的；在侦查活动中利用职务之便牟取非法利益的；贪污、挪用、调换所扣押、冻结的赃款及其孳息的；在侦查过程中不应当撤案而撤案的；在侦查中有其他违反刑事诉讼法有关规定的行为。二是对继续羁押必要性的监督。三是对限制或者剥夺人身自由的强制措施的监督（包括对指定居所监视居住的监督）。四是对搜查、扣押、冻结等对物的强制性措施的监督。五是对漏罪、漏犯的监督。六是对于公安机关提请批准延长羁押期限的案件进行审查，对于符合刑事诉讼法规定条件的犯罪嫌疑人决定批准或不予批准延长羁押期限。

（三）审判活动监督权

最高人民检察院曹建明检察长指出，“构建以抗诉为中心的刑事审判监督格局，把监督纠正个案与监督纠正普遍性问题结合起来，坚决纠正定罪不当、量刑严重失衡、审判程序违法等问题”。一是刑事诉讼监督中心主要发现和纠正以下违法行为：人民法院对刑事案件的受理违反管辖规定的；人民法院审理案件违反法定审理和送达期限的；法庭组成人员不符合法律规定，或者违反规定应当回避而不回避的；法庭审理案件违反法定程序的；侵犯当事人和其他诉讼参与人的诉讼权利和其他合法权利的；法庭审理时对有关程序问题所作的决定违反法律规定的；二审法院违反法律规定裁定发回重审的；故意毁弃、篡改、隐匿、伪造、偷换证据或者其他诉讼材料，或者依据未经法定程序调查、质证的证据定案的；依法应当调查收集相关证据而不收集的；徇私枉法，故意违背事实和法律作枉法裁判的；收受、索取当事人及其近亲属或者其委托的律师等人财物或者其他利益的；违反法律规定采取强制措施或者采取强制措施法定期限届满，不予释放、解除或者变更的；应当退还取保候审保证金不退还的；对与案件无关的财物采取查封、扣押、冻结措施，或者应当解除查封、扣押、冻结不解除的；贪污、挪用、私分、调换、违反规定使用查封、扣押、冻结的财物及其孳息的；其他违反法律规定的审理程序的行为。人民检察院在审判活动监督中，如果发现人民法院或者审判人员审理案件违反法律规定的诉讼程序，应当向人民法院提出纠正意见。人民检察院对违反程序的庭审活动提出纠正意见，应当由人民检察院在庭审后提出。二是人民检察院认为同级人民法院第一审判决、裁定有下列情形之一的，应当提出抗诉：认定事实不清、证据不足的；有确实、充分证据证明有罪而判无罪，或者无罪判有罪的；重罪轻判，轻罪重判，适用刑罚明显不当的；认定罪名不正确，一罪判数罪、数罪判一罪，影响量刑或者造成严重社会影响的；免除刑事处罚或者适用缓刑、禁止令、限制减刑错误的；人民法院在审理过程中严重违反法律规定的诉讼程序的。另外根据2012年新刑事诉讼法规定，对刑事再审的庭审活动也可以进行监督。

（四）刑罚执行监督权

最高人民检察院曹建明检察长指出，“持续强化刑事执行检察监督，深入推进集中清理判处实刑罪犯未执行刑罚专项活动，建立纠防久押不决案件长效机制，深入推进财产刑执行检察监督工作。”刑事诉讼监督中心负责对罪犯交付执行后活动的监督：一是对被判处有期徒刑、拘役适用缓刑、管制、剥夺政治权利、拘役的罪犯的考察管理活动实行监督。发现违法行为的，向有关单位提出纠正意见。二是对法院判处财产刑的执行实行监督。三是对看守所、监狱等监管场所暂予监外执行的执法活动实行监督。四是对减刑、假释同步进行监督。五是对没收违法所得裁定的监督。六是对强制医疗决定和执行的监督。根据2004年《最高人民检察院关于调整人民检察院直接受理案件侦查分工的通知》，赋予刑事执行检察、民事行政检察两个部门对在履行监督职能中发现的职务犯罪案件线索的侦查权，如属于重大、复杂或者跨地区犯罪案件，报告检察长后才可以交反贪污贿赂和反渎职侵权部门办理。笔者认为，为便于行使刑罚执行监督权，应该继续保留必要的职务犯罪侦查权。

三、设立刑事诉讼监督中心的理论依据

设立刑事诉讼监督中心随着强化检察机关法律监督地位聚焦检察监督主业、加强对检察机关内部执法活动的监督、统一监督尺度和执法标准应运而生。

（一）有利于强化检察机关法律监督地位聚焦检察监督主业

根据宪法和法律的规定，我国的检察机关是法律监督机关，依据全国人民代表大会的授权对国家法律的统一正确实施进行专门监督。检察机关法律监督的专门性表现在，检察机关是运用法律赋予的专门手段对特定的范围内严重违反法律的行为进行监督。①

最高人民检察院曹建明检察长指出，侦查监督包括审查逮捕、立案监督、侦查活动监督三项职能，是法律赋予检察机关的重要职责，也是中国特色社会主义检察制度的重要内容和鲜明特色。“侦查监督的目的就是为了防止侦查机关滥用权力，保证侦查的合法性与准确性的重要法律程序”。② 由此类推，刑事审判监督和刑罚执行监督的目的就是为了防止法院和监狱等机关滥用权力，保障被告人和罪犯的合法权利，保证刑事诉讼的顺利进行，这也是全部刑事诉讼监督的宗旨所在。多年来的司法实践也证明，检察机关依法履行对刑事诉讼的法律监督职责，对于保证刑事诉讼的顺利进行，保障国家刑罚权的正确实

① 张智辉、张雪妲：《中国检察制度的特色》，载《检察日报》2004年2月12日。

② 冯仁强：《合理配置检察权，强化法律监督职能》，载《中国检察》第13卷，北京大学出版社2007年版，第125页。

现，维护国家刑事法律的正确统一实施，实现社会公平和正义，具有重要意义。因此检察机关在监察体制改革和司法体制改革的背景下，要强化检察职能主业，突出监督重点，补齐监督短板，建立完善刑事监督体系，以点带面、以专项带全局，推动法律监督工作全面发展。

（二）有利于加强对检察机关内部执法活动的监督，弥补刑事诉讼监督的断层空档

建立和完善检察机关内部制约机制是程序正义或者说程序正当性的必然要求。“因为如果没有约束，人的感情就不会听从理智和正义的指挥”。[①] 检察机关对自身执法活动的监督制约正是对执法活动公正性的重要保障。多年来，检察机关虽然实行了侦查、批捕、起诉相分离，对一起案件根据案件诉讼进程不同由不同职能部门分别审查把关的办法，也达到了使检察机关内部职能部门互相监督、互相制约的目的。由于解决的仅是表层的问题，有不尽完善之处。检察机关内部各职能部门都拥有一定的监督权，刑事诉讼监督职能分别由几个不同职能部门行使，由于有部门利益存在的因素，有人员素质、认识差异的因素等，往往形成了有的监督事项几个部门争着管，既造成司法资源不必要的浪费，又有损法律的尊严；而有的监督事项几个部门都不管，造成了检察机关自身的执法活动无人监督，出现了监督的断层空档。笔者认为，如果说加强权力机关和人民监督员的监督是对检察机关外部监督的有效举措，那么单设一个行使刑事诉讼监督权的权威部门就应是加强内部监督制约的一剂良药。

（三）有利于统一监督尺度和执法标准，最大限度地节约司法成本、提高监督效率

侦查监督、公诉、刑事执行检察部门均行使刑事诉讼监督权，不同的监督尺度、不同的监督结果会给执法者造成思想混乱，使检察机关的监督权威大打折扣，进而对执法行为带来消极的负面影响。笔者认为，在充分发挥好批捕、公诉职能的基础上，很有必要有效整合分散在各部门的监督资源，单设刑事诉讼监督部门来统一行使刑事诉讼监督权。我们设想的刑事诉讼监督从监督的横向看是全方位和拉网式的，从监督的纵向看其优势在于动态式和全程性，从监督纵横结合的点上看是追根溯源式的“深水作业”，是赋予刑事诉讼监督持久推动力的高强度、大容量、深层次的监督活动。这样，检察机关就以监督一体化的形式推动了检察机关刑事诉讼监督权的联动统一，在检察机关内部形成稳

① ［美］哈密尔顿、杰伊、麦迪逊：《联邦党人文集》，商务印书馆 1980 年版，第 75 页。

定、和谐、有序的诉讼监督权运行机制，有利于减少各职能部门间的摩擦协调成本，提高司法效率，变各职能部门间扯皮为部门的内部协调；有利于统一监督尺度和执法标准，进一步深化刑事诉讼监督内容，完善刑事诉讼监督措施，更能增强刑事诉讼监督效果。

（四）有利于推进检察官职业化进程，提高检察人员法律监督能力

检察官职业化大体上可以表现为以下几个方面：（1）有一群人从事专门的工作，即行使国家检察权，表现为侦查、起诉和进行法律监督等；（2）他们拥有专业的法律知识、能力和法律思维，不仅包括理论知识，也应包括实践素养、技能和经验，必须经过专门的法律训练和长期的司法实践；（3）他们拥有优秀的人品道德和司法操守，具有高度的道德素质；（4）他们具有独立的地位，即依法独立行使国家检察权的地位。①

增强法律监督的能力，涉及两个方面：一个是在法律层面上，完善关于法律监督手段和效力的规定；另一个是在工作上提高法律监督水平的问题。②

本文旨在从提高法律监督水平的角度进行研究。检察队伍是法律监督的实施者和执行者，要提高法律监督水平，关键在人，因此加强检察队伍专业化建设，加快检察官职业化进程就显得尤为重要。检察官职业化要求检察官要广泛学习金融、财会、审计、证券、计算机等相关业务，精通刑事、民事、行政等各种法律，通过跨学科的学习，成为高层次复合型人才，提高分析应对矛盾和解决实际问题的能力。而整合检察资源设立刑事诉讼监督中心就能适应检察官职业化的要求。同一部门内多项业务的融通，有利于培养检察官的综合业务能力，提高检察队伍专业化水平；有利于培养检察官共同价值取向，为检察职业共同体的出现创造条件，进而推进检察官职业化进程。

（五）有利于及时总结司法规律，完善刑事诉讼监督立法

任何事物都有它的发生、发展规律，司法活动也不例外，也有它内在的本质规律，即司法规律。独立设置刑事诉讼监督中心，将刑事诉讼监督资源有机整合，并着力加强刑事诉讼监督程序化建设（在本文第四部分作专门论述），能够及时发现刑事诉讼监督存在的法律漏洞和实践空档，如在侦查环节的另案处理问题、立案监督通知公安机关立案而公安迟迟不立案的问题，经审查逮捕环节批捕后侦查机关随意变更强制措施问题，在审查起诉阶段不依法退回补充

① ［美］理查德·A. 波斯纳：《超载法律》，苏力译，中国政法大学出版社 2001 年版，第 44 页。

② 张智辉：《检察权研究》，中国检察出版社 2007 年版，第 334 页。

侦查造成超期羁押问题，在刑罚执行环节对假释、暂予监外执行难以监督等问题。然后根据长期积累的监督实践经验，深入调研对症下药，提出不断完善监督的举措，增强监督的实效。经司法实践部门的理性思考，形成对刑事诉讼监督的规律性认识，为立法机关完善刑事诉讼立法和检察机关完善刑事诉讼规则提供第一手材料，推动刑事诉讼监督立法进程。

四、如何维护刑事诉讼监督中心的权威——加强刑事诉讼监督程序化建设

刑事诉讼监督就其本质而言，是一种程序性的权力，而不是实体处分权。2012 年新刑事诉讼法特别注重强化过程监督（即由静态监督向动态监督转变，由结果监督向诉讼过程监督转变），保障监督的有序性（即监督对象按照法定程序和方式接受监督，并依法定程序改正和消除已经发生的违法行为及其违法结果）。程序化建设能够有效解决监督有序性的问题，因此它是诉讼监督工作的保障。如新刑事诉讼法第 115 条规定是对强制性侦查措施检察监督的重大突破，促进了侦查监督的具体化和法典化；第 47 条规定还为阻碍律师职业的行为设置了一个法律救济途径，有利于进一步发挥检察机关法律监督机关的监督职能，为保障律师依法执业提供支持和保障。笔者认为，加强刑事诉讼监督工作的程序化建设主要就是做到以下三个方面。

（一）刑事诉讼监督程序化建设的前提是要做到依法监督

1. 规范诉讼监督的范围。2012 年新刑事诉讼法第 98 条、第 111 条、第 243 条、第 256 条、第 263 条等分别规定了检察机关对公安机关侦查活动、立案活动、法院审判活动、暂予监外执行、刑罚执行机关减刑、假释的监督，这也是检察机关对刑事诉讼活动履行法律监督职能的主要内容。《人民检察院刑事诉讼规则（试行）》也对法律监督内容作了细化规定。以上这些是检察机关依法履行刑事诉讼监督权的“尚方宝剑”。这就要求检察机关在行使刑事诉讼监督权的过程中，始终严格执法、依法监督，做到在宪法和法律的范围内，履行监督职责，既不失职，也不越权。在监督中，既要严格依法进行，还要规范监督的方式，对法律有规定的要深化，对法律无规定的建议立法机关予以完善。只有依法监督才能体现刑事诉讼监督的有序性。

2. 规范诉讼监督的手段。新刑事诉讼法的修改，在扩展诉讼监督范围、增添诉讼监督内容的同时，如增加了检察机关对死刑复核程序监督、强制医疗程序监督、羁押必要性审查、指定居所监视居住监督等，还适当增加了诉讼监督的手段，明确了诉讼监督的效力。为了改变实践中监督滞后的状况，保障检察机关及时知悉有关诉讼活动以便适时开展监督，新刑事诉讼法的修改着重强

调有关机关在采取某种诉讼行为或者作出某种诉讼决定时，要将相关行为或者决定同时告知检察机关，即由被动的事后监督转变为主动的事中监督，如新刑事诉讼法第255条、第256条、第262条第2款之规定。这些措施，保证了检察机关对于执行机关提出的减刑、假释、暂予监外执行意见和建议的同步知情权，为加强监督创造了条件。这就是说，检察机关对减刑、假释、暂予监外执行实行同步监督，能够有效加大监督力度。

（二）刑事诉讼监督程序化的重心是要有完整的监督过程

笔者认为，在刑事诉讼监督程序中，完整的监督过程是由启动程序、监督实施程序、反馈程序、责任追究程序、赋予职务犯罪侦查权构成的。

1. 启动程序。旨在扩大知情权，不断拓宽线索的来源渠道，使监督向全方位、多视角、多侧面拓展。因为发现违法行为是纠正违法行为的前提，欲要强化检察机关的监督职能，就要保证检察机关的知情权和调查权。如在侦查监督方面，听取犯罪嫌疑人陈述和辩解，有利于及时发现漏罪漏犯，及时追捕追诉，纠正滥用和随意改变强制措施的现象，依法排除非法严词证据；在立案监督方面，听取程序有助于拓宽立案监督线索来源。对公安机关所撤销的案件，应先行报送检察机关审查，并提出处理建议，防止以罚代刑或降格处理。这样就在立法上保证了检察机关对立案监督的知情权。与公安机关建立内容全面的定期备案制度。检察机关应有权要求公安机关每月将刑事案件的发案、受案、立案、破案、撤案、刑事拘留、批准逮捕（不批准逮捕）后的执行等情况，以统计报表和说明的形式向检察机关备案，以利于检察机关有针对性地监督。经检察机关监督后的执行或纠正情况也应要求公安机关定期向检察机关反馈，包括处理进度、采取的措施、存在的问题等，以方便检察机关全面掌握监督效果。检察机关也应定期向公安机关通报刑事立案监督、侦查活动监督、审查批捕和审查起诉等情况，建立起互相沟通的机制。

2. 监督实施程序。旨在明确监督的方式。《人民检察院刑事诉讼规则（试行）》第566条、第567条、第568条、第569条规定了口头提出纠正意见、书面纠正违法通知书等监督方式，第582条还规定了抗诉的监督方式。2010年最高人民法院、最高人民检察院、公安部、国家安全部、司法部联合制定的《关于对司法工作人员在诉讼活动中的渎职行为加强法律监督的若干规定（试行）》第2条规定："人民检察院依法对诉讼活动实行法律监督。对司法工作人员的渎职行为可以通过依法审查案卷材料、调查核实违法事实、提出纠正违法意见或者建议更换办案人、立案侦查职务犯罪等措施进行法律监督"。也就是说，在原来的基础上，又增加规定了调查核实和建议更换办案人的监督方式。至于检察机关行使调查权的具体手段，笔者同意学者提出的观点，即

“可以采取询问有关人员、查阅有关材料、对身体进行检查等手段”[①]。以上这些具体的监督实施方式的履行要求检察人员必须做到口勤、手勤、腿勤。口勤即对公安和法院的违法活动情节较轻不需要书面纠正的，就要及时口头向其提出纠正意见，使其不再犯；对于多次口头纠正意见仍不改正的，可以向其发出纠正违法通知书。手勤即对于发现的违法行为要果断监督，该发纠正违法通知书就要及时发送，该抗诉的就要及时抗诉，不放弃任何监督事项，确保违法必纠、违法即纠。腿勤即对于有关监督的文书要及时送到被监督对象手中，确保监督事项在法定时限内得以纠正，实现司法公正。

3. 反馈程序。旨在保障刑事诉讼监督的反馈效果。既然新刑事诉讼法第8条明确规定“人民检察院依法对刑事诉讼实行法律监督”，那么凡是属于检察机关刑事诉讼监督领域内的一切事项，所有国家机关均有接受监督、及时反馈的义务。凡是检察机关履行刑事诉讼监督职责而为的法律行为，受理方必须全面反馈。这种反馈不仅仅是侦查机关对检察机关的回馈，也包括人民法院、监狱管理机关等对检察机关的反馈。所有反馈的法律文书均应备案待查，作为明确法律责任、追究法律责任的证据资料。这种反馈必须有法律规定的时限要求，不得消极对抗检察机关的刑事诉讼监督。超越法律规定的时限要求，无正当理由拒不反馈、延迟反馈的将依法追究相应的法律责任。欣喜的是《人民检察院刑事诉讼规则（试行）》第570条[②]规定了回复制度，解决了反馈工作无法可依的现状，解决了回馈周期过长、反馈效果不佳的现实问题，强化了检察机关刑事诉讼监督的法律效果和社会效果。

4. 责任追究程序。旨在建立不纠正违法行为的追究机制。设定法律后果是任何法律规则的必备要素，如果法律中缺少了法律后果，法律就不能发挥其激励和惩罚功能，从而丧失法律的严肃性和权威性。因此，应当明确赋予检察意见书、纠正违法通知书等法律文件相应的法律效力，丰富加强检察建议权的效力，对发现的一些国家工作人员违法犯罪行为建议有权单位处理，并保证落实。同时建立和完善对不纠正违法行为的责任追究机制，把认定不纠正违法行为的法律后果、追究不纠正违法行为的活动纳入法治轨道，强化监督措施，讲求监督效果，扭转检察机关刑事诉讼监督效果不佳的被动局面。因为“完整的法律监督制度，不仅要有对监督主体的授权性规定，而且还应有对监督对象

---

① 张智辉主编：《检察权优化配置》，中国检察出版社2014年版，第319页。

② 《人民检察院刑事诉讼规则（试行）》第570条规定：“人民检察院发出纠正违法通知书的，应当根据公安机关的回复，监督落实情况；没有回复的，应当督促公安机关回复”。

接受监督的义务性规定，以及不接受监督的制裁性措施”。①

5. 赋予职务犯罪侦查权。旨在保障刑事诉讼监督的权威。检察机关由于监察体制改革的原因不再拥有职务犯罪侦查权。从域外经验来看，德国、日本和我国澳门地区尽管存在这样或那样的统一监察机构，但这并不妨碍检察机关的侦查权力。有学者认为，目前行之有效的措施是保有检察机关一定程度的侦查权，保障法律监督机关的权威性。② 具体范围可以参考学者观点，“一是公安机关怠于侦查的案件；二是对于与职务犯罪侦查案件相关联的案件，检察机关如果认为由自己侦查更为必要，可以启动机动侦查；三是基于严重违法（即侦查人员刑讯逼供、徇私舞弊、报复陷害等职务犯罪行为）；四是其他原因。”③ 至于启动程序，笔者建议赋予检察机关在特殊情况经上级检察机关或本级人大决定启动刑事侦查权的权利，有效保障检察院各项法律监督权的实施。

（三）刑事诉讼监督程序化建设的保障是要强化制度机制建设

1. 健全重特大案件的适时介入制度。检察机关主动介入刑事诉讼，积极履行刑事诉讼监督职责，既是检察权的核心所在，也得到绝多数大陆法系国家、地区的认可。我国借鉴这一制度，建立了公诉引导侦查制度，其依据是《人民检察院刑事诉讼规则（试行）》第 567 条之规定。适时介入侦查活动的检察人员对侦查中的违法情况有权提出纠正意见，以免在以后的诉讼阶段出现被动局面。“尤其是在重特大案件的发案、立案及侦查阶段，检察机关提前介入，在掌握、熟悉案件情况的基础上，提出收集、固定证据的建议，指出侦查中应当查明的问题和注意的问题”。④ 如最高人民检察院与公安部探索建立的重大疑难案件侦查机关听取检察机关意见和建议制度就收到了良好的效果。

2. 建立检察机关内部各部门的配合支持机制。在检察监督的大格局中，检察机关各部门要研究与其他部门在诉讼监督方面的结合点，使各部门在诉讼监督过程中要做到信息共享、情况互通、密切配合，共同实现对刑事诉讼全流程、全方位的监督。

---

① 童建明等：《司法体制改革中强化检察机关法律监督职能的构想》，载《人民检察》2005 年第 3 期。

② 秦前红：《困境、改革与出路：从“三驾马车”到国家监察——我国监察体系的宪制思考》，载《中国法律评论》2017 年第 1 期。

③ 唐伟源、谢志强：《检察机关机动侦查权的历史回顾与前瞻》，载张本才、陈国庆主编：《检察理论与实践 30 年》，中国检察出版社 2009 年版，第 437 页。

④ 参见龙宗智：《检察制度教程》，中国检察出版社 2006 年版，第 216 页。

3. 建立健全检察机关外部沟通协调机制。检察机关要借助行政执法与刑事司法衔接信息平台，与公安机关、行政执法机关普遍建立联席会议、信息共享、案情通报、案件移送、备案审查等制度，广泛收集案件线索，为刑事诉讼监督营造一个良好的氛围。

4. 建立健全专项监督工作机制。检察机关要注意就经常发生或者一定时期较为突出的某类违法现象进行研究、总结，集中开展类案监督，督促侦查、审判机关整改，避免同样问题再次出现。如最高人民检察院与公安部紧密配合，共同推进的探索建立对公安派出所刑事侦查活动监督机制和建立对限制人身自由司法措施和侦查手段的司法监督机制是有效医治公安机关侦查工作弊病的两剂良药。

检察机关内设部门一览表

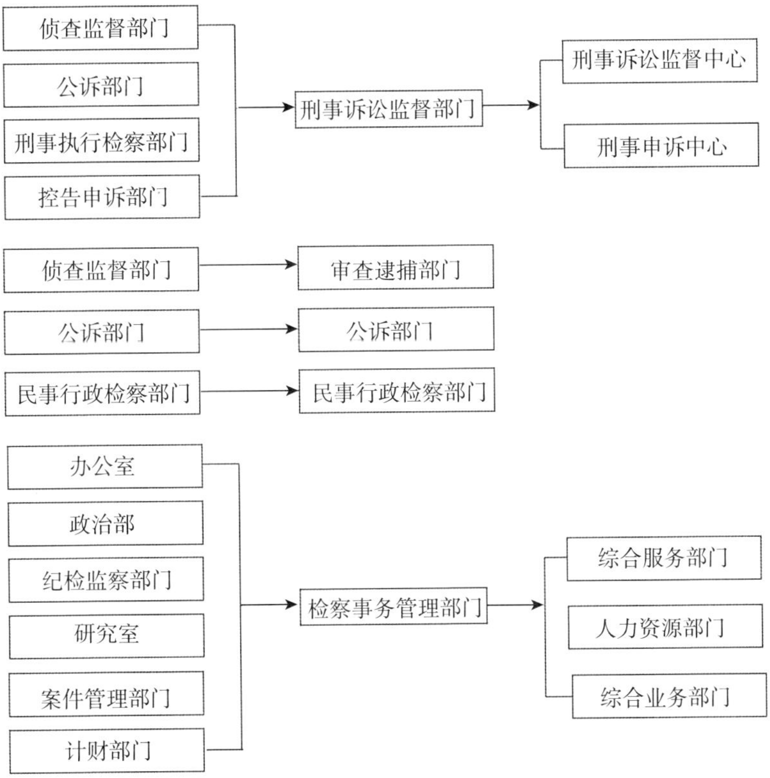

以审判为中心背景下的侦查监督法律制度重构

赵光南*

一、我国现行的侦检关系模式及侦查监督工作中存在的突出问题

根据瑞典布瑞恩·艾斯林研究员的分类，世界各国的侦检关系模式可以大致分为四类①：（1）警方检察官模式，即警察侦查犯罪，并负责起诉；（2）检察官引导模式，是指检察官在刑事犯罪中起主导作用；（3）菲利普模式，即检察官—警察合作模式，是指警察与检察官分工负责，但是两个机构之间鼓励检警二者进行合作；（4）警察主导模式，指警察主导侦查，但将案件的起诉工作移交给检察官进行。那么我国的侦检关系属于哪一类型呢？根据我国《宪法》第129条、第135条和《刑事诉讼法》第7条、第8条的规定，公安机关和检察机关的关系可以概括为“分工负责、互相配合、互相制约”，即公安机关和检察机关在组织上是分立的，在职能上侦查行为是由公安机关主导进行的，检察机关只是对公安机关进行立案监督、侦查监督（《刑事诉讼法》第87条、第137条）。另外，与世界上一些国家普遍实行由法院对侦查行为进行司法审查，即对一些与公民人身和财产权利具有较强约束力的侦查行为如拘留、搜查、勘验由法院颁发令状决定的制度不同，我国的公安机关除了逮捕要报请检察机关决定外，其他侦查行为均是自行决定的。由此可见，根据瑞恩·艾斯林研究员的分类，我国的检警关系基本属于警察主导模式。在这种模式下，公安机关和检察机关在组织上和职能上相互独立，公安机关负责大多数案件的侦查工作，检察机关主要承担控诉职能和侦查监督职能。同时公安机关和检察机关相互制约，不但检察机关可以监督公安机关，公安机关也可以制约检察机关，比如公安机关可以对检察机关的不批捕或不起诉决定提起复议。

---

* 赵光南，河南省郑州市人民检察院副检察长，博士研究生。

① ［瑞典］布瑞恩·艾斯林：《比较刑事司法视野中的检警关系》，载《人民检察》2006年第22期。

与其他国家侦检一体化的模式相比，我国公安机关作为刑事侦查机关独立性要大的多，职权也要大的多。应该说，这种模式具有一定的优势，表现在公安机关可以比较独立地进行侦查活动，自主权较大，而不必受到过多的制约，在一定程度上可以提高侦查的效率，在很多情况下这无疑有利于打击犯罪职能的发挥。这种模式实际上也与前些年我国刑事政策上偏重于打击犯罪的价值导向是一致的。但是，随着社会的发展，随着“国家尊重和保障人权”写入宪法，和以审判为中心诉讼制度改革的推出，我们目前这种检警模式或者说侦查监督制度已经逐渐不能满足形势的发展，逐渐显现出了越来越多的弊端和问题。

（一）公安机关权力过大，侦查活动缺乏有效控制

在我国，公安机关可以独立适用专门侦查手段和强制措施。不论是对公民财产实施的搜查、扣押、查封等强制侦查手段，还是对公民人身实施的监视居住、拘留等强制措施，公安机关完全可以自行实施，不需要经过任何机关的批准和审查。① 同时，在前些年，还曾经存在过公安机关负责人兼任政法委书记，即由公安机关负责人来领导检察机关的现象，即使在现在，虽然公安机关负责人一般不再兼任政法委书记，但是仍然担任同级政府副职，政治地位与检察机关负责人相同甚至更高。这就导致侦查权在客观上更加难以制约。而经验表明，侦查权极易滥用且造成严重后果，在侦查权的行使过程中，其中的强制侦查构成对公民基本权利的干预，一旦滥用将产生侵犯人权的后果。② 根据调查人员对我国137件刑事错案的分析表明，有101件案件出现虚假口供，同时有103件出现了侦查机关的不当行为，③ 近些年来披露的一些冤错案件如赵作海案件、佘祥林案件等，其错误裁判都是源于公安机关在侦查阶段实施了刑讯逼供等非法侦查行为。在现行体制下，法律虽然规定检察机关有权对侦查活动进行监督，但是由于监督手段不多，且很多情况下效力不强，所以很难及时发现并纠正这些非法侦查行为，由此对犯罪嫌疑人乃至司法公正都产生了极大的伤害。

（二）检察机关介入公安机关侦查活动的途径不足，且多是事后监督，监督效果不理想

我国刑事诉讼法规定的检察机关介入侦查活动的途径主要有五种：立案监

① 宋维彬：《论我国检警关系之改革——兼评新刑事诉讼法对检警察关系之修改》，载《刑事法评论》2014年第1期。

② 刘计划：《侦查监督制度的中国模式及其改革》，载《中国法学》2014年第1期。

③ 刘品新主编：《刑事错案的原因与对策》，中国法制出版社2009年版，第223页。

督、审查逮捕、延长羁押期限和审查起诉、参加重大案件讨论。除此之外，我国检察机关几乎无法介入公安机关的侦查活动。即使是这几种方式，检察机关也多是以事后的方式介入。由于有些违法侦查行为已经作出，违法后果已经造成，或者有些证据案发时取证不及时，一旦时过境迁，便很难收集，即使补充侦查，也无法获得，严重影响了案件的侦查。值得注意的是，《刑事诉讼法》第85条规定，“必要的时候，人民检察院可以派人参加公安机关对于重大案件的讨论”。这一条被认为是检察机关提前介入公安机关侦查对其进行同步监督的依据，但是由于这一条规定的过于原则，实践中真正得到执行的非常少。而且在字面含义来看，也很难看出有赋予检察机关对其侦查活动进行监督的含义。

（三）侦查接受公诉引导的意识不强，影响公诉的效果和质量

瑞典布瑞恩·艾斯林研究员认为警方主导侦查模式的弊端之一，就是警察与检察官之间缺乏协作，“经常有反映称警察和检察官之间的协作和交流关系破裂——两者运作于不同的部门、不同的办公室，各自有不同的组织文化，如果旨在促进两者间理解的措施没有到位，就容易导致二者缺乏交流或者存在误解”。[①] 对于大多数案件而言，公安机关在案件侦查终结或者提请批准逮捕之前是不通知检察机关的，对于大多数的现场勘查、询问证人、讯问犯罪嫌疑人、搜查等对案件有重大意义的侦查行为，检察机关在事前是毫不知情的。特别是，侦查人员头脑中没有为公诉服务的意识，而只是考虑如何尽快侦破案件，抓获犯罪嫌疑人，至多还会关注案件能否批捕。案件一旦获得检察机关批捕，或者移送审查起诉，公安机关就不再关心案件了，即使是检察机关有明确的补充侦查要求，很多情况下，也往往是敷衍应付。由于缺乏检察机关的监督，就很可能发生侵害犯罪嫌疑人诉讼权利的情况，由于没有检察机关的指导，不少应当收集的证据没有收集而造成证据的灭失，这都将影响到公诉的效果和质量。

二、以审判为中心诉讼制度改革对侦查监督制度的新要求

“以审判为中心”意味着对“以侦查为中心”和“庭审形式化”的摒弃，庭审将在事实证据调查、定罪量刑、裁判结果形成等方面发挥实质性的作用，证人基本不出庭的现象将逐渐彻底改变，直接言词证据规则和交叉询问规则等

---

① ［瑞典］布瑞恩·艾斯林：《比较刑事司法视野中的检警关系》，载《人民检察》2006年第22期。

证据规则将逐渐建立，对证据的合法性和侦查程序合法性的要求将越来越高、越来越苛刻。可以说，在庭审实质化的情况下，被告人供述、证人证言等言词证据的不确定性将大大增加，案件证据存在的瑕疵，以及侦查机关在侦查过程中的程序违法问题，也将更容易在庭审中被发现，并成为辩护方攻破公诉机关控诉证明体系的突破口。由此，作为公诉方的检察机关在庭审中将面临很大的压力，败诉的风险也将大大增加。为了依法有效打击犯罪，使公诉取得成功，检察机关必须将面临的压力有效地向前一诉讼环节——侦查环节进行传导，必须使自己打击犯罪的同盟军——侦查机关和自己同心同德、步调一致，按照审判的标准和起诉的要求开展侦查活动。

(一) 建立大控方侦检合作格局，强化侦检指控犯罪合力

从“以侦查为中心”转向“以审判为中心”，首先要正确认识侦查目的及其职能定位。侦查职能应当定位于公诉之准备，[①] 所以侦查必须以公诉为导向，强化为公诉服务的意识。同时，检察机关作为公诉机关，同时也是法律监督机关，必须更加积极主动，更加重视对侦查活动的指导和约束，确保侦查活动的合法性。总之，为了经受“以审判为中心”诉讼改革后，严苛的庭审程序和证据规则的考验，取得庭审的成功，侦查机关和检察机关必须树立大控方的理念，建立大控方的诉讼合作格局，加强两个部门的协作配合。侦查工作要以公诉为导向，注意听取和接受公诉机关的指导，检察机关也要适当延伸和拓展公诉职能，将审判的标准、要求以及压力及时向侦查机关传导。当然大控方格局的构建，仅仅依靠侦查、公诉两个机关的自觉是远远不够的，必须根据存在的问题进行制度和机制的创新。

(二) 建立检察同步介入侦查机制，切实发挥检察引导侦查的作用

如前所述，由于我国目前实行的是警察主导侦查工作的模式，侦查工作具有很强的封闭性，检察机关由于缺少介入侦查的途径和方式，不仅很难及时发现侦查机关的刑讯逼供等违法取证行为，也无法及时有效地指导侦查取证工作。因此，必须打破侦查环节的封闭性，加强检察机关对侦查工作的参与和介入。不仅要在审查逮捕、审查起诉方面依法履职，还应加强在案件侦查初期提请逮捕、移送审查起诉阶段的监督，还应加强对案件立案后、提请逮捕前、移送起诉前的监督。更重要的是，要建立检察机关引导侦查的机制和制度。近些

---

① 卞建林、谢澎：《“以审判为中心”视野下的诉讼关系》，载《国家检察官学院学报》2016年第1期。

年来，检察机关开展了提前介入侦查的试点和探索，[①] 北京市等地检察机关还开展了在公安机关派驻检察室的工作，并且取得了良好的效果，但是这些探索仍然面临着法律依据不足，介入的标准和要求不细致等问题，影响了检察引导侦查的效果，这就要求将检察引导侦查作为明确的制度从法律上固定下来，并且细化其程序和标准。

（三）增强侦查监督的效力和权威，适当限制过于强大的侦查权

冤假错案的形成，多数与侦查机关刑讯逼供、诱供、诱证等违法取证行为有关，"以审判为中心"的诉讼制度改革所要实施的言词证据规则、交叉询问等制度，将使此类违法、瑕疵证据在审判阶段更容易被暴露和排除，从而使检察机关的起诉面临更大的变数和风险。这也要求增强检察机关监督的权威和效力，适当限制过于强大的侦查权。特别是随着国家监察体制改革的全面开展，检察机关将不再履行职务犯罪侦查职能，侦查监督工作领域中存在的监督无力现象将更加突出，因此，必须赋予检察机关新的制约侦查机关的手段和措施，使检察机关的监督意见和指令能够得到贯彻和执行，从而确保侦查活动的合法性，保障犯罪嫌疑人和证人的合法权利。这也要求检察机关进一步树立现代司法理念，在审查逮捕、审查起诉、出庭公诉过程中，全面贯彻客观公正、疑罪从无等法律原则，坚决杜绝刑讯逼供等行为，坚决排除非法证据，严格保障犯罪嫌疑人和辩护人的各项权利。

三、新形势下我国侦检关系及侦查监督模式的选择

（一）侦检一体化机制不符合对检察机关的宪法定位

深入研究侦检关系及侦查监督工作机制的完善，必然涉及对侦检关系模式的选择。实际上，学界十几年前便已经提出了"侦检一体化"或"检警一体化"的建议，[②] 近年来也不断有学者提出类似的建议。[③] 应该说，检警一体化是能够部分满足以审判为中心的诉讼体制改革的要求的，主要是在这种模式下，侦查机关不享有独立的侦查权，只能在检察机关的命令、指挥下开展侦查活动，整个侦查活动的进程由检察机关来主导，这无疑可以避免出现我国目前警察主导侦查模式下的侦查活动过于封闭、检察机关对侦查活动监督不力的问

① 参见北京市大兴区人民检察院课题组：《提前介入机制的实践革新研究》，载《广州市公安管理干部学院学报》2016 年第 2 期；刘计划：《检警一体化模式再解读》，载《法学研究》2013 年第 6 期。

② 参见陈卫东、郝银钟：《侦检一体化模式研究》，载《法学研究》1999 年第 1 期。

③ 参见刘计划：《检警一体化模式再解读》，载《法学研究》2013 年第 6 期。

题。但是，检察机关的主流观点是，检察机关是宪法规定的法律监督机关，被赋予了侦查监督权、审判监督权以及审查逮捕权，如果构建“检警一体化”体制，赋予检察机关对侦查机关侦查活动的指挥、调度、控制权，就会使检察机关和公安机关联系过于紧密，而失去作为法律监督机关所应有的相对超脱、中立、客观地位，也就丧失了侦查监督的公信力，而且会动摇审查逮捕权的合理性。[①] 这无疑是很有道理的，因为我国检察机关之所以拥有其他国家检察机关所不具有的崇高地位，其根本原因就在于法律监督机关的宪法定位，检察机关所拥有的侦查监督权、刑事审判乃至民事行政诉讼监督权均来源于此。因此在新形势下，必须保持定力，必须牢牢坚持我国检察机关的宪法定位。与此同时，侦检一体化并非解决我国侦查监督领域诸多问题的唯一方案，实际上，完全可以通过改良我国的侦检关系，既加强检察机关对侦查机关的监督，又保持与侦查机关的适当距离。

（二）由法院制约侦查机关不符合我国当前的实际情况

一些学者认为，由于检察机关与侦查机关同为追诉方，不具有中立性，不可能超越与生俱来的追诉心理而全面有效保障人权，而法院在控辩审三角诉讼构造中居于中立和超越的地位，因此应由法院来审查侦查机关的逮捕、搜查、扣押等强制处分措施。世界上多数国家都是这样的立法体例。但是，法律是地方性知识，[②] 这种观点没有考虑到中国司法制度的实际情况，实际上如果由法院来负责审查逮捕等工作可能比检察机关负责的弊端还要大：一是由法院负责批捕不利于法院居中审判。我国是法院独立而非法官独立，由法院负责批捕，如果说其在批捕时尚能中立的话，那在审判该案时就难以保持超然和中立了，因为他审判的是自己批捕的案件。而审判不中立所产生的危害比批捕不中立所产生的危害更大。二是由法院负责批捕会使法官产生预断，与以审判为中心的诉讼改革相背离。如由法院负责批捕，审判时对案件的预断就难以避免，而这会导致庭审结构失衡，案件裁判不公。三是由法院负责批捕不利于对错捕案件的纠正。由法院负责批捕，错捕后由法院自己纠正自然会更困难，加上刑事赔偿委员会设在法院，这就更使当事人司法救济无路可走。[③] 此外，根据目前我国法院案多人少矛盾突出的实际情况，法院未必有能力、有意愿接受审查逮捕等司法审查职权。而审查逮捕作为对侦查权进行监督、限制的重要职权，由作为法律监督机关的检察机关来行使，不仅符合检察机关的宪法定位，而且有利

① 万春：《侦查监督制度改革若干问题》，载《河南社会科学》2010年第2期。

② 汪海燕：《检察机关审查逮捕异化与消解》，载《政法论坛》2014年第6期。

③ 朱孝清：《中国检察制度的几个问题》，载《中国法学》2007年第2期。

于检察机关及时发现纠正侦查过程中的违法行为，无疑具有充足的合理性。当然，我国检察机关在行使逮捕权过程中也出现了一些问题，比如一些地方在检察机关内设机构改革中出现了“捕诉合一”的情况，导致办案人员对案件办理产生预断，不利于纠正办案偏差。此外，目前检察机关在履行审查逮捕权的同时，又通过参与侦查、引导侦查等方式扮演了侦查者的角色，即检察机关在行使逮捕裁决权的同时，又行使侦查权，违背了裁决主体与申请主体职能分离的诉讼原理，最终有可能动摇检察机关行使审查逮捕权正当性的根基。[①] 因此，有必要在坚持检察机关行使审查逮捕权的同时，对其进行改革和改造，使其符合诉讼原理和新形势的要求。

（三）应建立检察引导、制约侦查的混合型侦检关系模式

综上，我国对检察机关的宪法定位以及实际情况，决定了我国难以实行“侦检合一”的诉讼模式，同时，在现行警察主导侦查的模式下，侦查权过于强大、检察机关对其监督制约不力的情况，不符合以审判为中心的诉讼体制改革的要求，这要求必须重构侦检关系，建立检察引导侦查的模式。在这样的诉讼模式下，必须实现以下几个转变：一是要打破侦查环节的封闭性，改变检察机关仅仅通过审查逮捕等环节进行侦查监督的现状，增加检察机关介入侦查的途径和方式；二是要强化检察机关对公安机关的监督手段，弱化公安机关对检察机关的制约，对于检察机关发现的侦查机关的违法行为，必须赋予检察机关有效的措施予以纠正，增强监督的权威性和效力；三是注重公诉引导侦查，强调侦查以公诉为导向，但是又不能赋予检察机关对侦查指挥权，检察机关的指导意见只是柔性的，不具有强制力，否则就会走向侦检合一；四是检察机关内部要将审查逮捕等裁判性权力和侦查监督等追诉性权力进行分离，以便更好地体现侦查监督的作用。

四、开展侦查监督制度改革的建议

（一）赋予检察机关对侦查机关拘留、搜查、查封、扣押等强制性侦查措施的决定权

权力分离与制衡原理是现代诉讼制度的基石，故强制侦查措施的申请机关与决定机关应当分离。[②] 而根据我国有关法律，公安机关对犯罪嫌疑人采取拘留、扣押、监视居住、查封等强制措施均是自行决定，而不需要检察机关的审批。正

① 汪海燕：《检察机关审查逮捕异化与消解》，载《政法论坛》2014 年第 6 期。

② 詹建红：《我国侦查权的程序性控制》，载《法学研究》2015 年第 3 期。

是由于我国刑事诉讼立法对侦查机关的过度授权，以及检察监督被虚置和弱化，使得我国刑事诉讼事实上成为侦查中心主义的诉讼模式，更成为冤假错案的真正元凶，极大地损害了当事人的合法权益，甚至严重威胁到了每个公民生命、自由、隐私和财产安全。[①] 因此，为了贯彻落实宪法尊重和保障人权的规定，全面落实以审判为中心的诉讼体制改革的要求，必须对过于强大的侦查权进行必要的限制，将公安机关享有的强制性侦查措施执行权和决定权予以分离。世界上多数国家采取了对强制性侦查措施实行司法审查即由法院的预审法官来决定的方式，来限制侦查权的扩张与滥用，但是如前所述，我国的制度和实践环境决定了我国不宜采取由法院来审查决定强制性侦查措施的模式，而应由检察机关来履行对强制性措施的审查决定。具体来讲，应构建事先批准型的检察审查模式，所有侦查机关准备对犯罪嫌疑人采取强制性侦查措施时，必须向检察机关提出申请，检察机关在审查决定是否适用强制性侦查措施时必须遵循比例原则。其一，强制力的行使不得超越必要限度；其二，对公民基本权利的强制处分在必要时应及时撤销；其三，对被强制人的身体及人格尊严应予以必要的注意。[②]

（二）将审查逮捕等职能与侦查监督职能相分离，由公诉部门行使立案监督、侦查监督、引导侦查职责

审查逮捕权是一种裁决性权力，具有中立性、消极性。[③] 目前，我国检察机关的审查逮捕职能由侦查监督部门承担，侦查监督部门同时还负责提前介入、引导侦查、立案监督、追加逮捕、侦查监督等工作。而提前介入、引导侦查、立案监督、追加逮捕、侦查监督等职责虽然也可以称为监督权，但是因其都具有控诉倾向，实际上都属于侦查权的范畴。也就是说，检察机关在行使逮捕裁决权的同时，又行使侦查权，这就违背了裁决主体与申请主体职能分离的诉讼原理。[④] 而且，逮捕裁判主体的中立性是其正当性的前提，[⑤] 检察官在审查逮捕时同时履行侦查权性质的监督职能，不仅降低了审查逮捕的效率，而且使审查逮捕的中立性大为弱化，容易使人质疑检察机关行使审查逮捕权的正当性。这实际上也是多年以来学界诟病检察机关行使审查逮捕权的重要原因。同时，如前所述，深入推进以审判为中心的诉讼体制改革，应当加强对侦查权的控制，将侦查机关原先独立享有拘留、搜查、查封、扣押等强制性侦查措施的

---

① 温军、张雪妲：《强制性侦查措施检察监督研究》，载《学习与探索》2017 年第 1 期。

② 詹建红：《我国侦查权的程序性控制》，载《法学研究》2015 年第 3 期。

③ 汪海燕：《检察机关审查逮捕的异化与消解》，载《政法论坛》2014 年第 6 期。

④ 汪海燕：《检察机关审查逮捕的异化与消解》，载《政法论坛》2014 年第 6 期。

⑤ 闵春雷：《论审查逮捕程序的诉讼化》，载《法制与社会发展》2016 年第 3 期。

决定权交由检察机关行使，所以检察机关审查逮捕部门的工作量势必大增，故有必要将检察机关审查逮捕等强制侦查措施的审查职能与侦查监督职能相分离。侦查监督部门这部分监督职能交由哪个部门行使，可以有多种模式，湖北省检察院实行了分设审查批捕处和侦查监督处的做法，[①] 固然是一种很好的探索和尝试。但是，根据我们的考察和当地检察机关的介绍，这种模式存在着降低诉讼效率和影响诉讼监督效果的问题，而且在检察机关内设机构改革、实行大部制改革的大背景下，这样的思路也是难以实行的。笔者认为，可以将提前介入、引导侦查、立案监督、追加逮捕、侦查监督等职责归入公诉部门，因为公诉权与侦查权天然地具有统一性，公诉和侦查实质上所承担的是一种职能——控诉职能，[②] 将其归入公诉部门不会产生价值冲突。同时，在以审判为中心的背景下，必须构建以公诉引导侦查的机制，必须加强公诉对侦查的制约，而赋予公诉部门立案监督权、建议追加逮捕等权力，无疑可以强化公诉对侦查权的制约和引导作用。当然，公诉部门应该加强和审查逮捕部门的协调配合，审查逮捕部门发现侦查机关违法侦查行为的，应及时移交公诉部门处理，公诉部门也可以通过信息共享，主动地了解案件案情，并及时加以指导。

（三）从法律层面建立检察机关参与、引导侦查的机制，设立派驻侦查机关的检察室

以审判为中心，就应当打破侦查活动的封闭性，增强侦查监督的时效和实效，建立以公诉为导向的检察引导侦查机制，让检察机关可以更加及时、便利地参与侦查程序，根据审判证明需要，有针对性地引导侦查人员收集、固定证据，从源头提高案件质量。

第一，应当从法律层面赋予检察机关参与、引导侦查的职权。目前，在一些地方检察机关仅仅通过和公安机关会签文件开展的检察引导侦查的做法是不够的，因为在中国的司法实践中，每当法律的规定出现矛盾之处时，或者法律规定限于原则、不够具体化的时候，一些机关就会根据有利于部门利益的处理原则去“选择”适用本是强制性的法律。[③] 所以，有必要在刑诉法中明确规定：检察机关有权参与侦查机关的侦查活动，并从公诉角度对立案、讯问、询

---

① 参见北京市石景山区人民检察院课题组：《诉讼职权与监督职权优化配置的基本问题》，载《深化检察改革的基础理论问题研究——第二届中国检察基础理论论坛论文集》，湖北人民出版社 2012 年版，第 55 页。

② 陈卫东：《以审判为中心：解读、实现与展望》，载《当代法学》2016 年第 4 期。

③ 但伟、姜涛：《侦查监督制度研究——兼论检察引导侦查的基本理论问题》，载《中国法学》2003 年第 2 期。

问、侦查终结等侦查活动提出指导意见，对于发现的违法侦查行为，应及时提出纠正意见。当然，这并不是效仿检警一体化国家的做法而赋予检察机关指挥侦查的职能，因为检察机关在参与侦查过程中仅仅是提出建议和意见，也可以仅仅是在场旁观，实际上侦查主体还是公安机关，对立案、取证等行为检察机关并无决定权，而仅仅是建议权。同时，检察机关的参与还起到了监督的作用（律师的在场权都是一种监督，何况是检察官呢），对于发现的违法侦查行为，可以进行监督。检察机关对侦查活动的参与权是实现侦查监督权的辅助性权力，没有这种参与权，所谓检察引导侦查就是空话。[①] 此外，这并不意味着检察机关要对每一起案件都参与侦查、引导侦查，因为检察机关不仅没有可能，也没有必要对所有案件都参与审查，即使是在检警一体化的国家和地区，检察机关也仅仅对一些重大有影响的案件进行监督，但是应保留检察机关参与所有刑事侦查案件的权力。检察机关参与、引导侦查取证的案件，主要应是命案、黑社会案件，重大、疑难、复杂案件，以及当事人申诉、控告公安机关违法取证的案件。

第二，应在法律层面明确规定检察机关可在侦查机关派驻检察室。在侦查机关派驻检察室可以使检察参与、引导侦查具有一个载体，使一项比较抽象的制度比较容易落到实处。如前所述，派驻检察室的检察官应由公诉部门的检察官担任，而不应由负责审查逮捕的检察官担任，这不仅是因为公诉部门检察官更加熟悉庭审证明要求，可以从公诉角度提出意见，也是因为审查逮捕需要具有中立性，而引导侦查行为属于典型的侦查性质的权力，容易使负责审查逮捕的检察官丧失中立性，从而引起外界对检察机关承担审查逮捕权的质疑。检察官在检察室工作时，必须要两人以上，但不必是两名检察官，而可以是一名检察官和一名检察官助理。检察机关可以在所有的侦办具体案件的侦查机关派驻检察室，包括省级、市级、区级以及最基层的侦查机关。当然，不一定所有的侦查机关都派驻，检察机关可以根据具体需要以及人员情况进行派驻。

第三，应在法律层面明确规定检察机关参与、引导侦查的程序。对于一般性的刑事案件，普通的检察官就可以决定参与具体案件的侦查，并发挥公诉引导侦查的作用。但是，对于所有参与的案件，都应当保留参与的记录。对于黑社会案件、毒品犯罪案件、贪污、贿赂案件等保密性强的案件，检察机关参与侦查的，应经本院检察长批准，或者由检察长进行指派。对于保密性特别强的案件，比如省部级干部职务犯罪案件，可以规定一定的向上级院的报批程序。

第四，应在法律层面规定侦查机关立案、撤案等案件信息应向检察机关同

① 陈岚：《我国检警关系的反思与重构》，载《中国法学》2009 年第 6 期。

步备案。检察机关要实现对侦查案件的全方位参与、指导，其前提是知晓侦查机关的立案、取证、办案程序等程序性信息，否则就不可能对有关案件进行及时的参与、引导侦查和监督。所以，应规定公安机关应通过将办案信息网与检察机关联网或者特别报备等方式向检察机关备案，检察机关也有权力查询所有案件的程序性信息。

（四）建立健全检察机关定期向人大报告侦查监督工作情况制度及向公安机关进行质询的制度，增强侦查监督措施刚性，改善侦查监督效果

人民代表大会及其常委会是我国的权力机关，检察机关、公安机关包括国家监察机关都由其产生并接受其监督，侦查机关的领导成员如公安局局长、监察委员会主任等也均由其任命，所以人大对侦查机关的监督是强而有力的。以往在侦查监督工作中，检察机关很少借力人大监督来开展侦查监督工作。在推进以审判为中心的诉讼体制改革和国家监察体制改革的大背景下，为了增强检察机关侦查监督措施的刚性、改善侦查监督的效果，有必要在有关法律中细化监督程序，通过充分发挥人大的监督作用来强化侦查监督和对检察机关的监督。一是要建立检察机关向人大常委会定期报告侦查监督工作的制度。实践中检察机关也可以根据人大的安排或者工作需要向人大报告专项工作，但是尚未制度化，因此可以在《人民检察院组织法》等法律中明确规定检察机关应每半年向同级人大常委会报告开展侦查监督工作的情况，包括开展立案监督、侦查监督、追捕、追诉工作的概况和具体案件数字，以及监督取得的成效。汇报的一个重点内容就是侦查机关落实检察机关监督意见的情况，如半年内哪些监督意见得到了很好的落实，哪些意见没有得到落实以及具体原因。人大常委会接到检察机关的报告后，可以组织专门人员对检察机关监督意见未得到落实的情况进行调查，对于属于检察机关提出意见不当的，向检察机关提出改进意见。为了增强对检察机关的制约和监督的实效，应规定人大常委会听取检察机关汇报后，应对其报告进行表决，如果表决不通过的，检察机关负责人应向人大做出特别说明。二是要建立人大常委会听取检察机关侦查监督情况报告后对公安机关的质询制度。人大常委会听取检察机关侦查监督工作情况的报告后，应组织专门人员对检察机关监督意见未得到落实的情况进行调查，对于侦查机关落实不力的，可向侦查机关提出质询案，要求侦查机关就此类案件的具体情况及原因向人大专题报告。对于侦查机关的专题报告，由人大常委会进行专题审议，并交付表决，对于表决不通过的，侦查机关负责人应向人大常委会做出专门说明。

侦查监督相关问题研究

李逸强[*]

侦查监督是检察机关法律监督职能的重要内容，也是检察权监督侦查权的主要手段，对于推进依法治国、确保司法公正、维护社会稳定具有重要的意义。但在具体的司法实践中，如何对公安机关实施有效监督一直是困扰侦查监督工作的难题，监督意识薄弱、监督手段单一、监督有关制度乏力问题普遍存在，导致重办案轻监督、重配合轻制约倾向突出，监督效果不明显。结合实际工作，笔者对当前检察机关在侦查监督中存在的问题及原因进行了探析，找准监督制约侦查权的着力点，探索进一步加强对侦查活动有效监督的措施。

一、现有侦查监督中存在的主要问题

（一）对侦查活动监督存在部分空白化

随着经济社会发展，违法立案问题在实践中逐渐突出，典型的违法行为是公安机关违法插手经济纠纷，对一些民事纠纷进行刑事立案。检察机关对该立案而不立案的案件进行监督，而没有将不该立案而立案的案件纳入监督范围，监督覆盖面窄、内容遗漏。这使检察机关立案监督除了启动公安机关自行侦查程序外没有强制约束力，在公安机关仍不予纠正的情况下，检察机关只能寻助于上级检察机关与公安机关协商。同时，除逮捕和指定居所监视居住外，公安机关大量的强制性措施不在监督范围之内，其他强制措施和带有强制性的侦查措施如拘留、取保候审、监视居住及涉案财产的搜查、查封、扣押、冻结，涉及隐私的监听、监视、通缉等这些有关被执行人重大利益的行为和措施几乎全部由侦查部门自行批准、执行，检察机关对此完全没有涉足监督的空间，难以对侦查行为形成全面制约。此外，尽管目前已探索实施适时介入制度，但由于缺少制度性保障，在操作中具有随意性和不确定性，无法满足充分了解侦查活动情况的需要。

---

* 李逸强，陕西省渭南市人民检察院党组书记、检察长。

（二）对侦查活动监督存在滞后性

对公安机关移送的提请批捕案件检察机关一般通过审查案卷材料的方式来进行监督，但是侦查人员的违法行为是很难在案卷中直接反映出来的。在侦查程序方面，是否进行侦查、是否终结侦查以及侦查的具体实施程序处分权都由公安机关自行决定并执行，检察机关对公安机关过分积极或消极的侦查程序行为难以同步监督。在侦查手段方面，公安机关除逮捕犯罪嫌疑人需经检察机关批准外，其他强制性侦查手段，如勘验、检查、扣押、鉴定、取保候审、监视居住及拘留等，均自行决定和执行，检察机关不能实施同步监督。我国没有建立强制侦查措施的司法审查制度，除逮捕是事前授予外，其他绝大部分侦查监督方式都采用事后监督。一般也只能在事后才能发现公安机关的违法侦查行为，缺乏事前、事中的监督，即使事后经检察机关监督，对违法侦查活动予以纠正，其损害也已经造成，难以挽回影响。

（三）对侦查活动监督信息来源少

“知情权是监督活动开展的前提和保障，知情权的获得有利于检察机关对侦查活动同步监督，及时发现、纠正侦查中的违法行为。”① 但在实践中，侦查监督线索大部分来源于检察机关在办理审查逮捕案件时，依靠审阅公安机关报送的案卷材料、讯问犯罪嫌疑人或对捕后执行情况审查等方式，对公安机关侦查活动的介入、了解情况十分有限，很难掌握公安机关提请逮捕案件之外的案件信息，难以全面获取立撤案不当、以罚代刑、适用强制措施以及强制性侦查措施违法等监督线索，以致影响监督效果。同时，侦查权具有秘密封闭性特征和追求效率的要求，这使公安机关不愿主动接受监督。此外，法律上也并未明确要求公安机关采取侦查措施时应向检察机关告知、备案或报请批准，导致检察机关获取侦查监督线索来源单一，渠道较窄，难以全面、及时、有效地进行监督和制约。

（四）对侦查活动监督有关制度没有完全落实

在侦查讯问立法层面尽管取得了较大进步，确立了非法证据排除规则，建立了侦查讯问同步录音录像制度，规范了讯问场所，但讯问活动仍然没有摆脱秘密封闭、难以监督的状况。目前除了可能判处无期徒刑、死刑的案件或者其他重大犯罪案件这三类案件应当进行同步录音录像外，其他案件的讯问活动仍然在公安机关主导的完全封闭的讯问环境下进行。录音录像存在操作运用不规范问题，即使进行了同步录音录像，录制不全程、不同步、选择性录制、先审

---

① 王广军：《侦查监督机制的考察与思辨》，载《河南社会科学》2010 年第 6 期。

后录等现象也不乏出现，使录音录像功能大打折扣。检察机关对侦查讯问的监督仍停留在审查逮捕时审查讯问笔录等监督上，既难以发现讯问违法问题，也难以收集非法讯问证据，导致对非法讯问指控证明困难。此外，非法证据排除规则还存在较多认知争议、调查核实非法证据难度较大，如对冻、饿、晒、烤、疲劳审讯等违法手段、非法证据与瑕疵证据的界限等如何认定，都影响着对侦查活动的监督。

（五）辩护权的行使未得到充分保障

除检察机关对侦查活动监督之外，当事人一方诉讼权利监督是刑事诉讼中另一个重要的侦查监督渠道。目前，刑事诉讼法通过不断修改，在犯罪嫌疑人诉讼权利的赋予和律师辩护权的保障方面不断进步。但是我国人权保障、权利保护在立法、司法中观念转变较慢，在辩护权利保障方面仍存在着明显不足，主要表现在犯罪嫌疑人被赋予的诉讼权利行使起来困难重重。刑事诉讼法修改中虽然增加了不得强迫自证其罪原则，但基本上仅具有宣誓性意义，并未对此制定自白自愿等保障制度。又如犯罪嫌疑人的知悉权和获得有效辩护权大多是通过律师的有效辩护进行保障的，而律师在侦查阶段介入有限，导致上述权利在侦查阶段难以实现。再如犯罪嫌疑人的诉讼程序参与权与公安机关合比例适用强制侦查措施权力应当通过对强制性侦查措施的司法审查予以落实，但我国目前司法审查范围过窄，导致上述权利落实困难。由于尚未建立讯问律师在场制度，侦查中听取律师意见非常有限，辩护律师几乎被排除在讯问活动之外，难有发挥辩护职能的空间。

二、侦查监督存在问题的原因分析

针对侦查监督存在的问题，经深入分析存在的司法理念缺陷、立法不完善以及司法机制不完善等原因，需要进行不断完善，以强化检察机关侦查监督的职权和效力。

（一）司法办案理念未得到有效转变

受传统思想的影响，公安机关对待犯罪嫌疑人的态度，仍是以惩治打击为主，人权保障的观念没有完全深入扎根思想深处。作为肩负维护社会稳定职能的公安机关，在强调依法从重、从快打击刑事犯罪的“严打”期间，侦查人员很容易只注重打击犯罪的效率，缺少自觉接受监督的理念，忽视对犯罪嫌疑人权利的保障，对于其他部门的监督有排斥心理。同时，检察机关不同程度地存在“重打击，轻保护”“重配合，轻制约”“重办案，轻监督”的价值导向，主动监督意识不强，尤其是在审查逮捕程序之后，从个案来讲，其任务基本完成，主观上存在不愿监督、怕得罪人的思想，且审查逮捕后对侦查活动的监督也缺少法律依据，更加剧了这种心理的存在。

（二）现行法律规定存在一定漏洞和不足

我国立法中对公安机关其他强制措施和带有强制性侦查措施的监督关注较少，法律将公安机关大量的强制措施和强行性侦查行为排除在监督范围之外。在采取强制措施方面，除逮捕之外的拘传、拘留、取保候审、监视居住等，都由公安机关自己决定并执行。公安机关采取的强行性侦查行为如搜查人身、住所，扣押文件、物品或邮件，查询和冻结存款，进行电话或其他方式的窃听，对犯罪嫌疑人的通缉等，也全部由公安机关决定和执行，而不受其他外部机构审查和授权，也缺少相应的事后审查救济机制。这使得公安机关的权力在没有外部监督的情况下无限制地扩张，以至于实践中违法侦查的现象屡禁不止。同时，法律虽然对该立案而不立案的案件进行监督，但是没有将不该立案而立案的案件纳入监督范围并作出明确规定，尽管《人民检察院刑事诉讼规则（试行)》对立案监督进行了弥补，但立案监督立法结构性的缺失导致监督漏洞。

（三）侦查监督手段缺乏强制性导致监督无力

对侦查活动监督缺乏权威性的强制措施，监督活动就容易走样。根据侦查行为的特点，虽然不需要对每种侦查行为都进行事前授权，但对于强制程度高的强制性侦查行为由事后审查变为事前审批是必要的，这也符合对侦查措施监督的比例原则。目前检察机关除了逮捕措施外，其他侦查监督方式主要有提出纠正违法意见、发出纠正违法通知书、立案监督等，但对于公安机关拒不纠正或拒不立案，或者消极侦查的情形，缺乏相应的法律制裁和法律后果规定。由于缺乏刚性的监督和纠正违法手段，导致监督立案后立而不侦、侦而不结，提出纠正违法后纠而不改、屡纠屡犯的现象不可避免发生，造成客观上难以对侦查权形成有效制约。

（四）未建立畅通有效捕诉衔接机制

检察机关内部实行捕诉分离，对于强化内部监督制约、提高办案质量，具有积极的意义。但实践中，检察机关侦查监督部门和公诉部门还未能建立畅通有效的衔接机制，两部门之间还存在信息沟通不及时、不全面，对法律适用理解和掌握的标准不一等现象，导致在侦查监督中缺乏沟通交流机制，没有形成监督合力，影响了监督的效果和效率。同时，受自身角色定位的限制，检察机关侦查监督部门与审判机关接触的不够直接，联系不够紧密，由此对于案件可能是一捕了之，对之后公诉、庭审等关心不够，对法庭质证、辩论、证据采信、非法证据认定、判处刑罚等均缺乏研究，尤其是对逮捕的条件研究不够深入，导致捕后判处较轻刑罚存在不少甚至出现捕后不诉现象。

三、加强侦查监督的对策和建议

为进一步强化侦查监督的权威性和实效性，要不断转变司法观念，完善相关立法，不断完善相关制度机制，依法规范全面监督，充分有效发挥侦查监督职能。

（一）转变侦查监督观念

要切实转变司法观念，正确认识侦查监督职能，明确侦查监督的目的是为了严格依法办案，确保侦查工作的质量、效率和侦查活动的合法性。“应转变侦查中心主义的观念，转变对侦查结论过度轻信的办案态度，将角色定位为法律的守护人”。① 要尊重和保障人权，着力强化重程序、重证据、重监督制约的法治观念，努力改变“重打击，轻保护”“重配合，轻制约”“重办案，轻监督”的倾向，坚持做到惩治犯罪与保障人权并重、实体公正与程序公正并重、全面客观收集审查证据与坚决依法排除非法证据并重、司法公正与司法效率并重，不断提升证据审查、分析和判断能力，不断提升法律适用和政策运用能力，不断提升发现和纠正违法的能力，依法履行审查逮捕、立案监督、侦查活动监督等职责，及时准确打击犯罪、依法保障人权、有效纠正违法，实现办案法律效果、政治效果和社会效果相统一。

（二）完善侦查监督有关立法

“强制措施监督是程序正义价值实现的必要手段。”② 针对目前侦查监督立法的缺陷，在刑事立法上要确立检察机关在侦查监督中的具体职权。要确立检察机关对公安机关刑事案件的知悉权，即公安机关受理案件开始就需向检察机关报送材料备案，使检察机关完全掌握刑事案件发生情况，防止出现“不破不立”。要确立检察机关对公安机关侦查的参与权，即规定检察机关认为有必要的，随时可以参与公安机关的侦查活动，调阅案卷材料，以便随时了解案情，使监督更高效。要明确检察机关的建议权，即检察机关可以对公安机关的侦查方向、侦查手段、收集和固定证据提出建议和意见，公安机关应予采纳。要确立检察机关对公安机关的侦查监督处分权，即要赋予检察机关《纠正违

---

① 刘慧玲：《以审判为中心诉讼制度改革对侦查监督工作的影响》，载《人民检察》2016 年第 22 期。

② 吴高庆：《论强制措施的检察监督》，载《刑事诉讼监督的机遇与挑战》，法律出版社 2012 年版，第 244 页。

法通知书》《检察建议书》法律强制力；公安机关接到《纠正违法通知书》《检察建议书》后，必须限期作出处理，拒不执行检察机关决定的应当承担相应的法律后果。要明确逮捕措施变更审查权，针对公安机关对已由检察机关批准逮捕的案件任意变更强制措施的情况，应明确凡是经检察机关批准逮捕的案件只有经检察机关审查同意后才能变更强制措施。同时，还要完善关于刑事立案监督的法律规定，强化对监督对象不履行职责或者不积极履行职责的进一步监督措施。

（三）严格贯彻证据裁判原则

全面贯彻证据裁判规则是以审判为中心诉讼制度改革的必然要求。按照全面贯彻证据裁判规则的要求，要严格依法收集、固定、保存、审查和运用证据。审查逮捕处于侦查初期，应坚持“有证据证明有犯罪事实”的证据标准，要进行精细化审查，做到排除合理怀疑，未达到证据标准的就不能批准逮捕，切实避免冤假错案发生。要加强对非法证据的调查和排除，与公安机关就非法证据的难点认定、证明等进行沟通，消除分歧并达成共识，推进刑事诉讼证明标准统一化。要从案件的侦查源头开始，就对侦查取证有效性和合法性进行监督，尤其是捕后也要进行事后的跟踪监督，确保侦查取证的质效。

（四）确立侦查监督诉前主导地位

以审判为中心必然强调侦查监督对侦查的主导作用。“侦查监督处于刑事诉讼的上游，又是承上启下的关键环节，在规制侦查权上责任重大，需要发挥其在程序初期的监督、引导、过滤和把关作用。”[①] 要变被动为主动，充分发挥主观能动性，着力在引导侦查方面发挥主导作用。要改变过去“坐堂办案”的传统做法，通过适时介入侦查、引导侦查取证等活动，将侦查监督由事后监督转为同步监督。要出台相关细则，明确提前介入的方式、时间节点、介入案件的范围和程序，使适时介入侦查制度更具可操作性。在提前介入活动中，不仅要注重与公安机关的配合，而且要通过参与讨论、讯问、勘查等活动，现场监督公安机关的侦查活动，注意审查案件事实与证据，及时与公安机关沟通、协调，指明取证重点，纠正侦查活动中的违法、违规行为，纠正侦查方向上的偏差，现场告知犯罪嫌疑人的相关权利，维护犯罪嫌疑人的合法权益，避免冤、假、错案发生。

---

① 黄河、赵学武：《侦查监督的现状、问题和发展方向》，载《人民检察》2016年第21期。

（五）增强审查逮捕的司法性

“侦查监督是对侦查行为从外部予以监督，因此，更应该注重对侦查程序的进行是否合法加以监督”。[①] 为增强审查逮捕的司法属性，使犯罪嫌疑人、辩护律师能够有效参与诉讼，要构建侦查监督部门居中、公安机关和犯罪嫌疑人居于两方的三角形诉讼结构。在审查逮捕过程中，检察机关作为侦查监督部门，要趋于中立地位，积极主动调查核实案件主要证据和关键证据，加强讯问犯罪嫌疑人、询问被害人和证人，充分听取辩护律师就证据矛盾、法律适用以及是否具有社会危险性、变更强制措施的请求等意见，保证犯罪嫌疑人充分行使辩解权，使审查逮捕的内容不再局限于公安机关的案卷，认真审查犯罪嫌疑人的认罪态度、主观恶性以及社会危险性等方面内容，重点审查逮捕必要性，“逮捕必要性是逮捕条件中最为关键的一个条件，在逮捕措施中的应用尤其是贯彻形势政策中具有不可忽视、不可替代的作用”，[②] 以实现审查逮捕程序的中立，确保批捕决定的公正性。此外，积极探索建立审查逮捕听证制度。对疑难案件审查逮捕时，邀请人民监督员、人大代表等参与公开听证，充分发表意见，加强对案件的监督。

（六）加强对侦查活动的重点监督

要进一步扩大监督范围，将侦查监督贯穿于从立案到侦查终结全过程，并突出监督重点。要建立看守所内侦查讯问制度。讯问场所对讯问过程合法性的影响很大，公安机关控制下的讯问活动秘密封闭，引诱、威胁甚至刑讯逼供不乏存在，实践中大量刑讯逼供都是发生在看守所以外的讯问场所。因此，要建立看守所内侦查讯问制度，将看守所视为侦查讯问的法定地点，并将非法定特殊情况的看守所外讯问作为侦查违法行为，所获证据将不具备证据效力。同时，要完善讯问过程同步录音录像制度。在对三类案件进行同步录音录像的同时，要对其他刑事犯罪案件侦查全部实现同步录音录像，并着重解决同步录音录像在实践中出现的不同步、不清晰，审后再录等现象，使录音录像能真正发挥“见证”证据取得合法性作用。此外，可以建立讯问律师在场制度。在讯问场所，安排律师通过侦查讯问指挥室监督讯问情况，进一步加强对侦查讯问的监督。

（七）建立案件信息共享机制

公安机关在整个侦查阶段的刑事报案、发案、控告、自首、立案、破案、

① 何秉群：《诉讼监督模式研究》，载《中国检察》2015年第24卷，第342页。

② 朱孝清、张智辉主编：《检察学》，中国检察出版社2010年版，第370页。

撤案、侦查经过等信息平台应与检察机关共享，这是强化立案监督和侦查监督的基本要求。为进一步强化对侦查活动的监督，实现信息的共融共享，要制定出台信息共享机制相关规定，方便公安机关及时、全面、客观地向检察机关备案相关信息，不断提升监督效果。要对公安机关提供的信息提出明确范围，如公安机关需提供刑事案件的受理、立案、撤案、另案处理等情况及相关综合数据。要明确信息共享的方式如信息通报、信息查询、联席会议。公安机关每月定期将当月刑事案件相关信息以书面形式向检察机关通报，对重大、敏感等特殊案件随时通报；检察机关可根据需要随时派员查询刑事案件相关信息；要定期召开联席会议，对司法办案中出现的分歧或存在的问题进行探讨，研究解决办案中出现的新情况、新问题，做到实时、动态、有效法律监督。

（八）加强与公诉部门和审判机关沟通衔接

为了与公诉部门衔接顺畅，要建立疑难案件会审制度。对于争议大、重大复杂的批捕案件，侦监部门要邀请公诉部门参与批捕案件讨论，由公诉部门站在审查起诉案件证据要求角度，对需要补充的证据及侦查方向提出建议，降低捕后不诉风险。要建立联席会议制度。定期召开业务工作会议，邀请公诉部门、法院有关人员，分析、通报、反馈有关案件信息，不断统一、细化司法标准，着力提升案件办理质量，增强侦查监督实效。要将侦查监督融入到整个刑事诉讼中去考虑，注重对起诉书、量刑建议书以及法院刑事判决书进行实质的梳理分析，包括最终的事实认定、法律适用、证据采信、非法证据认定、判处刑罚以及释法说理等，比较分析与审查逮捕阶段的异同，更好地引导侦查监督工作。

侦查监督驻公安检察室机制探究

太原市人民检察院课题组*

一、侦查监督驻公安检察室机制的实证考察

（一）侦查监督驻公安检察室工作机制在全国开展情况

侦查监督驻公安检察室工作由江苏省探索先行，该省2008年3月在真州、城北两个派出所设立了派驻检察官办公室，以此为平台开展对派出所刑事执法活动的监督工作。随后其余省份也陆续开展相关方面的探索，截至目前，山西、江苏、南京、山东等十余省份已经由点及面地将本项工作在全省推开。由于属于试点工作，监督模式没有统一规定，各省市结合本地实际情况进行了多样化探索。具体涉及以下几个方面：（1）机构的设立。各省主要有驻派出所检察官办公室、驻基层检察室、片区检察官等。山西省人民检察院在全省作出统一设置，即在同级法制部门设立侦查监督检察室。（2）工作方式。主要有驻点监督和巡回监督。驻点监督采取日常派员监督和定期派员监督的方式。（3）获取信息途径。有定期互通信息、主动查阅台账和获得登录公安机关警综平台的权利等。明确作出规定的是山西省人民检察院，山西省人民检察院、山西省公安厅共同出台了《关于在公安机关设立侦查监督检察室的意见》，明确规定了公安机关应当赋予派驻检察官与公安机关法制部门负责人相当的登录办案系统查阅案件信息的权限。（4）工作机制。基本均搭建了提前介入、案件分流等机制，有的实现了对侦查重要环节的备案审查制度。实践证明，检察室制度试点开展以来，取得了一定的效果，南京市江宁区检察院通过驻所检察室的规范运行，使该区东山派出所刑拘撤案率从9.02%下降至4.12%，逮捕

---

* 周茂玉，太原市人民检察院检察长，武汉大学博士研究生，全国检察业务专家；李晓燕，山西省太原市人民检察院侦查监督一处处长，山西省检察业务专家；候立明，山西省太原市人民检察院检察员；党冲，山西省太原市万柏林区人民检察院检察员；师素丽，山西省太原市杏花岭区人民检察院检察员；王艳，山西省太原市小店区人民检察院检察员；员红娟，山西省太原市迎泽区人民检察院检察员。

率由63%上升至87%，捕后轻刑率由12.5%下降至2.4%，打击犯罪的精准度明显提升。山西省检察机关共设立151个检察室，2016年1—11月提前介入各类案件728次，召开联席会议321次，捕前分流案件536件，太原市杏花岭区检察院通过案件分流，经侦类的提请逮捕案件同比减少62.5%，监督立案217件，监督不当立案98件，发出纠正违法通知书286份，发出检察建议56份。质量提升的同时，侦查监督也得到了强化。

（二）侦查监督驻公安检察室工作机制推行以来存在的问题

侦查监督驻公安检察室机制推行以来，虽取得了一定成果，但不可忽视的是仍然存在一些问题，主要表现在以下几个方面：

1. 法律授权不明确，公安机关对检察室工作存有抵触情绪。目前，检察机关行使侦查监督职能的主要依据是《宪法》第129条规定的“中华人民共和国人民检察院是国家的法律监督机关”及刑诉法、高检院刑事诉讼规则中有关对公安机关立案监督、侦查活动监督的相关规定。但规定较为原则，缺乏动态司法的实际操作细则，导致检察机关侦查监督驻公安检察室的设立及运行存有争议。实践中一部分公安机关对检察室工作存在分歧，怀有抵触情绪，认为检察室的设置事实上是检察机关伸长手干涉公安机关正常办案。一些检察干警也会因为可操作性的规范缺失，在检察室运行过程中出现底气不足、畏手畏脚的情况。

2. 公检两机关存在“重配合，轻监督”的情况。一是监督变成帮助，引导变成主导。实践中我们发现一些公安机关直接利用与检察室检察官便捷的联系，出现了无论案子大小，不管案件复杂与否，在报经审核之前都要拿到检察室以提前介入的方式进行询问、咨询，感觉只有得到检察室检察官对案件可以批捕的承诺后才会侦查取证，将检察室的提前介入工作机制当成办案的灵丹妙药。二是协作变成合作。为了在内部考核中取得好成绩，利用检察室的便利条件，与公安机关相护配合获取监督线索，将协作关系变为应付上级检查的合作关系，严重影响了监督的实效性。三是检察室检察官自身监督理念出现问题。由于在公安机关办公，检察室检察官在对公安机关监督过程中难免会出现碍于情面、不好意思，担心监督影响检警合作关系的情况，而且对于发现的一些问题，顾忌到公安机关自身的考核和检查，往往会选择当一个老好人，睁一只眼闭一只眼，影响了监督的实效性。

3. 工作制度系统化低，检察室部分工作流于形式。目前由于侦查监督检察室在全国范围内并没有形成统一的体系，各省根据具体情况设立检察室的工作目标、原则、职责、任务等，虽让检察室的设立更加贴近实际，更具有灵活性，但也出现部分检察室工作流于形式的问题。一是避重就轻，选择有利于自己的进行监督。一些检察机关面对上级机关的考核，往往将检察室工作的主要任务投入到了立案监督工作中，而对于一些上级不考核的共同接访、联席会议工作则选择不参与或不积极参与。二是个别检察室在工作中存在职能定位不正确，过分扩大自己在公安机关的职权。三是考核机制尚未明确建立，导致一些检察干警将检察室定位成养老部门，认为检察室工作不存在考核，也不存在责任问题，对检察室工作得过且过，不能认真贯彻。

4. 案多人少，监督力量严重不足。基层检察院普遍存在着案多人少的矛盾，审查逮捕期限短，质量要求高，而侦查监督驻公安检察室的设立无疑让这一工作压力进一步加大。本着案件质量是第一生命线的工作精神，难免会将精力投入到办案过程中，而对于考核机制不明确的监督工作，往往会抱有暂时放一放的态度，导致监督力量普遍不足，监督效果不明显。

5. 信息渠道不够畅通，“瓶颈”仍未真正打开。目前各省份检察室或是利用公安机关的秘钥登录公安机关的办案平台进行案件的浏览和查询，或是通过书面查询查看台账，或是单纯地依靠公安机关定期向检察机关进行刑事案件信息通报制度来掌握公安机关案件的第一手资料，但这些方式的实现都受制于公安机关，查询的权限也受到密匙级别的限制，从而在一定程度上限制了公检之间信息的畅通。

二、建立侦查监督驻公安检察室工作机制的现实意义

侦查监督驻公安检察室机制并非凭空出现，它是检察机关侦查监督职能的有效延伸，其出发点及着眼点在于切实解决刑事诉讼中侦查活动失范及侦查监督乏力的问题。

（一）侦查活动失范之体现

刑事司法中，侦查活动是指侦查机关为查明案情、抓获犯罪嫌疑人，运用各种侦查措施和手段，依法进行的发现犯罪线索、收集犯罪证据、采用相关强制措施的活动。刑事侦查作为刑事诉讼的起点，在刑事诉讼中具有极其重要的地位，但是刑事侦查打击犯罪的天然冲动及传统侦查中心主义的司法习惯特征，导致侦查活动失范现象较为突出。从侦查活动的权限赋予及侦查活动的动态运行来看，侦查活动是围绕着证据、事实、法律适用及侦查措施及手段来进行。证据、事实要求侦查行为必须及时、全面、准确，侦查措施及手段要求侦查行为必须规范、合法，如果缺乏有针对性、高效、成熟的约束机制，侦查活动失范问题则会不断出现，问题具体表现在以下几个方面：

1. 侦查活动不规范。具体表现为：(1）证据的收集、提取、固定不规范。主要表现在取证主体不适格、取证方式不合法、固定证据方式不正当等。如由

一名侦查人员讯问、询问；扣押物品、文件未履行扣押手续、无见证人签名；未将辨认对象混杂在特征相类似的其他对象中；讯问、询问未成年人未通知法定代理人到场；搜查女性犯罪嫌疑人没有由女工作人员进行等。规范地收集、提取、固定证据是证据资格及证据证明力的保证，不符合证据规则的瑕疵证据及非法证据可能会导致案件事实认定出现困境，刑事追诉无法顺利进行。(2) 刑事立案不规范。主要表现：一是不破不立。公安机关出于考核的需要，很多刑事案件破案后才予以补立，导致破案率人为提高。二是破而不立。对于性质轻微的治安案件或轻伤害案件的处理中，公安机关往往先行调解，之后将案件降格处理而不予立案。有的甚至不进行必要的侦查，导致在立案时，关键证据已经灭失。三是立案不准。一些侦查人员对案件性质把握不准，导致随意立案、将此案立为彼案，刑事案件立为治安案件等，不仅造成执法不严，同时还会导致案件侦破方向错误。(3) 强制措施使用不规范。常见的问题有：执行传唤、拘传不履行法律规定，通过连续传唤、拘传变相拘禁犯罪嫌疑人；取保候审、监视居住措施滥用，对取保候审条件的审核不严、不及时撤销或解除等。

2. 侦查活动不及时。主要指发现、收集、固定证据不及时。集中体现在如未对案发现场进行及时的勘验、检查，或只注重对主现场的勘验，忽视对关联现场的及时勘验；未采集有关的痕迹物证；未对电子证据如监控视频、通话记录、短信、微信等聊天记录等及时提取；未在第一时间收集、固定相关涉案人员的言词证据等。证据具有时限性，第一时间尤其是对客观证据的发现、提取、固定对刑事诉讼的顺利进行至关重要，侦查机关如怠于侦查导致一些客观证据灭失、言词证据变化等往往会影响刑事诉讼的走向及案件质量。

3. 侦查活动不全面。主要指证据获取不全面。主要体现：一是侦查人员过于依赖口供而忽视对客观证据的收集，一旦犯罪嫌疑人翻供，则形成孤证无法定案。二是过于重视对定罪有利证据的调取，忽视无罪、罪轻、犯罪嫌疑人是否有逮捕必要性证据的收集，构罪即刑拘、刑拘必报捕现象突出。三是对前期的调查取证缺乏综合分析研究，不能依据犯罪构成要件展开后续侦查。例如对经济诈骗类案件，侦查人员往往认为只查明犯罪嫌疑人使用欺诈手段以及未能还款即定罪，而不围绕犯罪构成要件中的“非法占有的目的”，调查犯罪嫌疑人的资金状况、还款能力及其后期还款行为，造成对一些经济纠纷的不当插手干预。

（二）侦查监督乏力之体现

检察机关作为法律监督机关是对侦查活动监督和制约的法定主体，然而，法律对侦查监督职能的规定比较简单、粗放，对部分侦查措施的适用条件宽泛、强大，这种矛盾造成司法实践中侦查监督权力的乏力、柔性。

1. 侦查监督的被动性。刑事侦查从案件受理开始，经历初查、立案、刑拘、提请逮捕、移送起诉等多个阶段，绝大多数案件真正进入检察机关视野是从提请逮捕开始，对于先前的初查、立案、刑拘及查封、扣押等侦查措施的采取，由于侦查行为的封闭性以及公检信息渠道不畅通，检察机关几乎无所知，严重制约了检察机关开展监督的主动性；同时由于监督措施软化、监督手段单一致使监督效果不明显，加之受案多人少矛盾以及长期司法习惯中“重配合，轻制约”因素的影响，检察人员监督的主动性被严重削弱。

2. 侦查监督的局部性。目前，检察机关开展侦查监督的途径主要是审查逮捕、审查起诉和受理群众的控告和申诉，监督线索来源较单一，监督渠道狭窄；检察机关更多的是依靠书面审进行监督，难以从中发现案件本身认定及实质性侦查违法行为问题；捕后诉前阶段的侦查监督法律规定空白，而这一阶段的侦查行为对案件下一步是否能够顺利进入起诉阶段至关重要，严重制约了监督质量和效果。

3. 侦查监督的滞后性。检察机关“案头”审查的监督方式难以及时发现侦查中的违法行为，对于之前阶段的侦查行为及过程难以做到全面掌握及了解，这种事后监督所带来的问题有二：一是发现的问题不全面、不准确；二是有些问题即使发出纠正意见也难以补救当事人被侵犯的合法权利，如诉讼权利义务未告知、超期羁押等。侦查监督的滞后性引发侦查监督的形式化，形式化进而引发案件出现质量问题。

4. 侦查监督手段软化。德国法学家耶林曾说过：“正义女神一手提着天平，用它来衡量法，另一只手握着剑，用它来维护法。剑如果不带着天平，就是赤裸裸的暴力，天平如果不带着剑，就意味着软弱可欺。”[①] 而在我国的侦查监督制度中，提醒性、建议性的监督方式较多，制裁性的监督方式较少。如法律并未规定，如果公安机关收到检察机关的立案通知书后拒不立案，或者立案后又自行撤案将承担何种不利后果；如果对《纠正违法通知书》采取敷衍态度，检察机关将采取何种强制措施。制裁性监督方式的缺乏导致人民检察院在进行侦查监督的时候，没有“利剑”来捍卫自己的权威，侦查监督也变得软弱无力。

（三）以侦查监督驻公安检察室工作机制特点为视角，审视驻公安检察室机制建立之必要

通过对上述侦查活动失范和侦查监督乏力问题的分析，笔者认为建立一个

---

① ［德］鲁道夫·冯·耶林：《为权利而斗争》，郑永流译，法律出版社2007年版。

具有主动性、及时性、全面性的动态且成熟的工作机制尤为必要，而侦查监督派驻公安机关检察室是达到以上目标的有效途径，具体分析如下：

1. 拓宽监督范围，提升监督效率。设立派驻检察室，检察人员可以通过定期登录公安机关的警综平台、列席案件讨论会以及信息互通共享机制，在第一时间获取各类案件信息，将刑事案件从案件受理开始的侦查活动全程纳入检察机关的监督视野，做到全面、及时监督；对于立案监督和侦查活动监督，通过动态监督能够及时发现公安机关有无违法撤立案、以罚代刑、插手经济纠纷、强制措施适用不规范等情形，监督触角及职能进一步延伸；对于捕后诉前的侦查监督，通过派驻检察室工作机制运行能够实现监督的持续性及一体性。检察室的设立在形式突破了传统的监督模式，完善了侦查监督的覆盖面，将侦查监督的时间点提前，兼顾了事前和事中监督，实现了侦查监督的全面性和及时性。

2. 形成长效机制，提升监督实效。现行的侦查监督主要是针对个案的监督，没有建立起一个长效机制，缺乏从宏观的角度进行总体的引导，监督效果也没有连续性。设立派驻检察室，可以通过日常的信息掌握，将散见于各个案件中的各类问题进行梳理，形成一段时期的监督重点，提高监督的效果和针对性，进而能够在一定程度上弥补侦查监督权立法层面的粗疏和不足，保证监督的可操作性，实现侦查监督的常态化。

3. 防范冤假错案，提升司法公信力。司法公信力来源于司法公正，而近年来发生的一系列冤假错案严重损害了司法公正，削弱了司法公信力。冤假错案的发生固然与我国侦查机关、检察机关、审判机关在刑事诉讼各阶段未能严格依照刑诉法的有关规定执行有关，但源头却是侦查环节的刑讯逼供、指供诱供、编造证据及选择性收集证据等违规违法取证所造成，所以防范冤假错案的重点在于加强侦查的监督制约。检察机关在我国的刑事诉讼过程中处于防范冤假错案的第一道关口，在侦查初期即通过检察室的机制监督纠正侦查机关的违法取证行为，引导督促其依法全面收集证据，能最大限度地防止冤假错案，提升司法公信力。

三、建立侦查监督驻公安检察室工作机制的理论依据

侦查监督驻公安检察室作为一项新的机制，不可避免在理论界与实务界存有一定的争议，但笔者认为，驻公安检察室机制有着丰富且合乎逻辑的理论依据，具体论述如下：

（一）符合权力制衡理论

孟德斯鸠在其《论法的精神》一书中说到，“一切有权力的人都容易滥用

权力，这是万古不变的一种经验，有权力的人们使用权力一直遇到有界限的地方才休止”；[①] “就事物的性质而言，要防止滥用权力，就必须以权力限制权力”。我国宪法在赋予公安机关行使侦查权、检察机关行使法律监督权的同时，以权力制衡的理念明确双方之间相互配合、相互制约的关系。但从刑事司法实践来看，侦查中心主义理念及其支配下的司法习惯表现为侦查权的过度扩张，侦查机关拥有庞大且广泛的侦查权力，典型表现在公安机关提请检察机关批准逮捕之前对刑事司法活动的掌控。这种缺乏及时有效监督的权力具有强烈的侵犯他人权利属性的倾向，实践表明，一系列冤假错案的出现几乎都可以追溯到侦查阶段。因此，通过构造具有动态、前置、及时特征的公安检察室机制，以此强化法律监督职能就显得尤为必要了。

（二）检察官客观义务理论

检察官客观义务原则最早体现在1877年的《德国刑事诉讼法典》，其明确提出，检察院不仅要侦查证明有罪的情形，还要侦查证明无罪的情形。[②] 在英美法系国家，检察官的客观义务是对刑事诉讼中传统的对抗模式和当事人主义所产生弊端的一种矫正，美国联邦最高法院也在判例中指出检察官进行刑事诉讼活动的目的在于实现正义，大陆法系国家的诉讼理论以及相关立法都要求检察官作为公益代表者，理应追求公平和正义。我国《刑事诉讼法》以及《人民检察院刑事诉讼规则（试行）》也做出了相关类似规定。检察官的客观义务决定了在侦查活动中，检察官更重要的是站在监督者及控制者的立场，根据德国学者的观点，检察官在审判前是被告人的“实质辩护人”，这实际上是建立了类似审判阶段三面诉讼关系的三角侦查构造，检察机关居中判断，侦查机关及犯罪嫌疑人进行抗衡，进而实现权力平衡以及侦辩平衡。可以说，检察官的客观义务原则为侦查监督检察室提供了更为合理的正当性基础。

（三）体现了人权保障价值

刑事诉讼法被称为“被告人的大宪章”，[③] 刑事诉讼目的之一即是保障人权。保障人权意味着通过看得见的程序正义规范刑事司法行为，进而取得实体正义的结果。但刑事司法实践表明，当公民个体面临强大的国家机器时，双方力量的悬殊差距使得公权力的行使极易越位、个体权利诉求极易被湮没，更为

---

① ［法］孟德斯鸠：《论法的精神》，商务印书馆1961年版，第154页。

② 龙宗智：《中国法语境中的检察官客观义务》，载《法学研究》2009年第4期。

③ 林钰雄：《检察官论》，法律出版社2008年版，第5—16页。李斯特：《德国刑法学教科书》，法律出版社2000年版，第169页。

严重的是，这台强有力的国家机器一旦出现瑕疵或者错误启动，公民的权利将立刻遭受被侵害的危险，在某些情况下，甚至会出现一些不可逆的损害结果。实践中问题也主要发生在案件未进入检察机关视野之前的侦查阶段。因此，通过加强构造侦查监督驻公安检察室机制的建立，规范侦查机关的侦查行为，在保证程序正义的前提下，实现实体正义及人权保障显得非常重要。

（四）刑事诉讼效率的要求

诉讼效率以公正为基础，随着犯罪的升级和犯罪率的上升，刑事诉讼需求与有限的司法资源供给之间的矛盾日益凸显，因此，刑事诉讼活动需要考虑效率这一目标，检察机关的法律监督也是如此。从实践中看，侦查机关法律适用能力的参差不齐、取证意识及能力的不足等原因，导致后续诉讼程序或难以有序展开，或低效进行。而检察机关通过驻公安检察室的及时介入引导侦查，可以对刑事案件的侦查方向、取证、法律适用、捕前分流及时提出建议，及时发现并纠正立案监督、侦查监督问题，借此充分提升案件诉讼效率，进而有效保障当事人权益。

（五）推进“以审判为中心的诉讼制度改革”的必然要求

“以审判为中心的诉讼制度改革”，[①] 要求侦查机关应当以经得起法律检验、符合法庭审判标准，依法规范地收集、固定、保存证据，为公诉人出庭履行指控职能提供所需要的准确而全面的证据。检察机关通过驻公安检察室积极主动适度地介入侦查、引导侦查，监督侦查，有利于最大限度地引导侦查形成案件证据锁链，预防瑕疵证据、非法证据，将瑕疵证据、非法证据在第一时间排除出证明体系，引导案件的证据符合公诉及庭审标准。

四、侦查监督检察室工作机制的构建及完善

（一）侦查监督检察室的性质及定位

侦查监督检察室是人民检察院侦查监督部门在同级公安机关法制部门设置的派驻检察室，是侦查监督部门职能的延伸，以充分发挥侦查监督职能作用与规范公安机关刑事执法行为为目的，以提高逮捕案件质量与加强两个监督实效为核心，以信息共享、提前介入、捕前分流、参与社会公共管理等为基本内容，依法规范履行法律监督职责，与公安机关共同形成打击犯罪合力的检警工作新模式。

---

① 王守安：《以审判为中心的诉讼制度改革带来深刻影响》，载《检察日报》2014 年 11 月 10 日。

侦查监督检察室职能定位于法律监督权的充分、有效发挥，目标着眼于进一步加强检警沟通和协作，减少分歧，增进共识，统一执法理念和执法标准，共同提高办案质量，促进规范执法，提升执法水平。

（二）侦查监督检察室的工作原则

1. 依法监督原则。侦查监督检察室作为侦查监督职能的有效延伸，本身应当严格按照《刑事诉讼法》和《人民检察院刑事诉讼规则（试行）》规定的范围、方式、途径等开展侦查监督工作，不能超越法律规定、越权监督、随意监督。严厉禁止以引导侦查工作为由干扰公安机关正常刑事侦查活动，真正做到有所为、有所不为，不大包大揽，不失职，不越权，防止错位和越位，最大限度地做好监督的“抓”与“放”。

2. 监督制约与协调配合并重原则。“分工负责、互相配合、互相制约”，是我国刑事诉讼的基本原则之一，只有依法、正确、恰当处理对公安机关监督与配合的关系，监督才能取得实效。坚持“引导不干预、监督不失职、配合不越位”，注重在沟通中开展监督，既履行好法律监督职责，又与公安机关形成打击犯罪的合力，同时防止与公安机关“打成一片”，成为其“拐棍”和依赖对象，从而影响审查逮捕时客观公正的判断。

3. 普通监督与重点监督相统一原则。既要在开展日常监督的同时，注意研究分析一段时间内公安机关的执法办案情况，注意以监督类案中的共性问题的监督，也要注意一定时间段内公安机关执法过程中出现的重点问题、突出问题的监督，从而务求监督实效。

4. 派驻检察与巡回检察相结合的原则。除依托检察室的常规例行监督外，以案件数量、突出问题等为导向，有针对性地对办案单位开展巡回检察，从而实现对公安机关整体侦查活动监督的全覆盖。

5. 严守纪律的原则。侦查监督检察室检察官在对公安机关进行法律监督过程中，要严格遵守保密制度与办案规定，廉洁自律，不得借机干预公安机关的执法办案，不得谋取不正当利益，如在开展工作过程中掌握的案件信息，除工作原因外，不得向任何人、任何组织透露，杜绝泄密及其他违法违纪现象的发生。

（三）侦查监督检察室的工作方式

1. 配强配齐人员，提高组织保障。坚持“能者上，庸者让，劣者下”“好中选优，优中选适”的原则，择优选出具有较强法学理论素养、丰富刑检工作经验、年富力强、业务熟练的检察官担任派驻检察官。同时注重派驻检察官的“传帮带”，坚持“一带一”模式，每名派驻检察官配备一名年轻检察官开展工作。这种人员配置模式有利于实现双方优势互补，拓展工作思路，提高工作效率，同时有利于培养新生力量，促使年轻干警加快成熟，为侦查监督检察室工作的有效开展提供了组织保障。

2. 完善机构配置，提供技术保障。无论是将侦查监督检察室设立在刑警队、派出所，还是专门设立检察室定期检查，都存在监督范围有限、工作不统一等问题，不利于监督工作的开展。因此笔者建议将侦查监督检察室设置在公安机关法制部门，并赋予派驻检察官与法制部门负责人相当的登录其办案系统查阅案件信息的权限，保证派驻检察官可以全面综合掌握公安机关刑事案件以及行政案件等情况，便于侦查监督的开展。在条件成熟的地区，可以将侦查监督检察室设立在检察机关，派驻检察官在本院即可以登录公安机关警务信息平台随时查询，既实现对公安机关刑事案件侦查活动的精准化、动态化、同步化、全程化监督，又免去了路途耽搁，为工作节省了时间、提高了效率。

3. 制度引领，规范监督工作。检察机关与公安机关可以协商制定《侦查监督检察室工作制度》、纪律准则等，明确侦查监督检察室的设立地点、设施及人员配置、工作原则、工作任务、工作职责、工作方式等基本内容，为工作开展提供制度依据。同时通过搭建多项工作机制，如信息共享制度、提前介入制度、联席会议制度、捕前分流制度等，明确权利与责任，确保监督规范有效开展。

4. 多措并举，保证监督质量。派驻检察官开展工作时可采取多种方式，包括但不限于登录公安警综平台查阅接处警记录及相关案卷材料，与办案人员谈话了解相关情况，列席所驻公安机关警务信息例会、案件分析讨论，提前介入公安机关的侦查活动等，并就案件的法律适用、侦查方向、证据收集提出意见。同时对工作中发现的侦查违法情形及时予以纠正，对发现的立案监督线索及时汇报处理。

（四）侦查监督检察室的工作机制

侦查监督检察室在传统的机制中，加入检察室因素，发挥检察室特色。具体应包括：

1. 提前介入案件，规范公安侦查，做到从执法源头“防”。改变以往提前介入被动性的局面，以命案、涉众型犯罪、重大疑难复杂案件等为重点，主动提前介入侦查，参加案件讨论。坚持“审判中心”原则积极引导收集、固定、完善证据，就证据收集、法律适用等情况发表意见，对非法证据提出排除意见，对侦查活动违法提出纠正意见，保证公安机关取证的合法性、全面性、及时性。通过提前介入机制，检警双方在证据收集、案件定性以及逮捕必要性、起诉标准等问题上达成共识，提高侦查质量，进而缩短办案期限，减少补充侦查次数。最终实现在联系、配合、监督中促进侦查工作的规范化，从源头上预防违反法律、有损司法公正的现象发生。

2. 实行捕前分流，提高逮捕质量，做到从提捕环节“截”。合理确定检察室检察官权限，明确捕前分流的案件类型，要求公安机关在立案或提捕前听取检察室意见，实行预先指导、把关制度，加强与公安人员的沟通，引导公安机关做好刑事案件的捕前分流工作。对明显不符合逮捕条件的轻微刑事案件，建议公安机关不提请批准逮捕；对需要提请批准逮捕的轻微刑事案件，建议公安机关收集有社会危险性的证据一并移送审查逮捕；对已达成刑事和解的案件，建议公安机关不提请批准逮捕，对符合刑事和解条件的轻微刑事案件，及时引导、协助侦查人员促成当事人和解；对证据不足的案件，建议公安机关补充侦查后再提请批准逮捕；对符合快速办理条件、不具有社会危险性的轻微刑事案件，建议公安机关适用快速办理机制直接移送审查起诉。通过对轻微刑事案件、不捕率偏高的类案、存在缓免可能的踩线案件等，实行重点监控，强化沟通，以切实提高提捕案件质量，从源头上降低轻刑案件。

3. 加强信息沟通，实行联席会议，做到执法尺度“一”。公安机关每月向侦查监督检察室通报上月刑事立案、撤案、强制措施适用、行政执法机关移送案件办理、移送起诉等情况。侦查监督检察室向公安机关通报上月刑事立案监督、纠正违法、追捕追诉、审查逮捕、起诉、不诉等情况。检警双方互相通报工作开展情况，并定期、不定期召开联席会议，开展业务交流，探讨侦查取证的新思路，对影响诉讼顺利进行且具有普遍性的问题进行研讨，统一双方在法律适用、证据收集和认定等方面的认识，增进共识，统一执法尺度，发现问题及时纠正，促进办案能力和水平的共同提高，切实提高工作能力。

4. 重点监督、全方位监督互为补充，从办案过程上“纠”。建立备案审查制度，实现对公安机关侦查活动重点环节的监督，探索从个案监督向类案监督转变。对于公安刑拘后做治安处罚或撤案的案件、捕后变更强制措施的案件、采取取保候审、监视居住的案件、采取涉及人身权利和财产性权利等强制措施的案件应当要求公安机关在作出决定三日内将相关法律文书报检察室备案。实行跟踪监督制度，对于以事实不清、证据不足不捕的案件、还需继续取证已作出逮捕的案件、公安机关久侦不结的案件及对立案监督后三个月未侦查终结的案件等应作为重点跟踪监督案件。侦查监督检察室检察官固定时间到公安机关开展工作，登录公安机关警务信息平台，全面排查梳理公安机关当前拟立及侦查的刑事案件、治安处罚案件、撤案案件等，动态掌握办案情况，第一时间及时开展立案监督、侦查监督等工作，将事后监督转为事前、事中、事后监督相结合的全方位的监督。

5. 释法说理教育，参与社会管理，综合治理上“管”。一是加强释法说理，排查化解矛盾。侦查监督检察室坚持将维护社会稳定化解矛盾贯穿于工作始终，及时了解、排查辖区内矛盾纠纷隐患，必要时与公安机关工作人员共同接待来访群众，并认真做好教育、疏导和化解工作。二是强化宣传教育，维护社会稳定。对涉及民众切身利益的案件类型，梳理出案发原因、防范措施，针对性地开展法制宣传，增强法制宣传的实效性，可联合公安民警深入辖区内的村居、工厂、学校、企事业单位等进行普法宣传，并帮助健全安全防控机制，预防各类违法犯罪的发生。三是积极疏通渠道，促进两法衔接。在两法衔接工作中发现犯罪线索需要移交公安机关立案侦查的，侦查监督检察室了解案情，并及时跟公安机关负责人沟通，畅通两法衔接渠道，确保行政执法机关案件移送渠道的畅通。

（五）探索检察室职能的合理延伸

1. 探索引入捕诉衔接机制。一是随着庭审中心主义诉讼制度的逐步确立，对刑事案件证据提出了更高要求，这就对侦查质量有了更高的要求。侦查监督检察室提出的意见和建议主要针对审查逮捕阶段，可能无法满足公诉及庭审需求，而有些证据不及时收集可能存在灭失等风险直接影响案件质量，如果有公诉部门检察官参与侦查监督检察室工作，从公诉的角度积极主动引导公安机关收集、固定、完善证据，有利于提高司法工作效率，缩短办案期限。二是从公诉部门检察官、侦监检察官中择优选拔检察官担任派驻检察官，更有利于配强配齐人员，更好地开展检察监督工作。三是有利于加强侦捕诉协调沟通。通过公诉部门直接参与侦查监督检察室工作，了解案件，对案件证据及逮捕必要性等都有明确认识，既有助于捕后侦查取证事项的跟踪监督，又有助于及时建立将逮捕必要性情形纳入量刑建议制度，将捕诉衔接制度发挥出最大效益。

2. 赋予检察室检察官惩戒建议的权利。对于情节严重，构成犯罪的违法侦查行为，法律明文规定检察机关可直接移送有关部门追究刑事责任。但是这种严重的违法侦查行为在司法实践中应属少见，而对于较为常见的不构成犯罪的违法侦查行为，应当赋予检察官以下权利：一是提出纪律处分的权利。对于侦查人员的违法行为被检察机关通知纠正而不纠正，或者通知立案而不立案等，检察室检察官有提出纪律处分建议的权利。二是建议更换承办人的权利。对于检察机关主动发现或基于当事人的举报发现侦查人员及其侦查行为违法，经过调查核实，认为侦查人员存在违法行为，或者存在立而不侦、侦而不结的情形，不适宜继续侦办该案件，检察室检察官可提出更换承办人的建议。三是职务评价的权利。检察机关在案件终结后，应结合案件具体情况对侦查人员的表现作出综合评价，该评价应纳入侦查人员的绩效考核中。将侦查人员的职务升迁与检察机关对其的职务评价挂钩，可以很好地保障检察机关纠正违法行为的强制力，使侦查监督落到实处。

3. 探索构建新型检警关系。检察室作用充分发挥后，理想的检警关系会呈现出既疏离又紧密，既引导又监督的新特点。这种新型的检警关系解决了主张引导侦查模式中信息不对称、监督滞后的缺陷。由于检察室强调监督的特点，也部分克服了主张检警一体化模式中二者过于紧密的不足。因此，通过检察室设立的实践，可为探索构建新型检警关系奠定良好的基础。

（六）建立检察室考核机制，加强监督的有效性

从试点情况看，目前检察室工作评价主要是数据结果论，以立案监督数、案件分流数、提出纠违数或以逮捕提高率、轻刑下降率等来对检察室工作作出评价，这种评价的优势在于直观清晰、易于操作，但缺陷在于不全面、重结果不重过程，使检察室可能费了较大精力所做的工作由于结果无法显示或暂时无法显示而没有纳入评价体系，影响工作积极性。建议考核从以下几个方面着手：（1）规范化建设。对于检察室机制有无规范文件、检警双方是否会签文件或会议纪要，内部有无操作规程等。（2）所采取的措施、实际行动。检察室在引导侦查、案件分流、强化侦查监督、提高案件质量等方面所采取的措施、方法与步骤。（3）体现的效果。（4）外部评价。加入公安机关对检察室的评价来综合考核。

侦查监督驻公安检察室作为一项贴近实效的创新监督模式，实际上首次有效突破了公检之间的信息壁垒，实现了监督的主动性、及时性和全面性，解决了制约监督的一些因素。随着各地检察机关探索实践的不断完善与总结，我们有理由相信，随着该机制的日趋完善，对检察机关侦查监督权能的科学构建，以及推动刑事案件质量提升和公安执法行为规范将发挥积极作用。

刑事撤案与刑事诉讼中逆向程序的检察监督

何素红　姜廷松　鲍尤作*

一、逆向程序的内涵张力与法理价值

（一）逆向程序的广义解读

诉讼程序犹如一个闭合的区间，所有的诉讼要素遵循一定的规则在区间内运行。类似于流水线，原料从一个初始端点，经由众多节点被输送到最终的端点以成品的形式出现，实现了一次完整的链路循环。按照程序的预期与预设，且在正常情况下，进入刑事诉讼程序的案件也会基由程序的起点，经立案—侦查—审查起诉—审判，流转到程序的终点，这种程序的正向进程，是整个刑事诉讼程序中比较通常的形态。而与之相对的是刑事诉讼逆向程序，即在刑事诉讼进程中，因为法律规定或客观事由的出现，导致程序链条的某个节点断裂，进入程序的案件被阻却而发生回流，不能沿着既有的轨迹正向运行的一种诉讼状态。逆向程序是刑事诉讼正常程序的例外。基于传统的狭义视角，逆向程序的程序回流形态偏重于对退回补充侦查、撤回起诉、发回重审等制度的考察，而对于刑事撤案制度却被排除在这一观察视线以外。基于视域的广角，我们可以把刑事诉讼程序启动前的静止状态作为一种初始的零维状态，“一门之隔”，程序之外的社会个体不受具体的刑事法的调整，这是一种社会常态。但这种常态又时常被破坏，因为种种复杂的因素，而致使程序之门被意外打开，使得原本静止平衡的状态被打破，如不应当立案的案件被立案、不应当追究刑事责任的被追究了责任，在经过一段程序位移以后，案件最终被依法撤销、程序被终结，又回逆到初始的“零维状态”；或者，因为案件事实和证据原因，导致案件被退查、撤回而出现程序回逆。以上程序进程中的两类现象相较于程序原点都发生了案件的实质位移，假如可以把撤案看作是一种逆向的“恢复原状”，

---

* 何素红，江苏省东海县人民检察院党组书记、检察长；姜廷松，国家检察官学院图书馆副馆长；鲍尤作，江苏省东海县人民检察院办公室主任。

那么，将其所经历的这段程序回流，放在刑事逆向程序当中与退查和撤回起诉一并考察，似更相宜。因此，本文尝试将撤案与其他程序回流现象一样放在同一个视域框架下作逆向程序的检察监督分析。

（二）两类程序的制度张力

正常的正向运行的刑事诉讼程序遵循着诉讼经济原则和刑法的谦抑性，其追求的是程序价值，以最小的成本来实现当事人最小的诉累，从而维护效率与公正。刑事诉讼逆向程序是刑事诉讼正向进程发生了逆转的一种特殊情况，因为上一诉讼阶段的诉讼行为违反法律，或者诉讼程序存在瑕疵，或者案件事实不清、证据不足，或者案件办理中出现了无法克服的法定客观状况，而将案件从当前阶段回流到上一阶段，根据具体的案件发展情状进行对应处理的一种诉讼现象。在司法实践中，当程序公正与实体公正遭遇冲突，基于正当性，为实现实体公正往往不得已选择程序回流和逆向运行，其对于保障案件公正处理、维护当事人合法权益具有一定的积极意义。而这也事实上导致了一种状况的出现，即刑事诉讼的逆向程序在实质空间上同正向程序并行统一，都在维护司法的公正，但因其适用范围和侧重点不同，而在形式上存有一种制度性的张力。

（三）逆向程序的价值分析

刑事科学是一门严谨的科学，在运行中，其不断地发现和堵塞法律上的漏洞，不停地作自组织和自适应。而逆向程序在一定程度上也可以看作是法律机体的这种自适应。基于人们主观认识的局限性和客观上的不可抗力，在法律体系中构建容错纠错机制，应当成为一种法治思维而不被排斥。当刑事程序以固有的惯性高速运行的时候，需要有一种程序在其发生偏向时来对之实施制动，把游离于法律正当性的轨迹拉回来，可控的具有正当性的刑事诉讼逆向程序，在特殊的情境下扮演了这样的角色。在法理上，其与《宪法》第 33 条“国家尊重和保障人权”的宪法精神是相呼应的，符合《刑法》第 3 条“法律明文规定为犯罪行为的，依照法律定罪处刑；法律没有明文规定为犯罪行为的，不得定罪处刑”的罪刑法定原则。其具有目的正当性、法的规定性、运行的逆向性、适用的例外性和功能的补救性。合理适度的程序回流，有利于发现案件真相，提高诉讼效率和案件质量，保障诉讼参与人权利，推动实现程序正义和实体正义，维护法律权威。诚然，逆向程序具有一定的积极价值，但其本质上毕竟只是一种非正常的例外程序，因缺乏健全的法律强制性规范，容易造成诉讼拖延、影响法庭裁判的终局性，而且也是造成超期羁押的重要原因。因为非正当的逆向运行，既会损害程序法益，又会损害实体法益，因此，在实践中要注重度的把握并加以规范。作为法律监督机关，对于这种刑事诉讼的非正常退出机制，特别是对其中的失当甚至违法行为应当加大监督的力度。

二、刑事撤案及逆向程序的法律形态与法律规制

（一）刑事撤案

1. 刑事撤案的本质属性。刑事诉讼中的撤案制度多指侦查机关对已经立案侦查的案件，经过全面侦查，发现没有犯罪事实发生，或虽有犯罪事实发生，根据已经查明的证据和事实，不是犯罪嫌疑人所为，或者情节轻微不构成犯罪，或者依据法律规定不需要追究刑事责任，而依法终止追究其刑事责任的一种诉讼活动，是一项影响刑事诉讼进程与结局的诉讼活动。刑事撤案的本质在于终结刑事追究，是依法终止追究犯罪嫌疑人刑事责任的一种法律处分方式，而非终结侦查活动或终结刑事案件。

2. 刑事撤案的分类和法律意义。根据犯罪构成情况以及犯罪的情节、社会危害性，司法实践中就刑事撤案的情形作了不同的分类，主要有无罪撤案、微罪撤案、疑罪撤案。根据所处的刑事诉讼阶段，可分为侦查阶段的撤案、捕后审查起诉阶段的撤回案件以及提起公诉后的撤案，不同类别的撤案产生不同的法律上的效果。撤案不但具有程序法价值，而且具有实体法上的意义。因此，侦查机关能否在第一时间依法正确撤案，事关犯罪嫌疑人能否及时摆脱刑事诉累及可能带来的利益损害，对于人权保护和司法公正具有重要价值。

3. 刑事撤案的条件。现行刑事法律中对于撤案的规定较少，且很笼统。《刑事诉讼法》第161条规定："在侦查过程中，发现不应对犯罪嫌疑人追究刑事责任的，应当撤销案件；犯罪嫌疑人已被逮捕的，应当立即释放，发给释放证明，并且通知原批准逮捕的人民检察院。"该条可视作刑诉法中最直接的撤案法条依据，"发现不应对犯罪嫌疑人追究刑事责任"是撤销案件的必要条件，其适用情形包括：情节显著轻微、危害不大，不认为是犯罪的；犯罪已过追诉时效期限的；经特赦令免除刑罚的；依照刑法告诉才处理的犯罪，没有告诉或者撤回告诉的；犯罪嫌疑人、被告人死亡的；其他法律规定免予追究刑事责任的。对此，《刑事诉讼法》第15条明确规定，对于具备上述情形的，不追究刑事责任，已经追究的，应当撤销案件，或者不起诉，或者终止审理，或者宣告无罪。《刑事诉讼法》第15条第（一）项"情节显著轻微、危害不大，不认为是犯罪的"表述与《刑法》第13条但书"情节显著轻微危害不大的，不认为是犯罪"的规定，在内涵和实质上是一致的，体现了相同的法律思想，作为一种法定情形共同构成了刑事撤案的一个要件。

4. 检察机关对于刑事撤案的规定。《人民检察院刑事诉讼规则（试行）》第555条第2款规定："有证据证明公安机关可能存在违法动用刑事手段插手

民事、经济纠纷，或者利用立案实施报复陷害、敲诈勒索以及谋取其他非法利益等违法立案情形，尚未提请批准逮捕或者移送审查起诉的，经检察长批准，应当要求公安机关书面说明立案理由。”第558条第1款规定：“公安机关说明不立案或者立案的理由后，人民检察院侦查监督部门应当进行审查，认为公安机关不立案或者立案理由不能成立的，经检察长或者检察委员会讨论决定，应当通知公安机关立案或者撤销案件。”第565条规定：“侦查活动监督主要发现和纠正以下违法行为……（十）在侦查过程中不应当撤案而撤案的……”上述规定是检察机关针对公安机关刑事立案和侦查活动的监督，是通过撤案监督手段对不符合刑事诉讼法规定的立案条件的案件违法进入刑事诉讼程序的一种机制上的屏蔽，也是对已经处于刑事诉讼程序之中的案件在违法退出上的一种机制性阻断。

5. 公安机关的刑事撤案规程。《公安机关办理刑事案件程序规定》第3条规定，“对依法不追究刑事责任的不予立案，已经追究的撤销案件；对侦查终结应当起诉的案件，移送人民检察院审查决定；对不够刑事处罚的犯罪嫌疑人需要行政处理的，依法予以处理或者移送有关部门。”第183条第1款规定：“经过侦查，发现具有下列情形之一的，应当撤销案件：（一）没有犯罪事实的；（二）情节显著轻微、危害不大，不认为是犯罪的；（三）犯罪已过追诉时效期限的；（四）经特赦令免除刑罚的；（五）犯罪嫌疑人死亡的；（六）其他依法不追究刑事责任的。”第184条第1款规定：“需要撤销案件或者对犯罪嫌疑人终止侦查的，办案部门应当制作撤销案件或者对犯罪嫌疑人终止侦查报告书，报县级以上公安机关负责人批准。”第2款规定：“公安机关决定撤销案件或者对犯罪嫌疑人终止侦查时，原犯罪嫌疑人在押的，应当立即释放，发给释放证明书。原犯罪嫌疑人被逮捕的，应当通知原批准逮捕的人民检察院。对原犯罪嫌疑人采取其他强制措施的，应当立即解除强制措施；需要行政处理的，依法予以处理或者移交有关部门。”

（二）退回补充侦查

《人民检察院刑事诉讼规则（试行）》第380条规定，“人民检察院认为犯罪事实不清、证据不足或者遗漏罪行、遗漏同案犯罪嫌疑人等情形需要补充侦查的，应当提出具体的书面意见，连同案卷材料一并退回公安机关补充侦查。”该条规定了在三种情形下，即：犯罪事实不清、证据不足或者遗漏罪行、遗漏同案犯罪嫌疑人，检察机关可以启动退回补充侦查，对于检察院退查的案件，公安机关能否直接作出撤销案件决定，刑诉法没有作出相应的明确规定，其处分要视情而定。依据《公安机关办理刑事案件程序规定》第285条规定，对人民检察院退回补充侦查的案件，根据不同情况，报县级以上公安机关负责人批准，可以分别作四种方式处理，其中，除第四种“原认定犯罪事实清楚，证据确实、充分，人民检察院退回补充侦查不当的，应当说明理由，移送人民检察院审查。”另外三种，公安机关都需依具体情形来区别对待：一是原认定犯罪事实清楚，证据不够充分的，应当在补充证据后，制作补充侦查报告书，移送人民检察院审查；对无法补充的证据，应当作出说明。针对此种情况，在补侦后证据依然不充分的，根据《刑事诉讼法》第 171 条第 4 款规定，“对于二次补充侦查的案件，人民检察院仍然认为证据不足，不符合起诉条件的，应当作出不起诉的决定。”二是在补充侦查过程中，发现新的同案犯或者新的罪行，需要追究刑事责任的，应当重新制作起诉意见书，移送人民检察院审查。此种情形，侦查羁押期限和审查起诉期限需要重新计算，对于原案件公安机关不能撤销。三是发现原认定的犯罪事实有重大变化，不应当追究刑事责任的，应当重新提出处理意见，并将处理结果通知退查的人民检察院。此种情形，符合《刑事诉讼法》第 15 条的规定，应当依照《刑事诉讼法》第 161 条的规定撤销案件。

（三）撤回起诉

1996 年修改后的刑事诉讼法废除了 1979 年刑事诉讼法中关于公诉案件撤回起诉的规定，仅保留了自诉案件中自诉人的撤诉权。2012 年新刑事诉讼法延续了 1996 年刑事诉讼法的规定，没有规定公诉案件的撤回起诉。而“两高”的司法解释却明确规定了公诉案件可以撤回起诉，但公诉案件撤回起诉后对被告人的刑事强制措施问题没有规定，在司法实践中处理方式也存在差异，客观上造成了国家法制不统一的后果。根据《人民检察院刑事诉讼规则（试行）》第 459 条第 1 款规定：“在人民法院宣告判决前，人民检察院发现具有下列情形之一的，可以撤回起诉：（一）不存在犯罪事实的；（二）犯罪事实并非被告人所为的；（三）情节显著轻微、危害不大，不认为是犯罪的；（四）证据不足或证据发生变化，不符合起诉条件的；（五）被告人因未达到刑事责任年龄，不负刑事责任的；（六）法律、司法解释发生变化导致不应当追究被告人刑事责任的；（七）其他不应当追究被告人刑事责任的。”第 2 款规定：“对于撤回起诉的案件，人民检察院应当在撤回起诉后三十日以内作出不起诉决定。需要重新侦查的，应当在作出不起诉决定后将案卷材料退回公安机关，建议公安机关重新侦查并书面说明理由。”此时，刑事诉讼程序在经历了“侦查—起诉—审判”三阶段后，再次逆向进入侦查程序，导致程序回流。第 3 款规定：“对于撤回起诉的案件，没有新的事实或者新的证据，人民检察院不得再行起诉。”则是对刑事责任追究的终结。

三、刑事撤案与逆向程序运行的现状及检察监督权的强化

（一）源自一个基层检察院的实证分析

近年来，刑事诉讼程序中公安机关撤回案件、检察机关不起诉与提起公诉一起成为审查起诉终结的三种主要方式。而提起公诉后又退回补充侦查的案件在受理的案件总量中也有一定的占比。以下为某司法辖区人口 120 万人的县级检察院连续三年的公诉案件数据分析（图一至图三所示）。其中，审查起诉中公安机关撤回案件涉 320 人；不起诉 176 人，撤回案件人数是检察机关不起诉的 1.8 倍。

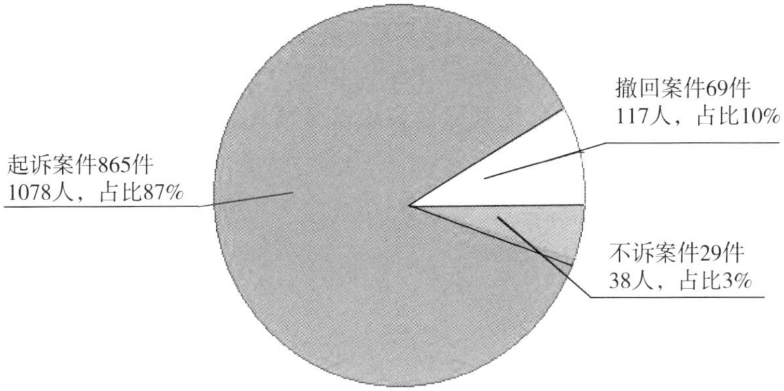

图一：2014 年受理移送审查起诉案件总数 963 件 1233 人

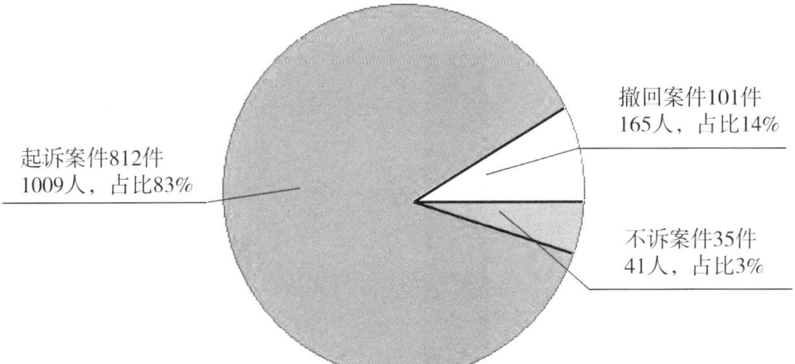

图二：2015 年受理移送审查起诉案件总数 948 件 1215 人

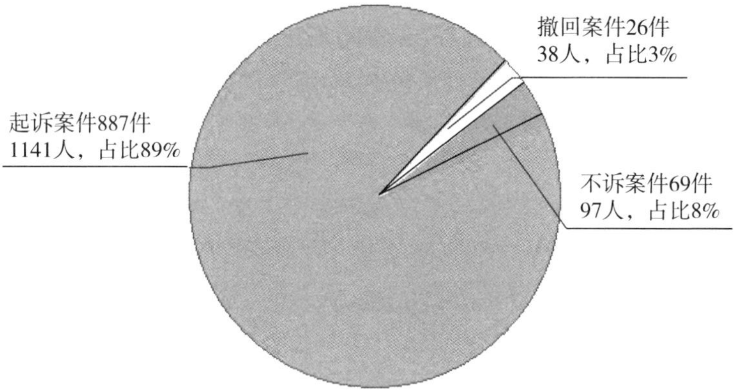

图三：2016 年受理移送审查起诉案件总数 982 件 1276 人

2014 年某地基层检察院退查情况统计分析

时间节点：2013 年 12 月 26 日—2014 年 12 月 25 日（图四）

一次退查 297 件 446 人，二次退查 99 件 183 人，本期受理 1016 件 1320 人，上期积存 102 件 163 人

一次退查率 = 一次退查数/（本期受理 + 上期积存）【件数计算，下同】

= 297/（1016 + 102）

= 26.7%

两类退查总计 396 件 629 人，分别占当期受理案件和人数的 39% 和 48%。

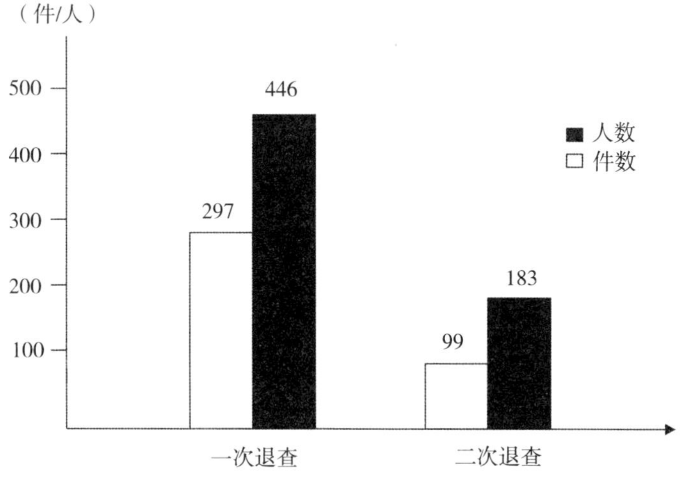

图四

本期一次退查应重报未重报案件数：48/57【299/451】（图五）

未重报率＝12.6%【人数计算，下同】

本期二次退查应重报未重报案件数：15/20【94/178】

未重报率＝11.2%

两类退查应重报未重报案件63件77人。该类案件在一定程序层面已经超出检察机关的监督视野。

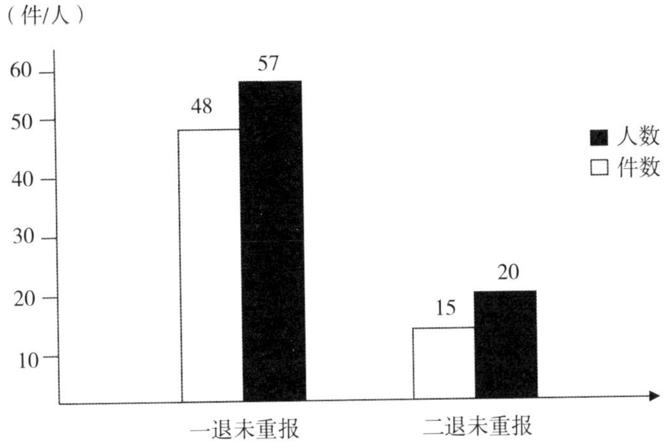

图五

2015年某地基层检察院退查情况统计分析

时间节点：2014年12月26日—2015年12月25日（图六）

一次退查290件440人，二次退查97件171人，本期受理1016件1341人，上期积存116件172人

一次退查率＝一次退查数/（本期受理＋上期积存）

＝290/（1016＋116）

＝25.6%

两类退查总计387件611人，分别占当期受理案件和人数的38%和46%。

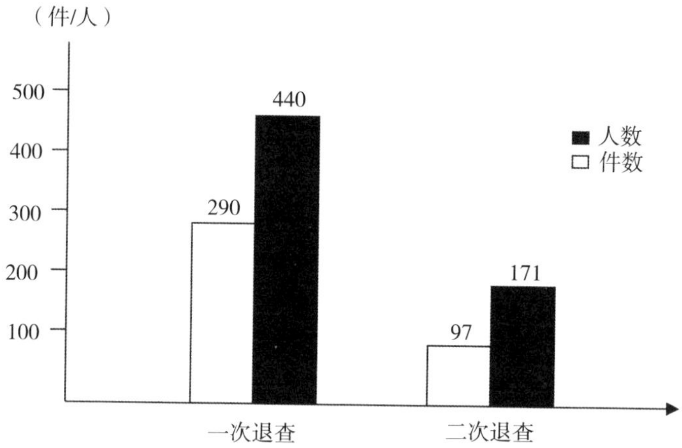

图六

本期一次退查应重报未重报案件数：38/48【308/476】（图七）

未重报率 =10.1%

本期二次退查应重报未重报案件数：13/16【99/175】

未重报率 =9.1%

两类退查应重报未重报案件 51 件 64 人。

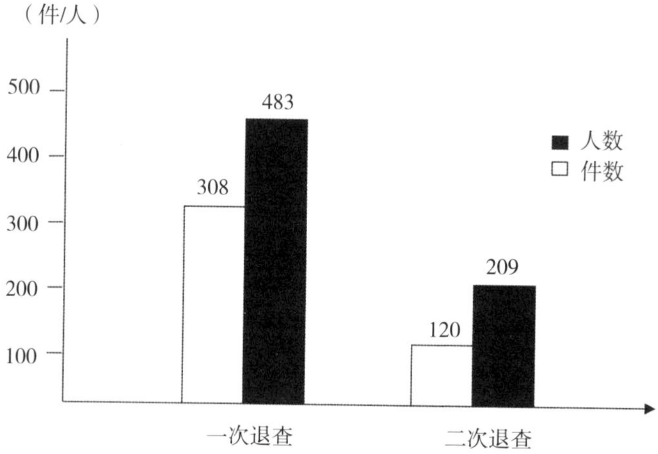

图七

2016 年某地基层检察院退查情况统计分析

时间节点：2015 年 12 月 26 日——2016 年 12 月 25 日（图八）

一次退查 308 件 483 人，二次退查 120 件 209 人，本期受理 1031 件 1341 人，上期积存 99 件 162 人

一次退查率 = 一次退查数/（本期受理 + 上期积存）

=308/（1031+99）

=27.3%

两类退查总计428件692人，分别占当期受理案件和人数的42%和52%，数量之大是较为惊人的。

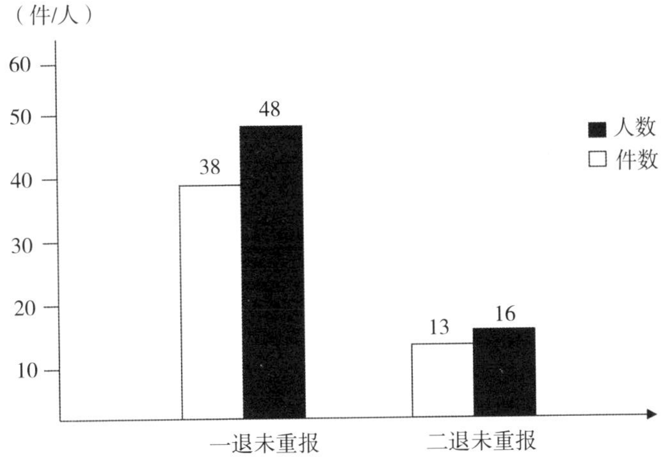

图八

本期一次退查应重报未重报案件数：55/79【316/501】（图九）

未重报率=15.8%

本期二次退查应重报未重报案件数：20/30【112/186】

未重报率=16.1%

两类退查应重报未重报案件75件109人。

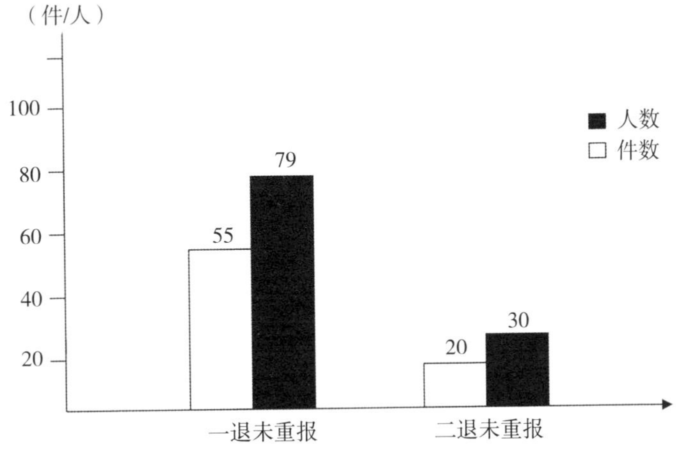

图九

通过数据比对分析，退回补充侦查案件量较大，3年累计达1211件，占当期受理总数3063件的39.5%，年均占比在39.7%左右，退查未重报率均值亦在两位数。数据反应，刑事逆向程序被大量适用，程序回流现象较多，其间显性的、隐性的规避检察监督的情形若隐若现地大量存在，都在一定层面上折射出检察监督艰巨的任务、广阔的空间和重要的价值所在。

（二）逆向程序运行中检察监督面临的问题

1. 相关领域立法不健全。刑事撤案、退回补充侦查、撤回起诉等程序逆行制度，在司法实践中被大量适用，但是我国现行刑事诉讼法对刑事撤案制度等刑事诉讼程序逆向运行的规定却很少，刑事诉讼法对撤案监督基本上没有涉及，只是在《刑事诉讼法》第15条和第161条有所规定，理论上对其研究也比较薄弱，缺乏系统的法律规范和理论支撑。

2. 逆向程序中的检察监督权存在滞后性。依《刑事诉讼法》第161条规定，发现不应对犯罪嫌疑人追究刑事责任的，对于犯罪嫌疑人已被逮捕的，应当立即释放，并且通知原批准逮捕的人民检察院。由于法律未赋予检察机关对公安机关撤案的异议权，即使公安机关对已批捕案件撤案后并通知检察机关，检察机关仍无法对公安机关的撤案行为进行监督，在事实上造成了对已批捕案件的无从监督；由于未批捕案件的撤销无须通知检察机关，实际已成为公安机关的内部操作，因此，检察机关对公安机关的该撤案情况根本无法知晓，对未批捕案件也无从监督；现行法律对公安机关撤案是否通知被害人及其法定代理人无明确规定，被害人及其法定代理人的知情权得不到有效保障，没有建立起撤案救济机制和信息传递的渠道，在外部条件上也限制了检察机关获取公安机关撤案信息的可能，从而影响了监督的针对性和时效性。

3. 逆向程序中的检察监督权缺乏刚性。《刑事诉讼法》第7条规定："人民法院、人民检察院和公安机关进行刑事诉讼，应当分工负责，互相配合，互相制约，以保证准确有效地执行法律。"其确立了现行的检警关系架构；检察机关的职务犯罪侦查权即将分立转隶；《人民检察院刑事诉讼规则（试行）》第566条第1款规定："人民检察院发现公安机关侦查活动中的违法行为，对于情节较轻的，可以由检察人员以口头方式向侦查人员或者公安机关负责人提出纠正意见，并及时向本部门负责人汇报；必要的时候，由部门负责人提出。对于情节较重的违法情形，应当报请检察长批准后，向公安机关发出纠正违法通知书。构成犯罪的，移送有关部门依法追究刑事责任。"上述三个层面因素的存在，使得检察机关在现行的检警关系架构下以及面临司法体制和检察体制重大改革的情势下，仅仅单纯依靠口头方式提出纠正意见、发出纠正违法通知书等传统监督方式，而无相应的权力赋予以体现权力制约，监督已显得非常乏力，很难达到预期的效果。

（三）强化逆向程序检察监督的路径思考

1. 深化改革构建以审判为中心的刑事诉讼制度。紧紧围绕当前司法体制和检察体制的重大改革，推进立法和相关法律规范性制度的完善；推进以审判为中心的刑事诉讼制度的构建；建立以客观性证据为核心的证据审查模式和证据制度，强化“以证据为核心的刑事指控体系”；完善补充侦查制度，建立人民检察院退回补充侦查引导和说理机制，健全自行侦查工作机制；完善对侦查机关违法不立案、违法撤案问题的监督机制，完善对监督立案、监督撤案等重大监督事项的案件化办理程序；推进刑事审前程序改革，探索微罪处分与刑事和解制度的扩展适用。在宏观层面加强检察监督体系的制度设计和构架，保障符合刑事诉讼规律的新型检察权运行机制的生成和运转。

2. 探索建立禁止程序回流制度。刑事诉讼中存在的刑事撤案、退回补充侦查、撤回起诉等逆向程序中的程序回流现象，在法治化水平不高的时段，一定程度上成为正常诉讼程序的“补丁”程序，伴随着司法改革的深入和法治进程的加快，应当逐步加强对逆向程序运行的限制和规范。现阶段可以考虑对已经开庭审理的案件不允许再行撤诉，证据不足、指控的犯罪不能成立的，应当贯彻疑罪从无的原则，直接依法宣告被告人无罪，借此倒逼审前程序中各诉讼阶段活动的规范，以最大限度地维护法律的尊严和权威，保障被告人的合法权益。

3. 建立撤案信息通报和备查制度。对于非经检察机关批准逮捕的拟撤销案件，由公安机关在规定的期限内向检察机关报备审查，若发现撤案决定错误，通知公安机关依法纠正。同时，积极建立资源平台共享机制，依托科技信息支撑，定点设置信息端口，实现检察监督平台与公安侦查信息平台的兼容互通，将事后监督与事前监督相统一，既不过多干涉公安机关的侦查活动，同时又保证了对公安机关撤案情况的及时了解和监督，以保证刑事诉讼活动的正常运行。

4. 建立已捕案件撤案事前监督制度。根据《刑事诉讼法》第 161 条规定，公安机关在侦查活动中发现有不应对犯罪嫌疑人追究刑事责任的，一律由公安机关自行决定撤案，即使案件是已经检察机关批准逮捕的，也只需要通知检察机关，而无须检察机关的批准。这种做法是对批捕权的对冲和削弱。案件既经检察机关批准逮捕，说明犯罪嫌疑人有犯罪事实，应对其追究刑事责任，捕后公安机关未经批捕机关批准直接作撤案处理，是对检察机关决定的否定。

5. 充分用好批捕和不起诉制度。我国与德国的检警一体，与美国、韩国、新加坡等国对侦查的指挥体制均有本质的区别，在当前的诉讼构造和检警分立体制下，主张检察机关对撤案决定权力化的观点，因其不符合现实检警关系而难具可行性。因此，在不改变现有诉讼构造的前提下，落实现行刑事诉讼法的基本规定，从完善侦查阶段的审查批准逮捕制度、审查起诉阶段的不起诉制度出发，实现案件的正确分流，强化对公安机关撤案、退查等立案及侦查活动的监督，不失为一项较好的选择。通过规范行使逮捕权和不起诉权，对达不到证据要求的案件不批准逮捕、不起诉，充分发挥检察机关对侦查活动的法律引导作用，适当扩张检察机关介入刑事侦查程序的程度，逐步确立起检察机关在刑事撤案监督权中居于主导地位，以此来强化对立案和侦查的检察监督。

6. 建立撤案救济机制。赋予被害人对撤销案件的知情权、异议权和参与权。应当在刑事诉讼法律中明确规定刑事被害人享有的相关知情权，课以侦查机关对刑事被害人同自己利益相关信息的告知义务；规定被害人在撤案过程中的参与权，被害人可以要求侦查机关就其作出的撤案决定举行听证会，并且赋予被害人申请查阅案卷、发表意见、提出合理异议的权利，侦查机关应当充分听取被害人的意见，才能依照程序作出撤案的决定；保留被害人提起申诉的权利，如向作出撤案的公安机关申请复议，对复议不服的，可向同级人民检察院申请复核，以充分尊重并保障被害人的合法权益。

7. 探索域外制度引入借鉴机制。适度借鉴域外法治文明中的合理元素，比较借鉴域外的立法经验，为我国侦查监督和刑事撤案制度的完善提供有益的立法参考。由于历史原因，我国的立法很大程度上受到了前苏联法律传统的影响，俄罗斯的相关改革经验可以为我国的侦查监督制度改革提供借鉴，《俄罗斯联邦检察机关法》明确了检察机关对侦查活动的监督，且检察权对侦查权的控制相当大，手段多样，能够有效地防止侦查权的滥用；同时我们还可以吸收德日、欧美等国关于撤案监督和救济的合理规定，为我国当前的侦查监督特别是撤案监督走出困境提供有益的借鉴。

8. 完善刑事诉讼的正常与非正常退出机制。突出检察监督重点，加强对公安机关不应当立案而立案侦查案件的监督、对侦查过程中应当撤案而不撤案的监督、对侦查过程中不应当撤案而撤案的监督。扎紧案件的“进口”和“出口”，把不符合刑事诉讼法规定立案条件而违法进入刑事诉讼程序的通道堵紧，把不符合撤销案件法定情形而撤销案件从而放纵犯罪甚至帮助犯罪嫌疑人脱罪的漏洞堵紧，从源头上压缩程序逆行和程序回流的空间，最大限度地减少司法资源的消耗，最大限度地减小冤错案件的发生及对当事人权益侵害的概率，以更好地实现程序价值和程序法治。

刑事执行检察转型发展与规范完善

李自民　耿全红　刘怀印*

一、刑事执行检察转型发展的动因与标志

刑事执行检察已经进入转型发展的新时代，这是当前提出刑事执行检察工作规范和完善的背景。

在新中国检察制度中，刑事执行检察是近年来才发展起来的一项检察工作，但它又是一项最古老的检察业务，早在共和国检察机构成立之初，行使这一职责的监所检察部门就已经设立。随着刑事诉讼法的修改完善和监所检察更名为刑事执行检察，2015 年 12 月，最高人民检察院颁布了《关于全面加强和规范刑事执行检察工作的决定》，对刑事执行检察工作从理念、原则、工作重点、工作规范等方面进行了一系列顶层设计，《决定》的出台适应了当前我国法治建设新形势、新任务、新要求，标志着监所检察向刑事执行检察的转型发展。以此为契机，我国监所检察工作迈向了刑事执行检察转型发展的新时代。回顾这一发展变化，我们能清楚地看到这项检察业务转型发展的脉络。①

其一，党的十八大以来开启的中国社会法治建设新征程在政治上为刑事执行检察转型发展创造了环境、指明了方向。十八大以来，习近平总书记等中央领导多次对刑事执行检察工作作出重要指示，十八届三中、四中、五中、六中全会不同程度地要求检察机关加强对刑事执行活动的法律监督，尤其是四中全会通过的《中共中央关于全面推进依法治国若干重大问题的决定》明确规定："加强人权司法保障""完善对限制人身自由司法措施和侦查手段的司法监

---

* 李自民，河南省人民检察院党组副书记、副检察长；耿全红，河南省人民检察院刑事执行检察局局长；刘怀印，法学博士，中国人民大学反腐败研究中心研究员，河南省人民检察院刑事执行检察局副局长。本文系 2015 年度最高人民检察院检察理论研究重点课题"人权保障视野下刑事执行检察制度的完善"（项目编号 JC2015B03）研究成果。

① 参见袁其国：《〈最高人民检察院关于全面加强和规范刑事执行检察工作的决定〉解读》，载《人民检察》2016 年第 2 期。

督”；“加强对司法活动的监督”，“完善检察机关行使监督权法律制度”；“优化司法职权配置”，“完善刑罚执行制度，统一刑罚执行体制”① 等。这些规定为刑事执行检察转型发展创造了条件、指明了方向。

其二，刑事诉讼法修改完善在立法上为刑事执行检察转型发展开辟了道路、准备了条件。修改后的刑事诉讼法大大增加了刑事执行检察职责。随着修改后刑事诉讼法、刑事诉讼规则的实施，以及在新中国存在了 50 多年的劳动教养制度的废止，监所检察部门承担的法律监督职责有了大幅度调整：原来固有的一些职责得到了加强和优化，如减刑、假释、暂予监外执行等刑罚执行监督；有的是将其他检察业务部门中刑事执行检察职责合理调整到监所检察部门，如死刑执行临场监督；更多的是新增一批业务职责，如指定居所监视居住执行监督、刑罚变更执行同步监督、社区矫正执行监督、强制医疗执行监督、羁押必要性审查等新的职能。从监督领域看，明确将刑罚执行、刑事强制措施执行、强制医疗执行的监督职责统一整合到监所检察部门负责。② 因此，监所检察业务范围有了很大的拓展，这在立法上为刑事执行检察转型发展开辟了道路，准备了条件。

其三，将“监所检察”更名为“刑事执行检察”标志着正式开启了刑事执行检察转型发展新时代。2014 年 7 月，最高人民检察院向中央编办提交了将“监所检察”更名为“刑事执行检察”的请示。中央编办进行了研究论证，并征求了中央政法委、全国人大常委会等有关部门以及其他政法机关的意见后，报国务院总理签署，于 2014 年 11 月 4 日批复同意，将最高人民检察院监所检察厅更名为刑事执行检察厅。③ 2014 年 12 月 30 日，最高人民检察院正式对全国检察机关下发更名通知，全国检察机关迅速贯彻通知精神。至此，监所检察这个从 1954 年起整整用了 60 年的名称，终于被一个崭新的名称所替代。当然，这不仅仅是简单的名称变更，更是刑事执行检察工作内涵和外延的调整；这既是新形势下刑事执行检察工作布局的调整，更是刑事执行检察工作理念、工作原则、工作方式、工作要求的重大转变，它标志着监所检察迈入了刑事执行检察新时代。

其四，全国人大常委会审议意见为刑事执行检察转型发展提供了动力。

---

① 参见中共十八届四中全会《中共中央关于全面推进依法治国若干重大问题的决定》。

② 参见袁其国：《〈最高人民检察院关于全面加强和规范刑事执行检察工作的决定〉解读》，载《人民检察》2016 年第 2 期。

③ 孙宝玉：《以更名为契机进一步做好刑事执行检察工作》，载《刑事执行检察工作指导》2015 年第 3 期。

2015年11月，十二届全国人大常委会第十七次会议听取和审议了曹建明检察长作的《最高人民检察院关于刑罚执行监督工作情况的报告》，在我国检察史上，这是全国人大常委会第一次听取刑罚执行监督工作的专项报告。全国人大常委会对这一报告给予了充分肯定。会议一致认为，近年来，全国检察机关认真贯彻中央重大决策部署，紧紧围绕刑罚执行关键环节和重点部位，完善制度机制，加大监督力度，以实实在在的工作成效捍卫了法治权威，维护了公平正义。2016年1月，曹建明检察长在全国检察长会议上说，刑事执行检察工作是近几年检察工作的一大亮点。全国人大常委会及最高人民检察院领导的肯定，为刑事执行检察转型发展提供了强大动力。

其五，全国首届刑事执行检察工作会议的召开全面拓展了刑事执行检察转型发展新局面。2015年5月28日至29日，在北京召开了全国检察机关刑事执行检察工作会议。这次会议是最高人民检察院继2007年第五次全国监所检察工作会议后时隔八年，在监所监察更名为刑事执行检察后召开的第一次全国刑事执行检察工作会议。会议明确了新思路，提出了今后一个时期刑事执行检察工作指导思想、工作主线、监督领域、工作理念，以及转型发展的重点要求，对当前和今后一个时期的刑事执行检察工作的发展具有重要指导意义。这次会议全面拓展了刑事执行检察工作的新局面。

其六，最高人民检察院颁布《关于全面加强和规范刑事执行检察工作的决定》为刑事执行检察工作转型发展提出了系统要求，奠定了制度基础。近年来，全国检察机关在开展刑事执行检察工作中积累了一些好的经验和做法，制定了一些规范性文件，这些需要以文件的形式进行萃取和固定。例如，最高人民检察院在全国检察机关组织开展了集中清理纠正久押不决案件、减刑假释暂予监外执行专项检察、社区服刑人员脱管漏管专项检察、财产刑执行专项检察、刑罚交付执行检察、集中清理判处实刑罪犯未执行刑罚等专项检察活动，取得了明显成效，一些省区也结合各自工作实际，开展了独具特色的专项检察活动，总结了一些好经验和好做法。同时，为不断规范刑事执行检察司法行为，最高人民检察院陆续制定了一些新的规范性文件，修订完善了原有的一些工作制度。这些都需要一个规范统一的文件将其中的主要内容和成熟做法萃取和固定下来。特别是在全国人大常委会提出审议意见后，为全面落实全国人大常委会审议意见，2015年12月最高人民检察院印发了《关于全面加强和规范刑事执行检察工作的决定》。[①] 该文件从指导思想、工作重点、监督方式、监

① 《关于印发〈最高人民检察院关于全面加强和规范刑事执行检察工作的决定〉的通知》（高检发〔2015〕15号文件）。

督手段、司法规范、司法保障等方面，提出了对刑事执行检察工作进行全面加强和规范的若干具体意见和措施要求。可以说，该决定的出台对于贯彻落实党中央和习近平总书记重要讲话精神和系列指示，全面落实全国人大常委会审议意见，积极回应人民群众和社会各界的关切，充分发挥刑事执行检察的职能作用，全面加强和规范刑事执行检察工作，推进当前和今后一个时期刑事执行检察工作的转型发展，具有十分重要的意义。

二、转型时期刑事执行检察规范完善的必要性

刑事执行检察进入转型发展新常态，亟待规范完善。

刑事执行检察工作随着机构更名得以迅猛发展，已经进入转型发展新常态，成为新形势下支撑检察监督发展的增长点。然而，在发展中也不断出现这样那样的问题，要保证新常态下刑事执行检察工作健康发展，加强规范化建设，完善各项制度，保证规范开展各项业务尤为必要，势在必行。为此，最高人民检察院检察长曹建明在全国检察机关刑事执行检察工作会议上指出："必须强调，检察机关对刑事执行的法律监督必须严格、依法、正确行使，既不能缺位，也不能越位；既不能滥用，也不能失职。要准确把握检察机关法律监督职能定位，并在敢于监督、善于监督、规范监督上下功夫，努力提升监督能力和水平。"

其一，党中央对刑事执行检察工作提出了更高要求，必须通过加强规范化建设认真加以落实。近年来，习近平总书记多次作出重要指示，对加强刑事执行和司法监督，规范减刑、假释、暂予监外执行等工作，提出了明确要求；在2014年中央政法工作会议上，习近平总书记指出：旗帜鲜明反对腐败是政法战线必须打好的攻坚战。一些有权人、有钱人搞花钱捞人、花钱买命、提前出狱，为什么能得手？原因就是政法队伍中存在腐败现象。有的干警同黑恶势力串通一气、充当"保护伞"，胆大妄为、无法无天![①] 习近平总书记要求加大惩治刑罚执行领域司法腐败力度，他对全国模范检察官、新疆石河子市检察院监所检察干警张飚敢于监督纠正错案的事迹给予高度赞扬。此后，中央政法委先后对严格规范减刑假释暂予监外执行、集中清理久押不决等工作作出具体部署，开展专项治理。党的十八届三中、四中、五中、六中全会更突出强调推进严格司法、加强人权司法保障、加强对司法活动的监督，明确要求完善刑罚执行制度，统一刑罚执行体制；严格规范减刑、假释、保外就医程序，强化监督

① 习近平：《严格执法，公正司法》，载《十八大以来重要文献选编》，中央文献出版社2014年版，第717页。

制度；完善对违法犯罪行为的惩治和矫正法律，健全社区矫正制度；完善对限制人身自由司法措施和侦查手段的司法监督等。可以说，中央对加强刑事执行法治建设和检察监督的重视程度前所未有，对检察机关刑事执行法律监督的要求标准之高也是前所未有，这就要求检察机关必须认真落实中央的指示，通过加强规范化建设，完善各项刑事执行检察制度，从而更加规范地开展刑事执行检察监督工作。

其二，修改后刑事诉讼法赋予刑事执行检察更多新增职能，必须认真规范开展。如前所述修改后刑事诉讼法对刑事执行法律制度作了较大幅度修改，涉及刑事执行检察工作的内容点多面广，刑事执行检察部门承担的任务更加繁重，要求的标准也更加严格，监督的内容、方式和手段等有了新的变化。这些变化，充分体现了刑事执行检察在我国法治建设进程中的重要地位，也对刑事执行检察部门改进监督方式、提高监督效率、强化人权保障等提出了一系列新的更高要求。刑事执行检察职责越多、权力越大，就意味着执法风险更多、履职难度更大。为此，刑事执行检察必须通过加强规范化建设，更加认真规范地开展各项新增业务。

其三，人民群众对刑事执行检察工作中存在的问题反映强烈，必须通过规范完善各项刑事执行检察工作认真加以解决。近年来，在刑罚执行领域中，监管执法状况和被监管人的权益维护，越来越成为公众舆论关注的热点和焦点，社会各界对有权人、有钱人被判刑后减刑快、假释和暂予监外执行比例高等刑罚执行不公现象十分不满，人民群众要求检察机关对司法监管活动加强监督、维护公正、保障人权的呼声日益强烈，刑事执行检察工作越来越被公众所关注。从反映的社情民意看，人民群众不仅要求司法监管机关严格执法、保障刑罚目的实现，而且要求以更加理性、平和、文明、规范的方式执法；不仅关注监管部门的执法，而且更加关注检察机关是否履行了法律监督职责，是否维护了司法公正。曹建明检察长在全国刑事执行检察工作会议上明确指出，刑事执行检察工作发展到今天，规范化水平不断提升，但也存在不少不规范的突出问题。有的想监督就监督，不想监督就不监督；有的职能定位不准，监督越位和缺位并存；有的不正确政绩观严重，滥用纠正违法通知书和检察建议书，对一些只需要口头纠正的情形采取书面纠正方式；有的重配合轻监督，重书面审查轻实地调查，重监督形式轻监督效果；有的弄虚作假，造假监督、拆分监督，严重影响法律监督的公信和权威。这些充分说明，刑事执行检察随着职责的增加、职权的扩展，权力异化甚至滥用的情况也是客观存在的，上述情况都是刑事执行检察工作中用权不严的表现，也是必须加以规范完善的问题所在。也正因为此，最高人民检察院要求在规范司法行为专项整治中，必须下决心对刑事执行检察工作中存在的自身司法不规范问题进行全面排查梳理，切实抓好整改落实。

三、刑事执行检察规范完善的原则要求

党的十八届四中全会对规范司法行为提出了明确要求。全会公报指出："公正是法治的生命线。司法公正对社会公正更具有重要引领作用，司法不公对社会公正具有致命破坏作用。必须完善司法管理体制和司法权力运行机制，规范司法行为，加强对司法活动的监督，努力让人民群众在每一个司法案件中感受到公平正义。"[①] 这一要求，明确了开展刑事执行检察规范完善的原则，那就是坚持严以用权原则，完善各项制度，规范刑事执行检察行为。

其一，明确严以用权的基本含义。严以用权作为践行"三严三实"要求的关键环节，是新时期对党员领导干部政治品德要求的高度凝练和政治责任的精准概况。其基本要求是必须坚持用权为民，按规则、按制度行使权力，把权力关进制度的笼子里，不搞特权，不以权谋私。[②] 这也是检察机关完善刑事执行检察制度，保证刑事执行检察工作规范开展，以及检察干警规范履行职责必须坚守的职业信念。

其二，完善刑事执行检察制度、规范刑事执行检察行为体现的是严以用权精神。"规范司法行为"一词是由"规范"和"司法行为"两个词语构成，"规范"即按照既定的标准，使某一行为或活动达到或超过这一要求，也就是明确规矩，使之统一标准；所谓"司法行为"是指国家司法机关和司法人员依照法律的规定办理案件、处理司法事务的活动。司法行为既包括司法机关行为，又包括司法人员个人行为。因而，所谓"规范司法行为"，是指采取措施使国家司法机关和司法人员按照既定的要求运用法律处理案件的活动，并使这种司法活动达到或超过某一标准。

一般而言，规范司法行为所依据的标准至少应当包括以下三个方面：一是实体标准，即要求所办案件正确无误。这一标准是规范司法行为的基础标准。对于刑事司法而言，"案件正确无误"指的是所办理的案件在实体法层面上是正确的，也就是说司法机关严格按照罪刑法定的标准定罪量刑，坚守了防止冤案错案的底线。这一标准主要是由我国刑事实体法规定的。我们所办理的每一

---

① 参见中共十八届四中全会《中共中央关于全面推进依法治国若干重大问题的决定》。

② 参见习近平：《党员干部都要按照"三严三实"要求鞭策自己》，载《习近平总书记重要讲话文章选编》，中央文献出版社 2016 年版，第 259 页。

起刑事案件都有可能追究犯罪嫌疑人、被告人的刑事责任，办案的依据是国家颁布的刑事法律和法规，如果定性错误、量刑失当，就不可能得出我们的司法是规范的结论。当然，实体标准具有相对性，因为某一涉嫌犯罪的行为即使经过司法裁判构成了犯罪，但对其量刑时在法律上也是有幅度的，在量刑幅度内司法人员是有裁量权的，法官的自由裁量权在公诉人量刑建议中也应当被准许。因而，规范司法行为之于刑事实体法在量刑标准上是有一定的裁量幅度的。二是程序标准，即要求办案程序正当规范。这一标准是规范司法行为的核心标准。规范司法行为不仅要求办案正确，而且必须以公正的方式体现，办案人员必须坚守防止违法审理的底线。办案程序是否规范当事人是能够切身体会到的，因而是更容易被判断的。同时，程序是否正当规范也会直接影响到实体公正的达成，没有程序的公正一定没有司法的公正。司法人员查明案情是真实的并不一定是公正的，公正并不等于真实，公正本身要求所办案件既要事实清楚，还要程序正当。司法公正不仅指所办理的案件从实体法上是正确的，还要求符合程序法的规定，即在办案中程序正当规范。最高人民检察院出台整治司法不规范的八个方面的问题，尤其是关于规范刑事执行检察活动的《十项禁令》大多是程序方面的要求，还有一部分是检察职业伦理方面的要求，所以规范司法行为主要是规范办案和业务工作程序。三是伦理标准，即要求办案必须符合司法伦理价值取向。这一标准是规范司法行为的价值判断标准。司法伦理价值标准是社会主义核心价值观在司法领域的集中体现，以公平、正义、人权保障为主要内容的司法伦理标准彰显了社会对司法文明进步的期盼要求。案件办理固然可以依靠法律的强制性，但是要使各方诉讼参与人从内心里信服法律，接受并遵从裁判结果和处理决定，司法人员必须秉持严以用权的精神，使司法行为不仅严格依法，符合理性，还必须充分尊重诉讼参与人的人格尊严，认真保障其应有的诉讼权利，做到遵循司法伦理，文明司法。试想，如果司法人员傲慢无礼，对诉讼参与人动辄呵斥，即使作出的裁判在实体法上是正确的、在程序上是规范的，那也称不上是完美的司法，因为这种司法行为违背了司法伦理标准。联合国检察官职业规范中对检察官的伦理标准作了广泛规定，比如要求检察官要忠诚、勤勉、保密、人权保障、维护公正等。我国检察官职业伦理标准主要体现为对检察官职业道德的要求，如最高人民检察院提出向全国模范检察官张飚学习，学习他“忠诚、执着、担当、奉献”的精神，这是职业伦理标准，也是规范刑事执行检察队伍和刑事执行检察干警行为的典型的职业伦理要求。上述规范司法行为的伦理价值标准体现的都是严以用权精神。

由此可知，规范司法行为就是基于严以用权的要求，对司法行为提出严格标准，对司法办案活动加以严格管理。规范司法行为的基本精神是严以用权，是严以用权精神在司法活动各个环节、各个层面的具体体现；严以用权是规范司法行为的本质要求，二者是互为里表的辩证统一关系。因此，刑事执行检察规范完善的原则必然是以严以用权标准规范各个环节刑事执行检察行为。

其三，严以用权是开展刑事执行检察规范化建设必须坚守的基本遵循。从上述讨论可知，严以用权在司法工作中的核心要义在于通过规范司法行为，保障司法权得以正确规范行使，使司法效益得到最大限度发挥。就刑事执行检察规范化建设而言，规范司法行为主要是指通过完善各项刑事执行检察制度，规范和约束刑事执行检察权的行使，纠正有法不依、执法不严、司法不公、违法不纠、用权不规范等问题，它是提升刑事执行检察执法公信力的重要途径，也是使人民群众信仰法律、遵从法律、信任检察官的重要举措，是促进检察机关强化刑事执行法律监督、维护公平正义、服务依法治国决策的重要标准。所以，通过完善制度，规范刑事执行检察权的行使，体现的是遵循严以用权要求，刑事执行检察规范化建设不仅仅是机构名称、组织体系、人员编制标准的统一规范，更重要的是应当体现严以用权原则，体现严格规范的司法理念，即依照程序化、效能化、规范化原则完善刑事执行检察各项制度，推进刑事执行检察权的运行。因此，刑事执行检察规范完善必须坚持严以用权原则，高度重视纠正刑事执行检察业务中不规范、不文明的突出问题。通过完善各项刑事执行检察制度、各项工作措施和管理手段，提升刑事执行检察工作整体规范化程度。

四、刑事执行检察规范完善的主要内容

“刑事执行检察工作要更加注重维护刑事执行公平公正，更加注重维护刑事执行场所监管秩序稳定，更加注重维护刑事被执行人合法权益，更加注重维护社会和谐稳定。”这四个维护是新时期刑事执行检察工作理念的创新发展和完善，为刑事执行检察规范完善指明了方向、确定了目标，也为在新的起点上开创刑事执行检察工作新局面提供了指引。笔者认为，刑事执行检察规范完善应当在“四个维护”有机统一的工作理念指引下，注重从以下几个方面着手：

1. 通过完善各项刑事执行检察制度，提升刑事执行检察工作制度的规范化程度。完善制度是确保工作规范开展的前提和根据。为规范司法行为，最高人民检察院近年来着力落实和细化法律规定，制定司法解释和规范性文件，着力建立完善程序严密、标准统一、责任明确的司法规范体系。就刑事执行检察规范化建设而言，与刑事执行检察工作密切相关的有《人民检察院办理减刑、假释案件规定》和《关于对职务犯罪罪犯减刑、假释、暂予监外执行案件实行备案审查的规定》等规范性文件。一些省区也结合工作实际，制定文件，

完善制度，规范业务工作开展。例如河南省检察院制定了《关于贯彻落实〈人民检察院办理羁押必要性审查案件规定〉的几点意见》，将羁押必要性审查作为刑事执行检察业务应用系统的独立模块，由刑事执行检察部门直接线上办理，制作了相应的工作流程图和相关法律文书，推动了该项工作向办案模式转变；与省法院、省公安厅、省司法厅联合会签了《关于加强和规范刑事裁判涉财产部分执行工作的规定（试行）》，从七个方面对当前影响财产刑执行和监督的突出问题进行了规范；与省法院会签了《关于人民法院向同级人民检察院刑事执行检察部门送达部分生效法律文书的会议纪要》，规定法院对生效刑事裁判法律文书，除应送达同级检察院公诉部门外，还应送达相应的刑事执行检察部门，有效解决了刑事执行检察部门与人民法院信息不对称问题；与省法院、省公安厅、省司法厅会签了《关于罪犯交付执行和收监执行工作办法（试行）》，规范刑罚交付执行监督工作，巩固了集中清理判处实刑罪犯未执行刑罚专项活动成果，为建立长效机制提供依据等。这些文件的颁布，为规范履行刑事执行检察职责提供了标准和规范依据。

笔者认为，在抓好已经出台的规范性文件和工作纪律、办案纪律规定落实的同时，还要在以后的工作中注重抓好以下业务规范制度的完善：一要规范各项刑事执行检察业务流程制度。通过对各项业务、各个岗位、各个环节制定细化工作规则，明确权力边界、司法标准、操作程序和监督责任，规范权力运行，防止权力滥用。二要完善与刑事执行检察相关法律制度。通过修改完善监狱检察、看守所检察、监外执行和社区矫正检察等工作制度，进一步完善羁押必要性审查、强制医疗执行监督、指定居所监视居住执行监督等新增业务规范，严格各项权力运行程序，全面提升刑事执行检察业务规范化程度，减少刑事执行检察执法不规范的存量，增加规范司法的正能量。[1]

2. 通过改进刑事执行检察工作格局，提升刑事执行检察业务的规范化程度。改进刑事执行检察业务工作格局，[2] 主要体现为使刑事执行检察工作主线从由“强化刑罚执行和监管活动监督”向“强化刑事执行监督，强化人权司法保障”转变；工作模式从以“办事”为主向以“办案”为主转变。从前的监所检察业务大多作为日常事务性工作来处理，总体上看办案意识没有树立起来。刑诉法修改之后，很多新增职能，如减刑假释暂予监外执行同步监督、羁押必要性审查、社区服刑人员脱管漏管检察等，应当通过制定并完善工作程

① 参见袁其国：《〈最高人民检察院关于全面加强和规范刑事执行检察工作的决定〉解读》，载《人民检察》2016 年第 2 期。

② 参见袁其国：《着力实现“八个转变”》，载《检察日报》2015 年 10 月 23 日。

序、规范业务流程，作为案件来办理和管理，确立以办案为主的工作模式；监督重点从传统业务向新增业务与传统业务并重转变，既要坚持原来刑罚执行、监管活动监督和查办职务犯罪案件等常规业务重点，又要把刑罚变更执行同步监督、羁押必要性审查、社区矫正监督等新增业务作为重点强力推进；监督场所从重监内轻监外，向监内与监外执行监督并重转变。目前，刑事执行检察部门监督的场所已经不限于大墙内，大墙内和大墙外的监督任务都相当繁重，例如，2016年河南省检察机关共依法监督纠正监外执行违法6000余件，核查纠正监外执行罪犯脱管漏管200余人，随着刑事执行检察业务的发展，大墙外的监督任务还会增多，因而，必须全面履行好各项刑事执行监督职能；监督方式从重派驻检察向派驻、巡回、巡视检察相结合转变。在继续坚持现有派驻检察模式的基础上，由于非监禁刑在我国刑罚中所占比重增大等新情况，对在押人员押量较小和执法规范化程度保持在较高水平的监管场所，或社区矫正监督，指定居所监视居住执行监督等新增职责的监管活动场所，在无条件派驻的情况下，一般采用巡回检察模式。同时，近几年实施的由上级检察院刑事执行检察部门对下级检察机关所管辖的监管场所和派驻检察室开展的巡视检察模式也逐步完善。通过派驻检察、巡回检察、巡视检察等监督方式的合理安排，构建起既节约人力资源，又能有效履行职责的新的刑事执行检察监督工作模式；监督节点由被动监督、事后监督向主动监督、同步监督转变，在继续加强对刑罚变更执行的同步监督同时，又主动加强对刑罚交付执行等环节的监督，真正把各个刑罚执行机关和刑罚执行各个环节都纳入监督的视野。

在国家监察制度改革全面推开之前，涉及刑事执行活动中发生的职务犯罪案件办理仍人应当一如既往地加强，并进一步从等待举报到主动出击转变，克服坐等举报、移送线索的惯性思维，采取积极有效的措施，增强监督的刚性和案件查办规范性；工作目标从重形式轻结果向更加重视监督结果转变。对于检察建议、纠正违法通知书，上下级检察机关注重规范提出并形成监督合力，强化效果意识，监督落实好。

3. 通过健全完善刑事执行检察工作保障措施，提升刑事执行检察保障工作规范化程度。充分而有效的保障是确保工作正常开展的物质基础。根据最高人民检察院的工作要求，刑事执行检察保障规范化建设应侧重以下几个方面：一是加强组织领导，最高人民检察院要求全国各级检察机关要高度重视刑事执行检察工作，加强领导，强化保障，并注意狠抓措施的落实；二是健全完善刑事执行检察体制，结合司法体制改革和检察机关司法员额制、司法责任制改革，应当认真研究规范刑事执行检察工作体制，充实员额制检察官，统一标准、同一级别设定刑事执行检察业务工作部门，彻底改变目前不同地区的刑事执行检察部门机构不统一、级别不统一、名称不统一的不规范乱象；三是强化监督手段，即要把查办职务犯罪作为强化监督效果最有力的手段，同时还要积极纠正违法行为，并充分运用检察建议提高监督成效；四是加强专业化和干警履职能力建设，即优化队伍结构，建立与刑事执行检察专业化相适应的教育管理模式和培训体系，完善岗位素能标准，加强省级以上检察机关刑事执行检察人才库建设，努力培养一批刑事执行检察业务专家和标兵、能手；五是加强基层基础建设和经费保障，加大对刑事执行检察工作的经费投入，保障刑事执行检察院、派驻检察室有独立的办案和专业技术用房、必要的执法车辆，落实派驻检察人员生活补助；六是加强刑事执行检察信息化建设，加快推行刑事执行检察业务应用软件开发，进一步完善和推广刑事执行检察子系统运行程序，加强"两网一线"的建设和使用，会同有关部门共同推进减刑假释网上办案平台和社区矫正信息平台建设，全面建成与刑事执行机关数据信息网络交换平台，建立刑事执行检察业务综合信息平台，为刑事执行检察业务转型发展插上翅膀；七是进一步加强刑事执行检察理论建设。通过加大刑事执行检察人才的培养力度，重点加强对刑事执行检察重大实务和基础理论的研究，通过理论创新推进制度创新和工作创新，构建中国特色刑事执行检察理论体系。

4. 通过完善各项刑事执行检察管理工作，提升刑事执行检察管理规范化程度。一是深化刑事执行环节检务公开，以公开促规范。通过依法公开刑事执行检察的职责、依据、程序、结果、工作纪律和生效法律文书，拓展检务公开范围，创新检务公开方式，规范检务公开场所，使刑事执行检察活动更加公开透明，促进刑事执行检察业务管理规范化建设。另外，通过对有较大社会影响的刑事执行监督案件和职务犯罪案件的办理及时向社会公开，通过公开自觉接受人民群众和社会各界的监督，通过外部监督制约强化自我监督，促进工作规范。二是建立完善刑事执行检察业务工作统一管理体系。如前所述，把重点业务纳入案件管理，从而加强业务管理和全程监督。三是完善刑事执行检察业务考评管理机制。针对刑事执行检察部门、刑事执行检察院、派驻监管场所检察室的不同职能，建立科学的业务数据通报和考评体系，重点考核减刑假释暂予监外执行同步监督、纠正违法行为、查办职务犯罪等各项核心业务，同时注重规范法律文书适用、案卷装订等。通过完善管理制度，将日常管理考核与评定先进结合起来，全面准确评判刑事执行监督工作的力度、质量和效果。四是健全教育培训管理制度。通过常规化教育培训，推进刑事执行检察工作规范化程度。以建立完善检察机关刑事执行检察业务岗位素能基本标准为契机，有针对性地通过分类培训、专题培训和全员电视网络培训等多层次、多形式的培训，进一步提升刑事执行检察干警规范司法的能力和水平。

5. 通过规范完善刑事执行检察队伍建设，提升队伍的专业化、职业化程度。建设高素质、专业化的刑事执行检察队伍是刑事执行检察规范化建设的重要方面。随着刑事执行检察职责得以加强和拓展，要求必须进一步规范刑事执行检察自身执法监督行为，提高专业化水平，只有这样才能保证刑事执行检察权依法正确行使，才能不断提高刑事执行检察的执法公信力。最高人民检察院结合近年来全国刑事执行检察人员违纪违法的案例，排查出了容易导致刑事执行检察人员违纪违法的廉政风险点，明确提出了“十项禁令”。[①] 认真贯彻落实好禁令，既有利于维护司法公正，规范司法行为，也有利于提高刑事执行检察队伍管理规范化水平。在加强刑事执行检察队伍规范化建设中，笔者认为应注重从以下方面抓起：一要坚持严以用权，提高干警思想政治素质和职业素养。刑事执行检察人员承担的职责要求我们必须做到政治过硬，要在理想信念、思想政治素质和职业道德修养上高标准严要求。必须结合工作实际，深入开展“三严三实”专题教育，在全体刑事执行检察干警中弘扬“忠诚、执着、担当、奉献”的张飚精神。二要进一步完善监督职责。检察机关是国家的法律监督机关，刑事执行检察干警必须牢记检察权的法律监督属性，坚守严以用权信念，自觉遵循司法工作规律，紧紧围绕宪法法律赋予的检察职能，在宪法法律授权的范围内行使职权，严格依照法定的程序推进工作，坚决防止脱离职权搞服务、超越职权乱作为的错误做法，做到法无授权不可为，法有授权必须为。三要完善自身监督制度。坚持“一岗双责”管理队伍，对苗头性、倾向性问题，早发现、早提醒、早纠正，做到防微杜渐、警钟长鸣。并通过整治违法违纪问题，使刑事执行检察队伍廉洁程度明显增强，专业化水平明显提高。

总之，司法天平不能随意倾斜，司法行为不能信马由缰。要开创转型时期刑事执行检察工作新局面，打造刑事执行检察监督新品牌，必须通过加强刑事执行检察制度的规范完善，确保刑事执行检察各项工作规范开展，提升刑事执行检察执法公信力。

---

① 《关于印发〈最高人民检察院关于全面加强和规范刑事执行检察工作的决定〉的通知》（高检发〔2015〕15 号文件）。

当前行政检察监督制度实施的状况及完善建议

——以《行政诉讼法》的修改为视角

徐维忠*

2014年11月1日，第十二届全国人民代表大会常务委员会第十一次会议通过了《关于修改〈中华人民共和国行政诉讼法〉的决定》。这是行政诉讼法在颁布实施二十余年后首次进行的大幅度修改，修改条款过半，着力想解决立案难、审理难、执行难的问题，赋予了检察机关诸多新增职能，旧法中原有的部分检察职能的内容、履行程序等方面也在修订中发生了重大变化，行政检察监督工作面临前所未有的机遇和挑战。2017年6月27日第十二届全国人民代表大会常务委员会第二十八次会议通过了《关于修改〈中华人民共和国民事诉讼法〉和〈中华人民共和国行政诉讼法〉的决定》，这次修改仅在《行政诉讼法》第25条增加一款，修改内容较少。本文论及的《行政诉讼法》修改特指2014年的修改。本文通过客观评估当前检察监督制度的实施现状、存在的突出问题和原因分析，从而为立法完善、实践中依法正确统一实施《行政诉讼法》修改后检察监督制度提供可行的对策建议和有益的参考。

一、《行政诉讼法》修改对行政检察监督职能的影响

行政诉讼法修改对行政检察监督有着深刻的影响，①《行政诉讼法》修改对行政检察监督职能的影响主要体现在修改后《行政诉讼法》第91条、第93条及第101条的规定中，根据这些规定，行政抗诉的事由进一步细化和完善，除原有的有新证据足以推翻原判决、裁定的，认定事实、适用法律错误，违反法定程序之外，增加了四项内容：不予立案或者驳回起诉确有错误的、据以作出原判决、裁定的法律文书被撤销或者变更的、审判人员在审理该案件时有贪

---

* 徐维忠，甘肃省人民检察院党组副书记、副检察长。

① 曹桂芬、陈建强、肖晓峰：《民事行政检察监督实践与制度完善——中国检察学研究会民行检察专委会第四届年会观点综述》，载《人民检察》2015年第9期。

污受贿、徇私舞弊、枉法裁判行为的，扩大了抗诉的范围，体现了检察机关对行政案件立案的监督，解决了实践中长期以来由于行政机关干扰导致的法院立案难问题。除此而外，修改后《行政诉讼法》第93条还规定，行政检察监督可以通过提出检察建议的方式进行，丰富了行政检察监督的监督方式。另外，修改后的《行政诉讼法》第101条规定，“人民检察院对行政案件受理、审理、裁判、执行的监督，本法没有规定的，适用《中华人民共和国民事诉讼法》的相关规定。”明确了行政检察监督的范围涵盖了案件受理、审理、裁判、执行的全过程，拓宽了行政检察监督范围。

二、行政检察监督制度运行过程中存在的问题

行政检察监督是法律监督极其重要的组成部分，也是完善中国特色检察制度的重中之重。但目前我国行政检察监督制度很不健全。[①] 2014年修改后的《行政诉讼法》于2015年5月1日起正式施行。由于新法实施之前，检察机关就已经在实践中广泛运用检察建议这一新法明确的监督手段，以及督促起诉、支持起诉、行政公益诉讼等监督手段，对行政诉讼、行政执法行为进行监督，相比检察机关在实践中已经广泛开展的行政检察监督工作，新法只是对实践中一些已经成熟的做法予以明确或确认，因此，《行政诉讼法》修改后行政检察监督制度实施以来，除受理行政诉讼申诉的案件数、立案数和提出检察建议数、抗诉数同比略有上升外，并未见新法实施前后的明显变化，行政检察监督在整个检察监督体系中仍处于较弱的地位，虽然达到了立法强化行政检察监督的目的，但相对党中央全面实施依法治国方略首先要依法治吏、依法行政的要求，和人民群众对行政执法强化法律监督的较高期待，仍存在较大差距。

（一）监督规模小

据统计，2010年至2014年，甘肃省检察机关受理行政诉讼案件总数约占民事行政检察部门受理案件总数的5%，2015年以来，由于《民事诉讼法》修改检察机关受理民事申诉案件数量的下降，同比检察机关受理行政申诉案件占民事行政检察部门受理案件总数的比率略有上升，但受理绝对数仍未有明显改观。

（二）监督比例失调

从监督结构看，行政抗诉案件规模小、抗诉改变率和再审检察建议采纳率

---

① 傅国云：《行政检察监督的特性、原则与立法完善》，载《人民检察》2014年第13期。

不稳定，而行政执行监督案件规模虽小，但提出检察建议采纳率较高，支持起诉、督促行政机关履职等案件则规模大、提出检察建议采纳率也高。如2010年至2014年，甘肃省检察机关提出行政抗诉案件不足20件，抗诉案件数占受理行政申诉案件总数的比率最高一年为8%，最低一年为1.8%；抗诉改变率最高一年为100%，最低一年为33%，2015年5月以来提出的零星行政抗诉案件还有的至今未开庭再审；而仅就2014年来看，履行行政执行监督职责，对法院提出检察建议42件，全部被采纳，督促行政机关履行职责提出检察建议1513件，采纳1453件。

（三）探索工作执法不统一

为了有效应对全面推进依法治国进程的需要，解决现实中行政违法泛滥、扰乱法治秩序、损害公民合法权益等问题，从实质上强化行政检察监督，检察机关在实践中大力开展改革创新，探索尝试了行政公益诉讼、督促履职、支持起诉等立法未确立，但在实践中行之有效的监督方式，填补了法律规定对一些领域的监督空白，在实践中取得了明显的效果，受到了广大人民群众的欢迎，但同时，由于无法律依据统一规范，各地开展此类探索工作一般依据当地省级检察院制定的工作制度（如在全国13个省市开展的行政公益诉讼试点依据最高人民检察院发布的关于开展该试点的通知，但如何细化操作，仍由各地各级检察院自行探索制定），造成了不同地区执法不统一，影响了检察监督执法公信力。

三、制约行政检察监督工作开展的主要因素

制约行政检察监督工作的因素是多方面的，主要表现在：

（一）相关立法规定仍然缺失

2014年《行政诉讼法》修改，相比旧法，虽然在多方面加强了行政检察监督，但仍对一些学术界已经研究成熟的成果和司法实践中经试点已卓有成效的经验未予采纳，行政检察监督在立法上的困境并未全面突破，是掣肘行政检察监督制度全面实施、影响行政检察监督实效的根本原因。如未明确规定对法院执行环节的监督。行政机关不执行法院判决是行政诉讼中较为突出的问题，尤其是对作为被告行政机关败诉案件的执行更是如此。行政案件执行难表现在诸多方面，如行政案件执行率低、行政机关抗拒或变相抗拒执行、行政机关“开会”否定法院判决、行政机关采取不正当手段阻碍执行等。执行不力将使行政审判进一步陷入困境。修改后的《行政诉讼法》虽然在第96条增加了规定，将行政机关拒绝履行判决、裁定、调解书的情况予以公告；拒不履行判

决、裁定、调解书，社会影响恶劣的，可以对该行政机关直接负责的主管人员和其他直接责任人员予以拘留，但这一规定要想在实践中得到落实，尤其是对行政机关主管人员和其他直接责任人员予以拘留并非易事，作为只有判断权的法院在面对强大的行政权方面处于弱势地位，让其主动对行政机关特别是行政机关的主管人员进行拘留，更是勉为其难。而作为同属于司法机关的检察机关，如果能参与其中，与法院一起共同监督行政诉讼案件的执行，无疑更有利于对抗强大的行政权，从而共同构成对行政权力的有效制约。《行政诉讼法》对于行政检察监督的缺失还体现在缺少对行政执法行为的监督、未确立行政公益诉讼制度等方面。前者在行政检察监督中广泛开展已被证明对于督促行政机关纠正其执法工作中的突出问题行之有效，后者可以解决行政违法行为给国家、集体或社会公共利益造成重大损失或有重大社会影响，却由于“法律上的有利害关系”的原告主体资格要求而没有人提起行政诉讼，使得许多行政违法行为由于没有适格的原告而难以进入诉讼程序，无法达到对行政违法行为进行有效制约的问题，但此次修法均未涉及，使得检察机关开展此类监督仍需依据内部制定的规范性文件，一则造成各地执法不统一，二则由于内部规范性文件效力低、难以得到监督对象的认可，也在实践中影响了监督的效果。

（二）传统观念影响深远

长期以来，检察监督存在“重刑轻民、重民轻行”现象，即十分重视刑事诉讼的法律监督，而对民事行政诉讼法律监督重视不够，特别是对行政诉讼法律监督尤为不重视。民行检察部门在检察机关内部一直处于边缘地位，人员配置少，且多数是从其他业务部门调整过来，很多从事民行检察工作的干警不具备行政法学专业背景，对行政法律理论知之不多、研究不深、实践不够，影响了行政诉讼办案工作的开展，导致行政诉讼检察监督职能一再弱化。如甘肃省县区院民行检察机构和干警的配置较为薄弱，截至2016年11月底，据统计，除专门检察院以外，全省各市级院及下属基层院才全部解决“一人科”问题。目前，全省各级院民行检察工作均为合署办公，由于民事案件数量多于行政案件，在案多人少的压力下，检察机关工作的重心向民事案件倾斜，使得行政诉讼办案工作的开展受到相应制约和影响。

（三）监督能力不足

当前民行检察人员配备存在不足是既定事实，行政检察队伍业务能力普遍也比较薄弱，履职能力有待提高。[1]如部分干警在办理行政诉讼案件时不能准

① 解文轶:《行政检察工作的现状与发展》，载《国家检察官学院学报》2015年第5期。

确把握原判决、裁定认定事实的证据是具体行政行为作出后所收集，原判决、裁定违反《行政诉讼法》规定的举证责任规则是行政诉讼所独有的规律和特点，而参照民事诉讼的相关规定进行办理，导致案件办理中出现错误。又如检察机关办理行政诉讼案件大多参照民事诉讼的有关规定，未能准确掌握两种不同性质案件在办理中呈现出的不同规律和特点，导致抗点把握不准确。雷某某申诉案中，因办案干警对法院在行政诉讼中对行政程序中采信的鉴定结论应当着重审查鉴定程序是否合法，而不是鉴定结果是否适当这一关键问题把握不准，混淆了民事诉讼中法院审查鉴定结论既审查鉴定程序是否合法又审查鉴定结果是否适当这一证据规则，导致提请抗诉意见错误。

（四）监督环境不利

实践中，由于人民群众对检察机关行政诉讼法律监督职能缺乏了解，即使对生效的行政判决、裁定不服，也不知向检察机关申请抗诉这一途径。同时，行政抗诉案件久拖不审、久审不决，导致当事人对检察机关的抗诉失去信心。检法内部办案环境方面，对行政案件总体形成了审查严的传统习惯，检察机关受理的行政案件本身较少，通过立案审查、立案后将不符合抗诉条件或者缺乏证据证明可以再审的案件再度过滤、对符合抗诉条件但标的额小、侵权程度不大、抗诉后效果不好的案件不抗等审查“规则”使得可抗诉案件少之又少。与此同时，审判程序中法官通过协调、调解等方式解决争端，导致行政相对人非正当性撤诉，其中存在的程序违法、实体错误等问题均被行政相对人息诉罢访所掩盖，也使得因未参与调解过程的检察机关很难发现其中存在的问题，无法发挥监督作用。除此之外，受经费投入、人员编制等因素影响，法院受行政机关影响和干预的情况还大量存在，这也导致对于行政诉讼案件，法院受理和立案裁判的积极性不高，往往以不属于受案范围或其他理由不予立案，即使立案也一拖再拖，裁判周期较长，对自身裁判自我纠错的积极性更是不高，也影响了行政诉讼检察监督职能的充分发挥。

四、行政检察监督制度实施的改进建议

行政检察监督制度的实施是一个系统工程。修改后的《行政诉讼法》对有关行政检察监督职能的修正虽然取得了一定进展，但在加强检察监督职能方面仍然有待完善，党的十八届四中全会明确提出“完善对涉及公民人身、财产权益的行政强制措施实行司法监督制度”，“检察机关在履行职责中发现行政机关违法行使职权或者不行使职权的行为，应该督促其纠正”，“探索建立检察机关提起公益诉讼制度”，这三项重要改革任务与行政检察监督职能密切相关。在此情况下，如何克服立法的不足，应对形势的要求，是摆在立法机关

和检察机关面前的重大课题，试提出以下改进建议，以便立法和司法实践参考。

（一）继续完善立法

“立善法于天下，则天下治；立善法于一国，则一国治。”因此，对行政检察监督的期待与展望都有待于立法的进步。尤其是《行政诉讼法》的修改，其不仅有利于检察机关改进行政诉讼检察监督，也可通过明确行政公诉制度尝试行政行为检察监督的实际效果。① 所以，针对新修改行政检察监督制度在实施中的立法缺失，应进一步在立法中对以下方面加以完善：

1. 加强对行政诉讼执行环节的检察监督。为使行政诉讼的裁判，特别是行政机关败诉的案件得到尽快执行，检察机关对行政案件执行的监督方式，首先可以强制要求行政机关在法定期限内说明不履行或怠于履行的具体理由；其次，在行政机关拒不说明理由或者提出的理由不正当或不充分时，检察机关可再进一步向行政机关提出具有法律约束力的检察建议，行政机关必须在法定期限内予以答复；再次，对拒不履行裁判且社会影响恶劣的，检察机关可以对该行政机关直接负责的主管人员和其他直接责任人员予以拘留；最后，如果行政机关没有履行生效裁判且没有正当理由构成犯罪的，检察机关可以依照刑法第313条的规定，对行政机关的主要负责人按照“拒不执行判决裁定罪”来进行刑事追责。也就是说，对于拘留和刑事责任的追究，交由检察机关来做更为合适，也体现出法院与检察机关共同制衡行政权的配合与协作。

2. 强化检察建议监督方式。修改后的《行政诉讼法》明确了检察建议的监督方式后，检察机关应当出台司法解释对检察建议的适用范围、程序以及保障实施等方面的内容加以具体规定。建议检察建议主要适用于对行政审判程序、行政执行活动的监督，以及对行政机关在诉讼中的监督。

3. 探索建立行政公益诉讼制度。党的十八届四中全会明确提出探索建立检察机关提起公益诉讼制度。行政公益诉讼是随着公共利益保护的日渐突出，随着从个人本位主义向社会本位主义的立法思想的转变而诞生的。目前，对于行政公益诉讼的原告资格，有不同的主张，而出于保护和救济因违法行为受到侵害或威胁的公众利益的目的，法律在一些特殊领域赋予检察机关以“诉的利益”。当行政机关的违法行为侵害国家或公共利益时，由没有利害关系的检察机关向法院提起行政诉讼，使得违法行政行为进入司法程序，也能够达到规

---

① 葛晓燕：《我国行政检察监督的检讨与重构——兼及〈行政诉讼法〉的修改》，载《南京社会科学》2014年第6期。

范行政权行使和对公共利益保护的目的。因此，建立由检察机关提起的行政公益诉讼制度，已经成为大势所趋。关于行政公益诉讼的受案范围，应当坚持有限性原则，范围不宜过大，涉诉行政行为侵犯的客体应为国家利益和社会公共公益；案件来源上，可以考虑主动与被动相结合的原则。可以采取公民、法人或者其他组织向检察机关申请或者检察机关依职权发现两种来源。为达到对行政权的监督，应当在行政诉讼法中增加相应条款，明确检察机关提起公益诉讼的权力，并对行政公益诉讼的范围采取概括和列举并行的方式确定，明确行政公益诉讼提起的方式等。可规定以下情形检察机关可以向法院提起行政公益诉讼：行政行为对国家利益或社会公共利益造成严重损害，虽侵犯了行政相对人利益但其放弃起诉的案件；行政行为涉及国家利益或社会公共利益但没有行政相对人提起诉讼的案件；行政行为侵害了国家利益或社会公共利益而有利于行政相对人的案件；行政行为损害了不特定多数人且损害涉及国家利益和社会公共利益而无人起诉的案件。这里，既包括行政机关违法作为的行为，也包括不主动履行法定职能的不作为的行为。行政公益诉讼的提起可采取公民向检察机关申告的被动提起或检察机关自己发现而主动提起等两种形式。法院有权对是否属于行政公益诉讼案件进行审查，对法院不予受理的，检察机关可以提起上诉。

4. 加强对行政执法行为的监督。对于行政检察监督工作而言，监督行政执法行为是一个非常必要而持久的工作，是未来发展的方向。十八届四中全会决定中也提出“检察机关在履行职责过程中发现行政机关违法行使职权或者不行使职权的行为，应该督促其纠正。”现阶段，立法直接赋予检察机关对行政执法行为进行法律监督的依据还不充分。笔者认为，为弥补立法不足，建议通过尽快修改人民检察院组织法明确赋予检察机关行政执法监督权。同时，建议立法机关出台关于行政执法检察监督的具体法律，对行政执法检察监督的性质、目的、地位、原则、范围、方式、程序、效力等作出明确规定，并赋予检察机关对行政执法行为的知情权、审查权、建议权、重大程序参与权、调查取证权等更加完备的检察权能，从而为检察机关实施行政执法检察监督提供明确的法律依据和操作机制。并且，还应明确规定行政主体接受检察监督的法定义务和具体的法律责任。行政执法检察监督的范围可确定为以下四个方面：一是对违法作为或不作为引起的国家利益或社会公共利益受到损害的行政案件。主要包括地方和部门保护主义、造成环境严重污染、破坏自然资源的行政乱作为和不作为等案件。二是涉及限制或剥夺公民人身和财产权利的行政强制案件，包括强制治疗、强制征收、强制拆迁等案件。三是涉及国有资源分配的行政许可案件，包括采矿、采伐、采水、采土、排污许可等。四是较强程度的行政处罚案件，包括处15日拘留、3000元以上罚款等。

5. 进一步扩大检察监督对象范围。一是将审判程序中的审判人员扩大为人民法院工作人员。由于审判活动中，除了该案件审判人员外，其他法院工作人员也会影响裁判的合法作出（比如说情、找关系等），这些人员的违法行为如需要启动法院的内部惩戒机制，作为法律监督机关的人民检察院有权建议法院启动内部惩戒机制。二是增加对行政工作人员的监督。在对行政诉讼依法进行监督时，人民检察院如果发现行政机关工作人员有违反政纪，有向该行政机关或者其上一级行政机关或者监察、人事机关行使检察建议权，建议给予必要的调查和惩戒。修改后《行政诉讼法》第66条赋予了人民法院该项权力，作为国家法定的法律监督机关却不具有该项权力，是不合理的。三是应增加对规章以外的规范性文件的监督。实践中，规章以外的规范性文件的合法性问题比较突出，对于这些规范性文件的审查一直是理论和实践探讨的热点问题。修改后的《行政诉讼法》也对此进行了必要的完善，主要表现在第63条、第64条的规定。前者规定了法院裁判的依据，后者规定了“人民法院在审理行政案件中，经审查认为本法第53条规定的规范性文件不合法的，不作为认定行政行为合法的依据，并向制定机关提出处理建议”的方式。但是，如果人民法院没有发现该规范性文件违法，或者当事人在诉讼过程中没有发现或提出而超出了2年的再审申请期限不得不诉请至人民检察院时，人民检察院应该有相应的权力，例如向人民法院提出检察建议，由人民法院决定“转送有权机关依法处理”，或者自行向有权处理的机关行使检察建议权，建议该“有权机关依法处理”。这是由于规范性文件影响的是不特定多数人的利益，并且具有反复适用性，因而其危害不仅大而且持续时间长，显然作为国家法律监督机关的人民检察院在维护国家利益、社会公共利益时应该具备该项检察建议权。

6. 进一步丰富监督方式与手段。修改后的《行政诉讼法》虽然明确了检察建议这一监督方式，但现有的抗诉、检察建议等方式上无法满足检察机关的监督需要，也远远不能适应当前群众对于强大、庞杂的各项行政权实施强有力监督的需求。考虑到行政诉讼检察监督相较于民事诉讼检察监督的特殊性，由行政诉讼法提供更为有力的监督方式和手段则显得更为必要。笔者认为，在监督手段上，应当赋予检察机关调查核实权，尽管其不应上升到刑事侦查权的强度，但考虑到制衡行政权、平衡诉讼结构的需要，检察机关在行政诉讼中的调查核实权应等同于法院调取证据的强度，有关公民、组织及行政机关应当配合。在监督方式上，则可以增加建议更换办案人等方式，以适用于不同的监督情形。

7. 增强行政检察监督与追究刑事责任的有效衔接。在行政诉讼中，检察机关可以对行政机关的诉讼违法行为进行监督，但对于被诉行政行为则交由法院处理，检察机关只能通过间接的方式监督被诉行政行为。可以说，在行政诉讼中，任何行政违法行为的背后都或多或少隐藏着公务人员违反纪律甚至违法犯罪的情况，而公务人员的过错也会导致国家利益、社会公共利益的损失。作为责任追究部分，虽然《行政诉讼法》第66条规定："人民法院在审理行政案件中，认为行政机关的主管人员、直接责任人员违法违纪的，应当将有关材料移送监察机关、该行政机关或者其上一级行政机关；认为有犯罪行为的，应当将有关材料移送公安、检察机关。"但实际上，这些玩忽职守、滥用职权的行为极少通过行政诉讼程序进入刑事诉讼程序，这说明第66条并未得到很好地执行。法院在行政诉讼中，往往可能直接以行政裁判的下达作为审判终结的标志，而忽视了《行政诉讼法》赋予其责任追究权力的履行。因此，笔者建议，由检察机关根据公民、组织的申请或者人民法院的移送，对人民法院作出撤销判决、确认违法判决和赔偿判决进行审查，认为需要追究有关人员法律责任的，启动相关法律程序。

（二）加大工作力度

行政检察监督工作应该发挥应有的作用，针对当前行政检察监督工作中存在的问题，应着力从以下几个方面加大行政检察监督工作力度：

1. 转变监督观念。行政诉讼检察监督工作起步晚、底子薄，要促进其深入发展，领导重视是关键。各级检察院领导应把行政诉讼检察监督工作作为事关检察工作科学发展的重大任务来抓，加强对行政诉讼检察监督工作的统筹规划和组织协调，经常听取汇报，帮助理清思路，把好工作方向，在机构建设、人员配备、工作协调、办案经费、装备等方面提供保障。各级院检察委员会要加强对行政法律法规的学习，加强对行政诉讼法律监督工作的研究，加强对重大疑难复杂行政诉讼监督案件的讨论，切实发挥集体领导、审查把关作用。各级院检察长、分管检察长要深入研究行政诉讼检察监督工作规律、理论和实践问题，提出加强和改进工作的具体措施。要更加关心民行检察干警，及时了解思想动态，帮助解决工作、生活方面的困难，营造安心工作的良好环境。

2. 拓宽案源渠道。要加大民行检察工作宣传力度，积极开展法律咨询活动，通过与群众面对面进行交流，让群众充分了解行政诉讼检察监督的工作职责。宣传方式不限于上街宣传、散发资料，应当多与电视、报纸等媒体合作，要善于利用网络等现代科技手段做好宣传工作，特别是对一些抗诉成功的案例，充分展现行政诉讼检察监督工作的成效，提高行政诉讼检察监督工作的影响力。要着力加强内外部沟通协调，加强与人大代表、政协委员、新闻媒体及其他行政机关的外部协调，建立信息沟通和案件移送机制。要按照立审分离的要求，加强与控申、案管部门的合作，进一步规范行政申诉案件的受理、立案工作，加快案件流转，提高工作效率。要加强与渎检部门的合作，把办理行政诉讼监督案件与发现、移送司法不公背后的职务犯罪线索有机结合起来，建立案件线索、处理结果双向移送工作机制。

3. 落实对诉讼全过程的监督。行政检察监督应当是对行政诉讼活动全过程和全方位的监督，包括事前监督、事中监督和事后监督。行政诉讼面临的“三难”，最突出的是立案难。公民、法人或者其他组织与行政机关及其工作人员发生纠纷，行政机关不愿当被告，法院不愿受理，导致许多应当通过诉讼解决的纠纷进入信访渠道，在有些地方形成了“信访不信法”的局面。为畅通行政诉讼的入口，应当加强对当事人的诉权保护。应当以修改后的《行政诉讼法》的贯彻实施为契机，加强对法院应当立案不立案、拖延立案、不出具书面凭证、不一次性告知等违反立案登记制度行为的监督。要坚持把抓好抗诉工作作为行政诉讼检察监督的中心任务，切实加大抗诉力度，确保抗诉质量，提高办案效果。要注意把握抗诉和再审检察建议的差别，根据不同情况合理选择、科学运用两种监督方式。此外，还应加强对行政执行行为的监督，尤其是加强对行政非诉执行的监督，此方面，福建省民行检察部门从环境保护、劳动和社会保障、国土资源等领域的行政处罚强制措施执行案件入手，在帮助行政机关解决执行难的同时，重点将八类案件作为行政非诉执行监督的重点和切入点，有力促进了依法行政，为检察机关监督非诉执行行为提供了可资借鉴的经验。

（三）强化队伍建设

要积极适应行政检察监督职能拓展、案件涉及面广、专业性强的客观要求，在加强队伍建设上下功夫，努力建设一支高素质的行政诉讼检察监督队伍。要注重内部挖潜，合理调配力量，把熟悉行政法律专业的人员调整充实到行政检察岗位上来，并从各方面关心爱护行政检察干警，保持行政检察队伍特别是业务骨干的相对稳定性。要加大专业人才引进力度，加快培养一批法律功底深厚、工作经验丰富的行政检察监督业务专家和办案能手。要着力提高队伍整体素质和法律监督能力，加大教育培训力度，突出抓好适用法律、收集审查判断证据、出庭支持抗诉、群众工作能力等方面的培训，强化岗位练兵，积极与法院联合开展混合培训、实训，提升队伍理论素养和实战能力。要深化工作机制创新，进一步探索在行政检察监督工作中贯彻落实检察工作一体化、法律监督调查等机制的有效途径，认真落实与法院的监督制约与协调配合机制，积极开展信息共享、经常性联系等工作，切实提升监督能力、提高监督效率、增强监督效果。

试论司法改革背景下控告申诉检察部门及业务的发展路径

王子毅　任海新　吴　波*

一、控告申诉检察部门的发展考察

自1978年恢复检察机关以来，控告申诉检察部门（以下简称控申部门）一直是人民检察院履行法律监督的重要职能部门之一。控告申诉检察工作也成为检察机关联系人民群众的桥梁和纽带，是获取案件线索的重要渠道，是直接依靠群众实施法律监督的一项业务工作。长期以来，控告申诉检察部门在强化法律监督，解决群众反映的实际问题，维护社会稳定，加强举报宣传和推进查办职务犯罪工作，促进司法公正，保护广大人民的根本利益等方面发挥了巨大作用。随着2000年高检院控告、申诉业务的分立，2012年《刑事诉讼法》《民事诉讼法》的修改和2014年全国试点推进的司法改革，都给控告申诉检察部门的发展带来了三次较为重要的机遇和挑战。

（一）申诉检察业务的独立发展

从高检院关于控申部门早期的规范和文件可以看出，控申部门的主要任务还是偏重于检察机关的窗口，接待人民群众。1986年12月高检院颁布的《人民检察院控告申诉检察工作细则》[①] 第3条规定："控告申诉检察工作的业务指导思想是，通过受理公民的控告、申诉，查办控告申诉案件，了解执行政策、法律情况，提供犯罪案件线案，惩罚犯罪，纠正冤假错案，履行检察机关法律监督的职能，为维护社会治安，保护公民的人身权利、民主权利和其他合法权益，为加强社会主义民主、健全社会主义法制，为社会主义物质文明和精

---

* 王子毅，重庆市人民检察院第二分院专职委员、检察委员会委员；任海新，重庆市人民检察院第二分院法律政策研究室主任，全国检察理论研究人才，重庆市检察业务专家；吴波，重庆市人民检察院第二分院干警，全国刑事申诉检察人才。

① 现已失效。

神文明建设服务。”其主要任务是：（1）统一受理来信，接待来访，处理涉及刑事问题的控告、检举、申诉和自首。（2）承办分管的控告、申诉案件。（3）结合处理来信来访和办案工作，宣传法制，提供法律咨询，处理矛盾可能激化的控告申诉，预防犯罪，参与社会治安的综合治理。（4）综合分析信访情况，及时反映信息，提供案件线索。多年来，控申部门的信访举报工作成为工作的重点，直到2000年高检院控告、申诉两项业务分立，分别成立控告检察厅和刑事申诉厅，才标志着申诉检察业务的独立发展。[①] 2002年11月最高人民检察院《关于加强和改进控告申诉检察工作的决定》将“强化法律监督，加大办理控告申诉案件力度”和“依法赔偿，切实提高办理刑事赔偿案件质量”放在重要位置。特别是2013年3月最高人民检察院《关于加强和改进刑事申诉检察工作的意见》，更是在新形势下，对充分发挥刑事申诉检察职能，保障公民合法权益、促进司法公正廉洁、维护社会和谐稳定，提出了总体部署和要求。[②] 由此申诉检察业务的分立成为控申部门发展的第一次机遇和挑战。

（二）“两法”修改后的新增业务

2012年3月14日，第十一届全国人民代表大会第五次会议审议通过《关于修改〈中华人民共和国刑事诉讼法〉的决定》，8月31日第十一届全国人民代表大会第二十八次会议审议通过《关于修改〈中华人民共和国民事诉讼法〉的决定》，“两法”修改后在很大程度上完善了检察监督制度，强化了检察机关法律监督职能。对控申部门而言主要是新增了三大业务：（1）审查受理民事诉讼监督案件。根据《人民检察院民事诉讼监督规则（试行）》第5条规定，民事诉讼监督案件的受理、办理、管理工作分别由控告检察部门、民事检察部门、案件管理部门负责，各部门互相配合，互相制约。其中控申部门主要负责民事、行政诉讼监督案件的受理，包括审查申请人的身份材料、对申请人的权利义务告知和审查后的移送、转办、交办等工作。（2）审查办理阻碍辩护人、诉讼代理人依法行使诉讼权利行为的控告或申诉。由于修改后的《刑事诉讼法》增加了“尊重和保障人权”，同时在辩护制度、证据制度、强制措施、侦查程序等方面完善了当事人、辩护人、诉讼代理人的相关诉讼权利，因此为保障这些权利的有效落实，人民检察院控申部门负责审查办理阻碍辩护人、诉讼代理人依法行使诉讼权利的案件。（3）审查办理检察机关办案违法

① 龙宗智：《检察制度教程》，中国检察出版社2011年版，第235页。

② 刘小青：《刑事申诉原理与办案实务》，中国人民公安大学出版社2011年版，第5页。

的控告或者申诉。修改后的《人民检察院刑事诉讼规则（试行）》对检察机关内部办案环节进行了具体细化和科学分工，同时也要求各部门之间能够有效的相互监督和制约，因此由控申部门负责对本院办案违法的行为进行审查办理，不仅拓展了控申部门的新业务，也有效地加强了检察机关内部监督。[①]

（三）司法改革背景下的控申部门

党的十八届三中全会通过了《关于全面深化改革若干重大问题的决定》，进一步明确了深化司法体制改革具体要求。2013 年 12 月，高检院发布了《检察官办案责任制改革试点方案》，由此员额检察官的改革试点工作在全国范围推开，伴随着员额检察官的改革，高检院在《关于深化检察改革的意见（2013—2017 年工作规划）》中也提出进一步完善检察体制，优化检察职权配置，因此各地检察院在检察官责任制改革的同时也进行“大部制”的改革。在员额检察官改革试点下，控申部门一般按照控告举报和申诉办案的业务不同分别设立员额检察官，并配置相应的检察官助理。就目前全国检察机关的试点来看，不论是控告申诉分立的检察院，还是控告申诉合一的检察院，在检察官数量的配置上，一般都是省市院 5—9 名检察官，地市级、分院是 2—5 名检察官，基层检察院是 1—4 名检察官。同时在控申部门的设置问题上，各地检察院的改革也不尽相同，如图一所示。

模式类型		模式简介	典型代表
控申部门保留	控告、申诉合一	继续保留控申处（科）	天津市检察院
	控告、申诉分立	控告处（科）和刑事申诉处（科）	四川省检察院
	控申部门称谓变更	称谓变更为检察管理监督部	北京市检察院
控申与刑事执行合并		控告申诉和刑事执行检察部	吉林省基层检察院
控申与民行、刑事执行等部门合并		诉讼监督部	深圳市检察院
三级检察院混合模式		省市一级保留控申部门， 基层控申部门合并至诉讼监督局	重庆市检察院

图一

① 最高人民检察院控告厅编：《控告举报检察新业务指引》，中国检察出版社 2014 年版，第 6 页。

二、司法改革背景下控申部门面临的困境和挑战

历经高检院控告、申诉业务的分立，《刑事诉讼法》《民事诉讼法》的修改和全国试点推进的检察改革，都成为控申检察发展的重要转折点，特别是近期的检察官责任制改革和“大部制”改革更是对控申部门带来了较大的挑战。

（一）控告申诉业务面临的困境

从整体看，控申部门的检察业务是朝着精细化、多元化的方向发展，其与检察发展要加强内部监督和外部监督的理念不谋而合。多年来，控申部门的控告业务已经从传统的信访接待，发展到信访与举报并举，甚至在举报宣传、举报奖励、举报人保护、举报初核等方面与现今反腐斗争有效衔接，取得不错的效果，特别是“两法”修改后新增多项业务。而控申部门的申诉业务也从传统的不服法院裁判和检察院处理决定的刑事申诉案件，发展到具有国家赔偿、赔偿复议、赔偿监督和司法救助等多元化的业务。但不可否认的是，在控申业务不断拓展的同时，也同样面临着一些突出问题。

控告业务面临的具体问题主要包括以下几个：

1. 控告案件数量少，办理难度大

控告部门往往被简单理解为信访接待，特别是在员额检察官改革试点中，一直存在控告部门是否需要设立检察官，信访接待是否能定义为办案行为等争议。笔者认为，控告部门存在的主要问题是：一方面，控告部门将更多的精力用于信访接待。但实质上，所谓的控告、申诉、举报等线索的流转并不能严格称为“案件”的办理，即便是民事、行政诉讼监督案件的受理审查，也只是书面的形式审查，不能计算为员额检察官的“办案数量”。司法实践中，不少控告部门员额检察官为突出自己“办案数量”，简单将处理来信来访案件线索计算在内，造成动辄上百件的“办案数量”，是与实际不相符合的。另一方面，真正意义上的控告案件办理非常少，难度大。笔者认为，真正意义上的控告举报案件，应该包括办理（交办、督办）重点信访案件，不立案举报线索审查，举报初核，举报人奖励、保护等，再加上“两法”修改后，控告新增的阻碍诉讼权利的控告申诉和查办本院办案违法等案件。然而实践中，这类控告案件数量少，上下级检察院呈现“倒三角”的状况，同时办理难度较大。

2. 实名举报查处难、答复难

近年来，实名举报线索呈现不断攀升的趋势，但相比之下是实名举报线索的查处和答复日益困难，由此造成举报人缠访、缠诉的困境。笔者认为，究其原因，一是举报线索多而侦查力量有限，客观上造成部分线索无力查而难以给

举报人满意答复。二是举报线索性质特殊，侦查部门主观不愿查而造成不能给予举报人满意答复。从某检察院举报中心[①]近三年的255件线索中，有76.5%的线索是举报乡镇及村干部等农村基层工作人员涉嫌贪污、挪用、滥用职权等犯罪行为的。这类举报线索不仅涉及较为复杂的移民拆迁、建设工程和扶贫救助等领域，而且由于农村基层长期账目混乱、收支不清，侦查难度大，同时与大案要案线索相比，这类举报线索往往费时费力，查处效果也难以确定，侦查部门往往做存查处理，从而造成答复实名举报人的困难。三是举报线索质量不高难以查处。举报线索质量不高，一方面是部分举报线索是举报人道听途说或是个人猜测，没有实质性内容、线索不清晰，导致侦查部门无从下手难以查处；另一方面是检察机关举报中心未有效行使初核权，不能有效筛查信息，只是简单流转而无法有效核实举报线索。

3. 民行监督缠访缠诉日益增多

多年来，控告部门受理的线索主要是涉检信访和举报，随着“两法”的修改，控告部门新增审查受理民事、行政诉讼监督案件的业务。[②] 这项业务开展以来，在民行案件“受审分离”、加强内部监督等方面确实取得较好效果。但也逐渐反映出一些问题。首先是检察改革试点后，不少地方检察机关将控申部门和民行部门合并，成立诉讼监督局（部）。这在一定程度上背离了民行案件“受审分离”的初衷，影响到内部监督的效果。其次在控申部门和民行部门分立的检察院，对如何受理审查日益增多的民行案件线索，存在较大冲突。对控申部门而言，希望只对申请人进行书面的形式审查，只要符合条件都移送民行部门办理。但对民行部门而言，希望控申部门能够有效把握民行案件的数量和质量，避免案件线索过多过滥，浪费司法资源。最后是对民行案件办理后的答复及息诉工作上存在冲突。以往民事、行政申请人更多的是向法院缠访缠诉，但由于检察机关的民行监督后，对不予支持监督的申请人开始向检察机关缠访缠诉，造成控申部门较大的维稳压力。同时在对来访民行申请人的答复及息诉工作上，控告部门和民行部门产生一定争议，对控告部门而言，认为可以配合民行部门做好申请人的息诉罢访工作，但具体答复和善后工作应该由民行承办人来做。但民行部门认为前期的答复可以由民行承办人负责，但如果穷尽释法说理后申请人仍不服，仍缠访缠诉的，应该由控申部门负责接访。

---

① 数据来源于重庆市人民检察院第二分院举报中心。

② 最高人民检察院控告厅编：《控告举报检察新业务指引》，中国检察出版社2014年版，第11页。

申诉业务面临的具体问题主要包括以下几个：

1. 刑事申诉管辖存在的冲突

一是检、法机关管辖的冲突。检察机关和人民法院对当事人的申诉都有管辖权且不分先后都应受理，这在司法实践中就容易造成管辖的冲突和申诉人的多头、重复申诉，以致造成久诉不息。对此《人民检察院复查刑事申诉案件规定》规定，对法院先调卷审查的情况，检察机关可以中止办理，对法院驳回申诉后申诉人仍向检察院申诉的，检察院应当恢复办理。如果法院启动再审程序的，检察院应当终止办理。虽然此规定在一定程度上划清了双方管辖的界限，但内部的规范无法上升法律的制约，反而成为检法两家相互推诿管辖的借口。①

二是地域管辖案件的不均。对检察机关刑事申诉案件的管辖仍然遵循的是同级监督的原则。然而司法实践中属于一审生效的刑事裁判少之又少，因此对基层检察机关办理的刑事申诉屈指可数，甚至多年没有案源。以笔者所在的重庆市检察院第二分院为例，辖区三区六县从 2010 年到 2014 年办理的刑事申诉案件不超过 20 件，大量的案件和矛盾集中在地市级检察院和省级检察院，案件的分配不均导致刑事申诉办案能力良莠不齐。②

三是级别管辖受理的重复。按照《人民检察院复查刑事申诉案件规定》第 11 条的规定，上级检察院可以将本院管辖的刑事申诉案件交下级检察院办理，也可以直接办理下级检察院管辖的案件。其规定在一定程度上弥补了基层检察院案件的不足，但多级检察机关对同一申诉案件重复的受理审查只能造成申诉人的久诉不息，既浪费司法资源，也影响其他申诉人的权利行使。

2. 没有规定刑事申诉时效

在我国法律规定中，不论是法院提起刑事再审还是检察机关办理刑事申诉，都没有时效的规定，也没有申诉次数的限制。主张申诉不应该有次数或时效限制的观点认为，申诉是当事人等申诉主体向有关机关反映诉求的形式，并不影响原处理决定和裁定的执行，而且是在诉讼终结或是裁判生效后寻求司法救济的最后途径，不应当规定次数限制，否则会造成司法机关只注重对申诉形式化处理，而不认真解决申诉人的诉求，甚至以处理次数为由将申诉人拒之门

① 李训虎：《刑事再审程序改革检讨》，载《政法论坛》2014 年第 3 期。

② 柏天文、陈秋菊、戴勇：《浅议基层检察院刑事申诉的现状和发展》，载《法制与社会》2013 年第 31 期。

外，使最后的救济途径也形同虚设或者闭塞。[①] 然而司法实践中造成的问题就是申诉人无止境地重复申诉，通过缠访、闹访、越级访甚至是无理控告办案人员、法官滥用职权等渎职的方式要求检察机关满足其诉求。如此一来，法院生效裁判的既判力没有得到尊重，从而无法树立法治的权威，从表面看是保障了申诉人的申诉权利，但实质是牺牲了长远对法治思维的培养。

3. 刑事申诉的申诉理由随意

一直以来我国法律对刑事申诉的理由并没有明确规定，以至于申诉人可以以较低的门槛反复申诉，甚至是恶意申诉。当然在刑事申诉理由的规范上存在两难的选择，即如果不加限制申诉理由就容易造成申诉人的滥诉和有限司法资源的浪费。但如果对申诉理由限制过严又容易造成申诉人“申诉难、受理难、改判难”等问题。现行的刑事申诉制度虽然没有明确申诉理由，但其对受理后的立案环节规定了“原判决裁定有错误可能”的标准，这一标准实质与检察机关依照审判监督程序抗诉的标准相当，也就意味着申诉人的申诉理由必须达到检察机关足以抗诉纠判的标准，因此所谓的“无理由”实质是非常严苛的，这就意味着检察机关将法院裁判是否有错误的审查责任转嫁到申诉人身上，申诉人如果无法提供足以改判的证据材料就无法得到检察机关的立案复查，这也就是司法实践中申诉人“申诉难、受理难、改判难”最重要的原因。[②]

（二）控告申诉机构面临的困境

从全国各地控申检察部门的机构设置来看，其主流的发展趋势无非两种，一是按照高检院的控告厅和申诉厅的设置，实现控告、申诉的分立。二是按照司法改革“大部制”的要求，对控申部门合并成立诉讼监督局（部）。笔者认为，两种机构设置都有一定的合理性，但也存在明显的问题。[③]

1. 控告和申诉的分立在全国并未统一试行

从控告、申诉的业务属性和发展来看，控申分立是有其合理性的，对控申未来发展也有所裨益。但关键的问题是高检院在实现控告厅和申诉厅分设后，并没有落实到全国各地检察院，以至于各省市的控申部门不尽相同，这在机构

① 参见最高人民检察院刑事申诉检察厅编：《人民检察院复查刑事申诉案件规定》条文释义，中国检察出版社2014年版，第94页。

② 刘小青：《刑事申诉原理与办案实务》，中国人民公安大学出版社2011年版，第50页。

③ 穆红玉：《刑事申诉检察工作面临的挑战及应对》，载《国家检察官学院学报》2013年第1期。

设置中实属罕见。当然各地之所以没有效仿高检院实现控告申诉分立，也是考虑到地方控申业务较少，分立后机构冗繁，资源闲置。但造成的问题是，以信访接待为主的控告业务严重制约了刑事申诉的发展，以至于在推行检察试点改革的过程中，控申部门面临案件数量少、检察官设置少，沦为二级部门被裁并的尴尬局面。相较于刑事执行检察部门和民事、行政检察部门的飞速发展，控申部门显然错失发展机遇，值得总结。

2. 控申部门裁并成立诉讼监督局（部）的实践阻碍

在检察改革试点中，不少检察院尝试“大部制”改革，将刑事执行、民行部门、控申部门等具有类似诉讼监督的相关部门和职权进行优化配置，成立诉讼监督局（部），以此达到精简机构、去行政化和提高监督效力的目的。不可否认，这一改革试点的初衷和预期都达到较好效果，但司法实践中逐渐暴露的问题也值得警惕。首先是合并的各部门虽然职权类似，但毕竟业务属性不同，难以融合，由此造成的就是“表面一个局（部），实际各自为政”的局面。其次是作为诉讼监督局的负责人难以熟练掌握多个部门的业务，也就无法统揽全局地谋划多个部门的发展。最后是由于高检院和省市院的控申部门尚未撤销，因此上下级检察院存在沟通不畅等问题。

（三）控申部门检察人员面临的困境

检察改革试点期间，控申部门不仅面临着合并的问题，对控申干警还面临着员额检察官的设立、检察官与辅助人员关系等一系列人事问题。特别是改革后控申干警的现状及未来发展都成为关乎切身利益的大事。

1. 控申员额检察官的困境

检察改革试点中，各试点检察院相继建立员额检察官或主任检察官办案组，细化检察官办案权力清单，赋予检察官自主决定权。但对控申部门的检察官而言，也面临一些困境。首先是案件数量少，检察官设置数量有限。长期以来，控申部门承担信访接待和维稳工作，但都忽视了申诉办案的重要性，特别是控告申诉尚未分立的基层检察院更是如此。因此检察改革后，首当其冲的问题就是控申部门如何体现设立检察官的必要性和办案数量，特别是控告举报业务上如何设置检察官和考核检察官，都成为突出的问题。不少基层检察院的控申部门只有 1 名检察官，数量有限。其次是控告检察官在检察改革下，没有积极拓展控告举报案源，仍停留在信访接待，难以发挥检察官的效用。最后是过渡时期检察官和检察辅助人员的利益冲突客观存在。在工作量和工作压力同以往没有变化的情况下，检察官与辅助人员的待遇差距客观存在，若处理不当容易对工作产生负面影响。

2. 控申检察辅助人员的困境

员额检察官改革后，控申部门只有少量的干警能够进入检察官序列，由此带来的是承担较多事务性工作的检察辅助人员如何在改革不受影响下开展控申工作。笔者认为，控申检察辅助人员面临的困境主要包括：一是面临心理落差的困境。试点检察院对检察官的选拔考核后，大部分的控申干警是没有进入员额检察官，在一段时间内会产生落选后的挫折感，也有竞争压力的急迫感。二是实际工作与身份的混同。改革前，大多数的控申干警都在一线承担办案、信访等工作，改革后虽然没有进入员额检察官，但原先工作并没有改变，造成司法实践中“检察辅助人员依然干着检察官的事”的尴尬局面。三是检察辅助人员对职级待遇的差距和未来前景的展位存在迷茫。尽管首次员额检察官选拔会留出一部分名额，但大多数的检察辅助人员无法进入员额检察官，因此如何提高积极性，成为控申检察辅助人员面临的重要考验。

三、司法改革背景下控申部门的发展构想

在全面推进依法治国的大背景下，检察改革正在深度展开，控申检察部门再次面临发展的机遇和挑战。相比较刑事执行部门和民事行政检察部门的快速发展，控申检察部门是因循守旧，还是适应改革、开拓创新，事关控申检察业务未来的发展。

（一）控申检察机构的合理设置

控申检察机构的合理设置是控申业务发展的前提和基础。全国各地检察院的控申部门设置多样，既无法实现上行下效，实现上下级检察院领导与被领导的属性，也严重制约了控申部门未来的发展。对此，笔者结合检察改革试点的各类控申模式，提出具有现实意义和可操作性的构想。

1. 控告和申诉业务的分立

从控申部门未来发展看，控告和申诉业务的分立具有合理性和必然性。当然，控告和申诉业务的分立并非是简单的机构分立，还包括具体业务的合理划分。笔者认为，控告和申诉业务的分立，有下列两种选择：

（1）传统的控告和申诉业务分立。所谓传统控告和申诉业务，即是司法实践中普遍存在的控申机构分立模式，类似高检院控告厅和申诉厅的设置。在控告检察部门和申诉检察部门分立的检察机关，其控告和申诉业务自然分立。一般而言，控告检察业务主要包括信访接待、新增控告案件办理和举报中心工作等内容。而申诉检察业务主要包括刑事申诉、国家赔偿、司法救助等内容。按照控告和申诉的属性来划分两者业务，虽然在实践中较为普遍，但只是初级阶段的划分。在控申部门尚未分立的各地检察机关可以参考借鉴。

（2）信访接待和案件办理的分立。如果传统控告和申诉业务的分立是初级形态的分立，那么将控申部门的信访接待和案件办理进行分立，才能适应检察改革的发展需要，也符合涉法涉诉信访改革的精神。具体来说，就是将控告业务中传统的信访接待剥离出来，将控告案件办理和申诉案件办理合并，成立纯粹的办案机构。这样一来，控申部门不仅能够摆脱传统信访接待的束缚，也能将主要精力和人财物用于控申案件办理，符合诉访分离的原则。

笔者认为，控申部门为更好适应检察改革的发展，可以直接跳跃过第一种模式，而创新地采用第二种模式。

2. 控申部门的分立合并

从目前检察改革发展看，控申部门要作为一线办案部门，并仿效高检院设立独立的控告检察部门和申诉检察部门，已没有充分的条件和优势。实践中，控申部门要不继续保留，要不都分立合并成为其他部门。各地检察院的试点模式不尽相同，笔者以为可以取长补短地选择最佳的控申模式，具体分为两步：

第一步实现控告和申诉部门的分立。在部分尚未实现控申分立的检察院，有条件的可以实现控告和申诉机构的分立，没有条件的也可以实现控告和申诉业务的分立。

第二步实现控告和申诉部门的合并。在控告和申诉分立后，控告和申诉各自可以多样的选择同其他业务部门进行合并，实现最优化的权力配置。如图二。

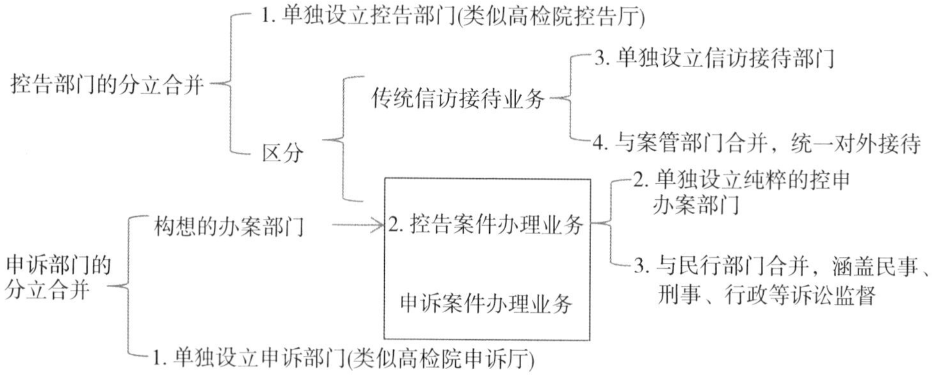

图二

具体来说，控告部门有四种选择：一是传统控告检察部门，包括所有信访接待、控告案件办理等传统控告业务，类似高检院的控告厅。二是单纯控告案件办理的控告部门。实现传统信访接待和控告案件办理的分离后，只负责控告案件办理。还包括举报中心的举报初核、不立案举报线索审查等职能。三是单纯信访接待、举报线索受理的控告部门。不再办理具体控告案件，只作为检察机关窗口，处理日常来信来访和线索分流、反馈、答复等工作。四是将信访接待与案件管理部门合并，统一对外接待，处理信访。可以避免检察机关窗口的重复建设和实现资源有效配置。

申诉部门有三种选择：一是传统的申诉检察部门，包括刑事申诉、国家赔偿、司法救助等传统申诉业务，类最高院检的申诉厅。二是将控告案件和申诉案件业务合并，成立纯粹的控申办案部门，避免传统信访接待的束缚，更好地实现办案。三是将纯粹的控申办案部门与民行等部门合并，成立诉讼监督局（部），有效整合刑事、民事、行政等诉讼监督。

笔者将司法实践中出现的各类控申模式和笔者构想的控申模式一一列举，各地检察院可以根据实际情况进行多样化的组合。其最终目的是使控申部门能够适应检察改革的发展需要，轻装上阵，争取控申部门更大的发展空间。

3. 四级检察院的控申部门设置

从目前各地检察院控申部门的设置来看，四级检察院都效仿高检院控告厅和申诉厅的传统分立已不切实际。笔者认为，不如各地各级检察院按照实际情况合理设置控申部门，而无须从上到下采用一种控申模式。具体来说，高检院实行的控告和申诉部门的分立，其业务也是传统的控告和申诉划分（属于图二控告一申诉一模式）。在省市级检察院，鉴于信访维稳压力大，控申案件数量多，笔者建议可以将信访接待从控告业务中剥离出来，成立专门的接待部门，而将控告案件和申诉案件的业务合并成立纯粹的控申办案部门（属于图二控告三申诉二模式）。基层检察院相对而言，信访接待少，特别是控申案件数量少，为避免机构冗繁、资源浪费，可以考虑将信访接待与案件管理检察部门合并，将控申办案业务与民行检察部门合并（属于图二控告四申诉三模式）。最后对于地市级、分院检察院可以根据本院控申人员数量、信访案件数量、案件办理数量等选择控一申一模式，或是控三申二模式，抑或是控四申三模式，等等。如此一来，四级检察院的控申部门都能够结合实际合理设置控申部门，有利于控申部门因地制宜地适应检察改革发展需要。

（二）控申检察业务的扩展

在有效区分信访接待和办案后，控申部门的办案属性得到增强，因此控申检察改革的实效主要体现在控申案件办理的数量和质量上，特别是在地方甚至全国有影响力的大案要案上，鉴于上下级检察院控申业务“倒金字塔”的分布，笔者认为控申部门应当开拓案源，加强办案，以案促学，以案促发展。

1. 拓展控告案件办理的数量

“两法”修改后，控告检察工作不再局限于传统的信访接待，而是发生由转到办的根本转变，其诉讼监督属性进一步加强。特别是新增的辩护人权利受阻案件、检察院办案违法的监督和民事诉讼监督案件的审查三大业务，为控申部门的发展提供了机遇。但司法实践中，不少检察院控申部门并未及时调整方向，加强案件办理，以致错失发展良机，在检察改革的大背景下处于较为尴尬的局面。对此笔者认为，控申部门不应再错失第二次发展机遇期，应开拓案源，提高控告案件办理的数量。其中最主要的增长点是对民事、行政监督案件的受理审查。一般而言，除基层检察院外，受理民行案件的数量都可以达到本院信访总量的一半以上，因此如何将这些“线索审查”转化为“案件办理”至关重要。笔者认为，控申部门对民行监督案件线索可以撰写简单的审查报告，再发受理或不受理的通知书，对重大疑难复杂案件还可以附上调查笔录或讨论笔录，最后送达并装订成卷，以案件的形式固定下来。其次对辩护人权利受阻案件、检察院办案违法的监督等其他控告案件，虽然相对而言数量较少，但司法实践中只要克服“不敢监督”，“怠于监督”“多一事不如少一事”的心态，此类控告案件的数量也相当可观。

2. 提高申诉案件办理的质量

相较控告案件而言，刑事申诉案件在案源上并无困难。司法实践中，刑事申诉案件的突出问题是质量不高，即抗诉率低，纠正原决定率低。虽然高检院和省市检察院曾经办理纠正过一些有代表性的“冤假错案”，如高检院抗诉成功的陈满故意杀人放火案和提出再审检察建议促改判的于英生故意杀人案等，但高质量的刑事申诉案件仍是少数。① 究其原因，主要是：一是对可能存在“冤假错案”的申诉线索挖掘不深，办案走形式、走过场。二是对案件中发现的错误不愿监督、不敢监督，甚至以纠正错误会引发系列社会问题而望而却步。三是对案件中发现的瑕疵听之任之，放纵不管。基于以上原因，申诉办案部门虽然承办大量刑事申诉案件，但普遍属于不抗诉和维持原决定的案件，监督效果并不理想。笔者认为，要提高刑事申诉案件的质量，首先要树立检察监督的自信心，对明显存在错误或是证据不足的案件，要敢于直言，勇于维护正义，保障申诉人的合法权益。其次要对刑事申诉案件进行分类处理，对明显申诉无理的案件要快速办结，不拖沓，对可能存在错误的案件要集中精力复查，提高成案率。再次是要充分发挥检察改革对检察官独立办案的体现，避免过多的行政干预和审批影响了检察官独立办案。最后是建立科学的考核制度，降低案件数量的考核，加大对案件质量的加分考评。

---

① 中华人民共和国最高人民法院刑事审判第一、二、三、四、五庭主办：《刑事审判参考（总第105集）》，法律出版社2016年版，第250页。

（三）控申检察干警的培养

不论机构如何设置、业务如何拓展，控申部门的发展始终离不开人的培养。相较公诉、反贪、侦监等部门精兵强将而言，控申部门的传统印象是年龄结构偏大、素质良莠不齐。当然，这与长期以来控申主要业务是信访接待息息相关，因此往往配置年纪大、资格老、经验丰富的同志从事接待工作，个别也存在将没有办案资格，无法胜任一线办案的同志，或是快退休的同志安排在控申部门，这都直接制约了控申部门的发展。特别是检察改革推行员额检察员后，不论是控申检察官还是检察辅助人员，都面临着如何适应检察改革、如何分配控申工作、如何谋划控申发展等现实问题。

1. 控申检察官要勇于担责

不论控申检察官之前的身份是部门负责人还是普通干警，一旦进入员额，其身份、职权、责任都有重新的定位，应当严格按照检察官的权力清单和绩效考核的标准履职。相对检察辅助人员而言，控申检察官就是应当主动承担更多的案件和责任，享受更高的待遇。而不是只履行审批角色或是最终决定，将所有的事情交给检察官助理来做。同时在改革“去行政化”“扁平化”的要求下，不少检察院的控申部门被裁并，部门负责人被取消，成立相应“大部制”的负责人。但其面临的问题是隔行如隔山，“大部制”的机构无法具体谋划控申的发展和出路，因此其责任又落到控申检察官的肩上。从这个意义上说，控申检察官的责任不能仅仅局限在自身办案上，而且还要共同谋划控申检察的未来发展，具体而言就是，对内要做到控申案件数量和质量能和其他一线办案部门看齐，提高控申部门在检察机关内部的影响力和话语权，特别是未来职务犯罪侦查权的剥离，为诉讼监督权的发展提供广阔空间，控申部门应当抓住机遇；对外要努力办理一批有重大影响力的刑事案件，特别是“冤假错案”的抗诉监督和控告违法办案，不断增强控申检察的刑事监督属性，在社会媒体和人民群众中形成刑事监督的“品牌”。对此控申检察官责无旁贷，要勇于担责。

2. 检察官助理要积极进取

由于试点时期，检察官助理的原先助理检察员（检察员）职务并未取消，虽然称为“助理”但仍可以履行助理检察员（检察员）的法律职务。因此对未进入员额检察官的助理检察员（检察员）也应积极看待司法改革，将心理落差和消极情绪转化为进取动力，做好检察官助理的同时，在法律和政策允许的范围内继续履行好助理检察员（检察员）的法律职责，做到善始善终。同时，检察官助理应当进行科学的职业规划，通过改革试点营造的学习、竞争、压力环境，变被动学习为主动学习，积极参加检察院举办培训班、专家讲座、网络学习、岗位训练、考试比赛等方式促使自身加强学习，增强职业危机感和竞争意识，将改革带来的负面消极情绪转化为积极进取的动力。另外，控申部门需要引导控申检察辅助人员，正确区分好现实和理想、眼前和长远、利益得与失的关系，不论作为员额检察官还是检察官助理、书记员，都要结合自身实际情况制定理性的预期。

（四）监察体制改革后控申检察的展望

随着近期北京、山西、浙江的省级监察委员会的成立，标志着我国监察体制改革的试点运行。对于检察机关而言，职务犯罪侦查权力的剥离是大势所趋，检察机关各部门都要积极调整，适应改革的发展需要。

1. 控申举报业务的未来发展

监察体制改革后，首当其冲的是控申部门举报中心的剥离，这就意味着，控申部门面临举报业务的大幅缩减。对此，笔者认为就算未来举报中心被剥离，但不代表控申举报业务的废止。相较而言，举报宣传、举报初核、不立案举报线索审查、举报人奖励、举报人保护等业务可以划归监察委员会，但控申部门仍可以保留举报线索受理分流、接受犯罪嫌疑人自首、举报信访案件办理等业务。甚至笔者建议控申部门未来仍可以保留不立案举报线索审查的权力。理由如下：首先，监察委员会行使侦查权后，对其不予立案的举报线索由检察院控申部门审查，可以实现部门之间的相互监督和制约，体现检察机关法律监督的属性。其次，检察院控申部门行使不立案举报线索审查可以体现客观中立性，避免侦查权的滥用。最后，可以有效维护举报人的举报、申诉权利。

2. 刑事申诉监督的发展机遇

长期以来，作为诉讼监督属性的控申部门一直没有得到足够的重视和发展，未来职务犯罪侦查权力的剥离在一定程度上是为诉讼监督的发展提供了空间和机遇。相比较刑事执行部门和民事行政检察部门的快速发展，控申部门应当找准定位，充分发挥诉讼监督的效力。笔者认为，首先在举报业务大幅下降的情况下，应当加大“两法”修改后控申新增业务的办案数量。其次在刑事申诉业务上要努力办理一批有重要影响力的监督案件。最后是加强内外监督，充分维护申诉人合法权益，树立控申部门诉讼监督的司法权威。这样才能使控申部门在未来发展中赢得广阔空间。

实然与应然：完善检察监督体系视野下检察机关监督社区矫正之探讨

——以 N 市检察机关社区矫正监督工作为样本

江苏省南通市通州区人民检察院课题组*

2016 年 7 月，高检院曹建明检察长在第十四次全国检察工作会议上强调，要以维护社会公平正义和司法公正为目标，完善检察监督体系，提升检察监督能力。检察监督体系包括检察机关法律监督各领域的法律规范、体制机制和工作制度，是中国特色社会主义法治体系的重要组成部分。完善检察监督体系，应当完善更加符合司法规律的刑事检察工作机制，而刑事执行检察监督是刑事检察工作的重要部分，刑事执行检察监督体系则是检察监督体系的关键要素。

自 2015 年年初高检院将监所检察机构统一更名为刑事执行检察机构以来，刑事执行检察监督工作迅猛发展，强制医疗检察监督、社区矫正检察监督等新兴监督工作欣欣向荣。应当注意到，从《刑法修正案（八）》在法律上明确社区矫正制度，到《社区矫正实施办法》的出台和修改后《刑事诉讼法》的明确规定，社区矫正对象正式确定为缓刑、假释、暂予监外执行和管制四种，社区矫正已逐步成为我国刑罚执行体系的重点，社区矫正检察监督也成为刑事执行检察监督的重点。但社区矫正工作在我国毕竟是一项全新的工作机制，还存

---

* 课题组负责人：黄凯东，南通市通州区人民检察院检察长；课题组成员：瞿明惟，南通市人民检察院刑事执行检察处处长；张傲冬，南通市人民检察院法律政策研究室主任；袁国明，南通市通州区人民检察院副检察长；金志锋，南通市通州区人民检察院检察长助理；张建兵，南通市通州区人民检察院检察委员会专职委员；瞿国光，南通市通州区人民检察院刑事执行检察科科长；邱楠，南通市通州区人民检察院法律政策研究室主任；商银涛，南通市人民检察院法律政策研究室助理检察员；杨宝川，南通市通州区人民检察院刑事执行检察科助理检察员；张涛，南通市通州区人民检察院法律政策研究室助理检察员。
本文系 2016 年度最高人民检察院检察应用理论研究重点立项课题“检察机关监督社区矫正的实践、问题和对策”的部分成果。

在着许多问题，与此相应，检察机关对社区矫正的监督仍面临不少难题。

有鉴于此，本文从完善刑事执行检察监督体系之概况入手，通过对N市检察机关社区矫正监督工作情况调查分析，对其中存在的问题进行梳理，并就完善社区矫正及其检察监督工作运行机制尝试提出适当构想，以期抛砖引玉。

一、背景分析：刑事执行检察监督体系之概览

（一）刑事执行检察监督的内涵和外延

1. 刑事执行检察监督的内涵

刑事执行质量的高低，直接关系到之前进行的所有刑事司法活动的效果。因此检察机关对刑事执行的检察监督制约就十分必要，这也是对刑事执行最有效规范和制约的机制。就刑事执行检察监督的内涵而言，一般是指人民检察院对刑事执行主体执行生效的刑事判决、裁定、决定的活动以及执行刑事强制措施、强制医疗等活动是否合法实施监督，发现违法时依法提出纠正意见的活动。其目的在于以检察权制约刑事执行权来保障刑事诉讼的顺利进行和国家刑罚权的实现。

2. 刑事执行检察监督的外延

就刑事检察监督的外延而言，刑事执行检察监督包括对所有刑罚执行活动（死刑、监禁刑、社区矫正、资格刑、财产刑等）的监督、拘禁性刑事强制措施执行活动（拘留、逮捕后羁押与监管活动、指定居所监视居住的监督和特殊刑事处遇措施执行活动（强制医疗）的监督。从监督对象看，包括看守所、强制医疗机构，司法行政部门的省级监狱管理局、监狱、司法所、法院等司法机关及其工作人员的执法活动。

（二）完善刑事执行检察监督体系的存在必要

1. 完善刑事执行检察监督体系是新时期检察工作创新发展的内在要求

完善、改革、创新刑事执行检察体系制度、工作运行制度，必须在中国特色检察制度的范畴和要求下进行，必须符合刑事执行检察客观实际，才能发挥刑事执行检察体制、机制的最大功效和作用。通过完善、改革、创新刑事执行检察监督体系，能够体现体制、机制的优越性、前瞻性、与时俱进性。与此同时，依靠刑事执行检察体制和机制改革与创新的反作用，能够进一步巩固和发展中国特色的社会主义检察制度。

2. 完善刑事执行检察监督体系是检察体制机制改革的现实需要

刑事执行检察工作职责要求刑事执行检察部门长期与监狱、看守所等监管民警和审判机关、公安机关、司法行政机关以及社会综合治理部门等进行协调

配合，要求高、规格高、标准高，业务性强、协调性强、独立性强。上述工作千头万绪，仅靠一个刑事执行检察工作部门，难以有效组织开展和认真履行好各项监督、办案工作职责。根据刑事执行检察工作实际，为加强检察机关自身建设，规范司法，实现刑事执行检察工作的一体化的管理，刑事执行检察工作必须在体制、机制上建立一个有力的业务管理领导机构和有效的监督管理体制机制，以此有效监督监狱、看守所及其监管管理机构、审判机关、公安机关、司法行政机关等。

二、实践概况：N 市检察机关监督社区矫正之现状

目前，N 市全部 9 个基层院中 6 个院成立了刑事执行检察部门（原监所检察部门），另外 3 个院也都指定了专人负责社区矫正检察工作。检察监督从最初着重于摸清社区矫正人员底数，到现在以监督纠正脱管、漏管为核心，全面介入社区矫正入矫、管理教育、解矫收监各环节。近三年 N 市检察机关共计发出书面纠正违法通知书 28 份，书面检察建议书 91 份，刑事执行检察建议书 70 份。

N 市院主要通过定期、不定期随机抽查和巡视检察，基层院主要通过文书核查、实地检查和电子信息化核查的方法开展监督。社区矫正检察考核主要依据江苏省刑事执行检察工作平台，结合查办职务犯罪以及发出书面纠正文书数。江苏省刑事执行检察工作平台几乎涵盖了社区矫正检察工作的全部事项，其最主要的功能是定期导入全省社区矫正决定机关（法院、监狱、看守所）监外执行人员信息和社区矫正机构的社区矫正人员信息，自动化核查比对，但该平台也存在信息导入不及时、地域范围限于江苏等弊端，时常出现信息不准确的情况。

三、实然考察：社区矫正工作及检察机关监督社区矫正之问题

（一）检察监督实践发现社区矫正工作之存在问题

1. 社区矫正工作队伍薄弱[①]

以 N 市某区为例，该区现共有社区矫正执法者（公务员）46 名，社会工作者（社工）75 人，尚未建立社会志愿者队伍，整体呈现三大特征。一是工作人员多头管理，兼职普遍，实践中，司法所工作人员编制属于司法局，而工资、福利待遇却由乡镇财政负担，对司法局的事情能推则推，对乡镇政府的重

① 社区矫正工作队伍包括社区矫正执法者、社会工作者和社会志愿者。

点工作却积极性很高，且许多人明确兼任乡镇政法委员、武装部长等职务，或长期被乡镇借用做为党委秘书、政府秘书等。二是执法工作者流动性大，普通社工待遇偏低，2013 年至今，已有 10 人不再从事社区矫正工作，人员流失率约 20%，社会工作者每人年均不足 1.6 万元工资，且大部分没有办理养老保险等。三是社会工作者年龄结构老化、学历层次偏低，全区 50 周岁以上 38 人占比 50.6%，本科学历仅 7 人占比 9.3%。

2. 拟适用社区矫正调查评估问题多①

N 市某区 2012—2014 年拟适用调查评估情况见下表：

人数 / 时间	新接收社区服刑人员	拟适用社区矫正调查评估	未采纳评估意见	终止调查评估
2012 年	394	105	3	3
2013 年	423	136	2	4
2014 年	472	257	29	1

从上表可知，新增社区矫正人员人数增长较为平稳，拟适用社区矫正调查评估人数占全部新接收人员比例增长较快，调查评估结果未采纳数也出现较大幅度增长。据调查，拟适用社区矫正调查评估制度在实践中主要存在以下问题：

一是法律性质不明。对所居住社区的影响是否必须进行调查评估，法律又没有明确规定，有人认为调查评估报告属于证据，然而，又很难将其归于刑事诉讼法规定的证据种类，且一般又不经庭审质证。

二是调查评估报告质量不高。实践中的调查者就是最后的社区矫正执行者，他们要么为了减少将来监管工作量，避免承担更多责任，作出不适用结论，要么碍于邻里关系、世故人情甚至收受或者索取贿赂，② 进行权力寻租，作出适用决定。加上时间紧又没有详细的操作流程，使得许多调查评估流于形式，有的仅有三言两语。

三是提请委托和采信调查评估过于随意。许多案件并不委托调查评估，或者委托调查评估不及时，对委托调查意见采用与否也不反馈。

---

① 拟适用社区矫正调查评估是在适用社区矫正前，有关机关委托司法行政机关对被调查对象可能影响社区矫正适用的相关情况进行调查，形成相关倾向性意见，供决定机关在适用社区矫正时参考的制度。

② 参见丹检宣：《一名社工的致富宝典》，载《检察日报》2016 年 8 月 16 日。

四是缺少有效监督。现有法律并未规定拟适用社区矫正调查评估相关文书抄送制度，也没有明确规定检察机关监督责任，检察院无从知晓相关信息也就难以开展监督。[①]

3. 社区矫正交付执行乱

一是法院不经核实“武断”指定居住地，随意交付。例如江苏某法院没有核实居住地，直接将实际居住地为江苏如东的罪犯李某某交付户籍地江苏如皋，造成如皋司法局监管困难。

二是社区矫正机构“怕出事”，随意拒收。例如江苏扬州某法院判处冯某某缓刑后，将其交付至该市某司法局，然该司法局因冯某某想去 N 市矫正为由将冯某某的材料退回原判法院，法院又将其交付至 N 市某区，而 N 市某区也以不具备监管条件将相关材料退回原判法院，造成冯某某在判决生效 1 个多月后还不能正常接受矫正。

三是社区矫正人员“图方便”，拒不报到。例如江苏某法院将罪犯谭某某交付其户籍地重庆市某县，谭某某以多年在外务工，回老家将失去生活来源为由，拒不回家接受矫正，而暂住地又不愿接收，造成漏管达 2 个月之久。

四是检察机关的交付执行监督信息不完整，监督乏力。实践中有的法院只抄送判决书，有的连判决书都不抄送，造成检察院并不确定该判决是否生效以及如何执行，难以提出交付执行监督意见。

4. 矫正和教育管理虚化

一是入矫和解矫宣告缺乏仪式感。无论是集中宣告还是单独分散宣告，都仅限于简单向社区矫正人员宣讲相关权利义务和监管规定，没有在庄严肃穆的宣告场地，组织社区矫正有关人员全部到场，不能通过宣告增强社矫人员身份意识和遵纪守法自觉性。

二是教育管理虚化。实践中教育学习和社区服务时间一般不足 8 小时，[②]教育学习内容也缺乏针对性，不能做到有的放矢、因人施教。

三是居住地变更困难。变更居住地限制条件模糊、程序复杂，实践中有较大的自由裁量空间，迁入地司法行政机关考虑监管责任多往往不愿意接收。

5. 收监执行标准模糊

实践中，提请收监执行标准模糊，主要体现在对《社区矫正实施办法》

① 参见杨宝川：《拟适用社区矫正调查评估制度实证研究——以江苏省南通市通州区为例》，载《刑事执行检察工作指导》2015 年第 3 期。

② 按照《社区矫正实施办法》规定，社区矫正人员每月参加教育学习时间不少于 8 小时，参加社区服务时间不少于 8 小时。

规定的兜底收监条件“其他违反法律、行政法规和监督管理规定，情节严重的”理解存在较大争议。一种观点认为，“情节严重的”应该以缓刑、假释人员违反的相关法律、行政法规中的规定为准。另一种观点认为，应该综合考察缓刑、假释人员违法行为的情形，具体情况具体分析。还有观点认为，《社区矫正实施办法》中的“情节严重的”，应包含因违法行为被行政拘留、司法拘留、强制隔离戒毒等被限制人身自由处罚的情形。各种观点在实践中都有体现，造成社区矫正人员因为同样的违法行为被行政拘留、司法拘留或强制戒毒，有的地方提请收监执行，有的地方不提请收监执行等情况。如此损害了法治的统一实施，破坏了刑罚执行的权威。

（二）检察机关监督社区矫正之面临问题

1. 监督工作缺乏操作细则

在法律法规层面，《刑事诉讼法》仅概括规定人民检察院对执行机关执行刑罚的活动是否合法实行监督，没有更加详细的监督细则。各个地方制定专门性的法规，如《江苏省社区矫正工作条例》，对于检察监督也规定较为原则。在司法解释层面，最高人民法院《关于执行〈中华人民共和国刑事诉讼法〉若干问题的解释》仅仅规定了相关法律文书的抄送检察机关。《人民检察院刑事诉讼规则（试行）》虽然分别就检察监督的具体业务部门、提出纠正的情形等进行了规定，然而，对如何发现违法情形、如何提出纠正意见等则没有进一步规定。具有司法解释性质的规范性文件《社区矫正实施办法》也只规定了人民检察院对社区矫正各执法环节依法实行法律监督，社区矫正各机关建立社区矫正人员的信息交换平台，实现社区矫正工作动态数据共享。在规范性文件方面，高检院颁布的《监外执行检察办法》虽然对监外执行检察的任务、职责、基本原则等诸多方面做了详细规定，然该规定制定时的监外执行与现在的社区矫正执行有诸多不同，许多重要概念的内涵与外延均发生变化，已很难在实践中适用。其他规范性文件，例如《江苏省人民检察院关于建立社区矫正法律监督一体化工作机制的暂行规定》《哈尔滨市社区矫正试点工作领导小组关于开展社区矫正试点工作的意见》《安徽省社区矫正试点工作方案》等，这些规定都限于一定的地域范围且内容限于社区矫正的一个方面，对于实践基本没有多大指导意义。

此外，缺乏操作细则导致监督实践模式不一，如有的地方实行派驻检察，有的设立检察官办公室，更多的是不定期巡视检查的方法。缺乏操作细则还造成监督标准不一。例如，同样是社区矫正人员严重违反行政法规被行政拘留，有的检察机关认为属于违法行为，应该提出书面纠正违法，有的检察机关则认为可以提出书面检察建议，还有的检察机关认为口头纠正即可。

2. 监督信息获取难

一是拟适用社区矫正调查评估监督信息获取难。现有法律法规并没有规定将委托调查评估情况告知检察机关，而社区矫正机构调查过程和结果检察机关不了解不参与，决定机关采信调查评估情况检察机关也不知晓。

二是交付执行监督信息获取难。实践中，决定机关抄送检察机关相关法律文书容易遗漏、丢失等，而且现有规定未规定社区矫正机构及时将入矫信息通知检察机关，造成检察机关难以对交付执行的完整情况进行监督。

三是矫正管理监督信息获取难。实地检查工作档案发现，多存在造假嫌疑，记录千篇一律，教育学习和社区服务时间随意填写等，面对面谈话则谈话对象担心受到处罚或者更严格监管不敢讲真话，而且社区矫正相对分散，如N市某区共20个乡镇司法所，远郊的司法所有2小时左右车程，全区每年新接收社区矫正对象400多人，仅有一名社区矫正检察人员很难高频次到每个司法所开展检察监督活动。

四是终止执行监督信息获取难。因为地域分散、人力有限，实地找基层组织、矫正小组、罪犯本人等谈话了解和核实终止执行的相关材料极少真正落到实处，而书面审查终止矫正信息也很难发现问题，如N市三年来所有发出的191份法律监督文书的梳理，没有一起终止矫正违法违规行为是通过对书面材料审核发现的。

3. 监督缺乏刚性

一是职务犯罪查办少。全国2012年至2014年刑事执行检察部门立案查办监外执行中的职务犯罪案件也仅28件30人。[①] 而N市检察机关近3年没有查办一起社区矫正领域职务犯罪。

二是书面纠违社区矫正相关机构职责履行的情形不多，监督失之以软。据统计，N市9个基层检察机关三年内共计发出书面纠正违法通知书28份，平均每个基层院每年1份，其中有13份系法院社区矫正期间计算错误或者文书制作错误，占全部纠正违法数的46.4%，这些错误多由法院书记员填写时笔误造成，即使不发书面检察建议纠违，法院也会裁定更正。此外，书面检察建议也未触及社区矫正履职实质问题，三年内共计发出书面检察建议书86份，其中有72份是建议社区矫正机构对相关社区矫正人员提请收监执行，占全部书面检察建议的83.7%，但分析发现，司法行政机关都是在检察建议书发出当天、次日或两三天内提出收监执行建议，即许多司法行政机关在收到检察建

① 参见袁其国主编：《刑事执行检察工作重点与方法》，中国检察出版社2015年版，第232页。

议时或者之前就已经启动收监程序，并不是因为检察机关的建议才启动收监执行程序。[①] 另外，实践中，被监督机构消极抵触检察机关的纠正违法通知书和检察建议的情况时有发生。

4. 监督协作机制不全

实践中，不同辖区的刑事执行检察部门之间存在一定的竞争关系，大多不愿意主动协助其他检察机关开展监督工作。为此江苏省还专门制定了《江苏省人民检察院关于建立社区矫正法律监督一体化工作机制的暂行规定》，但实践中文件内容执行情况不太理想。检察机关内部各科室之间也缺少相关协作机制，虽然相关文件规定公诉、侦监等部门相关文书抄送刑事执行检察部门，但是实践中，多数部门限于让刑事执行检察部门倒签送达回证，一个月甚至更长时间才集中送达一次相关法律文书，许多违法违规问题已经发生，错过了监督时效。

5. 监督队伍不适应现有监督工作需要

一是监督理念落后。在具体的日常监督中，“重配合、轻监督”，对自己的监督者身份认识发生偏差，热衷于以社区矫正参与者的身份介入具体的社区矫正具体运作，乐于为社区矫正人员“上法制课”，甚至出面协调政府部门帮助解决社区矫正人员生活困难。存在“等、停、靠”思想，重视日常监管中的风险监控，忽视社区矫正对象的学习教育和行为矫正。日常检察不主动到社区矫正工作第一线去调查、了解问题，基本靠坐在办公室对文书进行书面审查。

二是监督人力资源不足。以 N 市为例，全市刑事执行检察部门实有人员 47 人，占 N 市检察机关实有人数的 4.7%，承担着 7 个看守所、3 个监狱的派驻检察工作和 9 个县区的社区矫正检察监督工作。除此之外，还承担着羁押必要性审查、强制医疗执行检察、指定居所监视居住执行检察、财产刑执行监督等多项新增刑事执行职能，刑事执行检察工作量与现有刑事执行检察人员力量之间的矛盾十分突出。另外是人员结构不合理，N 市仅有 2 个县区院平均年龄在 40 岁以下，5 个县区院平均年龄在 45 岁以上，全市刑事执行检察人员平均年龄 44.5 岁，刑事执行检察干警老龄化明显。虽然总体上看刑事执行检察干警基本全部取得大学本科学历，但是接受在职教育干警比重较大，而全日制本科以上学历人数偏少，仅占刑事执行检察干警总数的 30.4%，干警的学历结

① 提请收监执行建议需要向公安机关收集社区矫正人员违法违规信息、调取行政拘留相关材料等，具体是否提请收监一般还需要司法行政机关开会讨论、报领导审批等多个程序，耗时较长。

构有待进一步优化。

四、应然之举：完善社区矫正及其检察监督之对策

（一）制定正式《社区矫正法》

值得注意的是，《社区矫正法》已经纳入十二届人大常委会立法规划，属于需要抓紧工作、条件成熟时提请审议的立法项目之一。同时，2016 年 12 月 1 日国务院法制办发表了《社区矫正法（征求意见稿）》，面向全国征求意见，并于 12 月 31 日征求意见完毕。笔者认为，《社区矫正法》应对当前实践中存在的问题予以回应，让社区矫正执行机构有法可依，也让检察机关监督有据，特别需要完善以下几个方面：

一是健全社区矫正工作队伍。改变人员管理模式，统一社区矫正执法者和社会工作者由司法局管理，落实社区矫正执法者相应福利待遇，建立专业社工工资、福利增长机制，建立业务培训、考核奖惩常态化机制。

二是规范拟适用社区矫正调查评估。确立调查评估意见的证据属性，明确调查评估的主体、流程、内容等，成立专门的调查评估机构，设定保密和回避规定，明确责任追究。

三是明确“居住地矫正”的操作细则。确定居住地矫正的内涵和外延，设定居住地的确定以及变更条件和程序。

四是规范交付执行。确定法院对居住地的最后决定权和争议解决机制，强化交付执行责任，明确法院的交付执行责任和司法行政机构的先行登记职责，制定责任追究机制。

五是严格监督管理，深化教育矫正。着重运用电子监控等新监控技术手段，制定社区矫正人员考核奖惩办法，细化教育矫正方案，针对不同社区矫正人群制定差异化的教育矫正方案，合理安排社区服务内容和方式。

六是统一终止执行标准。统一收监执行条件中“严重违法”的标准，具体应包含因违法行为被行政拘留、司法拘留、强制隔离戒毒等被限制人身自由处罚的情形。但若社区矫正人员第一次违反《治安管理处罚法》第 60 条第（四）项而被行政拘留的，不得认定为情节严重，否则有违法律的重复评价原则。

（二）配套出台检察机关监督社区矫正工作办法

一是明确社区矫正检察体制机制。建立健全社区矫正法律监督机构，设立派驻社区矫正机构检察室或者检察官办公室，保障社区矫正法律监督人员编制，配齐配强社区矫正法律监督人员，在司法责任制改革和员额制改革中，为

社区矫正检察设置适当的员额。

二是确定检察方式方法。规范文书审查制度，建立规范文书审查纸质台账或者电子台账，明确实地检查监督、谈话了解情况的频次，重视通过查办职务犯罪开展监督社区矫正执行的震慑作用，设置书面纠正的程序性后果，提升监督严肃性和监督效果。

三是细化社区矫正检察内容。将拟适用调查评估明确纳入检察监督范围，细化交付执行到解除矫正、终止执行全环节监督内容。

四是建立社区矫正法律监督责任追究和绩效考核机制。列出社区矫正检察权力清单，对于检察人员在社区矫正检察监督中，因为故意或者重大过失，不履行或者不正确行使检察监督权力，造成严重后果或恶劣影响的，应当依法追究法律监督责任，建立科学合理的绩效考核机制。

（三）建立全国社区矫正信息工作平台

《社区矫正实施办法》规定，司法行政机关和公安机关、人民检察院、人民法院建立社区矫正人员的信息交换平台，实现社区矫正工作动态数据共享。2016 年 8 月 30 日，“两高两部”联合印发的《关于进一步加强社区矫正工作衔接配合管理的意见》再次规定，司法行政机关应当建立完善社区服刑人员的信息交换平台，推动与人民法院、人民检察院、公安机关互联互通，利用网络及时准确传输交换有关法律文书，根据需要查询社区服刑人员脱管漏管、被治安管理处罚、犯罪等情况，共享社区矫正工作动态信息，实现网上办案、网上监管、网上监督。对社区服刑人员采用电子定位方式实施监督，应当采用相应技术，防止发生人机分离，提高监督管理的有效性和安全性。

当前，社区矫正工作相关的公检法司等都在各自的业务领域建立了相应的信息网络平台或者数据库，这些已经建成的信息网络系统数据库为建立全国范围内的社区矫正信息工作平台提供了现实的硬件基础。建立社区矫正信息工作平台只需在符合安全保密基础上，实现各个机关之间社区矫正相关信息互联互通，让所有的相关法律文书通过社区矫正信息工作平台流转，将电子定位监控、教育学习、社区服务签到计时系统等全部进行信息化处理，就能实现交付和接收无缝对接、资源共享、网上办公、消息通知、定位监控、信息互动、统计查询、有效防止社区矫正人员漏管、脱管，极大提升社区矫正工作效率。检察机关就可以将社区矫正各参与方纳入监督系统，做到从调查评估、报到入矫到解除矫正全程执行信息实时监控。

（四）构建检察机关监督社区矫正工作一体化工作机制

根据《江苏省人民检察院关于建立社区矫正法律监督一体化工作机制的

暂行规定》的规定和检察监督实际，我们梳理了交付执行、居住地变更、社区矫正人员接受治安处罚等18类需检察机关相互告知的法律监督信息。[①] 这些信息告知完全可以通过检察机关统一业务应用系统来完成，因为当前各级检察机关都装有相应的客户端账户，检察人员也能够较为熟练地掌握和运用该系统，只需制定全国统一的一体化监督监督规范，对统一业务应用系统进行技术升级即可。

（五）强化社区矫正检察监督队伍建设

一要转变执法监督理念。坚决克服“重配合，轻制约”的执法观，时刻树立危机意识和安全意识，杜绝“等、停、靠”和“做得多，错的多”思想。

二要适当扩充编制。优化现有刑事执行检察队伍结构，改变以往年龄结构偏大、知识结构陈旧的队伍状况，加强社区矫正检察监督人员的轮岗交流，加强培训提高统一执法监督标准，提升监督能力，提高监督公信力，加强硬件和基础设施建设投入，实施科技强检战略，特别要注意运用监所信息化技术成果，提高监督效率，提升监督效果。

三要积极进行派驻式检察监督的尝试。设置派驻社区矫正检察机构，针对社区矫正监督对象的多元性、流动性和分散性特点，要加强社区矫正法律监督组织建设，积极探索设立社区矫正检察官办公室、社区矫正检察工作站、监外执行检察室，或借助乡镇（街道）检察室平台开展社区矫正法律监督工作。

① 参见《江苏省人民检察院关于建立社区矫正法律监督一体化工作机制的暂行规定》，2012年12月9日颁布。

检察机关社区矫正监督工作中存在的问题及对策

阮之华　熊东来[*]

社区矫正制度在我国从试点到全面铺开仅有十几年，与社区矫正制度还不完善相对应，检察机关对社区矫正法律监督工作还处于摸索的初级阶段，存在很多问题，本文从社区矫正及社区矫正法律监督存在的主要问题入手，探索社区矫正的发展方向及检察机关监督方式的完善途径。

一、社区矫正基本情况

我国于2003年开始社区矫正试点工作，2009年在全国全面试行，社区矫正工作发展迅速，覆盖面稳步扩大，社区矫正人员数量不断增长。但我国社区矫正尚处于起步和探索阶段，尚未有效构建起完备的社区矫正制度。目前我国的社区矫正包括管制、缓刑、假释、暂予监外执行四种类型，现有立法无论是刑法还是刑事诉讼法，在对社区矫正适用类型的规定上均存在非常粗略、操作性不强的状况。2012年1月10日“两高两部”出台的《社区矫正实施办法》在程序上进行了细化，一定程度上解决了这一不足，但对其存在的根本性问题仍未解决。下面立足于大同市大同区的社区矫正情况进行分析。

（一）大同区社区矫正人员基本情况

1. 社区矫正人员分布情况。大同区司法局下设8个乡镇司法所和3个社区司法所，目前，大同区正在服刑的社区矫正人员共101人，分布在高台子、大同镇等9个司法所，其中新华和立志两个社区司法所没有社区矫正人员服刑。具体的社区矫正人员分布情况如图一所示：

---

* 阮之华，黑龙江省大庆市大同区人民检察院检察长；熊东来，黑龙江省大庆市大同区人民检察院研究室主任。

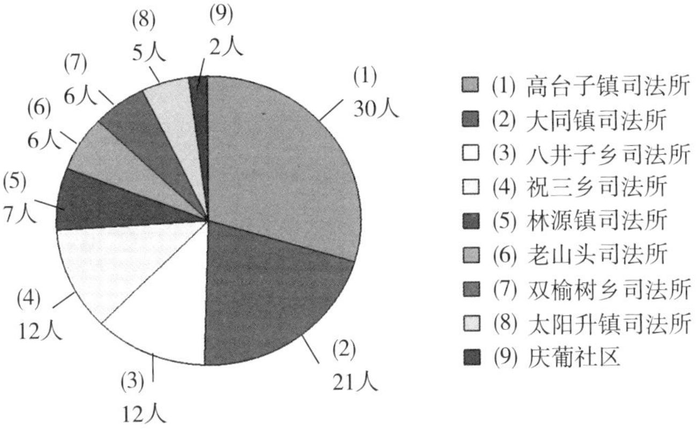

图一：社区矫正人员在各司法所分布情况

2. 社区矫正人员罪名及所占比例情况。大同区正在服刑的社区矫正人员101人，涉及罪名包括交通肇事、掩饰、隐瞒犯罪所得、故意伤害、盗窃、危险驾驶等25种，具体比例如图二所示：

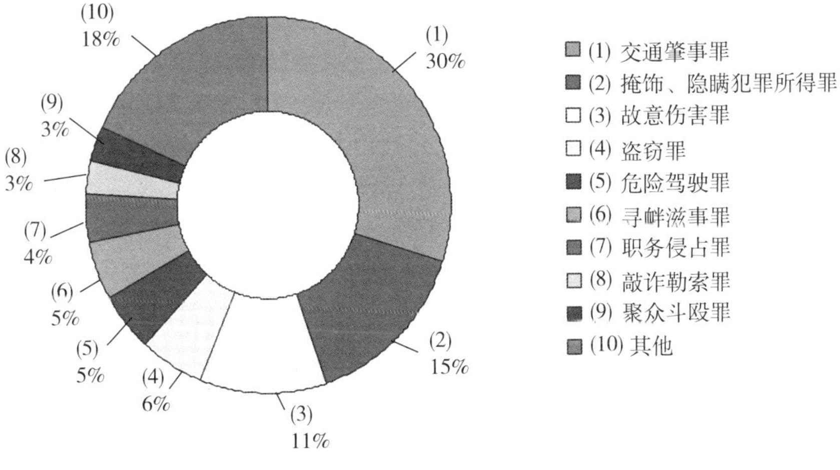

图二：大同区社区矫正人员罪名所占比例

3. 社区矫正人员类型情况。目前我国的社区矫正包括管制、缓刑、假释、暂予监外执行四种类型，大同区101名正在服刑的社区矫正人员中，暂予监外执行3人，缓刑98人，管制刑和假释适用率空白，如图三所示：

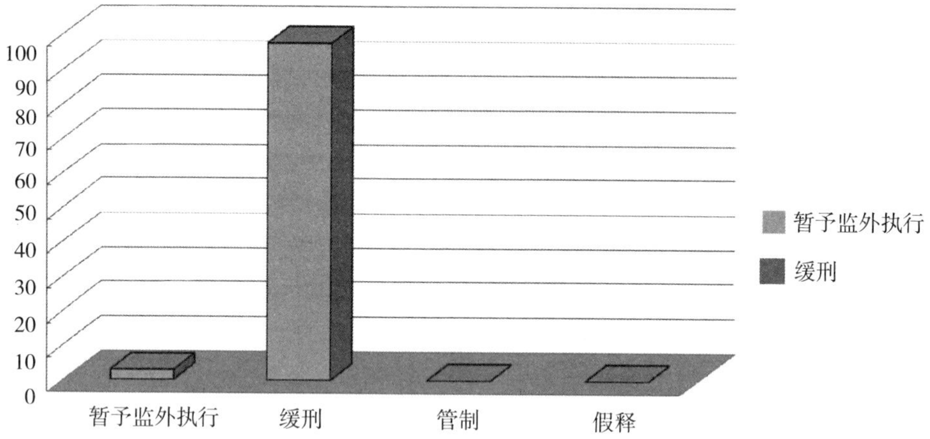

图三：大同区社区矫正人员类型分布情况

4. 非监禁刑执行方式适用情况。从大同区目前的社区矫正服刑人员来看，管制刑和假释适用率空白。再从近三年来法院判决情况来看，2013年法院共审结案件297件447人，其中判处缓刑81件114人，占审结案件的25.5%，管制1件2人，占审结案件的0.4%；2014年共审结案件324件514人，其中判处缓刑56件78人，占审结案件的15.2%，管制4件5人，占审结案件的1%；2015年共审结案件225件316人，其中判处缓刑43件56人，占审结案件的17.7%。从近三年以来的缓刑、管制刑适用情况来看，缓刑综合适用率为19.4%，管制刑综合适用率仅为0.5%。与美国非监禁刑适用率远高于监禁刑情况相比，大同区非监禁刑适用率实在太低。

（二）大同区社区矫正队伍及管理情况

1. 社矫工作队伍情况。大同区社区矫正工作由区司法局及8个乡镇司法所和3个社区司法所负责，从业人员33人，大多是从乡镇教育系统转行人员，仅有1人是后进修的法律专业本科学历，现在区司法局从事社区矫正工作。区司法局对司法所是双重管理，主要负责业务管理。司法所负责社区矫正、社区戒毒、司法调解、辖区信访等工作。司法所长是副科级干部，但多在乡镇兼副职，没有法律明确规定的执法权。

2. 社矫人员管理流程。区司法局接到社区矫正法律文书后，移交到乡镇司法所，由司法所告知社区矫正对象进入社矫，连续通知三次不到视为脱管；另社区矫正对象可以自行拿法院判决的法律文书到乡镇司法所报到，还有法院直接送社区矫正对象报到的，报到后由司法所工作人员建立社区矫正对象档案。

社区矫正对象管理分严管、宽管和普管三种形式。新进入社区矫正对象第一个月为严管，一个月后看表现确定管理形式。严管的标准为社区矫正时限在六个月以上的；入矫前一个月表现不好的；年轻人且犯危害社会治安类犯罪的。目前社区矫正对象确定严管的59人，占管理人数的59%。目前的严管方法是对社矫对象进行手机定位，手机是社矫对象自己的手机，费用20元由大庆市司法局支付，移动通信公司进行定位，由司法所社区矫正工作人员负责查询。

社区矫正对象的普通管理分三个步骤：一是由社区矫正对象撰写思想汇报，每月一次；二是由司法所组织集中培训，每月一次，一般是月末，培训内容是学习相关的法律知识或劳动等；三是由司法所工作人员进行入户走访或电话调查，每月进行一次；另由司法所在全国“两会”“国庆节”“春节”等特殊敏感时期进行集中训诫；由司法所对社区矫正对象的入矫和解除进行两次宣告。

（三）司法部门在社区矫正工作中的问题和困难

1. 社区矫正队伍和基础设施建设薄弱。社区矫正工作主要依托乡镇（街道）司法所来进行，但我国基层司法所建设总体上还很薄弱，许多司法所建制不全、人员不齐、办公条件较差，在一定程度上制约了社区矫正工作开展。如大同区司法局及各司法所工作人员共33人，大多数司法所仅有2人，且司法所所长大多在乡镇兼职行政工作，且没有法律明确的执法资格，人员的匮乏导致社区矫正工作的开展难以深入。图四为大同区司法局及各司法所人员数量具体情况。

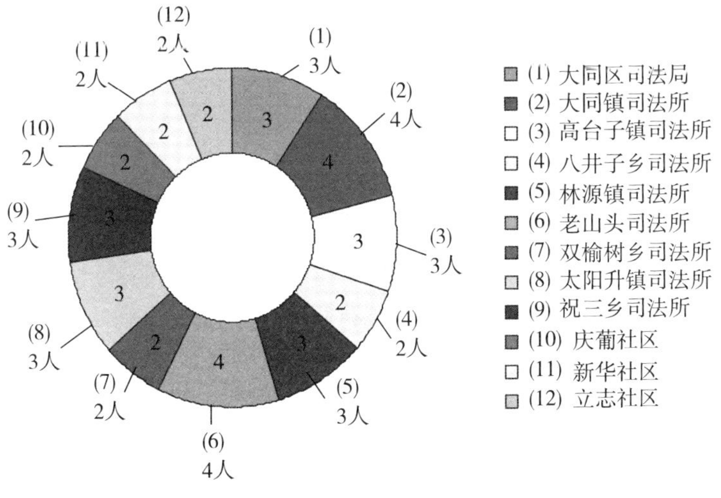

图四：大同区司法局及各司法所人员数量情况

另外，社区矫正队伍中专业素质与要求不相适应，特别是专业人士，如心理医生、教育工作者、法律人士匮乏，如大同区司法系统从事社区矫正工作人员中法律本科仅一人，其他都不专业。缺少具有个性化的科学的矫正方案，对罪犯心理、行为的矫治效果难以保证，没有考量矫治效果优劣的系列标准、社工的待遇与激励机制亟待完善。没有落实具体的社区矫正经费。省政府规定的社区矫正经费是每个社矫人员1300元，但至今未落实到位。

2. 社区矫正教育监管及帮扶不到位。由于场地、经费、人力资源严重缺乏，基本上没有开展集中学习培训工作，公益劳动的时间和效果也得不到有力保障，社区矫正的主要工作形式表现为报到、谈话及走访，由此，矫正仅仅是做到基本的“监控”和管理，部分矫正对象为了生计外出务工、经商、办企业，无法参加集中学习和公益性劳动，社区矫正部门又不能跟踪实施矫正，根本上是缺乏对社区矫正对象的制约机制，以及矫正对象外出务工、经商、办企业的所在地和矫正对象的原籍地缺乏有效的衔接机制等系列问题。另外，对贫困的社区矫正对象没有经济上的帮扶、就业上的扶持。

3. 社区矫正管理体制有待完善。目前，社区矫正工作多头管理、职责不明现象明显。就社区矫正本身，出现公安的执法主体、司法的执行主体以及社团的运作并存局面，影响了矫正工作开展的质量与效率。社区矫正是司法行政、公安机关、人民法院、检察院、民政、劳动和社会保障部门的职责，但在实际工作中，因为各部门之间没有进行有效的衔接，难以发挥相应的职能作用。司法部门接待社区矫正对象后，未能及时与其他部门衔接和互动，形成了各部门各自为政、各自为战、矫正工作不到位的问题。

二、检察机关社区矫正法律监督工作中的问题和困难

（一）监督对象存在模糊性

根据刑法和刑诉法有关规定，非监禁刑的执法机关为公安机关，但在社区矫正实践中，真正承担起日常社区矫正任务的是社区矫正机构。这种“双主体”模式下，司法行政机关虽然实际从事社区矫正的执行工作，但不具备承担执行社区矫正的法律后果的能力。而公安机关虽然没有实际从事社区矫正的执行工作，但法律上仍需承担社区矫正执行工作的法律后果。人民检察院究竟应以执行主体即公安机关为监督对象，还是以工作主体即司法行政部门为监督对象呢？这就造成社区矫正检察监督对象的模糊性，影响了社区矫正法律监督工作的开展。

（二）监督方式有待改进

目前，检察机关的监督主要是通过巡回检察和开展专项活动相结合的方式

开展工作，由于社区矫正机构、矫正对象分布面广、量大，巡回检察基本上流于表面、流于形式，很难发现问题，监督效果有限。开展专项活动可以集中力量解决问题，但是由于涉及多家单位，协调工作量相当大、投入高，且是短期行为，不能常态化、制度化，严重影响了专项活动的效果。

（三）监督措施缺乏力度

检察机关虽然依据宪法精神享有社区矫正监督权，但由于社区矫正监督才刚起步，相关法律法规对监督方式的规定尚有限，影响到监督力度。在社区矫正的检察监督过程中，发现违法情况，检察机关均以纠正违法和检察建议的方式提出，而纠正违法和检察建议并不具有强制性和约束力，如果被纠正或建议单位不及时纠正或采纳建议，刑事执行检察部门也只能向上级人民检察院报告，由上级人民检察院向同级被监管单位提出，这只是将矛盾转移到上级部门，问题仍然有可能不能解决，影响了检察机关的形象和权威，降低了监督的实际效果。

（四）检察队伍尚需优化

首先，机构、人员设置不健全。《刑法修正案（八）》和《社区矫正实施办法》的颁布，进一步推进了社区矫正在全国全面开展，社区矫正法律监督也应当积极跟进。但在实践中，受传统的“重审判，轻执行”观念的影响，检察院仍然沿袭检察机关的传统布局，把刑事执行检察部门定位在小部门格局，同时在职数的设置、人员的配备、执法的保障上往往都优先照顾侦查、公诉等业务部门，使得刑事执行检察部门无论在科室格局上还是干警的综合实力上都相对弱化。如大同区院刑事执行检察部门仅2人，其中一人还是公益性岗位。社区矫正的执行场所是广阔的社区，监督对象多元化，矫正对象不易控制，这就给检察机关的工作带来很多困难，监督效率相对降低。其次，人员的专业素养难以适应监督对象的需要。社区矫正检察业务具有涉及面广、工作内容散等特点，它的特点直接表现在工作性质和对象的特殊性，因而需要采用特殊的工作方法。这就要求检察人员不仅要工作经验丰富，更要熟知宪法、刑法、刑诉法、司法解释和大量的行政法规。而从大同区目前刑事执行检察队伍的人员情况看，整体结构不尽合理，年龄偏大，人员老化，整体素质相对薄弱，已较难适应当前社区矫正监督工作的需要。

（五）基础保障缺失

经费不足，信息化设备欠缺，与社区矫正机构以及其他机关无法实现联网、信息共享等，在一定程度上制约了社区矫正法律监督工作的开展。

三、检察机关完善社区矫正监督方式的设想

（一）针对队伍较弱、基础保障缺失的问题，应当整合力量、加强培训、加强物质保障

在队伍力量方面，应当整合检察室和刑事执行检察部门的力量，赋予检察室社区矫正法律监督工作职责，分工协作，检察室分别对接辖区内的司法所，有针对性地、摆开性地对社区矫正情况进行定期检查和抽查，监督是否有脱管、漏管现象。派驻基层检察室贴近社区，熟悉社情民意，有开展社区矫正监督的地理优势。但是，如何合理界分检察室与执检部门的职责权限，是这一工作机制能否取得成功的关键。大同区院正在研究制定检察室与各业务部门业务交叉衔接的工作细则和流程。另外，要提升人员的综合素质，进行社区矫正监督专项培训，对从事社区矫正法律监督工作的检察人员进行专题式教学。通过让参训人员解决具体问题去体会并掌握其中内在深层的知识，使得参训的检察人员拥有解决当前矫正监督工作存在的难点、热点、重点问题的能力，从而真正发挥应有的作用。在基础保障方面，要建立社区矫正监督专项资金，加强物质保障。在监督实践中，经常需要深入社区、走访矫正对象，而社区矫正检察监督投入包括人力、财力、物力等相对较小，制约了监督的效果。针对社区矫正机构、矫正对象分布面广、量大的现状，应成立专项资金，解决装备不足、交通不便和没有专门办公场所的问题。

（二）针对监督方式单一的问题，探索多元化的检察监督方式

在传统的日常检察、巡回检察、专项活动基础上，建立派驻检察、联合检察方式，形成多元化监督方式体系。联合检察是指与司法局就突出问题或重点区域共同开展监督检查，检察机关履行法律监督职能，司法局履行业务检查和指导的职能。派驻检察，是通过选聘检察监督联络员，派驻到司法所开展检察监督辅助性工作。选聘社区矫正检察监督联络员，应优先考虑退休法官、检察官、律师等法律人士。联络员可以及时掌握社区矫正动态，对轻微违法问题现场监督纠正；也可以收集违法信息，固定证据，督促司法局落实检察监督意见和建议。

（三）针对监督被动滞后的问题，应完善刑罚变更执行检察监督的介入时段

社区矫正的裁决环节直接关系着罪犯适用社区矫正是否适格、是否符合法律规定的条件。现实生活中的确存在着一些不符合条件的罪犯置于社区矫正内执行刑罚。究其原因：一是有关司法机关把关不严；二是有关司法工作人员受

金钱、人情滋扰，法外开恩。针对这些乱象，检察机关在实施法律监督时，可以兼采抗诉和查处职务犯罪等多种方式来规范社区矫正决定权的使用。可以规定有权批准暂予监外执行的机关在批准决定前7日内书面通知检察机关，检察机关在接到书面通知书后3日内进行审查，并将审查结果通知有权批准暂予监外执行的机关。这样就将检察机关的事后监督变为事前监督，提高监督的效果。

（四）针对违法问题难以发现、监督流于表面的问题，应当逐步探索多角度、多媒介的违法信息发现和收集机制

只有问题发现机制健全了，才能做到底数清、情况明。首先应设立社区矫正网络信息共享平台，各相关单位必须及时录入相关信息，做到信息互通、动态监管和资源共享。另外，要通过多种监督手段核实信息。比如查阅社区矫正执法档案、核对社区服刑人员名册、临场监督入矫解矫活动、电话联系社区服刑人员、核查服刑人员行动轨迹、到户走访社区服刑人员等，来确实是否存在脱管、漏管、虚管问题。要重点突出以下三个环节的监督：

1. 突出交付执行环节的法律监督。针对以往社区矫正因交付执行不到位从而导致脱管漏管的现象，我们积极与法院、公安、司法等部门建立工作衔接机制，对社区矫正对象的交接程序、交接内容、现场监督作出明确规定，使社矫对象一走出法庭、看守所或监狱，便由社区矫正机构接收，防止社区矫正对象变为“自由人”，坚决杜绝脱管、漏管现象发生。同时，对监外罪犯的交付执行及交付执行的法律手续是否合法、完备等进行监督，掌握拟入矫对象情况，及时为社区矫正对象建立一卡一档，及时将社区矫正对象的裁判文书与公安局户政科的在册登记资料进行核实比对，防止法律文书不送达、社区矫正对象送达不及时等“见人不见档、见档不见人”的脱节现象出现，此外，另将档案分解到各派驻镇街检察室作为所在镇街社区矫正法律监督工作的基础材料，同时将核实后的数据和资料录入社区矫正法律监督电子地图，严防脱管漏管问题的发生。

2. 突出日常监管环节的法律监督。刑事执行检察科每月定期到市公安局户籍科收集社区矫正人员资料，及时了解社区矫正人员的交付执行情况，然后将社区矫正人员按所在辖区分配给各派驻镇街检察室并输入社区矫正法律监督电子地图，由镇街检察室的社区矫正检察官结合社区矫正法律监督工作日定期对辖区内各司法所、人民法庭和派出所等社区矫正参与机构是否开展社区矫正工作和落实帮教措施，是否存在社区矫正人员脱管、漏管等现象进行监督。必要时，由社区矫正检察官与社区矫正对象进行访谈，及时掌握社区矫正对象第一手矫正信息和动态，重点了解相关职能部门落实社区矫正措施的情况，对执

行机关是否对监督管理矫正期间违反法律、法规和有关监管规定的社区矫正对象依法给予处罚，是否对暂予监外执行条件消失的社区矫正对象依法收监执行，以及是否对符合减刑条件的社区矫正对象予以减刑等进行监督，发现问题苗头及时处理，责任落实到人，提高监督的主动性、针对性和有效性。

3. 突出执行变更、终止环节的法律监督。对执行机关是否及时对社区服刑人员脱管漏管问题采取相应措施进行监督；对执行机关工作人员侵犯社区服刑人员合法权益的行为要及时提出纠正意见，依法维护社区服刑人员的合法权益；建立社区服刑人员违法行为核查机制，每月定期到社区矫正机构核查社区服刑人员违法犯罪记录，对改造表现好、符合法定条件的，建议司法部门予以晋升级别、通报表扬、嘉奖或提请减刑，对改造表现差、不服监管、违反法律法规，但尚未构成重新犯罪的，建议有关部门给予治安处罚、撤销缓刑、撤销假释或者收监执行；建立社区服刑人员减刑监督机制，积极参与对拟减刑社区服刑人员的选评、公示，建立听证制度，自觉接受社会监督。严把申报减刑材料审核关，对不符合减刑条件的及时取消申报资格，确保减刑听证的公开、公平、公正，维护法律的权威。

（五）针对监督措施缺乏力度的问题，应当探索提高社区矫正法律监督意见约束力的方法

根据刑诉法和《人民检察院刑事诉讼规则（试行）》等规定，检察院对社区矫正执法活动的监督措施一般是提出检察建议或发出纠正违法通知书，如果被监督的社区矫正机构既不提出异议，也不执行，监督意见就很难落实。为解决这一问题，可以探索建立“三个平台”。一是政策研究平台。检察院调研室将检察监督发现的一般性问题、常见违法问题的纠正意见和检察建议等转化为对社区矫正工作的总体评价和一般性建议，形成调查报告提交区委、区政府。二是建立情况通报平台。可以在公检法司联席会议上现场通报，也可以创办工作简报进行书面通报。三是调查侦查平台。如在社区矫正监督过程中发现失职渎职和贪污受贿犯罪线索，移交自侦部门查办，以此来增强法律监督工作的刚性，使法律监督工作硬起来。

社区矫正监督是社区矫正工作的重要组成部分，也是检察院参与社会治安综合治理的重要内容，只有社区矫正监督机制健全了，才能有效倒逼或促进司法行政部门规范社区矫正活动，保证非监禁刑罚依法公正执行，预防和减少重新犯罪，促进社会和谐。

关于建立生态环境资源检察机制问题研究

王　佳*

一、生态环境犯罪案件的类型及特点

（一）生态环境犯罪案件的类型

我国现阶段生态环境犯罪案件主要包括两大类：一类是直接危害生态环境的犯罪，包括污染环境的犯罪以及破坏自然资源保护的犯罪。另一类是间接危害生态环境的职务犯罪，包括贪污受贿类犯罪以及渎职类犯罪，罪名包括贪污罪、受贿罪、滥用职权罪、玩忽职守罪、环境监管失职罪、非法批准征收、征用、占用土地罪、动植物检疫失职罪等。

直接危害生态环境的犯罪，我国刑法进行了较为集中的规定。刑法分则第六章第六节专门命名为“破坏环境资源保护罪”，并在分则其他章节设有与环境犯罪相关的条文规定。依据侵害的对象不同，可作以下分类：第一类为破坏环境型犯罪，具体包括污染环境罪、非法处置进口的固体废物罪、擅自进口固体废物罪；第二类为破坏生态型犯罪，具体包括非法捕捞水产品罪、非法捕捞、危害珍贵、濒危野生动物罪、非法狩猎罪等；第三类为破坏资源型犯罪，具体包括非法占用农用地罪、非法采矿罪、破坏性采矿罪、非法采伐、毁坏国家重点保护植物罪、盗伐林木罪、滥伐林木罪等。按照危害领域的不同，又可以分为以下几类：第一类为环境保护领域的犯罪，第二类为林业资源领域的犯罪，第三类为国土资源领域的犯罪，第四类为水产资源领域的犯罪。

间接危害生态环境的职务犯罪，可分为以下几类：第一类为以权谋私型犯罪。随着国家对环保事业的投入，环保部门地位提升、权力加大、资金增多，环保领域成为职务犯罪的高发领域之一。从近几年环保部门发生的职务犯罪案件情况来看，权力金钱化、以权谋私是此类案件的基本特征。第二类为滥用职权型犯罪。具体包括徇私舞弊不移交刑事案件罪、违法发放林木采伐许可证

---

* 王佳，吉林省人民检察院长春林区分院检务管理部检察长办公室科员。

罪、占用土地罪、帮助犯罪分子逃避处罚罪等。一些干部受到企业主拉拢腐蚀后，置国法于不顾，滥用职权是此类案件的主要特征。第三类为监管失职型犯罪。如环境监管失职罪。当前一些环境部门监管薄弱、执法不严、管理不力，监管人员责任意识不强、法制观念淡薄、个人私欲膨胀、履职能力欠缺或不正确履行职责是这类犯罪的主要成因。

（二）生态环境犯罪案件的特点

1. 严重的社会危害性。生态环境犯罪造成的危害结果通常不可逆转，生态环境一旦破坏就较难恢复，对人们的生产生活影响巨大，有些影响可能要过很长一段时间才会显现。

2. 行政从属性。生态环境犯罪以违反行政法律法规为前提，且环境违法的认定与环境主管部门的行政行为有关，此类犯罪案件的来源取决于行政机关的移送。

3. 隐蔽性。生态环境犯罪的案发周期长以及地方政府保护等原因使此类案件不容易被发现，且认定生态环境犯罪往往必须依据专业的环保知识，作为非专业人士的人员对此很难判定。[①]

4. 复杂性。生态环境犯罪涉及庞杂的环保法律和复杂的专业知识，客观现实的复杂性和多样性也决定了认定此类犯罪因果关系十分复杂，对犯罪所导致的直接损失与间接损失的测算即使通过专业技术手段也较难量化。

二、当前破坏环境资源犯罪多发的原因

（一）生态环境保护方面的法律法规尚不完备

1. 自然资源产权法律制度不健全。现实中存在着如中央与地方的权力界限不清和利益冲突、部分自然资源的全民所有权虚置、自然资源资产大量流失、“公地悲剧”[②] 屡屡发生等问题，需要加快建立健全自然资源产权法律制度。

2. 国土空间开发保护方面的法律制度不完善。虽然法律已基本涵盖所有种类的自然资源，但主要是开发利用和加强管理，没有系统性地规范开发行为，甚至各单行法一定程度上割裂了生态的系统性、整体性，难以达到整体保护生态的目的。

---

① 龚晓梅：《浅析检察机关环境保护工作的完善》，载《法制博览》2016 年第 19 期。

② 张建升、元明、杨书文、王灿发、王秀梅、金圆圆、陈效：《发挥检察职能作用保护生态环境》，载《人民检察》2013 年第 13 期。

3. 土壤、水、大气污染防治及海洋生态环境保护等方面的法律法规不完善。如《大气污染防治法》《水污染防治法》存在违法处罚力度过小、区域性和系统性防控考虑不多等问题,《海洋环境保护法》存在缺乏生态补偿、总量控制、处罚偏低等问题,另外,我国目前还没有专门的土壤污染防治法。

(二) 环境保护监管体制不顺,监管效率低下

新修订的《环境保护法》对环境保护的监管体制并未做出调整,生态环境立法基本上针对的是单项污染防治和单项资源要素的保护,这使得生态环境执法主体分散在林业、海洋、水利、矿产资源等10多个资源开发部门,各部门环境监管职能横向分散、上下级环保部门纵向分离、跨地区环保部门地区分割,导致环保部门难以实施统一监管,监管效率低下。正如习近平总书记指出的那样,"如果种树的只管种树、治水的只管治水、护田的单纯护田,很容易顾此失彼。"

(三) 行政执法不力,缺乏长效机制

一方面,由于少数地方政府和部门为了出政绩,片面追求经济增长指标等原因,不及时严肃查处环境污染事件;此外,在管理中也存在重经济发展轻环境保护,疏于履行环境管理职责,导致环境污染泛滥和生态遭到严重破坏。[①]另一方面,环境保护监管仍停留在运动式执法模式的阶段,通常在发生重大环境污染事件后才投入大量物力人力,进行一阵风式的集中检查处理,缺乏环境保护治理长效机制。

(四) 违法成本过低

我国刑法对破坏生态环境犯罪规定了严格的法律责任,第六章第6节专节规定了"破坏环境资源保护罪",《刑法修正案(二)》《刑法修正案(四)》以及《刑法修正案(八)》也分别对破坏环境资源保护的一些犯罪进行了修改性、补充性规定,但由于行政执法与刑事司法衔接不畅,加之地方保护,致使很多应当移送刑事处罚的案件而没有依法移送,出现有案未立、有罪未究、以罚代刑等现象,客观上造成违法成本过低,部分生产经营者受金钱驱使,不惜以牺牲环境为代价,获取经济利益。

(五) 部分公民环保责任意识及维权意识欠缺

一方面随着生活水平的提高,公民环保意识不断增强,但公民往往在意的

① 戴耿喜、裴章艺:《试论环境执法检察监督之困境及消解》,载《海峡法学》2015年第3期。

是优美环境带来的外部效应，而忽视自身参与环保工作的责任意识，加之法律宣传不到位，很多人没有意识到狩猎猫头鹰等珍贵动物、捕捞娃娃鱼等珍贵水产品、盗伐林木等行为会破坏生态平衡，构成违法犯罪。另一方面，很多受害人的维权意识较差，自身利益受到侵害时不知道如何运用法律来保护自己，或者有的人怕麻烦，干脆自认倒霉，这些因素都助长了生态环境犯罪的发生。

三、检察机关在办理破坏生态环境资源犯罪案件中遇到的难题

（一）部分罪名处刑较轻、震慑力度不够

例如毁坏草原、林地未达1000亩的人员多被适用缓刑，罚金往往仅数万元。与毁草、毁林开荒带来的巨大经济利益相比，较小的犯罪成本难以遏制和震慑犯罪行为。实践中，破坏生态环境的渎职类犯罪多数被适用缓刑、免刑，没有起到刑罚一般预防的作用。

（二）实际处罚率较低

刑法规定，破坏生态环境犯罪的成立要有一定的危害结果。而生态环境犯罪行为跨时空、具复杂性，危害结果往往有潜伏期，难以预测，目前，在查办生态领域犯罪案件危害结果的认定中普遍存在危害结果鉴定难、量化难、损害行为与因果关系认定难等问题。这都直接导致认定的危害结果不稳定且偏低，降低了对犯罪行为的实际处罚率。例如，查办环境监管失职的渎职犯罪，如果危害结果难以确定，犯罪嫌疑人的渎职责任就无法认定，有时即使伴随受贿行为，也因受贿金额不高难以立案，案件往往被撤销或者决定不起诉。

（三）证据流失严重

生态破坏和环境污染的后果都不是能够立刻显露出来的，往往是在污染发生一段时间后才显现出污染问题。废水、废气和噪声都是迅速变化的，无法等到事后取证采样，加上群众缺乏保全证据的意识，等到需要取证时，往往为时已晚。这种隐蔽性与多变性使得侦查机关很难收集到符合刑事诉讼要求的证据。

（四）难以鉴定评估

认定环境污染犯罪，需证明污染行为与损害结果之间具有因果关系，这就需要有专业的生态环境污染鉴定评估机构进行鉴定评估。目前，我国缺乏有资质的生态环境污染鉴定评估机构，加上环境污染评估缺乏统一的技术标准和方法，不同的机构对于同一个案件做出的结果可能不同，有的甚至相反，使得检察人员对于破坏生态环境犯罪的罪与非罪无法较好地将握。

（五）对行政执法机关移送涉嫌犯罪案件法律监督难

各地检察机关在对公安机关实施专项立案监督的时候，往往发现破坏生态环境的犯罪没有立案，总是伴随着行政执法机关对案件线索应当移送而不移送的情况。这些案件以违反行政法律法规为前提，环境违法的认定与环境主管部门的行政行为有关，所以此类犯罪案件线索的来源取决于行政机关的移送，如果行政执法机关“以罚代刑”、不移送犯罪线索，公安机关就无法立案，也势必会影响检察机关办案。

四、建立生态环境资源检察机制的构想

变革现行的林检工作格局、调整环境资源检察是吉林省林检工作势在必行的改革，是顺应生态文明建设、服务社会发展的重要举措。而且目前检察机关的管理体制、工作机制也为林检改革创造了条件，提供了可能。

（一）将现行的林检机构变更为生态环境资源检察机构的必要性

1. 设立生态环境资源检察机构顺应了形势发展需要。自党的十八届三中全会确定了“五大发展理念”后，2015 年 9 月中共中央、国务院印发了《生态文明体制改革总体方案》，提出到 2020 年要构建由生态文明绩效评价考核和责任追究责任等八项制度构成的生态文明制度体系，要建立权威统一的环境执法体制，完善行政执法与环境司法的衔接机制。[①] 这是生态文明建设的新形势对司法工作的新要求，是在建立“大监督”的格局下检察职能拓展的有利时机，更是检察机关服务生态文明建设最直接、最有效的重要举措。

2. 设立生态环境资源检察机构能够满足人民群众对破坏生态环境资源犯罪打击的现实需要。很多行业的经济发展或招商引资往往都是通过付出生态环境资源为代价的，因而有些破坏环境资源都是政府的行政行为或行政不作为行为，而对生态环境资源治理的职能部门都是政府部门。[②] 一方面，这些部门有时对政府行为无能为力，甚至听之任之，有的可能还会沦为帮凶；另一方面，由于职能部门多，缺乏统一的协调，常常会出现整治不力的情况。所以，人民群众对此心生怨言，但于事无补。同时，由于缺少专门的法律监督，客观上导致了行政执法力度欠缺，造成了法治合力不够，有些法律规定，如《中华人民共和国水法》虽然已经发布很久，但没有得到严格执行，常常形同虚设。

① 周训芳：《生态环境保护司法体制改革构想》，载《法学杂志》2015 年第 5 期。

② 洪永新：《综合治理要体现检察机关的特色》，载《青少年犯罪问题》1995 年第 5 期。

所以，人民群众从维护自身生存环境出发，迫切需要有专门的法律部门对破坏环境资源行为进行法律监督。

3. 设立生态环境资源检察机构便于发挥专业性管辖的特长。生态环境资源保护是一个内容庞大复杂、专业性较强的司法执法领域，据统计，仅生态环境资源方面建立的法律就有11部，法规20余部，规章900余个，各种标准2500余个，在危害认定、法律适用、侦查取证固证、制定建议等具体工作中，都需要较强的专业知识。尤其是随着执法的深入推进，专业性问题将越来越突出。建立专业性的法律监督机关，有利于发挥专业优势，加强生态环境资源的依法保护。

4. 法院系统对生态环境资源审判工作的加强为检察工作提出了新的要求。据了解，2014年7月，最高人民法院设立了专门的环境资源审判庭，并同时出台《最高人民法院关于全面加强环境资源审判工作为推进生态文明建设提供有力司法保障的意见》。根据2015年《法制日报》的披露，全国4级法院共设立环境资源审判庭、合议庭、巡回法庭389个，33个高级人民法院基本设立了环境资源审判庭或者指定了专门部门负责环境资源审判。[①] 吉林省高级人民法院也在刑事审判三庭加挂了环境资源审判庭的牌子，吉林市中级人民法院也设有专门的生态环境资源审判机构。检察机关作为诉讼环节的一部分，应该顺应诉讼要求，设立或者指定专门的工作机构。

（二）将现行的林检机构变更为生态环境资源检察机构的可行性

1. 林检的专业性特点适于全面履行生态环境资源检察职能。目前林检的专业管辖主要是涉林涉猎犯罪，而涉林涉猎犯罪是破坏环境资源犯罪的组成部分，破坏环境资源犯罪是涉林涉猎犯罪的类罪名，在事实认定、证据审查、犯罪指控、诉讼监督等方面两者均有相通相似之处。所以将破坏环境资源犯罪统交一个专业检察部门进行司法管辖便于形成专业优势，形成专业打击合力。

2. 吉林省林区检察工作架构能够承担生态环境资源检察的神圣使命。目前，吉林省林检机关共设有2个分院10个林区检察院，有559个政法专项编制。现有的多数检察干部已经经过多年林检工作的历练，对破坏环境资源犯罪特别是涉林涉猎犯罪有深刻的感性认识和理性实践，并且已经形成了专业优势，能够胜任生态环境资源检察工作。同时，由于目前林业转型导致司法管辖缩减，人均办案数也呈大幅下降趋势，现有业务工作量不饱合。在这种情况下，林区检察机关也完全能够承担起保护环境资源、服务生态发展的司法重任。

---

① 张宝：《环境司法专门化的建构路径》，载《郑州大学学报（哲学社会科学版）》2014年第6期。

（三）将林检机关变更为生态环境资源检察机关的架构和管辖设计

吉林省的国有林区主要集中在长白山脉的东部山区，所以目前的林检机关所设立的2个分院10个林区检察院主要对位于东部山区的18个国有林业行使司法管辖权，而对非国有林区不具有司法管辖职能，发生在非国有林区的涉林犯罪常常由地方检察机关或指定的内设机构管辖，不仅极易形成执法差异，有时还存在执法盲区，使得林检的专业化优势没有得到充分全面的发挥。而环境资源涵盖全省，据悉，中央确定的首批国家级生态保护与建设示范区在吉林省有4个（白城、集安、临江、汪清），以后还将扩充递增。其中白城、集安远离国有林区，无法实现由专业的生态环境资源检察部门依法履职。所以生态环境资源检察机构设置应该立足林区，衍及全省。所以，建设生态环境资源检察机关应该打破林检机关现行的工作格局，将生态环境资源检察的专业化优势在全省范围能得到发挥。

1. 架构。充分利用现有的机构数和人数编制数重新搭建全省生态环境资源检察机构。将现在的长春林区分院和延边林区分院整合成生态环境资源检察院或者分院，对10个林区检察院进行整合并按照市、州行政区域进行重新配置。即分别设立长春、吉林、延边、白山、通化、四平、白城、松原、辽源、长白山10个生态环境资源检察院（契合现有的机构数，不必另行报批）。对于延边、白山、吉林等国有林区集中、案件相对较多的区域，可通过设置派驻检察室、调增人员编制的形式加强生态环境资源检察工作；对于松原、辽源等辖区面积相对较小、司法管辖案件相对较少的地区，可通过调减人员编制的形式配置检察力量。通过深入的调研和科学的配置，力争实现工作的均衡，使检察资源发挥最大的效能。

2. 工作定位。原有的林检机关工作定位是区域管辖，即对发生在国有林区的各类犯罪案件实施管辖，包括对区域内的涉林犯罪的司法管辖。现在看来，这样的工作定位有悖于派出机构的初衷，因为每个国有林区都坐落在地方的行政区划内，无论是案件数量还是案件类型，地方检察院完全有能力承担。但由于国有林区是计划经济时代的产物，当时的这种工作定位对于保护森林资源、维护林区稳定还是发挥了不可替代的作用。

根据《人民检察院组织法》的相关规定，生态环境资源检察机构应该是省级检察院的派出机关，专门对生态环境资源检察行使司法管辖权。[1] 为此，

① 韩建霞：《生态环境保护检察监督机制创新思考》，载《人民检察》2015年第19期。

在改革中，应坚持专业化的工作定位，即生态环境资源检察机关应坚持对生态环境资源行使专门的司法管辖权，突出派出检察机构的专业属性。

3. 管辖。根据目前生态环境资源检察机关设置的实际和专业性特点，生态环境资源检察机关的管辖主要有以下三种情形：

一是专业管辖。根据生态环境资源检察的特点，并借鉴外省的成型经验，生态环境资源检察机关应主要管辖破坏环境资源犯罪的类罪及派生罪名及诉讼监督，包括由此衍生的职务犯罪。司法管辖的破坏环境资源犯罪主要包括32种。

二是承继管辖。鉴于目前国有林区司法管辖实际和现状，坐落在国有林区的生态环境资源检察机关除管辖上述32种罪名外，还要对发生在国有林区的其他犯罪沿续原来的司法管辖。

三是对应管辖。由于国家为切实加大对森林资源的管护力度，在国有林区、重点林区都设置了森林公安机关。由森林公安机关承办的案件都应由生态环境资源检察机关按照诉讼流程对应办理。

（四）在改革中应注意衔接和沟通的几个问题

1. 建议省院呼吁高检院成立生态环境资源检察厅。依据是最高法已经成立环境资源审判庭，应予配套。同时，大力加强生态文明建设是当前乃至今后一个时期全社会的重要工作，为加强对全国检察机关生态环境资源检察工作的领导、指导，高检院有必要成立生态环境资源检察厅。

2. 应加强与省高法的沟通协调，使改革与法院配套同步。因审判与检察是同步而生、同步发展的，同时，检法同处诉讼环节的不同阶段，理应同步改革，方可配套发展。建议省院设立环境资源检察局，与省法院保持机构对应。同时，建议省高法将林业（林区）法院也整合成生态环境资源法院。

3. 建议省院协调生态环境资源职能部门做好改革配合的总体设计。生态环境资源管护包括公安、林业、水利、国土资源、环保、农业等部门，做好与这些部门的沟通与衔接，确保形成保护生态环境资源的整体合力。

4. 建议省院将环境资源检察改革纳入“十三五”规划中。为确保改革稳妥，建议省院批准在现有的林检院中或指定在长白山管委会进行试点，先行先试，总结积累经验，逐步推广，最后辐射全省。

走向生态文明新时代，建设美丽中国，是实现中华民族伟大复兴的中国梦的重要内容。建设美丽中国，是推进中国特色社会主义事业的重大战略任务。检察机关必须适应经济社会建设的新要求、新变化，立足生态文明，不断创新发挥检察职能，扎实服务经济发展和生态建设，为实现中国梦承担起应负的责任。

国家权力结构视野中检察职能的调整与完善

孙光骏　刘国媛*

一、"法律监督"是我国政体对检察权的必然选择

一直以来，学界对检察权的"法律监督"宪法定位多有质疑。然而，检察权的定位并非由其自身决定的，而是取决于国家整体权力结构。权力结构涉及一个国家的根本制度，其决定着检察权的性质，检察权则必须服务、体现权力结构。同时，检察权相对于权力结构，具有一定的独立性，在同一权力结构中，受历史、文化等因素的影响，检察权可以表现出不同的形态，并反作用于权力结构。

我国实行的是人民代表大会制，国家权力结构体现为"一元分立"① 模式，在该模式中，检察权与行政权、审判权彼此独立，并存于人民代表大会之下。从法理层面分析，人民代表大会的权力可以分为两个层次：② 一是作为权力机关而整体享有所有国家权力；二是基于分工而形成的国家权力的各项具体权能。后者又可以根据权力是否由人大直接行使而分为两个组成部分：一是人大保留给自己直接行使的立法权；二是人大通过授权委托其他国家机关行使的权力，如行政权、审判权、检察权等。这两部分权力均来源于人民代表大会统一掌握的国家权力，对人大负责，受人大监督。而人大的权力又来源于人民的授权，因此，人大统一对人民负责，受人民监督。③ 这种权力层次及其架构，

* 孙光骏，武汉市人民检察院党组书记、检察长；刘国媛，武汉市人民检察院法律政策研究室主任。

① 也有学者将这种权力结构称为"一元多立"结构模式。参见樊崇义：《刑事诉讼法理思维》，中国政法大学出版社 2010 年版，第 343 页。

② 孙谦：《检察：理念、制度与改革》，法律出版社 2004 年版，第 427 页。

③ 《宪法》第 3 条第 2 款规定："全国人民代表大会和地方各级人民代表大会都由民主选举产生，对人民负责，受人民监督。"

充分体现了我国一切权力属于人民的政治理念和作为宪法原则的人民主权原则。[①] 根据《宪法》和《人民检察院组织法》的规定，检察权是专门的法律监督权，不依附于任何其他权力。然而，检察权的法律监督属性并非因为宪法的规定而当然具有正当性，而是基于国家权力结构配置以及政体运行的必然选择，有其必要性和现实性。

不受制约的权力必然导致权力的滥用。[②] 孟德斯鸠的名言，清晰地揭示了权力运行的基本规律，是支撑现代法治国家宪法制度的理论基础。因为权力固有的扩张性，如果仅依赖于权力本身的自我约束尚不足以避免被滥用的可能。因此，强化权力运行过程的外部监督和制约，是权力本身的内在要求，也是现代法治国家在构建国家权力架构时必须考虑与配置的要素。只是监督制约模式因各国历史传统、社会条件以及政治分层等因素的差异而有所不同而已。

西方国家在“三权分立”的权力结构模式下，立法、行政、司法三种国家权力之间形成相互制衡的格局，是防止权力滥用的一种监督模式。同样，在我国“一元分立”的权力结构模式下，由检察权专门承担法律监督职责，也是另一种预防权力滥用的监督模式。

我国检察权的独立存在及其法律监督属性的预设，旨在解决“一元分立”体制下国家权力如何制约的问题。人民代表大会制下的行政、审判、检察等权力的分立与制约，[③] 既吸收了分权制衡的精髓，[④] 又保持了我国权力相对集中的法制文化传统。一方面，以权力一元化强调国家权力的集中控制；另一方面，在一元权力之下实行职能分离，同时，又通过检察机关的法律监督而实现中央权力的控制机制。

在“一元分立”的权力结构下，设置独立的检察权是一种必然且必须的制度设计。首先，作为最高权力机关的全国人民代表大会，统一行使国家权力，其权力范围具有广泛性。[⑤] 人民代表大会权力范围的广泛性决定了它对其他国家权力的监督和制约只能是宏观的，并且只能监督有重大影响的事项，不

---

① 这也是我国的人大、法院、检察院以及军队名称都冠以“人民”二字（即人民代表大会、人民法院、人民检察院和人民解放军）的理念渊源。

② ［法］孟德斯鸠：《论法的精神》（上册），张雁译，商务印书馆 1963 年版，第 154 页。

③ 孙谦：《理念、制度与改革》，法律出版社 2004 年版，第 31 页。

④ 分权与制衡理论是权力协调的一种精神，而不是作为一种模式存在，其真正的目的在于保证国家权力的和谐和有效运行。

⑤ 根据宪法规定，全国人民代表大会及其常委会享有 37 项权力（其中人大和人大常委会的权力个别的有交叉）。

可能对具体权力的执行进行经常性监督。因此，为防止人大权力之外的国家权力被滥用，就必须设置一个专门机关，承担常规性的监督职责。其次，我国由人大产生的其他国家权力直接对人大负责，这些权力之间互不隶属，但欠缺彼此制衡的机制，无法实现权力之间的互相制约。因此，有必要设置专门的法律监督权，以对其他国家权力的运行形成制约机制，实现用权力制约权力的功能。实质上，以法律监督权为基本属性的检察权的设置，是分权制衡原理在我国宪法制度下的具体实践，是根据人民代表大会的授权对行政权、审判权的制约，但不能制衡国家最高权力。其三，源于人民代表大会授权的检察权，只是人民代表大会所拥有的整体国家权力的一部分（部分监督权），因此，检察权的行使，既要接受人民代表大会的监督，同时，其权力范围和权力行使方式都要受到法律的规制。

由上观之，在我国的国家权力结构下，设置检察权承担法律监督权之功能，具有合理性和必然性，符合权力运行的普遍规律。如果无视我国的宪法制度，就无法看到法律监督权设置的必要性和重要性。有的学者仅从诉讼的角度去观察与论证检察权作为法律监督权的合理性，无视其与政治制度以及国家权力架构之间的内在联系，自然也就无法从宪法制度的角度去认识和理解检察权存在的基础。

二、开放与多元是检察职能发展的基本特征

尽管历史的考察与比较研究局限于一些具有代表性的国家或者地区，但从不同侧面均反映了检察权的职能配置，受到文化传统、政治制度以及司法活动变化的影响，检察权的起源呈现出多元模型，检察职能的配置在保持基本的共性外，又因应形势的变化而出现多元发展，即便是出发于同一起点，却均以个性留守、发展殊途为特征。

新中国检察权从建国初期的一般监督权，到后来的有限监督，在几十年的发展过程中历经多次调整。1949 年 9 月 29 日，《中央人民政府组织法》第 5 条规定：“组织最高人民法院及最高人民检察署，以为国家的最高审判机关及检察机关”；第 28 条确定最高人民检察署的职责是：“最高人民检察署对政府机关、公务人员和全国国民之严格遵守法律，负最高的检察责任。”1949 年 12 月《最高人民检察署试行组织条例》规定：“对刑事案件实行侦查，提起公诉”。1954 年《宪法》和《人民检察院组织法》均对制约监督侦查权、保障公民权利作了比较具体的规定：公民的人身自由不受侵犯。任何公民，非经人民法院决定或者人民检察院批准，不受逮捕。检察院“对于侦查机关的侦查活动是否合法，实行监督”。1979 年《人民检察院组织法》不仅规定对公安机

关侦查的案件，进行审查，决定是否逮捕、起诉或者免予起诉，还明确规定了侦查监督的主要内容，批准逮捕和决定起诉的法律要求，以及侦查监督程序。《刑事诉讼法》还规定，检察院认为需要直接受理的刑事案件，可以自行立案侦查。1982 年 3 月，颁布的《民事诉讼法（试行）》和 1989 年 4 月颁布的《行政诉讼法》均规定了检察机关对民事行政审判的监督职权。至此，检察机关在三大诉讼领域监督防范审判违法与错误的制度基本建立。1996 年修改的《刑事诉讼法》规定：对应当立案侦查而不立案侦查的案件，检察院应当要求公安机关说明不立案的理由；检察院认为不立案理由不能成立的，应当通知公安机关立案，刑事立案监督制度从此开始。2012 年修改《刑事诉讼法》，检察权的监督职能进一步拓展，增加了对侵犯犯罪嫌疑人、被告人、辩护人、诉讼代理人合法权利诉讼行为的监督；明确规定人民检察院对指定居所监视居住的决定和执行是否合法实行监督；增加了对强制医疗的决定和执行的监督；增加了对社区矫正的监督等。当前，我国的检察职权基本包含批捕权、批准（决定）逮捕权、对侦查、审判、执行等监督权以及民事、行政检察监督等。

域外检察权职能同样处于不断发展变化中。《法国刑事诉讼法典》规定，检察官在刑事诉讼中的职权主要包括：受理犯罪举报、领导和监督侦查，调控公诉范围，出庭支持公诉和监督刑罚执行。法国检察官不仅在刑事领域享有职权，在民事领域也有较为广泛的职权。检察官作为主当事人参与民事诉讼的案件主要涉及公民身份的案件。但是检察官不能参与所有民事案件，根据《民事诉讼法典》的规定，在法律专门规定的情况下，检察官在保护公共秩序的需要的情况下才参与民事诉讼。这时检察官作为享有实体权利的国家代表，或者作为社会普遍利益的辩护者参与民事诉讼。英国检察官主要行使起诉权，且起诉权并非检察官独占。德国检察官是刑事侦查程序的主宰，检察机关是法定的侦查机关，警察只是其侦查人员。检察官通过起诉或处刑命令、不起诉终结程序；根据刑事诉讼法的规定，检察官也是一个执行机关，可以做出领导和监督生效判决执行的措施，这些措施为判决和类似的决定所需；参与赦免程序；[①] 参与国际司法协助；德国检察官还参与特定范围内的民事诉讼，检察官作为公益代表参与行政诉讼。[②] 俄罗斯检察机关的职权则包括执法监督、守法监督、侦缉活动监督、司法警察执法活动监督、监所监督、刑事追诉、参与民事诉讼、参与完善法律活动等。[③] 美国联邦检察长的职权包括随时制定其认为

① Vgl. Kretschmer. S. 453.

② 甄贞等：《检察制度比较研究》，法律出版社 2010 年版，第 201—202 页。

③ 甄贞等：《检察制度比较研究》，法律出版社 2010 年版，第 256—268 页。

合适的规则；作为总统、政府各部门行政首脑、军队各部首脑的法律顾问，提供法律咨询意见和建议；有权调查针对州、地方执法官员的重罪杀人行为，针对非本州居民的旅行者实施的暴力重罪犯罪行为以及流窜杀人犯罪行为；联邦地区检察官的职权包括起诉所有针对联邦政府的犯罪；在所有关涉美国政府的民事行动、诉讼、程序中代表政府起诉或辩护。

由于检察制度并非一种原生的法律制度，而是随着社会的变革、司法制度的发展而产生，检察权的职能在不同的国家和地区，自其诞生之日起就形成了不同范围与形式，具体的职能内容也呈现出开放与多元化特征。

三、制约公权和守护公益是检察职能完善的基本价值取向

检察制度的诞生不是无意识的制度演进而是有意识的建构，社会形势的需求为检察制度的产生与运作提供了合理性依据，制度建设理念预设了检察制度产生与运行的逻辑框架，制度设计的价值取向则暗含了对制度演进动力与机制的观念支持。我国宪法赋予检察权以法律监督地位，并非将监督法律实施的所有职能均授予检察机关，而是将人民代表大会的部分监督权委托检察机关行使，因此，检察职能范围取决于人大的授权，其界限受制于宪法与法律的规定。笔者认为，检察职能的调整与完善，其遵循的标准应该在于检察权能否发挥预期的功能作用以及体现权力行使的公正性。应然的权能范围，需要考虑检察权赖以存在的国家权力结构体系、法治发展程度、权力行使主体（检察机关或者检察官）自身的权威与公信力等诸多因素。在我国当前全面推进依法治国，深化司法体制改革的背景下，检察职能的调整与完善，可以遵循两个基本方向，即制约公权与守护公益。

对公权的监督与制约是检察职权调整与完善的基本价值导向。检察职能的配置可以有多种价值考量，但首先要体现法治的本质要求，即突出检察权对公权的监督与制约。检察权作为国家权力结构中的法律监督者，宪法之所以作如此设计，是由于我国一元分立的国家权力结构模式下，权力的相对集中容易产生权力的滥用，因此，权力监督作为一项重要的国家职能就显得十分重要，要求在二级权力层面上有一项独立的不具有太多实体权力的国家机关对国家权力进行监督，而检察权正符合这种要求，于是国家通过一定的具体权力配置使检察权承担监督的职能。法律监督应当是针对公权力的拥有者和运用者而设计的一种防范机制。因此检察权的实质应当是对行政机关及审判机关及其工作人员执行法律和适用法律的一种监督，包括诉讼监督、侦查监督和行政监督。其次，突出检察权对公权的制约与监督是我国二元司法权配置的优越性所在。将司法权分设为审判权和检察权不仅有助于保障司法公正，而且在更大的层面上

具有控制和约束国家公权的功能，这不仅是法治建设的基本要求，也是维护司法公正、保障公民权利的迫切需要。最后，控制和约束国家权力是中国检察权的本质特点，作为一种控权性的国家权力，中国检察权的主要目的是防止国家权力的滥用。[①]

公益性是检察制度产生与发展的基本内容，理应成为检察权职能调整与完善基本价值导向之一。社会公益性是检察权赖以生存发展的内容。检察权以制衡制约的角色出现，其权力的行使直接表现为代表国家干预社会生活，尤其是对危害国家利益、国家安全和社会公益的行为的干预。这是检察制度产生发展所体现出来的基本规律。作为现代检察制度的发源地的法国和英国，其检察制度的诞生与发展始终与公共利益紧密相关。法国检察制度起源于“国王的律师与代理人”，从13世纪中叶开始，国王的律师与代理人，具有了以政府公诉人的身份听取私人告密，进行侦查、提起诉讼，在法庭上支持控诉，以及抗议法庭判决等职能。英国的检察制度也是从国王的律师代理人演化而来的。“Procureur Deror”（国王代理官）与 Procureur（检察官）词义上都有公共利益代表者的意思。近代检察制度形成后，检察权在民主法制的制约下，由过去代表王权利益进化到代表国家、维护法律所确认的公共利益阶段，反映了人类政治选择民主、文明进步的过程。在现代国家理论中，检察制度的完善和检察权的加强，决不是单纯为了统治阶级的专政，而是保障国家权力在广大民众的参与下，在国家制定的宪法和法律的轨道上有效运行，不仅要检控危害社会的各种犯罪，而且要维护社会公益和法治秩序。大陆法系国家正是依据这一理念，改革、完善检察制度，规定了检察权对涉及公共利益的民事、行政案件进行法律干预。

在资本主义国家发展初期，民事诉讼以当事人处分为主要原则，排斥国家检察权的干预，客观上反映出资本主义自由竞争的要求。随着资本主义经济的高度发展，国家资本主义占据主导。个人处分权相对缩小，国家运用法律干预增多，检察机关开始越来越多地参与到民事诉讼中，尤其休现在对那些涉及“集体性利益”和“扩散性利益”的民事案件的干预。在美国，环境保护法、防止空气污染条例、纺织水流污染条例、控制噪声等法律文件均授权检察官提起相应诉讼，或支持诉讼。[②] 大陆法系各国更是如此，法律诉讼理论认为，检

---

① 参见蒋德海:《配置法律监督权要有利于制约和监督公权》，载《检察日报》2008年3月2日。

② 何家弘:《论美国检察制度的特色》，载《检察论丛》（第1卷），法律出版社1999年版，第593页。

察官是国家利益的代表，是社会公共利益的代表，凡是涉及国家利益、社会公共利益、涉及公民重大利益的民事活动、行政行为，检察官都要介入，以维护国家利益、社会利益、公共利益以及需要国家提供特别保护的公民利益。英国于2000年修订的《英国皇家检察官准则》将公共利益检验作为一般性原则，明确规定提起公诉审查检验分为两个阶段，第一是证据检验，第二是公共利益检验。只有通过这两个审查和检验，皇家检察官才能开始或继续提起公诉。[①]

可见，公益性是贯穿检察制度产生发展始终的一个基本内容，因此，在我国检察权职能调整与完善的过程中，必须坚持检察制度与检察权的公益性价值导向。

四、检察职能完善的基本框架

基于检察权法律监督的宪法定位、检察职能的开放与多元特征以及检察职能配置的监督与制约公权、守护公益等基本价值取向，笔者认为，检察职能的未来调整与完善，可以从四个层面考虑。

（一）诉讼监督权

目前检察机关的诉讼监督权在设置上应该说是比较完备的，从最初单一的刑事诉讼监督扩展到如今在三大诉讼领域监督防范审判违法与错误的制度基本建立。诉讼监督是检察机关法律监督职能中历史最悠久、地位最核心的一项功能，甚至有学者将诉讼的含义扩大，将诉讼前的侦查环节和诉讼后的执行环节一并纳入诉讼监督范围，认为检察机关的法律监督就是诉讼监督。笔者认为这样的观点还是不够周延的。诉讼监督还是主要针对审判机关的一种监督，体现的是检察权对审判权的制约，最主要的监督方式是依照职权或者依照当事人的申请对法院的生效判决和裁定进行审查，看其是否符合法律实体及程序的规定。基于检察机关承担的公诉职能，我们对于公诉案件的监督是最完整的，从庭审的监督，到抗诉权的配置，到审判结果的监督；民事诉讼法的修改也使得检察机关民事检察监督的范围扩大到整个民事诉讼领域，增加了对调解的监督、审判程序中审判人员违法行为的监督和对执行活动的监督；相应地，行政诉讼的行政检察监督也不断完善起来。但是，检察机关目前的诉讼监督仍不能覆盖法院的所有审判活动，如对刑事自诉案件无法进行监督。刑事诉讼法未明确规定对刑事自诉案件审判活动的监督途径和措施，检察机关不派员参加刑事

---

① 王晋、刘生荣编：《英国皇家检察官准则》，中国方正出版社2001年版，第221页。

自诉案件的庭审，判决书、裁定书也不送达检察机关，检察机关很难了解刑事自诉案件的诉讼情况，也就很难及时、有效地进行监督。又如对法院的某些民事审判活动无法进行法律监督。根据规定，检察机关对法院依照民事诉讼法规定的特别程序、督促程序、公示催告程序、企业法人破产还债程序审理的民事案件以及通过法庭调解的方式审结的民事案件，不能就其作出的判决或裁定提起抗诉，从而限制了检察机关监督法院民事审判的范围。当然，从历史的发展来看，对诉讼监督权的配置是一个持续丰富的过程，随着依法治国的推进，相信监督的空白将越来越少。

（二）侦查监督权

国家有维护社会秩序和打击各种犯罪活动的权力。有关这方面的最集中、最直接、最典型的规定是《宪法》第28条，该条规定："国家维护社会秩序，镇压叛国和其他危害国家安全的犯罪活动，制裁危害社会治安、破坏社会主义经济和其他犯罪的活动，惩办和改造犯罪分子。"这种国家权力当然就包括了揭露和证实犯罪的侦查权，对各种刑事犯罪的侦查权，是国家权力的一项重要的有机组成部分。依照我国刑事诉讼法规定，我国享有侦查权的主体主要是公安机关和人民检察院；国家安全机关办理危害国家安全的刑事案件，行使与公安机关相同的职权；军队保卫部门对军队内部发生的刑事案件行使侦查权；监狱对罪犯在监狱内犯罪的案件进行侦查；海关缉私部门负责走私犯罪的侦查工作。抛开检察机关和军事机关的侦查权不谈，侦查权主要是由特定的行政机关履行的，但又不是一种纯粹的行政权力，毕竟从侦查权的主动行使特征来看，它的理论根据在于行政权；而从其刑事诉讼特征来看，侦查权的理论根据又在于司法权，因此兼有行政权与司法权二者的部分特征，所以对侦查机关侦查权的监督是一项与对审判机关、行政机关的监督相平行的监督权。

检察机关的监督权一直是学界争议的焦点，如果把侦查权作为检察权一项不能分割的权属，而侦查监督又是检察权不可或缺的一项权能，势必造成检察权监督检察权的困境。虽然争论仍无定论，但当下正在试点的监察体制改革，也可谓是厘清检察机关侦查监督权的一个契机。

检察机关的侦查监督权主要目的是保证国家刑事法律的统一正确实施，保证办案质量；维护公民（犯罪嫌疑人、被告人）的合法权益；提高侦查人员的执法水平，督促其严格依法办事，更好地维护社会主义法制的权威性，这与法律监督机关设置的监督权力、保障权利的初衷是一致的。根据《刑事诉讼法》和《人民检察院刑事诉讼规则（试行）》的规定，人民检察院对侦查机关的侦查活动是否合法实行监督，发现和纠正以下违法行为：（1）对犯罪嫌疑人刑讯逼供、诱供的；（2）对被害人、证人以体罚、威胁、诱骗等非法手段收集证据的；（3）伪造、隐匿、销毁、调换或者私自涂改证据的；（4）徇私舞弊，放纵、包庇犯罪分子的；（5）故意制造冤、假、错案的；（6）在侦查活动中利用职务之便谋取非法利益的；（7）在侦查过程中不应当撤案而撤案的；（8）贪污、挪用、调换所扣押、冻结的款物及其孳息的；（9）违反刑事诉讼法关于决定、执行、变更、撤销强制措施规定的；（10）违反羁押和办案期限规定的；（11）在侦查中有其他违反刑事诉讼法有关规定的行为的。

根据《刑事诉讼法》和《人民检察院刑事诉讼规则（试行）》的有关规定，人民检察院主要通过和采取以下途径和措施，履行其法定的侦查监督职能：（1）人民检察院通过审查逮捕、审查起诉，发现侦查机关的侦查活动存在违法情况的，应当提出意见，通知侦查机关纠正。构成犯罪的，移送有关部门依法追究刑事责任。人民检察院发现侦查中违反法律规定的羁押和办案期限规定的，也应当依法提出纠正意见。（2）人民检察院根据案件需要，通过派员参加侦查机关对于重大案件的讨论和其他侦查活动，若发现侦查机关在侦查活动中的违法行为，应当及时通知侦查机关予以纠正。（3）人民检察院通过接受诉讼参与人对侦查机关或侦查人员侵犯诉讼权利和人身权利的行为提出的控告，行使侦查监督权。（4）人民检察院通过审查侦查机关的活动及其移送的证据，批准或不批准逮捕决定的情况，以及释放被逮捕的犯罪嫌疑人或者变更逮捕措施的情况，履行侦查监督职能。

《刑事诉讼法》第111条规定：“人民检察院认为公安机关应当立案侦查的案件而不立案侦查的，或者被害人认为公安机关对应当立案侦查的案件而不立案侦查，向人民检察院提出的，人民检察院应当要求公安机关说明不立案的理由。人民检察院认为公安机关不立案的理由不能成立的，应当通知公安机关立案，公安机关接到通知后应当立案。”有学者把检察机关的刑事立案监督纳入诉讼监督范围，笔者认为其实应该是一种特殊的侦查监督，因为这不是针对审判机关而是针对侦查机关的监督，监督的是侦查权的缺位，目的是确保侦查权正确行使。实践中，对于立案监督的范围还有所扩展，如2008年中发（2008）19号司法改革文件明确要求：“完善检察机关对侦查机关违反规定不应当立案而立案和应当立案而不立案的监督机制，确保侦查权的正确行使。对于检察机关通知公安机关立案的案件，公安机关应当向检察机关反馈立案侦查情况。”2010年，最高人民检察院和公安部联合制定的《关于刑事立案监督有关问题的规定（试行）》第6条规定：“人民检察院经审查，有证据证明公安机关可能存在违法动用刑事手段插手民事、经济纠纷，或者办案人员利用立案实施报复陷害、敲诈勒索以及谋取其他非法利益等违法立案情形，且已采取刑事拘留等强制措施或者搜查、扣押、冻结等强制性侦查措施，尚未提请批准逮捕或者移送审查起诉的，经检察长批准，应当要求公安机关书面说明立案理由。”第8条规定：“人民检察院经调查核实，认为公安机关立案理由不成立的，经检察长或者检察委员会决定，应当通知公安机关撤销案件。”虽然对于公安机关不应立案而立案的监督尚没有法律层面的支持，更多的是一种探索，但也反映了侦查监督权的完整性，不论是侦查权的缺位还是侦查权的滥用，都是检察机关侦查监督的应有之义。

（三）行政监督权

虽然诉讼监督权和侦查监督权在检察职能的演变中有着不断变更、完善的过程，但它们是检察机关法律监督权中不可分割的内容，应当是没有争议的。在此，笔者想提出的一个观点是，行政监督权也是法律监督权中的重要部分，更多的是基于依法治国未来走向的一个判断。

在法律实施的过程中，行政机关在执法过程中的权力使用远比审判机关和侦查机关多，但对于检察机关之于行政权力的监督还尚在起步阶段。即使是对行政诉讼的行政检察监督，也是三大诉讼领域中最后出现的那一个，而且监督的对象还主要是法院的审判权而不直接针对行政机关的行政权。

在本文的第一部分，我们已经阐述了我国的检察权是一种与行政权、审判权平行的、独立的国家权力存在，其权力配置的目的是为了保证行政权、审判权在宪法和法律框架内运行。如果缺乏对行政权力的监督，检察机关的法律监督权势必是不完整的。

党的十八届四中全会通过的《中共中央关于全面推进依法治国若干重大问题的决定》中明确提出：“检察机关在履行职责中发现行政机关违法行使职权或者不行使职权的行为，应当督促其纠正。探索建立检察机关提起公益诉讼制度”。2015年7月1日，全国人大常委会通过《关于授权最高人民检察院在部分地区开展公益诉讼试点工作的决定》，选择广东等13个省（区、市）开展试点，针对人民群众反映强烈的突出问题，重点办理生态环境和资源保护领域的行政公益诉讼案件，检察机关公益诉讼人的身份被正式确认。这里有一点需要强调，人大明确授权检察机关作为公益诉讼人身份的，针对的是行政公益诉讼案件，而非民事公益诉讼案件。在2012年民诉法修改以前，有些地区的检察机关已经在环境、电力、教育、医疗、卫生等多个领域开始尝试公益诉讼的探索，但是，从公权力的限制、私法自治、法律的稳定性、利益平衡等角度考虑，最终民诉法修改中填补了公益保护在诉讼制度上的空白，却并未明确规定检察机关可以直接提起公益诉讼，而是对民事公益诉讼享有监督权，也就是说在民事公益诉讼领域，检察机关其实更多的是承担着督促起诉、支持起诉的工作，以及对诉讼活动的监督。为什么在行政公益诉讼中规定检察机关公益诉讼人的身份，正是因为提起行政公益诉讼主要是因为行政机关不作为、乱作为，造成对国家和社会公共利益的侵害或存在潜在的侵害危险，是在法律实施中发生的问题，理应纳入法律监督范畴。在当前，由于缺乏有效监管和制约机制，加之追求非法利益、扭曲政绩观等因素的驱动，一些行政机关成为公共利益的侵害者，不执行法律、决策违法、行政垄断、滥用职权等不作为、乱作为问题已成为行政违法的主要现象，这些违法行为不但损害了法律尊严和政府形象，更给国家和社会公共利益带来重大损失。为了推进法治政府建设，遏制当前公共利益日益严重受损的趋势，有必要建立行政公益诉讼制度，强化行政诉讼的监督功能，充分发挥司法的监督作用，以纠正行政机关不作为、乱作为等行政乱象，这也是确保依法治国目标实现的必要举措。我国虽然已经建立了民事公益诉讼制度，但如果缺乏行政公益诉讼的配合，仅靠民事公益诉讼，无法形成对公共利益完整有效的救济。普通企业或个人对公共利益的侵害，往往和行政机关的默许、纵容甚至支持有着千丝万缕的联系，建立行政公益诉讼制度，会加大对民事违法的纠正力度。笔者认为，检察机关承担起行政公益诉讼人的角色，是法律监督权中行政监督权的一个起点，我们的权力机关已经意识到法律监督在行政监督方面的欠缺，而且在试图改善。在未来的法律监督工作中，我们也许将实现从监督审判权向监督审判权与行政权相结合转变，防止和纠正行政权的滥用和误用会成为法律监督的首要任务，将过去的“威慑监督”转化为“精准监督”，形成打击和纠违“两手抓”，刑事、民事、行政监督三管齐下的法律监督体系，检察机关可以通过督促行政机关依法履职、支持起诉和提起公益诉讼，直接启动监督程序，回归法律监督的“原点”，实现诉讼与非诉监督深度融合。只有这样，才能在政策与法律的双重支持下，实现检察业务的新一轮提升。

（四）监督调查权

监督调查权并不是与前述三种监督权力并列的一个概念，而是检察机关能够行使前述三种监督权力的有力凭借。没有调查权就没有发言权，在我们进行诉讼监督、侦查监督、行政监督的过程中，不深入调查而只针对有关机关或者当事人提供的书面材料进行形式审查，监督的效果肯定是大打折扣的。调查流于形式，把法院的、公安的结论在检察院走个程序，就更加合理合法了，监督往往变成了配合，所以业界更多的在谈论职务犯罪侦查权而不是监督调查权。

笔者认为，职务犯罪侦查权其实是法律对于检察机关监督调查权的一种具体表述，它并不是完整的监督调查权，也不是唯一的监督调查权。在当前监察委员会改革的背景下，有人提出检察机关剥离了职务犯罪侦查权，就失去了法律监督的有力手段。但笔者认为，检察机关法律监督的凭借和手段应当是监督调查权而非职务犯罪侦查权。遗憾的是，我们始终把争论的焦点放在检察机关职务犯罪侦查权存废问题上，而忽视了对监督调查权的完善。目前我国法律只规定检察机关对侦查人员的违法取证行为可以进行调查核实，尚没有规定可以对其他司法工作人员的违法行为进行调查。此外，2010 年 7 月最高人民法院、最高人民检察院、公安部、国家安全部、司法部联合下发的《关于对司法工作人员在诉讼活动中的渎职行为加强法律监督的若干规定（试行）》第 2 条规定："人民检察院依法对诉讼活动实行法律监督。对司法工作人员的渎职行为可以通过依法审查案卷材料、调查核实违法事实、提出纠正违法意见或者建议更换办案人、立案侦查职务犯罪等措施进行法律监督。"第 7 条规定："人民检察院调查司法工作人员在诉讼活动中的渎职行为，可以询问有关当事人或者知情人，查阅、调取或者复制相关法律文书或者报案登记材料、案卷材料、罪犯改造材料，对受害人可以进行伤情检查，但是不得限制被调查人的人身自由或者财产权利。"根据上述规定，检察机关只能对司法工作人员的渎职行为进行调查，对其一般违法行为是否可以进行调查则没有明确规定，因而也难以保证检察机关对所有违法行为都进行调查，无法及时监督所有的违法行为。

笔者认为，基本的监督调查权应当包括以下内容：（1）询问有关人员。询问是调查的基本手段，检察机关为了查明有关违法行为，可以询问有关人员，如有关当事人、证人或者知情人等。（2）查阅有关材料。检察机关为了查明有关违法行为，可以查阅与违法行为有关的材料，如查阅、调取或者复制相关法律文书或者报案登记材料、案卷材料、罪犯改造材料等。（3）对身体进行检查。检察机关为了查明有无违法使用暴力等行为，或者判断或确定伤情的程度等，可以对受害人进行伤情检查。但是，检察机关在对受害人身体进行伤情检查时，不得限制其人身自由或者财产权利。（4）收集有关物证书证。检察机关为了查明有关违法行为，可以收集与违法行为有关的材料，如收集有关物证、书证等。而监督调查的范围应当包括检察机关在履行诉讼监督、侦查监督、行政监督过程中依职权发现或人民群众向检察机关申请监督的违法行为。监督调查的结论具体包括以下几种：（1）经调查查明，认为审判机关、公安机关、行政机关的审判、侦查、执法活动合法、正确时，予以维持；（2）经调查查明，发现审判机关、公安机关、行政机关的审判、侦查、执法活动确有错误或瑕疵的，根据法律的授权依照法律程序予以纠正，法律没有授权的，可以提出检察建议；（3）经调查查明，发现审判机关、公安机关、行政机关工作人员在审判、侦查、执法活动中存在职务犯罪行为的，移交有权的机关进一步侦查处理。

二、检察改革与司法责任制落实

落实司法责任制改革情况之实证研究

——以重庆检察二分院改革实践为考察样本

重庆市人民检察院第二分院课题组*

党的十八大以来，“让人民群众在每一个司法案件中感受到公平正义”，成为从顶层到民间对司法的朴素情怀和热切期望，也是本轮司法体制改革所追求的预期效果。完善司法责任制作为四项基础性改革措施的核心，顶层设计之初就摒弃了将司法责任等同于追责的狭隘理解，而是着力构建了以“权力划分、权力运行、监督和责任承担、保障”为逻辑进路的司法责任制体系。重庆市检察机关作为司法责任制改革的第二批试点地区，以高检院《关于完善人民检察院司法责任制的若干意见》为重要依据，以司法责任制体系为逻辑进路，研究制定了落实司法责任制九项规范性文件，率先构建起了“1+5+5”制度体系，为重庆检察机关稳妥、有序推开司法责任制改革提供了重要的规范依据和制度保障。重庆检察二分院作为重庆市检察改革的首批试点单位之一，各项改革措施实施已一年有余，为分院级检察院落实完善司法责任改革提供了多项可复制、可推广的改革经验，为重庆市检察机关全面推开落实司法责任制改革打好了前站。在全面推开司法责任制改革的当前，针对二分院落实司法责任体系的情况进行实证调研分析、总结，为推动检察体制改革深化落实提供实证参考和实践经验，尤显必要。

2017年1月初，二分院党组决定由政治部牵头，组织法律政策研究室、办公室、干部处三个部门精干力量组成课题组，开展“改革一年回头看”专题调研活动。课题组针对二分院改革后的实际情况，分两步实施了三套调研方案：一是对业务部门的检察人员问卷调查，主要是对员额检察官、检察辅助人

---

* 课题组负责人：杨洪梅，重庆市人民检察院第二分院党组书记、检察长；课题组副组长：钟晓云，重庆市人民检察院第二分院副检察长；王旗明，重庆市人民检察院第二分院政治部主任。课题组成员：任海新、张铭万、向春、何格、林国强、刘光辉、许文志、冉隆辉。本文由林国强执笔完成。

员、部门负责人，分履职情况主观感受、理性分析、问题建议等几个模块，精心设计了三套开放式的问卷，试图通过调查对象的作答掌握试点以来业务部门各项工作的基本情况。课题组共发出电子问卷114份，收回问卷102份。其中员额检察官问卷31份，收回26份，检察辅助人员问卷74份，收回67份，部门问卷9份，收回9份。二是通过案件管理系统抓取司改前后的办案数据对比分析，掌握司改前后办案的数量、效率变化情况。通过对比司改前后司法规范化检查、案件评查等数据情况，掌握司改前后办案质量变化情况。梳理各项数据数千条，共形成各业务条线、员额检察官、中层干部、检察官助理等司改前后各类办案情况数据分析表格9个。三是在形成初步调研报告的基础上，通过召开检委会扩大会议、部门负责人座谈会、员额检察官及辅助人员座谈会等形式，汇集各方智慧对报告中梳理出的相关问题研究对策建议。

本调研的重点内容是完善司法责任制改革情况，但正如上文所讲司法责任制体系的落实有其内在逻辑性，通过选任员额检察官、实行检察官单独职务保障等措施，实现检察官的职业化、精英化，通过内设机构整合减少行政管理层级，中层干部退出案件审批层，实现谁办案谁决定，并提高了诉讼效率，这些为责任制体系的落实提供了重要的保障。加之员额检察官选任工作被作为本轮检察改革的突破点，因此本文在行文时采取了“先配套、后核心”的论述结构。

一、重庆检察二分院落实司法责任制改革情况

重庆检察二分院按照中央、高检院和市委部署，在市委政法委、市院的领导下，于2015年9月21日正式开展以司法责任制为核心，以人员分类管理、内设机构整合为配套的改革试点工作。同年11月10日完成首批员额检察官选任，2016年1月起按新的办案组织和责任制运行。二分院在贯彻落实市院制定的司法责任制“1+5+5”制度体系的同时，结合分院业务特点和新机制运行的实际情况，制定《重庆市人民检察院第二分院司法体制改革试点工作实施办法》整体布局分院各项试点工作，保障各项改革措施按部就班落实到位。通过制定《岗位职责说明书》细化了检察官、检察辅助人员的职责权限，在大胆放权的同时加强对检察官的监督管理，制定了《重庆市人民检察院第二分院案件质量评查工作办法（试行）》《重庆市人民检察院第二分院案件同步动态监督管理工作办法（试行）》《关于进一步加强职务犯罪案件同步审查工作的实施办法》《关于进一步加强对法院裁判改变起诉指控案件备案审查的意见》等规范性文件。注重发挥检察官联席会议作用，细化检察官联席会议操作规范，各业务部门根据条线实际需求制定《××局（部）检察官联席会议

工作办法》。

对于省级以下地方检察院人财物的统一管理和健全司法人员职业保障两项基础改革，相关改革措施的制定主要集中在省级院层面，分院和基层院的任务就是坚决贯彻落实省级委政法委、省级院的部署。作为直辖市，重庆分院级检察机关是跨行政区划设置的，这造就了二分院在推行这两项改革措施方面得天独厚的条件，现已基本实现了人、财、物的省级统一管理。健全司法人员职业保障的相关政策也将陆续出台，当前首批试点院员额检察官的职业待遇已得到初步兑现。关于检察辅助人员和司法行政人员的职级待遇的落实，重庆市委已经制定出台了相关文件，二分院也做好了相关准备工作，下一步将重点落实。

从一年多来改革试点的效果看，检察官办案责任意识、内心驱动力、职业尊荣感显著增强，实现了从“要我办案”到“我要办案”的转变，同时，对于监督的理解也更趋理性，实现了由“不要监督”“害怕监督”到“主动接受监督”“欢迎监督”的转变，办案效率、质量得到提升。同时在落实司法责任制改革的过程中，我们也发现了诸如权力清单划分过于细致出现的怠工现象、人员分类管理对辅助人员工作积极性的冲击、机构整合带来的管理不畅现象、改革中容易出现的倒流思维等客观存在的问题，如何有效调和这些改革中的不和谐音符，既是本次调研需要重点解决的问题，也是落实司法责任制改革亟须解决的难题。

二、重庆检察二分院检察人员分类管理改革的情况及问题

对检察人员分类管理的改革探索历经了五分法、四分法、三分法等阶段，[①] 到 2013 年 3 月中央组织部和最高人民检察院联合发布《人民检察院工作人员分类管理制度改革意见》进一步明确了将检察人员分三类管理的改革方向，并且将三类人员明确为检察官、检察辅助人员、司法行政人员。实施人

① 最高人民检察院在 1999 年制定的《检察工作五年发展规划》中，提出对检察人员实行“检察官、书记员、司法行政人员、司法警察和专业技术人员”的五分法；在 2000 年制定的《检察改革三年实施意见》中推出了“检察官、书记员、司法警察、司法行政人员”的四分法；2004 年制定的《2004—2008 年全国检察人才队伍建设规划》提出了“检察官、检察事务官（检察官助理）和检察行政人员”的三分法。

员分类管理目的并不是像部分人员理解的要将检察人员分出三六九等,[①] 而是希望通过人员的分类招录、分类培养、管理等，改变检察系统工作人员都是"干警"的传统称谓，打破原有以行政职级晋升为指挥棒的检察人员成长模式,[②] 实现检察队伍建设的专业化、职业化、精英化，因此分类管理是手段而不是目的。与之相应的，以员额检察官选任为突破点建立以员额检察官为核心的检察人员分类管理体系，只是走出了检察人员分类改革的第一步，完成人员分类后的管理问题是当前改革阶段亟须解决的难题。

（一）员额检察官选任情况

员额检察官的选任被作为本轮检察改革的突破点，所以前期论证、执行以及后期宣传都下足了功夫，当前员额检察官选任改革的效果已初显现，二分院在员额检察官的选任情况如下：

一是精准掌握内设机构、人员及工作的现实情况。对检察官员额在各业务部门的配置、人员增补趋势及优秀检察官助理晋升空间等进行统筹分析，做到底数清、情况明，为后续人员分类、员额检察官设置提供了翔实资料和决策依据。

二是坚持以案定员、以岗定员相结合确定检察官员额。以案定员，主要是指在职务犯罪侦查、侦查监督、公诉、民事行政检察等业务部门，以近三年来的办案数量、质量等为主要依据确定检察官的员额。以岗定员，是指在职务犯罪侦查、公诉、侦查监督等部门设置综合指导岗位，以及刑事执行、控申、预防、案件管理、研究室检察业务部门主要依据充分履行检察权的岗位职责需要设定检察官员额。在员额具体的确定中，一线业务部门主要以办案的数量、质量等为依据设定，二线业务部门主要以岗位的需要设定，但两者也有交叉。首批使用检察官员额 39 个，占编制数的 24.7%，低于重庆市院要求试点分院首次使用不超过 32% 的 7.3 个百分点，为人才的梯次培养、检察辅助人员积极性的调动创造了条件。配足配强一线业务部门，刑事检察局设置 12 个员额，职务犯罪侦查局设置 8 个员额，共占首次使用员额数的 51.28%；二线业务部

---

① 在改革初期由于人员分类政策不明确，加之"三类人员三种待遇"的政策解读，对司法行政、技术人员产生了很大的消极影响，无形中就扩大了这种观点的传播影响范围，为了减少改革中的矛盾，"三类人员两种待遇"的政策得到认可、确定，这种消极思维也得到了很好的缓解。实质上这也说明了大家对员额检察官办案担责后享受较高的待遇还是比较认同的。

② 孙力、曲力慧：《从主诉检察官到检察官——对检察人员分类改革的思考》，载《国家检察官学院学报》2005 年第 2 期。

门诉讼监督局适当配备，设置9个员额，检察业务管理部严格控制，设置4个员额，共占首次使用员额的33.33%（图一）。

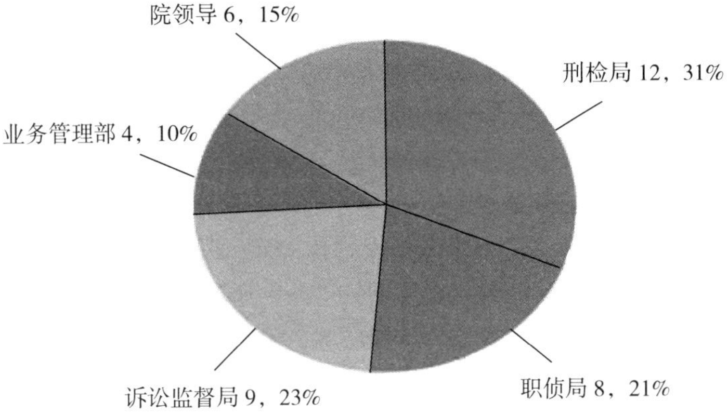

图一：二分院员额检察官配置图

三是严把员额检察官选任的标准、程序、质量关。按照重庆市检察官遴选委员会明确的检察官选任资格、程序，从严审核，把好质量关和公平公正关。以考核为主、考试为辅，考核主要考业绩，考试主要考能力，既防止了以资划线，又防止了能入额的入额后不办案、能办案的未入额，选任的员额检察官均具备成熟的司法能力和突出的办案能力。

（二）检察辅助人员、司法行政人员选任情况

检察辅助人员是检察官助理、书记员、技术人员、法警等四类人员的统称，是检察办案不可或缺的组成部分，二分院在完成员额检察官选任工作后，及时以确认、选任的方式完成了检察辅助人员的合理配置。其中，通过转任和考试、考核选任两种方式完成了对检察官助理的选任，对36名未入额的检察员、助理检察员直接确定转任为检察官助理，对符合条件的16名书记员，通过考试、考核的方式选任为检察官助理。对原综合部门调整到业务部门没有法律职务的行政人员按相关程序任命为书记员，当前共有书记员6名。检察技术人员和法警两类人员在改革前后基本保持不变，共有16人。

司法行政工作对检察机关的顺利运行起到了至关重要的保障作用，为确保司法行政工作有序推进，在兼顾个人意愿的前提下，通过组织动员，确定司法行政人员28名，占政法专项编制数的17.7%。

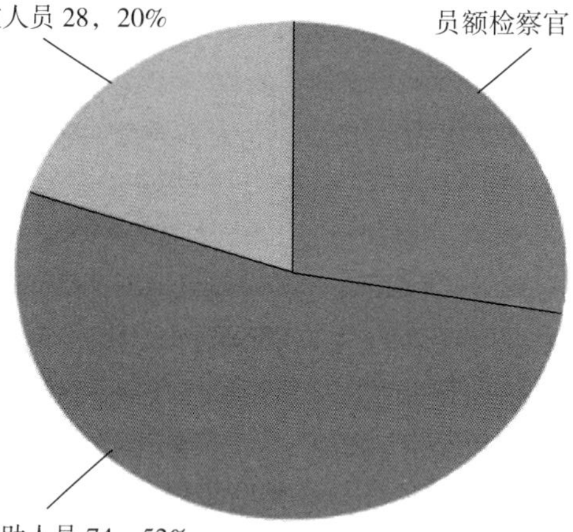

图二：二分院三类检察人员配置图

（三）人员分类后的管理情况及问题

1. 人员分类后的管理情况

前期细致、稳妥的准备工作和公平、公正、合理的选任程序，不仅选出了优秀的检察官，也为后续改革措施的推行赢得了改革公信力，重庆市院关于司法体制改革试点工作评估调查结果显示，分院干警对员额检察官选任结果表示满意或基本满意的达到96.8%。这为实行人员分类后的管理工作打下了良好的基础。二分院在分类后的管理方面主要做了以下工作：一是完成了检察官的单独职务序列套改工作，预兑现了检察官的单独薪酬，下一步将落实检察官助理、书记员单独职务的套改；二是组织制定岗位职责、职位说明，并依此为重要依据对三类人员实行业绩考核；三是探索建立检察官动态管理机制，实行了员额制检察官的“单方退出机制”；四是探索人员分类培训机制，有针对性地开展了六类人员培训。

2. 人员分类管理存在的问题

一是统筹调动各类人员积极性的问题。当前，检察辅助人员、司法行政人员的思想总体稳定，但绩效考核兑现后工作积极性势必会受到不同程度的影响，思想工作的压力随之增大。二是员额动态管理的问题。二分院对首批使用员额比例控制较低，干警对选任结果是认可的，但横向比较后有较大的顾虑，担心随着检察改革成果的固化，如果不能及时补充员额，干警的切身利益将受到损害。三是三类人员之间的流动机制问题。改革过渡期内，为了维护工作稳定在三类人员的划分定位上仅是做到了暂时的最优选择，在改革的推进过程中，应考虑建立三类人员之间的轮岗交流机制。三类人员轮岗可以有效解决司法行政人员尤其是办公室综合材料写作人员长期不接触业务导致的综合能力欠缺问题。四是检察官与党政机关干部的交流问题。当前检察官的上挂、下派工作主要限制在系统内部，不利于检察官队伍综合能力的培养。五是检察官等级与行政职级是否双向对应问题。目前，套改中实行了行政职务职级对应相应检察官等级的办法。若检察官退出或交流到行政或辅助岗位，是否认可反向职务等级对应关系存有疑问，也就是说，检察官等级与行政职务等级的反向对应关系并未建立。为有利于三类人员之间的流通和检察官与党政机关干部的交流工作，可以建立反向职务等级对应机制。

三、重庆检察二分院内设机构整合的情况及问题

（一）机构整合的情况

在本轮检察改革中，关于内设机构整合的实践探索可以用五花八门来形容，但究竟哪种整合方式更符合检察工作特点、规律，现在还没有定论。重庆检察二分院按照有利于检察办案、有利于强化监督管理、有利于加强对下指导的工作原则，按照重庆市院的批复，将市编办原批准设立的 24 个内设机构整合为 8 个部门（见图三）：刑事检察局、职务犯罪侦查局、诉讼监督局、检察业务管理部、检察业务保障部、检察事务部、政治部、监察室。其中刑事检察局由原侦查监督、公诉一处、公诉二处三个部门整合，整合后的刑检局分侦查监督和公诉两大业务，未改变原来的捕、诉分离的现状。职务犯罪侦查局由原来的反贪、反渎、预防、综合指导四个部门整合组成，实现了职务犯罪侦查指挥一体化。诉讼监督局整合了原监所处（含 3 个检察室）、民行处、控申处三个部门。检察业务管理部整合了案管、研究室、人民监督办公室、检察长办公室[①]三个部门，承担了司改后的业务监督、管理工作。

① 二分院检察长办公室属于原办公室的下设机构，因此不作为内设机构计算。

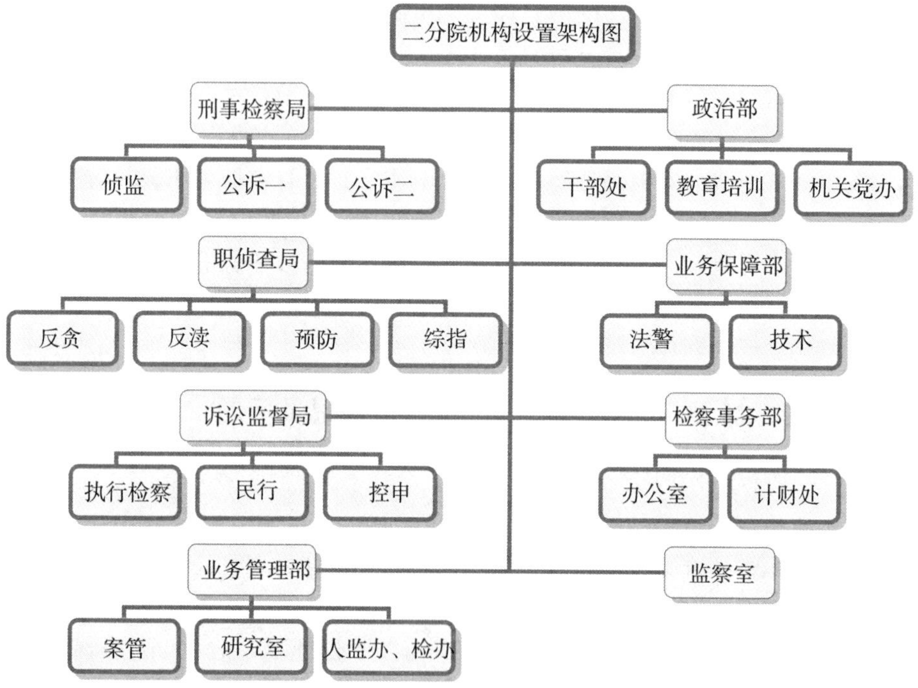

图三：二分院机构设置架构

人员分类管理和内设机构整合的同步推进促成了改革合力，优秀人才向办案一线流动趋势明显，检察人力资源的有效配置和检察管理的扁平化得到初步实现。一是业务部门实行“大部制”后，原业务部门任副处长的检察官不再承担管理职责，转任独任检察官带领辅助人员办案，充实了办案力量。二是实行“大部制”后，部门负责人配备专门行政内勤统一管理行政事务、党工政务，每个大业务部门节约了3—4个行政内勤。同时，党建工作和岗位练兵、教育培训、日常管理等工作同步跟进，为检察官政治觉悟、业务水平和综合素能提升提供了有效服务。三是大部门内的辅助人员在处理综合事务时可以直接拉通使用，为集中力量办大案提供了条件。

经过一年机构整合试点后，根据前期机构改革的实践经验，重庆市检察院在2016年9月出台了《关于对全市检察机关各分院、基层院业务工作机构进行整合的意见》（渝检〔2016〕3号），对已经达成共识需要整合的职侦局、业务管理部，明确要求未完成整合的各单位按规定进行整合，对其他业务部门原则上保持不变，个别进行整合，并要求政法专项编制在80人以下的基层院，可以从实际出发将刑事执行、民行、控申三个部门整合为诉讼监督局。

（二）机构整合后存在的问题

内设机构整合后，大部门负责人由资历较老的处长担任，加强了部门融合，带来了淡化行政色彩、办案力量向一线下沉、办案效率提高等改革红利，但也存在着中层管理削弱后一定程度的不适应。主要表现在：一是检察官办案主体地位虽然突显了，但对办案职责和行政责任之间的关系还未彻底厘清，对责任制落实的层层思考、监督尚有脱节，理念转变还有空间。二是在新、旧两种制度的磨合上还存在不足，要么造成原内设机构处长仍然保持强势管理权，弱化了大部门的统一管理作用；要么造成大部门整合后原内设机构处长在管理上被边缘化，造成管理缺位，具体表现是原业务部门中层干部工作的主动性不够。三是没有充分发挥好内设机构改革促进检察专业化建设和发展的作用，仅在未成年人检察工作方面做了有益探索。四是部门整合后对下指导工作有弱化趋势，对下级院业务监督、指导是分院重要的职责权限，监督、指导职责下放给员额检察官后容易出现不敢、不会监督指导的现象。同时随着员额检察官推行后指导业务向面上发展，业务将集中在法律适用请示、类案请示等方面，虽然指导数量减少了，但对指导的质量要求更高了，当前办案一线的多数员额检察官尚欠缺对此类业务的指导能力。

四、重庆检察二分院司法责任制改革的情况及问题

（一）司法责任制改革情况

1. 健全办案组织形式

二分院根据《重庆市检察机关办案组织设置办法（试行）》规定，给合分院业务特征及办案体量，构建了“以办案为中心、以检察官为主体”的办案组织及管理机制，实行独任检察官、检察官办案组两种办案组织形式。设立检察官办案组织 30 个，其中独任检察官办案组织 28 个。同时，根据办案需要，如刑检、职侦工作，适时采取专业制和专案制两种办案模式。侦查监督、公诉案件及诉讼监督等其他法律监督案件原则上由独任检察官承办，适应专业化办案要求，对未成年人刑事案件、毒品刑事案件实行由相对固定的独任检察官办理。职侦局分侦查和预防两个板块成立相对固定的检察官办案组，根据办理重大、疑难、复杂案件的需要，探索实施了专案制办案组。专案组内各检察官带领辅助人员完成所领受的侦查任务，形成办案合力，体现团队作战优势。当前理论研究中有学者认为“团队制办案组织”的表述方式容易造成事实上的无

法追责，建议采用“协同制”取代“团队制”。[①] 笔者认为团队办案是职侦办案的重要特征，在本课题组的调研中，职侦条线的员额检察官就提出“一个独任检察官办案组（1+3），一般难以承担一个案件的全部侦查任务”。在必要时成立专案组有利于对侦查力量的统一调度、指挥，一般由职侦局长或副局长担任专案组长，每名检察官带领辅助人员按照组长的统一指挥，分别领受不同的任务，各自负责开展初查、侦查工作。专案组的每个检察官办案组既相互独立，又能实现最大限度地配合协作，同时各自的办案责任又相互区分。

采取“固定配置+随案配置”的方式配置检察官助理。以办案实际需求为准，在首批员额检察官选任后，分两批确认检察官助理52人，为每位检察官配置1—3名辅助人员。根据各业务条线履行职能的需要、案件类型及复杂难易程度，构建起“以办案为中心，以检察官为主体”的办案组织及管理体制，建立新的办案配合关系，形成了“检察官+助理”的履职合力。

2. 厘清岗位职责权限

采取“三步走”的方式，明确了检察委员会、检察长、检察官及检察辅助人员的职责权限。一是落实《重庆市检察机关检察官办案权限配置办法（试行）》的授权规定，将75项一般刑事案件的处理决定权和142项程序性审批权限直接授予检察官行使，保留法律明确规定由检察长或检委会行使的职权，确保了检察官的办案权限落实到位。二是落实《重庆市检察机关检察官、检察辅助人员岗位职责规范（试行）》关于独任检察官以及检察官办案组模式下主任检察官、组内检察官的职责规定，明确了检察官司法办案、诉讼监督、业务指导、业务研究等职责。三是组织检察官及检察辅助人员细化《岗位职责说明书》，从“工作职责、工作概述、工作标准、任职条件”四个方面明确检察官、检察官助理、书记员的职责要求，包干责任到人，从最细微的环节抓落实。如职侦局的《岗位职责说明书》细化了初查、立案、侦查各个环节的责任。线索初查一般由独任检察官小组承办，遇有重大、复杂、疑难案件线索由局长决定组成检察官办案组承办；审讯突破需要组成检察官办案组时，由承办线索初查的检察官负责组织管理工作，或者由局长指定检察官予以负责；完善证据阶段，原则上执行“谁承办谁取证”；重大复杂案件确需增加人员力量的，由承办检察官报告局长，局长决定调剂检察官、助理予以充实。

3. 构建监督制约格局

司法权作为权力体系的重要组成，也存在着自由扩张、随意滥用、权力寻

---

① 参见龙宗智：《检察官办案责任制相关问题研究》，载《中国法学》2015年第1期。

租的可能，即使在全面从严治党的大背景下，检察系统仍不能避免司法腐败对司法权威的伤害，如2016年全国检察机关查办涉嫌职务犯罪的司法工作人员2183人，[①] 因此在检察官权限空前扩大的当下，构建细密的监督体系尤为必要。二分院坚持放权不放任、信任不代替监督，为实现对检察官办案“全程留痕、动态监督、有效问责”，主要采取了以下措施：

一是强化垂直监督与平行监督。落实正副检察长对案件的审核、决定权和文书签发权，实现对检察官办案的程序性制约。建立部门负责人监督预警机制，对发现的问题可及时提醒或报告检察长处理。建立检委会议题会前实体性审查机制，实现对重大、疑难案件的实体监督。建立检察官办案组内部监督制约机制，赋予检察官、检察官助理抗令权，在检察长或检察官的指令有明显错误或违法的情况下，检察官或检察官助理可以拒绝执行。

二是强化事中监督与事后监督。制定实施《案件同步动态监督管理工作办法》《案件质量评查工作办法（试行）》等制度，通过统一业务应用系统对在办案件随机进行全程、适度的同步动态监督，采取重点评查、随机抽查、跟庭评查等方式监督案件质量，监督、评查的结果记入司法档案。

三是强化内部监督与外部监督。由纪检监察部门受理对检察人员在司法办案工作中违纪违法行为和司法过错行为的检举控告，并进行调查核实；对于业务管理部门在案件评查过程中发现的违纪违法线索，纪检监察部门依照相关规定和程序办理。通过法律文书公开和引入人民监督员、律师等第三方介入，主动接受外部监督。

（二）落实司法责任改革存在的问题

一是检察官助理的配置、管理问题。当前对检察官助理的配置、管理一般采取的是固定配置、统一管理的模式，但从实践效果来看这一配置模式存在着固定配置过于机械，遇到疑难复杂案件时不能有效调配助理协助办案，统一管理又可能导致对助理的绩效评价行政化色彩过浓。因此在调研中有检察官提出，为了增加检察官对助理的权威性，建议固定配置给检察官的助理由检察官对其进行日常管理，增强对助理管理的业务属性，保障检察官办案组织高效运行。同时，为保障疑难复杂案件的办理达到办准案、办好案的三种境界，[②] 要将随案分配助理的制度落实到位，这样也可以起到以实战培养、锻炼队伍的

① 数据来源于2017年《最高人员检察院工作报告》。

② 重庆市检察院党组书记、检察长贺恒扬在市院党组中心组学习的时候，特别提出了要把案件办准办好，首先要“定分止争、明辨是非”，其次要“息诉罢访、案结事了”，在这个基础上“促进管理、创新治理”，这是办案的三种境界，也是三个层次的目标要求。

作用。

二是检察官与检察官助理的职责落实问题。《重庆市检察机关检察官、检察辅助人员岗位职责规范（试行）》对检察官和检察官助理的职责权限规定的较为清晰，但分院在实践中发现，若严格执行该规定，检察官助理仅承担辅助性工作，工作积极性将大打折扣，不利于办案合力的提升，同时也可能影响检察官助理业务水平的提升。在处理检察官和检察官助理的职责关系问题上，笔者建议，除了强调检察官办案的亲历性和办案的决定性以外，组织不宜过分干预。

三是关于检察官和检察官助理关系的问题。在调研的过程中发现通过案管系统得出的数据显示，部分检察官助理办理案件数量超过同组检察官办案数量，于是有人就得出了检察官助理承担了更重的办案任务。而事实上，检察官助理作为承办人办理的每个案件，都需要带其的检察官审核、把关，也即是检察官和助理办理的案件实际上都由检察官承担办案责任，所以检察官带领助理办案并非是签个字那么简单。[①] 关于检察官和助理关系的理性状态，我们可以借用美国第九巡回上诉法院法官卡辛斯基的一句话来形容，“对检察官而言，助理是他的门生，对助理而言，检察官是他人生的导师，法律前程的领路人”。[②]

四是检察官业绩评价的问题。目前，如何科学地对检察官及检察官助理进行绩效考核，是一个非常重要又充满挑战的难题。因业绩评价尚未出台实施细则，检察官及辅助人员对司法档案的重视不够，存在填写内容过于简单、信息不全、提交司法档案滞后等问题，绩效不能全面、及时反映检察官的自身业绩，影响下一步的绩效考核。

五是细化责任制落实的配套措施问题。重庆市院出台了落实司法责任制的“1+5+5”的系列配套制度，结合到各具体单位，有一个细化落实的问题。以检察官联席会议制度为例，二分院各业务条线均结合办案实际制定了操作细则，为检察官联席会议制度的规范落实提供了保障。同时，为保证各项实施细则与上级制度措施的一致性，可以通过报市院备案或批准的方式，加强督察监督落实。

---

① 至于一些单位出现的助理越权办案现象是没有理清检察官和助理之间的权力界限问题，还有些单位出现的检察官办案能力水平不及助理的情形，则是员额检察官选任环节出现了问题，应及时通过员额检察官动态调整机制，将不能办案的检察官淘汰出局。

② 何帆：《大法官说了算——美国司法观察笔记》（增订本），中国法制出版社2016年版，第89页。

五、重庆检察二分院落实司法责任制改革的初步成效

（一）改革思想共识更加凝聚

“上下同欲者胜”，随着各项改革措施稳妥有序的推进落实，干警们初面改革时的观望、期待、犹豫、退缩等各种思想焦虑也被逐一破解，改革的思想共识更加凝聚。一是干警能正确面对个人得失，理解、支持改革。入额的检察官能够及时转变岗位角色，由“依赖性”办案变为“主动性”办案，主体意识增强。符合选任条件但未入额的干警虽经历了角色转变、岗位调整，但总体思想平稳，能够正确面对个人得失，顾全改革大局。如59岁的检察官助理，作为在侦监战线奋战20余年的老兵，虽因学历而与入额无缘，但仍坚持奋战在办案一线，2016年协助检察官办案数超过人均办案数。二是检察官的职业尊荣、担当精神明显增强，钻研业务的氛围更加浓厚。2016年，有16名检察官围绕检察改革、办案实际撰写并公开发表调研文章26篇，其中在《人民检察》《中国刑事法杂志》等核心期刊发表论文8篇。三是检察辅助人员的工作积极性有所增强。尤其是年青干警竞争压力增大，危机意识更强，学习氛围更浓，方向感更明。

（二）检察人员得到合理配置

一是将业务素质高、办案能力强的中青年业务骨干选任为员额检察官，优化了检察官队伍结构，符合检察官专业化、精英化的要求。首批入额员额检察官中，本科以上学历100%，硕士生35.9%；平均年龄45岁，50岁以上、40—49岁、39岁以下分别占23%、54%、23%；有31人曾荣获全国或全市业务竞赛优秀、能手、标兵等称号，占79.5%。二是内设机构整合后检察人才向办案一线流动，办案力量得到充实，司改后综合部门有8人调至业务部门办案。部门整合后，原内设机构的副职领导不再承担管理职责，正职领导仅承担业务上的管理职责，这让中层领导有更多的精力用于办案，2016年，11名业务部门正、副处长办理公诉、侦监、民行、控申案件数量比司改前增加了57.1%，人均办案数量增加了41.3%。三是业务管理部门检察官在完成本职工作的同时，直接办理案件，增强了办案的亲历性和监督管理的针对性。

（三）检察权运行机制得到优化

一是“谁办案、谁决定”得到落实。业务部门中层干部退出案件审批层级后，检察官切实履行权力清单赋予的权力，2016年检察长决定的各类案件

数比 2015 年下降 84.16%，检察委员会决定的各类案件数为零。[①] 二是检察职权得到强化，以职务犯罪侦查和诉讼监督两块业务为例：2016 年，职务犯罪案件当年侦结率较 2015 年增长了 33.33%。为办理重庆轨道交通集团系列案件，检察长决定抽调 5 名检察官成立了“2·25”专案组，充分发挥办案龙头作用，带领区县基层院协同办案，共计立案查办职务犯罪案件 29 件 29 人，为国家挽回经济损失 3000 余万元。刑检局制定实施《关于进一步加强对法院裁判改变起诉指控案件备案审查的意见》，2016 年按审判监督程序提出抗诉 2 件 4 人，按二审程序支持抗诉 3 件 5 人，已有 4 件案件被市二中法院发回重审或改判，发出检察建议 6 份，追诉漏罪 2 条、漏犯 2 人。受理民事行政申请监督案件同比增长 44.8%，提出抗诉 4 件，提请抗诉 11 件，收到法院再审裁判 7 件，改判 4 件、改变 3 件，再审改变率为 100%。

（四）司法办案咨询制度效果初显

一是充分发挥检察官联席会议办案咨询功能。刑检局根据高检院和市院的相关文件规定，结合分院实际，就检察官联席会议讨论案件的范围、议程等事项进行了多次研讨，制定了具有可操作性的《二分院刑检局检察官联席会议工作办法》，2016 年召开检察官联席会 10 次，为检察官办案提供咨询建议 45 条，被检察官采纳 36 条。职侦局根据《重庆市检察机关检察官联席会议工作办法（试行）》的规定召开检察官联席会议 17 次，针对基层院请示的 14 件拟撤案案件、3 件立案请示案件，给承办检察官提供了重要的决策参考意见。业务管理部召开检察官联席会议 8 次，完成制定、审核、修改各类规范性文件 8 件。二是充分发挥业务管理部智库参谋功能。新成立的业务管理部成为集案件管理、内部监督、法律适用、检办、检委办、联系人民监督员外部监督等多项参谋、管理职能的智库机构，起草、制定了《案件同步动态监督管理工作办法（试行）》《案件质量评查工作办法（试行）》等规范性文件，审核、修改、备案各项规范性文件 6 件、检察建议 3 件，承办法律适用请示 1 件，为检察官办案提供咨询 3 件。

（五）办案质量、效率进一步提升

一是案件质量显著提高，全院无立案后撤案、捕后撤案、无罪及诉后撤案、诉后无罪案件，目前所有案件定性准确，认定事实清楚，法律文书说理透彻，办案行为更加规范。据重庆市院通报，2016 年全市司法规范化抽查中，侦监条线不规范问题为件均 1 处，同比下降了 35.46%；职侦条线的不规范问

① 2016 年，二分院检察委员会共讨论通过规范性文件 5 件、法律适用请示 1 件。

题为件均1.5处，同比下降了50%。[①] 新的司法理念和办案方式正在落地生根。二是办案效率得到明显提升，实行“谁办案谁决定，谁决定谁负责”的运行机制以来，检察官办案的积极性、责任感明显增强，加之减少了中间审批层级，办案效率得到很大提升。从各类案件审结数来看，审查起诉案件数、民事行政案件数、职务犯罪侦查案件数较2015年分别上升了10.29%、43.81%、33.33%。从办案用时来看，审查起诉案件办结平均用时由2015年的76天缩短至54天；民行案件办理期限由2015年的75天缩短到57天。

（六）全面、动态、立体的监督制约体系初步形成

探索构建以流程监控、质量评查、司法规范化检查、司法档案公示、司法公开等方式为支撑，以问题通报、督促整改、责任追究为手段，形成对检察官履职“全面、动态、立体”的监督体系。2016年共完成网上办案预警超期提醒136次；对办结的案件采取重点评查、随机抽查等方式进行案件质量评查监督，对抽查发现的29处不规范或瑕疵问题按程序作了通报。组织人民监督员监督案件56件62人，如犯罪嫌疑人陈某涉嫌行贿拟撤销案，经人民监督员申请复议监督效果好，被高检院评为4起典型案例之一。通过搭建“两微一端”新媒体平台发布检察信息，公开法律文书95份。

六、细化落实司法责任制改革的几点思考及建议

经过一年多的试点工作，二分院的改革已经搭起了“四梁八柱”，改革工作的重点也转移为对各项改革措施的细化落实，对已探索成熟的制度、措施及时通过规范性文件固化。总结前期试点工作中的得失，笔者认为还有以下几个方面值得认真思考：

（一）员额检察官动态调整问题

首批员额检察官比例配置过程中，是否预留比例及预留比例的多少对今后检察官队伍的发展可谓影响深远。首批使用员额比例较低单位，主要是考虑为年轻干警预留发展空间，使用比例高的单位更多的是为了应对办案压力。这两种做法前者容易导致有能力的助理无法入额，后者容易导致资历、经验尚浅的助理入额，[②] 这在改革初期可能都是正确的选择。但不能因此而固化了一个单

① 数据来源《关于2016年司法规范化检查的情况通报》渝检（办）〔2017〕2号、《关于司法规范化检查情况的通报》渝检（办）〔2016〕2号。

② 在员额检察官选任过程中，分院有工作近10年的优秀助理因员额限制不能入额，而基层院却有工作刚满两年就入额的检察官。

位的员额比例，因为各项业务工作能够平稳推进依靠的不仅是员额检察官的勤恳履职，更多的还有检察官助理的辛勤耕耘。因此，笔者建议根据业务工作和队伍发展的需要，各单位的员额比例可以适当动态调整，同时配合员额检察官退出机制，建立常态化检察官补充机制，适时、适量、动态调整补充员额检察官，可以考虑一年两次。

（二）关于三类人员的适当流通的问题

实践中三类人员的初步分类定岗涉及工作稳定、人才培养等方方面面的因素，[①] 尽管三类人员的职务晋升通道应该是三条并行不悖的“平行线”，[②] 但过渡期内在三类人员之间建立适当的流通机制还是很有必要的。检察队伍专业化建设并非是培养专门化或专一的检察官，[③] 因此建立检察官之间、检察官辅助人员之间的定期轮岗机制，可以有效提高检察官、检察官助理的业务能力、水平，避免检察人才培养落入专门化的窠臼。同时建议建立员额司法官与党政机关干部交流机制，促进司法干部交流和培养。与之相对应，设置检察官等级与行政职务职级双向对应关系，为实现人力资源的合理流动、最佳配置提供制度性保障。

（三）合理设置管理中层问题

内设机构整合后，检察系统原有的中层组织结构系统被打乱，大部门的负责人完成本部门的行政性管理工作的同时，很难抽出更多的时间、精力来完成业务管理工作，因此合理设置、使用管理中层可以有效破解业务管理难题。当前实践中主要是设主任检察官或原业务条线负责人为管理中层，笔者认为在基层院由于没有对下指导工作，可以设主任检察官的方式构建管理中层，有利于业务监督、管理；在地市级检察院由于承担对下指导工作，一般的检察官的办案能力没有问题，但对下指导业务能力、水平尚有欠缺，为防止地市级检察院指导职责的弱化，建议在过渡期内暂时由原业务部门负责人为管理中层，待条件成熟后逐渐转为主任检察官为管理中层。可以通过量化行政、业务监督管理、对下指导等工作，明确原业务处长的业务监督管理职责，以加强部门整合

---

① 尤其是人才培养方面，有些检察人员参加工作后一直在一个业务部门工作，缺乏对检察工作的全面了解，有时基于后备干部培养的目的，需要将其轮岗到综合部门锻炼，增强其综合业务能力，如果因分类定岗而禁止其再回业务部门是不合理的，也有违改革的初衷。

② 参见《中国法律评论》2016 年第 4 期对话栏目《抓住改革的“牛鼻子”——检察院司法责任制改革的理论与实践》中渝中区人民检察院夏阳检察长的发言。

③ 参见万毅：《检察改革“三忌”》，载《政法论坛》2015 年第 1 期。

后的业务管理监督和对下指导工作。

（四）领导直接办案的落实问题

领导直接办案的关键不在于数量，而在于其办案带来的示范作用。考虑到原业务运行模式下，中层正职干部就基本脱离了办案工作，主要从事管理和指导工作，到院领导级别后直接办案的时间、机会就更少，[①] 加之时间、精力的原因，领导直接办案虽然在质量上有更多保障，但其效率与业务骨干必然会有很大差距。因此，对于地市级检察院的领导直接办案需要明确以下几点：一是不限制领导办案的类型，办理新型案件、疑难复杂案件可以起到示范效果，各类案件类型都应涉及，可以起到全面了解不同程序下案件办理状况，通过熟悉业务流程，增强管理的有效性、监督的针对性，避免出现外行领导内行现象。二是要明确地市级检察院领导的指导、监督办案职责在绩效考核中所占比重。三是对办案数量不做过于固化的规定，防止为了凑数而弄虚作假“挂名办案”。

（五）检察官联席会议功能作用问题

调研中发现，对检察官联席会议的主要功能作用理解存在几种不恰当的思维：一是将监督作为其主要的功能作用，二是将其与原来分管领导组织研究案件相提并论，三是混淆其与检察委员会的地位、作用。首先，检察官联席会议可以起到一定的监督作用，但其发挥作用的原理是部门负责人可以通过检察官联席会议了解到承办检察官的办案情况，发现办案中存在问题后启动监督程序，因此业务监督不是检察官联席会议的主要功能。其次，与原来的组织研究拍板决定案件相比，案件讨论后的决定权发生了变化，原来的决策权在于案件讨论的主持人（分管检察长），而现在的决策权在于承办检察官，讨论的意见仅作为决策的参考。最后，检察委员会是检察机关的决策机构，案件经检委会讨论后得出的结论具有法律效力，检委会委员要对自己的发言、表决承担责任，承办检察官必须严格执行。而检察官联席会议的其他检察官的发言仅具有参考功能，不用承担法律责任。尽管检察官联席会议为检察官办案提供了有效的智力支持，但不能突破其咨询、参谋的功能定位，更不能混淆其与检察委员会的职能。

---

① 司改前，某院的检察委员会专职委员跟庭监督案件，庭审结束后感慨到“有十几年没有亲自出庭了，庭审程序与原来有很大差距。曾经优秀的公诉人长达经年的不直接办案，业务生疏、落伍掉队在所难免”。

（六）关于地市级检察院的对下指导问题

正如前文所述，随着司法责任制的全面铺开，对下个案指导的工作量将会下降，法律适用、类案指导业务会有适当增加，这就会使对下指导面临三个亟须明确的问题：一是根据对下指导类明确指导主体，法律适用指导明确由业务管理部负责检察调研的检察官负责，类案指导、个案指导明确由对应业务部门负责人牵头负责。二是在指导方式上应逐渐减少口头指导，明确对下指导工作书面化，提高对下指导的权威性。三是对下指导的程序方面，应明确下级院请示的案件应经过检察官联席会议、检察委员会两道过滤程序后，仍不能作出决定的，方可向上级院提出请示。

（七）进一步完善监督、追责机制问题

事中监督是当前监督体系中的难点和短板，关于事中监督的主体、监督程度等都存在很大争论。关于事中监督的主体，业务部门负责人认为应由业务管理部负责，但业务管理部在事中仅能做到程序性节点监督，更多的精力放在了事后的案件质量评查和检察官司法档案建立，无法承担起事中监督的重担。加之业务管理部检察官作为案外人介入正在办理的案件，介入的时机、程度等都很难把控，介入时机不对或介入深了会干扰检察官独立办案。当前，笔者建议可以通过建立跟庭评审机制，通过专人的随机跟庭评查的方法补齐事中监督的短板。司法追责机制的目的是通过追责提高司法规范化水平，提升司法公信力，因此通过案件评查、规范化检查等监督工作发现的问题，一方面要坚持通报，另一方面加强追责机制的落实，对出现的司法瑕疵、错误要敢于逗硬，敢于追责。

回头看二分院改革试点工作，一年多来取得不少成绩，为进一步深化落实司法责任制改革开了好头，但比开头更难的是坚持，改革的过程就是与困难扳手腕，“过时的东西总是力图在新生的形式得到回复和巩固”。当前，改革倒流思维不会旗帜鲜明的反对改革，但仍会以各种形式阻碍改革的深化，这就需要我们扑下身子，狠抓落实，加大对司法责任制落实的层层监督力度，谨防改革倒流思维。改革的“破与立”及其制度机制的完善，还有待于进一步探索，并接受更多的实践检验。

司法责任制改革背景下检察办案组织之运行考察

——以G省首批改革试点检察院办案组织实践为中心

广东省人民检察院调研组*

自2013年年底以来，作为高检院部署的主任检察官办案责任制及中央政法委部署的四项改革首批试点单位，G省Z市、O市、M市、T市四市两级试点检察院先后开展了以（主任）检察官为基数的办案组织建设工作。[①] 从最初建立主任检察官办案组，继而在上层引领下调适为以入额检察官为基数搭建起检察官办案组织并推动运行，试点探索取得了一些成效，也呈现出相关问题。司法责任制改革对办案组织建设赋予了怎样的目的要求和制度期待，试点改革能否实现这一预期并为我们提供理论、制度与实践的意义参考？本文拟以G省相关办案组织建设情况为实证样本，就办案组织运行及其支撑的司法责任制改革问题进行探讨。

一、司法责任制改革背景下检察办案组织之制度预期

司法责任制改革的目标，在于通过保障检察官办案权力的独立行使及与之相应的责任分担，改进行政性办案方式，推进检察权运行机制的完善。而"责任机制形成的基础，是检察机关办案采取的组织形式，不同的组织形式，

---

* 调研组组长：黄武，广东省人民检察院副检察长；调研组成员：曾翀，广东省人民检察院法律政策研究室副主任；刘婵秀，广东省人民检察院检改办成员；徐莉莎，广东省人民检察院检改办成员。

① 由于主任检察官办案责任制及检察官办案责任制两项改革时间衔接较紧，部分试点单位先前组建的是主任检察官办案组，在遴选出员额检察官后，办案组织形式方面，也由主任检察官办案组织调整为检察官办案组织，但有些工作机制只是微调，为表现这种承接性，文中对二者过渡时期的相关表述采（主任）检察官。

将形成不同的责任机制。”[①] 也因此，检察机关办案组织建设在司法责任制改革中意义重大。结合本轮司法责任制改革背景及“建立权责明确、协作紧密、制约有力、运行高效”新型检察办案组织的改革要求，当前的办案组织建设至少承载着以下三点制度期待：

（一）检察改革主导价值之调适

应该说，近十多年来，我们也一直在向着改进检察权运行机制进行相关努力，从主诉检察官制度到前期试行的主任检察官制度，其要旨均在于，在我国检察制度现实背景下，选择一批骨干检察官，赋予其相对独立性以及更大的权力和责任，以改变以往传统“三级审批制”办案模式存在的各种弊端。具体来讲，上述两项制度，前者主要是为应对刑诉法修改对公诉人办案质量和出庭素质要求提升的挑战，后者主要是为了突出检察官主体地位，提高办案效率，二者客观上都已触及检察机关办案组织建设及相关责任问题，但对明晰办案责任的要求，并不强烈。实行初期，二者在提高办案效率、提升队伍素质方面取得了一定成效，但经过多年实践，由于检察官权力保障不到位、配套制度缺失等原因，实践中效果还不理想。而新一轮司法责任制改革的背景，虽然效率与素质提升仍是动因，但其主要思路与目的在于以司法责任来倒逼案件质量的提高。近年来，因部分冤假错案带来的司法公信力不高问题比较突出，这些问题的产生，有司法观念陈旧、司法人员素质不高等原因，但深层次原因在于司法管理体制和司法权运行机制不健全，其中就包括司法责任不完善。[②] “新一轮司法改革强力推进去行政化和去地方化，明晰和强化办案责任，需要进一步提升检察工作的法治化水平。”[③] 也因此，司法责任制改革背景下，新的办案组织建设较之前述关联制度中既有的简单的办案组织，有更艰巨的“责任意识”担当。一定意义上，就是通过改革主导价值之调适，即从素质、效率等向责任因素的特别倾斜，实现对前述关联性制度实践局限性之克服。

（二）检察权能运行属性之调和

检察权属性的复杂性，要求其权能运行方式，一方面既要坚持一体化原则，保证上令下行；另一方面又要遵循司法规律，凸显检察官主体地位。以往

---

① 龙宗智：《检察官办案责任制相关问题研究》，载《中国法学》2015 年第 1 期。

② 参见胡泽君：《在贯彻落实〈关于完善人民检察院司法责任制的若干意见〉部署会上的讲话》（2015 年 10 月 15 日），载最高人民检察院司法体制改革领导小组办公室编：《人民检察院司法责任制学习资料》，中国检察出版社 2015 年版，第 53 页。

③ 谢鹏程：《检察官办案责任制改革的三个问题》，载《国家检察官学院学报》2014 年第 6 期。

的“三级审批制”办案方式，以检察机关内设机构为基本单元运转，这种行政性较强的运作模式，弱化了办案检察官在案件办理中的主导作用，损害了检察权的司法属性。司法改革正是意在通过改善权力运行方式来协调二者，以一种更能体现、更有利于检察官主体地位发挥的办案组织形式来缓和一体化与独立性之间的张力。“作为检察机关内部最基本的办案组织和行使检察权最基础的单元，不仅应当具有固定性和稳定性，还应当反映和凸显检察办案的特色……既能确保检察官独立办案，又能加强内部的监督制约，还能较好地克服行政化的办案模式，并能通过办案组织彰显检察官的司法官属性。[①] 可见，疏离、解构内设机构与行政审批制之间的紧密关系，建构起检察一体与检察官独立相协调的办案机制，实现检察权能运行从行政化向适度司法化转变，也是办案组织的制度预期。

（三）检察办案人力资源之调配

司法改革背景下对检察办案组织制度预期关注，必然会涉及这样一个问题，即在检察权运行方式的改善中，办案主体地位突出的对象指向为什么不是承办人而是办案组织？

根据组织学原理，“组织”是为了实现个人难以实现的特定目标，具有精心设置的组织结构和组织规则，进行有意识的协调活动并与外部环境保持密切联系的社会责任实体。[②] 从组织的协作特性上看，检察机关办案组织是由若干负有不同职责的检察人员参与和协作的组织，在实行检察人员分类管理的情况下，检察机关办案组织实施人员分类和工作分工，由行使国家检察权的各层级检察官作为办案组织的办案核心，辅助检察官行使检察权力的辅助人员协助配合检察官办案。可见，跟承办人以及以往简单的办案组相比，司法责任制改革背景下的办案组织并不是普通的工作组，而是管理学上的组织形式，其内含三个重要元素，即以高质量的检察官为基数、其他人员的调配协作、不同人员的责任差异，通过此三元素的组织构建和有机运转，在现有人力资源下实现组织效能的最佳发挥。

同时值得关注的是，由于近年来司法行政化的发展倾向，留在一线办案的检察官往往资历较浅、经验不丰，一些资历丰富的检察官骨干逐渐远离一线办案岗位，这与检察办案活动的本质需求相悖。办案组织建设正是通过办案模式

① 向泽选：《检察办案组织的改革应当彰显司法属性》，载《人民检察》2013 年第 22 期。

② 参见郑青：《我国检察机关办案组织研究与重构》，载《人民检察》2015 年第 10 期。

改革，下放办案权力，取消两级审批，解放一批办案能力强的副检察长、业务部门负责人，让其回归、充实、加强一线办案，并能将其他尚不具备独立办案能力的辅助人员组织动员、引导起来，实现司法人力资源有效配置。

二、办案组织运作之样本呈现

G省首批改革试点检察院的办案组织建设围绕着选配入额检察官、各层级检察人员职权划分、设置办案组织、构筑监督制约体系等展开。根据G省检察院印发的检察官办案组织组建及运行实施办法，试点地区以“1（1名检察官）+1（1名检察官助理或1名书记员）”为组织模式基本形态，辅之以其他组织构成，初步实现了由“三级审批制”到“主要由检察官决定案件”的办案模式转变，减少了办案审批层级，简化了办案流程。各地探索共性与个性并存，可以观察分析的问题很多，为论述方便，我们以四市试点院的总体情况为群体样本背景，部分试点院的具体运行为个体样本对象（包括某业务类别的全面型推进或试点组探索），[①] 结合前述办案组织制度的预期目标，选取其中几个关键性节点问题进行考察。

（一）办案组织构建

1. 内设机构的重整与变更

内设机构是办案组织架构的外部体系，与办案组织建设紧密相关。M市、T市暂时保留原有的内设机构设置，只是在职能上将其仅作为某类业务办案组织的管理机构而非办案审批层级。O市试点院则按照扁平化管理模式重整了内设机构。如O市D区院改变过去完全按照诉讼环节设置机构的传统，将原有14个内设机构整合为“三局一办”，即履行审查批捕的公诉局、反贪污贿赂渎职侵权局、诉讼监督局及履行综合职能检察长办公室，实行扁平化管理。

Z市内设机构改革则经历了重整和变更两个阶段。改革初期，Z市两级院取消了原有内设业务机构，代之以整合后的大部制，实行（主任）检察官办案组织直接对检察长（分管副检察长）负责的办案模式。如市院围绕公诉权、职务犯罪侦查权和诉讼监督权三大职权分类，将原有内设机构整合为公诉部、

---

① 这其中，四市两级试点院的办案组织推进又包括全面型和试点组两种，前者是全院在主要业务部门全体推进，Z市、M市、T市均属此类情况，后者是在公诉或刑检类等业务部门有针对性地建立几个试点组进行探索，O市市院及其下属的D区院就属此类代表。其成立试点组旨在局部范围内通过实践形成关于（主任）检察官办案组织构建的各种规范制度，以及论证这些制度合理性的实践数据。核心问题有二：一是论证（主任）检察官与检察官助理的配搭构成；二是论证（主任）检察官与检察官助理的分工及运行方式。

职务犯罪侦查部、诉讼监督部、业务管理部、业务保障部、综合管理部和政治部（处）等职能部门。除职务犯罪侦查部和政治部（处）沿袭二级局机构设置外，其余各部均为虚拟机构。改革深化调整阶段，Z市市院针对改革起步探索阶段实行扁平化管理后出现的行政管理弱化、执行力下降、办案标准统一把握欠缺等问题，对内设业务机构进行了优化调整，重新组建新的反贪局，整合业务机构，设置公诉部、侦查监督部、刑事执行检察部、业务管理部、刑事申诉部、民事行政检察部及未成年人检察工作办公室，明确市院办案组织归口管理和任命的业务部部长职责，逐步构建起适应改革需要的管理新架构。

2. 办案组织形式与类别的划分

各试点单位基本按《若干意见》对办案组织进行了固定办案组、临时办案组、独任制与办案组等形式划分。除此之外，Z市市院还主要根据各检察业务类型的司法属性、办案流程以及管理模式，实行组织形式划分。其将检察职权配置涵盖的业务范围分为业务执行类（包括反贪污贿赂、反渎职侵权、侦查监督、公诉、民事行政检察、控告、申诉、监所检察、职务犯罪预防等执行类业务）、业务管理类（包括案件管理、检察委员会办公室、人民监督员办公室等管理类业务）、业务保障类（举报信息、法律政策研究等保障类业务）三大类，在这三类业务中均实行检察官责任制，即检察官责任制不仅仅局限于办案业务，还有其他法律属性较强的业务。据此，组织类别也包括业务执行类、业务管理类、业务保障类等检察官组别，前者为办案组织，后两者被称为其他检察官组别，在其他（主任）检察官组别的设置上，主要是在业务管理部设置案件管理、人民监督员办公室等组别；在业务保障部设置综合业务、法案研究、举报线索、行动技术、情报信息等组别，实行主任检察官负责制。

3. 办案组织内部人员组配与职责划分

1名主任检察官到底同几名及怎样的辅助人员搭配、各人员具体分工及按何种方式办案才能实现工作量均衡且办案质效较高？O市两级试点院的公诉部门通过试点组的构建与运行进行了对比、同比验证。如O市D区院公诉部门针对组织内人员如何分工问题，开展了“独任制下的主辅分工模式”改革试点探索，即对A、B两个试点组进行同比（命名分别为A试点组、B试点组，两组人员构成类似，即1名检察官+2名助理+0.5名书记员，两组共用1名书记员）验证，试点组旨在局部范围内通过实践探索关于检察官与助理的搭配构成、分工及运行方式，形成关于办案组构建的各种规范制度。两组办案数量、质量、各人员耗时验证表明，试点分工较科学、均衡，效果良好。试点组主辅人员、书记员权责明晰，各自负责对应的工作内容，和普通办案组比较，除证据摘录由检察官助理分担之外，原本不属于检察官管理的事务性工作如开具换押证、文书公开等也由书记员专职去做，这就将检察官从原本挣扎于各种繁杂事务要兼顾各项大小工作的境况中解放出来，只纯粹干“高技术含量”的活，对于检察官本人来讲也增强了职业荣誉感和价值认同感，能促使其更加有动力全身心投入“主业”工作。

办案组织内部，一方面，对检察官与助理主办案件范围相对进行了基础性划分，如O市D区院、H区院均按案件复杂程度或适用程序分别将案件分为一、二、三类或普通、简易程序类案件，规定在这些案件的办理中，办案组内主任检察官与助理各自分工及运作步骤与方式，确保办案分工明确，推进顺畅。另一方面，规定了检察官的“三亲自”原则，增强办案责任。上述两区院均对相关类型的案件要求检察官做到亲自阅卷、审讯、开庭，以体现亲历性，提高办案质量。同时规定其他工作由辅助人员在主任检察官的指导下完成，提高办案效率。所有普通程序案件均由检察官亲自出庭，助理按检察官安排对简易程序审理的案件出庭支持公诉。检察官可以在自己的职权范围内，指派本办案组的辅助人员执行有关决定和处理相关事项，并对相关决定负责；辅助人员对指派事项的执行、处理情况负责。

（二）办案组织的运行情况

1. 明确各层级检察人员的权限职责

各试点院根据相关法律法规和检察权运行规律，对相关检察人员的权限职责进行梳理并适度进行分级分类授权，制定了权责规定或清单，以明确检察长、检委会、分管副检察长、部门负责人、检察官在各类检察业务中的职权。如Z市市院将678项职权逐项依据相关法律规定进行分级授权，其中检察官职权占整个清单职权的53%，原属于检察委员会、检察长职权下放给主任检察官行使的有34项。O市两级试点院坚持凡能授予检察官自行决定的，尽量下放，并明确相关人员的职权清单。改革以来，Z市全市主管侦查监督工作的副检察长审批文书的数量平均下降49%；主管公诉工作的副检察长审批文书的数量平均下降42%，检察官主体地位得到了突出。

2. 业务部门负责人综合性监督管理职责及案件审核权

尚保留内设机构的试点院，内设机构形式上仍作为中层机构存在，但职责上一般已不作为案件审批层级，只是负责行政性综合事务管理和协调。如O市H区院检察官办案组织形式及人员权责划分办法将检察官办案组织人员职责清单作为附件，列明了各业务部门负责人、检察官、检察官助理、书记员岗位职责，规定检察官、检察辅助人员应接受和服从部门负责人的管理和监督，按照安排完成案件协调、学习竞赛、理论调研、会议培训等各项工作。

同时，G省检察院结合改革过渡期特点及本省实际，在权力清单的制定上，明确了“有条件地发挥部门负责人的审核把关作用，平稳有序转变办案模式”这一指导思想。在有关业务部门负责人的职权配置上，在高检院《若干意见》基础上增加了两项内容：一是统一同类案件的认定裁量标准；二是根据检察长的委托，审核其他检察官报请检察长或检察委员会决定的案件和其他经检察长或检察委员会授权的事项，并将审查逮捕、审查起诉和诉讼监督等其他法律监督类案件中业务部门负责人的审核权限制在过渡期。[①]

其他各地也依照这一规定明确了业务部门负责人的案件审核权。不过，对这一审核权执行情况的调研来看，部分检察官及部门负责人均认为，审核本身是一个管理学或行政学上的术语借用，司法中其具体含义不清，对其形式或内容具体要求怎么样，也还没有明确规定，实践中操作情形也是各异，如对提交检察长决定的案件，一般签写“提交科或检察官会议讨论”，也有的写上明确的同意或不同意意见，到底是否应有实体意见，还是只是走个程序呢？其有否对应的责任或具体是怎样的责任？不清楚。但不管是否有规定的责任，对部门负责人而言，还是有一种无形的责任，变相的责任，毕竟案件被法院打回来或判无罪是有压力的，所以在签署或审核时仍然存在着隐性压力和责任。

3. 检察官联席会议制度

各试点院基本都按《若干意见》要求建立了检察官联席会议制度，对重大疑难复杂案件或重大事项进行讨论，为承办案件的独任检察官和检察官办案组提供参考意见，同时作为检察官办案内部监督制约及检委会前置过滤机制。在人员构成、启动决定、讨论范围、讨论效力等方面，各地规定与操作不尽一致。

人员构成方面，已进行内设机构重整的Z市市院与O市D区院均有院领导参加并召集主持。其他单位则多在某业务部门建立检察官联席会议，由业务部门负责人主持，本部门检察官均应当参加会议。必要时，可邀请其他部门检察官或相关人员列席。

启动决定与讨论范围方面，有的规定只要承办检察官认为属于重大疑难复杂案件，就可提请讨论，由分管检察长或检委会委员、部门负责人决定是否讨论；有的规定各检察官在办案中遇到需要其他办案团队协调配合的重大事项，或需研究确定的某类重大疑难案件的类案法律适用事项，在报分管副检察长决

① 《G省人民检察院贯彻落实〈关于完善人民检察院司法责任制的若干意见〉的实施意见（试行）》第13条规定：改革过渡期内，独任检察官、检察官办案组需要报检察长（分管副检察长）或检察委员会决定的审查逮捕、审查起诉以及诉讼监督等其他法律监督事项，检察长（分管副检察长）可以委托部门主要负责人先行审核。

定前，可以提交检察官联席会议讨论，但应当与召集会议的检委会委员取得一致意见，或征得分管副检察长同意；上会的案件应侧重于讨论疑难案件的法律适用问题，以体现检察官办案责任制的司法亲历原则；分管副检察长在审批案件过程中，可以根据实际需要，主持召开检察官联席会议。部分试点院规定，讨论分应当提请讨论的和检察官自行决定是否提请的两种情况，提请由检察官决定，由检委会委员决定是否列入讨论。

Z市市院的讨论范围主要以案件的程序性处理为划分标准，如拟作不起诉、拟撤回起诉、复议复核案件等。O市D区院公诉局在执行这一制度时特别规定，其讨论案件范围与检委会议案范围相同，经过正向引导和负向排除，可提请讨论的案件范围较小，如疑难、复杂案件不是当然就可以提请讨论，同时还要求有可能作出不起诉处理决定，对于检察官认为疑难、复杂同时又认为可以起诉但又拿不定决定的情况，可否借由检察官联席会议的讨论提供参考帮助？试点组的检察官明确表示，检察官不能将自己拿不定主意、没有能力决策或决定的案件提交讨论，以从他人处获得参考意见，他人没有义务来为其提供参考帮助，检察官应通过自行学习、研究或单独请教他人来进行决策，自主决定是检察官应具备的个体素能，这也是司法责任制改革对检察官的必备素能要求。就此，对实践中确实存在的难以决策或个别案件能力不足问题，有些检察官只能通过技术处理，即为符合讨论范围，以违背自我起诉本意的“不起诉初步决定”提请讨论，如果最后的决定是起诉，考核时对其将予以扣分。

各地对讨论效力的规定也存在差异。如Z市公诉部联席会议制度规定，对检察官自行决定是否提请讨论的案件，如检察官拟不采纳多数意见或案件讨论不能形成多数意见的，应当报请分管副检察长审批；其诉讼监督部的制度规定，联席会议后形成的倾向性意见，仅供提起讨论的主任检察官或分管副检察长决策参考，没有决策效力。就具体案件，检察官的处理意见与分管副检察长不一致时，应服从分管副检察长的决定意见。而其他地方则多规定，检察官对职权范围内的案件和事项应当自行决定，检察官联席会议多数意见对其没有约束力，讨论结果仅供参考。检察官采纳检察官联席会议多数意见对案件或事项作出处理决定的，视为检察官自行决定，并承担责任。检察官的意见与检察官联席会议多数意见不一致时，可以由部门负责人报请分管副检察长审查决定。参加讨论的其他检察官对自己发表的意见和理由负责。

4. 检委会讨论制度

司法责任制改革要求强化检委会对检察工作的宏观层面指导决策功能，限缩检委会讨论决定案件范围数量，各试点单位对本院检委会讨论案件范围作了一定调整和限制。如Z市市院职权配置清单中，公诉职权方面，检委会职权只有三项：一是决定检长和公安机关负责人的回避，二是决定重大、疑难、复杂案件的抗诉，三是对检察长认为应当提交检察委员会讨论的不起诉、撤回起诉、附条件不起诉、撤销（不）起诉等案件作出决定。O市市院及D区院检委会讨论案件范围，除要求遵循职能突出原则、法律适用原则、重大分歧原则、普遍指导性原则外，还要求对提请检察委员会讨论的刑事案件，同时有可能作出不起诉处理决定，并具备案情重大、案情疑难、复杂两个条件之一。由此，改革以来，Z市检察委员会审议案件数量平均下降幅度达22.9%，另O市H区院公诉科半年内，全科只有43件59人提交检委会讨论结案，仅占1.4%。

5. 责任分配机制

责任分配是办案组织运行中较受关注但还存在不少争议的问题。各试点单位在办案组织运行的相关制度中均参考《若干意见》及G省检察院的实施意见对相关人员的办案责任进行了规定。如对检察官与检察长、检委会的责任分工，均按《若干意见》第37条规定，属于检察长（副检察长）或检察委员会决定的事项，检察官对事实和证据负责，检察长（副检察长）或检察委员会对决定事项负责。对办案组织内部的责任划分，也基本参照《若干意见》第38条予以了规定。O市H区院则在此基础上稍稍予以了细化：书记员对协助检察官和检察官助理处理的事项负责。检察官、检察官助理和书记员均有责任的，同时承担各自相应责任。检察官、检察官助理和书记员是否应当承担责任以及承担责任的大小，由第三方进行评定。

总的来讲，办案责任方面，多为原则性、方向性指引，办案组织运行中，对组织内部与组织之间相关人员还暂缺乏工作指引和职责划分，对微观意义上的责任承担与分配仍存在认识不统一、操作难实现及是否清晰、公平合理等归责困惑。如O市D区院在试点组实践中就发现，在办案组织内部检察官和检察官助理责任分担上就存有认识分歧，检察官担心如果责任全部由自己承担，检察官助理不用担责，可能会导致其责任心下降，影响工作质量；检察官助理则认为其只是按照检察官的要求办理具体工作，不应当承担有关案件责任。

G省检察院在拟定责任认定与追究办案时，拟在《若干意见》基础上进一步细化，并在全省征求意见，各地对检察官执行检察长明显违法决定的责任分配、部门负责人审核案件的司法责任规定、部门负责人及检察长的监督管理责任追责问题、进一步细化办案组织内部的责任分配等提出了一些要求，讨论时争议较大，由于司法责任是一个极其严肃的问题，为慎重起见，最终没有自行作出新的规定，只对办案组织内检察官、辅助人员的责任稍作明确。

（三）办案组织运行的外在保障方面

1. 绩效考核

各试点单位对办案组织或其成员开展了相关业务考核与绩效激励工作。如Z市F区院制定了办案组织团队绩效考核办法与实施细则，在各办案团队中形成良性竞争。其他各单位的考核体系多针对检察官，如我们从O市D区其中一名试点组检察官2016年绩效考核指标表格上可以看到，考核分办案数量、质量、法律监督效果、学习能力、创新能力、科研成果、思想政治和党风廉政建设、院党组确定的其他工作目标、主观评价（领导满意度、群众满意度，后者主要由辅助人员打分，其次是参考被投诉情况）、主人翁责任感（事务工作及合理建议）、附加分项（未检承办人帮教数、带队伍如带辅助人员的，参与试点组的均加分）等十来项一级指标，每项一级指标下又设若干项二级指标及相应的具体考核标准。如办案数量下设办案人数和公诉案件审结率两项指标，案件质量部分又主要包括：（1）讨论出席率（15分）：基础分0分，每出席一次加0.5分，15分封顶。（2）提交讨论率（15分）：以全局人均讨论案件数为15分，每多一件，扣0.5分；每少一件，加0.5分。（3）批捕后不起诉率（15分）：基础分15分，捕后作不起诉的，每案扣5分，因证据、法律发生变化以及承办人建议不捕，检察长决定批准逮捕的除外。另有不捕改逮捕率、捕后撤案和诉后撤案数、无罪判决数、错误不起诉案件数、执法办案程序规范等21项内容。即对涉及案件办理的相关事务性表现及质量的各种程序、实体问题，都有正向、负向规定了基础分、加分、扣分细则，激励检察官提升办案的事业性及业务性业绩。

2. 分类管理与职业保障

办案组织建设的基础在“人”，检察人员分类管理对办案组织建设具有实质意义。受各种条件制约，相关试点地区还暂没实质性地开展分类管理，只是从身份上将不同检察人员区别开来。Z市检察机关在此进行了探索。其将检察人员划分为检察官、检察辅助人员和司法行政人员三类，建立以检察官等级为职务层次、以薪级对应相关待遇、与行政级别脱钩的单独职务序列和单独薪酬体系，检察官从五级检察官至二级高级检察官8个等级，对应12至68共57个薪级，实现了检察官与其他人员的相对独立、分途发展，同时实行检察官等级与薪级联动晋升，改革以来，检察官工资待遇人均上浮近两成。多个试点单位也在本地政府支持下，以专项津贴形式，为业务部门检察官、检察官助理提供不同标准的职业保障。

Z市检察官管理暂行制度规定，检察官员额以满足检察工作需要为出发点，检察官不得兼任检察辅助人员和司法行政人员职务序列的职务。

三、基于司法责任制改革目的与规范的对接考察

对接司法责任制改革目标、前期主诉制等相关实践及《若干意见》等规范性制度，当前办案组织试点探索也反映出相关进步以及局限性问题。

（一）推进与突破

总体上看，G省首批试点院办案组织建设取得了一线办案力量增加、检察官主体地位与办案责任意识增强、办案方式改进、办案效率质量提高等成效，就办案组织运作自身来讲，还有以下几方面进步。

一是对办案组织形式、类型进行了一些开放性探索。这主要是对非典型办案组织构建的尝试。不同于《若干意见》中均以“办案组织”统一命名的制度安排，有些试点院并非仅按案件类型而同时参考业务类型来实行不同的组织形式，兼顾了检察业务类型的复杂性及其对检察官组织形式的影响，对部分业务性较强但并非典型办案业务如案管、法律政策研究的检察官组织形式也予以考量，其办案组织在第一层级上分为典型的业务执行类与非典型的其他组织类，第二层级中再将二者各自细分，非典型办案业务被合理纳入相应的检察官组织或组别，一定意义上直面或解决了非典型办案部门、岗位的组织建设难题。

二是对办案组织定位、运行机制的认识有了相对推进。不同于之前的主诉（办）检察官责任制，后者一定意义上也有构建相应的办案组或办案组织，但其仅被视为单纯的办案机制而没有与人员分类管理、检察官职业化等议题相关联，检察官办案权得不到保证。当前试点改革中的办案组织定位并非仅局限为静态的办案单元，而同时是动态的办案模式，关联并承载着司法责任制改革目标及整个检察权运行机制的改善，也因此，办案组织置身的生态环境如人员分类管理、检察官对案件处理的决定权及责任分配、内设机构与办案组织的关系处理、考核激励机制等得到了同步推进，办案组织的运行成效得以提升。

三是办案组织的设置与运作方式加强了检察办案的司法属性，一定程度上缓解了检察一体化与检察官独立性、司法责任制之间的张力。“检察院内部权力结构的重构，主要体现在检察院办案组织的重新设置，检察官办案权限的重新配置上。”[①] 办案组织设置与运作中，作为普通办案组织负责人的检察官，其与检委会、检察长、部门负责人之间的办案权力与责任关系得到了有效重

① 左卫民、谢小剑：《检察院内部权力结构转型：问题与方向》，载《现代法学》2016年第6期。

构，同时通过审核权的特别配置、检察官联席会议、检委会讨论等运行机制，特别关注到了检察官主体地位与监督制约的关系，较好地处理了办案司法属性与一体化下的行政性属性关系。另外，部分试点院在改革中尽管已有主诉检察官制度的前期积累，组建新型办案组后，工作流程上似乎变化不大，但由于各类检察人员职责权限的进一步明确、清晰，更多办案事项在办案组织内部就能得到处理或决定，在司法责任的归属指向上还是有了相应推进。

（二）问题与局限

一是对办案组织实践与相关理论基础还没能进行有效对接，对非典型办案组织工作方式缺乏有效探索。司法责任制改革背景下，根据组织学理论，“新的办案组织应该有两个基本特点，其一是案件承办权和决定权的统一；其二是与任何组织一样，办案组织也是责任实体。”[①] 对于检察官职权范围以外的案件办理，即审定分离时，如何实现责任实体与办案实体的统一，并据此明确此种状况下检察长与普通办案组织联动的复杂类型办案组织构建，还是一个难题，试点实践中尚无理会和应对。另外，非典型办案业务中虽有组织构成与类型实践，但其工作方式还不清晰。员额配备至办案组织后，要按照司法责任制要求，对其工作机制和工作方式做全新的审视和变革，对相关非典型办案业务，要更加清晰认识和科学分析司法责任制对其提出的新要求，对相关工作要区分岗位责任和司法责任，突出主业和司法属性，行使司法性质权力要切实做到权责相统一。[②] 就此，我们的试点实践中，非典型办案组织业务工作方式的探索还极为欠缺。

二是办案组织建设与员额制、分类管理制度还不能有效衔接。员额制、分类管理制度是健全办案组织的前提和基础，是办案组织中检察官主体地位的“人力素能”保障和组织发展的内生动力。员额制的主要目的是以“精兵简政”向精英化、职业化的努力，其应选任出具有担责资格的高素质主体，但受制于办案压力，目前的入额人员还无法较好地达到这一要求，与员额制的预期存有差距。人员分类管理主要聚焦于检察官，对辅助人员特别是检察官助理的管理机制及组织动员力量欠缺，“有分类无管理”使得其对自身发展感到迷惘。不管是 Z 市的全面型建设还是 O 市 D 区院的试点组建设，办案组织的可

① 郑青：《我国检察机关办案组织研究与重构》，载《人民检察》2015 年第 10 期。

② 参见最高人民检察院姜建初副检察长《在全国检察机关法律政策研究室工作座谈会上的讲话》（2016 年 10 月 18 日）。

持续发展均存在问题，辅助人员能否得到适时、合理补足，还暂无制度性保障。[1] 另部分试点单位员额人员与行政人员持有双重身份，胜者通吃，而部分业务部门、业务岗位人员“两不靠”，一方面员额有限制，另一方面又被限制在行政发展通道之外，人员发展、晋升空间受限，职业化推进难。

三是对办案机制与管理机制的复合性、关联性探索不够深入。“新型的检察办案组织形态符合扁平化管理的价值诉求，实际上也被赋予自我管理、自我完善的使命，具有重要的管理学意义”，[2] 尽管办案组织中检察官有一定的主导作用，但表现其团队合力、共同体目标打造方面的自我扁平化管理还较欠缺。在为办案组织团体、组成人员业绩考评如何设定更为科学、更有可操作性的标准、如何确定不同业务线条检察官的合理工作量、非典型性、边缘性业务工作如何纳入业绩考核等方面，还亟待构建、完善相关机制和措施。

四是既有的责任机制模糊。不管是制度上还是实践中，司法责任机制都还尚不清晰。《若干意见》中对事实和证据负责与对决定事项负责的责任分离问题如何操作？如事实和证据的问题在实践中极为复杂，其也可以成为案件办理中的重大、疑难问题，超出检察官个人能力范围时，是否属于检察官决定事项范围，检察官是否可就此报请检察长（副检察长）或检察委员会决定，检察官对此究竟应如何负责，其也担心在事实方面的责任风险要远大于法律方面的，[3] 怎样的责任分配机制才科学合理，检察官会存有疑虑。审核对应的责任怎样？监督管理的追责机制如何构建？岗位责任与司法责任主要表现及如何区分？辅助人员司法责任分配的正当性与公平性如何体现？《若干意见》中规定，检察官执行检察长（分管副检察长）明显违法的决定的，应当承担相应的司法责任，这里是否隐含着检察官的抗命权？[4] 试点单位对这些问题都存在认识分歧。而目前的办案组织运行中，检察官的责任意识虽有提高，但实际上其是一种抽象认识，真正在微观上起显性作用的，是考核机制，责任机制暂时

---

① 如O市公诉部门的试点组当前运行良好，但该办案组织负责人却对此忧心忡忡：试点组工作模式能否延续？随着时间推移，本组织内的检察官助理任命满三年，他们是否还满足于在组内做助手？组织的运作状况能否满足其成长渴望？

② 张亮：《四个层面强化检察办案组织扁平化管理》，载《检察日报》2016年5月13日。

③ 参见杜磊：《检察官办案责任制改革探索》，载《环球法律评论》2015年第3期。

④ 有观点认为这里其实隐含着检察官的抗命权。参见检察官办案责任制改革实证研究课题组：《检察官办案责任制改革实证研究》，载王守安、谢鹏程、单民、陈波主编：《中国检察》第25卷，中国检察出版社2016年版，第194页。但G省检察院在制定本省检察机关司法责任认定与追求办案时，对该问题的认识分歧较大。

是其次的、隐性的，其虽引而不发，但其法律意义上的评价、预期功能必须得到彰显，因此对责任机制的认识仍有需求，仍需要明确。

五是检察官的主体地位、办案组织运行的制度及机制保障还较为欠缺。如部门负责人、检察长对检察官办案的审核还缺乏规制，各试点单位办案组织运行微观制度规定一方面存在多样性、差异性，另一方面规范性、缜密性不够，如检察官联席会议制度、考核机制、检委会讨论范围、组织内人员职责分配、权限划分、内设机构调整内部办案监督制度等均存有差异，但就各自的体系性要求来看，还是存在一些疏漏，① 如何建立体系缜密又符合改革目的的办案组织运行制度，还有较大的探索空间。

四、办案组织的建设方向之考量

“检察机关办案组织体系的改革并不是检察机关内部组织机构的简单调整，而是检察制度改革目标在办案组织体系中的落实和体现。”② 因此，对办案组织的理解与认识还需要在更开阔的视野下，研究其实践类型和理论基础，明确其是司法责任制改革背景下，检察官实现自身办案权力与相应责任有机组配、有效联动的组织形式和办案方式。结合试点改革呈现出的相关问题，可以从以下几方面思考办案组织建设的努力方向。

（一）相对强化“司法责任”因素对办案组织建设的意义关联与价值导向

与前些年实行主诉检察官办案责任制的主要目的在于提高办案效率不同，本轮司法责任制改革的出发点并非仅在效率，而是强力推进检察院内部权力结构转型实现案件办理的去行政化，明晰和强化办案责任，因此办案组织建设中一定要相对突出这一“责任”因素。本轮司法改革意味着权力、资源和责任的重新分配，而且再分配的重点直接放置到了检察官等微观主体层面，而不同类别的司法工作人员将会各自承担何种或多大的责任等更为关键也更为困难的

---

① 如放权与监督关系的处理是司法责任制改革中的一个关键问题，G 省就发现有试点部门在实践中，检察官对个别特殊案件作了不起诉处理，而院领导不知情，影响了案件办理的社会效果，所以在相关需集体讨论或报告的案件范围方面，还要仔细斟酌，以免在放权的同时出现不应该的疏漏，同时也提醒我们在制度构建中，关注制度在监督考量上的缜密性。

② 孙剑明：《检察机关办案组织体系及办案责任制完善》，载《人民检察》2013 年第 22 期。

问题，却没有得到充分的关注。[①] 因此要特别注意本轮司法改革对于司法责任的强调，那么具体从哪些方面来加强责任建制呢?

一是进一步明晰办案组织内外的责任机制。办案组织内部，要明确辅助人员的司法责任主体资格及与办案组织中检察官的责任划分，包括检察官对辅助人员参与办案的审核责任及自身的办案责任；办案组织外部，则是针对审核权的意义模糊，进一步明确其在不同情况下的内涵及是否存在或存在怎样的对应责任，如部门负责人、检察长的审核责任问题等。[②]

二是补强制度上责任问题的薄弱与疏漏。加强对事实、证据与决定问题分别配责的理论与实践研究，指导其在实践中的具体运用；在制定权力清单的基础上，制定检察人员办案责任清单；监督管理责任的表现需要细化，[③]《若干意见》对监督管理责任的认定与追究尚未作出具体规定，需要予以明确。

三是加强办案组织中检察官权力独立性，推进责任机制的现实性与可操作性。这主要是从重构办案组织运行机制的角度，进一步理顺检察一体化与检察官办案责任制或司法责任制之间的关系。如为弥补当前容易抽象地讨论检察官的独立性而不知在实务中如何落实的不足，可优化、规范检察指令权，明确我国检察指令权的适用条件、界限及其效力，包括检察长的审批权及《若干意见》中检察首长保留的随时可以抽查、审核的监督权。

（二）推进办案组织运作机制的精细化设置

办案责任制所要求的“谁办案谁负责，谁决定谁负责”作为一项抽象原则，只有通过一系列具体可操作的制度机制设计及运作，包括检察机关内部的业务工作机制和管理机制，才能真正实现。当前的办案组织建设中，基本的制度框架已经搭建，精细化方面仍需加强。如入额院领导、部门负责人办案的组织构建与具体办案要求、建立体系缜密又符合改革目的的内部办案监督制机制、检察官在强化自身独立办案意识的同时如何建立起与关联办案部门之间的沟通协调机制、不同业务类型不同办案组织的业务考核、检察官助理单独职务

---

① 参见王亚新、李谦：《解读司法改革——走向权能、资源与责任之新的均衡》，载《清华法学》2014年第5期。

② 最高人民检察院对权力清单指导意见也做了如此努力，参见《关于就〈关于制定检察官权力清单的指导意见（征求意见稿）〉征求意见的通知》（高检办字〔2016〕420号）的附件说明部分，但这种非正式形式尚不能让检察人员都知悉并对司法责任作相应的预期判断。

③ 这一方面已有相关理论研究，但制度表现仍较欠缺。参见朱孝清：《试论“监督管理责任”》，载《人民检察》2016年第12—13期。

序列的管理机制等，均需要精细规划，同时需要对检察官联席会议制度、检委会讨论过滤机制等配套制度进行完善，以引导办案组织改革工作做细做实。

（三）以渐进式改革思路做好与办案组织关联制度的衔接与过渡

试点改革本身就是一个矛盾缓冲期，其一方面通过积累经验、探索道路，为立法、修法提供实践基础，另一方面或者说更重要的方面在于培育司法责任的观念和理念，允许试错，允许反复，允许过渡性的缓冲，也允许追求彻底性的较真。也因此，一方面我们看到了某种调和与过渡，如多地保留了部门负责人的审核制，Z市市院在内设机构重整上的反复，另一方面也看到了O市D区院在改革上的严格要求和彻底性努力，但基于试点组高素质检察官的特殊性，使得其改革步伐较大的做法暂不能被普通办案组织建设所复制。“目前检察院的状况能不能支撑一个司法化改革？能不能支持检察官负责制或检察官责任制的有效运行？我认为条件不是十分具备，当前的情况是，人员多、素质较低导致管理模式上以数量换质量，以强化审批权代替独立性，这里讲的以审批权代替独立性实际上就是以行政化代替司法化。”① 应该说，这一研究判断与我们的样本观察基本相符。所以我们的思路就是在检察官责任制与检察长负责制之间尽可能寻求操作平衡，而非急于从形式上直接达至。在这一司法性与行政性关系的协调中，目前在关乎办案组织去行政化运作的相关制度上，还有两点需要稍稍示弱：

一是集体讨论作为决策参考仍需慎重对待。各地集体讨论案件量减少，表明检察官主体地位一定程度上得到突出，但同时，即便在O市D区院的试点组检察官中，尽管制度约束了其对集体决策的启动，但事实上，其内在的需要仍然存在，在新的办案责任制中，虽然办案人的办案权能扩大，但对案件质量的要求也随之提高。如果办案人的办案能力不能立刻适应新的要求，对其能力不足的保障需求及监督保障需求必然不能弱化。在案件情况变化不大、入额人员与原有资格人员变化不大的情况下，办案权力的授出，必然要求集体决策与监督，“所以在司法改革初期，我们有理由推断集体讨论不但不会弱化反而会加强”，② 因此，不能过激地限制检察官对检察官联席会议、检委会等集体讨论的能力补足功能。

二是内设机构改革应区分情况展开，根据各层级检察院的职能特点量力整

---

① 龙宗智：《加强司法责任制：新一轮司法改革及检察改革的重心》，载《人民检察》2014年第12期。

② 董玉庭：《检察机关去行政化审批模式改革探析》，载《吉林大学社会科学学报》2015年第6期。

合、调适内设机构。改革背景下，内设机构已不再是基本办案组织，其本质上是为办案组织工作服务的，办案组织建设中，由于业务划分、人员素质的过渡性等，内设机构及其负责人的业务管理、特殊审核职能仍然具有必要性，所以不能一统性地采取“大部制”。“内设机构和部门的多少其实并不是问题，关键在于每个内设机构的人力资源和案件饱和度是否充足”，[①] 而这一点，与检察机关层级及其职能特点关系密切，基层检察院的内设机构设置在这方面问题（如一人科室、官多兵少问题）相对突出一些，基层检察院的职能主要是办案，机构可以少一些，按“大部制”整合是可行的思路；市级检察院的职能兼顾办案和对下指导，机构设置应当适中，业务分工应当比基层检察院细一些；省级检察院的职能主要是业务管理和综合指导，机构设置应当与最高人民检察院相对应，确保最高人民检察院的各项决策部署在本地得到贯彻落实。[②] 这样也符合管理幅度原理。

（四）增进办案组织职能与司法责任配置的制度刚性保障

司法责任制不是简单平行于法律责任、行政责任等的责任承担形式，而是一种全新的、特殊的囊括责任原则、责任类型、责任范围与划分、责任调查与追究等的责任体系。[③] 因此，其运行与落实中，更需要有相关明确、规范、权威的制度指南。一直以来，由于在法律上缺少系统的、现代化的检察官办案责任制，检察机关在履行职责时，通常沿用职权高度集中的管理思路，对内设机构及办案人员普遍以行政化思路进行管理，使得检察工作的行政色彩过强而司法属性不足。现今改革试点中，各地认识不一，责任机制不一，在检察机关内也未能形成系统的办案责任制。不同于考核，各地可在相关项目的得扣分配比上按工作侧重点个性化操作，司法责任的科予本应具备高度权威性、规范性，司法责任本身应有法律、制度依据，这是检察官办案责任制在法律层面应当解决的问题。

对以往相关改革受阻原因的分析，不少研究也将重点指向相关制度刚性不

① 万毅：《主任检察官办案责任制改革述评——以S区人民检察院的改革方案为中心》，载《中国刑事法杂志》2015年第3期。

② 参见王玄玮：《检察机关司法责任制之规范分析》，载《国家检察官学院学报》2017年第1期。

③ 参见葛琳：《追究意义上的司法责任有三个特点》，载《检察日报》2016年3月30日。

足、缺乏法律层面的保障,[①] 这是有道理的。我们需要在实践的基础上，逐步从法律层面确立检察官的主体地位，明确办案组织是检察官实现其办案权力的组织形式和途径。未来的司法改革也应当朝着促进检察官职权法治化方向发展，提升检察工作的法治化水平。

① 如认为我国现行法律只规定了检察机关的职权范围和民主集中制的决策机制，没有对检察官的职权范围及其与检察长权力的关系作出明确规定，没有明确主诉检察官地位及责权利，导致检察机关内部权力配置更倾向于集中和行政化管理，因而检察官缺乏必要的独立性，这也是导致主诉（办）检察官制度在各地发生变化的法律原因；以往的主诉（办）检察官制度及办案组织建设之所以不理想，表面原因是部门负责人与副检察长对主诉检察官办案不放心，要求通过审批来加强管理，以保证办案质量，实质原因是权力配置的调整减少了部门负责人和副检察院长的权力，甚至使其有被架空的感觉，损害了他们的权威性和在当地的影响力，因此不按规定让检察官独立行使相应的决定权。参见邓思清：《主诉（办）检察官制度改革回顾及启示》，载《人民检察》2013 年第 14 期；谢鹏程：《检察官办案责任制改革的三个问题》，载《国家检察官学院学报》2014 年第 6 期。

论基层检察机关办案组织的构建

——以顺德区检察院公诉机关办案组织工作模式探索试点为视角

杨 炯 李荣楠 李梅梅*

当前，随着我国《刑事诉讼法》的进一步修改与完善，司法制度的日趋成熟，以及新一轮检察改革的逐步推进。此轮司法改革在检察权运作方面主要突出在两个面向：一是办案组织司法化，二是办案方式司法化。其中，检察机关办案组织作为检察权运行的最基本组织形式，是检察制度设计的逻辑起点，办案组织的架构和职能正向决定了办案方式的内容和标准，因此探索构建符合我国检察工作规律、具有司法属性、适应办案实践需要的基本办案组织，对于检察机关依法独立公正行使职权具有重要意义。作为全国17个检察官办案责任制改革试点单位之一，广东省佛山市顺德区人民检察院对办案主体、办案组织及办案权限等整个办案机制进行了改革，并在公诉机关实行了"独任制"的检察官办案模式。为进一步探索与完善检察官办案责任制，该院于2015年5月在公诉机关组织开展了"独任制下的主辅分工模式"改革试点工作。我们将以此为视角，考察检察官①办案组织在司法实践中的应然与实然问题，以期探索检察官办案组织的进一步构建。

一、办案组织工作模式探索试点的背景及原则

2013年，高检院制定下发了《检察官办案责任制改革试点方案》（以下简称《试点方案》），明确提出"建立权责明确、协作紧密、制约有力、运行高效的办案组织模式"。作为17个改革试点单位之一，佛山市顺德区检察院于

---

* 杨炯，广东省佛山市顺德区人民检察院原检察长，现广东省佛山市南海区人民检察院检察长；李荣楠，广东省佛山市顺德区人民检察院案件管理科副科长、检察官；李梅梅，广东省佛山市顺德区人民检察院案件管理科检察官。

① 该文中的"检察官"如无特别标注，指进入员额内的检察官。

2014年1月17日正式启动检察官办案责任制改革试点工作后，认真贯彻高检院的部署，以建立检察官办案责任制为核心，以合理划分检察官职责权限为重点，通过内设机构和工作机制改革，合并部门，突出检察官作用，建立不同业务专业的办案组织，并对办案组织的构建原则、办案组织模式、各办案组织及检察官的职权、监督制约等问题予以了明确，取消了科长层级对案件的审批权，将案件决定权最大化延伸至办案一线，构建形成了以检察官为主体的执法办案组织体系和办案模式，通过淡化行政色彩实现了检察长领导下的扁平化管理。

这一"去行政化"的改革路径，实则是对检察官自身属性的转变与明确。检察官的法律地位，历来是检察制度中首当其冲的争议话题。尤其在我国检察机关作为国家法律监督机关的宪法定位下，检察院实施双重领导，更加模糊了检察官司法官或行政官的角色定位。若简单地将检察官视为司法官，那么就必须赋予检察官同法官一样的司法独立性保障及身份保障：检察官必须亲自参与案件的办理，实际接触证据，履行司法官中立裁判的职能，即亲历性之要求；同时检察官也只对案件负责，不受其他任何机关、团体和个人的干涉，即独立性之保障。若检察官是行政官，则检察官必须绝对服从上级的管理，积极、主动地追诉犯罪的同时，还要接受检察一体的个案指挥。由此一来，未实际接触案件的上级在很大程度上影响了办案人员的处理结果，削弱了亲历性之要求，折损了检察官的职权。可见，如何排除行政权对司法权的干预成为了此轮司法改革更为务实的背景。也正因检察官工作内容和方式的特殊性，在理论和实践中必须强调、确认检察官作为司法官的独立身份，确保检察官作为国家公诉人的正义立场，系代理人民行使追诉权。既然检察官作为司法官的这一身份得以确立，其存在形式也必须保证其自身的独立性。因而，韩国、日本等大陆法系国家，在检察机关的办案组织形式上都强调独任制。如在韩国，根据法律之规定，韩国检察机关实行的是检察官独任制原则。也就是说，检察官对于自己负责的案子独立侦查、独立判断并作出决定，也要自行承担责任。[①] 而在日本，"检察官是独任制机关，本身具有独立的性质。"[②] 由此可见，独任制办案模式更符合检察权的配置和运作规律。[③]

---

① 林捷：《韩剧中的检察官》，载《检察日报》2007年7月20日。

② 日本法务省刑事局编：《日本检察讲义》，杨磊等译，中国检察出版社1990年版，第18页。

③ 万毅：《主任检察官办案责任制改革述评——以S区人民检察院的改革方案为中心》，载《中国刑事法杂志》2015年第3期。

按照佛山市顺德区检察院的制度设计，在公诉机关实行符合检察制度的独任制办案模式，即检察官对于自己负责的案子独立判断并作出决定，并自行负责，强调检察官办案的独立性和亲历性。办案组虽然由检察官和若干检察辅助人员组成，但只有检察官才具有办案资格，才能独立承办案件并决定案件。与此同时，在实行检察官员额制后所形成的办案组织形式是独任制，之前进行的检察官制度改革，必须与之相衔接、相协调，才能取得合法性。因此，从检察官制度与检察官员额制相衔接的角度来说，顺德区人民检察院的检察官制度改革模式显然更为合理。

但是，改革的顶层设计需要诸多配套制度予以支撑，改革成效不仅取决于内容的合理性，同时还需要考虑落地后的可行性。顺德区人民检察院与所有基层检察院一样面临着案多人少等长期制约检察机关发展的“瓶颈”问题，改革举措的落实也或多或少打有折扣。在案件逐年递增的情况下，该院公诉机关尚有20名左右的有办案资格的未入员额检察官，即《检察官法》中规定的有办案资格的检察员，审查办理部分案件的情况不可避免。他们在入员额检察官领导下工作，承办的案件由入员额检察官审批定案，类似于高检院《试点方案》[①] 中规定的办案组模式下检察官与检察官之间的关系。在检察官与组内其他检察官（承办人）的权责关系设定上，让未入员额检察官作为承办人行使办案权，却又让入员额检察官行使案件审批权，可能导致改革“走回头路”，在检察机关内部形成新的行政层级审批制。[②]

因此，为了进一步探索和完善检察官办案责任制，实现办案组内主辅之间科学合理分工，避免员额制推行后“太忙检察官”或“太闲检察官”现象出现，也避免深化改革后出现“二科长”的问题，2015年5月4日，顺德区检察院在公诉机关组织开展了“独任制下的主辅分工模式”改革试点工作，旨在局部范围内通过实践形成关于检察官办案组构建的各种规范制度，以及论证这些制度合理性的实践数据。并在试点工作中坚持了以下原则：

一是坚持检察官对办案负严格责任的原则。检察官办案责任制强调检察官对整个案件办理过程全面统领、全面负责。在试点组中，检察官助理和书记员

---

① 根据高检院《试点方案》所推行的办案组由主任检察官和若干检察官以及检察辅助人员所组成。在这一办案组织形式中，具有办案资格、有权承办案件的并不限于主任检察官，组内其他具有检察官资格的人员，也有办案资格，也有权承办案件，只不过，检察官只能办案而无权定案，定案权掌握在主任检察官手中，组内检察官所承办的案件需经主任检察官审批后才能定案，主任检察官对整个办案组的案件承担责任。

② 万毅：《主任检察官办案责任制改革述评——以S区人民检察院的改革方案为中心》，载《中国刑事法杂志》2015年第3期。

均是按照检察官对案件的整体把握，各司其职、协助检察官办案，检察官在复核证据时，如果发现检察官助理对证据摘录不准确、概括归纳有误，应当进行纠正，并作出正确判断，确保案件质量。尽管办案组内存在分工，但对外都是以检察官的名义进行工作，因此，案件不论哪个环节出现问题都应首先追究检察官承担的案件责任，然后再根据问题倒查，追究检察官助理的责任。

二是坚持检察官亲历性原则。检察官责任制决定了检察官对办案组的每一单案件都必须保持亲历性。这里所说的亲历性区别于旧办案模式下一个人对案件从头到尾逐字逐句亲历，而是指对案件证据和定性的整体把握，做到"心里有数"，细化到工作中就体现为亲自阅卷、亲自提审、亲自开庭。检察官在亲自阅卷后，对全案有一个整体把握，明确该案需要侧重审查哪些方面，根据案件类型，指导助理摘录证据、认定事实，甚至进行分析论证。事后，检察官根据案件具体情况对检察官助理草拟的文书进行有针对性的复核。因此，检察官助理是检察官实现亲历性的载体，检察官助理的工作实质上就是检察官亲历性的体现，也只有这样，检察官责任制才有运行的前提和保障。

三是坚持工作量均衡的原则。改革初期，很多检察官一时无法从旧的办案角色中走出来，检察官助理摘录证据后自己再事无巨细地研究一番。这些检察官没有参透检察官责任制的内涵，拥有多年的办案经验和积累却停留在士兵的角色，无法将自己升华为指点江山的将领，因此检察官首先要坚持在细致阅卷的前提下改变思维，把握案件的关键点将工作在办案组内进行合理的分工，实现质量和效率的内在统一。诚然，办案组的设立如不能保证效率则不利于案件的办理，而要追求效率对于一个团体而言就得保证各方面的平衡，例如组内工作量的平衡、人员的配备比例的平衡，检察官助理或者检察官工作量和压力过大都不利于人的积极性的发挥。

二、办案组织工作模式探索试点情况

"农民'职业化'、培育'精准化'"等人力资源管理概念、模式近两年来如雨后春笋般兴起，随着社会分工的进一步细化，各职业的职能进一步完善，如何将职业化群体的工作内容进行分层，在管理学视角下，是组织构建与机制运作的重要一环。因此，形式职业化是社会分工的第一步，其目标在于形成不同的职业群，使之得以区分；第二步则是实质职业化。所谓的"实质职业化"是对不同职业群的责任、权限进行妥善划归，在横向维度上考虑同一职业群内部的工种差异，在纵向维度上照顾不同职业群的特性与衔接。在检察制度层面，就是要求职业化的检察官们应随着时代进步、社会发展将从事的检察事业"精准化"，当下的司法体制改革将从业人员分类管理其实就是精准化的体现，具体到办案实践中就应该改变过去“眉毛胡子一把抓”的传统模式，在检察官责任制的框架内将工作内容细化，证据、定性、事务均由专人打理，这样各项工作的完成状态自然会更好，权责也一目了然。办案组织工作模式探索试点便是试行检察官助理专门负责证据摘录和分析，检察官专门负责证据复核及定性，书记员专门负责文书入卷、归档等事务性工作，减轻了两类人员办案压力的同时也保障了案件办理质量的提升。为此，佛山市顺德区检察院从组织架构和工作流程为原点，构建了一系列改革举措。

（一）试点组内部架构

在办案组织工作模式探索试点中，佛山市顺德区检察院在公诉机关设立了2个试点组（试点组A和试点组B）。具体组成人员见下图：

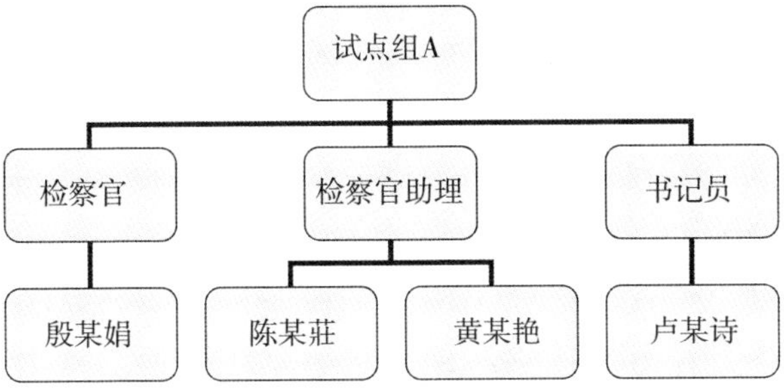

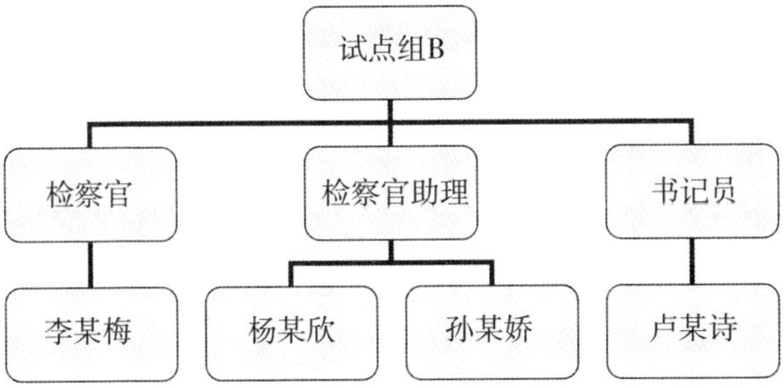

（二）试点组各类人员的职责、分工

佛山市顺德区检察院于2014年2月在推进检察官办案责任制改革试点工作中，将原有14个内设机构整合为“三局一办”：即公诉局、诉讼监督局、反贪污贿赂渎职侵权局、检察长办公室（下设五个科室），并对各部门的具体职能进行了优化调整，公诉局承担刑事犯罪案件审查批捕、起诉和抗诉职能以及在刑事诉讼中通过案卷材料能直接判定的部分诉讼监督职能，并实行“捕诉合一”的工作模式。在办案组织工作模式探索试点中，该院对于批捕、起诉的职能进行了优化整合，并根据案件的难易程度，坚持原则性和灵活性相结合，对各类人员做了阶段性的分工：

一是批捕阶段

1. 检察官负责的事项

（1）亲自阅卷；

（2）亲自讯问犯罪嫌疑人，询问被害人、证人；

（3）核实证据；

（4）自行补充收集证据、通知公安机关补充证据；

（5）非法证据排除；

（6）与侦查人员沟通；

（7）按照授权对案件处理作出决定或呈报审批；

（8）制作、审核《审查逮捕意见书》，着重“经审查后认定的事实”“分析论证”“有无逮捕必要性”“存在的问题”等部分；

（9）按照分工对侦查活动进行监督；

（10）对拟不捕案件，按程序提请讨论、呈报审批，制作《不批准逮捕理由说明书》；

（11）按程序办理相关工作：提前介入；办案风险评估；特殊案件报备等；

（12）指导、指挥检察官助理完成好办案任务。

2. 检察官助理负责事项

（1）按照检察官要求草拟《审查逮捕意见书》初稿；

（2）协助检察官讯问犯罪嫌疑人，询问被害人、证人，按照检察官要求草拟讯问笔录、询问笔录；

（3）按照检察官要求核实相关证据、补充完善有关证据，以及对其他有关事项进行调查核实；

（4）按照检察官要求草拟《提供法庭审判所需证据材料意见书》《纠正违法通知书》《检察建议书》等其他法律文书初稿；

3. 书记员负责事项

（1）收发、登记案卷、散件材料；

（2）内卷整理及归档；

（3）按照检察官要求草拟讯问笔录、询问笔录；

（4）按照统一业务规范和检察官的决定，在统一业务应用系统内填写案卡；

（5）制作格式法律文书；

（6）对正式印发的法律文书进行校对、申请用印等，联系文印室印制文书；

（7）按照检察官要求建立台账、进行统计等。

二是审查起诉阶段（含起诉、开庭、判决）

1. 检察官负责事项

（1）亲自阅卷；

（2）根据案件类别（见下）讯问犯罪嫌疑人，询问被害人、证人；

（3）核实证据；

（4）自行补充收集证据、通知公安机关补充证据、退回补充侦查；

（5）非法证据排除；

（6）与侦查人员、法官沟通、协调；

（7）按照授权对案件处理作出决定或呈报审批；

（8）审查强制措施是否恰当，需要变更的则按规范办理相关手续；

（9）按规定程序办理提请检察官联席会议讨论的案件、提请检察委员会讨论的案件；

（10）制作、审核《案件审查终结报告》《起诉书》《量刑建议书》《不起诉决定书》《不起诉理由说明书》等法律文书，着重分析论证和释法说理；

（11）按规定开展侦查活动监督；

（12）出庭支持公诉，所有普通程序案件均亲自出庭；

（13）按规定程序办理变更、追加起诉，撤回起诉等；

（14）参与检察官联席会议、检委会汇报案件；

（15）按规定程序对收到的判决书、裁定书进行审查；

（16）按程序办理抗诉案件；

（17）向上级部门汇报疑难、复杂案件。

2. 检察官助理负责事项

（1）按要求制作阅卷笔录；

（2）协助检察官讯问犯罪嫌疑人，询问被害人、证人；

（3）按照检察官要求核实相关证据、补充完善有关证据，按照检察官要求对其他有关事项进行调查核实；

（4）按照检察官要求草拟《案件审查终结报告》《起诉书》《量刑建议书》等法律文书初稿；

（5）按照检察官的决定，按程序办理延期审查起诉期限有关手续，按程序办理不需要改变的强制措施有关手续；

（6）协助检察官开展自行补充收集证据、通知公安机关补充证据、退回补充侦查；

（7）就需要提请检察官联席会议和提请检察委员会讨论的案件，提前与检察官沟通，协助检察官参与联席会议讨论、向检察委员会汇报完成有关准备工作；

（8）协助检察官开展侦查活动监督；

（9）按检察官安排对简易程序审理的案件出庭支持公诉；

（10）协助检察官办理变更、追加起诉，撤回起诉等具体工作。

3. 书记员负责事项

（1）收发、登记案卷、散件材料；

（2）内卷整理及归档；

（3）按照检察官要求制作讯问笔录、询问笔录、宣告笔录等；

（4）按照统一业务规范和检察官的决定，在统一业务应用系统内填写案卡；

（5）协助检察官完成法律文书公开的具体工作；

（6）制作《换押证》《适用简易程序建议书》等格式法律文书；

（7）对正式印发的法律文书进行校对、申请用印等，联系文印室印制文书；

（8）协助检察官完成自侦案件报上级部门同步审查的具体工作；

（9）按照检察官要求建立台账，做好登记、统计工作。

从上述分工可以看出，该院通过主辅分工的模式实现了捕诉职能的分离，这种模式下的批捕工作全程在检察官的监控下完成，捕与不捕由将来负责起诉的检察官决定，其与捕诉分离有着本质区别。这种捕诉职能上的分离，既可以解决捕诉分离所带来的重复阅卷、捕诉标准不一等问题，也可以有效引导侦查，实现批捕起诉的无缝对接，符合中央司改关于以审判为中心的要求，还实现了批捕阶段的侦查监督与审查起诉阶段的法律监督的无缝对接。通过这种捕诉职能上的分离，可以有效减轻检察官的办案压力，又从根本上保证了案件质量，避免了带病起诉、懈怠起诉等问题。

（三）具体运行方式

1. 第一步：检察官亲自阅卷

案件统一分到检察官的办案系统，再由检察官指定给检察官助理。收到案件后，检察官亲自阅卷，对案件类别进行划分：

（1）一类案件：A. 犯罪嫌疑人不认罪，证据繁琐，且直接证据单薄，必须依靠补充侦查或自行调取证据，综合分析才能作出结论的；B. 多宗卷（8卷以上）的重大、疑难、复杂案件；C. 多人（8人以上）的重大、疑难、复杂案件；D. 多人多宗（4人以上且4宗事实以上）的重大、疑难、复杂案件；E. 有重大舆情风险或重大信访风险的疑难、复杂案件。此类型在本院办理的案件中人约占到10%。

（2）二类案件：A. 犯罪嫌疑人认罪，但犯罪事实的认定较繁琐或者宗数较多的；B. 犯罪嫌疑人不认罪或者时供时翻、口供不稳定，需要根据全案证据进行分析比对从而作出结论，但证据较充分的；C. 案件定性有争议，且影响定罪的；D. 涉案人数较多，部分认罪、部分不认罪，需要详细分析比对的。此类型在本院办理的案件中大约占到20%。

（3）三类案件：犯罪嫌疑人认罪，犯罪事实简单、清楚，证据确实、充分，定性无争议或者定性虽有争议但不影响定罪。此类型在本院办理的案件中大约占到70%。

检察官根据这三类案件决定阅卷方式，对于第三类案件，可采用“略”的方式阅卷，即检察官只需要审查该类案件构罪的关键点即可，无须逐字逐句、从头到尾阅完全卷，而助理检察官则需详细阅卷；对于第二类案件，可采用“详”的方式阅卷，即检察官需要通阅全卷，并对影响认定犯罪构成的关键证据进行标注，指引检察官助理摘录证据；对于第三类案件，可采用“精”的方式阅卷，即检察官必须细致审阅全卷，并直接勾画出需要摘录的全部证据交由检察官助理摘录。

检察官阅卷后，根据案件情况制作《检察官阅卷情况表》，确定案件类别，注明阅卷方式，并通过该表格“对认定事实、证据摘录、定性的指引”“有无漏罪、漏犯”“有无侦查违法”“是否需要公安补充证据”等内容的填写，指导检察官助理办理案件。

2. 第二步：检察官助理草拟文书

检察官助理根据《检察官阅卷情况表》的指引，审查案卷，按照要求草拟审查逮捕意见书、审查终结报告等文书：

对于第三类案件，检察官助理必须草拟完整的文书，包括证据摘录、认定的事实、分析论证、发现的问题、检察官助理意见等，这类案件应当充分发挥检察官助理的主观能动性。

对于第二类案件，检察官助理草拟的文书内容应当包括证据摘录、认定的事实，简要进行分析论证，提出初步的检察官助理意见，其中证据摘录由检察官助理概括、归纳，并应当涵盖检察官标注的内容。

对于第一类案件，检察官助理应当按照检察官勾画的证据进行摘录，对侦查机关认定的事实进行初步的整理，并根据主任的指引、自己阅卷的情况提出建议或参考意见，无须书写分析论证、检察官助理意见。

根据上述情况，检察官助理在自己的办案系统草拟好文书，并提请检察官审批。

需要说明的是，表面看案件被指定到了检察官助理的名下，但该案的承办人仍然是检察官，文书的落款处检察官助理只能署名为拟稿人。这就有别于改革前的检察官审批制。

3. 第三步：检察官亲自审犯

对于批捕案件，严格按照《刑事诉讼法》《人民检察院刑事诉讼规则（试行）》的规定，对有必要提审的案件由检察官亲自提审犯罪嫌疑人；起诉案件则分情况处理：对于第一类案件由检察官亲自讯问犯罪嫌疑人；第二类案件由检察官制作讯问提纲，交由检察官助理进行讯问；第三类案件则可直接交由检察官助理进行讯问。后两种情况检察官需要复核讯问笔录。

4. 第四步：检察官核实证据、对案件作出处理决定

检察官是案件承办人，需要核实全案证据，退查或自行补充证据，并对检察官助理草拟的文书进行复核、修正、完善，以确保作出正确判断，保证案件质量。根据案件类别，分别作出如下处理：

对于第三类案件，检察官复核文书及讯问笔录无误后，直接作出逮捕或起诉的决定。

对于第二类案件，检察官首先要复核讯问笔录，结合提审情况重点复核文书中的关键证据，对于检察官助理疏漏或概括不精准的证据进行补充、更正，对于检察官助理新发现的问题进行核实，对认定的事实、分析论证部分进行修改、完善，并最终作出捕与不捕、诉与不诉的决定。根据决定，指示检察官助理草拟其他法律文书。

对于第一类案件，因为检察官助理完全是按照检察官勾划的证据进行摘录，因此对于证据部分只需要进行简要的核实；检察官根据亲自提审犯罪嫌疑人的情况，结合自己对全案的把握以及检察官助理提出的建议、意见，指引侦查机关补充侦查甚至自行补充、调取证据，根据全案证据认定犯罪事实，并进行全面、详尽的分析论证，并最终作出捕与不捕、诉与不诉的决定。根据决定，指示检察官助理草拟其他法律文书。

5. 第五步：检察官亲自开庭

基层院适用简易程序起诉的案件占大多数，而简易庭该院采取全局轮值的方式进行，这里说的亲自开庭仅限于普通程序的案件。检察官可独自出庭支持公诉，必要时可带检察官助理一同出庭；检察官助理协助检察官制作出庭预案，草拟三纲一书，在法庭上协助检察官出示证据。

此外，检察官亲自在检察官联席会议、检委会上汇报不起诉的案件，参与庭前会议，听取辩护律师意见，召集双方当事人主持和解，审查判决、裁定等重要事项。

三、办案组织工作模式探索试点取得的效果及局限性评析

（一）办案组织工作模式探索试点取得的效果

试点组目前已运行16个多月，经统计：A组共计办理批捕案件327宗，起诉案件406宗，其中272宗案件已作出判决；B组共计办理批捕案件356宗，起诉案件428宗，其中290宗案件已作出判决。两组均未出现无罪判决、撤回起诉及办案程序违法等情况，探索试点工作取得了较好的效果。

1. 工作量分配较为科学、均衡，有力提升了办案效率

试点组的分案模式是一名检察官和两名检察官助理，按1:2.5的工作量进行派案，即一轮派三宗，下一轮派两宗，折算后，相比改革前，检察官助理平均协助检察官办理1.25宗案件，这样既保证了工作效率，又保证了检察官与检察官助理的工作量基本均衡。试点组平均月办理案件30宗，即包括工作日在内日办理案件1宗，相比普通办案组最多的月办理案件20宗。此外，根据试点组工作时间统计表反映：审查逮捕阶段，A组平均每办理一宗案件，检察官耗时60.2分钟，辅助人员耗时72.4分钟，书记员耗时13分钟；B组平均每办理一宗案件，检察官耗时66.5分钟，辅助人员耗时75.8分钟，书记员耗时12.8分钟。审查起诉阶段，A组平均每办理一宗案件，检察官耗时40.5分钟，辅助人员耗时50.4分钟，书记员耗时39.6分钟；B组平均每办理一宗案件，检察官耗时38.4分钟，辅助人员耗时48.8分钟，书记员耗时38.8分钟。以上数据说明试点组工作量分配较为科学、均衡，检察官和辅助人员在每宗案件的办理时间上基本相当，在案件办理效率上取得了显著成效，特别是在审查起诉阶段，在无须退查补充证据的情况下，辅助人员快速填写页码、及时摘录新证据，检察官在原有审查结论的基础上快速把关，书记员完成各项事务性工作。同时，电子卷宗实现了检察官与检察官助理同时、充分阅卷，这样便节约了办案时间，提高了工作效率。

2. 各类人员分工明确，全方位提升了工作质量

检察官和辅助人员、书记员在分工明确的情况下积极配合，检察官在强烈责任心驱使下充分行使好把关角色，确保了起诉案件有罪判决百分之百。基层院所受理的案件中重大疑难复杂的案件比例并不大，实行主辅分工可以说是针对这一特点开出的良方。对于犯罪嫌疑人认罪、犯罪情节简单的案件，试点组的检察官在检察官助理摘录完证据后，可以快速判断定性结案，从而可以空出更多的时间和精力专注于大要案的办理，引导侦查、监督侦查和开展调研。而普通办案组的检察官则耗费了巨大的精力去摘录许多简单案件的证据，自然在办理大要案时少了精力和时间。试点组工作开展以来共发表调研文章6篇、提

前介入侦查25次、发出纠正违法通知书18份、发出检察建议书5份、组织刑事和解8宗、追诉追捕20人，这些都说明了试点工作模式确实是符合基层检查工作特点和规律的。

3. 检察官的主体地位得到凸显

如上所述，试点组主辅人员、书记员权责明晰，各自负责对应的工作内容，和普通办案组比较，除证据摘录由检察官助理分担之外，原本不属于检察官管理的事务性工作如开具换押证、文书公开等也由书记员专职去做，这就将检察官从原本挣扎于各种繁杂事务要兼顾各项大小工作的境况中解放出来，只纯粹干“高技术含量”的活，对于检察官本人来讲也增强了职业荣誉感和价值认同感，能促使其更加有动力全身心投入“主业”工作。

4. 人才梯队进一步形成

对于疑难复杂案件，试点组检察官通常会在阅卷后勾画出所需证据交给检察官助理，这对于办案阅历不是很长的检察官助理来说在摘录证据的同时也是对检察官办案思路的理解和把握，检察官也要求检察官助理写出证据之间的关联性，这就相当于在检察官的辅导下，主辅人员共同做好一道难题，题目攻克的同时双方都得到了成长，无形中实现了队伍的“传帮带”。而普通办案组内，通常是检察官默默无声地办完了疑难复杂案件，就算是事后再向检察官助理传道，但由于检察官助理没有亲历也难免落得个“耳旁风”，这显然不利于检察官助理的成长。

（二）办案组织工作模式探索试点工作中存在的问题

通过实证研究分析我们不难发现，试点组与普通办案组织形式相比有较大进步，如工作量分配较为科学、均衡，案件办理质量和效率取得了良好成效，检辅关系更加明晰，检察官地位更加凸显，等等。尽管如此，在实行办案组织工作模式探索试点工作过程中，仍不可避免地出现问题，我们必须要正视这些问题，以建立更加科学、高效的办案组织。

1. 对责任承担的分配还存在认识不统一的问题

试点中关于检察官和检察官助理责任承担的分配存在不同认识，检察官担心如果责任全部由自己承担，检察官助理不用承担责任，可能会导致检察官助理责任心下降，影响工作质量。检察官助理则认为其只是按照检察官的要求办理具体工作，不应当承担有关案件责任。

2. 取消检察官助理的办案系统署名权，不利于检察官助理参办案件

试点初期取消了检察官助理的独立办案系统，由他们直接登录检察官的办案系统草拟文书，检察官在其办案系统上复核、修正文书时，则没有痕迹保留，这样一来，双方各自做的工作无从区分，不便于统计工作量，更无法实现

内部追责。同时，对内、对外的文书均只有检察官署名，检察官助理实际参与承办案件的情况在系统、内卷中完全无法得到体现，长此以往，检察官助理的职业认同感将进一步削弱。

3. 试点工作对权力分配把握不准，未能充分发挥检察官助理的作用，长期会影响检察官助理的成长

试点工作中，检察官基于严格责任制，对于交给检察官助理办理的事项收得比较紧，不敢放手让检察官助理去做他们力所能及的工作，在增大检察官工作压力的同时，也限制了检察官助理对案件实体办理的参与，未能发挥好检察官助理的作用，压缩了他们的工作空间，减少了锻炼机会，长期会影响他们的成长。

四、推行基层检察机关办案组织的展望

检察官办案责任制度是检察改革的核心，检察官办案组是检察官办案责任制度推行的载体。在试点实践过程中，尽管取得了一些宝贵经验，但也发现了不少理论与制度方面的问题。因此，我们在下一步的实践探索工作中，将以问题为导向逐步解决检察官办案组推行过程中存在的一系列问题，以建立集检察官办案责任制、任职管理制和案件管理制等为一体的办案组织体系。

（一）角色定位：对职责分工作适当调整，适当增加检察官助理的职责权限

诚如试点情况，检察官与检察官助理在实际办案过程中出现检察官“怕担责、不放手”，检察官助理“无价值、少参与”，其本质在于检察官与检察官助理的职权认识不清。就当前司法改革指导意见内容来看，二者定位实则明确：检察官是案件的承办人，直接参与案件的查明和阶段性终结工作，是案件的直接负责人和责任承担者；检察官助理则是在检察官的指挥下，协助检察官对案件进行调查取证，草拟案件各类法律文书，接待来访，受理公民控告、申诉等，开展法律监督工作相关工作。在明确责任，确保落实检察官办案责任制的基础上，究其原因，在于工作任务分配是否达到责权统一的标准。因此，在坚持独任制检察官的原则下，折中的办法就是，按照三类案件的划分，适当增加检察官助理的职责权限，总体上令其在个人能力、水平、经验相适应的范围内，在适当的案件中，参与度更加提高，在司法办案中发挥更大的作用，真正发挥好检察官助手的作用，同时也是增加其个人锻炼成长的机会。

（二）技术路线

1. 对分案方式作适当调整

办案组织和办案方式司法化的改革所面对的问题之一就是当前案多人少的

办案压力。检察官与检察官助理的角色定位仅仅解决了同一办案组织内部的权限配置和工作划分问题，但是对于不同办案实体之间的工作量的调整则无所作为。如此，迫使个人办案组织的案件数量畸多，一方面导致办案人员工作负荷过大，可能影响办案质量，另一方面也可能挫伤长期得不到“重用”的办案人员的工作积极性。因此，案件分流机制可能确保在工作量的分配上相对公平。目前分案主要是简单按案件宗数进行轮分，实践中由于案件情况不同，每宗案件的实际工作量差别比较大。因此，下一步我们计划在前期统计数据的基础上，对每宗案件，按照犯罪嫌疑人人数、犯罪事实数等关键节点进行系数折算，然后按折算后的系数指导分案，使工作量进一步均衡。试点组经过初期实践，初步提出以下分案机制供参考：对于以下三类案件，一宗直接折抵两宗：[①]（1）4名以上犯罪嫌疑人，同时4宗以上犯罪事实；（2）8名（含）以上犯罪嫌疑人的案件；（3）8个（含）卷宗以上案件。

2. 修改检察机关统一业务应用系统，增设检察官助理办案层级

根据高检院《关于完善人民检察院司法责任制的若干意见》第38条，检察官助理参与司法办案工作的，根据职权和分工承担相应的责任。因此，应修改检察机关统一业务应用系统，增设检察官助理办案层级，检察官对检察官助理呈报的案件进行修正，系统将保留各自办案痕迹，这就为区分双方的工作、内部追责提供依据；同时，也明确了检察官助理协助检察官办案的身份，肯定了检察官助理的工作价值。

3. 在进一步完善独任制检察官主辅模式的基础上，同时对检察官办案组模式作适当探索

在公诉机关开展检察官实行独任制办案的主辅模式的基础上，组织开展检察官办案组（由两名或以上检察官或员额制内的检察官组成）的办案模式。分别针对批捕公诉工作、侦查工作、法律监督工作等不同岗位，进一步分别探索适合的办案组织形式。

（三）配套机制：论证建立检察官助理合理定位及其成长晋升通道

检察官助理，按照目前的理解有两种定位，一种是作为检察官遴选的候选对象，另一种是作为检察官助理的一类。二者区别的关键在于，在实施分类管理的前提下，如果检察官助理作为检察官助理，原则上是不能作为检察官遴选的候选对象的。因此，我们希望对此加以研究论证，并在确定合理定位的前提下，论证如何设置科学的成长晋升通道。

① 这里没有使用“溢出机制”，因为不是分到这样的案件后再分的案件溢出给其他办案组，而是直接用一单这样的案件进行折抵，因此感觉用“溢出”不恰当。

司法改革视野下检察办案组织改革的思考

黄焕移　刘荣荣*

改革办案组织意味着赋予检察官个体更多的自由度，划清权责利、分清主次，形成相互制约、相互协调的检察工作氛围，从而提高检察官工作积极性，提升办案质量与效率。自2014年以来，我国将主任检察官办案责任制作为检察办案组织改革的方向。这次改革是我国检察机关第二次办案组织变革，也是全面深化检察改革、突出检察官办案主体地位的重点之一。

一、办案组织改革的必要性和可行性

检察办案组织是检察权运行最基本的组织形式，也是检察制度设计中最为基础和首要的问题。十八届四中全会通过了《中共中央关于全面推进依法治国若干重大问题的决定》，强调要建立符合职业特点的法治人员工作管理制度，完善职业保障体系、职务序列、工资体系等。由此可见，从制度层面构建科学、有序、合理的检察办案组织已是人势所趋，关乎检察职能的优化配置，关乎案件处理的公平公正，关乎检察工作秩序的稳定协调。

（一）检察办案组织改革的必要性

1. 改革办案组织是优化检察职能配置的需要

目前，检察机关内部实行统一的行政化管理方式，已不能满足合理行使各项检察职能的需求。此外，检察机关内部的机构设置有很大的随意性，以致各部门功能和分类模糊，容易造成检察事务与行政级别挂钩。当前的办案组织形式，即“三级审批”制度，导致“审而不定，定而不审”的现象始终存在，违背了检察工作的亲历性原则。以科、局、处、厅等行政组织作为办案组织的基本单位，检察业务领导与行政事务领导混搭，权、责、利划分混乱，行政化色彩浓厚，影响了公正与效率。

---

* 黄焕移，广东省肇庆市人民检察院检察长；刘荣荣，肇庆市怀集县人民检察院助理检察员，兰州大学法律硕士。

为了综合考量、科学配置各项检察职能，需要对办案组织形式进行改革，打破现有的机构设置，消除行政权力对检察权行使的干预，从而保证检察机关内部的权责清晰、统一，进而使检察工作更加规范化、科学化。

2. 改革办案组织是维护公平正义的基础

若要案件得到公平公正处理，必须遵从权责统一原则，让检察官在一线办案中充分考虑到执法行为的权力与责任，才能更加慎重考量，更好地对案件进行公正处理。所以要对现有的检察办案组织进行改革，向一线检察官下放权力与责任，让真正的办案人成为实际的决策人和责任人，坚持检察亲历性原则，提高他们的责任心与职业荣誉感，从而对案件作出公平公正的决定。

权力过度集中容易导致权力滥用和权力“寻租”。加之监督机制不健全，更容易造成权力失衡，因而要分权，并且要完善对权力的内外部监督制约机制，防止权力滥用。因此，更有必要改革检察机关的权力配置，向检察官分权，形成检察权均衡运转的良好局面。

3. 改革办案组织有利于提升办案效率和缓解压力

近年来，案多人少的矛盾已经成为检察机关要面对的首要难题，这其中一个重要原因是当前“三级审批”的办案模式对时间、人力等资源消耗较大。根据《人民检察院刑事诉讼规则（试行）》规定，案件办理中的大部分决定都要先经过部门负责人的审核，再由检察长或检察委员会作出。实践中，案件从受理到最终作出决定，几乎每个环节都要二到三级负责人的审批，导致案件办理效率很难提高。

推行检察办案组织改革，就是要在维护公平正义的前提下最大限度地简化审批流程，根据案件的难易程度等实际情况制定不同的审批标准，最大限度地带动检察人员的工作积极性，发挥其主观能动性，提升办案效率，减轻检察人员的工作压力。

（二）检察机关办案组织改革的可行性

1. 司法改革为办案组织改革提供了政策导向

党的十七大以来，司法改革已成为法治中国建设的一个重要课题。其中，司法资源的优化配置更是构建公正、高效、权威的司法制度的重要一环。我国检察机关作为法律监督机关，肩负着监督法律实施的重任，对检察办案组织进行重构的重大意义自不言说。自 2013 年末最高人民检察院在全国范围内推行主任检察官办案责任制试点改革以来，对检察办案组织改革的呼声越来越高。最高人民检察院于 2013 年 7 月在全国大检察官研讨班上提出：“要深化检察官办案责任制改革，探索建立有利于突出检察官执法办案主体地位，有利于依法独立行使职权的办案组织，形成以检察官为主体的岗位管理和执法管理形式”。[①] 可以看出，新一轮的司法改革为检察办案组织改革带来了政策上的利好，更加科学的办案组织形式应当随公正、高效、独立的司法环境形成而逐步确立。

2. 检察独立性思想为办案组织改革提供了意识条件

目前，世界各国普遍倡导检察机关及检察人员的独立性。早在1990年，《联合国关于检察官作用的准则》中就规定了检察官的独立身份和地位。[②] 在大陆法系国家，如德国的检察机关虽然实行一体化的领导体制，但检察官个体在检察工作中有较强的独立性，除重大、疑难案件外，均可独立作出决定；[③] 在法国，检察官也同样是一体化组织下的独立个体，检察长不得擅自改变检察官的决定。[④] 在英美法系国家，英国的皇家检察官拥有检察长的所有权力，但其权力的行使不得违背检察长的意见，[⑤] 因此英国的皇家检察官可以视为独立的办案组织。随着我国法治进程的不断加快，有许多专家学者及法律工作者开始借鉴各国的先进经验来提出我国检察办案组织改革的方案，强调检察官的独立性已获得越来越多的拥护和支持。

我国刑事诉讼法将非法证据排除等权力赋予检察机关，加之检察机关本身就具有的不起诉、不批捕等权力，检察机关职能的实现要求检察官对案件事实及证据作出预判，可以看出，检察机关的司法属性已在不断地加强。因此，当前我国开展检察办案组织改革的意识条件已具备，新的办案组织形式也将呼之欲出。

3. 检察官能力提升为办案组织改革创造了现实要件

一直以来，由于各种历史原因的影响，检察官尤其是基层的检察官素质和能力普遍不高，这成为制约检察官实现独立性的很重要因素。然而随着我国法治建设不断推进，我国的法学教育也获得了空前的发展，检察官的实务能力和研究能力都有了很大的提升。根据中国法律发展报告的记载，1985年全国检察人员大专以上学历的检察官仅为10.1%，而到了2008年本科以上学历者占

---

① 郑青：《对主办检察官办案责任制的几点思考》，载《人民检察》2013年第23期。

② 参见《联合国关于检察官作用的准则》第4条规定：“各国应确保检察官得以在没有任何恐吓、阻碍、侵扰，不正当干预或不合理地承担民事、刑事或其他责任的情况下履行其专业职责。”

③ 黄达亮、蒋建伟：《检察办案组织比较研究》，载胡卫列、韩大元主编：《主任检察官办案责任制——第十届国家高级检察官论坛文集》，中国检察出版社2014年版。

④ 魏武：《法德检察制度》，中国检察出版社2008年版，第30页。

⑤ 英国1985年的《犯罪起诉法》规定：“每个皇家检察官对自己所分到的职责都不能有任何偏见，在机构和程序上都享有检察长的所有权力，但是要在检察长的指挥之下工作。”

到了72.1%。

笔者根据广东检察机关2010年至2016年公务员招录职位表的数据，对这7年间6次招录[①]共3285个检察业务岗位中报考条件进行统计分析。在学历要求方面，主要集中在本科学历，职位数为2958个，占总数的90%；其次为硕士研究生学历，322个，占10%（见表1和图1）。在专业要求方面，主要集中在法学专业，职位数为2510个，占总数的76.4%；其次为非法学专业，775个，占23.6%（见表2和图2）。在是否要求通过司法考试方面，要求通过司法考试的岗位数为2822个，占总数的85.9%；不要求通过司法考试的岗位数为2822个，占14.1%（见表3和图3）。

表1：关于学历要求的招录岗位个数统计

年份	2010	2011	2012	2013	2014	2016
本科	468	461	297	400	385	947
硕士	49	65	44	71	49	44
博士	2	2	1	0	0	0

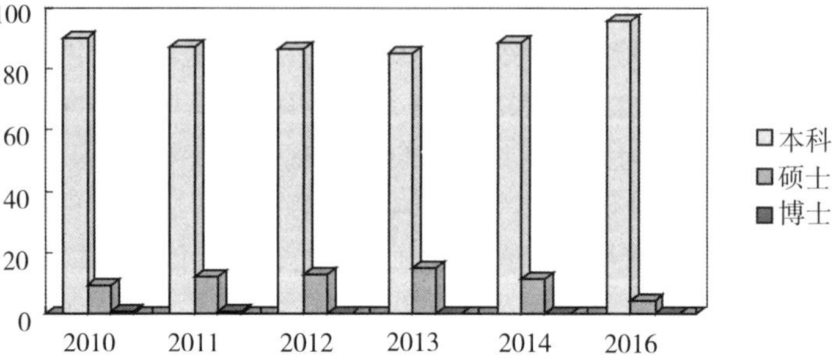

图1：2010—2016年学历情况百分比

表2：关于专业要求的招录岗位个数统计表

年份	2010	2011	2012	2013	2014	2016
法学	471	279	168	389	212	991
非法学	48	249	174	82	222	0

① 2015年由于检察改革的原因，广东检察机关暂停招录公务员。

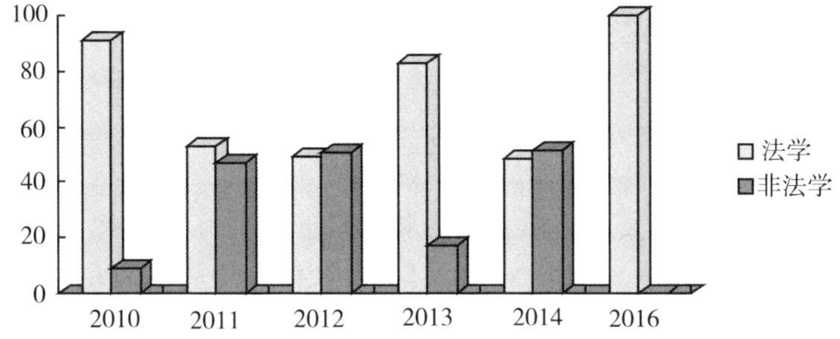

图 2：2010—2016 年专业情况百分比

表 3：关于是否要求通过司法考试的招录岗位个数统计

年份	2010	2011	2012	2013	2014	2016
要求通过	242	528	342	471	434	805
不要求通过	277	0	0	0	0	186

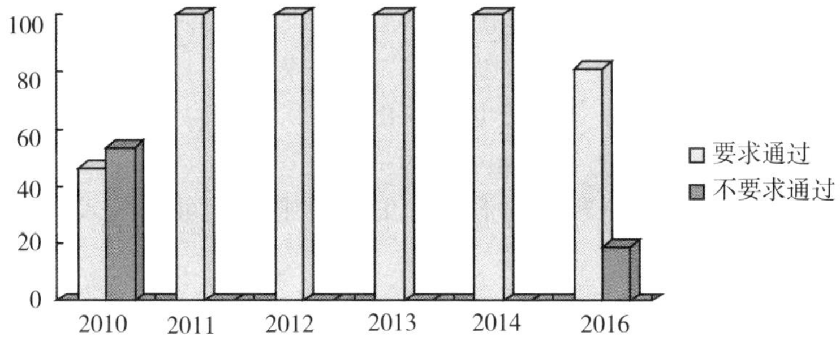

图 3：2010—2016 年是否要求通过司考情况百分比

从上述材料可以看出，当前我国检察人员尤其是检察官的素质和能力已经得到了明显的提升，大多数检察官都已具备或即将具备独立承办案件的能力，检察机关办案组织改革也已具备了现实要件。

二、检察办案组织的历史沿革

自我国检察制度确立以来，大致出现了三种办案组织形式，即“三级审批制”“主诉检察官办案责任制”及“主任检察官办案责任制”。尽管前两种办案组织形式正面临着被取代的状况，但分析它们存在的意义和存在的缺陷仍具有借鉴意义，以避免重蹈覆辙，从而研究并构建新的检察办案组织形式。

（一）三级审批制度

所谓“三级审批制”，来源于《人民检察院刑事诉讼规则（试行）》第4条的规定：“人民检察院办理刑事案件，由检察人员承办，办案部门负责人审核，检察长或者检察委员会决定。”承办检察人员、部门负责人、检察长或检察委员会各为一级，形成了当前大部分检察院正在采用的办案组织形式。在“三级审批制”下，从受理到审查再到起诉，过程中的每一个决定，都需要先报部门负责人审核，再报检察长或检察委员会决定，最后再将审批结果交由承办检察人员执行。这种办案组织形式的优势和缺陷都是显而易见的。

一方面，在我国检察制度刚确立时，检察人员的素质普遍不高，采取“三级审批制”能够限制检察人员的自由裁量权，严格把好案件的质量关，避免冤假错案的发生。同时，这样的制度设计还有助于检察机关的内部统一调度，在一定程度上避免了权力“寻租”的机会。而另一方面，随着检察机关办案模式趋于完善、检察人员素质和能力逐步提升、人民群众对司法公平正义的诉求在不断增长，“三级审批制”的缺陷也逐渐显现出来，主要表现在以下几个方面：

1. 违背检察亲历性原则。实践中，负责审批案件并作出决定的检察长、检察委员会一般来说都不是案件的亲历者，依据书面材料还原的案件情况难免存在偏差。另外，检察长、检察委员会作出决定所依据的书面材料，基本上都是由承办检察人员亲自拟写，具有很强的主观色彩。因此，“三级审批制”仅仅能从某种程度上避免检察权的滥用，更多的则是有可能陷入形式主义的僵局。

2. 限制了检察人员的独立性。承办检察人员在办理具体案件时，为避免犯错、影响业绩，往往会将领导和上级的意见作为其首要考虑的因素，这就导致了办案的积极性和客观性受到影响。由于这种办案组织形式将案件的决定权交给了领导和上级，容易造成承办检察人员存在依赖心理和侥幸心理，办案的责任意识逐渐淡薄。

3. 监督机制名存实亡。在这种制度下，主要依靠检察委员会和检察长对承办检察人员办案情况进行监督，然而二者又具有案件审批职能，成为办案的责任主体，导致职能重叠，监督的有效性无法保证；另外，在“三级审批制”下，由于当地的党委政府掌管着检察机关的人财物，使上级检察机关对下级检察机关的业务领导职能难以得到维系。上级检察机关的层级监督一般以条线进行纵向分块对下级业务部门进行制约，容易导致一些涉及综合性业务开展缺乏监督。[1]

4. 审批繁琐、效率低。“三级审批制”由于在办案过程中设立了重重“关卡”，审批流程繁琐，办案效率很难得到提高，尤其是近年来，随着检察机关的受案数量在不断增加，检察人员的工作压力越来越大，“三级审批制”已逐渐成为提升检察机关办案效率和缓解检察人员工作压力亟须冲破的桎梏。

总而言之，“三级审批制”试图通过行政手段解决检察问题，是检察独立原则与检察一体原则相冲突的一个极端表现，办案审批层级复杂，层层负责、层层把关，但最终却又无人负责，错案责任无法追究。然而在当前阶段，我国大部分检察机关的业务仍以这种形式进行，办案组织改革已刻不容缓。

（二）主诉制

所谓“主诉制”是指检察官作为基本的办案组织，在履行办案职责过程中所形成的组织关系、工作机制，以及为了保障检察官客观、公正、独立地行使职权而建立的保障机制和监督机制。[2]“主诉制”进行试点之初，对检察机关办案起到了一定的积极作用，也曾一度成为理论界与实务界的研究热点，受到广泛好评，有学者将其评价为“目前检察机关各项改革中动作比较大而且具有一定实质性意义的改革”。[3]但截至目前，“主诉制”已名存实亡。如作为“主诉制”的试点院之一的北京海淀区检察院，10多年来先后任命了31名主诉检察官，目前在主诉岗位的仅14人，不到半数，其中在主诉岗位上工作10年的也只有4人。再如福建省，作为积极回应“主诉制”改革的省份之一，自2008年后再也没举行过主诉检察官的考评工作。[4]其他地区的检察院也差不多如此，主诉检察官纷纷离岗，且无人愿意续任，改革面临着尴尬的困局。“主诉制”的失败，归根结底是由于这一制度未能从根本上解决检察人员办案中所遇到的种种问题。

1. “主诉制”未能改变行政化审批模式。“主诉制”表面上规定了主诉检察官有案件决定权，但在具体实践中，却未赋予主诉检察官实质上的案件决定权，缺乏对主诉检察官具体事项决定权的界定，实际上赋予主诉检察官的权力

① 罗昌平、王喜娟等：《检察业务管理理论与实务》，上海人民出版社2008年版。

② 蔡巍：《检察官办案责任制比较研究》，载《人民检察》2013年第14期。

③ 龙宗智：《主诉检察官办案责任制的依据和实施条件》，载《人民检察》2000年第6期。

④ 沈威、郑昱：《冲突与平衡：基层侦监检察官办案责任制之重构》，载胡卫列、韩大元主编：《主任检察官办案责任制——第十届国家高级检察官论坛文集》，中国检察出版社2014年版。

非常有限，很多情况下，主诉检察官仅仅是对案件提出自己的建议或是代表办案小组提请检察长、检察委员会作出决定而已。这就导致了主诉检察官在办案过程中事事请示汇报，成为新的“部门负责人”“三级审批制”，并没有得到根本性的改善；有学者指出，“随着案件数量的激增，主诉检察官似乎变成了办案组长，行政管理职责增加，业务领域发挥的作用相应减少，定而不审，审而不诉，在组内形成了新的审批制。”①

2. 主诉检察官待遇上没有明显优势。虽在一些地区，主诉检察官的津贴与福利略高于普通检察官，但并未拉开差距，尤其是在一些地方实行“阳光工资”后，主诉检察官的岗位津贴也一律停发。另外，未能形成长效机制，主诉检察官的法律地位未定，也没有制定专属于主诉检察官的职级晋升制度，制度出现空缺往往会使工资福利待遇调整有很大的随意性，已不是长久之计。此种情况下，难以避免主诉检察官工作热情锐减、职业荣誉感不足、工作积极性不高等情况出现。

3. 未能厘清与部门负责人、分管领导的关系。由于受到传统思想观念的束缚，在试点推行“主诉制”改革后，未能协调好主诉检察官与部门负责人、分管副检察长的关系，使他们各自的功能未能得到充分的发挥。一方面，一部分主诉检察官有很大的思想顾虑，不愿也不敢承担赋予他们的责任，事事请示、时时汇报，处处依赖集体决策；而另一方面，将案件决定权下放给主诉检察官之后，部门负责人、分管副检察长“失权”，工作清闲，心理落差大，又开始“收权”，“三级审批”的办案组织形式再次重现，“主诉制”有名无实。

笔者认为，尽管“主诉制”属于落实司法责任制的一个重大改革，制度本身也赋予了检察官一定的独立性，但由于制度设计不够科学，以致其存在先天的缺陷，使得该制度难以推进。主诉检察官的权力与责任在合法性上存在缺失，使得制度有较大的随意性，再者，主诉检察官不愿、不敢承担责任，依赖心理强，因此不能称其为科学合理的办案组织形式。

三、“主任制”试点情况分析

“主任制”是继“主诉制”之后，检察办案组织的又一次改革。2013 年末，最高人民检察院下发了《检察官办案责任制改革试点方案》，正式确立了将“主任制”作为我国检察办案组织改革的方向。中央深化改革小组第六次会议通过的《关于司法体制改革试点若干问题的框架意见》和《上海市司法

① 吴祥义、熊正、石晶：《主诉检察官办案责任制的困境及出路》，载《中国检察官》2010 年第 23 期。

改革试点工作方案》，更是将“主任制”改革作为司法体制改革的重点工作之一。全国各地已有 7 个省份 17 个人民检察院开始试行这项制度。[①]“主任制”旨在改变以往“三级审批”的行政化审批模式，使承办检察官有职有权，是适应司法改革，保障检察官独立性，构建以主任检察官为决定主体与责任主体的一个重大改革。

所谓“主任制”是指主任检察官在检察长和检察委员会的领导下，对授权范围内的案件享有独立的决定权，并承担相应办案责任的制度。[②] 具体组织形式是：以主任检察官为单元，将其他检察人员划分为不同的小组，每个小组分别配备若干助理检察官、书记员、辅助人员，由主任检察官领导小组成员办案，并直接对检察长和检察委员会负责；也可根据案件的具体情况组成临时办案小组，针对案件的特点提出相应的处理对策，进一步发挥组织上的灵活性，提升办案的质量与效率，更好地促进公平正义。在此种办案模式下，主任检察官拥有除重大事项外的决定权，让其成为行使检察权的独立主体，具有独立的司法人格。

（一）“主任制”试点情况分析

迄今为止，除首批进行“主任制”试点的 17 家检察院外，又陆陆续续有部分检察院加入到试点队伍中，我国进行试点“主任制”的检察院越来越多。笔者对试点情况进行实证分析，具体如下：

1. 实行团队化办案模式

试点检察院的办案组织模式大同小异，即成立由主任检察官为首的办案小组，并由主任检察官承担相应的领导责任，每个小组配备检察辅助人员及承办检察官若干，由承办检察官实际办理检察业务。上海闵行区检察院还根据案件的不同类型，划分大小不同的办案组：大组包括 1 个主任检察官、若干助理检察员、书记员及辅助人员；而小组包括 1 个主任检察官、1 个助理检察员和 1 个书记员。[③]

2. 划分职权范围

试点单位基本上以部门不同赋予主任检察官不同的职权，总的说来，将非终局性权力授予主任检察官行使，终局性权力及法律有明确规定的权力还是由检察长（当中包括副检察长）和检察委员会行使，如不起诉权、不批准逮捕

① 徐盈雁、徐一航：《最高检在 7 个省份 17 个检察院试点检察官办案责任制》，载 http://news.jcrc.com/jysw/201312/t20131227_1293097.html。

② 陈宝富：《论主任检察官制度的创新实践》，载《检察风云》2013 年第 10 期。

③ 潘祖全：《主任检察官制度的实践与思考》，载《上海检察调研》2013 年第 4 期。

权、重大案件决定权等由检察长（副检察长）和检察委员会行使。具体来说：

在公诉、未成年人检察等公诉权力行使部门，对于非上级交办的、非重大社会影响的案件决定权，如对非重大刑事案件提起公诉权、变更起诉罪名权、退回补充侦查决定权等事项，均由主任检察官负责；其中，北京朝阳区检察院将主任检察官退回补充侦查的权力下放至二次，其余各检察院均为一次；不起诉决定除重庆渝中区检察院对被告人没有犯罪事实或我国刑诉法第 15 条第（二）、（三）、（四）、（五）项规定①的情形及具有简单情节可以由主任检察官决定外，其余检察院均规定要报检察长或检察委员会决定。

在侦检部门，对于批准逮捕与不批捕决定，各检察院规定有所不同。其中，对于不批捕决定。多数检察院认为由检察长、检察委员会决定，而北京市朝阳区检察院等少数几家检察院对于案件情节较简单、社会影响较小的不批捕决定，由主任检察官决定。对于批准逮捕的决定，对非重大、疑难案件，北京昌平区检察院规定主任检察官作出批准逮捕决定后，要交由副检察长审核，其余检察院均认为直接由主任检察官作出；对于情节复杂、影响重大的案件，各检察院均由检察长或检察委员会审核并决定。其他权力，如决定追捕漏犯、决定延长侦查羁押期限、要求侦查机关说明立案或不立案理由等，各检察院均同意由主任检察官作出。此外，对于有重大影响的案件的变更强制措施、重新计算侦查羁押期限等决定，北京昌平区检察院规定副检察长有审核权。

在职务犯罪侦查部门，有关大案、要案的立案侦查工作，以及采取强制措施、采取技术侦查等涉及人身权益保障的侦查活动，均由分管副检察长作出批准或决定。其余程序性事项如决定查封、扣押、冻结犯罪嫌疑人财产，决定调取证据，委托鉴定等，各检察院均规定由主任检察官直接决定。

在其他部门，如行政、民事诉讼监督部门、刑事执行检察部门等，各检察院规定也有所不同。其中，重大事项的决定权（如拟作出不予国家赔偿决定、提请抗诉等），均由分管副检察长行使。非重大事项，基本上以权力下放给主任检察官为主，只有北京朝阳区检察院民事行政检察部门及控告申诉部门各项工作仍应由主任检察官报副检察长或检察委员会批准决定。

---

① 《中华人民共和国刑事诉讼法》第 15 条规定："有下列情形之一的，不追究刑事责任，已经追究的，应当撤销案件，或者不起诉，或者终止审理，或者宣告无罪：（一）情节显著轻微、危害不大，不认为是犯罪的；（二）犯罪已过追诉时效期限的；（三）经特赦令免除刑罚的；（四）依照刑法告诉才处理的犯罪，没有告诉或者撤回告诉的；（五）犯罪嫌疑人、被告人死亡的；（六）其他法律规定免予追究刑事责任的。"

3. 明确部门负责人权限

在与部门负责人关系方面，试点单位均对主任检察官和部门负责人的分工进行了明确，大体规定如下：部门负责人较少承担司法上的职权，以行政管理为主，主管部门内部考评、宣传、开展培训、组织案件研讨、案件监察、代表本部门与其他部门协调等工作，仅保留了对主任检察官行政上的领导关系。在部门负责人的选任上，有1家试点单位明确规定部门负责人应从主任检察官中产生。

值得一提的是，在部门负责人权限方面，虽然大部分试点单位试行扁平化管理，尽量避免部门负责人参与到办案中来，需要审批的事项，由主任检察官直接报上级决定。但实际上仍存在需由部门负责人事先审批的事项，主要体现在自侦案件中，如北京朝阳区检察院、北京西城区检察院等试点单位，均作出类似规定；也有上海浦东区检察院规定刑检部门的相关工作也需由担任部门负责人的主任检察官进行审核。

当主任检察官与具体承办案件的检察官意见产生分歧时，北京西城区检察院规定，由承办检察官不服从命令而导致的重大失误，由承办检察官承担责任，主任检察官有权力提出人员调整建议。上海浦东区检察院规定，主任检察官意见与承办检察官意见不统一时，主任检察官认为需要改变承办检察官意见的，需通过主任检察官办案组进行合议，并报检察长或检委会决定，最终记入案件材料。山东临沂兰山检察院规定，主任检察官与承办检察官意见不一致时，承办人不接受的，可以提请部门负责人审核，主任检察官可以不接受审核意见，但需独立承担责任。

4. 完善相关配套制度

大部分试点检察院都能在制定"主任制"主体规则的同时制定相应的配套制度。如上海闵行区检察院出台《审查批捕、起诉案件质量风险控制实施办法》以划定案件风险等级与处理流程，又有《主任检察官管理办法》以明确任职条件、选任程序及考核奖惩等内容。①

（二）"主任制"的进步性与局限性分析

1. "主任制"进步性的体现

通过以上分析，可以看到，"主任制"相较于此前检察其他办案组织模式最大的亮点在于：主任检察官真正获得了部分案件的决定权，主任检察官可以直接作出很多决定，并直接向检察长、检察委员会负责，少了很多中间审批环

① 潘祖全：《主任检察官制度的实践探索》，载《人民检察》2013年第10期。

节，初步实现了扁平化审批。据统计，“主任制”试点以来，北京朝阳区检察院2014年1月至7月受理公诉案件2331件，同比上升20.3%，办案周期由试点前的45.7天，下降到37.9天，缩短近8天；湖北随州检察院审查批捕案件办理时间较之前平均缩短1—2天，审查起诉案件办理时间较之前平均缩短3—5天。[①] 之所以“主任制”能收到明显的成效，是由于此项改革比以往的办案组织模式有以下几点优势：

一是权责分明。从上述试点单位的做法可以发现，主任检察官有一般案件的决定权，对重大、复杂的案件也有提出建议的权力，自行决定率占全部案件的95%左右。在承担责任方面，责任与权力相对应，主任检察官对其职权范围内的案件处理决定承担责任，负责审批的检察长、检察委员会等对审批结果承担责任，初步实现了权、责、利相统一。赋予主任检察官相对独立的案件决定权，还有助于主任检察官摆脱对集体负责制的心理依赖，提高其办理案件的责任心与积极性。

二是检察业务与行政分开。“主任制”划清了主任检察官与部门负责人的职权范围，部门负责人只对主任检察官进行行政上的领导，主任检察官对小组内成员进行检察业务上的领导。不仅有利于排除行政权对检察权的干涉，从而更好地保障了检察官办案的独立性；而且有助于主任检察官摆脱行政工作的束缚，减轻事务性工作影响，能够让其专注于办案，保证办案的质量及效率。如北京检察院第一分院试点“主任制”以来，公诉部门办理的A类案件[②]数量逐年上升，2008年为30件，2009年为35件，2010年为37件，2011年达63件，2012年达到了118件。[③]

三是配套制度相对完善。多数试点单位都对“主任制”建立了相应的配套制度。如设立了主任检察官联席会议制度、建立了主任检察官专属的晋升机制、规定了主任检察官在职级晋升上的优先性、改变了原有的薪资制度而为主任检察官发放专门的岗位津贴等。这些配套制度的完善，是“主任制”保持生命力的重要保证。

四是初步实现扁平化的层级管理。在这种制度下，对于普通的检察业务，

---

① 中华人民共和国最高人民检察院网站：《检察官办案责任制改革试点一年：办案质效提升》，载 http://www.spp.gov.cn/tt/201412/t20141222_85788.shtml。

② A类案件：指为进行案件质量考核而明确的案件质量标准，一般分为ABCD四个等级，A类案件指适用法律和办案行为均规范、法律效果和社会效果突出的案件。

③ 高保京：《北京市检一分院主任检察官办案责任制及其运行》，载《国家检察官学院学报》2014年第2期。

主任检察官拥有独立的决定权，对于重大、疑难的业务，由主任检察官报请检察长或检察委员会审批。此时，就形成了“检察官—主任检察官”“检察官—主任检察官—检察长（检察委员会）”两种办案审批流程。这两种程序从本质上属于“二级审批”与“三级审批”相结合的办案形式，削减了部分案件的审批层级，一定程度上保证了决定主体在办案中的亲历性，同时，又坚持了检察机关的一体化领导模式，较之前办案组织形式有了较大进步，初步实现扁平化的检察办案模式。由于中间环节的减少，办案效率得到快速的提升。如北京检察院第一分院公诉二处 2009 年结案率为 82.86%，2010 年为 92.6%，2011 年达 98.73%。2012 年，在收案数上升 79.7%，涉案人数上升 103.3% 的情况下，公诉部门结案率达 97.9%。[①]

2. “主任制”局限性评析

尽管“主任制”与以往的办案组织形式相比有了较大的进步，但在试行“主任制”的过程中，难免会遇到或将会遇到的一些问题，比如主任检察官定位问题、权责利如何进一步科学分配等问题，我们必须正视这些问题，从而避免“主任制”重蹈“主诉制”的覆辙。

一是主任检察官身份定位尚未明确。“主诉制”之所以会难以为继，主要是由于未能给予主诉检察官法定的身份地位，诱发了主诉检察官心中不满的情绪。一些试点单位也料到了主任检察官会面临同样的问题，试图通过提升主任检察官职级的方式作为提升主任检察官地位的一种手段，如北京检察院一分院就规定统一给予主任检察官副处长的行政级别。[②] 然而，就从当前试点的情况来说，一般每个部门都有 2—6 个办案组，各部门加在一起共有几十个办案组。也就是说，主任检察官的数量达几十个，如果都赋予他们更高一级的行政级别，那就会出现检察机关行政编制不够的困境。再者，将主任检察官身份与行政级别挂钩，也会使得主任检察官及其他检察人员会对这一职位产生认识上的偏差，认为主任检察官实质是“官”，是办案人员的顶头上司，这样的话，又重回了行政化管理的“老路”，有悖于“主任制”改革的初衷。

二是该制度设计难以全面推广。当前试点的单位基本上都来自经济发达、人口稠密的地区。随着改革的进一步深入，必然会遇到如何在欠发达地区、人员少的检察院推广的问题。如江西广昌检察院，在编人员仅 37 人，除去非检察业务人

---

① 高保京：《北京市检一分院主任检察官办案责任制及其运行》，载《国家检察官学院学报》2014 年第 2 期。

② 高保京：《北京市检一分院主任检察官办案责任制及其运行》，载《国家检察官学院学报》2014 年第 2 期。

员及临近退休、无法正常办案的检察人员，其中能在一线办案的仅有19人。这样最多仅能成立6个主任检察官办公室，远低于实际需要。[①] 同时，欠发达地区的检察院又面临着优秀人才匮乏、人才流失严重等问题，难以选拔出素质能力高的主任检察官，这样会导致在这些地区的检察院难以全面推广“主任制”。

三是重大、疑难案件标准难以划分。在试点单位中，基本上都是以案件的重大难易程度来作为划分主任检察官与检察长、检察委员会权限的依据。虽然在试行中他们对于哪些案件属于重大、疑难案件均有所界定，但由于缺乏全国性的指导意见，导致各地做法各异。此外，办案中还有些案件是需要查清一定事实后，才能对重大难易程度进行划分，那么这些案件又该如何处理，这都给案件分流带来了困难，进而造成办案人的权限不清晰。

四是缺乏相应的法律依据。目前，“主任制”仅有2013年末最高人民检察院下发的《检察官办案责任制改革试点方案》作为政策上的支撑，尽管各试点单位都各自颁布了试点方案，如上海市颁布的《上海检察改革试点工作实施方案》等，但从上文便可看出，各地区在试点中的随意性较大，规定不统一。即使在2015年9月，最高人民检察院印发了《关于完善人民检察院司法责任制的若干规定》，但该规定也只是适用试点检察院，而其他检察院可以参照执行，而不是说在全国适用，即不能代表着“主任制”被确立并在全国推行。而与之相比，“三级审批制”有《人民检察院刑事诉讼规则（试行）》作为明确的法律依据，这也是“三级审批制”经久不衰的原因之一。笔者认为，在“主任制”试点成熟后，应及时将此制度纳入法律范畴，使得主任检察官权力有法可依。

五是权责利相统一有待加强。与以往办案组织不同，“主任制”从制度上体现了检察官的独立性，然而试点中仍遇到不少困境：有些单位下放权力不够，赋予主任检察官的权力过少，部门负责人仍有业务决定权，“三级审批制”的阴影依然存在，如北京西城区检察院、北京朝阳区检察院、上海浦东区检察院等规定刑检、侦查相关工作仍是“三级审批制”。但有些单位又走上了另一个极端，“放权”过大，有些主任检察官担心责任大不敢做决定，事事请示，研讨会议日日开，最终主任检察官又重回部门负责人角色。如果不权衡好权、责、利三者的关系，“主任制”就将会重蹈“主诉制”覆辙，难怪会有人认为：“主任检察官”只是用来代替以往的主办检察官、主诉检察官和主侦

① 黄幼平：《关于基层人民检察院实行主任检察官办案责任制的若干思考》，载胡卫列、韩大元主编：《主任检察官办案责任制——第十届国家高级检察官论坛论文集》，中国检察出版社2014年版。

检察官的统一称谓"。①

六是检察官的独立人格尚未形成。根据上文的分析，我们大致可以把"主任制"概括为："检察官—主任检察官""检察官—主任检察官—检察长（检察委员会）"两种审批程序，这都在强调主任检察官的独立性，却忽视了普通检察官的独立，普通检察官只是执行者，没有直接决定权，受到主任检察官的领导。虽说是过渡时期的特殊之策，但不可长期这样做，否则又会回到"办案者无决定权，决定者不办案"的老路。

总而言之，"主任制"的改革，不能只是形式上的变更，而是要在实质操作和理念上动真格，要在制度层面以及实践层面有所建树，否则改革将难以持久。

四、构建科学检察办案组织的路径

经过三年多的试点，"主任制"改革已达到了一定的效果，也面临着上述的一些问题。为进一步深化司法体制改革，探索科学的检察办案组织构建之道，笔者试图提出自己的一些看法，以期尽一点微薄之力。

（一）横向设计：部门不同形式不同

1. 公诉部门

最大限度保证主任检察官独立性。公诉权的行使是运用法律对行为人的行为进行判断的权力，属司法权的范畴，所以要赋予公诉主任检察官更加完整的独立性。主任检察官与承办检察官在检察业务上不应是领导与被领导关系，主任检察官不宜直接改变承办检察官的决定，若存在分歧，应交由检察长或检委会讨论决定。在与检察长、副检察长关系上，也不宜完全保有业务上的领导关系，而是将检察长、检察委员会的领导权仅限于法律、法规规定的决定权。

2. 监督部门

要区分具体情况。行使的是法律监督权，决定着案件是否进入诉讼程序。应以权力是否具有终局性来作为划分主任检察官与检察长权力的标准。所谓终局性权力，是指能够使案件脱离现有状态的权力，如提起抗诉权、不予追究刑事责任权等。而非终局性权力，如延长侦查羁押期限权、建议退回补充侦查权等，这些权力的行使并不意味着案件脱离现有阶段。对于终局性权力，应由检察长或检察委员会行使，但主任检察官有建议权；而非终局性权力可交由主任检察官行使。对于批准逮捕、不批准逮捕、变更强制措施等权力涉及人身权的权力，应酌定是否由主任检察官行使。为保障人权，在案件事实简单、情节轻

① 顾忠华：《闵行：主任检察官制度的先行者》，载《检察风云》2013 年第 24 期。

微，且主任检察官与原机关意见一致的情况下，可由主任检察官直接作出决定，其余则由检察长或检察委员会决定。

3. 侦查部门

检察官独立性应当受到制约。行使的是职务犯罪侦查权，权力行使的时效性较强。需要具有绝对权威的领导带领成员快速破案，因此，主任检察官及承办检察官的独立性应受到制约，承办检察官应当听从主任检察官的指令，而检察长对主任检察官的授权也应仅限在程序性业务的处理上，如勘验、检查、扣押、查封财产等，以及一些轻微刑事案件的实体性事务。此外，鉴于侦查权与人身权利息息相关，如决定采取强制措施、决定采取秘密侦查措施等，这些权力往往能够决定当事人的命运，社会影响重大，为了尊重与保护人权，这些权力也应由检察长或检察委员会行使。

（二）纵向设计：设立专门行政负责人

在试点单位，检察行政工作主要由部门负责人负责，这会使得由部门办案精英担任的部门负责人从事检察业务工作较少，难以实现人力资源的优化配置。笔者建议设立专门的行政负责人，由其专门负责部门内日常行政事务，为部门内的检察业务服务。

在具体实行过程中，对于人数较多的部门，由于办案小组数量多，管理难度大，可以设立行政办公室，由办公室主任带领其他成员处理部门日常业务；在人数较少的部门，设置 1—2 名行政专员，负责行政事务；在人手不足的检察院，也可由 1 名部门负责人同时负责多个部门的行政工作。专门负责人可由沟通、协调能力较强且有任职意向的检察官调任，也可由检察院内部行政办公室成员担任，或设置专门岗位供新晋公务员考任，可考虑由行政管理等相关专业的人担任，以增强管理工作的专业性、科学性。专门行政负责人不再参与检察业务的办理，仅能通过考评等机制对检察官办案行为进行监督。行政负责人晋升机制参照行政机关模式进行。

这既有利于专业化、精英化的检察队伍形成，实现人力资源的优化配置，又有利于提高司法行政人员的待遇、调动他们的积极性。同时，有助于平衡行政与司法间的权力配置，形成检察机关内部相互监督、相互制约的良好氛围。当然，要达到去行政化的目的绝不仅仅是把检察业务和检察行政事务交给不同的人去办理，或是拿到不同的工作场所去办理就可以实现的，更重要的是要以此为基础建立两种不同的工作序列，保障检察业务工作和检察行政事务工作都能有序开展。

（三）精简内设机构

当前在检察内部设置过多的部门已制约检察业务质量的提升，如一些欠发达地区的检察院，检察官数量不足，过于细化的部门设置导致“1人、2人部门”出现，在这种情况下，主要的业务部门人员不足，使得他们加班加点已成为常态，更难以去落实检察官办案责任制。

对此，应精简内设机构。可以刑检、监督、侦查三大部门为基础，根据实际情况，划分出包括案件管理部、检务保障部在内的5—8个部门，在任务较重的部门内部以主任检察官为单位划分不同的办案组，如在刑检部门，可划分为公诉组、未检组、金融检察组等，各组平时各司其职，在遇到紧急情况人手不足时，可灵活调配其他组成员辅助办案。这样做的目的是有利于更多的人力物力投入到办案中。同时，更加灵活的部门设置也打破了部门之间的屏障，根据工作量的多少灵活组合，避免了检察院内不同部门工作量差异过大。

精简机构的另一个方向可从人员配置上入手。上文笔者提出过由一名专门行政负责人负责多个部门的构想，其实，除了专门负责特定案件的检察办案人员外，其他人员均可实行跨部门工作制。如书记员职位便可实行按需分配制，在人力紧张的检察院，不再给办案组配备专属书记员，而是根据实际需要分配到各办案组，这样能有效缓解办案人员压力，更好地服务和保障主任检察官的工作。

（四）优化主任检察官遴选制度

遴选机制：拓宽范围，综合考量。选任主任检察官应遵循公平、公正、公开原则，可采取检察官个人申请及部门负责人推荐等多种选任形式，综合检察官、部门负责人、其他主任检察官等多方意见，由检察院党组决定。随着改革的不断深入，应当吸收符合条件的优秀学者、律师及其他法律工作者担任主任检察官，以保证主任检察官队伍多元化。应综合考虑竞聘者的能力，特别是检察业务水平和职业操守，以确保主任检察官队伍的专业化、精英化，做到宁缺毋滥。具体要求如下：

首先，主任检察官应具备相当的业务经验和水平。随着改革的不断深化，主任检察官作为办案小组的“指挥官”，要求主任检察官独立作出的决策也将越来越多，成为主任检察官必须有相当的业务能力和工作经验。笔者认为，成为主任检察官需先具有一定的从事法律工作年限。应根据检察院不同的层级，以及区分当地的社会、经济、治安等状况，划分担任主任检察官不同的办案工作经历年限，例如在最高、省级、市级、基层检察院应规定从事法律工作年限分别为8年、6年、5年、4年，也可以授权省级检察院根据不同地区检察院的实际情况，确定各地区执行的工作年限标准，并报最高人民检察院批准。

其次，担任主任检察官需具备良好的职业操守。由于主任检察官一职手握实权，若由思想水平道德偏低之人担任恐难以抵挡诱惑，导致司法腐败。因此在选任时，应充分考量，拒绝污点劣迹，选任思想觉悟高、品德过硬的人成为主任检察官。

此外，应实行主任检察官任期制。主任检察官的任职并不是终身的，也不应与一般行政单位只上不下的行政晋升机制相同。为保证工作的积极性，主任检察官的晋升机制应更加灵活，任期可以更短，以2—3年为佳。

（五）加强对主任检察官的履职保障

在新的一轮检察改革中，主任检察官制度能否具有长远的生命力，其中一个关键因素就是履职保障能否充分实现。具体来讲：

一是要改革检察官职务薪金制度，探索建立同《公务员法》相协调，符合检察官职务等级要求的检察官薪金独立序列制度，规范主任检察官薪资体制，发放一定的岗位津贴，从顶层制度设计解决基层检察官办案量大、责任重、待遇低等突出问题，真正落实从优待检，尤其是对于主任检察官的薪酬应当与其他检察辅助人员、检察行政人员适当拉开。

二是建立相应的奖励机制，并使其正式化、规范化，强化考评机制，对考核表现优秀的主任检察官应给予物质奖励、立功授奖等荣誉；在级别晋升机制上，应保证主任检察官较其他检察官享有优先晋升的权利，在推行检察人员单独管理的基础上，可综合主任检察官工作表现，以工作年限为主要晋升依据。

三是建立和完善符合检察工作特点的经费保障制度，为主任检察官履职提供充足的经费物质保障。不仅应将办案出差、侦查协作、追逃追赃等纳入到相应的预算中来，而且应将办案装备更新换代的经费也纳入进来，为主任检察官履职提供充足的经费物质保障。

四是建立主任检察官人身安全保障机制，即主任检察官在履职过程中遭到打击报复并且面临生命人身安全时，依据主任检察官的申请，为其调动工作岗位，异地安排工作等保障，以及给予适当履职经费补贴等。

五是建立健全主任检察官抚恤优待保障制度，通过完善立法建立健全职业保障制度；购买商业保险补充完善保障；设立基金补充完善保障等措施来构建主任检察官抚恤优待保障体系，让主任检察官在受伤、患病、牺牲或病故后能得到公正合理的抚恤优待和医疗保障，从而解决主任检察官及其家属的后顾之忧，进一步提升主任检察官队伍的凝聚力和战斗力。

总之，在推进省级以下人财物统管改革试点中，应注重通过真正建立和完善符合检察工作规律特征的主任检察官履职保障制度，真正促使主任检察官在执法办案中养成敢于负责、勇于负责、善于负责的执法作风、工作态度以及职业素养，进一步提升执法办案能力和水平。

（六）完善内部和外部的监督机制

建立相应的监督机制以防范将案件决定权下放至主任检察官后有可能带来的风险。首先，检察长、检察委员会是主任检察官的直接领导者，应当畅通检察长、检察委员会对主任检察官的监督渠道，赋予承办检察官对主任检察官不当决定的越级上报权，以防止主任检察官滥用职权。其次，实行案件责任终身制，主任检察官所作的每个决定都应当记录在案，以防日后出现冤假错案难以追责。最后，除《公务员法》规定的考核外，还应定期对主任检察官进行业务上的考核评定，以督促主任检察官不断提高业务水平。建立科学的考核标准，对于考核不合格的主任检察官，可由部门负责人向人事部门建议更换主任检察官。

此外，要加强对主任检察官的外部监督，目前比较认同的就是人民监督员制度。党的十八届四中全会提出，加强对司法活动的监督，完善人民监督员制度，试点了近两年的人民监督员制度改革在全国推开。[①] 经过实践，监督程序不断规范，监督力度不断增强，进一步提高检察工作的社会公信力，人民监督员的监督会对主任检察官产生倒逼效应，促使检察官在办案中更加严格依法办事，规范司法行为。此外，人民监督员制度体现了诉讼民主化的进程，进一步强化了对检察机关的外部监督，促进了检察权的依法公正行使。因此，要将人民监督员对主任检察官的监督纳入进来，通过人民监督员来加强对主任检察官的外部监督。

综上所述，检察办案组织改革应遵循循序渐进的原则，要充分考虑司法、行政等多方面因素，又由于检察机关的职权较复杂，探索新的检察办案组织中必须兼顾各项职权的充分发挥，改革检察办案组织必须要经过谨慎的考量。对此，笔者认为：首先，检察办案组织改革有必要性也具备可行性，但在现阶段必须遵循历史规律进行，要先消除以往办案组织形式所留下的诟病，消除理念上的顾虑，再进行改革，不能急功近利。其次，作为我国当前最先进的办案组织形式——“主任制”还不是尽善尽美的，其行政色彩还比较浓重，检察一体与检察独立尚不能达到平衡，因此，检察办案组织仍需要进一步的改革。

此外，检察办案组织改革必须要在检察一体化的领导下最大限度地保证检察院及检察官个体的独立性，必须要去除行政权对检察业务的干涉，也必须要明确放权与收权的界限。更深层次的检察官独立性和更加明确的制度实施规范是今后改革的方向。

---

① 李万祥：《经过近两年试点，人民监督员制度改革在全国推开》，载《经济日报》2016 年 8 月 14 日。

基层检察院刑事检察办案组织建设样本分析

——以A市B区检察院为例

杨 蕊[*]

一、刑事检察办案组织建设及运行样本及分析——以A市B区检察院为例

（一）办案组织建设及运行模式

1. 侦监科

侦监科内的办案组织形式为独任制与办案组相结合（详见表1）。目前，该科内有2名独任制检察官。因该科内人员较少，所以2名独任制检察官在提讯时需要其他办案组内的人员予以协助。此外，该科还有3个办案组，分别为1名员额制检察官带1名助检员。此处的办案组既不同于司法责任制要求中的独任检察官制度（要求以检察官的名义独立承担并办理案件，而目前该科所有员额和助检员全部以自己的名义轮案接卷），也不同于司法责任制要求中的检察官办案组①（检察官办案组由两名以上检察官组成，而助检员没有员额资格）。这是在司改过渡期内的一种符合实际工作需要的模式。该院采取的是助检员在员额检察官带领的组内办案。据了解，A市其他部分基层院实行助检员办案依照原有的"三级审批"方式。

2. 公诉科

公诉科内的办案组织形式为办案组模式（见表1）。目前，该科内有4个

---

* 杨蕊，天津市河东区人民检察院法律政策研究室主任，全国检察调研人才，天津市检察业务专家（法律政策研究类别）。

① 检察官办案组由两名以上检察官组成，配备必要的检察辅助人员。检察官办案组可以相对固定设置，也可以根据司法办案需要临时组成，办案组负责人为主任检察官。

办案组，其实质形式与侦监科情况类似，为员额检察官与承办案件的助检员组成，另有3名书记员辅助4个办案组办案。比较特殊的是，该科内有一个专门办理速裁案件的速裁组，该组由1名员额检察官带领3名助检员组成，承办了大量的速裁案件。2016年12月至2017年2月公诉案件速裁组共受案32件34人，占该期间全部公诉受案数的30%。此外，该科还有一个普通办案组，为1名员额制检察官带领2名承办案件的助检员，工作强度较其他普通组的“1+1”模式加大不少，值得关注，后文将做详细分析。与侦监科情况相同，A市其他部分基层院对于公诉部门助检员办案实行原有的“三级审批”方式，这与该B区院的模式不同。

3. 未检科

未检科内的办案组织形式为独任制模式（见表1）。该科情况比较特殊，在短期内有1名员额检察官调入又调出，此外，有两名目前仍在行政部门工作的同志暂时无法到位。因此，在司法责任制实施后，主要是由作为该科负责人的1名员额检察官承办全部批捕、起诉案件，另有1名助检员协助工作，但因从事业务工作时间较短，暂时尚未承办案件。

表1：A市B区检察院刑检部门员额制施行后的办案组情况

<table>
<tr><td></td><td colspan="2">侦监科</td><td colspan="2">公诉科</td><td>未检科</td></tr>
<tr><td>总体人数</td><td colspan="2">11</td><td colspan="2">19</td><td>4</td></tr>
<tr><td>员额人数</td><td colspan="2">5</td><td colspan="2">5</td><td>1</td></tr>
<tr><td>辅助人员人数</td><td colspan="2">6</td><td colspan="2">14</td><td>3</td></tr>
<tr><td>办案组织形式</td><td colspan="2">独任制与办案组相结合</td><td colspan="2">办案组</td><td>独任制</td></tr>
<tr><td rowspan="2">具体情况</td><td>独任制</td><td>办案组</td><td colspan="2">4个</td><td>1个</td></tr>
<tr><td>1*2</td><td>（1+1）*3</td><td>1个速裁组
1+3</td><td>3个普通组
1+1
或者1+2</td><td>1+1</td></tr>
<tr><td>详情</td><td>2名员额
独立办案</td><td>3组
1名员额带
1名助检员</td><td>1名员额带
3名助检员</td><td>有两个组为1名员额带1名助检员；有一个组为1名员额带2名助检员</td><td>1名员额带
1名助检员</td></tr>
<tr><td>其余人员</td><td colspan="2">1名内勤，2名辅助人员仍在其他部门工作</td><td colspan="2">1名内勤，3名书记员配合各办案组工作；1名科长在外办理专案，2名辅助人员仍在其他部门工作，1名助检员在家歇哺乳假</td><td>2名辅助人员仍在其他部门工作</td></tr>
</table>

（二）办案队伍基本情况

1. 员额队伍基本情况

目前，A 市 B 区检察院侦监、公诉、未检部门共有员额制检察官 11 名（见表 2）。该 11 人中，年龄在 25—30 岁之间的 1 人，31—35 岁之间的 2 人，36—40 岁之间的 3 人，41—45 岁之间的 1 人，46—50 岁之间的 3 人，51—55 岁之间的 1 人。从总体上讲，各个年龄段均有分布，没有出现明显的年龄断层，分布比较合理。

表 2：A 市 B 区检察院首次入额检察官分布情况

	院领导	反贪局反渎局	预防科	公诉科	侦监科	未检科	监所科	民行科	控申科	案管办	研究室	合计
员额制检察官人数	5	10	1	5	5	1	1	3	3	2	1	37
部门人数		34	4	19	11	4	5	7	13	8	4	
员额制检察官在本部门占比		29%	25%	26%	45%	25%	20%	43%	23%	25%	25%	
该部门员额检察官占全部业务部门员额比重		31%	3%	16%	16%	3%	3%	9%	9%	6%	3%	

从性别来看，男女比例比较适中，男性检察官 5 人，女性检察官 6 人。但男性检察官中 46 周岁以上的经验丰富的检察官比重较大，占到了 60%；女性检察官则主要集中于 40 岁以下，占比为 67%（见表 3）。

表 3：A 市 B 区检察院侦监、公诉、未检部门员额制检察官人员年龄、性别分布

年龄	25—30	31—35	36—40	41—45	46—50	51—55
人数	1	2	3	1	3	1
性别比例	男	女	男	女	男	女
	1	1	2	2	1	2

2. 辅助人员基本情况

该院公诉科共有检察辅助人员 14 名，其中助检员 11 名，书记员 3 名；侦查监督科共有辅助人员 3 名，其中助检员 5 名，书记员 1 名；未检科共有检察辅助人员 3 名，全部为助检员。

（三）办案数量

从办案数量上看，2016 年 12 月至 2017 年 2 月相比去年同期均有较大提高。去年同期，未检科受理审查逮捕案件 3 件，受理审查起诉案件 12 件，人均受案 4 件。今年该科目前只有一名员额制科长受理捕、诉案件，捕、诉合计 19 件左右，工作量增大明显。再以侦查监督科为例，该科去年同期受理审查逮捕案件 62 件，当时该科共有承办人 7 人，平均受案数为 10 件左右。对比今年，即使为不带助检员的员额检察官受案数也在 12 件左右，所以今年审查逮捕的工作量相比去年同期有所增加。同时还应注意的是，在侦监科 5 名员额检察官中，还有 3 名员额检察官（其中有两位为科长）不仅要自己承办案件，还需要带领原有的助检员办理案件。目前，按照 A 市检察机关《检察官办案权力清单（试行）侦查监督业务类权力清单》[①] 的要求，普通刑事犯罪案件的批准逮捕应由员额检察官完成，因此目前助检员在办理审查逮捕案件时员额检察官均与其一同提讯，并视情况共同核证，并以员额检察官与助检员共同审查、员额检察官最终决定的方式作出批准逮捕的决定，已完全区别于原有的“三级审批”的办案制度，这在一定程度上减少了审批层级，提高了工作效率。但是基于保证员额检察官办案亲历性的要求和办案责任制的落实，目前现有的办案模式大大增加了员额检察官的办案工作量，从表 4 的数字中可以看出，侦监科带领助检员办案的员额检察官人均受案数量在 23 件左右，远远高于去年同期的 10 件左右。公诉科也有相同的情况。

① A 市检察机关《检察官办案权力清单（试行）侦查监督业务类权力清单》规定三：基层检察院（一）下列职权由独任检察官或主任检察官决定（行使）：1. 普通刑事犯罪案件批准逮捕；2. 普通刑事犯罪案件虽有证据证明有犯罪事实，但不采取逮捕强制措施不至于发生刑事诉讼法第七十九条规定的社会危险性不批准逮捕（相对不捕）；3. 提出是否批准延长侦查羁押期限意见；4. 提出口头纠正违法意见和办案中发现的立案监督（通知立案、通知撤案除外）、纠正漏捕、检察建议；5. 移送或者监督移送涉嫌刑事犯罪案件线索等；6. 办案中的非终局性事项、事务性工作和一般程序性事项。

表 4：A 市 B 区检察院侦监、公诉、未检部门检察官办案责任制落实后的案件办理情况（2016.12—2017.2）

<table>
<tr><th></th><th colspan="2">不带承办案件的助检员的员额检察官人均受案数</th><th>带领承办案件的助检员的员额检察官人均受案数（该数字包括组内助检员办案数，括号内为助检员承办案件数）</th><th>去年同期人均办案量</th></tr>
<tr><td>公诉科</td><td colspan="2">无</td><td>27 件 33 人（11 件 14 人）</td><td>10 件</td></tr>
<tr><td>侦监科</td><td colspan="2">12 件 15 人</td><td>23 件 30 人（13 件 16 人）</td><td>10 件</td></tr>
<tr><td rowspan="2">未检科</td><td>捕：7 件 8 人</td><td>诉：12 件 20 人</td><td rowspan="2">无</td><td rowspan="2">4 件</td></tr>
<tr><td colspan="2">合计：19 件 28 人</td></tr>
</table>

（四）办案效率

关于办案效率方面，从理论上讲，在实行检察官办案责任制后应当是有所提高的。因为检察机关一直沿用的“三级审批制”模式行政化倾向明显。检察官办案责任制改革就是要减少行政色彩，去除不必要的审批层级，促进检察官队伍专业化及切实落实司法过错责任。以“三级审批”制度体现最为明显直观的审查逮捕工作为例，笔者收集了在办案责任制推行前的 2016 年 9 月的数据，显示当月该科共办理审查逮捕案件 27 件，平均用时 6.18 天。笔者又收集了办案责任制推行后的 2016 年 12 月及 2017 年 2 月两个月的数据，显示两个月中侦查监督科共办理审查逮捕案件 46 件，平均用时 5.93 天。从办案效率上来讲，是有所提高的。

二、刑事检察办案组织建设及运行中存在的问题

（一）目前的检察官办案组只是形式上的组合，为过渡期内的特殊需要

如前所述，该院三个部门目前大部分的办案组既不同于司法责任制要求中的独任检察官制度，也不同于司法责任制要求中的检察官办案组，实则为应对实际工作需要的过渡模式。为了解决人员紧缺的局面，成立办案组更多的是为了办案的需要，包括相互配合提讯、查证、开庭等。但在方便了办案的同时，也存在着角色定位的不明朗，具体承办人扮演着准检察官的角色，检察官和辅助人员的权力界限不清晰。

（二）工作计量归属尚不确定，办案责任制的落实尚不明确

如前所述，因为处于过渡期内，办案组织形式并不是应然的理想模式，而是过渡模式。就目前有的办案组来讲，一个案件处于既有具体的承办人，又有负责审核、决定的员额检察官的情形。如此一来，可能影响到两个方面：一是

办案量的归属问题，是属于承办案件的具体办案人，还是属于负责审核、决定的员额检察官？答案并不明确。因为两个方面的工作缺一不可，双方对于案件办理均有不同侧面的付出。这可能影响到年底对于检察官及辅助人员的考核，甚至与将来的绩效奖励挂钩。因此在案件工作计量上如何准确界定，需要进一步研讨。二是关于办案责任制也面临同样的问题。具体承办人了解案件细节，处理决定由员额制检察官作出，且案件署名为员额制检察官、具体承办人共同署名，这是由过渡期内检察官办理案件模式亲历性有限导致的。这里可能导致当案件出现瑕疵时责任不清情形的发生。

（三）员额在各部门间的分布稍有不均，三部门内部员额分布也存在不均衡现象

A 市 B 区检察院侦监、公诉、未检部门共有员额制检察官 11 名，占全部业务部门员额总数的 34%，职侦部门共有员额制检察官 11 名，占全部业务部门员额总数的 34%，其他监督及管理部门员额共有员额制检察官 10 名，占全部业务部门员额总数的 32%，形成了刑检部门、职侦部门、其他监督及管理部门员额各约占 1/3 的整体局面，整体比例相对比较合理（见表 2）。但若从实际办案量上来看，侦监、公诉、未检部门员额比例似乎有些偏低。以公诉部门近三年办理案件数量为例，[①] 承办人人均办案量均在 40 件以上，这一数字远远高于某些业务类别检察官的办案数量。

而且，11 名员额在三个部门内部的具体分配，也有所差异。目前，侦监科员额配备比较充足，该部门员额制检察官在本部门总人数中的占比为 45%，是全院业务部门中员额比例最高的部门。而科内人员数量几乎是侦监科干警人数两倍的公诉科，目前与侦监科同样有 5 名员额，在本部门总人数中的占比为 26%，与反贪、反渎、侦监、民行等部门相比，比例并不高。

（四）不同部门间及一个部门内部的办案组织及成员工作量差异较大

根据《关于完善人民检察院司法责任制的若干意见》的要求，反贪、监所、民行、案管、控申等部门的办案模式（无论是办案组还是独任制），与以

① 2016 年 A 市 B 区检察院受理审查起诉案件 401 件 501 人，2015 年该院受理审查起诉案件 437 件 589 人，2014 年该院受理审查起诉案件 416 件 549 人。

往办案模式相比差别不大,[①] 例如职侦部门还是以科组办案模式为主。虽然各业务部门间业务类别不同，工作难度不同，没有一个统一的衡量工作量的标准，但按照人均办案数量及个人岗位选择意向来讲（除新参加工作的大学生外，主动选择调整到刑检尤其是公诉部门的干警较少），目前刑检部门工作量及责任制压力较大是大家比较公认的。侦监、公诉、未检员额检察官，尤其是审批助检员案件的员额检察官工作压力较以往有大幅增加。例如在公诉科内，有的员额检察官带领两个助检员办案，按照统一应用系统分案，每轮组内三人均会分配有案件，员额检察官不仅要自己承办案件，依据亲历性原则，还要参与其负责审批案件的两名助检员承办案件的提讯、看卷、审批、开庭等工作，受案件数几乎可以与速裁组持平，受案人数甚至超过了速裁组（见表5），基本上处于长期加班状态。

表5：A市B区检察院公诉科办案责任制落实后的案件办理详情（2016.12—2017.2）

单位：件/人

分组	员额	受案数	助检员	受案数	小组合计受案数
速裁组[②]	员额1	8/8	助检员1	12/13	32/34
			助检员2	12/13	
一	员额2	12/16	助检员3	12/1324/29	
二	员额3	12/15	助检员4	11/16	23/31
三	员额4	8/9	助检员5	11/19	29/40
			助检员6	10/12	

① 最高人民检察院《关于完善人民检察院司法责任制的若干意见》规定：“5. 审查逮捕、审查起诉案件，一般由独任检察官承办，重大、疑难、复杂案件也可以由检察官办案组承办。独任检察官、主任检察官对检察长（分管副检察长）负责，在职权范围内对办案事项作出决定。6. 人民检察院直接受理立案侦查的案件，一般由检察官办案组承办，简单案件也可以由独任检察官承办。决定初查、立案、侦查终结等事项，由主任检察官或独任检察官提出意见，经职务犯罪侦查部门负责人审核后报检察长（分管副检察长）决定。7. 诉讼监督等其他法律监督案件，可以由独任检察官承办，也可以由检察官办案组承办。独任检察官、主任检察官对检察长（分管副检察长）负责，在职权范围内对办案事项作出决定。以人民检察院名义提出纠正违法意见、检察建议、终结审查、不支持监督申请或提出（提请）抗诉的，由检察长（分管副检察长）或检察委员会决定。”

② 注：有一名助检员是在2017年3月始进入速裁组承办案件，因此未在上述数据统计中。

（五）某些部门实际办案力量不足，且短期内难以解决

目前，经过检察人员分类管理调整之后，部分部门的实际办案人员和储备力量还是比较充足的，例如公诉科目前有19名干警，其中既有办案经验丰富的老办案人，也有年富力强的中坚力量，还有充满激情的新入职干警，形成了年龄结构、知识层次比较完整的梯队模式。但也有一些部门，实际办案力量下降比较明显（详见表6）。如未检科，目前的办案人员由原来的4名下降到1名，且有2名辅助人员目前无法完全到位参与工作，即使将来到位承办案件，因两名干警自入职以来一直在综合部门工作，也需要较长的一段时间来学习和适应办案工作。而且，A市B区检察院在首批入额检察官工作时确定了若干名暂缓入额的检察官，均不是刑检类别（两名法律监督类别，一名民行检察类别），无法补充至刑检部门工作。

表6：A市B区检察院侦监、公诉、未检部门员额制施行前后实际办案力量对比

	公诉科	侦监科	未检科
员额制施行前（截至2016年11月）实际办案人员（即按系统轮案人数）	8	9	4
员额制施行后实际办案人员（即按系统轮案人数）	11	8	1
升降比例	27%	-12.5%	-300%

（六）业务部门中层承担了较多的行政管理职权

从中层干部与员额制检察官身份重合角度来看，三个部门共11名员额中，有5名为中层干部。即5名人员既是办案的主体，承担相应的办案权责，同时也要负责本部门内部的行政事务管理。在当前过渡时期，上述人员直接在司法一线办案或将绝大部分精力投入办案工作有一定难度，过多的行政管理事务侵占了参与办案的空间和时间。在笔者的访谈中，有的中层讲到，上班时的大部分时间用来处理行政事务（含各类会议及与公安机关、法院及有关行政执法机关的沟通协调工作等），至于审查案件则会利用中午休息时间及下班后加班处理。可见，行政事务管理工作的压力对于业务部门中层而言还是非常大的。

（七）部分干警思想出现波动，在院内形成一定导向

在访谈中，部分员额检察官坦承考虑到司法责任制的因素，除了承担自己的办案任务外，还要亲力亲为地紧盯组内的助检员的办案工作，一些事务性工作也不能出现丝毫差错，因此工作量增加了不少，精神压力较大（经统计，三部门员额检察官每周加班时间均在10小时以上，基本上每天中午休息时间

均进行阅卷等办案工作，一部分员额检察官下班后加班，周末也要来院加班）。部分员额检察官表示，如果可以自由选择的话，希望能去轻松一些的业务部门担任员额。而一些辅助人员，尤其是助检员，与员额检察官在具体承办案件中工作性质及工作量差异不大，但因为年龄、资历等原因无法入额，从而进入辅助人员序列，随着员额检察官补贴的落实到位，该部分人员心理会有一定落差，加之司法责任主要由员额检察官来承担，可能导致该部分人员工作积极性不高，有办案质量下降的可能性。此外，在岗位意向的选择上，除了新参加工作的大学生大多想去刑检一线锻炼外，有一定工作年限的检察人员对在刑检一线尤其是公诉岗位工作的意愿较以往有所下降。在 2017 年初该院进行人员分类管理岗位意向选择时，经对意向表进行统计，在 18 名填写了具体岗位意向的检察官助理或书记员中，仅有一名 30 岁以下的人员明确备注希望去公诉科工作，2 名 35 岁左右的人员明确备注希望去侦监科工作。可以看出，当前刑检一线部门岗位的吸引力并不大。

三、对策建议

（一）办案组织应从工作实际出发，以独任制为绝对主要形式，办案组必要时才设立

从办案组织形式来看，刑检部门有其特殊性。高检院《关于完善人民检察院司法责任制的若干意见》第 5 条规定，审查逮捕、审查起诉案件，一般由独任检察官承办，重大、疑难、复杂案件也可以由检察官办案组承办。第 6 条规定，人民检察院直接受理立案侦查的案件，一般由检察官办案组承办，简单案件也可以由独任检察官承办。第 7 条规定，诉讼监督等其他法律监督案件，可以由独任检察官承办，也可以由检察官办案组承办。通过上述规定可以看出，审查逮捕、审查起诉案件的办案组织形式，应以独任制为主，即独任检察官承办案件，同时配备必要的检察辅助人员。如前所述，目前过渡期内的办案组形式不利于办案效率的提高，也存在着内部角色不明、权责不清、绩效无法准确核定的情况，因此应有意识地将办案组形式逐步向独任制进行转变。在必要的时候，设立有两名以上有办案资格的检察官办案组，负责办理重大、疑难、复杂案件。也可以临时设立，不作为常驻模式。

（二）员额分布以各部门工作量为划分标准

在此次司法改革中，实施人员分类管理，严格限定了司法行政人员比例，基本是按照检察官、检察辅助人员、司法行政人员分别占编制总数 39%、

46%、15%的目标来掌握的。[①] 但按照39%的比例选任出检察官后，如何在各内设部门内部合理分配，应当按照各院的实际情况及工作需要进行综合考量。如前所述，公诉部门近三年人均办案量均在40件以上，远远高于某些业务类别检察官的办案数量。因此，在员额数量分配时，应尽量多地考虑上述刑检一线部门。

（三）合理设定检察官与辅助人员比例，尝试启动聘任制辅助人员工作

与上一个问题相关，辅助人员不足，不仅不能辅助检察官提高工作效率，反而有可能使员额检察官承担额外的事务性工作，累及正常的办案工作。若要尽可能多地设置独任制检察官办案形式，应按照独任制检察官制度的要求，为其配齐辅助人员，可以是检察官助理，也可以是书记员。在现有办案力量紧缺的情况下，建议可以考虑尝试启动聘任制辅助人员工作。但需要注意的是，应当把好聘任制辅助人员的聘用、管理关，加强入职及日常培训，帮助其明确职责岗位要求、工作基本规范和日常管理考核要求，提升依法履职的素质能力，使其能够胜任岗位职责需求。

（四）合理确定检察官业绩考核标准

在强化司法责任制的背景下，入额检察官在享受更大的权力的同时，也意味着有可能承担更大的责任，这在一定程度上会加大检察官的心理负担，影响检察官入额的积极性。检察官员额制的本质是通过严格遴选，缩减规模，倒逼检察官提升素质，促进检察官的精英化。然而，通过司法责任制给入额检察官更多的压力，甚至强调错案的终身追责制，在欠缺对错案标准统一认识的前提下，会给员额检察官过重的心理负担，不利于调动其工作积极性。以审查逮捕案件为例，捕后缓刑问题，是对批捕检察官的考核项目之一。但造成捕后缓刑的因素很多，不一定全部都是审查逮捕质量不高的问题，也可能出现了新的情况，如犯罪嫌疑人在审查起诉阶段、法院审理阶段认罪认罚从宽等。因此，在确定院内绩效考核标准时，建议尽量减少不科学的考核指标对员额办案工作的影响。此外，因为每个案件都有其特殊性，涉案人数多少、疑难复杂程度等都具有不可比性，不能单纯以量化指标来衡量员额绩效。

（五）落实领导干部办案，办案任务数尽量向侦监、公诉、未检部门倾斜

按照司改要求，各级院领导包括中层干部如果要进入员额，也必须承担办

① 中央政法委《关于司法体制改革试点中有关问题的意见》提出，推进法官、检察官员额制改革，应从严掌握员额，严格控制在中央政法专项编制的39%以下。

案任务，在办案数量上可以与普通办案人员有所差别，但前提是必须办案，因此，应综合考虑目前各业务部门实际办案数量，如果刑检部门案多人少困境突出，则各级院领导干部在分管部门内直接办理案件的同时，可以更多地考虑向侦监、公诉、未检部门倾斜，即有选择性地承办审查逮捕、审查起诉等具体案件。

（六）充分发挥未入额的老检察官的作用

如前所述，在首次入额工作中，院内若干名有办案资格的老检察官因离开办案岗位时间较长或身体条件等原因，发挥高风亮节，主动放弃报名。但这部分老同志的岗位归属一直是个难题，毕竟部分人员距离正式退休尚有相当长的时日。因此，建议结合目前部分业务部门的特殊情况，将部分未入额、年龄偏大、群众基础较好的老同志分配至各主要业务部门，专门从事党务、行政管理职权。如此一方面可以充分发挥老检察官的积极作用；另一方面可以适度减轻员额内中层领导的行政管理、党务工作的压力。

（七）充分掌握员额制检察官思想状况，分别做好员额内及辅助人员的思想稳定工作

随着司法进度的加快以及大部制等试点改革在各级检察院的开展，应将思想政治工作贯穿改革始终，加强不同人员类别的思想引导，建立意见反馈通道，密切关注各类别人员的思想动态，适时开展调研分析，并有针对性地帮助解决工作中的难题和阻力，从身心上关怀、支持、鼓舞广大检察人员，促使其积极参与改革、推进改革，形成改革合力，保证改革试点稳步推进、检察工作有条不紊、检察队伍思想稳定。

河北省基层检察院内设机构改革分析

何秉群　尹孟良*

从近年来基层检察院运行状况来看，内设机构设置问题已成为制约检察工作和司法改革发展的一个重要因素，内设机构设置问题，不仅直接影响基层检察院工作效率和办案质量，而且直接关系检察机关能否充分发挥法律监督职能，能否最大限度地维护司法权威和社会公平正义。基于此，作为全国首批17个检察官办案责任制改革试点院之一，河北省邯郸市峰峰矿区检察院自2014年起就开始探索内设机构改革，积累了一定的改革经验。以司法责任制为核心的四项改革试点在河北省启动以来，河北省检察机关始终坚持将内设机构改革作为四项改革的必答题，同步推进基层院内设机构改革，并于2016年制定了《河北省市县两级检察机关内设机构设置指导意见（试行）》（以下简称《指导意见》）。目前，全省基层检察院根据《指导意见》对内设机构进行了整合并进行试运行。

一、基层检察院在内设机构设置上存在的主要问题

近年来，基层检察机关根据法律监督职能的定位设置内设机构，总体上较好地发挥了维护法律统一的职能作用。但随着检察工作发展和司法改革的深入，基层检察院内设机构的设置和运行状况已难以适应新形势新任务的要求，出现了一些亟待解决的问题。

（一）基层检察院内设机构数量偏多

2002年机构改革时，中办印发的《地方各级人民检察院机构改革意见》（中办发〔2001〕9号）中，对基层检察机关内设机构的数量作出了明确限定：基层院设6—8个内设机构，根据工作需要，可增加或减少1—3个。但随着社会形势的变化，特别是三大诉讼法的修改，检察机关所承担的职能越来越

---

* 何秉群，河北省人民检察院副检察长、检察委员会委员；尹孟良，河北省人民检察院法律政策研究室检察官助理，首批全国检察机关调研骨干人才。

多，专业化水平越来越高，检察职权划分越来越细，加之受行政化倾向的影响，导致基层检察院内设机构不断膨胀，越设越多，大部分都在16—20个之间，有的甚至达到了27个，大幅度突破了机构改革时规定的上限。同时，由于人员编制并没有相应大幅增加，造成"一人科室""二人科室"等现象的出现。如河北省某基层检察院有在岗干警42人，承担着18个科室28项检察工作，其中有10个科室仅有1名干警，有5名干警同时肩负着两个科室的工作。内设机构过多，不仅分散了有限的检力资源，影响了办案质量，也导致案件在检察机关内部流转的环节过多，从而降低了工作效率。

（二）内设机构的名称不规范

作为国家法律监督机关的基本单元，检察机关内设机构名称一定要与其职能相称，准确反映检察机关的本质和内设机构的特性。然而从目前检察机关的内设机构看，名称较为混乱，不能完全反映检察机关法律监督的性质和特点。一是同一基层检察院内设机构的名称不统一。有的称"科"，有的称"局"，还有的称"室"，有的名称中含有"检察"二字，有的则没有。二是职能基本相同的部门在不同检察院的名称也不相同。名称和称谓上的不统一，影响了基层院检察工作的内在整体性和协调性，也不利于检察机关司法公信建设，甚至公众常常搞不清检察院与反贪局是何种关系。

（三）机构设置的标准不规范

现行《人民检察院组织法》没有对内设机构的设置标准进行明确，而是赋予了检察机关设置内设机构的灵活性，也因此丧失了必要的统一性，导致现在基层检察院机构设置的不稳定和不规范。有的机构是以刑事诉讼的程序阶段作为设置标准，如侦查监督、公诉等部门；有的是以对案件管辖权的性质为标准，如反贪局、反渎局等；有的以具体职能为标准，如预防科、研究室等；有的是以管辖对象为标准，如未检科。设置机构的标准不科学、不统一，很容易造成内设机构之间职能的交叉。如行使职务犯罪侦查职能的内设机构就有反贪污贿赂部门、反渎职侵权部门、刑事执行检察部门等。尽管设立之初从编制方案上对这些机构的职责进行了划分，但是在纷繁复杂的司法实践中，很难对犯罪行为做准确界定。如贪污贿赂犯罪和渎职侵权犯罪，虽然类型不同，但侦查工作的程序、手段基本一致，且多种犯罪行为相互交织的现象日益明显，将反贪与反渎部门分开设立，不利于统一调配侦查资源，而且"职能分工过细，机构设置交叉、重叠，割裂了法律监督职能的内在联系，造成重复劳动、效率不高”。[1]

（四）业务机构和非业务机构比例不合理

司法办案是基层检察机关的第一要务，机构设置上要最大限度地体现检察权的司法办案属性。当前基层检察院在内设机构的设置上还无法充分体现司法属性，内设业务机构和综合管理机构之间的比例不合理，综合管理机构设置过多。大部分基层检察院在设立办公室、政治部、财务科等综合保障科室的基础上，按照与上级院的对应关系，还设立了监察室、干部科、宣传科、计划装备科等内设机构，在反贪局、反渎局等业务部门内还设有综合科。使得综合管理机构和人员配置比例过重，造成一线办案人员严重不足，案多人少的矛盾越发突出。

二、产生问题的原因分析

产生以上问题的原因，大致有以下五个方面：

（一）法律规定不够明确

《人民检察院组织法》对机构设置只作了原则性的规定，即第20条，“最高人民检察院根据需要，设立若干检察厅和其他业务机构。地方各级人民检察院可以分别设立相应的检察处、科和其他业务机构。”这样规定有其合理的方面：一是检察机关职能较多，其内设机构必然需要适应这种职能设置，法律不便作明确的列举规定；二是原则性的规定可以适应形势发展变化的需要，有助于保持法律的稳定性和连续性。但是，这在客观上却导致了检察机关内设机构设置的随意性，使检察机关职能在随着形势发展而不断完备的同时，内设机构不断膨胀。

（二）检察机关受行政化管理模式的影响过深

检察机关的管理和内设机构的设置仍然具有明显的行政化倾向，检察机关内部也存在以官职的有无和高低为标准评价检察人员成功与否的现象。[2] 当然，将行政管理模式适用于检察机关的日常管理，在一定程度上可以保障各机构之间的沟通与协作。但过于强调行政化，容易导致检察业务部门和综合管理部门的职能划分愈加混乱，也进一步恶化了检察机关的决策环境，致使协调成

① 吴建雄：《检察机关业务机构设置研究》，载《法学评论》2007年第3期。

② 邓思清：《检察权内部配置与检察机关内设机构改革》，载《国家检察官学院学报》2013年第2期。

本上升，部门自主、检察官独立裁量的能力下降。[①]

（三）对检察权的性质认识不够科学明晰

检察机关内设机构设置的是否科学、合理，直接反映了对检察权的认识是否清晰、分类是否准确。尽管宪法定位是法律监督机关，但是关于检察权的属性，理论界仍有很大争议，具体有“法律监督权说”“公诉权说”“行政、司法双重属性说”等多种观点，理论上的不统一对检察实务界也产生了影响。例如，诉讼监督权的行使，是分别由多个部门，还是设立一个诉讼监督部门统一行使，职务犯罪预防机构是单独设置，还是与职务犯罪侦查部门整合为一体，这都反映出对检察权属性的认识不清晰。因此，检察机关在内设机构设置标准上存在的问题，一定程度上是对检察权缺乏科学、统一的认识造成的。

（四）过于追求上下级检察院机构设置上的对应

按照检察职能设置的一般规律，最高人民检察院、省级人民检察院的业务指导和调研任务相对较重，而市、县级检察院的主要力量应放在司法办案上。各级检察机关有各自不同的工作重点，不同地区也有不同的实际情况，对机构设置来说，不能搞“一刀切”，过于强调上下级对应关系。但实践中，有些上级检察院不考虑一些部门在下级院是否有单独设置的必要性和可能性，片面追求条线机构健全，甚至将其列入年度考核事项。作为基层检察院只能被动执行上级院的要求，成立相应的内设机构，致使有限的司法资源更加分散，部门分工更加混乱，影响了整个检察职能的发挥。

（五）过分强调解决干警的职级待遇问题

由于没有建立完善的职业保障制度，检察官还是按照普通公务员的模式进行管理，职级待遇问题只能通过行政职务的提升来解决。而基层检察院级别低，领导职数少，干警上升空间有限，增设内设机构是激励干警工作积极性的重要途径。另外，根据《评定检察官等级实施办法》的规定：“评定检察官等级，应根据其所任检察官职务、行政职级、行政职级任职时间和工作年限以及德才表现等，通盘考虑，全面衡量。”检察官等级的高低，很大程度上与其行政职务和级别相关联，成为内设机构负责人是确定检察官等级的重要标准。所以从安排人员和解决职级待遇的角度出发，基层检察院会千方百计地多成立机构，这是造成内设机构臃肿的重要原因。

① 甄贞：《检察机关内设机构设置改革研究》，载《河南社会科学》2013 年第 1 期。

三、河北省检察机关基层检察院内设机构改革遵循的原则

根据中央、最高人民检察院关于司法体制改革和检察机关内设机构改革的有关精神，结合工作实际，河北省检察机关基层检察院内设机构改革遵循以下五项原则：

（一）坚持依法设置原则

内设机构改革必须依法进行，这是司法改革的底线，任何探索都不能突破这一底线。河北省检察机关基层检察院内设机构的设置严格遵守宪法和法律，包栝三大诉讼法、人民检察院组织法以及检察官法等相关法律规定，明确设置的数量、级别、名称，做到有法可依，并在上级院的领导下统一规划、统一组织实施，依法稳妥推进。同时，在机构设置时明确细化法律赋予检察机关的职能，严格设定职权，既不回避法律赋予的职责，也不突破法律授权的范围，依法全面履行检察机关法律监督职能。

（二）坚持遵循规律原则

河北省检察机关基层检察院内设机构改革遵循司法规律和检察规律，针对行使不同属性检察权的机构，采取不同类型的权力运行方式，满足检察权司法属性、法律监督属性和行政属性对检察工作方式提出的不同需求。注重厘清部门职能，理顺部门关系，避免将拥有不同种类权力的部门简单整合为一体，又减少部门之间的职能交叉或职能错位。没有采取“为了减少而减少”的片面性方案，避免了将职能不相关、不相近的机构进行“拉郎配”，导致明合实分，无形中又增加二级机构，叠加行政审批层级，违背司法体制改革去行政化、扁平化的精神和要求。

（三）坚持配合制约原则

检察权集侦查、起诉、诉讼监督等权力于一体的属性，决定了检察机关必须加强权力的分离和相互制衡。在基层检察院内设机构改革中，河北省检察机关考虑到，随着司法责任制的进一步落实，检察官的权力越来越大、办案主体地位越来越突出，迫切需要强化权力之间的监督和制约。这也决定了基层检察院内部必须强化各职能部门之间的相互制约关系，确保分工明确，权限界定清晰，防止因职权的过分集中而导致司法不公。同时，基于法律监督权的完整性，从强化法律监督的整体功能以及各项检察业务全面发展的角度出发，河北省检察机关也注重各业务机构之间的协作配合，充分发挥检察资源的最大效能。

（四）坚持标准统一原则

"统一是一个系统的灵魂和核心，也是一个系统发挥一致功能的根本保障"。[①] 检察机关担负着对国家法律统一实施的监督职能，这也决定了检察权的完整统一性。在基层检察院内设机构改革中，河北省检察机关注重保障上级检察机关对下级检察机关的有效领导和检察权运行的完整统一。全省基层检察院在内设机构的设置、职能划分等方面保持对应与统一，统一设置标准，统一机构名称，统一机构级别，统一数量规模，最大限度地确保检察体系的协调和平衡。

（五）坚持精简效能原则

基层检察院内设机构改革，应从机构设置的科学化、职能再配置的合理化入手，严控机构设置的数量，科学配置检察职能，既适当去行政化又强化司法管理，促进机构扁平化和办案专业化，合并职能重叠部门，优化办案力量配置，使机构设置更为合理、科学、高效，为法律监督功能的最大化和最优化构建相应的组织载体。[②] 河北省检察机关注重精简综合部门的数量，增加业务部门在基层检察院内设机构中的比重。基层检察院内设机构数量只减不增，人力资源向办案一线倾斜，实现司法效益最大化。

四、河北省检察机关基层检察院内设机构改革方案的基本考虑

在内设机构改革中，河北省检察机关基层检察院设置反贪污贿赂局、侦查监督部、公诉部、刑事执行检察部、民事行政检察部、控告申诉检察部、案件管理检察部（含研究室、案管、检委会日常工作）等七个业务机构，并按照精简效能原则，统筹进行综合行政部门机构设置。

（一）坚持检察权内部运行的相互制约

实践中突出表现就是应该"捕诉合一"还是"捕诉分离"的问题。赞成"捕诉合一"者认为，将批捕权和公诉权由一个部门、一个承办检察官来完成，有利于节省诉讼资源，加快办案进度，提高检察机关对案件的把控程度，增强办案效能。河北省邯郸市峰峰矿区检察院在2014年内设机构改革中采取了这种方案，成立刑事检察部来统一行使批捕和起诉权。但在实际运行中，我们发现虽然办案效率有了一定的提高，但办案中的监督制约机制缺失，侦查监

① 邓思清：《检察权内部配置与检察机关内设机构改革》，载《国家检察官学院学报》2013年第2期。

② 吴建雄：《检察机关业务机构设置研究》，载《法学评论》2007年第3期。

督与公诉之间的制约关系弱化，案件质量风险有所提高。鉴于此，河北省检察机关在2016年的《指导意见》中采取了“捕诉分离”模式。主要考虑是：首先，“捕诉合一”模式不利于加强检察机关的内部监督制约，而且使案件少了一道审查把关程序，不利于保证案件质量，不符合诉讼规律的内在要求。其次，从权力性质上讲，公诉权与批捕权的侧重点不同，公诉权更多的是一种犯罪追诉权，而批捕权更多的是一种侦查监督权，将二者合并行使有违诉讼原理和检察工作规律。最后，“捕诉合一”不利于犯罪嫌疑人权利保障。公诉权并不具有完全中立性，如果由一个公诉检察官来决定是否逮捕犯罪嫌疑人，其会从打击犯罪、有利诉讼的角度出发，往往更倾向于逮捕，不利于人权保障。

（二）坚持不同性质的检察权由不同内设机构行使

检察机关集多种特点不同或者相互制约的职能于一身，是基层检察院内设机构设置面临的难题。如检察机关依法履行对三大诉讼法的监督职能，由于传统上对刑事诉讼监督的重视，显得民事行政检察部门的职能发挥相对薄弱。故有学者认为，应当将民事行政监督权纳入到公诉权中，由公诉部门统一行使刑事、民事、行政公诉权有利于保持公诉权的完整性、提高庭审效果。有些地方在改革试点中，为了减少机构将刑事执行检察、民事行政检察、控告申诉检察简单整合到一起。河北省检察机关考虑到，无论是将民事行政检察与公诉进行合并，还是与刑事执行检察、控告申诉检察合并，都只是看到了问题的表象，模糊了民事行政检察权与其他检察权的实质区别。在考察外省经验做法时，河北省检察机关也发现强行将职权性质不同的机构进行整合，在实际运行中依然是各行其道、相互分离，达不到机构整合的真正目的。基于此，河北省检察机关在基层检察院内设机构改革中，保持了民事行政检察部门的单独设置和法律地位。

（三）坚持基层检察院内设机构设置上的统一性

有观点认为，应该根据编制数来确定基层检察院内设机构的数量，如编制50人以下的设置5个机构，50—100人的设置8个机构，100人以上的设置10个机构，同时，对50人以下的基层检察院，可将侦查监督和公诉整合为刑事检察部门，将刑事执行检察、民事行政检察和控告申诉检察整合为诉讼监督部门。河北省检察机关在基层检察院内设机构改革中并未采取这种改革意见，而是坚持除特殊地区和专门检察院外，均采取七个业务机构的设置模式，不因编制数不同而有所不同。因为检察权运行规律是客观存在的，并不会因为检察资源的多少而发生改变。同时，从解决问题的角度讲，基层检察院机构设置上突出的问题是多、乱、标准不一，七个业务机构的设置模式，既符合司法规律和检察职业特点，又遵循了精简效能原则，按照这种模式统一设置基层检察院内设机构，能够有效解决司法改革面临的问题，促进检察权有序运行和司法公信力提升。

五、完善基层检察院内设机构设置的建议

河北省检察机关在基层检察院内设机构设置上进行了积极探索，积累了一定的经验，也发现了一些问题。为进一步完善基层检察院内设机构设置，建议对内设机构改革进行充分评估，同时，结合《人民检察院组织法》的修改，对内设机构设置进行明确。

（一）对内设机构改革进行充分评估

从目前试点的情况看，一些地方推行“大部制”改革，检察官单独职务序列和配套薪酬制度等改革措施尚未完全落实，机构的减少意味着干警晋升空间的缩小，个人发展面临“天花板”现象，一些地方出于稳定人心、保持人员待遇等多种因素考虑，往往是在原有机构上纵向增加了“大部”的层级，实质上仍保留了原有内设机构，造成改革“换汤不换药”。另一方面，在一些基层检察院，队伍老化和断档问题仍然突出，一人身兼数职的现象较为普遍，即便在不整合资源的情况下，设置统一、规范的内设机构也存在一定困难，改革可能会在一段时期内对办案质量和干警工作积极性产生影响。因此，对于内设机构改革中可能遇到的各种情况都要充分考量，保持头脑清醒，对可能出现的问题提前预判，积极做好相应的准备和应对工作，扎实稳妥地推进各项改革措施的落实。

（二）结合《人民检察院组织法》的修改，对内设机构设置进行明确

“检察院组织法是关于中国特色社会主义检察制度的根本法律，是我国法律体系的重要组成部分”。[①] 如前文所述，由于现行《人民检察院组织法》对检察机关机构设置的规定过于原则，已不适应检察工作的发展和法治建设的需要。建议结合司法改革的实际要求，对包括基层检察院在内的全国四级检察机关的内设机构设置进行明确，规定内设机构的种类、规格、数量、职能及名称，既突出检察机关作为法律监督机关的属性，也要为科学划分配置检察权提供明确的法律依据，使全国各级检察院机构设置有法可依，有章可循。从法律上防止检察院内设机构设置重走“膨胀、精简、再膨胀”的老路，保持内设机构的统一、规范。

---

① 孙谦：《关于修改人民检察院组织法的若干思考》，载《人民检察》2011年第12期。

检察机关内设机构改革的实践与思考

——以北京市门头沟区人民检察院为样本的分析

杨淑雅　王　珏*

一、检察机关内设机构改革问题的提出

检察权内部配置是检察机关内设机构的基础，而检察机关内设机构是检察权内部配置的形式和载体，二者合为一体，密不可分。检察机关内设机构的状况不仅可以体现检察权的变化，而且可以反映检察权内部配置是否已经优化。[①] 我国检察机关内设机构的设置伴随着我国检察制度的发展而不断发展变化，经历了建国初期的初建、1978 年检察机关恢复重建至 1983 年内设机构进一步发展和规范、1983 年至 2000 年内设机构调整以及 2000 年至今不断改革完善等四个发展阶段。从检察机关内设机构改革的整个发展过程看，1979 年强调上下相对一致，1983 年则突出灵活性，2000 年以后进行改革调整。[②] 当前司法责任制改革暗含一个重要命题就是检察机关内设机构改革，即通过取消二级内设机构，整合院内设机构，建立权责明确、协作紧密、制约有力、运行高效的办案组织。[③]

十八届四中全会要求优化司法职权配置。就检察机关而言，优化检察职权配置，就是要形成结构合理、权责明晰、运行高效、相互制约的检察职权

* 杨淑雅，北京市门头沟区人民检察院党组书记、检察长；王珏，北京市门头沟区人民检察院检察管理监督部员额检察官。

① 邓思清：《检察权内部配置与检察机关内设机构改革》，载《国家检察官学院学报》2013 年第 2 期。

② 徐鹤喃、张步洪：《检察机关内设机构设置的改革与立法完善》，载《西南政法大学学报》2007 年第 1 期。

③ 徐盈雁、许一航：《依法赋予主任检察官执法办案相应决定权：高检院在全国 7 个省份 17 个检察院试点检察官司法责任制》，载《检察日报》2013 年 12 月 27 日第 2 版。

体系，确保检察权依法独立行使，实现司法的公正、高效和权威。检察机关内设机构是检察权内部配置与运行的组织载体，司法责任制改革背景下，检察机关内设机构的审查办案职责将被弱化甚至取消，但内设机构仍是检察权运行的专业平台和进行行政管理、业务监督的管理单元，检察职能的实现，仍然需要通过检察机关内设机构来体现和承载。改革之前，检察机关内设机构存在设置不够科学、职能配置不够合理、一线检力资源配备不够充足等问题，影响了执法办案质量和效率效果，制约和妨碍了检察职能的充分发挥。基于此，中央、市委、高检院在推进司法体制改革的总体部署中，将内设机构改革与检察人员分类管理改革、司法责任制改革、职业保障制度改革等紧密结合，统筹推进。当前，我国检察人员主要集中在基层，同时检察工作重心也在基层，因此基层院内设机构改革问题是我国检察体制改革的重点。从基层检察工作实际出发，建立机构设置合理、职责划分明晰、编制配备精干、运转有序高效的检察内设机构体系，无疑对司法体制改革向纵深发展具有重要意义。

二、北京市门头沟区人民检察院内设机构改革情况

（一）改革情况概览

北京市检察机关分为市院、分院和基层院三级，本次内设机构改革中，三级院根据市院统一部署，按照不同的职能定位、办案情况和人员规模，实行相关机构分设及职能优化。其中基层院依据案件与人员规模，区分大、中、小三种类型，北京市门头沟区人民检察院（以下简称门头沟区检察院）属于编制在179人以下的小型基层院，其在改革前共有23个内设机构，改革后通过拆分、合并、压缩，将23个内设机构变更为16个，分为检察监督、司法办案、综合业务、综合管理、检务保障5个门类，具体情况如下表所示：

机构精简优化情况

改革前机构类别	机构名称	改革后机构类别	机构名称
业务机构	侦查监督处	司法办案机构	审查逮捕部（增设）
	公诉一处		公诉部（原公诉一处、公诉二处合并而成）
	公诉二处		未成年人案件检察部
	未成年人案件检察处		职务犯罪检察部（增设）
	反贪污贿赂局（侦查一处）		职务犯罪侦查局（原反贪污贿赂局侦查一处、侦查二处、反渎职侵权局、职务犯罪预防处合并而成，即将转隶）
	反贪污贿赂局（侦查二处）	检察监督机构	侦查监督部
	反贪污贿赂局（办公室）		刑事审判监督部（增设）
	反渎职侵权局		
	职务犯罪预防处		刑事执行检察部（原监所检察处与派驻检察室合并而成）
	监所检察处		
	派驻检察室		民事检察部（原民事行政检察处分出）
	民事行政检察处		行政检察部（原民事行政检察处分出）
	控告申诉检察处	综合业务机构	检察管理监督部（原控告申诉检察处、案件管理办公室、法律政策研究室、反贪污贿赂局办公室合并而成）
	法律政策研究室	综合管理机构	政治处（取消原干部处、组宣处两个内设机构，与机关党委、机关工会合署办公）
			监察室
	案件管理办公室	检务保障机构	检察技术部
	检察技术处		法警大队
	法警大队		行政事务管理局（原办公室、行政装备处、机关后勤服务中心合并而成，原政治处组宣处的职能和人员也合并进来）
	政治处（干部处）		
	政治处（组宣处）		
综合机构	办公室		
	监察处		
	行政装备处		
	机关后勤服务中心		

（二）门头沟检察院内设机构改革的主要内容

1. 遵循精简、规范、效能原则设置机构

一是在横向上整合了同质化的机构，如监所检察处与派驻检察室合并而成刑事执行检察部；二是在纵向上取消了不必要的层级设置，如反贪污贿赂局、政治处取消了二级内设机构，目的是实现纵向扁平，将更多的人员充实到司法办案一线，提高司法效率；三是合并了关联性的综合业务部门，如控告申诉检察处、案件管理办公室及法律政策研究室（检察委员会办公室）合并，以整合司法资源，提高工作效能；四是精简综合部门，如政治处、机关党委、机关工会合署办公，办公室、行政装备处、机关后勤服务中心、政治处组宣处合并为行政事务管理局，把更多的人员、精力向司法办案一线倾斜。

2. 坚持三个“适当分离”原则科学配置职能

一是司法职能与检察监督职能适当分离。分设承担司法职能与检察监督职能的机构，如将侦查监督部门分立成审查批捕部与侦查监督部，将公诉部门分立成公诉部与刑事审判监督部，分别专司司法职能与检察监督职能。通过机构分设，使检察监督成为专职而不是兼职，成为主业而不是副业，使诉讼与监督职能都得到加强。

二是办案职能与办案管理职能适当分离。办案是指检察机关依法定职权和程序对案件进行处理的活动，包括职务犯罪侦查、审查批捕、审查起诉、对侦查、审判、执行活动进行监督等。办案管理主要指检察机关依照法律规定并遵循检察工作规律，通过内部成立综合性管理机构，对办案工作进行专业、统一、归口管理，加强流程监控和过程控制。实行办案职能与办案管理职能适当分离，有利于检察机关克服案件管理的过度行政化倾向、加强执法程序监督制约、增强检察工作透明度、更好地实现诉讼公正和效率。改革前，包括门头沟检察院在内的基层院均由案件管理办公室统一负责普通刑事案件的受理、流转，对办案实行流程监控，但职务犯罪侦查案件线索的管理、办案流程监控都由反贪部门统一负责，本次改革中，门头沟区检察院将原反贪局办公室与案件管理办公室共同并入检察管理监督部，负责案件的统一管理，使得职务犯罪侦查局专司案件办理，实现办案职能与办案管理职能的适当分离，同时加强了职务犯罪侦查权行使的内部监督制约。

三是检察权与司法行政事务管理权适当分离。十八届四中全会提出，“改革司法机关人财物管理体制，探索实行法院、检察院司法行政事务管理权和审判权、检察权相分离”。由于检察权与司法行政事务管理权在性质、内容、运行机制等各方面差异明显，应将两权分离运行。改革后，门头沟区检察院将原办公室、行政装备处、机关后勤服务中心合并而成立了行政事务管理局，原政治处组宣处的职能和人员也合并进来，具体负责司法行政事务管理，有效保证检察官能专注于司法办案。

3. 打造“两中心一平台三渠道”的检察管理监督体系，形成“一个窗口对外、一个闸门对内”的检察管理监督新格局

（1）设立以统筹、管理、监督、服务为职能的检察管理监督部

门头沟区检察院将原控申处、案管办、研究室的职能以及侦查指挥与信息化工作职能进行了重新整合，成立了检察管理监督部。与全市其他基层院检察管理监督部相区别的是，门头沟区检察院将职务犯罪侦查指挥与信息化工作也纳入了检察管理监督部。侦查指挥与信息化岗的主要职责包括：职务犯罪侦查信息平台建设与管理；侦查装备统一使用与管理；职务犯罪案件线索集中管理、检察长督办案件的办理以及对职务犯罪案件查办工作进行协调指挥；与区纪委等相关单位沟通联络等。设立检察管理监督部的目的旨在完善检察权运行机制，强化司法责任，保障检察权依法、规范、高效、有序运行，全面提高执法办案法治化水平和检察公信力。按照门头沟区检察院《检察官权限清单》的设定，司法责任制改革后与改革前相比，共下放办案权限45项，在放权的同时，为确保检察权能够规范行使，就必须加强监督，并将监督工作由原来的微观的一般个案审批、文书签发向全院、全员、全过程的案件质量效率监管转变，按照科学化、程序化、公开化的要求，构建全方位、全过程的检察管理监督体系。

检察管理监督部的职能是：统筹、管理、监督、服务。统筹，即指对外统筹案件查询、信访接待、律师会见、案件受理等所有对外职能，又指对内统筹流程监控、质量评查、综合业务考评等所有对内案件管理监督职能。对检察机关所有案件、线索均进行管理，对所有执法办案情况均进行对内监督，提升检察机关整体办案效能。管理，指对检察机关所有线索、案件的分流、分配和执法情况进行管理，搭建“三条渠道”，用于沟通、协调案件，即与本院内设机构沟通、与下级院沟通、与上级机关沟通的渠道，为各业务部门规范办理案件提供保障。监督，是指通过案件办理、案件质量评查、反向审视、业务考核、法律文书审查和案件信息公开等方式，进一步加强对业务的科学化、程序化、公开化管理监督，进而实现从一般个案审批、文书签发，转向宏观过程监控和质效审查的检察管理监督工作的目标要求，加强对内监督，体现“闸门”作用，倒逼各业务部门依法按程序办理案件。服务，包括三个层面：一是服务领导决策。通过各类业务数据统计、案件情况分析等，为领导了解检察业务情况、科学决策提供参考服务。二是服务群众。通过受理群众来信、接待来访、接听来电、办理网络和新媒体诉求，依托检察管理监督平台，全面了解群众诉

求，为群众提供统一的检察服务。三是服务检察业务。通过受案登记、流程监控、统计分析、案件评查等案件管理监督工作，为业务处室提供执法办案服务。

（2）建设“两个中心”，实现“一个窗口对外、一个闸门对内”

“两个中心”是指检察服务中心和案件管理中心。其中，检察服务中心的成立打破了以往以部门为中心的分散服务模式，实现了资源整合，统一管理。在服务内容上，是集控告、举报、申诉、投诉、咨询、查询于一体的综合性受理窗口，更加方便群众到检察机关表达诉求。在服务方式上，检察服务中心将覆盖来信、来访、电话、网络和新媒体等所有群众诉求表达渠道。通过检察服务资源整合，擦亮检察机关的“窗口”，向社会提供统一、便捷、同质的检察服务，拉近检察机关与群众之间的距离，践行“两学一做”活动成果，不断提升检察公信力。

案件管理中心主要依托信息化平台，发挥对内“闸门”作用，在既有案件管理职能基础上，将案件受理、流程管理、过程控制、质量监控等环节集中统筹，切实发挥出以内部监督促进提升检察执法办案水平的积极作用。具体而言，门头沟区检察院案件管理中心发挥着以下几项职能：规范案件受理工作，在受案环节始终坚持卷宗规范和法律文书规范，人员到位和款物到位；规范涉案财物管理工作，抓好入库文书审查和出库文书审查；规范统一业务应用系统管理，对各业务流程操作中易发多发错误的环节进行单独梳理和说明，提示干警在填录和修改信息时的注意事项，确保办案系统填录准确规范；规范举报线索管理，从案件管辖、线索评估、移送、反馈、督办等几个方面系统规定了线索管理工作，确保该项工作有章可循。

（3）突出信息引领，打造“两个平台”

“两个平台”是指外网信息平台和业务管理平台。其中，外网信息平台是充分运用互联网信息导图系统等，全面收集案件关联信息，为查办案件提供情报信息支持。业务管理平台是指立足管理监督职能，充分整合全院案件信息资源，建立全院案件信息、预防业务、检察服务、管理监督、综合业务等应用模块，集案件信息录入与查询、线索网上流转、实时动态监控等功能于一体，实现检察管理监督工作信息化水平。

三、关于内设机构改革的几点思考

（一）内设机构改革的实质是改革检察业务管理方式

长期以来，检察机关与行政机关一样，内设机构均按照科层级进行设定。随着改革的不断深入，科层式机构设置与司法化办案组织的内在矛盾越加凸显。在科层式机构设置下，检察机关内部最基本的管理单位是行政机构，而非司法化组织；不论是检察官个人，还是检察官办案组，都是作为科层机构的附属存在，整个检察官群体根据职务高低顺序建立起层层命令与服从关系的权力运作方式。这种方式最明显的后果就是检察官没有独立的地位，缺乏职业荣誉感和责任感。因此，检察机关内设机构改革应当通过整合内设机构，淡化司法办案的行政化色彩，促进办案组织的扁平化和专业化。

需要指出的是，前述的内设机构整合，并非只是单纯减少机构数量、弱化司法管理，而是为了更加有利于遵循司法规律和检察职业特点，更加有效地进行组织管理。内设机构改革，既要解决司法行政化，又不能削弱行政管理；既要精简机构，又要兼顾上下左右对应和工作联系；既要改革创新，又要继承和发扬检察机关长期形成的制度优势和管理经验；既要上下对应统一，又不能“一刀切”，保留地方特色。

内设机构改革，其本质上改革的是检察权的内部分担和检察权内部运行机制，核心是解决检察业务的决策主体、决策路径问题。内设机构改革的实质，不在于设置几个机构，而在于改革检察业务管理方式。以司法责任制度改革为核心的内设机构改革是检察业务管理方式的一场革命。它意味着从根本上改变行政审批式和行政命令式的管理方式，检察长、副检察长和内设机构负责人由以审批、指挥和决定办案为主的领导方式转变为组织、协调、监督、建议、职务替代等为主的领导方式。实现了这种转变，检察工作的司法属性会得到极大的加强。

（二）关于司法职能与检察监督职能的适当分离

司法职能、监督职能都是检察机关的法定职能，对于检察机关都是不可少的，但两者的特点和规律有所不同，可以也应当适当分离。检察机关实行司法职能和监督职能适当分离，有利于回应理论界和社会上对“检察机关监督别人，谁来监督检察机关”的质疑；有利于解决由同一个内设机构同时承担诉讼职能和诉讼监督职能，客观上既不便于对他方进行监督，也不利于自身严格公正执法的现实情况。[①]

两职能分离的一个重要目的，本是强化检察和审判程序存在问题，但是从另一个角度分析，两者的分离也可能引发监督渠道和手段的限缩，并由于效力问题而面临适用上的困境：由于我国刑事案件的被追诉人在审前大多处于被羁

① 湖北省人民检察院检察发展研究中心：《实行“两个适当分离”，优化检察职能配置——湖北省检察机关在法律制度框架内的实践探索》，载《人民检察》2010年第24期。

押状态，且强制辩护人制度适用范围较窄，检察官只有深入具体案件的具体诉讼环节中，才能够及时、全面地掌握案件最新情况，真正发现其中存在的实体和程序问题，进而针对具体问题进行有效监督。如果将两权分由不同的主体执行，势必导致监督职能成为无本之木，陷入对违法行为无处可查、无案可办的窘境。比如，改革前由出庭公诉人兼行审判监督权，这种制度安排固然存在角色冲突性，但公诉人亲历了整个庭审程序，对法院在审判过程中是否存在违法情形最为了解。如果由公诉人之外的主体实施审判监督职能，获得庭审信息的途径主要有两种，一是采取公诉人移送监督线索制度，但这将使监督者的判断明显受到公诉人意见的影响，二是采取监督者旁听的形式，但由于人员和时间的局限性，让监督人出席每个案件的庭审显然不够现实。可以说，监督的依据和来源问题是两职能分离后最大的难题。[①] 此外，两职能的分离将引发诉讼效率问题，实践中突出体现为办案人员短缺问题、一套卷宗无法同时在两类主体之间进行分配和流转的问题、监督人员重复提审的问题，等等。

要解决以上实践难题，应当既强调不能将两种职能混同化，又要强调在适当分离的同时，必须树立一体化的理念。因为检察机关有关部门在履行诉讼职能的过程中，可以在第一时间接触案卷材料、讯问犯罪嫌疑人，从而有机会发现诉讼违法线索，两种职能适当分离后要加强协作配合，各部门不能各办各案，对于发现的应当由其他部门办理的案件线索视而不看、置之不理，而要通过工作流程整合最大限度地利用这些线索，使之与诉讼监督工作相互衔接，促进诉讼监督职能的充分履行。

（三）关于办案职能与办案管理职能的适当分离

案件办理强调对案件的依法处理，案件管理则强调对案件的流程监控、过程控制、统一考评等，两者存在着明显区别，是可以也应该适当分离的。实行案件办理职能和案件管理职能适当分离，既有利于强化法律监督，又有利于加强监督制约，是落实高检院加强检察管理一系列决策部署、解决当前突出问题的必然要求。

案件办理职能和案件管理职能的分离，应当是“适度”的分离，应当掌握一个合理的度。应当是保持固有职能，不是强行分离。对于案件办理所固有的管理内容，仍然予以保持，而不是不切实际地分离。案件管理不是代理，案件办理也包含自身管理。同时，案件管理主要是对职务犯罪线索统一管理、对

---

① 孙末非：《论检察机关诉讼职能与监督职能的优化配置》，载《政法学刊》2014 年第 1 期。

各个诉讼环节进行流程管理等，并不直接负责案件办理，也不是代理相关部门承担案件办理工作。强调案件管理职能与案件办理职能适当分离，绝不是将案件管理凌驾于案件办理之上，不仅强调加强管理、规范管理这一面，而且强调案件管理部门必须加强组织协调、服务办案这一面。

（四）内设机构与司法责任制改革的关系

内设机构得以设立的法理基础是检察权的分担。在司法责任制改革背景下，检察官是检察权运行的主体，内设机构退出检察权运行机制，不再是检察权运行主体，仅是从事相同业务的主任检察官的聚合体。正是检察权运行主体发生变化，致使内设机构的主要功能发生变化，从而促使内设机构必须改革以适应这一变化。可以说，司法责任制之确立要求内设机构改革必须与之相适应。可以说，内设机构改革是伴随着检察权运行机制改革而来，是检察权运行机制改革的“附属品”。[①] 相比而言，司法责任制改革才是核心和关键；而机构改革则是司法责任制改革的保障。平衡两者之间的关系，需要遵从以下几个原则：

一是内设机构改革要以顺应责任制改革和检察权有效行使为必要。从逻辑关系上看，内设机构改革是伴随着责任制改革而来，是改革之“附属品”，必须顺应和保障改革成果。二是内设机构改革要以适应机关管理科学和内设机构功能为标准。检察机关组织结构并不是固定模式，应根据具体情况，综合业务量、人员配备和管理幅度制定具体改革框架结构。三是要以组织结构稳定性过渡或稳定性存在为前提，把握好以下标准：现有的机构是否适应该检察权有效行使和管理科学的基本需求；是否有合适的人员和机构来优化调整；是否能最大限度合理地使用人力资源；是否建立了所有人才有晋升的机会和通道。

（五）关于检察管理监督体系的定位

检察官办案责任制和扁平化改革要求，执法办案将由集体讨论决定模式改为检察官主体决定模式，个案决定权由领导转移到承办人，如何将原有“三级审批”模式下的个案审批，转变为宏观的案件把握和监管，事关检察机关司法体制改革成败的重要课题。为了更好地适应检察业务从小管理到大管理，从分散监督到统一监督的需要，北京市检察机关的本次内设机构改革中，基层

① 摘自中国人民大学法学院陈卫东教授，四川大学法学院龙宗智教授，最高人民检察院中国检察理论研究所副所长谢鹏程研究员，上海市人民检察院检察委员会委员、法律政策研究室曾国东主任和重庆市渝中区人民检察院夏阳检察长访谈材料：《抓住改革的“牛鼻子”——检察院司法责任制改革的理论与实践》，载《中国法律评论》2016 年第 4 期。

院对案管、控申、研究室的工作职能进行有机整合和优化提升，实现管理监督工作系统化，形成了一个集统筹、管理、监督和服务为一身的部门，对外统一提供综合受理平台的检察服务，对内加强检察机关自身执法办案监督，实现“一个窗口对外、一个闸门对内”的工作格局，打造“两中心一平台三渠道”的检察管理监督新模式，构建新的科学的检察管理监督体系。其中，“两个中心”是检察服务中心和案件管理中心，“两个中心”起到窗口的作用和闸门的作用，检察服务中心对应着过去的信访网电职能，案件管理中心是案件受理、行贿档案查询、律师会见等职能。

检察机关恢复重建后，已经形成了以政治部统筹队伍建设，以办公室统筹检察事务的格局，但是，各检察业务部门各自为政，尚未形成一个统筹管理的部门。随着司法改革的推进、检察官责任制的实施，如何破解不同检察院间、不同业务部门间、不同检察官间执法差异，如何保障国家法律统一正确实施，是涉及检察工作发展的重大命题。北京市检察机关在本次机构改革中设立检察管理监督部，将执法办案工作进行专业、统一、归口管理，同时，通过加强案件受理、流程监控等对执法办案情况、强化执法办案质效监管，不断提升检察管理监督的科学化、程序化和公开化，初步形成了以检察管理监督部统筹检察业务的工作格局。形成了推动检察工作创新发展的“三驾马车”。

内设机构改革是中央政法委要求全面推进的一项辅助性的重要改革，是服务于司法责任制改革的措施。主要目的是弱化办案业务的科层式、行政化管理，加强检察官的权力和责任，把办案能力强、职业素质高的检察官吸引到办案一线，以提高办案质量、办案效率和检察公信力。科学设置检察机关的内设机构必须遵循一定的原则，主要有以下三条：保障依法独立行使检察权；精简、统一、效能；优化队伍结构、提高人员素质。①

① 甄贞：《检察机关内部机构设置改革研究》，载《河南社会科学》2013 年第 1 期。

检察机关内设机构改革与职能配置

杨　晓*

检察机关内设机构改革与职能配置是检察改革的重要内容，也是优化检察权配置的必然要求。检察机关内设机构的设置是否合理，不仅关系到检察权本身的实践运行成效，也是当前制约检察工作发展的一个“瓶颈”性问题。因此，在推进检察改革的进程中，有必要对检察机关的内设机构及其职能配置进行重新审视和设计，以适应检察工作科学发展的需要。

一、检察机关内设机构与职能配置的缺陷

检察机关内设机构是检察权在实践运行中的组织载体，其设置不仅是人民检察院依法行使检察权的组织形式，也是检察官岗位设置和职责划分的基本框架。①从目前的情况看，检察机关内设机构在设置和职能配置上主要存在设置不统一、名称不规范、结构不合理、机构交叉重叠、分工过细、效率不高等亟待解决的问题。②

（一）设置不统一

就全国范围而言，内设机构设置不统一主要表现为：一是内设机构混乱，影响检察管理水平的提高，使司法规范化建设难以实现。最突出的是预防部门，有的检察院将其归入反贪局，有的则将其并列于其他业务部门。重庆市将反渎部门和反贪部门合二为一成立职务犯罪侦查局。而其他地方包括高检院仍将反渎部门单列。二是内设机构级别不统一。有的地方的地级市检察院和县级检察院其内设机构为同级政府的副局级，有的则不是；有的地方反渎局比一般的业务部门高半级，与反贪局平级，有的则只是将原来的渎检科（处）改名

* 杨晓，重庆市人民检察院第一分院检察员（调研员），全国检察理论研究人才。

① 谢鹏程：《论检察机关内部机构的设置》，载《人民检察》2003年第3期。

② 邓思清：《检察权内部配置与检察机关内设机构改革》，载《国家检察官学院学报》2013年第2期。

为反渎局，级别不变。三是内设机构设置标准不统一。检察机关内设机构设置标准的统一性是内设机构具有系统整体性的保证，也是发挥系统功能的基础，然而，目前检察机关内设机构的设置标准却缺乏统一性，如侦监、公诉的设立是以不同的诉讼阶段为标准，反贪、反渎的设立以管辖案件的性质为标准，监所、民行的设立以法律监督职能的划分为标准，导致了内设机构设置的参差不齐，给管理工作造成不便，影响检察工作的内在整体性和协调性，不利于检察机关规范化建设。

（二）名称不规范

检察机关内设机构名称不规范的问题也很突出，主要表现在同级检察机关内设机构名称不规范和同一个检察机关内设机构名称不规范两个方面。同级检察机关之间虽然很多内设机构的职能相同，但是名称却大相径庭。例如，对于渎职侵权检察部门，有的检察院称为渎职侵权检察局，有的检察院却称为反渎职侵权局。同一个检察院的内设机构虽然级别相同，但名称却不统一，有的称为“局”，有的称为“科”，有的称为“室”，有的称为“中心”。[①] 这种称谓实际上始终是沿用行政机关的称谓，部分内设机构内涵与外延不相一致，没有充分体现检察机关法律监督的特有属性。最典型的是反贪污贿赂局和反渎职侵权局，这种称谓既不能体现司法属性，而且容易误导民众，使人们误以为所有的贪污贿赂行为和渎职侵权行为都归检察机关管辖，而实际上检察机关只能对贪污贿赂犯罪和渎职侵权犯罪行使检察（侦查）权。

（三）结构不合理

一是内设机构设置与职能配置发挥之间的矛盾。检察机关内设机构设置的目的是为充分行使检察职权提供组织保障。然而，内设机构设置过多将导致检察职权被分拆过细，影响检察职能的统一性和充分发挥，导致基层检察院的内设机构及其人员配置与检察工作实际不协调，甚至出现某些法律赋予的检察职权没有相应机构行使的尴尬局面。这对检察职责的发挥来说非常不利。如根据《人民警察法》的规定，检察机关有权对人民警察的执法活动进行监督，但是，由于检察机关内设机构中只有侦查监督科（处、厅），因而对人民警察在侦查以外的执法活动，就没有机构履行监督职责。[②] 二是内设机构数量与人员编制之间的矛盾。检察机关内设机构数量不一致在最高人民检察院与地方各级

① 李奎连：《论我国检察机关内设机构改革》，载《淮海工学院学报（人文社会科学版）》2014 年第 2 期。

② 张智辉：《应当重视检察机关内设机构改革》，载《检察日报》2011 年 8 月 19 日。

人民检察院之间表现最为突出，最高人民检察院设有22个一级内设机构，而有的省级院设有18个，有的则设有27个，省级人民检察院的内设机构数量要么少于最高人民检察院，要么多于最高人民检察院，严重缺乏一致性。[①] 内设机构设置不科学，影响检察资源的充分利用，使本来就有限的检察资源更加紧缺。近年来，为明确工作职责，上级检察机关更多要求基层检察院积极争取机构，配强配齐人员。相比较于内设机构的齐整，检察机关内部的人力资源却相形见绌，特别对于基层检察院而言，把极有限的人力资源分摊到各个内设机构之中，不可避免地出现“一人科”“二人科”现象，而对于30人以下的基层检察院来说，往往难以兼顾。如同一级别的基层检察院，有的检察院编制100余人，有的50余人，但是内设机构数量基本相等，50余人编制的小院设置10多个内设机构，除院领导外，很多内设机构都是“一人科”“二人科”，这些内设机构开展工作的难度可想而知，甚至达不到执法办案的最基本要求。[②] 随之而来的是机构过多，分工过细，部门职能交叉重叠、环节过多、合力不强、力量内耗和忙闲不均等问题，造成检察机关效率低下。[③] 三是业务部门从事办案工作与非业务部门的干警比例严重失调。由于机构设置数量较多，非业务部门所占比重较大，有的达到了32%，这直接导致基层检察院中在一线从事办案工作的人员比例较低。以重庆某县检察院为例，在编干警共有55人，内设科室中有七个业务科室，三个综合行政科室。除7位院领导之外，业务科室有30名干警，非业务科室有18名干警，全院近2/5的干警没有在一线从事办案工作。[④] 甚至存在检察官不愿意去公诉、批捕等业务量大的部门工作的现象。四是内设机构设置与行政管理模式之间的矛盾。长期以来，检察机关的组织体系建设基本上套用行政机关模式，主要用行政管理方法管理检察事务、业务和队伍。由于检察官制度不完善，检察官待遇难以落实，内设机构担负了太多的解决检察官职级待遇的负担，甚至增设内设机构成为解决干部职级待遇的主渠道；内设机构成为检察委员会或者检察长、分管副检察长之下的一个业务决策部门，负有相当的审批案件的权限，检察官的主体性得不到应有的体现；内设

① 李奎连：《论我国检察机关内设机构改革》，载《淮海工学院学报（人文社会科学版）》2014年第2期。

② 孔璋、程相鹏：《检察机关内设机构设置改革问题研究》，载《西南政法大学学报》2014年第6期。

③ 赵金铸、赵海龙、李彦军：《基层检察院内设机构改革探究》，载《中国检察官》2014年第11期。

④ 高小勇：《基层检察机关内设机构的创新设置》，载《山西省政法管理干部学院学报》2013年第4期。

机构的行政色彩导致其内部工作机制的科学性不足，存在着案件统一办理，不重视人员和案件的分类办理，而是平均机械分案。[①] 当前，我国检察机关无论从内设机构的设置还是办案实践都实行的是“三级审批制”。以审查起诉环节为例，实践中助理检察官审查案件后由主诉检察官进行审批，接着层报公诉科（处）长、分管检察长审批。有的地方，可能由于案件数量过多，公诉科（处）长就是案件的最终审批环节，分管检察长就不再审批。我们从涉及的四个主体分析，助理检察官、检察官、分管检察长均是检察官序列的一种称谓，而处长或科长就目前而言，只是一种行政职务上的称谓。由处长或科长审批案件，明显具有行政化管理的色彩。[②]

二、检察机关内设机构设置与职能配置的原则

（一）检察官职业化原则

目前，全国检察机关内设机构改革的探索与实践表明，淡化行政色彩，从有利于建立职业检察官为主体的办案机制出发，合理配置检察资源，把主任检察官从繁杂的行政事务中解脱出来，实行检察业务与行政事务相分离，让主任检察官制度成为检察官职业成长的通道，[③] 已成为检察改革的共识。在检察一体化下应当捍卫检察官的相对独立，赋予主任检察官一定的决策空间，凸显其在检察机关的主体地位。理想意义的主任检察官办公室，应当取消现行厅、处、科行政式的内设机构模式，按照检察权中不同权能的分解状况，对内设机构进行改革，减少内设机构的数量，再在内设机构之下设立主任检察官办公室，并从制度上确立主任检察官的法律地位，明确其与内设机构负责人之间的责、权、利关系。[④]

（二）统一分级分类设置原则

检察机关内设机构与职能配置，要按照检察工作本身所固有的规律进行构思、设计，这是统一推进检察改革的客观基础。从机构改革的角度讲，内设机

---

① 周文勤：《试论基层检察机关内设机构的改革与完善》，载《学理论》2010 年第 19 期。

② 高小勇：《基层检察机关内设机构的创新设置》，载《山西省政法管理干部学院学报》2013 年第 4 期。

③ 黄曙、周甲准：《主任检察官视野下的内设机构改革》，载《人民检察》2014 年第 10 期。

④ 向泽选：《检察办案组织的改革应当彰显司法属性》，载《人民检察》2013 年第 22 期。

构设置的权力应统一到最高人民检察院，由其统一规划机构设置方案，统一制定改革步骤，统一推进改革进程。在设计方案时，各级检察机关各个职能部门的设置应当统一。一是内设机构的设置应当上下对口，以保持畅通。二是与行政机关要有明显区别，以突出特征。应当改变全国检察机关内设机构称谓上“厅”“处”“科”并存的不一致局面。三是内设机构的称谓应当统一规范，以显示严肃。[①] 所谓“统一”就是要求检察机关在内部机构的设置上，坚持统一的设置标准、统一的机构名称、统一的机构级别和统一的设置模式，具体如下：(1) 同级院之间其内设机构数量、名称应一致，上下级院之间原则上保持一致，但规模较小的基层院可适当减少机构。(2) 内设机构的职能目标应统一。分工和隶属、制约关系要明确，务求形成完整统一、相互协调、各司其职的法律监督体系。[②] (3) 机构级别应一致。首先，作为一个检察院其主要业务部门的级别应一致；其次，所有同级检察院其内设机构级别应一致。也就是说，应从全国范围统一规范检察机关内设机构的级别问题。“分级设置”就是区分不同级别的检察院，根据其职责、管辖区域和工作量的大小，分别设置数量不同的内设机构。[③] “分类设置”是指我国地域辽阔，各地区经济社会发展极不平衡，人口密度分布差别巨大，目前，全国大致形成了东部、中部和西部三大类地区，在对基层检察院内设机构与职能配置时，应当充分考虑地域因素，因地制宜，分类设置。

（三）内部制约与精简高效原则

一是各内设机构之间应当分工明确，职责权限界定清晰，不能相互交叉，不同的检察职权应由不同的内设机构行使，各负其责，杜绝推诿扯皮。二是各内设机构之间的职责权限应当相互衔接，相互配合，确保检察权的依法行使。三是各内设机构之间更要互相监督和制约，通过科学分权达至内部制衡，这是权力制约理论在检察机关内部的必然要求，也是刑事诉讼规律的反映。[④] 四是要在突破旧有模式的基础上，优化检察权内部配置，合理分解检察权，对各部门进行重新优化组合，力求机构精简、高效，优化检察人员的结构，区分不同

---

① 冯中华：《我国检察机关内部机构设置改革研究》，载《青海师范大学学报》（哲学社会科学版）2005 年第 3 期。

② 陈文盛：《对基层检察院机构改革的思考》，载《学习时报》2009 年 2 月 9 日。

③ 邓思清：《检察权内部配置与检察机关内设机构改革》，载《国家检察官学院学报》2013 年第 2 期。

④ 孔璋、程相鹏：《检察机关内设机构设置改革问题研究》，载《西南政法大学学报》2014 年第 6 期。

层级检察院的职责、功能和作用，分别设置，根据检察权的不同属性区分对待，使之真正达到科学设置，层次分明，分工合理，管理有序，为发挥检察机关的职能作用，强化法律监督能力，提供有效的组织保障。[①]

实践中，可根据检察工作量的大小和必要性，决定设置业务机构的数量，没有必要实行严格的上下对应，以节省有限的检察人力资源。[②] 具体包括：（1）不同层级的检察机关内设机构数量和职能配置模式应有所区别，在数量上自上而下呈现“倒金字塔”状态，基层检察院内设机构数量应当最少。一方面，高检院和省级院管辖范围广，且编制和规模上具备细分机构的条件。最高人民检察院和省级人民检察院除了办案外，还要承担确定检察工作思路、制定检察政策、司法解释、规范性文件、分类指导和指挥管理等职能；同时，省级人民检察院承担着传达最高人民检察院各项政策和指令的任务，因而在业务机构的设置上应当做到齐全对应；另一方面，上级院更强调对下业务指导以及对疑难复杂问题的研判答复，因此，机构细分是合理的；下级院更注重办案，强调人力资源的优化配置，因此，扁平化管理、“大部制”机构应当作为首选，以避免出现“一人科”“二人科”现象，使有限的人力资源发挥更大的作用。针对由此可能出现的上级院内设机构“多对一”和下级院内设机构“一对多”问题，上级院需要更加务实、高效，采取适应司法规律、淡化行政色彩的管理方式，下级院要保证各项职能和业务至少有专人负责，确保各项政策和指令的贯彻执行，以保证各项检察职能的有效实现。（2）从各地检察机关的横向比较看，内设机构数量应当适应当地经济发展水平、案件受理数量、实际工作量等情况，不宜“一刀切”。编制较多、规模较大的检察院可以对内设机构进行适当细分，设置相对较多的内设机构；检察业务量小以及贫困、边远地区的检察院可以选择进行更大幅度的整合，以更好地集中办案力量，[③] 提高工作效率。

---

① 冯中华：《我国检察机关内部机构设置改革研究》，载《青海师范大学学报（哲学社会科学版）》2005 年第 3 期。

② 向泽选：《检察机关的机构设置与检察权配置》，载《河南社会科学》2012 年第 5 期。

③ 汪建成、王一鸣：《检察职能与检察机关内设机构改革》，载《国家检察官学院学报》2015 年第 1 期。

三、检察机关内设机构与职能配置调整的实施策略

检察机关内设机构的调整和实施，要在宏观上统一把握，分步骤有序进行。①

（一）统一设计设置分级管理方案

检察机关内设机构如何设置，规格和名称怎样确定，职责范围怎样划分，应以有效履行法律监督职能为目的，由最高人民检察院统一设计。在具体管理上，实行分级审批。地、市和县、区级检察院的内设机构设置，报省级检察院审批。省级检察院的设置，报高检院审批。高检院的设置，报全国人大常委会审批。在机构设置数量上，全国应基本保持一致。但是，少数地方可以因地制宜，略有增减，但主要业务机构必须上下对口。人员较少的基层检察院，为防止分工过细分散力量，有的非业务部门可以不单设机构，但必须有专人负责，以免脱节。

（二）统一机构规格和机构地位

从国家宪法和法律赋予检察机关的各项法律监督职能来看，并没有高低大小之分，检察机关内部各个业务部门的关系是平行的，处于同一个层次。因此，内部机构的规格应当一致，若有高有低，势必形成层次紊乱，不利于管理。我国《宪法》第3条第3款规定："国家行政机关、审判机关、检察机关都由人民代表大会产生，对人民负责，受人民监督。"这里明确了检察机关与国家行政机关在体制上的平行关系。因此，检察机关的内设机构规格，应当与政府的所属部门规格相平行。简言之，高检院的内设机构应当为部级或副部级；省级检察院的内设机构应为厅级或副厅级；地市级检察院内设机构应为县级；县区级检察院的内设机构应为科级。

（三）统一机构设置标准和机构称谓

我国《宪法》第129条明确规定："中华人民共和国人民检察院是国家的法律监督机关。"因此，在内设机构划分上应当遵循宪法赋予检察机关的法律监督内容为划分标准更为适宜。这样的划分既有利于法律监督职能的行使，又具有鲜明的检察特征。在机构的称谓上，上下应当保持统一。可以考虑参照现在反贪污贿赂工作局的称谓，各级检察机关的业务机构一律称"局"。高检院的业务机构称"总局"。这样，既明显区别于一般的行政机关，也突出了检察

① 冯中华：《我国检察机关内部机构设置改革研究》，载《青海师范大学学报（哲学社会科学版）》2005年第3期。

机关的地位。

四、检察机关内设机构改革与职能配置的实现途径

内设机构是行使检察权的载体，司法改革的步伐要求在机构改革上取得突破，应该以业务工作为中心整合检察机关的机构设置，取消中层职务，突破长久形成的行政审批办案模式，实行主任检察官独立办案制度，专职检委会履行对办案检察官的指导、咨询建议、监督和考核，[①] 在促进检察官职务体系合理构成的前提下，改革检察机关内设机构与职能配置，采用“大部制”下的主任检察官办案组织为主体，以满足检察权运行为需要，提出一个科学、精干、高效、统一以及适应工作需要和形势发展的内设机构改革与职能配置方案，难度是相当大的。这里，笔者针对上述设置原则和实施策略，提出检察机关内设机构设置与职能配置总体方案：紧紧围绕强化法律监督职能，全国检察系统下设6个子系统，即政治部，检察事务部，检察业务管理局，职务犯罪侦防局，刑事检察局，诉讼监督局。4个系统为业务系统，2个系统为行政和政工党务管理监督系统。地方各级检察院各业务系统一律称“局”，高检院称“总局”。各局科学分工，下设若干工作部门，从而形成“宝塔形”的内设机构体系。[②] 该体系重点是精简整合综合事务部门，优化重组业务部门，除领导决策机构外，分行政和业务两个序列进行设置。行政序列由政治部主任负责，业务序列可以由检察长授权副检察长代为行使一般管理职责，以笔者所在分院的正厅级基层院为例：

（一）行政序列

1. 政治部（正处级）

设主任一人，副主任一至二人。具体负责全院政治思想、机关党建、人事管理、队伍建设、教育培训、纪检监察、检务督察、检察宣传、党组会议等工作，以及离退休干部、工会、妇女等服务工作。

2. 检察事务部（正处级）

将现行的办公室、人民监督员办公室、行政装备处、检察技术处、司法法警大队合并，成立检察事务部，设主任一人，副主任二至三人，负责办文、办会、协调、档案、财务、技术装备、案件移送、联络人大代表等后勤保障事务。下设文秘组、技术组、后勤组和法警队等组队（配组长或队长一人，按

① 王帮元：《检察机关机构改革论纲》，载《群文天地》2011年第11期。

② 冯中华：《我国检察机关内部机构设置改革研究》，载《青海师范大学学报（哲学社会科学版）》2005年第3期。

科级干部管理)，统一管理全院的行政事务、人民监督员、检察技术和司法警察工作。该机构围绕办案、服务办案、保障办案，承担检察机关的日常管理事务。根据检察人员分类管理要求，该机构中办公室、人民监督员办公室人员的属性为司法行政人员，技术处、法警大队人员则属于检察辅助人员，技术人员要求专业化程度较高，可由聘任制公务员担任。

（二）业务序列

1. 检察业务管理局（正处级）

最高人民检察院将案件管理部门和法律政策研究室定位为综合性业务部门，因此，两者完全可以合并一起，成立检察业务管理局。设局长一人，副局长一至二人，同时配备若干名主任检察官（按处级干部管理）。专职的检察委员会机构的设立解决了业务指导、监督、咨询职能的日常化要求，对提交检察委员会讨论的事项进行充分的论证，及时对业务经验进行总结。[①] 案管部门注重强化对业务部门工作的督导、协调，这种检察机关内部岗位职责的调整，实际上是对检察机关司法资源的调整，其最终目的是为了充分保障办案一线的力量能全力投入案件审查，对检察队伍的专业化建设、促进基层检察工作顺利开展提供有效保障，同时也能通过对主要办案节点的掌控，合理设置管理和监督程序，可以起到办案流程管理、办案质量监督、交办督办案件、业务运行分析指导、检察业务综合考评等作用，有效提高检察机关的办案质量和执法水平。[②]

2. 职务犯罪侦防局（正处级）

职务犯罪监督方面，贪污、贿赂与渎职犯罪均属职务犯罪，一方面，两类职务犯罪在侦查工作上具有相似性，实践中贪污贿赂犯罪和渎职侵权犯罪的发生往往相互牵连，而职务犯罪预防则是查办犯罪职能的自然延伸，与侦查工作密不可分。另一方面，随着对检察机关侦查权规范行使的要求越来越严格，职务犯罪侦查模式逐渐发生转变，侦查重心前移以及外围取证工作量的增加，要求在更大范围上对侦查人员和资源进行灵活使用和机动配置，为此，需要一个统一的内设机构从组织机构上提供保障。[③] 这两个部门和职务犯罪预防处合并，成立职务犯罪侦防局，可以有效增强人员调度、资源配置、协调指挥的机动性和统一性，增强职务犯罪侦查和预防工作的针对性，减少当前各内设机构

---

① 王帮元：《检察机关机构改革论纲》，载《群文天地》2011 年第 11 期。

② 何雄伟、张毅：《检察改革与案件科学管理》，载《人民检察》2012 年第 17 期。

③ 汪建成、王一鸣：《检察职能与检察机关内设机构改革》，载《国家检察官学院学报》2015 年第 1 期。

的办公室、指导处等办事机构和人员的重叠设置，提高侦查资源的整体效能。[①] 职务犯罪侦防局设局长一人，副局长二至三人，下设综合组、预防组和若干办案组。由于侦查工作具有集中、高度组织化和协同作战的特点，一般不要求强调检察官的个体独立性，因此，在职务犯罪侦防局中不宜实行主任检察官制度，但可以仍然按照当前反贪局、反渎局模式来运行。各办案组之间作相对分工，办案组具体负责职务犯罪初查、侦查工作，侦查员可以充分发挥侦查工作的艺术性，在依法行使侦查权的前提下，强化侦查活动的快速反应和灵活机动，强调统一指挥协调和发挥团队作战的合力；综合组具体负责文件起草、事务安排、工作协调，总结职务犯罪侦查工作经验，探索职务犯罪规律等项工作；预防组具体负责研究分析职务犯罪特点、规律，提出惩治对策，开展职务犯罪预防等项工作。将职务犯罪侦查和预防工作整合，能够更好地发挥职务犯罪惩防一体化的作用，集中优势兵力打攻坚战。

现实中，贪污贿赂和渎职侵权等腐败问题往往伴生，把反贪污贿赂局、反渎职侵权局和预防工作合并，组成高层次的职务犯罪侦防系统，便于实现查办腐败案件和渎职侵权案件工作资源共享、资源整合，既有利于发挥检察机关查处职务犯罪的整体功能，便于集中兵力，深挖线索，组织指挥作战，及时查办案件，提高侦查水平，更有利于把惩治和预防职务犯罪密切结合起来，充分发挥检察机关在惩治和预防腐败犯罪，推进廉政建设方面的重要作用。与此同时，将职务犯罪预防工作与职务犯罪侦查工作整合，使预防工作与查办案件同步进行，便于了解案情、发现问题、制定措施，做到有的放矢，最大限度地发挥惩治和预防职务犯罪的法律监督功能，建立起既不影响专业职责分工，又能最大限度地凝聚检察资源优势，建立集查办、预防于一体的惩防一体化反腐工作机制。更为重要的是将三个机构合并，既可以从贪污贿赂与渎职犯罪等线索的相互交织中寻找突破口，促进职侦工作的发展，也可以使预防工作直接建立在查办案件的基础上，使预防犯罪的内容更具针对性和实效性。紧密结合办案开展预防工作，提高了预防工作的权威性，预防工作更能得到相关单位的配合，有利于反腐败工作的深入开展。[②]

---

① 汪建成、王一鸣：《检察职能与检察机关内设机构改革》，载《国家检察官学院学报》2015 年第 1 期。

② 何江波、付文亮：《基层检察机关内设机构研究》，载《中国刑事法杂志》2011 年第 12 期。

3. 刑事检察局（正处级）

将侦查监督和公诉部门合并，组成刑事检察局，并分设办案组来完成不同类型案件的审查批捕和起诉工作，[①] 可按照案件类型特点下设若干名主任检察官，以体现专业性特点。具体操作上，可以依据刑法分则规定的犯罪类型特点，分别设立相对应的主任检察官办公室。对于未成年人犯罪，可以选配熟悉未成年人身心特点的检察官成立专门的主任检察官办公室予以办理，体现对未成年人的特殊保护。主任检察官领导所在办案组的工作，可指定办案组内检察官办理具体案件，在检察长授权范围内，主任检察官具有审批决定权，并对案件的处理结果承担责任，做到权责统一。[②] 刑事检察局设局长一人，副局长二至三人，实行主任检察官办案责任制（按处级干部管理），主任检察官办公室的人员配置一般应为主任检察官下设2名以上检察官以及若干名书记员，最少配备3名检察官，便于办案中对案件的民主评议。具体职能：对公安等侦查机关和本院侦查部门移送的案件审查批准逮捕、决定逮捕；对移送起诉的案件进行审查；作出起诉或不起诉的决定；对刑事案件提起公诉、支持公诉；对尚未发生法律效力的刑事判决或裁定，发现确有错误的，依法提出抗诉。可以在恪守客观义务的前提下，集中精力参与诉讼活动，全力应对更加激烈的法庭对抗和更加严格的诉讼证明任务。

审查逮捕和审查起诉在职能上相互依赖，批捕案件的质量关系着案件能否顺利起诉，起诉是批捕的必然延伸，二者具有先后相继不可分割的紧密联系。[③] 检察机关作为司法机关，最能体现其参与刑事诉讼的特征就是控诉职能，对立案活动、侦查活动的介入引导、指挥，对逮捕措施的采取，都是为了更好地指控犯罪，而捕诉一体化让办案人员一开始就站在起诉的高度，更能保证案件质量，因此，设立刑事检察局整合两种职能，以节省资源、提高效率，尤其是相对于案多人少的基层院采取捕诉合一模式，更有利于提高工作效率，保证办案质量。在现有的体制下，审查逮捕与公诉工作是相分离的，捕诉分离机制要求检察机关内部两个不同部门的办案人员在同一个案件上重复投入和配置，导致对同一案件重复阅卷、审查取证、制作法律文书等，造成人力、物力、财力不必要的重复投入，造成司法资源的浪费。由于认识的局限，以及逮

① 周文勤：《试论基层检察机关内设机构的改革与完善》，载《学理论》2010年第19期。

② 黄曙、周甲准：《主任检察官视野下的内设机构改革》，载《人民检察》2014年第10期。

③ 吴建雄：《检察机关业务机构设置研究》，载《法学研究》2007年第3期。

捕措施的阶段性，审查逮捕部门很难对案件的继续侦查进行跟踪，也容易与公诉部门的意见相冲突，不利于实现检察一体化。事实上，所有的立案活动、侦查活动、强制措施都是为公诉工作做准备，都是为了案件顺利控诉。将这些工作统一由主任检察官负责，主任检察官从最初的立案活动开始就进行提前介入、引导侦查，直到案件作出判决，更有利于执法的连续性。①

4. 诉讼监督局（正处级）

随着诉讼监督任务的增加、诉讼监督手段和效力的不断增强、诉讼监督要求的不断提高，现有的检察资源分布、机构设置、职能配置、运行方式都需要改进调整，迫切需要进一步研究如何科学分配检察资源，优化监督职能配置，提高工作效率。② 目前，监所、控申部分业务具有同质性，只是监督的环节和重点不同，而民事行政诉讼监督和刑事诉讼监督的具体对象虽有一定差异，但二者均是对诉讼活动进行监督，又具有共性的一面。因此，不妨探索将上述内设机构进行合并，成立诉讼监督局。诉讼监督局设局长一人，副局长二至三人，配备若干名主任检察官（按处级干部管理），下设综合组、若干办案组和驻所检察室。办案组由主任检察官兼任组长，专门负责某一类案件的诉讼监督工作；驻所检察室主任由一名副局长兼任，负责开展驻所检察的各项工作。诉讼监督局下依职能可以分设刑罚执行监督室、民事诉讼监督室、行政诉讼监督室等，各室均由不同的主任检察官办公室负责，当然，根据业务量的大小，一个类别下可以分设多个组，如民事诉讼监督一室、民事诉讼监督二室。较轻的诉讼监督事项可口头提出的，在检察长授权范围内，由主任检察官决定。对于重大诉讼监督事项，可以由主任检察官召集其室内检察官采用合议的方式形成意见报检察长或检察委员会决定。③ 诉讼监督局的办案人员从开展诉讼监督工作遇到的新情况、新问题入手，从影响诉讼监督成效的机制、体制等方面进行深入分析，采取强化诉讼监督的举措，提出强化法律监督的意见、措施和立法建议，有利于构建强化法律监督的制度和机制。

诉讼监督局具体职能包括：立案监督、侦查活动监督和刑事审判监督。对于应当立案而不立案和不应当立案而立案以及判决确有错误的案件行使监督

① 何江波、付文亮：《基层检察机关内设机构研究》，载《中国刑事法杂志》2011 年第 12 期。

② 汪建成、王一鸣：《检察职能与检察机关内设机构改革》，载《国家检察官学院学报》2015 年第 1 期。

③ 黄曙、周甲准：《主任检察官视野下的内设机构改革》，载《人民检察》2014 年第 10 期。

权；负责民事行政诉讼监督、刑事申诉案件复查及办理刑事赔偿、开展驻所检察工作、刑罚执行和监管活动监督、刑事再审等工作。目前。基层检察院在乡镇级的司法组织系统中普遍缺位。设立乡镇检察室符合当前我国的权力配置架构，有利于形成各司其职、相互配合、相互制约的基层政法工作良性运行机制。

整合后的诉讼监督局，将具有与自侦、公诉等控诉职能相比更加超脱的角色定位，有效化解检察官“既当运动员又当裁判员”的角色混同问题，并且可以在拓展监督线索来源、共享案件信息、优化监督手段、强化监督效果等问题上集中资源、合力攻坚，打造检察机关诉讼监督业务的规模优势，[①] 有利于强化对侦查权、审判权、刑罚执行权和民事行政诉讼的监督制约，防止检察人员在履职过程中的违法行为，维护法律的统一正确实施。

然诚，检察机关内设机构的设置与职能配置问题，必然要触动现行体制的某些方面，涉及人事的安排，涉及领导干部的待遇、职务、职级，如果在内设机构和检察职能配置上进行大规模改革，还必然涉及对人事部门和组织部门的协调。[②] 因此，检察机关内设机构改革与职能配置，既要考虑检察机关内部的科学、稳定，也要考虑与政府及其他司法机关的外在联系，还要考虑各级各地检察机关的实际情况。但是，无论改革方向或进度如何，去除检察机关内设机构的行政化管理模式，在机构设置、职能配置、资源使用和工作机制上，更加重视发挥主任检察官的相对独立性和主观能动性，实行“大部制”机构改革和内部扁平化管理等制度机制的作用，是促进检察官职业化和专业化建设的必由之路。

① 汪建成、王一鸣：《检察职能与检察机关内设机构改革》，载《国家检察官学院学报》2015 年第 1 期。

② 王守安：《对法院与检察院改革的几点建议》，载《环球法律评论》2013 年第 2 期。

检察机关内设机构改革的另类思考

——以分步进行、业务置换为视角

孙振强*

一、当前检察机关内设机构改革的目的和主要模式

关于检察机关内设机构改革目的或者原因，目前观点较为统一，通常认为基层检察院内设机构太多、分工太细、官多兵少，数量众多的中层领导一般不办案或办案数量较少，挤压了办案人员数量，增加了办案压力，同时也造成了职能碎片化、行政化色彩浓厚等现象，因此必须对内设机构进行整合，合并职能，减少数量。

分析吉林省、海南省等比较典型的试点地区情况，其做法主要是整合，经验大同小异，所不同的无非是整合后的机构数量、机构名称、机构级别、机构负责人配置等细节问题。

以海南省为例，据高检院《检察改革动态》2017 年第 7 期的信息显示，海南省检察机关下辖有内设机构的基层院 22 个（不含三沙群岛检察院），原有内设机构 324 个，其中 2 人以下的科室有 87 个。改革后，海南全省基层院内设机构从平均 14.7 个减为 7.8 个，内设机构总数下降到 173 个，减少了 47%。原则上，将侦查监督、公诉、未成年人检察、刑事执行检察等整合为刑事检察局；将反贪、反渎、预防整合为新的反贪污贿赂局；考虑到基层院公益诉讼、行政执法监督等工作的发展需要，将民事行政检察科单列为民事行政检察局；将案件管理、法律政策研究室、检委办等整合为案件管理局；将办公室、计划财务等整合为检务管理局；将政工、监察整合为政治监察部，形成“五局一部 + 检察室”的格局。海南省的做法也基本代表了各试点地区的核心做法。

---

* 孙振强，山东省即墨市人民检察院检察员。

二、实行“分步进行、业务置换”的主要框架

在严格按照中央和高检院要求、仿照试点地区进行内设机构整合外，可以跳出整合的思路，考虑在个别地区开展“分步进行、业务置换”的试点。主要框架是：

（一）减少不必要的非业务科室，争取编制部门支持申请置换为同等数量的业务科室

当前基层检察机关内设机构的最大问题主要是非业务机构过多，这是内部机构整合的重点和方向。比如检察长办公室、代表委员联系办公室、检务督察办公室、人民监督员办公室、服务非公经济办公室、计划财务办公室、机关服务办公室、检委会办公室、信息通讯办公室、老干部工作办公室等，这些非业务机构极大地占用了检察机关的资源，应当进行统一合并，按照“减一增一”的原则，争取编制部门的支持，相应增加同等数量的业务科室。比如，计财部门完全可以和办公室合并、检务督察完全可以和纪检监察合并，待纪检机构实现纪委派驻、监察体制改革后，检务督察可以合并到办公室或政治处，人民监督部门完全可以和研究室或办公室合并，老干部工作部门完全可以和政工合并，信息通讯部门完全可以和技术合并。同时，可以参考公安机关的模式，增加食品药品环境资源犯罪检察科、经济犯罪检察科、毒品犯罪检察科、职务犯罪检察一科（二科）等，如果考虑到有些科室的案件数量可能较少或者数量不稳定，也可以设置为侦监一科、公诉二科、公诉三科等，这样可以实行案件统一分配。

（二）进一步优化工作流程，将部分业务科室的运行程序直接转换为办案组的运行模式

显而易见的是，在整合以后的“几大部”的内部，还会明确由专人负责某项工作，比如案管、研究室和办公室合并为检务保障部，在这个部内，还一定会根据个人特长，明确有人专门负责办公行政，有人负责法律研究，有人负责案件管理，不可能眉毛胡子一把抓，工作来了谁有空谁干，这个专门负责某项工作的人，相当于原来的“科长”，干的其实就是原来科长的工作，只不过没有了科长的职位。同时，主任检察官办案组实际上就相当于原来的一个科室，主任检察官就是原来的科长，检察官助理和书记员相当于原来的科室人员，检察官助理和书记员的工作由主任检察官管理和审批，这种运行程序和特点似乎与原来的科室差别不大。设立若干主任检察官办案组，从实质上来讲，就如同设立这样同等数量的科室，因为他们的内在运行模式是相似的。按照这

样的思路，在基层院的未检科、刑事执行检察科、拆分后的民事检察科、行政检察科等，可以配备若干人员，科长直接承担主任检察官的角色，其他人员按照办案组的模式开展工作。

（三）分步进行，待检察监督刚性真正建立时进行大幅度整合

检察权与审判权明显不同，检察监督是司法权力对其他权力的监督，是权力对权力的监督，因此当前检察权必须有“权”，在中国几千年官本位情况下，没有职位特别是社会认可的职位，就没有监督力度。当然，单纯地从事审查逮捕、审查起诉的检察官，可以不需要科长、副科长的职位权力，严格执行刑法、刑事诉讼法的规定即可。但其他监督事项，如刑事立案活动监督、侦查活动监督、民事行政诉讼监督、刑事执行监督等最好应当有一定的职务和级别。试想一下，在对侦查活动、行政执法活动进行监督时，在召开各类与人大、政协和各机关协调会议时，被监督对象或者参加者都是科长、副局长甚至局长级别的，检察机关的人员却是“大头兵”，监督的效果恐怕难以保证。只有当检察监督刚性真正建立起来，科室或科长的职位已经没有存在的价值，整合当然水到渠成。

三、实行“分步进行、业务置换”的主要意义

经过建国后几十年的发展特别是改革开放恢复重建以来的发展，基层检察机关内设机构不断增加、不断优化、不断精细，发展至今，并非全部都是野蛮生长、自我膨胀、毫无道理，实际上有其一定的必要性和重要性。实行“分步进行、业务置换”，非业务科室减少、业务科室等量增加，暂时保持内设机构总量不变，就充分考虑了内设机构存在、发展的这种意义。

（一）符合检察权一定程度的行政化特点

检察权所体现出的行政化特点，在许多学者的著作中有所分析和阐述。我国《宪法》和《人民检察院组织法》规定，上下级检察机关是领导关系，上级领导下级，各级检察机关运行机制实行检察长负责制，这些都是行政化的体现。实际上，行政化对检察机关未必有百害而无一利，其实一定程度、一定模式的行政化有助于增强法律监督的属性，特别是上下级检察机关一体化的机制较好地克服了法律监督过程中的地方干扰、抵制等，在职务犯罪案件查办过程中此种优势体现得尤为明显。一些法律监督案件，如果没有科长、院领导或者上级院的支持，一概实行单打独斗，那很可能就是力有不逮，难以形成工作合力，有些监督根本无法进行。既然是具有一定的行政化，那么内设机构就理所当然地承载了这种行政化内涵。一定数量的内设机构，有利于增强检察一体

化，提高检察监督的效能。

（二）符合现代社会精细化分工的趋势

精细化分工是现代社会发展的显著特点，不论是政府监管、商业业态等，均体现了这一趋势。比如原来发展和改革部门被称为“小政府”，现在已经将各项职能都进行了更加精细的分化，政府监管更加精准到位；商业业态更是随着人们生活水平和生活质量的提高，日益分化出越来越小的类别。比如传统百货业，分化出了电子商务，电子商务又衍生出了物流、外卖、包装、设计等众多分工业态。同样，检察机关内设机构也在自觉不自觉地秉持这一趋势，从一开始的刑检科，分设出侦监科、公诉科，公诉科又分设出未检科、金融检察科等；从一开始的法纪科，分设出反贪局、反渎局，两局又分设出侦查科、综合科等；从一开始的办公室，分设出研究室、计财科、技术科等，这也是检察机关职能越能越多、职能发挥越来越充分的体现。

（三）符合应对公安、法院不断扩充内设机构的平衡

近年来，各级公安机关相继增设了网络安全大队、禁毒大队、食品药品环境资源大队、反电信诈骗大队、旅游警察大队等，法院增设了巡回法庭、未成年人审判庭、知识产权审判庭、家庭婚姻审判庭、环境资源审判庭等，且公安、法院均有继续增加内设机构的趋势和计划。而与此同时，众所周知，一直以来检察机关人财物皆受制于地方，在当地大多属于弱势地位，在配备干部、调整职级、机构设置等方面要靠后排队，争取增加内设机构的难度非常大。通过几轮机构改革，侦监、公诉、自侦、民行、刑事执行等业务核心机构基本确定，大体无差。随着经济社会的发展进步，检察工作也面临了许多新任务、碰到了很多新难题、增加了诸多新职能，为此，就需要相应地增加内设机构。在公安、法院不断增加新的内设机构、分工越来越精细的情况下，检察机关应当减少非业务性机构，同步、相应、对等地增设监督机构，以保持与公安、法院、司法局相互制约局面的平衡。否则，现在本来公安内设机构就比检察院级别高，而且可能还会差得更大，权力对权力的监督中就可能会失衡。

（四）科长不办案的情形或基础已基本不存在

在本次员额制检察官遴选中，虽然没有公开具体数字，但可以肯定的是，各级院的科长绝大部分已进入员额制，比例不低于80%。特别是业务科室的科长已经基本上全部入额。根据员额制的有关规定，凡进入员额的都需要办案。因此，员额制的推行，也就从根本上解决了原来科长不办案的弊端，现在无非是明确数量而已。特别是，基于实行办案责任制后，主任检察官对大部分案件实行自主审批，科长审查审批事务大量减少，因此，科长办案的外在困难

也已经解决。当前，主要是应明确入额业务科长的办案数量。现在司法体制改革试点地区一般明确科长办案数量为本科室人均办案数的60%—70%，这是一个比较科学合理的临界值。以后在通过遴选后的员额检察官直接可以任命为科长，打通两者的选拔程序。即科长就是主任检察官，科室就是一个主任检察官办案组，这样就可以较好地解决科长办案问题。

（五）充分考量了机构整合后的可能带来的一系列问题

这种逐步整合的方式，可以较好地解决一系列小问题，比如，单独职务序列的检察官公车改革补贴如何发放，三级检察官发不发公车补贴，按什么级别发放；出国出境怎么审批，四级高级检察官属不属于市管干部，应按什么级别序以审批。再比如检察机关干部对外交流的问题：在参加公开选拔处级领导干部要求是正科级实职的怎么办，二级检察官可不可以参加这样的遴选？上级机关公务员遴选时要求副科的怎么办，如何确定级别，三级检察官是否可以按副科级别参加？检察干警调到或考到其他机关的，级别如何确定，三级高级检察官，是不是调到别的单位后可以直接定副局，还是按照行政序列公务员从科员开始执行，等等。同时，司法责任制以后，将可能存在无法及时调度办案数据等问题，主任检察官办案组未必及时提供，而一定数量的科长存在，可以直接减少内部协调的层级，可以有效调度数据、案例，有效分配工作。另外，对于一些因种种原因暂时不能入额的年轻骨干干警，既然不能给予一个员额的岗位，那么暂时给予一个科长的职位锻炼，也有利于未入额人员特别是年轻干警的成长，做到以岗位拴心留人。

检察机关内设机构改革是一项重大运行机制改革，必须不折不扣地按照中央和高检院的规定执行。在执行过程中，如果可能拿出一两个地方进行科室总数不变、等额业务置换的试点，也有可能探索一点开放性的经验，为内设机构改革提供一点额外的经验参考。当检察监督刚性和权威真正树立起来的时候，当检察官的地位和荣誉真正树立起来的时候，内设机构即使不改，也基本失去了存在的价值和意义。

检察机关跨区划集中管辖改革实证研究

——以镇江市检察院“院处合一”改革为样本

周绪平　金庆华　游若望*

一、跨区划集中管辖的内涵与价值

（一）跨区划集中管辖的基本内涵

行政管辖区域，也称行政区划，指国家为了便于行政管理，对领土所进行的区域划分，常常会考虑历史、地理、民族、文化、经济发展等因素。① 在最广义维度上，管辖权（jurisdiction）问题指涉存在何种法以及以该法之名掌握权力和权柄（power and authority）的问题。② 在刑事诉讼中，司法管辖是指国家司法机关依法在受理案件方面的职权范围上的分工，通常可分为地域管辖和专门管辖两类。对于集中管辖，其性质可以理解为最高人民法院、最高人民检察院以司法解释或批复形式就某一辖区内特定类型案件成批量地指定或准许某一法院或检察院办理的管辖制度。实践中，法院通常是将分散由各基层人民法院、中级人民法院管辖的案件集中交由少数受案较多、审判力量较强的中级人民法院和基层人民法院管辖。

笔者认为，“跨区划集中管辖”可以界定为：为了使司法机关客观中立公正地审理案件，就某一辖区内特定类型案件，不根据相对应划分的行政管辖区域，成批量地指定或准许某一法院、检察院进行司法管辖的制度。集中管辖不是独立的诉讼管辖制度，实际上是对指定管辖的变通。地域管辖容易造成多头

---

* 周绪平，镇江市人民检察院党组成员、检察委员会专职委员，兼任金山地区人民检察院检察长；金庆华，镇江市人民检察院法律政策研究室副主任；游若望，镇江市人民检察院法律政策研究室副主任。本文系2016年度江苏省人民检察院（江苏省法学会检察学研究会）检察理论研究课题之阶段性研究成果。

① 信春鹰：《法律辞典》，法律出版社2003年版，第182页。

② Shaun McVeigh. Jurisprudence of Jurisdiction.

诉讼，专属管辖依赖于法律的规定，指定管辖和移送管辖是对以地域管辖、级别管辖是否顺畅为前提，基于个案发生。[①] 对特定案件跨区划集中管辖，其目的就是通过司法区划与行政区划的剥离，排除地方保护主义对司法的干涉，促进法律适用统一，从而达到公开、独立、公正办案的最终目的。因此，跨区划集中管辖的要义在于“跨区划 + 特殊性”，二者缺一不可。

（二）跨区划集中管辖的价值目标

1. 破除司法地方化，保障司法公正

截至 2015 年 12 月 31 日，我国大陆地区共有 34 个省级行政区划单位、332 个地级行政区划单位、2860 个县级行政区划单位、44822 个乡级行政区划单位。[②] 在我国现行司法管辖制度下，法院、检察院层级设置与地方高度一致；法院、检察院与地方隶属关系高度一致；法院、检察院在人财物方面受制于地方。这种体制设计，强化了司法权的地方化，削弱了国家司法的统一性。[③] 由于地方行政权极其强大，司法办案结果与地方利益相捆绑，司法权在某种程度上成为行政权的“附庸”甚至“工具”，导致“地方行政机关干预司法以及地方司法机关仅为‘地方’司法，从而造成司法机关的地方化和行政化”。[④] 特别是在行政案件、重大民商事案件、环境保护案件和食品安全案件中，司法机关极易受到地方党政部门及有关领导的干扰，影响案件依法独立公正处理。所以，地方化和行政化一直是妨碍司法公正的主要障碍，为了保障司法权依法独立公正行使，破除司法地方化和行政化势在必行。

司法辖区不必然与行政区划重合，司法的独立性决定了司法辖区具有独立性。实行跨区划集中管辖，打破行政区划的限制，使司法机关与行政机关之间保持适当距离，司法权在实施过程中能够摆脱来自于当地行政区域内诸多消极因素的干扰，克服司法地方化现象，[⑤] 从而保证国家法律的统一正确实施。因此，跨区划集中管辖的初衷和直接动力就是为了革除现行司法体制的弊端，即

---

① 余德厚：《跨行政区划环境资源案件的司法管辖制度研究》，载《法学杂志》2017 年第 2 期。

② 中华人民共和国民政部编：《中华人民共和国行政区划简册·2016》，中国地图出版社 2016 年版，第 1—8 页。

③ 焦洪昌：《从法院的地方化到法院设置的双轨制》，载《国家行政学院学报》2000 年第 1 期。

④ 王正平：《试论我国法院体制的改革——以法院的行政化和地方化问题为中心》，郑州大学 2004 年硕士学位论文。

⑤ 秦前红：《司法去地方化的难点》，载《检察风云》2013 年第 24 期。

司法地方化，排除地方保护主义对司法的干预，通过公正的诉讼程序实现公正的诉讼结果。

2. 防范诉讼主客场，增强司法公信

司法公信力，简言之就是社会公众对司法机关裁决的信任程度。司法机关的裁决越公正，社会公众就越信任司法机关，司法机关的公信力也就越高；反之，司法公信力就会越低。对于一些跨行政区划的案件，案件的管辖和审理处于分散状态，由于司法机关对法律的不同理解和对司法裁量权的不同适用，造成诉讼出现“主客场”现象，有损法律的严肃性和统一性，直接影响司法公信力。

特定类型案件跨区划集中管辖的实质就是不依照现行行政管辖区域来设置专门的司法机关，处理跨行政区划的重大案件及易受地方干扰的相关案件。跨区划集中管辖有利于提高法官的专业素养，克服广受诟病的同案不同判现象，确保区域内该类型案件司法裁判的统一性，解决诉讼“主客场”问题。同时，可以有效避免地方司法机关出于节省自身司法资源、保护地方利益等目的，对案件相互推诿或相互争抢。此外，集中管辖司法机关与地方政府没有直接利害关系和隶属关系，其所作的判决会更加客观公正。而从形式角度看，由与地方政府没有利害关系的司法机关来裁决，其形象更加客观公正，避免了“瓜田李下”之嫌，不管判决结果如何，都易于被当事人接受，有利于增强司法机关的公信力。

3. 推动司法专业化，提高司法效率

管辖制度的主要功能就是在不同种类、不同地域、不同级别的专门机关之间进行案件的分工。属地管辖主要是按照犯罪地、犯罪的社会危害程度和可能判处刑罚轻重的标准进行的，由于犯罪发生地的地域化和犯罪结果发生地的跨行政区域化特征兼具，这就势必造成某些地方司法机关因受理审查该类案件数量过大而导致司法资源不足，极易带来推诿扯皮、管辖不明、贻误办案时机等司法体制机制问题，进而影响到办案效率和查办效果。同时，需要集中管辖的案件类型，往往较为复杂或者具有特殊性，如分散于各个司法机关，司法人员受业务水平、驾驭该特定类型案件的能力所限，可能对案件审理难以把握，容易造成错案或审理期限的拖延。

一般来说，跨区划集中管辖按照案件类型进行分流，如果将可能受到地方干预的、可能引起管辖权冲突的、跨地区的重大案件分流给拥有相对独立司法管辖区的检察院，则可以避免检察院在处理这些特殊案件时卷入地方利益纷争，耗费过多司法资源，导致司法效率低下。对于被赋予该类型案件管辖权的司法机关，办案力量往往较强，司法经验也相对比较丰富，且司法人员长期办理该类型案件，随着经验的积累，其驾驭该类型案件的能力也会提高，有利于案件的高质高效办理。庞德指出，“自然权利、正义、公平和效益观念已经促使法律新生，同时也导致它成为衡量一切规范原则和标准的尺度。”对司法而言，公正与效率缺一不可，现代司法本质上追求公正与效率的最佳统一。特定类型案件跨区划集中管辖作为优化司法职权配置的举措之一，既可以提高办案质效，保障司法公正，也能够缓解地方司法机关案多人少的矛盾，并可以通过拓展专门司法机关的案件受理范围，最大限度地减少改革和司法成本。以上海铁路运输法院行政案件集中管辖试点为例，该院半年共受理行政案件 735 件，同比增长 35%，而行政诉讼和解率达到 41%，与集中管辖前全市平均水平相比翻了一倍，呈现出数量与质量同步提升的效果。

二、跨区划集中管辖在我国的改革与发展

（一）跨区划集中管辖的历史发展

就我国的案件集中管辖制度而言，源于最高人民法院对涉外民商事案件管辖权的调整。2002 年 2 月 25 日，为应对加入世界贸易组织的需要和保证良好的国家司法形象，最高人民法院颁布了《关于涉外民商事案件诉讼管辖若干问题的规定》，明确将以往分散由各基层法院、中级法院管辖的涉外民商事案件集中由收案较多、审判力量较强的少数中级法院和基层法院管辖，以克服涉外民商事案件审判过程中的地方保护主义现象，并提高涉外民商事案件的审判质效。此后，集中管辖被广泛用于某些专业性较强的案件类型，一些法院根据所属辖区的区位特点及案件审理情况，在知识产权纠纷、环境纠纷、医疗纠纷等类型案件的集中管辖方面进行了诸多有益尝试。

从跨行政区划管辖来看，新中国成立之初，我国曾按照东北、西北、华东、中南、西南建立了跨省行政区划的五大区司法管辖体制，既破解了交通不便、经济不发达、不利于诉讼的难题，又凸显了司法的人民性。这种跨省行政区划的司法管理体制与司法管辖制度的创设，成为现今深化司法体制改革的优质资源。改革开放以来，跨区划管辖司法体制改革曾进行多方面探索，比如：探索建立林业、铁路、监所等去企业化、跨行政区划的司法管理体制，探索建立与省直管县市行政体制改革相匹配的司法管理体制和司法管辖制度，探索建立跨行政区划的专门检察院、法院管理体制和管辖制度，先后设立铁路、海事、知识产权等跨行政区划的专门司法机关，集中管辖相关类型案件。

总体上，我国的司法管辖制度是严格按照行政区划来设立的，地方法院的地域管辖也按照三大诉讼法的有关规定，严格限定于相应的行政区域之内。随着司法改革的不断深入，我国已形成了以行政区划司法管辖为主体、以跨行政

区划司法管辖为补充的司法管辖体系。

（二）新时期跨区划集中管辖的改革试点

2013年初，最高人民法院下发《关于开展行政案件相对集中管辖试点工作的通知》，在全国范围内拉开了新一轮行政案件集中管辖改革的序幕。2014年12月2日，中央全面深化改革领导小组第七次会议审议通过了《设立跨行政区划人民法院、人民检察院试点方案》，上海市和北京市按照方案设立了全国首批跨行政区划的检察院，改革迈出了实质性的一步。随后，2014年12月26日，北京市第四中级人民法院在北京市铁路局运输中级法院“加挂牌子”成立；2014年12月28日，上海市第三中级人民法院依托上海铁路运输中级法院成立。2015年，最高人民法院《关于审理环境民事公益诉讼案件适用法律若干问题的解释》中进一步明确环境民事公益诉讼案件可跨行政区划管辖。实践中，江苏、广东、山东等地也积极设立了跨区划的环境资源司法机构，最高人民法院还建立了巡回审判庭，并适当增加了管辖一般知识产权案件的基层法院数量。这些改革试点，为探索建立与行政区划适当分离的司法管辖制度提供了宝贵的经验。①

目前，司法实践中跨区划集中管辖主要存在两种模式：一是地域集中，即在一个地市级法院、检察院范围内，选定若干个基层单位作为集中管辖司法机关，集中管辖辖区内其他基层司法机关管辖的诉讼案件（如农林垦区司法机关、铁路司法机关、直辖市部分司法机关以及个别省份部分司法机关）；二是案件类型集中，即按照案件类型确定管辖检察院，将同类案件集中到相应检察院办理。当然，集中管辖最初也是地域集中，后来才出现案件类型集中管辖模式。具体到跨行政区划检察院管辖的案件类型，大多数按照类型进行列举式规定，且具备跨区划、大交通和特殊性的管辖特点，将其管辖范围主要限定在跨地区的重大刑事、行政、民商事案件范围以内。以上海、北京跨行政区划检察院的管辖为例，其重点办理跨地区的行政诉讼监督案件、重大民商事监督案件、重大职务犯罪案件、重大环境资源保护和重大食品药品安全刑事案件，保证国家法律正确统一实施。

就北京、上海等地的跨行政区划检察院试点改革实践来看，具体探索中还存在一些不容忽视的问题与不足，刑事案件管辖的制度设计目前存在受案范围较窄、未能完整体现四中全会的改革目标、管辖机制运转不顺畅等问题。②

---

① 马凤辰：《构建中国交通运输检察体制研究》，载《经济研究导刊》2015年第15期。

② 唐立、叶宁：《跨行政区划检察院刑事案件管辖的合理模式》，载《西南政法大学学报》2015年第6期。

三、跨区划集中管辖的探索与实践——以镇江市检察院“院处合一”改革为样本

（一）“院处合一”改革试点总体情况与实际成效

近年来，江苏省司法机关围绕保障生态文明和促进科技创新两项法治建设重点工作，对环境资源和知识产权刑事案件采取跨区划集中管辖的办案模式。其中，按照江苏省检察院改革部署要求，镇江市检察机关充分利用现有资源，在金山地区检察院以“院处合一”即内设机构改革为突破口，积极对全市资源环境类刑事案件和刑事执行检察案件跨区划集中管辖进行了有益的改革探索。

2013年6月5日，镇江市人大常委会审议通过《镇江市检察院关于成立镇江市金山地区检察院的议案》，决定批准设立镇江市金山地区人民检察院，作为市检察院的派出机构。金山地区检察院在全省率先开展“院处合一”改革，将镇江市院监所处和原湾山地区检察院的人员进行整合，成立正处级建制的金山地区检察院，检察长由市院副检察长担任。同时，核定金山地区检察院政法专项编制30名，设检察长1名，副检察长2名，专职检委会委员1名，内设部门负责人科级领导职数6名，其中检察长为正处级，一名副检察长为副处职，另一名副检察长为副处级，内设政治处、职务犯罪侦查和预防局、监所检察业务指导处和侦查监督公诉科等4个部门，部门负责人均为正科职，形成与监管单位级别对等的良性监督体制，切实解决了刑事执行检察工作体制不顺这一历史遗留问题。

1. 刑事执行检察跨区划集中管辖情况

根据市委和市人大批准，新设立的金山地区检察院实行与镇江市检察院执事执行处院处合一、合署办公的模式，实施扁平化管理，统一管辖全市刑事执行检察工作，履行对全市监狱、看守所、社区矫正等刑罚执行和监管活动的法律监督职能，直接负责对镇江市辖区内的句容监狱、镇江监狱、边城监狱、未成年犯管教所以及镇江市看守所等五个监管单位的检察监督职能，以及对司法机关开展社区矫正工作的检察监督职能，同时对各基层检察院刑事执行检察工作进行指导看守所检察业务工作。实现从市检察院监所处与派出刑事执行检察院的“纵向合一”，进一步创新推进到所有基层院的刑事执行检察职能全部归并入金山院的“横向合一”。

2. 资源环境类刑事案件跨区划集中管辖情况

2013年11月，江苏省高级人民法院、江苏省人民检察院联合制定下发《关于依法办理环境保护案件若干问题的实施意见》，提出“探索建立污染环境刑事、民事、行政案件的集中管辖制度，其中民事案件的范围不仅仅包括公

益诉讼。中级人民法院应当确定辖区内审判力量较强的部分基层人民法院集中管辖辖区内应当由基层人民法院受理的一审环境保护案件。省辖市人民检察院指定对应基层人民检察院集中管辖辖区内环境污染刑事案件的审查起诉和民事、行政案件的检察监督工作。”[①] 2014 年 3 月 18 日，镇江市中级法院、镇江市检察院会签《关于确定全市资源环境类刑事案件集中管辖工作的通知》，确定由丹阳市检察院管辖京口区、句容市、扬中市、开发区、“三山”景区的资源环境类刑事案件的审查起诉，并向丹阳市法院提起公诉；金山地区检察院管辖丹阳市、润州区（不含“三山”景区）、丹徒区的资源环境类刑事案件的审查起诉，并向京口区法院提起公诉。2015 年 11 月 1 日，镇江市中级法院、镇江市检察院再次会签《关于确定全市资源环境类刑事案件集中管辖工作的通知》，明确由金山地区检察院统一管辖全市范围内的资源环境类刑事案件的审查批准逮捕等侦查监督工作和审查起诉工作，京口区法院统一管辖全市范围内的资源环境类刑事案件的审判工作。根据规划，还将逐步实现将全市范围内环境资源案件的侦查监督和公诉职能及民事、行政审判监督职能全部由金山地区检察院集中行使，探索推进公益诉讼、支持起诉、督促起诉工作，并构建起常态化、规范化、一体化的环境资源司法保护机制。

3.“院处合一”改革试点取得的成效

第一，优化了职权配置，办案更加专业、规范。跨区划检察院改革，充分考虑了案件均衡、便利原则和办案能力等诸多因素，确保案件高效公正处理；显著拓宽了案件管辖范围，调动了检察干警的积极性。以金山地区检察院为例，跨区划检察院改革推动该院由刑事执行检察单一型的检察院向专业型检察院的转变，减少了司法资源闲置；有效整合了全市司法资源，在全市范围遴选多名具有办案经验的资深检察官，充实了金山地区检察院的办案力量，司法资源实现优化配置，提高了司法效率，节约了司法成本；显著改善了金山地区检察院的办公条件，推动该院的基础设施、信息化建设及刑事执行检察监督业务工作迈入全省先进行列；严格落实宽严相济刑事政策，积极探索恢复性司法，破坏土地、林木案件复垦率达 90% 以上，复耕农用地 300 余亩，复林 100 余亩。“跨行政区划检察院模式”被镇江市确定为 2015 年重点推进的司法改革项目，并荣获 2016 年镇江市政法工作改革创新一等奖；2014 年、2015 年，金山地区检察院连续两年被评为全省先进检察院。

---

① 参见《江苏省高级人民法院、江苏省人民检察院关于依法办理环境保护案件若干问题的实施意见》，载 http://jiangsu.sina.com.cn/city/csgz/2013-12-13/41371.html，最后访问时间：2016 年 10 月 16 日。

第二，统一了司法尺度，办案效率显著提高。在跨区划检察院改革过程中，镇江市检察院与镇江市中级法院等有关单位，先后会签了《关于办理非法捕捞水产品等犯罪案件工作座谈会纪要》《关于财产类判决履行情况与罪犯减刑、假释具体关联的讨论纪要》等多个规范性文件，构建起全市一体化、系统化、网络化的环境资源司法保护和刑事执行检察监督模式，有效化解了“地方化”对司法办案的消极影响，如案件分散办理、司法尺度不统一、司法附行政化色彩等。一方面，试点单位办案数量显著增加，共办理环境资源类案件 50 件 130 人，特别是 2015 年以来，金山地区检察院办理资源环境类刑事案件 30 件 85 人，受案数同比上升 138%。其中，办理了公安部挂牌督办的吴某某等 9 人污染环境案，江苏省公安厅挂牌督办的非法处置废矿物油案等一批严重破坏环境案件，有力打击了违法犯罪行为。另一方面，试点单位检察干警得到多岗位、多业务的工作实践和锻炼，全面提升了检察干警的司法专业化水平。

第三，工作机制得以完善，形成办案整体合力。借助跨区划检察院改革，联席会议、两法衔接机制、提前介入机制等不断健全，逐步形成了全市司法行政机关一体联动的合力打击刑事犯罪的平台。例如，金山地区检察院大力加强检务保障工作，将原位于偏远山村、借用监狱办公用房的检察院整体搬迁到镇江市区，并对办案设施全面进行信息化改造，刑事执行检察视频指挥监控中心，形成“一中心”“两平台”及“三室三库”格局，刑事执行检察信息化水平全国领先。及时发现并查处监管领域职务犯罪案件 6 件 6 人，集中办理了全省首例社区矫正管理人员受贿案，共纠正不当减刑提请 198 件，不当假释提请 72 件，监督收监执行 49 人，先后发现监管活动中不文明、不规范等问题 70 余个，发出书面纠正违法通知书和检察建议 20 多份，联合公安、法院，将不符合保外就医条件、多次收监未果的因职务犯罪被判处 10 年有期徒刑的王某收监执行，将保外就医后潜逃在外 4 年多的丹阳籍故意杀人犯姚某某从新疆抓获，在社会上引起强烈反响。

（二）“院处合一”改革的特点分析和问题梳理

1. “院处合一”改革的主要特点

第一，在管辖单位上，试点的是镇江市检察院的派出单位。金山地区检察院系镇江市检察院的派出院，虽然与其他辖市区检察院一样属于基层检察院，但没有相应的同级人大与其对应，其工作接受市级人大的监督，人员也由市级人大常委会任命。因此客观而言，金山地区检察院在很大程度上与一般的地方检察院不同，有着成为跨行政区划检察院的体制和机制优势，便于突破既有的以行政区划为基础设立检察院的制度安排。第二，在管辖模式上，金山地区检察院是以改造监所检察模式设立的跨区划集中管辖的专门检察院。第三，在管辖性质上，金山地区检察院统一管辖全市范围内的资源环境类刑事案件的审查逮捕和审查起诉工作，以及全市范围内的刑事执行检察工作，具备跨区划集中管辖的性质。第四，在案件类型上，管辖的案件类型具有一定的特殊性，即主要是资源环境案件和刑事执行检察监督案件。这两类案件都具有很强的专业性，具有一定的条线管理特征，特别是资源环境案件牵涉面广，易受地方保护的影响和制约，具备跨区划管辖的必要性。

2. 改革试点中面临的问题与困难

第一，合法性基础薄弱。现行《人民检察院组织法》关于派出检察院的规定并未囊括跨区划检察院，《刑事诉讼法》关于级别管辖和侦查终结的规定也限制了跨区划检察院刑事案件的管辖。目前更多依靠省高级法院和省检察院的管辖指定，以及市检察院和市中级法院会签文件予以确定，法律效力不高，程序不够规范。当前，江苏省检察院对于跨区划检察改革持审慎态度，要求非试点地区不要轻易推行跨区划检察改革，防止因工作模式不统一而各行其是。

第二，受案范围较窄。从改革试点的阶段性成果来看，金山地区检察院的管辖范围依然没有突破“市际”层面，且案件类型仅限于两类刑事案件，其中大多数案件并不属于真正意义上的跨区划案件，金山地区检察院尚未实现全市资源环境刑事、民事、行政检察监督职能与法院“三审合一”相对接。跨区划检察院对知识产权刑事案件只有审查起诉权，审查逮捕职能仍保留于各地方检察院，金山地区检察院与其他基层院沟通衔接还存在一些问题，导致法律监督的效果大打折扣。环境资源类案件管辖权几经周折，先后经过指定管辖、交叉管辖和相对集中管辖等方式，才最终实现跨区划检察院的集中管辖。

第三，办案水平有待提高。仅仅依靠跨行政区划的法院、检察院，尚难以实现消除司法地方保护主义的初衷，还需进一步完善配套机制。跨区划集中管辖后，法院、检察院受理案件数量激增，特别是员额制改革后，试点单位普遍面临案多人少、业务量大的难题。由于跨区划集中管辖的案件专业性强，加上全市检察机关发展不平衡，有的检察干警业务专业化程度不高，理论知识和实践经验不足，对办理案件缺少全局的把握，导致案件质量不高。一些检察干警法律监督意识不强，法律监督能力也有待进一步提升。此外，金山地区检察院开展同级监督的空间有限，仅能对一些程序性违法、执行活动等提出监督意见，需要借助市检察院或属地检察院推动“两法衔接”工作开展，造成监督格局上的不协调、不对等。

第四，诉讼便利性需要提升。办理跨区划集中管辖案件，相当程度地依赖行政执法活动，涉及到国土、农林、环保、水利等诸多部门的行政法律法规，刑事法律规定有的也不明确，司法实践中认识分歧点较多。金山地区检察院与对应的法院，由于各自认识不一致、定位侧重点存在差别，导致双方在具体案件处理中，在疑难问题认定、证据标准等方面分歧较多。比如，非法捕捞水产品犯罪关于禁渔期、禁渔区的规定是否需要明知？非法采矿犯罪矿产资源量原始状态很难掌握，如何认定数量？环境污染犯罪是结果犯还是行为犯？“处置行为”如何理解？有些犯罪的立案标准如何把握？[①] 甚至出现办案格局不对等、力量配置不均衡等问题，需要进一步协调解决。“院处合一”改革后，群众对集中管辖的了解很有限，检察机关跨区划集中管辖的社会传播度较低。同时，跨区划集中管辖可能对部分当事人参加诉讼活动产生一些不利影响，如诉讼的便利性下降、诉讼成本增加等，一定程度上影响司法效能的充分发挥。

四、深化跨区划集中管辖改革的路径分析

通过上述分析，特别是对“院处合一”改革实践的探索，笔者认为，特定类型案件跨区划集中管辖改革，应当根据十八届四中全会精神，总结分析近年来各地跨区划集中管辖改革的探索实践，吸纳和借鉴有益的改革经验做法，深入思考进一步完善跨区划集中管辖改革的可行路径。

（一）坚持审慎态度，切实遵循国情和司法规律

案件跨行政区划集中管辖牵一发而动全身，关系到司法改革大局，是维护司法公正、提高司法公信、完善诉讼体制机制的重要举措。首先，要确保正确政治方向，以更加有效地整合和优化配置司法资源，促进司法尺度统一，提升司法质量和效率，进一步提升案件办理专门化、管辖集中化、程序集约化、人员专业化为目标。其次，要充分认识案件跨区划集中管辖改革在司法改革战略布局中的重要性和紧迫性，坚持遵循我国国情和司法规律审慎推进。再次，跨区划集中管辖改革要充分吸取成功经验，比如，提级管辖、案件集中管辖等制度是司法管辖突破行政区划限制的有益探索，对于当前跨区划集中管辖改革具有重要借鉴价值。最后，应当加强顶层设计和统筹规划，由省级检察院牵头改革试点积累经验，各省辖市院和各基层院不得自行其是，以防造成案件司法管辖混乱。当前，新一轮司法体制改革正在向纵深发展，特定类型案件跨区划集中管辖，虽然是局部改革，但能够产生全局性的意义。特定类型案件跨区划集中管辖改革，作为国家治理体系的重要组成部分，直接反映并影响国家的整体法治进程。由于我国地区之间“政治经济发展不平衡现象比较突出，人口流

① 比如，盗伐林木罪的立案标准是2—5立方米，非法采矿罪的立案标准是10万—15万元；关于案件统一定罪标准，比如非法狩猎，苏北不少地方规定盗捕几十只青蛙就构成犯罪，镇江地区的构罪标准则统一为100只以上。

动也比较剧烈”[1] 以及各地区之间的地理环境等方面不同的影响，改革必须进一步强化改革试点的顶层设计，明确必要的方式方法，建立完善切实可行的程序和机制，从而为各地跨区划集中管辖改革提供实践样本。

（二）借鉴成功经验，合理规范设置管辖机关

在跨区划集中管辖改革中，跨行政区划法院、检察院的层级设置和地域设置亟待解决，这是由我国刑事案件地域管辖和级别管辖所要求的，要考虑地域特点、文化习惯、便民原则及诉讼成本的问题。首先必须坚持高效便民原则，合理划分司法机关的地域管辖范围。跨区划集中管辖是对司法资源进行重新配置，改变一些案件的司法管辖，必然会带来当事人的诉讼成本问题。[2] 以海事法院跨区域管辖改革为例，由于“跨区划管辖所管辖的地域范围太大，在实践中，既不方便当事人诉讼，也不便于法院行使管辖权”。[3] 为了实现“努力让人民群众在每一个司法案件中都能感受到公平正义”，[4] 跨区划集中管辖也应当考虑方便当事人诉讼，不能过度增加当事人的诉讼成本。其次，必须坚持统筹协调原则，跨区划集中管辖的地域划分必须合理得当、循序渐进。跨区划集中管辖的案件具有特殊性、重大影响性和跨区域性，案件的准入门槛比较高，级别设置不宜过低，设置的层级也不宜过多，否则可能导致案件管辖的重叠、人员机构的重设、政法编制增加，影响改革的效率。从司法改革的根本目标和具体改革方向看，跨区划检察院发挥最大改革效用的定位显然应当是建成跨省级区划管辖的检察院。但是，由于跨区划集中管辖改革还只是处在一个探索阶段，现在设立跨省级行政区划的检察院，易造成司法机关之间管辖权混乱。当前，专门检察院具有跨行政区划的体制和机制优势，但普遍存在案件少，编制、人员和场所闲置的问题，因此，按照科学、精简、高效和有利于实现司法公正的原则，采取整建制改造设立的制度设计和试点模式，有利于盘活资源，激发活力。我国正在推进省级以下各地方法院检察院人、财、物的统一管理，在省级地方内同步进行跨区划集中管辖改革，不仅能达到去司法地方化、行政化的目的，还便于对司法机关进行管理和监督。

---

① 赵兴洪：《司法区划基本问题研究》，载《西南农业大学学报》2012 年第 10 期。

② 段婕好：《探索设立跨行政区划的人民法院和人民检察院》，载《昆明学院学报》2015 年第 1 期。

③ 陈承帼：《海事案件管辖视角下的我国海事法院的撤并》，载《学术论坛》2007 年第 7 期。

④ 习近平：《努力让人民群众在每一个司法案件中都能感受到公平正义》，载 http://news.xinhuanet.com/politics/2013-02/24/c_114782198，最后访问时间：2016 年 9 月 5 日。

（三）突出价值取向，科学合理界定案件范围

跨行政区划集中管辖的核心目的是为了在办理特殊案件的过程中，通过转移管辖权，改变办案主体，最大限度地排除地方保护及行政干预，提高司法机关的公信力。因此，案件管辖范围如何界定等问题是跨区划检察改革首先需要明确的，也是进一步深化改革和可持续发展的重要工作。[①] 如果将所有跨地区发生的案件无差别地进行集中管辖，则不仅不能实现资源的最大化整合，反而会导致跨区划司法机关与属地司法机关出现交叉管辖的情形，模糊了普通案件与特殊案件的界限，失去了改革的应有意义。因此，跨区划集中管辖在明确案件管辖范围时，应严格把握标准，突出重点，凸显跨区划集中管辖的特殊价值取向。笔者认为，确定刑事案件管辖范围有三条基本指导原则：第一，以诉讼经济为原则，管辖设置应尽量减少讼累、节约司法成本。[②] 第二，以司法公正为原则，案件涉及的法益越重大则应当由公正性更强的司法机关进行管辖。[③] 第三，以司法专业化为原则，涉及专业性知识的特殊类型案件应尽量交由具备专业化司法人员的机关管辖。对于跨区划案件类型的选择，必须坚持去地方化、专业性、民生化导向。一是涉及公共利益，牵涉面广，社会关注度高，以及在办案过程中易受地方保护与干预的案件，减少指定异地管辖的随意性，如公益诉讼、重大行政案件、重大职务犯罪案件等；二是具有条线管理特征的案件，如以道路交通、航运、海运为基础的大交通案件，可进一步探索扩展到监狱、药监、质检、工商、国税、央行等垂管部门以及海事、邮政、金融等部门；三是侵犯知识产权、危害食品药品安全、环境资源类、金融类等涉及较多专门知识的专业性案件。

（四）优化资源配置，高效推进相关保障措施

一方面，必须加快推进省级以下司法机关人、财、物的统一管理，并建立健全相应的工作机制。司法机关的人、财、物长期由地方掌握和调配是造成司法地方化、行政化的重要原因之一，因此集中管辖的关键是司法机关的人、财、物的统一管理。目前，新一轮司法体制改革正在积极推动省级以下地方司法机关人、财、物统一管理，中央也出台了相关文件规定，将更多的专业性人才引入法官检察官队伍等。同时，要大力培养高素质、专业化的办理跨行政区

① 李睿杰、李笑楠：《跨行政区划检察院管辖“特殊案件”范围如何确定》，载《人民检察》2017 年第 1 期。

② Timothy L. Hall. The U. S. Legal System[M]. Pasadena: Salem Press, 2004: 391.

③ 林国贤、李春福：《刑事诉讼法论》，台北三民书局 2006 年版，第 55 页。

划案件的专门检察人才，上级检察机关要在培养专业化人才方面对跨区划检察院予以关注和倾斜，通过多种渠道对检察干警进行业务知识交流培训。跨区划检察院办理的特殊案件具有很强的行业性和专业性，要加大对具有金融、会计、计算机、法律、心理等一定专业背景的特殊人才引进和培养，并建立特殊案件办理人才库。另一方面，上级检察院要加强对跨区划集中管辖案件办理、跨区划集中管辖模式建设的指导，帮助跨区划检察院探索建立科学合理、规范高效、简便易行的跨行政区划检察工作办案机制，以及与各基层检察院之间建立高效、畅通的管辖移送和办案协作机制。跨区划检察院要与人大、法院、行政机关等建立沟通协调机制，统一思想，形成共识，在证据收集和把握上深入沟通研究，联合出台规范性文件，大力推进两法衔接工作，提高法律监督的能力。同时，要进一步健全跨区划集中管辖改革的制度配套支持，加强对案件的专业性研究，用先进的业务水平更好地履行监督职能。要不断改革司法管理体制，建立符合职业特点的司法人员管理制度，实行办案组织专业化、扁平化管理，严格控制内设机构数量，不断提升跨区划司法机关的权威性和影响力。

（五）推进立法完善，夯实改革进程的基础

司法改革的最终目的是全面推进依法治国方略的实现，因此，相关改革都应当在合宪、合法的前提下进行。[①] 跨区划集中管辖是司法管理体制和权力运行机制的重大变革，要避免相关改革名正言顺，必须首要解决改革的法律授权问题。当前，为顺利推进司法改革，满足司法实践需要，各级司法机关应充分利用现有的法律空间，不断推进案件跨区划集中管辖改革探索实践。但随着改革的深入进行，一些深层次的改革都会触碰到法律“天花板”。因此，实现立法和改革决策相衔接，做到重大改革于法有据、立法主动适应改革和经济社会发展需要显得十分必要。笔者认为，应当尽快启动相关法律的修改程序，明确跨区划集中管辖的法律地位，如通过修订《人民法院组织法》和《人民检察院组织法》，对相关条款进行修改、增添，将跨区划检察院的机关属性、组织结构予以单独规定，为设立跨区划检察院提供相关依据。同时，应将跨区划集中管辖的案件类型在《刑事诉讼法》中予以明确，赋予其受案范围以法律效力。

---

① 唐立、叶宁：《跨行政区划检察院刑事案件管辖的合理模式》，载《西南政法大学学报》2015 年第 6 期。

论检察委员会司法责任的承担与决策监督机制的完善

洪运华　李诗灿*

检察委员会，简称检委会，是检察机关的最高业务决策机构。长期以来，检委会通过发挥民主集中制的作用，集中检委会委员集体的智慧，在研究和解决检察机关办理的重大、疑难、复杂案件等方面，发挥着不可替代的重要作用。检委会制度的核心价值在于，将民主集中制引入检察机关领导体制和议事程序，形成对检察长负责制的有效制约和补充。[①] 但是，不可否认，由于司法办案责任制规定不明确和现行检委会运行、决策和监督机制本身存在的问题，造成因为检委会的集体责任而难以追究个人责任等弊端。这不仅不利于司法公正，甚至影响到检察机关自身的执法公信力。

一、检察机关实行司法责任制改革的必要性

随着社会的发展和法治的进步，人们的法制意识不断提高。作为国家法律监督机关的人民检察院，是法律和社会公平正义的守护神。检察机关自身的执法公正，对于整个社会的法治文明进步起着举足轻重的作用。正因为传统办案模式存在着诸多弊端，以审判为中心的诉讼制度改革，是抑制刑事冤假错案的有效路径。[②] 同时，需要一场更为深刻、影响全面的司法责任制改革。"实行办案责任终身负责制和错案责任倒查问责制，确保案件处理经得起法律和历史

* 洪运华，建瓯市人民检察院检察长，福建省首批检察理论研究骨干；李诗灿，建瓯市人民检察院研究室主任，福建省首批检察理论研究骨干，福建省第二批检察业务专家。

① 李领臣：《双重属性平衡下的检委会改革》，载《人民检察》2015 年第 24 期。

② 周平：《遏制刑事"冤假错案"顶层设计的法治思考》，载《中国刑事法杂志》2013 年第 10 期。

的检验。”①

《关于完善人民检察院司法责任制的若干意见》（以下简称《司法责任制意见》）为完善人民检察院司法责任制确定的目标是：健全司法办案组织，科学界定内部司法办案权限，完善司法办案责任体系，构建公正高效的检察权运行机制和公平合理的司法责任认定、追究机制，做到谁办案谁负责，谁决定谁负责。因此，推行检察官办案责任制，真正落实“谁办案，谁决定，谁负责”，就有必要进行合理分权，明确不同责任主体的职责权限范围，以便于明晰各自的责任和追究司法责任。

而作为检察机关最高业务决策机构的检委会，是落实司法责任制，实现集体民主集中、科学决策与合理区分集体责任和个人责任不可缺少的重要一环。

二、现行检察委员会制度在落实司法责任制改革中存在的问题及其分析

（一）检委会执法过错责任难以落实

1. 检委会与检察长决定案件的职责存在交叉，责任难以厘清

从实践层面看，由于各地办理的案件差异很大，造成检察长和检委会职责不清、职责混同的现象比较严重。例如，个别小的检察院，由于案件少，连不批捕案件都提交检委会审议决定；而大的检察院，由于案多人少任务重，则需要合理分权和科学决策。

从制度层面看，现有法律法规和司法文件并没有对检察长和检委会的职责进行具体区分。以不起诉权为例，修改后的刑事诉讼法规定，检察长和检察委员会都有三类不起诉的决定权。除了将原来属于检察长决定权的绝对不起诉权扩权给检察委员会外，将原来只属于检委会决定权的存疑不起诉权和相对不起诉权下放给检察长，检察长因此可以决定三类不起诉。这样规定的目的本来是为了确保案件质量和提高诉讼效率，但是由于怕担责等原因，在司法实践中许多地方检察长并不敢不经检委会而承担这两项职责，甚至对原来属于检察长职责的绝对不起诉决定权也从来不敢单独行使。

这样，就容易造成本来不属于检委会决定的案件或者达不到议题要求的案件，因为检察长的提请审议决定权而提交到检委会审议决定。而检委会改革要求厘清办案责任、提高检委会审议案件的质量和效率，必然要对提交检委会审议案件的范围和条件进行适当的限制。两者存在不可避免的矛盾。

① 朱孝清：《试论错案责任》，载《人民检察》2015年第16期。原文录自党的十八届四中全会通过的《中共中央关于全面推进依法治国若干重大问题的决定》。

2. 检委会决策的集体责任造成难以追究个人责任

从理论上讲，检委会必须对其自身的决定负责，自然应该对其决策失误造成的错案和执法过错承担责任。但是由于检委会的决策是以全体检委会委员的过半数同意的意见形成的集体决定，通常能够呈现的只是集体责任。虽然《检察人员执法过错责任追究条例》对执法过错责任的分配和承担有所规定，但是由于错案标准不明确，而提交检委会审议案件的承办人、承办部门等没有决定权，而多数检委会委员因为缺乏亲历性往往对案情不熟悉，这就出现"审者不定，定者不审"的怪现象。由于涉及人员多，详细区分不同人员的责任比较难，且内部监督制约又缺乏执法执纪的刚性，导致在司法实践中无法严格落实检委会错案责任制。因此，在现行的检委会错案责任追究制中，往往因为是集体责任而无法追究个人责任。

检委会决策的集体责任造成难以追究个人责任。一方面，会使得有关个人因为怕承担责任而上交矛盾，将不属于检委会办案职责的案件提交检委会审议，增加检委会不必要的负担，检委会实质上成为检察官逃避责任的"避风港"；另一方面，有人可能会利用检委会的集体责任，故意出入人罪或者变相、降格处理，制造冤、假、错案。其结果是使检委会议案的作用得不到有效发挥，反而容易成为个人推卸司法责任的"借口"和包容司法腐败的"保护伞"。

3. 错案责任追究还没有形成常态化

长期以来，大多数检察机关案多人少的矛盾相对集中，造成检察机关工作人员疲于奔命和应付消化，因此办理和消化案件往往成为检察机关工作的主流，反而轻视错案责任和执法过错责任的落实。而且，由于对错案的认定标准尚未统一认识,[①] 客观上也造成错案责任落实难。

由于查处检委会和相关人员的错案责任和执法过错责任，不仅伤及事发检察机关的形象，还有可能因为一票否决权而剥夺如"文明单位"和"文明奖"等集体荣誉和个人福利。因而对于涉及检察机关的错案和其他执法过错的控告、申诉等，很多检察院往往总是能推则推、能瞒则瞒，导致无论是错案责任还是其他执法过错责任，真正被监督追责者的毕竟只是极少数个别人员。

此外，由于时间、精力和人员不足等原因，许多检察院纪检监察部门并没有认真地将错案和执法过错责任追究工作纳入日常工作的范畴。

① 参见王守安、葛琳：《2015 年检察理论研究回顾与展望》，载《人民检察》2016 年第 3 期。

（二）检委会决策机制存在的问题

1. 检委会决策程序设置不够科学

《人民检察院检察委员会议事和工作规则》（以下简称《检委会规则》）第16条规定检委会审议议题的程序：“（一）承办部门、承办人员汇报；（二）检察委员会委员提问、讨论；（三）会议主持人发布个人意见、总结讨论情况；（四）表决并作出决定。”这种所谓的程序设置，没有对议事和议案进行区分，对于检委会审议案件来说，程序显然过于笼统，且至今没有专门的《检察委员会审议案件程序规定》，不利于有效发挥检委会决策机制的作用。

（1）缺乏利害关系部门人员列席发表意见的异议程序和检委会委员提前发表不同意见的异议程序。《检委会规则》对检委会审议议题的程序虽然规定了承办部门、承办人员汇报的程序。但却没有考虑到，如果提交检委会的案件曾是自侦部门侦查的案件或者是侦查监督部门批准（或决定）逮捕的案件，一旦对案件可能的处理结果存在分歧的，没有原先案件承办部门人员列席检委会，有可能不利于查清事实、分清是非。

（2）缺乏对异议的调查程序。对于承办检察官或者承办部门的汇报意见，有可能与原案件办理部门对案件的处理结果和诉讼目的相悖。因此，无论是原案件办理部门人员或检委会办事机构负责案件审查的人员，还是专委或其他检委会委员，对案件存在不同意见是正常的。而《检委会规则》没有专门规定异议和调查程序。现行检委会制度最大的问题之一，就是对异议和不同意见缺乏足够的重视。

（3）缺乏疑难复杂问题的辩论程序。在检委会研究案件过程中，往往注重发言顺序一次性发表意见，而忽视疑难复杂问题的解决，这就容易造成本来可以事先解决的问题被拖延解决或者不去解决。这样，就会因为出发点不同或所持的立场观点不同，而影响到不同问题的认定和解决，甚至影响到案件的最后处理结果。

（4）缺乏对表决无效的救济程序。《检委会规则》第20条、第21条虽然规定了“认为不需要检察委员会作出决定的，可以责成承办部门处理”“需要进一步研究的，可以责成承办部门补充进行相关工作后，再提请检察委员会审议”和“委员意见分歧较大的，会议主持人可以决定暂不作出决定，另行审议”三种不交付表决的情况。但实践中上会案件基本上都交付表决，甚至以统计不同意见作为表决的基础，这就导致出现表决无效情况不再是偶然现象。而《检委会规则》对检委会表决没有达到全体委员过半数同意而造成表决无效的情况，没有提供有效的救济程序。

2. 检委会运行责任监督不够有力

（1）对上会议题和检察长的提请审议决定权缺少有效制约。一方面，检委会办事机构对上会议题没有实质审查权。根据《检委会规则》第10条和第12条的规定，对上会案件只要分管副检察长审核后报检察长决定即可，检委会办事机构只是事后审查且无否决权。这就会造成检委会办事机构对议题的审查把关作用被虚置或架空，起不到应有的监督制约作用。另一方面，《人民检察院检察委员会议题标准（试行）》第3条规定的案件议题标准，由于规定不够明确，实践中颇受争议，加上一些不规范的操作，使得检委会审议案件的范围和权力有可能被虚置。

（2）对检委会委员的议案责任和议事责任没有严格区分。现有的检委会审议案件运行机制将“议案”和“议事”混为一谈，忽视议案是检委会落实办案责任制的具体体现。审议模式的一元化难以适应议题的二元化。过去，检委会往往强调民主集中制，强调票决，忽视具体案件本身的实体正义和程序正义。不仅对检委会委员发表意见，少认真对待，多宽容迁就。

（3）检委会委员履行职责缺乏有效的制度约束。由于长期以来形成的办案习惯，一些检委会委员缺乏审慎和负责任的态度以认真对待检委会审议的案件。特别是缺乏考评问责机制和强有力的监督，仅靠委员个人的自觉，从制度层面则难以保证检委会委员客观、公正地履行职责。

三、检委会司法责任的承担和检委会决策机制的完善

（一）检委会司法责任的承担

1. 应当结合司法责任制改革的要求，明确检委会、检察长等不同办案主体的职责范围

《司法责任制意见》在“明确检察人员职责权限”部分，已经对检察长、副检察长、检委会专职委员、检察官、主任检察官、业务部门负责人、检察官助理等的职责作了比较明确的规定，限于篇幅不再累赘。其中明确，副检察长、检委会专职委员受检察长的委托，可以履行部分属于检察长的职责，这都是可喜的进步。

但是，由于新一轮检委会改革的文件没有系统面世，《司法责任制意见》显然为此留有余地，除了规定检委会讨论的案件主要是重大、疑难、复杂案件等三类案件外，并没有详细规定检委会审议案件的具体类型。值得注意的是：

（1）独任检察官、主任检察官等的办案权力应当引起关注

首先，对于授权由独任检察官和办案组负责人即主任检察官决定的案件类型及其权限范围，应当进行尽快明确，防止虚置和弱化。深化检委会改革，建

立健全办案责任制，要按照司法规律定位检察官和检委会的关系。[①] 笔者认为，独任检察官和主任检察官，主要是行使对所授权部分职责范围内的案件的批准逮捕决定权和提起公诉决定权。以基层检察院起诉权为例，独任检察官主要决定案情简单、犯罪数额较大的轻微刑事案件的起诉；主任检察官则主要是决定案情重大、复杂、疑难案件的起诉权。而对于检察官办案组存在严重分歧的案件，主任检察官可以通过征询和参考检察官联席会议的意见作出决定；也可以报请分管副检察长决定。对于涉及不起诉的案件，则应当报请检察长或检委会决定。对于前文涉及有关不起诉案件决定权问题，原则上案情相对简单的案件或者意见高度一致，检察长认同处理意见的案件，由检察长决定；案情重大、复杂、疑难的，报检委会审议决定。

对于不属于他们职权范围的案件，应当依照程序报经分管副检察长、检察长或检委会决定。笔者认为，涉及不批准逮捕的案件，应当报经检察长决定。公安机关不服不批捕决定提请复议的案件，应当提交检委会审议决定。其他案件，除抗诉等法律法规要求报检委会决定之外，由检察长决定或检察长委托分管副检察长决定。

其次，对于《司法责任制意见》规定检察官可以就承办的案件提出提请检委会讨论请求问题，应该作适当限制。主要限于：存在严重分歧的重大、疑难、复杂案件，主任检察官不同意分管副检察长的处理意见的；或者检察官办案组意见一致，与分管副检察长存在不同意见，且分管副检察长不愿意报请检察长决定提请检委会审议的。

当然，用好检察长决定权，是防止不负责任向检委会上交矛盾的关键。

（2）应当结合检委会改革的要求，合理划分检察长和检委会的职责权限

应当尽可能明确检委会审议的案件类型。目前对于有关应当提交检委会的案件，散见于不同的法律法规和司法文件，亟待进行统一和规范。考虑到重大、疑难、复杂案件和可能影响其他执法司法机关判决、裁定、决定的诉讼监督案件等的特殊性，笔者认为，提交检委会审议的案件，应当包括以下几类：一是存在严重分歧的重大、复杂、疑难案件；二是提出抗诉、提请抗诉、建议提请抗诉等涉及对法院进行审判监督的案件；三是复议、提请复议、提请复核、刑事赔偿、终结信访、报请核准追诉等涉及非经审判的具体案件处理结果的案件；四是其他依法应当提交检委会审议的案件。

由于主任检察官、分管副检察长、检察长、检委会均有权对重大、复杂、

---

① 周理松、沈红波：《办案责任制改革背景下检察委员会与检察官关系的定位》，载《人民检察》2015 年第 16 期。

疑难案件行使起诉决定权，他们除了行使不起诉权的差别之外，对何为重大、疑难、复杂，我们应有更深层次的理解认知，以便进行合理划分决策主体。例如，最早试行主任检察官制度改革的上海闵行区检察院，确立了按照风险等级由承办检察官、主任检察官、分管副检察长分级决策的制度。[①] 因此，有必要从多方面、多角度去考虑确定检委会审议的重大、疑难、复杂案件的范围。

2. 合理确定检委会承担集体责任的范围，同时不能免除个人的责任

（1）明确提交检委会审议的案件，被发现执法过错或发生错案，有责任的个人应当承担责任

破解检委会集体责任成为司法腐败“保护伞”，避免检委会成为检察官逃避责任的“避风港”[②] 的有效办法，应是在明确检委会集体责任的同时，强调负有责任的个人应当承担司法责任。《司法责任制意见》明确检察人员应当在职责范围内对案件质量终身负责，即办案质量终身负责制。还明确了司法责任包括故意违反法律法规责任、重大过失责任和监督管理责任。

对此，笔者认为，在修改《人民检察院组织法》或《检察官法》时，应当明确规定司法责任制和职责范围内的办案质量终身负责制；明确规定检委会对其错误决定的案件应当承担集体责任和承担责任的形式；同时明确对错案或执法过错负有责任的个人，应当承担相应的司法责任。只有将其上升到法律层面，增强权威性，明确错案责任不因检委会的集体责任而免除个人责任，才能够真正为落实司法责任制和追究司法责任提供法律保障。

当然，目前很有必要明确错案标准。这是方便错案认定和对错案责任进行调查和追究的前提。对于错案标准，笔者认为，对外要坚持客观说，检察院必须对外承担责任；而对于检委会委员等个人责任，则应当坚持主客观相统一说，来确定和追究检委会委员、承办检察官等相关个人的责任。笔者赞成，考虑到现实可行性，应只对终结性的决定、后果严重的结果适用错案追究。[③]

（2）检委会对错案承担的责任

原则上，由检委会研究决定导致错案发生的，检委会应当承担错案责任。虽然《司法责任制意见》明确规定，检察官向检委会汇报案件时，故意隐瞒、

---

① 潘祖全：《独任检察官制度创新——以上海市闵行区人民检察院的试点为例》，载《人民检察》2016 年第 6 期。该院在主任检察官制度探索期间，制定施行《审查逮捕、起诉案件质量风险评估控制办法（试行）》，将二级以下风险、三级以下风险、四级以下风险的案件，分别交由承办检察官、主任检察官、分管副检察长决定。

② 周理松、沈红波：《办案责任制改革背景下检察委员会与检察官关系的定位》，载《人民检察》2015 年第 16 期。

③ 王磊：《错案责任追究制的整体性构建》，载《人民检察》2016 年第 10 期。

歪曲事实，遗漏重要事实、证据或情节，导致检委会作出错误决定的，由检察官承担责任。但是，只要错案产生并经合法确认，检委会或者说检察院仍然必须对外承担责任。而检委会的集体责任，在必要的时候，还关系到作为检委会召集人的检察长的个人责任。

同理，一旦出现《司法责任制意见》第33条规定的检察人员司法责任豁免的情形，只要该案是检委会决定导致错案的，笔者赞成，应当由检委会或相应的司法办案机关（检察院）来承担责任，否则会导致发生错案却没有追责或者没有主体来承担责任的问题。[①]

（3）相关个人对错案责任的承担

①承办检察官的错案责任承担问题

《司法责任制意见》明确规定，检察官向检委会汇报案件时，故意隐瞒、歪曲事实，遗漏重要事实、证据或情节，导致检委会作出错误决定的，由检察官承担责任。但是同时规定，承办检察官的正确意见被改变造成错案的，承办检察官不承担责任。但需要注意以下两点：

一是要改变实践中对于承办检察官的错误处理意见被检委会纠正的，几乎没有被追究错案或执法过错责任的情况。例如，认为事实不清、证据不足，要求存疑不起诉；或者认为不构成犯罪，处理意见被检委会改变决定起诉，并均经法院作出有罪判决的。笔者认为，应当根据承办检察官的主观过失程度，来决定其所应承担的司法责任。

二是为了防止承办检察官成为上级的“附庸”和“代言人”，有必要加大对承办检察官的错案或执法过错的追责力度。虽然规定承办检察官对事实和证据负责，但是根据其所认定的主要事实和证据或者根据所推导的案件处理意见，虽然被主任检察官、分管副检察长或检察长乃至检委会认可，而最后被证明是错误的，承办检察官应当承担主要责任，但是被胁迫或者相互勾结的除外。

②主任检察官、分管副检察长、检察长错案责任问题

主任检察官、分管副检察长、检察长作为承办检察官时，对自己有权决定的案件造成错案的，承担故意违反法律或者重大过失的错案责任；对于自己承办而无权作出决定的案件，其所应承担的错案责任类同上述承办检察官的责任。

对于主任检察官、分管副检察长、检察长在自己职责范围内决定他人办理

① 刘春雷、杨凯：《错案认定标准及责任承担方式应予完善》，载《人民检察》2016年第6期。

的案件，严重不负责任造成错案的，主任检察官、分管副检察长、检察长应当承担重大过失的错案责任。但是，承办检察官在汇报案件时，故意隐瞒、歪曲事实，遗漏重要事实、证据或情节，导致其作出错误决定的除外。

主任检察官、分管检察长、检察长对提交上级或检委会审议的案件，没有徇私枉法，已尽到足够的谨慎，其正确的审核意见没有被采纳造成错案的，不承担个人责任。相反，其错误意见被采纳造成错案的，应当根据各自的过错程度承担重大过失的错案责任或监督管理的错案责任，但是没有故意或过失的，不承担司法责任。如果有证据表明，主任检察官、分管副检察长、检察长贪污受贿，徇私枉法，指使、胁迫承办检察官或下级制造冤假错案的，则应承担故意违反法律的错案责任。

③检委会委员的错案责任问题

笔者认为，对于议案而言，检委会委员既有权参与检委会讨论决定案件，同时要受义务约束并承担责任。否则，检委会委员就有可能不负责任地发表意见。首先，检委会委员对参与审议的案件，不认真了解案情和有关理论和法律问题，不负责任发表意见的，对检委会错案负有责任的，应当承担重大过失或故意违反法律的错案责任；相反，对参与审议的案件，没有徇私枉法，已尽到足够的谨慎，没有故意或过失的，不承担司法责任。如果有证据表明，检委会委员受到利益诱导，贪污受贿，徇私枉法，参与制造冤假错案的，则应承担故意违反法律的错案责任。

（4）检委会和个人各自承担责任的形式

检委会承担错案责任的形式包括：①纠正责任。即以检察院的名义对错案如错误起诉等给当事人所带来的实体和程序的直接不利后果表明态度并进行纠正。如撤回起诉、撤销案件、释放犯罪嫌疑人或被告人等。②民事责任。即对给当事人所带来的实体和程序的直接不利后果以外的其他不利后果和消极影响进行平复和消除。如决定返还财产、为犯罪嫌疑人或被告人正名、建议撤销处分、消除影响、恢复名誉等。③经济责任。对因为错案或执法过错给当事人或其家属造成经济损失的，应当进行经济赔偿。

有观点认为，检察官司法责任体系存在三个层次：案件质量瑕疵的经济责任、违法违规行为的行政责任和违法滥权行为的刑事责任。[①] 其合理性有待商榷。笔者认为，个人承担错案责任的形式包括：①纠正责任。根据上级的决定，在职责范围内对错案进行纠正或配合纠正。笔者赞成，为保证检察官依法

① 张梁：《检察官司法责任层次划分与追责机制完善》，载《人民检察》2016 年第 3 期。

正确履行职权，应当建立检察官职务豁免制度。“非因故意或重大过失，即便在事实认定和法律适用中有所偏差而导致司法决策发生失误，也不应使检察官承担民事、刑事上的责任。”[①]“不得将检察官对事实和法律的正常认识偏差作为追究责任的依据，否则将限制检察官独立思考和判断。”[②] ②经济责任。对于错案发生负有重要责任的直接责任人员，应当承担相应的赔偿责任。即使以检委会集体责任的形式由所在检察院履行了相应的赔偿责任，检察院仍然有权向相关责任人进行追偿。③惩戒责任。对于包括检委会委员在内的有关个人应当承担错案责任的，应当根据其过程程度，由有权部门决定对其追究纪律责任、行政责任或法律责任。

3. 建立追究司法责任的常态机制

（1）突出人民检察院纪检监察部门和检察官惩戒委员会作为调查和追究司法责任主体的地位作用

一方面，《司法责任制意见》明确了各级纪检监察部门对检察人员违法违纪行为和司法过错行为的调查核实权和对发生司法责任事件相关检察人员是否应当追究司法责任的调查核实权，处理建议权和举证责任，报请（检察长决定）移送（省级检察官惩戒委员会审议）权，纪律处分权和犯罪线索移送权等；另一方面，《司法责任制意见》同时明确了专设省级检察院的检察官惩戒委员会对检察人员司法责任案件的审议权、对其是否承担责任的确认权和在担责情况下的惩戒处分建议权。当然，与之同等重要的是，要通过科学的制度设计，确保被惩戒人的陈述、抗辩和申诉权。[③] 笔者认为，在司法改革尚未形成有效机制的情况下，应当慎用所谓的“一票否决权”，应当按照有关规定，严格追究相关人员故意违反法律责任、重大过失责任和监督管理责任。不应将个人责任捆绑集体责任，甚至影响到干警的集体福利。

（2）畅通渠道，自觉接受社会和当事人的控告、申诉和举报

应当畅通当事人或其近亲属、辩护人或其他诉讼代理人，以及其他单位或群众对检察人员违法违纪行为、司法过错行为，发生司法责任事件，以及所应

① 蒋鹏飞：《浅析美国检察官的豁免权》，载《中国检察官》2014 年第 1 期；莫丽华：《美国检察官豁免制度与启示》，载《人民检察》2016 年第 1 期。

② 周理松、沈红波：《办案责任制改革背景下检察委员会与检察官关系的定位》，载《人民检察》2015 年第 16 期。

③ 参见莫丽华：《美国检察官豁免制度与启示》，载《人民检察》2016 年第 1 期。该文认为，法律应当对惩戒的事由作出更加全面详细且符合司法特点的规定，惩戒手段也应当符合法律职业特色，通过严密、详尽、操作性强的程序设计，以保证被惩戒人的陈述、抗辩和申诉等权利。

承担的故意违反法律法规责任、重大过失责任和监督管理责任的举报渠道。各级检察机关控申部门应当对涉及检察人员的举报进行专门登记，并按照管辖权限按照程序进行分流。对于属于本院受理的，应当移送纪检监察部门；对于不属于本院受理的，应当将有关处理情况同时抄报本院相关部门。通过建立专门登记制度和流程监控制度，不仅加强办理，防止敷衍塞责；同时，方便备查、检查和责任倒查。

（3）加强对检察人员司法责任案件的查处

首先，要坚持不遮掩、不袒护，坚持公平正义和维护司法公信力，建立严格的司法责任制和刚性的检察人员责任范围内的错案责任追究制。遇到涉及检察人员司法责任控告、申诉、举报，要按照有关规定坚决进行查处。对错案责任和执法过错责任应当进行严格区分，执法过错一般不追究刑事责任；只有造成刑事错案才有可能被追究刑事责任。同时，要尝试建立追究有查处责任而不履行查处职责人员所应承担的责任的经常性倒查责任机制。其次，要将查处司法腐败、司法责任与抑制内部监督的所谓的考核“一票否决权”和影响检察人员的福利脱钩。许多司法腐败，检察机关内部多数人员不知道，或者知道无权干涉，一旦举报甚至可能遭受打击报复。对于司法腐败和司法责任案件，应当正本清源，查清事情经过，除追究直接责任人员的责任外，还要追究有关领导的监督过失或滥用权力责任。这样才有可能通过内部监督抑制司法腐败。再次，对涉及检察人员司法责任的查处，为克服长期以来内部监督的“软肋”，除非是轻微违法违纪行为不需要追究司法责任之外，原则上应当坚持本地回避原则，坚持以上级查办或上级指定异地查办为主，本地检察机关纪检监察部门配合为辅的原则。最后，要为检察机关纪检监察部门追究司法责任提供必要的物质条件，又要支持他们依法履职提高必要的人力和物力支持。在人力不够时，可以申请必要的办案力量予以支持。

（二）对检委会决策、监督制度的完善思考

1. 对检委会决策程序的完善思考

应当尽早改变检委会议案和议事混为一谈的局面，尽快确立比较完整的议案程序和决策机制，严格落实司法责任制。改造检委会运行机制的重点是去行政化，使其运行的全过程符合司法决策的客观规律。[①] 因此，落实司法责任制，迫使检察机关必须对现行检委会议案的模式进行改造，既要保证办案质量

---

① 张毅、王中开：《论检察委员会的去行政化》，载《法学杂志》2008 年第 4 期；李领臣：《双重属性平衡下的检委会改革》，载《人民检察》2015 年第 24 期。

不出问题，又要将办案责任落实到办案者本人。[①] 而议案必须采取准司法化的审议模式。[②]

笔者认为，检委会的决策机制应当包括：案件汇报程序（由承办部门、承办人员汇报）；异议程序（原案件承办部门等利害关系部门人员、检委会办事机构工作人员、检委会专职委员、委员可以提出异议）；调查程序（检委会委员等可以就不明白或异议的问题进行提问和调查）；讨论和辩论程序（检委会委员根据发言顺序发表意见，期间持不同意见的相对方可以就有关疑难复杂问题展开辩论）；表决程序（就案件的处理结果进行表决）及表决无效的救济程序。其中异议程序、调查程序、辩论程序和救济程序都不是所有案件的必经程序。下面，笔者就建议设立的这些新增程序进行阐述。

（1）异议程序

应当确立专门的异议程序。首先，保证原案件承办部门（组织）、人员列席检委会并对可能存在不同处理结果的案件发表意见的权利。不同的案件办理部门分别履行不同阶段的诉讼任务，其保证刑事诉讼顺利进行的目的是一致的，但同时又有相互制约的职能。这决定了利害关系部门人员列席检委会并发表意见的必要性。其次，原案件承办部门（组织）、人员列席提出异议和发表意见具有重大意义。没有机会列席检委会、参与对可能存在不同处理结果的案件的研究，则不能够充分发表自己对案件事实、证据、定性、适用法律等不同看法，则不利于查明事实，分清是非，引导案件处理走向正确的方向。同理，检委会办事机构工作人员、检委会委员、专委均有权提出异议，否则不利于检委会决策。再次，原案件承办部门（组织）、人员的发言顺序，应当在现在案件承办部门（组织）、人员之后专委发言之前进行。涉及两个原案件承办部门（组织）的，则按照原办案的先后顺序进行。每个承办部门都按照职务由低到高发言。

（2）调查程序

应当建立专门的调查程序。首先，应当明确异议的主体。明确院案件办理部门承办检察官或主任检察官、检委会办事机构负责案件审查的人员、检委会专职委员、委员均有权提出异议。对于属于公安机关立案侦查的案件，必要的时候，可以邀请公安机关相关人员到场列席，提出异议并说明情况。其次，应当明确异议和调查的范围。对于案件事实认定、证据采信、案件定性、法律适

① 杜颖：《省级以下检察院检委会议案范围实证研究》，载《人民检察》2015年第15期。

② 李领臣：《双重属性平衡下的检委会改革》，载《人民检察》2015年第24期。

用等存在分歧的，上述主体有权提出异议。再次，应当围绕主要疑难复杂问题或主要分歧进行，并注重效率和公平。值得一提的是，司法过程是判断事实、适用法律的过程，司法的功能是探究案件的是非曲直，司法人员的独立性要求“除了法律没有上司”，其只能根据自己对事实的把握和对法律的理解作出判断。[①]

（3）辩论程序

应当建立专门的辩论程序，与检委会委员等发表意见的讨论程序结合在一起，称“讨论和辩论程序”。就事实认定、证据采信、法理依据、案件定性、法律适用等存在分歧的疑难复杂问题，应当允许前后案件承办部门人员相互之间、他们和检委会委员之间，以及检委会委员相互之间进行辩论，通过辩论展露不同的观点和意见，从而进一步分清是非，以利于检委会委员的正确表决。当然，这类似于法庭调查，在辩论中间还可以针对尚不清楚的有关事实、证据等问题进行必要的调查。异议、调查和辩论程序虽然不是检委会审议案件的必经程序，但是设置这些程序的目的，在于及时纠正事实认定、证据采信、法理依据、案件定性、法律适用等方面存在的错误，确保检委会决策的科学性。

（4）救济程序

检委会审议案件应多考虑增强委员对案件材料的亲历性和决策的透明度，除非适用不交付表决或需要再行审议，在正常表决程序之外，应当建立检委会表决无效的救济程序。第一种途经，首先应当在检委会的范围内寻求救济。即如果存在非因回避而没有参会的委员，可以会外征询其意见。只要达到全体委员的过半数，就按照过半数的意见执行。如果均未达到过半数，则寻求第二种途径；第二种途经，应当以向上级请示案件的方式寻求救济。即通过案件管理系统，向上一级检察院请示，由上级院检委会讨论决定。上级院检委会讨论能够形成决定的，由请示的下级检察院检委会按照该决定执行；若上级院检委会不能形成决定或者上级院不予受理的，将案件退回请示的下级检察院，则寻求第三种救济途径；第三种途经，即在检委会之外，采取以检察长决定的方式进行救济。由检察长根据案件具体情况作出决定或者授权他人以其他方式审查后由检察长作出决定。笔者认为，在表决无效、无法寻求前两种救济的情况下，应当赋予检察长最终决定案件的权力。

2. 对检委会决策责任监督的完善思考

（1）对检察长决定提交检委会审议的案件的范围和要求进行必要和适当

① 尹伊君等：《检察机关办案组织内部职权配置研究》，载《人民检察》2016年第5期。

的限制

有人结合《检委会规则》第3条通过论证提出，要通过设计一个层级不同的案件范围，建立起涵盖“应当提请检委会决定案件—有重大社会影响案件—有重大意见分歧案件”在内的检委会议案范围体系，[①] 很有借鉴意义。但笔者认为，限于人力物力和目前检委会的条件，对于全案事实不清、证据不足且对处理意见没有争议的拟不起诉案件；对于非法定必须提交检委会审议，承办检察官、检察官办案组或分管副检察长意见高度一致，且检察长认同处理意见的案件，不宜提交检委会审议。但是，应当另寻渠道加强对此类案件的监督。此外，应当明确检察长虽然形式上有权决定将案件提交检委会审议，但为防止误导检委会委员，检察长不对案件发表具体处理意见。值得一提的是，对于提交检委会审查的案件，无论是否涉及部分人起诉部分人不诉，检委会有权对全案进行审查，并对全案事实、案件定性、适用法律和对犯罪嫌疑人的处理意见作出决定，不得以任何理由限制检委会正当行使职权。

（2）将议案与议事所应承担的责任进行区别对待，强调检委会的司法责任制

首先，在检委会改革过程中，要将议事和议案分别采取不同的责任制。对于议事，以发挥民主集中制为主，允许不同的人以不同的意见对有关议题进行广泛深入的探讨，除非恶意歪曲事实或对他人进行打击报复，对委员正常的发言应当免责；而对于议案，则以落实司法责任制为主，民主集中制的作用主要是为了集体表决的需要而存在。其次，应当强调议案的司法责任。议案要求，委员要以审慎的态度实事求是地参与具体研究案件，发表负责任的案件分析和处理意见，对错案必须在自身职责范围内承担相应的司法责任。再次，检委会对自己的决定负责，并不意味着，“检委会改变案件处理意见仅限于法律问题的处理，而不能够改变承办检察官对案件事实和证据的认定”。[②] 同样，检委会委员等要对自己对案件的处理意见和在检委会的发言负责，则有权查明事实真相和争议问题。

（3）专门建立针对检委会委员的履职考评机制和检委会错案责任追究机制

首先，建立健全检委会委员的履职考评机制。应当通过建立健全会议登记

① 杜颖：《省级以下检察院检委会议案范围实证研究》，载《人民检察》2015年第15期。

② 杨承志、范思力、樊京京：《检察委员会制度若干问题探讨》，载《人民检察》2016年第6期。

制度，对委员参加检委会活动情况详实登记；加强会议记录，有条件的地方应当进行同步录音录像，以方便加强监督，区分责任；对检委会委员在检委会参与研究案件的成效进行考察，进行阶段性通报或年度通报，并与奖惩制度挂钩等。通过采取一系列手段和措施，促使委员自我约束、自觉履职。对于履职成绩突出的委员，应当予以奖励或者在提拔、晋升时优先考虑。相反，则应当根据其过错程度，给予相应的处分或处理。其次，建立有关检委会委员的错案责任追究机制。通过错案责任倒查，确定检委会委员、非检委会委员的承办检察官等是否应当对错案或执法过错承担责任。而错案或执法过错，将直接影响到检委会委员和承办检察官等的检察业绩考评，除非存在责任豁免，对于存在故意和重大过失的，将有可能被追究相关的纪律责任、行政责任乃至法律责任。

（4）提高检察委员会委员和专职委员的专业素质

加强检察委员会的专业化建设，应当从选任检察委员会委员和专职委员，提高专业素质入手。因为检委会制度是以委员的司法专业能力为实践基础，以确保对重大、疑难、复杂案件决策的公平公正。[①] 首先，应当完善委员选任标准，为业务精英进入检委会开辟渠道。发展检委会委员，不能够仅仅局限于业务部门负责人，要将眼光扩展至检察业务专家、优秀公诉人、优秀侦查员、检察理论研究人才等，真正提高检委会委员的专业素质和办案水平。而《司法责任制意见》在检委会组成人员中，将“业务部门负责人”调整为“资深检察员”的变化，可见一斑。其次，加强专职委员选任。专职委员应从具有良好政治素质、法律政策水平高、业务熟悉、经验丰富、议事能力强的资深检察官和优秀检察官中选任。[②] 应当明确将全国或省级检察业务专家等作为地市和县级检察院检委会专职委员的优先人选，取消“担任检委会委员二年”的限制。希望在对《人民检察院组织法》和《人民检察院检察委员会组织条例》等进行修改时，均予以关注和考虑。再次，打破检委会委员终身制，建立轮替机制，将激励和竞争引入检委会。

综上所述，正像习近平总书记所说的那样：“司法公正对社会公正具有重要的引领作用，司法不公对社会公正具有致命的破坏作用。”实行司法责任制，抑制司法腐败，提高检察机关司法公信力，不仅需要科学的制度设计作为保证，更需要广大检察干警的法治信仰、法治精神和不折不扣的践行和坚持。

---

① 参见李益明：《检察委员会司法属性内涵与强化建议》，载《人民检察》2016 年第 5 期。

② 参见李领臣：《双重属性平衡下的检委会改革》，载《人民检察》2015 年第 24 期。

检察官办案责任制视角下的检委会运行机制优化研究

南京市栖霞区人民检察院课题组*

一、检委会运行机制的历史嬗变

（一）检委会决策制度发展情况

检委会作为检察机关内部最高决策机构，是伴随检察机关的发展而发展的，因此必须把其放入历史的视野中进行考察。在检察史上，“检察委员会”一词首见于山东抗日根据地，但其含义相当于现今检察院之意思。作为一种领导制度和决策模式，检委会制度源于1949年9月颁布的《中央人民政府组织法》和同年12月颁布的《中央人民政府最高人民检察署试行组织条例》。这两份文件明确了检察长负责和检委会决策相结合的体制，开创了检察机关的集体领导模式。1951年9月颁布的《中央人民政府最高人民检察署暂行组织条例》和《各级地方人民检察署组织通则》，确立“委员会议以检察长为主席，意见不一致时，取决于检察长”的体例。1954年9月颁布的《人民检察院组织法》规定，“各级人民检察院设检察委员会。检察委员会在检察长领导下，处理有关检察工作的重大问题。”1980年颁布的《人民检察院检察委员会组织条例》以及1999年《关于改进和加强检察委员会工作的通知》，对规范检委会工作制度提出了具体要求。2009年《人民检察院检察委员会议事规则和工作规则》颁布，对检委会制度进行了全面细致地规定，并明确会议发言顺序、表决办法等事项。在此基础上，2010年高检院颁布《人民检察院检察委员会议题标准（试行）》，细化了检委会议题的材料准备要求并于2013年将检委办工作并入全国统一业务应用系统，实现检委办工作信息化。可见，伴随检察事业的发展，检委会的地位、功能、工作原则越来越明确，议事范围、程序逐步

---

* 课题组主持人：杨建萍，南京市栖霞区人民检察院党组书记、检察长；课题组成员：刘和海、洪文杏，南京市栖霞区人民检察院法律政策研究室干部。

走向制度化、规范化。但从严格意义上来说，检委会的改革仅仅停留在对检委会的各项规章制度进行修补上，至于检委会改革和专业化建设的关键问题尚未真正触及，制约了检委会的有效运作和功能的实现。

（二）完善检委会运行机制的必要性

1. 检委会的主体性质

检委会是检察机关内部最高业务决策机构，是相对独立于检察官的一种特殊的司法主体。司法的本质是一种判断，特点为主体的中立性和专业化、活动的法定化和程序化、结果的确定性和权威性，这是司法专业性的体现。检察官虽不同于法官，但可视为“司法性或准司法性的官员”。[①] 检察机关是“大司法”概念下的司法机关，检委会作为检察机关的一个组织单元，必须具有中立性和专业化、司法性特征，即检委会活动中应当严格遵循司法规律和司法程序，最大化摆脱行政权的束缚和干涉，始终秉持客观公正立场，并且不断提升其成员的专业素养，以确实提升公正司法的能力和水准，确保实现强化法律监督、维护公平正义的检察工作主题。

2. 检委会法定职能

虽然检委会是具有我国特色的集体领导机制的一种实践探索，坚持民主集中制和检察一体化是其本质要求，其对重大问题的决议不具有诉讼性，同时具有一定的行政管理属性，但不能因此否定其专业化、司法化的本质属性。从职能及活动特点来看，检委会职能重在决策和判断，是一种适用法律的活动，组织的法定性和程序性较强，而检委会决策又是部分案件必经的诉讼程序，如存疑不起诉、决定抗诉、决定赔偿、自侦案件的撤案等案件。因此，即使检委会的议事活动和决策带有一定的行政色彩，但从法律意义上看，都是为其对案件及相关问题的决策这一核心职能服务的，因此，理应凸显其专业属性，弱化其行政属性。

3. 检委会权威地位

检委会的决定一经作出即具有法律效力，具有确定性和执行力，表现为一种严肃的司法活动，具有高度的权威性，亦应彰显其专业属性。中央《关于司法体制改革试点若干问题的框架意见》及高检院《关于深化检察改革的意见（2013—2017 年工作规划）》（2015 年修订稿）强调突出检察官办案的主体

① 陈国庆：《检察制度原理》，法律出版社 2009 年版，第 86 页。在法国，检察官被称为“站着的法官”；在德国，检察官被誉为“法的看守人”；在苏俄，检察官是“国家的眼睛”和法律的维护者。参见［俄］维诺库罗夫：《检察监督》，刘向文译，中国检察出版社 2009 年版，第 27 页。

地位，严格错案责任追究，形成权责明晰、权责统一、管理有序的司法权力运行机制，确保司法权依法公正运行。强化专业属性是发挥检委会的业务指导功能，优化检委会决策程序，有效提升决策质量、决策效率和决策权威的重要依托。

二、检委会运行机制与办案责任制的紧张与冲突

（一）办案责任制改革的内涵与要求

党的十八届三中全会《中共中央关于全面深化改革若干重大问题的决定》（以下简称《决定》）对司法体制和工作机制改革进行部署，既强调确保依法独立公正地行使检察权，又强调健全司法权力运行机制。在此形势下，检察机关从内部如何构建科学合理的运行机制，就成为不可回避的考验和迫切需要回答的问题。检察权的科学运行，必须明确检察官、检委会、检察长等各自的权力和责任。按照责、权、利相统一的原则，首先从健全和落实办案责任入手，推动检察权力和职业保障更好地落实到检察官，防范和抵御内外部对司法公正造成影响的各种因素，是问题的核心和关键。办案责任制，是指检察官对其不履行、不当履行或错误履行检察职务行为，致使办案质量出现瑕疵、错误，应当承担相应责任的制度。高检院《关于完善人民检察院司法责任制的若干意见》指出完善人民检察院司法责任制的目标是：健全司法办案组织，科学界定内部司法办案权限，完善司法办案责任体系，构建公正高效的检察权运行机制和公平合理的司法责任认定、追究机制，做到谁办案谁负责、谁决定谁负责。同时指出，完善人民检察院司法责任制的基本原则是：坚持遵循司法规律，符合检察职业特点；坚持突出检察官办案主体地位与加强监督制约相结合；坚持权责明晰，权责相当；坚持主观过错与客观行为相一致，责任与处罚相适应。总之，办案责任制的指导思想就是：从司法规律出发，增强规范行使检察权的针对性，以明确的责任认定和追究机制，促使检察官进取、慎权、自律，从制度上确保检察官不想、不敢、不能消极用权和滥用职权，促进整体办案质量和效率的提升，最终实现司法为民、公正司法、提升检察公信力的目标。

办案责任制的功能定位是：第一，维护司法公正。办案责任制的本质目的不是惩罚，增加负担和压力，而是在于通过明确责任，为还权于检察官奠定基础，从而实现检察权的科学运行，完成好宪法法律赋予的维护社会公平正义的神圣使命。第二，促进慎权自律。科学的办案责任制既有利于发现问题、追究责任，惩戒少数违法违纪者，从而警示大多数检察官慎重对待手中司法权力，加强自我约束；也有利于检察官总结经验教训，总结司法规律，使可能出现的

同类问题做到防患于未然。第三，激励保护检察官。对大多数恪守公正、勤勉敬业的检察官而言，明晰的责任不但有助于检察官减少办案的顾虑，保护检察官抵御检察机关内外的干预，也使自身的能力水平获得充分肯定，从而激励检察官积极投身于维护社会公平正义的神圣事业之中。第四，提升司法公信。通过上述措施，提升检察官个体公正廉洁司法的能力素质，最终达到社会对检察整体司法形象更加认同，司法更有权威、更有公信的目标。办案责任制，是指检察官依规定享有案件处理的决定权和建议权。检察官的责任范围与其行使的权力相一致：第一，对其有权作出决定的案件或者事项而言，检察官对案件事实、证据的认定和所作的决定负责。第二，对于仅有建议权，需报请主管检察长、检察长或者检察委员会决定的案件或事项，检察官对案件事实和证据的认定负责。第三，检察官对案件事实和证据的认定意见以及案件处理意见如被主管检察长、检察长或者检委会改变，检察官对被改变的部分以及由此产生的决定不承担责任。同时，检察官根据案件的难易程度分别行使决定权与建议权，具体如下：对于风险较小的简单案件，检察官可直接审批决定本组其他检察官的处理意见；对于风险较高的案件仍采层级审批制，检察官只有建议权，由其亲自承办后提出审查建议提交主管检察长审批决定；对需要提请检委会讨论的案件，经检察长同意提交检委会讨论决定。法律明确规定由检察长或检委会行使的权力风险较高，不得由检察官代为行使，如决定抗诉的权力。然而，除此之外的其他检察业务并非当然属于低风险案件。

（二）现行检委会运行机制的检视

1. 决策范围与办案责任制改革的价值需求不协调

讨论决定重大案件是检委会的重要职责之一。[①]《人民检察院检察委员会议事规则和工作规则》第3条第（六）至（八）项分别规定了经检察长决定，审议有重大社会影响或者重大意见分歧的案件，以及根据法律及其他规定应当提请检察委员会决定的案件；经检察长决定，审议按照有关规定向上一级人民检察院请示的重大事项、提请抗诉的案件，以及应当提请上一级人民检察院复议的事项或者案件；经检察长决定，审议下一级人民检察院提请复议的事项或者案件属于检委会审议议题的范围。由于提请抗诉案件和下级院提请复议案件均属于根据法律规定应当提请检委会决定的案件，所以，检委会研究案件基本可以分为重大影响类、重大分歧类和应当讨论类三种情况。那么司法实践中，

① 检委会研究议题可以分为案件和事项两类。为均衡篇幅，本文将检委会研究非案件类事项单独成段进行研究。

哪些案件被提交检委会进行讨论表决了？为尽量全面客观地反映检委会运行情况，笔者选择作为办案主体的某市级院及其下辖基层院共12个单位近年来的工作数据作为样本进行比较分析。具体情况参见表1—表4：

表1：某市检察机关讨论案件情况（2013年度）

院别 项目	实际办案规模						检委会讨论案件数	检委会讨论案件数占总办案数比例%	讨论事项数	讨论事项占检委会议题比例%
	侦监受案件数	公诉受案件数	自侦立案数	民行办案数	控申与刑执办案数	各院年度各类案件办理总量				
市院	89	126	24	85	10	334	20	5.9	6	23
玄武	447	568	17	24	42	1098	11	1	6	35.2
秦淮	316	487	17	84	42	946	2	0.2	3	0.6
建邺	275	343	14	29	21	682	9	1.3	5	35.7
鼓楼	477	552	13	49	11	1102	30	2.7	2	6
浦口	358	717	18	45	32	1170	1	0	24	96
栖霞	322	536	20	67	26	971	8	0.8	10	55.5
雨花	269	337	10	75	30	721	12	1.6	6	33.3
江宁	734	1358	23	22	22	2159	48	2.2	6	11.1
六合	472	601	22	64	35	1194	41	3.4	30	42
溧水	239	385	12	39	15	690	14	2.0	3	17.6
高淳	182	384	4	29	34	633	5	0.7	4	44.4

表2：某市检察机关讨论案件情况（2014年度）

院别 项目	实际办案规模						检委会讨论案件数	检委会讨论案件数占总办案数比例	讨论事项数	讨论事项占检委会议题比例
	侦监受案数	公诉受案数	自侦立案数	民行办案数	控申与刑执办案数	各院年度各类案件办理总量				
市院	120	122	9	30	28	309	12	3.8	17	58.6
玄武	350	479	11	95	24	959	10	1	26	72.2
秦淮	661	778	22	60	41	1562	13	0.8	15	53.6

续表

院别项目	实际办案规模						检委会讨论案件数	检委会讨论案件数占总办案数比例	讨论事项数	讨论事项占检委会议题比例
	侦监受案数	公诉受案数	自侦立案数	民行办案数	控申与刑执办案数	各院年度各类案件办理总量				
建邺	147	239	10	2	14	412	14	3.4	9	39.1
鼓楼	544	779	22	16	26	1387	35	2.5	6	14.6
浦口	264	766	17	53	21	1121	0	0	25	100
栖霞	291	480	15	82	21	889	3	0.3	12	80
雨花	196	315	17	54	4	586	5	0.8	0	0
江宁	576	1079	12	15	33	1715	50	2.9	5	9.1
六合	284	581	21	42	21	949	39	4.1	14	26.4
溧水	241	363	13	23	13	653	15	2.3	2	11.8
高淳	178	316	6	20	32	552	6	1.1	10	62.5

表3：某市检察机关讨论案件情况（2015年度）

院别项目	实际办案规模						检委会讨论案件数	检委会讨论案件数占总办案数比例	讨论事项数	讨论事项占检委会议题比例
	侦监受案数	公诉受案数	自侦立案数	民行办案数	控申与刑执办案数	各院年度各类案件办理总量				
市院	113	141	12	3	66	335	3	0.9	10	76.9
玄武	351	484	19	63	43	960	19	1.9	15	44.1
秦淮	583	701	14	31	95	1424	23	1.6	8	25.8
建邺	162	282	9	4	46	503	12	2.4	7	36.8
鼓楼	637	863	21	11	88	1620	65	4.0	4	5.6
浦口	340	622	21	20	42	1045	16	1.5	9	36
栖霞	261	472	22	44	134	933	16	1.7	14	46.7
雨花	229	337	13	20	57	656	3	0.4	5	62.5
江宁	582	1052	18	6	73	1731	69	4.0	4	5.4
六合	324	652	20	4	64	1064	24	2.3	12	33.3
溧水	213	377	8	68	30	696	26	3.7	3	10.3
高淳	206	379	6	22	38	651	5	0.7	3	37.5

表 4:某市检察机关讨论案件情况(2016 年度)

院别 项目	实际办案规模						检委会讨论案件数	检委会讨论案件数占总办案数比例	讨论事项数	讨论事项占检委会议题比例
	侦监受案数	公诉受案数	自侦立案数	民行办案数	控申与刑执办案数	各院年度各类案件办理总量				
市院	87	110	5	1	377	580	3	0.5	12	80
玄武	344	452	22	16	32	834	8	0.9	20	71.4
秦淮	418	515	10	21	67	1031	6	0.5	2	25
建邺	124	275	5	0	13	417	13	3.1	4	23.5
鼓楼	494	620	12	4	23	1153	20	1.7	4	16.7
浦口	271	538	15	18	89	931	5	0.5	4	44.4
栖霞	176	363	11	10	122	682	11	1.6	6	35.3
雨花	181	310	9	5	39	544	0	0	1	100
江宁	567	829	8	1	93	1498	4	0.3	0	0
六合	274	552	11	7	63	907	9	0.9	9	50
溧水	174	340	4	3	30	551	17	3.1	10	37
高淳	232	385	5	19	11	652	6	0.9	2	25

表 5：2013—2016 年全市检委会讨论议题分布情况

类别数据	总数	比例(%)
案件	786	65.5
事项	414	34.5

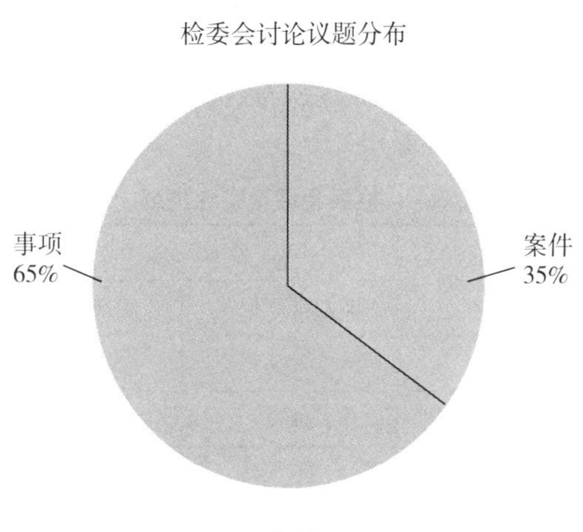

从表1至表5我们可以清楚地看到检委会讨论案件总体占比较小，平均每年有2%—3%的案件被提交检委会讨论，检委会讨论案件情况在院际间差别较大，有的院很少讨论案件（如浦口、雨花），有的院讨论案件较多。在业务条线分布方面，我们选择一个区院为样本进行深入调研（见表6），发现侦监、公诉、民行案件上会讨论较多，而自侦、控申、刑执案件较少。

表6：2013—2016年度某区院检委会审议案件情况明细

项目	自侦	侦监		公诉					民行	刑事执行	其他
		是否批捕	是否建议公安撤案	存疑不起诉	相对不起诉	绝对不起诉	附条件不起诉	量刑建议			
数据	2（1件为管辖问题，1件为是否立案）	3	4	5	10	1	4	2	7	1	2（1件为信访老户违法信访案，1件为领导批示案）

从表5、表7可以看出检委会讨论议题中平均有65%是案件，35%是事项。1200件案件中必须讨论类占18%，重大影响类占20%，重大分歧类占62%。调查发现，必须讨论类案件在实践中占比越来越小，这是因为作为应当讨论类“重头戏”的不起诉案件，在《人民检察院刑事诉讼规则（试行）》中修改为“经检察长或检委会决定”，也就是说可以不提交检委会讨论，使检委会必须讨论的案件数量急剧减少。目前，法律、司法解释中规定必须经检委会程序的主要是请示、抗诉、复议复核、信访终结、民行再审检察建议等，我们发现，这类案件市院比例高于基层院，这类案件越是上级院比例越高，这与不同层级检察院的功能定位密切相关。

表7：检委会讨论案件类型

数据类别	重大影响类	重大分歧类		应当讨论类
		事实和证据类	法律适用类	
总数	240	288	456	216
比例	20%	24%	38%	18%

从承办部门提交的议题报告中承办人意见、科室意见、分管检察长意见以及检委办实体审查意见以及少数情况下上级院的答复意见“五个意见”是否一致以及提请检委会研究的问题来分析，可以将检委会议案分为有争议和无争议两类。

其中，有争议案件又分为事实认定（事实是否清楚、证据是否确凿、是否形成证据链条）以及法律适用问题（定罪、是否共同犯罪、量刑情节认定等）两大类。调查发现，这类案件占了检委会讨论案件的最大比例，特别是在办案基数较大的鼓楼、江宁等区院。这里出现的问题是，检委会作为集体决策机构，是否有资格对案件法律适用进行判断？特别是检委会以会议方式对个案进行讨论，仅仅依据承办人口头汇报和有限的会议材料，在缺乏亲历性的前提下，需要对证据的客观性、关联性、合法性、全面性进行判断并对案件事实是否清楚、证据是否充分进行认定的合理性需要进一步讨论。实践中，检委会对证据进行研究非常普遍，许多法律适用方面甚至走程序的案件也会面临委员对个别证言、供述、鉴定意见等的反复追问，事实上将证据问题作为检委会研究的一个重点领域。这与基层院检委会委员大多办案出身，对于事实问题比较关心，而对法律讨论仅限于经验和以往判例层面，难以进行深层的法理分析和论证有关。

这里所说的无争议案件是指在检察机关内部无争议，一部分是前述走程序案件和承办人自己没足够把握的案件，另外一部分就是所谓有重大社会影响类案件。重大影响类案件单纯从事实和法律角度看，可能并不存在可讨论之处，甚至基层有人主张禁止检委会研究这类案件。从表 8 我们可以看出这类案件具体包括涉检信访、领导批示、上级机关交办协调、部门意见分歧、社会舆情以及涉案人数众多、涉黑涉恶、社会高度关注（如浦口虐童案、南京 6·30 宝马肇事案）等类型。这类案件承办人、部门负责人、分管检察长乃至检察长都不好定夺，最终进入检委会程序，处理难点往往在案外。因为作为政法部门的检察机关不仅有办案任务，还肩负着综合治理、法治建设、服务大局等综合任务。社会转型和经济转轨的背景下，大量的利益、矛盾和冲突以案件的形式进入检察机关，如何妥善处理其中的利益平衡、诉求表达与和谐稳定的关系，需要决策者的经验和智慧。因此，这类案件进入检委会具有现实的必要性和相对合理性。

表 8：检委会讨论无争议案件构成情况

项目 / 数据	信访、领导批示	公、检、法办案部门意见分歧	涉及舆情、网络热点	风险应对	其他
总数	34	19	82	86	18
比例(%)	14	7.9	34	35.8	7.5

总之，检委会作为集体决策的领导机构，在保障检察决策的民主性、科学性等方面发挥了重要作用，是检察权正确行使的一个重要的决策和保障机制。但是在当下实行以检察官办案责任制为核心的检察权运行机制改革背景下，检察官或作为办案组织负责人的检察官具有一定的办案决定权，那么，检察长或者检察委员会应当保留哪些案件和哪些环节的办案决定权而不交给检察官来行使呢？或者说，检察官与检察长和检委会的办案决定权限的界限在哪？这是司法实践中亟须解决的问题。这里可能会存在两方面问题：一方面，在严格的责任追究下，一些检察官不愿过多承担决策风险，尽量将案件提请检察长或者检委会来决定，使检察长和检委会限于案件拍板的“泥潭”，从根基上架空办案责任制的探索与改革；另一方面，出于某些因素的考虑，一些检察官将应提交给检察长或者检委会决定的案子不提交，自己擅作决定，从而影响办案效果和业务运行。另外，我国传统法律文化中实事求是、无限追求实体正义、偏爱结果正义、弱化程序正义的惯性也是检委会这种集体决策制度得以产生并长期存在的一个原因。我国公众有着“青天”情结和实体正义期盼，但现实中又欠缺包拯那般的“超级”检察官，于是在“三个臭皮匠顶一个诸葛亮”的思想指导下采取由多数普通检察官来集体讨论决定复杂疑难案件的形式。这种民主化的思路从思想根源处造成各级院对检委会专业化建设不够重视，也与检察官成为办案主体的改革向度相悖，不适应检察权运行机制改革要求。

2. 决策程序与强化司法属性的本质要求不相符

受检察机关行政领导体制和检察长负责制的影响，现行检委会决策的行政色彩仍浓厚。主要表现在以下几个方面：一是检委会工作模式仍是看材料、听汇报的传统套路，其正确决策所依赖的信息公开、回避、公平听取双方意见等正当法律程序欠缺，委员发表意见、参与决策的亲历性不够、决策形成过程中民主性展示不充分、不彻底，甚至有的地方检委会议而未决的案件通过请示方式报上级业务处室决定，将司法判断混同于行政决策，同时影响决策效率。二是检委会决策发挥效能的基础和前提条件在具体情境中往往欠缺。一般说来，正当决策程序依赖以下三个前提条件：第一个条件是成员平等。所谓成员平等，即参与决策的成员没有地位上的从属关系与制约、管束情况，使每个成员都敢于也愿意表达自己的真实意愿，没有必须遵从的权威。事实上，检委会委员之间有着明显的行政等级与隶属关系，按照检察长、党组副书记兼副检察长、副检察长、其他党组成员、专职委员、内设机构负责人的顺序地位逐次递减。尽管有担任院领导的委员后发言的规定，但长期共同工作的经历使得部门负责人发言时不得不考虑院领导的思维习惯而难以做到完全独立。第二个条件是交流充分。所谓交流充分，就是在这个决策集体中能进行民主的交流，没有形成事实上的话语霸权，所有成员都能平等地辩论、交流和沟通，拥有充足的时间做深入地思考、能充分地表达自己的意见。实践中由于辩论机制尚处于探索和试点阶段加之委员很忙，许多地方会议交流并不充分。第三个条件是信息全面而真实可靠。集体决策的结论可靠性来自于其获得的信息和素材的全面性、真实性。而目前检委会决策的信息来源就是承办人的汇报和检委办的审查意见。如果案件承办人向检委会提交的案件相关信息是选择性的、片面的甚至是错误的，检委办的程序性审查一般也很难发现证据瑕疵，那么检委会的决策效能就受到影响，甚至产生错误决策。

3. 决策责任与强化责任追究的管理需求不适应

公平正义的实现离不开完善的责任机制对司法主体的约束。尽管高检院《检察人员执法过错责任追究条例》第 12 条对集体议决的执法过错责任承担有原则性的规定，即人民检察院及其执法办案部门经集体讨论造成执法过错的，由集体讨论的主持人和导致错误决定产生的其他人员分别承担责任。《关于完善人民检察院司法责任制的若干意见》关注到了检委会责任，其第 40 条规定，检察委员会委员根据错误决定形成的具体原因和主观过错情况承担部分责任或不承担责任。但这个规定缺乏实施细则、可操作性不强，实践中也没有因为执法过错追究委员责任的先例。如何认定并追究检委会的执法过错责任，目前仍是一个制度盲区。检委会集体负责制，因追究机制不健全而成为事实上的集体不负责。无责任则无制约，责任机制的缺失，影响决策主体的责任心、创造性、规范性，难以有效遏制决策任性和决策不作为，进而影响检委会功能发挥。

检委会决策专业化建设改进是一项系统工程，涉及到检委会决策的主体、程序、执行、督办等所有环节和要素。强化检委会专业属性，改革的基本目标设定为规范、高效、专业、权威，改革的路径应当系统而开阔。针对专业化建设的诸多问题，深刻剖析原因，明确改革思路。以决策机制改革为核心，遵循司法规律，优化决策模式，增强决策责任。

三、检委会议案范围

虽然《人民检察院检察委员会议事规则和工作规则》中列举了十项，但由于比较原则、抽象，司法实践中哪些案件和事项必须向检委会提交、哪些案例和事项又不应该提交检委会审议，各地理解操作不尽相同。因此，科学划分检察长、检委会与检察官之间的办案决定权界限非常必要。

（一）分析框架——社会系统论

科学分析检委会讨论内容与范围问题，必须坚持检委会业务决策机构的属性，运用科学的决策理论进行研究分析。目前，绝大多数关于检委会决策活动进行分析的主要框架和技术，主要还停留于形式合法性，即主要从主体、权限、程序、执行这几个方面来分析和评价决策的合法性。但是，如果我们面向真实的检委会决策过程将会发现，在这种目标导向的决策过程中，形式合法性仅仅只是对检委会活动的“最低限度的要求”。[①] 在此基础上，检委会决策正当化还必须具备责任性要素以及理性要素。[②] 社会系统论中的决策理论（The theory of decisions）吸收了组织社会学、系统科学和信息科学的最新成果，把检委会决策活动看成是在检察院内部系统性地处理一种与业务相关的特殊信息的决策过程。运用社会系统论观察检委会决策活动，把检委会看成是一类专门进行有关“法律”沟通和“法律”决策的组织，是尊重检察所特有的“专业属性”，是尊重具有法律属性的司法沟通的自组织属性。在社会系统论的分析框架下，检委会之所以被称为组织（organization），是因为检委会的所有业务决策活动形成了一个分配“合法/非法”（legal/illegal）符码（code）的决策之网，每项决议都不断再生产着新的具有法律属性的决策决议（系统操作）。[③] 运用社会系统论的自创生理论（the theory of autopoesis）分析，检委会这种决策组织，类似于生物细胞内部通过自我指涉生产自身元素和结构的生命活动，亦即检委会具有与生物学的组织特征相似的自我组织、自我生产的能力。[④] 通

① 参见王锡锌：《依法行政的合法化逻辑及其现实情境》，载《中国法学》2008年第5期。

② 参见王锡锌：《行政决策正当性要素的个案解读》，载《行政法学研究》2009年第1期。

③ 这里的组织不是由大楼构成，也不是人员构成，而是指组织系统、沟通系统，组织决策就是系统内部最基本的沟通单位。参见 Luhmann, N.（1995）. Social Systems. Stanford: Stanford University Press, Chap. 4，转引自宾凯：《从决策的观点看司法裁判活动》，载《清华法学》2011年第6期。

④ 参见宾凯：《从决策的观点看司法裁判活动》，载《清华法学》2011年第6期。

过把检察院、检委会定位为一种决策组织并以社会系统论研究其决策活动，重新诠释检委会决策等法学理论与实务问题，寻求解决检委会决策机制优化的改革方案，推动构建科学顺畅的检察权运行机制。

（二）个体决策与群体决策

社会系统论认为决策有群体决策和个体决策两类。所谓群体决策，是指由委员会组成的众多成员讨论决定的决策。个体决策则是由个人作出决策。在司法实践中，大量的决策是由群体作出的，对于群体决策该如何评价呢？与个体决策相比，其优势与劣势表现在哪些方面呢？以自创生理论（the theory of autopoesis）分析，组织行为学从理论上回答了个人决策与集体决策的优劣和效能。一般来说，择优选择，即有多个合适选项备选，如何综合考虑各备选项利弊做出最优选择适合于群体或者集体决策；理性选择即需要经过逻辑推理判断特别是经过多重因果逻辑推理或多次归纳演绎推理才能得出结论的决策适合于个人决策。[①] 研究表明，当一群人各自独自为解决某一问题思考时，策划出的方案往往比大家面对面地在群体中策划创意要多，较有创造性，速度快，其主要原因是思维独立、不受干扰和影响、逻辑严密、前后连贯，容易发现独特的处理方式，其劣势是常常反映出考虑不周、带有偏颇的特点。群体决策则充分考虑了大量的综合性信息和知识，可以集思广益，激发多人智慧，穷尽可能的解决方案，做出比较理性的选择，在一定程度上防止盲目性和片面性。其劣势是容易产生话语霸权、信息交流不充分。[②] 比如，个体在表态时，往往会受到某种倾向的压力或影响。而就人们一般的心理状态而言，在一个组织内部都希望受欢迎，因而往往把自己的独立意见加以掩饰而保持沉默，或附和别人的意见，甚至由于某种原因违背自己的真实意愿而屈就不同意见。在某些群体中，如果群体中有一位地位、威望和声势等方面均处于优势地位的主持人，其言行举止甚至表情、以前类似场合的表态都有可能左右这个群体的决策进程及结果，在实际上抑制群体成员的创造力和主动性，客观上阻碍了他们的内心意愿的真实表达。此外，在群体决策过程中，由于个别领导成员或某个成员对所议事项缺乏充分足够的全面了解，或由于专业知识欠缺，往往可能出现决策差错。

（三）检委会决策优势

我们可以将检察官个人对案件结果的分析认定称为“个体决策”，将交由检委会决定的称为“群体决策”。从业务属性看，检察机关多数决策属于逻辑

① 王颖：《审判中的群体决策》，载《政治与法律》1990 年第 1 期。

② 王颖：《审判中的群体决策》，载《政治与法律》1990 年第 1 期。

推理式的单方决策，适合于检察官个人决策；只有少数决策，属于多项选择的决策，具有最优选择的性质，通过民主评议和集体讨论有助于作出合理的判断，适合于检委会决策。例如，备受关注的南京虐童案，[①] 案件本身构成故意伤害没有争议，有争议、需要决策的是如何更好地实现儿童利益最大化，妥善地运用捕与不捕、诉与不诉等手段取得良好的办案效果和社会效果，这就适合集体决策。事实上，办案机关也确实经过检委会讨论程序。由此推理，检察官与检察委员会决策界限，有一条简单的明确的标准，即凡是案件本身复杂，也就是有不同认识或者有争议的案件，对证据采信、事实认定或者法律适用把握上有一定难度，需要较深的理论功底和较高的业务水准的，适合于检察官个人判断决策；对于需要考虑的因素过多、面临多种选择、风险等级高的案件或者案件处理环节，都应当提交检委会集体研究决定。[②] 社会系统论为我们深刻分析了检察官个体决策和检委会群体决策的优劣，检委会决策的优势在于民主讨论和择优判断，对于案件判断定性处理等并不具备优势。

（四）检委会讨论案件范围

在检察官办案责任制深入推进、检察队伍素质和能力大力提升以及综合保障机制逐步健全的背景下，我们不能走向极端，取消或否定检委会的定案权，而应当尊重并善于运用检委会的业务决策权。由于社会科学目前不能实现完全量化，对检委会议案范围硬性规定一个标准，做到既不遗漏也不宽泛，难度很大。我们可以考虑为检委会设置一个层级化标准，即一个议题申请被提交到检委办后，首先看其是否是应当讨论类，其次看其有无重大影响，最后看其是否为意见分歧与推卸责任类。然后对每一个层级分别细化条件，形成立体式范围标准，对检委会议案范围实施精准调控和类型化处理，确保必须讨论类案件得到充分讨论和研究，又实现对不应提交讨论案件的自动过滤。

1. 应当讨论类

目前法律和司法解释共规定以下几类必须经检委会程序：①抗诉和再审检察建议；②请示和核准追诉；③拟报信访终结；④改变检委会原处理决定；⑤拟报省院决定立案查办国家机关工作人员利用职权实施的其他重大犯罪；⑥复议复核案件；⑦检察长不同意人民监督员表决意见；⑧检察长交办的其他事项。

---

① 因为孩子不认真学习，养母将孩子打伤，但受害儿童愿意继续待在养母家并且其亲生父母也要求将孩子继续由继母收养。详见申琳：《南京虐童案中的法治温度》，载《人民日报》2015 年 4 月 20 日。

② 谢鹏程：《检察官办案责任制改革的三个问题》，载《国家检察官学院学报》2014 年第 6 期。

2. 有重大影响类

对于重大影响的判定，宜“客观标准＋主观判断”相结合模式，首先从客观上判断其是否具备以下一些特质，然后再从主观上判断这些特质是否达到重大标准。这些特质包括但不限于：可能或已经出现涉检信访、领导批示、上级机关交办协调、办案部门意见分歧、社会舆情发酵以及涉案人数众多、涉黑涉恶涉恐、社会高度关注等。

3. 有重大分歧类

检委办一般从承办人意见、部门意见、分管领导意见、专家咨询意见、律师意见、内部侦捕诉意见是否一致角度进行判断。对于重大分歧类案件，由于检委会决策并无优势，特别是事实证据类争议案件，更是背离亲历性要求，所以，该类案件不宜提交讨论。

将必经程序类以及具有较高等级舆情信访风险、法律效果和社会效果难以平衡等重大影响案件的决定权以及宏观业务管理评价权赋予检委会，以确保检察决策的民主性和可接受性，但是不能走向另一个极端，无限强化检委会的案件讨论权、强化检委会的行政化倾向、强化集体决策的影响力，压缩个体决策的空间，甚至架空办案责任制，借以规避“谁办案谁决定，谁决定谁负责”的基本责任。检委会在办案决策机制中的地位和作用将会逐步集中到少数疑难案件的择优抉择和决定权上的同时，可以将工作重点转移到宏观业务指导上，加强上级院对下级院的业务指导、统一执法思想、规范执法行为、解决法律适用争议、总结典型工作经验，提升业务决策指导能力和水平，使检委会职能实现从办案决定机构为主转变为宏观业务决策管理机构，以期更好地发挥检委会群体决策的作用，更好地适应司法规律和特点。

（五）权限划分

办案责任制要求检察官对授权范围内的案件独立行使决定权，并承担相应办案责任，这涉及检察长、检委会与检察官之间权限划分以及放权与制衡的问题。

分析检委会与检察官的职权关系的理论根据是检察一体原则。我国《宪法》和《人民检察院组织法》均规定人民检察院而非检察官个人依法独立行使检察权。检察一体原则承认上下级检察机关的领导关系以及在检察院内部检察长、检委会与检察官之间的领导与从属关系，包括上级对下级的指令权、移转权和代理权，体现检察权的行政属性。[1] 同时，肩负客观公正义务的检察官

① 参见孙谦主编：《中国特色社会主义检察制度》，中国检察出版社 2009 年版，第 227—228 页。

在法律规定的范围内具有相对独立的职权，是一级办案组织，体现检察职权的司法属性。这两方面是一个统一整体，不可分割。但长期以来，检察实践中行政化趋势越来越强，而检察官相对独立的制度保障却不到位，过度强调检察一体、命令与服从，导致检察权过于集中，影响检察效率以及检察官履行客观公正义务，使相关主体权力界限模糊、司法责任不明。

1. 科学划分检察长、检委会与检察官的职责

在检察机关办案组织中，检察长、检委会与检察官都是不同层级的办案组织。前者对后者有指令权，后者对前者有服从义务，但后者并不处于附属地位，而是在执法办案活动中对自身权力内事项可以进行独立判断并承担责任。对于检察长、检委会的违法干预或不当指令，检察官可以提出异议。[①]

一是检委会与检察长（包含副检察长，下同）的关系。在办案责任制改革相关问题上，很多试点工作规范性文件往往以“除法律规定由检察长或检委会行使的权力之外”一句笼统概括，在实践中缺乏可操作性，诸如哪些案件提交给检察长，哪些提交给检委会？这是正确理解检委会与检察长关系时遇到的最棘手的问题。结合检察改革的推进，必须细化规定，明确两者的具体权限划分，根据业务性质差异，分别制定各自权利清单和负面清单，避免使用检察长或者检委会决定这种模糊字眼。

二是检委会与检察官的权限划分。如何科学划分检委会与检察官的职权界限是司法改革的难点问题之一。检委会制度与办案责任制并不相悖，但是检委会制度存在效率不高，亲历性、司法属性不足等特征，因此重新确定和完善二者关系，成为实践中亟需解决的问题。以检察官办案责任制改革为契机，将绝大多数案件授予检察官，由检察官直接承担办案责任。检委会重点研究背景和风险情况特殊的案件，将案件置于国家安全、社会稳定、经济发展的大局中去考量，以是否涉及国家政治、经济安全和人民群众切身利益，是否容易引发社会矛盾、影响社会稳定为判断标准。对于上级机关交办的、有关部门组织协调的、社会广泛关注的热点敏感问题等案件，一般应当通过检委会集体进行择优决策。

三是厘清检委会与党组会等相关会议的职权划分。检委会的业务范围主要是与检察业务相关的重大事项决策，具体包括审议、通过本院工作报告、专题报告和议案；总结检察工作经验，研究检察工作中的新情况、新问题；审议、决定疑难复杂案件等八种情形。党组是上级党委的派出机关，党组会是确保党的理论和路线方针政策得到贯彻落实的重要途径，是体现我党政治优势、组织

---

① 周理松：《办案责任制改革背景下检委会与检察官关系的定位》，载《人民检察》2015 年第 16 期。

优势和制度优势的载体。检察长办公会议事范围主要是组织管理方面的，如拟定工作计划、行政管理等。这三个会议相互关联，如检委会委员配备、专职委员分工由党组会定，检委会会议日期、会务保障由办公会安排，但不能相互替代。但在实践中，由于三会参加人员主要都是正副检察长（检委会包含部分业务部门负责人），人员高度混同，出于执行方便、习惯做法等考虑，往往将三会议题相互混淆，本该由检委会决策的事项往往被其他两会代劳。其实，我们可以将检委会比作高等学校内部专司学术管理、学科建设的学术委员会，检委会专司业务建设和业务管理。将探索中的检察官联席会议定位于业务咨询机构，比作医院里的专家会诊，对于检察官以案情难以把握、专业知识牵涉面广等缘由提交讨论的案件把脉问诊，提供咨询意见供承办人参考，承办人自己决定是否采用咨询意见并独立承担办案责任。

2. 规范检察机关内部审批程序

在坚持检察一体原则下，对应当由检察长、检委会决定的事项，承办检察官应提出处理意见，报请检察长、检委会决定。检察官应全面、客观地汇报案情，并尽量采用书面形式。遇到提抗、自侦等案件时间紧急可以采取口头汇报，事后再补办手续。建立全程留痕制度，检察长、检委会对案件的决定和处理必须采用书面形式，归入内卷存档备查，决不容许口头指令指挥案件处理。

检察官在办理案件过程中遇到自己把握不住的问题，可以自己召集检察官会议进行讨论或提交检察长召开检察官联席会议进行“把脉”。对检察官会议的意见，检察官可以参考借鉴。对检察长、检委会的决定，检察官必须执行并及时反馈执行情况。检察官有异议的，可以提出异议，在检察长、检委会未改变处理结论时应坚决执行检察长、检委会决议。如果检察官坚持己见，检察长、检委会可以依照规定程序更换承办人。

3. 完善检委会相关机制

检委会要更好地履职，必须依赖制度创新。一是努力增强案件讨论的直接性、亲历性。检委会审议具体案件，不是行政会议，而是对案件实体和程序进行判断的司法办案活动，具有明显的司法属性。因此，需要尊重司法办案规律，增强亲历性。比如，必要时听取律师意见、兼听双方当事人意见、观看审讯录像、专职委员直接提审等。二是增强决策的公开化、透明化程度。公开可以促进公正，公开可以消除暗箱操作。检委会举行会议前，可以组织专家咨询委员进行讨论，会议召开时可以邀请有关人员（纪检干部、办案骨干、公安法院承办人、律师等）列席会议发表意见，但表决时应回避，会议后不属于秘密范畴的议决事项应向干警通报，接受监督。三是增强会议程序的类型化。根据会议功能的不同，将会议程序分为讨论程序和表决程序两个阶段；根据议题性质不同，将程序分为议案程序和议事程序两个类别并分别设置程序规定。

四、检委会研究事项问题

（一）检委会研究事项问题总体情况

表 9：某市检委会研究事项问题统计

单位		总数	贯彻执行国家法律、政策的重大问题	拟提交本级人大及其常委会的报告和议案	本地区检察业务、管理等规范性文件	总结检察工作经验	重大专项工作和重大业务工作部署	审议通过的服务经济发展和检察工作大局的文件	向检委会专题报告数
市院	2014 年	23	1	2	16		2	2	
	2015 年	6			3	1	1	1	
	2016 年	17	4		3	2		1	4
鼓楼区院	2014 年	7	0	1	6	0	0	0	0
	2015 年	2	0	2	0	0	0	0	0
	2016 年	6	0	0	6	0	0	0	0
高淳区院	2014 年	4		1	2	1			
	2015 年	4			2	2			
	2016 年	10		1	6	1			2
建邺区院	2014 年	4	0	1	3	0	0	0	0
	2015 年	5	0	3	1	0	0	1	0
	2016 年	9	0	2	7	0	0	0	0
溧水区院	2014 年	2	0	0	2	0	0	0	0
	2015 年	3	0	0	2	0	0	1	0
	2016 年	2	0	0	2	0	0	0	0
栖霞区院	2014 年	7		1	2	1	1	1	1
	2015 年	10		1	3			3	3
	2016 年	12			7			2	3
秦淮区院	2014 年	3				3			
	2015 年	3		2			1		
	2016 年	15		1	8	5	1		
江宁区院	2014 年	7	0	0	7	0	0	0	0
	2015 年	6	0	0	2	1	1	1	1
	2016 年	5	0	0	5	0	0	0	0
六合区院	2014 年	15	0	1	8	2	1	3	0
	2015 年	30	0	2	17	5	1	4	1
	2016 年	14	0	0	5	3	2	0	4
雨花台区院	2014 年	1			1				
	2015 年	6	4	2					
	2016 年	0							
浦口区院	2014 年	19	1	1	3	1	1	0	12
	2015 年	24	2	1	4	1	2	2	12
	2016 年	25	2	1	5	1	2	2	12
玄武区院	2014 年	4	1	1	2				
	2015 年	6	1	2	1				2
	2016 年	26		4	8	3	5		6
合计		342	16	33	149	33	21	24	63
比例%			4.6	9.6	43.5	9.6	6.1	7.0	18.4

检察业务、管理方面的规范性文件是检委会履行议事职责、发挥宏观指导功能的主要方式。由表9可知，该项内容占到研究总数的近一半，这有两方面原因：一是《人民检察院检察委员会议事规则和工作规则》将业务管理文件纳入应当研究范围，而随着新刑诉法、新民诉法的施行，诸如羁押必要性审查、简易程序出庭、强制医疗、合适成年人等许多新的制度缺乏实践基础和详细规定，需要市县检察院在探索实践的基础上及时制定规范性文件指导办案实践。二是考核的原因。近年来，检察机关考核中创新创优的比重越来越大，其中制定关于某方面业务工作的规范性文件是一个投入少、见效快的创新方法。实践中，案管部门每月、每季、每年都要撰写监管报告，有的院上检委会通报，有的院通过内网通报。

（二）检委会发挥宏观指导功能面临的问题和挑战

1. 检委会宏观指导的意识有待进一步加强

与议案、处理信访等显性功能相比，宏观指导功能属于相对隐性功能，没有刚性要求，可做可不做，因此发挥宏观指导功能的意识往往被淡化。一是检委会尤其是检委会“议案多、议事少”的局面仍难改变。尽管《人民检察院检察委员会议事和工作规则》第3条规定的检委会审议范围十项中只有三项涉及议案，但在司法实践中尤其是基层，还是以议案为主，议事只占10%—20%不等。这一局面与基层院侧重办案、受理案件数量多以及传统的办案方式有直接关系，也说明对检委会宏观指导职能重视不够，据调查发现，有的院年度工作报告、向人大专题报告均没有上会讨论。

检委会宏观指导的范围有限，一些本属于检委会宏观指导的职责被党组会、院务会等替代。根据《人民检察院检察委员会议事和工作规则》规定，检察机关对人大的工作报告、议案以及检察机关重大专项工作和重大业务工作部署，均应在检委会上审议，但实践中这些事项在其他会议上审议的情况比较普遍，导致检委会议事内容和范围相对单一。

2. 检委会宏观指导的方式有待进一步完善

目前检委会主要以“典型案例通报”“法律适用指导意见”“审议案件监管报告”等形式对检察业务工作进行宏观指导，从实践情况看存在以下问题。

第一，从数量上看，典型案例研究数量少、发布周期长难以满足执法办案的现实需求。从实践看，检委会案例等通报主要由上级检察机关发布，一个典型案例从选题、撰写、论证到审议一般要经历漫长的周期，时效性难以保障，面对层出不穷的新问题，检委会难以进行有效指导，二者矛盾凸显。

第二，从功能上看，检委会研究典型案例应重视新罪名和新类型案件的研究指导，并加强释法说理和规则提炼，其意义不仅在于对个案决定的审查把关，还在于以个案处理示范、指引类案的办理，从而统一执法尺度确保办案质量。通过典型个案提炼蕴含的规则，加强释法说理，充分发挥典型案例在统一法律适用、防止执法偏差上的重要作用。

第三，从范围上看，检委会对民事行政检察工作的指导能力亟待加强。根据“两高”《关于对民事审判活动与行政诉讼活动实行法律监督的若干意见（试行）》（高检会〔2011〕1号）第7条规定，检察机关对民事、行政案件提出再审检察建议、抗诉的，需提交检委会讨论决定。但实践中，检察机关往往“刑强民弱”，即刑事检察业务强而民行检察业务相对弱，相应的从事刑事检察业务人员多、业务能力较强，而从事民行检察业务的人员较少、业务水平有限。检委会对民事行政案件的讨论和审议难以深入和专业。

3. 检委会宏观指导的实效有待进一步提高

第一，检委会发现问题不够灵敏和有针对性。当前，检委会只能被动坐等来自业务条线的案例和问题，随机性和偶然性较大。实践中，办案部门人员往往怯于检委会的繁琐程序而不愿将典型问题提交检委会讨论。

第二，分析问题和解决问题能力不足。业务部门发现问题后习惯性地向科（处）长汇报、向分管检察长寻求支持，继而向上级院条线请示，很少想到寻求检委会指导。检委会的宏观指导功能只能在办案部门自行探索解决了某个问题之后，才有可能进行总结、推广，为今后类案提供参考，而在实际问题的分析和解决中，即事前和事中起到的作用非常有限。

第三，检委会案例指导作用不及条线编写的案例。各业务条线往往仿照检委会样式编撰本条线内案例作为指导和参照，由于其案例选取、编撰和总结更贴近办案需求、更具有专业针对性、更及时总结办案中的问题，更重要的是条线考核加分等激励措施的存在，使条线案例的指导作用要优于层次更高的检委会。

（三）检委会发挥宏观指导功能的路径再造

研究检委会宏观指导功能，必须立足于检察官办案责任制改革的实践，合理界定办案检察官、检察长以及检委会的职权，同时必须顺应《人民检察院组织法》修改的大背景，在坚实的法律基础上更好地充分发挥检委会宏观指导功能。

1. 发挥检委会对检察业务工作的宏观指导作用

发挥检委会对检察业务工作的宏观指导，关键是要加强检委会对检察业务管理机制的决策指导。检察业务管理是运用计划、组织、指挥、协调和控制等功能，以求在执法办案中最大限度地发挥法律监督作用。在当前案多人少、质量与效率等矛盾日益凸显的情况下，迫切需要加强建设检察业务运行和管理机制，保障和促进执法办案工作。

一是加大对检察业务管理机制的审议力度。加大检委会对检察业务管理规章制度的审议力度，加强对重要业务规范性文件的审议，发挥检委会对规范司法、严格执法的导向与调控作用。

二是加强案件质量管理与评查。建立业务运行质量风险预警和控制，根据检察业务发展规律，设置预警标准，重点关注不立案、立案后撤案、不批捕、不起诉、无罪判决以及检法在定性量刑方面存在重大差异等重点案件，当达到预警标准时，检委会要对质量预警开展调研，查找原因，研究对策，有效控制质量风险。要建立案件评查工作的常态化机制，对群众反映强烈的涉检信访案件，容易滋生徇私舞弊、违规办案的案件要坚持定期评查、专项评查和重点评查相结合，对发现的执法方面的突出问题，检委会要及时研究采取整改措施，完善相关执法管理，改进薄弱环节。

三是着力强化案件效率管理。根据形势任务的变化，优化配置司法资源，及时调度和配置办案力量，哪个环节工作任务重或者工作薄弱，就要向哪个环节或哪项工作倾斜和加强。推进案件繁简分流和办案专业化，明确简易案件和疑难复杂案件的分类标准，完善简易案件的快速办理机制，对金融犯罪、侵犯知识产权等专业性较强的案件实行专业化办案，提高办案效率。加强案件流程管理，检委会通过对办案流程、办案节点、办案期限及办案审批等方面加强过程监督，发现问题及时研究，并提出指导意见。

四是加强案件绩效管理。设定科学的绩效考评指标，定期对业务部门的办案质量、效率情况进行汇总、分析和评估，并将考核结果记入办案人员的执法档案，与岗位目标考核挂钩，与评优评先、晋职晋级挂钩，坚持奖勤罚懒、奖优罚劣，有错必罚、有责必究，充分运用案件绩效考评结果，引导和激励办案人员树立质量意识、效率意识和责任意识。

2. 充分发挥专职委员对议题的会前实体审查作用

第一，建立专职委员主审制，将实体审查落到实处。在案件或事项正式提请检委会讨论之前，由专职委员先进行实质性审查，并提出实体和程序方面的实质性处理意见。由于专职委员没有业务部门普遍存在的办案考评、涉检信访风险等牵制和顾虑，通过全面的会前审查，一方面有利于检委会全面了解案情，减少和杜绝由承办部门独家汇报可能产生和出现的某些偏差、失误，起到互补作用；另一方面将监督性审查寓于其中，便于从中发现承办人在执法过程中可能出现的一些违法违纪现象，及时督促整改。

第二，实行全方位的会前审查。具体可以分三步走：第一步是对案件议题的程序性的审查，即一般的、面上的审查，主要是针对承办部门和承办人送交的《提请检察委员会讨论案件登记表》《议题报告》是否符合程序性要求而进行的，审查所列项目中关键问题和争议焦点是否列出，承办人、承办部门及分管检察长的意见是否明确等。这与检委会办事机构的审查不重复，是对议题的全面审查与过滤。第二步是对案件议题的事实认定审查。由于对法律适用的判断是在案件事实认定的基础上的，因此实务中检委会也审议案件事实的认定。而且，“在某些案件中事实认定比法律适用更为困难，而且事实认定与法律适用也往往不是泾渭分明的，为保证案件质量，检委会应当对案件事实进行审查，对事实认定负责。”① 对事实的审查不可能依靠检委会会议上短暂的审议来完成，因此很有必要在会前把关，通过会前的实体审查来完成对上会案件事实的确认，以避免信息不对称造成的决策偏差。目前，学界对检委会制度诟病甚至主张取消检委会制度的理由之一就是检委会讨论决定案件时，不审阅案卷，不听取犯罪嫌疑人和被害人的意见，不询问证人，“定而不审”，违反了司法的亲历性原则和直接言词原则。因此，在事实审查过程中，主要是审查议题报告是否客观真实、承办人认定的事实是否明晰、相关证据是否到位，既可以采取书面审查方式，必要时也可以直接向当事人进行询问或讯问，甚至主动调取所需的证据。所有检委会委员集体或单独对犯罪嫌疑人进行讯问或对被害人、证人进行询问不可能实现，但是由检委会的特殊委员——专职委员代表在必要时进行询问和讯问是可能的，是有利于厘清案情和作出公平公正判断的。在事实审查中，如果专职委员认定的案件事实与承办人在议题报告中所述的不符，且专职委员认为案件事实的认定差异可能导致案件处理结果的差异，可以先行和案件承办人、业务部门负责人进行沟通，看能否就事实认定取得一致。如果仍不能取得一致，专委认为可视情况决定是否向分管副检察长汇报，由分管副检察长决定如何协调。如果仍无统一的处理意见，必要时，专委甚至可将情况上报至检察长。事实审查后，如果对案件事实的认定发生变化，且各方均认同变更后的事实，则应对案件是否应当继续提交检委会审议作出重新评估。第三步是对案件法律适用问题的审查，即围绕提交事项或案件的关键问题和争议焦点展开，即考察提请部门或承办人员适用法律是否正确、提请理由或证据是否充分、案件的主要分歧和难点问题是否找准、处理事项或案件的方案是否合法合理可行。

3. 强化检委会宏观指导功能的实践探索

第一，设置专题研究小组，发挥决策参谋作用。经济社会的快速发展，形

① 张兴波：《关于完善检委会制度的思考》，载《云南大学学报》（法学版）2009 年第 3 期。

成大量的矛盾纠纷不断以各种案件形式涌入司法机关，对司法人员不断提出新要求，尤其是金融、网络、知识产权、证券等领域专业性极强，检委会委员囿于时间以及专业背景等限制，对上述领域专业知识往往不甚精通。而近年来通过公务员招考录用了大量有专业知识背景的青年检察官，这些人囿于资历、职务等限制无法进入检委会决策圈。在检委会下设青年研究小组作为专业问题的决策参谋，对于检委会交办研究的案件、检察建议、规范性文件等，通过研究小组的先行研究、出具咨询意见，可以为检委会决策提供参考；对检委会讨论的首例、新类型、疑难复杂案件，通过研究小组的专业加工和检委会的讨论，形成“检委会个案通报”以指导今后的检察业务工作。

第二，加强检委会通报的释法说理和规则提炼。检委会典型案例通报已成为各级检委会指导办案的重要方式，各级院纷纷进行案例汇编或案例指导等的编撰，甚至公开出版。然而，实践中我们也发现不少检委会案例通报存在问题，如案例选取不够典型，缺乏指导性；通报文本重案例陈述和诉讼过程介绍而轻释法说理、规则提炼；选取的案例及其处理意见存在前后矛盾，或论述不够严谨等技术问题。笔者认为，检委会通报可参照《刑事审判参考》《最高人民法院通报》及《最高人民检察院通报》的案例格式撰写。典型案例的结构应包括从“基本案情”“主要问题”“裁判理由”等几个部分，尤其应加强释法说理与规则提炼，尤其是法律、司法解释尚未明确而通过个案彰显出的裁判规则。

第三，聚焦热点和难点，及时总结检察工作经验。发现检察工作中的问题、总结检察工作经验对于检委会宏观指导功能的发挥有着举足轻重的作用。检委会委员应经常听取部门工作情况汇报，收集当前带有普遍性的困难和问题，通过深入调查研究，挖掘各类案件的办理难点、办案规律等，并提出相应对策。检委会还可以就本院办案方式、办案组织改革、检察工作创新等问题进行总结交流，并及时制定规范性文件予以固定。

第四，推行专职委员对本院制发法律文书的审核机制。法律文书是评价检察机关工作、体现检察办案水平和执法能力的重要依据，是检察机关开展法律监督、宣传法治的重要载体，代表着整个检察机关的形象和水平。检察长签发之前，由专职委员对本院制作的法律文书质量总负责，对法律文书审核相关工作承担组织协调和管理职能，对抗诉书、检察建议、纠正违法通知书、不起诉决定书等重点法律文书应进行全面审查，可以最大限度减少误差，统一格式，并及时纠正存在的错误，也是检委会履行宏观指导职能的重要方式。

4. 检委会直接办案发挥宏观指导功能

第一，构建专职委员直接办案制度。对于拟上会讨论的重大影响案件，专职委员可以通过与业务部门承办人一起办案、事先调阅卷宗、询问承办人员等形式亲历案件事实的调查，并亲自听取案件各方当事人的意见以形成内心确信，兼听则明，避免信息不对称形成的偏差和误解，以增强最后决策的科学性。

第二，探索检委会委员间接办案新模式。检委会委员除了直接参与办理少量案件之外，更现实的途径是通过把关、指导等方式间接参与办案，实践中可行的途径如听庭评议、参加听证会、参加办案部门的检察官联席会等。其一，检委会委员可以通过听庭评议，进一步了解一线新问题并及时提出指导意见。首先要精心遴选听庭评议案件，主要旁听自侦案件、检委会讨论案件，并重点选择疑难案件进行听庭评议。形式上，检委会委员可以借助网络与多媒体技术进行远程同步观摩与庭后观摩，创新评议方式，区分证据质证、法庭辩论等关键环节，针对不同工作年限、层级的公诉人分批分类评议。加强听庭评议反馈，及时向相关办案部门反馈检委会委员的评议意见，评议结果纳入干警业务责任档案。其二，检委会委员可以通过主持、参加检察听证活动指导办案。检察职能的司法化要求检察工作从以往的单向、封闭、行政化审批方式转向双向、开放和中立审查的方式，听证程序将大量运用于检察业务中，如审查批准逮捕、不起诉、刑事和解、民事行政案件的检察监督等，检委会委员在听证活动中大有可为，发挥对内的组织指导和对外的权威说服作用。对内，检委会委员作为听证会的组织者主持会议，居中听取犯罪嫌疑人一方、被害人一方及相关单位意见，指导听证会有序开展；对外，检委会委员与人民监督员、人大代表等共同组成监督小组，解释事实认定和法律适用，调解双方，提高检察听证的权威性。

第三，规范并拓展检委会专家咨询机制，应对新情况新问题。检委会专家咨询制度设立已久，但实践中囿于各种制约因素，很多地方咨询委员会工作往往流于形式，其作用并未得到真正发挥。面对不断出现的新情况、新问题，检委会应充分借助专家咨询委员会发挥宏观指导功能。首先应明确专家咨询委员会的范围和职责。专家咨询机制主要适用于重大、疑难案件的处理和新问题的应对。其次，严格专家准入条件。对咨询专家统一实行聘任制，从专业、地域、个人素质等方面严格限制准入条件，尤其要充分考虑民事、行政专业领域的咨询需求。个人素质上，受聘专家必须具有较强的分析、综合、表达能力和较高的道德素养和人格魅力，熟悉社会发展与法治环境，关心检察工作，热心社会公共事业。对于涉及专业性的疑难复杂案件，可以邀请相关专业专家，对案件涉及的专门问题予以审查，提出意见。再次，应清楚界定咨询专家的权利义务。咨询专家享有取得相关工作经费和奖励的权利，并对所负责案件的信息数据享有知情权和使用权，对专家咨询组的组织事务享有发言权、建议权与表决权。同时，受聘专家也必须认真履行咨询职责，严格按照各项工作流程与规范开展咨询工作，自觉遵守检察机关的决议以及相关的组织纪律。最后，要规范专家咨询委员会的运行程序。对拟讨论决定的重大疑难案件、机制建设等问题，检委会可以启动咨询机制，由专家咨询组指定承办专家。承办专家采取阅卷、听取汇报等方式了解案情，提出处理建议。

5. 加大信息化建设力度，提高检委会宏观指导水平

2013 年 11 月，全国检察机关统一业务应用系统在全国检察系统内全面推行。统一业务应用系统为全国检察机关建立起立体化、动态化的管理网络，实现各级院、各部门数据互联互通，对执法办案活动实行全程、统一、实时、动态管理和监督，把执法管理和监督制约的触角深入到每一起案件、每一个执法环节，为检察权的依法正确行使提供有效的信息化支撑和机制保障。统一业务应用系统也为检委会发挥宏观指导功能提供了有力的物质保障。一是便于检委会全面掌握案件信息，加强内部监督制约。对于司法实践中反映出来的，有些应该提请讨论决定的案件，办案部门或办案人员故意避开检委会程序而作出决定，或者有些不应提请讨论决定的案件，办案人员害怕承担责任却提请检委会讨论的案件，检委会办事机构或检委会专职委员可以通过查阅所有案件，主动挑选认为应当上会讨论的案件，加大对重大影响案件的把关。二是便于检委会通过横向比较，加强类案监督。检委会可以通过对一定时期、同类型案件的比较梳理，如新罪名和新类型案件，及时发现可能存在的问题；针对反复出现的、多发的、反映区域特点的类似问题，全面掌握情况，及时总结经验；针对法律关系较为典型，具处理情况对今后的执法办案具有指导意义的案件，加强研讨，形成对一类案件的法律适用意见。充分发挥案例指导在统一法律适用标准、统一执法尺度、确保办案质量、提高办案效率等方面的作用。三是便于纵向掌握案件执行情况，加强执行监督。检委会决定是否落到实处、决定是否正确都维系在案件的具体执行情况上。对于检委会作出的决定，承办部门应当及时向检委会办事机构通报执行情况，必要时，检委会办事机构应当进行督办，并定期将执行情况向检察长和检委会报告。全面推行统一业务应用系统有助于检委会加强执行反馈机制，严格落实和强化相关人员的执行责任，不断加大对检委会决定执行反馈的检查力度，树立检委会应有的业务权威。

五、检委会运行机制的程序和责任问题

（一）检委会决策程序问题

1. 正当法律决策程序：自然正义原则的成文法表达

一般认为，自然正义原则有两项基本的程序规则：一是任何人不能作为自

己案件的法官（排除偏见）；二是人们的辩护必须公平地听取（听取意见）。自然正义原则在英国普通法上最初就适用于司法程序，后来英国的成文法也使用“The due process of law”（法律的正当程序）的概念。[①] 正当法律程序经美国宪法修正案确立以后，该条款作为人权保障的基石，成为现代许多国家的宪法或者宪法性法律的一项基本内容。在长期的历史发展过程中，正当法律程序的内涵经诸多判例、学说的解释与发展，不断丰富和完善，从最初的听取申辩、公职人员与所处理的事务有利害关系时必须回避、说明理由、告知权利发展到包含公开、透明、公众参与、程序公平、不应当不必要的繁琐和费用高昂、不应当限定不合理的时限或者造成不合理的迟延等诸多要素的体系。因此，正当法律程序的内涵非常丰富，但从法理和通说角度看，“排除偏见、听取意见和说明理由”这三项要素无疑是正当法律程序的核心要素。“增之一分则太长，减之一分则太短”，是谓“核心要素”。[②] 所有法律程序，都能以是否具备这三项程序要素作为标准判断其程序是否“正当”。这是一个符合最低限度的程序正义要求、具有直观性的形式标准。

2. 检委会决策程序要求

上述正当法律程序三核心要素在检委会程序中具体体现在三个方面：（1）司法的亲历性原则。“司法是一种讲求亲历性的活动，对当事人言词的判断、对证人所作证词可信性的判断，都离不开判断者对于被判断者的近距离观察。”[③] 司法的亲历性有以下基本要求：一是直接言词原则，即案件当事人直接参与诉讼并用口头方式表达，裁判者连续不断地审理和裁决。只有在司法人员主持下，所有当事人、诉讼参与人直接、口头的意见交流和沟通、对质，裁决者才能兼听则明。二是裁判者亲自审理原则，由亲自审理者直接裁判。案件审理中，裁判者在充分听取当事人双方陈述和意见、亲自近距离感受各方表述

---

① 丹宁勋爵法官（Alfred Thompson Denning）认为，“正当法律程序”的概念第一次在成文法上出现，可能是1354年爱德华三世第28号法令第三章的规定：“未经法律的正当程序进行答辩，对任何财产和身份的拥有者一律不得剥夺其土地或住所，不得逮捕或监禁，不得剥夺其继承权和生命。”之后，英国1628年《权利请愿书》规定：“非经国会同意，（陛下臣民）得有不被强迫缴纳任何租税、特种地产税、捐献及其他各种非法捐税之自由。任何人非经依正当法律程序之审判，不论其身份与环境状况如何，均不得将其驱逐出国，或强使离开所居住之采邑，亦不得予以逮捕、拘禁，或取消其继承权，或剥夺其生存之权利。”

② 刘东亮：《什么是正当法律程序?》，载《中国法学》2010年第4期。

③ 贺卫方：《司法的理念和制度》，中国政法大学出版社1998年版，第122页。参见李龙、刘连泰：《论中国语境下法官职业化的几个维度》，载《法律适用》2002年第11期。

态势的过程中形成对事实证据和法律适用的内心确信。亲历性是办案者获得中立地位以及办案意见和办案决定权得到充分尊重的理论根据。(2) 司法的民主性原则。司法坚守独立与理性核心价值的同时，民主性伴随着司法过程的始终。司法民主有其特别内涵，即建立在司法理性和司法独立基础上的少数服从多数的决策原则，主要体现在司法制度内部司法权运行机制中。从本质意义上看，司法民主本身即是一种程序。“民主是一种程序，是寻求公众问题解决方法的一种途径”。[①] 而完整的程序本身包含了听证、可预见性、回避以及程序设计上的中立性、平等性、对等性、对抗性等特征，内在地契合了民主性要求。(3) 司法公开原则。公开决策过程及结果，是司法主体的义务，是保障公众知情权、监督权的基础条件。这里的公开不是一般的法制宣传，而是应当以案件信息公开为核心，包括公开检委会委员信息、讨论案件和事项基本情况等。

正当法律程序是检委会决策正当性的基础，应当按照正当法律程序的要求，进一步完善检委会制度。

3. 检委会决策程序的正当化改造

一是增加亲历性机会，推行委员直接办案、会前阅卷预研、专职委员提审、检委会会议视频提审、PPT 证据演示、会后跟庭、委员点评等制度，采取检委会讯问犯罪嫌疑人、询问证人等诉讼参与人、听取辩护律师或代理人意见、探索听证程序、引入辩论机制等措施，对检委会程序进行诉讼化、司法化改造，改革其听承办人汇报、看材料的工作形式以及“少数服从多数”“下级服从上级”的行政化命令方式，摒弃其行政性、封闭性和单方性特征，强化程序设计的言词审理性和司法亲历性，使检察官更像是一个“审前程序中的法官”。[②] 二是推进决策民主化，适当降低担任领导职务委员比例，逐步增加业务骨干委员；将讨论程序与表决分离，确保委员能平等交流，探索实行举手表决、投票表决、多读表决等科学表决机制；组建检委会专业研究小组、完善列席制度。三是深化检委会公开工作，落实委员回避制度，向当事人告知参会委员名单，允许当事人申请回避。实行检委会决定说理制度，公开检委会决策心证过程。实行议事议案程序分开、繁简程序分流，提高议事效率和质量。

（二）检委会决策责任问题

1. 决策责任缺失

现代决策学一条重要的原则就是“权责一致”，亦即有权必有责。这一原

---

① ［美］科恩：《论民主》，聂崇信等译，商务印书馆 2005 年版，第 4 页。

② 李建波、龚培华：《论法律监督司法化的定位》，载《人民检察》2014 年第 6 期。

则早就为法律所认可吸收，同时也是公平原则的重要体现。检委会采取群体决策形式讨论疑难案件，存在前述“办案而不决定，决定而不办案”的现实矛盾、即对案件作出实质处理的检委会委员虽然在名义上承担集体责任但实质上“集体负责，人人都不负责”，直接违背权责一致原则。虽然在检察机关内部，检委会制度设计之初就是为了一定程度上分担承办人面对重大疑难案件时所面对的外界压力。但是，由于检委会实行民主集中制，由集体对案件的决定承担责任，但在实际上，集体负责的结果往往是无人承担责任。《关于完善人民检察院司法责任制的若干意见》虽然有原则性规定，但从实践来看，仍然存在检委会司法责任顶层设计不完善、责任内涵范围不清晰、责任追责程序行政化等弊病，特别是缺乏责任制的配套制度，责任保障不到位，制度落实效果不尽理想。

2. 建立完善检委会责任体系

决策意味着风险和责任。建立完善责任机制是强化检委会决策的专业属性和决策质量的重要保障。

（1）明确检委会司法责任顶层设计的基本原则

第一，主客观相统一原则。主客观相统一是坚持责任追究的共通原则。行为人只能对其自由意志支配下的行为承担责任，无行为无责任，无过错也无责任。对检委会决策责任追究也应坚持主客观相统一，以主观过错和客观行为作为责任评价的基础，而不能以决策结果错误作为追究责任的唯一根据。第二，行为责任模式原则。行为责任模式，则主要是因故意实施违法司法行为或者因重大过失实施了违法司法行为导致严重后果而被追究责任。切断司法人员与案件裁判结果的直接利益牵连，避免因为存在错案结果风险，导致检察机关内部人人自危、转移办案责任风险，使各项司法化、诉讼化改革措施失去基础。坚持行为模式导向，追究司法办案责任，前提必须是有违反法律法规等不符合其角色义务的司法行为，可以是故意违反实体法或者程序法的作为，也可以是应当履行职责而严重不负责任的不作为。第三，责任自负、区别对待的原则。按照各检察人员在办案过程中的过错程度，合理区分责任，具体包括：其一，独自承办的案件，由检察官承担责任。其二，提交检察长审批的案件，检察长故意违反法律规定或者严重不负责任，对检察官的错误不按照程序纠正，导致责任产生的，检察长、检察官应按过错程度承担责任。其三，提交检委会讨论的案件，检委会委员故意违反法律规定或者歪曲事实、曲解法律，导致检委会决定错误的，由导致错误决定的人员承担责任；若主持人违反民主集中制原则导致决定错误的，由主持人承担责任。同时，在办案过程中有过错的检察官也要承担相应责任。第四，检察官对案件证据和事实负责的原则。因认定事实和证据错误导致处理错误的，应由检察官负主要责任，其他人员视情况承担责任。

（2）明确责任内涵

司法责任可以分为两类：一类是与司法活动密切相关的，因行使司法权而产生，也称为办案责任。一类是因违反司法职业伦理和道德规范所产生的责任，既可以发生在办案过程中，也可以发生在办案过程之外，但与办案本身的结果和过程没有直接关系，也可称作职业伦理责任。这里的检委会责任主要是第一类。当然，违反职业伦理道德的行为也可能与执法活动甚至案件处理结果直接相关，即产生责任竞合，也可以按照办案责任进行追究。检察官应当受到追究的情形主要有：第一，案件质量问题。即由于检察官认识、能力水平、工作疏忽等原因导致案件质量存在瑕疵或错误。具体包括：实体上，非因主观故意或重大过失导致认定案件事实的证据不充分、遗漏案件部分事实或证据、违反证明规则、错误认定证据能力大小、对法律法规理解适用不正确等情形；程序上，非因主观故意或重大过失违反法定程序但没有造成实质严重后果的；法律文书上，文字表述出现明显错漏、缺乏某些基本构成要素、引用法律条款错误，但未造成严重后果等情形。第二，办案效率问题。即检察官拖延办案、贻误工作。当前我国法律对办案期限的规定过严，在办案任务重的情况下，检察官拖延时间问题非常普遍，但目前未引起足够的重视。第三，违法办案问题。即由于故意或重大过失对案件处理造成严重后果的情形。如利用检察权收受贿赂、以权谋私等行为。在追究标准上，应实行程序与实体并重的原则。一方面，违法办案责任以程序标准为主，同时纳入实体标准，对于事实证据非常简单清楚、法律适用非常明确的案件，可适用实体标准；对于事实证据复杂、难以认定或者容易产生分歧的案件，以及法律适用不明确的案件，不得适用实体标准。

（3）明确责任类型

根据不同标准，可以对司法责任进行不同类型的划分。比如根据处理依据的不同，可以分为纪律责任和法律责任。根据主观过错的不同，可以分为故意责任和过失责任。故意责任，是指明知自己行为违法而有意为之，如利用职权或因履行检察职务的便利在处理案件中贪污受贿、故意违反《人民检察院组织法》规定的司法决策方式的违法行为等。过失责任，是指应当预见自己不行使或者怠于行使职责的行为会造成错案及严重后果，但由于疏忽大意而没有预见，或者已经预见而轻信可以避免以致案件处理错误并造成严重后果。基于司法本身的制度风险和人的认识能力的有限性，对案件处理错误要有一定容忍度，必须是重大过失方可追责，轻微或者一般过失不宜追责。重大过失的判断应当结合职责、注意义务的违反程度、不作为的具体情况、对案件处理及严重后果的直接原因力等因素综合考虑。对于故意违法行为并不要求必须导致错案或者造成严重不良后果，但是对于因过失违反法定程序、法律规定、办案纪律的违法行为追责，需要造成严重后果才可以追责。这里的严重后果，比如因错案导致当事人自杀、死亡，国家赔偿等难以挽回巨大损失。根据责任主体和内容的不同，可以分为违法办案责任和监督管理责任。直接承办人承担的责任即指违法办案责任。负有监督管理职责的领导、职能部门等因故意或者重大过失，怠于行使或者不当行使监督权和管理权导致错案并造成严重后果的，依照有关规定还应当承担监督管理责任。承担监督管理责任的前提是其对该案件负有监督管理责任，如果没有途径和责任去发现错误，也不能要求其承担责任；并且要求主观过错，具有故意或者重大过失要件。检委会决策责任包含集体责任和委员个人责任两种。从责任属性看，分为决策责任、瑕疵责任以及管理责任。对检委会追责应根据检委会整体和委员个人作出错误决策时的心理状态追究责任，对于徇私舞弊、受贿枉法而故意作出某种违反事实、违背法律的错误决议与由于重大过失而作出的错误决议，基于过错原则而被追责。对于尽了忠实、勤勉义务但因知识有限、能力不足而作出错误决议的、因工作失误产生的文书、表述等瑕疵责任以及对所属检察官办案过错承担的监督管理领导责任的等情形，应区别对待。

（4）明确责任认定标准

第一，细化错案责任认定制度，将集体责任分解兑现到个人，在《检察人员执法过错责任追究条例》的基础上制定实施细则，明确检委会委员执法过错责任的认定标准、认定程序，做到追责有据，使发表错误意见的委员或者徇私枉法者承担应有的责任，威慑委员们的不作为、乱作为或其他不法行为，最大限度地实现实体正义。第二，完善检察内卷制度，建立案件记录和署名制度。检委办必须将各委员的讨论意见记录在案，并确保记录的详细性和全面性，各个委员的决策意见都应详实具体，尤其对存在分歧的观点和建议更应详尽记录在案。将会议记录定位为追究责任的重要依据，所有委员在会后都应认真审阅会议记录并签署姓名。记录在案，实际上是公开了委员的心证，借以遏制委员发言的恣意或者不作为，每个委员都必须发言并对自己的意见负责，倒逼其认真阅卷，根据案情证据和职业良知作出判断。这样一方面促使委员认真思考完善自己的决策思路、自由平等地表达意见，另一方面做到责任分明，避免委员们因为无责任约束而产生的任性，使他们对案件质量终身负责，提升公正司法能力。

（5）规范责任豁免

第一，明确错案责任与违法办案责任的关系。建立错案责任倒查问责制的核心是把错案作为追责发现的一个线索来源，从错案结果的发生倒查审判、检察、侦查各个环节、各个主体是否应当承担违法办案责任。错案责任与违法办案责任有交叉，但错案与错案责任不具有一一对应关系，即并不是所有错案都应当追责。有错案但是没有违法行为，没有故意或者重大过失，就不应被追究责任。相反，只要具备违法审判行为追责事由，即使案件处理正确，也要追究其违法责任。要注意防止把凡是错案都对办案人员进行追责，关键要看错误的原因及办案人员的过错。第二，明确瑕疵责任。瑕疵责任是指在文书制作、诉讼程序、事实认定、法律引用、司法行为等方面存在一般差错（这种差错不影响案件处理结果正确性）。笔者认为瑕疵责任不是办案责任，对于文书、司法行为等一般性差错，可以作为检察官业绩考评和案件质量管理的评价范畴。第三，对法律、法规、规章、司法解释具体条文的理解和认识不一致，但在专业认知范围内能够予以合理说明的。司法权是一种判断权和裁量权，是将法律规范应用于具体事实作出判断和裁量以解决纷争。因个人知识结构、生活阅历、文化差异等情况对法律存在不同的理解和认识从而导致案件不同处理，可以通过程序和制度设计予以救济，一般不应作为追责的事由、不应当作出否定性评价，否则将严重损害检察官的主体地位和法律适用的内心确信。同时，为了避免少数别有用心者将此作为推诿责任的借口，必须将这种认识和理解的差异限定在专业认知范围内能够作出合理说明范围内，对于职业共同体内的一个平均水平的人员都认为明显不能自圆其说的认识和理解差异是不能豁免责任的。这在具体执行中需要平衡法律和政策的界限自由裁量。第四，对案件基本事实的判断和证据采信存在争议或者疑问，根据证据规则能够予以合理说明的。对案件事实的认定错误往往是导致最后错案的重要原因。但是，从司法规律来看，检委会作出的认定是法律真实而不是客观真实，绝对的客观真实在诉讼环节上不可能重现。办案人员既不是案件的亲历者，也不直接发现案件事实，只能通过对证据的审查判断形成对案件事实的认识和判断。根据证据规则，办案人员对其采信和不采信的证据作出了合理说明，基于此形成对案件事实的判断，能得到一般专业角度的认可，即使将来被认定为事实不清、证据不足，也不能追责。因此，必须把握好责任追究的界限，保护检察官依法履行职责。一般说来，下列6种情形导致案件处理错误不承担责任：对法律理解和认识上的偏差；对案件事实和证据认识上的偏差；出现新证据；法律修订或政策调整；办案所依据的其他法律文书被撤销或变更；其他情形。需要注意的是，对法律理解和认识上的偏差、对案件事实和证据认识上的偏差不同于错误，是认识理解不到位，而非完全背离事实和法律的明显错误。

（6）完善检委会责任分配机制

为解决检委会讨论决定案件会导致裁判责任分散的问题，在目前保留检委会制度设计的前提下，本着公平公正的原则，应当对审判委员会委员的责任分配进行明确。对这一问题存在不同认识。有的主张检委会意见一致决定的案件，由检委会共同承担责任。检委会意见不一致，按照少数服从多数原则决定的案件，持少数意见的不承担责任。有的地方规定，持错误意见的成员独自担责。笔者认为，检委会审议案件的前提是委员充分发表意见，委员权利平等，共同审议案件，应当共同对案件的事实认定和法律适用承担责任。如果以少数意见和多数意见作为责任承担的依据，一方面直接违背司法民主的基本要求，事实上架空了检委会“平等审议、共同负责”的基本精神。另一方面容易加剧会议讨论和表决时种种规避责任产生的行为，使委员不愿或不敢发表意见，也可能导致故意发表少数意见。检委会的责任承担，既要避免不当的“个体责任”取代“共同责任”，又要防止“集体负责等于无人负责”的奇怪现象。因此，在坚持共同责任原则，即委员对案件的事实认定和法律适用共同承担责任的前提下，再根据个人行为、过错程度等区分责任主次或者一定比例，在进行办案责任追究时，根据委员是否存在违法行为、情节、发表意见的情况和过错程度合理确定各自责任，考虑的因素应该包括每个委员本身是否实施了违反法律法规的违法行为、是否存在故意或者重大过失及过错程度、委员违法行为对错误结果的原因力和影响力，等等。

此外，还要注意以下几点：一是根据前述分析，检委会今后主要审理应当讨论类和必经程序类的法律适用问题，按照“谁裁判谁负责”的精神，讨论决策过程中，承办人、汇报人应保证案件事实的真实性、证据采信的客观性和合法性，并按照承办人出具的议题报告来确定责任的承担。根据会议记录，检委会作为一个整体，对所讨论议决事项承担集体责任，委员对自己发表的意见和最终表决承担个人责任。负责实体审查的专职委员在对案件事实认定、证据审查等方面与承办人一致时与承办人共同对事实认定负责，专职委员在检委会会议上发表了不同于承办人认定结论的意见时，对自己的发言负责。检委会同意承办人意见导致错误产生的，由承办人和持多数意见的委员共同承担责任。二是对委员的责任追究的根据和基础是委员是否在审议案件时存在违法行为，由于委员没有直接参与案件办理，因此主要考察其是否故意曲解法律发表意见。检委会属于一级办案组织，理应实行少数服从多数原则，如果主持人主持讨论案件违反民主集中制，导致检委会决定错误的，主持人应当承担主要责任。三是为保障检察权依法独立行使，特别是《领导干部干预司法活动、插手具体案件处理的记录，通报和责任追究规定》和《司法机关内部人员过问案件的记录和责任追究规定》及其实施办法的出台，更是检察官办案的有力保障。在出现领导干部干预等情形应当如实记录、主动汇报排除干预的情况下，由于委员没有敢于担当盲目服从领导意见导致裁判错误的，不能以领导干预为由阻止责任追究，当然，责任认定和处理上应妥善考虑。

检察委员会议题范围之合理界定：问题与进路

——以检察官办案责任制改革为视角

杨爱民　孙秀丽　韩东成*

一、检委会议题范围"三问"

检察委员会（以下简称检委会）是根据《人民检察院组织法》（以下简称《组织法》）设立的检察院内部集体领导组织形式，是在检察长主持下讨论决定重大案件和其他重大问题的检察院业务决策机构，是中国特色社会主义检察制度的重要组成部分。检委会议题范围，也即检委会的职责，是检委会权力行使的边界。《人民检察院检察委员会组织条例》（以下简称《组织条例》）、《人民检察院检察委员会议事和工作规则》（以下简称《议事规则》）对检委会议题范围作出了初步明确的规定。1999 年下发现行依然有效的最高人民检察院《关于改进和加强检察委员会工作的通知》（以下简称《通知》）中规定："各级人民检察院可参照最高人民检察院检察委员会议事规则，结合工作实际，制定或完善检察委员会议事规则，以提高议事能力和议事水平。""各级人民检察院要根据法律规定和最高人民检察院的有关规定，进一步规范检察委员会讨论决定重大案件及其他重大问题的范围并严格执行。"据此，各级检察院均可以制定本单位的检委会议事规则，且要规范检委会议题范围。

笔者在起草本单位检委会议事规则，设计议题范围相关条款时，在查阅了"法律及其他规定"① 以及其他检察院的有关规定之后，却发现自己越发无所适从了，不知道该怎样来合理界定本院检委会的议题范围。不禁引发了笔者称为对于检委会议题范围的"三问"。

---

* 杨爱民，上海市人民检察院第三分院综合业务处处长；孙秀丽，上海市人民检察院第三分院综合业务处副处长；韩东成，上海市人民检察院第三分院综合业务处干部。

① 《议事规则》第 3 条第（六）项规定："经检察长决定，审议有重大社会影响或者重大意见分歧的案件，以及根据法律及其他规定应当提请检察委员会决定的案件。"

（一）“粗”与“细”：检委会议题范围的技术之问

从《组织法》中的“讨论决定重大案件和其他重大问题”，到《组织条例》中将其细化为8项，再到《议事规则》中将其进一步细化为10项，后两者试图对“重大案件”和“其他重大问题”进一步规范，但不可否认，上述规定仍显得过于原则，具有很大的伸缩空间，不利于实践中的具体操作。

首先，就宏观方面来说，“重大案件”和“其他重大问题”这两个概念本身就是相对模糊的表述，不是一个清晰的法律标准，无法准确把握。其次，在议事方面，拟提交本级人大及其常委会的工作报告、专项工作报告和议案，本地区检察业务、管理等规范性文件，应该提交检委会审议通过，这在指向上是明确清晰的。但诸如贯彻执行国家政策、上级人民检察院工作部署、决定的重大问题，以及重大专项工作和重大业务工作部署等表述，只是原则性的方向，把握起来比较困难，具体到某个事项是否属于检委会议题范围，不同的人、不同的检察院都可能会作出不同的解释。再次，在议案方面，从《组织法》规定的“重大案件”，到《组织条例》规定的“重大、疑难、复杂案件”，再到《议事规则》规定的“重大社会影响、重大意见分歧、抗诉类、复议类等案件”，但对于何谓“重大案件”以及“重大社会影响、重大意见分歧”仍显模糊。网上有传播、媒体上有报道及有上访的案件是否属于有重大影响？承办部门讨论案件出现针锋相对的几种意见，能否称得上存在重大意见分歧？[①] 这些都常常成为实务部门工作中不得不面对的难题。

当然，这其中立法语言的模糊性因素或占了很大比重。模糊的立法语言乃是来自于转换途中，立法机关将某种已经具有既定权威性的法律、法规、条约、条例通过自身的语言表达，形成书面文本。模糊性词语的存在表明了这样的一种事实，许多法律概念或者命题乃是一定外延下动态取值的，其具体内容是立法者也不能把握控制的而导致其不能被准确界定。立法语言模糊的最终目的乃是在一种模糊的、不确定的灰度空间当中寻求最为接近公平正义的地方，以便普遍实施法律规则。所以说，这种模糊性在某些时候，是立法机关主动选择、有意为之。[②] 具体而言，法律及其他规定中对检委会议题范围作模糊性规定的原因，笔者在官方文件中未能找到，但从前述《通知》要求“各级人民检察院可参照最高人民检察院检察委员会议事规则，结合工作实际，制定或完善检察委员会议事规则，以提高议事能力和议事水平”的表述中，推断其中

---

① 参见刘伟：《我国检察委员会制度研究》，西南政法大学2012年法学硕士学位论文。

② 参见江红霞：《立法语言的模糊性》，重庆大学2015年法学硕士学位论文。

最重要的考量因素，可能还是各地的“工作实际”，如不同层级检察院的职责和定位、办理案件的数量多少、检察官的整体素质等。

立法中，使用模糊语言可以最大限度地适合各种语境情形，但与此相应，因为过于广泛的适用范围，也使得模糊性语言下的法律法规常常难以操作。虽然早先下发的前述《通知》中已然指出：“目前一些地方检察委员会的机构不健全，成员结构不尽科学合理，议事范围不明确，程序不规范，议事效率和水平不高，检察委员会的决定不能及时贯彻执行，影响了检察委员会作用的发挥。”但至2015年年底的《全国检察机关检委会工作视频汇报会交流材料》中，仍有安徽、福建两家省级人民检察院在汇报交流材料中提及：部分院上会审议议题范围不规范，检委会与党组会、院务会、检察长办公会的职责范围界定尚不完全清晰；天津市人民检察院也提及：一些单位对检委会议题范围存在模糊认识，对应当提交检委会的案件或事项把握不准，该提请的没提请，而一些一般性案件却因某种特殊需要提请检委会研究。[①]

（二）“宽”与“窄”：检委会议题范围的实践之问

笔者发现，前述《组织条例》与《议事规则》之间，包括各地在制定本单位检委会议事规则之时，在议事[②]范围上大都相似，基本无超出高检院《议事规则》所规定的议事范围者。[③] 然而，在议案范围上，或因根据不同，各地检委会有着很大的差异。

仅以“法律及其他规定”中要求的应当提请检委会讨论的议案范围为例。《刑事诉讼法》（以下简称《刑诉法》）中规定应当提交检委会讨论的仅有2种情形：（1）检察长和公安机关负责人的回避；（2）重大案件审查批准逮捕犯罪嫌疑人。[④]《人民检察院刑事诉讼规则（试行）》（以下简称《刑诉规则》）中规定应当提交检委会讨论的已增加至4种：（1）检察长、公安机关负责人

① 参见最高人民检察院法律政策研究室编：2015年《全国检察机关检委会工作视频汇报会交流材料》。

② 依通说，将检委会议题范围分为议事和议案。

③ 即《议事规则》第3条第（一）项至第（五）项所规定的“审议在检察工作中贯彻执行国家法律、政策的重大问题；审议贯彻执行本级人民代表大会及其常务委员会决议，拟提交本级人民代表大会及其常务委员会的工作报告、专项工作报告和议案；最高人民检察院检察委员会审议检察工作中具体应用法律问题的解释以及有关检察工作的条例、规定、规则、办法等，省级以下人民检察院检察委员会审议本地区检察业务、管理等规范性文件；审议贯彻执行上级人民检察院工作部署、决定的重大问题，总结检察工作经验，研究检察工作中的新情况、新问题；审议重大专项工作和重大业务工作部署”。

④ 分别对应《刑诉法》第30条、第87条。

的回避；（2）重大案件的逮捕；（3）对侦查机关报请核准案件提出是否同意核准追诉的意见后层报高检院；（4）案情重大、疑难、复杂的案件的抗诉。[①]及至《检察机关执法工作基本规范（2013年版）》（以下简称《执法规范》），其中规定应当提交检委会讨论的居然有18种之多：（1）检察长的回避；（2）信访案件作出终结申报决定；（3）不服人民检察院处理决定的重大疑难案件或者意见分歧较大的案件的处理；（4）复查案件的处理意见与听证评议意见不一致；（5）重大、复杂赔偿案件；（6）重大、复杂的赔偿复议案件；（7）重大、复杂赔偿监督案件；（8）刑事赔偿案件的原重大、复杂刑事案件处理决定确有错误时的处理；（9）检察长不同意人民监督员拟撤销案件的表决意见的；（10）重大案件的逮捕；（11）有条件逮捕；（12）对国家机关工作人员利用职权实施的其他重大犯罪案件的批准立案；（13）报请核准追诉；（14）检察长不同意人民监督员拟作不起诉决定的表决意见的；（15）案情重大、疑难、复杂的案件的抗诉；（16）对应当抗诉的民行判决、裁定、调解拟提出再审检察建议的；（17）案件请示；（18）对重要案件的答复意见，分管检察长审核后应报检察长审签或提交检察委员会讨论。[②]更不消说，如果再加上上述《刑诉规则》、《执法规范》中规定的可以提请检委会讨论的情形，[③]检委会的议题范围将呈现何种泱泱景象了。

这就引发一个问题，即各级检委会议题范围的设定，究竟该以什么为根据，是《刑诉法》《刑诉规则》《执法规范》还是参照高检院《议事规则》。根据不同，将导致检委会议题范围“宽”“窄”不一。这也是笔者在起草本单位检委会议事规则过程中，遭遇的一个实践困境：一方面，按照高检院《议

① 分别对应《刑诉规则》第24条、第25条、第304条、第355条、第585条。

② 分别对应《执法规范》第1·45条第1款第3项、第2·57条第1款第2项、第3·34条第1项、第3·63条、第3·91条、第3·98条、第3·107条、第3·119条第1款、第4·286条第2款、第5·5条第2款、第5·40条、第5·119条、第5·144条、第6·93条第2款、第6·183条、第9·57条、第12·10条、第12·17条。

③ 据统计，《刑诉规则》中规定可以提请检委会讨论的议案范围有17种：涉及第24条、第31条、第82条、第168条、第183条第2款、第290条、第291条、第324条、第328条、第343—346条、第356条、第376—416条、第421条、第461条、第558条、第595条、第611条；《执法规范》中规定可以提请检委会讨论的议案范围有25种：涉及第1·45条第2款、第1·48条、第2·52条第2款、第2·57条第2款、第3·34条第1款第2项、第3·39条、第3·49条、第3·104条第2款、第4·35条第1款、第4·97条、第4·129条、第4·135条、第4·283条、第4·287条、第4·424条第2款、第5·47条、第5·54条、第5·58条、第5·84条、第5·104条、第5·116条第2款、第6·24条、第6·85—第6·93条、第6·157条、第9·47条。

事规则》要求，检委会一般每半个月举行1次，也就是说一般每年要举行24次，为了达到这一量的要求，应尽可能地把议案范围放得宽一些；但另一方面，放得太宽，又会遭受一些检委会委员的质疑，果真这些案件都需要检委会进行审议吗？如果检委会每年要审议这么多的事项，那么除专职以外的检委会委员自身正常的工作将如何开展？

（三）“轻”与“重”：检委会议题范围的导向之问

这里的“轻”与“重”，主要是指检委会议题范围中议事与议案、宏观指导与讨论具体案件的比重。从检委会的性质和定位上来说，除讨论决定重大案件，其还应更充分地发挥宏观指导和内部监督作用。从《组织条例》和《议事规则》规定的议题范围看，也是议事多而议案少，虽然也有论者认为，二者关于议题范围的规定较适合省级以上检委会，而对基层检委会适用性不强，也是造成目前基层院执行不力的一个重要因素。[①] 但不能否认，如果按照预设的轨迹，实践中检委会在议事及宏观指导方面的占比理应更重，这既符合当前法律及相关规定中对于检委会性质、功能的设定，也是今后检委会发展完善的方向。

然而，反观现实，多数检察院检委会的日常工作局限于对个案的讨论，个别检察院甚至一年召开一百多次检委会，又怎能有精力去对检察工作中全局性、方向性的问题进行研究呢？长期存在着“两重两轻”现象，即“重议案，轻议事”“重具体，轻宏观”。[②] 具体而言，首先是议案占有绝对比重。检委会议案议事两大职能中，讨论决定重大案件在实践中一直是检委会的主要工作，检委会甚至被等同于一般的办案机构，往往审议案件较多，对涉及检察工作和重大决策、交流工作经验等重大事项的讨论却常常被忽视。如广西壮族自治区人民检察院在汇报交流材料中就讲道，“各级院检委会‘重议案轻议事’的现象仍不同程度存在。如2012年至2014年，崇左市两级院共召开225次会议，议题共251个，其中讨论案件248个，占99%；议事仅3项。有7个基层院检委会从未讨论过案件以外的议题。”[③] 其次是宏观指导功能虚化。由于前述对于“重大案件”的界定范围不明，存在极强的主观性，所以各级检察院自行决定检委会议题范围时，不可避免地造成相当广泛的案件进入检委会的议案范

---

① 参见上海市黄浦区人民检察院课题组：《检委会司法属性最大化的理论与实践》，载张本才主编：《法律监督热点问题研究（五）》，法律出版社2016年版，第395—396页。

② 参见刘昌强：《检察委员会制度研究》，西南政法大学2012年法学博士学位论文。

③ 最高人民检察院法律政策研究室编：2015年《全国检察机关检委会工作视频汇报会交流材料》。

围，讨论的任意性、随意性较大。此外，承办检察官或出于规避风险的因素，加之一些“因为种种不得以或只能作不能说的原因”，[①] 使得原本并非“重大”的案件也涌向了检委会。这些均在客观上加重了检委会的负担，削弱了检委会宏观指导功能的发挥。以某基层检察院为例，2012—2014 年，共召开检委会 66 次，讨论案件 428 件次，约占全部讨论议题的 96.4%，讨论事项只有 16 个，约占全部讨论议题的 0.36%，三年间，平均每召开 4 次会议才能讨论 1 个事项，平均讨论 26.8 个案件才讨论 1 个事项。[②]

二、检察官办案责任制改革对检委会议题范围提出的新挑战

党的十八大作出加快建设社会主义法治国家的战略部署，十八届四中全会作出《中共中央关于全面推进依法治国若干重大问题的决定》，新一轮司法体制改革启动。此轮司法改革是深层次的体制机制性改革，完善司法责任制是其中的重要内容。笔者在起草本单位的检委会议事规则过程中，恰逢高检院印发《关于完善人民检察院司法责任制的若干意见》（以下简称《若干意见》）。其中，虽然用了 5 条来专门规定“健全检察委员会运行机制”，但就笔者比较关心的检委会议题范围的问题，仍然没有给予令人满意的解答，仅规定：“提高检察委员会工作法治化、民主化、科学化水平，发挥检察委员会对重大案件和其他重大问题的决策、指导和监督功能。检察委员会讨论决定的案件，主要是本院办理的重大、疑难、复杂案件，涉及国家安全、外交、社会稳定的案件，下一级人民检察院提请复议的案件。”但令人欣喜的是，《若干意见》中明确规定了检委会及委员司法责任的认定与追究，即“检察官向检察委员会汇报案件时，故意隐瞒、歪曲事实，遗漏重要事实、证据或情节，导致检察委员会作出错误决定的，由检察官承担责任；检察委员会委员根据错误决定形成的具体原因和主观过错情况承担部分责任或不承担责任”。这可以说是对以往检委会制度“看似人人负责，实则无人负责”批评意见的积极回应。

检察官办案责任制改革是本轮检察院司法改革的重头戏，也是改革能否取

---

① 主要是指：检委会的运行受到当前政治政策的影响；检委会的运行还受制于当下的政治体制；中国是一个人情社会，检察官不可能生活在真空之中，要想在不得罪熟人的情况下依法办案，还得依靠检委会决策；检委会委员之间、内设部门之间也会因为业绩考核等原因而存在利益纠葛，需要检委会予以协调。参见蒋文军、王安胜：《透视与应对：检委会改革进程中的功能转向及实践路径——以基层检察院检委会的微观运行为视角》，载《检察实践》2016 年第 2 期。

② 参见蒋文军、王安胜：《透视与应对：检委会改革进程中的功能转向及实践路径——以基层检察院检委会的微观运行为视角》，载《检察实践》2016 年第 2 期。

得成功的关键。《若干意见》第3条规定："推行检察官办案责任制。实行检察人员分类管理，落实检察官员额制。检察官必须在司法一线办案，并对办案质量终身负责。"据此，检察官办案责任制改革的核心是突出检察官的办案主体地位，保障在司法一线办案的检察官能够独立办案、独立定案并独立负责，真正落实"谁办案谁决定，谁决定谁负责"的权责一致原则。随着检察官办案责任制改革试点的推行，很多人开始质疑检委会的价值和意义，甚至有人提出，检察官办案责任制改革强调检察官的独立性，注重发挥个体检察官的作用，检察权由检察官个人行使，责任亦由其承担，检委会制度已无存在必要性。[①] 也有人顾虑，一方面赋予检察官更多决定权将削弱乃至架空检委会的权限，另一方面实行办案责任制以后，有的检察官会因为不敢担责，而把过多的案件提交检委会决定以规避自身的责任。[②] 上述种种，势必会在检委会制度与检察官办案责任之间形成一定的张力，而这种张力必然会集中传导至检委会议题范围上。

（一）检委会制度与检察官办案责任制并不存在冲突与矛盾

1. 检察官办案责任制改革为检委会职能的回归提供了机遇

如同高检院常务副检察长胡泽君在2010年的全国检察机关检察委员会工作会议上所强调的，应准确把握检委会的性质和定位，要更加充分发挥检委会对检察业务工作宏观指导作用，更加充分发挥检委会研究决定重大案件作用，更加充分发挥检委会内部监督作用。[③] 然而，现实却是，由于权责不清，检委会常常过多地承担了办案职能，有的基层检察院的检委会几乎达到了事必躬亲的程度，检委会无形中成为第二个案件讨论部门和风险承担机构。[④]《若干意见》通过健全司法办案组织，科学界定内部司法办案权限，完善司法办案责任体系，构建公平高效的检察权运行机制和公平合理的司法责任认定、追究机制，做到"谁办案谁负责，谁决定谁负责"。由此，也有利于明确检察官与检委会各自办案权责界限，使得"上帝的归上帝，凯撒的归凯撒"，除研究决定

① 参见邹开红：《司法改革背景下检察委员会制度改革研究》，载《河南社会科学》2015年第10期。

② 参见曾杰：《办案责任制改革中检察委员会权责探究》，载张卫平、齐树洁主编：《司法改革论评》（第21辑），厦门大学出版社2016年版，第136—137页。

③ 参见徐盈雁、沈义：《全面充分发挥检委会三项重要职能作用》，载《检察日报》2010年11月24日。

④ 参见姜田龙、于冰、周清水：《检察委员会工作几个实践问题的思考》，载《中国检察官》2013年第9期。

重大案件外的另外两项检委会应有职能，即检察业务工作宏观指导和内部监督职能，也才能得以正常回归。在试行办案责任制改革初期，之所以会有人产生突出检察官地位就会削弱检委会作用之感，乃受制于旧办案模式思维之故。[①]

2. 二者皆为健全检察权运行机制题中应有之义

首先，在制定《若干意见》之始，在完善检察权运行机制和司法责任制的具体制度设计中，即重点体现“检察一体”“上令下从”的基本原则。“明确检察人员职责权限，目的在于使检察官在职责范围内相对独立地承办和决定案件。”[②] 检察官办案责任制改革虽然以突出检察官的主体地位为核心，但也并非完全放权于检察官个人。根据我国宪法规定，独立行使检察权的主体是检察院，上下级检察院之间是领导与被领导的关系；根据《组织法》规定，检察长统一领导检察院的工作。这也是由于我国统摄性的政治模式、检察机关的法律监督性质等因素决定的。[③] 其次，健全检委会运行机制亦为《若干意见》中的一项重要内容。如同曹建明检察长在一次大检察官研讨班开班式上所说：“检察权既具有司法属性，又有行政属性，还有监督属性。”[④] 所以，检察院司法责任制改革既要遵循司法活动的一般规律，也要体现检察权运行的特殊规律，根据检察权不同职能特点，设置不同的权力运行机制。这也许是《若干意见》在确立独任制检察官与检察官办案组两种办案组织形式之外，对检委会研究决定案件这一办案模式也专门加以规定的重要考量因素之一。最后，《若干意见》中明确了检委会及委员的责任认定和追究契合“谁办案谁负责，谁决定谁负责”的改革目标。长期以来，检委会“取消说”的一个重要论据就是检委会制度无法落实错案责任追究，认为检委会是以集体形式决定重大疑难案件或重要事项，但当出现错误时，只能能在形式上追究责任，而无法追究具体检委会委员的责任。[⑤]《若干意见》中除对健全检委会运行机制作出较为详细的规定外，还严格了检委会及委员的责任认定和追究，符合此轮检察院司法责任制改革“谁办案谁负责，谁决定谁负责”的目标追求。

---

① 参见曾杰：《办案责任制改革中检察委员会权责探究》，载张卫平、齐树洁主编：《司法改革论评》（第21辑），厦门大学出版社2016年版，第137页。

② 梁捷、刘云霄：《完善司法责任制提高司法公信力——最高检有关负责人解读〈关于完善人民检察院司法责任制的若干意见〉》，载《光明日报》2015年9月29日。

③ 参见邓思清：《论我国检察委员会制度改革》，载《法学》2010年第1期。

④ 王治国、徐盈雁、戴佳：《集思广益共破改革难题——最高检就〈关于完善人民检察院司法责任制的若干意见（送审稿）〉征求专家学者意见建议》，载《检察日报》2015年7月12日。

⑤ 参见邓思清：《论我国检察委员会制度改革》，载《法学》2010年第1期。

3. 检委会是对独任检察官/检察官办案组的有益补充

检委会制度作为一种稳定性的群体决策机制，对于（主任）检察官个人决策是一种必要补充。检察官办案责任制倡导的是检察官的个人决策，这种决策模式有利于激发检察官办案积极性，增强检察官办案的责任心和创造性。检委会制度是群体决策机制，群体决策是组织中常见的决策模式，其优点在于提供的知识信息更全面完整，观点更多种，解决方案更多样，决策被接受度更高。当然，群体决策若要体现出前述比个人决策更具的优势，需要满足许多特定的条件，这些条件包括：一是群体成员的多元化。成员们的能力可以相互补充，产生多人智慧的倍加效应。二是群体成员能够自由、开放地沟通想法。三是群体所承担的任务复杂。对于“复杂的需要大家接受的事项”，个人决策的效果明显不如群体决策。[①] 检委会的决策优势不仅由群体决策理论所证明，而且经过了长期检察工作实践的检验，这正是检委会制度多年来虽饱受质疑，但其制度生命力非但没有消亡，反而越发向规范化、专业化方向发展的原因。[②]

（二）检察官办案责任制改革背景下检委会议案范围应进一步限缩

检委会制度与检察官办案责任制改革并不存在冲突与矛盾。然而，这并不意味着检察官办案责任制改革对检委会制度无任何影响。“作为一个有生命的制度体，审判委员会自身已经在外部制度结构与制约因素变迁的裹挟之下，不断进行着适应性变革。正是这些变革使得审判委员会的实践面貌、运行机理与其传统面相以及各界对其固有的认知渐行渐远，甚至审判委员会所具有的案件实体控制功能的发挥，也在司法专业化与职业化改革的挤压下，降到了相对较低的程度。”[③] 如同审委会一样，面对司法改革不断推进的大潮，检委会亦应作出相应调适。质言之，随着检察官授权范围的不断扩大，检察官员额制的逐步推行，以及不容回避的检委会研究决定办案模式的先天缺陷，检委会议案范围应进一步限缩。

---

① 参见［美］斯蒂芬·P. 罗宾斯、蒂莫西·A. 贾奇：《组织行为学》，孙健敏等译，中国人民大学出版社 2012 年版，第 246—254 页。

② 参见曾杰：《办案责任制改革中检察委员会权责探究》，载张卫平、齐树洁主编：《司法改革论评》（第 21 辑），厦门大学出版社 2016 年版，第 139 页。

③ 事实上，随着法官员额制的推行，在试点法院中，如贵州省遵义市汇川区法院、广东省东莞市第二法院，法院院长、厅长越来越多地亲自办案，相应地，交由审判委员会讨论决定的案件也越来越少。参见左卫民：《审判委员会运行状况的实证研究》，载《法学研究》2016 年第 3 期。

1. “能放尽放”的检察官放权趋势

“放权”是检察官办案责任制改革的核心问题。从检察官办案责任制的改革方向上看，检察官的职权来源于法律的规定并由检察长授权，检察长的授权可坚持“普遍放权”与“特殊例外”相结合的原则来处理。普遍放权，即对于除法律和司法解释明文规定应由检察长或者检委会行使的权力外，其余均可授权；特殊例外，即对于特别重大，疑难复杂敏感，上级机关和领导交办、督办，社会关注度大等案件，检察长可以临时把权力收回，由自己决定或者提交检委会讨论决定。[①] 从上海检察机关的实践探索看，作为全国检察官办案责任制改革试点，上海检察机关在改革试点中采用“权力清单”的模式，更大放权于检察官，提出除17项办案职权应当由检察长或者检委会行使外，其余职权均可授权其他检察官或主任检察官依法行使，通过大幅度下放办案权力，突出了检察官的办案主体地位。[②] 笔者从目前高检院办公厅下发的《关于制定检察官权力清单的指导意见（征求意见稿）》中，也找到了对于这种“能放尽放”的检察官放权趋势的绝佳说明。其第6条规定：“《关于完善人民检察院司法责任制的若干意见》第7条规定的以人民检察院名义提出纠正违法意见、检察建议、终结审查、不支持监督申请或提出（提请）抗诉等相关办案事项决定权，可以根据本地实际由检察长或检察委员会行使，也可委托检察官行使。”而《若干意见》第7条仅规定：“以人民检察院名义提出纠正违法意见、检察建议、终结审查、不支持监督申请或提出（提请）抗诉的，由检察长（分管副检察长）或检察委员会决定。”两相对比，可以看出，相较于早前的《若干意见》，《关于制定检察官权力清单的指导意见（征求意见稿）》中明显扩大了检察官的授权范围。此外《关于制定检察官权力清单的指导意见（征求意见稿）》第5条的规定也有着同样的意蕴：“检察长委托检察官行使的办案事项决定权范围，应根据不同层级检察院办案职责、不同业务类别的性质和特点，综合考虑对当事人权利的影响大小，可救济措施的多少，承办案件重大、复杂、敏感程度等因素确定。在检察官办案责任制改革推进初期，委托的范围可以相对小一些；随着改革的推进，可逐步扩大委托的范围。”[③]

---

① 参见张自超：《检察改革背景下检察官办案责任制与检察委员会决策制之冲突与协调》，载中国检察学研究会检察基础理论专业委员会编：《第五届中国检察基础理论论坛论文集》，第148页。

② 参见《上海检察机关落实司法责任制工作细则起草说明》，载上海市人民检察院编：《上海检察机关落实司法责任制工作细则（试行）》，第124页。

③ 参见最高人民检察院办公厅：《关于就〈关于制定检察官权力清单的指导意见（征求意见稿）〉征求意见的通知》（高检办字〔2016〕420号）。

2. 检察官素质不断提升

以往，一些案件承办人之所以更倾向于将案件提请检委会审议，不排除其自身能力欠缺的因素，“由于历史、文化、制度等方面的原因，我国的检察官队伍却相当庞大，而且检察官的整体素质不高，专业化和职业化程度较低，缺乏与履职相适应的阅历和经验，实践中有的检察官仅凭常识和经验办案”。[①] 然而，这一切随着我国法学教育的发展，国家统一法律职业资格制度的完善，检察机关内部交流以及向社会公开选任工作的不断深入而逐渐发生改观，检察人员的素质正在不断提高。当前，本科学历已成为检察官的基本学历要求，不少检察机关硕士生较多，法学博士在检察机关中也越来越常见。2011 年高检院《关于加强人民检察院基层建设促进公正执法工作情况的报告》指出，基层检察官中具有本科以上学历的占 78.7%，硕士、博士研究生人数比 2007 年增加近 1 倍。[②] 此轮司法改革，实行检察人员分类管理，落实检察官员额制，更是意在使检察官朝着精英化的方向发展。以上海检察改革试点为例，“全市检察人员员额控制以上海检察机关队伍总数为基数，确定检察官、司法辅助人员、司法行政人员分别占全市检察机关队伍总数 33%、52%、15%。”“实行人员分类后，检察官主要从助理检察员、检察官助理中择优选人，上级院检察官一般从下级院的优秀检察官中遴选产生。”[③] 据统计，2016 年参加上海司法改革全面铺开后的首场检察官遴选考试的人员中，具有硕士、博士学历学位的占 70.7%。[④] 可以说，经过多年的发展，检察机关从早期检察人员专业能力缺乏、司法经验不足，已经发展到拥有一批高素质、高水平、经验丰富的专家型检察官。[⑤] 伴随着检察官素质的不断提升，在检察官个人即能对案件作出正确判断的前提下，提请检委会审议决定案件的需求已不再像以往那么迫切。

3. 检委会不容回避的缺乏亲历性的先天缺陷

在笔者看来，缺乏亲历性是检委会研究决定案件办案模式的一个“硬伤”。亲历性是司法规律的必然要求，只有亲历重要办案环节，才能确保证据

---

① 邓思清：《论我国检察委员会制度改革》，载《法学》2010 年第 1 期。

② 陈丽平：《检察院三年多来刑事抗诉逾万件》，载《法制日报》2011 年 10 月 26 日。

③ 姜平主编：《上海司法体制改革制度选编》，法律出版社 2015 年版，第 129－130 页、第 132 页。

④ 刘栋、施坚轩：《上海首场检察官遴选考试举行》，载《文汇报》2016 年 6 月 20 日。

⑤ 左卫民、谢小剑：《检察院内部权力结构转型：问题与方向》，载《现代法学》2016 年第 6 期。

的真实性，才能形成内心确信。检察官办案责任制改革的一个作用也就在于解决办案中存在的“审而不定，定而不审”问题。[①] 实践中，大多数检委会委员是兼职委员，审议决定案件也只能是靠会议召开前几天或召开过程中简单地翻阅一下议题材料，听取检察官的口头汇报，不接触当事人，几乎没有亲历性可言。虽然也有论者从《关于加强和改进最高人民检察院检察委员会工作的意见》中“对于重大疑难案件的讨论主要解决法律适用问题，对于事实不清、证据不足的，不提请检察委员会讨论”的规定出发，认为办案责任制也强调提请检委会审议的案件，检察官对事实和证据负责，而检委会审议决定案件，只讨论法律适用问题，为何要强调亲历、兼听？[②] 更有论者为了论证检委会研究决定办案模式符合检察官办案责任制，认为通过严格限制检委会议案范围，让少数重大案件进入检委会讨论程序，从而确保检委会委员有充足的时间和精力，直接审核证据材料，讯（询）问案件当事人，深入了解并全面掌握相关案件的具体情况，从而能够正确判断事实、适用法律，作出科学决定，以保证检委会研究决定重大案件过程中亲历性的实现，进而直接得出“检委会研究决定办案模式与亲历性原则并不相悖”的结论。[③] 笔者虽然也认为检委会制度与检察官办案责任制改革并不矛盾，但对于上述观点和理由实难认同。对于前者，已经有论者指出，规定检委会只负责案件的法律审查，而不负责事实审查有一定的合理性，但不具有实践的可操作性；[④] 于后者而言，且不说让检委会委员“直接审核证据材料，讯（询）问案件当事人”的现实可行性，即便对有论者提出的妥协或曰变通做法而言，“审议重大有争议案件，有必要听取当事人的意见”“检委会委员在讨论案件前观看录音录像等方式了解案情”“改进案件承办人向检委会汇报案件的方式，变书面文字材料的汇报为多媒体系统的直观型形象化汇报，探索由承办人在检委会上播放犯罪工具、犯罪现场的图片或录像，案件调查取证、提审等情况的全程同步录像，以及由检委会委员阅

① 郑青：《湖北省主办检察官办案责任制探索》，载《国家检察官学院学报》2014 年第 2 期。

② 王立华：《落实检察官办案责任制背景下检委会的功能定位与作用发挥》，载中国检察学研究会检察基础理论专业委员会编：《第五届中国检察基础理论论坛论文集》，第 143 页。

③ 张伟、杨菁：《检察委员会在案件办理过程中的角色定位及职能设置》，载《法制与社会发展》2016 年第 3 期。

④ 参见张少林：《浅谈司改背景下检察委员会的适度司法化——以检委会讨论决定案件为视角》，载《东方法学》2016 年第 4 期。

看电子化案件卷宗，直接参与或旁听重大案件的远程提讯或观看同步直播”等，[①] 笔者也认为，其显然没有注意到问题的关键，即检委会委员也是常人，除了繁忙的行政事务和办案任务外，还要让其像承办人一样对所评议案件的全部案卷和有关人员进行调查核实，是不现实的。

三、检察官办案责任制改革背景下检委会议题范围合理界定之路径探讨

“任何事物的改革首先应考虑其有无存在的必要，在此基础上扬长避短、加以完善，而不是不加甄别主张应该取消。”[②] 关于检委会制度存在的必要性，前文已经论及。“从长远的发展趋势看，随着检察改革的深化、检察官办案责任制的完善和检察官素质的提高以及职业保障机制的健全，主任检察官或者检察官办案能力和排除干扰的能力越来越强，检察委员会在办案决策机制中的地位和作用将会逐步淡化。”[③] 检察官办案责任制改革背景下，检委会议题范围将进一步限缩，也已成为趋势。接下去检委会制度改革完善的着力点，或许即为合理界定检委会的议题范围，使其能够更加顺应司法改革的大趋势，更加符合《若干意见》中确立的“坚持突出检察官办案主体地位与加强监督制约相结合”的基本原则。

需要说明的是，此前，笔者也赞同有论者提出的，“建议高检院结合检察工作实际，制定出台指导性意见，不断明确和规范检委会议事范围”，[④] 并试图厘出一个相对明确的检委会议题范围。对于前者，笔者在高检院《关于制定检察官权力清单的指导意见（征求意见稿）》的说明中，就有些地方认为应当由高检院制定全国统一的检察官权力清单的解释中，找到了间接答案：即目前由高检院制定统一权力清单的时机还不成熟，一方面，由高检院统一制定权力清单存在一定的法律方面的问题，需要审慎为之；另一方面，高检院统一制

---

① 参见周理松、沈洪波：《办案责任制改革背景下检察委员会与检察官关系的定位》，载中国检察学研究会检察基础理论专业委员会编：《第五届中国检察基础理论论坛论文集》，第166页；上海市黄浦区人民检察院课题组：《检委会司法属性最大化的理论与实践》，载张本才主编：《法律监督热点问题研究（五）》，法律出版社2016年版，第406页。

② 张少林：《浅谈司改背景下检察委员会的适度司法化——以检委会讨论决定案件为视角》，载《东方法学》2016年第4期。

③ 谢鹏程：《检察官办案责任制改革的三个问题》，载《国家检察官学院学报》2014年第6期。

④ 山东省人民检察院法律政策研究室：《关于基层院检察委员会工作的调研报告》，载最高人民检察院法律政策研究室编：《检察委员会工作情况》2011年第4期。

定权力清单也难以兼顾到各地区检察机关的不同情况，如不同层级检察院的职责和定位，不同地区检察机关办案数量、人员素质不平衡等实际情况。[①] 而检察官权力清单的另一面，也即检委会议题范围尤其是议案范围。于后者而言，笔者随着思考的逐步深入，渐渐发现此确系己力所不逮，只能就有限的几点思考，谈些浅见，以期在检察官办案责任制大背景下，对进一步完善检委会议题范围有所助益。

（一）对于检委会议题范围所谓“灵活性”原则的理解

前文也已提及，根据我国现行的法律及规范性文件的规定，检委会审议议题的范围包括“重大案件”和“其他重大问题”，即通常所说的“议案”和“议事”两类。实践中，各地在本单位检委会“工作条例”“议事规则”以及“加强和改进检委会工作意见”“进一步规范检委会议题范围”等各类文件规定中，也大都采取了“议案”和“议事”的分类方法。对于议事范围，各地在制定本单位相关规定时，或有形式创新，这在后文将作专门论述，但基本参照了高检院《议事规则》中对于议事范围的规定。对于议案范围，现行《刑诉法》和《刑诉规则》中采取的是一种原则性和灵活性相结合的方式。[②] 原则性，表现在上述法律和司法解释中即为“由同级人民检察院检察委员会决定”“应当提交检察委员会讨论决定”“应当经检察委员会讨论决定”等；表现在各类文件规定中即为“应当提请检察委员会审议案件范围”“应当提请检察委员会审议事项范围”等。灵活性，表现在上述法律和司法解释中即为“应当经检察长或者检察委员会决定”“应当报检察长或者检察委员会决定”“可以报请检察长提交检察委员会决定”等；表现在各类文件规定中即为“可以提请检察委员会审议事项范围”“可以提请检委会审议案件范围”等。有论者称，这种既体现了原则性又具有灵活性的规定方式，基本上覆盖了检察机关在刑事诉讼中的职权范围，是适当的和科学合理的。[③]

但笔者却认为，正是这种所谓灵活性规定，在一定程度上导致了实际操作中检委会议题范围尤其是议案范围的模糊不清。如姑且不论相关规定中规定为“可以”的部分内容，仅就其中规定为“应当”的部分内容，即“应当经检察长或者检察委员会决定”，实践中，往往表现为检察长和检委会两个决策主体的互相博弈，尤其是当遇到“个别地方检察长没有真正把检委会工作摆在应

① 参见最高人民检察院办公厅：《关于就〈关于制定检察官权力清单的指导意见（征求意见稿）〉征求意见的通知》（高检办字〔2016〕420号）。

② 刘昌强：《检察委员会制度研究》，西南政法大学2012年法学博士学位论文。

③ 朱会民：《论我国检察委员会制度》，山东大学2012年法学硕士学位论文。

有的位置，忽视检委会在重大检察业务问题决策中的作用，甚至存在排斥这种集体决策的倾向”[①] 时，检委会作用发挥如何可想而知。

笔者认为，所谓灵活性原则，应该是指各级人民检察院可以结合工作实际，制定本单位的议事规则，规范检委会议题范围。但当具体到每个检察院时，在检察官办案责任制改革的大背景下，在突出检察官在司法办案中的主体地位，尽可能地放权于检察官的语境中，检委会议题范围应当是具体而且确定的。所谓“工作实际”，除了前述不同层级检察院的职责和定位，不同地区检察机关办案数量、人员素质不平衡等，甚至可以具体到不同业务类别的性质和特点，综合考虑对当事人权利的影响大小，可救济措施的多少，承办案件重大、复杂、敏感程度等因素。明确检委会议题范围，应该尽量减少乃至杜绝使用“可以提请”“或者”等文字表述，而明确规定为“应当提请（交）检察委员会讨论决定”。如此，既可减少前述检察长与检委会之间的权力博弈，亦可在一定程度上降低检委会被“架空”或成为“第二办案机构”[②] 两端的担忧。

（二）明确载体：对于完善检委会议事范围的建议

在高检院《议事规则》规定的10项检委会议题中，涉及贯彻执行法律、政策的重大问题和业务工作研究部署的就占了6项，这充分说明宏观业务决策指导在检委会工作中的分量和比重。《关于全面深化人民法院改革的意见——人民法院第四个五年改革纲要（2014—2018）》中也规定：“合理定位审判委员会职能，强化审判委员会总结审判经验、讨论决定审判工作重大事项的宏观指导职能。”突出检委会的宏观指导作用，淡化其个案决策职能，既符合当前法律及相关规定中对于检委会性质、功能的设定，也是检察官办案责任制改革背景下，检委会不断改革调试以适应检委会制度开放性发展的要求。正如有论者言，“检委会是检察机关的业务决策机构，宏观性是检委会业务决策的一个重要特征。在落实检察官办案责任制背景下，对此要有更加充分的认识。”[③]

但仔细研究高检院《议事规则》不难发现，就检委会议题范围，除个别规定指向比较明确，如“审议贯彻执行本级人民代表大会及其常务委员会决议，拟提交本级人民代表大会及其常务委员会的工作报告、专项工作报告和议

① 山东省人民检察院法律政策研究室：《关于基层院检察委员会工作的调研报告》，载最高人民检察院法律政策研究室编：《检察委员会工作情况》2011年第4期。

② 武裴、孙苏、龙娟：《检察委员会与检察官独立原则间的冲突与协调》，载《湖北警官学院学报》2012年第8期。

③ 王立华：《办案责任制改革与检委会功能定位》，载《人民检察》2015年第17期。

案”等。其他规定，如“在检察工作中贯彻执行国家法律、政策的重大问题”“重大专项工作和重大业务工作部署”“总结检察工作经验，研究检察工作中的新情况、新问题”等，均比较模糊。规定本身指向不清，必然难以要求实际操作中精准。

霍姆斯大法官有句名言：“法律的生命在于经验，而不在逻辑。”笔者在收集各地有关检委会议题范围的文件规定时，发现了许多值得借鉴的做法。具体到议事范围，可归结为一点，有些地方在前述高检院《议事规则》中关于检委会议事范围规定的基础上，创造性地明确了相关载体，也为进一步完善检委会议事范围提供了宝贵思路。

例如，上海市人民检察院在制定本单位检委会工作条例时，在常规的“总结检察工作经验，研究检察工作中的新情况、新问题”表述之后，又加了一句“并以决定、纪要、通报、法律问题的批复意见等方式指导本市检察工作开展”的规定，[①] 这就为总结工作经验、研究工作中的新情况、新问题指明了路径。以检委会通报为例，检委会通报制度系上海市人民检察院首创，该制度以案例指导工作为主线，通过选编具有指导意义的案例，为上海全市检察机关执法办案活动提供参照样本。近年来，上海市人民检察院在原有工作的基础上，围绕重点工作，如新法实施、法律监督、社会管理创新等，不断丰富通报内容及通报题材，实现对全市各级人民检察院办理案件的全覆盖，使检委会宏观指导功能进一步彰显。[②]

再如，湖南省人民检察院在制定有关规范检委会文件时，规定“建立检察委员会听取专项业务工作报告制度，落实检察委员会审议检察机关贯彻执行国家法律、政策的重大问题、审议检察重大专项工作和重大业务工作的要求”。[③] 对比高检院《议事规则》中的相关规定，不难发现，湖南省人民检察院明确将“听取专项业务工作报告制度”作为对“在检察工作中贯彻执行国家法律、政策的重大问题”“重大专项工作和重大业务工作部署”的载体，不可谓不是一种进步。福建省人民检察院 2016 年 11 月 30 日出台的《福建省人民检察院关于各内设机构负责人轮流向检察委员会报告检察业务工作的制度》可谓是对前述“听取专项业务工作报告制度”的进一步制度化、精细化。文

① 《关于印发〈上海市人民检察院检察委员会工作条例〉的通知》（沪检发〔2008〕235 号）。

② 王光贤：《检委会宏观指导功能的发挥》，载《上海检察调研》2016 年第 8 期。

③ 《关于加强和改进湖南省人民检察院检察委员会工作的若干意见》（湘检发〔2015〕23 号）。

件称，建立“各内设机制负责人轮流向检察委员会报告检察业务工作的制度”，目的是“为保证检察委员会及时了解和掌握检察业务新精神、新要求，充分发挥检察委员会对检察业务工作的宏观指导职能”。文件规定，在每次检委会会议有关议题讨论结束后，安排一名内设机构负责人，就有关检察业务事项向检委会报告。报告主要围绕：本业务条线有关法律、法规以及相关司法解释的制订、修改；高检院和省院重大专项工作和重大业务工作部署及执行情况；业务运行规律，业务工作中出现的新情况、新问题、新特点，存在的主要问题，针对性的工作措施等；检察长或者分管院领导认为需要向检委会报告的其他事项。此外，还规定检委会秘书处应当在每年年底对下一个年度的各内设机构负责人轮流报告顺序作出安排。[①]

（三）限定类型：对于完善检委会议案范围的建议

高检院对检委会的议案范围，从《组织法》规定的“重大案件”拓展到了《组织条例》规定的“重大、疑难、复杂案件”，之后的一些其他规定对此进行了各种扩大解释。但笔者认为，在检察官办案责任制改革背景下，对于重大案件，应作限缩解释。有论者已经指出：“随着十八届四中全会提出的司法办案责任制的建立完善及案件决策的亲历性等原则要求，检委会在案件决策方面的职能应进行限缩，可将审议案件范围限定在涉及国家外交、安全和社会稳定的重大疑难复杂案件上。”[②] 但对于是否应将“疑难、复杂”案件也纳入检委会议案范围，笔者却有不同看法。正如有论者对于完善审委会制度所提建议一样，“不能将疑难、复杂案件也纳入审判委员会的讨论范围。毕竟，司法实践充分证明，审判委员会未必比合议庭更能解决疑难、复杂案件”，[③] 由检委会审议决定的案件，也应当是那些需要“将案件置于国家安全、社会稳定、经济发展的大局中去考量，以是否涉及国家政治、经济安全和人民群众切身利益，是否容易引发社会矛盾、影响社会稳定”以及“上级机关交办的、有关部门组织协调的、社会广泛关注的热点敏感问题”[④] 的案件，而非一般意义上

① 《关于印发〈福建省人民检察院关于各内设机构负责人轮流向检察委员会报告检察业务工作的制度〉的通知》（闽检发秘字〔2016〕1号）。

② 甄贞：《全面深入认识检委会性质特点　抓好检委会规范化专业化建设》，载最高人民检察院法律政策研究室编：《检察委员会工作情况》2015年第1期。

③ 王强之：《论刑事庭审实质化的庭外制度保障》，载《政治与法律》2016年第9期。

④ 项谷、张菁：《检察委员会议案功能的审视与重构》，载《人民检察》2012年第6期。

的在事实认定以及法律适用上的疑难、复杂案件。易言之，相较于法律效果，由检委会审议决定的应该是那些更需要关注政治效果和社会效果的案件。

首先，这是由检委会是党对检察业务工作领导的载体决定的。检委会是检察机关在检察长主持下实行民主集中制的最高业务决策机构，是检察机关民主决策、科学决策、依法决策的重要组织形式。但同时也是党加强对检察工作领导，尤其是对检察业务领导的重要体现。可以说，党对检察业务工作的领导很大程度上就是通过检察委员会这一最高业务决策机构来实现的。① 其次，这是由检委会委员“术业有专攻”专业能力决定的。不可否认，检委会委员一般都是资深检察官，有着较为丰富的办案经验。但实践中，检委会委员过于固定，不论普通案件还是专业性较强的案件，均由这些固定的检委会委员参加讨论并决定。如此产生的问题是，即便是分管副检察长，也可能只对自己分管的业务较为熟悉，不可能样样精通。而让此专业人员讨论彼专业案件，就很可能像一名牙医去诊断肺科疾病一样，很难保证其提出正确意见。② 这也许是司法实践中，检委会委员讨论决定案件更多的是从“案件与国家包括政治、经济、社会、环境资源等方方面面之间的关系”③ 出发的原因之一。当然，我们也不能因此而否定检委会委员的作用。因为如前所述，在检察官办案责任制改革背景下，员额内检察官素质较高，责任心也普遍增强，一般而言，案件承办人对于案件事实及相关法律条款应该是最为熟悉的，所欠缺的可能正是检委会委员所具备的，即对于政策的把握以及社会经验、生活阅历的广度和深度等，两相结合，恰恰可以取长补短，实现三个效果的统一。最后，司法实践也表明，检委会的政治作用凸显。各级检察院检委会在发挥司法功能的同时，基于其本身的政治属性而生发的政治功能，即接受党的领导、服务大局、维护稳定的功能作用越发凸显。如山东省三级检察院检委会在2011年上半年共研究案件891件，其中上级院交办、组织协调、热点敏感等特殊案件占一半左右。2011年上半年，海南省院检委会共审议民行案件7件、刑事案件3件，这些案件均涉及一些重大、敏感问题，如维护农民工合法权益、解决农民土地承包经营权纠纷等。④

---

① 参见最高人民检察院法律政策研究室编：《检察委员会工作情况》2010年第1期。

② 参见张少林：《浅谈司改背景下检察委员会的适度司法化——以检委会讨论决定案件为视角》，载《东方法学》2016年第4期。

③ 朱孝清：《与司法亲历性有关的两个问题》，载《人民检察》2015年第19期。

④ 参见刘昌强：《检察委员会制度研究》，西南政法大学2012年法学博士学位论文。

主任检察官职权配置评介

上海市浦东新区人民检察院课题组*

一、主任检察官职权配置的实践探索

（一）主任检察官职权配置的顶层设计

1. 高检院《关于完善人民检察院司法责任制的若干意见》（以下简称《意见》）有关主任检察官的规定

根据高检院《意见》规定，检察机关办案组织形式有两种：独任检察官和检察官办案组。独任检察官即由一名检察官独立承办案件，同时为独任检察官配备必要的检察辅助人员；检察官办案组由两名以上检察官组成，配备必要的检察辅助人员，办案组的负责人为主任检察官。采取何种办案组织形式，应根据履行职能需要、案件类型及复杂难易程度而定。具体而言，对于审查逮捕、审查起诉案件，一般由独任检察官承办，重大、疑难、复杂案件也可以由检察官办案组承办；对于直接受理立案侦查的案件，一般由检察官办案组承办，简单案件也可以由独任检察官承办；对于诉讼监督等其他法律监督案件，可以由独任检察官承办，也可以由检察官办案组承办。

2. 高检院《意见》关于主任检察官职权配置的规定

对于主任检察官的职权如何配置，高检院《意见》给出了原则性的规定，主要是通过分别明确检察长、检察官、主任检察官、业务部门负责人的职责权限的方式实现的。

首先，检察长的职责权限归属于检察长，非经授权或委托，其他检察人员不得履行。具体包括下列十项：决定是否逮捕或是否批准逮捕犯罪嫌疑人；决定是否起诉；决定是否提出抗诉、检察建议、纠正违法意见或提请抗诉，决定终结审查、不支持监督申请；对人民检察院直接受理立案侦查的案件，决定立

---

* 课题组组长：陈思群，上海市浦东新区人民检察院原检察长；课题组成员：江学、陈鹤，上海市浦东新区人民检察院干警；吴加明，上海市政府对台事务办公室工作人员。

案、不立案、撤销案件以及复议、复核、复查；对人民检察院直接受理立案侦查的案件，决定采取强制措施，决定采取查封、扣押、冻结财产等重要侦查措施；决定将案件提请检察委员会讨论，主持检察委员会会议；决定检察人员的回避；主持检察官考评委员会对检察官进行考评；组织研究检察工作中的重大问题；法律规定应当由检察长履行的其他职责。

其次，《意见》还明确列举了检察官的职责权限。由于主任检察官属于检察官之一种，该规定当然适用于主任检察官。具体包括下列八项：讯问犯罪嫌疑人、被告人；询问关键证人和对诉讼活动具有重要影响的其他诉讼参与人；对重大案件组织现场勘验、检查，组织实施搜查，组织实施查封、扣押物证、书证，决定进行鉴定；组织收集、调取、审核证据；主持公开审查、宣布处理决定；代表检察机关当面提出监督意见；出席法庭；其他应当由检察官亲自承担的事项。

最后，《意见》还规定了两项专属于主任检察官的职责：负责办案组承办案件的组织、指挥、协调以及对办案组成员的管理工作；在职权范围内对办案事项作出处理决定或提出处理意见。

另外，《意见》还明确了业务部门负责人的职责范围。按照《意见》规定，业务部门负责人应由检察官担任，且事实上通常是主任检察官，因此，这对于主任检察官职责权限的研究也是有意义的。业务部门负责人除了承办案件，还应当履行以下五项职责：组织研究涉及本部门业务的法律政策问题；组织对下级人民检察院相关业务部门办案工作的指导；召集检察官联席会议，对重大、疑难、复杂案件进行讨论，为承办案件的检察官或检察官办案组提供参考意见；负责本部门司法行政管理工作；应当由业务部门负责人履行的其他职责。

从以上规定可以看出，高检院《意见》基本划定了主任检察官的职责权限范围，但这些规定显然还不够具体、细致，无法满足检察工作实际的需要。一方面，《意见》关于检察长保留职权的范围仍然较大，检察权下放的力度仍然不足。并且，由于检察长可以将自己的职权授权或委托检察官行使，进一步下放检察权既有现实需要，也有可行性途径，在各地的改革实践中，一般都对检察长的职权作了更大程度的下放。另一方面，《意见》未对主任检察官和检察官的职权作更为细致的划分。除了对办案组的组织管理权和对案件的决定权、拟处理意见权之外，主任检察官的职责权限完全等同于一般检察官，这样的规定不能体现主任检察官身为办案组负责人的身份定位，作为“检察官中的检察官”或者说“精英检察官”，主任检察官理当享有更多的职权，承担更大的职责。

（二）主任检察官职权配置的上海探索

为贯彻落实高检院《意见》，上海市检察院于2015年底起草制定了《上海检察机关落实司法责任制工作细则（试行）》（以下简称《细则》），并分别针对三级检察机关制定了2015版本的检察官权力清单。各下级检察院也根据本院情况，出台了各自的实施办法。

1. 上海市院《细则》关于主任检察官职权配置的规定

秉承高检院《意见》的原则和精神，上海市院对主任检察官制度进行了细化和补充。

第一，将检察官办案组划分为专业化办案组、团队制办案组、合议制办案组、专案办案组等四种类型。专业化办案组根据案件相对集中、专业性强的特点组建，以确保案件执法统一、提高检察官专业化能力。组内检察官在主任检察官的组织管理下，依据授权独立行使检察权。团队制办案组根据职务犯罪案件办理需要团队协同配合的特点组建。组内检察官在主任检察官的组织指挥下协同办案。合议制办案组根据重要法律监督事项需要由多名检察官充分讨论合议的特点组建。组内检察官在主任检察官的主持下，合议决定重要法律监督事项。因特别重大案件办理需要，可临时组织跨院、跨部门的检察官组成专案办案组，由检察长（副检察长）负责或指定专人担任办案组负责人。

第二，将更多的检察权下放给包括主任检察官在内的检察官。关于检察长的职权范围，上海市院的规定虽然与高检院的相同，但同时规定，检察长可以授权主任检察官、检察官行使，这就解决了检察权下放的技术操作问题。上海市院通过进一步明确检察长保留职权的方式，为放权检察官预留了较大的空间。例如，有关刑检部门检察官办案职权，除下列案件应当由检察长（副检察长）或检察委员会决定外，其余均可授权独任检察官和检察官办案组检察官行使：不构成犯罪或证据不足而不批准逮捕、决定不予逮捕、不起诉的案件；决定撤回起诉的案件；重大、有影响的案件是否批准（决定）逮捕、是否提起公诉等决定权；其他检察长（副检察长）认为需要决定的案件或事项。对比检察长的职权范围规定，普通案件的决定逮捕和批准逮捕权、决定起诉权可以下放给检察官。又如，对比检察长职权范围与自侦部门检察官办案职权的负面清单，对于不涉及人身权利的强制措施的决定权，也可以下放给检察官。

第三，进一步扩大了主任检察官的职权范围。较之于高检院《意见》，上海市院的《细则》将以下三项权力明确授予主任检察官：负责刑检案件的审核工作；负责职务犯罪案件侦查活动的组织和指挥；负责主持讨论决定以人民检察院名义提出的监督事项。需要进一步说明的是，这里的刑检案件“审核权”不同于以往的“审批权”。审核权的要义在于，审核是对案件处理结果或处理意见的审查核实，而不对处理结果或处理意见加以变更，因而审核者不对案件质量负责，但可能负有监督责任。换言之，审核权与审批权的重要区别在于：一是审核权只是审而不决，有意见分歧的，可以提交有关机构议决，如召开检察官联席会议、提请检察长审核或提交检察委员会议决；而审批权则是既审又决，可以直接改变处理决定。二是审核者不对案件质量负责，而审批者应对案件承担相应的责任。

2. 上海市院关于主任检察官权力清单的规定

与上海市院《细则》相配套，该院于2015年底还出台了《上海市各级人民检察院检察官权力清单》。该权力清单有三个明显特征：一是考虑了检察权的多元性特征，针对不同业务部门制定了不同的权力清单。检察权既有司法属性，又有行政属性，还有人认为同时具有监督属性，当中既有刑事内容，又有民事与行政内容，既有审查批准逮捕和审查起诉职能，还有职务犯罪侦查以及其他法律监督职能。因此，上海市院制定了十类业务部门的检察官权力清单，这十类业务部门分别为反贪部门（含反渎部门）、侦查监督部门、公诉部门、未成年人刑事检察部门、金融检察部门、刑事执行检察部门、民事行政检察部门、职务犯罪预防部门、社区检察部门、控告申诉检察部门。二是考虑了不同层级检察机关的差异，分别制定了市院、分院、基层院三级检察机关检察官权力清单。三是将检察权划分为三种情形：检察长（副检察长）或检察委员会决定的职权；检察官（主任检察官）决定（行使），但需提请检察长（副检察长）审核的职权；检察官决定（行使）的职权。这样的规定很好地表明了检察长职权与检察官职权之间的明确划分及相互关系，笔者认为，这样的立法技术值得肯定。

从以上介绍可知，关于主任检察官的职权配置，上海将其区分为两种情况：由主任检察官决定或行使的职权；由主任检察官决定或行使但需经审核的职权。为行文方便，本文姑且将前者称为自主职权，将后者称作需审核职权。上海的主任检察官职权根据业务类型划分为十类，限于篇幅，也为避免繁琐，本文仅以反贪部门和公诉部门的主任检察官权力清单为例加以分析。

根据上海市院《细则》，反贪部门主任检察官的自主职权虽也区分了市院、分院、基层院三种情形，但职权配置情况实则完全相同。具体包括下列七项职权：参与线索、案件的评估研判，参与线索的核查、初查和案件的侦查工作，提出工作意见或建议；根据初查方案、侦查计划等，执行初查措施、侦查措施；负责讯问犯罪嫌疑人、询问证人、调查和调取证据、扣押、冻结、处理涉案财物等，并收集和固定有关证据材料；执行和宣布立案、不立案、撤销案件、移送起诉、移送不起诉等侦查阶段的诉讼决定；送交执行强制措施，负责操作变更、解除、撤销强制措施、案件移送及其衔接工作；撰写案件请示报告，制作侦查阶段法律文书；负责接待律师及案件相关人员；对承办案件线索开展释法说理、答复工作。由于这种“立法例”没有区分主任检察官和其他检察官的职权范围，本条规定中涉及的另外两项职权“协助主任检察官和指导检察官助理开展司法办案工作；完成主任检察官交办的其他办案事项”明显不属于主任检察官的职权，属于普通检察官的职权范围。在职权设置时不对主任检察官与普通检察官的职权予以明确划分，笔者认为，这是有待改进和完善的。

反贪部门业务较强的行政属性决定了职务犯罪侦查必须采取团队办案的模式。在上命下从、注重效率的工作模式下参与案件办理的检察官需要接受主任检察官、部门负责人、分管副检察长的逐层领导和指挥，因此，在需审核的检察官职权的配置上并没有普通检察官的份，需审核的职权只有主任检察官才享有。在这点上，反贪部门的职权配置有别于其他业务部门。从《细则》规定来看，市院反贪局主任检察官享有下列15项需审核职权：（1）审核并提请线索初查方案，审核并提请启动、暂缓、延长、中止、恢复、终结线索的初查；（2）按照初查方案组织开展初查措施；（3）审核并提请立案、不立案、撤销案件、移送起诉、移送不起诉；（4）负责承办线索、案件的评估研判；组织、指挥、协调办案组成员的办案活动；（5）审核并提请采取、变更强制措施；（6）审核并提请开展搜查、勘验、检查、鉴定、辨认、技术侦查等侦查措施；（7）审核并提请讯问犯罪嫌疑人、询问证人或调取、扣押物证、书证、视听资料、电子数据等；（8）审核并提请查询、扣押、冻结、移送或处理涉案财物；（9）审核并提请通缉追捕、采取边控措施、赴外省市或境外调查取证；（10）对特别重大贿赂犯罪案件，决定是否批准律师会见；（11）对适宜启动没收违法所得程序的案件，决定制作移送没收违法所得意见书；（12）组织起草并提请报批初查终结报告、立案请示、侦查终结报告等案件请示报告和侦查计划、检察建议等；审核并提请对外制发的法律文书；（13）组织对下级院反贪部门办案工作的指导；审核并提请下级院提出的个案请示；（14）对全市重大、疑难、复杂案件线索进行研判，并提出“五办”意见（提办、交办、督办、参办、专办）；（15）其他需要由主任检察官决定的办案事项。分院反贪部门主任检察官需审核的职权与市院一级基本相同，只不过不享有专属于市院反贪部门的第（13）项、第（14）项职权。基层院反贪部门主任检察官享有14项需审核的职权：（1）决定启动、暂缓、延长、中止、恢复、终结不属于检察长（副检察长）决定的线索的初查，决定其初查方案，并上报检察长（副检察长）审核；（2）按照初查方案组织开展初查措施；（3）审核并提请立案、不立案、撤销案件、移送起诉、移送不起诉；（4）负责承办线索、案件的评估研判；组织、指挥、协调办案组成员的办案活动；（5）审核并提请采取、变更强制措施；（6）审核并提请查询、扣押、冻结、移送或处理涉案财物；（7）决定开展搜查、勘验、检查、鉴定、辨认等侦查措施；（8）决定讯问犯罪嫌疑人、询问证人或调取、扣押物证、书证、视听资料、电子数据等；（9）对特别重大贿赂犯罪案件，决定是否批准律师会见；（10）对适宜启动没收违法所得程序的案件，决定制作移送没收违法所得意见书；（11）审核并提请采取技术侦查措施；（12）审核并提请通缉追捕、采取边控措施、赴外省市或境外调查取证；（13）组织起草并提请报批初查终结报告、立案请示、侦查终结报告等案件请示报告和侦查计划、检察建议等；审核并提请对外制发的法律文书；（14）其他需要由主任检察官决定的办案事项。这14项职权与市院、分院反贪部门主任检察官的职权也是大同小异。

公诉部门主任检察官的职权也包括自主职权和需审核职权两种。由于公诉业务具有较强的司法属性，业务活动主要是证据分析和法律适用，进行团队合作的需求远不如职务犯罪侦查那般强烈，通常情况下，检察官个人就能胜任，在办案组织形式上一般为独任检察官。正因如此，上海市院《细则》并没有专门针对主任检察官规定职权范围，而是只规定了检察官的职权范围，主任检察官的职权范围与检察官的职权范围是一致的。但如前所指，笔者认为这是不合适的。

市院公诉部门主任检察官的自主职权包括下列9项：（1）指定案件管辖或报上级院指定管辖；（2）决定进行复勘、复检，补充鉴定或扣押物证、书证，收集、调取新的证据；（3）决定延期审理（第二次延期需报经部门负责人审核）；（4）决定采纳下级院的抗诉意见；（5）决定对上诉案件建议法院维持原判；（6）决定对上诉案件建议法院不改变定性但可在原量刑幅度内改判；（7）要求侦查机关（部门）追诉犯罪嫌疑人或犯罪事实；（8）申请证人、鉴定人和有专门知识的人出庭；（9）除本清单列明由检察长决定（行使）和审核外的其他事项。分院公诉部门主任检察官的自主职权与市院基本相同，但从规定来看，多了“决定退回补充侦查”“决定变更移诉事实、法律适用”“决定提起公诉并提出量刑建议（重大案件除外）”等职权，同时少了市院公诉部门主任检察官享有的“决定采纳下级院的抗诉意见”这一职权。笔者认为，上述四项职权，无论是市院还是分院，公诉部门主任检察官都应该享有，事实上也是如此。但在《细则》中为何区别对待？笔者认为，这可能是规定本身的不细致、不精确所致。基层院公诉部门主任检察官享有下列9项自主职权：（1）适用简易程序、速裁程序；（2）决定进行复勘、复检，补充鉴定或扣押物证、书证，收集、调取新的证据；（3）决定延长办案期限半个月；（4）决定退回侦查机关（部门）补充侦查（第二次退补需报经部门负责人审核）；（5）决定变更移诉事实、法律适用，要求侦查机关（部门）追诉犯罪嫌疑人或犯罪事实；（6）决定提起公诉并提出量刑建议（重大案件除外）；（7）申请证人、鉴定人和有专门知识的人出庭；（8）建议延期审理（第二次延期需报经部门负责人审核）；（9）除本清单列明由检察长决定（行使）和审核外的其他事项。基层院公诉部门主任检察官自主职权除了不享有“指定案件管辖”“建议法院对上诉案件维持原判”“建议法院对上诉案件不改变定性但可在原量刑幅度内改判”“采纳下级院抗诉意见”等上级院专有的职权，以及只有基层院才享有的“适用简易程序、速裁程序”职权外，其他职权与分院的相同。

市院公诉部门主任检察官的需审核职权包括下列4项：（1）决定重新鉴定或开展侦查实验；（2）决定变更下级院的抗诉理由；（3）建议法院对上诉案件改变定性；（4）建议法院对上诉案件不改变定性但应在原量刑幅度外改判。相比较而言，分院公诉部门主任检察官的需审核职权多了四项：申请上级院指定管辖；决定变更、追加起诉内容；决定提请上级院抗诉；决定对涉案财物进行处理。从理论上来说，这四项职权市院公诉部门主任检察官也应该享有，为何没写进市院公诉部门主任检察官的权力清单，是不是因为市院一般很少承办一审案件？我们不得而知。而基层院公诉部门主任检察官的需审核职权有5项，与分院的相同，只不过不享有“决定变更下级院的抗诉理由”“建议法院对上诉案件改变定性”“建议法院对上诉案件不改变定性但应在原量刑幅度外改判”这些上级院才可能享有的职权。

3. 基层检察院关于主任检察官职权配置的探索

在上海，各基层检察院根据市院《细则》及其他有关规定，也对主任检察官职权配置予以了明确。闵行、浦东新区等先行试点的基层检察院，则在《细则》之前就制定了各自的主任检察官制度。下面仅以参与试点的浦东新区检察院为例进行分析。

浦东新区检察院既是上海地区探索主任检察官制度的试点单位，后又被高检院确定为全国范围内试点主任检察官办案责任制的试点单位。在2011年，浦东新区检察院就制定了《上海市浦东新区人民检察院主任检察官办案责任制》，其中对主任检察官的职权配置进行了规定。2016年，该院又根据上海市院的《细则》，重新出台了《浦东新区人民检察院关于深化主任检察官制度的实施办法（试行）》。

在2011年版本的主任检察官制度中，主任检察官办案责任制覆盖了反贪局、反渎局、侦监处、公诉一处、公诉二处、未检处、控申处、民行处、监所处、驻监检察室、派出院等有关业务部门。案件管理处当时尚未成立，自然没有纳入；研究室也不在其列。关于主任检察官的职权，并没有采取现在的“负面清单＋正面清单”的方式加以尽可能的明确，而是采取直接列举的方式。在立法技术上，分别按照公诉部门、侦监部门、自侦部门、控申部门、民事行政部门、监所处和驻监检察室等六个类别规定了主任检察官的职权范围。从职权配置上看，当时的业务部门负责人仍然是独立于主任检察官之外的一种业务审批权，因而，主任检察官的职权行使存在三种情形：主任检察官自主决定的事项；报部门负责人决定的事项；报检察长（分管副检察长）或检察委员会决定的事项。例如，公诉部门的主任检察官，对下列事项应提出拟办意见，报部门负责人决定：属于其他区县院管辖的案件；追捕、追诉案件；对赃款、赃物等扣押物品的处理；本院自行侦查案件需退回补充侦查的；对公安机关移送起诉的案件，决定第二次退回补充侦查的；改变移送起诉的定性、减少罪名或者影响量刑档次的；需要延期审理、恢复审理的；起诉以后需要变更、追加起诉的；需由部门负责人（派出院检察长）决定的其他事项。对下列事项应提出拟办意见，报部门负责人先行审核，由部门负责人报本院检察长（或经授权的分管副检察长）决定：本院自行侦查的案件；上级和本院领导督办、交办的案件；涉及区管干部、处以上干部、人大代表、政协委员、民主党派人士的案件；报送上级检察院管辖的案件；对取保候审或监视居住的犯罪嫌疑人、被告人决定逮捕的；公安机关对不起诉案件申请复议的；提起公诉后撤回起诉的；经三级审批案件的判决、裁定审查；对法院的判决、裁定提出抗诉意见的；被害人申请要求抗诉，拟提请抗诉的；制发纠正违法通知书；制发检察建议书；需作司法鉴定或精神病鉴定的；其他按照规定应当上报或需要上报的事项。上述种种规定表明，在主任检察官制度试点之初，检察权的下放是有限的。

在 2016 年版本的主任检察官制度中，关于主任检察官的职权配置，主要通过两种方式予以明确。一是从整体上明确主任检察官的职责范围；二是通过列举检察长（分管副检察长）或检察委员会具体职权的方式划定主任检察官的职权范围。

关于主任检察官的职责范围，浦东新区院是按照刑检部门、自侦部门、诉讼监督部门的划分，分别规定了各类主任检察官的职责。以刑检部门为例，第一，主任检察官主要职责是办理重大、复杂案件，对本办案组内检察官办理案件，承担审核、监督、管理等职权，指导检察官进行证据调查、审查起诉、诉讼监督、文书拟写等。对一些疑难复杂案件，主任检察官可以召集组内检察官进行研究讨论，以发挥集体智慧确保办案质量。集体讨论意见仅作为办案决策的参考，办案责任由决策者承担。第二，为确保办案质量实行审核制。主任检察官所办案件，由部门负责人担任的主任检察官进行审核；办案组内检察官所办案件由主任检察官进行审核。审核同意或不同意承办检察官意见，需通过书面明示的方式进行。主任检察官审核同意承办检察官意见，发生差错时，承办检察官承担办案责任，主任检察官承担审核责任；审核意见与承办意见发生分歧时，主任检察官不能直接改变承办检察官的决定，承办检察官接受主任检察官审核意见的，发生差错时，承办检察官承担办案责任，主任检察官承担审核责任；承办检察官不接受主任检察官审核意见的，主任检察官认为确需改变承办检察官决定的，需通过主任检察官联席会议讨论，并经部门负责人审核后报检察长（分管副检察长）或检委会决定，并归入案件材料。主任检察官、独任检察官所办案件及审核意见，经检察长（分管副检察长）或检委会决定，被改变其承办、审核意见的，最终确认其原承办或审核意见系错误的，作为考核内容并记入司法档案。

关于主任检察官的具体职权范围，浦东新区院2016版本采取了负面清单的方式，较之于上海市院的《细则》，规定更为详细和具体。以公诉部门为例。除以下由检察长（分管副检察长）或检察委员会行使的职权之外，其余职权授权主任检察官、独任检察官依法行使：(1) 决定改变案件管辖；(2) 特别重大、疑难复杂、零口供（指被告人始终作无罪辩解，且其对主要事实供述与被害人陈述不一致，证据处于“一对一”状态）、首例新罪名新类型、上级交办督办、社会关注度大的敏感案件提起公诉的；(3) 自侦案件提起公诉；(4) 涉及区管干部、处以上干部、人大代表、政协委员、民主党派人士的案件提起公诉；(5) 决定制发纠正违法通知书、检察建议；(6) 决定自侦案件退回补充侦查部门，或建议作撤案处理的；(7) 决定变更逮捕强制措施为取保候审的；(8) 决定撤回起诉或变更重罪为轻罪（含同罪降低刑格）起诉的；对提起公诉的案件，在法院宣告判决前，决定变更原起诉书指控事实和适用法律与起诉书不一致的；(9) 决定不起诉、对公安机关不服不起诉的复议；(10) 提出抗诉、对生效判决提请上级院抗诉、向法院提出再审检察建议的；(11) 决定将执法人员、律师涉嫌犯罪线索或者证据移送有关机关；(12) 决定对作证的证人、鉴定人、被害人进行保护；(13) 涉案财物的处理仍按院规定执行；(14) 决定提起附带民事诉讼；(15) 对法院强制医疗决定提出纠正意见；(16) 案件判决、裁定审查的审批。诉判不一致的，由部门领导审核后报检察长（分管副检察长）审批；原由检察长（分管副检察长）审批决定提起公诉的案件，诉判一致的，由部门领导审批。(17) 其他应当由检察长（分管副检察长）或检委会行使的权限。但是，这种规定方式只给出了负面清单，没有明确正面清单，在明确性方面仍然有所欠缺。并且，这种规定也未能进一步区分主任检察官、独任检察官、普通检察官的职权划分，因而，还有再作改进的空间。

二、主任检察官职权配置的比较分析

（一）主任检察官与主诉、主办检察官的职权配置

上海市浦东新区检察院是上海最早探索主诉、主办检察官办案责任制改革的试点单位之一，在2003年就制定了公诉、民行部门主诉检察官办案责任制以及侦监、未检、控申、监所、自侦部门、派出院主办检察官办案责任制的规定，并出台了《关于实行主诉检察官等级管理的规定（试行）》《主诉、主办检察官重大办案情况报告制度》等规定，到了2009年，又制定了统一的《上海市浦东新区人民检察院主诉、主办检察官办案责任制暂行规定》。通过上述一系列规定，主诉、主办检察官的职权范围逐渐得以明确。

1. 主诉、主办检察官的职权配置

在浦东新区院的改革试点中，主诉、主办检察官是主诉、主办检察官办案责任制的主要责任人。为下放检察办案权限，落实检察办案责任，检察长将部分检察权授权主诉、主办检察官行使，同时，业务部门负责人仍享有一定的案件审批权，加上检察长与检委会的保留权力，形成了不同层级并存的案件审批机制：对于授权主诉、主办检察官决定的案件，精简了审批流程，只有承办人承办和主诉或主办检察官审批两个环节；对于重大疑难复杂、终局处理等案件，则形成承办人—主诉、主办检察官—部门负责人—检察长或检委会的四级审批；还有一些案件，则形成承办人—主诉、主办检察官—部门负责人的三级审批。

在浦东新区院的实践中，主诉、主办检察官办案责任制一般是通过组成固定的主诉、主办检察官办案组的方式实现的，组内配备有若干助理检察员和书记员，同时，由于主诉、主办检察官的职数有限，组内通常还配有一两名具有独立办案能力的检察员。除了主诉、主办检察官独立承办案件，组内的检察员也承担着办案任务，主诉、主办检察官对组内检察员承办的案件行使审批权。由此可以看出，在主诉、主办检察官办案责任制中，检察权下放至主诉、主办检察官一级，检察员、助理检察员都不是独立的办案主体，不能独立行使检察权；主诉、主办检察官除了办理案件，还同时承担着组内案件审批权、案件分配权等组织管理权限。

主诉、主任检察官的职权配置有如下三种情形：需经检察长、检委会审批的职权；需经部门负责人审批的职权；自行决定的职权。

以公诉部门的主诉检察官为例，对于拟作不起诉的案件，需交由主诉检察官联席会议讨论，并报检察长或检委会决定。对于以下案件或事项，则应报部门负责人先行审核，再报检察长决定：自侦案件；上级和本院领导督办、交办的案件；涉及区管干部、处以上干部、人大代表、政协委员、民主党派人士的案件；由上级检察院管辖的案件；建议撤案的；公安机关对不起诉案件申请复议的；对犯罪嫌疑人、被告人变更强制措施的；起诉后又撤回起诉的；三级审批案件的判决、裁定审查；对法院的判决或者裁定提出抗诉意见的；被害人申请要求抗诉的；发纠正违法通知书；发检察建议书；需作司法鉴定或精神病鉴定的；其他按照规定应当上报或需要上报的事项。

对以下案件或事项，应报业务部门负责人决定：属于其他区县院管辖的案件；追捕、追诉案件；对赃款、赃物等扣押物品的处理；自侦案件决定退回补充侦查的；对公安机关移送起诉的案件，决定第二次退回补充侦查的；改变移送起诉的定性、减少罪名或者影响量刑档次的；需要延期审理、恢复审理的；起诉以后需要变更、追加起诉的；除本《暂行规定》（指《上海市浦东新区人民检察院主诉、主办检察官办案责任制暂行规定》）第 19 条第（九）项所列案件以外的一审判决、裁定的审查；需要与法院、公安机关等有关部门的领导协调的事项；需由部门负责人决定的其他事项。

2. 与主任检察官职权配置的比较

从以上分析可知，主任检察官的职权配置与主诉、主办检察官的职权配置存在如下三方面主要差异：

第一，检察权下放的层级和力度不同。在主诉、主办检察官办案责任制中，检察权只下放到主诉、主办检察官一级，检察员和助理检察员均不享有独立自主的检察权。主任检察官办案责任制则不同，检察权是下放到每个入员额的检察官。在获得检察长授权这个层面上来看，主任检察官与独任检察官、检察官办案组内的检察官以及实践中被授权独立办案的检察官助理一样，都是享有检察权的相对独立的主体，只不过主任检察官享有的权限更大一些而已。因此，在主任检察官办案责任制下，检察权得到了进一步的下放，检察权下放的力度也更大。

第二，审批与审核——权限性质不同。在主诉、主办检察官办案责任制中，业务部门负责人、检察长对案件享有审批权；而在主任检察官办案责任制中，业务部门负责人和检察长享有审核权。审批与审核，一字之差，权限性质却截然不同。在审批权中，享有审批权的业务部门负责人、检察长与承办人或主诉、主办检察官意见不一时可以直接变更处理决定。在审核权中，业务部门负责人对案件处理决定有不同意见的，只能书面记载不同意见，再按规定报检察长审核；检察长不同意承办人意见的，可以更改决定，但应对更改后的决定承担责任，或者提交检委会讨论决定。

第三，办案责任与监督责任——责任分配不同。在主诉、主办检察官办案责任制中，主诉、主办检察官应对案件质量负责，即应承担办案责任，但由于部门负责人和检察长对案件负有审批之责，审批人可直接变更处理决定，这实际上取消了主诉、主办检察官对案件的决定权，因此，审批人也应对案件质量负责。换言之，部门负责人、检察长也应对案件质量负责。这就导致案件出现质量问题时权责不明、责任无法追究等现实问题。在主任检察官办案责任制中，案件承办人对案件质量负责，主任检察官对组内检察官承办的案件只负责审核，部门负责人、检察长也是如此，一般只审核案件。如果审核案件有错误，应承担的是监督责任，而不是办案责任。

（二）我国台湾地区主任检察官制度的借鉴

1. 我国台湾地区主任检察官制度简介

我国台湾地区主任检察官的设置，依据的是台湾地区“法院组织法”第59条第2项。“该项规定各级法院及分院检察署检察官员额在六人以上者，得分组办事，每组以一人为主任检察官，监督各该组事务。该项规定系在1980年6月29日所增修（当时条次为第26条），增修条文的立法理由指出，各级检察机关事务繁简不一，员额编制亦异，有检察官员额多至四十人以上，每一检察官每月配受之案件，达一百余件者，似此情形，以检察首长一人之力，实难收监督指挥之效。为谋补救缺失，乃增订第2项，规定检察官在六人以上者，得分组办事，每组置主任检察官一人，监督各该组事务，其职位与同级法院庭长同。”① “主任检察官原设立目的仅在分担检察长监督指挥之责，对于案件业务日益增多之检察署，检察长实难亲力亲为督导每一位检察官之办案，因此在检察长之下，设主任检察官分组带领检察官，分担检察长督导之责，惟基于检察工作特色，主任检察官后发展为带领团队办案的功能。”② 由此可知，台湾地区主任检察官制度始于1980年，设立原因是为了分担检察长的督导之责，后又发展出带领团队办案的功能。申言之，台湾地区主任检察官不是检察放权与扁平化管理的产物，而是对办案组织过于扁平化与行政化不足的补救之措。故而，台湾地区的主任检察官制度与我国大陆地区的主任检察官制度在产

① 施庆堂、林丽莹：《台湾地区的主任检察官制度》，载《国家检察官学院学报》2016年第6期。

② 施庆堂、林丽莹：《台湾地区的主任检察官制度》，载《国家检察官学院学报》2016年第6期。

生原因与制度设计上都有很大的不同，台湾地区的主任检察官更类似于我国大陆检察机关的内设机构负责人。

遴选担任主任检察官，应具备五方面条件，“（1）担任检察官八年以上；（2）最近五年，考绩三年列甲等、二年列乙等以上，或职务评定均为良好；（3）最近三年办案成绩，侦查八十五分以上、办理公诉九十分以上、办理刑事执行七十分以上；（4）最近三年未曾依台湾地区‘公务人员考绩法’受平时考核记过以上之处分或依‘法官法’第95条第2款规定受警告处分或受惩戒处分者；（5）具有领导及协调能力、操守风评均佳，且身心健康者。”[①]

台湾地区主任检察官享有如下七项职权：本组事务之监督；本组检察官办案书类之审核；本组检察官承办案件行政文稿之审核或决定；本组检察官及其他职员之工作、操作、学识、才能之考核与奖惩之拟议；个人陈诉案件之调查及拟议；法律问题之研究；检察长交办事项及其他有关事务之处理。[②] 关于主任检察官的职权，台湾检察官将其梳理为两类：检察业务督导和行政业务督导。检察业务督导又有个案意义上的督导与通案意义上的督导之分。前者表现为督导本组检察官侦办案件，对案件进行审核。主任检察官可以提供法律建议或搜证建议，但不能强迫检察官改变决定，并在需要调度人力、交通车辆或对外协调时，提供协助。后者表现为对所在办案组的专业特色、办案流程、案件类型等方面进行规划与分析，以及涉及协同办案、团队办案时的协同与合作等相关事宜。行政业务督导包括对本组检察官工作与品操之考评、案件处理之管考，如检察官按月、按季结案数是否正常、是否依规定按期进行案件、办理案件是否逾期等。此外，还处理对检察官之陈情案件。[③]

2. 两岸主任检察官职权配置的比较

从以上介绍可知，两岸主任检察官制度存在明显的制度差异。就主任检察官的职权配置而言，具有以下重要区别：

第一，职能定位不同。在我国大陆，主任检察官是检察官办案组的负责人，在对组内案件和人员承担组织管理职责的同时，还负有办理案件的义务。按照有关规定，检察长、部门负责人、主任检察官都应当带头办案，并且应当

---

① 施庆堂、林丽莹：《台湾地区的主任检察官制度》，载《国家检察官学院学报》2016年第6期。

② 参见李翠玲：《台湾地区主任检察官制度的变迁与发展》，载《人民检察》2015年第20期。

③ 参见施庆堂、林丽莹：《台湾地区的主任检察官制度》，载《国家检察官学院学报》2016年第6期。

办大案要案和疑难复杂案件。为了落实检察长、业务部门负责人办案，一些地方还规定了办案数量或比例等指标。因此，主任检察官的主要职责是承办案件，且应承办重大疑难复杂案件，而主任检察官的监督、管理职责则是次要的。在大陆的制度设计中，由于业务部门负责人仍然保留，大部分的监督与行政管理职责由部门负责人承担，主任检察官的监督与管理职责较少，且仅限于其所在办案组。在台湾地区，主任检察官本质上属于行政官，是为了襄助检察长进行检察业务督导和行政业务督导而设立的，本身并不承担办案业务。虽然主任检察官有时也承办案件，但这和检察长办案一样，办案义务或责任并非源自检察长、主任检察官之身份，而是因为检察长、主任检察官同时具有检察官身份。在台湾地区，检察官才是独立官署，才是承办案件的责任主体，主任检察官、检察长无权对检察官独立承办案件进行干涉，因而，检察长、主任检察官也不承担办案责任。

第二，具体职权不同。从高检院《意见》和上海市院《细则》来看，主任检察官的职权配置除了有限的组织管理职责，更应承担大量的承办案件职责。对于主任检察官的办案职责权限的规定，也没有区分主任检察官和其他检察官。换言之，主任检察官和其他检察官一样，都是检察权下放的对象，是最基本的办案力量。进一步而言，主任检察官是检察办案的中坚和骨干。正因如此，检察改革为主任检察官配置了与普通检察官完全相同、同样广泛的办案职责权限。在台湾地区，主任检察官的七项职权都是监管性质的，没有一项涉及办案职权。

第三，法律责任不尽相同。在大陆，主任检察官既承办案件，又对组内其他检察官承办案件负有审核职责。作为案件承办人，主任检察官应对其承办案件承担办案责任，对案件质量终身负责；作为案件的一级审核人，主任检察官对其审核案件负有监管职责。也就是说，在大陆，主任检察官的法律责任有两种类型：办案责任和监管责任。在台湾，主任检察官上承检察长，下系检察官，为一级监督管理机构，负有检察业务和行政业务上的监督管理责任，但不承担办案责任。

另外，从掌握的资料看，德国、法国等西方国家也设有主任检察官或类似制度。但由于西方国家检察官独立行使检察权的法律历史和法律文化悠久，检察官的司法化与办案组织的扁平化从来不是问题，不存在借助主任检察官制度实现改革目标的现实需求，这些国家的主任检察官制度与我国正在探索的主任检察官办案责任制大异其趣，再作分析研讨的意义不大，本文不再深究。

三、主任检察官职权配置的问题与完善

（一）主任检察官职权配置的问题

1. 改革目标的阶段性、渐进性问题

主任检察官办案责任制改革仍处于进行时，要想实现预定的改革目标，必须一步步推进，应根据工作需要设定一个个阶段性、渐进性目标。

很显然，主任检察官办案责任制并非司法责任制改革的终极目标。司法责任制的目标是将办案责任落实到直接承办案件的检察官身上，检察官独立办案，并且对所办案件的质量独立担责、终身担责。然而，在我国当下，这一目标的实现尚缺乏现实基础。由于承办案件的检察官长期依赖于三级审批制，难以真正做到独立办案，多数检察官并不具备完全独立办案的能力，要求他对案件质量独立担责、终身担责，既不现实，也不合理。正是基于这种现实情况，我们在实践中探索主诉、主办检察官办案责任制和主任检察官办案责任制，而不是一开始就实行检察官办案责任制。在这种意义上，我们主张，主任检察官办案责任制系阶段性改革目标，是从我们检察工作的现实情况出发设计的过渡性制度，只有检察官中的精英——主任检察官已经具备独立承担司法责任的能力之后，我们才能着手实施检察官独立承担司法责任的工作。

从现有的主任检察官职权配置情况看，除了有关案件监管和组内事务管理等职责，在执法办案权限上，主任检察官与普通检察官的职权范围无异，司法办案责任也直接落实到了承办案件的检察官身上。执法办案职权一下子下沉至检察官，主任检察官只对案件承担审核的责任，实际上是将主任检察官对组内案件应负的司法责任完全转移到了检察官身上，这样的所谓主任检察官办案责任制可谓名不副实，与其说是主任检察官办案责任制，毋宁说是检察官办案责任制。这种情况可以说是在追求改革目标的过程中忽略了需要一步步执行的阶段性、渐进性目标。

2. 主任检察官职权配置的错配性问题

主任检察官的职权配置应考虑主任检察官的职能定位以及办案组织形式问题。主任检察官是检察官办案组的负责人，而检察官办案组是检察机关基本办案组织形式之一。作为检察官办案组的负责人，主任检察官的职权配置就不能仅从主任检察官本人承办案件的需要进行考虑，而应同时考虑整个办案组的工作需要，并且，后者更是职权配置应考虑的因素。

从现有规定来看，在具体职权配置上，主任检察官的办案职权范围与普通检察官没有任何区别；作为主任检察官专有的案件审核与办案组的组织管理职责，并不涉及执法办案权限，基本上属于行政权性质。也就是说，在对主任检

察官进行职权配置时，几乎没有考虑身为办案组负责人的主任检察官与组内普通检察官的区别，也没有考虑作为检察官中的精英的主任检察官理应握有更大的执法办案权限，而普通检察官享有的职权应该有所节制的理性要求。所以，笔者认为，现在对主任检察官职权的配置存在错位问题，与其职能定位及责任担当不符。

3. 主任检察官司法责任分配问题

根据现有规定，主任检察官应对自己承办的案件承担案件质量责任，在这点上与承办案件的普通检察官没有分别。对于组内检察官承办的案件，主任检察官只负有审核之责，即同意承办人意见的，案件质量由承办人负责，主任检察官不承担办案责任；在审核过程中有故意或重大过失的，则对案件质量负监管责任。如主任检察官不同意承办人意见，是不能直接改变处理决定的，而是将案件提交检察官联席会议讨论，或提请检察长审核，案件质量责任也与主任检察官无关。

从上述规定可知，虽然名为主任检察官办案责任制，虽然检察官办案组是基本办案组织，但司法责任实际却不是由主任检察官或办案组承担，而是落实到了承担案件的检察官头上。这样的司法责任分配，显然与主任检察官办案责任制的名义不符，也难以体现检察官办案组所应具备的基本办案组织的法律属性。

除了以上三方面问题，还有诸如主任检察官与业务部门负责人之间的关系与权力划分、主任检察官与检察长以及检委会之间的关系等问题存在，由于论述甚众，本文不再重复。

（二）主任检察官职权配置的完善

1. 准确认识和把握主任检察官的职能定位

从西方的实践经验来看，彻底司法化的办案责任制应是强调检察官的独立办案，检察官应尊崇事实和法律，运用自己的法律知识与法律思维，独立自主地作出事实认定和法律适用，而不受任何组织或个人的干涉，因此，检察权的主体既不是检察长，也不是内设机构负责人或者某种办案组织，检察权归属于检察官，检察官是独立的官署。

在我国，检察工作受制于诸多主客观因素，检察官独立办案的条件尚不具备，在改革之初，只能通过员额制遴选出一批相对优秀的检察官——入额检察官，并在入额检察官中遴选出一批精英——主任检察官和独任检察官，由独任检察官（佐之以一定辅助人员）独立办案；或者由主任检察官领衔办案组独立办案。藉此方式，假以时日，待至其他检察官经验渐丰、能力渐增，每名检察官都具备主任检察官的能力和水平后，再实行检察官独立办案才具备可行性。

由此可知，主任检察官办案责任制是检察官办案责任制目标下的过渡性制度安排。作为一项中间制度，主任检察官办案责任制是我国无法跨越的一个发展阶段，任何跨越的尝试都将是欲速则不达。也正因为是一项过渡性的中间制度，也就预决了主任检察官办案责任制终将被检察官办案责任制所取代。因此，主任检察官也是改革进程中的一个临时存在，随着入额检察官能力和水平的逐渐提高，主任检察官终将退出历史舞台。就算以后还有主任检察官一说，那也不可能是现在意义上的主任检察官。可以这么说，主任检察官是对入额检察官的再次精选，作为“检察官中的检察官”，主任检察官必须负担起检察官专业化、职业化和精英化的历史使命。作为入额检察官的“标杆”，主任检察官无论是在职权配置还是责任承担上，都应该与普通检察官有明显区别，对主任检察官“隆其权力、尊其地位、厚其待遇”的同时，还应承担与其权、利一致的责任。

2. 检察权的下放范围与层级应合理

在主任检察官办案责任制改革中，检察权的下放是重要内容之一。为了表明改革的决心与力度，不少地方尽可能将检察权下放，检察长与检委会的保留权力很少。笔者认为，这样的改革方向无疑是正确的。但值得探讨的问题有两个：第一，检察权下放到哪一层级才是合适的？第二，放权范围是否应当体现差异性？

从高检院和上海市院的规定来看，除了检察长和检委会保留的权力，其他检察办案权都被下放至员额检察官这一层级。将检察办案权下放给每个承办案件的检察官是检察官独立办案和对案件质量终身负责的必然要求。没有独立的办案权就无法独立办案；无法独立办案，又怎能对案件质量终身负责？但是，如前所指，在我国尚没有做到检察官完全独立办案：有些案件可以由独任检察官独立办理；有些案件则只能由检察官办案组办理。在检察官办案组里，承办案件的检察官应接受主任检察官的领导指挥，并不具有完全独立的办案职权，这点在职务犯罪侦查部门表现得尤为明显。因此，笔者认为，将检察办案权下放给每个检察官的做法过于绝对，应根据不同情况区别对待。笔者主张：对案件作出处理决定的权力下放给主任检察官、独任检察官，如批准逮捕、决定起诉等检察权；非决定性的检察权则可以下放给每个检察官。当然各自权限范围的确定应根据各地检察院、各个检察院的具体情况予以确定，不必也不应强求一致。但无论如何，在并非所有检察官都具备独立办案能力的情况下，将部分检察权保留给独任检察官和主任检察官，应该作为一项原则来贯彻执行。

笔者认为，放权范围应体现差异性也是应予坚持的一项原则。我国幅员广阔，地区差异巨大，东西地区差异、城乡差异等问题依然明显，并将在较长时期内存在，这些差异也对检察工作水平直接产生影响。检察工作水平的差异既体现在地域上，也体现在具体的检察机关上，还体现在每个检察官个体上。上述种种差异决定了检察放权范围不应整齐划一。具体而言，检察工作水平决定放权的力度和范围：检察工作水平高，检察放权的范围可以大些，检察长和检委会保留的检察权则可以少些；检察工作水平低，下放的检察权就可以少些，而多留些权力给检察官和检委会。各省级院在考量检察权下放时应当如此，各地市院、各基层院也应如此。在决定是放权给检察官还是主任检察官、独任检察官时，同样应该如此。在不同的改革阶段，放权范围也应有所不同，刚开始时放得谨慎点、少点，越往后，放权的范围应逐渐扩大，检察权也应逐渐下沉。

3. 主任检察官与组内检察官司法责任的重新分配

对于办案组的司法责任问题，高检院《意见》作出了原则性规定："检察官办案组承办的案件，由其负责人和其他检察官共同承担责任。办案组负责人对职权范围内决定的事项承担责任，其他检察官对自己的行为承担责任。"从规定看，主任检察官不仅要对自己承担的案件承担司法责任，还应对组内检察官承办的案件承担司法责任，即对其职权范围内决定的事项承担责任。上海市院的《细则》也有类似规定："检察官办案组团队承办的案件，由主任检察官和其他检察官共同承担责任。检察官办案组合议决定的案件，由主任检察官和检察官共同承担责任。"这样规定是因为上海市院将检察官办案组细分为专业化办案组、团队制办案组、合议制办案组、专案办案组等四种类型。该规定只明确了团队制办案组和合议制办案组中主任检察官和检察官的责任负担问题，对另外两种办案组的司法责任分配问题则未涉及。由此似乎可以得出结论：在专业化办案组和专案办案组中，主任检察官并不承担司法责任。这一结论又似乎可以从另一项规定中窥出端倪：主任检察官对组内检察官承办案件行使审核权，而不是审批权。在审核模式下，案件责任由承办案件的检察官承担，主任检察官只有审核错误所致的监管责任。

笔者认为，根据现有制度设计，检察官办案组是检察机关基本办案组织形式，在法律上明确办案组织的目的在于明确检察职权与司法责任，作为基本办案组织形式，检察官办案组是检察权行使的基本单元或主体，与之相对应，检察官办案组也应是司法责任负担的主体。质言之，在司法责任发生时，应由检察官办案组而不是某个检察官承担司法责任。作为检察官办案组的负责人，主任检察官应代表检察官办案组对外承担司法责任；在办案组内部，则根据实际参与办案情况，在主任检察官与组内承办案件的检察官之间合理划分责任份额。

在主任检察官与组内检察官的责任划分问题上，笔者主张：无论办案组为哪种类型，主任检察官对组内检察官承办的案件都不应只是享有审核权，而应是对案件处理结果享有决定权（检察长、检委会保留的权力事项除外）。对组内案件享有决定权不仅体现在具有明显行政属性的职务犯罪侦查部门的主任检察官身上，对侦监、公诉等刑检业务部门以及刑事执行、控申等诉讼监督部门的主任检察官同样适用。如若代之以审核权，主任检察官制度将重蹈主诉、主任检察官制度的老路，主任检察官将异化为一级案件审批机构。因此，享有案件决定权的主任检察官应对组内检察官承办的案件承担司法责任；同时，直接承办案件的检察官则应对自己参与办理的案件事项承担相应责任。

4. 主任检察官与业务部门负责人的关系厘清

在主任检察官与业务部门负责人的关系处理上，以下两种主张都值得商榷：一种观点认为，主任检察官只应享有执法办案权限，只管检察业务，不理行政事务。在主任检察官与业务部门负责人的关系上，前者只负责业务，后者只管理行政事务，司法权能与行政事务截然分开。另一种观点认为，主任检察官既执法办案，又管理组内行政事务，一肩担两责，由于其行政管理职权与业务部门负责人的权限重合，因此，应取消业务部门负责人的设置。

对此，笔者认为，在检察机关内设机构尚未取消之前，主任检察官的职能定位主要在于业务办理以及与办案业务相关的管理，如果将与业务相关的管理活动剥离出去，交由部门负责人行使，则部门负责人由于负有对所在业务部门的管理之责，再接手每个办案组内的事务管理，可能负荷过重，力不从心。这是其一；其二，办案组内的管理事务多与案件办理相关，而业务部门负责人通常不接触承办人办理的案件，不了解案件办理情况，若接手相关管理事务，恐难胜任。因此，前一种主张并不合适。至于后一种主张，直接取消业务部门负责人的观点也不合适。除了少数很小的检察院，取消业务部门的主张并不现实，现在的改革主张，也只是整合内设机构，实行“大部制”改革。这是因为，检察权的多样性决定了内设机构设立的必要性与业务部门管理事务的复杂多样性。取消内设机构和部门负责人，相关的管理事务不可能上提至检察长、副检察长，而只能转移至主任检察官头上，而主任检察官的制度设计决定了其工作重心只能是在办案业务上，过多的行政管理事务必将破坏这一制度设计。

在主任检察官与业务部门负责人的关系问题上，笔者主张，业务部门负责人应专职负责本部门的行政管理事务与业务规划，业务部门负责人同时担任主任检察官并带头办案、带组办案的职能定位含糊不清，与司法改革的方向相背离，应予改进。主任检察官对本组案件承担司法责任，同时负担办案组内的相关业务管理与事务管理职责。

以清单化管理为基础 做实检察官办案权力

——上海检察机关检察官权力清单制度实施情况调研报告

王光贤*

2015年12月上海市院印发《上海检察机关落实司法责任制工作细则（试行）》（以下简称《上海细则》）。本文对2016年1月至6月上海各级院制定和实施检察官权力清单的情况开展调研，在总结全市实践经验的基础上，对检察官权力清单制度实施中的理论和实践问题提出完善建议，以期为进一步深化司法责任制改革提供参考。

一、上海检察官权力清单制度实施情况及其特点

《上海细则》是在贯彻落实最高人民检察院《关于完善人民检察院司法责任的若干意见》（以下简称《高检院意见》）的基础上，结合前期检察改革试点经验，在深入研究、集思广益的基础上起草的。《上海细则》共分为18部分100条，总体上按照“组织—职权—监督—责任”的结构安排内容，首先明确办案组织设置，在此基础上明确检察官职责权限、内部和外部监督制约机制以及司法责任界定和追究。而同时以附件形式发布的《上海检察机关业务部门权力清单》（2015年版）（以下简称《权力清单》）由市院各业务部门牵头组织按照条线类别，统一对市院、分院、基层院三级院的检察长、检委会与检察官两级办案主体的办案权力进行逐项列明。《上海细则》是对检察官权力的一般性规定，《权力清单》则是对《上海细则》的细化，即检察官权力的具体化，两者共同构成上海检察机关检察官办案权力的基本规范，也是各分院、基层院制定自身检察官权力清单的基本遵循。一年来，上海各级检察机关积极实践检察官权力清单，在执法办案中发挥重要作用，形成了一系列有效做法。

---

* 课题组负责人：王光贤，上海市人民检察院副检察长；课题组成员：项谷、张菁、姜伟。本文系上海市检察机关2016年度重点研究课题“司法责任制背景下检察官权力清单的调查与思考”的主要成果。

（一）本市检察官权力清单的实施情况

上海市院印发实施《上海细则》以来，全市各分院、基层院认真落实《上海细则》及《权力清单》要求，积极探索制定和实施本单位检察官权力清单。具体情况如下：

1. 权力清单的制定情况

至2016年6月，全市共有17家单位（2家分院、15家区院）根据市院《上海细则》及《权力清单》规定，结合自身办案实际，细化制定了本单位的检察官权力清单，占全市各级院的85%。另有2家单位直接执行市院《权力清单》的相关规定，未再专门制定本单位的检察官权力清单。据此，上海各级检察院落实检察官权力清单制度的比例达到100%。细化制定本单位检察官权力清单的17家单位中，绝大多数系由本院检察委员会会议审议通过，个别由院党组会、检察长办公会或者院改革领导小组审议通过。在清单的文本载体上，有的单位以专门的规范性文件明确各类办案主体的权力，如一分院、黄浦区院等；有的单位则遵循市院《上海细则》及《权力清单》做法，以附件形式规定在落实办案责任制的规范性文件中，如虹口、奉贤、长宁等区院。

2. 权力清单的配置情况

从清单形式看，少部分单位采取负面清单形式，如长宁、静安、徐汇区院只规定检察长和检委会的办案职权；大多数单位（包括市院的《权力清单》）则采取正面清单形式，即分别规定检察长（或检委会）、检察官的权力。其中，有的单位（如一分院）进一步规定了检察长或检委会、主任检察官、检察官三级办案主体的职权。从权力类型看，市院《权力清单》除规定检察官对办案事项的决定权外，还规定了检察官决定（行使）但同时需提请检察长（副检察长）审核的职权。采取这一做法的还有金山、松江等区院。也有一些单位未专门规定审核权，如一分院。从检察官权力的权重看，市院《权力清单》中必须由检察长或检委会行使的权力由原来的50余项减为约17项，比改革前下降了约70%。其他各单位权力清单中，检察官权力都得到较大幅度的扩大，平均达到60%以上，检察长或检委会的办案权力相应缩小。如二分院检察官权力占62.3%，奉贤区院检察官权力占比达到70%。

3. 权力清单的落实情况

调研情况表明，全市各级院均能按照权力清单的规定落实检察官对办案事项的决定权，以及检察长对案件的审核权。以刑检部门为例：一是检察官办案职权的落实情况。根据市院《上海细则》规定，除重大、有影响的案件是否批准（决定）逮捕、是否提起公诉、不构成犯罪或证据不足而不批准逮捕、决定不予逮捕、不起诉的案件、决定撤回起诉的案件要由检察长决定之外，绝大多数办案职权均可授权检察官决定。在市院《权力清单》中，侦监、公诉部门的分院、基层院清单均将普通刑事案件的批准逮捕决定权、提起公诉决定权授予检察官行使。经了解，2016 年 1 月至 6 月全市检察机关共受理逮捕案件 11863 件，其中检察官办理审查逮捕案件 9517 件，占总数 80.2%；全市检察机关同期共审结公诉案件 14505 件，其中由检察官提起公诉的有 13587 件，占总数 93.7%。可见，检察官对一般刑事案件的批准逮捕权、提起公诉权得到了全面落实。二是检察长对不捕、不诉案件审核权的落实情况。市院《上海细则》规定了由检察长审核的包括不批捕案件、不起诉案件在内的 7 种案件。[①] 市院侦监部门在基层院清单中将相对不捕权授予检察官行使。但是从调研情况看，各区院在实际操作中，对检察官作出相对不捕的案件仍报请检察长审核。同时，一些在本院权力清单中将相对不诉决定权授予检察官行使的单位，也很好地执行了检察长对不起诉案件进行审核的规定。

（二）本市检察官权力清单实施的特点

实施检察官权力清单是一项系统工程，涉及完善检察办案组织、完善检察权运行方式和监督管理机制、办案考核评价、检察官激励机制等多方面。市院《上海细则》和《权力清单》发布后，各分院、区院总结前期主诉检察官办案责任制、主任检察官办案责任制改革的实践经验，既遵循司法规律，又体现检察办案活动特点，处理好放权和监督的关系，在形成科学合理的检察办案权力运行体系方面形成了一系列有效做法。

1. 建立健全检察办案组织

检察办案组织是检察权运行机制的载体，也是司法责任制的基础。健全检察办案组织形式是科学界定检察人员职责权限的必要前提。各单位在制定检察官权力清单时均将独任检察官和检察官办案组确立为办案组织的基本形式，其特点在于：一是以检察官为核心构建办案组织。大多数单位采取对检察官办案组由 1 名主任检察官领衔，配备 1 名入额检察官和 1—2 名检察官助理，独任检察官则由 1 名检察官搭配 1—2 名辅助人员协助办案的做法。也有区院在此基础上进一步创新独任检察官制度，如闵行区院撤销刑检部门原有固定主任检察官办案组，设置单列独任检察官，遇重大、疑难、复杂案件时，临时组织检察官办案组。二是兼顾司法规律和检察业务特点。在刑检部门，原则上由独任

① 根据上海市院《上海细则》第 25 条规定，不批捕案件、不起诉案件、在检察环节终止诉讼的案件、决定不提出抗诉的案件、决定不提出再审检察建议的案件、以人民检察院名义制发的检察建议、以人民检察院名义制发的一类问题监督意见，由检察长（副检察长）审核。

检察官负责办理一般案件，检察官办案组负责办理重大、疑难、复杂案件；在自侦部门，原则上由检察官办案组行使案件侦查权；在民行等部门，根据案件性质和难易程度，由检察官办案组或检察官独立承办案件。三是兼顾业务管理的扁平化和专业化。不少单位在办案组织的管理中保留了专业化办案模式的成果，如闵行区院对独任检察官实行专业化与均衡化的办案模式，对开设赌场、妨害公务、交通肇事、涉毒、金融知识产权、涉食品药品安全、职务犯罪等案件实行相对集中办理；虹口区院实行航运、金融、毒品、经济等案件专业化分工，发挥专业化办案优势。

2. 科学配置各级办案主体权力

各级院在制定本单位检察官权力清单过程中坚持于法有据和贴近实际原则。对办案主体的权力配置严格依据刑事诉讼法、人民检察院组织法的规定，并且与市院《上海细则》规定相适应。同时，办案权力的配置适应本级院、本地区执法办案工作的现实情况。一是将检察官作为办案权力的主要承担者。按照“刑事检察权充分放权，职务犯罪侦查权限制放权，诉讼监督检察权部分授权”原则，明确检察长的审批权、审核权和检察官独立行使职权的范围和运行办法，突出检察官执法办案的主体地位。在办案组承办案件时，主任检察官既要负责组织、指挥和协调工作，也要在对众多涉案人员和案件事实分工的基础上亲自承担部分审查工作，建立权责明晰的办案机制。二是办案权力和办案任务配置相协调。对检察官权力的配置考虑检察官办案任务实际，使检察官对日常办案活动有充分决定权。如有的区院授权独任检察官承办简单的自侦案件，而分院承担的重大职务犯罪案件中检察官办案权力受到限制，日常办案活动主要由检察官办案组承担，主要办案权力集中于检察长。三是权力清单实现决定、监督和管理的统一。各单位在设计检察官权力清单时不只是分配办案事项决定权，而是兼顾办案决定权、监督权和管理权，将检察长、部门负责人、主任检察官的案件审核权作为办案活动中加强内部监督制约、保障案件质量的一道把关程序，纳入检察官权力清单的总体结构中。

3. 合理确定权力配置标准

在各单位的检察官权力清单中，“重大疑难复杂案件”标准是界定检察官与检察长、检委会办案权限的常见标准，重大疑难案件的决定权由检察长行使，其他案件则可以授权检察官行使决定权。“重大疑难复杂案件”标准比较抽象，各单位在实践中探索可确定、可量化的标准。一是综合考虑犯罪数额、案由、涉案人员情况、涉外因素、社会影响等多种因素。如一分院优先采用案件类型标准，危害国家安全案件、有重大影响的涉外犯罪案件、社会关注度高的敏感案件、团伙犯罪、涉众型犯罪、领导干部要案，由检察官办案组办理；

以刑期标准作为一般标准，对可能判处死刑的案件是否决定提起公诉由检察长、检委会保留；以意见分歧作为补充，与公安机关、审判机关有意见分歧的不批准逮捕案件、不起诉、变更起诉罪名影响量刑的案件，与下级检察机关有意见分歧的撤回下级院抗诉、变更刑罚种类或改变刑罚执行方式的上诉案件，检察官与主任检察官、检察长有意见分歧的案件等均要由检察长或检委会决定。二是将办案权力的性质作为标准。根据办案权力的不同性质配置给不同的办案主体。如二分院将办案权力划分为实体性权力和程序性权力、终结性权力和过程性权力，其中不对当事人实体权利义务产生影响的程序性权力、不会发生终结检察环节办案程序效力的权力均可以由检察官行使。三是以案件决策风险等级作为标准。如闵行区院采取对案件进行风险等级评估，根据风险等级决定办案权力的归属。该院制定了《刑事案件风险评估控制办法》，根据案件风险评估等级确定不同的办案主体。风险分为4个等级：2级风险以下案件，检察官可自行决定，不需要向上请示；达到3级的，需由主任检察官决定。只有案情风险达到4级，方由检察长决定。

4. 完善检察官办案权力运行机制

部门负责人是内设机构负责人，不属于办案组织的组成单元，部门负责人的审核权具有行政化色彩，审核权过多不利于检察官相对独立行使办案权力，也不利于办案权力运行机制的扁平化。各单位均以岗位说明书、权力清单等形式，严格限制部门负责人的审核权，淡化检察官办案活动中的行政色彩，实现办案决策程序扁平化。一是将部门负责人案件审批权赋予检察官、主任检察官行使。部门负责人对案件只有审核职责而无决定权。二是部门负责人要承担作为检察官、主任检察官的办案职责。部门负责人作为检察官同样直接承办案件，或者在办案组中承担主任检察官办案职责。三是将部分检察长的职权下放给部门负责人。如一分院、黄浦区院将原来由检察长决定的重要程序事项，如变更管辖、二次退回补充侦查、延期审理等，交由部门负责人审核，以提高办案效率。除此之外，部门负责人负责本部门的日常行政管理事务及组织检察官联席会议等。

（三）本市检察官权力清单制度实施的效果

检察官权力清单实施后，各单位办案质量和效率都有不同程度的提高，检察官成为办案活动的主力军，履职责任心大大提高，检察机关执法办案公信力进一步提升，改革成效初步显现。

1. 进一步突出检察官办案主体地位

检察官权力清单的实施使原来处在承办人地位的检察官走到执法办案决策的“前台”，办案主体地位在制度规范、司法实践和内心观念中都得到进一步突出。一是责任意识增强。检察官普遍感受到自己既是办案主体，又是责任主体。严把案件事实关、程序关、证据关和法律适用关，确保办案质量，使自己办理的案件成为经得起历史检验的铁案。二是担当意识增强。检察官认真履行职责，成为办案的主力军。特别是在承担重大案件办理职责的分院，检察官勇于担当、敢于负责。2016 年上半年，一分院侦监、公诉、二审三个部门检察官直接决定案件数量分别占到总数的 76%、60% 和 44%，同期“三级审批”的案件数量大幅减少。三是检察官独立办案能力增强。由于权力清单对检察官明确授权，检察官改变了以往对业务部门负责人与检察长的依赖性，遇到疑难复杂案件不再是简单地上交问题，而是能主动听取当事人意见，积极与相关部门沟通，协商研究，切实增强了协调处理案、事的综合能力。在办案执法过程中，更多地会从法律效果、社会效果统筹考虑，耐心地强化对当事人的释法说理，避免涉检信访事件发生。四是学习意识增强。检察官主动加强业务学习，提升办案能力的危机感和紧迫感显著增强。在执法办案之余，积极参加各种业务培训讲座、研讨活动，将提高司法办案能力作为自己的立身之本和看家本领，刻苦钻研检察业务，不断完善知识结构，不仅注重法律专业知识的学习，还将视野扩展至财务、金融、互联网等多个领域。

2. 进一步凸显检察官办案的司法属性

检察官权力清单的制定和实施，科学界定了各办案主体的职责权限，进一步凸显了检察权的司法属性。一是淡化办案行政化色彩。推行检察官办案责任制以后，全市各级院基本形成“检察官—检察长（副检察长）、检委会”的扁平化办案模式，改变了以往三级层报审批的办案模式。通过明确检察官权力清单，依法赋予检察官办案决定权，减少了审批环节，凸显了司法属性。二是增强办案亲历性。办案的主要环节均由作出决定的检察官亲自参与，检察官直接审查案件证据材料，直接面对当事人，“审者不定，定者不审”问题不复存在。三是体现独立判断性。检察官对授权范围内的案件，认真审查，独立判断，并作出处理决定。主任检察官、部门负责人审核中有不同意见的，不能直接改变检察官的决定，只能作为检察官决策的参考。

3. 进一步增强检察办案的质效

检察官权力清单的实施以合理放权于检察官为目标，同时也简化部门案件审批程序，减少案件审批流转时间，最大限度挖掘检察官队伍的办案潜力，提升办案效率，确保办案质量。一是办案力度持续加大。如浦东区院 2016 年 1—6 月共立案侦查贪污贿赂案件 21 件 25 人，立案侦查渎职侵权职务犯罪案件 3 件 4 人，位居全市前列。办案质量稳中有升。二是审前过滤把关作用显现。大部分区院的不捕率和不诉率都不同程度有所上升，如 2016 年 1—6 月，黄浦、杨浦、宝山、闵行、二分院等单位的不捕率同比分别提高 2.3 个、6.1 个、4 个、8.3 个、7.9 个百分点，黄浦、杨浦、奉贤、闵行等单位的不诉率同比分别提高 8.5 个、1 个、1.43 个、1.2 个百分点。三是办案流程加快。办案过程的行政色彩被淡化，多数单位公诉案件办案周期缩短。全市范围内公诉案件数量领先的两个区院中，闵行区院公诉办案周期由 2015 年同期的 30 天下降至 25 天，浦东区院公诉办案周期由 27 天下降至 21 天。案件类型以重大疑难复杂案件、死刑案件为主，且全部实行普通程序的分院中，一分院公诉办案周期由 71 天下降至 52 天，办案周期缩短 26.7%。

4. 进一步强化法律监督职能

检察官法律监督意识明显加强，以往“重打击，轻保护”“重诉讼职能，轻监督职能”，诉讼监督职权行使“稳妥有余而积极不足”等问题明显改观。一是侦查监督力度加大。检察官积极发挥审前程序的主导作用，加强立案监督，加大追捕追诉力度。如 2016 年上半年虹口区院立案监督 7 件 7 人，同比人数上升 100%。追诉 7 件 9 人，同比人数上升 28.57%。奉贤区院追捕到案 57 人，同比上升 159%；立案监督 12 件，同比上升 20%。全市各级院共制发书面纠正侦查违法 47 件次，同比上升 62.1%，其中黄浦区院制发纠正违法通知数量同比增加 250%。二是审判监督力度加大。检察官牢牢抓住抗诉这个最重要的法律监督手段，重点关注诉判不一的案件，加强分析研究，对于认为法院确有错误的，依法坚决提起抗诉。各单位提出刑事抗诉 25 件，数量同比上升47.1%，法院已采纳抗诉意见 11 件；提出民事、行政抗诉 37 件，同比上升 23.3%。浦东、黄浦、宝山、嘉定、奉贤等区院提出抗诉数较往年同期翻一番，一分院提请市院抗诉案件数量较同期上升 50%，已收到法院裁判的案件中改判率为 72.7%；民事行政抗诉类案件改判率为 92.3%，同比上升38.4%。三是新型监督职责的运行方式更加成熟定型。刑事诉讼法和民事诉讼法修改后新增的监督职能借助检察官权力清单的规范，运行方式更加定型化。如民事执行监督是基层院民事行政监督工作的新增长点，各单位共制发民事执行活动监督检察建议 30 件，同比上升 50%。各单位同期开展羁押必要性审查 962 人，工作量超过 2015 年全年 70% 以上（1343 人），提出监督意见 469 人，建议被采纳 401 人，采纳率达到 85.5%。

二、检察官权力清单制度实施中的困难和问题

检察官权力清单的实施是检察权运行机制的一次深刻变革，牵一发而动全身，对检察工作机制有着全方位的影响。自 2015 年《高检院意见》出台后，不仅是上海检察机关，全国各地检察机关均开展了检察官权力清单的实践探

索，但是，在制定和实施中出现了一些困难和问题，并且带有一定的普遍性，需要我们进一步思考和研究。

（一）检察官权力清单制定的基本问题

检察官权力清单是一种全新的检察机关执法办案内部规范，形式上并无先例可循，因而在基本形式和内容等方面也存在不同认识。

1. 检察官权力清单的制定主体不一

从各地检察机关的实践情况看，由哪一级院制定检察官权力清单，有四种不同的做法或认识：一是由省级院统筹制定适用于本辖区三级院的清单；二是由高检院在总结经验的基础上制定框架性或指导性意见，明确指导原则，由各省在框架范围内结合实际探索完善；三是由省级院委托下级院再行制定本院权力清单；四是由高检院在总结实践经验的基础上，制定全国统一的检察官权力清单。

2. 检察官权力清单的授权形式不一

检察官权力清单的形式实质上关涉到检察官办案职权的授权形式，对放权范围和程度十分重要。在明确检察官权力范围时，大部分检察机关采取正面清单形式，即分别规定辖区内各级院各项司法办案业务中检委会、检察长、检察官的职责权限。正面清单有利于各级检察官清晰了解自身职权，做到授权明确。也有的检察机关采取负面清单形式，即仅规定应由检察长、检委会的权力，同时明确其他办案权力均授权检察官行使。负面清单比较全面，避免遗漏，也有利于扩大检察官的办案权力。

3. 检察官权力清单的发布效力不一

由于对检察官权力清单的效力认识不统一，检察官权力清单以何种效力形式出现也有不同做法。从本市情况看，多数是检委会审议通过，也有部分院是由院党组会或检察长办公会审议通过。制定的权力清单对内部检察长、检察官、检察官助理等人员有约束力并无疑义，但是，权力清单具有何种对外效力在实践中有不同认识。由于还处在试点探索阶段，各地检察机关并未将权力清单对外公示。有观点认为，检察官权力清单是确定“谁办案谁负责”，落实司法责任制的重要依据，应当具有对外效力，以确定哪个办案主体承担何种司法责任。从其他法治国家的做法看，一般均将检察官的办案权力对公众公开，便于公众了解并对检察官权力开展监督。

（二）检察官权力清单的具体内容问题

检察官权力清单的主要内容是各级办案主体的权力，涉及的主体和权力类型众多。一些检察机关在权力清单中赋予检察官很多权力，而在办案实践中检察长决定或审批的案件仍然占多数，放权效果并不明显，还存在检察官“表面上有权而实际上无权”的问题，这表明检察官权力清单的具体内容还有待完善。

1. 检察官办案权力的性质有待明确

检察官权力清单的主要作用是在检察机关内部各办案主体之间划分办案事项决定权，为司法责任的划分和落实奠定基础。但是，对办案权力的性质认识尚不明确，有的检察官权力清单中规定的内容是否为办案权力存在疑问。一是司法办案业务和非司法办案业务中的权力不分。如有的检察院在权力清单中将向地方党委、人大请示报告等事项也作为办案职权授予检察官。二是办案职责和办案权力界定不清。有的检察院在制定权力清单时，将讯问犯罪嫌疑人、询问关键证人、收集、调取、审核证据等办案职责作为职权授予检察官。清单上虽然检察官权力条目很多，但是实际对案件的决定权很少，检察长审批决定的案件占比偏高。三是办案权力外延有待明确。司法办案业务中，有一些对具体案件处理没有直接实体或程序效力的职责权限是否属于办案权力还需要进一步明确，如对办结后的案件进行质量评查、案件流程管理、案件承办人的确定、法律政策研究、检委会秘书工作等。

2. 检察官授权的标准有待明确

各地检察机关实践中已经形成共识，即审查逮捕、审查起诉等刑检业务可以对检察官充分放权，职务犯罪侦查和诉讼监督业务要对检察官限制放权。但是，实际中如何确定放权的标准和界限，各地做法并不统一。一是以“重大疑难复杂案件”为标准，如山西、江西等地检察官权力清单中，重大疑难复杂案件的批准逮捕、提起公诉由检察长、副检察长、检委会决定，一般案件由检察官决定。二是在“重大疑难复杂案件”标准前提下增加了其他划分标准，如北京、湖北等地检察官权力清单采取“抓两大、放两小”的原则，即重大疑难复杂案件和可能影响其他地方执法、司法机关判决、裁定、决定的诉讼监督案件，仍由检察长、副检察长、检委会决定，一般案件的决定权以及所有案件中的非终局性事务、事务性工作决定权赋予检察官。三是采取“应放尽放”的原则，如吉林省、上海市的检察官权力清单除少数明确由检察长、副检察长、检委会决定的案件外，多数案件决定权均赋予检察官。四是目前试点单位均未对“重大疑难复杂案件”作出合理明确的界定，实践中何为“重大疑难复杂案件”缺乏具体标准，实际操作上仍有不确定性和随意性。

3. 检察长、检委会办案权力的界限有待明确

从权力的渊源上看，检察官的办案权力来源于检察长，检察官权力清单的重要效果就是转移、分配、委托检察长的办案权力。因而明确检察长的办案权

力界限是权力清单的重要问题。但是，从各地检察机关实践看，检察长办案权力的界限还不明确。一是以检察院名义提出的监督意见和对案件的终局性处理意见是否应当由检察长或检委会行使。多数省级院将纠正违法意见、检察建议、终结审查、不支持监督申请或提出（提请）抗诉的职权规定由检察长（检委会）行使，也有部分省级院将检委会、检察长的上述职权中的部分权力授予检察官行使。如《上海细则》中将以检察建议、在检察环节终结诉讼的案件、不提出抗诉、不提出再审检察建议的决定权均授权检察官决定，检察长（副检察长）对决定进行审核。二是以检察院名义对外制发的法律文书是否均要由检察长签发。有的省级院在权力清单中将检察官决定的办案事项的法律文书授权检察官签发，有的省级院则规定由部门负责人审核签发，或者由检察官签发而部门负责人审核。《上海细则》规定检察长或检委会决定的案件，法律文书由检察长（副检察长）审核签发，检察长授权检察官决定的案件，法律文书由部门负责人审核签发。三是检察长与检委会的决定权是否应当区分。现有的各地检察机关的检察官权力清单中一般未将检委会的职责权限予以单独规定，而是将其与检察长的职责权限合并规定。从本市的情况看，目前亦尚未有专门对检委会的议案范围作出规定的。因检察长与检委会的职责权限完全相同，对检察官而言，直接报请检察长作出决定比提请检委会讨论决定，程序更便捷、效率更高，可能造成实践中检委会讨论案件数量过少，检委会对重大案件的决策把关指导功能弱化的局面，影响检委会制度的发展。

（三）检察官权力清单的配套措施问题

检察官权力清单本质上是一种新的办案权力运行模式，因而仅有形式上的检察官权力清单，难以发挥实际作用，它离不开办案组织、案件统一分配机制和办案应用软件系统等配套措施的有效运转。一段时间以来的实践探索让配套机制中一些与新办案模式不相协调的因素得以显现。

1. 检察官职责地位不够协调

当前各单位对独任检察官、主任检察官的职责和地位还存在一些认识分歧。一是对独任检察官的办案组织地位认识不够清晰。一般认为，入额检察官当然具备独任检察官承办案件的资格。但是有的检察院认为，独任检察官作为一种办案组织形式，如同检察官办案组中的主任检察官一样，需要有正式的任命程序，入额检察官并非当然的独任检察官。二是对检察官与检察官助理的职责差异认识不够清晰。《高检院意见》中规定检察官助理在检察官指导下履行7项职责。除检察官的决定权和亲历性事项，检察官在司法办案中的其他职责，检察官助理都可以在检察官指导下完成，但是，检察官助理能否代表检察院出席法庭，主要是出席简易程序的法庭审理，有不同认识。三是对主任检察官与部门负责人的职责认识不够清晰。如有的业务部门主任检察官和部门负责人高度重合，部门负责人之外无其他检察官担任主任检察官，导致有时候部门负责人对自己行使的是部门负责人的职责还是主任检察官的职责认识不清。

2. 审核权设置不够明确

检察长（副检察长）等上级检察官对检察官、检察官办案组承办的案件有权进行审核，审核权作为检察官决定案件的一道监督把关程序。《高检院意见》规定检察长（副检察长）有权对独任检察官、检察官办案组承办的案件进行审核。[①] 但是，侦查监督、公诉等业务部门负责人是否对检察官承办案件有审核权，各地做法并不统一。一种做法是不设置审核权。有的检察院认为，保留侦查监督、公诉等业务部门负责人的审核权，增加了部门负责人的监督管理职责，不利于突出检察官在司法办案中的主体地位，落实“谁办案谁负责，谁决定谁负责”的改革目标。另一种做法是设置部门负责人的审核权。如有的检察院认为，检察官能力素质尚未适应独立办案的需要，部门负责人受检察长（副检察长）委托对检察官承办案件进行审核把关，具有保障案件质量，防范或制约检察官滥用决定权，减轻检察长审核案件工作量的实际意义。还有一种做法是设置主任检察官、部门负责人、检察长三种主体的审核权，并将刑检业务中审核权的范围覆盖所有检察官承办的案件。[②] 这是《上海细则》采取的做法。《上海细则》对于审核权的适用范围实际上采取了每案必审、逐级审核的做法。从实际运行情况看，这种做法给主任检察官、部门负责人带来较大的工作压力，难以做到所有案件的审核都有同样的力度和深度，不乏审核走过场的情况，这种不区分重点的全面审核对监督管理的象征意义大于实际意义。一些单位实际上也没有实行这种“每案必审”的做法，案件质量也并没有出现漏洞，反而有利于倒逼检察官自觉提高办案责任心。为了避免出现四级审批的情况，有必要限定审核权适用的案件范围。

3. 统一业务应用系统不够协调

虽然各单位检察官权力清单实施已经一年，但是，高检院推行的统一业务应用系统仍然遵循原有的“三级审批制”办案模式，与权力清单不相适应之

---

① 高检院《关于完善人民检察院司法责任制的若干意见》第 10 条规定：“检察长（分管副检察长）有权对独任检察官、检察官办案组承办的案件进行审核。检察长（分管副检察长）不同意检察官处理意见，可以要求检察官复核或提请检察委员会讨论决定，也可以直接作出决定。要求复核的意见、决定应当以书面形式作出，归入案件卷宗。”

② 根据《上海细则》第 39 条规定，业务部门负责人要审核独任检察官和主任检察官承办决定的案件，以及要提交检察长决定和审核的案件；主任检察官要审核组内检察官独立承办的案件。

处已经显现。一是统一业务应用系统与《高检院意见》有不协调之处。如《高检院意见》明确了检察长、分管副检察长对独任检察官、检察官办案组承办案件的审核权，但是，在系统中只有承办人向上级提交“审批”而无“审核”这一权限设置。二是统一业务应用系统与《上海细则》有不协调之处。如《上海细则》规定检察官决定案件的法律文书要有业务部门负责人审核签发，但是在系统中没有单独的法律文书审核环节，法律文书是部门负责人审批同意承办人审查报告后，由系统自动生成，部门负责人要审核法律文书，还要单独另行制作审核表。三是统一业务应用系统与各单位的权力清单有不协调之处。如一分院权力清单将处理赃款赃物的权限授予主任检察官和部门负责人行使，将其中的随案移送赃证物品权限授予检察官行使。但是，系统中涉案财物的处理和移送都必须由分管副检察长决定，否则无法生成移送赃证物品清单，以致有的案件已由检察官或主任检察官决定起诉，随案赃物移送却必须层报至分管副检察长决定的情况。有的单位将驳回羁押必要性申请的权限授予检察官，但是在办案软件中则需要经过检察长审批。

三、完善检察官权力清单制度的对策建议

针对本市检察机关落实检察官权力清单过程中出现的困难和问题，笔者提出以下对策建议，以进一步完善权力清单制度，落实司法责任制改革的各项要求。

（一）检察官权力清单实施的观念更新

检察机关在制定完善检察官权力清单过程中，以及检察官在执法办案中都要在思想上真正树立起检察官主体意识，使权力清单的制定和运行真正符合司法责任制改革的要求，使人民群众在每一个司法案件中感受到公平正义。

1. 深刻认识检察官权力清单制度实施的重要意义

检察官权力清单是司法责任制的基础，要高度重视对检察官权力清单重要性认识的思想引领和舆论引导。组织检察干警学习高检院相关改革文件、《上海细则》和《权力清单》以及本单位检察官权力清单，将检察官权力清单放在司法责任制改革的总体部署中认识，认识到检察官权力清单的实施是司法责任制改革中检察人员分类管理、检察官员额制、完善职业保障等各项改革配套措施的一项关键举措，检察官权力清单的有效实施是本轮司法改革成果的集中体现。

2. 检察长、部门负责人应切实转变管理观念

检察官权力清单的实施不是削弱检察长对检察工作的统一领导，而是在领导方式上要有所变化，要从以往层层审批、责任不清的行政化办案模式转变为

以“谁办案谁负责，谁决定谁负责”的新型司法化办案模式。检察长和业务部门负责人要带头直接承办具体案件，特别是带头办理重大疑难复杂案件，并承担相应的司法责任，为检察官依法正确行使办案权力作出表率。在监督管理中，既要对检察官有充分的信心和信任，鼓励检察官依法正确行使职权，做到行权而不越权，又要积极履行起监督管理责任，对检察官不正确的处理意见和执法行为及时提出纠正意见，启动相应办案监督制约机制，做到放权而不放任。

3. 检察官群体应增强依法履职行权意识

“法律的生命在于实施”，检察官权力清单制度的前途也取决于检察官的履职行权。入额检察官特别是一些长期脱离办案一线的检察官、办案经历不长的年轻检察官要尽快适应单独办案的新模式、胜任独立办案的新要求。一方面要增强行权意识，严格按照权力清单的授权范围尽心尽责用好权，防止消极懈怠，杜绝因为不想担责而将决定权推诿给检察长、检委会，转嫁办案风险。另一方面要不断提高自身办案能力，不仅要长期坚持在办案一线经受磨炼，还要在办案以外运用研修等手段，提升法律适用和政策把握能力，适应以审判为中心诉讼制度改革的新要求。

（二）检察官权力清单制定问题的界定

检察官权力清单在进一步完善过程中，首先要界定有关制定主体、基本形式和效力的基本问题。

1. 统一检察官权力清单的制定主体

一是由省级院统一制定检察办案职权配置的指导性意见。各地检察机关案件特征、数量差异很大，办案职权配置应当符合各地检察机关的办案特点，如案件数量多的检察院对普通检察官的授权也要相应增加，而在数量相对较少的检察院，检察长可以直接决定的案件也可以增加。省级院统一制定检察官的办案职权清单不可能兼容各基层院的具体情况，而制定指导性意见则比较容易，而且有更广泛的适用性。二是省级检察院各业务条线制定具体权力清单。由于检察机关各业务条线办案活动差异较大，各业务条线对检察官办案职权配置有不同的需求。如同样的决定不起诉的权力，公诉部门一般都要由检察长或检委会决定，而未检部门的不起诉可以由检察官决定（检察长审核）。因此，省级院各业务部门组织制定本业务条线三级院检察官的具体权力清单能够更加贴近办案实际情况。三是省级以下各级院要参加业务条线制定清单工作并及时反馈清单实施情况。省级以下的分州市院和区县院要及时向省级院反馈权力清单在实施中遇到的具体问题，结合本单位办案实际需要提出调整完善意见。省级院汇总意见后可采用类似“办案职权年度版本”，每年度作统一更新或调整，随着司法责任制改革不断深入，及时总结办案职权配置后的运行情况，调整与改革任务、要求和形势不相适应的配置，以不断巩固和完善改革成果。

2. 统一检察官权力清单的授权形式

负面清单的管理模式一般适应于宽松的管理环境，能够给予管理对象更多的行动空间和灵活性。而正面清单的优势在于授权界限清楚，管理对象的行为更加便于受到监督。根据正面清单和负面清单的不同特点，可以根据改革探索的情况采取不同的形式。在改革探索初期，对检察官的授权以正面清单形式为主，同时对未尽事宜通过兜底条款予以解决。也可以正面清单为主、负面清单为辅的综合清单形式，对于检察官应当相对独立决定的事项以正面清单予以明确，防止检察官推诿，将决定事项推给检察长、检委会决定，用负面清单形式尽可能多授权给检察官。随着改革深入，可以逐步采取负面清单形式，规定除检察长、检委会行使的职权外，其余职权均可授权检察官行使并承担相应责任。既确保最大限度放权检察官，也可以避免含混不清、责任不明的情况。

3. 统一检察官权力清单的发布效力

检察官权力清单是检察机关内部规范办案权力配置、运行的重要规范性文件。根据《人民检察院组织法》规定，检察长统一领导检察工作，检委会在检察长主持下讨论决定重大案件和其他重大问题。同时，检察官权力清单不仅约束检察官，还约束检察长、检委会的案件决定权，因而由检委会审议通过检察官权力清单是理所当然。

“让人民群众在每一件案件中感受公平正义”，不仅要让人民群众了解案件的处理流程，还要了解案件处理决定权的配置情况。只有人民群众了解案件决定权的归属，才能信赖办案责任的认定和归属。基于检务公开的要求和保障诉讼参与人合法权益的考虑，检察官权力清单应当公开并具有对外效力，使检察官、检察长、检委会行使职权在人民群众的监督之下。但是，目前检察官权力清单制度还远未成熟，一些重要的办案权力配置还处在不确定、不一致的状态，因而现阶段检察官权力清单的效力仅在检察机关内部约束各级办案主体，而不具有对外效力。

（三）检察官权力清单具体内容的完善

完善检察官办案权力清单的核心是进一步做实检察官办案权力，更加深入了解检察官的办案权力“是什么”的问题，准确区别“职权”和“职责”、“司法办案”活动和“非司法办案”活动，辩证看待“放权”“行权”和“监督”三者的关系，让检察官在办案活动中成为“形神兼备”的办案主体。

1. 明确检察官办案权力的性质

权力清单的主要作用在于明确检察机关内部检察官、检察长、检委会之间在司法办案中的职责权限，特别是在三者间划分办案决定权，为司法责任的划分和承担奠定基础。

一是不宜涉及非司法办案业务。非司法办案业务虽然也是检察官要承担的职务活动，但是不涉及司法责任的划分，检察官权力清单涉及这些业务就超出了司法办案责任制改革的基本范畴。对业务指导、业务管理、队伍建设等其他内容可以另行规定。

二是不宜涉及司法办案中的具体职责。制定检察官权力清单首先要明确办案事项决定权，以及决定权行使的方法、措施和手段。办案活动中讯问犯罪嫌疑人、询问证人、调查核实证据、制作法律文书等具体办案方式、办案职责，严格来说属于检察官办案的职责义务，而不是可以裁量决定的事项。检察官权力清单规定过多具体职责会导致对检察官表面上“授权”实际上是“定责”，“授权”项目多而实际决定事项少，表面上有权而实际上无权。对于检察官的办案职责可以制定检察人员岗位职责说明书的方式另行明确规定。

三是全面认识司法办案活动中的相关权力。检察官的办案权力不能只作狭义理解，即直接对案件作程序或实体上的决定。完整意义上的办案权力应当包含决定权、监督管理权和决策咨询权三类。检察长、部门负责人对检察官承办案件的审核权，案件管理部门检察官对案件质量的事后评查等，虽然不直接对案件处理发生程序或实体效力，却是对检察官决定权的监督制约，也应当归属于司法办案活动。按照《高检院意见》，健全检委会运行机制的重要步骤就是完善检委会决策咨询机制。检委会讨论的案件，承办检察官对案件事实和证据承担责任，检委会办事机构的检察官向检委会决策提供法律适用的咨询意见，也应当承担相应的办案责任。因而决策咨询权作为一种办案权力，可以明确授予检委会办事机构的检察官承担。

2. 明确检察官权力的授予标准

从上海和全国其他省市检察机关实施检察官权力清单的实际情况，笔者认为实践中有两项对检察官授权原则采用较多，即重大疑难复杂案件标准和办案权力属性标准。重大疑难复杂案件的决定权由检察长或检委会行使，其他案件则可以授权检察官行使决定权。应当对重大疑难复杂案件设置具体、相对确定的标准。具体而言，可以采取以下做法：

一是以案件类型作为优先标准。对暴力恐怖等危害国家安全犯罪案件、有重大影响的涉外犯罪案件、社会关注度高的敏感案件、黑社会性质组织、团伙犯罪案件、电信网络诈骗、非法集资等涉众型犯罪案件、领导干部要案，由检察官办案组办理。

二是以刑罚轻重作为一般标准。以公诉案件为例，在地级市院、直辖市分院层面，独任检察官对可能判处有期徒刑的案件有权决定提起公诉，检察官办案组的主任检察官对可能判处无期徒刑的案件有权决定提起公诉，而对可能判处死刑案件决定是否提起公诉的权力仍保留在检察长、检委会。在基层院层面，独任检察官有权决定对可能判处10年以下有期徒刑的案件提起公诉，主任检察官有权决定对可能判处10年以上有期徒刑的案件提起公诉。

三是以各方意见分歧作为补充标准。在案件审查处理过程中，公检法机关对案件定性处理发生重大认识分歧的案件，尤其是对于一些社会影响重大、敏感的案件，还有涉及上下级检察机关一体化原则的书面请示案件、抗诉与法律监督案件，需要办案机关加强协调沟通，单靠检察官个体力量难以胜任。如司法实践中上述案件常见于以下类型：（1）与公安机关有重大分歧的不批准逮捕、不起诉、变更起诉罪名影响量刑幅度的；（2）撤回下级院抗诉、变更刑罚种类或改变刑罚执行方式的上诉案件提出改判或发回重审的；（3）承办检察官与主任检察官、检察长意见有重大分歧的；（4）按审判监督程序提出抗诉的案件等。

根据办案权力的不同性质配置给不同的办案主体。如有的地方检察机关将办案权力划分为实体性权力和程序性权力、终结性权力和过程性权力，其中不对当事人实体权利义务产生影响的程序性权力、不会发生终结检察环节办案程序效力的权力均可以由检察官行使。

对非终局性、程序性办案职权的配置不可一概而论，应该兼顾办案职权的实体和程序效力、检察机关整体的办案效率。对指挥办案、监督管理办案等重要的程序性办案职权不能授权检察官行使。为达到兼顾实体、程序和效率的办案效果，以下程序性办案职权不适宜授权检察官行使，可以由分管副检察长、检察长决定，其中有些事项也可以向检察长报备审核，具体如下：（1）决定自侦案件线索初查，案件线索移送、退查、缓查、中止初查、延长初查期限、初查终结的；（2）决定自侦案件侦查终结，移送起诉的；（3）决定追捕犯罪嫌疑人及报请核准追诉案件的；（4）决定移送犯罪线索的；（5）不批准延长侦查羁押期限，建议侦查机关释放、变更强制措施，纠正侦查机关改变强制措施不当的；（6）报请第三次延长侦查羁押期限的；（7）对疑难复杂案件第三次延长办案期限的；（8）对民事行政监督案件决定跟进监督的。

3. 明确检察长与检委会办案权力的边界

检察长的办案权力可以综合考虑检察官队伍的状况、案件数量等因素，在确保案件质量的前提下，将《高检院意见》中规定由检察长或检委会决定的事项授权检察官决定。

一是根据决定事项的性质确定是否授权。对于可以启动诉讼纠错程序、对公民权利有直接影响的重大监督事项决定权，如提出抗诉和再审检察建议，仍应由检察长或检委会决定。根据《上海细则》和《权力清单》规定，以检察院名义提出纠正违法意见、检察建议、终结审查、不支持监督申请或提出（提请）抗诉的职权，属于检察官决定（行使），但需提请检察长（副检察长）审核。根据《上海细则》规定，凡是提交检察长审核、审批的事项，均要由主任检察官、部门负责人审核后报检察长。

二是根据办案权限和监督制约需要确定不同法律文书签发主体。检察长（副检察长）或检委会决定的案件，法律文书由检察长审核签发，以体现司法责任归属；检察长（副检察长）直接办理的案件，法律文书也由其签发，以体现司法办案的亲历性；检察长授权主任检察官、独任检察官决定的案件，法律文书授权业务部门负责人审核签发，以加强司法办案的监督制约；省级院可以根据本地办案的实际需要、检察官素质等情形，将检察官决定事项范围内的法律文书签发权委托检察官行使。

三是区分检察长和检委会的决定权限。区分两者的理由在于：检委会应当发挥对检察长决定案件的监督制约作用。从《人民检察院组织法》的基本框架看，检察长统一领导检察院的工作，检委会讨论决定重大案件和重大事项，两者之间存在一定程度上的监督制约关系。在司法责任制改革背景下，检察长要作为案件的直接承办人行使检察官权力清单中规定的普通独任检察官、主任检察官的办案权力。这种情况下会有检察长办案权力谁来监督的问题。如果对检察长和检委会的决定权限再不加区分，就不能充分全面发挥检委会对重大案件和其他重大问题的决策、指导和监督功能，体现检察机关决策程序的正式和权威。有的办案决定事项经过了下级检察院检委会的审议决定，因而不同意下级检察院检委会的决定也要由上级院检委会审议决定为宜。还有的案件，如抗诉案件，根据人民法院审判委员会的议事规则必须提交审判委员会讨论，检察机关为了体现抗诉意见的正式和权威，也有必要经检委会讨论决定。

《高检院意见》第 11 条规定，检委会讨论决定案件主要是本院办理的重大、疑难、复杂案件；涉及国家安全、外交、社会稳定的案件；下一级人民检察院提请复议的案件。据此，笔者认为下列类型案件，不论是普通检察官承办，还是检察长直接承办，都应当由检委会讨论决定：(1) 抗诉案件，包括拟按照第二审程序提出抗诉、撤回抗诉的刑事案件，拟按照审判监督程序提请抗诉、提出抗诉的案件。虽然《人民检察院刑事诉讼规则（试行）》第 585 条将一般抗诉案件的决定权赋予检察长，但是一分院《司法办案部门权力清单》将所有抗诉案件基本都纳入检委会讨论决定，体现了对抗诉意见的重视。如对第二审程序抗诉案件，支持区院抗诉的，由检察长决定；撤回区院抗诉的，由检委会决定；按照审判监督程序抗诉案件，不论是直接提出还是提请市院抗诉，均必须经过检委会决定；本院提起公诉案件需要提出抗诉的，必须经过检委会决定。(2) 终局性并对当事人实体权益有重大影响的决定，主要是拟作不起诉决定的案件。不起诉决定对当事人的权益有重大影响，是刑事诉讼程序的终局性决定，是对公安机关起诉意见的变更，有可能导致公安机关的申请复议复核，因而不起诉决定应有相当高的正式性和权威性。在基层院权力清单中一般均由检察长决定不起诉。但是，分院管辖案件一般可能判处无期徒刑以上刑罚，对其中的犯罪嫌疑人作不起诉处理，适用法律和政策的准确性、均衡性要求较高，也要加强对检察官行使权力的监督力度。一分院对不起诉案件，不论绝对、相对、存疑三种形式，均纳入检委会决定范围。(3) 本院办理的涉及国家安全、外交、社会稳定的案件。(4) 下一级人民检察院提请复议的案件。

(四) 检察官权力清单配套机制的协调

在检察官权力清单的配套机制中，办案组织是检察官行使办案权力的主体基础，案件审核是对案件质量把关的重要方式，统一应用业务系统是检察官行使办案权力的技术支撑，只有三项机制有机协调配合，才能让检察官权力清单运行有序。

1. 规范检察官的职责和地位

一是入额检察官具有担任独任检察官的资格。对检察官实行员额制管理是检察人员分类管理改革的关键部分。2015 年本市检察机关严格准入条件、严格遴选程序，经过市级法官、检察官遴选委员会的挑选，将一批业务素质高、办案经验丰富、职业品行评价高的检察人员纳入员额管理成为入额检察官，具有独立办案能力和足够的办案经验是成为入额检察官的基本条件。在法律上这些入额检察官本身也具有检察员、助理检察员的职务。如果入额检察官还要经过本单位的任命程序才能成为独立办理案件的独任检察官，则是对遴选程序公信力的伤害。入额检察官当然具备担任独任检察官的资格和能力，无须再经过其他的任命。独任检察官是检察官办案的一种基本组织形式，主任检察官之所以要经过任命，因其是作为检察官办案组负责人，有承担相应责任的需要。独任检察官这一组织形式应根据案件情况加以适用，不需要任命程序。

二是合理确定检察官与检察官助理之间的职责关系。从加强检察队伍培养的角度出发，检察官助理是检察官的预备队，是重要的办案后备力量，除完成必要的办案辅助工作之外，也应当承担较为重要的办案职责。《德国法院组织法》第 142 条也规定，检察官助理可以承担地区检察官的职责或者在具体个案中在检察官的监督下履行检察官的职责。为了尽快提升检察官助理的办案能力，适应入额后的办案需要，可以将办案权力适度下放至特定的检察官助理。建议经检察长授权，对具有助理检察员法律职务的检察官助理授权行使入额检察官的大部分司法办案职权。在区院层面，经检察长授权，具有助理检察员以上法律职称的检察官助理可以行使首次讯问及履行简易程序案件的出庭职责。在分院层面，经检察长授权，检察官助理可以在普通案件中行使检察官的办案权力，但是检察官助理的决定应当经过主任检察官的审核，而且主任检察官可以改变检察官助理的决定。这一举措可以发挥助理检察员队伍办案效能，锻炼培养检察官助理，凸显检察官助理在办案组织中的地位和作用，保证检察工作平稳推进。

三是明确主任检察官与业务部门负责人职责地位的区别。可适当减少刑检部门负责人的审核职责。刑检部门负责人对本部门独任检察官和主任检察官承办案件全面进行审核，容易造成审核重叠，不利于其作为主任检察官集中精力办理重大案件和承担部门内司法行政管理职责。对于不同层级检察院而言，业务部门负责人审核职责也应当有所区别：基层院侦监、公诉业务部门负责人对检察官承办一般案件的审核职责可以完全取消，分院侦监、公诉业务部门负责人对检察官承办案件的审核职责可以有限保留；省级院侦监、公诉业务部门负责人对检察官承办的某类或特定案件的审核职责可以有针对性地保留。

2. 明确审核权的设置和行使方式

案件审核权的定位是职权配置中一个较难把握的问题，容易与审批、决定权混淆。如《高检院意见》第6条与第10条均有“审核”的文字表述,[①] 但是含义不尽相同。而且审核权设置过多不利于检察官形成独立处理案件、独立承担办案责任的习惯，审核权设置过少又不利于加强监督管理，防止检察官裁量权的任意使用。为了合理界定审核权的内容和责任，笔者认为：

一是明确审核权的意义。从顶层设计初衷而言，检察官权力清单应当是对办案事项决定权的配置。但从当前改革现状来看，基于检察官能力素质尚不能完全适应改革任务和要求，检察官权力清单在现阶段可以是办案决定权、监督权和管理权三位一体的优化配置。而案件审核权作为办案活动中加强内部监督

---

① 高检院《关于完善人民检察院司法责任制的若干意见》第6条规定：“人民检察院直接受理立案侦查的案件，一般由检察官办案组承办，简单案件也可以由独任检察官承办。决定初查、立案、侦查终结等事项，由主任检察官或独任检察官提出意见，经职务犯罪侦查部门负责人审核后报检察长（分管副检察长）决定。”第10条规定：“检察长（分管副检察长）有权对独任检察官、检察官办案组承办的案件进行审核。检察长（分管副检察长）不同意检察官处理意见，可以要求检察官复核或提请检察委员会讨论决定，也可以直接作出决定。要求复核的意见、决定应当以书面形式作出，归入案件卷宗。”

制约、保障案件质量的一道把关程序，在检察官权力清单中不可或缺。但是，案件审核并不是干扰检察官的决定权，不能直接改变检察官的决定，而是预防检察官任意专断。案件审核是辅助检察长行使监督管理权的重要机制。在检察官办案能力尚参差不齐、案件数量不断增长的情况下，以检察官直接对检察长负责尚难以实现，案件审核环节可以借助资深检察官的经验优势，提高检察长决策的效率，降低检察长的决策风险。

二是明确限定审核权适用的案件范围。《上海细则》已经明确限定检察长的审核案件范围，各业务部门《权力清单》应当与之保持一致，不宜扩张案件范围，造成前后不一致。主任检察官、业务部门负责人审核的案件范围可以只限于要提交检察长审核或审批的案件，而且不必两者重复审核，主任检察官审核后部门负责人不必审核，减少审核层级，加快办案速度。检察官或者经过特别授权的检察官助理独立承办的案件可以由主任检察官审核，主任检察官办理的案件由业务部门负责人审核。独任检察官承办的案件需要报请检察长审核的，可以由主任检察官审核后直接提交检察长，不必再经业务部门负责人审核。

三是明确审核的方式。可以按照审核事项的不同采取不同的审核方式，对程序性事项采取书面审核方式，对实体性决定一般进行实质审核。但是，也可以根据案件情况采用不同的审核方式，对案件事实、证据清楚，适用法律无争议的案件，可以采取书面审查方式。而对案件有意见分歧的，如主任检察官、业务部门负责人有不同意见、上下级检察机关有不同意见、改变其他办案机关已有决定等，还可以参照我国台湾地区检察机关实行的法律文书核阅机制审阅案卷和证据材料。我国台湾地区“地方法院及其分院检察署处务规程”规定，检察官执行职务撰拟之文件，应送请主任检察官核转检察长核定。主任检察官撰拟之文件，径送检察长核定。经核阅程序后，检察官撰拟的法律文书才能对外公示及公布。检察长、主任检察官对法律文书的审阅并非仅就文字、形式的审查，而是要对实体问题做全面审查。[①]

四是明确审核的责任分担。检察长审核检察官在职权范围内作出的决定，可以直接改变检察官的决定，并对改变部分承担责任。如检察官根据检察长（副检察长）的要求进行复核并改变原处理意见的，由检察长（副检察长）与检察官共同承担责任。部门负责人、主任检察官无权改变检察官决定，但检察官根据审核意见改变决定的，审核主体不承担办案责任，但应承担监督管理责

① 参见万毅：《台湾地区检察机关的法律文书签发制度》，载《检察日报》2015年12月1日。

任。检察长、部门负责人、主任检察官审核后未改变检察官决定的，只有出现明显错误时，才承担监督管理责任。[①]

3. 修改完善统一业务应用系统

统一业务应用系统是落实司法责任制的技术保障。建议上海市院调研汇总全市检察机关落实司法责任制改革后，在运用统一业务应用系统时遇到的新情况、新问题，适时向高检院建议调整统一业务应用系统的运行架构和权力设置，改变原有的“三级审批制”职权运行模式，明确区分审批和审核权限，实现办案决策运行的扁平化，让统一业务应用系统与检察官权力清单相兼容。

一是将检察官作为办案流程的核心。现行统一业务应用系统的基本运行框架是层层审批，要与检察官办案责任制相适应，就要以检察官为办案程序的核心。将检察官直接决定案件的处理结果作为网上办案的一般程序，而业务部门负责人的“审批”变为“审核”，不能直接改变或者否定检察官的决定，而是只能提出不同意见。

二是区别对程序性事项和实体性决定的审核。对办案中的程序性事项和实体性决定的审核应当有所不同，并且在业务应用系统中有所反映。对外法律文书、涉案款物的处理在法律上应当经过检察长的审核才能对外作出，但是对这些程序性事项的审核不同于对案件实质问题处理决定的审核，如对不批准逮捕、不起诉等决定的审核。一般仅作形式审查即可达到防止检察官滥用权力的效果，不必对案件事实和证据材料进行实质审查，因而在业务应用系统中可以设置特殊的程序性审核权限，加快相关办案活动的节奏，避免由于大量程序性问题集中到检察长审核环节，由于等待审核造成案件积压。

三是保留适当灵活性。统一业务应用系统的使用是为了保证案件质量的标准化和统一化，在此前提下，在办案流程控制上可以为各地检察机关保留一定的灵活空间。各地检察机关案件数量、案件类型差异很大，检察官权力的配置要随着案件的具体情况而有所不同，统一业务应用系统应当正视并回应各地检察机关的灵活需求，在内部决定、审核和管理流程上允许各地根据实际情况有所调整，将一些决定权限下放或者调整审核主体层级。

---

① 高检院《关于完善人民检察院司法责任制的若干意见》第 39 条规定：“检察长（副检察长）除承担监督管理的司法责任外，对在职权范围内作出的有关办案事项决定承担完全责任。对于检察官在职权范围内作出决定的事项，检察长（副检察长）不因签发法律文书承担司法责任。检察官根据检察长（副检察长）的要求进行复核并改变原处理意见的，由检察长（副检察长）与检察官共同承担责任。检察长（副检察长）改变检察官决定的，对改变部分承担责任。”

地方各级检察官权力清单研究

程世国*

一、配置地方各级检察官权力清单的意义

(一)有利于突出检察官独立的办案主体地位

司法规律的重要规则之一是独立规则，司法官相对独立地行使职权，只忠于事实和法律，不受任何其他司法理性之外因素的干扰。我国检察官归属于司法官，“检察官在诉讼活动中具有相对的独立性，每个检察官作为一个独立的机关，都有行使检察权的权限，并非只有检察机关的首长才有这种权限，检察官在检察事务方面，不是长官的附庸，而能独立地作出诉讼判断并付诸实施。”[①] 可见，检察官在办理案件的过程中，其职务行为的司法属性明显优于行政属性。但从目前我国法律规定和检察实践活动的情况来看，检察机关办理案件，遵循由检察人员承办，部门负责人审核，检察长或检察委员会决定的基本办案制度。检察权内部按照行政管理模式运行，检察官承办案件不能独立决定案件的处理，审批案件的不具体办案。办案过程事事请示、层层汇报、逐级审批，案件把关的多、做主的少，发表意见的多、负责任的少。推行员额检察官办案责任制改革，建立检察官权力清单制度，可以明确检察官的权力，让检察官自主决断和处理权限范围内的事务，突出检察官的独立办案主体地位。

(二)有利于加强检察官队伍的专业化建设

随着科技、经济、社会的发展进步和人民群众民主法治意识的增强，检察机关承办的案件越来越呈现出政治敏感性强、疑难复杂程度深、舆情关注度高、社会影响广等特点。“司法活动是一个技术化的作业，需要实现职业化和专业化，尤其是现代社会司法问题日益复杂。错综复杂的法律关系，似是而非

---

* 程世国，黑龙江省牡丹江农垦区人民检察院政治部主任。

① 万毅:《一个尚未完成的机关:底限正义视野下的检察制度》，中国检察出版社2008年版，第83页。

的事实认定，如果不要求司法人员具有高度的专业能力并由其操作高素质的司法，司法的公正与公信力不可能实现。”[①] 严峻的执法形势，对检察官的专业素质、办案经验和社会阅历等都提出了更高的要求，检察官唯有走专业化、职业化、精英化的发展道路，才能适应形势发展的需要。推行员额检察官办案责任制，建立员额检察官权力清单制度，可以激发检察官履职的积极性和主动性，促使其花更多时间和精力去权衡和思考权力运作的正当性、合法性、准确性等问题，倒逼检察官潜心钻研业务，锤炼专业素养，提高办案技能，打造检察精英队伍。

（三）有利于落实检察官的办案责任制

有权必有责、用权受监督、违法要追究，这是公权力运行应当遵循的基本原则。检察机关内部层级审批的办案制度，导致检察实践中办案的不负责、负责的不办案。案件层层审批的制度，也为检察长、部门负责人滥用检察事务指令权，干扰和阻碍检察官依法履行职责提供了方便。一旦发生冤假错案，则相互推诿责任，集体负责制实际上演化成了无人负责制，司法办案责任难以真正落实到具体个人身上，造成的最终后果是损害司法权威和公信。权力是责任的基础，没有权力就谈不上责任，明确赋予检察官相对独立的权力，其相应的执法责任也清晰明了，检察官在独立行使职权时，能真正从内心对权力和责任产生敬畏，从而保障检察官严格依法履行职责，不断提高办案质量和水平。建立检察官权力清单制度，可以界定检察官、检察长、检察委员会各自的权责范围，明确其责任，从而可以确保办案责任落实到具体司法个体。

二、域外检察官权力配置考察

从域外情况看，无论是大陆法系国家、英美法系国家、还是我国台湾地区，法律上一般都明确赋予检察官执行职务时相对独立的法律地位，依据自己对事实和法律的确信独立自主地作出判断，排除长官意志的控制和违法指令的干涉。

（一）大陆法系国家的情况

一般来说，在大陆法系国家，检察首长对办案人员有明确的指令权、职务取代权和职务移转权。同时检察官作为一个独立的主体，有权独立地作出诉讼判断并付诸实施。对于上级的违法指令，下级检察官可以拒绝服从。如果上级强制下级服从命令，下级检察官可以要求上级行使职务收取权或职务转移权。

① 龙宗智：《加强司法责任制：新一轮司法改革及检察改革的核心》，载《人民检察》2014 年第 12 期。

例如在法国，检察官关于起诉或不起诉的决定，即使违背上级指示，仍然有效；检察官在处理个案的时候，表面上必须服从其上级的指示，但可以在很大程度上表达自己的意志而不用理会上级的指示；检察官不受上级非法指令的左右，即使违背了上级的意志，上级对检察官没有直接制裁的权力；检察官在履职或办理公务时受到法律保护，不得对其作出任何威胁和攻击。在德国，承办检察官的决定即使违反了其检察长的意见，仍然是有效的；检察长关于起诉或不起诉、申请羁押或其他处分的指示，若与承办检察官的调查结果不符，检察官仍应本着对法律的确信而婉拒检察长的指示；若一个检察官对其上级指令的合法性产生异议，可以向其上级表达，还可以继续向再上一级表达直到告至司法部长；若检察官认为某项指令与其法律意识不相符合，他有权将案件交出，上级可通过行使介入权或移转权来化解冲突。随着德国检察制度的发展，检察长“现在指令权只是在非常特殊的案件中才发挥作用。在实践中，检察官已经获得了很大的独立性，其地位几乎与法官相同。”[①] 在日本，一方面检察首长与下属关系上体现明显的集权性，上司具有指挥监督权、事务调取权和转移权。另一方面日本检察制度又十分强调检察官个人的独立性，检察官能以个人名义行使职权，并独立承担由此带来的风险和责任。具体表现为：一是日本检察职能运行中的审批制度本质上是对检察官的决定予以指导，其主要功能是集思广益，防止办案检察官错误行使检察权。这种审批制度更类似于一种非强制性的请示，本质上是一种以咨询为目的的意见征求，而并非上命下从的事先审批。二是日本检察官都称为独任制官厅，检察官有权以自己的名义对外作出办案决定，并独立承担这一决定的后果与责任。三是日本在内部纵向关系上注重尊重办案检察官的个人意志，如果办案检察官的意志与上司相左，在这种场合，检察官应就自己的信念和造成这种信念的理由，充分地向上司陈述意见，上司也要虚心地说明否定检察官处理意见的理由，如果不能达成一致意见，而上司的指令并不违法，那么通过上司的职务移转权来实现。[②]

（二）英美法系国家的情况

总体而言，“在英美法系国家的检察制度模式下，检察官在行使职权时享有较大的独立性，每个检察官都是一个相对独立的办案机构，同时配属几名助理检察官和事务律师，其检察机关的组织体系较为松散，检察官的定位是一种官署而非职务。”[③] 虽然检察首长对办案检察官有监督权和一定的指挥权（更

① 魏武：《法德检察制度》，中国检察出版社 2008 年版，第 171 页。

② 参见甄贞等：《检察制度比较研究》，法律出版社 2010 年版，第 585 页。

③ 朱孝清、张智辉主编：《检察学》，中国检察出版社 2010 年版，第 289 页。

多情况下实质上是一种指导权)，但在职务履行过程中，办案检察官的独立性更加鲜明，个人责任和风险也更为明确。例如在英国，检察职能的运作首先是检察官个人负责制，每个检察官在机构和程序上都享有检察长的所有权力，检察官体现出较强的职权独立性，独立办案并独立对案件结果负责；虽然首席检察官可以对一些社会影响重大的案件提出宏观指导意见，但具体处理意见还是由检察官独立作出决定。在美国，检察职能也是以个人负责制为基础的，在检察署中检察官是绝对的领导，有权决定检察署负责的一切案件和遇到的一切问题，包括起诉决定和人员任免，是否进行辩诉交易等；助理检察官是美国各级检察机构中的主要力量，他们承担具体案件的起诉和调查工作，就个案而言，除非确有必要征得检察官批准外，承办案件的助理检察官有权就案件的调查和起诉作出决定。

（三）我国台湾地区的情况

台湾地区检察署将检察官分为侦查、公诉及执行三大组，每个组可分若干专门办案组，其下以 4 人或 8 人为限，组长由主任检察官担任，案件由承办检察官负责。主任检察官负责协调监督，而不是指挥命令承办检察官的工作，即使在团队作战的情况下，也是谁承办谁负责，同时检察长和主任检察官要提供协助。检察长的指挥权依法行使且受法律限制，对于重要法律文书必须层报主任检察官和检察长审批。检察官或主任检察官履行职务时，应随时就重要情况向主任检察官或检察长报告和听取指示，主任检察官或检察长有权要求其下辖检察官报告事务处理情况。检察官依法行使职权而与检察长意见不一致时，一般是劝说、解释、要求重新审查处理等。解决不了问题时，检察长可行使职务收取权和职务移转权，另行指派其他检察官办理，但职务收取和职务移转过程必须采取法律和制度规定的方式，否则就会受到弹劾。

综观以上域外及我国台湾地区检察官权力配置的情况，可供我们借鉴的有以下内容：(1) 检察长或上级检察官一般情况下对下级检察官具有指挥权、监督权和职务收取权。当然，这种上级指挥控制的权力在大陆法系国家和英美法系国家及我国台湾地区表现有所差异。大陆法系国家和我国台湾地区的检察长、上级检察官对下级检察官的指挥控制权更为强势一些，英美法系国家检察长、上级检察官对下级检察官的指挥控制权则相对弱化一些，更多时候侧重于对下级检察官的指导。(2) 检察官履行职务具有相对独立性。虽然因诉讼理念和检察官制度的不同，两大法系国家和我国台湾地区的检察官，其独立性程度存在一定的差异，但检察官一般都能依据自己对事实和法律的确信独立自主地作出判断，排除长官意志的控制和违法指令的干涉。(3) 主任检察官办案制度，主要在大陆法系国家中的德国、日本等国家和我国台湾地区实行。为避免主任检察官办案组织的行政化和官僚化，主任检察官办案组织一般情况下是一种非常设或非固定的办案组织形式。根据办案需要，主任检察官可以随时任命或指定，配属检察官可以临时指派。主任检察官对下级检察官的指挥控制权正从强势走向弱化，办案检察官的独立性越来越突出，这一点在日本的主任检察官办案制度中表现尤为突出。

三、我国地方各级检察官权力清单的具体构想

借鉴域外及我国台湾地区检察官权力配置的经验，结合我国国情和检察制度的特点，遵循司法规律的要求，合理配置我国各级检察官的权力。笔者认为，在地方各级检察官权力清单的设计上，应当对地方各级检察官进行适度放权，保证地方各级检察官在权力清晰的情况下，真正成为独立的司法办案主体。具体来说，地方各级检察官权力清单应当分为三大类，即地方各级检察委员会（检察官领导集体）的权力清单、地方各级检察长（副检察长、检察专委）的权力清单和地方各级一般检察官的权力清单。

（一）地方各级检察委员会（检察官领导集体）的权力清单

地方各级检察委员会（检察官领导集体）的权力清单，是指地方各级检察委员会作为员额检察官的领导集体，在检察官司法办案过程中，依法应当享有的案件决定权。根据我国法律规定，地方各级检察委员会的权力清单应当包括以下三方面的办案职权：

1. 提请权。即地方各级检察委员会对法律和司法解释明确规定应当由上一级人民检察院行使的职权，依法享有提请其行使的权力。根据我国《刑事诉讼法》的规定，特别重大贿赂犯罪案件的指定居所监视居住权（第73条）、不批准逮捕决定的复核权（第90条）、侦查羁押期限延长权（第154条）、不起诉决定的复核权（第175条），应当由上一级人民检察院行使。根据《人民检察院刑事诉讼规则（试行）》（以下简称《刑事诉讼规则》）的规定，职务犯罪案件的决定逮捕权、不起诉决定权，应当由上一级人民检察院行使。对于这些办案职权，地方各级检察委员会享有提请上一级检察院行使的权力。

2. 专属职权。即我国法律和司法解释明确规定由检察委员会行使的职权。根据我国《刑事诉讼法》的规定，检察长和公安机关负责人回避的决定权（第30条）、重大案件的批准逮捕权（第87条），应当由检察委员会行使。根据《刑事诉讼规则》的规定，案情重大、疑难、复杂案件的抗诉权，应当由检察委员会行使。这些办案职权都属于地方各级检察委员会的专属职权，必须由地方各级检察委员会来行使，任何检察官个人都无权行使。

3. 决定权。即对下级检察院提请上一级检察院决定的事项，上级检察委

员会依法行使决定权。这是除县级检察院检察委员会外，地方各级检察委员会都享有的一项权力。具体来说，对于上述检察委员会的各项提请事项，上级检察委员会都可以行使决定权。

（二）地方各级检察长（副检察长、检察专委）的权力清单

地方各级检察长（副检察长、检察专委）的权力清单，是指地方各级检察长（副检察长、检察专委）作为员额检察官办理案件时，依法应当享有的全部办案职权。在我国，由于检察长统一领导检察院的工作，法律规定检察院行使的所有权力，检察长都可以行使，因而地方各级检察长享有广泛的权力。同时，地方各级检察长在必要时可以将其职权委托副检察长、检察专委行使，据此可以将检察长、副检察长、检察专委的权力清单作为一类。根据我国法律规定，地方各级检察长（副检察长、检察专委）的权力清单应当包括以下五个方面的办案职权：

1. 提请权。即依法应当由检察委员会、上一级检察机关行使的职权，地方各级检察长（副检察长、检察专委）享有依法提请其行使的权力。根据我国《刑事诉讼法》的规定，地方各级检察长和公安机关负责人回避的决定权（第 30 条）、重大案件的批准逮捕权（第 87 条），应当由检察委员会行使，特别重大贿赂犯罪案件的指定居所监视居住权（第 73 条）、不批准逮捕决定的复核权（第 90 条）、侦查羁押期限延长权（第 154 条）、不起诉决定的复核权（第 175 条），应当由上一级人民检察院行使。根据《刑事诉讼规则》的规定，职务犯罪案件的决定逮捕权、不起诉决定权，应当由上一级人民检察院行使，案情重大、疑难、复杂案件的抗诉权，应当由检察委员会行使。对于这些办案职权，地方各级检察长享有提请本院检察委员会讨论决定的权力。

2. 专属决定权。即办案过程中遇到的重大问题或者事项，依法应当由地方各级检察长进行决定的职权，必要时，检察长也可以将其委托给副检察长、检察专委行使。根据我国《刑事诉讼法》规定，检察人员回避的决定权（第 30 条）、批准逮捕权（第 87 条）应当由检察长行使。根据《刑事诉讼规则》的规定，书记员、司法警察、翻译人员和鉴定人回避的决定权、特别重大贿赂犯罪案件侦查阶段的律师会见权、检察人员违反行为的纠正权、不批准逮捕权、撤销逮捕（不逮捕）决定权、解除或变更逮捕措施决定权、拘留决定权、初查决定权、立案（不立案）决定权、职务犯罪案件侦查实验决定权、搜查决定权、查封扣押冻结决定权、采取技术侦查措施决定权、通缉决定权、派员介入侦查决定权、侦查终结决定权、撤销职务犯罪案件的决定权、审查起诉期限延长的决定权、不起诉或撤销不起诉决定权、要求公安机关说明不立案或立案理由的决定权、通知公安机关立案或者撤销案件、纠正违法通知决定权、一

般案件的抗诉权、撤回抗诉决定权、提出民行再审检察建议权、国家赔偿决定权、不予国家赔偿决定权等，应当由地方各级检察长行使。

3. 具体办案权。即地方各级检察长、副检察长和检察专委作为案件的承办人，除了享有上述职权外，在办案过程中还应当享有的具体职权。根据我国法律规定，地方各级检察长等办理具体案件时，还享有许多具体的办案职权，如讯问（询问）权、传唤决定权、补充鉴定决定权、案件起诉决定权、提起附带民事诉讼决定权、适用简易程序建议权、许可律师以外辩护人阅卷会见通信决定权、提出量刑建议权、抗诉请求答复权、侦查活动和审判活动及刑罚执行活动违法行为口头纠正权等。

4. 指令权等。即地方各级检察长还享有检察指令权、职务收取权和职务转移权等。在地方各级检察院，如果检察长认为一般检察官在办案过程中作出的决定错误时，有权指令其纠正，如果不纠正的，检察长有权将案件转由自己亲自办理该案件，也有权将该案件交由其他检察官办理。

5. 决定权。即对下级检察院提请上一级检察院决定的事项，上级检察院检察长可以依法行使决定权。这是除县级检察院检察长之外，地方各级检察院检察长都享有的一项权力。具体来说，对于上述地方各级检察长的各项提请事项，上级检察委员会和检察长都可以行使决定权。

（三）地方各级一般检察官的权力清单

地方各级一般检察官的权力清单，是指地方各级检察院进入员额内的一般检察官在办理案件时，依法应当享有的全部办案职权。根据目前改革和实践的需要，地方各级一般检察官应当享有以下三方面的办案职权：

1. 提请权。即地方各级一般检察官在办案过程中，对于依法应当由检察委员会、检察长、上级检察机关行使的职权，享有提请检察长审查的权力。根据我国法律规定，地方各级一般检察官在办理案件中，如果遇到法律明确规定应当由检察委员会、检察长、上级检察机关行使的职权，只能行使提请权，报请检察长审查决定。

2. 具体办案权。即地方各级一般检察官作为案件的承办人，根据检察长授权，在办案过程中应当享有的具体职权。根据目前检察改革的情况，地方各级一般检察官可以行使以下几方面的具体办案职权：（1）职务犯罪侦查权。主要包括初查工作方案决定权、公开初查和接触初查对象决定权、传唤决定权、提押犯罪嫌疑人出所辨认和追缴财物决定权、查询查封扣押冻结财物文件及邮件电报决定权、扣押冻结财物先行出售或变现决定权、鉴定（补充鉴定或重新鉴定）决定权、拘传决定权、监视居住和取保候审决定权、对犯罪嫌疑人进行辨认决定权、批准延长或重新计算侦查羁押期限决定权、是否许可律师会见决定权等。（2）审查批准（决定）逮捕权。主要包括不逮捕异议的处理决定权、追加逮捕建议权、批准（不批准）延长侦查羁押期限决定权、重新计算侦查羁押期限不当纠正决定权等。（3）审查起诉权。主要包括一般案件起诉决定权、变更起诉决定权、追加起诉决定权、撤回起诉决定权、补充起诉决定权、提起附带民事诉讼决定权、适用简易程序建议权、不服不起诉决定异议处理决定权、许可律师以外辩护人阅卷会见通信决定权、辩护人妨害作证行为调查处理决定权、提出量刑建议权、抗诉请求答复权、精神病人强制医疗申请决定权、没收违法所得申请决定权等。（4）刑事诉讼监督权。主要包括对侦查人员违反行为进行调查核实的启动权、侦查活动违法行为提出建议纠正权、非法取证行为调查核实处理决定权、不服原机关处理决定再次申诉控告的处理决定权、审判活动违法行为提出建议纠正权、超期羁押违法行为提出建议纠正权、看守所执法活动违法行为和刑罚执行不当行为提出建议纠正权、强制医疗决定错误重新审查决定权等。（5）民事行政诉讼监督权。主要包括支持起诉决定权、督促起诉决定权、建议更换办案人员决定权、审判活动违法行为提出检察建议权、调查核实情况决定权、采取相关调查核实措施决定权、对执行活动提出检察建议权、撤回监督意见决定权等。

3. 其他职权。即地方各级一般检察官在行使办案职权的过程中，还享有一些派生性的权力。从检察实践看，地方各级一般检察官在办案过程中，还应当享有以下派生性的职权：（1）重大事项报告权。即地方各级一般检察官在司法办案过程中，遇到重大情况或重大问题，可能对检察工作产生重要影响，不能自主决断或者认为自主决断不合适时，可以书面向检察长报告，请求检察长决定或指令。（2）请求提供帮助权。即地方各级一般检察官在办案中遇到疑难问题自己不能独立作出判断时，可以申请部门负责人组织检察官联席会议提供帮助，也可以报请检察长将案件提请检察委员会讨论决定。（3）错误指令申辩抗辩权。即检察长对一般检察官承办的案件，可以发出书面指令，口头指令时一般检察官可以不接受。一般检察官根据对案件事实和法律的内心确信，认为检察长的书面指令错误或者违法时，可以依照程序向检察长提出抗辩、陈述理由，也可以向上一级检察长申诉。（4）职务收取和移转请求权。即地方各级一般检察官认为检察长的指令明显错误或者违法时，经申辩和抗辩后，其意见不被检察长采纳且拒绝撤销指令时，地方各级一般检察官可以要求检察长直接承办该案件，也可以要求检察长将该案件交由其他检察官办理。

检察官办案亲历问题研究

闫俊瑛　孙利国*

一、司法亲历的内涵及要求

“亲历”既是司法的重要原理，也是重要的司法行为规律，在司法制度、诉讼制度中居于重要地位。司法亲历性，是指司法人员应当亲身经历案件审理的全过程，直接接触和审查各种证据，特别是应直接听取诉讼双方的主张、理由、依据和质辩，直接听取其他诉讼参与人的言词陈述，并对案件作出裁判。[①] 司法要求亲历是公认的基本诉讼规律，并决定了一系列诉讼制度和司法制度。一是直接言词或传闻证据原则。大陆法系采用直接言词原则，英美法系则采用传闻证据原则。二者在理论基础和制度设计中都有共通之处，都要求一切证据材料必须在法庭上以口头方式进行陈述、讯问、审查和辩论。具体包括：(1) 法庭审判应贯彻“在场原则”。(2) 在法庭审理过程中，所有提供言词证据的证人、鉴定人、被害人、被告人都应当出庭作证。(3) 法官对证据的调查和采纳必须亲自进行，即案件的裁判者必须是同一案件的审理者，不允许出现“审者不判，判者不审”的现象。(4) 法官采纳的证据，一般应当是原始证据，传来证据只有在法律有明文规定的情况下才可以使用。(5) 审判应当持续而集中地进行，一般不得中断。[②] 二是以庭审为刑事诉讼的中心。与侦查、起诉主要基于指控犯罪的立场相比，庭审无疑是最中立的，有利于作出客观公正的判断。庭审是最公开透明的环节，控辩审多方参与，集中展示、审查证据，发表意见，法庭兼听则明，有利于作出公正的判断。庭审也是最终决定诉讼结局的环节，法院对案件的审判功能主要依靠庭审来实现。三是事实认定出自法庭。法庭是法院审理案件的主要场所，既然诉辩意见发表在法庭、

---

* 闫俊瑛，北京市人民检察院法律政策研究室主任；孙利国，北京市人民检察院法律政策研究室检察官助理。

① 朱孝清：《司法亲历性》，载《中外法学》2015 年第 4 期。

② 参见樊崇义主编：《证据法学》（第四版），法律出版社 2008 年版，第 81—83 页。

诉讼证据出示在法庭、案件事实调查在法庭，其逻辑发展的结果理应是事实认定来源于法庭、裁判结论形成于法庭。故案件事实的认定，应当从法庭审理中直接获得，而不能从庭前程序、庭外干预、案卷材料或口头汇报中获得。四是审理者裁判、裁判者负责。既然案件审理者亲历了审理的全过程，对案件事实作出了认定，自然应对案件进行裁决，并对所作的裁决负责。

由此可见，司法亲历有其特定的含义和要求。其一，适用主体限于法院和法官。对法庭审判之前收集、审查、判断证据的行为，由于不具有终局性，未作特别要求。其二，亲历职责原则上不可移转或承继。如我国最高人民法院《关于适用〈中华人民共和国刑事诉讼法〉的解释》第176条规定："开庭审理和评议案件，应当由同一合议庭进行。"《最高人民法院关于人民法院合议庭工作的若干规定》(法释〔2002〕25号）规定："合议庭组成人员确定后，除因回避或者其他特殊情况，不能继续参加案件审理的之外，不得在案件审理过程中更换。更换合议庭成员，应当报请院长或者庭长决定。合议庭成员的更换情况应当及时通知诉讼当事人。"其三，适用范围限于法官审理案件事实的审判程序，集中在第一审普通程序以及涉及实体审的二审、再审程序。对于程序和法律等问题，则可以实行书面等其他间接审判方式，如许多国家的二审、再审实行书面审和法律审，不要求法官必须亲历。对于辩诉交易、简易速裁等特殊程序，也不要求法官必须亲历，如美国对辩诉交易案件实行不开庭审理，各国对简易速裁程序不要求实行直接言词原则。即使是普通程序审理的第一审案件，各国在法官"亲历"的严格程度上也不尽相同。总之，事实有争议、被告人不认罪案件一审庭审中的事实认定环节，是司法亲历最主要的适用范围。其四，司法亲历作为一项诉讼制度系统规定在各国法律中。如关于审判组织的组成及运行、证据规则、庭审程序等的规定，此外，有关司法独立、判决理由公开、救济程序等的规定，也是各国基于司法亲历而作出的有关配套保障制度，以切实防止法官滥权或诿责。

二、检察官办案亲历的意义

（一）推进司法责任制改革的需要

责任制改革的核心是按照"谁办案谁负责，谁决定谁负责"的要求，突出检察官主体地位，落实检察官的权限、职责和责任，为此需要组建办案组织，重新划分司法办案权限。改革后的基本办案组织，由一名检察官和必要数量的检察官助理和书记员组成，其中，书记员主要承担办案过程中的一些事务性工作，职责界限较为清晰，而检察官助理为新设岗位，主要负责协助检察官办案，既可以协同检察官办理办案事项，也可以独立承担相关办案事项，同检察官在职责范围上存在一定重合。实际运行中可能导致两种倾向：其一，随着员额制的实施，能够独立办案的检察官数量相比以前大幅减少，为应对案多人少的矛盾，检察官必然会将大量工作交由助理完成，甚至做起“甩手掌柜”，演变为一级案件审批层级。其二，责任制改革要求检察官对履行职责的行为承担司法责任，在职责范围内对办案质量终身负责，严格的司法责任约束，又势必会驱动检察官更多亲历性地办理案件，容易造成助理无事可干，与改革前的书记员无异，难以发挥应有作用。为避免上述两种现象，需以司法亲历为基础，合理界定检察官与助理各自承担的办案事项范围，以及办案组织的内外部关系，建立科学的司法责任体系。这是推进责任制改革的重点和难点。

（二）适应以审判为中心刑事诉讼制度改革的需要

推进以审判为中心的刑事诉讼制度改革，侦查、起诉活动应当面向审判、服从审判要求，同时发挥审判特别是庭审在认定事实、适用法律上的决定性作用。然而在刑事司法实践中，证据标准“一头粗一头细”的矛盾依然突出，公安在严厉打击刑事犯罪、维护社会稳定的压力下，证据质量没有切实的提高，法院更加坚决地贯彻证据裁判原则，严格依法排除非法证据，落实证人、鉴定人、侦查人员出庭制度，强化庭审的举证、质证、辩论功能，控辩对抗性显著增强，庭审不再是走过场而日益实质化。检察机关夹在中间，面临诸多困难和压力，检察官若不亲历一些重要的证据、事实审查活动，必然无法承担起证明责任，无法保证案件事实证据经得起法律的检验。

（三）完善检察一体化的需要

责任制改革的一个重要任务，是将现行法律赋予检察长的案件决定权赋予检察官行使。带来的问题是，授权的边界在哪里？如何理解检察长审批审核和指挥指令的正当性及其范围？其是否与亲历性原则存在冲突？等等。这些问题的解决，需要厘清“亲历”的边界，合理确定案件决策模式，协调好检察官主体地位与检察一体化之间的对立统一关系，进一步丰富和发展检察一体化理论和实践。

三、检察官亲历的内容和要求

（一）亲历范围应限于证据收集审查运用和事实认定环节

认定事实是适用法律的前提，尤其是事实认定有争议、被告人不认罪的案件，事实认定往往是关键。案件事实的认定类似于医生治病，要解决的问题既微观具体又特别重要，具体个案事实千差万别，但认定结果又关系到当事人的基本权利乃至生命、关系到社会的公平正义等重大问题，容不得丝毫的马虎大意。诉讼是以证据为中介，逆向回复、再现案件事实。对证据的审查判断要受时空限制，证人的感知能力、判断能力、表达能力，侦查水平，司法人员素质等多种因素的制约，过程十分复杂，非常艰难，出错的可能性很大。检察官只有深入到重要、关键证据的收集、审查、运用过程当中，亲自听取双方的主张、理由和依据，精心审查、仔细甄别，才能辨明个中的真假和是非曲直，形成心证，进而对案件事实作出准确的认定，不亲历难以作出正确判断。而对于程序和法律适用问题，主要解决案件事实和法律规定之间的符合性、思考案件处理结论的合法性、合理性等，具有明显的外在性，对亲历依赖程度较低，可以采取书面和间接审查的方式，不一定都要求亲历。

（二）在检察办案各个环节都应坚持亲历性办案

检察权具有复合性，检察官亲历要解决的事实认定问题，既包括犯罪事实认定、民事违法事实认定、行政违法事实认定，也包括诉讼违法事实的认定等。此外，检察机关控制着裁判的入口，对于保证提交审判的案件质量，具有重要的作用。检察机关要立足自身职能，发挥好在审前程序中的主导作用、在庭审指控和证明犯罪中的主体作用，检察官就必须在关键的程序环节，坚持亲历性办案。具体而言，侦查是整个刑事诉讼的最前端，侦查取证质量粗糙，案件必然无法通过后续严格的亲历性审查。为此，对国家监察体制改革完成之前由检察机关依法承担的职务犯罪侦查职能，检察官应通过亲自承担重要的讯问、询问，组织重大现场勘验、检查，组织搜查等，亲历关键证据的收集、固定、审查、运用活动，保证案件质量。审查逮捕是检察机关介入普通刑事案件的起始，是起诉、审判的源头，把好了审查逮捕的关口，就能有效避免“起点错、跟着错”的现象发生。故在批捕环节，检察官要通过依法讯问确有必要讯问的犯罪嫌疑人，听取辩护意见，全面审查、核实证据，主持公开审查等多种方式，增强审查案件的亲历性。在以审判为中心及审判责任制改革背景下，公诉环节的检察官对庭前证据的审查，要从“书面审查”向“亲历审查”转变，通过当面开展重要的讯问和询问、听取辩护意见、全面审查核实关键证据、出席法庭等方式，积极构建以口供之外客观证据为中心的证明体系，适应证据裁判、直接言词、自由心证等证据新规则。特别是应当亲自出庭应诉。司法亲历的核心场所是庭审，以审判为中心的核心也是以庭审为中心，在刑事、民事、行政诉讼过程中，庭审不管从形式上还是实质上，都是最重要的一个诉讼环节，只有检察官有资格代表法律监督机关发表意见；只有通过出庭，才能最终检验和认定事实；只有通过庭审，才能发现前期审查案件存在的纰漏和不足，倒逼检察官不断提升办案能力。此外，检察机关作为国家的法律监督机关，对刑事诉讼的立案、侦查、审判、执行的全过程承担着监督职责，检察监督要把事实查清、把依据查清，整个工作流程也要从以前的办事模式向办案模式转变，当然检察官要亲历性办理。

（三）亲历幅度因案、因人而异

主要适用于重大疑难复杂案件及犯罪嫌疑人、被告人不认罪的案件。这是兼顾司法公正与司法效率的当然要求。认罪的案件，当事人关注的重点不是案件事实，而是法律适用，特别是量刑，所以它不是司法亲历性严格适用的范围，但要保证案件质量，依据办案责任制的要求，检察官还是要履行亲历性的最低要求，在重要的办案节点，亲历办理相关事项。重大疑难复杂案件、不认罪的案件，常伴有对案件事实认定的较大争议，要准确认定争议事实，检察官必须尽可能深入地亲历案件办理的全过程，保证案件质量。此外，检察人员分类管理改革后，检察官助理将是一个跨度很大的群体，既包括刚入职的法学院校毕业生，还包括即将入额的检察官后备，在划分检察官与助理职责上不宜“一刀切”。对于资历较浅的助理，检察官亲历的范围自然要多些，对于资历较深的助理，检察官亲历的范围相应要少些。

（四）亲历事项及后果

检察长负责制以及上下级检察机关之间领导与被领导的关系，以及检察办案所处的非终局性环节，决定了检察官亲历的法律后果与法官不同。检察官亲历职责，在特殊情况下，可以由其他检察官代为承担，除案件决定权外，还可以由助理代为行使，代为行使的事项均具有法律意义。就北京而言，责任制改革后，依据“抓两大、放两小”的原则，检察官对一般案件的处理具有决定权，对所有案件的非终局性事项、事务性工作具有决定权，这些决定权，是检察官办案相对独立主体地位的体现，只能由检察官行使，检察官助理不能行使。在办案过程中，为查明案件事实、正确适用法律，要开展各项具体的办案工作，这些事项和办案决定权无关，但又是办案决定权能否正确行使的基础，所以要求其中一些重要的办案事项，检察官原则上应当亲历，但不能排除检察官助理办理或者协同办理。据此，可以将检察官在司法办案过程应亲自承担的事项分成五个层次：一是案件决定权。必须由检察官行使，但不一定必须是审查案件的检察官，分管副检察长和检察长也可以行使。二是上级文件要求必须检察官亲自承担的事项。根据高检院《关于完善人民检察院司法责任制的若干意见》第17条的规定，“检察官承办案件，依法应当讯问犯罪嫌疑人、被告人的，至少亲自讯问一次”“主持公开审查、宣布处理决定”“代表检察机关当面提出监督意见”“出席法庭”这四项属于硬性规定，原则上应由检察官亲自承担，确实不能承担的，可以由其他检察官代为承担，但检察官助理不宜代为行使，可以协同办理。三是检察官原则上应当亲自承担，但可以适当灵活掌握范围的亲历性事项。高检院《关于完善人民检察院司法责任制的若干意见》第17条中的"询问关键证人和对诉讼活动具有重要影响的其他诉讼参与人""对重大案件组织现场勘验、检查、组织实施搜查，组织实施查封、扣押物证、书证，决定进行鉴定""组织收集、调取、审核证据"等三项检察官应亲自承担的事项规定，都以"重大"或"组织"等进行了限定，表述较为灵活，检察官可以视情况自己亲自承担，也可以由检察官助理办理。四是在高检院规定的基础上，各地可以根据实际需要，新增鼓励检察官应亲自承担的事项，如阅卷、审查未采纳检察机关公诉意见的判决裁定等，这些新增事项，检察官在办理重大疑难复杂案件过程中应尽可能亲历，在办理一般案件过程中，检察官是自己亲历办理还是交由检察官助理承担，可依据实际，灵活掌握。五是检察官可以完全不参加的一些事项，主要涉及办案过程中的一些程序性、实务性的工作，如依法告知诉讼权利、送达相关法律文书、接待相关案件当事人等。

四、检察长审批审核案件以及检委会决策案件的正当性

现行《人民检察院组织法》规定："各级人民检察院设立检察委员会。检察委员会实行民主集中制，在检察长的主持下，讨论决定重大案件和其他重大问题。"检察长审批审核决定案件，以及检委会讨论决定案件，是检察机关司法办案的核心组成部分，是检察机关办案的重要组织和表现形式。

（一）符合案件决策模式

从科学决策机制上看，组织行为学和组织社会学都从理论上回答了个人决策与集体决策的优劣和范围划分。一般来说，凡是面临多项选择需要作出最优选择即多选一的决策都比较适合于组织或者集体决策；凡是需要经过逻辑推理特别是逻辑链条比较长的推理来作出的决策则比较适合于个人决策。个人决策的优势是逻辑严密、前后连贯，容易发现独特的处理方式，其劣势是容易产生片面性、受到外部干扰；集体决策的优势是激发多人智慧、穷尽可能的解决方案，作出比较理性的选择，其劣势是容易产生话语霸权、信息交流不充分。

比较个人决策与集体决策的优劣，我们发现，检察办案中涉及的证据审查和事实认定，绝大多数属于单方决定和逻辑推理，比较适合于检察官个人决策，而涉及政策选择、法律适用等的运用，譬如重大疑难案件的逮捕与否、起诉与否或者抗诉与否的决定等，属于多项选择的决策，通过集体讨论有助于作出合理的判断，适合于检察委员会决策。把这个原理用到检察官与检察委员会决策的分工上来，我们就可以提炼出一项简单的划分标准：凡是重大疑难等面

临多种选择的案件或者案件处理环节，都可以提交检察委员会集体研究决定；其他案件，不管涉案金额或者涉案人员数量多大，只要没有认识分歧，没有多种选择，就不必提交检察委员会来决定。

较为棘手的是关于"事实是否清楚、证据是否确实充分"的认定，其究竟是属于证据的范畴，还是法律适用的范畴，是应由亲历案件审查的检察官个人决策的范畴，还是应由检察委员会组织决策的范畴。笔者认为，对于"事实清楚、证据确实充分"的判定，除了涉及证据以外，还涉及经验、常识等经验法则的运用。所谓经验法则，是指根据已知事实来推导未知事实时能够作为前期的任何一般知识、经验、常识和法则，并非个人主观的推测。经验法则是人们从个别经验的积累抽象、归纳出来的一种知识或常识，无论检察官还是法官，评价证据和认定事实必然受到经验法则的制约。但总体而言，经验法则属于宏观证据运用的范畴。为此，对于绝大多数一般案件，应由检察官基于证据审查后形成的内心确信，自行判断事实是否清楚，证据是否确凿，必要时，可以由检察官联席会议或检察长（副检察长）提供经验支持和意见参考；而对于涉及国家安全、外交、社会稳定等的重大案件，现阶段，由检察委员会全面审议决定案件的事实、证据、法律适用，有利于统筹考虑案件的证据、经验、处理等因素，实现办案的最佳效果。[①]

（二）符合检察机关领导体制和检察权运行规律

一是检察权具有司法、行政、监督等不同属性，不同属性的权力运行规律是不同的。如职务犯罪侦查权的行政属性要求检察官上命下从、职能代理和职务承继，并不强调亲历性；批捕、公诉权的司法属性要求检察官相对独立和司法亲历。二是应在坚持检察长负责制和上下级领导与被领导关系的前提下，研究检察官亲历和独立办案。亲历和书面都只是办案的具体形式，是否属于独立的办案行为，关键是看其是否具有法律效力，或是决定案件的诉讼进程，或是对案件处理进行裁决。检察长是独立的司法办案主体，审批、审核、决定案件并依法承担司法责任，是司法办案的重要形式。三是检察环节属于中间环节，事实、证据尚处在变动之中，要求绝对的亲历，既不现实也无必要。四是检察机关的决定一般不具有终局性，案件最终要由法院通过亲历性的庭审裁判作出最终裁决，检察官对案件的亲历性审查本就可以不像法院那样严格。

---

① 参见谢鹏程：《检察官办案责任制改革的三个问题》，载《国家检察官学院学报》2014 年第 6 期。

员额制改革背景下检察官助理角色的构建

盛宏文*

一、改革前的检察人员分类：法律和实践

党的十八大以来，司法改革陆续推进。最高人民检察院单独或会同其他部门先后出台了《人民检察院工作人员分类管理制度改革意见》《检察官办案责任制改革试点方案》《关于完善人民检察院司法责任制的若干意见》等文件。同时，部分省市区也启动了相应的改革。当前，全国检察系统存在新老制度并存的问题。由此带来的是，全国检察系统工作人员的身份出现了分化，其中，与检察官身份相关的概念就有八个之多，众多的概念背后是检察系统内部不同的群体，而且这些群体往往界限模糊、利益纠葛。正所谓“名不正则言不顺，言不顺则事不成”。要推进检察改革，就有必要厘清当前检察官的身份。

（一）改革之前与检察官身份有关的八个概念

概念	属性	渊源	内涵	外延
检察官	属于法律范畴，是法律身份。	《检察官法》第二条	检察官是依法行使国家检察权的检察人员。	包括最高人民检察院、地方各级人民检察院和军事检察院等专门人民检察院的检察长、副检察长、检察委员会委员、检察员和助理检察员。

* 盛宏文，重庆市人民检察院研究室副主任，法学博士。

续表

概念	属性	渊源	内涵	外延
检察员	属于法律范畴，是法律职务。	《检察官法》第十二条	由本院检察长提请本级人民代表大会常务委员会任免的一种法律职务。	具有检察员资格的所有人（包括科长、处长、检委会委员等等）。
助理检察员	属于法律范畴，是法律职务。	《检察官法》第十二条	由本院检察长任免的一种法律职务。	具有助理检察员资格的人（包括办公室、政治处、研究室等部门具有该资格的人）。
代理检察员	属于实践范畴，是诉讼身份。	《人民检察院刑事诉讼规则（试行）》第四百二十六条	公诉人应当由检察长、检察员或者经检察长批准代行检察员职务的助理检察员一人至数人担任。	代行检察员公诉职责的助理检察员（起诉书和判决书上用此称谓）。
主任检察官	属于学理范畴和实践范畴，责任分工角色。	《检察官办案责任制改革试点方案》	在由多名检察官组成的办案组中，在检察长及检委会领导下，对授权范围内的案件依法独立行使决定权并承担相应办案责任的检察官。	已进行试点改革的检察院任命的检察官中的优秀者担任。
员额制检察官	属于学理范畴和实践范畴，原为公务员管理类别，现为责任分工角色。	《检察官法》第五十三条；《人民检察院工作人员分类管理制度改革意见》	行使检察职权的检察官。	改革试点院经过遴选后进入检察官员额内的检察长、检委会委员、检察员等。

续表

概念	属性	渊源	内涵	外延
检察辅助人	属于学理范畴和实践范畴，原为公务员管理类别。	《人民检察院工作人员分类管理制度改革意见》	协助检察官履行检察职责的工作人员。	包括检察官助理、书记员、司法警察、检察技术人员等。
检察官助理	属于学理范畴和实践范畴，检察辅助人中的一种。	《人民检察院工作人员分类管理制度改革意见》《关于完善人民检察院司法责任制的若干意见》	在检察官指导下履行特定检察职责的的工作人员。	可以是检察员、助理检察员，也可以是其他人员。

（二）实践中检察官的履职与其身份要求不符

从上表中不难看出，检察官是行使检察职权的法律职业群体，其职务分为检察长、检察委员会委员、检察员、助理检察员等类别。不论是从理论上还是法律上讲，只有行使检察职权的人才能被称为检察官。然而，由于长期以来我国司法系统中缺乏专业化和精英化的观念，加之实践中干部流动性较大，导致了检察官职业泛化和虚化。换句话说，尽管法律对于检察官身份给予了明确的界定，但实践中存在大量的具有检察官职务（如检察员和助理检察员）的人不行使检察职权（不办案），而行使检察权的人不担责（即没有决定权）的情况。

为了扭转这种情况，党的十八大之后，高检院出台了一系列的改革措施，包括推行主任检察官制度、检察人员分类管理改革等，力图强化司法责任制，推进检察职业的专业化，重塑检察官的职业尊严。众多的改革措施中，最重要的当属员额制的推行。按照员额制改革的要求，人民检察院工作人员被划分为检察官、检察辅助人员、司法行政人员三类，而检察官的比例是特定的（从试点情况来看，约为33%）。这意味着，旧体制中具备检察官身份的人中有很大一部分将在改革中丧失检察官身份。显然，改革从循名责实开始。

（三）助理检察员是一种检察官职务，而非检察员的助手

就法律职务而言，检察官包括检察长、检察委员会委员（含专职和兼

职)、检察员、助理检察员四类。前三类法律职务顾名思义当然为检察官，而助理检察员的称谓则容易引发误会，让人误认为是检察员的助理或助手。实际上，尽管助理检察员被冠以“助理”二字，但从法律上讲，助理检察员并不等同于检察员的助手，而是单独的检察官职务。法律并未明确罗列检察员和助理检察员的职责，二者之间的区别仅在于助理检察员需经检察长批准才能代行检察员职权。或许是为了避免对助理检察员的误解，实践中不论起诉书还是判决书中的公诉人均写为“代理检察员”。

由此可见，不论是法律上还是实践中，助理检察员本身就是检察官，而并不当然是检察官的助手。那么，检察官是否有助手呢？严格来讲，法律并未设置检察官助手这一角色，如果一定要较真，那么书记员大约满足了这一角色的部分功能。但是，实践中，检察官助手却是普遍存在的，它不是存在于职务任命中，而是存在于“传帮带”的工作关系中。一般而言，检察院新招录的人员凡是进入业务部门，都会被安排与一个前辈（既可能是检察员，也可能是助理检察员）搭档，学习业务技能。在这种搭档关系中，新人自然充当了助手角色。随着业务的熟练，助手也会独立办理案件，此时，助手与主办之间不再有明显区别。因此，实践中检察官和助手之间并没有确定的界限，或者说边界相当模糊，以至于我们不能轻易说谁是谁的助手。

身份边界的模糊导致的是责任边界的模糊。为了强化司法责任，全国部分检察院试点了主任检察官制度，但该制度并未设计检察官助理的角色。党的十八大以后出台的《人民检察院工作人员分类管理制度改革意见》明确提出了检察官助理的概念。在新旧制度交替之际，必然有一部分过去始终从事着检察官工作的所谓“助手”要成为检察官助理，这一身份难免让这一部分人处境尴尬。

二、检察人员分类的域外经验与本土特点

（一）发达国家的检察官与“检察官助理”

司法专业化和职业分工导致了检察辅助人员的产生。检察辅助人员又分为检察官助理、书记员、法警、检察技术人员等。在这四类检察辅助人员中，检察官助理与其他三类有着明显不同。不同之处在于，检察官助理的工作性质属于司法活动，而其他三类则不是。因此，检察官助理和检察官之间有着特殊联系，他们都是具有专门法律知识的人。

在司法专业化程度较高的发达国家，检察组织中均发展出类似“检察官助理”的角色，尽管名称上可能并不叫作检察官助理。在德国，协助检察官工作的高级官员被称为司法公务员。德国有专门的《司法公务员法》对司法

公务员的职能、任职条件、待遇、义务等作出了具体规定。司法公务员由上级司法机关统一录用，而后要接受数年严格的专业培训。被录用者试用期满后成为终身司法公务员，在公务员序列中属于次高级和高级，待遇较为优厚。在美国，不论是联邦和各州地方，其检察官办事处都是由一名检察官和若干名助理检察官组成。但助理检察官并非检察官助理，而是相当于检察官。美国检察机构中真正意义上的检察官助理叫作“准法律工作者”，他们的主要工作是为助理检察官收集资料、起草文件或者充当研究助手。在日本，检察厅的人员包括检察官、检事总长秘书官、检察事务官、检察技术官和其他职员。其中，检察官仅指检事总长、检事次长、检事长、检事和副检事。检察事务官在身份上虽不属于检察官，但承担了检察官的部分职责。①

由上述发达国家的制度与实践可以看出，检察官助理是必然存在的一类特殊辅助人员，他不是检察官，却承担了部分检察官的职责。

（二）我国检察职业分工和人员分类的特点和不足

与西方国家的审检合署（如德国）或者检司（司法部）不分（如美国）不同，我国检察机关是人民代表大会之下的“一府两院”之一，法律地位上与政府、法院平级，因此地位更高，职能更广。检察机关是我国的法律监督机关，具有公诉、侦查监督、民事行政检察、职务犯罪侦查等职能。因其地位高、职能广，故每一级检察院在机构设置上至少都有十个以上的内设职能部门。以区县一级检察院为例，一般设有侦查监督科（或者处，下同）、公诉科、职务犯罪侦查局、民事行政检察科、刑事执行检察科、控告申诉科、案件管理中心、办公室、政治处、法律政策研究室等等。

这样的机构设置决定了我国的检察职业分工呈现出以下特点：第一，有业务部门和综合部门之分，但双方人员在职业地位上并无明显区分。在2001年司法改革以前，业务部门和综合部门双方的人员是可以自由流动的。此后则对担任检察官有了司法考试的限制，但是当前实践中，业务部门和综合部门的交互轮岗仍然常见。第二，同为业务部门，但有主次之分。一般而言，侦查监督、公诉和职务犯罪侦查是检察院的三大主要业务，因此这三个部门是大科室（或者处、局、厅），其主要负责人通常担任检察委员会委员，甚至职务犯罪侦查局长当然为院党组成员。其他业务部门，如民事行政检察、控告申诉、职务犯罪预防等则为次要部门，其业务负担较轻，通常老同志居多。第三，主要

---

① 本部分关于德国、美国、日本的检察官制度的论述，参见王广宾：《中国检察官助理制度研究》，苏州大学2010年硕士学位论文，第4—6页。

业务部门内部的分工以分组办案、以老带新为主。尽管法律设置了检察员、助理检察员、书记员等职务，但实践中，这样的区分相当模糊，或者说灵活。办案组内部谁是主办谁是助手主要区别于搭档者之间的资历地位，而且主办和助手之间的工作内容并无严格区别。

不难看出，我国的检察职业分工虽然比较细，但并没有突出专业化的特点。相反，它的专业界限是模糊的。对于检察官而言，业务部门和综合部门、主要业务部门和次要业务部门之间的吸引力并没有明显不同，甚至对于很多临近退休的老检察官而言，他们甚至更愿意去较为轻松的综合部门或次要部门工作。事实上，不少检察院的办公室都有具备检察员职务的检察官。可以说，这是我国检察职业分工不足所在。

三、员额制改革中的检察官助理

（一）检察人员身份的分化和融合：以重庆市推进司法责任制情况为例

按照中央深化司法体制改革的总体部署和要求，重庆市于2016年底全面推进司法责任制改革。经过资格审查、考试考核、组织考察、遴选委员会专业审查等选任程序规定，全市共计选任员额制检察官1501名，占政法专项编制数的29.3%，占实有人数的32.0%。而全市检察机关实有助理检察员以上法律职务人员为3338人，占政法专项编制数的65.1%、占实有人数的71.2%。选任后，1837名助理检察员以上法律职务人员未入额，检察官占编制比例下降36个百分点、占实有人数比例下降了39个百分点。

员额制被认为是推行司法责任制的基础。正如本文第一部分所分析的，改革的起点就是循名责实。换句话说，具有检察官身份，即进入员额的人，必须从事检察官工作，并且为自己的工作承担终身责任。要实现这一目标，必须打破原有身份界限。从重庆市改革试点的情况来看，其员额制改革的破局主要体现在以下几个方面：

第一，进入员额的多数是过去的检察员，少数为助理检察员。这意味着有的检察员和助理检察员丧失了检察官身份，而他们新的身份将是检察官助理或司法行政人员。从比例上看，绝大多数会成为检察官助理。这一身份的分化同时意味着，过去不直接办理案件的人因进入员额而必须承担一定办案任务，而过去承担办案任务的人因未进入员额而不能成为办案主体。

第二，传统综合部门和业务部门以及主要业务部门和次要业务部门之间的分界变得模糊，甚至出现了一定程度的融合。综合部门的人进入员额的，即使不调离综合部门，也应承担办案任务。旧体制中，综合部门的多数人都具有检察员或者助理检察员的资格，并且有些人以前就是在业务部门工作的。此次遴选员额制检察官他们当然应当参加。从试点情况来看，确实有为数不少的综合部门人员进入了员额。这类人进入员额后，有的仍留在综合部门，既承担综合部门的工作（例如研究室工作），也承担办案任务。次要部门的员额制检察官也应承担一定数量的主要部门的办案业务。这一融合符合了未来部门改革的趋势。

总的来看，检察人员身份的分化和融合使得检察官身份超越了检察人员的既有身份和部门属性，突出了检察官切实行使检察权的职权特征。而这一分化和融合带来的阵痛也是显而易见的。对这种“阵痛”有着最切身感受的莫过于检察官助理，这将是一个全新的身份。

（二）检察官助理的“瓶”与“酒”

检察官助理是在此次员额制改革中正式诞生的一个身份，它被定位为检察辅助人员。按照最高人民检察院《关于完善人民检察院司法责任制的若干意见》规定，检察官助理在检察官的指导下履行以下职责：（1）讯问犯罪嫌疑人、被告人，询问证人和其他诉讼参与人；（2）接待律师及案件相关人员；（3）现场勘验、检查，实施搜查，实施查封、扣押物证、书证；（4）收集、调取、核实证据；（5）草拟案件审查报告，草拟法律文书；（6）协助检察官出席法庭；（7）完成检察官交办的其他办案事项。《重庆市检察机关检察官、检察辅助人员岗位职责规范（试行）》也作了相同的规定。不难看出，就办案而言，检察官与检察官助理在履行职责上所做的工作并无不同。区别在于，检察官助理要在检察官的指导下工作。

如前所述，改革后的检察官（即员额制检察官）人数比改革前减少了41.9%，这意味着原来在办案一线工作的检察员或者助理检察员中有相当一部分将获得新的身份——检察官助理。改革以前不论检察员还是助理检察员，只要具有独立办案的能力和水平，都能成为独挡一面的承办人。但是，员额制改革后，落选的员额之外的检察官却只能成为辅助人员。也许他们在办案能力上仍然能够独挡一面，但此刻，他们必须在检察官的指导下办案，对外文书（比如起诉书）上甚至没有署名权。

那么，改革以后，员额制检察官与检察官助理是如何履行各自职责的呢？是否严格按照指导与被指导的关系工作呢？从某些试点院反馈的情况来看，检察官与检察官助理之间的实际关系并不仅取决于二者的职责身份，而更多的取决于二者的年龄、资历等。举例而言，某试点单位有一个由一名员额制检察官和一名检察官助理组成的办案组，二人同一年进入检察机关工作且均在主要业务部门。改革前二人即为一个办案组，办案模式为平分办案任务，基本属于相互独立承担各自案件的办理，只是工作过程中有相互商量。改革后，一人进入员额内，一人为检察官助理，仍为一个办案组，但办案模式仍沿袭改革前，基本属于各自案件各自办理。区别在于检察官助理案件要署上员额制检察官的名字，且员额制检察官要对自己署名的案件承担责任。由此可见，检察官与检察官助理之间关系的本质不在于谁指导谁，而在于谁对案件承担责任。

如果说检察官助理的身份是一只“瓶”，而且是一只全新的“瓶”，那么，这只新“瓶”所装的应当是全新的“酒”，即全新的检察角色和关系。然而，从当前改革的状况来看，这只“瓶”里面还没有装上全新的“酒”。换句话说，尽管新的角色身份已经诞生，但是办案模式和角色关系还没有本质的改变。检察官和检察官助理之间还没有找到适应自身角色定位和身份认同的相处方式。例如，检察官助理完全有可能干着与检察官一样的事情，只是责任由检察官承担。这样固然加重了检察官的责任，有利于司法责任制的落实。但是，这未必有利于检察官助理的认真履职。试想，让曾经是厨师的人给现在的厨师打下手，他会抱以何种心态呢？这个问题的答案，取决于怎样构建我国的检察官助理这个角色。

四、我国检察官助理角色的构建

（一）检察官助理的角色定位

1. 检察官助理应是“后备军”，而不是“勤杂工”。尽管《人民检察院工作人员分类管理制度改革意见》把检察官助理归于检察辅助人一类，与书记员、司法警察、检察技术人员属于同类。但是，检察官助理所从事的工作与后三类人员有着本质区别，他是在检察官指导下从事与行使检察权直接且紧密相关的工作，其本质是行使检察权。因此检察官助理并非勤杂人员，而是行使检察权的主体。出于经验、能力等方面考虑，检察官助理不能单独行使检察权，而是必须在员额制检察官的指导下行使检察权。担任检察官助理正是积累经验、提升能力的必要过程和途径，即成长为检察官的必要途径。因此，检察官助理应定位为检察官后备军，他们的职业前途就是成为能够独立办案、独立决策的检察官。

2. 检察官助理应是检察官的助理，而不是具体某个人的助理。检察官助理是受检察官指令而从事职务活动的，其工作具有辅助性。检察官助理的行为应当根据检察官的命令，而不能自行其是。但这并不意味着检察官当“翘脚老板”“甩手掌柜”，把办案任务“打包”给检察官助理。要避免这种情况，就必须强调检察官助理的整体独立性。检察官助理作为一个整体相对应检察官个人是独立的。检察官只是在有具体需求时才能申请调用检察官助理。检察官只有在具体事务中才有助理，具体事务之外，则不存在助理。换句话说，检察官和检察官助理之间不是固定搭配关系，检察官助理也不应成为某个具体检察官的个人助手。

（二）基于角色定位的权责设计

1. 检察官助理应当具有法律上的相应的职业等级和待遇。按照2016年6月中组部下发的《法官助理、检察官助理和书记员职务序列改革试点方案》（组通字〔2016〕36号），明确了检察官助理和书记员的层次和职数比例及晋升办法。其中，检察官助理设置6个职务层次，由高到低依此是高级检察官助理，一级至五级检察官助理，与综合管理类副巡视员至科员一一对应。为了增强改革内生动力，中央司改领导小组会同国家相关部门对法检两院的工资制度改革作了适当的调整，明确除司法警察外，法院、检察院内部实行“三类人员，两种待遇”的政策。此外，笔者认为，鉴于检察官助理是检察官的“后备军”，检察官助理与检察官在职级和待遇上应当存在一定的关联和对应关系。例如，高级检察官助理的待遇对应一级检察官，以此类推。这样一来，检察官助理在转为检察官时，不必从最低级检察官做起，而可以根据其原有职级待遇确定新的职级待遇，这对检察官助理的职业发展有较好的促进作用。

2. 检察官助理应当对相关办案事项有相应的处分权，同时对自己履行的职责承担责任。从现有职能来看，检察官助理是在检察官的指导下承担讯问、现场勘验、调取证据等侦查、审查证据、协助出席法庭等《检察官法》规定必须具有检察官身份的检察人员担任的工作。这意味着，检察官助理是可以独自完成司法办案的事务性工作的。但“独自”不等于“独立”，二者的区别在于完成事务性办案工作不等于完成检察权的行使。检察权的行使最终要落实到案件决策权的行使，对于案件决策，检察官助理是不能行使的，因此，尽管检察官助理可以独自完成办案必须的事务性工作，但却不能独立办案。其完成办案事务性工作的目的和意义在于受检察官指挥。检察官的办案权和定案权本质是对法定职权的处分权。因此，如果不涉及法律处分，应允许检察官助理有一定的自主权，例如对于调查取证等事项。当然，检察官助理对自己自主完成的行为应当承担相应责任。

（三）建构合理的名称体系

当前员额制改革背景下，存在多种身份和名称并存的情况，这在一定程度上也造成了检察官助理身份认同的模糊不清。随着改革的推进，《检察官法》势必会得到修订。建议在将来修订《检察官法》时，废止“助理检察员”概念，而对“检察官”“主任检察官”“检察官助理”等概念予以重新明确。同时，应当明确检察官助理作为预备检察官或者检察官的后备军的地位。届时，检察官助理的角色构建将最终完成。

员额制改革视角下检察官助理的困境与出路

周耀凤*

按照中央确定的司法人员分类管理方案，检察机关的人员分为检察官、检察辅助人员和司法行政人员。检察辅助人员主要包括检察官助理、书记员、检察技术人员、司法警察等其他人员，“检察辅助人员参与司法办案工作的，根据职权和分工承担相应的责任”。[①] 从目前各地检察院的试点来看，员额内的检察官比率都控制在在编人数的39%左右，人数相对较多的是检察辅助人员。检察官助理是这一轮改革中新设的检察辅助人员岗位，现行法律没有明确规定其职责权限，也没有足够的实践积累，各试点地区规定的检察官助理职责权限也不尽相同。[②] 在人员分类管理、检察官员额数量受到限制的情况下，一些未能进入到员额内的检察员、助理检察员都将成为检察官助理，人员构成的丰富多样性、职责权限的混同、职业前景的不明朗使得这一群体充满了压力、竞争和变数，存在各种困境亟需化解，以避免检察人才流失和检察官助理这一岗位与设置初衷的背离。

一、检察官助理的基础理论

（一）概念界定

“检察官助理”并非严格的法律概念，英美法系、大陆法系国家的法律中均没有检察官助理这一概念，我国也是如此。根据我国人民检察院组织法、检察官法的规定，各级检察院除了检察长、副检察长、检察委员会委员和检察员之外，设助理检察员、书记员各若干人，并根据需要设司法警察。可见在我国

---

* 周耀凤，宁波市人民检察院副主任科员。

① 摘自最高人民检察院《关于完善人民检察院司法责任制的若干意见》（2015年9月25日）第38条。

② 引自高检院张德利专委《关于〈完善人民检察院司法责任制的若干意见〉的说明》（2015年10月15日）。

最初的检察机关制度设计上并没有检察官助理的法律概念。

“检察官助理”这一表述首次出现在官方文件上是2004年10月最高人民检察院发布的《2004—2008年全国检察人才队伍建设规划》，明确提出将检察人员分为检察官、检察事务官（检察官助理）和检察行政人员的规划，并将检察事务官（检察官助理）定义为“在检察活动中从事辅助性、事务性、技术性工作的检察人员”。①

对比2004年的概念和当前司法责任制视角下对“检察官助理”的角色界定，我们可以发现，检察官助理的概念有广义和狭义之分。从广义上讲，顾名思义，检察官助理就是检察官的助理，是指协助检察官工作的检察辅助人员，包括一切服务检察官工作的书记员、法警和检察技术人员等。2004年高检院的文件即采用的此种定义。但是这种定义实际上是一个类概念，等于将现有的检察机关的书记员、法警、检察技术人员等统统归类到检察官助理之中，只具有种类划分的意义，不具有实际操作意义。②

而今被普遍认同的检察官助理的概念是狭义上的概念，仅指协助检察官从事核心法律性工作的业务辅助人员，是一个单独的职业群体，在工作内容和职责权限上有别于书记员、法警等其他检察辅助人员。归根结底，检察人员分类改革是以实现检察官群体职业化、精英化为原则，以确立“检察官+检察官助理+书记员+司法警察”的检察机关办案组合模式为目的，以检察改革为载体，明确检察官、检察官助理、书记员、司法警察四者之间的职能划分、配备方式以及在司法活动中的法律关系的改革。检察官助理在其中扮演着重要契合点的角色。

（二）类似称谓

当前，全国检察系统存在新老制度并存的问题，检察系统工作人员的身份出现了分化，与检察官身份相关的称谓至少有下表中的这8个。众多的称谓背后代表着检察系统内部的不同群体，这些概念往往界限模糊，要推进检察改革，有必要厘清当前与检察官身份有关的各类概念。

---

① 摘自最高人民检察院《2004—2008年全国检察人才队伍建设规划》（2004年9月10日）第（十八）项。

② 王广宾：《中国检察官助理制度研究》，苏州大学2010年硕士学位论文。

检察官身份相关称谓汇总表

	称谓	来源	属性	概念
1	检察官	《检察官法》	法律身份	依法行使国家检察权的检察人员。包括各检察院的检察长、副检察长、检委会委员、检察员和助理检察员。
2	检察员	《检察官法》	法律职务	由本院检察长提请本级人大常委会任免的一种法律制度。包括具有检察员资格的所有人。
3	助理检察员	《检察官法》	法律职务	由本院检察长任免的一种法律职务。包括具有助理检察员资格的人。
4	代理检察员	《人民检察院刑事诉讼规则（试行）》	诉讼身份	由检察长批准代行检察员职务的助理检察员。
5	主任检察官	《检察官办案责任制改革试点方案》	学理、实践角色	对授权范围内的案件依法独立行使决定权并承担相应办案责任的检察官。
6	员额内检察官	《检察官办案责任制改革试点方案》	学理、实践角色	改革试点院经遴选后进入检察官员额内的检察长、副检察长、检委会委员、检察员等。
7	检察辅助人员	《检察官办案责任制改革试点方案》	学理、实践角色	协助检察官履行检察职责的工作人员，包括检察官助理、书记员、司法警察、检察技术人员等。
8	检察官助理	《检察官办案责任制改革试点方案》	学理、实践角色	在检察官指导下履行特定检察职责的工作人员，可以是检察员、助理检察员，也可以是其他人员。

由于长期以来我国司法系统中缺乏专业化和精英化的观念，导致检察官职业泛化和虚化，实践中存在具有检察官职务的人不办案、行使检察权的人没资格的情况。为扭转上述状况，高检院出台了一系列的改革措施，包括推行主任

检察官制度、检察人员分类管理改革等，力图强化司法责任制，推进检察职业的专业化，重塑检察官的职业尊严。但凡改革都有阻力，员额制的推行意味着旧体制中具备检察官身份的人中有很大一部分将在改革中丧失检察官身份，如何妥善安置这些人员，是当前司法改革应当慎重对待的问题。通过上述表格和现有法律法规分析，法律并未设置检察官助理这一角色，虽然书记员满足这一角色的部分功能。然而，在实际办案中，检察官助理却普遍存在，检察院新招录人员都会被安排与前辈搭档，充当助手角色，之后随着业务的熟练逐渐独立办理案件。一部分过去从事检察官工作的人要成为检察官助理，身份倒退也让这部分人处境尴尬。

（三）域外经验

在司法专业化程度较高的发达国家，虽然不一定存在“检察官助理”这一称谓，但检察组织中均发展出类似“检察官助理”的角色。比如德国，协助检察官工作的高级官员被称为司法公务员，有专门的《司法公务员法》规范其职能、任职条件、待遇、义务等。司法公务员由上级司法机关统一录用后接受数年严格的专业培训，被录用者试用期满后称为终身司法公务员，在公务员序列中属于次高级和高级，待遇优厚。比如美国检察机构中，检察官办事处均由一名检察官和若干名助理检察官组成，其他人统称为辅助人员，其助理检察官是美国各级检察机构中的主要力量，具有律师资格，在职权上虽无检察官之名但有检察官之实，美国检察机构中真正意义上的检察官助理叫作“准法律工作者”，其主要工作是为助理检察官收集资料、起草文件或者充当研究助手。日本检察厅人员包括检察官、检事总长秘书官、检察事务官、检察技术官和其他职员，检察官仅指检事总长、检事次长、检事长、检事和副检事，检察事务官在身份上不属于检察官，但承担了检察官的部分职责。①

从域外经验来看，检察官助理的任职条件和待遇通常介于检察官和普通公务员之间，通常协助检察官从事法律事务而非行政事务，配备数量往往多于检察官数量。检察官助理工作通常是获取司法经验的有效途径之一，大陆法系国家一般将检察官辅助人员作为待遇标准相对较高的公务员来进行管理，并严格限制其向检察官过渡以保持此类人员的稳定性；英美法系国家则一般把协助检察官从事法律事务工作当作一种获取司法经验、丰富司法经历的方式，作为从事其他法律工作的跳板。

① 王广宾：《中国检察官助理制度研究》，苏州大学2010年硕士学位论文。

二、检察官助理产生与存在的科学性

司法官职业化是一个国家法治现代化的基本特征之一，是司法文明发展的重要标志和必然结果。法律活动专门化体现在从事法律事务的人员的专门化、法律机构具体设置的专门化和相对独立的法律机构运作三个方面。[①] 虽然检察官助理的提出会对部分人员利益带来负面影响，但是，在员额制改革视角下，检察官助理这一角色有其存在的必要性、可行性和重要性。检察官助理是司法改革顺利发展无法绕过的一个关键点。

（一）检察官助理存在的必要性

员额制改革下的检察官助理有其存在必要性，主要可从以下几个方面进行论证：

第一，解决检察官职业泛化、数量庞大的历史遗留问题。通过公务员招录进入检察机关工作的人员，不论其是在业务部门还是在综合部门工作，实践中都是先由检察长任命为书记员或者法警，之后根据工作年限等任命为助理检察员，最后根据助理检察员的年限、资历等情况提请人大任命为检察员。还有一些军转干部到检察院任职基本通过上述途径。这种由书记员到检察官的自然升级选任制度被检察机关沿用多年，以致其中部分检察官没有经过系统的法律学习、没有任何司法办案经验，甚至检察机关中的某些政工人员、行政人员乃至后勤服务人员都有检察官的职务。检察官职业标准较低，任职年龄低、任职条件低，一定程度上影响了检察官职业的社会公信力。而检察官助理角色的推出，一定程度上可以从形式上矫正上述问题。

第二，改变检察资源配置不科学、案多人少矛盾突出的现状。我国检察官数量占全部检察机关工作人员比例高达60%以上，但案多人少矛盾仍旧突出，有些公诉部门检察人员经常需要加班加点以保证案子准时办结。产生上述悖论的原因有很多；比如检察机关业务部门的办案检察官数量减少、检察官的业务工作量增加很多、[②] 业务部门是人才培训地却非人才保有地、大多检察官没有书记员只能单兵作战等。我国虽然拥有大量的检察官，但事无巨细的办案方式

---

① 苏力：《论法律活动的专门化》，载《法治及其本土资源》，中国政法大学出版社2001年版，第129页。

② 案件数量较之十年前增长较多的同时，对犯罪嫌疑人、被告人的权利保障更加严谨，对刑事证据的审查标准更加严格，都增加了刑事检察业务部门的工作量，而社会综合治理、社会矛盾化解、刑事和解程序前置等工作进一步对刑事检察业务部门的检察官提出了新工作要求。

反而导致了工作效率的低下。[①] 以公诉部门为例，公诉人除了证据审查、法律文书撰写、出庭支持公诉等核心检察工作之外，还需要负责文书送达、文件打印、笔录制作、卷宗整理修订等，比较繁琐。检察官助理的出现虽然短时间内似乎减少了检察官数量，但减少的大多是不从事检察实务工作的检察官，从整体来看，加上以检察官助理为代表的检察辅助人员，业务部门的办案人数会有一定增加。

第三，优化课堂式、填鸭式的旧培训方式。大多数国家的检察官在任职前都必须有相当长时间的司法或者准司法工作经历，以确保检察官精通法律业务并迅速进入工作状态。在英美法系国家，检察官从有着较长时间执业经历的优秀律师中选任；在大陆法系国家，准备成为检察官的人在通过第一次国家司法考试后必须到司法部登记申请实习，经过3—5年的实习期后可以申请报名参加国家二级司法考试，通过后经过考核才能被录用并被任命为检察官。中国现有的检察官任命制度在非检察官到检察官的变化中缺少必要的过渡阶段，往往使得被任命的检察官在其法律职位上还要经过一定时间的历练才能比较得心应手地应对法律业务工作。课堂式、填鸭式的入职培训、日常培训未必能让检察机关新人适应新环境从事检察业务工作，唯有长期的耳濡目染、扎实的“帮传带”之下才能诞生严谨、自信、懂法的检察官。检察官助理的存在，让“帮传带”更加明显，这些未来的检察官接班人能更好地从检察官处学习到一些优秀品质和实践经验，对于其成长为能够独立办案的检察官非常重要。

（二）检察官助理存在的可行性

检察官助理虽然是新生事物，但笔者认为，它是符合时代潮流、适应社会需求才应运而生的。检察官助理的存在有其可行性：

第一，与现有宪法、法律法规不存在冲突。建立检察官助理制度是我国检察制度的一项重大变革，但这种变革并不足以触动我国宪法对检察机关的根本性规定，而且宪法本身对检察机关具体的组织制度作出了灵活性规定，完全可以通过修改检察官法创设检察官助理。不论是增设检察官助理的人员编制，还是调整检察官的人员比例，都只是技术上的问题，这也为检察官助理制度的设立提供了法律上的便利条件。

第二，与国家政策、改革趋势相适应。1999年最高人民检察院制定的《检察工作五年发展规划》首次提出对检察人员进行分类改革，《2004—2008

---

① 陈刚、王继峰：《建立中国特色检察官助理制度初探》，载《中国检察官》2008年第3期。

年全国检察人才队伍建设规划》中明确提出“检察事务官（检察官助理）”的概念，到2015年最高人民检察院《关于完善人民检察院司法责任制的若干意见》，“检察官助理”的称谓和概念最终尘埃落定，“检察官助理”的存在是经过最高人民检察院的高层设计、一些试点院的试点工作后最终确定的，有一定的理论基础和实践基础。

第三，可以适当借鉴法官助理制度改革模式。1997年我国提出推进司法改革的目标后，最高人民法院在1999年颁布了《人民法院五年改革纲要》，以加强司法公正、提高司法效率为目的，对法院系统内部人员配置不合理和职责分工不科学的情况提出改革意见，并从2000年开始先后在北京房山区法院、广州海事法院和山东青岛中院进行法官助理办案模式改革，而今法院系统已经基本建立“法官+法官助理+书记员”的办案模式和制度，使法官从大量繁杂的非核心法律事务工作中脱身出来，将精力主要用在案件审理上。关于法官助理的录用条件、薪酬待遇、职责权限、管理考核以及法官助理与法官、书记员的关系、责任分工和具体的办案设置模式等，法院系统已经走过了一个研究、探索、实施的过程。虽然法检两院在具体的司法职能、办案方式上存在差异，但法检两院共同具有司法属性，检察系统可以对法院系统已经建立的司法官助理制度加以学习借鉴。

（三）检察官助理存在的重要性

检察体制改革涉及诸多法律制度改革乃至法律体系变革的大格局，单靠检察官助理的提出无法一蹴而就。但如果在检察机关现有人事体制基础上略加改善的话，不足以解决根本问题。检察官助理制度的建立是一个契合点，为我国检察体制乃至司法体制的变革提供了一个更有广度和深度的空间。建立我国检察官助理制度有着以下重大意义：

第一，检察官助理的存在为检察官培养提供训练场。由于检察官助理在协助检察官工作中能够积累丰富司法经验并熟悉检察工作程序和模式，因此，如果将从事一定年限检察官助理工作作为检察官任职的条件之一，不但可以提高检察官的整体素质以促进司法公正，还能够为检察官的选任提供较高基础的人才储备。

第二，检察官助理的存在有助于提高司法效率，促进检察官职业化。由于检察官助理可以为检察官分担大量的辅助性工作，因此检察官可以从繁杂的非核心性法律事务中脱身出来，既可以把时间和精力专注于核心性法律事务工作以提高司法效率，还可以保持检察官的职业化和精英化。

第三，检察官助理的存在能够弱化检察官的行政性。建立检察官助理制度可以使检察机关在总体工作人员数量不变的情况下，通过调整检察官和非检察官人数比例的途径达到减少检察官数量的效果，从而使检察官做到少而精，既可以为提高检察官的职业待遇创造条件，又可以使检察官不会因数量多而不得不依靠行政级别加以区分。

第四，检察官助理的存在有助于推动检察机关机构、人事和办案模式改革。检察官助理的存在能够使检察机关内部人员分工协作、各尽其才，有利于促进检察机关内部分工的科学性和司法资源配置的合理化，使检察机关的办案工作模式由金字塔式的行政长官为中心向扁平化的检察官为中心转变，并以此为契机实现检察机关工作人员分类管理和检察体制改革发展。

三、检察官助理的实践困境——以试点地区 C 市为例①

通过上述分析，检察官助理的存在有其必要性、可行性和重要性，是当前改革的一个很好的突破点。然而，在试点地区的改革试点工作中，理想与现实还存在一定的差距。

（一）试点地区 C 市的改革概况

按照中央深化司法体制改革的总体部署，C 市被确立为检察改革试点地区，共有 5 个改革试点检察院。2015 年 9 月，改革试点正式启动，经过资格审查、考试考核、组织考察、遴选委员会专业审查等选任程序规定，5 个试点院的 349 名现有检察官中共有 161 名被选为首批员额检察官，占中央专项政法编制的 28.2%，比改革前的检察官减少了 53.9%；按中央要求的不超过 39% 计算，5 个院还余有 10.8% 的检察官员额空间，拟用于今后的充实调整。

161 名员额检察官中，助理检察员 20 名，占 12.4%；年龄在 45 岁以下的 102 人，占63.4%。总体上看，首批入额的 161 名员额检察官是长期战斗在司法办案一线的中坚力量。2015 年 12 月，5 个试点院顺利完成首批员额检察官选任及人员分类改革工作，举行了首批 161 名入额检察官任职宣誓仪式。

员额制是推行司法责任制的基础，通过上述改革，试点地区 C 市初步完成任务，其员额制改革的特点主要体现在以下几个方面：一是进入员额的院领导，包括检察长、副检察长、专委等都必须办案，且有最低办案数量要求，比如基层试点院要求进入员额的院领导每年至少办案 12 件。二是非典型业务部门的人进入员额的，即使不调离综合部门，也要承担相应办案任务，比如法律政策研究室不仅要从事法律政策研究还要办案。三是次要业务部门如民行、控

---

① 关于试点地区 C 市的员额制改革状况，主要来源于赴 C 市考察后所得到的一些资料。

申的员额检察官应承担一定数量的主要业务部门如公诉、侦监的办案工作。总体来看，此次员额制改革突破了旧有格局，使检察官身份超越领导与非领导、业务部门与综合部门、主要业务部门和次要业务部门的壁垒，突出检察官切实行使检察权的职权特征。

（二）试点地区C市的检察官助理

C市各地试点的检察院陆续完成员额检察官（主任检察官）选任推荐工作后，从人员结构来看，可以发现检察官助理大致包括以下三类人员：

第一类是改革前是检察员，因为主动放弃或未通过检察官选任考核而未进入员额。这类人员的年龄结构主要分布在50岁左右，优势在于年龄较大、资历较深、办案经验相对比较丰富，但这部分人大多存在学历不高、未受过法律专业知识训练、工作积极性不高等劣势。这部分人群占检察官助理的比例大致为25%左右。改革对这部分人的影响属于中等程度，因为这些人虽然没有进入员额检察官，但这类人群在试点时期的职级待遇等仍保留不变。

第二类是改革前是助理检察员，因为暂不具备资格或未通过检察官选任考核而未进入员额。这类人员的年龄结构主要分布在30—40岁之间，优势在于工作积极性强、主动性强、进取意识明显、能独立办案，但这类人群大多存在资历尚欠、办案经验不足等劣势。这部分人群占检察官助理的比例大致为50%。改革对这部分人的影响较大，是否能进入员额检察官事关这些人的切身利益和近期发展前景。

第三类是因改革暂停任命助理检察员的新进人员。这类人员的年龄结构主要分布在22岁左右，优势在于工作踏实肯干、承担较多事务性内勤工作，但其大多存在资历较低、暂不具备独立办案资格等劣势。这部分人群占检察官助理的比例大致为25%。改革对这部分人的影响较小，因为试点时期这些人基本不具备进入员额检察官的资格。

通过上述人员构成分析可以发现，检察官助理的最重要构成是改革前的助理检察员。根据最高人民检察院和试点地区C市的相关规定，从助理检察员（检察员）到检察官助理的角色转变，不仅体现在职级、地位、待遇的改变，而且所承担的具体的检察工作和职权也有明显变化，具体可以参见下表。由下表可知，试点时期未进入员额检察官的助理检察员（检察员），在改革后履行的职权总体有所缩减，主要体现在下表中的4、5、6这三项。

助理检察员和检察官助理的权限变化列表①

序号	助理检察员（检察员）	检察官助理（在检察官指导下）
1	询问关键证人和对诉讼活动具有重要影响的其他诉讼参与人	讯问犯罪嫌疑人、被告人，询问证人和其他诉讼参与人
2	对重大案件组织现场勘验、检查，组织实施查封、扣押物证、书证，决定进行鉴定	现场勘验、检查，实施搜查，实施查封、扣押物证、书证
3	组织收集、调取、审核证据	收集、调取、核实证据
4	主持公开审查、宣布处理决定	无
5	代表检察机关当面提出监督意见	无
6	出席法庭	协助检察官出席法庭
7	其他应当由检察官亲自承担的事项	接待律师及案件相关人员，草拟法律文书、工作文书，完成检察官交办的其他办案事项

（三）检察官助理的若干困扰

如上所述，改革后的检察官（即员额检察官）人数比改革前减少了53.9%，这意味着原来在办案一线工作的检察员或者助理检察员中有相当一部分将获得新的身份——检察官助理。虽然各改革试点单位对检察官和检察官助理的薪资待遇差别并不悬殊——某试点院仅400元左右的差距，但是身份的转变对于检察官助理还是造成了一定的困扰，具体表现如下：

第一，心理落差较大。一方面员额少人多，部分助理检察员（检察员）面临不具备资格或员额检察官考核落选的挫折感。一方面员额检察官的选任考试必然导致竞争中的优胜劣汰，面临激烈竞争的紧迫感。此外，社会媒体对改革后涨工资的偏向性报道让这些人员普遍存在高期望，但现实中能进入员额检察官从而享受身份、薪酬等各方面优待的毕竟是少数。

第二，职业身份混同。改革试点时期，一些单位实行双轨制，行政机构和行政职权继续运行，检察人员的原职务身份继续保留，容易造成多重身份混

① 《检察官法》第6条规定了检察官的职责，与2015年最高人民检察院《关于完善人民检察院司法责任制的若干意见》第17条检察官的七项职权类似。该表格是对照2015年最高人民检察院《关于完善人民检察院司法责任制的若干意见》第17条和第20条整理所得。

同，比如助理检察员的法律职务并未撤销，未进入员额检察官的助理检察员（检察员）存在法律职务混同，实践中存在助理检察员（检察员）和检察官助理权限的兼容。如果检察官助理继续履行助理检察员（检察员）的职权，则分类改革的意义不复存在；如果检察官助理只履行其有限职权，则大量工作实际转移到员额检察官身上，容易造成员额检察官与检察官助理之间的冲突。

第三，职业前景不明。检察人员分类改革的目的在于加强检察官的精英化、专业化和职业化，对检察官助理则定位为辅助人员。对于改革推行后检察院新招收的检察辅助人员可直接适用新规定。然而，检察系统内现有的未进入员额的助理检察员（检察员）通常会现出对其职业前景的担忧，包括待遇和晋升方面。大部分人被排除在检察官序列之外，除非存在退休、离职、调任、死亡等情形才会空出检察官名额，而空出的名额竞争不仅来自本单位，甚至包括整个省、市检察系统，其竞争压力之大、晋升之难不亚于新进检察人员考试。

四、检察官助理解困的若干出路

针对检察官助理存在的上述困扰，笔者认为，可以从以下几个方面予以完善，给检察官助理提供可能之解。

第一，注重检察官助理的心理疏导。检察机关应当高度重视检察人员心理健康，尤其是因为检察改革影响实际工作的检察官助理，及早发现、及早预防、及时疏导，采用交流谈心、留言笔谈、心理辅导、培训课程等方式了解检察官助理的内心真实想法，制定心理疏导方案。同时可以适当组织集体行动的体育锻炼或文化娱乐活动，缓解其在改革期的焦虑情绪。

第二，探索建立检察官授权制度。检察官助理应定位为检察官后备军，而非勤杂工，其职业前途就是成为能够独立办案的检察官。在当前双轨制的情况下，可以探索检察官授权制度，因为试点时期员额检察官数量有限，原先具有独立办案资格的助理检察员（检察员）成为检察官助理，造成的工作真空需要得到填补。对此，可以在试点期间探索建立员额检察官特别授权的方式，在不打破检察官与检察官助理权限的前提下，解决检察官助理办案的需要。

第三，建立公正公开选任考核制度。建立公开透明、公平公正的检察官选拔考核制度，不仅对未进入员额检察官的助理检察员（检察员）而言是希望动力，而且事关未来检察司法改革的成败。[①] 加强笔试和面试考核的比重，减少重复的民主测评，实行差额选拔制度，建立检察官退出制度，给尚未进入员

① 万毅：《台湾地区检察制度》，中国检察出版社 2011 年版，第 36 页。

额检察官的助理检察员（检察员）提供更多的机会，促进检察官和检察官助理的良性竞争。

第四，优化检察官助理的职业规划。很多检察官助理的最大困扰来源对其职业晋升前景的担忧，畅通检察官助理的晋升渠道主要可以从三个方面进行探索，一是建立检察官助理单独职务序列，合理设置后可以使检察官助理达到与改革前相适应的职级待遇；二是建立检察官助理与检察官双向流通制度，司法实践中存在因身体、家庭等各种因素希望退出员额的检察官，应当畅通两者流通渠道；三是建立检察官助理向外单位流通的渠道，检察改革规定未来员额检察官可以从律师等群体中选任，所以检察官助理也可以选择律师、法律顾问或是参加法律专业相关的公务员、事业单位等竞争。

检察人员分类管理制度改革，一直是检察改革的“重头戏”之一，只有实现了检察人员的分类管理，才能根据不同的职业角色建立不同的职务序列管理制度。这一改革需要大胆尝试、小心求证，既需要壮士断腕的决心，也需要科学严谨的态度。① 古希腊先哲苏格拉底在描述其“正义”社会的实现时指出，有三件事是必须认清楚的：一是每个人在从事工作上具有不同的资质；二是每种工作对人的资质要求也是不同的；三是要将合适的人安排到最适合他的工作上，即人与工作要契合，以此才能实现社会效益的最大化。② 通过科学设计、分流渐行、稳妥推进，检察官助理必将在未来的检察工作中发挥其应有的作用，展现其应有的风采。

---

① 张庆立：《检察官办案责任制下人员分类改革探析》，参见中国检察学研究会检察基础理论专业委员会编：《司法体制改革中司法责任制的发展与完善》，中国检察出版社2016年版，第714页。

② 邢小川：《我国检察人员分类管理相关问题研究》，安徽大学2013年硕士学位论文。

建立与三级审批制有本质区别的司法办案核阅制度

苏晓龙*

2016年1月，海南省检察院通过出台《海南省检察机关完善司法责任制的实施意见》（以下简称《实施意见》），建立起了与三级审批制有本质区别的核阅制度，对完善监督制约机制进行了大胆探索。2016年8月，正式出台《海南省检察机关司法办案核阅办法（试行）》（以下简称《核阅办法》）。实行这一制度以来，全省检察机关业务部门负责人、分管副检察长共核阅案件19781件、法律文书41359份，其中与检察官意见不一致、提出意见的1754份，检察官采纳核阅意见的1689份，采纳率为96.29%，发现和纠正司法瑕疵5192个。

一、核阅制度的基本框架和主要特征

核阅制度的基本框架是：对检察官决定权限范围内的案件或事项，业务部门负责人通过对检察官作出的决定性或有重大影响的法律文书进行核阅，实施内部监督。核阅中部门负责人对检察官的决定没有异议的，签“已阅”，有异议的，提出意见建议或是向分管副检察长报告。核阅不改变检察官办案的司法责任，核阅人的意见建议仅供检察官参考。核阅制度主要有以下几个方面的特征：

（一）核阅范围限于检察官决定权限范围内的案件和事项

1. 核阅是与三级审批制并行的制度。核阅制度是建立在检察官权力清单之上并与之配套的一项制度。根据权力清单，检察官权限范围内案件和事项实行核阅，权限范围外的则仍沿用三级审批制。例如，高检院《关于完善人民检察院司法责任制的若干意见》（以下简称《若干意见》）特别规定，以人民

* 苏晓龙，海南省人民检察院法律政策研究室助理检察员。

检察名义提出纠正违法意见、检察建议以及提出（提请）抗诉等，由业务部门负责人审核或召集会议讨论后报检察长（分管副检察长）或检察委员会决定。《实施意见》第31条也规定“涉及国家外交、国家安全、民族宗教、社会稳定、网络舆情等重大敏感复杂案件和新类型案件”仍然沿用审核、审批程序。所以，检察官决定权限以外的案件和事项，仍需要沿用三级审批制；除此之外的案件和事项，适用核阅制度。

2. 核阅主要集中在侦查监督、公诉和刑事申诉业务条线。按照“检察权既有司法属性，又有行政属性，还有监督属性”进行合理放权时，海南省对司法属性较强的侦监、公诉类检察官实行了38项充分放权，而对诉讼监督类业务采取部分放权、对职务犯罪侦查类业务采取限制授权。由于侦查监督、公诉和刑事申诉业务条线检察官放权较为充分，所以核阅主要在这三个业务条线进行。随着司法责任制改革的全面推开，从检察权的属性和特点出发，检察官权力清单将进一步完善，因此其他业务条线的文书是否需要核阅，将根据今后的权限变化对检察官授权情况而定。

（二）核阅以决定性或有重大影响的法律文书为对象

与案管部门的办案流程监管不同，案件事实认定是否正确、定性是否准确、量刑是否适当、程序是否合法、是否需要进行诉讼监督等实质内容是核阅的重点。核阅适用于检察官在其决定权限范围内作出的对案件具有决定性或重大影响的法律文书和工作文书，并不是对检察官自行决定事项涉及的所有文书都要进行核阅。通过对这些关键文书的核阅，一方面能够抓住司法办案工作的主要矛盾，另一方面能够起到事半功倍、提升效率的作用。

1. 侦查监督业务。核阅的主要文书为：审查逮捕意见书、应当逮捕犯罪嫌疑人建议书、建议移送涉嫌犯罪案件函、延长侦查羁押期限审查表、同意重新计算侦查羁押期限审查意见书。

2. 公诉业务。核阅的主要文书为：审查报告、起诉书、公诉意见书、抗诉（上诉）案件出庭检察员意见书、支持刑事抗诉意见书、量刑建议书、补充侦查决定书、判决裁定审查意见书。

3. 刑事申诉业务。核阅的主要文书为：审查报告、审查结果通知书、维持原处理结果的复查终结报告、维持原处理结果的决定书、维持原处理结果的复查通知书。

（三）核阅分为一般和异议两种程序

1. 核阅的一般程序。在三级审批制度下，有审核、审批两个层级，其中审核是审批的前置环节。核阅只设置一个层级，即原则上由业务部门负责人进行核阅。业务条线只有一名检察官或业务部门负责人作为检察官承办案件的，由分管副检察长核阅；分管副检察长作为检察官承办案件的，由检察长核阅或检察长指定从事相关业务的检察官核阅。对案件数量多、核阅工作量大的部门，检察长可以指定一名或若干名从事相关业务的检察官，为业务部门负责人分担部分核阅工作。据此，在程序上由承办检察官直接将文书通过统一业务应用系统或纸质版本报送给核阅人。与承办检察官意见一致时，核阅人在文书上签“已阅”，核阅程序即完结。

2. 核阅的异议程序。核阅人与检察官意见不一致时，可以向检察官提出意见建议，但不能改变检察官的处理决定或意见，也可以向检察长或分管副检察长报告。在核阅中，核阅人对检察官的处理决定或意见，主要通过双方沟通协商、提出意见建议的方式进行，通过双方有效沟通，达成对案件处理的最佳结果。检察长或分管副检察长有异议的，可以要求检察官复核或提交检委会讨论，也可以直接作出决定。

（四）核阅不改变检察官的司法责任

1. 检察官责任。根据高检院《若干意见》第32条的规定，司法责任包括故意违反法律法规责任、重大过失责任和监督管理责任。就检察官而言，根据“谁办案谁负责，谁决定谁负责”的原则，检察官对自己在权限范围内的决定负司法责任。报送核阅后，如果检察官采纳核阅人的意见建议，自行改变决定时，应对改变后的决定负司法责任；如果检察官不采纳核阅人的意见建议，当然对自己的决定负司法责任。

2. 核阅人责任。就核阅人而言，核阅人不因核阅承担办案的司法责任，但因故意或重大过失怠于履行职责，导致司法办案工作出现严重错误的，应当承担监督管理责任。

3. 检察长责任。就检察长（分管副检察长）而言，在核阅中如改变检察官决定的，检察长（分管副检察长）对改变的决定承担司法责任。但对于检察官在权限范围内作出决定的事项，检察长（分管副检察长）不因签发法律文书承担司法责任。

（五）核阅的其他相关制度安排

1. 配合义务。检察官应当配合核阅工作，报送核阅应留足时间，避免出现办案超期。核阅人可以要求检察官报告案件处理经过或调阅卷宗，检察官不得拒绝。

2. 分案调整。业务部门负责人承担核阅任务的，办案任务可以适当减轻。各院可根据实际情况，在分配案件时进行调整。

3. 全程留痕。核阅作为一种监督制约机制，应当坚持全程留痕，以保证制度的公开和规范。除要求纸质文书上的书面核阅外，应在统一业务应用系统中全程留痕问题，以确保核阅工作不仅有章可循，而且有据可查。

4. 考评。核阅人核阅工作的质量，要作为检察官考评的重要内容之一。特别是对于已经减少办案工作量的业务部门负责人或是被指定核阅工作的检察官来说，其核阅的工作情况应当作为其办案情况的重要方面来考评。

二、核阅制度的必要性和可行性分析

（一）核阅是对检察官独立决定案件必要的内部监督

司法责任制解决的核心问题是检察官能不能具有办案主体地位的问题。主体地位明确了，自然而然的责任意识就增强了，特别是对独立作出决定的案件，明确的主体地位、独立的案件决定权，带来的是直接清晰的司法责任，所以办案人的积极性、主动性增强是自然而然的事情。核阅则是检察官独立办案后的一项衔接制度。核阅制度解决的核心问题在于检察官在可以就案件有关事项独立作出决定的情况下，在作出决定前，其他人还可不可以就案件提出不同意见或建议？笔者认为，司法责任制改革后，需要并应该有这种意见或建议，理由有三：

1. 防止疏忽，保证案件质量。防止疏忽的重点不是要防止诉讼程序方面的问题，也不是要解决法律文书的瑕疵问题，而是要防止对某些事实或证据乃至法律问题的疏忽，防止案件出错误，这是最根本的一条。正如前期探索中有的院总结指出的那样，“核阅制度弥补了检察官思维不全面的问题，从定性分析、法律适用到文字描述，核阅制度均能有效避免大量问题的发生”。如果与法院的审判活动进行类比，法院组成由多人参加的合议庭审理案件，也可以防止独任审理案件出现的疏忽。例如，某院在办理犯罪嫌疑人非法持有枪支案时，检察官在审查中忽视了涉案枪支是否具有致伤力，是否认定为枪支的鉴定，业务部门负责人核阅后向承办检察官提出补充对枪支是否有致伤力鉴定的意见，该案检察官采纳意见并补强证据后向法院起诉，法院最终作出有罪判决。就案件处理方面的最终判断来说，司法亲历性原则应当得到贯彻，因为这符合司法认知的规律。但就案件处理过程而言，听取各方面意见建议，更加有利于案件的恰当处理。司法责任制改革以来，海南省推行的检察官联席会议制度就为疑难复杂案件的处理提供了参考，保证了案件质量。对大量普通案件而言，通过业务部门负责人提出意见建议，最大的益处往往不在于解决疑难，而在于防止疏忽，使案件得到更加周全和妥善的处理。

2. 进行制约，形成内部制衡。司法责任制改革后，综合来看，基层院侦查监督和公诉业务中80%以上的案件已经是检察官自行决定。大量案件的决定如果完全不受制约，则很有可能导致权力失控。通过在案件作出处理前提出意见和建议，既可以促使检察官进一步审查自己的决定，提高案件质量，也可以防止检察官滥用自己的独立决定权。因为检察官在其他人已经提出意见或建议的情况下，仍坚持原有意见则必须考虑潜在的两个后果，即案件可能导致错误，以及核阅人向检察长报告，检察长最终改变其决定。综合来看，核阅人提出意见建议还是较为慎重的，而意见建议一旦提出，承办检察官多数也是采纳的，应当说这种监督制约是适度的。

3. 提供依据，方便追责追究。司法责任制的落实，除了权力下放外，责任追究也是很重要的方面。对责任追究来说，最大的困难就是判断承办人办理案件时是否存在主观故意或者重大过失。通过核阅程序，在核阅人的意见或建议已经以书面形式提出的情况下，接受或不接受意见建议的情况都是最终责任倒查、责任认定的重要依据。例如，如果核阅人已经提出了正确的意见或建议，承办人仍不采纳的，则可以作为其是否存在故意或重大过失的考虑因素。

（二）核阅是对检察官独立决定案件前的实时、实体性监督

1. 现有监督措施还不足以构成全方位监督。司法责任制改革以来，以《若干意见》为基础，司法责任制的基本架构已经形成。在新的架构下，为加强监督制约，已经规定了各种监督制约措施。但是，经过一段时间的实践，一些措施监督乏力、监督滞后、监督失效的苗头问题开始显现。综合来看，现有措施还不足以构成全方位的监督。例如，《若干意见》规定，“人民检察院案件管理部门对司法办案工作实行统一集中管理，全面记录办案流程信息，全程、同步、动态监督办案活动”。这种流程监管监督虽然在保证诉讼时限和文书质量上发挥了重要作用，但是其基本上局限于诉讼程序、司法瑕疵甚至是文书错误等问题，对案件的实体性的、实质性的监督仍旧是缺乏的。又如，《若干意见》规定，“建立办案质量评价机制，以常规抽查、重点评查、专项评查等方式对办案质量进行专业评价。评价结果应当在一定范围内公开”。案件质量评查虽然是实体性监督，但这种监督属于事后监督。虽然评查结果反过来会促使检察官及其他办案人员提高办案质量和效率，但是就案件的处理本身来说，这种监督是滞后的，对案件整体质量的影响也是间接的。再如，《若干意见》规定，“检察长认为确有必要的，可以更换承办案件的检察官，并将相关情况记录在案”，海南省还进一步规定了检察长对案件办理的网上巡查、抽查等，但这些措施就全部案件来说是个别的、偶然的，不是系统和全方位的，存在疏漏的可能，而且有些手段还缺乏具体的操作手段和实践经验，难以在短期内全面落实。

2. 核阅是监督制约机制中的重要一环。在检察官对案件独立作出决定的情况下，由于不再实行三级审批制，所以非常需要有一个实时的，对案件实体性问题进行监督制约的工作机制。核阅制度虽然与案件管理部门的监督一样，也是以监督业务文书为主要手段，但其针对的是检察官独立作出决定的每一个案件，而且将重点聚焦在实体性问题上，所以补齐了整个监督制约机制中非常重要的一环。从实践情况看，各院通过核阅，的确发现并纠正了一批足以影响案件定性、量刑的关键性问题。例如，某院办理犯罪嫌疑人涉嫌合同诈骗案时，承办检察官经审查认为犯罪嫌疑人涉嫌挪用资金罪和诈骗罪，业务部门负责人核阅后，认为应提交检察官联席会议，经检察官联席会议讨论认为犯罪嫌疑人行为构成合同诈骗罪，后经检委会讨论，该案以合同诈骗罪提起公诉。又如，某院在办理犯罪嫌疑人盗窃案时，检察官认定在院内盗窃摩托车为入户盗窃，业务部门负责人核阅后向承办检察官提出院内盗窃不属于入户的情形，检察官采纳后及时进行了纠正。可见，从实际效果看，核阅制度起到了及时纠正实体性错误的作用。

（三）核阅是符合司法实际的业务部门负责人监督

1. 业务部门负责人具备监督的条件。如何监督、如何有效监督，人的因素是关键。从司法实际的角度看，应该充分发挥业务部门负责人的作用。说明这个问题要从三级审批制下业务部门负责人的作用说起。无论从工作经验还是从业务水平上看，一般来说业务部门负责人特别是基层院侦查监督和公诉部门的负责人往往都是一个检察机关的中坚力量。业务部门负责人多数情况下业务能力要优于一般的检察官，所以他对案件的把关甚至高于某些检察长，因为检察长往往行政事务较多，需要宏观把握的问题更多，精力有限。特别是案件业务量比较大的一些基层检察院，即使是在三级审批制模式下，检察长（分管副检察长）也十分依赖业务部门负责人对一般案件质量的把控，因为在大量案件面前，检察长即使有能力也不可能有精力对每一个案件都仔细审查后再作出决定。

2. 业务部门负责人是必要的监督梯次。办案机构扁平化改革以后，特别是在实行大部制改革后，有人主张要取消业务部门负责人这个审批层级，或者说业务部门负责人要退出案件审批机制。这种主张的后果就是在案件办理内部程序上检察官直接与检察长（分管副检察长）对接，中间缺乏缓冲或过渡。就监督制约来说，小的基层院还可以依靠检察长对每个案件进行监督把关，大的基层院由于案件量太大，依靠检察长把关根本行不通。在这种情况下，对检察官独立决定的案件和事项，由业务部门负责人进行核阅，通过核阅进行监督把关，更具可行性。当然，如果是业务部门负责人自己办理的案件，则理应交由检察长核阅。从另一个侧面看，确有一部分入额检察官对案件独立作出决定的能力还有欠缺，自己拍板定案的信心不足。在探索核阅制度之前，一些能力或信心不足的检察官，会主动求助于资深的检察官特别是业务部门负责人，认真听取其意见建议，这种自发的求助行为恰好说明了业务部门负责人的监督把关作用具有内在的价值。

（四）核阅是对各地司法实践的参考和借鉴

1. 域外司法实践的参考。从域外司法实践看，在保证检察官办案主体地位的同时，并不排斥对检察官办案的监督制约，更不排斥就案件办理向检察官提出意见建议。在我国台湾地区，主任检察官的地位与业务部门负责人类似，根据“地方法院及分院检察署处务规程”第20条规定：“主任检察官掌理左列事项：一、本组事务之监督。二、本组检察官办案书类之审核。三、本组检察官承办案件行政文稿之审核或决行……”据此，主任检察官有权对承办检察官的案件处理决定进行审查，但不能直接行使定案权，更不能擅自改变承办检察官对案件的定性。同时，该规程第26条第2款规定：“主任检察官与检察官有不同意见时，应报请检察长核定之。”这进一步说明了主任检察官有权将分歧意见报请检察长核定，但不能直接要求承办检察官服从自己的意见。韩国和日本作为我国近邻，并且同为大陆法系国家，其对我国的检察制度建设也有借鉴意义。从韩日两国检察权监督机制来看，虽然两国检察官在案件办理上享有很大程度的自主权，但要受检察一体原则的制约，上级拥有对下级的指挥监督权、事务调取权和转移权等。在日本，内设机构负责人作为检察厅长官之一，对其所属职员具有指挥监督权。日本上级检察官对下级检察官“主要运用审查、劝告、承认的方法，行使指挥监督权”。内设机构负责人对检察官办案的指挥监督权，主要是通过协商、沟通的方式就案件达成共识，并不强行改变检察官的决定；如遇重大疑难案件则报检察长；检察长一般也是以商量、沟通的方式来与检察官达成一致，检察长更换检察官的职务转移权很少使用。可见，从域外司法实践看，核阅制度是符合检察职业特点和司法规律的。

2. 其他省市实践情况的借鉴。司法责任制改革以来，一些省市对检察官决定的案件和事项仍是坚持审核的，有的甚至将其纳入到了检察官权力清单的体系当中。首先，在检察官权力清单的整体设计上，有的省市除了规定完全由检察官决定的职权以及由检察长、检察委员会决定的职权外，还规定了虽然由检察官决定，但需要报检察长（副检察长）审核的职权，由此形成了检察官权力清单的中间梯次。这本身就意味着虽然有的事项决定权在检察官，但检察长仍然要进行审核。如上海、天津、甘肃等省市均对检察官权力清单的部分业务进行了这样的划分。其次，从审核的主体看，有的省市仍然强调业务部门负责人对案件的审核。例如，上海市的检察官权力清单即规定，“对独任检察官、主任检察官在职权范围内的办案事项作出决定，相应的法律文书由部门负责人审核签发。”同时，还进一步规定“部门负责人认为独任检察官、主任检察官对案件的审查决定可能有错误，建议检察长审核。”可见，在权力下放的背景下，对检察官决定权限范围内的案件和事项进行审核把关，仍是一种比较普遍的做法。

（五）核阅是对检察官独立决定案件监督制约的再平衡

如何既突出检察官办案主体地位，又加强监督制约，最终必须达成一种平衡。海南省的核阅制度以制定《实施意见》来创设，以半年多的时间来探索，以制定《核阅办法》来定型，就是要经过摸索逐步形成对检察官权力制约的再平衡，从而形成与三级审批制有本质区别的工作机制。在这个过程中，海南省院重点把握两点。

1. 核阅不改变检察官办案主体责任。核阅制度与三级审批制最本质的区别，就在于核阅不改变检察官办案主体责任。其中，有两个核心要素：一是核阅中提出的只是意见或建议；二是核阅不承担司法责任。既然核阅中提出的只是意见或建议，则无损检察官对有关办案事项的最终决定权，也就在根本上无损检察官办案主体地位；既然核阅只是提出意见或建议，那么按照“谁办案谁负责，谁决定谁负责”的大原则，核阅人当然不用对案件最终决定承担司法责任。当然，为保证核阅效果的发挥，核阅任务还是要纳入办案工作量，核阅的质量也要纳入考核评估中，这是司法管理的必然要求。一些省市在给予检察官部分独立决定权时，又规定要对这些事项进行审核，严格来说，这种审核由于没有改变决定权的归属，因而同样没有改变办案的责任主体。

2. 核阅不损害检察官办案自主性。为了保证核阅的监督既有效果又不损害办案的自主性，提高诉讼效率，海南省对核阅文书的范围进行了重点把握。因为核阅的范围过宽，会给核阅人造成过重的工作负担，并影响到办案的效率。核阅文书范围不妥当或者操作不当，也很容易重回原有三级审批模式并被人诟病。前期在探索核阅制度过程中，有的院是决定性和重大的文书均核阅；有的是重点核阅对案件处理结果有终局性影响的文书；还有的院是只核阅综合性文书等。在出台《核阅办法》时，海南省院综合各方面意见，把核阅文书范围限定在检察官作出的决定性或有重大影响的法律文书上，排除了程序性的、工作性的一般文书。由于核阅的文书针对性强、重点突出，所以在形式上也就与原有三级审批制的办案模式有了明显不同，达到了操作方便、简单有效的设计目的。

司法责任制背景下案件指导机制研究

——以北京市民事检察工作为例

高兰圣　李欣宇　张昊天*

党的十八届三中、四中全会对司法体制改革作了重要部署，健全司法权力运行机制、完善司法责任制在新一轮司法体制改革中居于基础性地位。《中共中央关于全面推进依法治国若干重大问题的决定》提出“明确司法机关内部各层级权限，健全内部监督制约机制”，完善主任检察官办案责任制度，落实谁办案谁负责。完善司法责任制位于中央政法委部署的四项改革试点任务之首，最高人民检察院于2015年9月25日印发《关于完善人民检察院司法责任制的若干意见》，较为系统地规定了检察机关司法责任制的内容。

人民检察院司法责任制是从检察权的属性和特点出发，通过界定不同种类业务各层级检察官的职责权限，突出检察官在司法办案中的主体地位，完善检察权运行机制，并建立相配套的司法责任体系。① 为贯彻中央、市委和高检院关于深化司法体制改革的部署，北京市人民检察院相继制定了《北京市检察机关司法体制改革试点工作实施方案》《北京市人民检察院司法责任制改革试点工作实施意见》《检察官司法办案权限清单》等规范性文件，为北京市检察机关强化责任制落实和明确检察权运行做好顶层设计。

《北京市人民检察院司法责任制改革试点工作实施意见》涵盖了办案主体、依法授权、管理监督和科学归责四个方面内容，坚持检察官主体地位与

* 高兰圣，北京市人民检察院民事检察部主任；李欣宇，北京市人民检察院民事检察部副主任；张昊天，北京市人民检察院行政检察部检察官助理。

① 2016年8月1日，北京市人民检察院甄贞副检察长在为北京市检察机关首批计入员额检察官培训授课时指出，人民检察院司法责任制的内涵可以概括为“一句话、两个主体、三个清单”：“一句话”是目标要求，即“谁办案谁负责，谁决定谁负责”；“两个主体”是核心任务，即检察官的办案主体地位和责任主体地位；“三个清单”是实现载体，即权限清单、履责清单和追责清单。

“检察一体”相结合的原则，减少办案审批环节，赋予检察官独立决定案件的权力。[①]《北京市人民检察院司法责任制改革试点工作实施意见》第38条规定了业务部门负责人应当履行“组织对下级人民检察院相关业务部门办案工作的指导”的监督管理职责。案件指导是民事检察权运行机制的重要组成部分，在“谁办案谁负责，谁决定谁负责”的司法责任制要求下，检察官独立承办案件是否需要指导、如何指导以及指导后的案件责任如何划分等，这都是司法责任制改革中需要面对和解决的问题。

针对检察官独立承办案件是否需要指导的问题，改革中存在着不同声音的碰撞，主要表现为三种观点：一是认为司法责任制改革后不再需要案件指导，指导与独立办案之间存在悖论，不符合责任制精神；二是认为在改革过渡时期可以保留指导，案件指导作为长期存在的实践机制，至少作为改革的过渡有其存在的必要性，在新的组织机构和办案模式运行成熟后再予以舍弃；三是认为案件指导与司法责任制的要求并不违背，应当保留案件指导，并结合责任制适当重构。本文赞同第三种观点，认为在司法责任制背景下案件指导仍有存在并规范化运行的必要性，但归根结底，民事检察案件指导机制的发展，必须紧紧抓住司法责任制这个“牛鼻子”。

一、司法责任制背景下案件指导的必要性

（一）案件指导的界定

实践中，检察机关的案件指导可以概括为四种形式：第一种是行政区划内的上下级指导，即上级院对下级院所承办重大疑难复杂等案件进行个案指导，或者由省级院发布指导类案，由省内各级院参照执行；第二种是部门内部的个案指导，即业务部门负责人或者检察员对本部门办理案件的指导，这其实是传统办案的必经程序，由集体讨论最终形成的部门意见内在地包含了案件指导；第三种是与案件请示制度相对应的指导决策机制，即下级院在办理具体案件时，对除了事实认定以外的涉及法律适用等问题向上级院请示，下级院一般应

① 《实施意见》除了总则和附则，包括办案组织形式、授权原则和机制、办案权限划分、审批审核和指挥指令程序、各类检察人员的职责、上下级案件请示程序、责任划分、责任认定和追究共八个部分内容。该意见体现了北京市检察机关强化首善意识和主体意识，发挥后发优势，坚持高起点、高标准谋划推进首都检察工作法治化水平和检察公信力的提高。

当执行上级院的答复意见；[①] 第四种是最高人民检察院发布的案例指导，即对于已经发生法律效力、具有良好法律效果与社会效果以及在事实认定、证据采信、法律适用、政策掌握等方面对办理类似案件有指导意义的案例，由最高人民检察院以指导性案例的形式统一发布。[②] 本文研究的是第一种形式中的个案指导，即在行政区划内上级人民检察院对下级人民检察院办理具体案件的指导。

（二）传统指导概况

案件指导是在民事检察工作实践中长期存在的一种法外程序，甚至在检察机关规范性文件中都少有明确细化的规定，可谓民事检察工作的“灰色区域”。案件指导一般是指检察官在承办民事检察监督案件时，对于转办、交办案件或属重大疑难复杂的案件，请求上级人民检察院给出办案指导意见，供检察官参考决策的一种民事检察工作模式。案件指导在民事检察办案中普遍存在并发挥着重要作用，据统计，2016 年上半年，北京市人民检察院的四个分院民事检察部门共收案 601 件，分院请求市级院指导的案件数 38 件，案件的处理结果全部采纳了指导意见，经指导后提请抗诉的案件约占全部提请抗诉案件数的 7%。在传统情况下，案件指导机制的运作主要包括以下几个方面：第一，案件要求方面。针对民事诉讼监督案件，承办检察官认为在案件事实认定、法律适用、办案程序等问题的处理有疑问的。第二，运行程序方面。一般口头提出即可，下级院民事检察部门集体讨论后，由其部门负责人向上级部门提起，上级部门负责人召集本部门负责案件指导的检察官讨论指导。第三，指导方式和内容方面。一般以指导会议的形式，口头指导并做会议记录，经上级部门负责指导工作的检察官集体讨论，由部门负责人总结形成最后的指导意见。此外，指导内容一般针对下级院提出的问题，但上级院在讨论中发现与案件有关的事实、法律和程序等其他问题，也可以一并指导。第四，指导效力方面。名义上指导意见仅供下级部门参考，但实际上带有指令、决策的效力，一般都会被下级部门接受。实践中的逻辑是，如果下级院认为应当提请抗诉、但上级院反对的，提请抗诉后一般也得不到上级院支持；[③] 如果下级院认为不支

① 这种指导对应的是《人民检察院案件请示办理工作规定（试行）》规定的案件请示制度，后文还将就其与本文所研究的案件指导机制的比较和衔接进行论述。

② 《最高人民检察院关于案例指导工作的规定》第 2 条。近年来，“两高”每年都会发布指导性案例选编，在法律法规规定未尽或者司法解释两难时，类案指导无疑具有很好的实践参考和统一法律适用的意义。

③ 实践中存在这种情况，下级院拟作出提请抗诉的决定，上级院指导中只有少数或者一位检察官同意提抗意见，这种情况可能会提请上来交由其审查办理该案件。

持监督申请、但上级院认为有监督必要的，承办检察官直接依据指导意见提请抗诉后交给上级院审查。就北京市人民检察院民事检察部门近几年的案件指导情况而言，市级院的指导意见几乎都会被分院和基层院的承办检察官采纳。

（三）案件指导的利弊分析

长期以来，案件指导在民事检察办案中发挥着积极作用：其一，通过案件指导可以统一法律适用，一定程度上弥补实定法及解释的不足，减少因案件办理结论或者答复不一致而引发的缠访事件，树立司法公信力。其二，便于上级院及时了解、汇总下级院在办案实践中发现的问题，为下级院办案提供类案思路，统一审查标准，形成监督合力，提升监督质效。[①] 其三，上级院通过指导案件统一权力行使，层层把关，有效降低了错案的发生概率，指导后的案件有较高的改判率和息诉服判率，对于维护法律权威意义重大。此处还涉及一个非常重要的问题，对于下级院不支持监督申请案件，一般程序上没有对其考核的机制，案件指导机制可以作为对于大量承办检察官倾向不支持监督申请的案件严格把关的程序。其四，案件指导可以促进不同院之间的业务交流，提高民事检察队伍整体素质，增强检察官的职业认同感。实践中，有不少检察机关将案件指导作为学习培训的重要内容，以指导代培训，提高业务水平和办案质量。

但是，这种传统的案件指导并没有规范性程序的约束，在司法责任制背景下就会存在一些问题：首先，其司法行政化色彩，可能影响检察官办案的独立性。承办检察官作为办案主体的地位不突出，案件结论以集体决策为准，没有足够尊重司法裁断性和亲历性原则。其次，案件指导减缓案件办理程序的流转，可能降低司法效率。再次，案件指导和集体决策伴随着权责分离。上级院的指导意见往往带有较强的指令性和决策性，但是请求指导的案件承办检察官仍然要独立对案件结论负责。

（四）司法责任制改革后案件指导仍有存在的必要

认为司法责任制改革后不再需要指导或者仅将案件指导作为改革过渡时期存在的观点，主要是基于两点考虑：一是案件指导虽然具有积极意义，但也存在诸多弊端，并且这些弊端与司法责任制相悖；二是可以通过其他方式弥补指导的作用，如可以通过类案指导或者案件请示制度，又如下级院提请抗诉由上级院审查的制度设计本身就可以在一定程度上代替指导。

---

① 北京市人民检察院民事检察部在指导各分院、基层院的基础上，突出重点并进行类型化分析，总结出涉及全市婚姻家庭纠纷、农村房屋买卖类案中重点难点问题的处理思路，供各级院学习参考，起到了很好的“标尺”作用。

1. 案件指导可以按照司法责任制要求进行适当调整或者重构。首先，司法责任制蕴含着办案独立性、司法亲历性和权责统一性的要求，使得办案由传统的“集体讨论，形成部门意见”向“检察官独立办案，独立决定并负责”转变，案件指导也可以结合责任制进行适当转变或者重构，除去指导意见的决策性因素，只是将其作为承办检察官的参考。其次，要充分认识到案件指导的积极性作用和办案实践的易操作性特点，在转变指导方式后应得以继续发挥。再次，要认识到传统案件指导的一些弊端并不绝对，如案件指导未必浪费司法资源，承办检察官倾向抗诉的案件经过上级院指导后作出不支持监督申请的决定，没有进入提抗程序，整体上衡量反而节约了司法资源；又如，案件指导在一定程度上降低了司法效率，也是为了在充分讨论后更好地实现个案中的公平正义。

2. 类案指导或者案件请示制度不能代替案件指导的实践价值。类案指导、案件请示与本文所论述的个案指导属于不同的制度设计，具有不同的价值取向。类案指导可以对一定时期内的大量同类案件进行梳理，但相较个案指导可能具有滞后性、针对性不强等问题。案件请示制度是在检察机关上下领导体制的基础上完善了司法办案指导决策机制，上级院对于法律适用等问题的答复意见，下级院一般应当执行，这种设计偏向于弥补实定法不足的问题，类似达到司法解释的效果，而民事办案实践中请示程序运用极少，一方面在规范法学层面上，对于案件的讨论大都可以理顺法律适用逻辑，在合法性基础上形成相对合理的审查意见；另一方面，正式的案件请示程序较为复杂，需要经检察委员会审议，再通过统一业务应用系统向上级报送，而且对于答复意见的执行还可能会承担问责风险，故而该制度的实践应当有确实的需求和审慎的考虑。

3. 案件指导的功能难以通过提请抗诉制度本身来弥补。在民事检察办案实践中，相比于审查下级院提请抗诉的案件或者对下级院办理过的案件进行评查，在案件办理过程中的指导具有独特的优势，尤其对于是否支持监督申请把握不准的，有可能通过指导把握，防止部分确有问题的案件最后作出不支持监督申请的决定，使得当事人再无法律救济的途径，通过指导予以慎重把握。

这里涉及一个非常重要但却容易被忽视的问题，就是必须明确抗诉与提请抗诉是两个不同标准。民事诉讼监督采取的是“上抗下”的监督规则，人民检察院在审查同级法院的生效裁判后应当提请上一级人民检察院，由上一级人民检察院作出是否抗诉的决定。故而从制度设计上，提请抗诉的标准相对宽松，存在监督可能的即可提请上级院抗诉；抗诉的标准更为严格，上级院除了审查能不能抗诉，还要进一步审查下级院的提抗点有无问题，只有严格符合民事诉讼法和民事诉讼监督规则规定的抗诉条件，上级院才能最终作出抗诉决定。

此外，下级院（主要是基层院）因案件类型和数量的限制，对于诉讼违法行为监督和执行监督等新领域监督职能的探索以及公益诉讼试点工作的开展存在诸多困难，更加突显了案件指导的必要性和现实意义。在新一轮司法改革的背景下，包括案件指导在内的一切机制的建构都必须统一到责任制的语境之中，坚守宪法法律赋予人民检察院的领导体制和权力职责。

二、案件指导机制重构的基础

案件指导机制植根于我国的司法制度背景，故其重构的关键取决于以司法责任制为核心的司法体制改革。在当今中国检察的语境下，宪法赋予检察机关的行政性不能完全剥离，而是要在行政性的基础上适度进行司法化改革。民事检察职能的扩充和民事检察工作重心的转变，在一定程度上倒逼着民事检察工作机制的调整。案件指导机制的重构，必须首先明确重构之基础。本文认为，案件指导机制的重构基础至少包含三个方面：一是贯彻司法责任制的要求，遵循办案独立性、司法亲历性和权责统一性；二是坚持检察领导体制，优化办案组织形式；三是直面民事检察职能拓展，依法正确行使职权。

（一）贯彻司法责任制的要求

司法责任制正确界定检察官的职权、责任，实现检察官自治，强化办案的亲历性、司法性，将检察机关执法办案传统的行政管理模式转化为司法业务运作模式。[①] 案件指导机制的重构，要在贯彻司法责任制的基础上，充分尊重检察人员的办案独立性、司法亲历性和权责统一性。

1. 办案独立性

司法责任制突出检察官司法办案的主体地位，检察官应当履行法律规定的司法办案、检查监督等职责，并对案件质量终身负责，使独立办案与监督制约相统一。现实中，对于案件指导机制争议最大的问题就是，在检察官独立办案的责任制要求下，案件指导是否还有存在的必要。

本文认为，案件指导与检察官独立办案之间并不冲突，案件指导完全是在尊重办案独立性的前提下进行，且并不带有强制性的决策因素，最终的案件审查结论必须由办案检察官自行决定。在案件指导机制中，检察官办案的独立性至少应当体现在两个方面：一是指导是在独立办案发现问题的基础上，二是由办案检察官自行决定是否申请指导，一般不存在上级院主动要求就具体案件进行指导的情况。值得注意的是，在公益诉讼试点阶段，上级院对具体的公益诉

① 参见钱业桐：《检察机关案件管理模式的扁平化》，载《国家检察官学院学报》2013 年第 21 卷第 6 期。

讼案件有督办权，在督办过程中可能存在实际上的指导。

2. 司法亲历性

司法亲历性，是指司法人员应当亲身经历案件审理的全过程，直接接触和审查各种证据，特别是直接听取诉讼双方的主张、理由、依据和质辩，直接听取其他诉讼参与人的言辞陈述，并对案件作出裁判，以实现司法公正。[①] 司法亲历性主要体现在法官审理案件的过程中，但同样作为司法人员，检察官办案也尽可能地要求亲历，在依法承担司法办案和检察监督职责时，更多体现司法办案的严肃性、亲历性和判断性，这也是司法责任制的基本要求。为体现司法办案的严肃性、亲历性和判断性，案件指导要充分尊重承办检察官对于案件事实的认定，非有严格标准不能对事实的认定予以指导。

3. 权责统一性

检察机关民事行政检察监督案件的办理，责任制的要求有其特殊性，民事案件是法院终局，申请监督的案件都有法院的生效裁判，而且即使检察机关作出抗诉决定，终局的还是法院判决，在错案认定和责任制方面并不如职务犯罪侦查、刑事公诉等检察业务中体现得明显。

司法责任制改革要求授权与监督并重，减少审批环节，承办案件的检察官有明确的权利清单，在授权的同时，检察官依法行使检察权，同时要对案件负责。负责不仅包括对办案质量终身负责，还包括对办案活动负责。案件指导作为民事检察办案活动的组成部分，其效力必须明确为参考而非决策、命令，由承办检察官在参考指导意见后自行得出案件办理结论，并对案件终身负责。[②]

（二）坚持检察领导体制，优化办案组织形式

与法院强调审判独立的精神相比，检察权的运行有其特殊性。我国宪法和法律赋予检察机关“法律监督者”[③] 的地位和上下领导关系的体系，检察机关形成一套“上命下从、检察一体”的组织运行模式，兼具行政性和司法性。

---

① 朱孝清：《司法的亲历性》，载《中外法学》2015 年第 4 期。

② 2016 年 7 月 21 日，中办、国办印发的《保护司法人员依法履行法定职责规定》让承办案件的检察官真正成为责任主体。其第 2 条规定：“法官、检察官依法办理案件不受行政机关、社会团体和个人的干涉，有权拒绝任何单位或者个人违反法定职责或者法定程序、有碍司法公正的要求。对任何单位或者个人干预司法活动、插手具体案件处理的情况，司法人员应当全面、如实记录。有关机关应当根据相关规定对干预司法活动和插手具体案件处理的相关责任人予以通报直至追究责任。”

③ “法律监督”内在地包含了国家性（权威性）、专门性（独立性）、规范性（准确性）、确定性（有限性）、有效性（强制性）和程序性（中间性），参见甄贞等：《法律监督原论》，法律出版社 2007 年版，第 21—28 页。

行政性强调命令服从，统筹资源配置，提高行政效能；司法性则强调公平正义，尊重检察独立，实现权责统一。因而，从制度设计上讲，检察机关上下级之间的案件指导相比法院来讲更具正当性。在检察领导机制下，上级院集资源于一体，故其对于个案中重大疑难复杂问题的指导，利于优化资源配置，合理利用司法资源，提高整体效能。行政向来追求效率，检察机关案件指导机制虽然基于行政产生更具合理性，但在一定程度上却也降低了效率，这是在司法效率与公平正义博弈之间的权衡。

检察机关办案司法属性的欠缺一直被诸多法律人所议论和批评。① 长期以来，检察机关办案遵循的是"检察人员承办—部门负责人审核—检察长或者检委会决定"的机制。② 这样的权力运行模式有利于保证检察权行使的集中性和统一性，而且，这种集体讨论、部门负责人、检察长多层次的权力分配，也在很大程度上确保了民事诉讼监督案件的公正处理。但在如今强调"谁办案谁负责，谁决定谁负责"的司法改革背景下，传统"三级审批"的工作模式不再适合。为了贯彻落实司法责任制的要求，北京市人民检察院制定的《北京市人民检察院司法责任制改革试点工作实施意见》对办案组织模式重新设计，根据具体职能需要、案件类型及复杂难易程度，实行基本办案组、组合或协同办案、专案组的办案组织模式。具体到北京市民事检察工作，要求形成"一检一助一书"的办案组织形式，即基本办案组由检察官、检察官助理和聘任制书记员各一人组成，具有检察官资格并被任命为检察官的人员享有对案件的决定权。如此，案件指导实际面向具体的办案组而非下级院、下级部门，由办案组的检察官决定是否接受指导意见。

---

① 对此，龙宗智教授曾评价道："检察机关是有司法权的司法机关，却始终采用行政性办案方式而欠缺司法特征。"参见龙宗智：《检察机关办案方式的适度司法化改革》，载《法学研究》2013 年第 1 期。朱孝清先生也总结道："我国检察机关在各国检察机关中其司法属性是最强的，但采取的却是最不符合司法特点的办案机制，二者很不协调。"参见朱孝清：《与司法亲历性有关的两个问题》，载《人民检察》2015 年第 19 期。

② 最高人民检察院《检察机关执法工作基本规范（2013 年版）》第 1·9 条规定："人民检察院办理案件，由检察人员承办，办案部门负责人审核，检察长或检察委员会决定。"《人民检察院民事诉讼监督规则（试行）》第 53 条规定："案件应当经集体讨论，参加集体讨论的人员应当对案件事实、适用法律、处理建议等发表明确意见并说明理由。集体讨论意见应当在全面、客观地归纳讨论意见的基础上形成。集体讨论形成的处理意见，由民事检察部门负责人提出审核意见后报检察长批准。检察长认为必要的，可以提请检察委员会讨论决定。"

（三）直面民事检察职能拓展

1. 诉讼监督职权的扩张

2012 年民事诉讼法的修改调整了民事检察监督职能，将检察机关对生效裁判的监督扩大为对整个民事诉讼活动的监督，[①] 最高人民检察院颁布的《民事诉讼监督规则（试行）》也对其进行了细化。随着对诉讼过程中审判人员违法行为、法院执行活动等监督工作的开展，民事检察部门需要面对层出不穷的新型监督案件，尤其是基层检察院在探索同级监督方面也面临重大考验，众多新型案件和可能激增的同级监督案件在办理过程中，接受上级院的指导就显得尤其重要。

2. 公益诉讼试点的开展

随着人大授权检察机关开展提起公益诉讼试点，民事检察职能又有了重大革新，针对污染环境、食品药品安全领域侵害众多消费者合法权益等损害社会公共利益的行为，民事检察部门可以支持、提起民事公益诉讼。[②] 这类似于刑事公诉职能，为了维护国家和社会公共利益，检察机关在办案过程中可以形成办案组甚至专案组，尤其在面对实践中复杂的公益侵权、区域利益等问题时，上级院要充分发挥领导指挥、统筹协调的作用，行使一定的督办职权，这也内在包含了对具体个案的指导。

三、案件指导新机制的建构

（一）基本原则

民事检察案件的办理要求“以事实为依据，以法律为准绳”，案件指导机制的建构最重要的是如何面对案件事实和法律问题。换言之，在司法责任制的背景下，对于案件中事实认定和法律适用问题是否都需要指导，又如何把握指导标准？

司法责任制更强调办案人员的亲历性、决断性。事实认定之所以是司法亲历的重中之重，是因为事实认定重点关注的主要是案件内部证据与证据之间的相互关系，其难度是内在的，非亲历就难以作出正确判断。而确定法律适用的内在过程并不复杂，它重点关注的主要是案件与法律之间的关系，案件与方方面面之间的关系，具有明显的外在性，在法律适用，对亲历的依赖程度远没有

① 《民事诉讼法》第 208 条第 3 款规定：“各级人民检察院对审判监督程序以外的其他审判程序中审判人员的违法行为，有权向同级人民法院提出检察建议。”

② 《人民检察院提起公益诉讼试点工作实施办法》第 1 条、第 13 条和第 14 条。

事实认定要求的那么高。[①] 因此，面对事实认定和法律适用两个方面，案件指导应当坚持不同的标准。此外，在对民事公益诉讼的具体案件进行指导时，除了案件本身事实查明和法律适用问题，还涉及环保等专业领域知识、提起公益诉讼的诉前和诉讼程序等方面的指导问题。

1. 严格的事实指导标准

关于案件事实的认定需要指导，但是必须慎重且遵循严格标准。具体民事案件中的证据链条复杂多样，尤其是申请检察监督的案件，通常都经过了法院的一审、二审乃至再审程序，在事实认定方面可能会存在非常复杂的证据问题。这里就需要对证据能力和证据证明力进行界分：证据能力是指证据是否具有证明案件事实的资格，即能不能成为法律上的证据；证据证明力是指在已经是法律上的证据的前提下，证据对案件事实在多大程度上起到证明作用以及起多少证明作用。简言之，证据能力是证据的资格问题，或者说是可采性问题；而证据证明力是证据的强弱问题。

基于司法亲历性原则，在案件指导机制中，对于承办案件的检察官依靠心证对于证据证明力的判定应当尊重，不予指导；但是对于证据能力的认定问题，上级院可以指导。这就是所谓“严格的实施指导标准”。一般来说，承办案件的检察官对于民事诉讼证据可采性的审查是从合法性、客观性、关联性和证据时效等方面进行。在诉讼中有关人员提出的证据材料能否被采用（即是否具有证明能力），需要结合法律法规等规范性文件的明文规定，对于证据能力的认定虽然关系到案件的事实问题，但同样也存在法律适用的相关问题，因此，对于具体案件中证据能力的认定问题可以结合法律适用进行指导。

还应当注意的是，在公益诉讼试点期间，上级院对于下级院公益诉讼案件享有督办权和指导权，试点省级院对于辖区内公益诉讼的提起享有审批权。在民事公益诉讼案件的办理中，检察人员享有对污染环境、侵害众多消费者合法权益等违法行为、损害后果涉及的相关证据及有关情况的调查核实权。[②] 在公益诉讼的探索阶段，通过调查核实获取的证据无论是在证据能力还是证据证明

---

① 朱孝清：《对司法亲历性的几点认识》，载《民主与法制时报》2015 年 7 月 23 日。

② 《人民检察院提起公益诉讼试点工作实施办法》第 6 条规定：“人民检察院可以采取以下方式调查核实污染环境、侵害众多消费者合法权益等违法行为、损害后果涉及的相关证据及有关情况：（一）调阅、复制有关行政执法卷宗材料；（二）询问违法行为人、证人等；（三）收集书证、物证、视听资料等证据；（四）咨询专业人员、相关部门或者行业协会等对专门问题的意见；（五）委托鉴定、评估、审计；（六）勘验物证、现场；（七）其他必要的调查方式。调查核实不得采取限制人身自由以及查封、扣押、冻结财产等强制性措施。人民检察院调查核实有关情况，行政机关及其他有关单位和个人应当配合。”

力方面，都包含在上级院对具体公益诉讼案件的指导范围之中。

2. 侧重于指导法律适用

法律适用问题是确实、普遍存在的。我国目前没有统一的民法典，各类民事法律的规定非常庞杂，在具体的民事案件中就可能体现为法律适用不清或者存在竞合。尤其是在民事检察领域，民事案件经过法院的一审、二审甚至再审之后，法官在案件事实的查明问题上已经有了相对成熟的判断，如果再进入民事检察监督程序，普遍存在的就是案件涉及的法律适用问题。所以，多数情况下，民事检察官在办理诉讼监督案件中的主要问题或者突破点就是解决法律适用争议。下级院就具体案件请求指导时，承办检察官提交初步的案件审查终结报告即可，给出指导意见的检察官很少翻阅卷宗、审查证据，这也充分体现出对检察官办案的亲历性和判断性的尊重。指导意见一般仅在承办检察官认定事实的基础上，对案件涉及法律适用的问题予以释明。

这种对于法律适用问题的指导，在民事公益诉讼案件中表现得更加明显。在民事公益诉讼案件的办理中，预先不存在法院的生效裁判，检察机关需要对生态环境、食品药品安全等领域的法规范进行梳理和适用，基层检察院在面对具体案件时，最难解决的就是法律的梳理、理解和适用问题。上级院尤其是省级院具有公益诉讼案件的督办、审批权，掌握整体的公益诉讼情况，对于处理具体的法律适用问题有着比基层检察院更为丰富的经验。

（二）案件范围

什么样的案件可以被指导？司法责任制要求检察官独立承办案件并对案件负责，所以，对于一般案件还是掌握由检察官直接办理并决定的原则，而只有涉及重大疑难复杂问题的案件才可以请求上级院指导。重大疑难复杂案件是启动案件指导机制的门槛，必须严格予以把握。但是，对于何为重大疑难复杂案件，无论从法律法规还是政策文件中都未能予以明确。为贯彻本轮司法改革精神，北京市检察机关制定了明确的权限清单，结合北京市民事检察工作实际，本文认为重大疑难复杂的民事检察监督案件包括以下几类：

第一，具有较大社会影响的案件。既包括在全市范围内具有较大社会影响的案件，也包括具有较大社会影响的涉外或涉港、澳、台案件，或者是经过风险评估对社会稳定具有较大安全隐患的案件。第二，事实认定存在重大争议的案件。对于一般案件事实的认定要尊重承办检察官的亲历性，尤其对于证据证明力的问题不予指导，只有在对证据能力存在重大争议的案件才会被纳入指导范围。第三，法律适用存在较大争议的案件。包括法律没有明文规定的案件；法律有规定，但是规定不明确的案件；涉及与行政、刑事法律关系交叉的疑难复杂案件等。第四，民事公益诉讼案件，无论是对公益诉讼个案中的事实认定和法律适用，还是对调查核实、法律文书、诉讼程序等问题，都要进行全面指导和审核把关；第五，其他重大疑难复杂案件。如上级检察机关督办、交办的案件，涉及历史遗留问题、政策性等敏感问题的案件等。

（三）运行模式：以检察官联席会议为载体

北京市检察机关司法责任制改革已经逐步落实到位，在案件指导方面，《北京市人民检察院司法责任制改革试点工作实施意见》规定了部门负责人“组织对下级人民检察院相关业务部门办案工作的指导”职责，但是规定的比较笼统，没有具体的运行程序设计，不利于责任制的实现。在坚持检察官独立办案和责任制的前提下，案件指导需要一套具体的、明确的运行机制，以防止实践中滋生个人武断、领导干预和司法不公等问题。

在司法责任制背景下，案件指导机制的运行应当以检察官联席会议为载体，在案件承办检察官独立办案的基础上，充分发挥检察官们的集体智慧，努力使民事诉讼监督案件实现法律效果和社会效果的有机统一。《北京市人民检察院司法责任制改革试点工作实施意见》是在北京市级检察机关规范性文件中首次对“检察官联席会议制度”作出规定，其第32条指出，“对于难以作出决定的案件，检察官可以提请召开检察官联席会议进行讨论，讨论意见供检察官办案参考”，“检察官联席会议原则上由部门负责人主持，必要时也可以由检察员主持召开”。[①] 具体到案件指导工作而言，对于下级院请求指导的案件，上级院部门负责人可以召集并主持检察官联席会议，“联席会议讨论过程应当形成记录，归入案件卷宗”。

需要说明的是，无论从部门职能还是工作实践来讲，检察机关具体案件的指导首先需要经本级检察官联席会议讨论，然后要遵循在各自业务条线内逐级向上的原则。以北京市检察机关为例，如果基层院民事检察部门的检察官请求指导，首先由该院部门组织检察官联席会议，不能解决问题的，向分院民事检察部门请求指导，仍然不能解决问题的，再向北京市人民检察院民事检察部门请求指导。[②] 所以，在检察官联席会议的基础上，民事检察案件指导的整体运行机制应当包括以下几个步骤：

① 《北京市人民检察院司法责任制改革试点工作实施意见》第3条第2款规定：“检察官是指改革后计入员额的检察官，包括检察长、副检察长、检委会委员、检察员，不包括未计入检察官员额，仍保留检察官职务等级的检察员。”

② 2016年8月，北京市检察机关进行了部门改革，将市、分院“民事检察处”改为“民事检察部”，基层院在改部的同时，实现了东城、西城、朝阳、海淀、丰台和通州区人民检察院民事和行政检察部门率先分设，成立“民事检察部”。

1. 申请。经过本部门检察官联席会议讨论后，确属重大疑难复杂的民事检察监督案件，仍有请求指导的必要，承办检察官应在法定的办案期限范围内，即在办案期间届满前均可提出指导请求，但应给上一级检察院条线部门预留组织检察官联席会议的必要时间。由承办检察官在检察机关统一业务应用系统中出具“请求案件指导意见书”，填写案件基本情况和请求指导的具体问题，向上一级部门负责人提请。

2. 审批。上一级部门负责人负责审查请求指导的案件是否属于重大疑难复杂案件，并在检察机关统一业务应用系统中批复是否同意，如果同意则填写组织检察官联席会议的时间和人员构成，不同意指导的填写具体理由。

3. 启动。上一级部门负责人组织召开检察官联席会议，一般由本级条线内的检察官参加，涉及多领域的案件可以邀请其他部门的检察官参加。由承办检察官或者其助理作案件报告；经过分院指导的基层院案件，还需要分院部门负责人报告分院的指导情况。其他联席检察官一般当场提出个人指导意见。由承办检察官的助理或者书记员作指导记录，形成书面的检察官联席会议指导笔录，由联席检察官签字确认。[①] 指导意见仅供承办检察官参考，由后者决定并对案件负责。提出指导意见的检察官，无论其意见被采纳与否，都不对案件负责。

4. 反馈。经过指导的案件，承办检察官应当在案件审查终结报告中“其他需要说明的情况”部分[②]简要说明案件的指导情况，并向指导院作书面反馈，没有采纳指导意见的应当说明理由。承办检察官应当将请求案件指导意见书及批复、检察官联席会议指导笔录一并归入案件卷宗。

四、相关制度厘清及指导情况展望

（一）与案件请示制度的衔接

检察系统内有一套自下而上的案件办理请示制度，最高人民检察院为了落实司法责任制要求，完善人民检察院司法办案指导决策机制，于 2015 年 12 月 30 日发布了《人民检察院案件请示办理工作规定（试行）》，其第 2 条规定：

---

① 具体工作实践中，也可以由上级院指派专门负责指导工作的部门负责人（如果是入额检察官，由其助理或者书记员），承担下级院请求指导案件的记录工作，便于上级院总结和汇总重点问题。但无论谁负责记录，指导笔录都应当经由指导与被指导的检察官签字并归入案件卷宗。在案件指导笔录的书写上，要注意与传统记录措辞的不同，比如需要注意承办检察官意见不是建议抗诉与否，而是认为应当抗诉与否等。

② 按照高检院对于审查终结报告的要求，此部分写明本案其他需要说明的情况，如案件风险评估、领导批示等其他重要情况。

“下级人民检察院在办理具体案件时，对涉及法律适用、办案程序、司法政策等方面确属重大疑难复杂的问题，经本级人民检察院研究难以决定的，应当向上级人民检察院请示。”

案件请示制度所对应的是上级院对下级院的指导决策机制，与本文所建构的指导新机制相比，都是在具体案件的办理过程中，下级院通过一定程序请求上级院在法律适用等方面的问题进行指导。二者之间最大的不同在于制度的价值取向，案件请示后的结论具有决策性，一般而言下级院必须遵照执行；而案件指导结论只具有参考性，最终由承办检察官自行决定对案件的审查意见。当然，两个制度之间还存在着指导范围、方式、期限等方面的不同（具体可参见下表）。

案件指导机制与案件请示制度的区别

	案件指导机制	案件请示制度
决定提请	由承办检察官自行决定	经下级院检委会审议决定
提请名义	以承办检察官的名义	以院的名义
案卷材料	不移送	移送
期限要求	办案期间届满前均可提出指导请求；指导意见一般在检察官联席会议上当场作出	请示和答复都有明确的期限要求①
案件范围	重大疑难复杂案件涉及证据能力的事实认定、法律适用、办案程序等问题	涉及法律适用、办案程序、司法政策等方面确属重大疑难复杂的问题，不得就具体案件的事实认定问题请示
指导方式	检察官联席会议	以院发文件的形式

① 《人民检察院案件请示办理工作规定（试行）》对请示和答复期限都有明确规定。其第 8 条规定：“下级人民检察院对正在办理的案件向上级人民检察院请示的，应当在办案期限届满十日之前报送上级人民检察院；法律规定的办案期限不足十日的，应当在办案期限届满三日之前报送。”第 14 条规定：“上级人民检察院对案件请示应当及时办理并答复下级人民检察院。对在诉讼程序内案件的请示，应当在办案期限届满之前答复下级人民检察院。对不在诉讼程序内案件的请示，应当在一个月以内答复下级人民检察院；特别重大复杂案件，经分管副检察长批准，可以延长一个月。因特殊原因不能在规定的办理期限内答复的，承办部门应当在报告检察长后，及时通知下级人民检察院，并抄送本院案件管理部门。”

续表

	案件指导机制	案件请示制度
效力责任	指导意见仅供参考，由承办检察官自行决定审查意见	指导意见一般情况下下级院应当执行，[1] 且无正当理由拖延执行或者错误执行，对办案工作造成不利影响的，还应追究相应责任
反馈情况	书面反馈并说明理由	执行完毕后十日内将执行情况报送上级院

由于案件请示制度具有严格的程序、效力和责任的要求，在检察实践中应用较少，更多地还是依靠类似上级院对下级院“传帮带”的指导模式来解决具体案件办理中的问题。考虑到办案实践中存在种种因素，走请示制度程序较为复杂，加之下级院可能存在对新领域案件把握不清，由上级院来以非正式程序的方式进行指导更有利于及时解决问题、提高办案效率。

案件指导机制是围绕检察官联席会议制度设计的一套契合实务、操作性强的机制，在今后的司法和立法实践中，既可以作为案件请示制度的补充，也可以作为请示前置，即对于确属重大疑难复杂的案件，在经市级院指导后仍存在法律适用、办案程序、司法政策等方面问题的，再进入案件请示程序。

（二）司法责任制改革后案件指导情况展望

随着北京市检察机关改革进入实践检验阶段，新的办案机构和组织模式也正式运转，北京市检察机关民事检察部门将同时取消协查制度，由分院承担二审生效案件的受理审查工作，基层院着力探索同级监督和公益诉讼。[2] 在司法

---

① 《人民检察院案件请示办理工作规定（试行）》第 20 条规定：“对上级人民检察院的答复意见，下级人民检察院应当执行，并在执行完毕后十日以内将执行情况报送上级人民检察院。下级人民检察院因特殊原因对答复意见不能执行的，应当书面说明有关情况和理由，经本院检察长批准后报送上级人民检察院。”

② 2005 年以前，北京市民事行政检察工作量呈“倒三角”局面，二审生效案件集中在市级院办理，导致市院和分院办案和息诉服判工作压力较大，区县院却无案可办的情况，检察资源分配不均直接影响办案效果。为解决上述问题，北京市人民检察院在 2005 年制定《北京市人民检察院关于规范民事行政抗诉案件办案程序的补充规定》，实行民行检察案件协助调查制度，主要内容是：分院受理二审生效案件，分院将其中 80% 案件交基层院办理。协查制度在一定历史时期内，有效缓解了“倒三角”问题，基层院承担了全市大部分案件的办理工作，三级院在办案数量、人员配置、办案能力上得到了相对协调发展。

责任制背景下，对于今后民事检察案件指导情况的展望及分析如下：

1. 在民事诉讼监督领域。一方面，市级院对分院的指导难度加大。协查取消后分院案多人少的问题更加突出，如北京市人民检察院第三分院民事检察部入额检察官为3名（含部门负责人1名），一年人均要办130多件案件。[①]考虑到申请检察院监督的案件大量集中在分院，而且案件本身通常经过了法院的一审、二审和再审，涉及事实认定或者法律适用的问题相对复杂，如此，分院的办案压力剧增。请求案件指导需要消耗承办检察官的时间和精力，除非涉及新领域、新问题的案件难度较大，或者需要上级院统一把握辖区内类案的监督标准，承办检察官会请求上级院指导，否则，一般案件如果出现事实认定或者法律适用拿不准的情况时，承办检察官也会倾向于遵循自己的判断作出支持或者不支持监督申请的决定，甚至倾向于直接提请上级院抗诉，交由上级院审查把关。

另一方面，基层院同级监督和公益诉讼工作在探索阶段存在诸多困难，尤其是拓展案件来源，既要积极畅通当事人申请监督渠道，又要积极探索依职权监督方式。无论是同级监督还是公益诉讼的具体个案都是新领域新问题，相对于协查时期基层院分担着大量分院的案件，改革后对基层院指导量的下降和指导难度的增加也是可以预测的。

2. 在公益诉讼试点领域。检察机关提起公益诉讼试点工作时间已经过半，北京市检察机关也在办理公益诉讼案件的过程中积极探索指导机制，进一步强化督办指导，充分发挥三级院一体化的体制优势，对于案件事实认定、法律文书制作等环节层层把关，市级院审慎行使提起民事公益诉讼的审批权。再考虑到公益诉讼试点工作事关国家和社会公共利益的保护，意义重大，每一个公益诉讼案件的办理都要达到法律效果、政治效果和社会效果的统一。由此，至少在试点阶段，上级院对下级院办理公益诉讼案件的全面指导将是必须的。

① 北京市检察系统员额制改革之后，未入额检察官的未结案件转给入额检察官，加之协查的取消，参照近三年的受案数，分院检察官每年人均办案数将会增加到一百余件。

检察官遴选委员会设置中的问题与建议

杨承志　刘　宇　樊京京*

一、设置检察官遴选委员会的提出及动因

（一）设置检察官遴选委员会的提出过程

党的十八届三中、四中全会提出，推进司法队伍的专业化、职业化。至2014年6月，中央全面深化改革领导小组第三次会议审议通过的《关于司法体制改革试点若干问题的框架意见》（以下简称《框架意见》）中首次提出，在省一级设立检察官遴选委员会。至2014年12月，中央政法委《关于司法体制改革试点中有关问题的意见》中进一步提出，在省一级设立一个检察官、法官遴选委员会，也可将法官遴选会和检察官遴选委员会分设。为体现遴选委员会的广泛代表性，除检察官、法官和其他国家机关代表外，社会各界代表应不低于50%。委员会主任由实践经验丰富、德高望重的资深法律界人士担任。2015年2月，最高人民检察院在《关于深化检察改革的意见（2013—2017年工作规划）》（2015年修订版）对改革检察官遴选工作提出更多具体要求，"适当提高初任检察官的任职年龄、法律工作年限。根据检察院不同层级，设置检察官不同的任职条件。健全检察官统一招录、有序交流、逐级遴选机制。初任检察官由省级检察院统一招录，一律在基层检察院任职，上级检察院的检察官一般从下一级检察院的优秀检察官中遴选。建立检察官遴选委员会制度。建立从符合条件的律师、法学专家中招录检察官制度。"

由上观之，改革检察官遴选制度是一项系统工程，涉及检察官的招录、任职、交流、分类管理等多个方面，其目的在于推进检察官队伍的专业化、职业化，在省一级设置检察官遴选委员会作为改革遴选制度的具体措施之一，其原则导向主要有以下几点：其一，遴选委员会主要是在专业性方面对拟任检察官

---

* 杨承志，贵州省人民检察院副检察长；刘宇，贵州省人民检察院法律政策研究室主任、检察改革领导小组办公室主任；樊京京，贵州省人民检察院研究室工作人员。

人员进行评价，其他方面如政治素质、廉洁自律等，由组织人事、纪检部门进行把关。其二，遴选委员会提出建议后，选任检察官仍需党委按权限审批、人大按法律程序任命。其三，检察官和法官遴选委员会可合并设立，也可单独设立。其四，遴选委员会的人员构成应当具有广泛性、专业性和公开性。

（二）设置检察官遴选委员会的动因

1. 改革前初任检察官选任中存在的问题是设置遴选委员会的根本原因

在遴选方式改革前，成为初任检察官主要经历三个阶段：一是通过国家统一司法考试，取得初任检察官资格。二是通过国家或地方公务员考试，成为检察机关具有正式编制的公务员。[①] 三是在检察机关从事法律工作一定年限后被本院检察长任命为助理检察员。《检察官法》第 2 条规定，检察官包括“检察长、副检察长、检察委员会委员、检察员和助理检察员”。由此，初任检察官即指被任命为助理检察员。《检察官法》第 10 条规定了任命助理检察员应具备的 6 个条件，其中最具实质意义的一项是“从事法律工作达到一定年限”，具体来说，是根据拟任命者学历高低及所在检察院级别之不同，规定了 1—3 年的工作年限。对于检察员的任命，则没有规定具体条件。《检察官法》第 12 条规定，检察员由本院检察长提请本级人民代表大会常务委员会任免，助理检察员由本院检察长任免。

综合以上条文可以看出，对于助理检察员和检察员的任选主要是在检察机关内部完成的，实际操作过程是先由本院政工部门根据拟任命人员情况提出意见，后由检察长批准或向人大提名，其间并无第三方专业机构的参与和监督。在这里，需要特别说明一点，在检察官单独职务序列和检察人员分类改革完成后，将不再设“助理检察员”这一检察官层级，一般情况下初任检察官都是由检察长提请同级人大常委会从检察官助理中任命，初任检察官就相当于过去的“检察员”。

在第三阶段，才真正实现了向检察官身份的转变，但存在的问题也较为突出：一是缺乏严格性。由于“从事法律工作”概念较为宽泛，实现中，在检察院工作达到规定年限，无论从事办案或行政工作都可被任命为助理检察员。并且，在助理检察员升任检察员时，由于法律没有规定具体条件，遴选标准更是无从把握。二是缺乏专业性。遴选具体工作由检察院政工部门开展，受机构地位、遴选方式、程序和技术等因素的影响，难以客观、中立、专业地评判候

① 近年来，国家实施的政法干警招考制度，通过者先在某委托培养大学学习，后定向分配到某司法机关工作，可看作是公务员考试的一种。

选人是否适任。三是缺乏中立性。遴选过程在检察机关内部开展，名单拟定后由检察长批准或提请人大任命，缺少第三方的参与和监督，也缺乏过程的公开性。四是缺乏统一性。各院开展初任检察官遴选时，自行把握标准和程序，难免出现尺度不一、选任人员良莠不齐的问题。

设置检察官遴选委员会就是针对上述第三阶段的问题，即在检察长向人大提名任命检察官之前，增加一个独立的第三方机构对被提名的检察官助理在专业方面进行评价并提出是否适任检察官的建议，从而使遴选过程更加突出中立性、专业性、规范性和透明性。并且，设置检察官遴选委员会的这一功能目的，也适用于改革后从律师、学者中择优遴选检察官。

2. 配合当前员额制检察官改革的现实需要

根据当前中央关于检察官员额制管理改革的要求，员额制检察官数应控制在检察机关中央政法专项编制的39%以下。由于已往并无此比例限制，加之如前文所述遴选中存在的问题，导致目前检察机关中具有检察官身份者已远超这一比例。因此，为实现检察官员额制改革，必须将原有检察官身份者通过遴选确认为员额制检察官，没有通过者将不能成为员额制检察官。设置检察官遴选委员会介入这一过程，有利于增强确认性遴选的专业性、规范性、公开性和权威性，以保障推进检察官队伍的职业化和专业化这一根本改革目标的实现。

并且，需要特别说明的是，当前各地遴选委员会工作的重点其实是参与员额制检察官的确认性遴选，即对原有检察官身份的人员确认为员额制检察官提出专业性建议。但是，随着确认性遴选工作以及检察人员分类改革的逐步完成，原有检察官身份者，或是成为员额制检察官，或是成为检察官助理或其他身份人员，检察官遴选委员会参与确认性遴选的职能也将逐渐消失。未来，从检察官助理、律师以及学者中遴选检察官将成为检察官遴选委员会的主要职能。

3. 设置专门机构开展初任检察官的遴选，是世界多数国家之通例

据统计，已有60%的国家设立了各种形式的司法委员会，98个国家将司法委员会明确写入宪法。由于这一做法有利于彰显司法民主、确保审判独立，世界银行和部分国际组织已将是否设立相对独立的司法委员会，作为衡量一国法治水准和司改效果的重要指标。[1]

二、改革实践中检察官遴选委员会设置及运作

（一）贵州检察官遴选委员会设置及运作

1. 贵州检察官遴选委员会设置情况

2015年8月，由贵州省司法体制改革领导小组牵头相关政法机关，采用

① 何帆：《法官遴选委员会的五个关键词》，载《人民法院报》2014年6月27日。

合并设立的方式成立了贵州省法官、检察官遴选委员会，其开展工作的主要依据是《遴选委员会章程》，具体内容包括：

（1）组织机构。遴选委员会由17名委员组成，主任由第三方资深法律界人士担任，委员分为常任委员和非常任委员。常任委员8名，分别由主任委员1名和省委政法委、省委组织部、省高级法院、省人民检察院、省人大内司委、省人力资源社会保障厅有关领导各1名及省纪委派驻省委政法专职纪检员担任；非常任委员9名，分别由省人大代表1名、省政协委员会1名、省党代会代表1名、法学专家1名、律师代表1名、审判业务专家2名、检察业务专家2名担任，非常任委员从非常任委员库中抽选。常任委员、非常任委员均实行任期制，每届任期3年，连任不得超过2届，非常任委员库的成员每3年更新一次。遴选委员会在省委政法委设立秘书处，负责组织协调相关部门间有关法官、检察官遴选事务。遴选委员会在省检察院设立检察官遴选工作办公室，根据遴选委员会安排，承担检察官遴选日常工作。

（2）工作职责。遴选委员会主要职责有：制定和修改遴选委员会章程；明确入额检察官标准，确定遴选检察官的考核办法和程序，研究核定各级检察院的员额数，从专业角度对检察官人选进行审核；根据检察官员额缺额情况，审议核准每年检察官遴选名额比例；审议确定检察官首次遴选、初任遴选和择优遴选建议人选名单，并在一定范围内予以公示，公示期满向省检察院提出任用建议；审议决定延迟退休检察官建议名单；审议遴选工作相关制度；监督指导秘书处、检察官遴选工作办公室的工作

（3）工作制度。遴选委员会定期召开全体委员会议，也可根据需要增开全体会议，讨论决定重大事项。召开遴选委员会会议前，秘书处组织法官遴选办公室、检察官遴选办公室抽选非常任委员。委员会作出决议，应有2/3以上应到会委员出席，经出席委员半数以上通过有效。委员会讨论、决定事项，需作出会议纪要，涉及检察官人选确定等重大事项的，所有参会人员应当签字确认。

（4）工作纪律。遴选委员会委员应根据客观、公正的原则，严格按照规定的程序和制度开展工作，不得利用委员身份谋取不正当利益，不得私自与候选人或其他利害关系人接触，保守遴选候选人的个人情况和会议审议情况等秘密，不得擅自以个人名义对外发表有关遴选的意见或评论。存在下列情形之一的，遴选委员会委员应主动回避，候选人也有权提出回避申请：存在夫妻、直系血亲、三代以内旁系血亲和姻亲关系的；代理候选人已经或正在办理的案件的；非常任检察业务专家委员与候选人任职或曾经任职同一单位的；存在其他利害关系，可能影响工作公正进行的。对于违反遴选工作纪律、长期不能正常

履职或有其他违法违纪行为的委员，视情况予以劝诫或经遴选委员会讨论决定，建议省司法改革工作领导小组予以解聘或更换。

2. 关于遴选工作开展情况

正如前文特别说明的，目前开展遴选工作主要是员额制检察官的确认性遴选。遴选对象为检察长、副检察长、检察委员会委员（专职委员）、检察员、助理检察员。针对不同人员采取不同遴选方式：检察长通过上一级检察院考核进入员额；副检察长、其他具有法律职务的领导班子成员、检察委员会专职委员通过“考核＋面试”方式进入员额，按考核占70%、面试占30%的权重量化打分；上述人员以外的检察委员会委员、检察员、助理检察员通过“考核＋考试＋面试”方式遴选进入员额，按考核占40%、考试占40%、面试占20%的权重量化打分。面试由检察官遴选委员会统一组织，考试、考核由检察院具体组织实施。前期工作完成后，材料汇总报遴选委员会。遴选委员会审议通过后，向省检察院提出拟纳入员额管理检察官的人选建议名单。省检察院党组根据建议名单，研究决定试点检察院员额制检察官任职人选。对于原来已具有检察员身份者，各下级院根据省检察院党组决定，确认进入员额的检察官；对原为助理检察员身份者，按照人民检察院组织法、检察官法相关规定提请同级人大常委会任命为检察员后进入员额制检察官序列。至2016年11月，贵州全省共遴选出员额制检察官2121人。

（二）上海检察官遴选委员会设置及运作

2014年12月，上海成立全国首个法官、检察官遴选（惩戒）委员会，[①]共包含15名委员：专门委员7名，由上海市委政法委、组织部、纪委、人大内司委、公务员局、高级法院、市检察院等单位的分管领导组成；专家委员8名，实行任期制，每届任期3年，从由资深的法学专家、审判业务专家、检察业务专家及律师代表等共20人左右组成的专家库中择取。上海的专家委员与贵州的非常任委员不同，虽然都是从专家库中择取，但专家委员择取后固定到人。也就是说，专家委员与专家库中专家是一种“候补”的关系。遴选过程中，上海市检察院根据不同身份类别，采取不同遴选方式：对现有检察员主要通过严格考核的方式，择优确认为纳入员额管理的检察官；对现有助理检察员则通过严格考试考核，择优遴选为纳入员额管理的检察官。上海市法官、检察官遴选（惩戒）委员会对市院上报人选进行专业审核把关，其中对助理检察员

① 由于上海遴选委员会设立较早，尝试性地采用了遴选与惩戒委员会合并设立的模式。随着改革深入推进，中央及各地逐渐认识到遴选委员会与惩戒委员会功能完全不同，应当分开设立，故后来其他省份的遴选委员会均未与惩戒委员会合并。

审核主要采取当面陈述答辩的方式进行，对检察员审核主要采取审阅个人书面材料的方式进行。至2015年9月，上海全市共遴选出员额制检察官1263人。

（三）江苏检察官遴选委员会设置及运作

2015年11月，江苏省检察官遴选委员会成立，其突出特点是采取了检察官与法官遴选委员会分开设立的方式。委员会由1名主任、6名常任委员、8名非常任委员，共15人组成。常任委员实行职务性安排，由省级机关有关领导担任；非常任委员每次召开遴选委员会会议前在相应人才库中随机抽选，人才库由15名省人大代表、15名省政协委员、20名审判业务专家、20名检察业务专家、20名法律专家和20名律师代表组成。为保证抽选的公平性，该省专门设计了非常任委员抽取软件，在不同业务类别专家库中随机抽取产生8名非常任委员。遴选前期工作由省检察院具体组织开展，主要是将检察工作分为8个业务条线，针对不同条线特点分类进行考试、考核和面试。前期工作完成后，将候选人相关材料逐一装订成册报送遴选委员会。遴选委员会通过逐人审议、逐个表决的方式审定建议入额人员名单。至2016年11月，江苏全省共遴选出员额制检察官4209人。

三、检察官遴选委员会设置中存在的问题

（一）法律定位和组织结构不明

一是法律定位问题。遴选委员会是改革背景下成立的新机构，法律对此没有规定，《框架意见》只是对其成员来源及主要功能作用提出原则性要求，并没有明确其法律定位。虽然实践中将遴选委员会定位为一个独立的第三方机构已逐渐成为共识，但是，遴选委员会中有相当比例的国家机关代表，并且，其日常办事机构设在政法委和检察院，大量具体工作也由两机关所主导，使其具有准国家机构的色彩。此外，有同志提出，“遴选委员会归属于省级人大，由人大产生，向人大负责”的建议，也有其合理性。[①] 遴选委员会的定位问题，关系着完善具体制度设计的方向，需要予以明确。二是组织结构科学性问题。各地遴选委员会委员一般分为机关代表类委员和专家类委员。机关代表委员选任一般实行职务性安排，差异不大。但在专家类委员选任方式上各地存在较大差异，如前文所述，主要有上海市遴选委员会专家委员采用的“固定到人式”和贵州等多个省份采用的“会前随机抽取式”之分歧。三是检察官和法官遴选委员会是否分开设立的问题。国家层面的要求是，可以与法官合并设立，也

① 葛晓燕：《检察系统司法责任制改革构想》，载《人民检察》2016年第4期。

可以单独设立。但目前只有江苏省采用了分开设立的模式，多数省份是合并设立。究竟何种设立方式更为合理尚待讨论。

（二）权力属性和职能范围缺失

首先，《框架意见》中要求，遴选委员会从专业角度提出检察官人选，党委按权限审批，人大按照法定程度任免。那么，遴选委员会提出人选的权力属性为何，具有怎样的性质和特点，遴选委员会与检察机关之间的关系是什么，目前尚无明确规定。其次，当前各地检察官遴选委员会的职能主要是明确进入员额检察官的标准、审议遴选检察官的考核办法和程序以及从专业角度对检察官人选进行审核并提出建议。那么，关于检察官业务考核、等级评定、职务晋升是否纳入遴选委员会的工作范围，纳入或不纳入的理由为何，这些问题尚不明确。

（三）工作精细化和透明化程度不足

首先，只有部分省份检察官遴选委员会具体组织面试答辩，多数地方的工作方式还主要是书面审议遴选标准、方案和候选人材料，缺乏更加直观准确了解候选人情况的有效渠道。并且，由于考试、考核等环节是由检察院组织实施的，遴选委员会的实质性把关作用难以凸显出来。其次，大多数省份只是发布了关于遴选委员会成立及工作情况的简要信息，缺乏其具体工作制度、委员会成员名单及相关遴选情况的公开和公示，社会公众甚至本省检察干警对于遴选委员会相关具体情况都难以获知。

四、域外及我国台湾地区司法官遴选机构情况考察

（一）英美法系国家

英美法系具有悠久的判例法传统，注重从个案中抽象出规则再运用到具体案件的裁判之中，要求富有经验的人担任法官或检察官。由于律师具有丰富的社会阅历和法律经验，从律师中选任司法官成为英美法系国家的主要方式。[①] 在英美法系国家，检察官的选任方式又有所差别。在英国，一般检察官主要从律师中选任，而总检察长和副总检察长由首相从本党的下议院议员中提名推荐，由女王任命。在美国，在联邦一级，联邦检察官和检察长经联邦参议院同意后，由总统直接任命。州院检察长一般由州公民直接选举产生，州检察官则通常由其所在县或地区的公民直接选举产生。[②] 由于传统法律文化的影响，英

---

① 姚莉：《比较与启示：中国法官遴选制度的改革与优化》，载《现代法学》2015 年第 7 期。

② 朱孝清、张智辉主编：《检察学》，中国检察出版社 2010 年版，第 296 页。

美法系国家一般将检察机关归属于行政机关，司法机关仅指法院，考察其法官遴选委员会的设置更有借鉴意义。英国法官遴选委员会共有15名成员，通过公开竞争获得任命的委员为12名（包括主席）；通过法官理事会推选产生的委员为3名。委员会的主席必须由非法律专业人士担任。其他14名委员的构成分别来自不同背景、不同职业，包括普通民众、律师、法院的法官等，从而保证委员会的组成具有广泛的代表性以及多元性、专业性和独立性。根据法律规定，遴选委员会的职责是：一是按功绩制标准遴选法官候选人；二是遴选具有良好品性的人作为法官候选人；三是在符合条件的人选中考虑法官来源的多元性因素。遴选的标准主要有六项，分别是知识能力、个人素质、心智健全、处事公平、权威和沟通技巧、效率、领导和管理技巧。遴选程序分为三个阶段：第一阶段是前期工作，包括提出职位空缺需求、发布遴选启事、接收职位申请、筛选候选人等环节；第二阶段是遴选考试，主要包括面谈、角色扮演演练以及情景提问；第三阶段是确定人选，主要包括开展书面报告、征询意见、外围调查、确定人选以及向相关部门提交推荐报告。①

（二）大陆法国家

大陆法系成文法的传统注重体系和条文的演绎方法，选择司法精英主要依靠统一考试和培训的优胜劣汰。② 在德国，检察官的选拔工作由司法部负责，包括组织司法考试、安排司法实习、决定具体任用等，各州的做法大体相同。对于任何想从事检察官职业的人来说，其必须是接受正规的大学法律教育和实务培训的法律生，并通过两次国家司法考试后，才能取得职业资格，前后历时6—8年，选拔过程非常严格。③ 对联邦总检察长和联邦检察官的任命，必须由司法部长提名，再由总理提交联邦参议院通过，最后由总统批准；州检察官任命则是州检察长提名后由州司法部长任命。④ 在法国，司法官分为三级，从低至高分别为二级司法官、一级司法官和最高级司法官。在司法官的任命中，司法官最高委员会发挥着至关重要的作用，该委员会创设于1883年，由共和国总统任主席，司法部部长任副主席，分设两个组，一组负责法官事务，一组负责检察官事务。两组设4名共同的成员，分别由共和国总统、国民议会议长、

① 蒋惠岭、杨奕：《英国法官遴选委员会如何运行》，载《人民法院报》2014年7月4日。

② 姚莉：《比较与启示：中国法官遴选制度的改革与优化》，载《现代法学》2015年第7期。

③ 周久贵：《浅析德国检察官遴选制度及借鉴》，载《当代学术论坛》2010年第8期。

④ 张承平、徐子良：《德国检察官选任制度评介》，载《人民检察》2013年第13期。

参议院议长以及最高行政法院全院大会遴选产生。此外，每组还有6名遴选产生来自不同司法层级的司法官代表。委员任期4年，可连任。任命程序完全透明，所有司法官均可对任命方案提出意见和异议。[①] 最高法院总检察官和上诉法院总检察长，由司法部长提名，征求司法官最高委员会意见后，由总统在内阁会议上通过政令任命；其他检察官，司法部长提名征求司法官最高委员会意见后由总统直接任命。[②]

（三）我国台湾地区

我国台湾地区对于检察官的选任实行“双轨制”：一是考选制。在参加司法官考试录取后，并经过司法官训练一年六个月至两年，考试成绩及格后，即取得任用检察官或法官的资格，并依地方法院检察署人力及缺额分发任用，此为检察官的主要来源。二是遴选制。在台湾，“遴选”采狭义解释，特指从曾任检察官、法官、公设辩护人、律师及学者中遴选检察官的过程，至于经考训而任检察官的，不包括在“遴选”之内。依据“法官法”相关规定，在法务部设置检察官遴选委员会，专司从曾任检察官、法官、公设辩护人、律师及学者中遴选检察官事务。检察官遴选委员会设置委员13人，由部次长3人、检察司司长、司法官学院院长、最高法院检察署检察总长、台湾地区高等法院检察署检察长、地方法院检察署检察长各1人、实任检察官代表2人、实任法官、律师及教授各1人组成。目前，初任检察官者大多以考试任用为主，亦为检察官任用最多者。法官转任或曾任检察官回任者，每年人数有限，属个位数，而遴选任用者少之又少。自1987年建制至今，由律师转任检察官者仅5人，学者则无转任案例，多元选任制度未能完全发挥功能。[③]

五、完善检察官遴选委员会制度的思考和建议

（一）明确定位及优化组织结构

1. 明确遴选委员会法律定位

对于该问题，当前主要有两种意见：一是认为遴选委员会应依托省级人大设立，二是认为遴选委员会应当是一个不从属于任何国家机关的专业性社会组

---

① 该部分内容参考了施鹏鹏、谢鹏程：《法国司法官的选任和晋升》，载《检察改革动态》2015年第15期。

② 王守安、陈文兴：《国（境）外检察官遴选制度可资借鉴》，载《检察日报》2015年11月17日。

③ 白忠志：《台湾地区检察官人事制度之变革——检察官的员额、遴选及考评制度述介》，载《人民检察》2016年第2期。

织。对于前一种意见，其理由主要是：根据宪法规定，检察机关由人大产生、向人大负责，人大具有对司法的监督权，具有对检察官的任免权，在人大内部设置专业的检察官遴选机构，符合人大的宪法定位。[①] 并且，有利于人大了解候选人情况，促进遴选过程的正规化、程序化和公开化。[②] 但是，依托人大设立遴选委员会与法律规定不符，也难以操作。首先，依托省级人大设立遴选委员会，可选择的操作方式无非有二：新设一个人大专门委员会和给原有专门委员会新增一项遴选职能。但无论采取哪种方式，根据《地方各级人民代表大会和地方各级人民政府组织法》（以下简称《地方人大组织法》）第30条规定，"各专门委员会的主任委员、副主任委员和委员的人选，由主席团在代表中提名，大会通过。"也就是说，省级人大专门委员会的组成人员应是省级人大代表。但是，选举省级人大代表和选任遴选委员会委员的标准和程序是不同的，难以将两者合二为一。其次，各省设置的遴选委员会中包含了相当比例的非常任专家类委员，而《地方人大组织法》并没有规定非常任的专门委员会委员或省级人大代表。最后，根据《地方人大组织法》规定，专门委员会的提案对象是省级人大。将遴选委员会设在省级人大后，遴选委员会在提出人选建议后如何实现党委审批和人大分级任免，也会出现难题。

综上，笔者认为，遴选委员会应是独立于人大和检察院之外，从专业角度对拟任检察官人选提出建议的第三方社会组织，这样的定位更加符合国家关于设置遴选委员会的导向，也更易操作。

2. 进一步优化组织结构

一是优化委员选任。遴选委员会主任应由的资深法律人士担任。选任委员应当坚持专业性和广泛性的统一，并有严格的标准和程序，建议制定专门的《遴选委员会委员产生办法》，确保选任的委员专业能力、道德水准、职业操守、政治倾向以及健康状况等符合标准，选任过程尽量透明化。遴选委员会人数根据各省遴选工作量具体确定，但应在一个合理的范围内，建议控制在15—19人之内。二是建议采用随机方式择取专家类委员，原因有：一是当出现回避或其他原因导致委员不能参会时，有候补空间，有利于保证会议召开的稳定性。二是有利于减少对遴选事务的不当干预。

3. 建议分开设置检察官与法官遴选委员会

法官在履行职能时是中立的，检察官履行职能时代表国家利益或者公共利

---

① 葛晓燕：《检察系统司法责任制改革构想》，载《人民检察》2016年第4期。

② 宣章良、陈晓东：《检察官遴选制度研究》，载《国家检察官学院学报》2006年第3期。

益，职能不同，专业要求不一样，遴选标准也不一样。分开设置检察官和法官遴选委员会，有利于进一步增强遴选过程的专业化程度。[①] 并且，随着国家法治的进步，遴选委员会的工作程序将更加精细化和规范化，工作量也会相应增加，分开设立有利于更好地开展工作。

（二）权力属性及职能范围的界定

从国外大多数情况来看，考虑到司法权的重要性，即使在以委员会形式遴选司法官的国家，最终的批准和任命，还是交由国会、国家元首或首席大法官进行。遴选机构的决定，在性质上属于荐任或建议，但大都具有一定的约束力和权威性。[②] 从当前改革实践看，各地检察官遴选委员会对候选人情况进行审查后，都是向省检察院提出选任建议，再由检察院按权限审批入额或依法提请人大任命。因此，遴选委员会所具有的权力应是一种提名建议权，即从专业角度提出拟任命员额制检察官人选的权力，具体包括：（1）提名建议权的指向对象是检察院，而不是人大或其他国家机关。（2）提名建议的内容是候选人是否具备担任检察官的素能，以区别于组织部门和纪检监察部门从政治素养、廉洁自律方面进行的审查。（3）提名建议权具有约束力，检察机关在没有足够理由和依据的情况下，不能拒绝遴选委员会的建议。（4）遴选委员会除享有对具体人选的提名建议权外，还享有对检察官遴选事务管理的建议权，如各省级检察院制定遴选工作方案需要提交遴选委员会审核后才能执行。（5）遴选委员会作为第三方机构，其与检察院之间并无领导与被领导关系，因此，对于检察院制定的遴选方案是否可行，遴选委员会只是从专业角度提出建议而并无决定权。但是，由遴选委员会对遴选方案提出建议应是法定的必经程序，并且其建议具有约束力。

基于上述对于遴选委员会权力属性的分析，笔者认为，应当将遴选委员会职能范围限定在具有初任性质的检察官遴选，主要是三项：（1）从现在具有检察官身份的人员中遴选出纳入员额制管理的检察官；（2）从检察官助理中遴选出检察官；（3）择优从律师、具有法律职业资格的法律学者等法律人才中遴选检察官。反之，对于不是初任性质的检察官选任或考核，如逐级遴选检察官、检察官业务考核、等级评定、职务晋升等事项，则建议不纳入检察官遴选委员会的职能范围，理由主要有：首先，不应将逐级遴选纳入检察官遴选委员会的工作范围。当前，的确有贵州、上海、福建等地规定，从下级检察院检

① 朱征夫：《法官遴选委员会的设置应考虑专业把关功能》，载《人民法院报》2015年5月23日。

② 何帆：《法官遴选委员会的五个关键词》，载《人民法院报》2014年6月27日。

察官遴选到上级检察院时即逐级遴选需要经遴选委员会审核把关。但是，逐级遴选对象本身已具有检察官身份，其目的主要是为了实现检察官人力资源在不同层级检察院之间合理配置以及检察官等级的有序晋升，也就是说，逐级遴选并不是具有初任性质的检察官遴选。因此笔者认为，不宜将逐级遴选纳入检察官遴选委员会的职能范围。其次，参与逐级遴选、业务考核、等级评定、职务晋升等事项所需工作量较大，以目前遴选委员会的组织及人力状况，恐还难以胜任。最后，即便是在法治发达国家，领导类检察官的选任也不同于一般检察官，如英国总检察长和副总检察长由首相从本党的下议院议员中提名推荐，由女王任命，而并非像一般检察官一样从律师中选任。

（三）工作的精细化和透明化

1. 增强遴选工作的精细化

建议在已有《遴选委员会章程》的基础上，进一步制定和细化投票规则、委员选任办法、考试考核办法、面试答辩规则等相关制度，形成遴选工作制度体系。相较于笔试和考核，面试答辩对候选人的考察比较直观准确，更能体现遴选委员会专业评价的作用，建议规定面试答辩为必须由遴选委员会组织开展的环节，并通过建立面试考官人才库和面试题库以及科学设计评分标准等方式，不断完善面试程序和规则。

2. 增强遴选过程的透明性

遴选程序的透明化便于社会公众了解和监督遴选过程，以保障选任检察官质量和增强司法公信力。具体来说包括：一是遴选委员会章程、机构设置及工作程序、委员个人信息以及选出检察官的基本情况等重点信息，应当及时向社会公开。二是关于公开的方式方法，除保留传统的印发文件或报纸等形式外，应更加注重借助门户网站、“两微一端”等网络平台进行公开。

入额检察官业绩评价体系构建

余响铃*

一、检察官业绩评价体系构建的重要意义

2015年9月25日，最高人民检察院印发了《关于完善人民检察院司法责任制的若干意见》明确提出，要建立以履职情况、办案数量、办案质效、司法技能、外部评价等为主要内容的检察官业绩评价体系，评价结果作为检察官任职和晋职晋级的重要依据。① 检察官业绩评价体系既独立又相互关联，能较完整地表达评价要求，是由一定的考核指标组成的评价体系。完整有效地实施考核指标的要求，有利于客观评价被考核人员的工作状况，反映业绩目标的完成情况、工作态度、能力等级等，直接与工作人员晋职晋升、绩效工资等密切相关。

（一）业绩评价是检察工作的重要内容

根据现代管理理念，业绩评价的首要目的是对管理过程的一种控制，其核心管理目标是通过了解和检验现职工作人员以及组织的绩效，并通过结果反馈实现人员绩效的提升和组织管理的改善，提高整体工作质量和工作效率，对组织成员而言，通过公平合理的业绩评价，得到组织的认可，可以实现自我价值获得成就感。

一直以来，检察机关高度重视业绩评价，业绩评价工作也是各级检察机关工作的重要内容。最高人民检察院于1995年8月通过的《检察官考核暂行规定》和2001年修订的《检察官法》对检察官的考核内容作出了规定，2002年3月1日最高人民检察院颁布的《人民检察院基层建设纲要》明确指出，"以考核干警的能力，绩效为核心，探索建立能级管理机制。在明确内设机构和工

---

* 余响铃，广东省人民检察院公诉一处主任科员，助理检察员。

① 最高人民检察院：《关于完善人民检察院司法责任制的若干意见》，载《检察日报》2015年9月29日。

作岗位职责的基础上，分类分级明确工作目标，以动态考核为主、定性与定量相结合，实行全员能力和绩效考核，奖优罚劣。”最高人民检察院还制定了《检察官考评委员会章程（试行）》，对检察官考评的机构和程序作了一些具体的规定。[①] 对检察人员业绩评价作出了一系列探索。

在这一轮司法改革中，2015 年 9 月 25 日，最高人民检察院印发了《关于完善人民检察院司法责任制的若干意见》提出，要建立以履职情况、办案数量、办案质效、司法技能、外部评价等为主要内容的检察官业绩评价体系，评价结果作为检察官任职和晋职晋级的重要依据。可见，业绩评价工作不仅是检察工作的重要内容，也是保障检察事业平稳发展的重要制度。

（二）检察官业绩评价体系激励导向检察工作顺利开展

从管理学的角度而言，组织制定宏观的履职业绩目标，个人履职紧紧围绕组织的业绩目标进行设计和实施，将整体目标层层分解后落实到职位和个人，理论上只要每一个人都完成了业绩目标，组织的业绩目标也就实现了。如果业绩评价制度设计科学、实施到位，将有利于促进部门、全院完成各项目标任务，如果业绩评价制度设计不科学、实施不到位，将不利于各部门完成目标任务，影响各项工作顺利开展。目前，各级人民检察院普遍面临异常繁重、日益增长的工作压力，在检察官人数不可能大幅度增加的情况下，靠正确运用考核评价机制，充分发掘内部潜力，不断提高检察官业务素养，才能更好地为转型期的改革、发展、稳定大局提供有力的司法保障和法律服务。

在检察工作中，构建一整套切实、有效、可行的履职、评价、激励为一体的业绩评价机制，通过一定的指标体系和科学的评价方法，对检察院及检察官完成既定工作目标进行的全方位的科学评判，不仅可以成为对检察工作进行督导、检测、评价与激励的重要手段，也是引导检察院及检察官前行的“风向标”与“指南针”，是检察院各项工作全面发展的重要保障。

（三）业绩评价体系是培养和发掘检察人才的重要制度

党的十八大提出，要加快人才发展体制机制改革和政策创新，形成激发人才创造活力、具有国际竞争力的人才制度优势，开创人人皆可成才、人人尽展其才的生动局面。更加重视拓宽人才评价发现的途径，研究建立各类人才能力

① 转引自刘妍、潘丽：《关于如何完善检察人员绩效考核管理机制的探讨》，载《中国刑事法杂志》2011 年第 12 期。

素质标准体系，通过业绩和贡献评价人才，依靠实践和群众发现人才。[①] 检察职业是受到法律严格规范的法律职业，检察人员所从事的工作必然要体现检察工作的职业特点和检察权的司法属性。业绩评价体系作为一种业绩和贡献的评价模式，是立足于检察工作实践，业绩评价的目的在于评价检察人员的办案成果和工作业绩，实际上，检察人员在努力达到组织制定的工作目标的过程中，本身就是培养提升自己能力的过程，往往达到能力要求的，一般都是合格的，如果能够超额完成目标，则常为优秀。因而，既是培养检察人才的制度，也是发掘检察人才的制度。

（四）检察官业绩评价体系是检察官晋职晋级、绩效工资等的重要依据

十八届四中全会通过的《中共中央关于全面深化改革若干重大问题的决定》，对深化司法体制改革作出明确部署，提出要建立符合职业特点的司法人员管理制度，健全法官、检察官、人民警察职业保障制度。当前，关于检察官职业保障的制度主要体现在《检察官法》，比如《检察官法》第 39 条规定："检察官的工资制度和工资标准，根据检察工作特点，由国家规定"；第 40 条规定："检察官实行定期增资制度。经考核确定为优秀、称职的，可以按照规定晋升工资；有特殊贡献的，可以按照规定提前晋升工资"；第 41 条规定："检察官享受国家规定的检察津贴、地区津贴、其他津贴以及保险和福利待遇"。关于检察官薪酬的内容虽然比较原则和笼统，但是框架和脉络比较清晰，目前仍然是检察官获取薪酬的法律依据和保障。司法责任制改革后，检察官的等级晋升将主要依靠工作业绩，工作业绩决定了检察官等级晋升的速度，同时，与工作业绩挂钩的是绩效工资，因而业绩评价体系直接关乎检察官的切身利益。

二、当前检察官业绩评价体系存在的问题

（一）考核内容行政化

国家实行统一的公务员招录考试，检察官与普通公务员的招录、管理、考核、培训、任免几乎没有差别，实行同一套管理体系，在检察院内部，检察官与书记员、司法行政人员甚至机关中具有编制的后勤人员一样，在考核上也几乎没有差别，这种依托行政管理体系而接承下来的管理体系行政化色彩浓厚，不符合司法规律。考核评价体系以行政考核模式为范本，难以体现检察官的专

① 赵乐际：《为全面建成小康社会提供有力人才支撑》，载《学习时报》2013 年 1 月 28 日。

业性特点，也不利于准确甄别表现优秀的和表现一般的检察官，不利于检察官法治思维的培养和深化。在考核内容上，通常采用行政人员的德、能、勤、绩、廉等五项内容，或者是采用《检察官考核暂行规定》中规定的检察工作实绩、思想品德、检察业务水平、法学理论水平、工作态度和工作作风等六个方面。但是这些考核内容都较为简单笼统，政治色彩浓厚，不考虑对象的多样性、特殊性，是缺乏可操作性的考评指标体系，实践中考核结果难以真实反映检察人员的工作实绩。[①] 考核内容的行政化，加之考核主观性强，由此产生的考核结果的公信力就大大降低。

（二）考核等次简单化

在考核等次上，往往是“优秀、合格、不及格”或者“好、较好、一般、较差”，这种考核等次的设置，对“较好”的比例有限制，比如总数的15%、20%等，但是对于“较差”的比例，则没有限定，可有可无，导致在实践中，如果没有发生违法违纪行为，通常不会给被考核人“不及格”或“较差”，达不到一种业绩的倒逼效果。“优秀”或者“较好”的比例设置虽有一定限制，但是领导往往从均衡的角度出发，努力让每个人都保持工作的积极性，尽量让每个人都有机会成为考核优秀者，于是优秀的等次不是“论功行赏”，而是演变成一种“乱流坐庄”的模式，平均三五年，都可以轮到。实际上，这种状况下的考核，就沦为了一种形式，停留于表面。对于考核结果的作用，对管理和解决工作中存在的问题有哪些导向，很多单位并不明确，最后，往往成为部门评价先进、发奖金等工具，对于引导工作、培养人才、提升工作水平等，没有发挥应有的指引作用。

（三）考核工作形式化

考核工作事关每个检察官切实利益，是检验一个检察官能否胜任工作的最重要评价方式。然而，实践中，考核工作还只是年底总结评价工作的一项例行公事，考核引导、激励检察工作的力度和效果还不够，发现和培养检察人才的指向性和引导性还不强，这本质上源于对考核结果的应用处于一个“兜底”层面，只要没有“不合格”“较差”等次，对于检察官晋升、工资、评优评先等都没有任何负面作用，而一般情况下，“不合格”“较差”的人几乎没有，于是这项工作就成了大多数人可以通过的“过场”，久而久之，就形式化了。虽然在考核中，引入了民主测评、民主推荐、民主投票等方式，这些看似民主

① 刘妍、潘丽：《关于如何完善检察人员绩效考核管理机制的探讨》，载《中国刑事法杂志》2011年第12期。

的考核方式，对检察官的评价依据却不是完全根据从事的检察业务情况，不是取决于业务水平，而主要是看“政治思想表现”和“与群众关系”，为了维护这一块的得分，很多检察官就得在人际关系的维护耗费大量精力，而一些有真才实学的人，往往由于业务工作繁重而疲于应付。

（四）考核效果纸面化

虽然高检院制定的《检察官考评委员会章程（试行）》，对检察官考评的机构和程序作了一些具体规定，但从全国检察机关的执行情况看，绝大部分检察院都没有设立专门、长期、固定的检察官考评机构，也没有相对固定的考评程序，只是为了考评的临时需要，设立检察官考评领导小组，临时的组织缺乏过程的管控和数据的有效掌握，无法从定性、定量上对检察官的工作业绩进行全面科学的评价。而且根据绩效管理理论，只有将绩效评价的结果与人们所获得的回报挂钩，才能真正使绩效管理发挥应有的作用。[①] 当前，检察官的考核还没有与工资待遇、选拔调配、奖励惩罚、教育培训、等级晋升等结合起来，与检察官的自身利益还没有形成紧密的联系，考核制度也没有规定如何解决考核中反映出来的问题，致使难以对检察官产生激励和促进作用，考核评价工作难免流于纸面化。

三、国外检察官考核评价制度

（一）英国检察官业绩考评制度

英国法律要求所有的检察官都必须是法律工作者，必须具有律师资格。而英国法律对律师资格的取得规定了严格的条件，成为律师的程序是：首先，大学本科毕业后必须到律师学院学习两年；其次，通过律师资格考试并取得律师资格；最后，取得律师资格后需实习一年，才能独立接案。因此，英国检察官独立办案的能力强，素质普遍较高，英国检察机关考核按照对公务员的考核标准来进行，绩效考核的内容主要包括观察和分析问题的能力、沟通和交流的能力、宏观决策能力、人际关系处理能力、领导管理能力、组织协调能力、高效率工作能力、计划与执行能力、全局意识等多个方面。绩效考核的结果分为三到七个不同的等级、职务晋升与加薪与考核结果直接挂钩。[②]

---

① 孙柏英、祁光华：《公共部门人力资源开发与管理》，中国人民大学出版社 2004 年版，第 164 页。

② 姜海如：《中外公务员制度比较》，商务印书馆 2003 年版；曹志：《各国工职人员考核奖惩制度》，中国劳动出版社 1990 年版。

（二）德国检察官考核考评制度

德国是实行立法、行政和司法三权分立的国家，检察机关隶属于司法部，德国检察官的身份为国家公务员。德国对于检察官的遴选极其严格，要成为合格的检察官，必须通过两次国家考试，最终录取率仅在5%左右。德国对检察官的考评遵循公开、客观的原则，并具有权威性和决定性。德国检察机关除了对检察官进行每四年一次的定期考核外，还包括对检察官的实习考核、空缺职位临时考核、更换岗位的中期考核在内的多种考核方式。德国检察机关绩效考核涉及的指标分为三个大类15个项目，第一类是专业成绩，分为工作成绩和工作方式两个大类，内容包括：被考核对象履行职务的工作业绩、工作责任心和团队精神等；第二类是个人素质，包括身体素质、职业素质等；第三类是综合能力，主要包括决策能力、组织计划能力、专业运用能力、社会处置能力、领导能力、口头表达和文字写作能力等。主考领导根据被考核人的各项得分，完成对其工作能力的总体评估材料。德国对检察官的业绩考评体系充分体现了以人为本、能力优先的特征，并且业绩考评结果与检察官工资和工作晋升密切挂钩，对业绩优秀的检察官进行绩效奖励，对业绩一般或者较差的检察官给予教育训诫、调动岗位，甚至是进行免职处理。①

（三）美国检察官考核考评制度

美国联邦检察系统由联邦司法部中具有检察职能的部门和联邦地区检察官办事处组成，职能主要包括调查、起诉违反联邦法律的行为，并在联邦作为当事人的民事案件中代表联邦政府参与诉讼，美国检察机关考评采用与公务员类似的方式。② 美国对检察官的考核包括平时的日常考核和每年的年度考核，年度考核内容包括工作质量、工作数量和工作适应力，主要对工作完成情况、潜在能力、具体工作职责、完成的工作结果进行评价，对工作内容和效率进行数量和质量分析。考核结果分为优异、满意、不满意等不同等级，与奖金、荣誉、表彰、休假等奖励内容挂钩，但并不直接与晋升挂钩。③

（四）日本检察官考核考评制度

日本检察制度受大陆法系国家的影响较深，明治维新以后，日本参照法国

---

① 严忠华、吴华蓉：《试论检察机关绩效考评制度的完善——以德国检察官绩效考评制度为鉴》，载《法治与社会》2010年第5期。

② 吴国庆、袁东：《美国公务员的工作考评》，载《中国行政管理》2003年第3期。

③ 转引自王欣、黄永茂：《国外检察官考核考评制度之比较及启示》，载《江苏大学学报（社会科学版）》2013年第2期。

的检察制度，在各级审判厅配置检察官，后又参照德国的检察制度，在各级法院附设检事局，实行“审检合置”制度。但在“二战”后，日本检察机关从法院体系中完全独立出来，检察官不再是司法官，而是属于国家公务员序列，是国家的行政官吏。但是检察官与一般的行政官吏仍有所区别，是具有法官特征和职能的特殊类型的公务员。[①] 日本设立专门的检察官合格审查会，每三年就对检察官是否合格进行审查。在具体考评细则上，参照对公务员的考评制度实行。日本对检察官的考核内容包括工作成绩、工作能力、性格和工作适应性。考核结果分为A、B、C、D、E五个等级。A级为工作成绩卓越，一般不超过10%；B级为工作成绩优秀，一般不超过30%；C级为工作成绩良好；D级为工作成绩较差；E级为工作成绩低劣。被评为A级可以越级提工资；被评为B、C、D三个等级可以提薪；E级不能提薪，甚至还要受处分，考核结果要存入档案，并作为职务晋升和人员奖惩的重要依据。[②]

从上述四个域外国家的检察官业绩评价的制度可以看出，在检察官履职业绩评价制度上，普遍具有以下几个特征：

第一，几乎都按照公务员的考核标准进行。虽然各个国家的历史因素、检察模式等不同，但是在考核上，大多借鉴并统一于各自国家的公务员考核考评制度，公务员考核制度是基础，司法属性为特点。虽然检察官是司法官，与行政人员有区别，但是检察官是公职人员，面对的是服务不特定的纳税人，因而立足于公务员的基本要求进行考核是科学客观的，但是不能混同于普通公务员。

第二，考核对象以检察官为主。上述四国对于检察官的选拔有着严格的程序，条件极其苛刻，因而能够成为检察官的，都是经过精挑细选的，具有卓越的司法技能和履职能力，在制定考核指标时，能够统一标准、确定要求。但是我国的检察官业绩考核受行政思维影响，一套考核体系不仅考核检察官，也要考核书记员、行政人员，指标体系专业特征不明显。

第三，既重视对检察官业务能力、履职素养、职业操守的考核，也注重对检察官综合能力、潜力毅力、敬业精神等的考核，考核内容覆盖面广、重点突出。对于检察官业务方面的考核，主要是现阶段履职能力，而对于检察官的决策、组织、社会处置、领导等能力，则是对一个检察官潜力的预判，除此之外，还有身体素质、敬业精神等，虽然这种内容都可以统归到我们考核的“德、能、勤、绩、廉”之中，但是“德、能、勤、绩、廉”这几个指标显得

① 王杰：《日本检察官遴选制度考察》，载《法治与社会》2009年第5期。

② 张剑虹：《中日检察官制度比较》，载《法学杂志》2002年第6期。

过于简单，而且内容不够明细，指引性不强。

第四，注重过程的管控。这四个国家的业绩评价体系，体现过程管控的思维非常明显，比如英国的日常考评和年终考评相结合，德国的定期考核、临时考核和中期考核相结合，其目的都在于通过持续、不间断的考核，发现检察工作中存在的问题，及时提出改进措施。这也是符合现代绩效管理观点的，认为考核考评是一种过程控制，通过考核，诊断出检察机关各业务部门和工作人员存在的问题，进而设计改进方案，促使绩效水平提高。

第五，能够与各种直接利益挂钩。考核对于检察官的职务晋升、人员奖惩、工作评定等切身利益密切相关，不仅直接影响了工薪待遇，荣誉、表彰、休假等，还直接影响晋升的速度、退休金数额等，可以说考核达到了“牵一发而动全身”的效果，考核结果的运用，对于强化检察官责任意识、调动检察官工作的积极性，进而提升检察工作整体水平非常有推动作用。

四、中国检察官业绩评价体系的内容

（一）履职情况

《关于完善人民检察院司法责任制的若干意见》对于业绩评价体系的内容，首要条目就是履职情况，“履职情况”从字面意义上看，可以理解为一个综合概况用语。换言之，是集合了办案数量、办案质效、司法技能、外部评价等综合考评而成的一个总体评价。然而根据该意见的条文规定，可以看出，“履职情况”是并列于办案数量、办案质量、司法技能、外部评价的一个条目。准确理解“履职情况”的含义，并在考核指标中其他条目进行合理区分，是十分必要的。

第一，检察官“履职情况”的首要考核目标就是检察官的政德。当前，公务员的考核首要讲究的是“德”。党的十八大提出，在选人用人上要坚持“德才兼备、以德为先”。这体现的就是政德的重要性，政德即从政之德或为官之道。检察官是公务员，国家对公务员的政德要求是检察官作为一名公务员的基本遵循，检察官的政德是检察官作为一名公务员在行使司法权力、履行工作职责中所体现出的政治思想、道德品质等的总和。其静态载体在于检察官所在具体岗位所赋予的工作职责，动态表现形式是检察官所展现出来的具体的工作行为。其本质在于是否贯彻落实全心全意为人民服务的宗旨意识，是否按照习近平总书记提出的“让人民群众在每一个司法案件中感受到公平正义”的要求要开展工作。因而，检察官“履职情况”的首要考核目标就是检察官的政德，是检察官运用司法权力从事司法工作所表现出来的政治思想和道德品质。

第二，检察官“履职情况”的另外一个考核目标就是检察官的私德。当前大多数检察官都具有党员的身份，党员是公民中的先进分子，是有共产主义觉悟的先锋战士。邓小平同志很早就指出，共产党员，第一，他是普通人，第二，他是普通人中的先进分子。党员是普通大众中的一员，但不能把自己等同于普通群众。对党员的要求，理应更加严格。《中共中央关于全面推进依法治国若干重大问题的决定》明确指出：“党规党纪严于国家法律，党的各级组织和广大党员干部不仅要模范遵守国家法律，而且要按照党规党纪以更高标准严格要求自己。”这不仅对党组织和党员，还对公权力机关和公职人员提出了严于国法的要求。著名法学家富勒说，“如果说愿望的道德是以人类所能达致的最高境界作为出发点的话，那么义务的道德则是从最低出发。”可以说，党的要求体现了“愿望道德”，是社会高标准的道德，而国家法律则体现了“义务的道德”，是社会最低限度的道德。对于党员和公职人员的要求在方方面面都应该更严格，不仅要求检察官政德要好，私德也一定要好，实际上对党员的高要求是体现在多方面的，比如《中国共产党纪律处分条例》专门对严重违反社会主义道德的行为进行了相应规范，与此同时，国家法律对一些纯道德行为并不规范。《关于领导干部报告个人有关事项的规定》对领导干部报告个人事项进行了规定，但国家法律对普通公民个人事项的报告义务并不作要求。对于领导干部子女经商等问题，也都有比一般公民更严格的要求。所以“履职情况”还得考察检察官的“私德”，是否严格遵守检察官八小时之外的规定，是否践行社会主义核心价值观等。

（二）办案质效

中共中央办公厅、国务院办公厅印发的《保护司法人员依法履行法定职责规定》，其第4条明确规定，“法官、检察官依法履行法定职责受法律保护。非因法定事由，非经法定程序，不得将法官、检察官调离、免职、辞退或者作出降级、撤职等处分。”① 其第6条规定，经考核确定为不称职的，可以将检察官免职，第7条规定，在年度考核中，连续两年被确定为不称职的，可以将检察官辞退。② 可见业绩考核的结果是检察官可否辞退的一个法定理由。根据《关于完善人民检察院司法责任制的若干意见》的规定，检察人员应当对其履行检察职责的行为承担司法责任，在职责范围内对办案质量终身负责，司法责

① 参见中共中央办公厅、国务院办公厅：《保护司法人员依法履行法定职责规定》，2016年7月28日。

② 参见中共中央办公厅、国务院办公厅：《保护司法人员依法履行法定职责规定》，2016年7月28日。

任分为故意违反法律法规责任、重大过失责任和监督管理责任。检察官承担司法责任的情形和种类，实际上直接关系到考核的情况。

故意违反法律法规责任，具体包括：（1）包庇、放纵被举报人、犯罪嫌疑人、被告人，或使无罪的人受到刑事追究的；（2）刑讯逼供、暴力取证或者以其他非法方法获取证据的；（3）违反规定剥夺、限制当事人、证人人身自由的；（4）违反规定限制诉讼参与人行使诉讼权利，造成严重后果或恶劣影响的；（5）超越刑事案件管辖范围初查、立案的；（6）非法搜查或者损毁当事人财物的；（7）违法违规查封、扣押、冻结、保管、处理涉案财物的；（8）对已经决定给予刑事赔偿的案件拒不赔偿或者拖延赔偿的；（9）违法违规使用武器、警械的；（10）其他违反诉讼程序或司法办案规定的，造成严重后果或者恶劣影响的。[①] 从上述条文可知，故意违反法律法规责任，不仅是检察官在办案中存在主观上的故意，而且要造成实际的危害后果，这是严重危害办案质量的行为，属于“因违纪违法犯罪不能继续任职的”情况。[②] 可以将检察官进行免职，检察官一旦发生这种情况，根本不存在参加年度考核的可能，实行一票否决制，还应当移送纪检监察、渎职等部门处理。

重大过失责任的情形，主要表现为检察官在司法办案中有重大过失，怠于履行或不正确履行职责，造成下列后果之一的，应当承担法律责任：（1）认定事实、适用法律错误，或案件被错误处理的；（2）遗漏重要犯罪嫌疑人或者重大罪行的；（3）错误羁押或者超期羁押犯罪嫌疑人、被告人的；（4）涉案人员自杀、自伤、行凶的；（5）犯罪嫌疑人、被告人串供、毁证、逃跑的；（6）举报控告材料或者其他案件材料、扣押财物遗失、损毁的；（7）举报控告材料内容或者其他案件秘密泄露的；（8）其他严重后果或恶劣影响的。由上述条文可以看出，故意违反法律法规责任和重大过失责任的首要区别在于主观态度上，前者主观上是故意，后者主观上则是放任和过失，后者造成的损害后果相比前者也要轻一些，这种损害是可以容忍但是绝不能纵容的行为，造成重大过失责任的，必须承担一定的司法责任，这种责任的承担方式和故意违反法律法规责任不同，重大过失责任应当轻一些，笔者认为，对于这种情形，可以结合《保护司法人员依法履行法定职责规定》第7条的规定“在年度考核中，连续两年确定为不称职的”，是可以将检察官辞退的。

---

① 最高人民检察院：《关于完善人民检察院司法责任制的若干意见》，载《检察日报》2015年9月29日。

② 中共中央办公厅、国务院办公厅：《保护司法人员依法履行法定职责规定》，2016年7月28日。

负有监督管理职责的检察人员因故意或者重大过失怠于行使或不当行使监督管理权，导致司法办案工作出现严重错误的，应当承担相应的司法责任。[①]这种情形主要发生在联和办案组之中，要准确区别监督管理人员和承办人之间的司法责任情形，笔者认为，监督管理人员因故意或者重大过失怠于行使或不当行使监督管理权，导致司法办案工作出现严重错误的司法责任情形应当轻于故意违法违规办案和重大过失办案，这是由“谁办案谁负责”的司法责任制精神决定的。

除此之外，还规定了事实认定瑕疵，具体包括：（1）认定事实或情节有遗漏、表述不准确，不影响定罪量刑或全案处理的。（2）证据采信瑕疵。证据的收集、调取、保存、移送、使用等程序不符合法律和有关规定的，但依法可以补正或作出合理解释，并且不属于依法应当排除的非法证据的。（3）法律适用瑕疵。引用法律条文不准确、不完整、不规范，但不影响定罪量刑的。（4）法律程序瑕疵。受理、办理、告知、听取意见、送达等程序不符合法律和有关规定的。（5）法律文书瑕疵。法律文书的名称、类型、文号、格式、文字、数字、语法、符号等存在不规范、遗漏、错误等情形，或存在未依照法律规定签名、盖章、摁手印、注明时间等情形。（6）司法作风瑕疵。检察人员在司法办案工作中有态度不文明、作风拖沓、语言不当等不规范行为的。（7）其他司法瑕疵，对于这种司法瑕疵情形，属于有违司法质量的行为，但是不属于司法责任，为了进一步提升工作质量，让人民群众在每一个司法案件中感受到公平正义，可以对此采取适当方式，将司法瑕疵纳入考核之中，确实严格管理检察官，防止蝼蚁之穴溃千里之堤的情形出现。

（三）办案数量

一个检察官一个考核年度内应当办理多少案件，现行的有关司法改革文件没有明确的规定，但是入额的检察官必须办理一定数量的案件，这是一条底线。实行检察人员分类管理，落实检察官员额制，检察官必须在司法一线办案，并对办案质量终身负责。担任院领导职务的检察官办案要达到一定的数量。业务部门负责人需由检察官担任。[②] 同时，办案数量指标也是检察官业绩考评的一个重要方面，司法不仅要公正，还要兼顾效率，没有效率的公正是不可持续性的，保证每个检察官都办理一定数量的案件，则有利于保证及时有效

---

① 最高人民检察院：《关于完善人民检察院司法责任制的若干意见》，载《检察日报》2015 年 9 月 29 日。

② 最高人民检察院：《关于完善人民检察院司法责任制的若干意见》，载《检察日报》2015 年 9 月 29 日。

完成有关案件的办理，在检察系统内，从全国而言，中西部和东部沿海等地域的办案压力不一样，从一个省而言，比如广东省内，珠三角地区和粤东西北地区的检察官面临的办案压力也不一样，在一个检察院内部，公诉、侦查监督的案件大多能够逐个统计，但是控告、申诉、案件管理、刑事执行检察等部门的案件则不容易以数据论，同时，公诉、侦查监督的案件可以均衡到某个承办人名下，但是自侦部门的案件，则不容易均衡到某个人之下，因为自侦案件的办理大多要靠团队作战，特别需要发挥检察一体的优势。担任院领导职务的检察官和担任部门负责人、部分协助负责人的工作内容不一样，因而也的均衡办案数量的考核。

笔者认为，一个合格的检察官每年办案数量一般应当达到所在部门当年办案的平均数。检察官一个办案年度内的办案数量达不到平均数的，在办案数量考核上，应当从分值上予以减少。但是在实践中，平均数的统计，一般是一个考核年度内的年底才能统计，由于案件调配的客观因素，不可能每个人都刚好达到平均数，一定会存在一定的差异，所以在实践中，可以设置达到平均数的80%、90%等作为合格的标准，这样更有利于实践。当然有些特殊情况也得充分考虑：（1）经组织选派承担重大、疑难、复杂案件等而影响到办案数量的；（2）因组织安排，离开原办案岗位较长时间的；（3）因患有重大疾病等需要进行医疗、调理的，经组织批准休假较长时间的；（4）其他特殊原因，导致要离开原工作岗位较长时间且经组织批准的。

除此之外，对于担任检察长、副检察长、检察委员会专职委员、部门负责人、部门协助负责人的，如何科学确定办案数量？笔者认为，检察长办理案件主要是起引领作用，在现阶段，要积极推进检察长亲自办案，但是数额上，应当以切实可行的数量为准，保证每年亲自办理；副检察长由于可能同时协管多个部门，则可以选择其中一个部门的案件进行办理，达到一定的数量即可；兼任检委会专职委员的检察官，业务工作相对纯粹，在办案数量上应当比副检察长多一些。对于部分负责人，除了办案之外，还可能兼任部门的党支部书记，负责一个部门的综合事务管理，在办案数量上可以较普通检察官有所减少。这是中国检察系统现阶段的工作特征决定的，作出案件数量上的部分调整，其实是为了更好地落实办案责任制。

（四）司法技能

技能一般是掌握并熟练运用技术的能力，司法技能实际上就是掌握并熟练运用法律知识、法律经验、法律技巧的能力。如何评价一个检察官的司法技能水平，采取哪些标准，怎么纳入业绩考核，如何达到一个客观有效、人人认可的标准，既是一个理论问题，又是一个实践问题。

当前，在全国检察系统内，反映司法技能的形式包括业务竞赛、专门人才评比、业务立功等。如各业务条线都举行了相应的业务竞赛，包括全国、全省、全市范围内的“公诉业务标兵”“民行业务标兵”“侦查监督业务标兵”竞赛等，这些竞赛的权威性强、业内认可度高、竞赛内容全面，在一定程度上，业务竞赛的名次充分反映了业务技能的高低。除此之外，各级检察院都会组织一定的人才评选计划，比如“全国检察业务专家”“全国检察理论专家”等，在省一级，也会评比“全省检察业务专家”“全省检察理论专家”等。或者指定各业务条线的专门人才计划。对于在大要案办理、重大专项行动过程中表现优秀的，通常会给予立功受奖，虽然立功受奖的考量出发点不仅包括业务考量，也包括政治考量、思想品德考量等，但是总体上还是体现了业务技能。对司法技能进行考评，可以结合业务竞赛、专家评审、立功受奖等，制定一定的分次等级，这不仅能够对检察官进行考评，还能够引领人才的走向。

除上述宏观层面的司法技能反映形式外，司法技能的体现还表现在各业务条线的具体工作中。比如，公诉工作中，除了依法指控犯罪、进行诉讼监督外，追诉漏罪漏犯、移送线索情况、发出检察建议、纠正违法数、综合办案开展法治宣传教育的情况等，都是司法技能的表现；在侦查监督工作中，比如追捕数、提前介入数、监督立案数、监督撤案数等，都属于司法技能的综合表现。在业绩考核中，都应当以一定的形式纳入业绩考核评价，激发检察官工作的积极性和主动性。

（五）理论水平

调查研究是马克思主义认识论的基本观点，是我们党的优良作风和传统，是一项基本的工作方法，毛泽东同志指出，“没有调查就没有发言权”“谁不调查研究，就剥夺谁的发言权”。检察调研是提高检察工作水平、实现科学决策的基本方法，体现一个干部总结实践经验、探索工作规律的水平。如果不调研，就难以及时掌握信息、发现情况，及时解决问题，很难提高统揽全局、驾驭局势的能力，尤其是上级检察机关，在自身办案的同时，还承担了对下级指导的功能，如果不及时对工作中的情况进行总结分析，则很难提升对下级院指导的力度和水平，更不利于检察权的统一行使。

在业绩考核中，理论水平的体现，应当不仅仅是撰写调研文章的能力，还体现为获评各类典型案例、撰写业务分析报告、获取理论课题、参与立法与司法解释建议、制定规范性文件等。这些都是检察理论水平的体现，都需要理论结合实践，都需要在实践的基础上进行归纳分析、总结提炼。在业绩考核中，应当分门别类，围绕不同的类别，设定不同的加分分值，发挥考核的引领作用，提升检察官的理论调研能力。

因为是针对检察官的业绩考核，对于检察官理论水平的展现，应当以撰写业务类文章为基准。在制定考核方案时，还应当综合考虑业务文章的呈现形式，比如，对于获取检察理论研究课题的，应当结合国家级、省级、市级等不同层次，制定不同的分值，对于发表文章的层次，现有的期刊评价体系可供参考，期刊的层级不同，对应的分值应当不同。

实际上，最难考核的是撰写业务分析报告、参与立法与司法解释建议、制定规范性文件等。由于这类理论成果的载体和呈现形式和研究课题不一样，如何确定分值等次，如何把好重要性，当前没有一个权威的判断标准，实践中，很多出自基层的一线调研报告，论述充分、建议合理，具有很强的针对性和操作性，而有些层次高的即便是规范性文件，可能对实践的指导反而不强。因而可以考核吸收第三方进行评估，成立独立于检察官的兼职的第三方理论评估小组，由专家教授、律师、人大代表组成，对有关的理论成果进行评价，获取一定的考核加分值。

（六）外部评价

检察官代表国家行使法律监督权，关系到社会公平与正义的维护和实现，是与人民群众利益最密切的公职人员。虽然检察官的业绩考评总体上而言是检察系统内部管理和监督的一项重要制度，通过业绩考核了解检察官及所在检察院贯彻部署国家政策、促进社会公平正义等情况，但也不能“闭门搞考核”。借助外部力量，全方位的评价检察官，可以避免自己监督自己、自己考评自己的弊端，能够强化外部监督，提升业绩评价的客观性。

当前，体现外部评价的方式主要有两种，一种是系统外、体制内评价，主要是各级党委、政府等部门给予的评价，如各级党委和政府授予的“五一劳动奖章”“劳动模范”“先进工作者”“三八红旗手”等。这种评价权威性强，群众认可度高，大多是组织经过认真筛选、严格把关确定的，实行司法责任制后，对于各级党委和政府给予的各种荣誉等，应当纳入检察官的业绩考评，实际上，这是对检察官政治素养、职业操守、业务能力的一种综合体现，也是最重要的一种肯定。另外一种则来自人民群众，在司法办案中，人民群众对于检察官的工作，会自发地给予一定的评价，比如赠送锦旗、撰写感谢信等，对于人民群众的呼声，在检察官的业绩考评中应当给予重视，纳入考核内容，提升对外部信息的收纳度。同时，对于反映检察官在司法办案中存在不良作风、不良行为的评价，也应当通过有关渠道及时收纳，通过认真的调查核实，及时给予回应，确实有损检察官职业操守的，应当在考核中予以负面评价。可以适当吸纳人大代表、政协委会、律师、法学教授等，作为考核检察官业绩的兼职外部监督员，提升外部评价的权威性。

司法改革进程中检察岗位练兵实效性探究

——以重庆市人民检察院第五分院为视角

张衍路[*]

包括岗位练兵在内的检察教育培训，是提升检察干警能力和加强检察队伍管理的有效手段。我国《公务员法》第60条第1款明确规定，机关根据公务员工作职责的要求和提高公务员素质的需要，对公务员进行分级分类培训。中共中央新修订的《干部教育培训工作条例》也明确要求实行“分级分类，全员培训”的总原则。高检院《2017年检察教育培训工作要点》则要求“深入推进大规模正规化岗位培训、岗位练兵和业务竞赛，继续深化检察教育培训改革，为全面深化司法体制改革提供坚实的思想政治保证、人才保障和智力支持”。

近几年来，重庆市人民检察院第五分院（以下简称五分院）依托“教育培训”这个着力点，持续加大培训尤其是岗位练兵力度，无论是业务建设、队伍建设、检务保障、信息化建设均取得了明显成效，受到了重庆市院领导的充分肯定，但也存在值得进一步研究的问题。因此，通过总结经验，深入研究包括岗位练兵在内的检察教育培训方式等相关问题，具有重大现实和长远意义，以最大限度确保培训的针对性和实效性。

一、岗位练兵现状分析

（一）取得的基本成效

五分院自成立以来，从未间断过岗位练兵活动，尤其是2014年以来，五分院岗位练兵活动逐步走上规范化、制度化的道路，重点突出了岗位练兵活动的针对性和实效性，更加注重岗位练兵活动的广泛参与性、经常性和创新性，

* 张衍路，重庆市人民检察院第五分院宣教处处长，重庆市检察理论人才，专业性人才，兼职检察教官，三级高级检察官。

取得了一定成效。

1. 岗位练兵数据统计单

从2014—2016年统计数据显示，先后有23个处室38批次申报了岗位练兵活动计划，干警通过竞赛、论坛、专题讲座、案件评议会、辖区业务工作研讨会等形式累计接受培训277期次4501人次，其中完成高检院、市院等调训198期360人次，完成自主培训14期742人次，举办专题培训23期2155人次，专题开展岗位练兵活动42期1244人次。培训数量、质量创历史新高。

2. 岗位练兵成果数据单

具体包括以下几点数据：（1）获得上级院表彰数据。据统计，建院十年来，共有162个次集体、395人次获市级以上表彰（近3年来，有74个集体、78人次荣获市级以上表彰奖励）；近5年来，有8人获得全国检察业务竞赛标兵、能手、优秀公诉人称号，23人获得全市检察业务标兵、能手称号。（2）检察人才数据。目前五分院有检察干警216人，共有符合市院规定条件的检察人才56人（含业务人才、技术人才、专业性人才、检察教官），占全院干警的26.5%，占全市检察人才总数的8%。（3）受重庆市院人才资助数据。仅2016年重庆市院发布《2016年度检察人才培养资助和精品课程评定决定》中，五分院受资助人员达15人，占全市检察机关受资助人员的11.7%；全市23个精品课程有6个，占全市检察机关课程总数的26%，前10名占3个，占比33%，并荣获全市检察机关唯一一个“课程建设组织奖”。

（二）基本特点

1. 领导重视，广泛参与

从2014年起，五分院“四个上讲台”正式拉开了岗位练兵活动制度化的序幕，分层次、多举措激发干警岗位大练兵的热情，体现了广泛的参与性。一是“检察长上讲台”作示范。院领导亲自走上讲台、带头示范，既传授知识技能又点拨引路，促进自觉磨炼履职素能。检察长葛森林、副检察长王弘剑、李存国分别从“增强信仰、爱岗敬业、廉洁从检”“如何提升中层领导干部综合素能”“公诉案件重点把握的几个环节”“青春——从激情燃烧说开去”等角度，通过多媒体教学、提问互动等方式进行专题讲授，受到干警普遍欢迎。二是“中层领导干部上讲台”带头练。要求中层干部将岗位练兵与传帮带结合起来，充分运用一线实战经验，带头学、带头讲、带头练，为干警树旗帜、立标杆，发挥“头狼效应”。五分院宣教处、案管处、民行处、职侦局侦查处、渎检处等部门的处长登上讲台，分别就调研文章的撰写、案件质量评查与分析、法律文书制作、笔录制作、侦查谋略与技巧等基础性实践性业务技能进行讲授。通过开展“中层领导干部上讲台”活动，既促使各条线负责人主动思考如何抓好岗位练兵活动，也提高了自身的授课能力与文字写作水平，还从实战角度提高了干警实务操作的技能，可谓是一举三得。三是“业务骨干上讲台”增氛围。为在全院形成“人人参与练兵、自觉提升素能、敢于挑战自我”的良好氛围，五分院注重发挥业务骨干在岗位练兵活动中的“辐射”效应。通过“送培必反馈”制度的建立，规定凡被选送到高检院、国家检察官学院等市外接受培训的业务骨干，回院后都要将所学内容向本条线或全院干警进行专题汇报，让业务骨干出去进“加油站”、回来后上“检验台”，带着压力认真学，确保学有所获，达到“一人学习，多人受益”的辐射效果。通过开展“每月一讲”活动，组织各业务条线定期开展“析案学法”“议事议案”活动，鼓励业务骨干特别是青年干警上讲台，以实际案例、办案经验和法条释理等为内容，既促进互相学习、取长补短，又达到经验、知识共享，增强了干警的广泛参与意识。四是“专家学者上讲台”拓视野。注重借智借力，适时邀请院外的资深检察官和专家学者授课，及时为干警带来现代司法理念、前沿热点问题等新鲜资讯，丰富岗位练兵的项目和内容，拓宽干警的思路视野，扩大练兵活动的参与度。先后邀请市委宣传部、机关事务管理局等领导，分别举办“国家赔偿操作程序规范”“网络犯罪案件典型案例”“业务工作和生活中负面舆情的规避”“提升后勤保障能力”等专题讲座、面授技艺。分批次组织干警到四川大学、西安交大、厦门大学参加综合素能培训班，聆听专家学者讲授廉政意识与人生观、价值观的树立、法学（司法改革）前沿分析、军事经济热点分析、公务人员能力提升、突发群体性事件处置应对、心理调适等多方面的知识，开阔了干警视野。

2. 认真调研，科学谋划

调查研究是做好教育培训工作的基础和前提。精准培训，能够融合个人意愿和工作需求。为了做好2014—2016年度培训工作，政治部宣教处从每年11月份起，均用一个月的时间对全院29个处室（含8个派驻检察室）通过问卷调查、分别深入处室征求意见、组织干警座谈等形式，有针对性地开展教育培训调研。在调研的基础上，宣教处科学制作“岗位练兵计划表”，分发至各处室限期认真填报。在分析汇总研究的基础上，分别形成了“2014年、2015年、2016年度五分院教育培训计划”报院党组研究实施。该计划主要包括：指导思想、培训计划安排（含综合素能培训、专题素能培训、条线岗位练兵三大类的时间、地点、人员、内容及实施方式、牵头部门）、具体要求、经费预算等方面。全院干警对所列计划的培训项次均较为认可，纷纷表示积极支持参与和配合，被干警亲切评价为“我的成长我做主。”

深度调研和岗位练兵活动持续开展的结果，进一步促进了五分院岗位练兵激励配套机制的建立与完善。2015 年、2016 年院党组先后 2 次研究制定并修改完善了“调研宣传信息课题管理办法”以及“奖励费、授课费、评审费、资助费管理暂行办法”，该“办法”明确规定了对检察干警受到国家级（含高检院）、省市级（含市院）以及五分院表彰的各种具体情形，分别给予不同层次的奖励。作为“指挥棒”作用的激励机制的出台，为岗位练兵活动开展提供了有力引擎，促进了岗位练兵活动的深入开展。

3. 学以致用，注重转化

教育培训的目的在于提升综合业务素能，而素能的提升主要表现在学习成果的转化与运用上，不是为了完成培训任务而培训。一是对于全院性的综合自主培训，要求每人必须撰写一篇心得体会。据统计，从 2014 年该制度实施以来，累计收到干警撰写的心得体会文章 478 篇，对于质量不高的文章，要求返工重写，对于较好的文章在院“党建之声”栏目发表，让全院干警分享学习的收获，并在年终进行评比通报表彰。该做法的有效实施，促使参训人员认真听讲，积极主动思考，即拓宽了干警视野，又提高了干警的写作能力，效果良好。二是加强干警培训档案制度建设。干警教育培训档案是干警接受教育培训情况的客观记载，《公务员法》第 62 条第 1 款规定，公务员的培训实行登记管理。2015 年初，宣教处在以往教育培训档案建立的基础上，进一步予以充实完善。主要对“干警培训情况登记表”进行细化，除记载受训人员的基本情况、何时何地接受何种培训等内容外，重点细化了“培训效果”指标和充实完善了“相关书面材料”等内容。建立档案的目的是充分发挥培训档案在人才培养、年终评价体系方面的作用，同时作为今后提拔重用的重要依据。目前，全院做到人人有培训档案，次次有记载。

4. 形式多样，效果显著

练兵目标——提笔能写、张嘴能说、遇案能办。培训内容涉及法学、军事学、政治学、经济学、心理学、国学、哲学等 13 个门类学科；受训对象由以前单纯强调重视业务到如今的政治综合管理、检务保障及信息化建设领域的均衡发展、全员覆盖；邀请上级院、兄弟院、基层院及其他系统单位的业务专家、检察人才上讲台，通过借鉴他山之石，弥补本院“短板”，实现全面补强；搭建平台——青年人才培养接地气、形式新。培训形式也从以往的专题讲座拓展到互动交流、拓展训练、献身说法等；练赛结合——业务标兵、办案能手出现“井喷”。2016 年，在全市检察机关侦监、公诉、民行、案管四个条线业务竞赛中，五分院有 9 人被评为全市业务标兵、能手，5 人次获得业务竞赛单项奖，占全市检察系统获奖人数的 17.72%。培训的针对性和实效性进一步增强。

在岗位练兵活动中，五分院从机制建设入手，采取压担子、铺路子、升位子等激励措施，进一步调动全院干警干事创业的积极性。实践证明，这些培养计划、人才引领机制确实发挥了“指挥棒”的作用。接下来，五分院还将通过组织包括检察人才在内的业务骨干承担本院、上级院的重点课题、参加重大疑难复杂案件的办理或其他重大业务问题的咨询论证、鼓励发表高质量的学术文章等活动来锤炼青年人。

二、岗位练兵经验总结

（一）把握内涵——重实效

开展好“岗位练兵品牌”创建活动，前提是要深刻理解和正确把握其内涵。笔者认为，检察机关岗位练兵就是要立足本职岗位，从本单位实际情况出发，根据业务建设需要，本着缺什么、补什么的原则，采取多种形式和途径，最终达到队伍建设整体素能提升的目的。在注重参与的广泛性、形式的多样性、操作的规范性、时间的持续性的同时，一定要注重结果的实效性。“岗位练兵品牌”创建，一定要突出重点、难点，找准短板，有针对性地开展好相关训练活动，在注重质量和实效性的前提下，重点培植几个处室作为示范点，努力形成更多可复制、可推广、可持续的长效练兵模式。

（二）领导重视——早谋划

党组一班人意识到，只要抓好“开头”与“验收”两个环节，同时注重练兵过程的持续性，就能较好地实现“抓两关、带中间”所展示出来的成果效应。一是定制机制，为岗位练兵活动有序开展铺路搭桥。为强化检察干警基本功训练，推动岗位练兵系统化、规范化、常态化发展，发挥岗位练兵在提升干警职业素养和专业水平方面的积极作用，根据高检院《全国检察机关岗位练兵、业务竞赛活动指导意见》《检察机关岗位素能基本标准》，市院《重庆市检察机关开展三年全员岗位大练兵活动的实施意见》，五分院于2014年分别制定了《五分院2014—2016三年岗位练兵计划（方案）》《教育培训管理办法》，并在调研的基础上，有针对性地制定了“2014、2015、2016年度教育培训计划”，每年明确了各处室岗位练兵的主要内容、形式和经费预算保障及奖励措施。二是及时动员部署，为申报验收“品牌”做好准备。院领导高度重视品牌创建的申报、验收工作。自2016年5月市院下发《重庆市检察机关岗位练兵品牌创建活动实施方案》的通知以来，葛森林检察长组织院党组成员进行专题研究，听取宣教处对创建工作的情况介绍及基本思路，并明确提出了“公诉一处、职侦局、执检处、民行处、预防处、案管处、技术处、宣教处”

等8个处作为创建主体，明确了相关要求。同时又专门召开由8个处主要负责人参加的党组扩大会，分别听取了相关处室创建工作的意见和建议，并再次提出明确具体要求。院政治部结合本院的实际，制定了《重庆市人民检察院第五分院“岗位练兵品牌创建活动”实施方案》，明确了总体目标、主要措施和组织实施的基本要求。相关处室进一步总结梳理提炼三年来的岗位练兵的主要做法，收集整理相关印证资料，并专门组织召开了创建活动推进会，以迎接市院的验收检查。

（三）机制建设——早固化

岗位练兵活动的有效开展，形成固化了一批岗位练兵的机制成果。五分院创设建立了以“院领导具体个案指导，业务专家、骨干、检察人才跟班办案”等系列有效机制。民行处制定了《民事行政检察一体化办案工作办法》《对基层院民行干警进行“9+1”实务训练工作办法》，实行“9+1”跟班办案机制；案管部制定了《统一业务应用系统使用情况监督办法》，形成了“三表两核一巡查”“三见五倒逼”机制；公诉一处出台了《公诉引导侦查工作取证细则》《关键证据复查复核机制》，建立“以业务竞赛为主抓手，倒逼岗位练兵品牌创建活动”机制；职侦局建立以“法律文书评比”为载体，促进岗位练兵活动开展机制；执检处出台“六步工作法”，建立以“读、记、析、评、创、赛”一体化岗位练兵活动机制；预防处创设职务犯罪预防成果汇报机制，每年组织开展辖区院利用PPT年终集中展示职务犯罪预防成果；技术处建立以“电子证据”人才培养常态化制度，着力培养电子证据运用与业务人才；宣教处注重青年干警、检察人才的培养机制建设，建立完善“四个上讲台”及“送培必反馈”机制，并创设外训干警均要撰写心得体会文章及评比通报等培训成果转化机制，取得了明显成效。

（四）骨干引领——早见效

院党组十分重视关心对业务骨干的培养和成长进步，充分认识到检察人才是检察队伍建设的基石，而检察人才的培养源自于岗位练兵活动的深入持续开展。对此，五分院计划在条件成熟时还将制定“检察人才管理办法或实施细则”。

岗位练兵品牌创建，不可忽视业务专家、检察人才、业务骨干带头、引领、示范作用。我们始终坚持以业务竞赛、轮岗锻炼、讯问询问、庭审辩论、调查侦查、文书制作、接访接待、参与工作会议讨论等为实务训练抓手，以赛促练打基础，提高业务素能，为检察队伍强基、固本、蓄能、聚力，不断提升检察队伍整体素质。

对业务骨干分层次分类别进行专题学习教育培训，为岗位练兵活动开展提供能力平台。我们先后举办了中层领导干部、侦查谋略技能、检察人才、宣传写作及舆情处置能力等多种形式的业务骨干培训班24期，一定程度上提升了干警分析解决问题的能力及业务水平。同时，还充分发挥业务骨干对实习生传帮带作用，充分利用实习生理论研究能力强、实务操作技能弱，而业务骨干理论研究能力弱、实务操作技能强的特点，实现检校优势互补，以弥补岗位练兵的不足。

（五）宣传发动——燃激情

宣传发动是岗位练兵的“引擎器”和“加油站”，具有不可估量的作用。对此，我们有清醒的认识。一是采取多种宣传形式，增强岗位练兵参与意识。五分院通过每年召开动员会、座谈会、制定岗位练兵计划申报表等形式，进行广泛宣传发动，让干警明白“为什么练、如何练、练兵与成长成才的关系”，从而激发干警爱岗敬业、干事创业的工作热情。二是对岗位练兵成效及时宣传报道。首先对全院综合性工作及时宣传报道。先后在《检察日报》《重庆检察政治工作》《重庆干部教育》《法律与监督》《正义网》等媒体宣传报道了《建院十周年，谋划新发展，取得新成效》《岗位练兵业务竞赛取得新成果》《检察业务标兵、能手如此练就》《外训心得“火”了》《五分院培训计划与激励措施并行，检察人才培养渐入佳境》等30余篇。其次对各条线亮点工作及时宣传报道。先后对案管处、预防处、控申处、民行处、执检处、人监办等8个处室分别就“三见五倒逼”机制、“骨干业务参与化解刑事申诉案件”、“查办虚假诉讼案件成效明显”等13个工作亮点在国家级媒体上进行了宣传报道。宣传的力度、广度前所未有，进一步扩大了五分院岗位练兵品牌创建的影响力，进一步助推了岗位练兵活动的深入开展。

三、岗位练兵问题探索

在司法实践中，制约教育培训（岗位练兵）实效性的几个突出问题应当引起高度重视，并认真加以研究解决，以利于教育培训工作的深入开展。这些问题既有主观因素，也有客观因素；既有机制建设方面的不足，也有法规不完善的问题，还有操作方式方法的问题。

（一）培训方式与培训效果的统一问题

实践中，从表面上看，有的培训课程设置较好，培训形式即有专题讲座，也有互动交流，既有多媒体教学的课件，也有体验式教学，但教学效果并不理想。究其原因，一是所聘人员授课水平不高，只重形式，一味迎合学员；二是参训人员对培训重视不够，参与意识不强；三是培训方式（模式）需要改进。

笔者认为，解决前两个问题的办法主要有：一是组织者事先要认真与所聘单位或授课人员进行充分沟通交流，提出明确的授课点及相关要求（包括要求传递正能量），最好让授课人员列出授课提纲，对不理想的授课老师及时要求更换。二是强化参训人员责任意识。组织者在培训前要认真组织开好动员会，明确提出具体要求（包括组织纪律），培训结束后，组织者要对培训效果进行评估和量化，比如进行理论考试测试，或者通过对具体问题进行提问，以打分的方式考核评价。同时严格课堂纪律，实行上课点名或签到的方式，对上课注意力不集中，玩手机、说小话、打瞌睡、随便走动等行为，要利用课间休息或本节课结束时及时点评、提示，认真加以纠正。当然，随时提醒的方式易分散老师的注意力，影响授课效果，一般不宜采用。

但笔者认为，解决第三个问题必须对培训方式进行改革完善。从司法改革的内在要求来看，如何适应当前司法改革的进程，包括培训内容的设置、培训方式的创新至关重要，它事关包括岗位练兵在内的效果针对性和实效性。除采用传统的讲授式、研讨式、案例式、模拟式、体验式教学方式外，以下的几种方式五分院曾做过有益尝试，可供借鉴：

1. “每人一讲式”培训

2015 年五分院宣教处支部尝试开展了让支部党员“每人一讲”活动，达到了“人人上讲台，人人受训”的岗位练兵效果，笔者撰写的《岗位练兵从支部抓起》一文被市院采用转发。其最大优点是解决了案多人少、工学矛盾突出、全院性自主培训的不足，较好地实现了支部活动与岗位练兵的有机融合。

其基本模式是：结合宣教处工作职责，支部书记要求处内人人都要轮流上讲台，实行“每月一讲”。可根据每个人不同情况，安排业务较为熟悉、语言表达能力较强的干警作示范，并要求授课人认真做好授课准备。在具体操作环节突出以下几个特点：一是授课形式灵活多样。既可以是专题讲座，也可以是案例研讨，还可以是座谈交流等，形式不拘一格。二是授课内容由授课人自主选择。既可以是结合实际工作讲法学类，也可以是讲工作之外的哲学、美学、心理学、社会科学，包括讲人生励志类、生活感悟类的内容。总之，授课内容完全由主讲人自主决定，保持“原生态”，支部书记事前没必要对授课内容进行审查，因为是岗位练兵，是对主讲人的授课方法的一种历练，真正发挥主讲人的主观能动性，从中发现授课人的不足，从而达到完善自我、培养自我的目的。三是科学设置点评环节。按照程序设计，在主讲人授课完毕后，由支部干警逐一进行点评，最后由支部书记作综合点评。设置这一环节，既可增强授课人的责任心、责任感，进一步加强和改进授课效果，也可以促使听课人员注意力集中，认真听讲，达到共同学习、共同提高的目的。点评人在充分肯定主讲人成效的同时，重在指出授课内容、授课形式、课件制作等方面存在的问题和不足，缺少此环节，就难以达到实际效果，因此，主持人精心设计点评环节十分重要。四是发挥好主持人作用。一般来说，主持人为处室支部书记。首先要对授课时间提出明确要求。按照“由易到难、循序渐进、逐步适应”的总要求，讲授时间一般不少于一小时，时间过短，难以达到岗位练兵的实际效果，时间过长，又增加了初次授课人员的难度，难以适应。其次要对听课人员提出要求，除认真听讲外，还要认真思考，为大家在点评环节进行精彩点评奠定基础。最后主持人要对主讲人授课效果进行实事求是的综合点评，精彩的点评对岗位练兵实效起到画龙点睛的作用。

通过一年的尝试，宣教处干警进一步体会到了开展岗位练兵的重大意义。一是增强了“培训者首先自我培训”意识，提高了自觉学习的积极性。作为宣教处干警只有不断加强自身对政治、经济、法律、社会知识的学习才能胜任本职工作，才能提升认识世界、改造世界的能力和水平。通过人人上讲台活动，可以有效促使授课人员变“要我学”为“我要学”，从而提高支部成员学习的自觉性、主动性以及理性思考问题的能力，养成自觉学习、主动思考问题的良好习性。二是增强了从事宣传教育培训工作真情实感。从事检察新闻宣传工作首先要具备较高的政策理论水平，其次要体现新闻报道所具有的“政治的敏感性、选才的新颖性、报道的及时性和所报道内容的准确性、真实性”等特性。这就要求新闻工作者要具备较强的文字语言表达能力、与媒体人的沟通协调能力、舆情处置能力以及较强的事业心和责任感，通过亲自授课的形式是提升上述能力的最好途径之一。同理，从事教育培训工作，无论从培训的内容选取、课程的科学设置，还是从教学方式的灵活性以及师资力量的配备都要统筹谋划考虑，这就要求培训组织者在培训他人的同时首先要自我培训，通过“每人一课”的实战形式，从换位思考、真情实感的角度切身体验到如何使培训效果最大化，从而不断提升培训人员的组织管理协调能力。三是有效开展干警岗位练兵活动的需要。检察干警人人上讲台不仅是高检院干部教育培训的规划性要求，也是有效开展岗位练兵提升干警素能的实际需求。客观地讲，每个单位、每个部门都存在业务重、压力大、工学矛盾突出的问题，要想让检察系统的每位干警都上讲台，短时间内难以做到，目前最好的办法就是每个处室、支部从实际情况出发，合理安排时间，以专题讲座、互动交流、案例研讨等形式组织开展灵活多样的自主培训。宣教处支部“每人一课”活动就是对自主培训的一种有益尝试，可以弥补全院性培训的不足，由于时间上可以自主安排，具有较强的机动性、灵活性。四是提升干警思维能力的客观需要。实事求是的讲，给别人讲好一课十分不易，要想达到较好的授课效果，除上述要求个人不断学习外，还要注意以下几个因素：首先要选好授课主体，即选好方向（题目），选题既要选自己较为熟知的内容，又要注意授课对象的不同和实际需求，比如授课对象的职务身份、学历、兴趣爱好等不同，授课人的内容、形式也不同。其次题目选定后要认真备课，包括从哪几个方面讲、重点应该突出什么、课件如何制作、采取何种教学方式、如何把控时间、听众可能要提何种问题都要一一思考好，防止事先准备不足，课堂上手忙脚乱，出差错。再次着装要整洁，充分体现授课人良好的精神风貌，从而给人以干练、有涵养之感。最后要注意与听众的语言沟通交流。包括语速快慢、声音大小、面目表情甚至语言的幽默度都要把握好，同时要随时留意听众的精神状态，适时加以调整。上述几个方面构成了授课的基本方法与技巧，但要达到上述要求除非通过处室支部组织“实战”，亲自体验，进而提升思维能力，别无他法。五是提升处室组织管理能力、增强凝聚力的需要。讲好一堂课除授课人要认真准备的自身因素外，还考验着部门组织者的组织管理能力，它既包括谁来讲、谁先讲、讲什么，也包括何时讲、受众对象、地点的确定，否则授课效果可能会大打折扣，直接影响到授课的效果。通过干警亲自授课，让本处室人员一起听，从授课人那里或多或少学到不少知识，可以增强集体的荣誉感、凝聚力，一举多得。六是创新支部活动内容、丰富活动形式的需要。机关党支部是构建党组织体系的基本单元，是开展党的活动的基本单位，是推进党健康发展的基本力量，是对支部党员进行教育、管理、监督的一种有效形式。由于党支部书记是党的组织生活的直接领导者和具体组织者，如何创新组织形式，使日常教育管理效果最大化，是支部书记必须首先思考的问题。客观讲，目前的组织生活大多停留在念念报纸、读读文件上，自我封闭的形式，被动应付，主动学习不够、学习效果不佳是现实问题。通过“每人一课”活动，可以创新、丰富活动的内容和形式，既可以增强学习趣味性、实效性，也可以从中发现、培养人才，抓好队伍建设，真正起到支部书记“一岗双责”的作用。

2. “自说自画式”培训

以往培训大多采用主讲人主讲或主讲人主导的方式，由于此种方式采用过多且较为单调，听课人员往往有反感情绪。2014 年笔者从市院调入五分院从事宣教工作时就在想，采用何种新颖方式让干警在培训中实现效果的最大化。一次偶然机会笔者看到中央电视台由撒贝宁主持的“开讲啦”栏目，就想如果将此种形式植入到教育培训中去应该有不错的效果。此想法在征得领导同意后，2015 年上半年，由笔者主导策划并主持了五分院“35 岁以下青年干警培训班”，首次借鉴中央电视台“开讲啦”形式，事先选定5位青年干警让其做好充分文字准备，培训现场让其分别结合自己的成长经历，以口述“自说自画”的方式进行讲述，这5位发言人分别就“如何正确对待荣誉”“如何正确面对困难与挫折”“家庭、学习与成长”“技术工作也大有可为”“增进与人民群众感情交流，化解好社会矛盾”作了主题发言，通过评委及干警提问、主发言人回答问题、评委点评、总评等方式，既拓展了培训形式，也丰富了培训内容，还增进了大家的真情实感，培训的实效性较为明显，深受参训干警的好评，五分院制作的微视频先后被市院、高检院向全市、全国转发。五分院青年干警周捷在培训反馈表中写道，“这种别开生面的活动很新颖，互动性强，亲切自然，主题发言人和场下干警年龄相仿，我们能从他们真实的经历中收获很多，特别励志。”此种培训模式既体现了岗位练兵的内涵，又出人意料地达到了培训效果，还为五分院今后培训模式创新提供了很好借鉴。但对组织者提出了更高要求，要精心策划，选好发言人和主持人，并事先对互动环节做好充分准备，花费时间精力较多。

3. “访谈式”培训

此种培训方式主要适合于政治类教育培训，比如人生观、价值观、“两学一做”等较为抽象类教育培训，因为政治类教育培训主讲人很难讲好，在一般人看来兴趣不够浓厚，而“访谈式”培训可以弥补其不足。

其基本模式是：首先通过采访典型人和事并事先制作好录音录像素材。其次布置好由全院干警参加的培训会场。包括主持人的选定及培训主题的确定、所要提问的问题、主席台上被现场采访对象的确定（包括个别院领导、学者、中层干部、普通干警等）、座次确定、台下干警可能提出的问题由谁来回答等都要一一策划好。最后要与技术等部门沟通好，做好灯光、音响效果、视频录音录像播放、录制等准备工作。此种方式最大的好处是能够让干警身临其境地感受到被访谈人的真实心声，且亲切自然，所要解决的问题针对性强。但最大难度在于增强了主持人的难度（包括其对采访内容的熟知程度、语音语速时间把控以及与场下人员互动内容的应变能力等），同时对组织策划人提出了更高要求，且制作成本较高，花费时间精力较多。

4. “动漫式”培训（个体式培训）

此种培训方式的培训对象适合于个体干警。其基本模式是：事先由培训组织者就培训的内容以动画方式制作好，向所要培训的人员分别发送学习。最大优点是不用将受训人员组织起来集中学习，采用分散式学习，受训人员选择学习时间和地点自由度较高，且知识性、趣味性较强，较好地实现了新媒体技术与教育培训的融合。但缺点是对制作动画的技术性要求高，培训的效果依赖于受训人员学习的自觉性和参与度，且学习的效果难以控制。但不管如何，作为培训方式的有益补充可大胆进行尝试。

当然，除上述4种培训模式外，也可大力倡导“业务竞赛式”培训和“问卷调查式”培训。

（二）教育培训与工学矛盾突出的问题

客观地讲，工学矛盾突出几乎是所有单位面临的问题，但司法机关表现得尤为突出，主要表现在业务部门（办案部门），近几年案件呈显著上升趋势，法律规定的办案时效性强，案件发生的周期性集中，加之办案人员少、案件质量要求高，因此办案人员的压力巨大，有个别同志对培训表现出不理解、不支持、不热衷，产生畏难或抵触情绪，遇有培训任务就找理由不参加，总认为通过办案提高业务水平与能力是最好的自我培训，比参加外出培训强。如何确保既保质保量的完成办案任务，又抽出时间集中进行“充电”培训，确实考验着组织者、管理者的管理艺术与智慧。笔者认为，解决好工学矛盾，应从以下几个方面入手：一是领导要加强教育引导。通过摆事实讲道理，从不同角度讲明教育培训工作的重要性，讲明“磨刀不误砍柴工”的道理，同时还要讲明接受教育不仅是公民的一项权利，同时也是一种义务，权利可以放弃，但义务必须履行。二是教育培训组织管理者要采取灵活多样的培训方式。在充分征求意见的基础上，分级、分类、分时段进行，因人、因时适教。另外，适当增加岗位练兵的比重也不失为良策。三是要认真调研，广泛征求意见，科学合理设置培训课程，并切实选好配强授课老师，以培训的实效性加以引导说服，变“要我培训”为“我要培训”。

（三）外聘老师与发挥好本单位业务专家、检察人才作用的关系问题

从目前培训情况来看，绝大多数的培训外聘老师或者外聘领导作为授课人员居多，而本单位（或本系统）的人员较少，总认为外来和尚会念经、领导水平高，客观上忽视了本单位人才作用的发挥。笔者认为，外聘一定数量的教授、专家对于拓展视野是必要的，但不宜过多，因为培训的针对性要求培训要结合检察实际工作需要进行，如果外聘人员过多，由于单位未能给本单位人才提供展示交流能力的平台，一定程度上势必导致内部检察人才的作用发挥不够，达不到培养好、利用好检察人才的目的，久而久之就会影响人才的积极性和创造性，更何况有的外聘人员由于事务性工作较多，理性思考不够，备课不充分，实际授课效果并不一定好。相反，本地或本系统、本单位的专家、人才比较了解本专业的情况，往往授课的针对性强，实际效果较好。笔者认为，在全员综合素能培训方面可适当增加内部人才讲授的比重，发挥好其在某方面的

长处，同时在岗位练兵时，应以内部人才讲授为主，真正达到培训他人与培训自我、教学相长的目的。另外，也要解决好外聘人员授课费高与内部人员授课费用过低（甚至不支付）的问题，充分尊重授课人员脑力劳动和智力成果，最大限度地保护好、调动好内部人才的积极性。

（四）已聘老师与临时换人的问题

实践中，经常出现培训前培训组织者在考察的基础上已确定好授课老师，但临近开课时授课老师又来不了只好更换授课人员的情况，由于临时更换的老师事前准备不充分，最终导致授课效果不佳，参训人员表现出不满情绪。笔者认为，最大限度地解决好这一问题，应做好以下两个方面：一是受聘单位要对授课人员加强职业道德教育和管理，增强其责任感，对确有正当理由不能授课的老师，要对参训人员事先说明情况，及时更换为较好的师资人员，或者征得培训单位的同意后，更换为其他课程老师讲授。二是要依法建立赔偿机制。从法理上讲，受训单位（人员）事先已与其授课单位（人员）建立了聘请合同法律关系，由于所聘授课人员具有人身性质，具有不可替代性。如不能认真完全履行合同，便构成违约，违约的后果除支付违约金外，还要根据实际情况支付赔偿金，以弥补违约金的不足。

（五）培训档案在公务员考核、任职、晋升中的评价作用问题

按照我国《公务员法》第62条第3款的规定，公务员培训情况、学习成绩作为公务员考核的内容和任职、晋升的依据之一。实践中，培训档案的作用发挥并不明显。主要原因是该规定只规定为“之一”，且对于如何利用没有相应的法规作补充，缺少了明确具体规定，用人单位不好操作，客观上使培训档案流于形式，单位实际用人时往往注重工作实绩，轻视培训档案的利用。因此，笔者提出以下建议：一是针对《公务员法》的原则规定，国家相关部门应加强立法，通过法规或规章的形式，对如何利用好培训档案作出明确具体可操作性规定。二是各用人单位要加强对培训档案的管理与利用，在用人时，尤其是在考核、任职、晋升等关键环节上要充分考虑其接受教育培训的情况，做到人尽其才、人尽其用。

三、检察机关提起公益诉讼制度研究

检察机关提起公益诉讼实践问题探讨

陈丁雪*

2015年7月，第十二届全国人大常委会第十五次会议通过了《关于授权最高人民检察院在部分地区开展公益诉讼试点工作的决定》。依据全国人大的授权，最高人民检察院制定了《检察机关提起公益诉讼试点方案》和《人民检察院提起公益诉讼试点工作实施办法》，明确自2015年7月起在北京、内蒙古、吉林、江苏、安徽、福建、山东、湖北、广东、贵州、云南、陕西、甘肃13个省、自治区、直辖市开展试点工作，试点期限为两年。经过近两年的试点，全国各地有关检察机关通过办理案件发现检察机关开展公益诉讼在实践中还需进一步完善。本文试从检察机关提起公益诉讼实践中遇到的问题入手，探讨检察机关提起公益诉讼制度的完善对策。

一、检察机关提起公益诉讼的实践难题

（一）公益诉讼案件线索获取难

检察机关提起公益诉讼，其案件线索主要来源于以下几个方面：（1）举报。自然人、法人、其他非法人单位向检察机关举报，要求检察机关提起公益诉讼。（2）自行发现。民事、行政公益诉讼机构在日常工作中发现案件线索。（3）线索移送。主要是指行政机关、审判机关、检察机关的其他内设机构移送案件线索。[①] 截至2016年底，全国公益诉讼试点地区在履行职责中共发现公益诉讼案件线索5700余件，仅占受理民事行政诉讼监督案件总数的5%。数字表明在实践中检察机关获取案件还存在一定困难，主要有以下两方面原因：一是群众对检察机关提起公益诉讼制度知悉认同度不够。虽然党的十八届四中全会通过的《中共中央关于全面推进依法治国若干重大问题的决定》中

---

* 陈丁雪，山西省太原市人民检察院干部。

① 岳金矿、郭兴莲、那娜：《检察机关提起公益诉讼制度设计》，载《人民检察》2015年第17期。

明确提出“探索建立检察机关提起公益诉讼制度”，且人大授权检察机关提起公益诉讼，但是很多普通群众对此并不知悉。同时，中国长期的法律文化使普通群众更习惯地认为，“社会公共利益理应由政府机构来维护，公益诉讼的原告只能由有权代表社会公共利益的政府机关来承担”。[①] 因此，作为法律监督机关的检察机关提起民事公益诉讼不太被群众所认同。二是行政机关主动接受检察监督的意识不强。当前法治环境下，行政机关尚不可能主动告知检察机关其违法行使职权或不作为造成国家和社会公共利益受到侵害的事实，主动要求检察机关以其为被告提起行政公益诉讼，因此通过行政机关自行移送案件线索难度较大。[②]

（二）认定适格主体及确保适格主体排查穷尽难

在众多民事公益诉权主体之间，检察机关由于其公权力的属性，为避免过多干预私权，必须秉持谦抑性原则。《检察机关提起公益诉讼试点工作实施办法》第1条规定：“人民检察院履行职责中发现污染环境、食品药品安全领域侵害众多消费者合法权益等损害社会公共利益的行为，在没有适格主体或者适格主体不提起诉讼的情况下，可以向人民法院提起民事公益诉讼。“一方面要求检察机关充分发挥其固有的督促起诉、支持起诉的职能，辅助相关公益诉权主体提起公益诉讼。另一方面，在公共利益遭受侵害后，要求检察机关必须坚持穷尽救济原则，在确保无人提起公益诉讼的情况下，担负起维护公共利益的职责，积极行使公益诉权。[③] 但在实践中，由于法律规定的缺失，检察机关缺少判断适格主体的有效标准，对于适格主体无法厘清、认定。同时，由于检察机关没有快速有效的排查渠道和平台，适格主体排查穷尽难度较大，致使排查过程缓慢、耗时较长，公共利益一直处于被侵害的状态。

（三）公益诉讼高额诉讼成本解决难

尽管检察机关是体系完备和职能成熟的司法机关，但提起民事公益诉讼仍然需要额外的成本支出，由于公益诉讼针对的是侵害公益案件，如环境侵权案件等，此类案件往往当事人众多、分布广泛，调查取证困难，诉讼过程复杂。因此，检察机关承担提起民事公益诉讼职责时必须有专门的机构和人员并有相

① 杨秀清：《我国检察机关提起公益诉讼的正当性质疑》，载《南京师大学报（社会科学版）》2006年第6期。

② 李旻：《检察机关提起行政公益诉讼的案件来源发现》，载《中国检察官》2016年第3期。

③ 师丹：《检察机关提起民事公益诉讼程序规则研究》，载知网。

应的经费保障，也就是必须增加相应的人力和经济成本。[①] 同时，检察机关在调查取证的过程中需要支付较高的取证、鉴定、咨询费用等，特别是在环境污染公益诉讼中存在鉴定难、鉴定贵的问题。[②] 目前具有环境污染司法鉴定资格的仅有国家海洋环境监测中心司法鉴定所、北京劳保所司法鉴定所等7家鉴定机构，其他地方没有相应资质的鉴定机构，这导致了司法鉴定成本较高。[③] 检察机关的诉讼成本主要源自政府的财政支出，由于没有强大的经费支持，高额的诉讼成本经常会导致检察机关提起公益诉讼后最终以调解方式结案。[④] 高昂的诉讼成本应该如何解决；检察机关提起公益诉讼胜诉后，赔偿金是否能够部分用于支付诉讼成本；比例又该如何确定，等等，这些问题目前尚没有相关的解决措施。

（四）环境民事公益诉讼收集证据难、举证难

我国台湾学者陈朴生认为，“证据之调查，因其作用不同，分为形式调查与实质调查两种，前者，重在证据资料之收集，属于立证范围；后者，重在证据态度之发见，属于判断范围。”[⑤] 检察机关得以被授权以公益诉讼人身份提起公益诉讼，其中有一个重要因素就是检察机关享有证据调查权，更容易克服诉讼中的技术性障碍，容易获得胜诉，从而有利于社会公共利益的司法保护。[⑥] 但在司法实践中发现，环境公益诉讼由于环境污染受损后果的潜伏周期较长，存在一定的隐蔽性和复杂性，可能有多个企业或者公民同时排污，可能有多个污染源，这时环境污染中的因果关系该如何确定，存在多个污染源的情况下责任比例应当如何划分。这些证据具有较强的专业性和技术性，检察机关收集证据时难度较大，能够收集和掌握的证据也较少。[⑦] 因此收集证据难、举

① 周立波：《检察机关提起民事公益诉讼的效益价值分析》，载《法制与经济》2010年第1期。

② 李良：《关于完善江苏环境公益诉讼制度的建议》，载《污染防治技术》2015年第4期。

③ 刘刚学、刘博：《关于检察机关公益诉讼实践的几点思考》，载法制网，2016年6月27日。

④ 如：2014年，江苏新沂市人民检察院提起的一起环境污染刑事案件中，对被告人欲提起刑事附带民事诉讼，要求其对造成的污染损害进行赔偿，但因为需要支付高额的鉴定费用而不得不将民事赔偿部分以调解方式结案。

⑤ 陈朴生：《刑事证据法》，三民书局1983年版，第331页。

⑥ 赵亮：《检察机关提起公益诉讼调查取证实证分析》，载《中国检察官》2015年第10期。

⑦ 刘志月：《检察机关提起公益诉讼遇三大难题》，载《法制日报》2015年第6期。

证难是目前检察机关在环境民事公益诉讼中面临的主要困境之一。

（五）公益诉讼级别管辖和地域管辖难

管辖是诉讼的基础问题，检察机关要进入公益诉讼程序，首先需要解决的问题是应该由哪个检察机关对案件进行受理、立案，即必须明确案件的管辖范围。但在实践中，公益诉讼的管辖也面临诸多困难：一是地方保护主义严重。“现实中，行政机关不能依法履行职责，主要原因是受地方利益的驱动，相应地，检察机关在进行公益诉讼过程中能否摆脱地方利益的影响，也是其面临的最大考验”。[①] 如何在确定案件管辖的过程中合法有效地避免带有地方保护主义倾向的法院进行审判，是检察机关需要解决的问题。二是由于水、大气、地理环境等具有不可分割的属性，所以环境公益侵害也通常具有整体不可分割的特点，当出现较大环境污染区域时，如何选择级别管辖和地域管辖均合适的法院进行审判，尚有待法律予以明确规定。

（六）环境民事公益诉讼执行保障难

为了指导实践中环境民事公益诉讼的操作，最高人民法院在新修订的《环境保护法》实施以后，先后发布了《关于审理环境民事公益诉讼案件适用法律若干问题的解释》《关于审理环境侵权责任纠纷案件适用法律若干问题的解释》两个文件。从两个司法解释的内容来看，对于环境民事公益诉讼的起诉、立案、举证、责任承担方式等问题进行了明确，但对于环境民事公益诉讼生效裁判的执行问题，两个司法解释基本没有涉及。环境民事公益诉讼裁判执行的效果直接影响到提起的环境民事公益诉讼目的的实现，影响到环境资源生态功能的恢复。[②] 检察机关提起公益诉讼胜诉后，在执行诉讼请求时，对于如何计算公共利益损失的赔偿金数额，应由哪个部门进行收取管理，赔偿金如何分配使用，救济对象如何确定，救济资金如何申请，申请救济资金的数额如何确定，这些问题前均没有具体的规定，检察机关在实践中难以有效的执行。同时，检察机关以不同的身份参加各种诉讼活动行使权力，一方面，检察机关以公益代表人的身份提起诉讼时，其为公益诉讼人；另一方面，检察机关又具有法律监督者的身份，在公益诉讼中，其身份具有双重属性。在判决执行过程中，当遭遇执行不力时，检察机关如何发挥监督职能，确保判决得到及时正确

① 参见清华大学法学院副教授何海波在“探索建立检察机关提起公益诉讼制度研讨会”上的观点，《人民检察》2016 年第 11 期。

② 张辉：《论环境民事公益诉讼裁判的执行——“天价”环境公益诉讼案件的后续关注》，载《法学论坛》2016 年第 5 期。

的执行，需要法律予以明确的规定。[1]

二、检察机关提起公益诉讼制度的完善路径

（一）健全案件线索来源机制

一是采取有效措施扩大群众对检察机关公益诉讼职能的知情权，增加认同感。当公共利益受损后，最早能够发现公益受侵害的大多为与其临近的公民或密切关注公益的组织。检察机关应加强对公益诉权的释法宣传，通过利用“两微一端”等现代媒体刊登法律规定、公益诉讼典型案例等，使广大群众了解和认同“检察机关无论是提起行政公益诉讼还是民事公益诉讼，都是检察机关履行法律监督职责的途径，也是维护公共利益的必要的法律监督形式”，[2]从而养成遇到公益侵权能够想到检察机关的法律习惯。同时，要进一步畅通群众举报途径，探索建立专门的公益维权网络信息反映平台，设置举报电子信箱和网上留言平台，以获得更多案件线索。二是认真研究“在履行职责中发现”案件线索的途径和方法。构建检察机关各内设机构之间移送线索的工作渠道。民事行政检察部门应加强与侦监、公诉、自侦、控申、预防等业务部门的联系，完善内部协作机制。[3] 要充分利用“双联”“保民生，促三农”等工作平台，畅通监督渠道。借力检察一体化工作优势，最高人民检察院加强对公益诉讼个案办理经验、类案办理规律和地区经验做法的归纳总结，积极开展对下指导；注重向基层办案一线提供案件线索，帮助拓宽案件来源，减少地方办案阻力。三是构建检察机关与其他国家机关、相关部门的公益诉讼线索联动机制。加强与行政机关的协调，推动检察监督与行政监察、行政复议等行政机关内部纠错机制的有效衔接。探索建立与行政执法机关的案件线索移送机制，深入推进“两法衔接”等工作平台建设。在生态环境和资源保护领域，加强与环保、国土、林业等部门的协作；在国有资产保护领域，加强与财政、审计、国资委等部门的协调配合；在食品药品安全领域，加强与食药监、工商管理、质监等部门的协作，获取公益诉讼线索。[4] 同时，积极构建与律师事务所、司法所、

---

① 张辉：《论环境民事公益诉讼的责任承担方式》，载《法学论坛》2014 年第 6 期。

② 参见中国政法大学副校长、行政法学教授马怀德在“探索建立检察机关提起公益诉讼制度研讨会”上的观点，《人民检察》2016 年第 11 期。

③ 黄祺瑛：《检察机关提起公益诉讼的现实困境与突破思路》，载《法制与社会》2016 年第 9 期。

④ 黄祺瑛：《检察机关提起公益诉讼的现实困境与突破思路》，载《法制与社会》2016 年第 9 期。

社区等单位的公益诉讼案件线索联系网络，并按时到各网点接访。[①]

（二）构建认定、排查适格主体机制

一是要积极完善立法。目前，我国相关法律对于民事公益诉讼适格原告的规定尚有缺失，以致检察机关对《检察机关提起公益诉讼试点方案》中“适格主体”缺乏具体明确的认定标准。如新《民事诉讼法》第55条将环境公益诉讼的原告主体规定为“法律规定的机关和有关组织”。但“机关和组织”的具体范围，在我国现行法律体系中尚缺乏明确的规定。关于“法律规定的机关”中，“法律”与“机关”如何界定、是否应当包含环保行政机关和检察机关，以及“有关组织”的内涵与外延等问题，不仅理论界争议很大，在司法实践中也存在分歧。[②] 因此通过立法明确“适格主体”的具体内容，已成为检察机关更好地开展民事公益诉讼亟待解决的问题之一。二是与相关部门间搭建信息反馈平台。当其他部门发现公共利益受损线索时，通过平台及时与检察机关进行反馈和沟通，及时确定公益诉讼是否有适格主体和适格主体是否起诉，使检察机关尽快完成适格主体的排查工作，作出是否进入公益诉讼程序的决定。三是探索建立适格主体排查期间停止侵害制度及排查公告制度。为避免排查适格主体期间造成持续的环境污染，应建立排查期间停止污染行为侵害制度，明确规定自检察机关发现环境污染侵害行为起，可以检察建议的方式要求污染行为人停止侵害。同时，检察机关可以通过相关媒体发出公告，自公告之日起三个月仍无诉讼主体提起公益诉讼时，应视为适格主体已排查穷尽，检察机关可以直接提起公益诉讼。

（三）建立公益诉讼基金保障制度

对于检察机关提起的民事公益诉讼，各国对诉讼费用都设置了一些特殊规则。如《日本人事诉讼程序法》第17条设置了诉讼费用由国库承担的规则。在法国，检察官败诉也要承担进行诉讼所必须支出的费用。德国的《诉讼费用援助法》规定，在公益诉讼中，在原告胜诉的情况下，被告要向原告支付相应的诉讼费和律师费；而在原告败诉的情况下，原告只需根据降低了的诉额比例支付被告诉讼费。可见，根据域外的经验，诉讼费用是按照“谁败诉谁承担”的原则支付的。同时，在检察机关败诉的情况下，诉讼费用实际上由

① 刘祥林、王黎、赵芳芳、罗欣：《检察机关提起公益诉讼的价值分析与制度设计》，载《法学杂志》2010年第5期。

② 参见：《2013年环境公益诉讼“挂空挡”》，载新华网 http://news.xinhuanet.com/vz-vd/tech/20140301/c119558596.htm。

国家负担，检察机关仅支付进行诉讼所需的必要费用。[①] 目前，我国用于公益诉讼的资金投入主要依靠政府的财政支出，明显入不敷出，资金来源短缺严重影响了公益诉讼的进程。对于公益诉讼保障资金来源方面存在的困境，可以借鉴其他国家的经验，建立公益诉讼基金保障制度。公益诉讼保障资金的来源可以包括：（1）国家财政支持，从财政收入中拨付出用于公益诉讼的专项资金；（2）强制环境污染企业依法缴纳环境税；（3）社会资金支持，社会组织、个人的捐献；（4）从公益诉讼被告方缴纳的赔偿金、补偿金中按照比例抽取。[②]

（四）明确公益诉讼中的举证责任分配

举证责任分配问题至关重要，直接影响检察机关提起公益诉讼胜诉的机率。在民事诉讼中，采取的是“谁主张，谁举证”的原则，在行政诉讼中，行政机关负有证明其具体行政行为合法的义务，而行政相对人不承担证明责任。《检察机关提起公益诉讼改革试点工作方案》规定“检察机关提起民事公益诉讼，应当有明确的被告、具体的诉讼请求、社会公共利益受到损害的初步证据……”应根据公益诉讼不同的情形，对检察机关的证明责任予以进一步明确。一是对于环境民事公益诉讼，应该坚持“谁主张，谁举证”的原则。依据最高人民法院《关于审理环境民事公益诉讼案件适用法律若干问题的解释》第8条规定“提起环境民事公益诉讼应当提交被告的行为已经损害社会公共利益或者具有损害社会公共利益重大风险的初步证明材料”。也就是说检察机关提起环境民事公益诉讼需要提供证明被告方污染行为与结果之间有因果联系的初步证明材料，根据《检察机关提起公益诉讼试点方案》的要求，这种证据材料只限于初步证明效力即可。[③] 考虑到环境污染因其长期性、隐蔽性，收集造成损害事实的证据需要较强的专业技术性，且环境侵权企业在掌握信息和技术方面存在明显的优势等因素，上述举证责任应设置例外，即检察机关承担主要的举证责任，但对于某些涉及非常专业的技术问题的证据，则由被告承担举证责任，证明其行为合法并与损害社会公益后果不存在因果关系。二是对于行政公益诉讼，应根据诉讼请求和待证事实区别对待：如果请求法院责令行政机关依法履行法定职责，根据《行政诉讼法》第38条规定，则不需提供证据支持诉求；如果请求法院撤销或部分撤销行政违法行为、确认行政行为

---

① 邓思清：《论检察机关的民事公诉权》，载《法商研究》2004年第5期。

② 沈绿野、赵春喜：《我国环境修复基金来源途径刍议——以美国超级基金制度为视角》，载《西南政法大学学报》2015年第3期。

③ 赵亮：《检察机关提起公益诉讼调查取证实证分析》，载《中国检察官》2015年第10期。

违法或者无效，则需提供被告行政行为具有违法或可撤销的初步证明材料。对于一些行政机关部门内部规定或是涉及其他专业性知识的，则可以参照《行政诉讼法》第34条的规定由行政机关提供证明其行政行为合法的依据和证据。

（五）明确公益诉讼案件的级别管辖和地域管辖

由于公益诉讼具有涉及不特定多数人的公共利益的特点，因此对于公益诉讼的管辖应坚持集中性原则，即应指派级别较高且能力较强的检察机关来提起公益诉讼，并且公益诉讼的审判宜采用集中诉讼、集中审判的模式。例如，澳大利亚为解决环境保护案件，依据1980年的《土地与环境法》在新南威尔士州设立了土地与环境法院，该州最高法院和环境高等法院的司法管辖权相同。从该国的《土地环境法院法》内容来看，9名技术和调解委员（全职委员8名、资深委员1名）、6名法官（助理法官5名、首席法官1名）构成土地环境法院。[①] 我国应参照国外的有益经验，对公益诉讼案件的管辖作出明确规定。在级别管辖方面，建议普通民事公益诉讼案件原则上由基层法院管辖，具有重大影响或较为复杂的由中级法院管辖，本省乃至全国影响重大的由高级人民法院管辖；行政公益诉讼案件的管辖法院根据被诉行政机关的级别来相应确定，具有重大影响的建议由中级以上法院管辖。在地域管辖方面，建议建立跨区域公益诉讼案件专门管辖机制，具体来说，可以以每个省为单位，根据各省的地理和生态环境特点，将区域划分为若干生态保护板块，为每个板块指定专门管辖法院。当遇到管辖争议或地方保护主义等情况时，启动指定管辖程序。

（六）建立公益诉讼救济基金制度

一是检察机关提起公益诉讼胜诉后，为有效防止侵害行为再次发生，并真正实现对侵害行为造成损失的补偿，应积极借鉴国外惩罚性损害赔偿理论，探索建立符合我国实际的公益诉讼救济基金制度。所谓惩罚性损害赔偿是指法院所作出的赔偿数额超出实际损害数额的赔偿，其目的是通过加重违法行为人的经济负担来制裁侵害行为，并对加害人以及社会一般人产生遏制和威吓作用。[②] 美国的民事罚金制度就是惩罚性损害赔偿的一种表现形式，法院判决败诉被告支付相应数额的罚金，用于排除危害、恢复原状等。我国应探索建立公

① 杨帆、黄斌：《瑞典、澳大利亚、新西兰、美国的环境法院及启示》，载《法律适用》2014年第4期。

② 张艳蕊：《民事公益诉讼制度研究——兼论民事诉讼机能的扩大》，北京大学出版社2007年版，第163页。

益诉讼救济基金制度，即在政府主导下设置一项公益基金，该公益基金应当由相关政府部门或事业单位予以管理，通过制定详细的管理办法，明确公益诉讼赔偿金、救济金如何使用，赔偿救济对象如何确定，赔偿救济资金的申领程序以及数额等。[①] 该公益基金还用于支持其他诉权主体提起公益诉讼，以及为保护公益而应当支出的其他必要费用。同时，将惩罚性赔偿金纳入公益基金之中，综合考虑加害人的过错程度、主观动机等，明确惩罚性赔偿的数额标准。二是检察机关作为法律监督机关，加强公益诉讼执行监督更为重要。民事诉讼法、行政诉讼法均规定检察机关对诉讼活动有权进行监督，诉讼活动当然包括审判活动和执行活动。最高人民法院、最高人民检察院联合发布的《关于民事执行活动法律监督若干问题的规定》明确规定，检察院依法对民事执行活动实行法律监督，法院依法接受检察院的法律监督，并进一步明确检察院对执行活动实施法律监督。检察机关对执行活动的监督方式，除发出检察建议外，发现执行人员严重违法、涉嫌犯罪的，把线索移送有关机关或部门，并对后续进展情况及时跟踪，适时开展立案监督。当发现被告人有能力执行而拒不执行判决时，应该及时向相关部门发出检察建议，建议督促执行；涉嫌犯罪的依法追究刑事责任。同时，还应该完善相关的法律法规，对不执行公益诉讼判决的被告人予以更加严厉的处罚。

① 借鉴《昆明市环境公益诉讼救济专项资金管理暂行办法》的规定。

检察机关提起公益诉讼制度基本问题研究

吕天奇　张理恒[*]

以2014年党的十八届四中全会《中共中央关于全面推进依法治国若干重大问题的决定》为标志，我国正式确定要探索建立检察机关提起公益诉讼制度。2015年7月，经中央全面深化改革领导小组审议，全国人大常委会授权北京、内蒙古等13个省、自治区、直辖市开展公益诉讼试点工作。通过近两年的试点，检察机关提起公益诉讼取得了预期成效，显示了检察机关提起公益诉讼制度的可行性和优越性，为在全国展开此项工作提供了可复制、可推广的经验，也为建立检察机关提起公益诉讼制度提供了实践依据。下一步，检察机关将从三个方面进一步加强提起公益诉讼工作：一是推动提起公益诉讼工作在全国检察机关全面铺开、深入发展；二是进一步明确公益诉讼的程序和方式，并积极完善检察机关提起公益诉讼的规范体系；三是加大办案力度，针对社会高度关注、人民群众反映强烈的突出问题，更大限度地通过提起公益诉讼维护国家利益和社会公共利益，推进法治政府建设，保障和改善民生。①

检察机关提起公益诉讼制度经过长时间准备期和试点期，可见其理论上涉及的问题很复杂，在实践中更是知易行难。考虑到检察公益诉讼工作制度的生根发芽乃至最终确立必须具有充分的理论根基，故笔者拟对该项制度的相关基础理论问题做一番探讨。

一、公益诉讼的概念及法律特征

公益诉讼，是从英美法系国家被称为是public interest litigation的诉讼活动

---

* 吕天奇，经济法学博士，法学博士后，全国检察业务专家，四川省人民检察院检察委员会委员，法律政策研究室主任，检察委员会办公室主任，西南政法大学教授，博士生导师；张理恒，法学博士、博士后，四川省成都市人民检察院检察官。

① 胡泽君：《公益诉讼试点工作取得了预期成效》，载人民网 http://legal.people.com.cn/n1/2017/0311/c42510-29138307.html,2017年3月11日。

直接翻译过来的。在我国学术界和司法界一般认为，公益诉讼是指为了维护社会公共利益而提起的诉讼。公益诉讼的概念在广义和狭义两个层面上都具有规定性。广义上的公益诉讼，是指所有基于公共利益或者公共政策的原因而提出的诉讼，包括不具有直接利害关系的组织为维护公共利益提起的诉讼和具有直接利害关系的人（包括自然人和法人）为维护公共利益提起的诉讼；狭义上的公益诉讼，则仅限于非直接利害关系人提起的保护公共利益的诉讼。

在理论上，按照适用的诉讼法的性质及被诉对象（客体）的不同，公益诉讼又可划分为民事公益诉讼和行政公益诉讼。以上两种公益诉讼均是相对于私益诉讼而言的，它区别于私益诉讼的主要法律特征有：一是诉讼意图上的社会性与公益性。公益诉讼的主要目的是维护国家利益和社会公共利益，而不是特定主体的个体利益。二是起诉主体的超然性。提起公益诉讼的诉讼主体并不与被诉案件具有直接的利害关系，而提起私益诉讼的起诉者必须是与案件有直接利害关系的公民、法人及其他组织。三是诉讼受益主体的广泛性。公益诉讼案件的受害主体往往是一个由不特定多数人组成的群体，诉讼结果的受益主体具有广泛性。四是保护法益上的对世性及效力的扩张性。公益诉讼所保护的是社会成员的公共利益，其判决效力及于整个社会，具有扩张性特征。

二、检察机关提起公益诉讼的实践巡礼及必然性

（一）检察机关提起公益诉讼的前期探索（1997—2013年）

公益诉讼的实践缘于近年来侵害社会公益的重大案件时有发生。早在上世纪90年代，河南省检察机关就先试先行探索过提起民事公益诉讼，依法维护国家利益和社会公共利益。1997年河南省南阳市方城县检察院办理的一起国有资产流失案，被称为是我国法律界“公益诉讼鼻祖”。该案具体情况是：1990年后期伴随着国企转制，我国国有资产流失现象开始出现且比较严重。1997年5月，有群众向方城县检察院举报，反映方城县某镇工商所以2万元的低价将价值高达6万元的店面贱卖给了私人汤某某。经调查属实后，于同年7月1日以方城县工商局和汤某某为被告，向县法院提起诉讼，请求确认二被告之间的买卖协议无效。该县法院受理此案并判决支持了检察机关的诉讼请求，确认了该买卖行为无效。此案开启了检察机关提起民事公益诉讼的先河。嗣后，我国多省检察机关竞相效仿，在一定程度和范围内使侵害国家和公共利益的行为得到抑制，国家和公共利益保护不力的局面得以改观。[①] 2000年，最

① 郭恒忠：《公益诉讼何去何从》，载政府法制信息网 http://www.chinalaw.gov.cn/article/xwzx/fzxw/200509/20050900031170.shtml，2005年9月28日。

高人民检察院发布《关于强化检察职能、依法保护国有资产的通知》，强调："检察机关应充分发挥检察职能，对侵害国家利益、社会公共利益的民事违法行为提起诉讼。"截至2004年就办理了各类公益诉讼案件200余件。但我国检察机关提起公益诉讼的这一波前期探索至2013年我国颁布新的民事诉讼法终止，现行民事诉讼法对公益诉讼的适格主体作了严格的限制性规定，使得检察机关提起民事公益诉讼遭遇严重阻滞。

检察机关提起民事公益诉讼的这一波前期探索主要呈现出如下特点：一是所有公益诉讼均集中在民事公益诉讼，未见行政公益诉讼；二是开展公益诉讼的方式除直接提起诉讼外，还有提起刑事附带民事诉讼及督促起诉、支持起诉等多种形式；三是提起公益诉讼的案件范围广泛，既有涉及国有资产保护的，又有环境污染类案件，还有侵害众多人员群体合法权益的侵权类案件。

（二）新时期检察机关提起公益诉讼的探索（2014年至现今）

2014年党的十八届四中全会《中共中央关于全面推进依法治国若干重大问题的决定》提出构建检察机关提起公益诉讼制度，是立足于对以往检察机关开展公益诉讼实践探索的肯定，同时也对检察机关提出了新的更高要求。习近平总书记在《关于〈中共中央关于全面推进依法治国若干重大问题的决定〉的说明》中指出："在现实生活中，对一些行政机关违法行使职权或者不作为造成对国家和社会公共利益侵害或者有侵害危险的案件，如国有资产保护、国有土地使用权转让、生态环境和资源保护等，由于与公民、法人和其他社会组织没有直接利害关系，使其没有也无法提起公益诉讼，导致违法行政行为缺乏有效司法监督，不利于促进依法行政、严格执法，加强对公共利益的保护。由检察机关提起公益诉讼，有利于优化司法职权配置、完善行政诉讼制度，也有利于推进法治政府建设。"从2015年7月开始，全国人大常委会授权北京、内蒙古等13个省、自治区、直辖市开展为期两年的公益诉讼试点工作。截至2017年1月，各试点地区检察机关共办理公益案件4681件，其中诉前程序案件4155件，提起诉讼526件，生态环境和资源保护、食品药品安全、国有资产保护、国有土地使用权出让等四个试点领域全部覆盖。督促恢复被污染、破坏的耕地、林地、湿地、草原12.8万公顷；督促近1400家违法企业进行整改，索赔治理环境、恢复生态等费用1.6亿元；督促收回欠缴的国有土地出让金32亿元。[①] 不难看出，在新的历史条件下检察机关提起公益诉讼，与过去

① 胡泽君：《公益诉讼试点工作取得了预期成效》，载人民网 http://legal.people.com.cn/n1/2017/0311/c42510-29138307.html，2017年3月11日。

检察机关开展的公益诉讼实践相比确实具有新的要求：一是检察机关直接提起公益诉讼，通常不再以刑事附带民事或者支持、督促起诉的方式参与公益诉讼；二是检察机关提起公益诉讼不再限于民事公益诉讼，还包括行政公益诉讼；三是构建检察机关提起公益诉讼制度的重要目的之一是要对行政机关违法行使职权或不作为造成对国家和社会公共利益侵害或者有侵害危险的行为实施有效的司法监督。

（三）构建检察机关提起公益诉讼制度的必然性

在新形势下构建检察机关提起公益诉讼制度，并且将行政公益诉讼作为当前开展公益诉讼的重点，这不仅是现实的需要，也与我国的诉讼理论和司法体制密切相关。

在英美法系的西方国家或者受英美法强烈影响的一些国家和地区，基于三权分立、权力制衡理论，大都建立了宪法法院，通过违宪诉讼制度实现司法权对于政府机关违法行为的监督制约。同时，西方国家普遍认可“诉权在民”的理论，认为诉权本身就是属于民众的，法律既可将之授予公权机关，也可将之授予普通民众。此理论成为授权市民代表社会集体直接起诉违法行政行为以补救公力不足的法理渊源，从而建立了多种形式的公民个体提起行政公益诉讼制度，对政府的行政行为实现广泛的监督。其中比较典型的有美国的“私人检察长”制度、[①] 法国的越权之诉[②]和日本的民众诉讼。[③]

---

① 美国的“私人检察长”理论认为，在出现官吏的违法行为时，为了制止这种违法行为，国会可以授权一个公共官吏，例如检察总长，主张公共利益提起诉讼；同时，国会也可以不授权一个官吏提起诉讼，而制定法律授权私人团体提起诉讼，制止官吏的违法行为。宪法不禁止国会授权任何人，不论是官吏或非官吏提起这类争端的诉讼，即使这个诉讼的唯一目的是主张公共利益也可以。得到这样授权的人可以说是一个私人检察总长。

② 在法国，一种客观行为，无论是总统作出的，还是最下层的行政官员所为，都可以被公民以“越权行为”提起诉讼，由行政法院对其进行合法性审查。法国的民众在提起“越权之诉”时对原告的资格要求非常宽泛，只要证明自己与被诉的行政行为存在利益关系，哪怕是道义上的关系，即可成为合格起诉主体。这种“越权之诉”实际上就是有关公共利益的起诉，体现法国司法权对于公共利益的救济与保护。

③ 日本的“民众诉讼”范围相对要窄一些，是指对以选举人资格及其他与自己法律利益无关之资格，请求对国家、公共团体机关违反法规行为，请求纠正的诉讼。日本法律规定，为了监督地方公共团体的财产管理及财务会计行为的正常运行，法律承认居民有指控公共团体的违法、不当的财政开支行为，对监察委员提起诉讼的权利。例如20世纪90年代初日本兴起纳税人请求法院判决取消都道府县知事关于交际费开支不予公开或仅部分公开的决定的诉讼，其中针对大阪府知事交际费案和针对厉木县知事交际费案，一直打到最高裁判所。

我国宪法规定我国实行议行合一、一府两院的权力架构模式，明显有别于西方三权分立模式。在议行合一体制下，行政权、审判权与检察权分工配合但又互不隶属、相互制衡，考虑到人大监督的宏观属性，有必要设立一个日常性监督机关代行人大的监督职责，所以我国宪法明确规定了“人民检察院是国家的法律监督机关”的法律地位。检察机关当前实施的法律监督活动，重点是针对公安机关刑事侦查行为、法院审判行为以及看守所、监狱有关行为的监督，诚然这些监督属于法律监督的范围，但仅囿于对刑事司法行为开展的法律监督，检察机关监督的领域和范围明显过于狭窄。从这个意义上讲，为了落实宪法规定，对法律活动进行全面、有效的监督，在未来我国司法改革的顶层设计中，有必要考虑促成我国检察机关走出单一的刑事司法机关的小天地，回归检察监督主责主业的大舞台。只有实现这种角色的回归，才能从根本上确保检察机关的宪法责任真正得到落实。就当前而言，在检察权扮演的审判监督职能方面存在一个突出问题，即审判监督往往囿于刑事审判监督，而对民事审判和行政审判活动的检察监督明显缺位，因此探索开展检察机关提起民事或行政公益诉讼就必然要提上议事日程。

三、检察机关提起公益诉讼的主体适格性

构建公益诉讼制度，首先要解决由谁来提起公益诉讼即法律将公益诉讼的诉权授予谁的问题。公益诉讼和私益诉讼在主体资格的法律要求上具有明显不同：私益诉讼中提起诉讼者必须与被诉案件有“直接的利害关系”才是适格的起诉主体，否则法院不予受理其起诉；而提起公益诉讼的主体并不要求与被诉案件存在直接的利害关系，也就难以根据案件本身来确定谁是有权提起诉讼的适格主体。公益诉讼案件所维护的利益主体众多且不特定，如果法律对起诉主体资格不加以规定，就既可能出现无人提起诉讼的情形，也可能出现众多主体都来提起诉讼的情形，而不论哪种情形都难以使公益诉讼正常开展，难以实现公益诉讼的目的。

（一）我国现行法律框架下公益诉讼起诉主体的范围

我国法律目前尚无关于行政公益诉讼及起诉主体的明确规定；民事诉讼法规定了民事公益诉讼，其第 55 条规定“法律规定的机关和有关组织”是有权提起民事公益诉讼的主体。从我国现行法律规定看，有三部单行法对“法律规定的机关和有关组织”（即公益诉讼主体范围）作出了规定：一是《海洋环境保护法》第 90 条第 2 款规定：“对破坏海洋生态、海洋水产资源、海洋保护区，给国家造成重大损失的，由依照本法规定行使海洋环境监督管理权的部门代表国家对责任者提出损害赔偿要求。”据此，国家海洋环境监督管理行政

机关成为海洋环境污染案件提起公益诉讼的法定主体。二是修订后的《消费者权益保护法》第37条规定："消费者协会履行下列公益性职责：……（七）就损害消费者合法权益的行为，支持受损害的消费者提起诉讼或者依照本法提起诉讼……"据此，消费者协会也成为法律明确规定的损害消费者合法权益案件的公益诉讼起诉主体。三是修订后的《环境保护法》第58条规定："对污染环境、破坏生态，损害社会公共利益的行为，符合下列条件的社会组织可以向人民法院提起诉讼：（一）依法在设区的市级以上人民政府民政部门登记；（二）专门从事环境保护公益活动连续五年以上且无违法记录。"[①] 据此，符合法定条件的环保组织也可以成为环境污染案件的公益诉讼起诉主体。

综观上述法律规定，我国法律在确定民事公益诉讼主体过程中非常审慎，以致造成民事公益诉讼起诉主体范围过于狭窄。明确将公民个人排除在民事公益诉讼起诉主体的范围之外，仅允许机关和组织提起民事公益诉讼；即便是机关和组织提起民事公益诉讼，也必须有法律的明确依据，未经法律充分授权的机关和组织均难以成为提起民事公益诉讼的适格主体；就目前法律规定而言，检察机关尚不具有作为提起民事公益诉讼起诉主体的充足理由。

（二）关于检察机关提起公益诉讼的主体资格问题

对于关于检察机关公益诉讼主体资格问题的争议，党中央的决定给出了答案，明确肯定了检察机关是提起公益诉讼的适当主体。这一决策不仅参照了国外由检察机关提起公益诉讼的立法通例和司法经验，[②] 而且在检察权运行方面

① 孙磊：《环境相邻权研究》，黑龙江大学2014年博士学位论文。

② 检察机关作为公益诉讼的起诉主体，是各国立法的通例。美国的公益诉讼主要有两种形式：一是"私人检察官"制度，意指私人当事人在公益诉讼中可以而且应当像政府检察官那样采取行动。二是检察官提起公益诉讼。根据《美国法典》的有关规定，检察官在涉及联邦利益等7种民事案件中，有权参与诉讼，其中包括检察官有权对所有违反《谢尔曼法》或《克莱顿法》而引起的争议提起公诉。英国的公益诉讼也有两种形式：一是检察总长提起公益诉讼，即检察总长可以代表公众提起诉讼以倡导公众权利，阻止公共性不当行为。二是"检举人诉讼"，任何个人和组织可针对正在越权行事或有越权行动危险的公共机构提起公益诉讼。德国的公益诉讼形式有四种：一是民众诉讼，任何公民只要认为某项法律侵犯了宪法保障的基本权利或其他权利，都能向宪法法院提起诉讼。二是团体诉讼，法律允许公益团体向法院提起诉讼，请求他人作为和不作为。三是公益代表人诉讼，《德国行政诉讼法》分别把联邦最高检察官、州高等检察官和地方检察官作为联邦、州、地方的公益代表，为捍卫公共利益，可以提起公益诉讼。四是检察机关提起公益诉讼，《德国民事诉讼法》规定，检察机关作为社会公共利益的代表，对诸如婚姻无效案件、雇佣劳动案件、重大环境污染案件、重大侵犯消费者权益案件等都可以提起或者参与民事诉讼。

具有很充足的理论根据。

1. 行政权、审判权的运行需要接受监督

我国是“一元分立的层级化权力机构模式。国家权力机关即全国人民代表大会处于核心地位，国家行政、审判、检察机关都由它产生，它们的组织和活动必须服从于权力机关的决定，并对它负责，受它监督。”[①] 在这种模式中行政权、检察权和审判权属于二级权力，三者之间相互配合、相互制度。检察机关是法律监督机关，我国宪法赋予检察机关监督政府行政行为和法院审判行为的权力，并且规定检察机关独立行使检察权，不受行政机关、社会团体和个人的干涉，所以检察机关和法院、行政机关之间没有直接的利益联系，也可以避免地方和部门利益的不当牵绊。省级以下地方检察机关由省级检察院统管后，检察机关提起公益诉讼的优势将更加明显。

2. 检察机关具有提起公益诉讼的适格条件

其一，检察机关的法律专业性强。检察机关具有专业的法律人才，可以承担调查取证、出庭起诉等一系列任务。检察机关拥有法定的调查权，相比较其他团体、组织等能够较好地解决调查取证和举证困难的问题。检察机关承担提起公益诉讼的职能可考虑由检察机关民事行政检察部门具体行使。

其二，检察权的公权性质可确保起诉权谦抑行使。检察机关负有支持行政机关依法行政和维护司法权威的责任。检察权属于公权力，其专业性和客观谦抑行使要求，可以有效减少滥诉，既避免对行政秩序和效率造成冲击，维护行政权威；又能够依法支持人民法院公正审判。

其三，检察机关角色统一，便于履职。有学者提出，检察机关提起公益诉讼，既是诉讼的监督者又是诉讼的参与者，有“既当运动员又当裁判员”之嫌，不仅如此，还可能打破诉讼双方平等对抗的诉讼结构，影响人民法院的独立公正审判。笔者并不认同这种观点。诚然检察机关提取公益诉讼确实具有原告和检察监督者两重身份，但这两重角色和身份并不必然会发生抵牾。在我国刑事诉讼程序中，检察机关也要同时履行国家公诉人（追诉犯罪）和检察监督者（实施审判监督）的双重职责，这即是检察机关具有双重角色的体现。检察机关完全可以参照这一经验正确处理好自身在公益诉讼中的双重角色定位问题。由检察机关提起的公益诉讼，检察机关担当诉讼原告的定位和职责，与被告具有平等的诉讼攻击和防御手段，对于这一点检察机关应当坦然对待。当然，人民法院在此类案件中更应注意审判的居中和公正，适度强化律师代理制

① 刘卉：《溯本正源：辨析我国特色检察制度基本原理》，载《检察日报》2009 年 12 月 29 日。

度，以平衡当事人的诉讼能力。

（三）关于检察机关提起公益诉讼主体资格的立法完善

法谚有云："私法领域法无禁止即可为，公法领域法无授权不可为"。由检察机关提起公益诉讼法律授权不够明确、操作路径不够清晰的现实问题亟待解决。我国目前尚无关于行政公益诉讼的法律规定，而2013年修订的民事诉讼法规定民事公益诉讼的主体是"法律规定的机关和有关组织"，但是又欠缺下位法配套规定"法律规定的机关和有关组织"包括检察机关在内，也就是说，检察机关在现行法律体系上还不具有提起民事公益诉讼的法源根据。同时，检察机关的性质和宏观职责，对检察机关提起公益诉讼案件范围的广泛性具有决定性影响，这与行政机关、组织只能依据法律的个别授权就单个事项提起公益诉讼有很大不同。通常情况下，法律只授予行政机关及相关组织与其行政管理职责或服务范围相适应的公益诉讼主体资格，如国家海洋环境监管部门只能对海洋环境污染案件提起公益诉讼，而消费者协会提起公益诉讼的案件范围也仅限于侵害消费者权益类案件。而检察机关提起公益诉讼，既可能与相关国家机关或法律规定的组织所提起公益诉讼的案件范围相重合，又可能超越其案件范围对空缺部分作必要填补，即不受案件类型的限制。在这种情况下，不便也没有必要在每一个部门法中去规定检察机关对某一类案件具有提起公益诉讼的权力，而最便捷的办法是在一部法律中集中规定检察机关的公益诉讼提起权。笔者初步研究认为，可考虑在条件成熟修订《人民检察院组织法》时统一授权规定检察机关提起公益诉讼的权力，即"检察机关对于一切侵害国家利益和社会公共利益的违法行为，有权提起公益诉讼。"这样规定既可以为检察机关探索提起公益诉讼提供明确的法律依据，又可以避免在各个部门法中列举检察机关提起公益诉讼的具体权限。

当然，在现有法律规定没有发生变化的情况下要想破除法律上的障碍，就有必要进行理论上的适当创新，放弃过去实体性当事人概念而改采程序性当事人概念，在承认诉权和实体权利适度分离的基础上，要明确在现有法律框架内推行实体当事人之外的检察机关或其他机构与个人等提起公益诉讼制度也是具有法理根据的。具体来讲，我们要对《民事诉讼法》中"直接利害关系人"概念作出符合时代的客观主义解释，要跳出"实体当事人理论"这一旧理论的思想束缚。因为公益诉讼涉及的资源都是全社会共享的，有关法律一般都赋予相关单位和个人保护该项资源的权利和义务，处于相应空间范围内的检察机关自然也被赋予对该项资源予以特殊保护的职责，也可以说该检察机关与争讼纠纷之间具有利害关系（或直接利害关系）。所以，检察机关提起民事公益诉讼在符合《民事诉讼法》有关起诉条件规定的情况下，法院并无理由不予受理。

四、检察机关提起公益诉讼制度的初步构建

（一）受案范围

检察机关提起公益诉讼的受案范围是指检察机关可以就哪些行为和纠纷提起公益诉讼，笔者主要从“公益诉讼案件”范围和“公益诉讼请求”范围两个层次进行分析。

1.“公益诉讼案件”范围

公益主要是指国家利益和社会公共利益，从这个意义上讲只要是损害或者可能损害国家利益和社会公共利益的民事违法行为和行政违法行为（包括作为和不作为）都属于公益诉讼的受案范围。有一种观点认为，公共利益是一个高度不确定的概念，主要表现为利益内容的不确定性以及受益对象的不确定性，这种不确定性决定了公益诉讼的范围是捉摸不定的。[①] 这种观点显然是站不住脚的。“公共利益”这个概念完全可以在理论和实践上加以把握。从理论上讲，公共利益本是各类立法中经常出现但又缺乏具体定义的一个用语，其要点在于公共性，主要含义是在相应历史条件下，来源于私人利益、并由私人利益派生出来的能够满足全体社会成员或者大多数社会成员需要的共同价值。更具体地说，公共利益的含义具有层次性，具体可细分为三类：第一类是国家利益，如国有资产等，这是公共利益的核心部分；第二类是不特别多数人的利益，如环境污染事故中受害人的利益、因垄断经营而受损的消费者利益等，这是公共利益的通常形态；第三类是有待特殊保护的利益，如老年人、儿童、妇女、残疾人的利益等。[②]

从实践上讲，在检察机关提起公益诉讼的初始阶段，可适度严格掌握公益诉讼的受案范围，因为一方面任何法律制度推行的初期都会秉持相对审慎的态度，主要考虑“先易后难”的可操作性问题，另一方面检察资源相对有限，若不加以限制，检察机关显然难以承受诉讼之累。限制公益诉讼的范围反而有利于突出重点，解决当前之亟须。我国《民事诉讼法》第55条规定“对污染环境、侵害众多消费者合法权益等损害社会公共利益的行为”可以提起公益诉讼。“污染环境”案件和“侵害众多消费者合法权益”案件是最主要、也是最具代表性的两种案件；而“损害社会公共利益的行为”（案件）主要起限定和兜底的作用。此条规定有两层意思：一是“污染环境”和“侵害众多消费

① 参见章志远：《行政公益诉讼的冷思考》，载《法学评论》2007年第1期。

② 参见张卫平：《民事公益诉讼原则的制度化及实施研究》，载《清华法学》2013年第4期。

者合法权益”要受制于“损害社会公共利益”的限制，对于污染环境或侵害众多消费者合法权益的行为，如果仅仅牵涉到具体社会成员的个体利益，个体受害人可以提起相应的民事诉讼，但应排除出公益诉讼的受案范围；只有当污染环境或侵害众多消费者合法权益的行为达到损害社会公共利益的严重程度时，才可以通过提起公益诉讼维护社会公益。二是民事公益诉讼的受案范围并不只局限在“污染环境”“侵害众多消费者合法权益”两类案件，其他有损于社会公益的行为也都可以纳入公益诉讼的范围。基于以上分析，笔者认为，其他“损害社会公共利益的行为”（公益诉讼案件的范围）主要包括：第一，国有资产流失案件。前些年企业改制盘活了资产，激发了企业活力，但同时也造成国有资产流失严重，这些案件理所当然应纳入公益诉讼案件范围。第二，危害市场经济秩序案件。这类案件虽然是个体犯罪，但是由于侵犯的是社会主义市场经济秩序，影响社会经济发展，应当属于公益范畴，纳入公益诉讼案件范围。第三，违反城市规划法的案件。城市规划属于社会公共利益，因为城市的发展关乎不特定多数人的切身利益。第四，行政性垄断案件。行政垄断实质上是政府滥用行政权力排除、限制竞争行为，比如地方保护，限制外地产品、资金进入本地市场，涉及到政府和企业、政府和市场的关系，因此属于公益范围，可纳入公益诉讼案件范围。第五，其他如破坏文物、公共工程的发包和重大项目的资金使用案件、违法发放抚恤金和其他社会福利案件也可以纳入公益诉讼案件范围。在诉讼程序的方式上，要根据案件性质等，可以选择提起民事公益诉讼或行政公益诉讼。

2. 诉讼请求的确定[①]

检察机关确定好公益诉讼的案件范围后，还必须根据案件性质和诉讼目的确定适当的诉讼请求，否则因诉讼请求不当可能导致案件败诉。根据我国《侵权责任法》第15条规定，侵权责任的承担方式有以下八种：（1）停止侵害；（2）排除妨碍；（3）消除危险；（4）返还财产；（5）恢复原状；（6）赔偿损失；（7）赔礼道歉；（8）消除影响、恢复名誉。但考虑到公益诉讼的特殊性，其法律责任的实现方式是有局限性的。如赔礼道歉及消除影响、恢复名誉等方式明显不适于公益诉讼案件。由于受损害主体的不确定性，一般情形下也无法返还财产。在国家和社会公共利益受损的情况下，通过公益诉讼而实现的请求主要是停止侵害、恢复原状和消除危险。实践中，尤其应当注意的是关于损害赔偿请求的提起问题。损害赔偿包括对直接经济损失的赔偿以及对间接

---

① 这部分论述借鉴了四川省成都市人民检察院民行处邹德光同志撰写的《关于构建检察机关提起公益诉讼制度的学习与思考》（内部资料）的部分观点，在此致谢。

经济损失的赔偿（主要是对有关部门或利害关系人采取恢复原状等必要措施产生合理费用的赔偿）两类。对于前者，公益诉讼旨在保护社会大多数成员所共有的社会公共利益，所以并不存在直接损失损害赔偿的问题。[①] 对于后者，有关机关、组织应当有权就恢复环境过程中所支付的合理经费向加害人求偿，可直接请求行为人向相关机关或国家财政赔偿相关费用。如著名的康菲石油泄漏污染事件中，检察机关或者环保组织如果提起公益诉讼，当然可以要求造成污染的康菲公司清除污染、恢复原状，但是如果要提出赔偿请求，则只能就国家治理该污染事件所支出的费用及海洋渔业资源减少的损失提起诉讼，至于相关海域中众多渔民个体因污染受到的财产损失，则应该通过普通的民事诉讼要求赔偿，而不属于公益诉讼的赔偿范围。

对于造成大面积河水、湖泊、海洋污染、土地污染、大气污染等大规模侵权所导致的损害，西方国家曾尝试推行过专项赔偿基金制度，这项制度实践被认为是比较成功的，特别是对解决受害群体广泛、救济成本高的案件具有显著效果。我国近年来也有类似的实践探索，比如2008年在处理三鹿奶粉事件过程中就曾设立过医疗赔偿基金，再如2011年在处理康菲石油泄漏污染事件过程中，有学者曾建议由中国海洋石油总公司（CNOOC）和康菲石油公司共同出资设立赔偿基金。当然这类赔偿基金的使用范围比较限定，主要是用于对已经发生损害的赔偿以及今后基于同一侵权事件衍生或发现的损害的赔偿，目的在于应对大规模侵权导致的赔偿难的问题。[②] 这种赔偿方式适合于能够大致确定损失的案件，而对于检察机关提起的公益诉讼案件，或者未成立赔偿基金的情形下，可探索首先由加害人对国家进行赔偿，再由国家在合理限度内对相对固定的被害人进行补偿的制度设计。只有这种赔偿机制能够得到承认，检察机关才可以考虑在提起公益诉讼时提出赔偿请求。

（二）受案原则

应根据民事与行政这两类不同性质公益诉讼的基本特点，分别确定两类诉讼的受案原则。

1. 提起民事公益诉讼的主要原则：选择性作为

在民事公益诉讼中，公益诉讼的诉权并非为检察机关所垄断，对相当部分案件法律规定的机关和组织也可以提起公益诉讼，这完全可能出现检察机关与

① 如果侵权事件能够特定具体权利人或受害人，则通过普通的民事诉讼主张损害赔偿请求即可。

② 参见张卫平：《民事公益诉讼原则的制度化及实施研究》，载《清华法学》2013年第4期。

其他机关或组织诉权竞合的情况。对此，检察机关应采取“诉权谦抑监督优先”的原则，尽可能以督促起诉的形式监督和督促拥有法定职责的其他机关或组织提起民事公益诉讼。因为相关行政主管部门或专业组织更具有专业知识上的优势，由其提起诉讼可以取得事半功倍的效果。在经过检察监督而相关机关或组织仍怠于起诉，或者因案件特殊情况其他诉权主体确实不便起诉而由检察机关起诉更加有利审判时，检察机关才应当依法行使诉权自己提起民事公益诉讼。

2. 提起行政公益诉讼的主要原则：主动性作为

在行政公益诉讼中，检察机关是法定的唯一起诉主体，其他公民、法人和其他组织只能提起普通行政诉讼，故应采取“主动性作为”原则，检察机关一旦发现行政机关的某一行政行为已经对国家和社会公共利益造成损害或者具有损害的危险，都应积极主动地提起行政公益诉讼。

“预防性的行政公益诉讼”概念的提出是对行政公益诉讼“主动性作为”原则的最好诠释。行政公益诉讼的原告既可以就已造成了对国家和社会公共利益的现实损害的违法行政行为提起诉讼，也可以对尚未造成现实损害但存在损害发生可能的违法行政行为（即“有侵害危险的案件”）提起诉讼。这种“预防性的行政公益诉讼”，就是旨在强化对行政行为的检察监督，把其可能给国家和社会公共利益造成的损害降低到最小限度。行政公益诉讼的这一特征，要求检察机关不应像民事公益诉讼那样保持诉权的谦抑性，在行政公益诉讼中应当依职权主动作为，一旦发现行政机关的某一行政行为可能损害国家和社会公共利益，就应积极主动地提起预防性的行政公益诉讼，而不能像民事公益诉讼那样待损害结果已经发生后再提起诉讼。当然，对于已经给国家利益和社会公共利益造成现实损害的违法行政行为，检察机关也应该主动地加强监督，适合提起行政公益诉讼的，应当依法提起行政公益诉讼。

（三）举证责任

1. 一般原理

对于民事公益诉讼案件，应与民事私益诉讼案件一致大体上按照“谁主张，谁举证”的原则进行。对于行政公益诉讼案件，则不宜与行政私益诉讼案件一样实行“举证责任倒置”，而应按照公益诉讼双方举证能力的强弱重新分配各自所应承担的举证责任和义务。

《行政诉讼法》第34条规定：“被告对作出的行政行为负有举证责任，应担提供作出该行政行为的证据和所依据的规范性文件。”这要求行政诉讼的被告对作出行政行为的合法性举证，而原告几乎不用提供证据。私益行政诉讼举证责任倒置主要是因为原告与被告之间能力严重不对称，加之普通公民和组织对于行政权的运作并不清楚了解，所以让原告举证也是不公平的。但以上理由明显并不能适用于行政公益诉讼中。检察机关具有私益行政诉讼原告所不具有的诉讼能力，所以检察机关和行政机关之间合理分配举证责任是可行的，也是必要的，不能拘泥于举证责任倒置的私益行政诉讼原则。在行政公益诉讼中，检察机关可以承担行政违法行为或者不作为侵害或可能侵害社会公共利益的举证责任；行政行为合法性的举证责任仍然由行政机关承担。

2. 生态环境领域公益诉讼中的举证责任

2017 年 1 月，最高人民检察院发布第八批指导性案例，对检察机关强化生态环境领域法律监督职能作用，依法提起公益诉讼进行指导。此次公布的指导性案例共 5 个，分别是江苏省常州市检察院诉许建惠、许玉仙民事公益诉讼案，吉林省白山市检察院诉白山市江源区卫生和计划生育局及江源区中医院行政附带民事公益诉讼案，湖北省十堰市郧阳区检察院诉郧阳区林业局行政公益诉讼案，福建省清流县检察院诉清流县环保局行政公益诉讼案，贵州省锦屏县检察院诉锦屏县环保局行政公益诉讼案。这 5 个指导性案件均是从试点地区检察机关办理的案件中精选出来的“样板”，对各地检察机关开展环境公益诉讼试点工作具有重要指导意义。

对以上指导性案件作深入分析，检察机关提起生态环境领域公益诉讼的瓶颈问题主要在举证责任上，具体体现在生态环境公益诉讼具有显著特殊性，受制于诸如行为与结果之间的联系具有隐蔽性、科技专业性导致因果关系举证难、损害后果的多因性使施害人容易摆脱责任、政府与企业自我保护因素介入等因素，对生态环境公益诉讼适用民事诉讼法上规定的高度涵盖性标准，难以有效实现法律监督需要及利益均衡的目标。我们的初步考虑是，适当降低生态环境公益诉讼的证明标准，适用无过错责任原则，检察机关只需要证明基本法律事实，将主要证明责任转移给被告方来行使，如由实力强大、掌握证据的排污企业来证明损害结果不是由自己造成，无过错责任的归责原则往往还能促进社会资源在其他环节的优化配置，比如可以有效督促环保部门执行法定义务，加强环境管理，助推环境公益诉讼发挥制衡行政作用，弥补政府执法的不足，促进社会效益的整体提升。

同时，在试点推开以后可适当吸收国外在生态环境领域比较成熟证明方法的合理成分，结合我国国情和各地实际情况，设计出一套符合我国环境司法工作需要、体现利益衡平原则的证明体系。国外比较成熟的证明方法大体有以下三种：（1）大致推定。日本对事实上的因果关系的证明采用“大致推定”的方法。大致推定只要求原告在一定程度上举证，并不要求全部技术过程的举证。因果关系的举证责任在形式上仍由原告承担，其只要证明在行为与损害之间为“若无该行为，就不致发生此结果”的某种程度的盖然性，即可推定因果关系的存在。“若无该行为，就不致发生此结果”用英文表达为“but for”，即必要条件的关系。因此，原告只需证明两点：一是行为人排放的污染物质到达损害发生地区且发生作用；二是该地区有多种同样的损害发生。[①] 据此法院可推定因果关系的存在，除非被告能举证证明因果关系不存在，否则就不能免除民事责任。大致推定因果关系存在，使得在因果关系发生机制仍不明确的情况下，也能够认定存在因果关系。一旦原告完成了这种盖然性的举证，证明责任即转换到被告，由其来承担事实不存在的证明责任。（2）疫学证明。日本在水俣病、哮喘病等公共性环境疾病诉讼中曾经大量运用疫学证明手段。疫学证明即运用疫学或称流行病学的方法来证明行为与结果之间的因果关系。此种方法是根据以下四个条件进行判断的：一是某因子在某疾病发生前就已经存在；二是该因子作用的程度越明显，该疾病的罹患率越高；三是该因子若在一定程度上被消除，该疾病的罹患率随之降低；四是该因子作为原因起作用的机制与生物学上的说明不矛盾。以上四个条件彼此关联，并以数量统计做出合理程度的说明，即可成立因果关系。疫学证明建立在医学研究基础之上，应当说是科学的，但是其适用面偏窄，一般只适用于人体健康受害的公害案件。疫学因果说能够在一定程度上降低盖然性，对复杂的因果关系做出有效的判断。（3）间接反证。间接反证原系德国民法证据法上的理论，后来在日本也得到广泛应用。其含义是指当主要事实是否存在尚不明确时，由不负举证责任的当事人负反证其事实不存在的证明责任，因其并非直接针对对方当事人举证的事实进行反驳，与直接反证相对，故称为间接反证。[②] 环境侵害案件中因果关系复杂，如果被害人能证明部分关联事实，其他部分则可推定存在，而由加害人负反证其不存在的责任。判断环境公害案件中因果关系是否存在，通常需要考虑以下三个要件事实：一是疾病特性以及原因物质；二是原因物质到达被害人或被害地的途径；三是加害企业原因物质之产生与排放。[③] 原告只要能证明任何两个要件事实，即应推定所剩的另一要件事实存在，如果被告不能以间接反证证明此要件事实不存在，即可认定因果关系存在。此制度不仅大大缓解了原告的证明困难，而且也将被告的证明责任控制在一定范围内，从而使原被告的证明责任分担更加公平合理。

---

① 王建华主编：《民事诉讼证据实证分析》，法律出版社2006年版，第42页。

② 吕忠梅：《环境侵权诉讼证明标准初探》，载《政法论坛（中国政法大学学报）》2003年第5期。

③ 裴建芳：《日本环境诉讼证明责任减轻制度对我国的启示》，载《商业文化》2009年第8期。

检察机关提起公益诉讼的实践困境和规则完善

姜超越*

对于公益诉讼的界定有广义和狭义之分。广义的公益诉讼泛指一切为维护公共利益而提起的诉讼，它既包括国家机关代表国家以自己的名义提起的为维护公共利益的诉讼，也包括公民、法人和一切非法人组织以自己的名义提起的为维护公共利益的诉讼。而狭义的公益诉讼则仅指国家机关代表国家以国家名义提起的为维护公共利益的诉讼。广义或者狭义界定均包含了公益诉讼核心的内涵，即主体为了维护公共利益可以提起公益诉讼。所谓公共利益是指不特定或多数人的利益。

一、检察机关提起公益诉讼的现状

（一）立法现状

1. 宪法对检察机关的定性。根据我国《宪法》规定，人民检察院是国家的法律监督机关，具有法律监督权的性质。检察权是一项独立的国家权力设置，既不隶属于行政机关，也不隶属于审判机关，是人民代表大会制度一元化权力架构下实行权力有效制衡的必然选择，是国家权力有效控制的重要保障。① 宪法规定了检察权具有有效制衡国家权力的性质。因此，检察机关理应对国家法律的遵守情况和违法行为进行监督，而由检察机关承担起诉讼的职责又能够确保国家法律的尊严和权威。

2. 《人民检察院组织法》对检察机关的职责和任务的明确规定。《人民检察院组织法》第4条也对检察机关的职责和任务作出了明确规定，检察机关应该在现有法律框架下发挥能动作用，以适当的方式提起公益诉讼，发挥保护公私财产、保卫社会主义现代化建设的法定职责。鉴于当前我国大量国有资产流失的严重程度以及对权利救济的现状，检察机关提起公益诉讼同时具有形式

* 姜超越，内蒙古自治区巴林左旗人民检察院民事行政检察科书记员。

① 樊崇义主编：《检察制度原理》，法律出版社2009年版，第121页。

和实质的正当性。这也是检察机关能够提起公益诉讼的重要法律依据。

3. 第十一届全国人民代表大会常务委员会第二十八次会议于2012年8月31日通过的《关于修改〈中华人民共和国民事诉讼法〉的决定》规定增加一条作为第55条，对民事公益诉讼作出了规定。内容是："对污染环境、侵害众多消费者合法权益等损害社会公共利益的行为，法律规定的机关和有关组织可以向人民法院提起诉讼。"此次立法最终没有明确规定检察机关可以作为公益诉讼的起诉主体。因此，我国理论界和实务界对检察机关作为提起公益诉讼的问题争论十分激烈。但是无论从立法本意还是司法实践来看，赋予检察机关民事起诉权是必要的并且具有重大的现实意义。

4. 我国现行《行政诉讼法》（2014年修订）并没有从立法上确立检察院提起环境行政公益诉讼的主体资格。因此，在我国当前的法律框架下，由人民检察院作为环境行政公益诉讼主体提起环境行政公益诉讼还缺乏法律依据。

（二）实践现状

从我国的实践现状来看，目前全国已有多个省、自治区、直辖市的检察机关直接提起民事公益诉讼的司法实践。1997年7月1日我国河南省方城县人民检察院以原告的身份代表国家对一起国有资产流失案提起了民事诉讼。据此，改革开放以来的第一件公益诉讼案件终于诞生。该案得到了最高人民检察院的支持。2000年，最高人民检察院发布了《关于强化检察职能，依法保护国有资产的通知》强调："检察机关应充分发挥检察职能，对侵犯国家利益、社会公共利益的民事违法行为提起诉讼"。各地检察机关纷纷进行实践，取得了良好的社会效果。2014年，中共十八届四中全会通过《中共中央关于全面推进依法治国若干重大问题的决定》，该决定明确提出"探索建立检察机关提起公益诉讼制度"的改革任务。据此，全国人大常委会于2015年7月1日发布《关于授权最高人民检察院在部分地区开展公益诉讼试点工作的决定》（以下简称《授权决定》）。检察机关提起公益诉讼终于从党内决策走向了国家行为。实务界对公共利益保护进行了长时间探索，在《授权决定》正式发布之前，贵州省金沙县人民检察院已于2014年10月20日以行政公益诉讼原告的身份将金沙县环保局诉至有管辖权的遵义市仁怀市法院，请求判令金沙县环保局依法履行处罚职责。该案是检察机关参与行政公益诉讼第一案。2015年7月2日最高人民检察院发布《检察机关提起公益诉讼改革试点方案》（以下简称《试点方案》）对试点工作作出全面部署，试点工作正式启动。《试点方案》在区分民事公益诉讼与行政公益诉讼的基础上，规定了试点案件范围、诉讼参加人、诉前程序、起诉条件与诉讼请求等。这些规定对推进我国环境公益诉讼具有重要现实意义。2016年11月，高检院向全国人大常委会所作的中期报告显示，从2015年7月试点开始至2016年12月底，各试点地区检察机关共办理公益诉讼案件4378件，其中诉前程序案件3883件，提起诉讼案件495件。内蒙古作为全国试点地区，2015年7月至2016年底，共办理诉前程序案件197件，已向法院提起行政公益诉讼51件，其中法院已审结8件，法院支持了检察院全部诉讼请求。[①] 在检察机关自身创新需求的驱动下，在党政领导和法院的支持和配合下，有了检察机关提起公益诉讼的成功案例。这些案例为立法提供了丰富的实践经验，对检察机关开展公益诉讼进行了有益的探索。

二、检察机关提起公益诉讼的实践困境

虽然《试点方案》为检察机关提起公益诉讼提供了良好的框架。但是，我国关于公益诉讼的法律规定还过于笼统。检察机关以何种角色介入公益诉讼，公益诉讼案件中的诉权、诉讼程序、权利义务、证明责任分配等在法律上都没有明确的规定。公益诉讼不仅面临着程序上的障碍，而且还有诸多实体上的困境。

（一）公益诉讼受案范围窄、检察机关获取的案源少

1. 受案范围窄。《试点方案》第2条第1款规定的受案范围是：生态环境和资源保护、国有资产保护、国有土地使用权出让等领域。但是结合社会经济发展状况、诉讼机制的运行等方面的因素综合考虑，此受案范围的规定未免有些过窄。考虑受案范围的情形是：国家和社会公共利益受到侵害，大多数公民的合法权益受到影响。考虑受案范围的目的是：为了保护国家和社会公共利益，检察机关才能提起公益诉讼。但是我们应该认识到国家和社会公共利益远不限于罗列的三种领域，至少应包含弱势群体保护领域及食品安全领域。一方面，弱势群体相对其他人群来说，合法权益更容易受到侵害，且缺乏自救措施，当弱势群体的受教育权、劳动权等基本权利受到侵害时，亟须公权力的救济和保护，这些公民的基本权利不同于个人权利具有公共利益的性质。有学者将妇女、儿童、老年人和残疾人等弱势群体的利益归结为“需特殊保护界别的利益，此乃公共利益的特殊存在形式，是社会均衡、可持续发展必须加以特别保护的利益”。[②] 当此类公共利益受到侵害时，检察机关亦可以对相关行政主管机关提起公益诉讼。另一方面，食品安全与每个人息息相关，“民以食为天，食以安为先”，食品安全关系到国家和社会的稳定发展，关系到公民的生

---

① 高航：《授权检察机关全面开展公益诉讼工作》，载《检察日报》2017年3月6日。

② 韩波：《公益诉讼制度的力量组合》，载《当代法学》2013年第1期。

命健康权利。[①] 行政机关对食品相关企业负有管理、监督的责任，以保障食品质量安全。但是我们看到“三鹿奶粉”“地沟油”“毒胶囊”等事件的频发，表明行政机关对食品安全的监管不到位，无法靠有限的力量担负起涉及食品安全各个方面的重任。当行政机关怠于履行其职责时，理应成为公益诉讼的被告。

2. 案源少。首先，案件线索是办案的前提和基础，缺少案件线索，就无法进入后续的程序。但高检院改革试点方案要求的案源线索应当来源于检察机关履行职责中发现的危害公共利益的情形，符合这种情形的案件才能提起诉讼。然而这却排除了其他主体自行收集线索的可能，一定程度上妨碍了其他主体参与公益诉讼的积极性，制约了检察机关获取案源的渠道。其次，检察各业务部门之间移送案件线索的工作渠道不畅通，介于该制度处于试点阶段，还未及时与外部沟通协调，公检法及行政执法部门未建立环保联合执法协调机制，行政执法与刑事司法的衔接仍是难点，机制不健全导致检察机关的法律监督职能无法有效的履行。再次，社会各界对检察机关参与公益诉讼的了解与支持较少，当事人主动申请的比重低。最后，由于基层地区缺乏符合公益诉讼改革试点方案要求的具有重大影响力的公益诉讼案件线索，案件影响力小、标的额较小的案件层报至高检院很难获得批准，导致基层地区可以启动诉讼程序的案件较少。因此，环境公益诉讼案件不多的局面恐怕一时难以打破。

（二）检察机关提起公益诉讼的原告资格受限

1. 原告资格存争议。《试点方案》将检察机关定位为“公益诉讼人”，以区别于通常意义的诉讼当事人。但对于“公益诉讼人”的具体内涵，《试点方案》及有关法律未予明确。因此这种起诉资格问题制约着检察机关提起公益诉讼的发展。学界对此的理解也存在分歧。汤维建教授认为：“其（检察机关）在公益诉讼中的身份和地位是双重的：一方面，民事公诉人或行政公诉人属于诉讼中的诉讼主体，享有诉讼当事人所应有的诉讼权利，负有诉讼当事人所应负的诉讼义务；另一方面，民事公诉人或行政公诉人又是诉讼中的监督者，其对公益诉讼的公正高效以及法院对公益诉讼的中立客观裁判有权实施法律监督。”[②] 洪浩教授则认为：“法律监督者在履行监督职能时，不可能与作为被监督者的人民法院处于平等的地位，况且监督者也不能在被监督的事项中拥

① 尹金凤、蔡骐：《中国食品安全传播的价值取向研究》，载《江淮论坛》2014年第3期。

② 汤维建：《检察机关提起公益诉讼试点相关问题解析》，载《中国党政干部论坛》2015年第8期。

有自身的利益。而享有民事公诉权的检察机关对于其提起的公益诉讼案件，必然有着追求胜诉结果的‘自身利益’。”① 笔者认为，产生这种分歧的原因是没有深刻理解检察机关的职责。只有厘清其监督职责和享有维护公共利益的诉权两者的关系，才能理解检察机关作为维护国家利益和社会公共利益的“公益诉讼人”与其法律监督的地位是并行不悖的。检察机关提起公益诉讼的原则性定位虽然已经明确，但具体制度设计和部分规定仍显粗糙，体例、结构、权力分工等问题仍需要解决。只有在法律上不断完善其具体制度和程序设计，才能彻底解决社会各界对检察机关提起公益诉讼的角色质疑。

2. 原告资格与法律的衔接。2012 年修订的《民事诉讼法》第 55 条规定：“对污染环境、侵害众多消费者合法权益等损害社会公共利益的行为，法律规定的机关和有关组织可以向人民法院提起诉讼。”但未明确什么是“法律规定的机关和有关组织”。最高人民法院《关于审理环境民事公益诉讼案件适用法律若干问题的解释》作为指导环境公益诉讼最为实用的工具，其第 1 条规定：“法律规定的机关和有关组织依据民事诉讼法第五十五条、环境保护法第五十八条等法律的规定，对已经损害社会公共利益或者具有损害社会公共利益重大风险的污染环境、破坏生态的行为提起诉讼，符合民事诉讼法第一百一十九条第二项、第三项、第四项规定的，人民法院应予受理。”第 29 条“法律规定的机关和社会组织提起环境民事公益诉讼”之规定，对检察机关提起公益诉讼的主体资格均未作出明确的阐释，只作笼统的概述，缺乏实际可操作性。基于“严格依法有序推进”的原则和“积极稳妥推进”的工作要求，试点对什么是“法律规定的机关和有关组织”这一问题进行了回避。那么就必然存在检察机关提起民事公益诉讼的主体资格如何与民事诉讼法的规定进行有效衔接的问题。这些问题就需要在立法上予以明确。

（三）检察机关参与环境公益诉讼的程序难题

1. 鉴定资质缺失。由于环境污染具有专业性和技术性，对于检察机关而言，在事实认定和证据收集等方面需要一定的专业技术做支撑，特别是对环境污染损害后果的举证更是遇到司法鉴定的瓶颈难题。在环境公益诉讼中，污染物的性质、污染范围、破坏程度，以及污染造成经济损失的具体金额，都需要由具备评估能力和司法鉴定资质的第三方鉴定机构作出的司法鉴定文书为证据才能最终确定。目前，基层地区缺乏专业化、具有公信力的司法鉴定机构，没有规范的评估体系。而生态环境损害评估鉴定是一个多学科、综合性和技术性

---

① 洪浩、邓晓静：《公益诉讼制度实施的若干问题》，载《法学》2013 年第 7 期。

都很强的工作，国内既具备评估能力，又有司法鉴定资质的机构少之又少。因此突破环境损害司法鉴定难题，是环境公益诉讼走上正轨的必经之路。

2. 证据收集困难。检察机关基于诉讼监督权所拥有的调查取证权、调卷权、询问权等权力在环境公益诉讼案件中能否使用，检察机关收集的证据的证明力大小等问题都没有明确的法律依据。在证据收集方面，还有人力、物力的匮乏问题。检察机关的民行检察部门现有设置不利于法律监督和探索公益诉讼制度建设。公益诉讼涉及领域广、专业性强，在办理此类案件的时候需要一定的知识储备、诉讼能力和法律专业能力等人力、物力做保障。基层检察机关民行部门人员配备不足，欠缺提起公益诉讼的专业知识与能力，一旦需要开展专业调查取证势必凸显此劣势。这样就需要进行机构改革、人员充实、配套设施的完善以及加强与相关行业部门的协调配合。由于检察机关公益诉讼的被告都是相关行政机关，对行政机关而言，其对自身的部门法律规定、程序等远较检察机关熟悉，由此检察机关在信息和法律知识储备中存在不对称的不利地位。同时，就检察机关而言，开展公益诉讼又是一项全新的工作，在调查取证方面是一项新的探索，稍不注意就可能出现纰漏，影响判决结果。

3. 举证责任不明。实践中，有人认为，公益诉讼是一种特殊的诉讼，作为公益诉讼人的检察机关应该承担全部举证责任。这种观点是不可取的。产生这种观点的原因是认为检察机关拥有行政权力，能够收集证据，故应承担全部的举证责任。但是我们应该看到，检察机关在公益诉讼的证据收集方面也存在诸多困难。因此举证责任的分配应该考虑公平原则等多种因素进行合理分配。有学者认为，“为了切实保护国家利益、社会公共利益或不特定多数人利益，从制度上保证检察机关有效提起诉讼，达到行使诉权的目的，就应当将造成公益损害的危害行为的主观过错、危害行为和危害结果的因果关系的举证责任‘双重倒置’给加害方（即被告）；对环境公害案件，除此之外还要将行为违法性的举证责任一并‘三重倒置’给加害方（即被告）；而检察机关仅就危害行为造成的损害事实进行举证；另外，还应就被告的违法行为与损害后果的初步因果关系进行举证，以便于确定被告，启动诉讼。”[①] 这种观点就是将举证责任过多的由污染者承担，也有失偏颇。我国《侵权责任法》规定，环境污染损害赔偿案件实行举证责任倒置制度，由污染者就法律规定的不承担责任或者减轻责任的情形及其行为与损害之间不存在因果关系承担举证责任。但检察机关仍需承担污染者存在污染行为以及污染损害后果的举证责任。

① 荣晓红：《检察机关提起民事公益诉讼的可行性及实现》，载《山东科技大学学报（社会科学版）》2009 年第 4 期。

三、检察机关提起公益诉讼规则构建及完善的建议

（一）在制度上，明确提起公益诉讼的案件来源、数额标准，适当扩大受案范围

1. 案件来源。笔者建议案件来源应包括：检察机关认为国家利益或社会利益受到了侵害，可以自行立案；法院在审理案件时，如发现侵害国家利益或社会公益现象，可以通知检察机关予以立案调查；其他机关、个人发现相关线索时有权向检察机关申诉、控告、举报。同时，建议明确基层检察机关提起公益诉讼的数额标准、破坏程度等方面的问题，检察机关发现未达到提起公益诉讼数额标准的案件，及时通过其他监督手段督促整改，提高工作效率。

2. 案件范围。就民事公益诉讼而言，笔者建议检察机关能够提起的民事公益诉讼的案件范围应包括：没有直接受害人或者受害范围较广的环境污染、水污染案件；破坏环境、损害文物古迹、社会公共设施的案件；民事主体串通严重损害国家、社会公共利益或者破坏法律秩序的案件；弱势群体如农民工利益保护案件；国有资产保护案件；反垄断、反不正当竞争案件以及其他违反法律规定、损害公共利益且没有明确直接受害人的案件等。

（二）在实践中，加强环境公益诉讼的宣传教育以增加案源

1. 加大培训力度，互帮互学。首先，由于处于公益诉讼改革试点方案实施的初级阶段，各地区公益诉讼案件不均衡，建议加强公益诉讼个案办理经验、类案办理规律和地区经验做法的归纳总结，将优秀的办案经验通过讲座、会议等形式进行推广，供各试点院学习借鉴。特别是从自治区院层面向试点地区提供一些案件的线索，帮助拓宽案件来源。其次，建议自治区院加大培训力度，对公益诉讼有关业务规定和办案技能、分级分批进行培训，特别是加大对基层民行部门办案骨干的培训力度。同时建议加强向各基层院推荐优秀的民行检察业务教师，以便各地互帮互学。唯有如此，在公益诉讼的过程中，才能更好地维护社会公共利益，通过司法途径促进环境保护的功效。

2. 畅通申诉渠道。检察机关作为国家司法机关，应践行“司法为民”理念，积极了解民众司法诉求。畅通当事人表达诉求的渠道，针对于当事人表达的诉求，进一步了解具体的案情，能及时掌握纠纷进展情况，避免产生不必要的冲突。这也是一条相对有效的完善社会治理的路径。因此，检察机关构建当事人司法诉求表达机制，有利于畅通民怨释放的渠道。

3. 多方宣传。对于群众，我们也应该通过新闻媒体或微信微博等平台加强公益诉讼知识的宣传，提高群众对环境公益的关注，唤醒群众的环保意识。

同时，还要发挥庭审过程中的宣传效果，邀请新闻媒体进行实时报道，可以适当邀请人大代表、政协委员、法学专家学者等具有一定社会声望的民众代表参与到庭审的旁听之中，庭审时间与地点应充分传达给群众，便于提升其关注环境公益诉讼的程度。

（三）构建完善的公益诉讼法律体系，明确检察机关提起公益诉讼的主体资格

1. 通过立法确定资格。法律的渊源可以也应当保持足够的开放性，但规则的明确性、一致性、稳定性这些法律的基本品性必须坚守。[①] 宪法是原则性、纲领性的规定，我们可以在符合合宪性的基础上进行相关的立法完善。可以考虑以下三种选择：一是制定《公益诉讼法》，明确公益诉讼的案件范围、诉权主体、诉讼程序等；二是通过全国人大常委会的立法解释，对民事公益诉讼的主体进行类别界定，明确“法律规定的机关”是指法律规定的对国家和社会公共利益具有管理和维护职责的各类国家行政机关和检察机关；三是出台《人民检察院监督法》，赋予检察机关提起公益诉讼的原告资格，切实发挥检察机关维护国家利益、社会公共利益的法律职责。

2. 制度设计提供解困思路。试点过程中要防止制度设计中类似“民事公益诉讼被告没有反诉权”规定被社会误解并放大成公权力剥夺私主体权利，不能将检察机关的当事人角色与法律监督者角色割裂来看待，忽视了两者的内在一致性。实施法律监督是检察机关扮演当事人角色的内在追求，当事人角色是检察机关实施法律监督的外在表现。检察机关在公益诉讼中的“自身利益”就是其在履行监督职能时所追求的利益，两者内在统一。作为公益诉讼人，检察机关既可对民事主体提起民事公益诉讼，也可对行政机关提起行政公益诉讼，以履行其法律监督职能。这样，检察机关既当“运动员”又当“裁判”等负面评价就不会再出现。

3. 明确检察机关提起民事公益诉讼的后置性。在提起民事公益诉讼之前，要注意发挥适格主体的积极性，依法督促或建议其提起诉讼，只有在有关机关或组织没有提起，社会公共利益仍处于受侵害状态的情况下，检察机关才可以提起民事公益诉讼。

（四）完善环境公益诉讼证据相关规则

1. 在鉴定方面。建议规定损害后果的评估报告、因果关系的鉴定结论可以作为证据，同时规定申请鉴定的责任。在鉴定机构的选择上，对于损害后果

---

① 何海波：《行政法治，我们还有多远》，载《政法论坛》2013 年第 6 期。

的评估、因果关系的鉴定，有法定评估、鉴定机构的，由法定机构评估、鉴定；无法定机构的，可以由司法鉴定机构评估、鉴定；司法鉴定机构无法进行评估、鉴定的，可以由依法成立的科研机构评估、鉴定；科研机构无法评估、鉴定的，可以由专门技术人员评估、鉴定。这样规定可以解决环境案件中申请鉴定主体不明、鉴定机构缺位、鉴定结论的证据效力等问题。

2. 在举证责任方面。《试点方案》中没有明确规定举证责任的问题。最高人民法院《关于民事诉讼证据的若干规定》第4条中确立了环境污染侵权诉讼法中举证责任倒置的规则。环境公益诉讼不同于环境私益诉讼，要求起诉人承担特定事实的举证责任，显然是不现实的。并且由于有些公益诉讼案件的证据具有很强的技术性和专业性，加之很多证据均掌握在被告手中，过度强调检察机关收集证据的优势将给检察机关带来较大的难度，不利于查清事实真相。为了有效维护国家和社会的公共利益，保证公益诉讼案件得到公正的审判，可以考虑在现行民事诉讼法规定的举证责任的基础上，明确在公益诉讼中由检察机关承担举证责任；同时借鉴最高人民法院《关于民事诉讼证据的若干规定》第4条的内容，适度地考虑在部分案件中（如垄断机构的侵权公益案件等）有条件地实行举证责任倒置。这是维护我国民事诉讼证据规则制度统一性的需要，也更有利于保护国家和社会的公共利益。

（五）完善配套程序设计

一是制定检察机关支持起诉的实施细则。建议由最高人民检察院对检察机关支持提起民事公益诉讼的方式、内容、在庭审过程中的权力限制进行规范，同时统一相关的法律文书和格式。二是制定检察机关督促起诉的程序规则。建议由最高人民检察院对督促起诉方式参与公益诉讼的办案期限、诉讼时效、调查取证手段等方面设置统一的标准，并对督促起诉的法律文书的内容和格式进行统一，实现民事督促起诉的制度化。三是调解或和解。赋予检察机关在提起公益诉讼时享有和解和调解的权利，规定其享有实体处分权，并且要具体细化调解和和解的情形。这是考虑到调解、和解更有利于案件圆满解决。因此，赋予检察机关调解和和解的权利，是我国司法实践的必然要求。

综合考虑我国的立法和实践现状以及检察机关提起公益诉讼的试点工作取得的经验教训。通过对检察机关提起公益诉讼的实践困境进行总结分析，明确检察机关公益诉讼权和检察权是统一的，破解程序上的难题，进而提出完善公益诉讼的相关制度规则，以实现维护公共利益的目的。

建立检察机关提起行政公益诉讼制度的现实需要和制度构建

上海市人民检察院研究室课题组*

法治是政治文明发展到一定历史阶段的标志，是人类社会进步和社会发展的指示器。十八届四中全会提出“探索建立检察机关提起公益诉讼制度”，明确检察机关可以提起公益诉讼。修改后的行政诉讼法对检察机关加强和规范行政诉讼法律监督提出了新的更高的要求。如何在全面依法治国的时代背景下开展诉讼制度创新，探索建立检察机关提起行政公益诉讼制度，是当前中国法学理论界和司法实务部门迫切需要研究和解决的重大问题。

一、检察机关提起行政公益诉讼遇到的问题

因行政诉讼法没有明确检察机关提起行政公益诉讼的规定，目前上海尚没有检察机关提起行政公益诉讼的案件。根据调查研究，目前的司法实践中，检察机关提起行政公益诉讼还存在以下主要问题和障碍。

（一）检察机关提起行政公益诉讼没有明确的法律依据

《行政诉讼法》第 11 条仅规定了人民检察院有权对行政诉讼实行法律监督，但没有明确规定检察机关可以提起行政公益诉讼。因此，检察机关提起行政公益诉讼的案件范围、前提条件、程序、举证责任等，目前都没有相关的规定。我国法律缺失关于检察机关提起行政公益诉讼的规定，无疑是我国行政诉讼法律制度的一个缺憾。就目前国家利益或社会公共利益受损而得不到救济的现实情况来看，检察机关提起行政公益诉讼，不仅拓宽了司法救济的渠道，对

---

* 课题组组长：陶建平，上海市金山区人民检察院检察长；课题组成员：肖宁，上海市人民检察院研究室副主任；万海富，上海市人民检察院研究室检察官；贺英，上海市松江区人民检察院研究室副主任。本文系最高人民检察院 2015 年度检察应用理论研究重点课题。

于实现社会正义、维护公共利益和实现国家法治具有重大的意义。

（二）检察机关提起行政公益诉讼的理论研究不够

在我国，行政公益诉讼制度目前还处于理论探讨阶段。有学者认为，宪法确立的检察机关的法律地位为建立检察机关提起行政公益诉讼的制度提供了宪法根据，因而检察机关提起行政公益诉讼是保护社会公共利益的有效途径；[①]也有学者认为，检察机关提起行政公益诉讼逾越了行政诉讼检察监督的应有边界，也破坏了既存的国家权力配置格局，认为这并非是一种理想选择。[②] 检察机关提起行政公益诉讼活动由于缺乏理论上的深度研究，实践中检察机关提起行政公益诉讼活动困难重重。

（三）检察机关提起行政公益诉讼的地位不明

目前就检察机关提起行政公益诉讼法律地位问题，学术界和实务界主要有以下几种观点：[③]

一是原告代理人说。该说认为，检察机关参与行政诉讼的唯一目的是保护公共利益免受损害。在行政公益诉讼中，检察机关实际上是以公益代表人身份参与诉讼，行使诉讼权利，维护公共利益。所以，检察机关在行政公益诉讼中处于原告的诉讼代理人地位。

二是监诉人说。该观点主要源自前苏联，认为检察机关是专门的法律监督机关，检察机关提起的公益诉讼必须与一般的原告相区分，不能视为一般诉讼当事人，它具有监诉人的法律地位。

三是双重地位说。该说认为，检察机关提起行政公益诉讼，是以程序意义上的原告和法律监督机关两种身份提起的。在诉讼中，它既有原告的诉讼权利和义务，又享有法律监督者所特有的监督审判活动是否合法的权力和义务。

四是公益代表人说。该说认为，检察机关在行政公益诉讼中应处于社会公益代表人的地位。检察机关的职能是进行法律监督，在行政公益诉讼中，检察机关行使法律监督权包括对实体和程序法实施的监督，这种监督是代表国家公益进行的。

五是当事人（原告）说。该说认为，检察机关在诉讼中的法律地位应当是而且只能是当事人，即原告。作为诉讼当事人，检察机关依照行政诉讼法的

① 姜明安：《行政诉讼中的检察监督与行政公益诉讼》，载《法学杂志》2005 年第 4 期。

② 王珂瑾：《检察机关提起行政公益诉讼的再思考》，载《绥化学院学报》2008 年第 4 期。

③ 参见孙谦：《检察理论研究综述》，中国检察出版社 1995 年版，第 128 页。

规定享有原告的诉讼权利，也承担诉讼义务，检察机关在公益诉讼中的当事人化，对维护被告的合法权益以及人民法院公正审判案件具有重要的意义，从而能够防止法院先入为主、偏听偏信和主观臆断等偏向。该观点源于法国法对检察机关在民事公诉中地位的界定，法国民事诉讼法规定了检察机关在民事诉讼中可以作为主当事人或联合当事人。

六是行政公诉人说。此种学说认为，检察机关在行政公益诉讼中的地位类似于刑事诉讼中的刑事公诉人。由于检察机关与诉讼结果之间的关系比较特殊，既没有自己独立的利益，又不是完全超然于诉讼结果，因而借鉴刑事公诉人的概念以求从形式上实现检察机关在三大诉权的统一，这样更有利于明确检察机关的职责和地位，体现检察机关在行政公益诉讼中的权利和义务。①

关于检察机关提起行政公益诉讼的法律地位问题，无论是理论界还是实务界都没有统一的说法，缺乏强有力的理论认识和指导。

二、检察机关提起行政公益诉讼的域外考察

（一）大陆法系国家检察机关提起行政公益诉讼情况

1. 法国的“越权之诉”

法国是现代行政诉讼制度的发源地。法国的行政诉讼可以分为完全管辖之诉、解释之诉、越权之诉和处罚之诉。其中，“越权之诉是法国行政法上最具特色和有影响的诉讼制度，性质上属于客观诉讼，是指当事人出于保护公共利益的原则，当认为某种利益受到行政行为的侵害就可以请求行政法院审查该项决定的合法性并撤销违法的行政决定的救济手段。”② 该诉讼的基本目的是为了纠正违法的行政行为，保障良好的行政秩序，而不是限于保护起诉人的主观权利，这是一种没有当事人、对事不对人的诉讼制度。提起越权之诉的既可以是个人、工会和社团，也可以是行政机关。“越权之诉中的利益范围很广泛，不仅包括物质性利益，也包括精神性利益，如集体荣誉、宗教尊严、环境美学等。只要申诉人认为自己的利益受到了行政行为的侵害就可以提起，并不要求与申诉人个人利益有直接的利害关系。”③ 如果利益是集体的，或者是公共利益时，其中的某一个人可以提起，代表该利益的团体、组织也可以提起。

① 马明生：《检察机关提起行政公益诉讼制度研究》，载《中国政法大学学报》2010年第11期。

② 王名扬：《法国行政法》，中国政法大学出版社1988年版，第667—681页。

③ 王名扬：《法国行政法》，中国政法大学出版社1997年版。

2. 德国的“公益代表人”制度

在德国，行政公益诉讼被称为“公益代表人”制度，该制度是德国行政诉讼中的一大特点。19 世纪末的德国巴伐利亚邦实行历史上最早的行政诉讼制度，该邦于行政法院内设检察官，负责对政府的违法行为向法院提起行政诉讼。[①] 1960 年颁布的《德国法院法》中专门确立了公益代表人制度，由联邦最高检察官作为联邦公益的代表人提起行政诉讼，且享有上诉权和变更权。[②] 公益代表人包括联邦行政法院的检察官和高等行政法院及地方行政法院的公益诉讼代表人，他们的任务是代表州或者行政机关维护公共利益。德国行政公益诉讼审查的行政行为范围极其广泛，包括建筑规划法、环境法和贸易管制法问题等，提起公益诉讼的主要方式是由检察官提起诉讼和团体诉讼。

（二）英美法系国家检察机关提起行政公益诉讼情况

1. 英国的检察长制度

检察长属于中央机构之一，由一位检察长及其领导下的数位检察官组成，他们在组织上分别置于各级普通法院。通常情况下，只有代表公众利益的，检察长才可以依职权提起公益诉讼，以阻止侵害公共利益的不当行为，而私人没有提起此类诉讼的权利，私人只能通过检举、通报等行为请求检察长提起诉讼。检察长可以根据该请求自行向法院提起诉讼，也可以允许私人以检察长的名义起诉，即检察长是该公益诉讼的原告，但私人被委托全面代理诉讼，并且如果败诉，诉讼费用也要由私人来承担。在英国，检察官代表公共利益。检察总长代表国王有权阻止一切违法行为，为了公共利益起见，可以主动向法院请求对行政机关的行为进行司法审查，还可以在私人没有起诉资格时帮助私人申请司法审查。[③] 这时在诉讼形式上以检察总长为原告，同时指出告发人的姓名，但诉讼实际上全由告发人负责进行，当然，检察总长有权决定是否同意提起这种诉讼。

2. 美国的“私人总检察长”制度

美国的“私人总检察长”制度，包括相关人诉讼、纳税人诉讼和职务履行令请求诉讼三大类。此制度发端于 1940 年“桑德兄弟广播站诉联邦电讯委

① 王珂瑾：《行政诉讼制度研究》，山东大学出版社 2009 年版，第 183 页。

② 邓哲：《检察机关行使行政公诉制度研究》，吉林大学出版社 2011 年版，第 11 页。

③ 王名扬：《英国行政法》，中国政法大学出版社 1987 年版，第 199 页。

员会”案。[1]《美国法》第28卷第518条第2款[2]明确赋予联邦总检察长公益诉讼起诉权，这既包括民事公益起诉权，也包括行政公益起诉权。除此之外，联邦和各州的总检察长也具有类似的权力，并且在司法实务中不仅可以对实体性事项进行监督，更可以对程序性事项进行监督，即享有双重监督权。美国检察官在公益诉讼中享有参与的权利，可以发表争议意见，还享有一定的调查权。但是美国的检察官提起行政公益诉讼制度主要还是通过法院在判例中逐步形成的。

（三）不同法系国家检察机关提起行政公益诉讼的启示

1. 都赋予检察机关提起行政公益诉讼的权利

各个法系的国家由于历史背景、文化传统和社会条件的不同导致各国检察机关提起行政公益诉讼的出发点不同。以英美国家为代表的英美法系国家和以德法为代表的大陆法系国家是建立在“公益说”的基础之上，检察机关提起行政公益诉讼是从维护社会公共利益的角度出发。尽管角度不同，形式也有所差异，但各国立法证明赋予检察机关提起行政公益诉讼的诉权却是各国在行政公益诉讼方面的普遍做法，实践证明这也是极为可行的。

2. 行政公益诉讼的受案范围逐渐扩展

随着社会经济和法治的不断发展，各国政府不约而同地扩大了行政诉讼的受案范围，以适应行政公益诉讼制度的普遍实施。现代行政诉讼法不但保护人身权和财产权这些具有经济价值的利益，还包括消费权益、环境权益、生态平衡权益等非经济价值的利益的保护，因此大大扩展了行政诉讼或司法审查的领域，加强了对公共利益的保护。如美国，不论行政机关实施的是抽象行政行为还是具体行政行为，只要使得公民、法人或其他组织的合法权益受到侵害，就可以纳入行政诉讼的受案范围。[3]

3. 行政公益诉讼的原告范围逐渐扩大

各国对行政公益诉讼原告资格的法律规定经历了从无到有，再到不断扩张这样一个过程。近代以来，行政权力不断强化和扩张，行政公益诉讼原告资格也随之逐渐扩大。行政权力的扩张一方面剥夺社会私权利，另一方面，即使其

---

① 该案中，作为原告的桑德斯兄弟指出联邦委员会给予另一个无线电广播公司新的营业执照的行为损害了他们的权益。最高法院认为桑德斯兄弟广播站与联邦委员会的行政行为存在着利害关系，可以以原告的资格进行诉讼，这是美国确立行政公益诉讼的标志。

② 该条规定：“联邦总检察长可参与争议他认为美国的利益要求他参与以及认为美国感兴趣的任何民事或行政案件。”

③ 王珂瑾：《行政公益诉讼制度研究》，山东大学出版社2009年版，第129页。

不行使也有可能侵害社会公权益。相应地，公权力侵害的范围越大，其被诉的可能性就越大。正是为了解决社会公益频繁遭受侵害才出现了行政公益诉讼制度。当现实生活迫使公民、法人或其他社会团体拿起法律武器来维护公益的时候，各国对于提起行政诉讼都会作出这样或那样的限制性规定。尽管限制条件迥异，但是扩大原告的范围是其主要趋势。任何人，就是只要是行政决定针对的人，根据法律规定都可以向法院提起诉讼，而且目前各国都开始逐渐接受这一理论，这可能也是行政法发展的主要方向。

三、检察机关提起行政公益诉讼的必要性和可行性分析

（一）检察机关提起行政公益诉讼的必要性分析[①]

1. 赋予检察机关提起行政公益诉讼权是宪法原则的体现

我国《宪法》第129条[②]和第131条[③]的规定，一方面阐明了法律监督制度是国家制度的一项重要内容，同时也确定了人民检察院在履行法律监督职责中的特殊地位。从我国《人民检察院组织法》来看，检察机关的法律监督职能仅停留在对公安机关的侦查活动、法院的审判活动是否合法实行专门监督。如果说检察机关对行政机关及其工作人员行使法律监督权的话，那么也只局限于对其职务犯罪行为的监督侦查、提起公诉。然而，从历史发展历程来看，“行政法的历史，就是行政权力不断扩张的历史。”[④] 对于行政机关及其工作人员违法行政、滥用职权或严重渎职侵犯国家和社会公共利益而未构成犯罪的情况，检察机关却无法进行法律监督，而只能交由行政机关自律或由人大进行监督。从实际情况看，行政机关的自律均是有限的。而人大的监督遵循的是合议的程序和原则，具有一定的宏观性和指导性。因此，有必要赋予检察机关行政公益诉讼权，对行政机关有损国家和人民利益的违法行政行为进行监督，维护国家和社会公共利益，促进社会和谐，使宪法规定的检察机关作为“国家的法律监督机关”真正落到实处。

2. 对行政权实现有效制约的现实需要

现代社会中，因为自身的主动属性，加上部门主义、地方主义等利益的驱

---

① 刘艳敏：《检察机关提起行政公益诉讼的制度研究》，内蒙古大学2009年硕士学位论文。

② 该条规定：“中华人民共和国人民检察院是国家的法律监督机关。”

③ 该条规定：“人民检察院依照法律规定独立行使检察权，不受行政机关、社会团体和个人的干涉。”

④ ［美］伯纳得·施瓦茨：《行政法》，徐炳译，群众出版社1996年版，第27页。

动，行政权不可避免地呈现出扩张、膨胀的趋势，又因为行政机关内在制约的先天不足，导致行政权极容易被滥用，因此必须建立有效制约行政权的机制。即当违法或不当的行政行为使国家、社会公共利益受到侵害时，赋予公众、社会组织及负有法律监督职责的检察机关以诉权，要求司法审判机关对行政行为进行审查。这一方面可以利用司法裁判权的政策引导功能和强制威慑功能来促使行政权的正当行使，实现司法权对行政权的制约；另一方面，面对强大的政府机构，当个人或社会团体显得力不从心或无人（无权）起诉时，由担负法律监督职责的检察机关起诉其违法行政行为，显然更有利于维护公共利益，而且通过检察权的合理设置可以最大限度地督促行政机关依法行政，及时纠正违法行政行为。

3. 检察机关行使行政公益诉讼权是维护民众的合法权益和社会公共利益的要求

随着社会经济的高速发展以及行政权的膨胀，行政机关违法行政行为侵害社会公共利益的现象时有发生，如国有资产流失，环境污染和破坏，电信、铁路等行业的垄断现象，土地开发中不合理利用问题，政府部门的有些工作人员在公共工程、政府采购等领域违法招标发标，给国家造成重大损失。一些公民通过诉讼途径维护公共利益，但大都被法院以原告不具备起诉资格而不予受理或驳回起诉，致使公共利益被侵害而得不到司法救济。因此，迫切需要法律监督机关——检察机关提起行政公益诉讼，以制裁违法行政行为，维护公共利益。

（二）检察机关提起行政公益诉讼的可行性分析

1. 检察机关的宪法地位为建立检察机关提起行政公益诉讼制度提供了法律依据①

我国《宪法》第129条规定：“中华人民共和国人民检察院是国家的法律监督机关”，第131条规定：“人民检察院依照法律规定独立行使检察权，不受行政机关、社会团体和个人的干涉。”根据宪法规定，检察机关的性质是法律监督机关，维护国家和社会公共利益是检察机关的基本职能，这一基本职能决定了检察机关对一切有损国家和人民利益的违法行为都有权进行监督，而这些违法行为当然也包括行政机关违法侵犯公益的行政行为。

2. 检察机关刑事、民事诉讼实践为提起行政公益诉讼提供了经验

检察机关作为我国专门的法律监督机关，具备良好的司法资源，能有效实

① 黄基盛：《检察机关提起行政公益诉讼的可行性》，载《检察日报》2010年12月21日。

现司法权对行政权的监督和制约，比一般的公民、法人和其他组织更适合作为提起行政公益诉讼的主体。从物质条件来看，我国检察机关的主要职能包含了反贪侦查和刑事公诉，因而具备了较完备的调查取证和提起公诉的物质技术力量；从检察队伍人才储备来看，我国检察机关都设立了民事行政检察部门，从事民事行政检察工作的检察人员具有较扎实的法律基础和较高的学历层次；从实践经验来看，从事民事行政检察工作的检察人员大多具有丰富的办理民事案件的经验，办案水平较高，具备从事行政公益诉讼的立案、调查取证、起诉和出庭公诉工作的能力和条件，这些都为检察机关提起行政公益诉讼提供了宝贵经验。

3. 域外行政诉讼制度的经验借鉴

在国外，由检察机关提起行政公益诉讼是当今世界各国的普遍做法，检察机关以国家和公共利益代表人的身份参与行政公益诉讼的制度已在各个不同社会制度的国家普遍确立。比较研究域外行政公益诉讼的理论与实践，我们可以发现无论是英美法系国家还是大陆法系国家，检察机关作为公共利益的代表参与行政诉讼，维护公共利益，成为一个共同点或基本价值取向。虽然各国检察机关为维护公共利益而参与行政诉讼的具体方式有一定差别，但很多国家都赋予了检察机关行使行政公益诉讼权力，如上文介绍的美国、英国、法国。国外经验证明，检察机关提起行政公益诉讼的方式对于监督、制约行政机关侵犯国家和社会公共利益的行政行为是最为有效的。

四、检察机关提起行政公益诉讼的制度构建

（一）检察机关提起行政公益诉讼应遵循的原则

1. 公益原则

公益原则强调只有当违法行政行为侵害了国家利益、社会利益或者不特定多数人利益时，而诉讼主体又不确定或缺失，检察机关才有权提起公益诉讼。或者说虽然侵害了一些人的利益，但是不会造成对公共利益的损害，仍然不能据此提起行政公益诉讼。需要强调的是，并不是所有损害国家公共利益的案件都需要提起公益诉讼，检察机关在决定是否提起公益诉讼前还需进行必要性的衡量，如果有相应的主体提起诉讼或者是涉及民事诉讼范围，就不宜由人民检察院提起行政公益诉讼，避免公权力过分干涉市场经济。

2. 必要原则

必要原则是指在没有直接受害者的情况下，没有其他救济方式，检察机关才能提起行政公益诉讼。也就是说，检察机关只有在必要时才能提起行政公益诉讼。一般而言，当社会公共利益受到行政行为侵害却没有出现符合起诉条件

的行政相对人，或虽有符合条件的行政相对人，但其由于种种原因不敢起诉、不愿起诉、不能起诉时，就可以视为出现了阻碍起诉的事由，这时，在其他条件具备时，检察机关就有必要提起行政公益诉讼。

3. 依法监督行政诉讼活动原则

人民检察院作为国家法律监督机关对行政诉讼进行监督是为了保证人民法院正确行使审判权，监督行政机关的行政行为是否合法，进而保证国家法律在行政诉讼中的统一实施。当然，提起诉讼不是监督的终点，而是监督的起点。人民检察院的监督应当贯穿诉讼的整个过程，涉及审判行为的合法性、被诉者诉讼行为的合法性以及裁判的合法性等，包括审判和执行。

4. 依法独立行使职权原则

检察院依法独立行使自己的权力，不仅是世界各国检察机关的共同原则，也是我国法律规定的一项基本原则。我国《宪法》第131条规定："人民检察院依照法律规定独立行使检察权，不受行政机关、社会团体和个人的干涉。"《人民检察院组织法》第9条规定："人民检察院依照法律规定独立行使检察权，不受其他行政机关、团体和个人的干涉"。因此，人民检察院提起行政公益诉讼时要坚持依法独立行使职权原则。

5. 检察建议前置原则

为了有效地节省司法资源，避免当事人的讼累，当确定行政机关有侵害社会公共利益行为时，检察机关在起诉前，应先向有关行政机关发出检察建议，要求其立即纠正违法行为或行政作为，接受检察建议的行政机关应当在一定期间内作出答复，如果不予答复或答复超过法定期限，以及有充分证据证明有关行政机关拒绝行使职权或仍怠于履行职责的，检察机关才可以启动行政诉讼程序。如果行政机关根据检察建议纠正了其行政违法行为、履行了行政职责，那么检察机关即可终结诉讼程序，无须再启动司法救济程序。

（二）检察机关提起行政公益诉讼的前提条件

行政公益诉讼是一种对事不对人的客观诉讼，即只要存在公共利益受到违法行政行为侵害或有侵害危险时，检察机关就可以提起行政公益诉讼，这样就能充分实现依法行政的目标。但是，行政公益诉讼作为一种带有探索性质的法律制度，应充分考虑司法资源的稀缺性、行政权的有效性和司法权的可能性。因此，对检察机关提起行政公益诉讼应加以限制，需要符合三个前提条件：一是必须是具体行政行为或行政不作为已经侵害或者是可能侵害社会公共利益；二是没有适格主体提起诉讼；三是涉及的损害应是"重大"的社会公共利益。就何为"重大"的把握，应主要从涉案范围、人数、金额、社会影响、后果恶劣程度等方面进行综合性价值判断，做到既有益于现实利益，又有益于长远利益。至于对那些只涉及少数群体或个体权益被侵害后不敢、不能或不愿起诉的情况，检察机关一般不应提起行政公益诉讼。否则，极易造成检察机关是私人代表的负面形象，不利于公正独立地行使行政公益诉讼权，也难以体现公益的性质。

（三）明确检察机关提起行政公益诉讼的地位

鉴于检察机关开展行政公益诉讼的法律地位不明，使得检察机关在实践中开展行政公益诉讼活动困难重重。笔者认为，检察机关在开展行政公益诉讼活动中的法律地位可明确为“特殊原告”。因为，界定检察机关提起行政公益诉讼的法律地位问题的关键在于如何协调行政诉讼与公益诉讼的特殊性问题，而不在于如何调和行政诉讼理论与检察院的实体身份之间的关系。根据我国宪法和相关法律规定，检察机关是法律监督机关。从一般的诉讼理论分析，凡提起或启动诉讼者均称之为原告，检察机关提起行政公益诉讼也不应当例外，同样在诉讼中享有当事人的诉讼权利、承担当事人的诉讼义务。

需要注意的是，与传统意义上的私益诉讼中的原告相比较，检察机关在提起行政公益诉讼时的身份显然有其特殊性，因为它所代表的是国家，其本身与被行政行为侵害的公共利益并没有直接的、实体上的利害关系，只不过其提起行政公益诉讼的权力来源于其作为法律监督机关的宪法定位以及检察权所包含的公诉权的本性。因此，从这一意义上说，检察机关仅是程序意义上的原告，而非如私益诉讼中权利与义务的具体承受者。同时，鉴于公益诉讼的特殊性，检察机关作为公益诉讼的当事人享有基于自身性质的一些特殊诉讼权利，如调查取证的权利，这些权利虽不能改变其原告身份，但的确赋予其一定的特殊性。

（四）检察机关提起行政公益诉讼的案件范围

结合目前检察机关队伍的整体素质、经费保障、人员配备等因素，检察机关提起行政公益诉讼的范围应予限制。

1. 具体行政行为方面

一是国有资产流失案件。国有资产的流失是指国有资产出资者、管理者、经营者，故意或过失违反法律、行政法规和规章，以合法形式掩盖非法目的造成国有资产的损失。目前，已出现通过多种形式和渠道造成国有资产流失的现象。如在国有资产评估时，对国有资产进行不评估、低估、漏估所造成的资产流失；实行股份制改造和国有产权交易中的国有资产流失；在税收征收管理中，除国家政策、体制等因素外，因管理的漏洞使税收大量流失而造成的国有资产流失等。

二是社会、自然环境的污染和破坏。政府部门在防止环境污染和破坏方面未能尽职尽责，就应该依法承担相应的责任。其中违法性的行为主要有两种方式：一种是违法不作为，如对污染环境和破坏资源的行为不依法处理；另一种就是违法的作为，如违法发放排污许可证、采矿许可证、采伐许可证等。环境的日益污染和破坏，严重威胁人类的生存，因此，此类案件容易引起社会公众的高度重视。

三是自然资源的不合理开发利用问题。因主管部门监管不力，我国当前在土地、矿产等资源开发利用中破坏、浪费情形严重，危害到环境和今后的持续发展。主要原因是行政机关违反土地管理法规和保护国土资源的基本国策违法征地、批地、大搞开发区等形象工程造成的。这与司法救济手段的缺失不无关系。

2. 部分抽象行政行为

抽象行政行为是行政法学上的概念，部分抽象行政行为由于与公共利益具有密切关系，更应成为行政公益诉讼的受案范围。一是因为抽象行政行为是针对不特定的人作出的，具有普遍约束力及反复适用的特点，因此一旦违法往往影响的是不特定公众的利益，后果具有严重性。二是即使法院通过个别判决纠正了违法行政行为，但抽象行政行为由于继续存在并发生效力，仍有危害社会公益的可能性，不能从根本上维护社会公共利益。三是抽象行政行为是用来调整当代及未来社会生活的，具有更多的不确定性和潜在的社会公益危害性。鉴于此，应将抽象行政行为纳入检察机关提起行政公益诉讼的范畴，这也是行政诉讼法发展的必然趋势。

需要说明的是，并不是所有的抽象行政行为都应当纳入行政公益诉讼的范畴，结合我国国情和司法实践，规章及规章以下规范性文件应为检察机关提起行政公益诉讼范畴。一是因为行政法规行为属于我国专项立法，具有很大的权威性和专业性，属于全国人大立法审查和监督的范畴，不能盲目扩大检察机关的职能。二是行政规章及行政规章以下规范性文件渗透着部门利益和地方利益，在司法实践中这些规章和文件的制定程序较为简易，制定主体又较为广泛，越权及侵害公共利益情况严重。因此有必要将行政规章及行政规章以下规范性文件纳入检察机关提起行政公益诉讼的范围，从而维护社会公共利益。

3. 检察机关经审查认为有必要提起诉讼的其他行政行为

由于当代社会飞速的发展及立法的相对滞后性。因此，有必要用概括的方式规定检察机关认为有必要提起行政公益诉讼的范畴，如行政指导行为等一些行政事实行为。

（五）检察机关提起行政公益诉讼的程序设置

1. 案件受理

检察机关在案件受理上应当坚持主动介入与被动受理相结合的原则。在具体实践中有以下几个方面：一是公民、法人和其他组织控告、检举；二是国家权力机关、上级检察机关交办或纪检监察等其他机关转办；三是本级检察机关自己发现案件线索。[①] 在案件受理上，为了防止滥诉的发生和基于分配正义的考虑，检察机关应当严格审查，只有在查明案件事实的基础上认为属于行政公益诉讼受案范围的案件，才可以受理。检察机关在开展行政公益诉讼的时候不能盲目地扩大行政公益诉讼受案范围，产生滥诉的社会现象，扰乱正常的经济生活秩序。

2. 立案审查

如果发现案件线索符合立案规定，应当依法立案，及时制作《立案决定书》来启动诉讼程序。当检察机关决定对某些行政公益案件予以受理后，要进一步展开更具体详细的立案审查，审查的具体内容包括：一是是否存在公共利益受到严重侵害的事实。严重性可以参照涉案范围、人数、金额、后果、影响、疑难复杂程度等的标准衡量。二是必须要有明确的行政违法行为人作为被告。在实际行政执法中，可能存在交叉执法的情况，因此要分清是谁的责任导致对公益的损害，进而明确谁作为诉讼的被告。三是损害结果与行政机关是否有法律上的因果关系，即造成公共利益损害是否是行政机关的不作为或不法行为造成的。四是要有具体的诉讼请求、事实根据和法律依据。如当行政机关的不作为行为严重侵害了公众的利益，则应向法院提出请求行政机关立即采取行动，履行行政机关的相应职责。五是是否属于该检察机关的地域管辖、级别管辖范围之内。六是是否在法定期限内进行的起诉。在我国的法律体系中，起诉都有相应的起诉期，过了诉讼期限，法院将不再支持诉讼。在行政公诉中，也应有相应的规定，如同刑事案件中规定对犯罪行为的追诉期限一样，也应规定对行政机关造成公益损害的追诉期为两年，从检察机关发现行政机关违法行为造成公益损害之日起计算。

3. 前置程序

前置程序是指检察机关在提起行政公益诉讼之前，先请行政机关作出先行处理，在行政机关拒绝先行处理或对行政机关的处理结果不服时，才提出行政

---

① 马明生：《检察机关提起行政公益诉讼制度研究》，载《中国政法大学学报》2010年第11期。

公益诉讼，启动行政公益诉讼程序。检察机关应慎重启动行政公益诉讼程序，在对违法行政行为损害公共利益没有穷尽现有方法和程序时，不能提起行政公益诉讼。因此，检察机关在提起行政公益诉讼之前，应先向行政机关的不当作为或不作为发出检察建议等书面通知，建议其依法履行应有职责或纠正违法行为，停止侵害。如果行政机关在法定期限内未采取补救措施或补救不力，检察机关可以代表国家向法院提起行政公益诉讼，请求法院责令行政机关停止侵害行为、恢复原状或赔偿损失。

4. 调查取证

调查取证是检察机关行使诉讼权的关键性环节，是保证检察机关诉讼质量和提高交付审判率的重要活动。为了查清案件的真实性，维护社会公共利益，在行政诉讼中检察机关应该享有类似刑事诉讼中的调查取证权，包括询问当事人、证人、收集书证、物证和有关证据，进行鉴定、勘验等。一方面是因为行政诉讼案件的性质所决定的，因为行政诉讼案件大多数都是涉及社会公共利益的复杂案件，需要收集许多证据，才能证明行政机关的行为是否合法，如果没有调查权，检察机关则很难收集到充足的证据，这样的后果将会是检察机关很难厘清行政公诉案件中的真实关系。另一方面，也源于检察机关的性质，为确保检察监督的准确性和权威性，在提起行政诉讼前，必须要有充分的证据，防止滥用行政诉讼权。

需要注意的是，检察机关在行政诉讼中的调查取证权与在刑事诉讼中的调查取证权不同。[①] 在行政诉讼中，检察机关不应采用刑事侦查中的那种带有强制性质的讯问、搜查等侦查措施和手段。另外，检察机关提起行政诉讼并调查收集证据，是职权行为，即代表国家行使法律监督权。检察机关在行政诉讼中的调查取证权和当事人、律师的调查取证权也不同。因此，当检察机关向有关单位和个人调查取证时，有关单位和个人不得拒绝。

5. 审查起诉

对于调查终结的行政公益诉讼案件，检察机关有责任根据调查结果，对案件事实和证据以及适用的法律进行审查，以决定是否提起诉讼。审查的重心与刑事诉讼中的审查起诉类似，分为程序性审查和实质性审查。程序性审查一般审查案件中所确定的被告人是否适格，其诉讼主体资格是否合法；案件中涉及的调查手段和证据收集是否合法等；实质性审查的内容分两方面：一方面审查事实是否清楚，即行政机关有无违法行政行为，是否存在或即将发生对社会公共利益的损害，损害与行政机关的行政行为之间是否有因果关系，是否有必要

① 胡卫列：《论行政公益诉讼制度的建构》，载《行政法学研究》2012 年第 2 期。

提起行政公益诉讼等；另一方面审查所获得的证据的相关性、客观性和合法性，质和量两方面是否达到了起诉的要求。经过审查起诉，对于有证据证明行政机关的行政行为合法，不存在也不会即将发生公益受到损害的情况，以及证据不足的应当作出不起诉或撤案的决定，并及时通知当事人；除此之外则作出起诉的处理结果。

在审查起诉环节，需要重视的一个问题是关于审查起诉的期限和救济。鉴于检察机关的公权属性，提起行政公益诉讼不仅是其权利，也是一种职责，为体现对公权的约束和限制，应规定其审查起诉的期限。[①] 检察机关提起行政公益诉讼案件具体期限的设置，既要保证检察机关能够对案件进行全面、深入的审查，也要充分考虑提高诉讼效率和节约司法成本，并维持与其他诉讼环节有关办案期限的协调和平衡，以60日为宜，重大复杂案件，可以延长30日，但要明确延长办案期限的决定主体和程序。[②]

6. 提起诉讼

行政机关收到检察建议书后60日内未改正不法行为的，发出检察建议书的检察院可以依法按程序向人民法院提起诉讼，请求人民法院依法判令涉案行政机关承担的相应责任。对人民检察院提起的行政诉讼案件，人民法院必须受理。人民法院应根据人民检察院提交的立案材料，决定具体开庭之日。

7. 出庭公诉

如果检察机关认为被诉行政行为严重损害社会公共利益，应在规定的诉讼期间内，制作起诉书向法院提出诉讼，同时指派检察官出庭支持公诉。在庭审过程中，检察官阐明起诉的根据和理由，指控行政机关的违法行政行为，要求法院追究其相应的责任。在出庭支持公诉的过程中，检察机关同时应当履行监督职责，对审判行为、诉讼参与人的诉讼行为的合法性进行监督。

8. 二审和再审的抗诉

基于检察机关的法律监督职能，法院作出的未生效或者生效判决应当列入检察机关法律监督的范围。对于法院作出的未生效判决认为确有错误的，在上诉期内，在其法律监督范围内享有二审抗诉权；对于法院作出的生效判决认为确有错误的，在抗诉期内，则享有再审抗诉权。

9. 执行监督

即使最终检察机关的诉讼请求得到了法院的支持，也只是说明行政机关的违法行政行为得到了法律上的确认，最终还需通过行政机关承担相应的法律责

① 胡卫列：《论行政公益诉讼制度的建构》，载《行政法学研究》2012年第2期。

② 胡卫列：《论行政公益诉讼制度的建构》，载《行政法学研究》2012年第2期。

任后才能真正维护国家利益和社会公益。借鉴国外的法律制度，笔者建议在司法实务中，对于在规定期限内不能执行的案件，可以由检察机关向法院申请强制执行。这样通过法院的强制执行和检察机关的法律监督，促使责任主体承担相应的法律责任。

五、检察机关提起行政公益诉讼的制度保障

（一）案件管辖制度

《行政诉讼法》第 14 条、[①] 第 15 条、[②] 第 16 条、[③] 第 17 条[④]分别规定了案件管辖制度。从中可以看出，我国的行政诉讼实行的是同级管辖，并没有提高行政诉讼的管辖级别。对于行政公益诉讼的管辖，不宜适用现行的行政诉讼法的管辖级别规定，要提高管辖级别，因为行政公益诉讼案件一般都是重大案件，涉及面广、社会影响大。同时，在我国现行的权力体系中，法院难以与行政权相对强大、掌握着各种资源支配权的同级行政机关相抗衡。因此，为避免干扰，也为了增强行政公益诉讼的公信度，有必要提高行政公益诉讼的管辖级别。由中级人民法院管辖一审案件，并由同级人民检察院提起诉讼；高级人民法院管辖的案件，由省级人民检察院提起诉讼；最高人民法院管辖的一审案件，则由最高人民检察院提起诉讼。

（二）诉前通知制度

检察机关在起诉前应先对涉案行政机关下达诉前整改通知书或检察建议书，以便于在诉前给行政机关纠正自身违法行政行为的机会，也便于节约诉讼成本。如果行政机关在规定的期限内不予答复或拒绝纠正，检察机关即提起行政公益诉讼。这种制度的功能在于既可以通过行政机关的自我纠正，及时制止违法行政行为，又可以防止滥诉等现象，也与行政诉讼法中“穷尽行政救济原则”相契合，从而维护国家利益和社会公益。

（三）举证责任制度

举证责任的分配，是证据制度中十分重要的问题，关系到对当事人权益的

---

① 该条规定：“基层人民法院管辖第一审行政案件。”

② 该条规定：“中级人民法院管辖下列第一审行政案件：（一）对国务院部门或者县级以上地方人民政府所作的行政行为提起诉讼的案件；（二）海关处理的案件；（三）本辖区内重大、复杂的案件；（四）其他法律规定由中级人民法院管辖的案件。”

③ 该条规定：“高级人民法院管辖本辖区内重大、复杂的第一审行政案件。”

④ 该条规定：“最高人民法院管辖全国范围内重大、复杂的第一审行政案件。”

保护和诉讼公平正义的实现。我国《行政诉讼法》第34条规定："被告对作出的具体行政行为负有举证责任，应当提供作出该具体行政行为的证据和所依据的规范性文件。被告不提供或者无正当理由逾期提供证据，视为没有相应证据。但是，被诉行政行为涉及第三人合法权益，第三人提供证据的除外。"可见，我国的行政诉讼制度采取的是举证责任倒置原则。行政公益诉讼本质上还是属于行政诉讼中的一种制度，所以在举证责任分配方面遵循了行政诉讼中的一些规则，也应遵循行政诉讼举证责任的原则性规定，但也应该有自己的特点。

根据行政行为以及作出行政行为依据的复杂性，可以将举证责任分为一般举证责任和特殊举证责任，即"对被诉的具体行政行为由被告负举证责任，对于被诉具体行政行为以外的其他证明对象则应根据具体情况由原告或被告分别承担责任。前者可称为行政诉讼中的特别举证责任，而后者则可称为一般举证责任。"进言之，被诉具体行政行为是由被告作出的，被告对有关情况最了解，具有充分的举证能力，[①] 因此对具体行政行为合法性的举证责任应由被诉的行政机关承担，而有关程序上的事实等，应遵循"谁主张，谁举证"的原则。此外，鉴于行政法规、行政规章及相应的规范性文件数量很多，内容也很繁杂，且考虑到依法行政的要求，应由被告承担提供法律法规及规范性文件的责任。有关对公益损害或可能损害的事实证据，则由原告负责提供为宜。

（四）诉讼费用的承担

在诉讼费用承担上，按照诉讼法的原则，诉讼费用一般由原告预付，最终由败诉当事人负担。但是应该注意到行政公益诉讼其性质具有浓厚的公益色彩。公益性案件一般牵涉面较大，诉讼费用也较高，不管是检察机关还是组织、个人均难以承受。鉴于此，检察机关提起行政公益诉讼，不应当承担诉讼费用，理由如下：

一是检察机关活动的经费完全来自于国库，并没有除国家财政拨款以外的收入，对检察机关提起的诉讼收取诉讼费，无异于从国家的一个口袋转入另一个口袋，在此过程中还会有资金结算等环节，并产生资金的损耗，浪费人力、物力。

二是与提起刑事公诉一样，检察机关提起行政公益诉讼也是代表国家维护社会公共利益。因此，检察机关提起行政公益诉讼也应与提起刑事公诉一样，

---

① 贾传喜：《行政公益诉讼的理论基础及制度构建》，载《法律适用》2006年第10期。

无须交纳诉讼费用。

（五）检察官观念上的转变和行政公益诉讼业务培训

检察官是进行行政公益诉讼活动的具体的主体，每个检察官的业务能力和素质直接关系到诉讼质量和诉讼结果。而行政公益诉讼与以往刑事诉讼相比，其在追诉对象、程序要件、业务重点、专业要求方面存在着很大的差异。对检察官而言，就行政公益案件提起诉讼，制约行政违法行为、保护公共利益是一项崭新的业务。因此，对于我国长期主要从事刑事追诉的检察官而言，更新诉讼观念和加强业务培训是确保行政公益诉讼开展的必要保障。

一是培养检察官维护公益的意识。就是要求检察官对来自民众举报的公益案件信息有高度的敏感性，对来自其他政府部门和人大交办的公益案件保持强烈的责任感。

二是加强检察官行政公益诉讼业务培训。与刑事公诉不同的是，行政公益诉讼的重心在行政领域，涉及对行政主体行政行为合法性审查、违法证据收集、公共利益保护等，其工作内容和专业重心都发生了巨大变化，而这些工作量以及案件复杂程度也是以往民事检察工作所不及的。因此，必须加强检察官行政公益诉讼业务培训。

三是建立行政公益诉讼信息公开化制度。舆论的力量是强大的，我国行政公益诉讼需要强大的舆论支持，只有政府信息公开了，行政机关才能真正处于人民群众的监督之下，以大众的道德观制约行政机关的违法行为，促使行政机关的工作人员依法办事。

行政公益诉讼诉前程序检察建议实证研究

——以云南省P市198份诉前程序检察建议为主要分析样本

邹俊波*

从一般监督到法律监督，再到探索建立检察机关提起公益诉讼制度，检察机关提出检察建议工作走过了一条不断规范化、法治化、现代化的道路，为完善我国权力监督、建立健全机制、预防违法犯罪、强化社会综合治理等发挥了积极的作用，得到人民群众的充分肯定和认同。与此同时，随着社会的发展，传统检察建议工作先天不足所带来的监督滞后性、不确定性等问题也日益凸显。特别是在行政检察监督中，存在着手段不足、力度偏弱、监督范围过窄等问题，越来越难以满足人民群众日益增长的，对依法加强行政检察监督、纠正行政违法或不作为、保护国家和社会公共利益的期待。在这种背景下，2014年10月，党的十八届四中全会提出，检察机关在履行职责中发现行政机关违法行使职权或者不行使职权的行为，应当督促其纠正，并明确提出建立检察机关提起公益诉讼制度。2015年7月1日，十二届全国人大常委会第十五次会议决定，授权最高人民检察院在北京、湖北、云南等13个省、自治区、直辖市开展为期二年的提起公益诉讼试点。2015年7月2日，最高人民检察院发布《检察机关提起公益诉讼改革试点方案》，对提起公益诉讼的条件、范围以及诉前程序等作出明确规定。2015年9月2日，P市作为云南省试点地区之一，具体参与到了公益诉讼试点中，在短短的一年多的时间里，共提起环境民事公益诉讼1件、行政公益诉讼4件、诉前程序检察建议198份，试点工作取得了显著的成绩。

---

* 邹俊波，法律硕士，云南省普洱市人民检察院法律政策研究室副主任，普洱市检察理论研究人才、地方立法咨询专家，三级检察官。

一、行政公益诉讼诉前程序检察建议的基本内涵

诉前程序检察建议是指根据最高人民检察院《检察机关提起公益诉讼改革试点方案》规定，检察机关在履行职责中发现生态环境和资源保护、国有资产保护、国有土地使用权出让等领域负有监督管理职责的行政机关违法行使职权或者不作为，造成国家和社会公共利益受到侵害，公民、法人和其他社会组织由于没有直接利害关系，没有也无法提起诉讼的，可以先行向相关行政机关提出检察建议，督促其纠正违法行为或者依法履行职责的一项法律监督活动。根据《检察机关提起公益诉讼改革试点方案》规定，行政机关应当在收到检察建议书后一个月内依法履职，并将办理情况及时书面回复人民检察院，否则人民检察院可依法提起行政公益诉讼，提请人民法院依法裁判确认行政行为违法或者无效、提出撤销或者部分撤销违法行政行为、在一定期限内履行法定职责等诉讼请求。由此可见，与以往检察建议所具有的单一性、滞后性、有限监督相比，从一开始试点顶层设计，诉前程序检察建议就体现出与以往截然不同的监督思路和特点。

第一，监督的方式更加积极主动。只要是检察机关在履职过程中发现的，不论是事中、事后，主动、被动，只要符合一定条件的，都可以依法进行监督。

第二，监督的对象更加广泛。诉前程序检察建议监督的对象是广义上的行政机关，相比此前行政检察监督仅限于特定行政领域或者特定的行政事项，有了极大的拓展。[①]

第三，监督的范围更加全面。可以针对行政违法行使职权或者行政不作为进行监督，基本涵盖了大部分行政行为。

第四，监督的内容更加丰富。可以督促行政机关纠正违法行为或者依法履行职责。不再仅局限于帮助发案单位总结经验，堵塞漏洞，改善管理，加强防范，建立机制等。[②]

第五，监督的手段更加拓展。根据《人民检察院提起公益诉讼试点工作实施办法》第33条规定，人民检察院在诉前可以采取除限制人身自由以及查封、扣押、冻结财产等强制性措施以外的包括调阅、复制行政执法卷宗材料；委托鉴定、评估、审计；勘验物证、现场等广泛调查核实方式。

---

① 主要是职务犯罪预防和劳动教养执行监督，但是后者在劳动教养制度废除后已自然消失。参见张步洪：《行政检察制度论》，中国检察出版社2013年版，第5页。

② 参见张步洪：《行政检察制度论》，中国检察出版社2013年版，第150页。

第六，监督的时限更加明确。限定为一个月以内。

第七，监督的效果更加有力。当诉前程序检察建议提出后，行政机关未依法履职或纠正违法的，检察机关可以依法提起行政公益诉讼，确认行政行为违法或者无效、提出撤销或者部分撤销违法行政行为、在一定期限内履行法定职责等。

从上述内容以及体系构建可以体会到，立法者对于加强行政检察监督所抱有的期望和所作出的努力。当然与此同时，也应当看到，为确保试点整体稳妥推进，在试点初期，立法者对于检察机关开展诉前程序检察建议试点工作所持有的审慎态度，主要表现在如下几个方面：

一是应用场景的有限性。目前，试点工作仅限于生态环境和资源保护、国有资产保护、国有土地使用权出让等领域，对于除上述三个领域以外，尚未得到明确授权。

二是监督对象的有限性。主要针对行政机关具体行政不作为或者行政违法，抽象行政行为不在监督范围之列。

三是作用场合的公益性。必须是针对因行政不作为、乱作为导致的国家和社会公共利益受到侵害场合。如果并未造成国家和社会公共利益受损，即便存在行政违法或者不作为，检察机关也依法不能提出。

四是措施手段的柔缓性。检察机关依法不能采取限制人身自由以及查封、扣押、冻结财产等强制性措施。

五是性质地位的辅助性。当前，诉前程序检察建议仅限于作为行政公益诉讼诉前程序，不能脱离行政公益诉讼这一范畴单独提起。

六是监督方式的最后性。仅当公民、法人和其他社会组织由于没有直接利害关系，没有也无法提起诉讼的，才可以由检察机关依法启动，进行监督。

二、P 市诉前程序检察建议工作开展现状调查

2015 年 9 月 2 日，P 市人民检察院被确定为全国公益诉讼试点单位。截至 2016 年 12 月 12 日，共办理行政公益诉前程序 198 件，向行政机关提出检察建议书 198 份，有效避免国家经济损失 2.8717 亿元，相继提起了云南省首例环境民事以及行政公益诉讼，相关工作取得了显著的成绩。

（一）监督数量猛增，总体发展向好

截至 2016 年 12 月 12 日，P 市检察机关共提出诉前程序检察建议书 198 份，比同期侦查活动监督（189 件）多 9 件，是同期再审检察建议（13 件）的 14.5 倍。提出的检察建议数居云南全省第一，占全省总数 40%。相关情况详见图 1。

由表 1 可见，自开展试点工作以来，P 市检察机关行政公益诉讼诉前程序工作总体发展平稳向好。2015 年第四季度，试点初行，即提出 15 份，取得了不错的成绩；到 2016 年第一、二季度共提出 18 份，虽有振荡下行，但到 2016 年第三、四季度，特别是 2016 年 10 月、11 月，最高人民检察院召开全国检察机关公益诉讼试点电视电话会议，曹建明检察长亲自作动员部署讲话后，P 市检察机关行政公益诉讼诉前程序检察建议工作发展呈“井喷”趋势，10 月和 11 月两个月，分别提出 60 份和 70 份，共 130 份，占到了提出总数的 65.7%。这也从一个侧面反映出，诉前程序检察建议开展所具有的深厚社会土壤，以及试点初期相关政策导向的重要性。经过初期探索，掀起一个小高潮后，诉前程序检察建议工作暂时进入力量积蓄、工作调整阶段，随着相关工作机制的建立完善、相关政策导向的明确、民行工作人员对试点工作的日渐熟悉和掌握，终于在年底，诉前程序检察建议提出数量一举超过同期刑事侦查活动监督检察建议提出数量，与提起的云南省首例民事、行政公益诉讼一起，共同成为当年普洱检察工作的热点和重点。

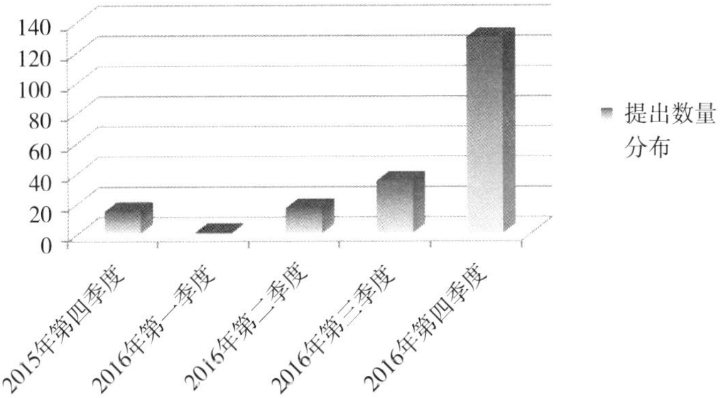

图 1

（二）覆盖领域全面，诉求不尽相同

据统计分析，P 市检察机关提出的 198 份诉前程序检察建议，主要集中于生态环境和资源保护、国有资产保护、国有土地使用权出让三个领域。与《检察机关提起公益诉讼改革试点方案》确定的试点范围基本一致。详见图 2。

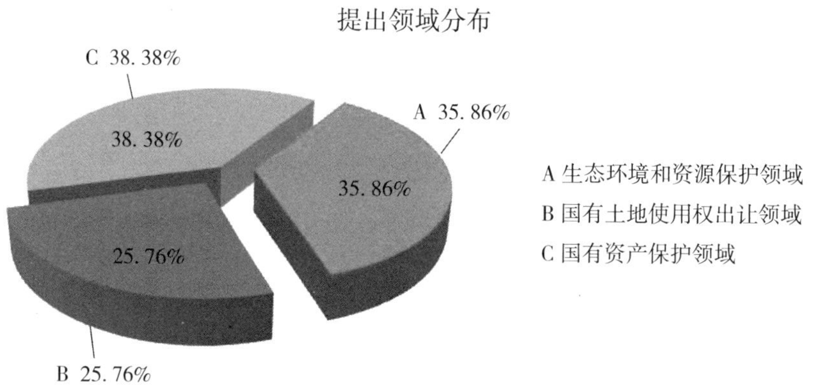

图 2

由图 2 可见，在上述三个试点领域中，诉前程序检察建议均有一定的分布和较大突破。通过查阅档案可知，在上述三个不同领域中，诉前程序检察建议的内容也各有不同。其中在国有土地使用权出让领域，检察建议的内容主要是建议国土资源局依法收取欠缴的国有土地出让金等，共 51 份，涉及金额 2.69 亿元，追缴金额数占总数的 95.4%。在国有资产保护领域，主要为建议林业局、人民防空办等依法追缴国有林采脂经营权流转金、人民防空易地建设费等，共 71 份，共追回国有资产 1371.6478 万元，占全部金额的 4.8%。在环境资源领域，主要为督促林业部门跟进监督恢复林地植被、追缴林业行政处罚罚款、督促履职以及环境保护局、水务局等部门加强治理和整改等。通过依法提出诉前程序检察建议，有效防止国家和社会公共利益损失的进一步扩大。

（三）文书制作规范，叙述说理清晰

通过翻阅档案，逐一查看，可以发现，P 市检察机关提出的 198 份诉前程序检察建议，全部建议文书格式内容统一、制作规范，叙述说理清晰、易懂，具有较强的规范性和说服力。

（四）建议实效性高，监督威慑力强

发出诉前程序检察建议 198 份，纠正或履职率达 87.37%，收回国有土地 124 亩，有效避免国家经济损失 2.8717 亿元。这是 P 市检察机关 198 份诉前程序检察建议所交出的成绩。具体执行监督情况详见图 3。

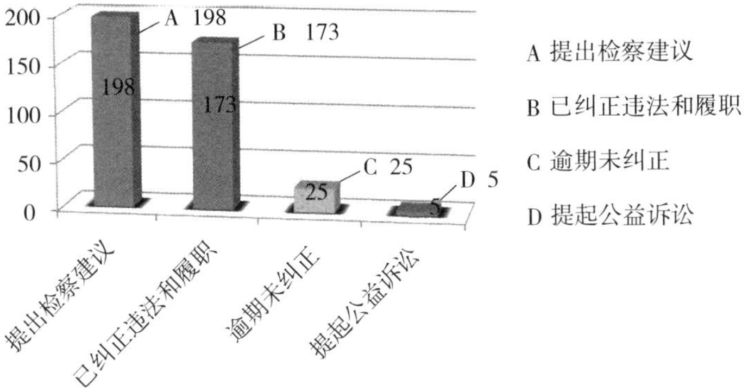

图 3

三、存在问题与不足

目前，虽经多方努力，P 市检察机关公益诉讼试点工作走在了云南省前列，创造了云南省提起民事、行政公益诉讼领域的多项“第一”。提出的诉前程序检察建议数占云南占全省 40%，相关工作取得了显著的成绩。但是，不同忽视，工作过程中，也仍然存在一些问题和困难。

（一）案件线索来源有待巩固

线索来源是开展好诉前程序检察建议工作的前提和保证。据统计，2015 年第四季度至 2016 年，P 市检察机关提出的 198 份诉前程序检察建议中，具体案件线索来源分布情况如表 1 所示。

表 1

来源 年度	依职权发现	工作中发现	职务犯罪侦查移送	其他
2015 年第四季度	15	0	0	0
2016 年全年	171	7	1	4

结合表 1 以及实地走访调查发现，试点工作开展以来，P 市检察机关公益诉讼案件线索主要来自检察机关主动摸排。如通过主动出击，对全市 2013—2015 年度检察机关办理的 350 件涉林刑事案件、4414 件森林公安行政处罚案件的类型、特点及处理结果进行收集、统计和分析，从中摸排出 44 件公益诉讼案件线索。[①] 然而，虽然检察机关主动出击、主动到行政机关调阅相关档

① 参见《普洱市人民检察院公益诉讼经验交流材料》。

案、台账，是获取案件线索来源的重要途径。但是，一方面主动摸排需要大量的人力物力，难以持续支持，另一方面主动摸排高度依赖行政机关的配合和支持。通过座谈了解，由于行政公益诉讼试点初行，行政机关根本不了解检察机关此项工作，有的行政机关领导干部甚至认为检察机关调取相关台账仅仅就是来通过司法渠道，帮助他们收回土地款、解决矛盾纠纷，对相关诉讼程序后果鲜有认知。因此，一般情况下，都愿意积极主动配合调取。除此之外，也有担忧认为，目前，行政机关的配合主要来自于职务犯罪侦查权的强力背书，随着司法体制改革和国家监察体制改革的深入，相关工作开展必然面临新的困难和挑战。

（二）工作发展尚不平衡

当前，P市检察机关作为一个整体，诉前程序检察建议工作走在云南省前列，在全省8个试点州市院中，P市检察机关提出数量就占到全省的40%。然而，经统计分析，不仅在云南省各试点州市院之间存在工作发展不平衡、个别院特别突出的现状，在P市检察机关内部，同样也存在着各个县区院工作发展不均衡的问题。以全市10个县区院以及市院办理的案件数为例，详见图4。

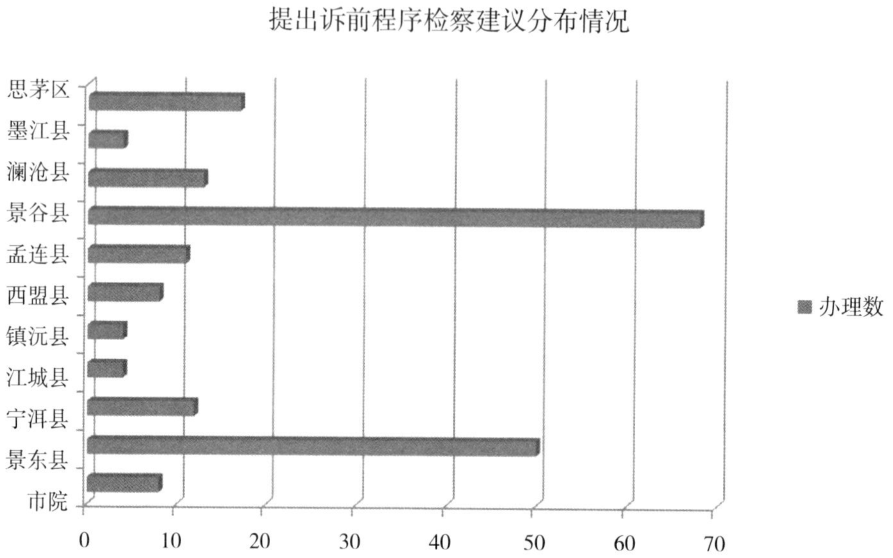

图4

（三）开展领域有待拓展

根据《检察机关提起公益诉讼改革试点方案》规定，检察机关开展行政公益诉讼诉前程序的范围目前主要包括生态环境和资源保护、国有资产保护、国有土地使用权出让等领域，重点是生态环境和资源保护领域。经统计发现，当前P市诉前程序检察建议也主要集中在上述三个领域。具体为国有土地出让金追缴、人民防空异地建设费收取、行政处罚金收取、林地恢复以及水污染治理等方面，涉及面和领域较狭窄。即便如此，随着试点工作的推进，诉前程序检察建议所具有的独特作用和效力，已经逐步引起了社会各界的广泛认同和关注。2016年12月6日，P市人民检察院举行“检察开放日”，向代表委员以及社会各界代表介绍了开展公益诉讼工作情况，代表委员们纷纷对P市检察机关公益诉讼，特别是诉前检察建议工作给予充分肯定，一致要求检察机关努力拓宽监督范围，特别是在环境噪音、食品药品、水源保护、扶贫开发等领域主动提前介入，积极开展同步监督，提出检察建议，纠正违法、督促依法正确全面履职。

（四）文书制作有待探索

从经验主义的视角来看，由于检察建议书是单向性、附属性的，一般不直接引发法律效果或诉讼效果，或者相对不那么复杂，因此检察建议书的制作研究往往更侧重于事实和说理，对建议的内容研究把控较少，或者相对不那么重视。但是，不容忽视的是，区别于一般检察建议文书，诉前程序检察建议书至少承担着两项重要功能：一是阐明事实和理由，建议督促行政机关依法正确全面履职或纠正违法；二是通过提出检察建议，为后续公益诉讼提起、庭审以及判决提供程序支撑。二者相辅相成、互为依托。

（五）制度设计尚有待完善

任何制度都是在不断试错中修正完善，诉前程序检察建议工作也不例外。目前，通过试点实践检验验证，诉前程序检察建议总体制度设计科学合理，仅一些细节上仍有待于进一步探讨和完善。如根据《检察机关提起公益诉讼改革试点方案》规定，诉前程序检察建议的回复期限为一个月。在一个月内，行政机关依法履职或纠正违法的，检察机关可以依法提起行政公益诉讼。但是，在试点实践中发现，一个月的纠正执行回复期限往往过于机械僵硬，难以满足社会实践需要，特别是在水污染、生态环境破坏、国有资产流失等紧急事件中，检察机关如果依然恪守一个月建议回复期限，将在很大程度上延误战机，导致危险和国家、社会公共利益损失的扩大。另外，由于各种客观原因的存在，行政机关依法履职或者纠正违法需要一定时限，如调查取证、鉴定以及申请强制执行、恢复生态环境等，常常需要数月乃至数年的时间，对于一些特殊类型案件，确实在一个月期限之内难以履职到位。在这种情况下，坚持提出检察建议，虽合法有据，但有失妥当，也往往难以得到行政机关的有效回应和支持。

四、建议与思考

（一）统一认识，加强研究和探索

当务之急就是要统一诉前程序检察建议作为独立的、重要的行政检察监督手段性质地位作用的认识。一方面，通过法理上解构，已经清晰展现了诉前程序检察建议迥异于其他检察建议的作用领域、机制、范围、手段、原理和效果等。另一方面，通过试点实践也有效证明了其作为独立检察建议模式的可行性、有效性和所具有的制度优势。其对于填补当前行政检察监督制度空缺，与职务犯罪侦查、行政公益诉讼等手段共同组成高、中、低搭配，配套组合监督的，行政检察监督模式的重要作用。笔者提出以下建议：一是积极开展诉前程序检察建议理论研究，专项探索完善程序制度设计，确保合理准确定位。二是积极开展试点工作，在推动诉前程序检察建议工作开展的同时，促进行政公益诉讼试点本身的开展。三是加强立法，积极争取将诉前程序检察建议工作写入立法，确保有法可依、有法可行，以科学立法引领持续规范健康发展。

（二）适时扩大试点范围和领域

积极回应人民群众期待，适时扩大试点范围和领域。重点考虑食品药品安全、质量监督检验等有关民生民利等领域的监督；重点考虑对人民群众人身权利、财产权利等领域的监督；适时扩大对行政处罚、行政强制、行政许可、行政征收等的监督，不断探索，逐步完善发展。

（三）健全完善线索来源机制

一是有必要进一步完善检察机关与行政执法等外部衔接机制，重点完善丰富充实“两法衔接”平台，有效搭建案件线索来源机制平台。在适当时候，可以努力争取将诉前程序检察建议工作纳入地方综合治理考核，切实增强行政机关主动接受监督的自觉性和积极性。二是加强内部沟通协作。通过建立完善内部协作机制，将线索相互移送纳入内部考核机制，加强职务犯罪侦查、公诉、侦查监督、刑事执行等检察业务部门之间的相互沟通联系，形成相互转换、相互支持的新型检察业务工作格局。三是加强检务公开。主动互动沟通，积极拓展诉前程序检察建议工作在人民群众当中的影响力，扩大信息和线索来源面。

（四）加强专门人才培养

继续通过内培外引的方式，锻炼培养人才。在内部做到以下两点：一是积极选调一批调查取证业务水平过硬的自侦部门干警、一批审查起诉业务水平过硬的公诉干警、一批理论文字水平过硬的干警，充实到民行部门。二是加强民行部门自身干警素质培养锻炼。在外部做到以下两点：一是积极遴选引进一批人民法院民事行政审判专业法官、一批理论层次水平高的高校人才、一批实践经验丰富的律师。二是主动借智借脑，建立完善民行咨询专家库，通过出具专家咨询意见等方式，有效弥补检察机关民行专业知识和专业人才不足等问题。

（五）加强文书制作研究探索

一是继续规范诉前程序检察建议书制发格式内容。二是建立完善诉前程序检察建议和行政公益诉讼法律文书制作衔接转换机制。三是加强研究，积极探索不同类型案件，不同监督情形下，诉前程序检察建议文书的制作，切实增强建议的针对性、准确性和可靠性，确保检察建议书真正发挥好监督"载体"作用。

（六）强化监督审查，建立纠错备案机制

任何权力都有被滥用的风险，防止权力滥用的最基本的手段是为权力的行使设定必要的程序规则。[①] 笔者认为，当前可以主要通过内外部两种方式共同监督实现。一是加强内部的审批监督。严格把关建议制发数量，切实做到可发可不发的不发，可口头纠正的不书面纠正，确实无法纠正或执行，暂缓提出，通过层层过滤审批纠错，确保诉前程序检察建议制发的准确性和严肃性，切实防止行政权不必要的对抗和担忧，为制度写入立法创造条件。二是适时引入人民监督员制度。对部分案情重大、影响范围广的案件，积极邀请人民监督员参与评议监督。三是建立备案机制。在制发诉前程序检察建议的同时，积极向当地党委、政府、人大、政协备案，积极争取理解和支持。四是强化司法公开，主动将诉前程序检察建议书等法律文书向社会公众公开，广泛接受社会各界监督。

---

① 参见张智辉：《论检察机关的建议权》，载《西南政法大学学报》2007 年第 2 期。

浅议检察机关提起行政公益诉讼证据材料之相关问题

赵丽萍*

一、调查取证活动及应注意的问题

调查取证是办理行政公益诉讼案件的关键。检察机关提起公益诉讼，应当按照《人民检察院提起公益诉讼试点工作实施办法》中规定的调查方法，规范开展调查取证活动，确保取证行为的合法性，确保调取证据的客观性、真实性、关联性及合法性，为提起诉讼奠定坚实的基础。

《人民检察院提起公益诉讼试点工作实施办法》第33条第1款规定："人民检察院可以采取以下方式调查核实有关行政机关违法行使职权或者不作为的相关证据及有关情况：（一）调阅、复制行政执法卷宗材料；（二）询问行政机关相关人员以及行政相对人、利害关系人、证人等；（三）收集书证、物证、视听资料等证据；（四）咨询专业人员、相关部门或者行业协会等对专门问题的意见；（五）委托鉴定、评估、审计；（六）勘验物证、现场；（七）其他必要的调查方式。"

那么，如何开展上述调查取证活动，才是规范合法有效的呢，才能确保所取证据的合法有效呢？

首先，调查取证的行为主体应当是具有检察司法资质的专门人员，且至少应当为两名以上，这是由开展调查活动的正当性、客观性、公正性要求所决定的。而且，开展调查取证活动，检察人员应当主动出示执法司法证件，并说明来意，以取得行政机关及其他有关单位和个人的配合。

其次，不同的调查取证行为应当满足必要的形式要件。如调阅、复制行政执法卷宗材料，应当制作调查记录，注明调查人、时间、地点、调查对象、调阅和复制行政执法卷宗材料的内容、页码范围、出处，并经调查对象确认与原

---

* 赵丽萍，陕西省咸阳市人民检察院检察委员会专职委员，四级高级检察官。

件一致性等。询问行政机关相关人员以及行政相对人、利害关系人、证人等，应当制作询问笔录，遵循单独询问、询问对象阅读并确认笔录内容等原则，必要时可同步录音录像固定证据等。收集书证、物证、视听资料等证据，应当邀请非利害关系人作见证人，制作收集证据清单，注明起获出处、并由证据保管人在清单上签字确认。勘验物证、现场，应当有见证人，由勘验、丈量、检测资质和能力的专门人员进行，有勘验的结论并由勘验人员签字确认。收集书证、物证、视听资料等证据和勘验物证、现场等调查取证活动，可以同步进行录音录像，与调查活动合法性以及证据清单、勘验结论等证据共同印证。咨询专业人员、相关部门或者行业协会等对专门问题的意见，应当对活动进行记录，对专业人员、相关部门或者行业协会提供对专门问题的意见如实记录，并交由意见方阅读确认一致并签字，必要时可由专业人员、相关部门或者行业协会自行提供意见材料，并由意见提供人签字确认。委托鉴定、评估、审计，要求有检察机关的委托书，受委托方的鉴定、评估、审计结论，并由鉴定人、评估人、审计人签字确认。

最后，必须遵守调查取证的禁止性规定。《人民检察院提起公益诉讼试点工作实施办法》第33条第2款规定："调查核实不得采取限制人身自由以及查封、扣押、冻结财产等强制性措施。"检察机关在对由于行政机关违法行使职权或者不作为造成国家和社会公共利益受到侵害的情形进行调查取证时，必须遵守上述禁止性规定，否则可能影响取证行为的合法性并进而影响到证据的合法有效。

二、证据体系的构建

检察机关开展行政公益诉讼工作，证据体系的完备性十分重要，要结合提起行政公益诉讼的法律条件和调查取证行为的合法性要求，从证据的客观性、关联性、合法性入手，明确调查取证的方向，准确把握案件的待证事实，全面收集固定生态环境和资源保护、国有资产保护、国有土地使用权出让等领域损害国家和社会公共利益的证据、负有上述监管职责的行政机关违法行为的证据、行政机关收到检察建议后履行行政管理职能的证据以及其履职后国家和社会公共利益所受损害是否停止或者得到恢复等，为进入诉讼程序做好准备。

（一）适格公益诉讼人的系列证据

根据《人民检察院提起公益诉讼试点工作实施办法》第29条规定，提起行政公益诉讼案件的检察机关，应当具有以下证据：

1. 公益诉讼人为违法行使职权或者不作为的行政机关所在地的基层检察机关。

2. 公益诉讼人为所在地的市（分、州）检察机关时，违法行使职权或者不作为的行政机关是县级以上人民政府。

3. 其他试点检察机关作为公益诉讼人的还应当具备上级检察机关的指定管辖文件。

4. 上级检察机关提办的行政公益诉讼案件和下级检察机关报请上级办理的案件，应当是具有上下级领导关系的检察机关。

上述证据用以证明该检察机关作为公益诉讼人，具有相关证据证明其提起公益诉讼的主体的适格性。

（二）适格行政机关的证据

1. 当地编制委员会对该行政机关的编制发文，发生重组、更名、调整隶属的还应具有相关文件支持。

2. 关于行政机关正式挂牌的证明文件。

3. 当地人大常委会印发的任命行政机关负责人的文件。

4. 证明行政机关具体行政管理职责的文件。

5. 行政机关统一社会信用代码证书等。

上述证据用以证明被告行政机关系依法设立的政府机构，对本行政区域内的生态环境和资源保护（国有资产保护或者国有土地使用权出让）等具有具体监督管理的工作职责。

（三）行政机关行为违法及国家和社会公共利益受到损害的证据

1. 检察机关对破坏生态环境和资源保护（国有资产保护或者国有土地使用权出让）企业负责人、相关组织负责人或者公民第一次提取的调查询问笔录若干份。

2. 检察机关对其他相关知情人的调查询问笔录若干份。

3. 检察机关对行政机关相关执法人员的调查询问笔录若干份。

4. 国家和社会公共利益受到损害的勘验、鉴定、检测结论等，其中应当包含相关检测所执行的国家标准或者行业标准。

5. 国家和社会公共利益受到损害与行政机关未正确履行监管职责之间具有直接的因果关系。

上述证据用以证明被告行政机关在检察建议发出之前，未履行或者未正确履行监督管理职责的行为已违法。

（四）检察机关发出检察建议后跟踪监督行政机关履行职责的证据

1. 检察机关制作的检察建议书若干份及送达回证，督促行政机关履行相关行政监管职责。

2. 行政机关对检察建议书的回复函及情况说明，收到检察建议书后履行行政管理职责的情况及具体整改措施。

3. 检察机关督促行政机关履行职责的情况说明及现场照片。

4. 检察机关、行政机关及相关专家进行现场检查勘验的照片、召开监督会议纪要及照片。

上述证据用以证明检察机关发出检察建议，约请行政机关、相关专门机构及专家现场监督、召开联席会议等方式督促被告继续履行监管职责。

（五）行政机关虽履行一定监管职责，但仍未有效纠正违法行为，国家和社会公共利益仍处于受侵害状态的证据

1. 检察机关对行政相对人进行第二次调查询问的笔录若干份，证明其对破坏的生态环境和资源保护（国有资产保护、国有土地使用权出让）没有或者没有完全进行有效的治理，国家和社会公共利益仍处于受侵害状态。

2. 检察机关对行政单位领导询问笔录1份，该证据证实发出检察建议后，行政机关虽然已向行政相对人提出了整改要求，但整改措施没有得到具体落实，到目前为止都没有进行对受损的公共利益恢复原状的具体事实。

3. 检察机关委托相关检测、测绘机构及行业协会对破坏的生态环境和资源保护（国有资产保护、国有土地使用权出让）面积、影响空间、空气、水质、土壤、生态等检测、测量的委托函、行政相对人对破坏区域的指认笔录、现场勘验检查笔录、现场照片、航拍照片、宗地图等。

4. 检察机关对破坏的生态环境和资源保护（国有资产保护、国有土地使用权出让）及周边地区的现状进行航拍图若干份，证明截至航拍时，仍对破坏区域没有进行完全清理、水质、空气、土壤、植被、资源等尚未恢复的事实。

（六）涉案区域水质、空气、土壤、植被、资源资产等损害状态，生物多样性丧失、国有资产流失或者国有土地非法出让状态仍未解决的证据

这组证据证明公益诉讼人提起行政公益诉讼符合《人民检察院提起公益诉讼试点工作实施办法》第41条之规定。

三、行政公益诉讼相关问题思考

检察机关作为公益诉讼人提起行政公益诉讼是一个新生事物，需要不断地实践探索，对遇到的问题进行精准的研判和解决，既要符合法理，又要符合实践需要，为立法提供有价值的探索。

（一）鉴定等费用由谁来负担

实践中检察机关在办理行政公益诉讼案件时，需要委托专门机构或者行业

协会以及专家学者对专门性问题进行咨询、检测、勘验、测绘、鉴定等，而这些费用动辄几十万元、几百万元甚至更高，由检察机关来承担显然不合适也不现实，那么怎么解决这个问题呢？笔者以为，之所以产生鉴定等费用，是由于行政相对人的违法行为所导致的，按照行为结果的对应性，理应由导致鉴定等行为的行政相对人来负担。

最高人民法院《关于审理环境民事公益诉讼案件适用法律若干问题的解释》第22条规定："原告请求被告承担检验、鉴定费用，合理的律师费以及为诉讼支出的其他合理费用的，人民法院可以依法予以支持。"这里的原告是法律规定的机关和有关组织，当然行政机关和检察机关不在此列，被告是污染环境、破坏生态的组织或者公民，检验、鉴定费用是由污染环境、破坏生态一方承担的。由于在行政公益诉讼中，检察机关是作为公益诉讼人出现的，行政机关是作为原告出现的，并没有涉及行政相对人，即破坏和侵害生态环境和资源保护（国有资产保护、国有土地使用权出让）的一方，但是可以由行政机关在诉后进行追偿，这也体现了行为与结果的一致性，对减少和遏制损害国家和社会公益行为有积极意义。因此，检察机关在办理行政公益诉讼案件时，需要委托专门机构或者行业协会以及邀请专家学者对专门性问题进行咨询、检测、勘验、测绘、鉴定等所产生的费用，可以先行由国家予以支付，然后由行政机关对行政相对人进行追偿，这样既保障了检察机关办案需要，也体现了法治原则，同时又维护了国家财产，并将促进国家和社会公益的保护。

（二）检察机关调查取证受到阻挠时的应对

《人民检察院提起公益诉讼试点工作实施办法》第33条第3款规定："人民检察院调查核实有关情况，行政机关及其他有关单位和个人应当配合。"同时第2款又规定调查核实不得采取限制人身自由以及查封、扣押、冻结财产等强制性措施。

那么，对于阻挠或者不配合检察机关调查取证的，应该如何处理？笔者认为，检察机关在提起行政公益诉讼之前，是以国家法律监督机关的身份对行政机关违法行为进行监督，行政机关及其他有关单位和个人应当配合。对于不予配合甚至千方百计予以阻挠的，应视情况进行处理。《民事诉讼法》第110条规定了对阻碍司法人员执行职务、干扰或胁迫作证等行为，可以处以罚款、拘留直至追究刑事责任。检察机关作为法律监督机关，是国家司法机关，应当进行类似的规定，以保障检察机关调查取证工作的顺利进行，为更好地履行党和人民赋予的公益诉讼职责创造良好的环境。

甘肃检察机关行政公益诉讼实证研究

金　石　黄　涛*

为全面掌握甘肃省公益诉讼试点地区①行政公益诉讼案件办理情况，查找问题，总结经验，推动全省公益诉讼试点工作科学发展，甘肃省院于2016年在各试点地区②开展了行政公益诉讼试点工作专题调研。

一、行政公益诉讼试点工作开展情况

（一）总体情况

2016年甘肃省检察机关共摸排行政公益诉讼线索199件，根据诉前程序向相关行政单位发出检察建议170件，层报最高人民检察院、省检察院拟提起行政公益诉讼43件，经审批同意提起诉讼31件，已进入诉讼程序28件，1件人民法院已作出判决。以案件范围划分，案件线索包括：环资领域（生态环境和资源保护）129件、国土领域37件、国资领域33件（具体数据见表1）。

* 金石，甘肃省人民检察院法律政策研究室主任，法学博士，全国检察业务专家；黄涛，甘肃省人民检察院民事行政检察处正科级助理检察员，法律硕士，甘肃省检察业务专家。

① 2015年7月，十二届全国人大常委会第十五次会议作出《关于授权最高人民检察院在部分地区开展公益诉讼试点工作的决定》，甘肃省被确定为检察机关提起公益诉讼的13个试点省份之一。

② 甘肃省公益诉讼试点地区为兰州、白银、酒泉、天水、庆阳、陇南、张掖、嘉峪关等8个市级院。

表1 单位：件

地区	行政公益诉讼线索	案件范围		
		环资	国土	国资
兰州	23	17	0	6
白银	34	27	3	4
酒泉	13	6	5	2
天水	23	22	0	1
庆阳	39	16	16	7
陇南	45	31	7	7
张掖	18	10	5	3
嘉峪关	4	0	1	3
合计	199	129	37	33

（二）案件线索来源

试点初期，全省检察机关民行检察部门围绕最高人民检察院确定的生态环境和资源保护、国有土地使用权转让、国有资产保护和食品药品安全四类社会关注度较高的热点问题，加强案件线索来源机制建设，加大监督力度。通过调研发现，全省行政公益诉讼的案件线索主要来源于开展专项检察工作、检察机关内部移送、网络信息平台热点跟踪及团体、个人举报等。

1. 开展专项检察工作。大部分行政公益诉讼案件线索来源于各类检察专项工作。例如，酒泉市院通过“两法衔接”平台，从行政机关违法行为监督和督促履职中分析、研判公益诉讼案件线索。该院民事行政检察部门主动参与侦监部门针对环境污染与生态保护、食品药品安全领域开展的专项活动，重点排查两个领域中涉及行政违法问题的案件线索，先后摸排涉及生态环境与资源保护领域案件6件、国有资产保护领域案件2件、国有土地使用权出让领域5件。又如，庆阳市院抽调业务骨干深入华池、庆城、镇原等地，对国土资源部门2008年以来有关土地出让金是否缴纳到位的情况进行了专项检查。通过此次检查，庆阳市院共摸排相关线索16件，并针对发现的个案问题，向国土部门发出诉前检察建议16份。

2. 检察机关内部移送线索。市、县两级院自侦部门对本院近年来办理的职务犯罪案件进行逐案摸排，对涉嫌违法行政的案件线索进行核实，并移送民行部门进行审查。

3. 网络信息平台热点跟踪及团体、个人举报。媒体曝光新闻事件涉及面广，且多是社会热点民生问题，从中不难发现与公益诉讼法律监督契合度较高的内容。

（三）诉前程序情况

诉前程序是检察机关提起公益诉讼的必经程序。设立诉前程序的目的是为了提高检察监督的效力，发挥行政机关履行职责的能动性，节约司法资源。一年来，甘肃省检察机关启动行政监督诉前程序案件 170 件，向相关行政机关或组织提出检察建议，督促履行职责。其中行政机关纠正违法或者履行职责 108 件，未到回复期 26 件，逾期未回复或者回复但未纠正违法或者履行职责 36 件。启动诉前程序的案件以案件范围划分，涉及环资领域 109 件、国土领域 28 件、国资领域 33 件。

1. 通过诉前程序取得明显的监督成效。检察机关在诉前程序中提出检察建议是履行法律监督权的主要方式。从调研掌握的情况来看，检察建议的落实情况体现出回复及时、采纳率高、实际效果好的特点，绝大多数接到检察建议的行政机关能及时纠正违法行为或者履行法定职责，尤其是许多地方的环境保护部门采纳检察建议认真整改，强化了监管责任，堵塞了监管漏洞，规范了监管行为。

2. 对行政机关是否履职、履职程度的认定存在困难。甘肃省检察机关通过检察建议等方式办理行政公益诉讼诉前程序的案件，多数行政机关均在规定期限内予以回复。从回复内容看，除 1 起案件行政机关未明确表示接受检察建议外，[①] 其余案件，行政机关均回函承认之前的监管工作存在不足之处，并表示将采取一定措施进行监管。但是，如何判定行政机关是否依法履行监管职责？如何评估受侵害的国家和社会公共利益是否得以改变？能否改变以及什么时候能改变？这些在试点实践中出现的问题，现行法律和相关规范性文件的规定并不明确，导致检察机关法律监督的实质要件难以认定。

（四）层报案件情况

经过诉前程序，全省各试点院共层报市级院审批行政公益诉讼案件 43 件。其中，涉及环资领域 27 件、国土领域 5 件、国资领域 11 件。经报最高人民检察院或省院审批同意提起诉讼 33 件，目前，已有 30 件案件已全部进入诉讼环节。

---

① 景泰县财政局怠于履职案件，目前经最高人民检察院批复，已提起行政公益诉讼。

二、存在的问题及困难

（一）各地在公益诉讼试点工作中出现的普遍性问题

1. 理念转变不积极。长期以来，民行检察工作以办理生效裁判监督案件为主，省市两级院的主要任务是通过抗诉方式监督纠正错误的生效裁判，基层院主要职能是审查一审生效的申诉案件并决定是否提请市级院抗诉。甘肃省公益诉讼工作尚属于试点阶段，民行检察部门的工作重心仍集中于上述工作，对行政公益诉讼案件的法律监督重视度不高。有的院对试点工作的重要性、紧迫性认识不足，办理一两个案件应付了事，工作抓得不深不实不细；有的院存在等靠观望和畏难情绪，满足于发几个检察建议、履行完诉前程序，不愿提起诉讼。

2. 试点院工作开展不平衡。虽然全省办案力度总体较大，已达到试点地区60%以上的院办理了行政公益诉讼案件，但各地发展不平衡，迄今有33起审查批复起诉的行政公益诉讼案件主要集中在兰州、庆阳等四个地区，而进入诉讼环节30件案件亦是如此。8个试点院工作进展不一，有的地方行动迅速、深化递进、效果明显，有的地方则见事迟、行动慢。

3. 非试点院工作主动性不足。行政公益诉讼因法律依据不足，相关规定较为原则，操作层面上有难度，非试点院大多对其关心不够、敏感性不强，有的即便发现公益诉讼案件线索，也是没反应、没动作，试点工作的整体合力亟待增强。

4. 干警工作能力欠缺。当前，甘肃省各级院均是民事检察与行政检察监督职责由同一部门承担，民行检察干警同时兼顾两大诉讼活动的监督任务和行政执法监督工作。随着公益诉讼试点工作的逐渐推进，工作任务将愈加繁重，而民行检察干警力量薄弱、专业化水平低的现状，与行政公益诉讼发展的需求相比，民行检察干警的人员结构和业务素质还需进一步提高。

5. 民事公益诉讼监督成效不明显。相对于行政公益诉讼，甘肃省民事公益诉讼进入诉讼程序的案件仍为空白。究其原因，一方面是难以发现有效的案件线索，另一方面是缺乏有效的案件办理指导。致使面对具体案件事实时，缺乏敏锐的案件发现意识，以及恰当的案件切入点，迟迟不能打开工作局面。

（二）诉前建议存在的问题

1. 行政主体违法或者不作为行为的认定问题。检察机关提起公益诉讼的前提是存在负有监督管理职责的行政机关违法行使职权或者不作为。行政机关是否依法履职，需要依照相关法律法规进行认定。对此行政机关更为娴熟，往往往找到一定的依据来论证自身不存在不依法履职行为。特别是在行政、刑事案件交叉领域，认定行政机关违法行使职权或不作为更为困难。如在山丹县林业局怠于履行职责案中，行政相对人因非法毁林，该县林业局将案件涉嫌犯罪为由移交给公安机关，但对相对人毁坏林地的行为未及时作出行政监管措施，被毁林地未依法恢复原状。该案在层报最高人民检察院拟提起行政公益诉讼时，该县林业局采取措施，使被毁林地得到补种。

2. 行政主体的责任认定问题。由于行政机关的部分行政职权相互交叉，职责权限划分不明确，导致具体案件发生时相关主体推诿扯皮。例如，关于国家淘汰落后产能领域中央财政补助资金被骗以后的追缴责任问题，财政部、工信部关于《中央财政关闭小企业补助资金管理办法》① 对于被关闭中小企业被骗资金追回责任的规定较为笼统，使得在具体案件发生后，财政部门和工信部门均不能积极履行各自的监管职责，导致被骗资金无法及时收回，国家利益受到损害。

3. 检察建议内容应该宏观笼统还是具体细化的问题。公益诉讼试点工作开展之初，甘肃省各地试点院开展公益诉讼的主要工作方式是提出检察建议，这种工作方式给检察机关提起行政公益诉讼提供了回旋空间，可以确保检察机关在提起公益诉讼时能从容考虑法律效果和政治效果、社会效果的统一。但是，检察建议内容不明确，导致各地把握行政机关履职标准不统一，同类案件有的从诉前程序导入诉讼程序，有的用诉前程序排除了诉讼程序。

（三）诉讼过程中存在的问题

1. 举证难问题依然突出。甘肃省各试点院在对行政公益诉讼案件审查中，发现举证难问题依然突出，主要表现在：一是对举证责任的认识不统一。一种认识认为，行政公益诉讼的举证责任应与一般行政诉讼案件一样，不应突破《行政诉讼法》关于举证责任的规定，被诉行政机关应承担证明其行政行为合法或已履职到位的证明责任。另一种认识认为，检察机关不是普通行政诉讼的行政相对人，其所拥有的公权力足以抗衡行政权，故应当依据民事诉讼的举证责任，即谁主张谁举证。二是部分案件事过境迁，难以有效鉴定。特别是在行

---

① 《中央财政关闭小企业补助资金管理办法》第 15 条规定："各地工业和信息化主管部门对上报的关闭小企业年度计划和实施效果的真实性负责；各地财政部门要加强资金的管理，确保财政资金使用的规范、安全和有效。第 16 条规定："工业和信息化部、财政部及财政部驻各地财政监察专员办事处应根据确定的关闭小企业工作目标对各地关闭小企业计划完成情况及补助资金使用情况进行检查。发现弄虚作假、未按要求完成关闭任务、虚报冒领、截留挪用财政资金或其他违规行为的，要追回资金，并依法依规处理。"

刑交叉案件中，刑事案件的裁判往往都已生效，国家和社会公共利益受侵害的时间较长，再去监督的效果不佳。三是诉讼经费保障不到位。行政公益诉讼案件的事实认定存在大量的专业性问题，例如土壤、大气、水流的污染等，需要委托专业鉴定机构作出专业鉴定结论，需要经费保障，而检察机关的办案经费并无该专项资金。

2. 法律适用不统一。在公益诉讼过程中，检察机关和行政机关存在法律适用不统一的问题。法律对一类问题作出原则性规定，而行政法规、规章在作出详细规定的情况下，行政机关会以法律原则性规定的另类解释试图推卸其监管职责，导致在法律、法规、规章的适用上分歧较大。例如，《预算法》规定各预算单位对预算资金负有行政监管责任。按照财政部门的解释，依据《预算法》应由工信局作为预算部门对违规套取资金进行追缴。《财政违法行为处罚处分条例》规定，县级以上人民政府财政部门及审计机关在各自职权范围内，依法对财政违法行为作出处理、处罚决定。综上所述，对于财政奖励补助资金监管责任的法律适用，行政部门各执一词，存在分歧。

三、对推动行政公益诉讼试点工作的意见建议

一年来，甘肃省公益诉讼试点工作取得了一定成绩，但与最高人民检察院的要求仍有差距，下一步工作任务仍然繁重，无论是试点地区还是非试点地区都要行动起来，共同推进试点工作。

（一）提高思想认识

探索建立检察机关提起公益诉讼制度，是党的十八届四中全会着眼强化法律监督、促进依法行政、维护国家和社会公益而作出的重大制度设计，是在全面依法治国背景下我国权力运行制约和监督体系的一次重大改革。甘肃省作为改革试点省份之一，各试点地区和非试点地区要不断强化案件线索的发现、诉前程序特别是诉讼案件的办理工作，推动行政公益诉讼改革探索不断深入。同时，要摒弃等待观望思想，增强工作主动性和积极性。针对四类主要案件，加大监督力度，善于发现线索，敢于监督，对有关行政机关和社会组织发出检察建议，督促整改到位；对建议后问题仍然得不到解决的，要依法提起公益诉讼，让法院判决其履行法定职责或是弥补损失。

（二）扩大办案规模

虽然通过诉前程序督促行政机关自我纠错到位是行政公益诉讼检察监督效果的重要体现，但是从扩大影响、巩固成效、推动立法的角度看，必须强调以一定的诉讼案件作为实践基础，通过提起诉讼由法院判决纠正行政不作为、乱

作为，更能体现检察机关法律监督的权威、刚性和效果，更能体现国家治理法治化的发展要求和方向，更能有效推动依法行政和法治政府建设的步伐。甘肃省各试点院不能简单地采取提出检察建议、督促整改落实等监督方式，强化全局意识，层层传导压力，办理一批效果好、反响大的行政公益诉讼案件，以实实在在的办案成果为推进改革积累经验。建议省院修改民行条线的业务考评标准和办法，将非试点地区也纳入考评范围，目的是调动全省开展公益诉讼试点工作的积极性，以办理更多的行政公益诉讼案件。

（三）突出办案效果

公益诉讼改革试点工作具有相当的复杂性和敏感性。一方面，各试点院要选择好案件、把握好时机，该出手时就出手，不可犹豫。另一方面，要把握社会效果和法律效果的有机统一，不能就案办案、机械执法，防止引发社会矛盾和群体事件，做到善作善成。在个案处理上要正确处理好检察机关与行政机关、诉前程序与提起诉讼、行政公益诉讼与民事公益诉讼等关系，加强请示汇报，坚持把个案协调工作做在前，注意与当地党委主要负责同志沟通、和政府相关职能部门协调，以获得党委政府对试点工作的理解和支持。

（四）完善办案制度

一是完善案件线索收集制度。要处理好依申请监督和依职权监督的关系，着重加大依职权受理公益诉讼案件力度。要关注社会反映强烈、新闻媒体曝光、群众呼声高的案件事件，根据情况及时果断介入，找准开展行政公益诉讼监督的切入点，及时开展监督。二是完善民行一体化办案制度。要筛选一批有价值的案件线索，发挥省、市、县一体化办案优势，打破地域限制，打消地方顾虑，以大民行的姿态，办理一批有影响的案件。三是建立专家咨询制度。建议最高人民检察院、省院通过与高等院校及科研机构联系沟通，适时建立专家咨询制度，通过专家提出专业意见书以及专家出庭作证，以弥补检察机关在专业性问题方面的短板。四是建立案件异地管辖制度。建议省院适时制定《甘肃省检察机关关于行政公益诉讼案件异地管辖的暂行办法》，行政公益诉讼案件采取异地管辖办法，以打破了地方政府干涉、消除当地检察机关的办案难度，提高司法公信力。

（五）增强办案合力

公益诉讼试点是检察机关的一项全局性工作，不只是民行检察部门一个部门的任务。侦监、公诉、反贪、反渎、控申、预防等部门要有“一盘棋”的思想，在办理案件过程中只要发现国家和社会公共利益被侵害的，都应当将相关情况及时通知民行部门、将相关案件线索及时移送民行部门，形成定期排查、随时移送线索的常态化机制，必要时民行与相关部门共同调查取证，共同保全固定证据，实现内部无缝对接，让更多的案件线索进入监督视野，以提高公益诉讼办案质效。

（六）提高队伍素质

队伍建设对推动行政公益诉讼工作至关重要，既要有一定的人员数量，又要有较高的人员素质。一是保持队伍相对稳定。要注意把熟悉行政法并具有司法实践经验的人员引进、调整到民行检察部门工作，要保持民行检察队伍特别是业务骨干的相对稳定。二是提升队伍业务素质。要重视民行检察干警的业务培训，“调查核实要向自侦部门看齐，出庭诉讼要向公诉部门看齐”，特别要重视对基层检察人员的教育培训和调研指导，不断提高基层监督能力，近几年，省院每年都组织规模较大的集中培训，效果不错。建议省院和各市级院通过挂职锻炼、以岗代训、外出考察、调研指导等方式，不断加强对基层民行检察干警的学习培训力度。三是完善民行检察人才库。结合已经开展的业务竞赛活动，将优胜人员纳入人才库。建议省级院民行部门根据人员特点按照高检院民行厅的方式建立办案、调研两类人才库，并结合工作情况管理好、使用好入库人员，充分发挥优秀人才的业务优势。

检察院提起民事公益诉讼诉前程序研究

刘加良*

2015年7月1日施行的《全国人民代表大会常务委员会关于授权最高人民检察院在部分地区开展公益诉讼试点工作的决定》（以下简称《授权试点决定》）、2015年7月由最高人民检察院提出的《检察机关提起公益诉讼改革试点方案》（以下简称《改革试点方案》）、2015年12月发布的《人民检察院提起公益诉讼试点工作实施办法》（以下简称《检察院实施办法》）和2016年2月发布的《人民法院审理人民检察院提起公益诉讼案件试点工作实施办法》（以下简称《法院实施办法》）、2016年12月最高人民检察院下发的《关于深入开展公益诉讼试点工作有关问题的意见》（以下简称《深入开展意见》）、2016年12月最高人民法院下发的《关于进一步做好检察机关提起公益诉讼案件登记立案工作的通知》和2017年1月最高人民检察院发布的第八批指导性案例（检例第28－32号）是其主要的专项性规范依据。检察院提起民事公益诉讼诉前程序（以下简称诉前程序）是指检察院在履行职责中发现特定领域存在损害社会公共利益的行为，在提起民事公益诉讼之前，应当依法督促或者支持对民事公益诉讼享有优先诉权的法律规定的机关和有关组织（适格主体）① 起诉的制度安排。自试点之初，诉前程序和提起诉讼即被放在同等重要的位置。从截至目前的试点情况看，有关诉前程序的试点成效在不同的地区、领域和案件类型上呈现出非均衡化的特征，诉前程序的特有功能亟待更具深刻性的阐释，有关诉前程序的基本法理并未得到很好地厘清，以致出现了诸如

---

* 刘加良，山东大学法学院副教授，法学博士、博士后。

① 《改革试点方案》《检察院实施办法》《法院实施办法》和《深入开展意见》均把《民事诉讼法》第55条中的“法律规定的机关和有关组织”称为“适格主体”。故在讨论检察院提起民事公益诉讼时，适格主体的内涵具有限定性，其可与法律规定的机关和有关组织等同使用。

“法律规定的任意诉讼担当”[①] 的术语误用和错误表达。本文的探讨拟从学理层面为检察院办理诉前程序案件和试点期满后的立法设计提供基础性的智力支持。

一、诉前程序的功能诠释

厘清诉前程序的特有功能，有助于增加检察院办理诉前程序案件的信心与动力，进而有助于以良好的制度实效提升诉前程序入法的必要性，并可为适度扩大检察院办理民事公益诉讼案件的适用范围提供正当性论证。

（一）诉前程序有助于敦促政府权力主体履行法定责任

“善政是通向善治的关键；欲达到善治，首先必须实现善政。”[②] 责任政府是善政的基本要求，政府责任分主动责任和被动责任，自觉、正确、全面、及时地履行法定职责是政府权力主体应承担的主动责任。在我国当下，公共利益受损普遍而且严重，这与作为公共利益之法定管护者的政府权力主体未能履行好主动责任高度相关。

当前我国民事公益诉讼所针对的生态环境和资源保护领域以及食品药品安全领域的侵权行为多为大规模侵权行为，被侵权人广泛、损害巨大、因果关系难以证明是其主要特征。实施这类侵权行为的主体有不少是当地的利税大户、支柱企业或招商引资的重点企业。在经济发展重于环境保护、食药安全的政绩观惯性作用和强势影响下，相关的政府权力主体针对侵害社会公共利益的行为往往没有动力去履行法定职责，不履行职责、违法履行职责、履行职责不到位、履行职责不全面和履行职责不及时的情形时常可见。压实绿色发展和维护食药安全是我国目前政府治理的重点所在，保护环境和监管食药安全的政绩已成为考核评价与任免公职人员的重要指标，公职人员任期内的生态环境损害责任和食药安全保障不力责任将会被力度不减、尺度不放、节奏不变地严厉追究。经过诉前程序，民事公益诉讼定会被提起。新闻媒体和一般民众对民事公益诉讼案件的关注热情极高，其从起诉、受理、证据交换到开庭审理、宣判再到执行都会成为社会热点和舆论兴奋点，这必将给政府权力主体带来自上而下的政治压力和自外到内的社会压力。民事公益诉讼案件的立案数量和裁判结果将在事实上与公职人员的任职责任追究相挂钩，挂钩后的压力传导将反向敦促政府权力主体履行主动责任，从而减少相关领域的权力乱作为、滥作为、不作为与慢作为，进而通过到位的行政执法增加侵权行为实施者的违法成本。在履

---

① 刘艺：《准确理解和把握公益、诉讼、试点概念的内涵》，载《检察日报》2015年10月23日。

② 俞可平：《善政：走向善治的关键》，载《文汇报》2014年1月19日。

行诉前程序中，检察院可向政府权力主体发出社会治理型检察建议，推动其就共性问题进行专项整改或专项执法检查，实现“办理一案，带动一片”，以规模性消除有法不依、依法不当、选择执法、消极执法的现象。

依《海洋环境保护法》第89条第2款，适格主体中法律规定的机关目前仅是指依照《海洋环境保护法》规定的行使海洋环境监督管理权的部门。出现污染海洋环境给国家造成重大损失的行为时，检察院经过诉前程序督促行使海洋环境监督管理权的部门提起民事公益诉讼，是检察权对行政权于法有据、师出有名的监督与制约。行使海洋环境监督管理权的部门对检察院发出的督促起诉意见书几乎不可能无动于衷，康菲溢油事故发生后国家海洋局对启动民事公益诉讼程序的社会诉求置之不理的做法[①]将面临权力层面的反制。

我国对有权提起民事公益诉讼的社会组织将继续实行登记管理机关和业务主管单位双重负责的管理体制，[②] 这些社会组织的官方性或半官方性色彩将继续存在。尽管社会组织按照其章程开展活动不受地域的限制，但社会组织的属地管理原则会让社会组织在当地提起民事公益诉讼前不得不谨慎地评估来自地方政府的压力。地方政府对公共利益损害者的放纵、偏袒、护短以及或明或暗的保护，都会重挫社会组织起诉的热情，让其感到不敢惹、惹不起。随着检察权独立行使的宪法规定日渐实效化和省以下地方检察院人财物省级统一管理体制在全国范围内的次第建立，借助诉前程序的履行，去地方化的检察院可让政府权力主体对社会组织的干扰和压制在很大程度上归于无效，也可让社会组织义正词严地行使民事公益诉权。

（二）诉前程序有助于补强社会组织的诉讼行为能力

2013年10月首次修改的《消费者权益保护法》赋予中国消费者协会（以下简称中消协）和省级消协以民事公益诉讼的原告资格，但自修改后的《消

---

① 2011年6月位于渤海中部的蓬莱19－3油田发生溢油事故，溢油油污沉积物污染面积达1600平方公里，污染涉及辽宁、河北、山东、天津三省一市，该事故被国务院调查组定性为我国迄今为止最严重的海洋生态事故和漏油事故；2011年8月17日中国环保联合会向国家海洋局发出律师函，建议国家海洋局针对康菲石油中国有限公司启动民事司法程序，而国家海洋局却一直未启动。参见李远方：《康菲溢油事故索赔四年后迎来新转机》，载《中国商报》2015年8月7日。

② 根据2016年8月中共中央办公厅、国务院办公厅印发的《关于改革社会组织管理制度促进社会组织健康有序发展的意见》，在社区内活动的城乡社区服务类社会组织、在自然科学和工程技术领域内从事学术研究和交流活动的科技类社会组织以及提供扶贫、济困、扶老、救孤、恤病、助残、救灾、助医、助学服务的公益慈善类社会组织实行直接登记，直接登记范围之外的其他社会组织继续实行双重管理的体制。

费者权益保护法》于2014年3月15日开始施行至2017年3月，消费民事公益诉讼难负厚望，仅有上海市消费者权益保护委员会诉天津三星通信技术有限公司和广东欧珀移动通信有限公司侵权责任纠纷案、[①] 中消协诉雷沃重工股份有限公司等违法违规生产销售正三轮摩托车案、[②] 吉林省消费者协会诉韩某等三被告销售不符合食品安全标准的食用盐案、[③] 江苏省消费者协会诉南京水务集团有限公司供用水格式合同（户表用户）约定违约金过高案、[④] 广东省消费

① 为制止并纠正手机制造商未明确告知消费者手机预装应用软件的基本信息（名称、类型、功能、所占内存）、未向消费者提供自主卸载预装应用软件之途径的不当行为，保护消费者在购买、使用手机过程中的知情权、选择权不受侵害，2015年7月1日上海市消费者权益保护委员会针对天津三星通信技术有限公司、广东欧珀移动通信有限公司向上海市第一中级人民法院提起两起消费民事公益诉讼，并在当日获得受理。鉴于两被告在诉讼中已纠正了侵害消费者权益的不当行为，上海消保委提出撤诉申请，2015年11月13日法院当庭准予撤回起诉。庭审结束后，法院向工业和信息化部发出关于加强对手机预装软件的事前监管、事后监管和建立智能手机预装软件管理标准的《司法建议书》（文号为沪一中法建〔2015〕25号）。作为全国首个进入诉讼程序的消费者民事公益诉讼案件，这两起案件被最高人民法院与中央电视台联合评选为“2015年推动法治进程十大案件”，其审理的意义不仅限于个案的定分止争，更着眼于对行业的引导和规制。参见上海市消费者权益保护委员会编：《中国消费公益诉讼第一案纪实与解读》，上海人民出版社2016年版，第37—57页；罗书臻：《2015年推动法治进程十大案件评选揭晓》，载《人民法院报》2016年2月24日。

② 2016年7月25日北京市第四中级人民法院正式受理中消协对雷沃重工股份有限公司、雷沃重工股份有限公司诸城车辆厂、雷沃重工股份有限公司诸城销售分公司、北京天华旭自行车商店等违法违规生产销售正三轮摩托车于2016年7月1日提起的消费公益诉讼案，此案是修改后的《消费者权益保护法》施行后中消协发动的首起民事公益诉讼。参见高敬：《中消协首起公益诉讼剑指雷沃重工》，载《人民法院报》2016年7月27日。

③ 2016年5月16日长春市人民检察院就韩某、韩某龙、王某丽销售不符合食品安全标准的食用盐一案向吉林省消费者协会发出检察建议，建议其提起民事公益诉讼，6月11日吉林省消费者协会书面回函同意在长春市检察院的支持下起诉，长春市中级人民法院于8月30日受理此案，2016年11月1日开庭审理并当庭宣判。此案是我国首例食品药品安全领域检察院支持起诉的民事公益诉讼案，也是我国首例消协组织提起的由法院正式判决胜诉的民事公益诉讼案。参见任震宇：《消费公益诉讼呈燎原之势》，载《中国消费者报》2016年12月30日。

④ 2016年9月19日南京市中级人民法院正式受理江苏省消费者协会诉南京水务集团有限公司供用水格式合同（户表用户）约定违约金过高案，被告主动就相关问题进行积极整改，2016年10月28日原告向法院递交撤诉申请，2016年11月7日法院裁定准予撤回起诉。此案是全国首例针对消费领域垄断类行业提起的民事公益诉讼案和江苏首例消费民事公益诉讼案。参见袁传敏、马燕：《逾期未缴纳水费，违约金降了!》，载《扬子晚报》2016年11月11日。

者委员会诉李某文等20名被告违法生产销售病猪死猪案[①]等少数几起被法院受理的案例。

1989年通过的《环境保护法》历经全国人大常委会2012年8月、2013年6月、2013年10月和2014年4月的四次审议方完成首次修改。规定并不断扩大环境民事公益诉讼的原告范围（见表1）是《环境保护法》首次修改的重大亮点之一。作为《环境保护法》修改后实施的首年，2015年被视为中国环境民事公益诉讼的元年，相关案例的井喷现象被寄予莫大的预期。然而，2015年仅有九家环保组织[②]成为环境民事公益诉讼的原告，[③] 其中中国生物多样性与绿色发展基金会和中华环保联合会为全国性社会组织，其余七家为地方性社会组织；这九家环保组织2015年提起或加入成为共同原告的个案为37起，其中27起个案的原告登记地在北京；[④] 2015年1月至11月，全国法院共受理一审环境资源民事案件50331件，其中环境污染损害赔偿案件2595件、环境民事公益诉讼案件45件、环境行政公益诉讼案件3件，[⑤] 环境民事公益诉讼案只占环境污染损害赔偿案件的1.73%；2015年1月至2016年6月，全国法院共受理环保组织提起的环境民事公益诉讼一审案件93起；[⑥] 2015年1月1日

---

① 2016年11月深圳市人民检察院就深圳龙岗区人民检察院立案调查的一宗食品犯罪案向广东省消费者委员会发出检察建议，建议其提起民事公益诉讼，2017年3月8日广东省消费者委员会向深圳市中级人民法院提起民事公益诉讼，由深圳市人民检察院支持起诉，请求判令李某文等20名被告承担赔偿金1006.2万元、律师费及诉讼费用，并在省级以上新闻媒体上公开赔礼道歉。此案是我国首例惩罚性赔偿型消费民事公益诉讼。参见刘倩、粤消宣：《省消委会代消费者索赔1006.2万元》，载《南方日报》2017年3月13日。

② 在这九家环保组织中，中华环保联合会（2005年4月成立）、北京市朝阳区自然之友环境研究所（1994年3月成立）和贵阳公众环境教育中心（2010年3月成立）因在修改后的《环境保护法》实施前提起过环境民事公益诉讼而被称为“老面孔”，而中国生物多样性与绿色发展基金会（1997年4月成立）、福建省绿家园环境友好中心（1998年成立，2006年注册）、清镇市生态环保联合会、大连环保志愿者协会（2003年6月注册）、湘潭市环境保护协会（2007年6月成立）和莆田绿萌滨海湿地研究中心（2009年底注册，又称中国红树林保育联盟）则因自2015年才充当环境民事公益诉讼的原告而被称为“新面孔”。

③ 刘蓉：《环境公益诉讼任重道远》，载《经济日报》2016年3月22日。

④ 李楯主编：《环境公益诉讼观察报告（2015年卷）》，法律出版社2016年版，第263页。

⑤ 罗书臻：《最高人民法院公布十起环境侵权典型案例》，载《人民法院报》2015年12月30日。

⑥ 霍桃：《最高法召开推进环境资源审判工作研讨会》，载《中国环境报》2016年7月28日。

至2016年12月31日，全国法院共受理社会组织提起的环境公益诉讼一审案件112件，审结54件，案件数比2015年之前的年均8件明显增加，所涉地域由原先集中在三四个省份扩展至21个省域。①

表1:《环境保护法修正案（草案)》中关于环境民事公益诉讼之原告范围的规定情况表②

修正草案	一审稿	二审稿	三审稿	四审稿
原告范围	未规定	中华环保联合会以及在省、自治区、直辖市设立的环保联合会	依法在国务院民政部门登记，专门从事环境保护公益活动连续五年以上且信誉良好的全国性社会组织。 其他法律另有规定的，依照其规定。	依法在设区的市级以上人民政府民政部门登记、专门从事环境保护公益活动连续五年以上且无违法记录的社会组织。

既有的案例和统计数据表明，适格主体中的绝大多数消协组织和环保组织在提起民事公益诉讼方面迄今依然无所作为，它们所享有的民事公益诉权一直处于“沉睡”的状态，社会组织经由民事公益诉讼很好地参与国家治理的外在期待依然未被满足。有效的国家治理离不开政府治理、市场治理和社会治理的独立并存、各司其职与齐头并进。社会组织是社会治理的主力军，提起民事公益诉讼是社会组织参与社会治理的新型载体，藉其可将损害公共利益的行为纳入程序理性的规控之下，进而降低相关群体性事件的发生概率。社会组织提起诉讼的意愿和应对诉讼的能力（主要包括财力和人力）实质性地影响着民事公益诉讼案件的受理状况。社会组织有心无力（有起诉的意愿但无应对诉讼的能力）、有力无心（有应对诉讼的能力但无起诉的意愿）和无心无力（无起诉的意愿也无应对诉讼的能力）都会导致民事公益诉讼案件的受理量在低位徘徊。在促进社会组织健康有序发展的语境下，鉴于提起民事公益诉讼有助于社会组织加快转型、扩大影响以及提升地位，社会组织提起民事公益诉讼的意愿因实行双重管理体制而受到抑制的可能将越来越少，应对民事公益诉讼的能力不足将继续成为社会组织的短板。消协组织和环保组织过往的上述表现足以说明社会组织的诉讼行为能力亟待补强，“工欲善其事而力不足”的窘境亟

① 刘婧:《最高法发布十件环境公益诉讼典型案例》，载《人民法院报》2017年3月8日。

② 参见中国人大网（www.npc.gov.cn）上的“环境保护法修正草案（2012年8月至2014年4月）”专栏。

待破除。

公共利益受到损害的事实应由民事公益诉讼的原告承担证明责任，对这一事实的证明目前主要依赖收费很高的鉴定评估，加之诉讼代理收费亦不低，这要求消协组织和环保组织应具备不错的经费支撑能力。食品药品安全领域、生态环境和资源保护领域知识的复合性与专业性很高，消协组织和环保组织目前的人力资源储备在很长的一段时间内都将无法满足应然的要求。经费支撑能力和专业能力的不理想使得消协组织和环保组织在提起民事公益诉讼前普遍遭遇到严重的取证难问题。在取证难的压力下，为创造打开局面的业绩，很多案例中的环保组织选择走“先刑后民”或“边刑边民”的捷径。即在犯罪行为被生效裁判文书确认或进入刑事追诉程序后，[①] 环保组织就迅速提起民事公益诉讼，借刑事诉讼中控诉方收集的证据来解决民事公益诉讼中最为艰难和繁琐的取证问题。这种自降门槛、趁风扬帆的举动被视为“退一步的胜利”，[②] 固然有利于形成刑事追责和民事追责的合力以确保民事追责不会缺位或迟延，但长此以往就会使被迫无奈之举演化为投机取巧之举，公众对此举的同情式理解就会演化为鄙视和指责，社会组织就会连续不断地失去借实战壮大自己的契机，社会组织独立自主地应对民事公益诉讼的格局就会继续推迟出现。

对损害公共利益的违法行为及其损害后果进行调查核实是检察院履行诉前程序前的必经环节，在这一环节中检察院可以采取除限制人身自由以及查封、扣押、冻结财产等强制性措施以外的其他任何措施，可依其职能优势收集到消协组织和环保组织无法取得的证据，这些证据通常能够确保民事公益诉讼的诸项请求得到法院的支持；对需要由法院依职权或申请调查收集的证据，检察院可事先自行依法收集，将固定这些证据的时间大为提前。经过诉前程序，消协组织和环保组织提起诉讼的，可直接利用检察院此前已收集到的证据来减轻自

① 在安徽淮南市中级人民法院受理的首起环保组织（安徽省环保联合会）起诉、检察机关（淮南凤台县人民检察院）支持起诉的民事公益诉讼案中，王某杰、高某、许某谭、詹某、陈某明、盛某杰、许某雨、詹某香、阜阳市永浩再生资源有限公司和浙江的桐乡市乌镇人民政府、桐乡市濮院镇人民政府、桐乡市梧桐街道办事处、桐乡市经济开发区管理委员会因非法跨省运输处置生活垃圾而成为被告，淮南市中级人民法院原定于 2016 年 11 月 1 日公开开庭审理，但因开始于 2015 年 10 月、针对前七位自然人被告的污染环境罪追诉程序未结束而延期至 2017 年 2 月 14 日进行。参见周瑞平、李旭东：《淮南开庭审理——环保公益诉讼案》，载《人民法院报》2017 年 2 月 15 日；淮南凤台县人民法院作出的（2016）皖 0421 刑初 268 号刑事判决书。

② 刘晓星：《为何环境公益诉讼叫好不叫座?》，载《中国环境报》2015 年 3 月 31 日。

己对证明责任的负担，增强与实力通常强大的被告硬碰的底气和胜诉的可能。

二、诉前程序的基本特征

（一）先行适用的法定性

在《授权试点决定》于2015年7月1日施行前，现行《民事诉讼法》（新近修改是在2012年8月）第55条是判断民事公益诉讼的原告是否适格仅有的规范依据。根据此条，法律规定的机关和有关组织是民事公益诉讼的适格原告。由于“法律规定”中的“法律”被有权解释严格地限定为全国人民代表大会及其常务委员会制定的法律（即通常所指的狭义上的法律）以及“规定”被有权解释缩小限定为具体性规定，[①] 故检察院无法依据《民事诉讼法》第55条获得民事公益诉权，在《授权试点决定》施行前检察院没有提起民事公益诉讼的法定资格。

效力相当于法律的《授权试点决定》规定，检察院提起民事公益诉讼前，必须先履行诉前程序。诉前程序的先行适用由此具备了法定性的特征。设置诉前程序并要求先行适用，有利于促进检察院办案资源的良善利用与有效节省，也有利于实现对适格主体之民事公益诉权的充分尊重与合理鞭策。诉前程序的设置，意味着适格主体享有的民事公益诉权与检察院享有的民事公益诉权在行使层面存在严格的先后顺序，检察院不能与适格主体同时提起民事公益诉讼，也不能在适格主体提起的民事公益诉讼案件受理后以共同原告的身份申请参加，更不能优先于适格主体提起民事公益诉讼。未经过诉前程序，检察院径直提起民事公益诉讼的，构成对适格主体之民事公益诉权的冒犯与侵害，僭越之举将面临强烈的合法性质疑。在诉前程序经过前，检察院的民事公益诉讼原告资格处于备而不用的潜在状态，对其进行激活，经过诉前程序是必要条件。经过诉前程序，适格主体没有起诉或者没有适格主体，检察院方可提起民事公益诉讼，这显然不属于诉权冲突，而属于必要的诉权补位，检察院的民事公益诉讼原告资格由此进入用而不弃的现实状态。

诉前程序先行适用的法定性，不仅决定了检察院提起民事公益诉讼的案件数量必定少于诉前程序案件的数量，而且决定了检察院提起民事公益诉讼的案件数量与履行诉前程序后适格主体提起民事公益诉讼的案件数量之间存在此消彼长的关系。履行诉前程序后适格主体提起民事公益诉讼的案件数量越多，检察院提起民事公益诉讼的案件数量就会越少，诉前程序的有效性和预期功能就

① 刘加良：《解释论视野中的民事督促起诉》，载《法学评论》2013年第4期。

越会得到更好的体现。此外，相较于适格主体没有起诉的情形，没有适格主体的情形越少，检察院经由提起民事公益诉讼而对诉权补位之特征的捍卫就越好，诉前程序先行适用的法定性就趋于名副其实，检察院所享有的民事公益诉权与适格主体享有的民事公益诉权之间就越不可能形成并列关系；相较于适格主体没有起诉的情形，没有适格主体的情形越多，检察院经由提起民事公益诉讼而对诉权补位之特征的坚守就越差，诉前程序先行适用的法定性就趋于名不副实，检察院所享有的民事公益诉权与适格主体享有的民事公益诉权之间就越有可能形成并列关系。2015 年 7 月至 2016 年 6 月，试点地区检察院共办理诉前程序案件 59 件，相关适格主体（均是环保组织）提起民事公益诉讼 11 件，检察院提起民事公益诉讼 11 件、行政附带民事公益诉讼 1 件，[①] 这些案例均集中在生态环境和资源保护领域，在食品药品安全领域则付诸阙如。2015 年 7 月至 2016 年 12 月，试点地区检察院共办理诉前程序案件 120 件，督促或支持适格主体提起民事公益诉讼 22 件，检察院提起民事公益诉讼 57 件、行政附带民事公益诉讼 1 件，[②] 截至 2016 年下半年，食品药品安全领域的案例开始出现，相关适格主体已不再局限于环保组织。

截至 2016 年 12 月，在检察机关提起、通过媒体公开报道的 42 件案例中，至少有 19 件针对的是“辖区内没有适格主体”，针对“辖区内有适格主体，但在收到督促起诉意见书或检察建议书后到期未回复或回复不起诉”案例明显偏少；在试点首年的 12 件案例中，属于救济型公益诉讼的 11 件，属于预防型公益诉讼的只有 1 件。由于《检察院实施办法》第 2 条第 1 款确定提起民事公益诉讼的案件由市级检察院（包括省、自治区、直辖市人民检察院分院，自治州和省辖市人民检察院）管辖，故“辖区内”相当于地市级别的行政区划范围内。不管是把《检察院实施办法》第 13 条中的“辖区”按字面解释为“起诉主体的辖区”，还是扩大解释为“起诉主体的辖区加线索发现主体的辖区”，由于我国当前社会组织的发展存在很大的区域差异，很多地市级别的行政区划范围内迄今没有适格主体，这使得“辖区内没有适格主体”的情形比比皆是。试点一年半的统计情况表明，诉前程序先行适用的法定性遭遇到严峻的挑战，检察院提起民事公益诉讼本应恪守的“谦抑补位”在很大程度上变成了“包办代替”。为有效应对挑战，可行之策是有管辖权的市级检察院主动

① 王治国：《检察机关公益诉讼试点全面“破冰”》，载《检察日报》2016 年 7 月 19 日。

② 徐日丹：《公益诉讼试点以来检察机关办理相关案件 4378 件》，载《检察日报》2017 年 1 月 5 日。

先向辖区外的适格主体发出提起民事公益诉讼的检察建议并支持起诉,[①] 以在全国范围的媒体上刊登公告的形式寻找适格主体是最为理想的方案。

（二）履行方式的特定性

督促起诉和支持起诉是检察院履行诉前程序的两种方式。作为民事诉讼中检察院之一般监督权的实现方式之一，督促起诉在2003年初由浙江检察系统首创试点，后被写进最高人民检察院的工作报告并为浙江、福建制定的省级地方性法规所确认，但在2012年错失被写进《民事诉讼法》的良机，迄今未被狭义上的法律所规定。[②] 在支持起诉中，支持者必须是单位，其包括但不限于检察院；检察院可以主动支持起诉，也可以应被支持者之邀而支持起诉。支持起诉原则是我国民事诉讼法对社会干预主义的具体化和本土化,[③] 1982年《民事诉讼法（试行）》第13条和1991年《民事诉讼法》（已经历两次修改）第15条均把其规定为基本原则，2008年《水污染防治法》第88条第2款规定环境保护主管部门和有关社会团体可依法支持因水污染受到损害的当事人起诉，但支持起诉的制度化与现代转型至今毫无起色，在学理上更多地属于被否定的对象，克服支持起诉原则的空洞化已成为既紧迫又困难的事项。与《授权试点决定》和《改革试点方案》未区分督促起诉和支持起诉的适用条件不同，《检察院实施办法》第13条则根据适格主体的身份不同来区分履行诉前程序的法律文书，明确规定适格主体是法律规定的机关时适用督促起诉意见书、适格主体是辖区内的法律规定的有关组织时适用提起民事公益诉讼检察建议书、有关组织收到检察建议书后提出需要支持起诉时适用支持起诉意见书。

依《消费者权益保护法》第47条和《环境保护法》第58条的规定，适格主体中的法律规定的有关组织包括中消协、省级消协（在省、自治区、直辖市设立的消费者协会）以及依法在设区的市级以上人民政府民政部门登记

---

① 针对郭某等12人非法排放工业废水造成生态损害，徐州市人民检察院向中国生物多样性和绿色发展基金会发出对郭某等人提起民事公益诉讼的建议并依法支持起诉，该系列案已经判决结案，原告的诉讼请求得到支持。参见王治国：《检察机关公益诉讼试点全面“破冰”》，载《检察日报》2016年7月19日。

② 参见刘加良：《当下中国纠纷解决的基本立场》，北京大学出版社2014年版，第57—60页。

③ 陈刚：《支持起诉原则的法理及实践意义再认识》，载《法学研究》2015年第5期。

并专门从事环境保护公益活动连续五年以上且无违法记录的社会组织。[①] 在公益诉讼入法后，检察院支持社会组织提起环境民事公益诉讼的案例并不鲜见。如在泰州市环保联合会诉江苏常隆农化有限公司等六家化工企业一案中，一审中泰州市人民检察院予以支持起诉，二审中江苏省人民检察院予以支持起诉，该案二审于2014年12月4日开庭、12月30日宣判，成为迄今我国公益诉讼领域赔付额（1.6亿余元）最高的案例；[②] 在广东省环境保护基金会诉焦云一案中，广州市天河区人民检察院于2015年11月6日向广东省环境保护基金会发出支持起诉的检察建议并获采纳，该案于2016年1月18日被广州市中级人民法院受理、同年11月19日一审宣判，一审中广州市天河区人民检察院、广州市天河区环境保护局予以支持起诉，该案是广东本地的社会组织提起的首例环境公益诉讼案和最高人民检察院发布的首批诉前程序典型案例之一；[③] 在绍兴市生态文明促进会诉新昌县某胶囊有限公司、吕某、新昌县某轴承有限公司一案中，绍兴市人民检察院予以支持起诉，该案一审于2017年1月16日开庭、2月20日审结，该案是全国首例由环境损害赔偿磋商环节转入诉讼程序的环境公益诉讼案和浙江法院审结的首例环境公益诉讼案；[④] 在中华环保联合会诉谭某洪（下落不明）、方某一案中，广州白云区人民检察院予以支持起诉，于2014年12月一审的该案是广东首例由检察院作为支持起诉人出庭的环境民事公益诉讼案，广州市中级人民法院于2015年10月28日二审开庭审理该案时适用五人制合议庭；[⑤] 在中华环保联合会诉张某某（2014年因犯污染环

---

① 供职于民政部民间组织管理局的廖豪、许昀在《环保法新修订 公益诉讼新曙光》（载《中国社会组织》2014年第8期）一文中写到，“目前各级民政部门登记的环境保护相关社会组织有6000多个，其中在国务院民政部门登记的有36个，在省级民政部门登记的有300多个，在设区的市级民政部门登记的有700多个，其余大量在县级民政部门登记。”据此，有资格提起民事公益诉讼的环保组织可谓数量庞大。此外，很多学者当前继续呼吁“应适当扩大环境民事公益诉讼适格原告的范围，将尽可能多的社会组织纳入其中”，具体参见张式军：《环保法庭的困境与出路》，载《法学论坛》2016年第2期。

② 卢志坚、简繁：《江苏泰州：天价环保赔偿案的标杆意义》，载《检察日报》2015年9月17日。

③ 余秋亮：《市检察院试点公益诉讼见成效》，载《南方日报》2016年7月26日；郑秀亮、陈彦鸿：《被告获刑一年多，赔偿40余万元》，载《中国环境报》2017年1月4日。

④ 徐晶锦：《绍兴率先用诉讼推动环境损害赔偿》，载《中国环境报》2017年1月25日；余建华、单巡天：《绍兴审结首例环境公益诉讼案》，载《人民法院报》2017年2月21日。

⑤ 刘冠南、杨晓梅、马伟锋：《穗首例“环保公益诉讼案”或催生新审判模式》，载《南方日报》2016年1月14日。

境罪被追究刑事责任）一案中，江苏省昆山市人民检察院予以支持起诉，该案于2016年初宣判；[①] 在中国生物多样性保护与绿色发展基金会诉山东金诚重油化工有限公司等六家企业一案（2016年1月21日起诉，3月15日受理）中，济南市人民检察院应原告之邀予以支持起诉，这是授权试点以来山东首例检察院支持环保组织提起的民事公益诉讼案；[②] 在2016年上半年中华环保联合会诉甘肃陇星锑业有限公司一案中，甘肃陇南市人民检察院事先在进行职务犯罪调查时即同时从民事公益诉讼的角度进行调查取证，而后积极同有原告资格的环保组织联系并予以支持起诉。[③] 在上述后四起案例中，被支持者都是知名的全国性社会组织，都不在作为支持起诉人的检察院对应的辖区内。这说明检察院主动联系辖区外的适格主体或应其之邀并予以支持起诉，在民事诉讼法对支持起诉的原则性规定下可获得合理的解释空间，此举可以降低检察院行使民事公益诉权的概率并更有力度地彰显诉前程序的有效性。

诉前程序的履行状况与实际效果可为加快督促起诉和支持起诉的制度化进程提供强大的动力和很好的机会。随着检察院试点提起民事公益诉讼的推进，有关督促起诉和支持起诉的规则供给很可能会接踵而至。

（三）后续衔接的强制性

诉前程序如何与诉讼程序衔接是检察院提起民事公益诉讼所特有的程序问题。根据《立法法》第二章的规定，检察院提起民事公益诉讼是有关诉讼制度的事项，属于只能由全国人民代表大会及其常务委员会制定法律的事项，在有关法律被制定之前，《授权试点决定》具有相当于法律的效力。故检察院依《授权试点决定》享有民事公益诉权应归为公益性、竞合性、补充性的法定诉讼担当，[④] 检察院在民事公益诉讼中享有与适格主体相竞合的诉讼实施权，在实现顺序上其具有后位性且自始至终不能排斥和否定适格主体的诉讼实施权。在检察院提起民事公益诉讼后，适格主体有权申请参加诉讼以与检察院成为共同原告。需要申明的是，检察院所享有的民事公益诉权具有权责一体性。具体而言，履行诉前程序后，适格主体没有起诉的，检察院依法行使职权的条件即

---

① 闫艳、周游：《苏州首例环境公益诉讼案宣判》，载《中国环境报》2016年2月3日。

② 尹明亮：《1200万！这只是生态修复费》，载《齐鲁晚报》2016年3月15日；周艳凌、季英德、王学鹏：《章丘“10·21”重大环境污染案开庭》，载《中国环境报》2016年9月7日。

③ 李郁军、尹译：《尾矿泄露危及周边水系》，载《检察日报》2016年5月24日。

④ 有关法定诉讼担当的类型划分可参见黄忠顺：《诉法定诉讼担当的理论类型》，载《六盘水师范学院学报》2012年第1期。

告成就，其即负有提起民事公益诉讼的义务，不正当的选择性起诉将使民事公益诉权的行使主体处于不应有的缺位状态。《改革试点方案》中“主要内容”之“提起民事公益诉讼”部分第 1 条和《检察院实施办法》第 1 条均规定，经过诉前程序，适格主体没有起诉的，检察院可以提起民事公益诉讼。此两个条文中“可以”一词的使用目的在于赋权，应被解释为“有权”，不存在“可以不”的意蕴。有学者认为，督促起诉后适格主体未起诉的，检察院负有提起民事公益诉讼的义务，而支持起诉则不具有这种效力。① 这种持区别对待之立场的观点很难成立，因为其忽视了检察院所享有之民事公益诉权的权利与责任的复合性，且未充分认识到检察院所享有之民事公益诉权的法定补充性。

作为新型案件，民事公益诉讼案件专业性很强、社会影响很大、办理难度很高。诉前程序后续衔接的强制性可能会对检察院履行诉前程序产生不小的阻力，检察院对提起并应对民事公益诉讼之难度的顾虑会使得其在是否履行诉前程序方面迟疑不决或畏缩不前，检察院对民事公益诉讼之裁判文书生效后能否得到有效实现的预判必定会或多或少地引发选择性办案，院内的强力控制与院外的多元监督是消解这些道德风险的必备机制。后续衔接的强制性意味着检察院履行诉前程序只能一次，“有继续沟通协调和监督催促的必要”不能成为检察院再次或多次履行诉前程序的理由，否则久督不决、久促不诉就难以避免。

三、诉前程序入法路径的理性思考

（一）政策趋于法律：制度变迁的顺序梳理

1997 年 12 月 3 日河南南阳方城县人民检察院提起并得到法院支持的民事公益诉讼案被称为改革开放以来我国检察院最早提起的公益诉讼案例。② 2010 年 3 月 1 日起施行的《贵阳市促进生态文明建设条例》首次以地方性法规的形式赋予检察院提起民事公益诉讼和行政公益诉讼的原告资格。③ 以这些事例为代表的基层探索一度高歌猛进，彼时提起诉讼被当成重点、诉前程序被放在

---

① 肖建国：《充分吸收已有经验》，载《检察日报》2015 年 7 月 23 日。

② 柴春元、汪宇堂、罗清成：《河南方城：为检察机关发挥职能维护公益探路》，载《检察日报》2015 年 8 月 29 日。

③ 《贵阳市促进生态文明建设条例》第 23 条规定：检察机关、环境保护管理机构、环保公益组织为了环境公共利益，可以依照法律对污染环境、破坏资源的行为提起诉讼，要求有关责任主体承担停止侵害、排除妨碍、消除危险、恢复原状等责任。检察机关、环保公益组织为了环境公共利益，可以依照法律对涉及环境资源的具体行政行为和行政不作为提起诉讼，要求有关行政机关履行有利于保护环境防止污染的行政管理职责。

次要位置。2012年修改后的《民事诉讼法》未明确规定检察院可以提起公益诉讼，给持续多年的基层探索当头一棒。最高人民检察院检察长曹建明2012年11月29日在全国检察机关学习贯彻修改后民事诉讼法座谈会上指出，“近年来，一些地方检察机关积极探索，在一些领域成功提起了一批公益诉讼案件。但是这次法律修改时，立法机关从全局考虑，没有明确规定检察机关可以提起公益诉讼。对此我们一定要正确认识并了解立法本意。各级检察机关要把思想统一到立法精神上来，除法律明确授权的以外，不应当违反法律规定直接提起公益诉讼，但可以继续开展督促起诉、支持起诉工作，并结合实际加强理论研究，为完善公益诉讼制度提出建议。”① 在《授权试点决定》施行前，尽管检察院提起民事公益诉讼被定性为违法之举、相关的基层探索被自上而下地严厉叫停，但有关应否赋予检察院以民事公益诉权的理论争议继续存在、有关检察院以公益诉讼人的身份参加民事诉讼以维护公共利益的呼声持续高涨，这给作为诉前程序之履行方式的督促起诉与支持起诉以巨大的实施动力和有利的发展境遇。

诉前程序的试点满足“于法有据”的要件，是执政党的政策实现法律化的结果。政策的原则性与抽象性给相关基础性司法文件的酝酿与出台留出了很大的空间。2014年10月23日通过的《中共中央关于全面推进依法治国若干重大问题的决定》（以下简称《全面推进依法治国决定》）在第四部分“保证公正司法，提高司法公信力”第（二）项“优化司法职权配置”中明确提出“探索建立检察机关提起公益诉讼制度”。在《关于〈中共中央关于全面推进依法治国若干重大问题的决定〉的说明》（以下简称《全面推进依法治国决定说明》）中，“探索建立检察机关提起公益诉讼制度”被列为第九个需要说明的问题。《全面推进依法治国决定说明》写道：“在现实生活中，对一些行政机关违法行使职权或者不作为造成国家和社会公共利益侵害或者有侵害危险的案件，如国有资产保护、国有土地使用权转让、生态环境和资源保护等，由于与公民、法人和其他社会组织没有直接利害关系，使其没有也无法提起公益诉讼，导致违法行政行为缺乏有效司法监督，不利于促进依法行政、严格执法，加强对公共利益的保护。由检察机关提起公益诉讼，有利于优化司法职权配置、完善行政诉讼制度，也有利于推进法治政府建设。”赋予检察院以民事公益诉权，是对《人民检察院组织法》《民事诉讼法》和《行政诉讼法》的重大突破，在“凡属重大改革要于法有据”的刚性约束下，有效实现执政党的

① 曹建明：《全面正确理解贯彻落实修改后的民事诉讼法 坚持和完善中国特色社会主义民事检察制度》，载《检察日报》2012年12月7日。

政策与国家法律的衔接则更为重要。在2015年全国两会上，第十二届全国人大代表、江苏省人民检察院时任检察长徐安（2008年2月至2016年1月在任）提出《关于明确检察机关开展公益诉讼相关程序问题的建议》，建议全国人大及其常委会通过修改法律或制定立法解释的方式，明确检察院支持起诉、督促起诉以及在特殊情况下直接提起公益诉讼的相关程序。[①] 依《中央有关部门贯彻实施党的十八届四中全会决定重要举措分工方案》，探索建立检察机关提起公益诉讼制度改革任务由最高人民检察院与最高人民法院牵头，中央政法委、全国人大内司委、全国人大常委会法工委、国务院法制办、国土资源部、环境保护部、国资委等单位共同参与，最后形成《改革试点方案》（由最高人民检察院负责起草），经中央政法委全会审议通过后提请中央全面深化改革领导小组审议，2015年5月5日获审议通过。2015年7月1日十二届全国人大常委会第十五次会议作出《授权试点决定》。[②] 2015年12月16日共四章、58条的《检察院实施办法》通过，在《人民检察院民事诉讼监督规则（试行）》之外，诉前程序的试点至此再获基础性司法文件的支撑。2016年5月28日国务院印发实施的《土壤污染防治行动计划》（又称“土十条”）第9条“发挥政府主导作用，构建土壤环境治理体系”之“加强社会监督”部分提出，“开展检察机关提起公益诉讼改革试点的地区，检察机关可以以公益诉讼人的身份，对污染土壤等损害社会公共利益的行为提起民事公益诉讼。”此一规定使《土壤污染防治行动计划》具备了明显有别于《大气污染防治行动计划》（又称“大气十条”，2013年9月发布）和《水污染防治行动计划》（又称“水十条”，2015年4月发布）的亮点，说明诉前程序在经历政策法律化之后已经迅速迎来政府治理措施层面的支持与配合。2016年12月22日下发的《深入开展意见》第3条对诉前程序的后续衔接强制性特征进行申明、第6条对诉前程序中督促起诉的方式（应当在全国范围的媒体上公告）进行从严设计，说明诉前程序规则的顶层供给已具备合法理性与审慎性的标记。围绕“检察机关提起公益诉讼”的主题，2017年1月4日最高人民检察院发布的第八批指导性案例将五个典型性案例予以升格，意在总结试点经验、加大试点力度、凝聚

① 徐日丹：《建立检察机关提起公益诉讼制度是大势所趋》，载《检察日报》2015年7月5日。

② 王治国、姜洪、郑赫男：《提请全国人大常委会授权最高人民检察院在部分地区开展公益诉讼改革试点工作》，载《检察日报》2015年6月25日；徐日丹、贾阳：《依法履职稳步推进公益诉讼改革试点工作——最高人民检察院相关负责人解读〈检察机关提起公益诉讼改革试点方案〉》，载《检察日报》2015年7月3日。

更多共识、奠定法律修改的实践基础，其中检例第 29 号以“诉前程序”为三个关键词之一，强调“检察机关提起行政附带民事公益诉讼，应当同时履行行政公益诉讼和民事公益诉讼诉前程序”，诉前程序规则的精细化程度由此得以显著地提升。

（二）成效偏离初衷：试点状况的整体评估

《授权试点决定》确定北京、内蒙古、吉林、江苏、安徽、福建、山东、湖北、广东、贵州、云南、陕西、甘肃 13 个省、自治区、直辖市为试点地区。地域分布的代表性和出现公益诉讼案件的可能性是确定试点地区的主要考虑因素。试点地区的省级检察院陆续确定辖区内的若干市级检察院以及它们所辖的基层检察院为试点单位，试点的区域范围得以进一步缩小，如此有利于迅速推进试点以提炼实践经验、检验试点效果，也有利于把试点失败所可能产生的消极影响控制在更小的范围内，但对形成可复制、可推广的经验提出了更高的要求，因为试点检察院的数量、代表性与经验被复制、推广的可能与效果之间存在显而易见的正相关。

《改革试点方案》在第二部分“主要内容”第（二）项“提起行政公益诉讼”中确定生态环境和资源保护、国有资产保护、国有土地使用权领域为提起行政公益诉讼的试点领域，并申明“试点期间，重点是对生态环境和资源保护领域的案件提起行政公益诉讼”，在文本上并未体现出“重行政公益诉讼轻民事公益诉讼”的倾向，也许是《全面推进依法治国决定说明》中的相关论述集中于行政公益诉讼的缘故，针对《改革试点方案》的诸多官方解读以及至今的具体试点都展示出轻视民事公益诉讼的显著痕迹。2016 年 1 月 6 日最高人民检察院发布检察机关提起公益诉讼试点工作诉前程序典型案例 15 个、提起诉讼典型案例 5 个，其中针对民事公益诉讼的只有诉前程序典型案例 15 和提起诉讼典型案例 4、案例 5。基层检察院不可直接作为民事公益诉讼之起诉主体的规则设计在很大程度上会抑制其发现相关案件线索和办理诉前程序案件的积极性。此前已进行多年的行政执法检察监督试点活动所积累的优质经验使得基层检察院在办理行政公益诉讼案件时驾轻就熟、可做到“易上手，好精通”。2015 年 7 月至 2016 年 6 月，试点地区检察院共办理的诉前程序案件属行政公益诉讼和民事公益诉讼的分别为 1047 件（占 94.7%）、59 件（占 5.3%）；[①] 2015 年 7 月至 2016 年 12 月，试点地区检察院共办理的诉前程序案件属行政公益诉讼和民事公益诉讼的分别为 3763 件（占 96.9%）、120 件

① 王治国：《检察机关公益诉讼试点全面“破冰”》，载《检察日报》2016 年 7 月 19 日。

（占3.1%），试点地区检察院共办理的起诉案件属行政公益诉讼、民事公益诉讼、行政附带民事公益诉讼的分别为437件（占88.3%）、57件（占11.5%）、1件（占0.2%）；[①] 2015年7月至2016年12月，全国法院共受理的检察机关提起的环境行政公益诉讼一审案件51件（占66.2%）、环境民事公益诉讼一审案件25件（占34.5%）、环境行政附带民事公益诉讼一审案件1件（占1.3%）。[②] 清晰可见的比例数据说明已经形成的实践惯性使今后并重二者的追求成为不可能。

《改革试点方案》确定污染环境、食品药品安全领域为提起民事公益诉讼的试点领域，虽然截至目前关于这两个领域之诉前程序案件的准确数量不可知，但可肯定地判断污染环境领域的诉前程序案件要远远多于食品药品安全领域的诉前程序案件。这一方面是因为试点地区检察院发现生态环境和资源保护领域、食品药品安全领域的公益诉讼案件线索在2015年7月至2016年6月分别为1416件（占72.9%）、88件（占4.5%），[③] 在2015年7月至2016年9月分别为2221件（占74.5%）、110件（占3.7%）；[④] 另一方面是因为直到2016年最后一个季度，试点地区检察院才在药品安全领域和食品安全领域提起民事公益诉讼案。[⑤] 综合来看，克服试点以来已经形成的案件偏向是今后检察院办理诉前程序案件时应首先注意的事项。

为防止试点出现虎头蛇尾，作为试点的“总指挥”，最高人民检察院采取自上而下的压力驱动策略，适时要求“三步走”：2016年上半年，各试点地区要实现起诉案件零的突破；2016年底，所有试点的市级检察院均有案件起诉到法院；2017年上半年，所有试点的基层检察院消灭起诉案件的空白。[⑥] 可以预计，在两年试点期的下半段，检察院提起公益诉讼的案件总量会大增，起诉案件数会成为突出的政绩展示点，诉前程序案件办理的受重视程度难免会有所

---

① 徐日丹：《公益诉讼试点以来检察机关办理相关案件4378件》，载《检察日报》2017年1月5日。

② 刘婧：《最高法发布十件环境公益诉讼典型案例》，载《人民法院报》2017年3月8日。

③ 王治国：《检察机关公益诉讼试点全面“破冰”》，载《检察日报》2016年7月19日。

④ 王治国、郑博超、谢文英：《攻坚克难推动试点工作稳妥有序开展 积极探索具有中国特色公益诉讼制度》，载《检察日报》2016年11月7日。

⑤ 相关案例详细信息可参见徐盈雁：《云南临沧：分别对临翔区埃灯珠宝店等四被告提起民事公益诉讼》，载《检察日报》2016年11月24日；史兆琨：《湖北十堰：对周克召提起民事公益诉讼》，载《检察日报》2016年12月17日。

⑥ 王治国：《检察机关公益诉讼试点全面“破冰”》，载《检察日报》2016年7月19日。

降低。试点地区的检察院在2015年7月至2016年6月、2015年7月至2016年9月、2015年7月至2016年11月、2015年7月至2016年12月提起公益诉讼分别为23件（至2016年初，只有12件）、42件、130件、495件，办理诉前程序案件分别为809件、1668件、3162件、3883件。[①] 起诉案件数（见下图）和起诉案件相较于诉前程序案件的比例在2016年10月至12月的井喷式增加，固然与起诉案件的事前审批权自2016年9月下旬开始下放至省级检察院致使起诉案件的办理效率大为提高有一定的关联，但根本上与作为“主力军”的试点地区检察院在起诉案件数方面主动或被动地创造政绩密切相关。

因此，最高人民检察院检察长曹建明2016年9月26日召开的深入开展公益诉讼试点工作电视电话会议上强调“提起诉讼是办理公益案件的最后手段和最刚性的监督手段，要慎用、敢用；要更加重视诉前程序”，[②] 如此的强调恰恰说明今后的试点很有可能会偏离预先设定的轨道。

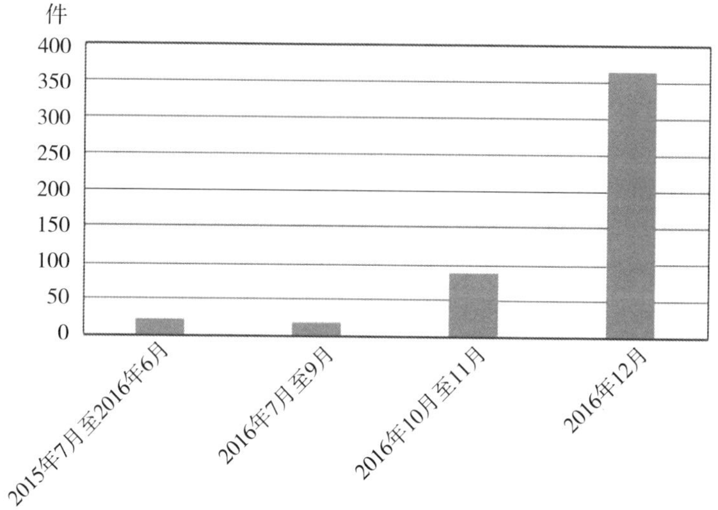

试点地区检察院提起公益诉讼案件数量对比图

① 徐盈雁：《检察机关提起公益诉讼试点一年间》，载《检察日报》2016年11月4日；王治国、郑博超、谢文英：《攻坚克难推动试点工作稳妥有序开展 积极探索具有中国特色公益诉讼制度》，载《检察日报》2016年11月7日；徐日丹：《公益诉讼试点以来检察机关办理相关案件4378件》，载《检察日报》2017年1月5日；王地：《检察机关提起公益诉讼案件数量“井喷”的背后》，载《检察日报》2017年2月26日。

② 王治国：《攻坚克难加大公益诉讼案件办理力度 全力推动试点工作取得新的更大成效》，载《检察日报》2016年9月27日。

（三）路径倾向简约：理性入法的务实思考

在《全面推进依法治国决定》通过后，《授权试点决定》是继《全国人民代表大会常务委员会关于授权在部分地区开展人民陪审员制度改革试点工作的决定》（2015年4月24日通过）之后的第二个确保司法改革于法有据的法律文件。以良好成效推动有关法律的修改完善，是《授权试点决定》预先设定的目标。从《授权试点决定》的重要地位、截至目前所取得的试点成效以及将来极可能取得的更大成效来看，未来修法赋予检察院民事公益诉权是板上钉钉的事情，诉前程序入法可被寄予乐观的期待。

完善司法人员分类管理、完善司法责任制、健全司法人员职业保障和推动省以下地方法院检察院人财物统一管理是当前正在进行的司法体制改革的基础性措施。同时根据2016年12月25日通过的《全国人民代表大会常务委员会关于在北京市、山西省、浙江省开展国家监察体制改革试点工作的决定》，试点地区人民检察院查处贪污贿赂、失职渎职以及预防职务犯罪等部门的相关职能整合至监察委员会。面对司法体制和国家监察体制的重大改革，现行《人民检察院组织法》需在体系和内容层面进行很大的调整方可适应。根据2015年6月1日调整后的十二届全国人大常委会（任期为2013年3月至2018年3月）的立法规划，修改《人民检察院组织法》被列为“条件比较成熟、任期内拟提请审议”的立法项目，而修改《民事诉讼法》既未被列为“需要抓紧工作、条件成熟时提请审议”的立法项目，也未被列为“立法条件尚不完全具备、需要继续研究论证”的立法项目。由此可见，诉前程序在2017年6月试点期满后的尽快入法不能寄希望于《民事诉讼法》的再次修改。现行《民事诉讼法》于2007年、2012年已经历两次不小的修改，法典的稳定性因受到不小的冲击而格外需要刻意的维护。所以，在修改后的《人民检察院组织法》中增加规定检察院在履行诉前程序后有权提起民事公益诉讼并善意地解释《民事诉讼法》第210条，方是实现诉前程序入法的科学方案。

修改后的《人民检察院组织法》应坚持检察职权法定主义，应采取具体列举的方式规定各级人民检察院的职权（包括但不限于在履行诉前程序后提起民事公益诉讼），[①] 这样就可为检察院成为民事公益诉讼的适格原告提供具体明确的法律依据，检察院由此就可以被纳入《民事诉讼法》第55条载明的“法律规定的机关”，进而可确保《民事诉讼法》第55条作为民事公益诉讼一

---

① 由王守安、谢鹏程、邓思清、刘方和季美君组成的最高人民检察院检察理论研究所课题组拟就的《人民检察院组织法修改研究意见稿》也采取了类似的作法，具体可见该意见稿的第三章。

般条款的地位不被动摇。

《民事诉讼法》第210条规定，检察院因履行法律监督职责提出检察建议或者抗诉的需要，可以向当事人或案外人调查核实有关情况。有观点认为，该条所规定的调查核实权，“不应超出为了对生效判决、裁定、调解书提出检察建议或者抗诉而需要了解情况的具体范围，更不能理解为类似刑事诉讼中的侦查权”,[①] 这一观点的不当之处在于把检察院在民事诉讼中的调查核实权局限在实现民事检察权的事后阶段，忽视了该法条也有资格为事前和事中实现民事检察权提供调查核实权方面的依据,[②] 如此的误判很可能是因为该条文被放置在“审判监督程序”一章中所致。依体系解释的思路，该法条中的“检察建议”并非只包括再审检察建议。故该法条被放置在“审判监督程序”一章（第198条至第213条）中，只能被看成是一种不得已的寄放，将来修法时应前移至总则编。由此可见，《民事诉讼法》第210条目前已能够为检察院在履行诉前程序前所享有的调查核实权提供有力的依据。

① 全国人大常委会法制工作委员会民法室编：《〈中华人民共和国民事诉讼法〉条文说明、立法理由及相关规定》，北京大学出版社2012年版，第343页。

② 汤维建教授主张，人民检察院为了进行诉中监督，在必要时可以行使调查核实权。由此可见，立法关于调查核实权的规定，既是对人民检察院行使诉中监督权的保障，同时也因其隐含了诉中监督的内容而可视之为“强化条款”。具体可见汤维建：《民事诉中监督的立法进步》，载《检察日报》2013年6月25日。

检察机关提起环境公益诉讼实证研究

宋旭炎*

环境安全是社会的公共财富。近年来，随着我国人口总量不断增长，城镇化、工业化水平迅猛发展，环境污染和环境损害问题日益突出，因环境引发的矛盾纠纷呈增长态势，加强对公共环境的司法保护已然势在必行。2012年修订的《民事诉讼法》第55条为环境公益诉讼制度的建构奠定了法律基础，是我国法治建设的突出成果。2014年党的十八届四中全会提出探索建立检察机关提起公益诉讼制度，为检察机关直接提起环境公益诉讼提供了路线指引。2015年十二届全国人大常委会作出《关于授权最高人民检察院在部分地区开展公益诉讼试点工作的决定》，明确了检察机关在环境公益诉讼中的法律地位。随着最高人民检察院于2015年7月发布《检察机关提起公益诉讼改革试点方案》，为期两年的公益诉讼试点工作正式启动。目前，检察机关试点开展提起环境公益诉讼已一年有余，取得了明显成绩，也遭遇了很多理论与实践上的问题。对检察机关提起环境公益诉讼进行法律考察和实证研究，将有助于环境公益诉讼制度的完善和环境法治体系的构建。

一、环境法治建设中的司法困局

环境司法是环境法治体系的核心要素，是环境保护的最后一道防线。长期以来，我国环境法治建设一直由行政执法主导，环境司法缺位问题突出。据统计，2010年全国投诉到环保部门的环境纠纷多达70多万件，其中通过司法诉讼渠道解决的环境纠纷大约只占到案件总量的3%，[①] 进入诉讼程序的环境案件占环境纠纷总量严重偏低。2002年至2011年，全国法院受理各类刑事、民

* 宋旭炎，安徽省淮南市人民检察院民行处副处长。

① 参见徐平、朱志炜、杨朝霞：《论我国环境法庭的困境与出路》，载《吉首大学学报（社会科学版）》2014年第4期。

事、行政环境一审案件118779件，仅占同期一审案件总数的0.2%。[①] 2011年至2013年，全国法院受理的环境资源案件年均不足3万件，与全国法院年均受理1100多万件案件的总量相比，显得微不足道。与此形成鲜明对比的是，环保问题实际占到全国群体性事件十大原因的第九位，因环境污染引起的群体性事件的增长速度已然排到全国第七，[②] 环境生态正处于高危状态和事故高发期，全国持续面临较大的环境压力。法院受理环保类案件数量与环境纠纷在社会矛盾中所占比重显然不符。

区别于上述环境私益诉讼的是，环境公益诉讼"更具有填补和监督环境行政权、保护环境和自然资源的重大法律制度功能"，[③] 将复杂的环境安全问题转化为法律问题，并且推动环境公益保障体系逐渐完善。其是以环境公益为诉之利益，着眼于就生态环境和自然资源等领域出现的侵害国家和社会公共利益的情况寻求救济，而非个人权益之保护。修改后的《民事诉讼法》实施前，我国实际已有包含环境公益诉讼因素的法律条文或行政性文件。如我国《宪法》第12条第2款规定："国家保护社会主义的公共财产。禁止任何组织或者个人用任何手段侵占或破坏国家和集体的财产。"2000年《海洋环境保护法》第90条第2款规定："对破坏海洋生态、海洋水产资源、海洋保护区，给国家造成重大损失的，由依照本法规定行使海洋环境监督管理权的部门代表国家对责任者提出损害赔偿要求"。2005年《国务院关于落实科学发展观加强环境保护的决定》正式提出"环境公益诉讼"的概念，提出"研究建立环境民事行政公诉制度"。2010年最高人民法院《关于为加快经济发展方式转变提供司法保障和服务的若干意见》赋予环境保护行政部门提起环境公益诉讼的权利。在司法层面，全国多层次地开展了旨在推动环境公益诉讼长效发展的探索，如2000年，最高人民检察院发出《关于强化检察职能、依法保护国有资产的通知》，明确提出检察机关对侵害国家利益、社会公共利益的民事违法行为提起诉讼。2007年11月，贵阳市中级人民法院挂牌成立环境保护审判庭，规定包括各级检察机关在内的相关职能部门可以作为环境公益诉讼的原告向人民法院提起环境公益诉讼。2008年，无锡市中级人民法院和无锡市人民检察

① 参见袁春湘：《2002年—2011年全国法院审理环境案件的情况分析》，载《法制资讯》2012年第12期。

② 参见《环境司法主流化的两大法宝：环境司法专门化和环境资源权利化》，载《中国政法大学学报》2016年第1期。

③ 杨朝霞：《论环保机关提起环境民事公益诉讼的正当性——以环境权理论为基础的证立》，载《法学评论》2011年第2期。

院联合制定《关于办理环境民事公益诉讼案件的施行规定》，规定检察机关、环保部门、环保组织等可作为启动环境民事公益诉讼的主体。2009 年，云南省高级人民法院关于《全省法院环境保护审判建设及环境保护案件审理工作座谈会纪要》，将检察机关、依法设立登记的公益性社会团体列为可直接提起环境公益诉讼的主体等等。尽管如何，我国环境公益诉讼的状况并不容乐观，环境公益诉讼案件数量较少。1994 年至 2010 年，检察机关提起环境公益诉讼 11 件，政府职能部门提起 4 件，环保组织提起诉讼 1 件，公民个人提起 8 件（未被受理的不包括在内）。1994 年至 2010 年，全国法院 17 年共受理环境公益诉讼案件 22 件，平均每年仅有 1.3 件。[①] 2000 年至 2013 年审结的环境公益诉讼案件总计不足 60 件。即便 2015 年 1 月新《环境保护法》实施以及最高人民法院出台《关于审理环境民事公益诉讼案件适用法律若干问题的解释》之后的一段时期内，环境公益诉讼依然举步维艰，2015 年 1 月 1 日至 9 月 20 日，全国总共才有 24 起环境公益诉讼案件。[②] 究其原因，从制度的层面看，主要是因为在我国法律制度中，环境司法所应有的生态理性被经济理性压制，在立法设计中过于强调诉讼主体与案件本身的利害关系，加之我国对环境公益诉讼制度的研究滞后，环境法治建设缺乏整体性、系统性和长效性，全国法院从法制统一的角度考量，对环境公益诉讼案件的受理持谨慎之态。从实践的角度看，在经济发展优先于环境安全的理念下，环境司法因让位于经济建设而没有真正发挥其应有功能，以牺牲环境为代价换取 GDP 政绩的短视行为在各地不断重演。[③] 但就环境公益诉讼而言，其还面临调查取证难、外界压力大、诉讼费用高、胜诉概率小等具体问题，有诉讼能力和起诉意愿的机构组织数量偏少。另外，检察机关试点开展提起公益诉讼工作在 2015 年 7 月才刚刚起步，工作还停留在部署阶段，尚未在具体案件上取得突破。

二、检察机关直接提起环境公益诉讼的可行性分析

现代社会背景下的民事诉讼不再纯粹是当事人之间的个人利益之争，当私权的滥用侵害了社会公共利益、危及公法秩序的安宁时，更应该强调国家在实

① 参见王昌奎、王勐视：《中国环境公益诉讼启动模式研究》，载《重庆大学学报（社会科学版）》2015 年第 6 期。

② 参见金煜：《腾格里沙漠污染公益诉讼未被受理 因不符原告资格》，载《新京报》2015 年 9 月 22 日。

③ 参见黄晓云：《建设生态文明司法重任在肩 法学家谈环境法治》，载《中国审判》2013 年第 6 期。

现公共利益上的责任。根据社会发展阶段的不同，国家承担责任的重点也不尽相同，从古典的维持秩序任务到后来社会补偿的公正分配，最后是应付集体性的危险情况。[①] 现如今，我国经济建设取得突出成就，2016年国内生产总值达到74.4万亿元，名列世界前茅，对全球经济增长的贡献率超过30%，[②] 国家经济已到了转型升级的关键阶段。致力于经济转型和生态文明建设的中国，比历史上任何时期都更有责任加大对生态环境的保护治理力度。本文第一部分所述的环境司法困局展现了司法救济在解决环境公益损害中缺位的状况，揭示了通过顶层设计引入、完善环境公益诉讼制度的现实需求，这也是我国法律开启环境公益诉讼之门的时代背景。

（一）对原告资格范围的拓展

检察机关是否适合作为环境公益诉讼的适格主体，理论界和实务界均存在争议，且这样的争议在全国人大授权检察机关试点开展提起公益诉讼之后依然存在。笔者认为，检察机关提起环境公益诉讼具有丰富的法理基础。

1. 诉讼信托理论。环境公益诉讼涉及法律的综合运用，对传统诉权理论构成挑战。即便如修改后的《民事诉讼法》第55条确立了公益诉讼制度，但“法律规定的机关和有关组织”的立法表述实际上已剥夺了公民个人和“法律规定的机关和有关组织”以外的机关团体提起环境公益诉讼的权利，充分体现了传统当事人理论在我国法律体系建构中的潜在影响。但法的关系根源于社会实践，在诉权理论的发展中，业已出现了形式意义上的诉权与实体请求权相分离的诉讼信托理论，诉讼信托理论是对传统当事人理论的颠覆，意指委托人通过实体权利和诉讼权利的转移成立诉讼信托关系之后，受托人便具有正当合法当事人的地位。[③] 该理论将程序当事人和实体当事人区别开来，不再以实体法为标准对当事人是否适格进行评判。美国密执安大学的Joseph L. Sax教授据此创立环境公共信托理论，进一步为确立环境公益诉讼的原告资格拓展了理论视野。在我国，检察机关是法律监督机关，负有向法院提起诉讼的权力，这一职能源于国家授权。检察机关在环境公益遭受侵害时提起公益诉讼，可视为与国家建立信托关系。

2. 诉之利益理论。现代政治国家理论昭示，国家作为公共利益的代表者

---

① ［德］哈贝马斯：《在事实与规范之间》，童世骏译，三联书店2003年版，第537页。

② 数据来源于《2017年全国两会政府工作报告》。

③ 孙洪坤、陶伯进：《检察机关参与环境公益诉讼的双重观察——兼论〈民事诉讼法〉第55条之完善》，载《东方法学》2013年第5期。

与管理者，当然有权利且有义务成为公益保护的主体，即当公共利益遭受侵害时，国家得依法通过诉讼解决之。当然，国家作为抽象概念，其具体权利由特定机关代行。就我国而言，由检察机关行使此权利有着天然优势。此见解源自于国家本身所拥有的管理者身份从而对公益诉讼案件具有诉讼意义上之利益的推理，即“诉之利益”。所谓“诉之利益”，乃原告谋求判决时之利益，即诉讼追行之利益。[①] 其系原告所主张之利益面临危险与不安时，为去除此危险与不安而诉诸于法律，从而谋求判决之利益。此行为必须以具有实施的必要性为前提，且该利益是由于原告主张之实体利益现实地陷入了危险与不安时方得以产生。它要求一个诉讼请求有正当的利益，从而构成了诉权的要件。因此，诉之利益担负着通过诉讼激活法律实现司法救济的重任，意指“在当事人请求裁判后，法院在决定受理与否时对该诉所具有的利益所进行的衡量，以确定该当事人的起诉是否具有权利保护资格和权利保护利益，进而是否给予司法上保护的制度。”[②] 此处存在两种利益即“原告请求救济之实体利益”和“与此关联之诉之利益”。诉之利益得到首肯，实体利益也将作为值得法律保护的利益获得法律认可。将此运用于司法实践，不仅圆满解决了管理权理论所不能解释的确认之诉与形成之诉问题，而且使与公益诉讼无直接利害关系却有诉之利益的主体获得原告资格，较好地解决了传统当事人适格理论与公益诉讼之间存在的冲突。在环境公益诉讼中，检察机关具有“诉之利益”的应然性，也是其作为国家法律监督机关的地位所决定的。

---

① “诉之利益”作为一种理论，目前尚无统一定义，有几种观点值得注意。日本学者山木户克认为，诉之利益乃原告谋求判决时之利益，即诉讼追行之利益；杨新荣教授认为，诉之利益是指诉讼结果所涉利益，此种利益包括权益保护、纠纷解决以及程序安定诸内容，既有实体法上之利益，又有程序法上之利益（参见杨新荣：《民事诉讼法修改的若干基本问题》，中国法制出版社 2002 年版，第 233 页）；日本学者高桥宏志认为，所谓诉之利益是为了考量“具体请求之内容是否具有进行本案判决之必要性以及实际之效果（实效性）”而设置的一个要件（参见［日］高桥宏志：《重点讲义民事诉讼法》，林剑锋译，法律出版社 2003 年版，第 281 页）；谷口安平教授则将诉之利益置于救济法领域进行探讨（参见［日］谷口安平：《程序的正义与诉讼》，王亚新、刘荣军译，中国政法大学出版社 1996 年版，第 148 页）。笔者认为，诉之利益的概念是基于探求于现行法体系之外谋求正当权利之司法保护而提出的，诉之利益直接指向诉权，即诉讼主体适格，进而指向审判程序的启动。换言之，诉之利益概念之嬗变主要在于拓展权利保护之范围，此为我们在当下界定诉之利益所必须谨记的，亦即，为成文法所明确规定之权利非此处所述诉之利益。（当然广义而言，诉之利益可以包括法定利益。）

② 王福华：《两大法系中诉之利益理论的程序价值》，载《法律科学》2000 年第 5 期。

（二）检察机关提起公益诉讼的实证考察

1. 对域外法的考察。公益诉讼制度起源于罗马法而完善于近代社会的英美法系国家，美国、英国、印度等诸多英美法系国家都在一定范畴内赋予检察机关作为公益诉讼的原告主体资格。在大陆法系国家，由于在原告资格审查中奉行当事人主义，公益诉讼的启动主体相对受限，但法国、日本、德国仍规定检察官可以作为当然主体提起公益诉讼。必须承认，西方国家的制度设计在某种程度上对我们具有启发或借鉴意义，全国人大授权检察机关试点开展提起公益诉讼工作将对我国环境法治体系的构建产生深远影响。

2. 对基本权能的考察。检察机关是国家和社会公共利益的代表，即便在经济、政治制度不同的国家，在不同历史时期，国家利益和社会公共利益的内涵有所不同，但“公共利益”原理却是检察制度产生的重要理论基石。我国宪法依据“公共利益”原理确立了检察机关的基本职能和法律地位，为检察机关提起环境公益诉讼提供了宪法依据。检察机关作为国家利益和社会公共利益的维护者，发挥作用的领域重点在诉讼活动中，体现的是国家意志性和公益性，检察机关提起环境公益诉讼实则为履行民事行政公诉和法律监督职能。从我国法治的发展前景看，检察机关提起公益诉讼将是法律监督的形式创新，符合我国的政权体制特点、内在规律和当前正在开展的司法体制改革。而且，检察机关拥有专门的法律监督队伍和法定的调查核实权，能较好地解决调查取证难的问题。如 2015 年 6 月，大连市环保志愿者协会接连提起两起特大环境公益诉讼，其中起诉中石油“7·16”事故污染环境索赔逾 6 亿元一案尤为引人关注。从这两起环境公益诉讼的发起过程看，最大的困难就是取证时行政部门不愿配合。检察机关运用法定的调查核实权，有助于打消行政机关的疑虑，获得直接充分的证据。

（三）对持反对意见的回应

有学者认为，检察机关提起环境公益诉讼将扰乱国家机关之间的职能划分，导致环境监管行政机关更易出现依赖思想和渎职行为，而且检察机关提起环境公益诉讼并不能对行政部门因体制机制障碍导致的环保不力起到补充作用，相反，如果检察机关作为原告参与诉讼，因其具有与被告不平等的强势地位，将会造成民事诉讼结构的扭曲。[①] 客观地说，上述反对意见具有一定的参考价值，但这些理由不足以否定检察机关可以作为环境公益诉讼的适格原告。

① 参见章礼明：《检察机关不宜作为环境公益诉讼的原告》，载《法学》2011 年第 6 期。

因为国家机关之间的职能划分是一种分工与合作的关系，检察机关在适当的条件下参与环境公益诉讼非但不是越俎代庖，反而是对环境监管行政机关行政执法行为的法律监督，这种诉讼范畴内的监督恰是检察机关法律监督职能的具体体现。更进一步分析，检察机关提起环境公益诉讼，可能也会遇到如同环境监管行政机关执法所遭遇的体制机制障碍，因为检察机关双重领导的管理体系决定了一级检察机关与环境监管行政机关一样受制于地方，不能完全脱离地方经济保护主义窠臼。如果由此对检察机关能否较好地在环境公益诉讼中发挥出我们所期待的作用进行怀疑，这作为一种对背景问题的反思确有其价值。但我们不能止步于此，便顺势否定以一种积极的、建设性的、法治的思维为指导去探索解决亟待解决的问题。近年来，特别是检察机关试点开展提起环境公益诉讼工作以来，检察机关就如何参与环境公益诉讼进行了卓有成效的探索，实践充分表明，检察机关在多地相关案例中通过恰当地行使环境公益诉讼起诉权，不仅有助于环境公益的保护，而且也助推了环境法治的建设进程。至于称检察机关作为环境公益民事诉讼的原告，形成了与被告地位的不平等，扭曲了诉讼的结构，这一观点也是似是而非的。检察机关作为环境公益诉讼的公益诉讼人必须是在法律框架内依法行使法律赋予的诉讼权利，诉求能否实现取决于法院的审理而不是借助权力优势，所以不会产生对审判权和被告权利的不当影响，就如检察机关提起刑事公诉不会造成诉讼结构失衡一样。

三、检察机关提起环境公益诉讼的职责定位

（一）环境公益诉讼启动主体的多元化

通常认为，英美法系国家公益诉讼主体一般多元化，除国家公诉机关外，行政机关、组织、公民也可以提起公益诉讼，大陆法系国家普遍限制公民个人提起公益诉讼并对有限提起公益诉讼的组织作严格限制。[①] 如美国国会在修改后的《清洁空气法》《水质污染管制法》《噪音管制法》中就规定，个人和政府都有权就违反上述法律的行为提起公益诉讼。实际上，当前大陆法系国家对公益诉讼的原告资格认定也呈现扩大趋势。如法国《新民事诉讼法典》规定：任何协会和个人都有权以保护公益为目的提起公益诉讼。[②]《俄罗斯联邦民事诉讼法典》第 46 条规定："在法律规定的情况下，国家权力机关、地方自治机关、组织和公民有权根据他人的请求向人民法院提出请求，以维护他人的权

① 全国人大常委会法制工作委员会民法室编：《〈中华人民共和国民事诉讼法〉解释与适用》，人民法院出版社 2012 年版，第 77 页。

② 郭宸光：《检察机关介入公益诉讼的依据》，载《人民检察》2013 年第 9 期。

利、自由和合法利益，或者维护不特定范围的人的权利、自由和合法利益。维护无民事行为能力或者未成年人合法利益的请求，不论利害关系人或其法定代理人是否要去，均可以提出。”① 在环境法领域，扩大环境公益诉讼启动主体的范围，已经成为当前世界各国环境立法的基本趋势。笔者认为，评判环境公益诉讼制度是否具有科学性和生命力，终归要结合本土资源。目前而言，我国社会结构的变化调整总体落后经济发展，虽然公民意识有较大提升，但总的来说还欠缺司法理性和进行公益诉讼的能力，公民社会的形成还有待于继续培育。考虑到司法资源的稀缺和可能存在的滥诉风险，为保障公益诉讼的质效，一段时期内不应将公民列为启动环境公益诉讼的主体，但可以鼓励公民通过控告、举报等方式向“法律规定的机关和有关组织”提供环境公益诉讼的案件线索。在环境公益诉讼立法时，应将提起环境公益诉讼的主体限定为履行环境监管职责的行政机关、检察机关和公益性社会组织。

（二）检察机关提起环境公益诉讼的诉权顺位

检察机关提起环境公益诉讼的关键问题在于，在主体多元的框架下，检察机关是作为提起环境公益诉讼的首选，还是将检察机关的参与作为对其他适格主体缺席情况下的补充。笔者认为，检察机关提起环境公益诉讼必须遵循谦抑性原则。当前，我国社会管理体制属于行政机关主导公益性纠纷处理的社会管理体制，对于环境的法律保护，行政权具有直接性、主动性和第一性，行政处罚比司法救济往往更见成效，环境监管行政机关通过行政手段对环境公益施加保护应是首要手段，其他主体对于环境保护的参与应以这一国家权力的法定分工为前提，否则便与权力分工设定的目的及其效率性不符，且易造成行政资源和司法资源的双重浪费。再则，在环境公益诉讼语境下过于强调行政机关提起公益诉讼的重要性，将造成行政权的错位。况且，从检察机关的法律监督职能属性来看，由检察机关直接提起环境公益诉讼应居于补充地位，这种补充手段与检察机关履行法律监督职能可采取的其他手段之间具有可选择性。即当环境监管行政机关在保护环境公益上作为不能或不作为时，检察机关可以督促行政部门有效作为；环保公益组织针对行政部门提起环境公益行政诉讼，或者针对环境公益危害人提起环境公益民事诉讼，检察机关可以适当方式参与其中；当检察机关发现由其直接提起环境公益诉讼成为必要手段时，检察机关有职责亦有权利提起环境公益诉讼，以保障环境公益在遭受危害时能获得必要的司法救

① 《俄罗斯联邦民事诉讼法典》，黄道秀译，中国人民公安大学出版社 2003 年版，第 33 页。

济。这样的位序体现了国家机关职权运作的秩序安排。《检察机关提起公益诉讼改革试点方案》和《人民检察院提起公益诉讼试点工作实施办法》之所以设置诉前程序，其意大抵如此。

考虑到环境民事公益诉讼和环境行政公益诉讼在诉讼性质上的差异和责任承担方式的不同，检察机关在提起公益诉讼前，也应履行不同的诉前程序。对于环境民事公益诉讼，检察机关是以纯粹的“公益诉讼人”的身份参与其中，检察机关在直接提起环境公益诉讼之前，应首先以检察建议的方式督促或支持环境监管行政机关、环保公益组织提起公益诉讼。环境监管行政机关和环保公益组织没有提起公益诉讼，公共环境仍处于受侵害状态的，检察机关可以直接提起环境民事公益诉讼。而环境行政公益诉讼之目的在于通过对行政行为合法性审查来监督行政主体依法行政，社会组织通常不愿或不敢将强大的行政机关送至被告席，在这种情势下，检察机关直接提起环境行政公益诉讼体现的是公权力之间的监督制衡。但考虑到行政权在环境保护中的优先性，检察机关在履行职责中发现因环境监管行政机关违法行使职权或者不作为致使公共环境遭受破坏时，应先行向环境监管行政机关提出检察建议，督促其纠正违法行政行为或者依法履行职责。环境监管行政机关拒不纠正违法行为或者不履行法定职责，公共环境仍处于受侵害状态的，检察机关才可以直接提起环境行政公益诉讼。

四、对检察机关试点开展环境公益诉讼情况的考察

（一）试点工作取得的成效

环境公益诉讼试点工作是检察机关参与社会治理的重大制度改革，是司法体制改革背景下赋予检察机关的重要监督职能，是环境司法困局下克服公益诉讼乏力的重点突围，弥补了环境公益诉讼主体缺位的不足。自 2015 年 7 月开始，检察机关在北京、安徽等 13 个省份开展为期 2 年的公益诉讼试点工作，办理了一批有影响力的案件，提高了社会公众的环保意识，提升了行政权运行的法治化水平，维护了社会公共利益，取得了明显成效。截至 2017 年 1 月，各试点地区检察机关共在履行职责中发现各类公益诉讼案件线索 6207 件，其中生态环境和资源保护领域 4503 件，占72.55%；办理诉前程序案件 4155 件，其中生态环境和资源保护诉前程序案件 2942 件，占70.81%；向人民法院提起各类公益诉讼案件 526 件，其中行政公益诉讼 454 件，占 86.31%，生态环境

和资源保护领域403件，占76.62%。[①]

1. 检察机关把环境资源保护作为检察机关提起公益诉讼的首要任务，办理的各类公益诉讼案件中，环保类公益诉讼案件占比最高，达70%以上，丰富的案源充分体现了开展环境公益诉讼的现实意义，符合绿色发展的理念和人民群众的司法需求，为完善环境公益诉讼制度提供了实践经验。

2. 检察机关严格履行诉前程序，充分发挥诉前程序作用，仅有13.7%的诉前程序案件进入环境公益诉讼程序。诉前程序的“缓冲过滤”有效节约了司法资源，激发了行政机关和社会组织的能动性，也充分体现出检察机关提起环境公益诉讼具备天然优势。如云南省宣威市人民检察院在受理群众控告中发现珠江源省级自然保护区内5家采石场长期开山采石，破坏深林植被，严重影响生态环境，遂向宣威市深林公安局、环境保护局、林业局、国土资源局等行政机关发出检察建议，要求依法处理违规开采行为，加强对自然保护区内重点行业、企业的监管。宣威市人民政府认真研究检察机关的意见后，作出关停保护区所有非法采石场的决定，相关行政机关对5家采石场进行了行政处罚，并将案件移送公安机关立案侦查，诉前检察建议起到良好效果。[②]

3. 提起行政公益诉讼是检察机关试点工作的重心，对监督环保行政机关依法履职起到倒逼作用，破解了环境行政公益诉讼启动主体不确定的障碍，符合本轮司法改革关于强化对行政权司法监督的要求。环保行政机关是管制污染破坏者和制定环境政策的主体，环境保护主要要靠行政机关依法履行环境保护职责来实现，检察机关提起环境行政公益诉讼，不仅实现了个案中的环境修复，更重要的是通过监督环保行政机关依法行政，打造了以环保行政机关为主的多元共治环保模式。如2016年1月13日，贵州省福泉市人民法院公开开庭审理贵州省锦屏县人民检察院诉锦屏县环境保护局怠于履行职责一案，并当庭宣判，支持了检察机关的诉讼请求。该案是试点以来全国首例以判决结案的环境行政公益诉讼案件。案件审结后，当地环保行政机关不仅解决了本案中的环保问题，还开展了限期整治活动，真正实现了通过提起环境行政公益诉讼保护环境的目的。

（二）试点经验总结

1. 强化沟通协调，形成保护环境公益的合力。探索建立检察机关提起公益诉讼制度，是党的十八届四中全会着眼于强化法律监督，促进依法行政作出

① 数据来源于最高人民检察院《检察机关公益诉讼试点工作2017年1月份情况通报》。

② 参见《最高人民检察院关于检察机关提起公益诉讼试点工作情况的中期报告》。

的重大改革举措，是我国权力运行制约机制的重大调整。最初，地方党委、政府对检察机关开展环境公益诉讼顾虑大，部分地方领导还阻挠公益诉讼工作的开展。检察机关在办案过程中，主动争取党政机关支持，积极向人大报告工作，与人民法院、行政机关、社会组织建立有效的协作机制，为推动工作开展创造了良好的外部环境，降低了办案阻力。如吉林省委办公厅、省政府办公厅联合转发吉林检察机关公益诉讼试点工作实施方案，充分体现了省委、省政府对检察机关提起公益诉讼工作的重视。“两高”在司法环节注重配合，就检察机关提起公益诉讼案件的受理、审理程序和相关规范性文件的制定达成共识，最高人民法院专门出台《人民法院审理人民检察院提起公益诉讼案件试点工作实施办法》，形成共同维护公益的良好局面。

2. 积极摸排线索，拓展案源渠道。加强案件线索来源机制建设，从源头上确保环境公益诉讼案件试点工作的案源“活水”。主要做法有：一是建立多部门联动机制。以联席会议或双向咨询形式加强与环保行政机关的沟通协调，重点完善与国土局、林业局、环保局等职能部门的协调配合机制，逐步建立生态环境资源共享平台。二是完善检察一体化工作机制。自侦、侦监、公诉、控申等部门对工作中发现的环境公益诉讼案件线索定期排查，随时移送，形成以民行检察部门为主导、相关部门积极配合的工作格局。如甘肃省陇南市人民检察院反渎局在办理武都区国土局环境监管失职案、武都区环保局环境监管失职案时，发现行政机关及其有关工作人员存在违法行使职权或不行使职权的行为，及时作为环境公益诉讼线索移送本院民行检察部门。广东省检察院建立全省公益案件线索和诉讼案件数据库，统一管理与研判线索。三是积极参与专项检察工作。如主动参加侦查监督部门针对环境污染与生态保护领域开展的专项行动，摸排涉及生态环境领域的公益诉讼案件线索。四是广泛利用社会资源发现线索。通过加强与人大代表、政协委员、环保协会等的联系，充分运用“两法衔接”平台，及时掌握环保热点问题，多渠道获得案件线索，并做好线索转化。

3. 重视案件质量，增强公益保护刚性。环境公益诉讼案件涉及领域专业性强、复杂敏感，社会关注度高，决定了办案必须树立全面、客观、准确的意识，秉持依法规范和稳妥慎重的原则。一是强化案件层报审批。如安徽省检察院紧紧把握住“环境公益”这个核心，针对各地报批的案件，就损害公益的违法事实、行政机关的法定职责、提起诉讼的法律依据、诉前程序与诉讼请求的衔接等内容进行重点审查，从源头上把好提起环境公益诉讼的质量关口。二是重视调查取证。制定调查取证方案，通过向有关部门调阅、复制卷宗、收集书证、物证、视听资料，现场勘查、询问相关人员、委托相关机构进行鉴定、向专家进行咨询等多种方式展开取证工作，并及时固定证据，确保所办案件事实清楚，证据确实充分。三是做好庭审应对。制定详细的庭审预案，精心安排出庭人员，反复模拟庭审过程，确保庭审效果。注重发挥专家辅助人的作用，在庭前就有关专业问题向专家辅助人充分咨询，在庭审时由专家辅助人对案件事实所涉及的专业问题提出意见。

五、完善检察机关提起环境公益诉讼制度的几点建议

（一）相关费用的管理与支付

基于环境公益诉讼赔偿金或修复费用的性质，人民法院不能判令被告向检察机关支付赔偿金或修复费用。为强化资金监管，各地法院对此进行了很多有益尝试，如有的法院推动设立了地方环境公益诉讼专项资金，有的法院将该笔费用作为非税收入上交地方财政，有的法院甚至出现打算与社会组织共建基金的现象。① 笔者认为，为规范资金的使用，可参照美国模式，在国家层面设立专项基金，用于解决污染企业无力赔付、环境修复和环境污染中受害群体的救助等。

实践中，环境公益诉讼涉及的具体损害事实、损害结果乃至因果关系等都需要具备专业资质的机构进行鉴定、评估、化验、检测，不仅费用高、周期长，而且有些工作在省内都无法完成，部分案件检察机关预期进行诉讼代价将会很大，办案效果也不乐观，就会谨慎地选择放弃对公共环境的司法救济。基于此，要完善环境公益诉讼费用制度。我国实行诉讼费由原告预支付、判决后由败诉方承担的制度，环境公益诉讼的鉴定、评估以及诉讼费用金额较大，对于检察机关提起的环境公益诉讼，应坚持以下做法：国家拨付专项资金用于保障检察机关开展环境公益诉讼，如果检察机关胜诉，则鉴定费、评估费、诉讼费等各项费用由败诉方承担；如果法院未支持检察机关的诉讼请求，则上述费用由国库支付。

（二）行政机关是否充分履职的认定

检察机关按照诉前程序向行政机关发出检察建议后，有的行政机关积极回函表示将认真按照检察建议的内容履行职责，但实际仅采纳部分检察建议；有的行政机关按照检察建议的要求陆续对环境进行修复，但生态环境修复的程度不易认定，很难评估受损的环境公益是否真正得以恢复；检察机关向行政机关

---

① 孙茜：《我国环境公益诉讼制度的司法实践与反思》，载《法律适用》2016 年第 7 期。

发出的检察建议多为宏观的原则性建议，由于建议内容不明确，导致把握行政机关履职标准不统一。

（三）行政主体责任认定的问题

由于行政机关的部分行政职能相互交叉，职责不清，存在具体案件发生时相关行政主体推诿扯皮均不积极履行职责的情况。检察机关提起公益诉讼的前提是存在负有监管职责的行政机关违法行使职权或者不作为，但行政机关是否依法履职，需要依照相关法律法规进行认定，行政机关往往能找到一些依据论证自己不负责任。要准确认定行政机关是否按照检察建议履行职责，就必须加强对诉前检察建议的跟踪。如果发现环保行政机关没有依法纠正违法行为或者履行职责的，就要及时提起诉讼。如果环保行政机关确已依法办理有关事项，并将办理情况或工作计划书面回复给检察机关，此时检察机关已实现监督目的，继续提起公益诉讼实无必要。特别是生态环境是否得到修复，需要较长的时间才能进行评价，检察机关更要对被诉行政机关的履职情况、相关企业整改的效果等持续跟踪监督。另外，在环境行政公益诉讼中，特别要注意诉前检察建议发送对象的准确性和全面性，确保被诉行政机关具备独立的法人资格，检察建议事实部分必须有证据支撑，建议内容要与事实部分完全对应，但不宜过细，以免挂一漏万。

（四）环境公益诉讼中的举证责任

举证责任分配是否合理，直接影响着环境公益诉讼能否进行到底及能否获胜。对于公益诉讼的举证责任，有观点认为，鉴于检察机关具有较强的举证能力，所以应采取“谁主张，谁举证”的举证原则。检察机关提起环境公益诉讼的确具有更强的证据收集能力，但这种优势尚不足以完全消除在环境公益侵权环节上调查取证的艰难，尤其是与环境侵权企业相比明显信息不对称。如果适用“谁主张，谁举证”的传统举证责任分配原则，会给检察机关调查取证工作带来严重困难。笔者认为，参考一般环境侵权举证责任分配实施举证倒置的规定，在环境公益诉讼案件中，检察机关只应对侵权行为、损害后果进行举证，而对两者之间因果关系的证明责任则应由被告方承担。在环境行政公益诉讼中，按照行政诉讼的举证规则，行政机关需对行政行为的合法性与否承担举证责任。另外，应逐步设立一些有资质的环境鉴定机构，为环境纠纷提供科学的判断标准，并将专家意见作为法定的证据类型。

（五）环境公益诉讼中的处分权与法律监督

在环境公益诉讼中，检察机关代表国家和公共意志，但并非诉讼法律关系的真正权利主体，其对相关权利的处分应适度受限并有所区分。对具体权利的处分在诉讼程序中主要体现为检察机关能否进行调解或与对方当事人达成和解，是否可以变更、放弃部分诉讼请求。笔者认为，在环境公益诉讼中，应赋予检察机关相对完整的处分权，因为检察机关根据案情改变诉讼请求或接受调解、和解并不必然导致公益受损，毕竟处分中放弃的权利和利益，并非就是通过诉讼可以获得的权利或利益，相反，赋予检察机关处分权有利于提高诉讼效率，使案件得到灵活处理。为消除疑惑确保公正，可探索建立公益诉讼调解、和解公示制度，便于接受监督。尤其是在环境行政公益诉讼中，检察机关对相关权利的处分应接受人民法院的严格审查和社会的监督。

检察机关对环境公益诉讼案件的法律监督应重点体现在生效裁判作出后，对确有错误的生效裁判提出抗诉、建议再审的权利。对审判、执行过程中存在的错误，检察机关可根据民事诉讼法、行政诉讼法及“两高三部”的规定及时提出检察建议或纠正违法通知。当环境监管行政机关、法院在有关环境公益的行政执法、司法活动中存在贪污、受贿或玩忽职守、滥用职权等行为时，检察机关应依法展开调查，追究相关人员的纪律责任或刑事责任。

（六）环境公益诉讼的受案与诉求

公益诉讼问题的来源是环境本身受害，法律和试点方案没有规定环境被破坏到什么程度检察机关才可以提起公益诉讼，但环境公益诉讼绝不是以环境为媒介对个人人身权、财产权的救济，而是对环境损害本身的预防、减少、消除和治理，这涉及“公益”“众益”和“私益”的边界区分。笔者以为，关于环境公益诉讼的启动标准，应考虑地区经济差异和社会可接受程度，但也要考虑环境污染传播性的特点和国家法制统一的要求，这需要高层结合司法实践调研论证后再制定标准。另外，界定环境公益诉讼的受案范围，必须综合维护公共利益和兼顾检察职能的双重标准，案源必须来自于检察机关履行各项检察职能的过程中。

要将恢复性理念运用到环境公益诉讼的实践中去。提起环境公益诉讼的目的不仅在于惩戒违法者和督促行政机关依法积极履职，更重要的是促使被破坏的生态环境得到修复。所以，检察机关在提起公益诉讼中，不仅要提出排除妨碍、停止侵害或者请求撤销违法行政行为、确认行政行为违法等诉讼请求，还应提出修复环境等真正具备环境公益特征的主张，否则，检察机关提起环境公益诉讼的必要性和合理性将遭受质疑。

民事调查核实权适用的法律困境及完善路径研究

——以创新办案机制为视角

王育琪[*]

新的《民事诉讼法》（以下简称新民诉法）扩大监督范围、增加监督方式，多元化监督格局凸显。民行检察可运用抗诉、检察建议等方式，对裁判结果、诉讼程序违法、执行活动在内的民事行政诉讼活动开展全面监督，是检察权制衡审判权的主要方式。民行检察要以单一力量制衡占据法院 2/3 的民事行政诉讼活动，势单力薄，责任重大。民事检察监督权能否正常运行、能否有效实现，必须借助于必要手段和保障措施，否则权力的赋予必定是空洞的，是没有实质意义的。[①] 民行检察审理案件以书面审查为主，除非确有必要，一般不会启动调查。[②] 抗诉、检察建议等多元化监督方式的运用，需要办案手段不断丰富。调查核实权的运用适应了民行检察监督的趋势，是检察机关履行法律监督职责任务的要求。[③] 新民诉法第 210 条、《人民检察院民事诉讼监督规则（试行）》（以下简称《监督规则》）第 65 条至第 73 条对调查核实权均有规定，

---

* 王育琪，福建省漳州市人民检察院助理检察员，中南财经政法大学法学硕士。

① 常怡：《比较民事诉讼法》，中国政法大学出版社 2002 年版，第 199 页。

② 2001 年最高人民检察院出台的《人民检察院民事行政抗诉案件办案规则》第 17 条规定：“人民检察院审查民事、行政案件，应当就原审案卷进行审查。非确有必要时，不得进行调查。”第 18 条规定：“有下列情形之一的，人民检察院可以进行调查：（一）当事人及其诉讼代理人由于客观原因不能自行收集的主要证据，向人民法院提供了证据线索，人民法院应予调查未进行调查取证的；（二）当事人提供的证据相互矛盾，人民法院应予调查取证未进行调查取证的；（三）审判人员在审理该案时可能有贪污受贿、徇私舞弊或枉法裁判等违法行为的；（四）人民法院据以认定事实的主要证据可能是伪证的。”

③ 扈纪华：《切实做好充分准备有效贯彻修改后民诉法》，载《人民检察》2012 年第 21 期。

其一般是指检察机关因履行法律监督职责提出检察建议或抗诉的需要，向当事人、案外人就法院生效裁判是否错误，执行行为与诉讼程序是否违法，采取特定的非强制性措施来调查核实案件情况的一种权力。

一、应然窥探：民事调查核实权的价值取向

检察监督负有监督审判权的使命。发现违法是监督权行使的前提，需通过一定手段方能实现。调查是法律监督最基本、最天然的实现手段，是法律监督权的应有之义。[①]

（一）调查案件事实

诉讼由法院加以控制，由法院决定适用何种程序、根据案件和当事人情况决定程序的进展和程序的存否。[②] 法官通过庭审程序掌控、体验着案件审理。民行检察属事后监督，是在法院行为结束后依托申请人提供材料和法院卷宗等审查案件。法院卷宗是事后装订、归纳、表现庭审进程的信息材料，无法完整还原诉讼过程、听取当事人陈述、论辩，也会因法官不依法取证、未将关键证据归档入卷、对违法行为技术处理等情况导致卷宗不全、案件事实不清，影响检察机关案件审查。法院违法若单纯属于法律适用错误，尚可通过书面审查实现找法纠错目的，但事实认定错误或审判、执行活动违法等程序性问题的评价，需通过调查核实还原诉讼过程，查明案件事实，厘清争议焦点，形成内心确信，提出监督与否的结论性意见。调查核实可有效弥补书面审查的不足。况且，经过法院再审、纠错在先的裁判结果监督案件，部分属于疑难复杂或法院错误“隐藏”较深难以直观发现的案件，无相应调查核实措施不能挖掘法院的违法行为。检察机关审查民事抗诉案件时拥有一定的调查取证权是其履行法定职责的必要要求，检察机关能否进行有效调查取证是维系抗诉正当性与有效性的关键所在。[③]

---

① 李新生：《民事行政检察工作重点与案件审查实务》，中国检察出版社 2013 年版，第 48 页。

② 张卫平：《民事诉讼法》，法律出版社 2009 年版，第 53—54 页。

③ 廖明：《民事抗诉中检察机关的调查取证：透视与前瞻》，载《云南大学学报》2007 年第 1 期。

表一：某市检察机关近三年民事检察办案情况表

项目（件）/年份	案件受理数	抗诉数	检察建议数	调查核实数
2013	296	5	212	144
2014	269	8	195	168
2015	136	8	85	83

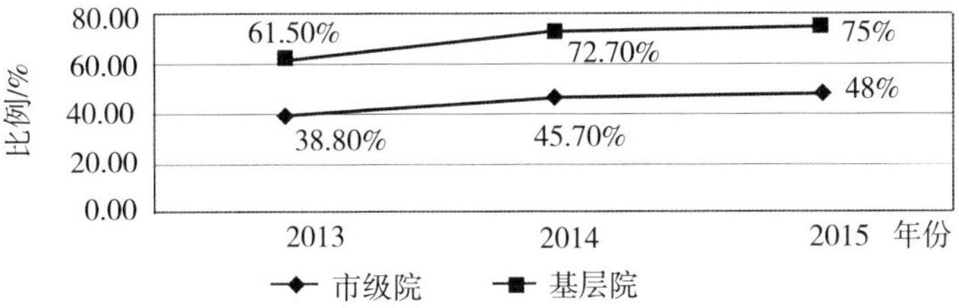

图一：调查核实数占案件受理数比例动态图

从图一可知，调查核实工作开展顺利，占比平稳上升。市级院办理裁判结果监督案件，调查核实与书面审查均衡开展。经法院再审前置案件属于事实认定、法律适用无误的，书面审查可完成评判；属于疑难复杂案件，需调查核实争议焦点。基层院办理检察建议类案件，程序性违法难以通过书面审查直接发现，需开展调查核实工作，故基层院调查核实数占比比市级院高，近三年分别高出22.7%、27%和27%。

（二）核实案件证据

民事诉讼的一切活动都必须围绕证据这个中心概念进行，离开证据谈诉讼是没有任何意义的。[①] 私益诉讼强调个人对权益的完全处分权和诉讼形式平等，在举证责任上配置“谁主张，谁举证”原则，举证不能、不力、不充分、迟延均要承担不利法律后果。遵循当事人平等原则，检察机关要审查审判权是否保障诉讼双方当事人平等对抗的权利，是否维护诉讼结构平衡。[②] 当事人举证质证能力的差异、法官取证可能存在恣意性，没有调查核实就无法认定当事人是否存在举证缺陷、法官是否存在取证违法。当事人提交新证据、申请法院取证不获法院认可、提供证据相互矛盾、极力提供对己有力证据掩盖对己不利

① 何家弘：《新编证据法学》，法律出版社2002年版，第48页。

② 李新生：《民事行政检察工作重点与案件审查实务》，中国检察出版社2013年版，第6页。

证据，检察机关依职权发现监督案源等情况，均需检察机关按《监督规则》规定的6种措施，核实证据真伪，充实监督基础，规范审判权运行。

表二：某市检察机关调查核实措施情况表

项目（件） 年份	调查核实总数	查询复制调取证据	询问当事人、案外人	咨询专门问题	委托鉴定评估审计	勘验物证、现场	其他措施
2013	144	42	134	10	0	24	0
2014	168	72	116	7	1	52	0
2015	83	33	74	9	0	22	11

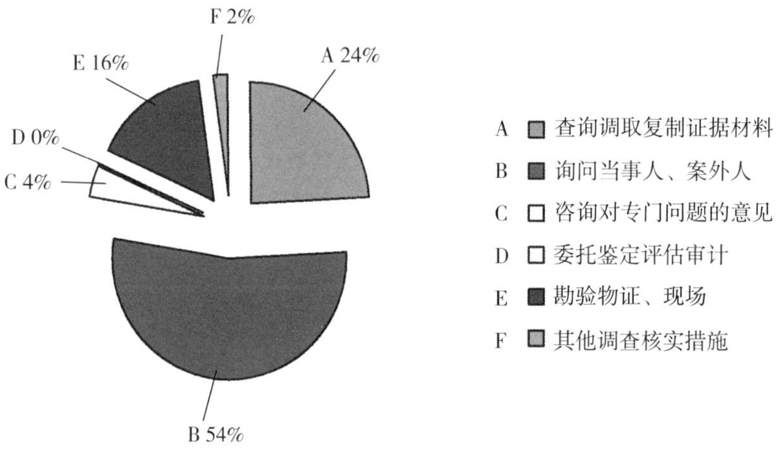

图二：2013—2015年调查核实措施平均分布图

从图二可知，调查核实措施主要是询问当事人、案外人和查询、调取、复制证据材料，分别占比54%、24%，其他措施运用得较少，但对特殊案件的审查、评判起着不可或缺的作用。调查措施的多样化极大地丰富了检察机关的办案手段。

二、实然解读：民事调查核实权的法律困境

制度构建总是从理想化角度规划，期冀对司法实践有推动、改变作用。调查核实权顺应法律监督的职责所需而产生，但在具体适用中却表现出融合不畅、运行磕碰的法律困境。

（一）调查核实措施的弱质性

《监督规则》以列举方式规定了6种调查核实措施，并规定不得采取限制

人身自由和查封、扣押、冻结财产等强制性措施。这些措施表面看丰富了民行检察案件的审查方式，实则较之民事行政案件的审查手段并无实质性扩展，因为在对普通申诉案件的审查过程中也完全可采取上述措施。[①]《监督规则》把民行检察审查案件时原本内在、隐含的措施结合工作实际以法律法规形式呈现，很多措施在以往案件审查时已存在或使用。调查核实措施的非强制性给办案带来诸多不便，如向行政机关调查核实情况，行政机关不予配合、协调，拒绝提供或不尽提供相关材料；向关联当事人调查核实情况，当事人经依法通知后拒绝接受询问，不来或推脱说在外地等情况时有发生。依《监督规则》规定，拒绝或妨碍调查核实的，可向有关单位或其上级主管部门提出检察建议，责令纠正；涉嫌犯罪的，依照规定移送有关机关处理。这里存在三个问题：第一，若个人不履行、怠于履行配合协助义务，检察机关并无有效应对举措。第二，若有关单位拒绝、妨碍调查核实，如何界定“拒绝、妨碍”认识存有差异。检察机关为监督目的，认为配合协作程度还不够，有关单位认为已尽协助义务，僵持不下。第三，《监督规则》属专业领域办案规则，非一般法律，缺乏对有关单位、个人的普遍约束力，检察机关的补救措施成效不明显。

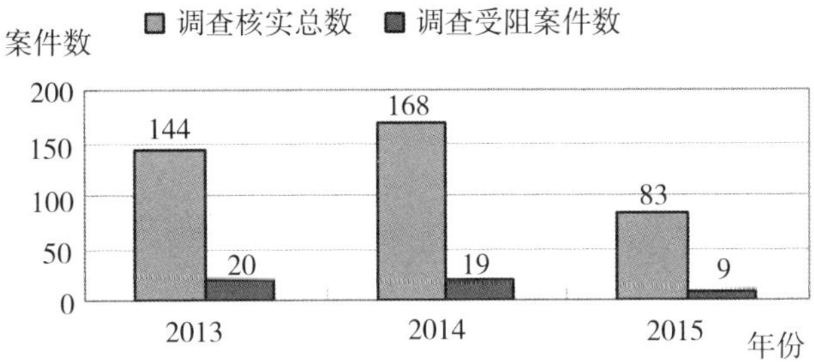

图三：某地区近三年调查核实数及受阻数情况图

从图三可知，调查核实工作开展总体顺利，有关单位、个人能积极配合、协助，但也有工作受阻情况。近三年受阻数占调查核实数比例为13.8%、11.3%、10.8%。因缺乏强制措施，工作受阻时检察机关办案工作陷入被动，使本该进一步核实案件情况的案件只能在现有评判基础上做出处理结果，极大地影响了办案质量。

（二）调查核实内容的局限性

《监督规则》规定调查核实的前提是履行法律监督职责提出检察建议或抗诉的需要，又规定调查核实的对象是当事人或案外人。这里存在以下问题：一

① 李新生：《民事行政检察工作重点与案件审查实务》，中国检察出版社2013年版，第61页。

是前提和对象错位明显：前提规定的是监督审判权，按理讲，对象应是审判权的执行者——法官，然而却转向规定当事人、案外人为调查核实对象。二是制度的规范性、周延性欠缺。其实，案外人是否涵盖法官，值得商榷。依托文义解释，不同词句在不同语境中有不同理解，“案”在检察机关语境中解读为检察监督案件，此时案外人应解读为当事人、检察员以外的其他诉讼参与人，当然包括法官。在法院语境中，“案”解读为审判案件，此时案外人指当事人、审判人员以外的其他诉讼参与人，不包括法官。从“两高”会签文件上看，检察机关仅可对当事人和案外人调查核实证据，不得向原审审判人员进行调查取证。[①] 发现法院违法是民行检察的职责所在。隐蔽性较强的法院违法行为，如违法送达剥夺当事人诉权、质证违法、违法执行等，严重侵害当事人权益，单纯通过书面审查难以发现，只有深入审判权的执行者才能完整评价。因此调查核实法官成为必需，否则有违检察权的监督本质。

（三）调查核实适用的盲目性

调查核实工作有严格适用要求。部分承办人为追求监督效果，不引导当事人举证，任意干预当事人私权利，随意启动调查核实工作，协助、包揽取证，积极收集对一方有力证据，置对另一方有利证据于不顾，无止境开展调查核实工作，连当事人未申请监督诉求也一并核实，大包大揽，非得调查核实到有新证据以获取“监督点”，不达监督目的不罢休，此举可能造成检察机关庇护、偏袒一方当事人，侵害诉讼结构平衡，破坏检察机关办案中立性。部分承办人审理案件，为防止把矛盾引到检察机关，过分相信法院审判权威，完全依照法院卷宗审理案件，害怕调查核实，对当事人提供、可通过调查核实查清事实的疑点材料，怠于调查核实，草草了事，简单作出不支持监督申请或终结审查等处理决定，间接引导当事人把矛头指回法院。检察机关无法平衡调查核实与书面审查的界限，无法拿捏调查核实的启动时机，调查核实理念、技巧、方式方法严重滞后、不足。若调查核实过于主动，可能破坏民事诉权的平等体系，可能与民事诉讼举证责任规范目的相悖。若调查核实过于被动，不能充分发挥检察监督职能，有怠于履职之嫌。故对于何种案件有何种权限、应调查核实到何种程度无法把握，有损检察监督的实效和司法公信力。

三、模式创新：完善民事调查核实权的路径选择

化解调查核实权的法律困局，一方面要把握其适用范围，规范启动条件；

① 奚晓明：《中华人民共和国民事诉讼法修改条文理解与适用》，人民法院出版社2013年版，第497页。

另一方面要完善配套机制，优化办案手段，合理配置权限范围。

(一) 权力界域的恪守——强化或谦抑的选择

调查核实权衍生于检察监督权，是检察权的实现手段，其行使应符合监督权的职能定位和属性要求。监督权的目的并非仅仅实现个案公正，而是通过检察权运行实现对审判权制衡，保持同一位阶层面两种权力共融，其落脚点是纠正法院错误。调查核实权需加以规范和限制，否则有僭越审判权、侵害私益领地之嫌，应通过条件控制、程序要求来界定权能范围，以使机制能最大化实现应然价值、最大限度保障实然功效。因此，对调查核实权的界域、范围应有所规制：对裁判损害国家、社会公共利益，审判、执行活动违法，法官违法违纪等法院主动违法情形，虚假诉讼、伪造证据等当事人恶意违法情形，调查核实应主动监督。此时《监督规则》的"可以调查核实"应扩张解读为偏向"必须"性质含义。从监督权对当事人私益救济看，民事诉讼是私权纠纷，当事人对自己权力有完全处分权，属于当事人应予举证、申请取证的权力应由当事人决定，检察机关不应主动介入，而应保持谦抑，在行使权力时要保持克制，尽量避免与其他机关的冲突以及对于公民生活的过度干预，[①] 补足、救济当事人诉讼能力应尊重当事人平等诉权，应依当事人申请开展调查核实工作，此时调查核实应为被动启动。

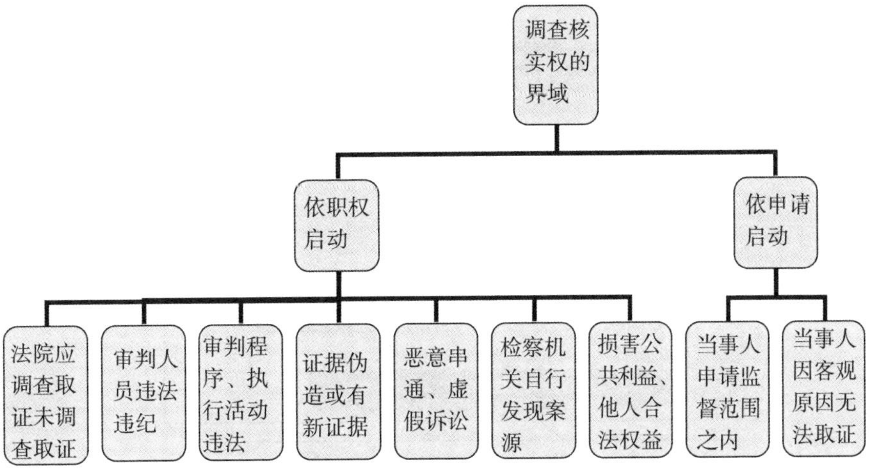

图四：调查核实权的界域图

① 常怡：《比较民事诉讼法》，中国政法大学出版社2002年版，第200页。

表三：某市检察机关近三年调查核实权启动方式情况表

类别 年份	依职权启动			依申请启动		
	市级院（件）	基层院（件）	依职权案件数占调查核实总数比例	市级院（件）	基层院（件）	依申请案件数占调查核实总数比例
2013	12	81	64.6%	2	49	25.4%
2014	21	98	70.8%	5	44	29.2%
2015	15	43	69.9%	4	21	20.1%

从图四、表三可知，首先依职权启动调查核实工作是主流。市级院办理的经法院再审前置的部分疑难复杂的裁判结果监督案件，需调查法院裁判依据、核实争议焦点。基层院办理检察建议类案件，违法行为证据基本掌握在法院手中，需主动开展调查核实工作。其次依申请启动调查核实工作仍必不可少。裁判结果监督案件因法院在庭审中已完成举证质证范围内取证任务，属于由当事人申请取证而法院未完成取证情况相对较少。执行监督案件，申请人在知悉对方财产状况方面有时比法院更清楚直接，发现对方有可供执行财产信息时，会申请检察机关调查核实。诉讼程序违法监督案件，由于法官对庭审的主导作用，申请人难以直接调取法院违法证据，申请监督时也会提出调查核实申请。图五很好地反映了调查核实工作启动模式在不同层级检察机关之间出现的差异。

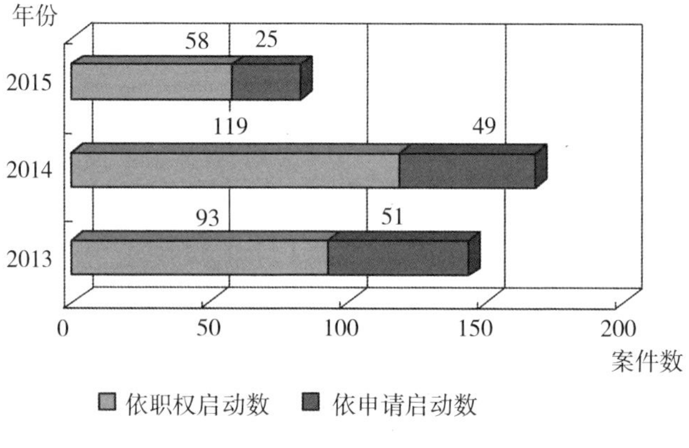

图五：近三年调查核实权依职权、依申请启动分布情况图

（二）制衡关系的融洽——粗放或精细的选择

调查核实权进入法律视域后，《监督规则》顺势而为，细化有关办案规定，可操作性大大增强。从原本分散、粗放规定在相关法律法规中到《监督规则》的构建，体现了制度的精细化发展规律，但制度运行的局限性仍然存在，因此，应进一步优化制度设计，堵塞适用漏洞，精细制度运行的法律构件，保障监督权与审判权制衡关系运行顺畅。

1. 对象的贴合。《监督规则》用9个条文来规制调查核实权，但制度完备性、系统性尚有欠缺，未触及监督审判权本质属性。综观该9条规定，基本没有出现“法院”“法官”等字眼，未规定法院负有的相关情况说明、裁判文书送达、调阅案卷等协作配合义务，反而规定调查核实对象为当事人、案外人。案外人依立法目的，似乎不含法官。对调查对象的限定并不能起到限制调查范围的作用。[①] 从应然视角看，抗诉、检察建议需要证据来辅佐，需有监督事由，检察监督权因审判权而生。发现法院违法是民行检察的职责所在。对法官作出裁判依据、事实基础及审判、执行情况予以把握是调查核实权的基础要求。监督审判权不调查核实审判权的执行者谈何监督。把法院作为调查核实的主要对象，吻合了制度设计的目的指向与手段配置，符合了检察权配置的正当性要求与监督本质。检察机关有权力监督法院司法活动，当然有权力就难以解释疑点或明显违法向法官、书记员调查核实，通过向法院发询问函要求法院作出解释或当面询问法官了解情况。[②] 《监督规则》在法检博弈基础上对此避而不谈，是制度设计缺失。制度设计若过多顾及适用可能带来的风险，将有违公权力监督公权力的要求，也会引导适用部门、操作单位对制度运行选择性适用、不敢适用，从而极大削弱制度设计初衷。立法应以保障检察机关对法院的调查核实为主，其他如当事人、案外人等私权领域，检察机关应恪守谦抑、适度原则，除非确有必要，一般不轻易介入，这符合公权力监督公权力、私权自治的法律理念。因此，把案外人解读为检察监督案件以外的人，涵盖法官，更符合调查核实权性质、检察权本质属性。

---

① 杨会新：《民事检察监督中调查权的范围》，载《人民检察》2013年第15期。

② 李新生：《民事行政检察工作重点与案件审查实务》，中国检察出版社2013年版，第266页。

表四：某地区市级院、基层院询问法官的案件数及占比情况表

项目 年份	市级院			基层院		
	调查核实总数（件）	询问法官数（件）	询问法官占调查核实数的比例	调查核实总数（件）	询问法官数（件）	询问法官占调查核实数的比例
2013	14	2	14.2%	130	81	62.5%
2014	26	9	34.6%	142	109	76.4%
2015	19	5	26.3%	64	53	83.3%

从上表四可知，询问法官工作均有开展，对检察机关评价法院是否违法起到较大作用。市级院主要办理裁判结果监督案件，法官一般根据高度盖然性、经验法则，结合自由心证来认定证据、事实，自由心证赋予法官对案件一定裁量权，询问、了解法官裁判思路、依据，为检察机关评价案件提供充分条件。基层院办理检察建议类案件，违法证据掌握在法院手中，要评价法官违法行为，需深入法官了解、询问案情。因此，基层院询问法官的占比比市级院高出许多，这契合不同层级检察机关办案规律和特点。

2. 前提的扩容。《监督规则》规定调查核实的前提是履行法律监督职责提出检察建议或抗诉的需要。这种限制制度前提的设计桎梏了制度运行方向，不利于制度的适用、效用发挥。多元化监督除监督法院审判权外，也要以维护社会和谐为目的做好息诉服判、矛盾化解工作。息诉工作是民行检察工作的自然延伸。[①] 对调查核实权的前提需作一定扩张解读，除抗诉、检察建议等监督需要外，民事检察的工作方法、机制，如听证程序、和解息诉、检调对接等，亦可开展调查核实。在检调对接机制中，检察机关负责引导当事人进入调解程序、协助完成调解工作、监督调解是否自愿合法公正、跟踪调解结果是否落到实处，这些工作需检察机关通过调查核实，辨明是非，查清调解内容是否违法、调解结果是否是当事人意愿，履行法律监督职责。在裁判结果监督案件中，基于查清事实、化解矛盾的需要，会视情况启动听证、和解机制。听证程序一般针对法律关系复杂疑难、争议较大案件，通过咨询专业人员、现场询问当事人等调查核实手段，完成争议焦点归纳，为监督工作提供基础。针对有和解意向的案件，积极引导当事人在分清责任、明确利弊基础上对权利进行实质性处分。听证程序、和解程序中处分权利是否违反自愿原则、侵犯他人合法权

① 庄建南、傅国云、宋小海：《论基层民行检察监督职责》，载《人民检察》2005 年第 12 期。

益，需运用调查核实手段予以认定。

3. 效果的巩固。最高人民法院《关于适用〈中华人民共和国民事诉讼法〉的解释》第421条规定，检察机关调查核实结果应向法庭提交并予以说明，由双方当事人进行质证。该解释明确抗诉再审情况下调查核实结果不能直接作为定案依据，而应交由法庭，由当事人质证，检察机关仅就调查核实主体身份、启动必要性、获取证据过程与结果等情况予以说明，并不参与质证。检察机关的该行为属于对抗诉监督正当性依据的展示和说明，不应视为检察机关参加法庭调查和质证。[①] 此时当事人是否会因检察机关突然呈现的证据材料、有关情况而遭遇举证突袭、突袭性审判可能？最高人民法院《关于民事诉讼证据的若干规定》确定庭前证据交换制度以防证据突袭影响当事人质证。调查核实并不站在任何一方立场，但有可能对应辩一方造成对抗、防御不利。因此应将调查核实结果事先通知当事人，当事人可就调查核实证据取得方法、结果提出异议，检察机关对异议予以回应，这样可以更好地保证当事人在庭审中防御、对抗权利的实现，防止发生突袭性裁判，保障庭审公平公正。检察机关在民事诉讼中单一的监督主体，与刑事诉讼中诉讼、监督双重身份不同，其在抗诉再审法庭中仅负责宣读抗诉书并就调查核实情况作出说明，不参与庭审质证、论辩，在再审检察建议再审案件中，又不参与再审审理，其与再审法庭的相融能力本身就较弱，没有相关配套、预警措施实难最大限度发挥监督成效。另外，对于检察建议类案件，调查核实结果的效力认定，该解释则无规定，此时调查核实结果的效力还得取决于法院裁量。检察建议类案件，直接对抗的双方一般是当事人一方与法院，检察机关调查核实对象是法院，调查核实结果不可能交由当事人一方与法院质证，只能直接呈现给法院，由法院自己评判是否违法。这种既当运动员又当裁判的做法，会削弱调查核实结果、检察监督权效力。可行的做法是：由法院依证据规则对调查核实结果审核认定，无异议的，直接作为认定事实、适用法律依据。有异议的，法院要以书面形式就有关情况有针对性地予以说明，不予回复、错误回复、逃避关键点回复等拒绝监督情形，检察机关均可启动跟进监督。

（三）保障机制的周全——单一或多维的选择

任何权利、职权的有效运转，都离不开配套性保障机制。调查核实权预设功能、立法目的、应然价值等本源性权能的实现都需保障性机制来配合。

---

① 沈德咏：《最高人民法院民事诉讼法司法解释理解与适用》，人民法院出版社2015年版，第1117页。

1. 民诉法视角。有关调查核实权的规定，分散在检察机关内部办案规则、法检会签文件、法律法规、司法解释等中，特别是《监督规则》中，规定相对详细，但因属专业办案规则，效力等级较低，适用更多依赖于法检协调或法院认可，缺乏直接适用、约束效力；新民诉法及其司法解释虽有一定涉及，但都是原则性规定。应在更高层次的法律法规中进一步细化调查核实权机制，特别是调查核实结果运用、启动运行、配套保障、法院反馈回复、非法证据排除等。

2. 强制措施视角。新民诉法第 109 条至第 117 条规定妨害民事诉讼法院可采取的强制措施，这些刚性较强的措施保障诉讼程序正常运转。新民诉法未赋予检察监督权相应强制措施，极大地影响了检察权效力的发挥。应规定检察监督权行使时可参照新民诉法赋予法院强制措施的有关规定，或在审判监督程序中规定检察机关对妨害检察监督违法行为的制裁权：当被调查核实对象拒绝、妨碍检察机关调查核实时，可视情况采取强制措施，保障调查核实工作顺利开展。

3. 制约机制视角。民事检察制度在民事司法领域之积极功能的最大化，不仅取决于自身的科学化程度，还取决于检察权与民事诉讼程序两大核心支点即诉权和审判权之间的关系模式。[①] 检察权制约审判权同时也要受到制约。首先，赋予被调查核实对象的异议权。被调查核实对象认为调查核实行为侵害其合法权益或存在非法证据排除情形，可向上级检察机关申请异议，上级检察机关可依据《监督规则》等规定，撤销、变更或纠正下级检察机关违法行为。其次，检察机关应接受调查核实结果及法院处理结果。杜绝出现为了监督破坏诉讼结构、未站在中立立场处理调查核实结果等情形。调查核实结果向法庭呈现、说明后，能否认定、效力如何，由法院裁量，检察机关不得僭越。确实存在监督事由的，再依法启动监督。最后，调查核实权应受当事人处分权制约。新民诉法第 13 条规定了当事人对自己民事权利、诉讼权利的处分权。监督案件审理过程中，在不损害国家、社会公共利益、第三人合法权益的前提下，当事人因相关事由，愿意处分实体、程序方面权利，比如放弃对关键证据的调查核实、撤回监督申请等，检察机关应尊重当事人的处分权。

要更好地发挥调查核实权的效用，需从更加微观的视角建构制度的适用机制，在准确适用新民诉法、《监督规则》等规定的同时，进一步完善制度的启动模式、运行程序、配套机制等，这样才有利于更好地履行民行检察监督职能，保障检察权制约审判权的顺畅。

---

① 韩静茹：《民事检察制度的体系化革新》，载《国家检察官学院学报》2013 年第 3 期。

四、检察职能发挥与刑事诉讼制度完善

司改视域下以公诉为基点的检察职权的构建

王延祥*

公诉权，是世界各国检察机关的基本职权。最高人民检察院曹建明检察长指出，“公诉是我国检察机关核心的标志性的职能。”① 检察权的发展史，就是公诉权的演变史。检察机关所拥有的其他权力，大都是公诉权的派生，是为公诉权服务或者是公诉权的一种拓展或者延伸。监察体制改革对检察机关原先以“三权”即职务犯罪侦查权、刑事检察权、诉讼监督权为核心的职能影响是全方位的。在司法改革背景下，布局和谋划以公诉为基点的检察职能，既能更好地契合司法体制改革的需要，又能未雨绸缪，推进检察职能的合理优化。

一、以公诉为基点的主导侦查权

侦查的最终目的是为公诉做铺垫，所以侦查职能本身并不具有独立性，在侦控关系上，公诉职能居于主导地位，侦查职能则具有隶属性，两者是一种主从关系。

（一）公诉权的应然趋向——指挥侦查

从公诉权的历史渊源来看，公诉权的产生是近代刑事诉讼控审分离的产物，是对纠问式诉讼模式的改造，最终从审判权中分离出来，成为一项独立的权力。② 在此过程中，与控诉职能紧密相连的侦查职能，也就自然成为公诉权的一部分，并与公诉权相勾连。

基于此，大陆法系国家，如德国、法国、日本，在检警合一的体制下，检

---

* 王延祥，上海市人民检察院第二分院研究室副主任、高级检察官，全国检察理论研究人才。

① 《发挥公诉职能作用，推动公诉工作发展》，载《人民日报》2010 年 7 月 1 日。这里的“公诉”是指刑事公诉，本文的公诉也是此义。

② 在现代检察制度发源地的法国，1808 年《法国刑事审判法典》（也称《拿破仑刑事诉讼法典》），为了防止法官集权，确立了控审分离的原则。

察官既享有自行侦查权，也享有侦查指挥权。德国刑事诉讼法第161条规定：检察官可以自行侦查，也可以通过警察进行任何种类的侦查，警察负有接受的义务。[①] 法国刑事诉讼法第75条规定：司法警官以及司法警官助理在司法警官监督下，根据共和国检察官的指示或者依自己的职权，对案件进行预侦。[②] 日本检察官享有制定侦查准则的一般指示权、要求协助侦查的一般指挥权以及个案指令权。如果警察不服从指挥，将受到检察官的惩处。[③]

英美法系国家实行检警分立，英国是典型代表。英国皇家检控署（简称CPS）行使公诉权，警察机关行使侦查权。检察官对警察只有提供指导与建议权，[④] 没有侦查权。对于英国皇家检控署没有侦查权，不能仅作表面的肤浅认识。第一，英国皇家检控署成立于1986年，在此之前，警察机关既负责侦查，又负责公诉。作为公诉机构的警察机关，实际享有侦查、检控合一的权力。第二，由于英国皇家检控署并未拥有对刑事公诉的垄断权，因而对英国公诉机关应作全面的认识。英国实行总检察长（The Attorney General）领导下的“分立”与“统一”的公诉制度。所谓“分立”，是指公诉权除了由皇家检控署行使外，其他一些机构也有公诉权。皇家检控署负责起诉由警察侦查的传统性犯罪，其他机构如海关、严重贪污调查办公室、税务、社保局、健康与安全委员会等，也享有与其主管范围有关犯罪的公诉权。这些机构对案件有调查权，可以采用传唤等措施，但一般不享有逮捕和羁押权，其实质上集侦查权与公诉权为一身。所谓“统一”，是指总检察长领导、管理拥有公诉权的单位和人员，包括皇家检控署及其首脑——检察长（The Director of Public Prosecutions）。英国地方法院有40%的案件不是由皇家检控署起诉，而是由上述机构起诉。因此，对英国检察院没有侦查权的事实状态，不应作片面的理解。

伴随着两大法系的相互借鉴和融合，英美法系国家逐渐加大检察机关对警察的控制和干预，美国是这方面的代表。美国检察机关在侦查阶段享有自行侦

① 《德国刑事诉讼法典》，李昌珂译，中国政法大学出版社1995年版。

② 《法国刑事诉讼法典》，余叔通等译，中国政法大学出版社1997年版。

③ 《日本刑事诉讼法典》，第193条、第194条，宋英辉译，中国政法大学出版社2000年版，第46页。

④ 《2004年皇家检控官守则》第2.4条规定：“皇家检控官应该在整个调查与检控过程中为调查员提供指导与建议。其中可包括对调查渠道、证据要求的说明以及在检控之前程序中的协助。”英国《1985年犯罪起诉法》第3条（2）款e项规定：“检察长在其认为适当的范围内，就所有与刑事犯罪有关的事宜向警察部队提出建议。”［英］迈克·麦康维尔等：《英国刑事诉讼法》（选编），程味秋等译校，中国政法大学出版社2001年版，第508页。

查权、侦查建议及引导权。[①] 美国检察官，通常根据犯罪的性质、嫌疑犯身份、案件的复杂程度、警察的能力以及检察官的人数、专业知识等情况，选择检察官介入侦查的方式：一是完全依赖警察侦查；二是指导警察进行侦查；三是检察官自行侦查。“对于观点明确的案件，一旦警察确定了犯罪嫌疑人，检察官则指挥侦查。”[②]

笔者认为，在我国，实行检察官指挥侦查，并非检察院与警察在组织上的合一，也并非检察官包揽侦查活动，而是检察官拥有以下权力：（1）知情权。警察获得线索或立案后，应当及时向检察官报告；（2）指令权。检察官接报后，应及时审查，并指示警察执行，并且这种指令权贯穿侦查的始终；（3）参与侦查权。检察官认为需要时，有权直接参与侦查活动；（4）处罚权。若警察不服从指挥，检察官有权向对警察机关拥有处罚决定权的人或机构，提出惩处建议；在警察晋升方面，警察机关应当听取检察机关的意见。

检察官指挥侦查，并非意味着每一个案件都需要检察官亲临现场指挥，因为人力和精力难以维系，而是由检察官根据个案案情、警察能力和检察官的个人情况，灵活掌握和决定。如对于犯罪性质严重或者重特大案件，可以现场指挥；对于案情简单、犯罪轻微案件，可以采用书面或者口头指导的方式。但无论采取何种方式，均由检察官自主决定。

在我国，人们对公诉检察官能否具备指挥侦查的能力怀有质疑。笔者认为，指挥侦查，本质含义是指导取证，其并非必然必须具备侦查知识、侦查专业技能。理由包括：一是检察官掌握理性的法律规则，深刻理解犯罪构成要件以及要件要素，而侦查知识、侦查专业技能的结果，是转换成各种证据。公诉检察官的任务就是审查判断证据的证据力等程序要素、证据的证明力等实体要素，审查判断这些要素与理性的程序规则、犯罪构成要件以及要件要素是否匹配。这种匹配、对合的思维过程，与侦查技能关系不大。二是公诉检察官指挥侦查，是为了更好地协调检察官作为“书桌官吏”的法律文人，与作为“行动官员”的警察武官，在破案、效率与适法性，在鲁莽与内敛之间的冲突与平衡，这种协调并非必须具有侦查经验和技能。三是检察官指挥侦查，并非代替警察制定侦查计划、划定侦查范围、确定侦查方向，而是以公诉检察官的视角，使其更加圆满、周全，符合法庭指控所需证据的要求。四是检察官指挥侦查，还在于纠正警察不尽职取证。对于如何取得某一项证据，或许检察官缺乏

---

① 张鸿巍：《美国检察制度研究》，人民出版社 2009 年版，第 74—79 页。

② ［美］爱伦·豪切斯泰勒·斯黛丽、南希·弗兰克：《美国刑事法院诉讼程序》，陈卫东、徐美君译，中国人民大学出版社 2002 年版，第 214—215 页。

侦查经验和技能，但检察官认为侦查机关怠于取证，影响事实认定和法庭指控，当然应当行使侦查指挥权予以纠偏。

（二）公诉权的囊括之义——机动侦查

公诉权在本质上是一种国家追诉权，它包括两方面的权能：一是程序意义上的公诉权，即司法请求权，指检察机关代表国家提起公诉，请求法院对被告人定罪量刑的权力；二是实体意义上的公诉权，即犯罪侦查权，指检察机关依照法定的侦查手段和措施，揭露并证实犯罪的权力。公诉权与侦查权在权力属性上，具有同质性、同构性，侦查权在本质上是从属于公诉权的一种延伸权力，是公诉权的派生。

大陆法系国家，检察院是法定的侦查机关，理论上对所有犯罪都可以侦查；警察机关仅是为检察院行使侦查权而设立的“辅助机关”。法国刑事诉讼法第41条第3款规定：“共和国检察官享有法律授予司法警官的一切权力和特权。”但在实践中，检察机关的侦查由于人员、专业设备的限制，一定程度上存在弱化现象。检察机关一般不直接进行侦查，而是由警察机关承担侦查工作。因此，拥有法定侦查权力的检察机关，是形式上的侦查权主体，而作为“辅助机构”的警察机关，是实质性的侦查权主体。为了改变检察机关侦查能力受限的状况，一些国家和地区也作了一定努力。如我国台湾地区增设“检察事务官”，在检察官指挥下，实施搜索、扣押、勘验、询问等职能。我国台湾地区还设立了侦查高官犯罪、重大贪渎、经济犯罪等职能的“特别侦查组”，以有效侦缉特定犯罪。[①]

英美法系国家，自20世纪50年代以来，逐步强化检察机关在刑事侦查中的作用，加强了检察机关侦查权的设置。在美国，尽管警察机关是独立的侦查机关，有权独立行使侦查权，但是，美国的检察官也有权直接行使侦查权。有时，为准备追诉，检察官也需要先为侦查工作。根据美国学术界的通说，侦查权是检察官的权力，而不是义务。检察官是否亲自侦查，由检察官自行决定。《美国律师协会刑事司法准则》之《检察侦查》指出，侦查目的在于获取充分事实证据，以确定是否起诉、罪名及确保无辜者不受追诉；《检察职能》指出，“检察官在其他机关尚不足以解决侦查问题时，得肩负起侦查涉嫌非法活动的责任当确定无疑。”[②] 例如，白领、公司、有组织犯罪等，由检察官而并

① 上官春光：《我国台湾地区检察制度近三十年变革探析》，载孙谦主编：《检察论丛》（第13卷），法律出版社2008年版，第509—510页。

② 张鸿巍：《美国检察制度研究》，人民出版社2009年版，第74—75页。

非警察进行侦查。[①]

基于公诉权的固有属性以及两大法系的检察机关作为法定侦查机关的定位，在我国，赋予检察机关机动侦查权，不仅符合诉讼规律和诉讼原理，也契合了检察权设立的目的。因此，恢复1979年刑诉法关于检察机关立案侦查权的合理内核，并设置一定的制衡措施，可以更好地实现惩治犯罪与保障人权的统一。

赋予检察机关机动侦查权，应当把握好“度”。在各国刑事司法实践中，检察机关更多的是一种补充侦查力量，是“第二次侦查机关”，加之检察机关侦查资源和力量的束缚，其不可能承担起主要的侦查任务。因此，作为一种补充性权力，检察机关的机动侦查权应是一种法定侦查机关定位下的有限的侦查权。

为了合理控制“度”以及为有效防止权力的不当使用，检察机关机动侦查权可以采用实体控制和程序控制两种方式：一是实体控制。刑诉法应当采用“列举＋严格限制的兜底方式”。其可以包括检察机关指令公安等侦查机关立案侦查，公安等侦查机关不予立案侦查；或者立案后撤案或作行政处罚的；或者立案后怠于侦查的。基于任何人不得做自己案件法官的原则，对于公安等侦查机关被利害关系所牵制的案件，如部分妨害公务案件、监察委的公职人员贪贿案件等，检察机关可以立案侦查。对于重特大案件且形成社会热点，由检察机关立案侦查更能凸显司法公信力、诠释司法公正的其他案件，也可以由检察机关立案侦查。该兜底条款，应当由司法解释作出规定，一般不得轻易动用。二是程序控制。检察机关立案侦查的案件，应当经省级以上检察院批准，或者由省级以上检察院直接立案侦查。

（三）公诉权的合理展开——自行补侦

基于法庭指控犯罪的需要，检察机关享有对公安等侦查机关移送案件进行补充侦查的权力，我国也不例外。

在大陆法系国家，虽然检察官拥有司法警察的一切侦查职权，但在实践中，由于侦查力量的限制，通常由警察自主地进行侦查，并向检察机关移送侦查结果。检察机关侦查职能的弱化，使得检察机关的侦查权演退为备而不用的“第二次权力”。与警察机关以“事实性”为主的侦查不同，检察机关的侦查以“法律性、规制性”为主。由于检察官指挥侦查的机制，检察机关在补充

---

① ［美］爱伦·豪切斯泰勒·斯黛丽、南希·弗兰克：《美国刑事法院诉讼程序》，陈卫东、徐美君译，中国人民大学出版社2002年版，第219页。

侦查时，有权调配警察协助补充侦查。如法国刑事诉讼法第68条第3款规定："共和国检察官可以指派任何司法警官完成各种行动。"日本刑事诉讼法第193条第3款规定："检察官在自行侦查的场合有必要时，可以指挥司法警察职员，使其辅助侦查。"

在美国，检察机关在警察的初期侦查工作不充分时，可以进行补充侦查。联邦、州和郡市的检察机关，都设立了较强的刑事侦查机构。其中，联邦检察机关拥有设施完善、人员配备健全等自身优势；州检察院专司特定案件的侦查；郡市检察院既可以自行侦查，也可以进行审前补充侦查。该三级检察机关，都可以向警察提出协助侦查要求。

在我国补充侦查的两种方式中，以退回公安机关补充侦查为主，检察机关自行补充侦查不多。在审查起诉中，较多的是进行讯问、询问等证据复核工作，或者委托重新鉴定，而实质性的补充侦查措施，如搜查、扣押、勘查等，很少采用。

鉴于此，笔者认为，在我国，应当进一步加强检察机关自行补充侦查力量的配备。一是监察委改革试点后，检察机关原有的职能或者配合"两反"的力量，应当进行整合。即原先的刑事执行部门查办职务犯罪的职能、民行部门的初查职能、侦监部门横向或"上提"审查决定逮捕的力量以及技术部门的同步音像和固证鉴定、控申的受案举报以及司法警察的"两反"配合职能都需要重新布局，其中的部分资源，可以充实至检察公诉的补充侦查职能。二是可以借鉴日本、我国台湾地区的检察事务官制度。在检察辅助人员中，定向培养或招录具备侦查素能的人员，在检察官领导下，辅佐检察官或受检察官指挥进行侦查。在日本、我国台湾地区检察事务官也被称为检察官直属的"司法警察官"。同时，随着科学侦查日益重要，拥有侦查技术的人员受到青睐，可以通过招录以及原先配合"两反"的技术人员转岗的方式，设置"检察技官"，在检察官指挥下，负责技术性的侦查。三是可以通过与公安机关跨部门交流、内部培训等方式，提高公诉人的侦查思维和侦查能力。

借鉴大陆法系和大部分英美国家的做法，我国检察机关在自行补充侦查中，应当探索刑事警察积极配合、协助机制。这一方面是检察指挥侦查的自然体现，另一方面，因为警察是国家统一的武装力量，所以国家检察官有权调动警察。这不仅是世界主要国家的通例，也是警察的应然义务之一。

（四）公诉权的实然完善——前移引导

在目前公检法三机关分工负责、互相配合、互相制约的诉讼体制下，公诉距离侦查活动较远，侦查游离于公诉之外，不受公诉的指导和制约，造成公诉工作和法庭指控的困难。因此，检察公诉应当跨前一步、前移引导。

侦查机关位于刑事诉讼的“上游”，其侦查的品质直接决定着公诉乃至整个案件的质量。为避免错案以及侦查人员疏于收集证据、侦查方向错误、刑讯逼供以及草率的事实认定，侦查本应接受公诉指挥，以公诉为指导和方向，但囿于制度性的规定，在当下，检察公诉应当将刑诉法以及高检院《人民检察院刑事诉讼规则（试行）》第567条“参加公安机关的其他侦查活动”等引导取证的规定落到实处。

目前，在检察公诉引导侦查活动中还存在不少问题：一是检察公诉没有案件信息知情权，完全处于被动状态。是否需要介入引导、哪个案件需要介入、何时介入，完全听命于公安等侦查机关。二是检察机关介入侦查、引导取证，以侦监部门为主，公诉部门往往在批捕后介入，此时生米已经煮成“熟饭”甚至“夹生饭”，公诉主要就定罪、起诉问题进行研究。因为时过境迁，证据拓展的空间已经变得非常狭窄。三是公检达成的引导取证等制度性规定，在实践中，落实不到位、执行乏力。如上海市检察机关、公安机关2009年会签了适时介入捕前协商、加强经济犯罪案件情况通报及监督协商、建立办案和监督数据通报核查机制、关于进一步加强监督配合机制等四个《意见》，但其在公安机关特别是公安基层单位的知晓率、学习度和执行力，都不容乐观。四是缺乏高层次的、刚性的引导侦查的制度性约束。2010年，福建省人大常委会《关于加强人民检察院对诉讼活动的法律监督工作的决定》第4条规定“公安机关应当定期向人民检察院通报发案、立案、破案、撤案、刑事拘留等情况，逐步实现刑事案件信息网络互联互通。”这一刚性规定确实强化了检察监督，有利于介入侦查引导取证。五是检察机关自身问题。由于检察队伍年轻化，部分检察官办案能力和经验不足、引导能力不强，弱化了权威性，以致某些公安办案部门一度拒绝检察介入，或者找寻管辖“联结点”，选择办案水平高的检察院报捕、报诉。

另外，有些公安机关在执法理念方面，并未真正接受“侦查服务于公诉”的理念，以至于体制机制方面，侦查活动仍然自主、封闭地进行。其一，公安预审部门的撤销，不仅造成案件质量下滑，而且造成检法沟通不畅。公安预审由侦查、审讯经验丰富的人员组成，其已经具备了“准公诉人”的潜质，案件证据在质上向“确实”、在量上向“充分”、在程序上向“三性”靠拢。公安预审的作用，除了多了一道内部枷锁、把关程序外，还起到了证据梳理、证据补强、证据升华等作用。以终审讯问笔录为例，其汇集、浓缩了犯罪嫌疑人所有口供的关键内容，切合了“两高三部”《关于推进以审判为中心的刑事诉讼制度改革的意见》所要求的“建立侦查终结前讯问合法性核查制度”。此外，预审还有深挖余罪、追捕逃犯等功能，并直接与检察公诉对接。目前，上海市一些基层公安机关借鉴预审的做法，成立了“审理队”，但部分“审理队”不“审理”，其不承担实质性的证据审核把关功能，对案情也不甚明了，只是向检察机关传送案件的“二传手”，其不仅未起到预审的作用，而且添加了公诉人与原公安承办人沟通协调的不便。其二，指标执法偏离案发规律和“民生”导向。[①] 在考核导向下，公安通常会选择难度低、“人头多”的案件，形成公安超额完成指标与公众报案脱节的乱象，并且伴有微罪入刑、诱惑侦查甚至冤错案件的风险。其三，基层刑警“一警多用”。由于维稳等任务导致的警力紧张，部分派出所的民警，在承担破案任务的同时，还承担治安、巡逻等任务，造成专业能力不足。其四，新法规的灵敏度不足。由于公安机关注重破案、效率，对新法律法规和司法解释的学习不够，导致事实把握或者证据收集的偏差。如“两高一部”关于毒品提取、扣押、称量、取样和送检的司法解释颁布后，公安还是按照“老皇历”，造成公诉和审判的困难。随着司法解释的密集出台，侦查与新规的脱节需要引起重视。其五，公安机关传统的传帮带等优良传统，有待重拾并提升。以前“师傅带徒弟”的做法，由于新形势下的诸多原因受到冲击。一些年轻民警能力的提升，仅凭自身悟性和实践摸索显然不够，呼唤外部的经验传授。

目前，刑事诉讼及审判导向构建的当务之急，是警察距离以审判为中心较远，迫切需要承前启后的检察机关，向公安“传导”程序观点和证据意识。因此，实现公诉与侦查的无缝对接，牵引、导向侦查取证活动，缩短公安与审判中心的距离，是检察机关的重要使命。

为此，就检察公诉引导侦查活动存在的问题，笔者提出以下建议：一是以立法解释或者高检院、公安部联合解释的方式，将刑诉法规定的介入侦查、引导取证的规定刚性化、具体化。在内容上，可以借鉴福建省人大常委会的地方立法内容，强化检察监督。二是提高现有制度的执行力。根据高检院批捕、公诉厅、公安部刑侦局《关于公安机关刑侦部门、检察机关批捕部门、起诉部门加强工作联系的通知》（公安部高检诉〔2000〕第50号）的规定，“重大案件的发、破案等情况，刑侦部门应及时向批捕、起诉部门通报”等制度，应当落实；检察机关也应当根据《通知》要求，确定与公安对口的检察责任人，加强适时介入。此外，高检院、公安部《关于刑事立案监督有关问题的规定（试行）》（高检会〔2010〕5号）中，“公安机关应当向人民检察院定期通报刑事发案、报案、立案、破案”的要求，也亟待落实。三是完善捕诉有效衔

① 参见高松林等：《公安机关办理刑事案件指标执法之检察监督》，载《国家检察官学院学报》2016年第3期。

接，建立以“公诉为主、侦监为辅”的介入机制。公诉部门应当依托信息网络，及时获取侦监部门提前介入的案件情况，以公诉视角做好捕前、中、后的引导取证工作，解决批捕证据标准低而制约公诉的状况。“公诉为主”，并非以公诉部门为主。“公诉部门的主导性，更多地体现为目标和标准的主动性，并由此搭建以公诉为主导的制度机制。”① 四是通过带教制度以及自身的学习、实践，不断提升公诉人的理论知识、办案经验和引导能力。

就公安机关在执法理念、机制方面存在的问题，公安机关除了应当树立侦查服务公诉的理念外，在体制机制方面，笔者提出以下建议：一是恢复公安预审部门，一方面依托预审，理顺上捕下诉或者下捕上诉的补诉交叉问题，为同级引导侦查奠定基础；另一方面加强内部把控，提高“上检”案件质量。二是检察机关应当参与公安指标的设定、论证，对于关乎民生的案件，应确立较高的考评分值。三是公安机关应当通过学习培训、以老带新等方式，提高刑警专业技能。检察机关可以建议警察听庭、及时向公安传递法规、司法解释信息，敦促公安人员提高业务能力。四是检察机关可以与公安机关的指挥部门、警务督察部门联动，把公安内部监督与检察外部监督结合起来。

二、以公诉为基点的自由裁量权

为了解决司法资源紧张的问题，在我国的司法体制改革中，推出了兼顾公正与效率的诸多改革举措。如刑诉法修改前的普通程序简化审、修法后的简易程序适用范围的扩大、速裁程序与认罪认罚从宽试点等。这些措施的目的和成效是值得肯定的，一定程度上也缓解了人案矛盾。但是，一方面，这种“将程序进行到底”的方式，需要呈现侦诉审的全部流程，由法院画“句号”而终结；另一方面，通过公诉裁量权而“定格”于检察机关的案件并不多，检察“端饭”特征较浓。相对于发达国家检察官的积极作为、活跃主动，我国检察机关在诉讼程序中的主导作用并不突出，法律赋予的、作为司法权标志的“终局性”权力以及通过起诉或者不起诉的“过滤”职能，尚未完全释放。

笔者认为，检察官，作为追诉官员，应当积极主动；作为司法官员，拥有“终局”权能；作为监督官署，应当通过起诉筛选，控制犯罪总量和犯罪规模，成为社会秩序和社会治安的调控者，以体现现代检察权具有的“权力制衡”——规制警察滥权和防范法官恣意、“社会控制”——守护法律和构建法治秩序的“双重职能”。同时，构建以审判为中心的诉讼制度，也希冀检察机

① 苗生明：《以审判为中心与检察工作》，载《国家检察官学院学报》2016 年第 1 期。

关发挥庭前分流案件的作用，为“标准式”的刑事普通程序和大要案的直接言词、交叉讯问与询问、质证辩论等庭审实质化，预留时间和空间。因此，检察机关在不诉裁量、暂缓起诉以及控辩协商等实然和应然的权力方面，有着挥洒的广阔天地。

（一）立法完善与实务牵导——不诉裁量

当今世界的刑事诉讼，体现公诉裁量权的起诉便宜主义，与起诉法定主义一起，成为公诉权的“两翼”。决定起诉与不起诉，是公诉权的两个方面，否定不起诉裁量权，意味着对现代公诉制度的否定。因此，检察官不起诉裁量权的正当性，不容质疑。

以美国为代表的英美法国家实行当事人主义的诉讼制度，检察官享有广泛的不起诉裁量权，可以不受案件性质、犯罪情节以及法定量刑幅度的限制。德国、日本等大陆法国家，以起诉法定主义为主、起诉便宜主义为辅，检察机关也享有不起诉裁量权。如日本的不起诉处分，分为以没有嫌疑为理由的狭义的不起诉和以没有提起公诉必要为理由的起诉犹豫。① 可见，起诉犹豫是检察官在认为虽有犯罪事实，但没有追诉必要时，作出的不起诉处分。② 这种犯罪事实，不是由检察官认定的犯罪构成，而是由检察官认定的犯罪嫌疑，所以，起诉犹豫就是检察官的不起诉裁量权，其效力是终止诉讼，不存在认定和宣告被告人有罪的问题。③ 德国不起诉，有微罪不起诉、政治原因不起诉、行动自责时不起诉（消除对法律秩序的危险）等。

我国的不起诉裁量权，仅指相对不起诉的裁量权，因为绝对不起诉和存疑不起诉，由于不具备起诉条件，检察机关不享有在诉和不诉之间选择的权力。对于不起诉裁量权，刑诉法规定，“对于犯罪情节轻微，依照刑法规定不需要判处刑罚或者免除刑罚的，人民检察院可以作出不起诉决定。”虽然在“当事人和解的公诉案件诉讼程序”中，对于部分犯罪可能判处 3 年有期徒刑以下案件、7 年有期徒刑以下过失犯罪案件，检察机关可以行使不起诉裁量权，但前提仍必须是“犯罪情节轻微，不需要判处刑罚”。

---

① ［日］平野龙一：《刑事诉讼法概说》，东京大学出版社 1982 年版，第 80 页。

② 我国有人将日本的起诉犹豫翻译为“暂缓起诉”并认为有“考验期”的理解是错误的。其实，日本的不起诉分为法定不起诉和起诉犹豫的不起诉。起诉犹豫的不起诉，在我国表达为酌定不起诉或者相对不起诉，属于检察官裁量不起诉。参见宋英辉主编：《刑事诉讼原理》，法律出版社 2007 年版，第 287 页。

③ 参见李心鉴：《刑事诉讼构造论》，中国政法大学出版社 1992 年版，第 225 页。

不起诉裁量权，具有控制侦查和限定审判范围的程序制约功能，[①] 是检察机关法律监督属性的体现，而且能够贯彻刑罚个别化原则和国家的刑事政策，使不起诉人及时解除羁押，免受有罪判决之宣告，为其悔过自新创造条件。特别是在以审判为中心的诉讼制度改革中，能够避免法院“淹没”于案件的汪洋之中，集中精力审判大要案。但是与境外国家相比，一方面在立法上，我国不起诉裁量权的适用范围非常狭窄，缺乏必要的空间和弹性；另一方面我国不起诉裁量权的限制性监督，加上考核导向的不科学，导致不起诉裁量权形同虚设，窒息了不起诉裁量权的生命力。大多数检察官对不起诉裁量权的行使慎之又慎，只要认为符合起诉条件，犯罪嫌疑人必然要到法庭上走一遭，这在世界各国的不起诉裁量权的诉讼实践中是较为罕见的。为此，有必要通过相对不起诉的适当扩张，在公诉阶段终结诉讼，体现宽严相济的刑事政策。

1. 转变司法理念

法不仅是一种操作规程，法更是一种理念。法是理念、制度、技术的统一体。[②] 在办案实践中，一方面，普通刑事案件全国平均不起诉率为 1% 至 2% 左右（含三种不起诉）。[③] 如某直辖市 2015 年不起诉率为 1.52%，与 2014 年基本持平，其中相对不起诉 567 人，占全部不起诉人数的 75.6%。另一方面，部分地区捕后被判处拘役、管制、单处罚金、缓刑、免刑等轻刑判决率较高。如某直辖市 2015 年捕后判处拘役、缓刑的轻缓率，占批捕人数的40.2%。目前，在思想观念上，检察机关对不起诉裁量权保持高度警惕和戒备，只要符合起诉条件就尽量起诉。这种为避免诉讼风险和社会风险的“以起诉为原则、不起诉为特例”的观点和做法，既不符合世界潮流，也不符合当今司法的现实。因此，应当转变“少用、慎用、不用”相对不起诉的态度，走出“控”“防”的误区，通过依法行使不起诉裁量权，在公诉环节及时终结诉讼，发挥其终结纠纷、维护稳定的功能。

2. 扩大制度空间

首先，对于我国刑诉法相对不起诉空间不足的问题，建议立法上作适度扩张，规定具有下列情形之一的，可以不起诉：（1）犯罪情节轻微，不需要判处刑罚的；（2）可能被判处 3 年有期徒刑以下刑罚，依照刑法规定可以减轻

---

① 参见孙谦主编：《中国特色社会主义检察制度》，中国检察出版社 2009 年版，第 177 页。

② 参见熊云辉：《认真对待刑事诉讼法的实施》，载《法制日报》2012 年 5 月 9 日。

③ 彭东、张寒玉：《检察机关不起诉工作实务》，中国检察出版社 2005 年版，第 298 页。

或者免除处罚的。任何权力都有被不当行使的风险，关键是建立健全监督制约机制，不能因噎废食。同时，以法院多适用管制、缓刑、免刑等消耗紧张的司法资源的方法而否定相对不起诉的价值，也不符合现代诉讼理念。其次，减化审批程序。由于我国司法机关长期以来秉持“关人”从松、从简，“放人”从严、从繁的做法，对于相对不起诉案件，需要三级审批。为避免程序繁琐，提高诉讼效率，建议对于相对不起诉案件，可以由检察长授权主诉检察官审核决定。

3. 加大考核引导

与案件直接移送法院相比，作出相对不起诉而终结诉讼程序，要花几倍的精力，因为其除了前期的办案工作外，还有不起诉后的文书送达、权利告知、解除强制措施和扣押、冻结以及非刑罚处置措施等。繁琐的程序导致办案人员对相对不起诉采取规避态度，采取“一诉了之”的办法。在人案矛盾十分突出、司法人力资源已近极限的情形下，为提高办案人员的主动性和积极性，应当给予办理该类案件的人员以较大的考核分值，引导和鼓励办案人员围绕案结、事了、人和，依法行使不起诉裁量权。对于办案的法律效果和社会效果俱佳的人员，可以通过个案奖励和年度奖励相结合的方式予以表彰，以形成“起诉是成绩，保障人权和化解矛盾更是成绩”的氛围，不断拓展不起诉裁量权的空间范围。

（二）合理借鉴与范围拓展——暂缓起诉

暂缓起诉，又称附条件不起诉，是指检察机关对符合起诉条件的犯罪嫌疑人暂时不提起公诉，要求其在一定期限内履行特定的义务，并视义务完成情况及现实表现再决定是否起诉的一项诉讼制度。

附条件不起诉，在实体法上，体现了刑法的谦抑性和刑罚的经济性；在程序法上，体现了起诉便宜主义原则。附条件不起诉，拓展了诉与不诉的缓冲空间，丰富了不起诉的形式和内容，旨在通过检察官的不起诉裁量权，避免标签效应和交叉感染的弊端，顺应非刑罚化和刑罚个别化的国际潮流。德国的微罪暂缓起诉、美国的延缓起诉以及我国台湾、澳门地区的暂缓起诉，都是建构在这种法理基础之上。

我国刑诉法吸收了涉罪未成年人暂缓起诉在各地尝试的经验，在“未成年人刑事案件诉讼程序”中，规定了附条件不起诉制度。《人民检察院刑事诉讼规则（试行）》又作了细化解释，规定了考验期内矫治和教育的具体内容，进一步丰富了我国不起诉裁量权的内容，为涉罪未成年人洗心革面、回归社会创造了条件。但是，该项制度在实际运行中效果并不理想，与立法预期存在一定距离，总体表现为案件数量偏少。其原因，除了人案矛盾、程序烦琐外，立法严格的制度限制，也是重要因素。根据我国刑诉法第271条关于附条件不起诉的规定，一是主体条件：未成年人；二是罪名条件：涉嫌刑法分则第四章（侵犯公民人身权利、财产权利罪）、第五章（侵犯财产罪）、第六章（妨害社会管理秩序罪）规定的犯罪；三是刑罚条件：可能判处1年有期徒刑以下刑罚。在这样狭窄的空间里，裁量权没有回旋的余地。为此，建议完善附条件不起诉的制度空间。

1. 扩大主体范围

作为一种制度设计，附条件不起诉不应该有主体适用范围的限制，因为法律面前人人平等，已经明确规定为我国刑法的一项基本原则。附条件不起诉设立的初衷，是为了尽可能缩小刑法介入社会生活的范围，减少刑罚过度适用可能产生的“罪犯”的负面影响，同时节约司法资源，提高诉讼效率。从境外来看，采用暂缓起诉的国家或地区，很少有适用对象的限制。暂缓起诉在刑诉法修改以前的各地试点中，虽然以未成年人为主，但也包括其他犯罪主体，如成年在校生等。因此，笔者认为，为体现刑法的平等性、非歧视性，附条件不起诉应当适用于所有犯罪对象。附条件不起诉应当重点考虑的是：表现为“主观恶性、客观实害”的社会危害性，是否“初犯、偶犯”有无“再犯可能”的社会危险性；是否属于在瓦解集团犯罪、重大共同犯罪或者侦破首犯、主犯、骨干分子中作出贡献的一般参与人、从犯；犯罪嫌疑人是否为家庭唯一劳动力，其服刑对家庭老小、配偶的影响；被害人是否明确表示宽宥；是否属于与未成年人相当的需要特别关照的对象，如在校学生、75周岁以上的老人、盲聋哑人、孕妇、哺乳期妇女等等。所以附条件不起诉的基点是罪与罚，而不应当有适用主体的限制。

2. 拓展刑罚空间

有学者认为，“可能判处1年有期徒刑以下刑罚”的限制条件并无不当，不同意将刑罚条件拓宽至“可能判处3年有期徒刑以下刑罚”，其理由是：(1)“可能判处”意味着宣告刑，如果拓宽至“3年有期徒刑以下”，考虑到法定减轻、从轻处罚以及其他从轻情节，可能判处3年以上7年以下或者10年以下的情形，将成为适用附条件不起诉的一般情形。(2)由于制约措施不完备，起诉裁量权扩大，可能导致权力滥用。(3)有损于被害人利益、社会秩序、公共利益以及刑法的公正。(4)与缓刑制度相重叠。可能判处3年以下有期徒刑的犯罪，也是适用缓刑的条件，附条件不起诉的刑罚条件理应与缓刑的刑罚条件分出一定档次。

笔者认为上述观点值得商榷。附条件不起诉的刑罚条件，应扩展至“可能判处3年有期徒刑以下”，其理由是：第一，附条件不起诉客观上具有惩戒的效果。尽管没有给以刑罚，但在考验期中的限制与影响在某种程度上并不亚于管制、缓刑的执行。[①]《人民检察院刑事诉讼规则（试行）》第498条规定了包括提供公益劳动、禁止令在内的6项考验期的矫正内容。公诉权虽然表现为一种程序性权力，但由于其强制性以及与刑罚距离的进一步拉近，使公诉权具有一种裙带的震慑力、惩罚力等实质性机能，即实体方面的效能。[②]第二，由于我国强制侦查以及羁押为常态、不关为例外的侦查惯例，犯罪嫌疑人在移送审查起诉前，大都已经被羁押至少3个月至1年，甚至1年以上，这种“准刑罚”意味着已经“坐牢”。在羁押期限与判处的刑罚大致相等的情况下，根据“时效将尽”原则，检察机关作相对不诉更加符合诉讼价值。此时，附条件不起诉已经失去意义。第三，裁量需要合理的空间维度，逼仄的空间，附条件不起诉的生命力将遭扼杀。拓宽至“3年有期徒刑以下”，确实会涉及法定刑较重的情形，但其中并非一律适用附条件不起诉，而是根据事实、证据、主客观要素、刑事政策、起诉价值等通盘考虑，择取其中合法性与目的性统一的案件，决定是否附条件不起诉。再者，司法实践中，起点刑为3至10年的强奸、抢劫等重罪，也有附条件不起诉的实例。例如在我国台湾、澳门地区，刑罚条件为“可处3年以下徒刑之罪”。第四，关于权力失范问题。虽然历史上权力为恶给人类带来种种痛楚，但人类从未放弃过运用权力构建秩序、造福人类。任何权力都有滥用的风险，关键是配套的监督制约机制。第五，公共利益和刑法公正，不是空洞的口号。“正义有着一张普洛透斯般的脸，它变化无常、随时可呈不同形状并具有极不相同的面貌程序。”[③]正义需要个案诠释，以个案公正彰显社会公正。第六，“3年有期徒刑以下”与缓刑重叠问题。日本学者及从事实务的专家均认为，由检察官行使裁量权而作出不起诉处分与起诉到法院判缓刑相比，在保障人权和控制犯罪方面更能发挥较好的作用。[④]在我国，由法院“一竿子插到底”判缓刑，不仅增加审查起诉、开庭审理、等候宣判的环节，耗费司法资源，而且延长被告人的羁押时间，并导致罪犯效应。因此，暂缓起诉与缓刑相比，更能体现诉讼经济、诉讼价值和人权保障。

---

① 王春霞：《检察机关应积极适用附条件不起诉》，载《中国妇女报》2014年6月10日。

② 参见徐鹤喃：《公诉权的理论解构》，载《政法论坛》2002年第3期。

③ ［美］博登海默：《法理学：法律哲学与法律方法》，邓正来译，中国政法大学出版社1999年版，第252页。

④ 宋英辉、杨光：《日本刑事诉讼的新发展》，载陈光中等主编：《诉讼法论丛》（第1卷），法律出版社1998年版，第159页。

3. 取消罪名限制

现行刑诉法将附条件不起诉的案件范围，限定在刑法分则第四章、第五章、第六章规定的犯罪不尽合理，建议扩张适用到刑法分则的全部罪名。因为“一刀切式地圈定罪名范围，会使得附条件不起诉出现罪名适用体系上的不协调。”[①] 如属于刑法第二章的交通肇事、危险驾驶以及过失危害公共安全罪等，并不一定比刑法第四章、第五章、第六章罪名的社会危害性和人身危险性更大。即使在性质严重的犯罪中，也可能存在从犯、胁从犯地位或者犯罪预备、未遂、中止等未完成形态，或者犯罪后有自首、重大立功等量刑情节。同时，刑法第37条的免刑没有罪名的限制。某些案件已经达到了免刑要求，但却不符合附条件不起诉的条件，这也于理不合。[②]

（三）积极探索与稳妥试点——辩诉协商

公诉裁量权有广义和狭义之分。狭义的裁量权是指诉与不诉的裁量权，即起诉裁量权。广义的裁量权包括实体裁量和程序裁量两个方面，实体裁量包括事实认定、证据判断、不起诉、罪名、求刑、公诉变更的裁量；程序裁量包括适用普通程序、简易程序、速裁程序的裁量。

由于公诉与刑罚之间具有天然的亲和关系和现实的趋同性，公诉权具备了能够分解刑罚权的特质。为此，充实公诉裁量的空间，发挥检察官的主动性，探索公诉阶段分流刑事案件机制的辩诉协商制度，能够分解国家适用刑罚权的紧张程度和代价，以提高诉讼效率和实现诉讼经济。

2016年11月，“两高二部”《关于在部分地区开展刑事案件认罪认罚从宽制度试点工作的办法》，开展了认罪认罚从宽制度试点工作。其吸收了辩诉协商的合理成分，是协商司法本土化的有益尝试。其确立了一系列重要的工作制度，如无律师帮助即无认罪认罚、听取被害人意见、量刑协商以及法院审查认罪认罚的自愿性、真实性、合法性。但是，认罚从宽制度，既不同于检察官主导的美国辩诉交易，也不同于德国的1年以下微罪的“处罚令”制度。

1. 认罚从宽制度存在的问题

认罚从宽制度中，还存在以下有待探讨的问题：（1）根据《关于在部分地区开展刑事案件认罪认罚从宽制度试点工作的办法》，认罪认罚案件在审级上控制在“基层法院”，在程序上控制在“速裁、简易”，在刑罚上控制在

① 刘宪权、何俊：《附条件不起诉的体系性适用》，载《青少年犯罪研究》2016年第3期。

② 参见张绍谦：《完善我国附条件不起诉制度的思考》，载《青少年犯罪研究》2016年第5期。

“有期徒刑及以下”。所以其案件适用范围尚需研究。（2）控辩协商的范围不明确。控辩双方能否就定罪量刑的所有问题进行协商，如认定事实和证据采信、罪名、罪数、量刑、适用程序，是否有司法协商的界限。（3）如何把握证明标准不明确。（4）检察官的主导地位不突出，仍然体现了较为完整的侦诉审流程。（5）控辩协商的效力具有不稳定性。法院可以改变控辩协商的罪名、量刑，辩护人和被告人也可以反悔。（6）程序的进一步简约问题。如速裁程序检察官能否不出庭；检察院和法院审结报告、起诉书、判决书等法律文书的简化；既然认罪认罚且达成合约，能否探索一审终审，防止诉权滥用。

2. 对速裁程序改造的建议

吸收辩诉交易和处罚令的有益成分，对速裁程序进行合理改造，积极探索辩诉协商制度，有利于实现公正与效率的统一。

辩诉协商的适用范围，可以参照速裁程序规定的可能被判处 3 年有期徒刑以下刑罚的 11 个罪名，即危险驾驶、交通肇事、盗窃、诈骗、抢夺、伤害、寻衅滋事、非法拘禁、毒品、行贿、在公共场所实施的扰乱公共秩序犯罪。今后积累了经验，其范围可以适度拓展。

辩诉协商的制度和程序设计，具体内容包括：（1）辩诉协商的程序启动，由检察官决定。检察官与辩护律师在庭前磋商是否进行辩诉协商，无辩护律师即无辩诉协商；辩护律师在征得被告人同意后，向检察官提出辩诉协商申请或接受检察官建议。（2）辩诉协商应当以充分的证据展示为基础，给予被告方足够的信息。（3）被告人明确表示认罪，赔偿被害人的经济损失，或者退赔赃款，或者有效修复被犯罪破坏的社会关系，但辩诉协商原则上不受被害人意见的左右；检察官同意建议法院对其从轻、减轻、免除处罚或者适用缓刑，双方协商一致达成书面协议。（4）检察官向法院提交辩诉协商申请和双方达成的书面辩诉协商协议，请求法官对双方达成的协议予以确认。（5）法官经书面审理和讯问被告人，对于有罪供述存在事实、证据基础，有罪供述系自愿、真实、合法的，对辩诉协议予以确认，直接对被告人定罪处刑。（6）辩诉协议有法律拘束力，法官不得轻易否决协议。（7）辩诉双方应当恪守辩诉协商协议，不得上诉、抗诉，除非有确凿证据证明被告人无罪，否则不得提起再审程序。如果控方违反协议，由法官根据辩诉协议迳行判决；如果辩方违反协议，检察官以协商前指控的罪名和量刑建议向法院起诉。

三、以公诉为基点的诉讼监督权

公诉职能是实行国家追诉主义以来各国检察机关的本职任务，检察机关职权体系的核心是公诉权。[①] 既然公诉是检察机关职权体系的龙头，那么检察机关的诉讼监督体系，应当以公诉为基点而构建。

监督分为三种形态：仅以监督为目的的“主观型监督”、权力活动客观上制约其他部门滥用权力的“客观型监督”以及有的是主观型监督、有的是客观型监督、有的兼具行事与监督双重目的的“混合型监督”。我国检察机关的法律监督，就是这种混合型监督。[②] 我国公诉权在审前程序、审中程序和审后程序，均具有监督属性，只是这种监督属性的内容和表现形式不同。

（一）犯罪控制——立案监督

立案监督是我国刑事诉讼的一大特色，因为在两大法系的主要国家，检察机关不仅有权指挥、指导侦查活动，而且有自行侦查权，所以并不存在立案监督问题。由于我国“分段式”刑事诉讼结构，公安机关独立、自主地开展侦查工作，所以检察机关承担了立案监督的使命。

立案监督的法理基础是犯罪控制理论，检察机关对该立不立或者不该立而立的案件行使监督职能，使犯罪规模得到合理控制。因为检察官不仅是追诉者、监督者，而且是社会治安的调控者，承担对案件决定起诉、不起诉的“过滤”功能或者通过辩诉协商，从而达到打击、控制犯罪的目标。所以，立案监督本应属于公诉权的内容。根据高检院《人民检察院立案监督工作问题解答》，立案监督案件应当从严把握，一般应是能够逮捕、起诉、判刑的案件。因而在具体操作中，立案监督的事实与证据要求，应当围绕公诉进行。构建以公诉为基点的立案监督权，要求指控犯罪的事实、证据，应当符合公诉的目标或标准。

（二）正当程序——侦查监督

侦查监督是检察机关法律监督的重中之重。检察机关侦查监督的法理基础是正当程序理论。现代刑事诉讼建立在证据裁判主义基础之上，侦查是证据的收集、保全和固定者，而法庭指控的证据必须来源合法、形式合法，形成闭合性的证据锁链。检察机关介入侦查的主要目的，就是督促侦查机关按照法定程序，全面、及时地收集和固定证据，既防止证据遗漏、灭失，也要求证据具备合法性，避免非法证据被法庭排除。因此，世界发达国家的审前程序，是以公诉为核心、主导的程序。侦查是整个刑事诉讼的基础，在侦查程序中遵循公诉

① 陈卫东：《我国检察权的反思与重构——以公诉权为核心的分析》，载《法学研究》2002 年第 2 期。

② 谢佑平：《论公诉权的监督性》，载《法学》2007 年第 9 期。

中心主义，方能推进检察机关的公诉指控。

构建以公诉为基点的侦查监督权，应当强调后一阶段对前一阶段的逆向制约，应当是对侦查活动深入、有效的监督制约，“既包括规范的作用，即检察指导侦查；也包括控制的作用，即检察审查（审批和纠正）侦查活动。”[①] 从长远来看，强化检察机关对侦查活动的监督、制约，弥补公安自律的不足，及时纠正侦查不当乃至违法行为，是检察监督的主要功能。

（三）淡化还是加强——审判监督

对于审判监督，长期以来颇有争议。笔者认为，检察机关审判监督的法理基础是典型的法律监督理论。在英美法系国家，检察官虽然没有被定位为法律监督者，但其公诉活动本身就是对法官的一种客观型监督；在大陆法系国家，法律赋予检察官享有通过公诉活动监督诉讼过程的权力。在德国，“检察官的责任是提出指控，并监督法院遵守程序规则。”[②] 在法国，“检察机关对其提起的刑事诉讼有指挥与监督的权力。”[③] 因此，大陆法系国家的公诉活动，是一种混合型监督。在我国，决定不起诉、刑事抗诉，属于主观型监督；审查起诉、决定起诉、公诉变更、出庭支持公诉，属于混合型监督。

在我国的三角形诉讼结构中，检察机关作为诉讼主体的一方，对审判者予以监督，并不违反诉讼原理，因为检察机关并非以高于审判者的身份对审判者予以监督。特别是在庭审活动中，这种监督表现为审判长或者独任法官指挥、主导下的监督，并且这种监督属于检察机关的整体监督、事后监督。[④] 即使对庭审中的轻微违反程序的口头纠正，也类似于国外的“审判异议”，[⑤] 最终需要法庭裁定。而且，检察监督仅具有程序启动的意义，没有实体处分的效力。所以，不会造成追诉与监督职能的混同与角色错位。

构建以公诉为基点的审判监督权，要求检察机关在行使控诉职能的同时，扮演“法律守护者”角色，敦促法官将程序理性内化为司法伦理，在保障诉

① 左卫民：《健全分工负责、互相配合、互相制约原则的思考》，载《法制与社会发展》2016 年第 2 期。

② ［德］托马斯·魏根特：《德国刑事诉讼程序》，岳礼玲、温小洁译，中国政法大学出版社 2004 年版，第 129 页。

③ ［法］卡斯东·斯特法尼等：《法国刑事诉讼法精义》，罗结珍译，中国政法大学出版社 1998 年版，第 133 页。

④ 《人民检察院刑事诉讼规则（试行）》第 580 条。

⑤ 日本刑事诉讼法第 309 条第 2 款及刑事诉讼规则第 205、206 条规定：检察官、被告人或者辩护人，可以对审判长作出的处分声明异议；法院应当对声明作出裁定。德国刑事诉讼法第 238 条第 2 项也有相同规定。

讼参与人诉讼权利的基础上，解决被告人的刑事责任问题，保证人民法院的裁判结果具有完整的伦理正当性。①

当前，在以审判为中心的司法体制改革中，部分学者提出的淡化审判监督的观点，既没有充分的法理依据，也缺乏事实依据。当然，相对于粗放式、经常脱离于法律轨道的侦查活动来讲，法院的审判活动，大都能在程序轨道上经行，审判监督常处于隐而不显的状态；相对于需要"法律驯服、强制入轨"的侦查活动来讲，审判监督对法院提出的是"精细化运作、规范化提升"的更高要求。但是，检察机关的重点在于侦查监督，不能成为"弱化"审判监督的理由。

（四）监督还是指挥——刑事执行

公诉权与刑罚执行关系密切，因为公诉的最终目的就是为了实现国家的刑罚权。所以，刑事执行就是国家公诉权的兑现。

根据我国的刑事诉讼制度，人民检察院在刑事执行中的任务是监督。刑诉法第 265 条规定："人民检察院对执行机关执行刑罚的活动是否合法实行监督。如果发现有违法的情况，应当通知执行机关纠正。"然而，我国的刑罚执行，目前存在着以下问题：一是执行主体的多元化。我国的执行主体，既有法院，也有公安机关，还有司法行政机关。在主刑方面，死刑由人民法院负责执行；无期徒刑、有期徒刑由监狱负责执行，其中剩余刑期在 3 个月以下的，由看守所代为执行；拘役，由公安机关执行；管制，由社区矫正机构负责执行。在附加刑方面，剥夺政治权利的执行机构是公安机关；罚金的执行机构是人民法院；没收财产，无论独立适用还是附加适用，都由人民法院执行，必要的时候，可以会同公安机关执行。此外，缓刑、假释或者暂予监外执行的罪犯，由社区矫正机构负责执行；未成年罪犯，由未成年犯管教所负责执行。该制度设计下，检察机关需要面对法院、公安、公安看守所、社区矫正机构、监狱、未管所等多个机关。检察机关既需要对 5 个主刑和 3 个附加刑的执行进行监督，又需要对减刑、假释、保外就医等刑罚的变更实行监督。针对面广多头、场所众多、不同阶段的全方位监督，难免捉襟见肘。二是面对强势执行机构，监督权威不足，造成一定程度上的监督不到位、效果不佳的情况。比如对社区矫正监督的不足、对财产刑执行的不到位、对器官移植无法监督、少数执行机构对检察监督置之不理等。2009 年云南"躲猫猫"事件以来，监管场所的牢头狱霸、虐待被监管人、罪犯脱逃、提前出狱，还是时有发生。

① 参见陈瑞华：《刑事诉讼的前言问题》，中国人民大学出版社 2000 年版，第 97 页。

对于执行主体"多元化"，应当进行压缩。因为刑罚权，包括制刑权、求刑权、量刑权和行刑权，其中制刑权属于立法机关，求刑权属于检察机关，量刑权属于审判机关，均实现了一体化，唯独行刑权属于多个机关。笔者认为，法官的司法权，本质上是一种"判断"权，这种"弱"权的生效，大多数有待于"强势"的行政权力的组织和实施；而公安机关行使社会防控的治安管理以及刑事侦查职能，嫁接刑罚执行确有不妥。所以，建立以司法行政机关为主的行刑权主体，值得研究。

对于监督权威不足，笔者认为，可以借鉴德国、日本和我国台湾地区的规定，确立检察机关指挥执行的制度。在德国，刑罚的执行，由检察官负责实施。在日本，创设了"检察官指挥执行"制度。根据日本刑事诉讼法的规定："裁判的执行，由与作出该项裁判的法院相对应的检察厅的检察官指挥。"其中，死刑，应当在检察官、检察事务官及监狱长或者其代理人在场的情况下执行；对于自由刑，当出现罪犯心神丧失等"必要停止"，或者出现执行刑罚显著损害健康或不能保全其性命的危险以及其他法定情况的"酌定停止"情形时，依据检察官的指挥而停止执行刑罚；对于罚金、罚款等，依据检察官的命令执行。[①] 我国台湾地区，除了移植日本的检察官指挥侦查外，还赋予了检察院对监狱的与刑罚执行有关事项的考核权。[②] 我国台湾地区"监狱行刑法"第5条规定："检察官就执行刑罚有关事项随时考核监狱。"[③]

在国家司法体制变革中，检察权依托公诉职能，一方面以其公诉本体职能为核心，另一方面积极而合理地向侦查、执行的前后两端延伸，检察权将获得新的发展机遇。未来，我国的检察权一定能在国家政治体制改革的春天里获得新生。

① 《日本刑事诉讼法典》第七编"裁判的执行"，宋英辉译，中国政法大学出版社2000年版，第106页。

② 参见何立荣、徐翕明：《刑事执行检察制度研究》，载《广西警官高等专科学校学报》2016年第1期。

③ http://www.docin.com/p-808474518.html，2017年2月22日访问。

公诉环节证据审查制度改革探析

柏利民*

一、转变证据审查思维

正确的思维形式是公诉人审查判断证据的基础和前提，推进证据审查制度转型升级的首要任务是转变证据审查思维。从2010年“两高三部”联合出台的《关于办理死刑案件审查判断证据若干问题的规定》《关于办理刑事案件排除非法证据若干问题的规定》到2012年大修后的刑诉法，都对审查判断证据提出了一系列新要求，要求公诉人养成法律思维、遵循法律本意、遵从法律事实，审慎而周全地审查判断证据。这其中，合法思维、质疑思维、反向思维、证伪思维尤为重要。[①]

（一）合法思维

证据是事实内容与表现形式的统一。证据既有自然属性也有法律属性。证据有效性是证据的自然属性，包括客观性和关联性，意在说明证据对待证事实的证明作用及程度，确定着证据的效力；证据合法性是证据的法律属性，意在说明证据能否准入诉讼程序之中的资格，确定着证据的能力。[②] 证据能力是证据效力的前提，这就需要公诉人具备合法思维。合法思维是指公诉人对所有的证据材料是否合法适格、能否进入刑事诉讼程序进行审查的思维形式。过去公诉实践中，公诉人由于缺乏合法思维，往往跳过证据合法审查环节，直接进入证据实质审查，如未敏锐地发现采用刑讯逼供或者变相刑讯逼供获取的讯问笔录、未经有关侦查人员签名的取证过程合法性的说明材料等，导致案件“带病起诉”“打包起诉”“贸然起诉”，给案件质量埋下隐患。随着庭审实质化改

---

* 柏利民，全国检察业务专家，云南省玉溪市人民检察院检察委员会专职委员。

① 参见卢乐云：《公诉审查判断运用证据的三种新思维》，载《检察日报》2010年10月13日。

② 徐荷生：《公诉理念转型和审查方式升级的路径探讨》，载《人民检察》2015年第16期。

革的推进，非法证据排除将成为控辩双方争辩的焦点及能否定罪量刑的有力武器，公诉人审查证据思维亟须从有效性优先转变到合法性优先。因此，公诉人应当构建合法思维。首先，审查态度要耐心细致，因为取证手段合法性问题相对隐蔽、不易审查，要仔细甄别、反复比对。其次，要从形式规范性审查转到实质合法性审查，审查不能流于形式，更不能想当然地进行合法推定，要敢于"较真""挑刺"。特别是在讯问犯罪嫌疑人时，要先进行权利义务告知并询问侦查人员有无非法取证的情形。最后，对每一份证据材料的证据能力进行筛选和过滤，突出对证据形式、证据主体、收集证据程序和取得证据手段是否合法进行审查，看是否有应当排除的非法证据，是否有应当补正或者作出合理解释的瑕疵证据，是否有根据法律、司法解释规定不得作为定案依据的证据材料。通过对证据合法性的审查，既引导、规制侦查机关（部门）依法、规范、客观地收集证据，又监督纠正侦查违法行为。

（二）质疑思维

证据是对客观存在的案件事实的反映，侦查人员通过各种途径收集到的证据材料有真有假，必须经过审查判断、查证属实，才能作为定案依据，这就需要公诉人具备质疑思维。[①] 质疑思维是指公诉人以理性的质疑入手，审查判断定罪量刑的证据的合法性、真实可靠性、关联性，通过排除合理怀疑达到依法正确运用证据的思维形式。过去公诉实践中，公诉人由于缺乏质疑思维，往往按照提起公诉的认定运用证据，忽视甚至不能有效应对被告人及其辩护人的质疑，然而一些定罪量刑的关键证据存在的问题往往隐藏在容易忽视的细节之中，如讯问笔录与同步录音录像不对应的问题、笔录未经核对就签名捺印的问题等。因此，公诉人应当构建质疑思维。首先，要质疑据以定罪的证据是否符合法律规定的要求、程序和表现形式，毕竟，合法性是证据客观性和关联性的保障。特别是对关键证据的合法性审查要更全面深入细致。其次，要质疑证据与证据之间、证据与事实之间是否协调一致。即证据与证据之间、证据与事实之间、证据与情理之间是否相互印证、相互支持、相互补充，不存在不能解释、无法解释的矛盾，或者虽有矛盾但已得到合理排除。各证据、各事实要素之间环环相扣，形成一个闭合的证据链，使得定罪量刑的事实均有足够的证据

---

① 也有论者将公诉人应具备的质疑思维称为"理性的怀疑精神"。理性就是要求公诉人在运用证据认定案件事实时头脑清醒，认识理性，不受舆情、"民意"的不当干扰；怀疑就是面对在案证据，公诉人不能一味秉持拿来主义。沈丙友：《理性证据观：公诉人预防错案之理念基础》，载最高人民检察院公诉厅编：《公诉理论与实践》，法律出版社 2011 年版，第 182 页。

加以证明；案件所有的证据形成一个完整的证据体系，能够证明整个案情。如言词证据得到物证、书证的印证，物证、书证又得到鉴定意见、勘验检查笔录的印证，鉴定意见、勘验检查笔录又与言词证据相吻合。最后，要质疑全案能否排除其他可能，得出唯一结论。如果有的证明对象（即待证事实）有证据证明，而有的没有，或者综合全案证据存在主要事实不清、主要证据不足或者关键事实不清、关键证据不足的情况，则不能认为全案证据体系已达到排除合理怀疑的程度，结论也并非唯一。当然，排除合理怀疑的程度，并非要达到排除任何其他可能性，这既是不可能的，也是不必要的。正因为如此，“证据确实、充分”的证明标准只要求能排除“合理怀疑”，而不要求排除“一切怀疑”。

（三）反向思维

刑事诉讼活动所回溯的是过去发生事实的一种可能性而非确定性，司法认定呈现的是逆向思维的特点，它要求司法人员从现在感知过去、从结果推断过程，这就需要公诉人具备反向思维。反向思维是指作为控方的公诉人除站在控方的角度审查判断证据外，还应站在辩方的角度通过预测辩方的可能主张及其理由，全面审查判断拟作为公诉根据的全案证据的思维形式。过去公诉实践中，公诉人由于缺乏反向思维，通常单纯站在控方的立场审查证据，忽视了可能影响定罪量刑的证据矛盾和瑕疵，如对已羁押的犯罪嫌疑人“提外讯问”的问题、讯问未成年犯罪嫌疑人未通知合适成年人到场的问题等，从而为错诉埋下伏笔。因此，公诉人应当构建反向思维。首先，反向思维是一种角色换位思维，要求公诉人在审查判断证据时应站在辩方的角度，用辩方的眼光、视角来审视案件事实，用辩方的方向、思路来检验证据的认定和体系的构建，主动发现单个证据及全案证据体系存在的残缺和不足、矛盾和漏洞，该排除的证据及时排除，该补强的证据及时补强，该补正的证据及时补正，不能补正的证据及时排除。其次，要深度思考是否可以收集到更好（潜在）的证据，而不能仅满足于侦查机关（部门）已提供的证据。要尽力引导侦查机关（部门）收集证明力强、不易受到质疑和反驳的新证据或者具有补强价值和作用的再生（衍生）证据。最后，要切实关注辩方对公诉证据的关切点，善于通过辩方的脱罪思维发现和弥补证据的重大缺陷，并提早做好应对辩方观点及其理由的准备；主动预测辩方可能提出的新证据或者线索，特别是对犯罪嫌疑人供述和辩解、证人证言、被害人陈述等具有易变性、虚假性特质的言词证据可能产生的动态变化，有针对性地提前采取防范措施。

（四）证伪思维

证据审查判断离不开运用逻辑推理，这就需要公诉人具备证伪思维。证伪思维是指公诉人在对拟作公诉根据的证据进行审查判断时假设其存在问题，可能系非法取得或者虚假证据或者可能达不到“确实、充分”的证明标准，而通过反面验证否定假设，确认证据合法真实无疑和达到“确实、充分”的证明标准的思维形式。过去公诉实践中，公诉人由于缺乏证伪思维，通常是单纯采取正面求证的思维形式而忽视反面验证的思维形式，不注意从反面论证指控证据是否可靠、指控主张会否被驳倒，如毒品类犯罪推定主观明知的问题、财产类犯罪推定以非法占有为目的的问题等，导致“带病证据”“夹生证据”进入审判程序而难以弥补。因此，公诉人应当构建证伪思维。首先，要求公诉人在审查判断证据时，既要从正面寻找证据证明指控主张是否成立，又要从反面寻找证据检验指控主张会否被驳倒。即既要有正向的论证，又要有反向的验证，达到去伪存真的目的。其次，要通过总结公诉实践经验，运用证伪思维有效防范指控主张及其证据的偏颇性。对于“应当出现而没有出现”或者“不应当出现而出现”的证据，证据与证据之间存在的矛盾、偏差，证据体系链条中存在的缺漏、断裂，以及推理不符合逻辑、经验等问题，应当予以高度重视并切实解决。最后，既要能够有效应对辩方提出的各种质疑，又要能够及时发现辩方提出的可能违背法律和事实的主张甚至可能是虚假的证据，还要能够运用相关证据将翻供、翻证证伪。

二、升级证据审查路径

升级证据审查路径，就是既要对单个证据规格严格审查，也要对全案证据体系完整把握，更要对最终所认定的事实得出唯一性、排他性结论，形成依据证据裁判原则和证明标准作出判断的证据审查思路，剔除不符合定罪量刑标准的“残次品”。证据审查路径一般可分为三个阶段：

（一）由表及里，逐一审查

我国刑诉法规定的证据有八大类，因此，应根据不同种类证据的特征有针对性地进行审查。对物证的审查，除了审查物证是否为原物还是复制品、是否具有证据能力之外，因物证是以其外部特征、存在场所和物质属性来证明案件事实，故对物证应重点审查其外形、属性及提取、固定、保管的来源和过程是否清楚；对书证的审查，除了审查书证是否为原件还是副本或者复制件、是否具有证据能力之外，因书证是以其记载的内容来证明案件事实，故对书证应重点审查其记载的内容及调取来源是否清楚；对证人证言的审查，可从证人的辨别能力、与案件当事人和案件处理结果的利害关系、是否存在作伪证的可能及首次询问时是否告知相关权利义务和法律责任等方面审查；对被害人陈述的审查，可从被害人的认知、表达和记忆能力、与犯罪嫌疑人的关系、是否存在虚假陈述的可能及是否告知相关权利义务和法律责任等方面审查；对犯罪嫌疑人、被告人的供述和辩解的审查，可从讯问时间、地点、首次讯问时是否告知相关权利和法律规定、有无刑讯逼供或者变相刑讯逼供情况、侦查人员是否少于二人、侦查人员有无签名、讯问笔录内容有无“加工”等方面进行审查，特别要注意对讯问同步录音录像的审查，着重审查同步录音录像的完整性，同步录音录像内容与笔录内容是否一致，犯罪嫌疑人的神态举止、精神状态是否正常、身体有无明显伤痕，同步录音录像时间与提讯证上记载的时间是否一致；对鉴定意见的审查，可从鉴定机构及鉴定人是否具有法定资质、是否应当回避、送检材料是否符合要求、鉴定方法是否科学、鉴定意见是否明确、鉴定意见是否告知相关人员等方面进行审查；对勘验、检查、辨认、侦查实验等笔录的审查，可从勘验、检查、辨认、侦查实验是否依法进行及符合有关规定，[①] 文字记录与实物或者绘图、照片、录像是否相符，有无见证人在场并签名等方面审查；对视听资料、电子数据的审查，则必须辨别真伪，查明其来源和制作过程，特别是有无篡改、伪造情况，审查其能否客观、真实反映案件事实。

审查单个证据之后，在第一阶段的证据审查中还有四项工作也很重要：

1. 梳理证据清单

根据卷宗材料，梳理出一份证据清单，解决案件有哪些证据种类，每种证据种类有多少证据，是否存在应当收集而没有收集、应当提取而没有提取、应当检验而没有检验的证据问题，如作案工具、赃款赃物、生物物证、痕迹物证等是否追缴或者收集在案。特别应注意审查卷宗材料中是否有案件来源、犯罪嫌疑人到案经过和抓获经过、案发后续情况、犯罪嫌疑人的身份情况、各犯罪嫌疑人的相互关系、犯罪嫌疑人的所有供述和辩解是否均已随案移送等证据材料，这些证据材料看似与犯罪嫌疑人的犯罪事实没有直接联系，但其中往往隐含了犯罪嫌疑人是否具有自首、坦白、立功、和解、赔偿、累犯、犯罪前科、有无刑事责任能力、有无罪过、犯罪的动机和目的、各犯罪嫌疑人的地位和作用、是否属于犯罪预备、中止、未遂等事实情节，对定罪量刑起着非常重要的

---

① 对勘验、检查、辨认、侦查实验等活动是否依法依规进行的审查尤显重要。近期，美国司法界发现的一起重大冤案再次震惊世人。一个叫第阿兹的人因强奸 8 名女子被判终身监禁，8 名被害人一致指认第阿兹就是加害人，陪审团一致裁定第阿兹多重强奸罪名成立。但第阿兹入狱 25 年后，情况大变，经 DNA 检测，真凶另有其人。原因何在？除第一位报案的被害人看错外，其他被害人在被组织指认时，侦查人员的行为和操作不规范给了被害人巨大的心理暗示——恶棍就在被指认人中间，于是厨师第阿兹不幸被看中。

作用。梳理证据清单，实际上就是搭建一个证据框架。

2. 夯实证据细节

司法实践中，有些案件天然就缺乏客观性证据，主要依靠言词证据来揭示犯罪事实，而且常常是一对一的证据，如强奸类犯罪、贿赂类犯罪以及部分诈骗类、毒品类犯罪案件。言词证据相较客观性证据更容易受时间、环境的影响而发生变化，且证人、被害人因不具备专业的法律知识，其证言、陈述难免遗漏某些与犯罪构成要件有关的细节，而这些细节恰恰可能是犯罪嫌疑人、被告人及其辩护人容易抓住的漏洞，加之言词证据本身具有易变性大、主观性强、真实性差等特点，[①] 故公诉人应予以足够重视，坚持对关键性言词证据自行调查、复核，掌握卷宗材料中尚未体现出来的细节过程，如案发的时间、空间、气候、环境以及行为人的活动轨迹和意外情况、通话（短信）记录、微信（博）记录等诸多细节，这些不起眼的细节往往可以起到拾遗补阙、纠错防漏的作用，要采用亲笔证词、录音录像等方式固定下来；必要时，要自行补强配套证据，包括犯罪嫌疑人配偶及其他近亲属的证言，相关环节事实经办人、知情人的证言，犯罪嫌疑人的同事、领导以及身边的朋友等可能知晓部分情况的人及其他关联人的证言。通过纠错证、补漏证，防止庭审时出现翻供、拒供、翻证、拒证情况发生。

3. 审查特殊对象的特别规定是否落实

对未成年犯罪嫌疑人，要审查是否依照刑诉法特别程序的规定办理，如是否开展社会调查、提供法律援助、讯问时是否有合适成年人在场；对女性犯罪嫌疑人，要审查是否保障其隐私权和尊重其人格尊严，如搜查、检查女性的身体是否由女工作人员或者医师进行，是否属于怀孕或者哺乳婴儿的妇女；对老年人、残疾人、少数民族人员、外国人等犯罪嫌疑人，要审查其诉权的特殊保障是否落实，如讯问时是否有通晓聋哑手势的人员、翻译人员在场，是否有侮辱、辱骂、歧视言行发生。

4. 关注证据收集和审查的一些特殊新规定

一是对行政机关在行政执法和查办案件过程中收集的证据的审查判断。根据《刑事诉讼法》第 52 条第 2 款和《人民检察院刑事诉讼规则（试行）》

---

① 言词证据的虚假性、易变性等令人触目惊心。据何家弘教授主持的课题组统计，在 50 起被认定为刑事错案的涉嫌故意杀人案件中，存在虚假证人证言的 10 起，占 20%；存在被害人虚假陈述的 1 起，占 2%；存在同案犯伪证的 1 起，占 2%；存在被告人虚假口供的 47 起，占 94%。参见何家弘：《证据的语言——法学新思维录》，中国人民公安大学出版社 2009 年版，第 196 页。

（以下简称《刑事诉讼规则》）第64条、最高人民法院《关于适用〈中华人民共和国刑事诉讼法〉的解释》（以下简称《高法适用刑诉法解释》）第65条的规定，对物证、书证、视听资料、电子数据等实物证据可以直接作为证据使用，无须转化；言词证据仍需转化，但确有证据证实涉案人员或者相关人员因路途遥远、死亡、失踪或者丧失作证能力，无法重新收集，而供述、证言或者陈述的来源、收集程序合法，并有其他证据相印证，经审查符合法定要求的，也可以作为证据使用。2016年12月14日，高检院、国家保密局联合下发的《人民检察院、保密行政管理部门查办泄密案件若干问题的规定》第13条，“两高”2016年12月23日联合下发的《关于办理环境污染刑事案件适用法律若干问题的解释》第12条，亦作出了同样的规定。公诉人在办案中涉及行政机关在行政执法和查办案件过程中收集的实物证据和言词证据时，应依照上述法律和司法解释的规定处理。

二是对采取技术侦查措施收集的证据的审查判断。根据刑事诉讼法第152条及《刑事诉讼规则》第265条第2款和第266条、《高法适用刑诉法解释》第107条的规定，采取技术侦查措施收集的材料可以作为证据使用。使用该证据的，应当随案移送批准采取技术侦查措施的法律文书和所收集的证据材料。使用有关证据材料可能危及有关人员的人身安全或者可能产生其他严重后果的，应当采取不暴露有关人员身份、技术方法等保护措施。“两高一部”分别于2014年5月4日、2016年12月19日联合下发的《关于办理网络犯罪案件适用刑事诉讼程序若干问题的意见》第19条、《关于办理电信网络诈骗等刑事案件适用法律若干问题的意见》第6条，亦作出了同样的规定。公诉人在办案中涉及采取技术侦查措施收集的证据的，应依照上述法律和司法解释的规定处理。

三是对电子数据的审查判断。“两高一部”分别于2014年5月4日、2016年9月9日联合下发的《关于办理网络犯罪案件适用刑事诉讼程序若干问题的意见》第13条至第18条、《关于办理刑事案件收集提取和审查判断电子数据若干问题的规定》，对电子数据的取证主体，电子数据是否真实、完整、合法，认定犯罪嫌疑人和被告人的网络身份与现实身份的同一性，电子数据鉴定意见的审查判断等作出了一些新规定。公诉人在审查电子数据时，应依照上述新规定。

四是对危险驾驶犯罪证据的审查判断。根据2013年12月18日“两高一部”联合下发的《关于办理醉酒驾驶机动车刑事案件适用法律若干问题的意见》第6条的规定，血液酒精含量检验鉴定意见是认定犯罪嫌疑人是否醉酒的依据。犯罪嫌疑人经呼气酒精含量检验达到80毫克/100毫升以上，在抽取血样之前脱逃的，可以以呼气酒精含量检验结果作为认定其醉酒的依据；犯罪嫌疑人在公安机关依法检查时，为逃避法律追究，在呼气酒精含量检验或者抽取血样前又饮酒，经检验其血液酒精含量达到80毫克/100毫升以上的，应当认定为醉酒。公诉人在办理危险驾驶案件时，应注意此特殊规定。

五是对非法集资、电信网络诈骗犯罪证据的审查判断。根据“两高一部”2014年3月25日联合下发的《关于办理非法集资刑事案件适用法律若干问题的意见》第6条的规定，确因客观条件的限制无法逐一收集集资参与人的言词证据的，可结合已收集的集资参与人的言词证据和依法收集并查证属实的书面合同、银行账户交易记录、会计凭证及会计账簿、资金收付凭证、审计报告、互联网电子数据等证据，综合认定非法集资对象人数和吸收资金数额等犯罪事实。根据“两高一部”2016年12月19日联合下发的《关于办理电信网络诈骗等刑事案件适用法律若干问题的意见》第6条的规定，考虑到电信网络诈骗案件被害人众多且难以一一取证的实际情况，可以结合已收集的被害人陈述以及查证属实的银行账户交易记录、第三方支付结算账户交易记录、通话记录、电子数据等证据，综合认定被害人人数及诈骗资金数额等犯罪事实。此外，该意见对依照国际条约、刑事司法协助等收集的境外证据材料的审查判断也有一些特殊规定。公诉人在办理非法集资、电信网络诈骗类案件时，应依照上述意见办理。

六是对暴力恐怖和宗教极端犯罪证据的审查判断。2014年9月9日“两高一部”联合下发的《关于办理暴力恐怖和宗教极端刑事案件适用法律若干问题的意见》第3条，对涉案宣传品的内容的鉴定及审查、犯罪嫌疑人主观是否明知的认定等作出了新规定。公诉人在办理暴力恐怖和宗教极端犯罪案件时，应注意此新规定。

七是对毒品犯罪证据的审查判断。要特别注意2016年5月24日“两高一部”联合下发的《办理毒品犯罪案件毒品提取、扣押、称量、取样和送检程序若干问题的规定》，对毒品的提取、扣押、称量、取样和送检第一次作出了完整、细致的规定。公诉人在办理毒品类案件时，应注意此新规定。

八是对妨害文物管理及非法采矿、破坏性采矿犯罪证据的审查判断。“两高”2015年12月30日联合下发的《关于办理妨害文物管理等刑事案件适用法律若干问题的解释》第14条、第15条，对涉案文物鉴定、价值认定等专门性问题作出了新规定；“两高”2016年11月28日联合下发的《关于办理非法采矿、破坏性采矿刑事案件适用法律若干问题的解释》第13条、第14条，增加了对非法开采的矿产品价值及案件所涉的有关专门性问题的新规定。公诉人在办理妨害文物管理、非法采矿类案件时，应注意上述新解释。

九是对适用违法所得没收特别程序案件证据的审查判断。根据“两高”2017年1月4日联合下发的《关于适用犯罪嫌疑人、被告人逃匿、死亡案件违法所得没收程序若干问题的规定》第10条、第17条的规定，由于犯罪嫌疑人、被告人逃匿、死亡，对犯罪事实及相关证据的认定难度比普通刑事案件要大，故对此类案件犯罪事实认定的证明标准、申请没收的财产与犯罪的关联性的证明标准与普通刑事案件相比应有所降低。只要同时具备“有证据证明发生了犯罪事实；有证据证明该犯罪事实是犯罪嫌疑人、被告人实施的；证明犯罪嫌疑人、被告人实施犯罪行为的证据真实、合法”，就可认定犯罪事实。申请没收的财产具有高度可能属于违法所得及其他涉案财产的，就应当认定属于“违法所得及其他涉案财产”；巨额财产来源不明犯罪案件中，没有利害关系人对违法所得及其他涉案财产主张权利，或者利害关系人对违法所得及其他涉案财产虽然主张权利但提供的相关证据没有达到相应证明标准的，就应当视为“违法所得及其他涉案财产”。公诉人在办理适用违法所得没收特别程序案件时，应依照此特殊规定。

（二）由此及彼，对比审查

对于任何一个证据，如果只就其自身来审查，往往难以辨别其真伪和确认其对案件事实的证明作用。如果将其与其他证据加以对照、印证并进行综合分析，从相互间的关系上进行对比审查，就可以发现问题、辨别真伪。因此，对证明同一事实的同类证据前后的变化进行分析，对证明同一事实的不同类证据进行比对，审查其是否相互印证、能否作为定案的依据，是第二阶段证据审查的主要任务。

1. 审查证人、被害人及犯罪嫌疑人、被告人对同一犯罪事实作出的多次证言、陈述及供述是否稳定可靠

如果证言、陈述、供述的内容前后不一致或者过分一致甚至一字不差，都应引起公诉人的怀疑。证据有矛盾是危险的，但没有矛盾则更危险。一般而言，自相矛盾者应属假证，两证矛盾者必有一假。但是，面对证据矛盾，应该区分属于冲突性矛盾还是差异性矛盾、根本性矛盾还是非根本性矛盾，[①] 是否影响定罪量刑。例如，发现犯罪嫌疑人供述不一致的，公诉人应当仔细审查侦

---

① 根据龙宗智教授的研究，证据矛盾，按矛盾的性质可以分为冲突性矛盾和差异性矛盾；按矛盾的意义可以分为根本性矛盾和非根本性矛盾。要分清矛盾性质，杜绝在根本性矛盾和冲突性矛盾存在的情况下轻率认定事实，防止因一些非根本性矛盾和非冲突性矛盾的存在而不敢认定事实或者错误认定事实。参见龙宗智：《试论证据矛盾和矛盾分析法》，载《中国法学》2007年第4期。

查机关（部门）在办案过程中是否存在问题和漏洞，程序是否合法，不一致是因为刑讯逼供还是看守所管理不严引起的串供，抑或是犯罪嫌疑人反侦查技能太高还是包庇他人的心理蓄意而为。另外，发现犯罪嫌疑人前后供述完全一致，不但没有矛盾，而且连犯罪的细节、口气都一致，同样应引起公诉人的注意，很可能是侦查人员偷懒而大量复制、粘贴笔录所致，或者是各犯罪嫌疑人存在串供。仔细审查这些证据，还可发现国家机关工作人员渎职犯罪的线索。

2. 审查客观性证据与主观性证据是否形成闭合锁链

将犯罪嫌疑人的供述和辩解与物证、书证等综合分析，看是否有根据犯罪嫌疑人的供述和辩解所调取的、非当事人亲身经历不可知晓、秘密隐蔽的物证、书证等客观性证据；[①] 将犯罪嫌疑人的供述和辩解与勘验检查笔录、鉴定意见等综合分析，看犯罪嫌疑人供述的涉案物品是否与勘验检查笔录所记载的物品的名称、特征、数量、质量、现场情况及鉴定意见情况相统一；将犯罪嫌疑人的供述和辩解与证人证言、被害人陈述进行比对分析，看供述、辩解与证言、陈述是否指向同一、相互印证，是否还存在疑点，疑点能否合理排除，能否得出唯一性结论。证据锁链闭合，必须达到“确有此事、确有此人、确有此物”的标准。

3. 高度重视无罪、罪轻证据的审查

公诉人在证据审查中，既要重视有罪、罪重证据的审查，也要重视无罪、罪轻证据的审查，二者同等重要，不可偏废。[②] 要将无罪、罪轻证据的审查提到与有罪、罪重证据的审查同等的高度去重视，对犯罪嫌疑人及其辩护人提出的无罪、罪轻的辩解及理由要及时审查是否符合案情和常理、有无矛盾，对符合案情和常理的，要及时调取、固定相关证据，避免由于时过境迁或者人为原因造成证据灭失，并将无罪、罪轻证据审查的情况作为审查报告和庭审答辩提纲的重点问题予以分析、论证。须知，有罪证据量再多，只要有一个无罪证据与之形成冲突性矛盾，且无法得到合理排除，则貌似稳固的指控犯罪体系将轰然倒塌。

---

① 《关于办理死刑案件审查判断证据若干问题的规定》第 34 条明确规定，根据被告人的供述、指认提取到了隐蔽性很强的物证、书证，且与其他证明犯罪事实发生的证据互相印证，并排除串供、逼供、诱供等可能性的，可以认定有罪。

② 据何家弘教授主持的课题组统计，在 50 起被认定为刑事错案的涉嫌故意杀人案件中，忽视无罪证据的有 10 起，占 20%。参见何家弘：《证据的语言——法学新思维录》，中国人民公安大学出版社 2009 年版，第 196 页。

4. 小心对待鉴定意见的审查

鉴定意见对认定案件事实的重要性不言而喻,[①] 指纹鉴定、足迹鉴定、毒物鉴定、笔迹鉴定、声纹鉴定特别是DNA遗传基因鉴定等带来了一次又一次司法证明方法的革命和飞跃。鉴定意见属于技术性证据，具有专业性、专门性特征，而对于绝大多数专业背景为法学的公诉人来说无疑是一大难题，公诉人在审查鉴定意见时，往往存在外行审查内行、有心无力的情况，无法对鉴定意见本身内容是否正确、鉴定手段是否科学等鉴定意见的实质性内容进行审查。但即便如此，也要小心谨慎对待鉴定意见，切忌不审查或者只看最后结论。对鉴定意见的审查首先要破除过分迷信和依赖心理，做到不迷信、不偏信、不盲从，大胆怀疑、严格审查;[②] 要从检材是否同一、提取和检验程序是否合法、作出的鉴定意见是否与其他证据材料相印证进行审查；必要时咨询检察技术人员、相关专家或者由其出具文证审查意见，也可视情提请有专门知识的人出庭作证，或者商请作补充鉴定、重新鉴定。特别是面对两份以上内容或者结论相左的鉴定意见时，更是要慎之又慎，切不可盲目采信。笔者特别推崇建立由公诉人与检察技术人员联合审查技术性证据的制度，公诉人侧重技术性证据的法律性问题的审查，检察技术人员侧重技术性证据的科学性问题的审查。

（三）全面分析，综合审查

第三阶段的证据审查是对全案证据进行整体审查、全面分析、综合认证，最终形成认定案件的性质、情节、手段、后果等影响定罪量刑的完整的证据体系，要求证实犯罪构成事实和影响量刑轻重的证据体系做到滴水不漏、无懈可击。公诉实践中，需要特别注意以下几点：

1. 有多少证据，就认定多少事实

必须明白，在法律意义上，没有证据，就没有犯罪事实。《刑事诉讼规则》第61条第1款、《高法适用刑诉法解释》第61条均明确规定，“认定案件事实，必须（应当）以证据为根据”。所谓“以事实为根据”，确切来说就

---

① 备受关注的福建念斌投放危险物质案，控辩双方共聘请了包括香港鉴定专家在内的7名鉴定人出具专家意见并出庭作证，庭审到了最后几乎成了毒物鉴定专业领域的专业对话。鉴定意见对认定案件事实的重要性由此可见一斑，特别是在一些故意杀人、故意伤害、投放危险物质、强奸案件中，鉴定意见对定案可谓至关重要。

② 虽然鉴定意见对认定案件事实的重要性不言而喻，但鉴定意见出错的概率也不小，可谓利弊叠加。据何家弘教授主持的课题组统计，在50起被认定为刑事错案的涉嫌故意杀人案件中，存在鉴定缺陷的多达10起，占20%。参见何家弘：《证据的语言——法学新思维录》，中国人民公安大学出版社2009年版，第196页。

是以证据为根据。事实上的犯罪并不等于法律上的犯罪，法律上的犯罪事实必须有足够的证据支持，没有证据或者缺乏足够证据的支持，就不得认定为犯罪事实。办理具体案件只能以证据所能够认定的那些犯罪事实为依据，不能超出证据去认定“自己想要”的犯罪事实。

2. 没有足够证据支持的事实，是最危险、最容易出错的事实

证据审查的正常模式是“证据—结论”而不能前后颠倒，即不能先得出有罪的结论，再根据结论去审查证据。正如有论者指出的：这种先入为主的思维模式下，证据不是被审查，而是被筛选；证据不是查明事实的根据，而是为有罪结论服务的工具。[①] 公诉实践中，事实不清、证据不足的案件，很容易受到个人好恶、认识水平的限制而裁剪和取舍；当供证不一的情况下，公诉人更容易相信被害人。但是，所谓“基于被害人正义”所作出的对缺乏证据支持的犯罪事实的认定，实际上是为了得出自己想要的结论而强行作出的一种选择，而许多冤错案件的共同点之一就是“因疑而错”，[②] 原本是疑案而强行作有罪处理，出错的概率当然远大于有足够证据支持的案件。

3. 将主动听取辩护人意见作为证据审查的一项重要内容

《刑事诉讼法》第170条及《刑事诉讼规则》第364条、第365条均明确规定检察机关审查案件应当听取辩护人的意见。公诉实践中，一些公诉人认为辩护人在诉前作用有限，听取辩护人意见只是走过场，象征性地征求辩护人意见，失去了诉前交换意见的意义。其实，自修改后的刑诉法和律师法实施以来，辩护人介入刑事诉讼的时间和深度都大大早于和强于公诉人，其对案件内外情况的了解、所掌握的证据材料可能多于公诉人。因此，公诉人应主动与辩护人进行沟通交流，将主动听取辩护人意见作为证据审查的一项重要内容，采取专人接待、定向联络、主动约谈、通知提交意见书等措施，认真听取其提出的无罪、罪轻或者减轻、免除刑事责任、无羁押必要、侦查活动有违法情形等意见，切实履行调查核实责任，及时调取有利于犯罪嫌疑人的证据，对其合理意见予以采纳，否定、排除其意见必须做到理由充分，并在审查报告中对是否采纳辩护人意见及其理由作出说明。听取辩护人意见，不一定发现得了真实，但可以最大限度地发现谬误。

---

① 金鑫：《证据审查四种不当思维模式应予摒弃》，载《检察日报》2015年6月7日。

② 近年来沉冤昭雪的呼格吉勒图故意杀人、流氓案、钱仁风投放危险物质案、陈满故意杀人案、聂树斌故意杀人、强奸妇女案等，都是在证据审查中就已发现证据存疑或者达不到定罪标准，但因各种原因，强行作出有罪认定和判决并交付执行，教训十分惨痛。

4. 对需要退回补充侦查证据的案件要建立说理和引导机制

对退回补充侦查证据的案件，不能一退了之，要准确界分案件是缺失证据还是存有非法证据、瑕疵证据或者兼而有之，建立说理和引导机制，细化补查证据提纲，明确补查证据范围，提出补查证据标准，使侦查人员明确补查目的和补查方向——需要重新取证还是补正或者作出合理解释，补查目的、补查方向以及补查证据的规格、标准，必要时要面对面地与侦查人员说明补查原因并跟踪补查进度，确保补查证据按时保质。

三、改革证据审查方式

改革证据审查方式，就是要把公平、公正、公开原则贯穿证据审查全过程，适应庭审实质化改革需要，促进证据审查方式更科学、更精准、更有效。

（一）推行客观性证据优先审查

客观性证据大多具有唯一性和不可替代性的特征，且稳定性好、证明力强、可采性高。近年来，理论界通过对一些冤错案件的分析发现，对客观性证据的收集和证明价值的重视不足，是导致冤错案件的根本原因。[①] 推行客观性证据优先审查，就是要求公诉人要以客观性证据审查为中心，加强对客观性证据收集、固定、完善的引导取证力度，强化对实物证据和技术性证据的审查运用，重视客观性证据与主观性证据的相互印证，养成依靠物证、书证、勘验检查笔录、视听资料、电子数据等客观性证据而不是依靠犯罪嫌疑人供述和辩解、证人证言、被害人陈述等主观言词证据定案的思维方式，实现从以“人证”为主的证明方式向以“物证”为主的证明方式的转变。公诉人要注意发挥对侦查取证不足的弥补作用，抓住证据细节的印证价值，不断增强从口供等言词证据挖掘客观性证据、以客观性证据验证言词证据等主观性证据的审查能力，特别是借助客观性证据这一“外力”验证口供真伪，最大限度地避免口供产生的风险，转变以口供为中心的传统证据审查模式。客观性证据优先审查方式，能让公诉人最大限度地接近客观事实真相。[②]

---

① 樊崇义、赵培显：《论客观性证据审查模式》，载《中国刑事法杂志》2014年第1期。

② 推行客观性证据优先审查方式，并不等于说客观性证据就是绝对的证据之王、万能证据，客观性证据由于伪造、假冒、污染以及提取、固定、保管、送检等主客观原因，也可能存在失真、失实的情况，也要接受审查和质疑。如轰动全球的美国辛普森杀妻案，辛普森得以脱罪的一个重要原因就在于警方人员在提取和保管现场滴落的血痕的过程中存在严重疏漏。但从根本上来说，客观性证据较之主观性证据在真实性、客观性、关联性、稳定性、证明力等方面明显占优。

（二）注重亲历性审查

注重亲历性审查，就是要求公诉人树立重证据、重调查研究、不轻信口供的意识，改变仅对侦查案卷材料进行书面审查后将案件提起公诉或决定不起诉的方式。在传统的以侦查为中心的诉讼模式下，审查起诉的对象主要是侦查机关（部门）移送的卷宗材料，工作的地点在办公室、看守所、法院“三点一线”，工作的方法是对卷宗材料进行分析研判，对卷宗中所出现的矛盾及不合理之处，往往也是向侦查机关（部门）提出退补意见，由侦查机关（部门）补充侦查，公诉人很少直接接触其他卷外证据和情况。而亲历性审查就是要走出卷宗、感受现场、直面人证、主动核实补充关键证据，这就要求公诉人审查证据要注重亲历亲为，在讯问犯罪嫌疑人、听取辩护人意见的基础上，对事实存疑、证据不足的案件，除依法合理行使退回补充侦查权外，必要时可以自行补侦、联合补侦或采取公诉引导侦查的方式，补充完善证据体系或核实重点证据。特别是对于命案、危害公共安全案等重大疑难案件，要提前介入，在不干预、不代替、不妨碍侦查的前提下，第一时间参与现场勘查、旁听讯问、监督侦查行为、引导侦查取证；没有提前介入的，也要亲自到案发现场去，亲自观察、复验现场，查看案发地物理时空场景和人文环境，这对于准确采信证据和对案件事实形成内心确信非常有帮助；对类似时间段、涉案场景中会否出现特定事实，必要时可建议侦查机关（部门）进行侦查实验，以辅助审查判断。要善于运用日常生活经验和情理，让证据“说话”，触发或者延伸更多细致入微的思考，特别是要加强对主要靠言词证据、间接证据定罪案件的审查和思考，对辩护人提出的犯罪嫌疑人不在犯罪现场、未达刑事责任年龄、依法不负刑事责任等意见或者线索，要进行重点调查核实，确保能够排除合理怀疑。亲历性审查方式，也是从静态公诉向动态公诉的转变，有利于公诉人心证的最终形成。

（三）探索开放式审查

探索开放式审查，就是要求公诉人履行好客观公正义务，拓展证据审查方式的外延，实现从“在卷证据”封闭式、坐堂式审查到“在案证据”开放式、全方位审查方式的转变。要全面掌握侦查机关（部门）未移送的案件信息和材料，增强发现侦查机关（部门）伪造证据、隐匿证据、毁灭证据的能力。要探索在侦查机关设立派出检察室制度，延伸侦查监督触角，实现对公安机关侦查活动的主动、同步、全面监督。要建立重大疑难案件邀请侦查人员列席讨论、旁听庭审等制度，促使侦查机关（部门）掌握判决证明标准和证据裁判原则。要健全侦诉常态化协调沟通机制，通过案件质量评析通报、联席会议、会签文件等方式，做到办案信息及时传递、办案意见及时沟通，将案件证据标准向侦查前端传导。要加强检察大数据的开发应用，建立证据树模板，实现证据超链接、证据使用情况可查询，利用证据种类的自动生成、证据的组合分析等优势，用数据分析，用数据判断，用数据说理，并利用数据库搜集相关判例或者指导性案例，从而提升证据审查的精细化、信息化、智能化水平。要加强与技术、鉴定单位（部门）的协作配合，努力弥补公诉人囿于专业知识难以准确、充分地甄别、解释各类技术性证据的不足，为有效运用客观性证据提供专业技术支持。要善于运用公诉团队的集体智慧来解决证据审查难题，对重大疑难案件切忌单打独斗，在保密的前提下可请教求助其他优秀公诉人甚至专家、学者。开放式审查方式，能让公诉人更加全面地掌握案件信息和证据审查技能，客观理性地认定案件事实。

（四）尝试公开化审查

尝试公开化审查，就是要求公诉人除了涉及国家秘密等不能公开的案件外，审查证据要杜绝神秘主义和隐蔽主义，体现审查方式的民主化和大众化。要构建公诉案件证据审查标准体系，及时总结类案证据审查、各类证据判断运用等问题，形成具体标准和指引，指导侦查和公诉实践。要采取听证会议、诉前会议等方式，邀请侦查人员、辩护人、被害人及其诉讼代理人、法律专家等直接参与，[①] 将案件证据情况及存在问题公开征求意见、公开论证，通过当事各方的平等抗辩、法律专家和公诉人的释法说理的方式，实现证据审查从结果公开走向过程公开，提升证据审查活动的公开性、公平性和权威性。公开化审查方式，既可以借助法律专家等各方的智力特别是辩方的反向思维看到事实证据审查认定中的纰漏或者错误，又可以实现涉案矛盾的有效化解，从而提升检察公信力。特别是随着电子卷宗的制作移送和远程视频提讯系统的建立，节约了公诉人及其他诉讼参与人阅卷、摘录证据材料、提讯的时间，提高了案件审查质效，公开化、透明化程度更高，民主化、大众化程度增强，公诉人审查证据的公开化审查方式必将大大推进。

① 必要时，还可邀请人大代表、政协委员、人民监督员、特约检察员参加。

新时期检察环节刑事诉讼制度改革规律与进路研究

——以某市刑事速裁程序与“认罪认罚从宽”制度试点情况为样本

叶玉秋　桑　涛*

一、新时期检察环节刑事诉讼制度改革的新特点

新时期检察环节刑事诉讼制度改革的主要特点，突出体现在一个“新”字。与以往的各项检察改革，尤其是检察环节刑事诉讼制度改革相比，党的十八大以来，各项改革措施的主要特点，有以下几个方面。

（一）是一种自上而下的改革，不同于以往“小岗村”式的改革

从改革的表现形式上看，新时期的检察环节刑事诉讼制度改革是自上而下的改革。改革开放以来，我国各项事业的改革，往往有一个显著的特征，那就是“自下而上”，最典型的代表莫过于家庭联产承包责任制。这种“小岗村”式的改革，最大的特点就是基层先试、自主改革，然后在得到高层认可和支持的情况下全面推开。就检察环节刑事诉讼制度改革来说，远的如检察机关办案的“主诉检察官办案责任制”，近的如“公诉引导侦查机制”等，都属于此种性质的改革，即基层办案单位在工作中发现存在的问题，然后对某项工作进行改革创新，得到高层注意肯定之后再推广固定。这种模式产生的主要理论基础，是解放思想、实事求是、“尊重人民群众的首创精神”和“三个有利于”，即是否有利于发展社会主义社会的生产力、是否有利于增强社会主义国家的综合国力、是否有利于提高人民的生活水平。应当说，在经历了十年内乱、国民经济处于崩溃的边缘之后，在这一百废待举的历史节点以这种方式进行改革，

* 叶玉秋，浙江省杭州市人民检察院党组成员、副检察长；桑涛，浙江省杭州市人民检察院公诉二处副处长。

符合当时的历史条件，顺应党心民意，契合历史发展潮流，因而不但是可行的，而且是必然的。而在增强“四个意识”、推进“四个全面”战略布局的今天，检察环节刑事诉讼制度改革更加强调顶层设计，注重改革自上而下地进行。以“认罪认罚从宽”制度的试点工作为例，该制度是党的十八届四中全会部署的重大改革，在中央政法委的统一领导下，由最高人民法院、最高人民检察院共同牵头，形成试点方案之后，经中央全面深化改革领导小组会议审议通过，由全国人大常委会授权“两高”开展试点工作，表现出明显的“自上而下”的特征。

（二）是一种统一布署下的有序改革，不同于以往“自由发挥”式的改革

从改革的有序程度上看，新时期检察环节刑事诉讼制度改革是在全国统一布署之下的有序改革。十八大之前的检察环节刑事诉讼制度各项改革，往往鼓励各地“自由发挥”，自主创新，如 2000 年 8 月初，某基层人民检察院推出了《主诉检察官办案零口供规则》。所谓“零口供”是指当侦查机关将犯罪嫌疑人的有罪供述向检察机关移送时，检察机关视其有罪供述不存在，即为零，而去寻求其他证据证明犯罪嫌疑人有罪。这则消息经媒体报道后，引起司法界的不小震动。有人称“零口供规则”将刑事诉讼传统中的“有罪推定”转为“无罪推定”，犯罪嫌疑人的沉默权因此“写进司法规章”。[①] 应当说，“零口供规则”强调在办案中要重视口供以外的证据，不以口供为确定有罪的唯一根据，这与我国刑诉法“重证据，重调查研究，不轻信口供”的证据原则以及关于口供证明力的补强规则相一致。推行“零口供”规则的初衷，是为了避免因轻信口供而导致冤假错案，有效地保障犯罪嫌疑人的人权和准确地打击犯罪，这也有其较为复杂的社会历史背景，[②] 而此前国内也发现了几起有代表性的错案，其原因均与办案单位没有对口供进行详细审查有关，最高人民检察院也于 2001 年 1 月 2 日下发了《关于严禁将刑讯逼供获取的犯罪嫌疑人供述作为定案依据的通知》。其可取之处是将法律的抽象规定加以落实，又可以认为是对沉默权制度的大胆尝试。但是，“零口供”的提法和做法毕竟存在片面性。其完全视口供为零，忽视了口供的证据价值，动机虽然值得肯定，但其提法和做法与我国的法律规定不完全相符、不符合我国目前的刑事司法实际，对

---

① http://www.legaldaily.com.cn/gb/content/2001-02/21/content/content-13629.htm，最后访问时间：2017 年 3 月 12 日。

② 几乎在同一时段，媒体报道了云南省杜培武冤案：2000 年 8 月 17 日《工人日报》：“冤：民警险成当代窦娥 奇：执法部门如此办案”，转引自王达人、曾粤兴：《正义的诉求美国辛普森案和中国杜培武案的比较》，法律出版社 2003 年版，第 195—202 页。

司法实践不利。因而，“零口供”的提出，既无法律依据，又与中国的实际相去甚远。在热闹了一番之后，终被叫停。与此类改革相比，新时期检察环节刑事诉讼改革更加注重改革的有序性，如刑事速裁程序改革，试点工作步步有序推进，“两高”事先制定方案，中期开展检查、试点之后验收等，遇到问题及时调整，如针对试点工作中出现的部分案件社会调查报告滞后、影响案件及时判决等问题，及时用会议纪要的形式进行规范解决，这些都充分保障了改革的顺利推进。

（三）是经过全国人大授权的依法改革，不同于以往“打擦边球”式的改革

从改革的法律依据上看，新时期的检察环节刑事诉讼制度改革是全国人大授权下的改革。新时期刑事司法改革最大的特点，就是依法改革。以往的检察环节刑事诉讼制度改革，往往是在大胆探索、大胆创新的思想指导下所进行的改革，大多数情况下是法律没有明确规定的改革，是“打擦边球”，有的甚至突破法律框架。如从1992年以来，上海、北京、河北、江苏等地一些基层检察院在审查起诉中针对未成年人犯罪案件，就开始了“暂缓起诉”或称“暂缓不起诉”的探索，有的还制定了规则，规定对侦查终结的未成年人犯罪案件进行审查后，对罪该起诉的犯罪情节较轻，以暂不提起公诉更为适宜的未成年犯罪嫌疑人，设一定的考察期，进行考察帮教。考察期限届满，检察机关认为其确有悔改表现且不至再危害社会的，即对未成年人作出不起诉处理；如果在考察期限内不思悔改，又违法犯罪，则提起公诉。这些做法在当年就引发了热议。赞成说认为，第一，鉴于未成年人生理、心理的特殊性，实行暂缓起诉制度，检察机关可以增加一段全面考察的时间，考察期满后再作决定，有利于检察机关对未成年人的正确处理，其法律效果和社会效果都会更好。第二，有利于对未成年犯罪嫌疑人的帮教，预防其再犯罪。第三，符合诉讼经济原则，可以使法院集中精力处理更重要的案件。第四，符合刑罚个别化的要求，有助于刑罚功能的实现。第五，可以妥善处理不起诉与起诉之间的空间，有利于发展和完善我国的公诉制度等。而反对说则认为，暂缓起诉没有法律依据，属于“违法试验”，理由是：第一，我国《刑事诉讼法》对审查起诉后作出的决定只规定了提起公诉、不起诉、退回补充侦查三种方式，没有规定可以作暂缓起诉，暂缓起诉制度的设定缺少法律依据；第二，“暂缓起诉”助长主观随意性，损害司法公正；第三，暂缓起诉制度是对审判权的冲击，违反了公诉权的

实质内涵；暂缓起诉期间是对办案期限规定的对抗。[①] 许多专家学者也对暂缓起诉制度提出了异议，认为该制度突破了现有法律的规定。由于暂缓起诉制度涉及检察机关的权力配置和犯罪嫌疑人、被害人权益等问题，必须依法由有权机关依法设定，因而根据最高人民检察院的意见，“改革要依法进行，对暂缓起诉、辩诉交易、社会服务令等法律没有明文规定的问题可以探索、研究、论证，时机成熟时可提出立法建议，但不能用于办案。”[②] 尽管这种做法最终在刑事诉讼法修改中被采纳，但在改革的当时，应当属于在于法无据情况下的改革，难免招致非议，尤其是检察机关是国家法律监督机关，自己却不按照法律规定在法律构架内进行改革，与自己的宪法地位不符。与此不同的是，新时期检察环节刑事诉讼制度改革的特点，正是在立法机关授权之下的改革，是一种“依法改革”。无论是刑事速裁程序的试点工作，还是认罪认罚从宽制度的试点工作，都是在经全国人大常委会授权“两高”之后所开展的，既体现出改革的决心，又是在法律规定的前提下进行，具有重大的历史意义，反映出最高决策层强烈的依法革新、依法治国理政意识。

（四）是一种有明确方法的改革，不同于以往“百花齐放”式的改革

从改革的方式方法上看，新时期的改革是一种方法明确的改革。以往的检察环节刑事诉讼制度改革，往往是强调各地区各部门根据实际情况进行探索，如对于如何引导侦查，有的地区使用“检警一体化”的方式，有的地区开展“三三制”改革，有的地区使用检察派驻办案单位指导等形式进行，基本属于摸着石头过河，改革方法不统一、改革效果参差不齐，可谓“百花齐放、百家争鸣”。而新时期的检察环节刑事诉讼制度改革，则是在顶层设计较为明确情况下的改革，比如无论是刑事速裁程序的试点工作，还是认罪认罚从宽制度的试点工作，最高司法机关都在全国人大的授权之下，先制定了实施办法，再行下发施行，而不是像过去一样只是交代一个原则，由基层进行摸索，反映出最高决策层改革的决心与掌控能力。

（五）是一种在党委主导下的改革，不同于以往各部门“八仙过海”式的改革

从改革的组织领导来看，新时期检察环节刑事诉讼制度的改革凸显出是在党的统一领导下的自我完善、自我革新。以往的检察环节刑事诉讼制度改革，

---

① 详见彭东、张寒玉：《检察机关不起诉工作实务》，中国检察出版社 2005 年版，第 196—198 页。

② 参见宋英辉：《全面认识辩诉交易》，载《人民检察》2002 年第 7 期。

往往是某个系统、某个地区、某个业务条线、某个部门主导下的改革，最多也只是几个系统主导之下的改革，如公诉引导侦查改革、量刑建议和量刑规范化改革等，都只是由业务部门主导下的改革，各部门“八仙过海，各显神通”。而新时期的检察环节刑事诉讼制度改革，则不是一个部门、一个地区的改革，而是在党委统一组织领导下的改革，如刑事速裁程序的试点工作，从改革思路的提出、论证、审议到组织实施、督促检查、试点验收，都是在党委政法委统一领导下进行的，突出反映了出党对政法工作的统一领导。

（六）是一种各方统一联动的改革，不同于以往“自扫门前雪”式的改革

从改革过程中各家关系来看，新时期检察环节刑事诉讼制度改革表现出党委领导下的统一联动，而不是各试点单位“各家自扫门前雪”、互不相干的改革。以往的改革，强调的是各部门根据自己的工作需求、存在的问题进行改革，最多也是某个系统、某个业务条线上的改革，如主诉检察官办案责任制、刑事和解、不起诉公开审查等，改革内容基本上与其他单位、部门无关，在需要其他单位配合时，往往会因为没有有效的沟通协调机制而遭遇改革瓶颈，如公诉办案中使用的统一业务应用软件，与法院的办案系统是各自独立、封闭的系统，无法实现联网共享等，结果造成信息化投入能够发挥的效果没有最大化发挥；一些单位花费巨资建设的远程视频提审、庭审设施因为没有接入单位的同意而无法使用，或者因系统不兼容、对方单位不愿意投资改造而虚置。而新时期的检察环节刑事诉讼制度改革，由于有了党委的统一领导协调，各项工作联系顺畅、解决快捷，如在刑事速裁程序试点工作中，需要由值班律师为犯罪嫌疑人、被告人提供法律帮助，这一工作在党委政法委的统一协调领导下，由看守所、法院提供专门的房间、政府提供专项资金、司法行政部门确定值班律师名单并组织律师参与等，各项工作都离不开党委的统一协调领导，如果在过去，实现这一目标是难以想象的。

（七）是一种有条件先行先试的改革，不同于以往“四面开花”式的改革

从改革的推进方式上看，新时期检察环节刑事诉讼制度改革的总体思路，是在部分地区先行试点，在进行总结论证之后，条件成熟时再行推开。此前的各项检察环节刑事诉讼制度改革，多是只要具备改革的条件或者意愿，任何单位、任何部门都可以开展，改革争先恐后、四面开花，如主诉检察官办案责任制、刑事和解、不起诉公开审查等改革举措。新时期的检察环节刑事诉讼制度改革，则是由全国人大授权“两高”在指定的地区进行试点，其他地区和部门无权进行试点，如不论是刑事速裁程序的试点工作，还是认罪认罚从宽制度的试点工作，全国人大都直接授权“两高”在全国18个城市开展试点工作，

"两高"也明确要求不是试点单位不得开展此项工作。这样就使改革的重点突出、依法进行，从而保证了重大改革的可控性。

（八）是一种中央与地方互动式的改革，不同于以往"单边"式的改革

从改革中的中央与地方的关系上看，新时期的检察环节刑事诉讼制度改革既有顶层设计又有基层发挥的余地，解决了改革方向与改革积极性的问题。以往的检察环节刑事诉讼制度改革，多是中央直接推进，或者由基层直接改革，在改革之后才会进行一定的调整解决，如前文所述的"零口供"规则、暂缓不起诉改革等，等到出现了争议或者问题，高层再出面进行解决，结果影响已经造成。而新时期的检察环节刑事诉讼制度改革，强调的是中央领导下的中央与地方互动式的改革，顶层设计解决了改什么的问题，基层发挥创新解决了怎么改的问题。以刑事速裁程序的试点工作为例，尽管"两高三部"制定了实施办法，但相关法律文书、具体操作方法，则给予了基层较大操作空间，这样一方面明确了改革方向，另一方面也同样肯定了基层创新精神，二者并行不悖、相辅相成，从而使改革既充满活力，又不偏离航向。

二、新时期检察环节刑事诉讼制度改革试点工作开展情况分析

作为检察环节刑事诉讼制度改革试点单位的某地区检察院，根据中央统一布置，开展了刑事速裁程序、认罪认罚从宽制度等重要的检察环节刑事诉讼制度改革试点工作。在改革试点工作中，检察机关开展的主要工作和问题如下：

（一）积极谋划研判形势，迅速推进改革试点工作

当前，我国刑事犯罪处于高发期，而劳动教养制度废除以来，刑事诉讼程序对如何处理部分已经纳入刑法处理的轻罪，尚未有相应跟进，导致案多人少矛盾更加突出，轻罪案件繁琐审理，不符合刑事诉讼比例原则，司法资源浪费现象突出。实行刑事案件办理的繁简分流、难易分流是解决这一难题的必由之路。刑事案件速裁程序作为新的办案模式和工作机制，对检察机关既是挑战也是机遇。为此，改革试点检察机关认真分析研判形势，克服畏难情绪，解决了理念上的问题、组织领导上的问题和工作落实上的问题。针对本地区公诉部门长期存在的案多人少矛盾，准确找出办理速裁程序案件的三个关键点——人员保障、案件分流、工作效率，采取有效措施解决速裁案件办理的三大难题，确保工作顺利开展。

一是配备人员，专人办理，解决人员保障难题。某地区检察院结合本地公诉办案数量大的实际，对速裁程序案件指定专人或者专门办案组织办理，确保速裁程序案件的办案人员落实。有的基层院还根据每年案件数量都居于全省前

三位的实际，积极向地方党委汇报，争取党委政府的大力支持，在国内率先成立了专门的速裁程序案件办理机构，为刑事速裁案件办理的专门化、集中化、高效化、规范化提供强有力的机构保障和人员保障。

二是加强沟通，出台规则，解决案件分流难题。各试点单位都积极与公安机关沟通，建立集中移送机制，解决速裁程序案件的启动及“入口”问题，如会同公安机关制定刑事案件速裁程序办理规则，对于符合速裁程序的案件，在公安机关移送审查起诉时统一在案卷上粘贴“启动速裁程序”绿色标签，实现速裁案件前置分流；针对公安机关未启动速裁程序的案件，尝试在案管中心分案阶段进行初步审查和二次分流，当确定案件符合速裁条件后，由检察机关启动速裁程序，确保将符合速裁条件的案件均纳入速裁程序办理，当案件确定适用速裁程序后，案管中心工作人员对速裁案件分类登记，办案系统内生成单列案号，收案当天案件即移送公诉部门统一进行权利义务告知并交由承办人迅速进入审查办理环节，形成检察机关内部的速裁快速流转通道。有的单位与公安机关明确了速裁程序的启动方式，对于符合速裁程序适用条件的，公安机关法制部门在审核取保候审、提请批准逮捕的过程中应向办案单位提出快速办理的书面建议；公安各办案单位应在取保候审或者逮捕之后15日内将案卷材料上报法制部门；法制部门在5个工作日内审核完成，并每周一次集中移送，解决了公安机关启动速裁程序的问题，实现了相对集中移送。

三是建立专网，完善硬件，解决讯问与庭审的难题。速裁程序案件办理过程中，去看守所提审、去法院开庭两项必须开展的工作占用了检察机关大量时间，使得速裁程序“速”不起来。为此，某地区检察机关积极向党委建言献策，协调各办案单位和政府财政，依托互联网科技手段，建成了远程视频提审、远程视频开庭、远程法律文书送达和全地区形成网络，三项远程工作各办案单位可以共享的“三远一网”系统。通过这一系统，实现了检察官可以在办公室里完成提审在看守所内关押的犯罪嫌疑人、参加法院远程法庭庭审活动，大大提高了办案效率，也激发了公诉人员投身改革试点工作的积极性。

（二）建立规范，细化改革措施。

顶层设计解决了宏观问题，具体的、微观问题仍然需要基层进行创新。对此，某地区检察机关具体做了以下工作：

一是精心创设工作机制，规范速裁案件办理。在具体改革试点工作中，检察机关努力挖掘内部潜力，积极研究探索速裁案件的审查、讯问、出庭方式，简化审查报告、起诉书制作内容，全面征求公安、法院、司法行政部门的意见，与公安机关协调开展集中移送、集中审查方式，与司法行政部门对接法律援助与调查评估机制，与法院协调集中起诉、集中开庭审理机制，努力做到

“三集中、三简化”，即集中移送、集中审查、集中开庭审理；简化审查、简化审批、简化庭审。为统一检察机关审查起诉活动，专门制定刑事案件速裁程序审查起诉规则，细致规范了从审查起诉到出庭公诉活动中检察机关应当开展的工作，设计了权利义务告知书、提供法律帮助告知书、具结书、评估委托书、适用速裁程序建议书等，规范刑事速裁程序的起诉书格式、量刑建议书格式，做到速裁程序检察法律文书统一、规范。在具体办案中，突出审查重点，减少审批环节，保证办案质量。审查中对案件事实和证据部分充分简化，以提高办案效率。但对于案件质量问题，设计办案模板，提示案件风险点，将案件办理过程中多发的风险点在办案模板中逐一列明，办案人在办理案件时反向进行风险问题排除，当确定无所列风险后才进入速裁的快速办理通道。风险点模板设置的目的，就是要让每一名办案人在办案时对多发风险点进行思考、排查制度化，最终确保案件质量。如某基层院在办理公安机关以速裁程序移送审查起诉的邵某某涉嫌盗窃一案时，虽然邵某某本人始终承认盗窃犯罪，但办案人经对照风险点模板，发现邵某某的行为性质属于先合法占有他人财物进行保管而后进行侵占，属于将合法占有变为非法所有的普通侵占行为，应属自诉案件，且该侵占数额远远未达犯罪标准。据此，该院认定邵某某的行为不构成犯罪，依法作出不起诉处理，有效避免了一起无罪案件的发生。该案的办理，很好地体现了办案效率与公正的关系，保障了办案质量。[①] 在量刑建议工作中，要求每案列明犯罪嫌疑人的全部法定和酌定的犯罪情节，据此提出罪刑相适应的量刑建议，以做到量刑精准化，部分基层院对案件的量刑幅度已精确到15天，且量刑建议绝大部分能够被法院采纳。

二是说服犯罪嫌疑人具结平和、理性。经过一段时间的试点，大家普遍感受到在讯问环节说服犯罪嫌疑人认罪具结是速裁程序得以顺利进行的重要保证。速裁办案人以更平和、理性、人性化的方式办案，做到每案耐心向犯罪嫌疑人解释量刑依据，用事实和法律说服犯罪嫌疑人认罪具结，为速裁程序顺利进行、降低上诉率、实现速裁程序设定的最终目标提供有效的保障。

当然，在改革试点工作中，也存在一些问题，如部分基层单位试点积极性还不高，工作推进力度不够，措施方法欠缺，具体表现在从适用的数据来看，速裁程序的适用比例还比较低，主要原因：首先是公安机关建议不够积极。因为办案周期、专项行动等原因，一些案件证据不能完全到位，不符合速裁条件；有的侦查人员担心适用速裁程序办案时间太紧压力太大；一些案件同案人

① 《刑事速裁程序试点实施一年 不仅仅是为了办案快》，载《人民日报》2016年7月22日。

没有归案不便适用。其次是部分检察机关和办案人员思想认识上还不到位。部分检察人员只算自身效率小账，不算司法成本大账，不愿意适用。有的院担心此类案件办案时间短，案件质量得不到保证；有的院担心适用速裁程序办案节奏加快、工作压力会增加，担心承办人不能在八个工作日内完成办案任务；有的院案件量大，积案多，希望把主要精力放在清理积案，认为开展速裁工作将影响其他案件的办理节奏；一些同志认为，这项工作单纯增加了检察机关工作量和工作难度，因此积极性不高。再次是各方协调配合还不够。有的试点单位与公安、法院互相指责，协调沟通配合不积极主动。有的法院对这项工作认识存在偏差，对检察机关的量刑建议不采信。由于刑事速裁程序主要是便于法院审判工作的繁简分流，但有的法院对此却态度不够积极，造成检察机关办案人员有怨言、动力不足。最后是部分办案人员在提出量刑建议时过于谨慎，不敢大胆适用。由于量刑建议水平不高或者在对犯罪嫌疑人的释法说理方面还存在不足，有的检察人员工作没有真正做到位，只要犯罪嫌疑人提出不同意，就不再去做工作，而是转换程序；如某院办理的一起终止速裁程序的案件，就因犯罪嫌疑人不同意量刑建议所致。该案在办理过程中，犯罪嫌疑人对于是否适用速裁程序意见反反复复，导致承办人在办理过程中法律文书一换再换，严重浪费了办案精力和司法资源。

同时，一些因素客观上也影响制约了改革的进一步推进，如速裁案件原则上要求在八个工作日内完成，但在远程办案系统建成之前，有的院提审、开庭路途较远，监管场所提押程序环节复杂，提审犯罪嫌疑人流转时间较长，提审效率低。统一业务应用软件网上办案系统与速裁办案工作尚未完全对接，案管系统网上案件登记、审批环节较多，处理速度较慢，不能完全适应速裁程序案件流转快、审批环节短、办案效率高的特点，也在一定程度上影响了办案效率。根据规定，对于可能判处缓刑的犯罪嫌疑人，检察机关要委托司法行政机关进行调查评估。由于试点地区大量案件系流动人员犯罪，户籍地多在外地，要求检察机关八个工作日委托、完成调查评估确实存在实际困难，很多案件在期限内无法完成委托调查评估，为此部分法院改变了程序，造成司法资源浪费。全市法院对于量刑建议问题做法上不够统一，有的要求检察机关建议到具体刑期，有的要求建议为一个幅度。一些案件因为量刑建议问题存在争议而被法院中止了速裁程序，对此问题还需要与法院进行统一。有的犯罪嫌疑人同意适用速裁程序却没有得到相应的实惠。部分速裁程序案件中，犯罪嫌疑人同意或者不同意适用速裁程序，法院判决的结果都没有区别，这对速裁程序的推广不利。还有的案件被告人同意适用速裁程序审理并签字具结，法院判决后，被告人仍然感觉判得不够轻，或者为了争取留所服刑、上诉后可以变更强制措施等，又提出上诉，此类案件占试点阶段案件的2.4%，造成了速裁程序认罪认罚无法落实到位等问题。刑事速裁程序试点办法规定了值班律师制度，但从实际工作看，在检察环节犯罪嫌疑人基本上没有要求提供法律帮助的情况，造成看守所值班律师闲置，该笔费用浪费情况比较严重。此外，对于远程办案问题，也有人提出不同意见：有的人认为这种形式办案人员“见不到真人”，无法解决察言观色问题，影响司法亲历性；有的被告人可能对于这种办案形式不理解，认为没有开庭就被判决；也有人会认为这种形式开庭不严肃，没有司法仪式感，会影响判决权威。有的被害人、旁听人员，尤其是被告人家属参与的，会感觉“连人都没见到”，对庭审形式产生不满等。

三、新时期检察环节刑事诉讼制度改革的效果与问题

考察反思新时期检察环节刑事诉讼制度改革试点工作情况，我们可以发现，在改革的试点工作中，存在着效果与问题并存、各方反映不一等情况，需要我们详细总结。

（一）是自上而下的改革，持续性强，但也带来基层被动的问题，部分试点单位积极性不高

由于新时期的改革是一种自上而下的改革，反映出高层的决心，也为改革的持续稳定性提供了坚实的保障，因而各项改革措施得以持续稳定推进，而不是像以往一些改革措施会出现虎头蛇尾、有始无终的情况。但由于是自上而下的改革，而且实施办法也已经由最高司法机关明确规定，对于基层来说主导作用和自主权不高，这是部分基层试点单位改革积极性不高的重要原因。

（二）是由立法机关授权的改革，防止了“非法改革”，但也影响了基层的积极性

由于新时期的改革是由全国人大授权之后的改革，这就防止了突破法律框架进行擅自“改革”，改革的严肃性和法律的权威性得到了充分保障，但也带来了一系列问题，以认罪认罚从宽制度改革为例，由于只授权在全国18个城市开展改革试点工作，一些地区有改革的积极性却因没有得到授权而被拦在改革的门外，改革的积极性受到了影响。

（三）党委主导，发挥了集中力量办大事的制度优势，但也增加了改革部门的依赖

通过新时期检察环节刑事诉讼制度改革试点工作的推进，人们普遍认识到，党委在改革中发挥了重要的推动作用，尤其是发挥了社会主义国家可以“集中力量办大事”的制度优势，比如建设远程办案系统、协调值班律师制

度，协调制定统一的证据标准、量刑规范等工作。这就使人们对党对司法工作的领导认识进一步提高，党委的威信更加凸显，党领导下的改革理念深入人心。但同时也带来了参与改革部门对党委的依赖，对于党委没有牵头和协调的工作，不敢、不愿去试去闯，有的会错失改革的时机，造成了试点地区工作的不平衡。

（四）各职能部门获得的实惠不均，产生了因部门利益不平衡而影响改革积极性的问题

无论是刑事速裁程序还是认罪认罚从宽制度的试点，都存在一个问题，那就是从局部利益看，部分职能部门工作量减少、难度降低，而部分部门工作量不降反升等问题。如法院大量工作内容减少，但公安、检察机关却增加了一部分工作内容，办案期限受到压缩等，以侦查工作为例，改革试点中公安机关对于刑事速裁工作的试点积极性不高，而对认罪认罚从宽制度试点却有积极性，究其原因，是因为刑事速裁程序并没有减少侦查工作的工作量，而认罪认罚从宽制度可以通过向犯罪嫌疑人的宣传，得到犯罪嫌疑人的认罪配合，降低了侦查工作难度等。这就说明，一项改革试点如果仅对一个部门或者几个少数部门工作有利，可能会影响其他试点部门的改革积极性。

（五）改革以司法机关为主，民众参与度不高

从改革的宣传广度上看，由于试点期间对于改革宣传工作的指导思想是“只做不说”，或者“多做少说”、慎重宣传，因而改革的社会认知广度不高，这也是试点工作需要，因为既然是试点，就有可能成功，也有失败的可能，过早宣传可能会带来今后的被动。但这一指导思想也会造成一定程度上改革的群众基础不高，民众参与度不够的问题，以刑事速裁程序为例，甚至一些律师由于没有参与过此类案件的办理，对该程序也知之不多的情况。

（六）证据标准不统一，执法尺度把握难度大

无论是刑事速裁程序，还是认罪认罚从宽制度的试点，对于证据标准都没有放松要求，但这一要求与改革的初衷是否契合、与办案期限规定是否配套、与刑事诉讼比例原则是否相符，试点中大家仍然心存疑虑。有的案件，仅因一份户籍证明没有调取到案，就被法院由刑事速裁程序改为普通程序或者简易程序，造成了前期投入的浪费；而有的案件则出现了被告人虽然全部认罪，但却是代人“顶包”，顶替他人受罚的情形，错案的风险仍然存在。对于如何统一规范证据标准，试点中意见仍然不统一。

（七）量刑标准不统一，量刑建议与实际判决之间有差距

刑事速裁程序试点也好，认罪认罚从宽制度试点工作也罢，核心问题都在

量刑，检察机关办案中，重点围绕量刑建议问题与犯罪嫌疑人协商，法庭审理之中，也重点围绕量刑问题展开辩论。由于量刑问题对于检察机关来说毕竟是一个新课题，大部分公诉人员对于量刑技能掌握不够，要求他们做出较为精准的量刑建议对他们来说有一定难度，往往可能出现“同案不同判”的现象，影响司法公正。为此，试点中有的地区由党委政法委牵头制定量刑标准，对量刑建议和最终的判决进行规范，但也有的地方检、法各自进行，这就出现了量刑标准不够统一、量刑建议与最终的判决结果之间有差距的情况。

（八）对于改革参与的各方态度不一，直接影响到改革试点的效果

改革参与各方的态度与技能，直接影响改革试点的效果，下面试对参与部门进行分析。

从党委政法委来看。党委政法委是各项改革的领导者和协调者，在改革试点中发挥重要的作用，他们对于改革的态度是积极支持、主动服务、大力促进。但由于他们的领导是一种宏观上的领导，对于一些具体问题由于不够专业，往往仍需要具体部门去落实。

从办案人来看。检察机关的办案人在改革之初存在畏难情绪和抵触与疑虑，主要原因是认为这种改革并没有给自己的办案工作量带来更大的利好，相反还给自己增加了量刑建议、认罪从宽宣传、在律师在场的情况下具结等环节，因此普遍认为这些改革措施都是有利于法院的，对改革心存抵触。随着远程办案系统投入使用，大多数办案人提高了办案效率，因而对改革的态度有所转变，参与改革的积极性也随之提高，由此可见，检察环节的刑事诉讼制度改革，不在于增加或者减少了什么，而在于采取什么措施能够使办案人产生“获得感”。

从部门领导来看。尽管随着司法责任制、员额检察官制度的日益临近，公诉部门的领导职责会有相应的调整，但作为长期承担案件质量把关任务的部门领导，对于改革效果也还是心存疑虑与担忧的，主要原因是担心刑事速裁程序或者认罪认罚从宽制度会不会对案件质量产生影响，会不会因办案积极性不高而影响工作的开展。

从分管检察长来看。作为改革的中坚力量，分管检察长这一级无论是眼界还是觉悟都是比较高的，他们对于改革的目的、目标、远期效果有高度的认识，因而他们支持改革，在工作中也大力推动，对于需要协调的工作也积极予以协调解决；由于他们都是行家里手，对于改革中存在的问题、需要破解的难题认得清、方向明，也有能力协调解决，但由于他们日常工作涉及方方面面，不可能将所有精力都放在改革试点上，因而一些具体问题还需要具体办案人员的落实。

从检察院整体层面上看。无论是从检察长还是检察院整体来看，大家态度都是积极的，希望通过改革使效率得到提高，希望实现案件的繁简分流，从而实现认罪案件与不认罪案件相区分、简单案件与复杂案件相区分等目标，为此，他们经常从制度上来对此加以区分，即成立专门的办案部门或者指定专人办理刑事速裁程序案件或者认罪认罚案件，但这种做法往往又带来了新问题，那就是部分专门办理此类案件的人，往往没有机会得到疑难复杂案件的锻炼，能力提升慢，而专门办理复杂疑难案件的同志又觉得办案压力大，或者相反，专门办理刑事速裁程序或者认罪认罚案件的同志常常抱怨办案期限紧张、案件数量多等。

从犯罪嫌疑人层面来看。他们对改革抱着观望态度，希望能够获得利益，又担心认罪之后司法机关不能兑现承诺，因而内心比较矛盾。但随着刑事速裁和认罪认罚从宽制度的切实推行，他们看到了眼前的实例，因而大部分人选择了主动配合，但是仍然有一部分人会产生反悔情绪，主要表现在与检察机关协商认罪从轻时犹豫不决；对于量刑轻重，会对检察官提出的量刑建议将信将疑；有的犯罪嫌疑人在接受了量刑建议之后，却又在案件判决之后提出上诉，造成了前期工作的浪费。现在，公安机关基本上都在看守所内对在押犯罪嫌疑人进行认罪认罚从宽制度宣传，从而使认罪认罚可以从宽这一信息成为犯罪嫌疑人的普通共识，调动了他们的认罪积极性，效果越来越好。

从律师方面来看。在刑事速裁程序试点期间，绝大多数犯罪嫌疑人因罪行较轻，既不聘请律师为其辩护，也不申请值班律师为其提供法律服务，因而绝大多数律师既不熟悉此项改革，也认为这项改革与己无关，对改革态度冷淡。但随着认罪认罚从宽制度的试点工作开展，律师的态度发生了转变，大多数律师把这一制度与西方的辩诉交易相提并论，一方面，他们在提倡“有效辩护”理念的基础上，希望通过认罪认罚协商机制获得当事人利益的最大化；另一方面，他们也希望通过这一机制使自己所办案件的辩护周期缩短，从而实现快速结案，“清爽”结清代理费用。但也有人认为，“认罪认罚从宽制度推行以后，刑事辩护尤其是高质量的刑事辩护，可能不仅没有发展，反而更危机了，原因是什么呢？认罪认罚了，那就不需要律师了，都认罪认罚给他从宽处理了还要你律师干什么呢？不说高水平的大律师参与认罪认罚案件的意愿会不会降低的问题，仅说当事人聘请律师的意愿可能会受到影响。如果犯罪嫌疑人或被告人认罪认罚是可以从宽的，不认罪不认罚，我们不说是从严，至少是不能从宽了。那么，当事人不仅是没有聘请律师为其进行辩护的意愿，而是有了一个反意愿，可千万不能请律师。因为无罪辩护率那么低，请了律师定罪的概率又那么的高，那我请律师干什么呢？所以，认罪认罚从宽制度原本应当是推动刑事辩护在数量跟质量上有很大提升的一个契机，但在实践当中，在当前的特定背景下，很有可能转变为当事人聘请辩护律师的意愿下降。”①

从社会民众层面来看。大多数人表示改革与自己无关，除非家中有人面临刑事处罚，大多数人的态度与他们对待司法活动的态度一样，一是担心是否会出现腐败现象，希望避免权钱交易；二是担心同等案件会出现量刑不等，甚至量刑畸轻畸重，或者被告人得不到被害人及家属的谅解；三是担心一些办案人滥许愿承诺，而不能兑现政策，影响司法权威，或者检察官的量刑建议双方接受了却不被法官接受等。

从法律学术界来看。总体上大家对这类改革关注度并不高，讨论内容也不够丰富，这与刑事诉讼法修改前后、对于非法证据排除规则等问题热议相比，多少显得冷清许多，而对于操作层面上的讨论，如怎样设计具体的律师值班制度、如何把握具结谈判的内容与检察官的权限等，几乎无人问津。大部分讨论此问题的学者，将注意力集中在我国认罪认罚从宽制度与辩诉交易关系问题上，认为此次改革中，诉辩协商和检察机关起诉裁量权的扩大是认罪认罚从宽制度新的突破点。我国刑事诉讼法对相对不起诉的限定条件过于严格，已经不适应司法实践中案件分流的需要。同时，学界研究者也对认罪认罚制度可能带来的“非自愿”认罪现象表达出一定程度的担心。有学者特别提出，在当前的司法环境下，量刑协商制度的引进潜藏着司法不公的巨大风险。还有人因此强调，对于缺乏基础事实，或虽有基础事实但依法不构成犯罪或未达到法定证明标准的案件，即使犯罪嫌疑人、被告人自愿认罪也不能简单接受，与其达成定罪量刑协议。为防止犯罪嫌疑人、被告人在被胁迫或受利诱的情况下错误地认罪认罚，也为避免可能发生冤假错案，有必要通过全面适用法律援助制度、权利告知制度建立犯罪嫌疑人、被告人认罪认罚自愿性保障制度体系。

从法院方面来看。首先法院是重要的试点部门，与检察机关一样，态度都是积极的，但在具体法官层面，却也存在态度积极与不积极两方面的表现，支持者认为相当一部分案件工作量得以降低，审判效率和效果提高，尤其是一些定案难度较大的案件，在被告人选择认罪并如实供述犯罪事实，尤其是根据其有罪供述被相关客观性证据印证之后，法官判案更加顺利；而也有一部分法官则持保留态度，他们认为检察机关的量刑建议是对裁判权的侵犯，尤其是根据相关规定，法院一般应当采纳检察机关的量刑建议，使法官的量刑主导权受到了侵犯；另有一些法官对被告人的认罪抱有怀疑，或者仅因案件枝节问题，就

---

① 王敏远：《认罪认罚从宽改革不仅要“谋其利”还要“虑其害”》，载《民主与法制》2017 年第 1 期。

将案件退出认罪认罚从宽制度，有“挑刺”之嫌。

从公安机关侦查层面来看。就刑事速裁程序试点工作而言，大多数侦查人员兴趣不高，而且该程序也并未对侦查期限提出特别要求，因而大多数侦查人员感觉这一改革与自己关系不大，反而由于需要向犯罪嫌疑人进行宣传，他们感觉增加工作量。而对于认罪认罚从宽制度的试点，大多数侦查人员比较感兴趣，认为对侦破案件有积极作用，因而试点的积极性有所提高。

四、实现“六个结合两个统一”，完善检察环节刑事诉讼制度改革路径

通过对新时期检察环节刑事诉讼制度改革的规律与效果、问题分析，我们或可找出今后一个时期检察环节刑事诉讼制度改革的相关路径。

（一）形成一套司法改革的授权机制，把授权改革与自主改革结合起来

针对改革授权与改革积极性的矛盾，可以考虑将授权改革与自发改革结合起来，即今后的检察环节刑事诉讼制度改革，一般应当获得立法机关的授权，但在授权同时，可以将试点范围和条件适当放宽，如在授权时，可以不具体规定授权的地区，或者在规定授权地区的同时，可以规定虽然不是试点地区，但具备条件的，经备案，也可以开展试点工作，这样既可以解决改革授权问题，又能够调动基层改革的积极性。

（二）发挥党委的主导作用，把党的领导与各部门的改革结合起来

实践证明，各项司法改革措施的落实，离不开党委的领导、协调与督促。新时期的检察环节刑事诉讼制度改革，既然是党委领导下的改革，就应当继续坚持党的领导，各部门都应当在党委的领导协调之下开展工作，但是对于专业性、部门性的工作，则可以由党委放权，由各部门自行规划、设计，对于需要多部门共同协商解决的关键性问题，可以在党委领导下各方协商解决，从而使党的领导与各部门改革自主性结合起来。

（三）发挥最高司法机关领导作用，将顶层设计与基层创新结合起来

新时期检察环节刑事诉讼制度改革，最高人民检察院参与调研、汇报改革思路、制定试点办法，发挥了顶层设计的重要作用。但同时，基层在具体改革实施中也遇到了这样或者那样的问题，这些问题如果都要等待顶层设计，将会造成改革的迟滞，影响改革的顺利实施。因此，在今后的改革中，我们需要在坚持顶层设计的同时，也可以由最高司法机关先对基层的相关需求进行调研，解决现实需要的问题，在制定改革试点办法时，对一些操作层面问题留出基层创新空间，解决基层创新积极性问题。

（四）坚持互惠原则，把调动各方面的积极性结合起来

司法改革需要调动各方面的积极性，而不是某一个部门或者个人受惠。为此，今后的检察环节刑事诉讼制度改革，就要统筹好办案人员、律师、犯罪嫌疑人、被害人、侦查人员、审判人员以及社会公众、学术界等各方的关系，调动他们的积极性，如针对刑事速裁程序中律师参与不高的问题，认罪认罚从宽制度试点办法就规定了值班律师应当在场的规定，尽管这一规定增加了办案人员的部分工作量，但是能够保障犯罪嫌疑人认罪的自愿性、认罚的真实性，就是可取的，对此，可以在今后的改革中将这一制度进一步固定和改造，通过值班律师的设置逐步实现全部刑事案件均应当有值班律师在场的制度，从而真正从制度上杜绝刑讯逼供现象；政府在这方面要舍得投入，保障值班律师值班费用，从而切实调动律师参与改革的积极性等。要在一定范围内对改革举措进行宣传，如可以借鉴认罪认罚从宽制度试点工作中在看守所内进行宣传的做法，选择合适的对象、合适的场合、合适的时机进行宣传，从而调动各方面的积极性。再如，针对认罪认罚之后被告人一审判决后又提出上诉的问题，尽管现阶段上诉是被告人的权利，但这种情形的出现浪费了诉讼资源，影响了诉讼效率，反映出个别被告人不诚信。对于认罪认罚且同意适用刑事速裁程序、已经具结签字的被告人，是已经因认罪认罚而得到从宽处罚，属于该程序的受益者。为此，就应当同时承担由此带来的后果，因而对于适用此程序审理的案件提出上诉，属于司法不诚信的行为，也与此前认罪认罚的态度相悖、丧失了得到从宽处罚的前提条件，因而可以建议今后在修改法律时，对于适用此类程序审理的案件应当一审终审，或者不受上诉不加刑原则限制。

（五）切实维护司法公正，把保证案件质量与强化办案监督结合起来

无论何种形式的刑事诉讼制度改革，都必须保证办案质量，维护司法公正，这是司法改革的宗旨与底线，也是民众最为关注的重大问题。为此，新时期检察环节刑事诉讼制度改革，就要一方面适应以审判为中心诉讼制度改革要求，保证案件质量，处理好诉侦、诉辩、诉审关系，另一方面还要积极回应社会公众对于权钱交易、司法腐败的担忧，在每一次改革中，严格落实办案责任，细化权力清单、责任清单、审批流程和责任追究，扎紧制度的篱笆。

对于诉侦关系，一是完善检察机关介入侦查、引导取证工作机制，把握好介入侦查引导取证的基本原则，明确介入侦查引导取证的方式和重点。二是完善退回补充侦查制度，对需要补充侦查的案件及时退回补充侦查，同时建立证据协查说理性和指引性工作机制，切实落实补充侦查的效果。

对于诉辩关系，一是要注意完善保障律师执业权利机制。严格执行修改后

刑诉法和保障律师执业权利的规定，推动设立网上预约平台、提供刻录电子卷宗等做法，切实保障律师阅卷权。二是完善审查起诉环节听取律师意见工作机制，高度重视律师意见，对律师提出无罪、罪轻或者不需要追究刑事责任，侦查中有刑讯逼供等违法情况，证据真实性、合法性存在问题的意见，认真审查核实，并在案件审查报告中对是否采纳及其理由作出说明，从而促进和提高公诉工作的精准性和公正性。三是完善与律师沟通、协商机制，加强庭前沟通，借助庭前会议，与辩护律师进行充分沟通，共同推进完善检察环节刑事诉讼制度改革。

对于诉审关系，要着力解决指控犯罪与审判监督之间的关系，既要通过有效、有力、有据说理使法官采纳指控观点、接受量刑建议，又要注意及时纠正错误的判决裁定，要通过庭前沟通、庭前会议、庭上说理、庭下补证完善等形式弥补指控的不足；要通过检察建议、抗诉等形式履行好法律监督职责。

（六）革新办案方式方法，把提高业务能力与检察环节的科技创新结合起来

新时期检察环节刑事诉讼制度改革的一项重要内容，就是引入科技手段完善办案手段、提高办案效率，为此，各试点地区相应地使用了“大数据”手段统一同类型案件的处理标准、开展远程视频办案系统建设、实行办案网上审批等。新的科技手段为司法办案注入了动力与活力，提升了办案效率，但毕竟办案本身还要靠人，再先进的科技手段不可能取代人类劳动、再精密的仪器也需要靠人来操作，因而在进行科技创新的同时，仍然要注意对办案人员本身业务能力的提升，更新他们的司法理念，激励他们的改革创新积极性，鼓励他们投身检察环节刑事诉讼制度改革，这才是真正的“以人为本”。同时，对于新的办案方法，还要注意宣传引导，使犯罪嫌疑人及其家属、被害人、律师等能够接受，如远程视频办案系统使用等，要征求犯罪嫌疑人、被告人的意见，如果当事人一定要亲自到场或者到庭的，可以改变办案方式，从而实现科技方法与个人意愿相结合。

（七）贯彻证据裁判原则，统一证据标准

证据裁判是现代刑事诉讼制度的一项基本原则。我国刑事诉讼法对侦查机关侦查终结、人民检察院提起公诉、人民法院作出有罪判决规定了同一的证明标准，这一法定证明标准适用于所有刑事案件，包括认罪与不认罪的案件，因而检察机关在今后的改革之中，就要注意坚持在法定证明标准的基础上更加科学地构建证明标准，依法全面收集固定证据，全面审查案件，对于那些虽然犯罪嫌疑人认罪，但没有其他证据，或者认为事实不清、证据不足的，也应当坚

持疑罪从无原则，不能以认罪从宽为由逼迫犯罪嫌疑人认罪。立法层面，建议借鉴新时期一系列刑事诉讼制度改革的方式方法，在党委协调领导下经论证研究，制定统一的刑事证据法，对于至今尚有争议的非法证据排除规则等问题做出明确的、具有可操作性的规定，减少不必要的争议，实现证据标准真正的统一，这才是刑事司法改革的理想方向。

（八）贯彻量刑均衡原则，统一量刑标准

同案不同判问题是为民众广为诟病的司法不公问题，排除了司法腐败的问题，量刑均衡原则没有得到贯彻是这一问题的根源所在。从新时期检察环节刑事诉讼制度改革试点工作开展的情况来看，刑事诉讼制度改革在具体操作层面的两大重要问题，就是证据标准和量刑规范的问题，证据标准决定案件事实认定是否准确，量刑规范决定能否实现同案同判，落实司法公正。为此在试点工作中，各地也都在尝试在党委统一领导下，由法院牵头制定统一的常见罪名量刑标准，但这种做法毕竟只能解决一时一地量刑统一问题，不能解决全国性的问题，因而，建议借鉴英国量刑指引的做法，制定统一的量刑法律规范。为了确保对认罪被告人量刑减轻的一致性，英国量刑指引委员会（Sentencing Guidelines Council，2010 年该委员会改名为量刑委员会）2004 年制定了认罪量刑减轻指引，2007 年进行了修订（目前正在进行新一轮修订）。需要指出的是，英国量刑委员会是英国司法部下的一个独立的非部门公共机构，目前有 15 名成员，主要由高等法院王室分庭首席大法官、皇家检察署检察长、其他资深法官（都有执业律师经历）以及来自假释机构、警务机构的委员组成。量刑委员会的指引对法官有约束力，但法官在符合公共利益条件下也可以偏离指引，但要说明理由。从认罪量刑减轻指引看，对认罪被告人的量刑减轻完全是基于其认罪的功利主义奖赏，与被告人的悔罪和其他减轻情节是相区分的。减轻幅度因认罪所处的诉讼阶段不同而不同，原则是认罪越早减轻幅度越大。在没有被告人认罪也可以定罪的案件中法官有缩小量刑减轻幅度的裁量权。在谋杀罪以及一些不定期刑犯罪中，认罪量刑减轻程序又有所不同。[①] 我们可以根据中国的实际，结合近年来开展的量刑规范化试点工作，制定统一的量刑标准，细化量刑情节，减少量刑的随意性，对于认罪的犯罪嫌疑人、被告人，可以采取“分阶段认罪激励法”，把认罪时间节点与从轻处罚的比例幅度结合起来，从而形成不同罪行性质、认罪与不认罪案件的量刑区别机制，为实现全面量刑均衡打下坚实的基础。

---

① 《促进量刑过程的公正透明及一致性 英国量刑委员会正式成立》，载《法制日报（周末版）》2010 年 4 月 15 日。

经验与理性：认罪认罚从宽制度的实践探索

吴春妹　贾晓文*

党的十八届四中全会作出全面推进依法治国的重大决策和战略部署，在《中共中央关于全面推进依法治国若干重大问题的决定》中明确提出要“完善刑事诉讼中认罪认罚从宽制度”。2014年6月，全国人大常委会作出《关于授权最高人民法院、最高人民检察院在部分地区开展刑事案件速裁程序试点工作的决定》，是构建多层次的诉讼程序体系、实现公正与效率统一的初步探索。2016年9月，全国人大常委会作出《关于授权最高人民法院、最高人民检察院在部分地区开展刑事案件认罪认罚从宽制度试点工作的决定》，在前期刑事速裁程序试点的基础上，把认罪认罚从宽制度作为推动刑事诉讼繁简分流的重要举措，在更高层次上贯彻落实党的十八届四中全会的决定、推动宽严相济刑事政策具体化、制度化和推进以审判为中心诉讼制度改革。

一、认罪认罚从宽制度改革的理论基础与现实需要

中央新一轮司法改革积极回应我国刑事司法的现状和公正与效率的价值追求，在积极推动以审判为中心的诉讼制度改革的时代背景下，认罪认罚从宽制度改革意味着更有效、更合理地配置司法资源，促进速裁程序、简易程序和普通程序相辅相成的多层次诉讼体系建设，做到“简者更简，繁简分流”。

（一）认罪认罚从宽是宽严相济刑事政策的制度体现

孟建柱同志指出，认罪认罚从宽制度体现了现代司法宽容精神，是我国宽严相济刑事政策的制度化。作为长期以来指导我国刑事司法实践的基础理念，宽严相济的刑事政策始终强调“该严则严，当宽则宽，宽严互补，宽严有度”。对于认罪认罚的犯罪嫌疑人的从宽处理是宽严相济刑事政策的应有之

---

* 吴春妹，北京市朝阳区人民检察院副检察长，全国检察业务专家；贾晓文，北京市朝阳区人民检察院轻罪案件检察部负责人，检察官。

义。认罪认罚从宽处理制度的试点正是突出彰显了宽严相济刑事政策的核心价值。[①]

（二）认罪认罚从宽是以审判为中心诉讼制度改革的有力推手

以审判为中心的诉讼制度改革要求推进庭审实质化，其本质是要求保证庭审在查明事实、认定证据、保护诉权、公正裁判中发挥决定性作用。这就要求完善刑事程序的繁简分流，让“简者更简”，把更多的时间和精力放在重大复杂案件的庭审中来。针对自愿认罪、自愿接受处罚的犯罪嫌疑人及时简化或终止诉讼程序，将大大解放审判资源，从而为庭审实质化创造有利条件。

（三）认罪认罚从宽是完善繁简分流、优化司法资源配置的科学路径

刑事司法实践中司法资源的有限性和不断增长的案件数量之间的矛盾日益突出。作为完善认罪认罚从宽处理制度重大举措的刑事速裁程序试点已经用实践证明我国当前刑事诉讼程序繁简分流还有很大的空间，司法资源配置可以更加科学合理。认罪认罚从宽制度的实行可以进一步推进刑事案件在诉讼程序和诉讼阶段上的及时分流，从而在更大程度上缓解矛盾，释放繁简分流的空间，并科学引导司法资源流向更重要的地方。

（四）认罪认罚从宽是加强人权保障的重要手段

公正、及时审判是犯罪嫌疑人、被告人的正当权利。贝卡利亚曾说：诉讼本身应该在尽可能短的时间内结束，这是因为“惩罚犯罪的刑罚越是迅速和及时，就越是公正和有益”。[②] 著名的英国法谚“迟来的正义不是正义”也体现了对及时审判的格外强调。认罪认罚从宽制度充分借力速裁程序、简易程序和普通程序简化审，有利于及早终结诉讼，让犯罪嫌疑人、被告人尽快摆脱讼累，也让被害人能够尽快从犯罪伤害中获得补偿。

二、认罪认罚从宽制度的实践探索：从轻刑快审到认罪量刑协商

北京市朝阳区人民检察院是全国最早开始轻微刑事案件快速审理机制改革的检察院之一。早在2007年就创设了“轻刑快审”案件办理机制，仅2012年至2014年适用该机制办理的案件就已达千余件，积累了宝贵的实证研究的基础数据和经验总结。在被确定为刑事速裁程序试点单位后，该院充分总结“轻刑快审”的先进经验，建立“4+4”工作机制有序推进刑事速裁程序试

---

① 陈卫东：《认罪认罚从宽制度研究》，载《中国法学》2016年第2期。

② ［意］贝卡利亚：《论犯罪与刑罚》，黄风译，北京大学出版社2014年版，第57页。

点，并积极探索认罪量刑协商助推刑事速裁程序适用。

（一）刑事速裁程序办案情况分析

朝阳区检察院2014年10月开始刑事速裁程序的试点工作，① 2015年适用速裁程序347件363人，占全部提起公诉案件的13.27%；2016年适用速裁程序538件547人，占全部提起公诉案件的21.24%。

1. 从数量上，适用速裁程序案件2016年较之2015年上升55%。

2. 从案由上看，大部分可以适用速裁程序的案件均已涉及，尤其是行贿罪等特殊案件也已出现。但主要还是集中在危险驾驶罪、盗窃罪等常见罪名。

3. 从程序启动上，存在公安机关建议启动和检察院启动两种形式。目前，根据北京地区办理危险驾驶罪的现状，危险驾驶罪案件一般均由公安机关主动建议启动刑事速裁程序，其他案件均是检察机关在提起公诉时建议人民法院适用速裁程序审理。

4. 从效果上看，审理时间缩短，诉讼效率在一定程度上有所提高；被告人服判息诉，法律效果和社会效果良好。一方面，速裁程序在原有简易程序的基础上大幅度简化了审理程序，对于案件繁简分流起到了一定的作用。从整个案件的处理流程看，用时有所减少。对于公安机关认为适合速裁程序的案件，一般在8个工作日内作出移送审查起诉的决定，检察机关在7个工作日内审查完毕并提起公诉，人民法院则一般在7个工作日内作出判决并当庭宣判。据统计，法院在7日内结案的案件占比高达70%。另一方面，适用速裁程序的案件一般都是犯罪情节较轻，事实清楚、证据充分，被告人认罪认罚的案件。在全部适用速裁程序的案件中，由于检察机关在提起公诉时的量刑建议相对明确且较轻，被告人均表示接受，除危险驾驶案外，② 仅有3起盗窃案件被告人提出上诉。

（二）构建“4+4”工作机制搭建刑事速裁程序基本框架

1. 轻刑快审为刑事速裁试点奠定坚实基础

在轻刑快审时期，一起案件从刑事拘留到作出判决平均用时20日，与常规程序相比办案时限大为缩短。多年来的实践积累了宝贵的经验，为刑事速裁程序试点奠定了坚实的基础。

---

① 为统计数据和计算比例方便，只统计2015年和2016年数据。

② 北京地区，危险驾驶案件一般采取刑事拘留的强制措施并一直沿用至审判阶段。被告人通常会为了取保候审而滥用上诉权，因此，在适用速裁程序的危险驾驶案中，被告人上诉与否与是否内心同意法院判决并无明显相关性。

（1）大量的案件基础。该院年均受理审查起诉案件近4000件，2012—2014年适用快速审理程序办理共计1222件，分别占全年受案数的12.80%（2012年）、9.05%（2013年）和9.89%（2014年）。大量轻刑快审案件均符合速裁程序适用条件。

（2）完整的组织基础。在轻刑快审试点工作中成立了专门办理轻微刑事案件的处室，与公安、法院对接。经过多年运行，已经培养、储备了办理轻刑快审的专业化办案团队，为顺利推进刑事速裁程序提供了组织、人员保障。

（3）完善的规范基础。拟定《关于依法快速办理轻微刑事案件的意见》，并与公安、法院共同会签。对适用轻刑快审的案件范围、条件、办理程序等均予以详细规定，对公检法三机关在轻刑快审工作中的角色分工作出了明确要求。该《意见》作为推进轻刑快审工作的纲领性文件发挥重要作用，同时也为顺利推进刑事速裁程序发挥了宝贵的借鉴意义。

（4）通畅的运行基础。侦查机关对于符合条件、决定适用快审程序的，在卷宗封面加盖启动方章，并移送检察机关。检察机关通过这种方式可以迅速了解该案属于快审案件并启动快速审理绿色通道，同时建议法院适用快审程序。对于经审查不符合条件的，加盖终止方章结束快审程序。长期的快审实践为推动刑事速裁程序提供了良好的运行环境。

2. 建立四项基本机制搭建刑事速裁程序“主动脉”

（1）建立刑事速裁地区合作机制。自刑事速裁程序试点以来，辖区公、检、法、司四机关迅速明确了四机关各自职能分工，明确主要由检察机关负责速裁程序的启动工作，各机关严格依规全面、充分、及时履行各自职责，在履职中应当加强各方配合，保障刑事速裁程序试点顺利开展。

（2）建立刑事速裁专门主任检察官值守机制。试点期间，把检察官改革和速裁程序相结合，建立刑事速裁程序检察官值守机制，即由专门的检察官办公室办理刑事速裁案件。一方面实现刑事案件的繁简分流，集中精力办理速裁案件；另一方面充分发挥专业化办案组的优势，保证速裁案件办案质量和效果。同时，在办案组内部，各办案人员分工负责告知、提讯、审查、出庭等任务，并定期轮转，通过精细化的分工提高办案效率，真正实现“速”裁。

（3）建立刑事速裁程序流转机制。一是关于启动程序。受案以后，第一时间对案件的类型、适用条件、除外情形等进行重点审查，对于符合条件的，经检察官批准后即时启动速裁程序，并依据成员分工分别开展告知、讯问、审查等流程。二是关于终止程序。在案件的告知、讯问、审查的任何一个环节，一旦出现不能适用速裁程序的情形的，经检察官同意后终止程序适用，转为普通办案程序办理。

（4）建立刑事速裁交流共享机制。在速裁工作中，公、检、法、司四机关建立刑事速裁程序联席会议制度。根据该制度，四机关定期召开会议就试点中的经验、成效和存在的问题、障碍交换意见，重点针对速裁案件的侦查取证、法律援助、庭审方式、诉讼监督等进行交流沟通，并就如何更好地推进速裁工作展开合作。

3. 建立四项辅助机制打通刑事速裁程序“微循环”

（1）建立收案送案快速通道。为加快案件移转进程，最大限度地减少在途时间，经与案件管理部门沟通，建立收案送案快速通道。对于公安机关在移送审查起诉时建议适用速裁程序的，案件管理部门优先收案登记，收案后即时移交公诉部门。对于在提起公诉时建议适用速裁程序的，案件管理部门增加送卷时间，及时移送法院。

（2）建立远程视频讯问机制。根据速裁案件案情简单的特点，充分利用远程视频讯问系统，由专人在看守所一端负责押解、文书打印和签署等事务工作，承办人在院内一端负责告知、讯问、征求意见等工作。

（3）建立法律文书简化机制。根据速裁案件事实清楚、证据充分以及犯罪嫌疑人自愿认罪的条件和特点，改变通常的叙述性结案报告的格式，针对不同类型的速裁案件，制作表格填空式报告模板，承办人根据案件需要仅仅填写不同证明对象下的证据列表即可。该模板的适用大大压缩了结案报告的制作时间，进一步为速裁程序争取了时间。

（4）建立集中出庭公诉机制。适用速裁程序案件的庭审大大简化，为合理调配出庭公诉人，经与公安、法院协商，建立速裁程序案件集中移送、集中开庭机制。公安对于建议适用速裁程序的案件集中移送；公诉部门收案后，专门负责速裁案件的办案组成员根据分工集中进行告知、提讯、审查等工作，审查完毕后集中提起公诉；法院根据安排集中开庭，由速裁轮值公诉人集中出庭支持公诉。

（三）以刑事速裁程序为依托，积极探索认罪量刑协商

刑事速裁程序兼顾公正与效率、优化司法资源配置、加强人权保障、贯彻宽严相济刑事政策的重要举措，在试点中，由于部分犯罪嫌疑人对适用罪名、量刑建议存在异议导致符合条件的案件不能适用速裁程序，在一定程度上限制了刑事速裁程序功能价值的有效发挥。为进一步提升速裁程序的适用比率，朝阳区检察院引入“认罪量刑协商机制”，有力推动了刑事速裁的适用，适用比例由此前的14.67%提升到23.12%。

1. “认罪量刑协商”的内涵

“认罪量刑协商”是指检察机关在刑事速裁程序中，犯罪嫌疑人与检察官

达成的协议。通过协议，在犯罪嫌疑人自愿认罪的基础上，犯罪嫌疑人会以协议确定的罪名遭到起诉，但是检察官在提起公诉时会建议法院适用刑事速裁程序，并在同类犯罪行为正常量刑建议的基础上减轻10%—20%的幅度向法院提出量刑建议。"认罪量刑协商"只适用于刑事速裁程序，协商的内容仅仅限于量刑幅度，对犯罪事实认定和罪名不适用认罪协商。

2. "认罪量刑协商"的适用流程

（1）充分告权，打造基础。检察机关按照相应的量刑规范意见将涉案罪名的量刑情节按照刑事责任年龄、犯罪完成情况、共同犯罪中的地位和作用等一般情节和相应犯罪的具体数额、伤害后果等个案情节梳理成条目，制作成"量刑菜单"，由检察官在提讯时根据案情进行讲解，告知犯罪嫌疑人量刑依据，充分保障其知情权，为达成"认罪协商"提供基础。

（2）提出建议，征得签署。在充分告权、详细解读的基础上，检察官在《认罪协商承诺书》上书明指控罪名，并按照同类犯罪行为减轻10%—20%的幅度提出量刑建议，征得犯罪嫌疑人同意适用速裁程序和量刑建议后，签署《认罪协商承诺书》。

（3）提起公诉，简化庭审。在犯罪嫌疑人签署《认罪协商承诺书》后，检察机关依照承诺书所载罪名和量刑建议向法院提起公诉，提出适用速裁程序的建议和量刑建议。在审理时，不再专门进行法庭调查、法庭辩论，公诉人当庭简单陈述主要犯罪事实、罪名、量刑情节并发表量刑建议。

（4）如若反悔，及时终止。犯罪嫌疑人签订《认罪协商承诺书》后，在提起公诉前反悔的，检察机关应当及时审查犯罪嫌疑人反悔的原因和理由，确属合理的，可以重新与犯罪嫌疑人达成"认罪协商"；反悔不合理的，应当尊重犯罪嫌疑人的意愿不适用或者不建议法院适用刑事速裁程序，提出的量刑建议也不予减轻。在审判环节反悔的，应当尊重法院不适用刑事速裁程序的决定，并重新提出量刑建议。

例1：蔡某某危险驾驶罪

蔡某某醉酒驾驶机动车发生交通事故，血液中酒精含量为149.7mg/100ml。在原量刑建议（拘役一个月零十日至三个月，并处罚金）幅度内减轻20%与其签订《认罪协商承诺书》，并以刑事速裁程序向法院提起公诉，蔡某某最终被法院以危险驾驶罪判处拘役一个月零五日，罚金人民币三千元。

例2：陈某故意伤害罪

犯罪嫌疑人陈某于2016年6月21日22时许，在北京市朝阳区北四环中路某小区楼下，在遛狗过程中与邻居彭某某发生纠纷，后用拳头殴打彭某某面部和头部，将彭某某打倒在地，致彭某某"右踝部所受损伤，致后踝骨折累及关节面”，经刑事科学技术鉴定，构成轻伤一级。后犯罪嫌疑人陈某与彭某某达成刑事和解，并自愿签署《认罪协商承诺书》，最终对其作出相对不起诉决定。

例3：李某某行贿罪

反贪部门在侦查之初就对犯罪嫌疑人李某某宣讲认罪认罚可以从宽处理的政策，获得李某某的有罪供述。在审查起诉阶段，公诉部门按照量刑指导意见并经与法院沟通，在有期徒刑7—9个月的量刑区间基础上体现从宽处理政策，以有期徒刑6个月要求李某某签署《认罪认罚承诺书》，向法院提出量刑建议并获得法院判决认可。

三、认罪认罚从宽制度探索实践中存在的问题

在认罪量刑协商探索过程中，尤其是在全国人大常委会的授权和“两高三部”《关于在部分地区开展刑事案件认罪认罚从宽制度试点工作的办法》发布以后，认罪认罚从宽制度在试行中存在一些困难和困惑需要得到进一步解决。

（一）认罪认罚从宽制度与现有从宽处理制度、量刑情节的关系

全国人大常委会在授权中规定，对犯罪嫌疑人、刑事被告人自愿如实供述自己的罪行，对指控的犯罪事实没有异议，同意人民检察院量刑建议并签署具结书的案件，可以依法从宽处理。在我国刑法中，自首、坦白均属于法定从宽处罚情节，当事人和解也可以获得从宽处理。高检院研究室万春主任在答记者问中也提到从宽“必须适用刑法对于各个具体罪名的规定，是在法律规定的幅度内进行从宽”。那“认罪认罚从宽处理”与现有法定从宽处理制度、情节之间是相互独立还是是对现有从宽制度、情节的统一整合？认罪认罚之后从宽处理的合法性依据来源于制度本身还是来源于自首、坦白、刑事和解？“认罪认罚从宽”是否具有独立量刑地位？

（二）认罪、认罚与从宽处理的关系

根据相关规定的语境，“认罚”是指犯罪嫌疑人认可检察机关的量刑建议。按照这样的逻辑，犯罪嫌疑人认可检察机关的量刑建议是获得从宽处理的前提和条件。这会导致两个问题。其一是量刑建议与从宽处理之间的逻辑错位。检察机关为了争取犯罪嫌疑人的具结，会预设嫌疑人的从宽处理结果从而据此提出一个较低的量刑建议，但实际上认罚应该是从宽的前提和条件。同时，根据刑事案件速裁程序试点工作中推行认罪量刑协商的经验，在那些可能判处一年有期徒刑以下刑罚的案件中，被告人很容易同时接受检察机关的量刑建议，比较容易形成共识。但是，认罪认罚从宽制度一旦适用到更大范围，说

服嫌疑人和辩护人认可量刑建议就不是那么容易了。其二是认罚或不认罚对于从宽的区别。根据全国人大常委会授权，认罪认罚可以获得从宽处理，但是根据现行法律规定自首、坦白、刑事和解等固有的认罪情节也会获得从宽处理结果。在认罚与不认罚之间，从宽的幅度是否会有所区别。

（三）从宽处理的方式和幅度

1. 关于不起诉权

相关研究通常认为，从宽处理包括实体从宽和程序从简。实体从宽一般是指量刑减让和不起诉，程序从简则指程序运行的迅速、简化，主要是指简易程序、速裁程序。在全国人大常委会的授权规定中，从宽处理的前提除了认罪之外，还要认可检察机关的量刑建议。从规定表面进一步衍伸，只有当检察机关决定提起公诉的时候才会提出量刑建议。如此理解，是否意味着此次全国人大常委会授权的实体从宽只包括量刑减让，而把检察机关的不起诉裁量权排除在外？如果包括不起诉裁量权，检察机关是否可以针对大量的认罪认罚的轻微刑事案件适用相对不起诉？

2. 关于从宽幅度

在《刑事案件速裁程序试点工作座谈会纪要（二）》中为体现量刑激励，对同意适用速裁程序的，可以减少10%—30%的基准刑。北京市朝阳区院在认罪量刑协商的试行中规定了10%—20%保守基准刑减让。以上幅度减让的前提均是基于刑事速裁程序本身所要求的一年有期徒刑以下的案件范围。当认罪认罚从宽制度扩大到所有的符合条件的案件时，10%—30%的基准刑减让是否可以进一步扩大，是否可以在缺乏法定减轻处罚情节时在法定刑以下量刑？认罪认罚从宽制度的目标价值之一是为了节约诉讼资源，那么在刑事诉讼不同阶段作出认罪、认罚表示，并不同程度地节约诉讼资源的，是否可以给予不同的从宽幅度？

（四）被害人参与

刑事速裁程序中仅仅对赔偿、道歉等事项中规定了被害人在程序选择中的相关角色地位，在认罪认罚从宽制度中要求强化被害人参与，充分考虑被害人的意见。是否意味着认罪认罚之后的从宽处理要征求被害人的意见？如果被害人不同意从宽应当如何处理？被害人借机索要高额赔偿数额的是否应当支持？

四、认罪认罚从宽的制度构想

（一）建立健全多方认可、辩护律师参与下的认罪、量刑协商体系

认罪认罚从宽制度涉及犯罪嫌疑人（被告人）认罪的自愿性、量刑建议

的协商一致、从宽处理的选择等内容，其间既牵涉刑事诉讼各方参与主体，又需维护刑事诉讼本身的价值与功能，必须建立健全辩护律师参与下的认罪、量刑协商体系。

1. 明确参与主体，合理界分各方权利义务

（1）犯罪嫌疑人（被告人）。犯罪嫌疑人（被告人）认罪认罚应当出于理性、自愿。一是作出认罪认罚有罪供述出于自愿，不得受到胁迫、引诱、欺诈或者其他强制行为；选择认罪认罚从宽处理制度及相关诉讼程序出于自愿。二是犯罪嫌疑人（被告人）的自愿选择出于理性，包括具有理解并选择认罪认罚的能力，明确知晓选择认罪认罚的后果，能够获得辩护律师的帮助等。

（2）侦查机关。侦查是刑事诉讼程序的第一道工序，也是收集、固定证据的关键环节，在侦查阶段以为起诉、审判提供证据为要求，全面、规范收集证据，是构建以审判为中心诉讼制度的关键所在。侦查阶段，侦查机关应当以全面客观收集、固定证据为主业，在侦查初期应当避免启动认罪认罚从宽，以防关键证据因怠于收集导致诉讼后期程序回转后的处理困境。侦查后期，在全面收集证据的基础上，可以适当启动。

（3）检察机关。检察官在受理案件后，通过审阅卷宗对证据进行充分理解，在讯问过程中了解犯罪嫌疑人是否有认罪认罚的意向，告知其选择认罪认罚的法律后果，通过详细解释让犯罪嫌疑人对认罪认罚的影响有明确认知。经过协商后与犯罪嫌疑人就认罪认罚事项达成协议。

（4）辩护律师。在认罪认罚制度中，辩护律师的参与不可或缺。一方面辩护律师需提供法律咨询，说明选择认罪认罚对其案件的影响，保证其选择认罪认罚的明智性；另一方面，在认罪认罚协商的过程中为犯罪嫌疑人争取最大限度的从宽处理。

（5）被害人。被害人的意见应当得到充分尊重。在认罪认罚从宽制度中，被害人由于遭受到人身或者财产损失，犯罪嫌疑人的认罚除了包括接受量刑建议和庭审审判之外，也应当包含对被害人的民事赔偿和赔礼道歉等内容。被害人获得民事赔偿后应当对犯罪嫌疑人表达谅解。

（6）法院。未经审判不得定罪，是刑事诉讼设置审判程序的根本目的和核心价值所在，法官作为裁判者对适用认罪认罚制度处理的案件享有最终审查权，符合司法活动属性的本质要求。在审理认罪认罚案件过程中，法官需对被告人选择认罪认罚程序的自愿性、明智性，认罪认罚协议的合理性，案件是否具有禁止适用情形，以及是否准许被告人主张撤回认罪认罚供述或者检察院主张撤回认罪认罚协议等进行审查。

2. 规范从宽方式和幅度的设置，保障被追诉人获得与之相符的从宽处理

结果

（1）规范从宽处理的层级性。根据不同案件类型、认罪认罚的时间节点、具体方式来设置认罪认罚的从宽幅度，体现从宽层级的差异性。比如，在侦查阶段就表示认罪认罚的，由于其及时认罪认罚使得侦查资源的使用相对经济节约，在从宽幅度上应该明显大于在诉讼阶段才认罪认罚的。

（2）确定从宽方式的多元性。认罪认罚从宽作为一种激励机制，不仅可以体现在量刑上的减让，还可以通过强制措施的变更、及时终结诉讼的分流、缩短诉讼周期等方式，体现从宽方式的多元性。侦查、批捕阶段签署认罪认罚具结书的，尽量减少羁押性强制措施的适用。审查起诉阶段签署认罪认罚具结书的，可以判断其是否满足不起诉条件。进入审判程序的，充分运用速裁程序、简易程序等减轻庭审压力。

（3）提升从宽幅度的可预期性。根据刑事诉讼的规律，最终的量刑取决于审判活动，因此检察机关的量刑建议应具有一定幅度。但是，认罪认罚协商的过程中，相对精确的量刑区间有助于提高被追诉人对从宽处理结果的可预期性，提升被追诉人认罪认罚的积极性。可以适当缩小量刑区间，例如量刑建议在一年以下的，可以探索提出精准的量刑建议，三年以下的不超过三个月等。

（二）健全认罪认罚从宽的程序回转

1. 达成认罪认罚协议的应当允许被追诉人反悔

犯罪嫌疑人、被告人同意量刑协议，意味着法庭审理的简化或者放弃当庭质证、辩论的诉讼权利，可能侵害其诉讼权益，因此应当赋予其反悔的权利。反悔后，其在认罪协商中的认罪答辩归于无效，但其在侦查阶段所作有罪供述仍可作为证据使用。

2. 规范被追诉人反悔回转程序

犯罪嫌疑人、被告人撤回认罪认罚承诺一般不应设置限制条件，但要求在一审法院作出裁决之前。对于犯罪嫌疑人、被告人来讲，撤回认罪认罚承诺属于其诉讼权利，不能因其反悔从重处罚；但撤回承诺不应再享受从宽处罚的优惠，包括非羁押强制措施、量刑减让等。对于检察机关而言，应当重新审查公诉证据材料，并有权申请补充侦查等。

3. 检察机关撤回认罪认罚协议应受到严格限制

仅在发现新事实、新证据足以改变案件处理结果时允许撤回，如实际罪名与承认罪名不一致，发现被告人无罪、罪轻的证据等。

（三）明确当事人上诉权的适当限制

经过认罪认罚的案件，被告人在作出认罪认罚承诺之前，已经对案件事实、量刑情节、从宽处罚幅度有了充分的认知，对诉讼后果有了清楚地预期，通过法律援助、书面具结、当庭讯问、最后陈述等形式，充分保障了被告人的程序选择权，一审判决前的程序流转也保障了其反悔的诉讼权益。此时被告人再上诉明显有悖诚信原则，容易造成司法资源的浪费。另外，受上诉不加刑原则限制，二审无法撤销从宽判决，有失公平。因此，对于认罪认罚从宽的案件，应当对被告人的上诉权进行必要限制，比如仅允许被告人以认罪认罚“违背意愿”为由提起上诉；对以该理由提出上诉的，改变二审全面审查原则为部分审查原则，仅对被告人的上诉理由进行审查，经审查不存在上诉理由情况的，不进行实体审查。

在限制上诉权的同时，司法机关应当加强被告人认罪认罚的程序保障，如认罪认罚承诺前是否全面了解控方证据情况、是否真正了解认罪认罚的法律后果等。

总之，认罪认罚从宽制度是统筹刑法规定的自首、立功等法定、酌定从宽处理情节和诉讼法关于简易程序、普通程序等诉讼程序的系统工程，认罪认罚从宽制度的试点成功与否事关刑事司法系统能否适应时代和人民群众新需求，需持开放心态，大胆实践。

检察环节认罪认罚从宽制度的完善

张雅芳　张楚昊*

一、探索与检视：认罪认罚从宽制度下上海市 A 区检察院速裁试点样本分析

刑事案件认罪认罚从宽在实践中的应用，主要集中在刑事简易程序、刑事速裁程序和刑事和解等程序中，这些制度有着参与性、对等性、合理性、自治性和及时终结性等诸多相同优点。本文选取了作为刑事速裁首批试点单位的上海市 A 区检察院进行实证分析，该院结合区域实际，扎实开展试点工作，形成了具有一定特色的内部操作规范和外部协作格局。在此，我们针对该院试点全程的数据展开分析。

2014 年 11 月 1 日至 2017 年 1 月 31 日，上海市 A 区检察院适用刑事速裁程序提起公诉案件 704 件 724 人，占全部提起公诉（3277 件，4164 人）案件的 21.48% 和 17.39%（见图一）。

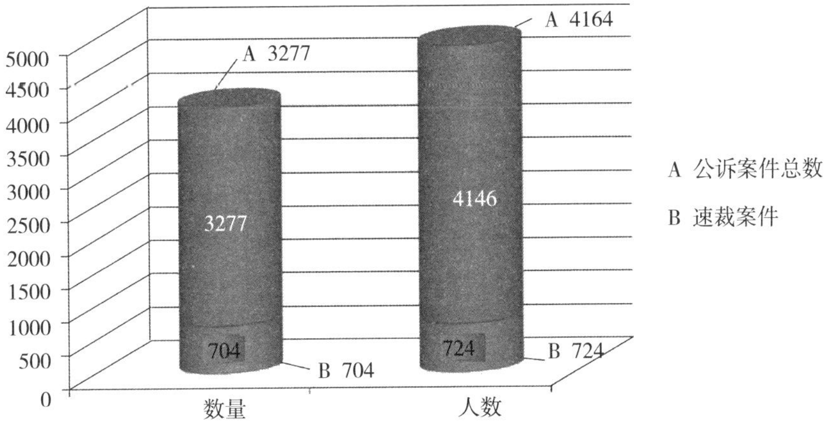

图一

* 张雅芳，上海市普陀区人民检察院研究室主任；张楚昊，上海市普陀区人民检察院检察官助理。

其中危险驾驶392件392人，占速裁案件总数的55.68%和54.14%；盗窃150件158人，占总数的21.31%和21.82%；毒品案件69件71人，占总数的9.8%和9.8%；故意伤害32件35人，占总数的4.55%和4.83%；寻衅滋事17件21人，占总数的2.4%和2.9%；妨害公务26件26人，占总数的3.69%和3.59%；抢夺4件5人，占总数的0.57%和0.69%；非法行医3件3人，占总数的0.42%和0.42%；其他数量少于两件的案件①共计11件13人，占总数的1.56%和1.8%。适用速裁程序的案件中危险驾驶数量最多，占比近六成，盗窃、毒品案件和故意伤害案件次之，寻衅滋事、妨害公务和非法行医等其他犯罪占比均未超过1%（见图二）。

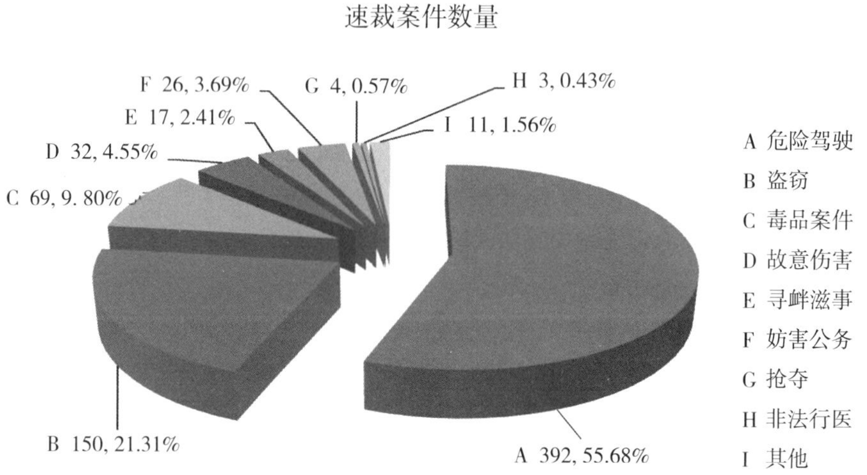

图二

一审已判决速裁案件704件724人（不包括法院自行启动速裁程序的案件数和法院变更庭审程序的案件数），其中，判处拘役641件651人，占比91.1%和89.92%，其中适用缓刑316件318人；判处有期徒刑63件71人，占比8.95%和9.81%，其中适用缓刑14件18人。适用刑事速裁程序审理的案件，被告人在量刑上可获得一定的减轻，刑罚和刑罚执行方式的选择都显示出轻刑化倾向（见图三）。

① 其他数量少于两件的案件：交通肇事2件2人，开设赌场1件2人，虚开增值税发票1件2人，贪污罪、侵犯公民个人信息罪、非法拘禁、非法组织卖血、诈骗、合同诈骗、容留卖淫罪各1件1人。

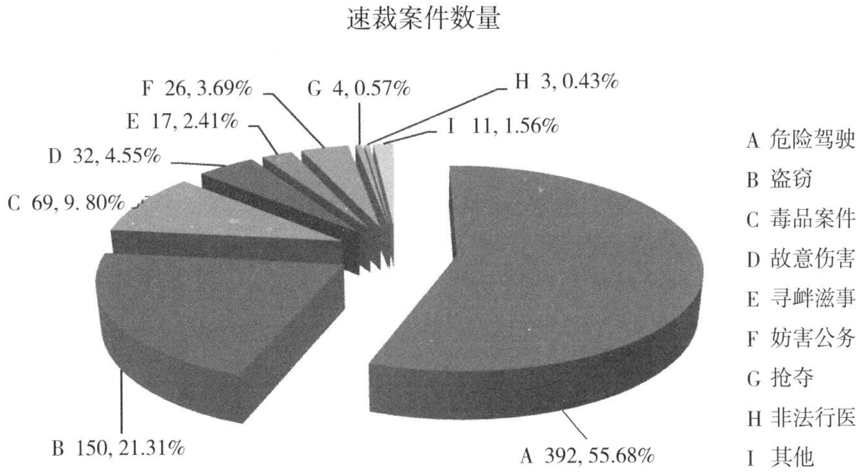

图三

提起公诉后，法院不同意适用速裁程序的 34 件 36 人，主要原因是检法对案件量刑有分歧、被告人在法院审理阶段进行了退赃赔偿等。法院判决后，上诉案件 23 件 24 人，无改判。

经过两年试点，关于速裁程序已经积累了一些行之有效的机制，如案件快速通道、多部门会商机制、集约化庭审模式等，为案件分流提速提供了新的途径。然而，作为处理轻微刑事案件的通道，在轻微刑事案件大规模涌入刑事诉讼程序的背景下，适用率在 20% 左右仍然偏低。适用罪名范围较小，比例明显偏重于某一罪名，诚然这与该程序处于试点具有一定关联，但配套制度和保障机制的不完善也是罪名未大规模放开的一个重要原因。此外，在认罪认罚制度范畴中的简易程序、速裁程序都采用了“双自愿”的制度设计，即自愿认罪和自愿选择程序，在此前提下，犯罪嫌疑人、被告人的知情权和自愿性的保障就显得十分必要，而最佳的解决途径就包括了律师及时帮助和程序设计保障自愿性等形式，而真正从内在维度促使犯罪嫌疑人、被告人自愿性提升的方式也少不了明确的激励机制和完整的救济渠道。

二、挑战与反思：认罪认罚从宽制度实践问题梳理

（一）适用范围狭窄

在认罪认罚从宽制度中，新刑诉法全新构筑的简易程序，以较低的门槛和较为成熟的程序构筑，在基层检法机关适用较为广泛。除简易程序之外的其他

认罪认罚从宽程序均存在不同程度的适用瓶颈，适用率偏低。[①] 以速裁程序为例，该程序自试点以来在A基层检察院的适用率仅为21.48%，这与基层院轻微刑事案件占相当比重的事实并不相适应。刑事速裁程序在试点阶段对适用案件的罪名采用列举的方式进行规定将范围限制较窄，目前虽已大幅放宽，但仍规定了大量的排除情形，适用条件较为严格，影响其普遍适用。比如对于犯罪嫌疑人、被告人是未成年人，盲、聋、哑人，或者是尚未完全丧失辨认或控制自己行为能力的精神病人的不适用速裁程序的规定，可能是考虑到未成年人及盲、聋、哑人由于法律意识淡薄或者不具备健全的行为能力，对自己行为后果缺乏正确的认识，因此不能适用刑事速裁程序。但是，作为社会中的弱者，事实上他们更应得到社会的关怀，更应该尽早脱离速累，得到改过自新的机会。不能因为无法确保他们的诉讼权利得到保障而将他们排除在认罪认罚从宽程序适用范围之外。另外，最高人民法院、最高人民检察院、公安部、国家安全部、司法部出台的《关于在部分地区开展刑事案件认罪认罚从宽制度试点工作的办法》（以下简称《工作办法》）中规定犯罪嫌疑人、被告人与被害人或者其法定代理人、近亲属没有就赔偿损失、恢复原状、赔礼道歉等事项达成调解或者和解协议的与速裁程序存在不适应。该规定的设计初衷是促进被告人与被害人达成和解，尽早化解社会矛盾。但是双方的和解一般需要反复说服教育，逐步淡化矛盾，故难以在刑事速裁程序时限内达成和解，成为限制刑事速裁程序普遍适用的瓶颈。

（二）适用程序复杂

科学的程序设计是认罪认罚从宽制度的又一课题。由于法律对相关程序的规定较为概括，在司法实践中常常会通过“解释”或“办案规定”进行细化，这就容易出现做法不统一、程序设计复杂、操作困难、效率不高等问题。例如在案件的提审方面，《工作办法》第10条规定：“犯罪嫌疑人自愿认罪，同意量刑建议和程序适用的，应当在辩护人或者值班律师在场的情况下签署具结书。”实践中，适用速裁程序案件通常需要两次提审，第一次提审需要确认案件是否达到事实清楚、证据充分，符合法定条件的，办案人员应在履行告知义务后向犯罪嫌疑人询问是否同意适用速裁程序，得到肯定回复后需签署具结书，但由于需要准备必要的诉讼文书和签署具结书时律师必须在场等原因，办案人员需要回到检察机关进行文书准备和约定时间等工作后，择日再次赴看守

① 左为民、吕国凡：《完善被告人认罪认罚从宽处理制度的若干思考》，载《理论视野》2015年第4期。

所进行提审，签署具结书，律师出具法律意见书。以 A 院的情况，检察院办公地点与看守所存在地理上的距离，较为简单的普通程序和简易程序通常只需要一次提审，速裁程序则需要两次提审，多次往返路程加剧时间成本消耗。甚至有观点认为，速裁程序只在审判环节起到了节约司法资源的作用，在检察环节不但没有起到程序减省的效果，反而由于需要以程序保障当事人自愿、特殊的办案文书以及多次提审而要投入更多精力。

（三）办案期限紧张

由于普遍存在的办案组织不专业、期限要求紧、程序不熟悉等问题，致使一些办案人员不会将认罪认罚从宽制度作为处理案件的首选。速裁程序对办案期限有一定的要求，比如检察院一般应当在审理后 8 个工作日左右作出是否提起公诉的决定，法院一般应当在受理的 7 个工作日内审结等。这些期限内理想情况下不难达成，但是对于一些轻微案件多发、刑事案件量较大的地区来说则显得有些紧张，因为办案人员数量相对固定，在办理速裁程序的同时仍需兼顾普通程序和简易程序案件，速裁程序期限要求紧张，如果适用数量提升会导致有限的办案人员疲于处理时限较短的案件，而将期限较长的案件延后办理，导致反向不公平，还可能导致正常期限的案件当事人羁押期限比预期延长的问题。如果办案检察官想全面兼顾，又很难在规定的期限内完成任务，法院也可能因为难以在规定期限内审理完毕，因此不同意检察机关要求适用速裁程序审理的建议。另外，对于可能宣告缓刑或者判处管制的，需要司法行政机关进行调查评估并出具评估意见，有些情况下就很难在规定期限内完成，而拿不到评估意见可能就不能判处缓刑或者管制。在没有明确程序简化支持的情况下，期限的规定似乎成了刑事速裁程序的隐形限制。

（四）激励机制不明确

在量刑方面，配合刑事速裁试点工作，上海市出台了《上海法院速裁程序案件适用范围及量刑指导意见（试行）》（以下简称《指导意见》），该意见中就列入速裁试点范围罪名的量刑进行了说明。但指导意见未规定的情形，如犯罪嫌疑人构成自首的，如何对这一法定从轻、减轻情节进行量刑，该文件没有规定。① 同时，现有的以量刑减让为主要表现形式的激励机制在严重犯罪案件中效果显著，即对可能判处长期监禁刑的被告人比较有吸引力，但对轻微犯罪案件

① 参见叶圣彬：《论刑事速裁量刑观——从“认罪认罚”到“从快从宽”的内在逻辑》，载《法律适用》2016 年第 6 期。

难以发挥预期的激励作用。[①] 以坦白为例，根据《指导意见》规定，“如实供述自己罪行的，可以减少基准刑的20%以下。”这对于可能被判处有期徒刑且刑期较高的犯罪嫌疑人、被告人具有一定的激励价值，但对于认罪认罚从宽制度下普遍存在的可能判处非监禁刑和短期监禁刑罚的犯罪嫌疑人、被告人则不那么具有吸引力。而且激励措施也没有明确延伸至审前阶段，如没有明确的激励制度体现犯罪嫌疑人选择认罪认罚从宽程序是否对强制措施运用存在影响。

（五）权利保障不健全

从制度设计来看，简易程序、速裁程序均赋予犯罪嫌疑人、被告人程序选择权，即将自愿选择该程序作为程序启动条件之一。但这里的“自愿”是指犯罪嫌疑人、被告人出于审慎的、知情的自愿，实践中存在以下难点：犯罪嫌疑人、被告人选择适用简易程序、速裁程序意味着其几乎丧失获得无罪判决的机会，在选择时是否清楚及理解这一法律后果难以保障。[②] 同时，认罪认罚案件中辩护率较低，大量当事人无法得到律师的有效帮助。从目前的司法实务来看，犯罪嫌疑人大多法律知识匮乏，而且多被羁押，对自己的犯罪行为及后果缺乏法律上的理解，尤其是涉及是否自愿认罪，是否了解自己的犯罪行为的性质以及认罪的后果等复杂问题，如果能有律师从法律专业角度帮助被告人分析并指导其作出选择，将有利于保障被告人认罪的自愿性和明智性。我国《关于完善法律援助制度的意见》（中办发〔2015〕37号文件）首次对值班律师制度作出了明确要求。“建立法律援助值班律师制度，法律援助机构在法院、看守所派驻法律援助值班律师。”《关于推进以审判为中心的刑事诉讼制度改革的意见》（法发〔2016〕18号文件）也作出明确规定，要求派驻值班律师为犯罪嫌疑人、被告人提供法律帮助。两个《意见》既是对法律援助值班律师工作的具体要求，也为全国各地开展此项工作提供制度依据。[③] 值班律师制度是为了保障犯罪嫌疑人、被告人获得律师帮助的权利，帮助其了解自己的处境，对刑事速裁程序有正确的认识，促进刑事速裁程序的适用。但是目前实践效果并不理想，首先，值班律师参与的积极性不高，不够尽责。造成这个结果的原因有两个，一个是受经济因素的影响，律师到法院、看守所值班，是上班

---

① 参见刘广三、李艳霞：《我国刑事速裁程序试点的反思与重构》，载《法学》2016年第2期。

② 参见陈瑞华：《“认罪认罚从宽”改革的理论反思——基于刑事速裁程序运行经验的考察》，载《当代法学》2016年第4期。

③ 王淑华、张艳红：《探索建立中国法律援助值班律师制度》，载《中国司法》2009年第5期。

性质的，按日拿工资，薪水自然和律师正常办案子无法相提并论。另一个是部分律师认为轻微刑事案件过于简单，办理这类案件不能显示自己的水平，不能提高自己的声誉。其次，部分犯罪嫌疑人、被告人认为值班律师是由政府提供的，其信任度不高。除此之外，在试点运行中部分试点单位禁止犯罪嫌疑人、被告人本人与值班律师接触，仅允许近亲属向值班律师咨询，这一做法违背了设立值班律师制度是为犯罪嫌疑人、被告人提供律师帮助的初衷。总的来说，值班律师制度的规定不够细化，尚不成熟，有许多需要改进的地方。

三、深化与突破：检察环节认罪认罚从宽制度优化路径分析

（一）适用范围适当拓宽

对于认罪认罚从宽制度的适用范围问题，目前仍无权威说法，存在分歧。陈光中教授的观点认为“原则上可以适用于所有案件，包括可能判处死刑在内的重罪案件。”[①] 2016 年 6 月，中央全面深化改革领导小组第 25 次会议通过了《关于推进以审判为中心的刑事诉讼制度改革的意见》，其第 21 条提出：“推进案件繁简分流，优化司法资源配置。完善刑事案件速裁程序和认罪认罚从宽制度，对案件事实清楚、证据充分的轻微刑事案件，或者犯罪嫌疑人、被告人自愿认罪认罚的，可以适用速裁程序、简易程序或者普通程序简化审理。”这说明适用认罪认罚从宽制度的案件范围不局限于简易程序案件，只要“犯罪嫌疑人、被告人自愿认罪认罚”就可以适用从宽程序。这是考虑到认罪认罚从宽制度的初衷是化解不断激增的案件压力，只要被追诉人在符合法定条件时自愿认罪认罚，就应当获得从宽处理的机会。结合中央精神，部分地区可以考虑具体情况，更加谨慎地在试点范围适用重罪案件。因此，认罪认罚从宽制度中，特别是仍在探索阶段的程序应当适当地拓宽适用范围。以速裁程序为例，适用范围可进一步拓展：第一，法律对盲、聋、哑等特殊人群限制进入简易程序、速裁程序的初衷在于防止因程序减省使其诉讼权利无法保障，但是实践中，这类特殊人群因适应能力、独立生活能力等问题，反而更需要尽快脱离诉讼进程和获取量刑优惠。可以尝试将速裁程序的适用范围适当调整，允许符合条件且自愿认罪认罚的特殊人群进行一定的量刑协商。但是从长期来看，应当探索在认罪认罚从宽制度下，创设专门的认罪协商制度，在保障特殊人群诉讼权利的基础上，有效缩短诉讼进程。第二，关于刑罚条件的规定存在争议，“可能判处三年有期徒刑”的刑罚条件是法定刑还是宣告刑？从办案实践角

① 陈光中、马康：《认罪认罚从宽制度若干重要问题探讨》，载《法学》2016 年第 8 期。

度，刑罚条件的规定指的应是宣告刑，应当让检察官根据具体的案件情况来确定是否适用刑事速裁程序。对有关刑事速裁程序的适用范围发生分歧时，应多从扩大刑事速裁程序适用范围的角度进行解释，提高刑事速裁程序的适用率。

（二）程序运行更加科学

检察机关完成法定程序环节较多、时间成本较高是当前认罪认罚从宽制度的一个难点，要实现突破，一方面可以通过改进制度设计、精简办案程序，但更为有效的方法是通过创新举措改进程序，提升速裁程序办案效率，具体而言：一是推动认罪认罚制度的文书制作电子化，将速裁程序等程序纳入检察统一业务系统，文书通过模板实现快速生成，运用模板化法律文书，要求承办人在统一系统中规范制作审查报告和起诉书二合一文书，制定讯问笔录模板，增加速裁案件特有内容，简化讯问内容和过程。二是探索运用远程视频讯问系统辅助案件提审工作，使用模块化设计，以审讯管理服务器、中间件服务器、审讯主机、高清摄像头等设备为硬件基础支撑，配合全数字式高清视频监控技术，基于通信技术、计算机技术实现全数字化高清提审，提审过程实现全程同步录音录像、笔录在线同步、远程参审、刻录加密等功能，达到新刑事诉讼法对提审犯罪嫌疑人的要求。三是加强相关辅助措施，如与看守所签订协议做到权利义务集中告知，加快换押速率，提高提审的质量和效率，又如完善律师帮助制度，实现实时现场见证、出具法律意见书，协助检察办案人员与犯罪嫌疑人快速、高效签署具结书，缩短提审时间损耗。

（三）办案组织更为专业

认罪认罚从宽制度的设立初衷之一就是实现诉讼经济，而让制度构想真正运用到实践中的最有效方法就是使之不断专业化，其中，办案组织专业化是较为核心的方面。如前所述，速裁程序办案期限较短，检察办案人员还需要兼顾普通程序、简易程序，导致抵触适用速裁程序，这与没有建立专业化的办案组织关系密切。实践中，刑检部门的办案组织主要存在两种模式：一种是罪名优先模式，即按照罪名进行划分，比如侵财类办案组、金融类办案组等，在以罪名划分的前提下，可以让资深检察官、法官适用普通程序办理疑难复杂案件，而让初级检察官、法官适用刑事速裁程序去办理轻微刑事案件，这样有利于司法队伍的专业化培养。另一种办案模式是随机分案模式，即打破以类罪分案的界限，在适当考虑案件难度的基础上，实现全部案件随机分配，这样每个办案组的成员均有机会接触到各类型案件，有利于提升办案人员综合素质。在认罪认罚从宽制度推行的背景下，应当引进程序优先模式，即成立专门刑事速裁程序办案组、刑事和解办案组以及专人办理未成年人刑事特别程序，这样不但能够解决案件时间紧、办案模式切换困难的窘境，还可以更有效地推进认罪认罚从宽制度的实践，有利于制度创新和及时发现问题改进问题。以刑事速裁为例，在程序优先模式下，成立专门的刑事速裁案件办案组。轻微刑事案件罪名分布并不均衡，主办危险驾驶、交通肇事案件的办案组案件数量巨大，因此罪名优先模式将造成不同办案组工作量严重失衡。虽然没有刑事速裁程序之前，就是按罪名进行划分，但是现在刑事速裁程序在办案时间上的限制无形中就给他们加大了工作压力。同样由于罪名分布不均的原因，罪名优先模式很难与刑事速裁程序的效率要求相匹配。而程序优先模式则不存在这些问题，同时还有利于提高刑事速裁案件办理的专业化程度，统一办案标准和准则。但此模式也存在弊端，在于轻微刑事案件案情简单、难点较少，长期办理这类案件不利于办案能力的提升，易产生工作疲劳。对此，可以配套建立办案人员定期轮换制度，如承办人与出庭人的轮换、刑事速裁办案组与普通办案组的轮换等。

（四）激励机制加速推行

按照商品交换的基本原理，犯罪者只有在具有一定的利益期待时，才会将“认罪”这个商品让渡给司法机关。[①] 刑事速裁程序中，犯罪嫌疑人、被告人进行程序选择的同时，事实上放弃了特定诉讼权利，促成了诉讼效率提升和诉讼资源节约，这同时也符合我国宽严相济、坦白从宽等刑事政策，相应的，犯罪嫌疑人、被告人对减轻量刑、改变强制措施抱有期待性，应从实体和程序方面明确激励机制。我国关于认罪者刑事责任减轻通常表述为“酌情”，赋予办案人员较大自由裁量权，不利于犯罪嫌疑人对认罪的后果产生稳定预期，而且对认罪认罚从宽的案件没有特别适用性。[②] 应在法律中明确选择认罪认罚从宽程序为法定从轻或减轻量刑情节，明确从轻或减轻的量刑方式，如规定减少量刑的比例、刑罚执行方式等。具体的，应综合认罪及时性、主观恶性等弹性规定减轻量刑的幅度，如规定：“对被告人认罪并同时适用刑事速裁程序审理的，可以减少基准刑的20%、30%或40%。”这样进行明确的档次划分，在限制过分自由裁量的同时，可以使量刑存在一定幅度的灵活性，对认罪时间较早、主观恶性较小的犯罪嫌疑人、被告人更具有激励价值。另外，当检察机关提出简易程序、速裁案件的量刑建议时，如果犯罪嫌疑人同时存在自首、坦白、选择认罪认罚程序等多个情节的，应当依法分别进行减免，再合并计算刑

① 参见孙长永、曾军、师亮亮：《认罪案件办理机制研究》，载《西南政法大学学报》2010年第2期。

② 参见谭世贵：《实体法与程序法双重视角下的认罪认罚从宽制度研究》，载《法学杂志》2016年第8期。

期，计算时应当体现犯罪嫌疑人程序选择的量刑优惠。

（五）律师帮助逐步完善

犯罪嫌疑人、被告人有权获得辩护律师的有效协助，这是尊重和保障人权的重要体现，符合目前刑事司法发展的趋势。故应将认罪认罚案件纳入法律援助辩护的适用范围，确立有效辩护原则，即犯罪嫌疑人接受司法机关讯问、书面确认认罪及证据开示等诉讼全程均需在律师的见证下进行，以确保犯罪嫌疑人选择适用认罪程序的自愿性和真实性，以及对认罪的法律后果真正理解和自愿接受。因而，在探索认罪认罚从宽制度的过程中应注重建立律师参与制度，着力解决司法实践中值班律师参与案件的积极性不高、程序不畅等问题。以刑事速裁程序为例，我国目前已出现值班律师制度——犯罪嫌疑人、被告人申请提供法律援助的，应当为其指派法律援助值班律师，但仍需完善。第一，法律援助机构在人民法院、看守所驻派法律援助值班律师，应当由司法局分别与公安、法院和检察院联合发文，对值班律师工作点的设立层级、管理、职责作出明确要求，[①] 为值班律师工作开展提供制度保障。与此同时，还应注重其他配套制度的完善，为值班律师制度的细化和当事人诉讼权利的保障提供规范性依据。第二，值班可根据犯罪嫌疑人、被告人法律咨询需求分为日常值班和动态值班，因地制宜安排值班律师。值班律师的需求量不大而且律师资源较少的地方，可以考虑“动态值班”，将值班表和值班律师的联系方式张贴于工作站，有需求者可以直接拨打电话咨询，如果确实需要面对面咨询，或在刑事速裁程序中需要法律帮助，值班律师应当到场给予咨询或援助。另外，由于经费有限、可操作性不强等客观原因的限制，大幅度提高值班律师的薪水或者将薪水与业绩挂钩并不具有现实可能性，故需要寻求其他方式来解决这一问题。按照现在的法律规定，值班律师只是围绕适用刑事速裁程序向犯罪嫌疑人、被告人提供一般性的法律服务，这种法律帮助，不是辩护服务，值班律师也不是当事人的辩护人，至于值班律师能否转化为辩护人并未作出明确规定，实践中的做法是值班律师不能就具体案件提供深入的帮助，也就是不能担任相关案件的辩护人。应当允许值班律师向辩护人的转变，值班律师在提供法律咨询服务时就已了解了案情，如果值班律师转化为犯罪嫌疑人、被告人的辩护人，那么对双方都是有利的，而且这样可以调动值班律师的积极性，让其更好地为犯罪嫌疑人、被告人提供法律服务。

---

① 董红民、麻伟静：《构建法律援助值班律师制度实证探析》，载《中国司法》2016年第10期。

检察环节辩护律师参与下的认罪、量刑协商制度研究

雷　燕　余　颖*

一、认罪、量刑协商制度概述

（一）认罪、量刑协商制度的概念

认罪、量刑协商又称认罪协商、控辩协商或控辩交易等，由于这项制度目前还处在探索阶段，在我国并没有通行的权威解释。目前，主要有以下三种观点：

第一种观点认为，认罪、量刑协商制度，应当是指在刑事诉讼过程中，由侦查人员启动、检察官与被告人进行量刑协商，待达成合意后订立协商协议，然后由法官参照该协议对案件作出判决的一项诉讼制度。①

第二种观点认为，认罪、量刑协商制度，即在刑事诉讼中，对于证据确凿但不充分的公诉案件，为了尽快查明案件事实真相，人民检察院与犯罪嫌疑人或被告人之间，就犯罪嫌疑人或被告人坦白认罪、人民检察院行使裁量权、承诺放弃较轻罪名、减轻指控或向人民法院提出量刑意见等事项进行协商的制度。②

第三种观点认为，认罪、量刑协商制度，是指检察机关在审查起诉阶段与"认罪"的犯罪嫌疑人或其辩护人经自愿协商达成协议，其内容为犯罪嫌疑人或其辩护人对检察机关拟提出指控的涉嫌犯罪事实、证据和罪名不持异议，犯

---

* 雷燕，河南省三门峡市人民检察院研究室主任、员额检察官；余颖，重庆市万州区人民检察院政治处副主任。

① 谭世贵：《构建中国认罪协商制度研究》，载《浙江工商大学学报》2010 年第 2 期。

② 徐凤利：《构建和谐社会背景下的控辩协商制度》，载《公安研究》2007 年第 9 期。

罪嫌疑人积极悔罪，检察机关则建议法庭适用特殊简化程序对其作出较轻的处罚；以及检察机关根据个案具体情况与辩方（犯罪嫌疑人或其辩护人）进行协商以决定是否提起公诉的制度。[①]

综上所述，由于对认罪、量刑协商制度的适用阶段、适用案件范围、启动主体、协商内容、协商结果的运用等认识的不同，对认罪协商量刑制度的内涵理解也存在不同的认识。课题组赞同第三种观点。该观点既从程序和实体上较为全面地对认罪、量刑协商制度作出了界定。

（二）与辩诉交易制度的关系

辩诉交易（plea bargaining）是19世纪后半期在美国刑事诉讼中逐步发展建立起来的一项司法制度。根据美国《布莱克法律辞典》的解释："辩诉交易是指在刑事被告人就较轻的罪名或数项指控中的一项或几项作出有罪答辩以换取检察官的某种让步，通常是获得较轻的判决或撤销其他指控的情况下，检察官和被告人之间经过协商达成的协议。"辩诉交易根据协商的内容分为为控诉协商、罪状协商和量刑协商。

有观点认为，我国推行认罪、量刑协商制度借鉴了美国辩诉交易的某些合理因素，但二者在本质上是不同的。[②]

课题组认为，作为一项司法制度，中国的认罪、量刑协商制度与美国的辩诉交易制度并无本质上的差别。虽然从协商内容上看，我国的认罪、量刑协商制度仅适用于量刑变轻而并不包括指控罪名的变更或减少。由于被告人认罪已经包含对指控罪名的承认，因而不能再变更罪名。而辩诉交易是将罪名变更为较轻的罪名或将指控的罪名种类减少。但是其根本理念以及具体的操作程序与辩诉交易并无本质上的不同，只是考虑我国的国情、司法现状以及国民的认可度，对协商内容有所限制。

二、认罪、量刑协商制度的域外考察

（一）域外认罪、量刑协商制度概况

1. 美国的辩诉交易制度

美国的辩诉交易制度是指在法院开庭审理之前，检察官和辩护方就自己的实体和程序权利进行协商，以被告人认罪来换取撤销指控、降格指控或者要求

---

① 国家森等：《中国控辩协商制度研究——刑事诉讼特别程序之探讨》，载《法学论坛》2004年第6期。

② 陈卫东：《认罪认罚从宽制度研究》，载《中国法学》2016年第2期。

法官判处较轻刑罚的协议。辩诉交易制度于20世纪70年代起源于英美法系的美国，经过几十年实践，已经成为美国非常成熟的刑事诉讼制度。1970年，美国联邦最高法院正式确认了辩诉交易的合法性，美国1974年修订施行的《联邦刑事诉讼规则》明确将辩诉交易作为一项诉讼制度确立下来。美国的辩诉交易制度参与主体包括检察官、辩护律师、被告人和被害人以及法官，更多的时候是检察官与被告人的辩护律师之间进行的，被告人并不直接参与协商，只有在无辩护律师的案件中，检察官才与被告人本人进行直接辩诉交易协商。在美国，协商程序可以分控诉协商、罪状协商以及量刑协商及其混合形式。其中，控诉协商，又称为罪名协商，指的是检察官以减轻指控的罪名为条件，使被告人就指控的罪名达成协议。罪状协商，又称为罪数协商，指被告人犯数罪的，检察官就其中一罪或数罪提出控诉，其他罪名则撤销控诉或请求法官驳回其他罪数，以换取被告人认罪或不辩。量刑协商，又称刑度协商，是认罪协商程序中适用最为广泛的，指的是被告人以认罪或不抗辩为条件，换取检察官提出较轻刑期的控诉。美国的辩诉交易制度几乎适用于所有案件。

2. 德国的刑事协商制度

德国的刑事协商制度是被告人通过辩护人与检察官、法官就刑事案件的处理方式和处理结果进行协商，并以达成的协议作为起诉或裁判基础的制度。2009年在通过的《刑事程序中协商规定》正式确立。刑事协商的类型分为控辩协商和审辩协商。案件类型仅限于判处1年有期徒刑以下的轻罪。《刑事程序中协商规定》对刑事审判阶段的控、辩、审三方协商的合法性进行了确认，但主要规范的是法官参与下的刑事协商，控辩协商效力并未规定。法院必须在确认自白的真实性并对犯罪事实进行全面调查后，才能作出判决，“形式判决”不能作为定案依据。要求正式审判的庭审笔录必须清楚记载协商过程及结果，没有协商的也应载明：未进行过协商。法院应当遵守先前给予被告人的承诺，如没有新的事实出现，不得对被告人科以超出协商之外的刑罚。放弃上诉权的协议只有当法官履行了“加重告知义务”后，被告人依然放弃的才具有效力。

3. 我国台湾地区的认罪协商制度

我国台湾地区的认罪协商程序是2004年“刑事诉讼法修正案”引入的，其立法过程非常曲折，是在参考美、意、日等国家规定的基础上，结合本土实际，形成的具有本地特色的认罪协商程序。我国台湾地区的“刑事诉讼法”规定，协商程序的启动主体只能是检察官，启动方式只能以书面方式提交记载协商判决目的和与被告人达成协议内容的申请，启动时间只能在审判阶段，具体来说就是在提起公诉后一审言词辩论终结前，或者检察官申请简易程序后法院作出简易判决处刑前。我国台湾地区认罪协商程序的适用范围为法定刑为缓刑、二年以下有期徒刑、拘役或罚金刑的公诉案件。协商具体内容："一、被告愿受科刑的范围或愿意接受缓刑之宣告；二、被告向被害人道歉；三、被告支付相当数额的赔偿金；四、被告向公库或指定公益团体、地方自治团体支付一定金额。"检察官就第二、第三项事项与被告协商，应征得被害人的同意。第一项之协商期间不得超过30日。[①] 由上可见，我国台湾地区认罪协商程序只针对量刑进行协商。台湾地区认罪协商主体仅为被告人和检察官，法官只有事后审查的权力。法院在规定的时间内"讯问被告人、告知所认罪的罪名、法定刑及所丧失的权利",[②] 对被告人是否对认罪协商具有认知性、自愿性进行审查，如果没有法定驳回裁定的情形，法官仅送达宣示判决笔录即可，除被告人或检察官申请判决书的，可以不制作判决书。由于协商内容是检察官与被告人之间达成的合意，故一旦生效，检察官与被告人就必须按照协商内容履行各自的义务。但二者均可在法院作出裁定之前撤回协商合意，当然检察官与被告人达成的协议利益也随之丧失。

（二）域外认罪、量刑协商制度对我们的借鉴意义

综上所述，目前无论是大陆法系还是英美法系，多数国家都建立了认罪协商制度，这是国际刑事司法发展的必然趋势。通过建立认罪协商制度，对认罪的被告人提供一套不同于不认罪案件的特殊程序，可以用较少的司法资源处理更多的刑事案件，大大提高了办案效率，降低了司法成本，且由于协商的前提是"认罪"，因此，罪犯并未逃脱制裁，只是可能在罪名或者量刑方面有所减轻。虽然我国的司法制度及其运转背景与其他各国有很大的差异，但其区分被告人认罪和被告人不认罪案件类型、赋予检察官较大的自由裁量权、对被告人上诉权的限制、加强对被害人的保护以及法官对认罪量刑协议的审查机制等做法，对构建适合我国国情的认罪、量刑协商制度具有十分重要的借鉴意义。

三、构建我国检察环节辩护律师参与下的认罪、量刑协商制度的必要性和可行性思考

调研中，课题组在组织基层检察官、法官、律师召开座谈会时，多数检察官、法官反映目前基层检察院、法院办案压力大、工作任务重，案多人少的矛

① 我国台湾地区"刑事诉讼法"第455条之二第二项规定了检察官与被告人就于审判外进行协商的事项。

② 我国台湾地区2004年"刑事诉讼法"修正案第七编之一协商程序立法理由第2条。

盾十分突出，对于试行的认罪、协商量刑制度在简化诉讼程序、提高诉讼效率方面的作用表示了很大的欢迎，但是对这项制度了解不多，甚至比较陌生，因此，相比大多数专家学者积极乐观的态度，司法实务界对这项制度改革态度是比较审慎的，还存在一定的顾虑、担心。主要有以下几个方面：一是对检察官与被告人之间的这种所谓的“协商”或“交易”行为表示不能接受，容易导致一方当事人对司法公正性的质疑，由此导致的信访压力是他们主要顾虑的，刑事和解制度适用较少就是典型例子。二是检察官与辩护人、被告人达成的认罪量刑协议，法院在多大程度上能够认可还是个未知数，一旦法院拒绝接受该协议，就会造成之前的工作都归为零，额外增加工作量，并不能体现节约司法资源、提高司法效率的作用。三是检察机关、法院考评有开庭率的要求，检察官与被告人达成的认罪、量刑协议行使了部分审判权，与以审判为中心的诉讼制度改革的理念也不相一致。四是辩护律师的参与度不高。基层检察院办理的刑事案件辩护律师参与的不足30%。绝大多数犯罪嫌疑人、被告人法治观念不强或经济条件有限，并没有聘请辩护律师。以三门峡市卢氏县为例，全县只有两家律师事务所，仅有10来名律师，根本无法实现辩护律师全部参与。五是对证据有瑕疵的犯罪嫌疑人、被告人认罪案件，如果检察官和犯罪嫌疑人、被告人达成认罪量刑协议，判决生效后被告人反悔，进行翻案的，检察官、法官的职业保障问题。

针对以上调研中提出的问题，笔者认为，任何一项制度改革都不是一蹴而就的，在中国建立认罪、量刑协商制度，不能照搬国外的辩诉交易制度，而需要在适合我国国情的情况下，进行必要的改良和相关的制度保障设计。因此，建立认罪、量刑协商制度，不仅十分必要，而且是切实可行的。具体理由如下：

（一）国际化刑事司法发展的必然趋势

综观当今世界，认罪、量刑协商制度已不同程度地应用于美国、英国、法国、意大利、德国、加拿大及日本等国的法律实践中。近年来，我国台湾地区也开始有条件地适用认罪、量刑协商制度。因此，这是各国适应刑事诉讼发展规律做出的必然选择。从各国多年的实践情况来看，认罪、量刑协商制度在节约司法资源、提高司法效率方面发挥了绝对的优势。美国有90%以上的刑事案件是通过辩诉交易处理的，在一定程度上解决了积案问题。[①] 辩诉交易是美国法院系统能够得以运作良好的重要支撑。德国则约有35%的案件是通过处

① 陈瑞华：《美国诉辩交易程序与意大利刑事特别程序之比较》，载《政法论坛》1995年第3期。

罚令处理的，其中多数案件的判决都是建立在非正式协商基础之上的。对于被告人来说，刑罚本身不是目的，至少不是主要目的，而是国家管理社会、教育改造犯罪人的一种手段，其最终目的在于使犯罪人改过从新，重新回归社会，而通过认罪、量刑协商程序，判决结果是在充分尊重当事人意愿的基础上做出的，增强了判决结果可预见性，有利于被告人接受并自觉接受改造。对于被害人来说，在遭受了财产和人身的损害后，要求之一就是能够尽快地获得赔偿，从而在物质上和精神上得到弥补，进一步加强对被害人的权益保护，从而实现定分止争的目的。

（二）刑事诉讼压力的内在要求

全国推行法官、检察官员额制改革举措后，促成司法机关办案力量趋向精简干练，案多人少的办案压力在一定程度上有增无减。在案件增加迅速，而司法资源相对紧张的形势下，作为提升程序效率的重要举措，认罪、量刑协商的实质并不能指向绝对公正，而是存在一定价值判断和主观判断的相对公正。一个理想状态的绝对公正，一个更具实践意义的相对公正，对于各类刑事案件居高不下、司法资源依旧紧缺的现实国情，显然后者更具有实际意义，正如英国法谚“迟来的正义非正义”。2002 年 4 月，黑龙江省牡丹江市铁路运输法院首次适用辩诉交易审理了一起故意伤害案，辩护人在征得被告人同意后向公诉机关提出了控辩协商的申请。经双方协商：被告人同意认罪并自愿承担民事责任；控方同意并建议法院适用缓刑从轻处罚。经开庭审理，法庭当庭宣判：被告人犯故意伤害罪判处有期徒刑 3 年缓刑 3 年。全案开庭时间仅用了 25 分钟。

（三）我国具有丰富的的实践基础

认罪、量刑协商制度是在我国司法实践中逐步发展确立起来的，有着丰富的实践基础。

“坦白从宽，抗拒从严”、自首、立功从轻处罚等刑事政策就已经蕴含了认罪认罚从宽的思想。2003 年 3 月 14 日，颁布并施行最高人民法院、最高人民检察院、司法部《关于适用普通程序审理“被告人认罪案件”的若干意见（试行）》，在该《意见》中第一次明确提出了“认罪”的概念，并且规定“人民法院对自愿认罪的被告人，酌情予以从轻处罚”，由此开始了我国刑事诉讼中对被告人认罪从宽处理的司法实践。

2008 年，最高人民检察院在全国确定 8 家基层检察院开展“认罪轻案办理程序改革”试点，作为我国在简化诉讼程序提高诉讼效率的有益尝试。2012 年修改刑事诉讼法并增设了当事人和解的公诉案件诉讼程序，为切实贯彻被告人认罪从宽制度奠定了法律上的基础。2014 年 6 月，全国人大常委会作出《关于授权最高人民法院、最高人民检察院在部分地区开展刑事案件速裁程序试点工作的决定》，授权最高人民法院、最高人民检察院在部分地区开展刑事案件速裁程序试点工作。对事实清楚，证据充分，被告人自愿认罪，当事人对适用法律没有争议的危险驾驶、交通肇事、盗窃等情节较轻，可能判处一年以下有期徒刑、拘役、管制的案件，提出了进一步简化被告人认罪案件相关诉讼程序的要求。

2014 年 10 月，党的十八届四中全会《中共中央关于全面推进依法治国若干重大问题的决定》更是明确提出：要优化司法职权配置，完善刑事诉讼中认罪认罚从宽制度。该《决定》充分表明：完善被告人认罪认罚从宽制度是我国刑事诉讼制度改革的重大举措，对于贯彻宽严相济刑事政策、节约司法资源、提高司法效率和效益具有重大意义。

司法实践中，交通肇事、故意伤害等案件中，在检察机关的主持下，被告人对被害人进行赔偿后，被害人对被告人做出谅解，最终对被告人从宽处理。甚至在死刑案件中，也存在同样的做法。受贿犯罪中，为取得受贿证据，检察机关以对行贿人从轻处理的承诺，换取其证人证言，也是实践中常见的做法。

四、探索构建中国特色的检察环节辩护律师参与下的认罪、量刑协商制度

（一）认罪、量刑协商的主体

认罪、量刑协商的主体一般应有检察机关、犯罪嫌疑人（被告人）、辩护人、被害人或其近亲属（被害人死亡或者无行为能力的）及其诉讼代理人。

1. 是否必须征得被害人或其近亲属的同意。对于有被害人的案件，是否必须征得被害人或其近亲属（被害人死亡或者无行为能力的）同意有不同的看法。有人提出，如果将被害人同意作为前提条件，限制过多，不利于适用该制度。但调研中，检察官、法官均赞成被害人参与认罪、量刑协商，因为被害人如果不参与，案件引发信访可能性较大，而且协商对被害人的赔偿数额，也需要被害人参与。课题组认为，这种认罪、量刑协商与被害人利益相关，考虑到办案效果，检察机关应当充分听取被害人意见，如果被害人坚决不同意适用认罪、量刑协商制度，必然会导致矛盾进一步激化，因此，检察机关在适用认罪、量刑协商程序前应征得被害人同意，被害人死亡或者无行为能力的，应征得其近亲属同意。被害人或其近亲属（被害人死亡或者无行为能力的）应作为认罪、量刑协商的主体参与其中。被害人及其近亲属也可委托诉讼代理人代为参加认罪、量刑协商。

2. 法官是否参与认罪、量刑协商程序。有人提出，为了获得法院判决对

控辩双方达成认罪、量刑协议的支持，可邀请法官参与认罪、量刑协商程序或者主持认罪、量刑协商程序。课题组认为，在检察环节，法官不应当参与认罪、量刑协商程序。因为法官参与，对被告人而言，施加了强制性影响，法官难以保持中立性和公正性。如果被告人不接受认罪协议，那么在转化为普通程序的审理中，法官仍然会以心中已经形成的预断进行量刑。

3. 辩护律师在认罪、量刑协商中的作用。被告人认罪只能由其本人作出，辩护律师不能代替其认罪。由于被告人是否认罪的决定对程序的选择以及量刑方面都有重大的影响，作为专业人士的律师在被告人认罪案件中发挥着重要的作用。由于我国目前大部分被告人法律知识有限，而且被告人对自己聘请的辩护律师比较信任，辩护律师参与认罪、量刑协商对保障控辩双方的平等性、提高沟通效率、实现当事人利益最大化以及理性解决矛盾纠纷等方面发挥着积极作用。因此，应当充分保障辩护律师参与认罪、量刑协商程序，行使权利。为确保被告人认罪是其自愿作出的，律师在被告人作出认罪决定前，应了解被告人关于犯罪事实的陈述、犯罪主观情况（故意或过失等）以及控方指控的案件的基本事实及证据，在此基础上给予被告人是否认罪的相关建议，告知有罪供述的后果和意义，分析案件的事实和证据，衡量认罪与否的利弊，并最终促使犯罪嫌疑人、被告人作出明智的选择。对被告人对相关法律法规不了解或有疑惑的，提供专业的咨询意见。被告人必须是在辩护律师的充分帮助下作出是否认罪的决定。对于认罪、量刑协商案件，被告人没有委托辩护人的，检察机关应当为其指定承担法律援助义务的律师为其提供辩护。

（二）认罪、量刑协商案件适用范围及限制

对于适用认罪、量刑协商程序的案件范围，理论界和实务界存在很多种看法，有观点主张将认罪、量刑协商的适用范围同于简易程序适用的案件范围，即可能判处3年以下有期徒刑、拘役、管制和单处罚金的轻微刑事案件。[①] 有观点主张将认罪、量刑程序适用的范围限制在“可能判处5年或7年以下有期徒刑、拘役、管制、单处罚金的刑事案件。”[②] 也有观点主张将范围限制为可能判处10年以下有期徒刑、拘役、管制、单处罚金的刑事案件。[③] 还有学者主张对犯罪性质严重、犯罪情节特别严重和犯罪集团的首要分子、累犯以及对

① 陈卫东、刘计划：《从建立有罪答辩制度到引进辩诉交易》，载陈光中主编：《辩诉交易在中国》，中国检察出版社2003年版，第49页。

② 刘计划：《中国控辩式庭审方式研究》，中国方正出版社2005年版，第381页。

③ 龙宗智、潘君贵：《我国实行辩诉交易的依据和限度》，载陈光中主编：《辩诉交易在中国》，中国检察出版社2003年版，第219页。

危害国家安全、杀人、爆炸、抢劫、强奸、绑架等暴力性犯罪，不应当进行控辩协商。[①] 在调研中，有主张适用范围为除了可能判处死刑案件以外的其他案件，也有提出可以将适用范围以基层法院一审管辖范围的所有案件为限，也有人提出仅适用于证据确实充分但被告人不认罪的案件，也有人认为对于案件事实清楚，证据确实、充分的不需要进行协商直接就可以进行审理，对于那些证据确实但不充分的案件，控辩双方才可以进行协商。

课题组认为，认罪、量刑协商程序原则上可以适用于检察机关参与办理的所有刑事案件。这次最高人民检察院、最高人民法院在 18 个地市试点认罪、量刑协商制度也是适用于所有案件。对于控辩协商的适用范围，我们不能单纯地以犯罪的轻重或者案件证据的充分与否来限制。“案件的轻重，只不过是所导致的风险程度的不同而已，在维护人权及司法正义的面前，自不应因案件的轻重，而又差别的对待。”[②] 一般而言，对于所有的刑事案件我们都应该赋予被告人进行协商的机会，对不同的案件进行区别对待对被告人有失公平。此外，像我国台湾地区以及其他一些国家对认罪、量刑协商案件范围限制过窄的国家，使该项制度在节约司法资源、提升司法效率方面作用发挥并不明显。

当然，认罪、量刑协商适用范围也有一定的例外情况。一是不适用于自诉案件，根据我国《刑事诉讼法》第 172 条的规定，自诉案件可以通过调解或者和解的方式结案，因此已无必要对之适用认罪协商程序。二是共同犯罪案件，部分犯罪嫌疑人认罪，部分犯罪嫌疑人不认罪的，案件事实还有待进一步查清，因此也不适用认罪、量刑协商程序。三是未成年人犯罪案件，未成年人因心智不够成熟，对本身犯罪的性质以及认罪后果的认识不足，且已对未成年人犯罪设立了未成年人犯罪特别程序，具有特殊性，因此，也不适用于认罪、量刑协商程序。

此外，在我国构建的认罪、量刑协商程序适用的前提条件就是被告人认罪，对被告人不认罪案件原则上不适用该程序。被告人认罪后，证据确实充分的，进行认罪、量刑协商后，就可以直接依据认罪、量刑协商程序进行审理，以避免造成人力物力的无端浪费。对被告人认罪但证据存在瑕疵的案件，也应区分对待。对被告人认罪主要证据存在瑕疵的案件，原则上由办案检察官对案件综合情况作出评估，是否适用，由此造成的诉讼风险也应由其承担；对被告人认罪但非主要证据存在瑕疵的，可以补正的，补正后也可以适用认罪、量刑

① 李建明：《辩诉交易中的正义保障》，载陈光中主编：《辩诉交易在中国》，中国检察出版社 2003 年版，第 135 页。

② 陈运财：《协商认罪制度的光与影》，载《月旦法学杂志》2004 年第 110 期。

协商程序，如确实不能补正，对案件的主要事实影响不大的，也可以适用认罪、量刑协商程序；证明案件主要事实的证据存在瑕疵的，则不适宜适用认罪、量刑协商程序。认罪、量刑协商案件虽然比一般案件证据证明标准略有降低，但仍应以案件主要事实清楚为标准。

（三）认罪、量刑协商内容

无论从课题组收集到的绝大多数的学者观点，还是调研中检察官、法官的意见，均在协商内容上保持了高度一致，普遍认为我国构建认罪、量刑协商仅可就量刑进行协商，协商的内容不包括罪名、罪数的协商。对控方来说，在被告人认罪的基础上，给予相应的量刑优惠，对有被害人的案件，要求被告人对被害人赔礼道歉、进行一定的赔偿等，且需征得被害人的同意；对于被告人来说，就是认罪认罚，对控方指控的犯罪事实、证据和涉嫌罪名不持异议，对量刑协商协议的遵守。而协商罪名和罪数，则是对罪刑法定原则的违背，不利于实现司法公正。

对量刑协商幅度的确定，也存在各种不同的意见，有人提出量刑折扣的幅度一般应限制在犯罪嫌疑人、被告人最终量刑不能超过应判刑罚的1/3，最多不能超过1/2；也有人认为量刑从轻的幅度可以为应判刑罚的10%，最多不能超过30%。课题组赞同第二种意见，根据量刑规范化意见，坦白可以减少基准刑的10%—30%。被告人认罪与坦白、自首基本相当，因此，量刑从轻的幅度也应与之保持均衡。

（四）具体程序设计

1. 启动程序。对于被告人认罪的案件，属于认罪、量刑协商范围的，办案检察官可在征求犯罪嫌疑人（被告人）、被害人同意后，启动认罪、量刑协商程序。也可由被告人、被害人提出，辩护人可在征得被告人同意后提出，检察官审查后表示同意的，也可启动认罪、量刑协商程序。

2. 协商程序。首先，办案检察官应告知被告人、被害人或其近亲属，协议达成后的法律后果：（1）法庭不再公开开庭审理；（2）相关证据材料不再提交法庭进行质证和辩论；（3）法庭可能依据该协议直接作出判决；（4）依据该协议作出的判决，检察机关不能提起抗诉，被告人也不得上诉。其次，双方进行证据开示。最后，根据协商结果，形成书面协议《认罪量刑协商承诺书》。

3. 法官审查程序。法院收到检察机关提交的量刑协议后，应对当事人的身份、达成协议的自愿性、明知性等问题予以询问、核实。询问核实后，如系双方自愿达成且无违法情况下，法官可不经审理而宣布接受控辩双方之间的协议，并以判决书的形式对内容作出认定。如法官认为协议非自愿、协议没有相应的事实基础作为支撑或者有其他违反法律明显有失公正的，才可拒绝接受该协议。法官拒绝接受协议时应向控、辩双方明确表示并说明不采纳的主要理由。该案件转入普通程序审理。

4. 异议救济程序。认罪量刑协议作出后，在法院作出判决前，被告人、被害人任何一方对达成协议有异议的，可向检察机关或法院提出撤回该量刑协议申请并提供相关证据、说明理由；如法院作出判决生效后，被告人、被害人认为该协议非自愿作出或明显有失公正的，应通过审判监督程序予以纠正。为保障被告人、被害人的合法权益，一旦法院撤销该协商结果后，双方在协议中的仍何承诺、自认，在以后的任何诉讼阶段中，对方都不得作为证据进行抗辩。

（五）监督保障机制

为避免认罪、量刑协商制度被滥用，防止无辜者被迫认罪和权权交易、权钱交易等问题，需要建立科学合理的监督保障机制。对认罪、量刑协商案件质量的监督保障机制可分为检察机关的内部监督和检察机关的外部监督两部分。

1. 加强检察机关内部监督。一是加强案件动态监督。在作出认罪、量刑协议后，检察机关案管部门的案件监督员应通过统一业务应用系统实时加强对该案件进行流程监控，对在流程监控中发现的违法情况及时向本院检察长或者检察委员会汇报。二是加强案件质量评查。对已办结的认罪、量刑协商案件，从实体、程序以及办案效果等方面进行案件质量评查，对案件质量评查中发现的问题，制作案件质量评查情况通报，并限期整改，进一步保障案件的实体和程序公正。三是强化业务考评。将认罪、量刑协商案件纳入业务考核体系，以认罪、量刑协议被法院采纳认可率作为重要考核指标，定期考核工作进展情况，不断完善工作长效机制，加大责任追究力度，严肃问责。四是加强纪检监察监督。纪检监督部门应定期对本院达成的认罪协商的交易过程书面记录等材料进行审查核实，一旦发现有违法或失实现象要及时向检察委员会提出，并追究相关检察人员的责任。

2. 加强检察机关外部监督。一是自觉接受党委、人大监督。积极向党委、人大及其常委会报告认罪、量刑协商案件办理情况，依法独立公正行使检察权，确保案件实体和程序公正，提升司法公信，不断提高人民群众的认同感和满意度。二是将认罪、量刑协商案件纳入人民监督员监督范围，可由人民监督员直接参与见证认罪、量刑协商过程以及对案件进行追踪回访等，对认罪、量刑协商案件进行全程监督。三是加强认罪、量刑协商案件信息公开。除依法不公开的以外，公开认罪、量刑协商案件相关的法律文书等，广泛接受新闻媒体、人民群众、社会各界对认罪、量刑协商案件进行监督，保障认罪、量刑协商制度的良性运行。

刑事速裁程序运行成效的检视与完善

——以T市试点情况为研究范本

白春安　林　强　于　宁*

2014年6月，第十二届全国人民代表大会第九次会议审议通过了《关于授权最高人民法院、最高人民检察院在部分地区开展刑事案件速裁程序试点工作的决定》（以下简称《决定》）。根据《决定》，最高人民法院、最高人民检察院会同公安部、司法部于2014年8月22日联合发布了《关于在部分地区开展刑事案件速裁程序试点工作的办法》（以下简称《试点办法》），试点工作正式启动。

一、刑事速裁程序的价值导向

（一）刑事速裁程序并非仅以效率为价值导向

有文章指出，与普通程序以公正价值为导向、简易程序兼顾公正与效率价值为导向不同，刑事速裁程序的构建应当以效率作为其价值导向。[①] 价值导向决定了刑事速裁程序运作的模式，及与其他程序的区分厘定。尤其是在我国存在简易程序的前提下，刑事速裁程序的价值导向究竟为何就越发具有研究的意义，实质上决定了刑事速裁程序的命运走向。这里，必须注意价值的主体性问题，即同一事物可能因为评价主体的不同而具有不同的价值。从"潜在意义"[②] 上而言，刑事速裁程序包含多种评价主体，而速裁程序对这些主体所具有的价值并非仅为效率，还包含公正。速裁程序的评价主体包含被追诉人、司法机关（司法人员）、刑事案件被害人、抽象意义上被追诉人（其他刑事案件的被追诉人）。不可否认的是，最初，速裁程序更多的是从司法机关（司法人

---

* 白春安，天津市人民检察院研究室助理，员额检察官；林强，天津市人民检察院研究室干部；于宁，天津市人民检察院公诉处员额检察官。

① 汪建成：《以效率为价值导向的刑事速裁程序论纲》，载《政法论坛》2016年第1期。

② 只有科学顺畅、运行高效的速裁程序才真正具有意义，由于目前速裁程序仅经过试点尚未定型，因而速裁程序对特定主体而言仅具有潜在意义。

员）对节约司法资源的需求出发而创设的。然而，程序创设的逻辑起点不等于制度终点，从多方主体需求考虑出发，来设计完善速裁程序，将更好实现程序公正。

对于适用刑事速裁程序的被追诉人而言，因为程序时间缩短、有利的量刑建议等原因，可以从速裁程序中获益。司法机关（司法人员）由于刑事速裁程序的适用，大大缩短了诉讼时间、缓解了人案矛盾，刑事速裁程序对其更多的是司法效率的价值满足。刑事案件被害人则可能因为速裁程序具有程序简便、诉讼时间短等优点，而及时得到刑事附带民事诉讼的赔偿，刑事速裁程序对其具有司法效率的价值。在这场诉讼程序改革的“盛宴”中，显然应当从多个价值主体的角度出发，来看待刑事速裁程序存在的意义，以及应当如何完善速裁判程序。

（二）刑事速裁程序应兼具公正与效率价值导向

如上文所言，从多元价值评价主体的角度来看，刑事速裁程序具有多种价值属性。而从程序创设的内在运行规律来看，速裁程序包含公正与效率的双重价值追求。一方面，司法公正蕴含于司法效率之中。贝卡利亚即指出，“惩罚犯罪的刑罚越是迅速和及时，就越是公正和有益。说它比较公正是因为：它减轻了捉摸不定给犯人带来的无益而残酷的折磨，犯人越富有想象力，越感到自己软弱，就越感到这种折磨……”[①] 对于被追诉人而言，获得迅速而有效的审判本身即具有重要意义，漫长的诉讼程序一般伴随着羁押措施的适用，精神和身体都会受到损害。实行速裁程序改革，有利于从制度上解决司法实践中存在的轻微犯罪超长羁押、刑期倒挂等诸多问题。因而，对司法效率的追求即已满足了被追诉人对公正的价值追求。也是从这个角度，有学者指出在确保司法公正的前提下，如何更快提高司法效率、提升司法效益是速裁程序的重要关注点和焦点所在，也是其正当性和立足所在。[②] 另一方面，离开了公正的价值追求，司法效率的意义同时丧失。对于被追诉人而言，仅仅强调诉讼效率的价值导向，而惘顾司法公正的追求就会以偏概全，结果可能使诉讼效率的提升成为对被追诉人实质权益的损害。司法机关（司法人员）以公平正义为职业道德要旨，也不会为了司法效率而牺牲对公正的价值追求，在二者之间，显然公正应当居于首位。

---

① ［意］切萨雷·贝卡利亚：《论犯罪与刑罚》，黄风译，北京大学出版社2008年版，第47页。

② 樊崇义：《刑事速裁程序：从“经验”到“理性”的转型》，载《法律适用》2016年第4期。

把公正的价值追求纳入速裁程序之中，并不是单纯地要对速裁程序进行价值定位，而是为了解决程序适用中出现问题时应当如何抉择，以及采取何种方法应对。比如，正因为速裁程序包含了司法公正与司法效率的双重价值导向，在程序运行过程中，一旦被追诉人对指控的犯罪事实、量刑建议及适用速裁程序提出异议或者发现速裁程序的适用可能严重侵害被追诉人合法权益时，即应及时将程序转化成简易程序或者普通程序，而且此种转化不应对被追诉人带来任何不利的后果。再如，针对有文章建议速裁程序应直接省略庭审过程，改由法官进行书面审查，以提高诉讼效率。[①] 这种主张只强调速裁程序对效率的追求，而偏废了公正价值的追求，被追诉人一旦发现对量刑建议存在错误认识或者其他严重侵害自身合法权益的事实，可能缺乏及时的救济途径，这就会导致庭前定案事实的出现。而这种情况的出现，可能会导致诉讼程序的反复，实质上影响了诉讼效率。

二、刑事速裁程序运行效果的检视

（一）总体情况与主要成效

1. 总体情况。2015 年 1 月至 2015 年 8 月 25 日，T 市先期确定 8 个试点单位试行刑事速裁程序，在此期间检察机关共出庭公诉案件 2487 件 3304 人，其中适用刑事速裁程序的案件 511 件 524 人，案件数和起诉人数分别占出庭公诉案件总数的 20.55% 和 15.86%。

在适用刑事速裁程序审理的案件中，侦查机关建议适用 199 件 201 人，分别占速裁案件总数的 38.94% 和 38.36%；检察机关建议适用 243 件 253 人，分别占速裁案件总数的 47.55% 和 48.28%；审判机关建议适用 69 件 70 人，分别占速裁案件总数的 13.51% 和 13.36%。侦查机关、检察机关建议适用速裁程序的案件数分别为 199 件和 243 件，合计 442 件，占适用速裁程序案件总数的86.5%。这符合速裁程序试点设定时的考量，速裁程序在审前阶段提高适用率有利于减少审前羁押或者羁押的时间。

适用刑事速裁程序审理的全部案件中，共委托调查评估 215 件 224 人，分别占速裁案件总数的 42.07% 和 42.75%；其中检察机关委托司法行政机关进行调查评估 207 件 216 人，分别占速裁案件总数的 40.51% 和 41.22%，占委托调查评估总数的 96.28% 和 96.43%。

2. 主要成效。具体表现为：（1）适用速裁程序办案质量高。从判决情况

---

① 孙志伟：《意大利认罪协商程序及其对刑事案件速裁程序的启示》，载《河北法学》2016 年第 4 期。

看，2015 年 1 月至 8 月 25 日，法院适用刑事案件速裁程序审理已作出一审判决共计 397 人，均为有罪判决，无一错案。其中判处 1 年以下有期徒刑的 83 人，占适用速裁程序审理案件人数的 15.84%；判处拘役 244 人，占 46.56%；判处管制 4 人，占 0.76%；判处单处罚金 18 人，占 3.44%；判处缓刑 199 人，占37.98%；判处免于刑事处罚 12 人，占 2.29%。从案件抗诉率和上诉率方面看效果更为突出。试点单位 2015 年 1 月至 8 月适用速裁程序办理的案件，检察机关提起抗诉的案件数为零，被告人提出上诉的案件数为 7 件 7 人，其中走私、贩卖、运输、制造毒品罪 5 件 5 人，危险驾驶罪 1 件 1 人，盗窃罪 1 件 1 人。上诉案件占适用速裁程序案件总数的比例仅为 1.3%。（2）适用速裁程序办案准确率高。根据统计数据，试点单位 2015 年 1 月至 8 月提起公诉的案件中，速裁程序转化为普通程序、简易程序的案件分别为 2 件、28 件，占适用速裁程序案件总数的比重分别为 0.39%、5.48%。速裁程序转为普通程序及简易程序的比重低，说明司法机关适用速裁程序的准确率较高，被追诉人对速裁程序接纳度高。（3）适用速裁程序办案效率高。相较于普通程序和简易程序，适用速裁程序审理案件检察机关规定为 8 日，审判机关规定为 7 日。从试点情况来看，检察机关基本能够在 8 日内完成审查起诉工作，并将案件移送至法院，试点单位在办理危险驾驶等较为简单的案件时，办案周期甚至能够缩短到 3 日。速裁程序的适用大大缩短了办案周期，显著提升了办案效率。

（二）主要问题与困境分析

1. 速裁程序适用率偏低。刑事速裁程序试点以来，8 个试点单位共受理审查起诉案件 2487 件 3304 人，其中仅对 511 件 524 人建议适用速裁程序，案件数和起诉人数仅占出庭公诉案件总数的 20.55% 和 15.86%。一些最终判处 1 年以下有期徒刑或更轻刑罚的案件没有适用速裁程序。原因主要有以下三个方面：

一是被告人供述不稳定。由于缺乏明确的量刑激励，被追诉人难以确认适用速裁程序是否能带来预期利益，因而认罪形态并不稳固。部分犯罪嫌疑人或被告人存在侥幸心理，认罪不彻底或者供述多次反复。犯罪嫌疑人或被告人避重就轻、供述不尽不实等情况在实际办案过程中较为普遍，即使事实清楚、证据相当充分情况下，犯罪嫌疑人或被告人仍然做无实际意义的辩解，影响其供述的一致性和稳定性。

二是刑事和解难度大。大量案件的刑事和解、赔偿是在审查起诉过程中或者审判过程中解决的，此时已经超出规定的公诉阶段或者审判阶段速裁程序要求的工作时限。因为，达成刑事和解工作难度较大，需要做大量耐心细致的工作，同时还要把握好检察机关介入的角度和程度，避免出现不必要的误解，这些都影响到检察机关指控犯罪的职能和公正形象。在实践中，如抢夺、盗窃等案件民事部分大多通过退赃退赔实现和解。短时间内要求达成和解、赔偿与检察机关及审判机关较短的办案期限存在矛盾，很大程度上限制了办案人的积极性和速裁程序的适用。

三是庭前审查起诉工作强度高。检察人员普遍认为速裁程序仅在开庭审理时相对减轻工作量，而审查起诉和庭前准备工作并没有实质性减少，办案周期却更短，目前试点各基层检察院普遍面临案多人少甚至人员流失的工作现实，因而对适用速裁程序积极性不高。

2. 速裁程序转为简易或者普通程序的法律文书缺乏统一规范。在速裁案件办理过程中，具结书是在起诉书审批完成之后，根据起诉书的罪名和量刑建议拟写的。此时的起诉书是按照速裁程序起诉书的格式所拟，并在起诉书中建议法院适用速裁程序审理该案。若是犯罪嫌疑人在具结时，不同意适用速裁程序，则案件要转为简易程序或者普通程序。此时的起诉书作何处理需要研究。若按照作废处理，则涉及起诉书的文号是否作废、是否需要按照普通程序重新拟制起诉书的问题。

3. 审查报告难以简化。部分检察机关办理的速裁案件的审查报告依然按照简易程序的审查报告的模式来写，仅在适用程序及理由部分做出调整。因此审查报告篇幅长、内容多，对于 8 个工作日内必须结案的承办人而言，工作压力过大，不利于保障案件质量及审查效率。

4. 速裁程序与案管系统间不协调。由于案件管理系统设立在先，系统填录和管理体系在设定之初不存在速裁程序这项为期两年的实验性运作程序。在案件分配上，案管系统分案针对具体办案人随机分配，而速裁程序要求专人专办或由特定办案组办理；在法律文书方面，针对速裁案件特点，T 市检察机关专门设计了起诉书和量刑建议书合一的文书样式，这与案管系统自动生成的文书格式存在一定差别。

三、刑事速裁程序的完善对策

（一）严格把关准确适用，放宽条件扩大程序适用空间

1. 严格把关，确保准确适用速裁程序。速裁程序相较于简易程序更为简略，控辩平等对抗减弱，法庭审判诸多环节缺失，为了避免人权保障不力的可能结果，有必要加强对办案人员的培训，提升适用速裁程序的能力水平，保证精准适用速裁程序。首先要对一线办案人员加强业务培训，使其全面理解和掌握适用速裁程序的案件范围、条件、证据标准以及转化程序等各方面要求，并在思想上树立“四个严格”的意识，即严格罪名适用范围、严格刑罚尺度、

严格把握证据标准、严格保障当事人诉讼权利，杜绝速裁程序不规范现象的发生。办案人员应当在严格审查证据、准确预测刑罚的基础上，向被追诉人提出适用速裁程序的建议，并加强释法说理能力，使被追诉人明晰适用速裁程序的后果，使其对检察机关的量刑建议不产生误解，确保庭审时不出意外，实现程序快速流转的目标。

2. 转变观念，提升速裁程序适用意识。速裁程序对于推进案件繁简分流，进一步简化程序，提升案件效率，保证被追诉人得到公正迅速的审判具有重要的意义，也是缓解当前案多人少矛盾的必然选择，因而要通过宣传使办案人员认识到速裁程序的重要意义，积极主动适应当前刑事诉讼体制改革的新要求。司法机关应当进一步简化案件审查报告，可在调研的基础上制定统一的简约型案件审查报告，以减少司法人员在适用速裁程序时面临的繁琐程序压力，增强适用速裁程序的积极性和主动性。办案人员要提高高效及时结案的能力，确保适用速裁程序的案件能在法律框架内得到从宽处罚，防止出现速裁程序侵害被追诉人根本权益的现象。

3. 放宽条件，扩大速裁程序适用空间。在速裁程序适用的客观条件方面，可以考虑取消特定罪名类别的限制，将更多符合可能判处一年以下有期徒刑、拘役、管制或者单处罚金条件的案件纳入速裁程序中来，如司法实践中经常出现的妨害公务罪案件，这些案件在风险社会刑法理念的指引下被过度犯罪化了，对其适用速裁程序有助于削减过度犯罪化的负面影响。有观点提出，可以将速裁程序扩大适用于可能判处三年以下有期徒刑、拘役、管制或者单处罚金范围的案件，以扩大速裁程序适用范围。① 但是，盲目将案件有关刑期的范围扩大缺乏有力根据，反而可能减弱程序运作的效果，因而暂时应当维持目前有关刑期限制的规定。此外，微罪案件中，加害人和被害人在审前达成和解有利于速裁程序的顺利运行，提高速裁程序的适用率。为了保证速裁程序的顺利运行，同时提高速裁程序的适用率，检察机关应尽量促进微罪案件的当事双方在审前阶段达成和解。② 对于在规定的时间内达不成刑事和解的，但是客观上具有刑事和解条件的，可以适当放宽办案期限，建议扩大至15个工作日内，在此期间达成刑事和解的，可以适用速裁程序，得到从宽处罚。对于在开庭前，被告人与刑事被害人已经达成刑事和解的，符合适用速裁程序的，司法机关应当及时将案件转入速裁程序通道。

---

① 于浩：《“刑事案件速裁”一周年》，载《中国人大》2015年第22期。

② 潘金贵、李冉毅：《规则与实效：刑事速裁程序运行的初步检视》，载《安徽大学学报（哲学社会科学版）》2015年第6期。

（二）充分保障被追诉人诉讼权益，实现程序公正价值

1. 保障被追诉人的基本诉讼权利。被追诉人因为选择速裁程序，获得了程序与实体方面的利益，也相应地放弃了部分诉讼权利，但是这种诉讼权利的放弃应当以不侵害其基本权利为代价。也就是说，被追诉人的基本诉讼权利仍然应当得到保障，以防止速裁程序中出现侵害人权现象的发生，侵蚀司法公正的基础。这些基本权利包括以下几种：一是获得辩护律师帮助及法律援助的权利。为了切实保障被告人认罪的自愿性及其程序选择权，增强其与控方进行量刑协商的能力，在速裁程序中应当明确规定强制律师帮助制度，即适用速裁程序的案件，在被告人签署同意适用该程序的具结书前，必须要有律师为其提供法律帮助，否则不能适用速裁程序。需要明确的是，律师帮助应该是有效和具有实质意义的，而不应沦为走形式、走过场的程序。[①] 被追诉人可以自行委托辩护人或者由法院指定辩护人为自己辩护。对于被追诉人申请提供法律帮助的，公安机关、司法机关要做好联系看守所值班律师的工作。值班律师为被追诉人进行程序选择和量刑协商提供帮助。二是法庭最后陈述的权利。法庭最后陈述权利是被追诉人发表意见权中最基本的组成部分，有助于法官判定被追诉人是否自愿选择速裁程序，此权利不可被剥夺。三是上诉的权利。上诉权是被告人的一项重要诉讼权利，同时也是我国两审终审的明确规定，在出现被告人获得量刑优惠后提起上诉的情况，应当本着“上诉不加刑”和“有利于被告人”的原则，不应以“被告人上诉就不能获得认罪对价”为由抗诉加罚。[②] 此外，速裁案件由法官独任审判，为了避免和减少独任法官审判中违法违纪等不合理现象的发生，应当完善独任审判的权力监督制约机制，如制定详细的技术性操作指引，确保被追诉人基本诉讼权利得到有效维护。

2. 保障被追诉人速裁程序自愿选择的权利。前文论述到，速裁程序具有公正与效率的双重价值追求，而要实现公正价值目标，必须切实保障被追诉人对速裁程序的自愿选择权，确保速裁程序是按照被追诉人的意思启动和运行。被追诉人对指控事实、罪名或量刑建议有异议、不同意适用速裁程序、没有与被害人达成调解和解协议、可能不构成犯罪或辩护人作无罪辩护等情形的，不适用速裁程序。人民法院在审理过程中，发现不符合速裁程序适用条件的，应

---

① 刘广三、李晓：《刑事速裁程序实施问题与对策研究——以北京市 C 区法院为样本》，载《法学论坛》2016 年第 5 期。

② 叶肖华：《简上加简：我国刑事速裁程序研究》，载《浙江工商大学学报》2016 年第 1 期。

当转为简易程序或者普通程序审理，为被告人的诉讼救济权利预留通道。[①] 这样可较好地兼顾公正与效率的价值目标。为了保障被追诉人认罪和适用速裁程序的自愿性，司法人员要对被追诉人进行充分的权利告知。被追诉人在庭审阶段在认罪的基础上，仅对量刑有异议的，并非一律要转化为简易程序或普通程序审理，而是由法官根据案件具体情况来决定。而对于案件定罪的证据、事实等产生异议的，一般应当转化为简易程序或者普通程序审理。

（三）统一规范速裁程序流程，提升程序运作效果

1. 统一速裁程序。立法机关应当及时对试点运行成效进行评估，全面总结试点运行经验，客观分析存在的问题，在综合各试点城市办案机制、规章制度的基础上，制定出台有较强指导性和操作性的速裁程序法律规定。根据试点运行中曝露出的问题，立法在创设速裁程序法律规定时，应当进一步明确和细化案件适用的条件和范围、案件证据证明标准、办案组织形式、诉讼流程、诉讼程序转化等有关内容，使目前各试点城市做法各异的运行方式得到统一。当速裁程序法律化后，最高人民法院、最高人民检察院要针对试点中速裁程序客观上带来司法人员工作量增加的情况，进一步简化速裁程序，实现速裁程序形式上的从简与实际上的从简有机统一。

2. 规范速裁程序。立法机关在将速裁程序法律化后，司法机关应当及时制定、完善速裁程序办案系统，确保程序规范、顺畅运转。可考虑增设单独的速裁程序办案系统流程，在案件管理系统上减少非必须的程序节点设定，避免速裁程序虽然在实践中的流程实现了简化，但在案管系统中仍要进行大量程序性操作的问题。同时添加相应的法律文书，自动生成文书编号，明确审批权限等问题。结合速裁案件特点，创设和修改部分文书模板，简化、规范相关文书的制作。例如，法院适用刑事速裁程序审理的案件应当使用格式裁判文书当庭宣判，是提高审判效率、防止诉讼拖延的有效方式，也在一定程度上减轻被告人的诉累。[②]

在法庭审判阶段，速裁程序转化为简易程序或普通程序审理，检察机关的起诉书是否需要重新制作的问题，笔者认为此宜由检察机关自行决定，如检察机关认为没有必要重新制作的，则不再重新制作，如认为确有必要重新制作的，可以重新制作，但是在案件管理系统上仍然使用原案号，以减少不必要的人力资源浪费。

---

① 樊崇义：《刑事速裁程序：从“经验”到“理性”的转型》，载《法律适用》2016年第4期。

② 赵恒：《刑事速裁程序试点实证研究》，载《中国刑事法杂志》2016年第2期。

（四）强化程序与实体激励，提高价值目标的实现力

1. 程序激励。虽然刑法和《最高人民法院关于常见犯罪的量刑指导意见》已经确立了鼓励犯罪嫌疑人、被告人认罪、坦白的实体激励机制，但目前的情况是，对选择适用简易程序、速裁程序并没有相应的程序激励机制，实体激励与程序激励不同步。[①] 因而，应当进一步完善速裁程序的程序激励，确保程序激励与实体激励同步，最大限度地提高速裁程序对被追诉人的吸引力，使其让渡部分诉讼权利的行为得到实实在在的收益。具体来讲，检察机关审查逮捕部门在收到侦查机关移送的建议适用速裁程序的案卷时，在审查的基础上，认为符合适用速裁条件的，应当以不适用逮捕强制措施为原则，适用逮捕强制措施为例外。尤其是对于外地人犯罪的案件，应当坚决贯彻上述原则，避免再次因为身份问题导致不公平对待被追诉人的不合理现象，从而为减少审前羁押率提供了有效的突破口。检察机关公诉部门在收到移送审查起诉的案件时，认为符合适用速裁程序的，应当在量刑建议书中体现量刑从宽的原则，在得到被追诉人认可的基础上，及时将案卷标记为速裁字样，按照法定期限提起公诉。审判机关在收到标记有速裁字样的案卷时，或者自行决定建议适用速裁程序的，应当在法定期间将案件审结。

2. 实体激励。刑事速裁程序的运作对于诉讼效率有着显著提升的效果，可以节约司法资源。速裁程序以被追诉人让渡部分诉讼权利为起点，因而要让被追诉人感受到程序快速审理的同时，还要在量刑上得到减刑激励。对于适用速裁程序的，在量刑上要体现从宽的原则，并且优先适用非监禁刑。应考虑对认罪的被追诉人提供较为明确的量刑折扣，针对目前列入试验的可能判处一年以下有期徒刑的11种常见罪名的量刑规范以及具体情形作出司法解释，增强司法的可操作性。[②] 鉴于适用速裁程序反映出被告人人身危险性相对较低，刑罚的惩罚取向明显弱于矫治取向和社会复归，可探索将适用速裁程序作为可以从轻处罚的量刑情节，相对于普通程序的同类型案件，一般从宽处罚的刑罚量应为基准刑的10%—20%，从而与当庭自愿认罪10%的量刑幅度相衔接。[③] 因为，这种“以认罪换取利益”的原则正是被追诉人同意适用速裁程序的动力机制，也是提高速裁程序适用率的必要条件。

---

① 参见李本森：《法律中的二八定理：基于被告人认罪案件审理的定量分析》，载《中国社会科学》2013年第3期。

② 李本森：《我国刑事案件速裁程序研究——与美、德刑事案件快速审理程序之比较》，载《环球法律评论》2015年第2期。

③ 艾静：《刑事案件速裁程序的实证分析和规则构建》，载《云南大学学报》2015年第6期。

刑事速裁程序实证探析

——以福田区院为视角

刘　裔　向心悦*

一、刑事速裁程序设立背景

随着社会经济的迅猛发展，基层司法机关受理的刑事案件数量呈逐年增加的趋势，案多人少与有限的司法资源矛盾凸显。为了提升司法效率，建立一种高效审理制度，解决与司法资源的紧张关系，我国在1996年的《刑事诉讼法》修正案中，正式确立了刑事简易程序。2012年修改刑事诉讼法，对刑事简易程序进行了进一步的修订和完善。但是，在2013年废除劳动教养制度后，部分原作劳动教养处理的违法都被刑法和相关司法解释规定为犯罪，这就意味着这些轻微刑事案件将进入刑事诉讼程序，消耗本来就十分有限的司法资源。加之，2012年新刑事诉讼法扩大了简易程序范围，纳入了无期徒刑以下、3年有期徒刑以上的案件，因此，简易程序适用案件范围过大，一部分轻微刑事案件亟须分流。在此背景下，2014年6月27日，第十二届国人民代表大会常务委员会第九次会议表决通过了《关于授权最高人民法院、最高人民检察院在部分地区开展刑事案件速裁程序试点工作的决定》（以下简称《速裁决定》），标志着我国刑事速裁制度的初步确立，也意味着在普通程序、简易程序之外多了第三种更为便捷的裁判方式。作为一项新程序，它最终的运行效果尚需司法实践来检验。

二、实施情况及效果

自2015年4月以来，深圳市福田区人民检察院作为速裁程序的试点单位，积极开展试点工作，且由于本院案件基数大、类型多样，以此试点情况进行考察，对于发现速裁程序实施过程中存在的问题，研究完善速裁程序的对策，具

---

* 刘裔、向心悦，深圳市福田区人民检察院干部。

有一定的理论和实践价值。

（一）实施现状

1. 案件数量。福田区院于2015年4月开始速裁程序试点工作，在公诉部门成立刑事速裁案件检控组，由1名主任检察官和1名检察员专门办理。截至2015年12月24日，共适用速裁程序审结刑事案件250件253人，占全院同期起诉刑事案件数（1691件）的14.78%，相比同期该院简易程序案件数945件。2015年12月25日至2016年10月31日，共适用速裁程序审理刑事案件456件477人，占全院同期刑事案件数（1646件）的27%，相比同期简易程序案件数1014件。

2. 案件类型。从犯罪主观方面看，绝大部分均是故意犯罪案件，约占99%，主要包括危险驾驶、盗窃、故意伤害等轻微刑事案件，过失犯罪案件仅2件。

在规定的11类案由中，目前本院已经审理了危险驾驶、盗窃、抢夺、伤害、寻衅滋事、毒品犯罪及妨害公务犯罪，大部分案由已经涉及其中，危险驾驶案在速裁程序案件中所占比例最大，其次是盗窃案，两类案件数量占速裁程序案件数量80%以上。

3. 程序启动与变更。从程序启动看，绝大多数案件为公诉机关建议适用速裁程序，法院主动适用速裁程序的案件很少。总共706件速裁程序案件中，侦查机关建议适用的286件，公诉机关建议适用的有420件，占比为59%；法院经审查认为符合适用速裁程序条件，在征得公诉机关、被告人及辩护人同意后，主动适用的有11件，律师建议启动的为0。从程序变更看，公诉机关共建议适用速裁程序的案件706件，其中有58件转为简易程序或普通程序审理，占比8%。在变更程序的案件中，有的因自首、立功或其他事实不清需要公诉机关进一步核实；有的因需要进行调解或退赔工作而无法在短期内结案；部分案件因为被告人在收到起诉书后对事实有异议。总体而言，法官主动适用速裁程序审理案件的积极性不高，对于公诉机关未建议适用速裁程序审理的案件，或者虽建议适用速裁程序，但案情仍需进一步查明的案件，法官仍然倾向于适用简易程序或普通程序审理。

4. 强制措施及刑罚。在强制措施种类方面，总共起诉的706件速裁案件中，被告人被取保候审的有261件267人，因被拘留逮捕而处于被羁押状态的有445件452人。羁押率约为63%，同期全部案件的羁押率约为75.6%。在刑罚方面，不存在判处管制、单处附加刑、免除刑事处罚的情形。其中，2016年已判决的速裁案件中，判处拘役刑共有157人，占34.3%（主要因为大部分速裁案件涉及危险驾驶罪），判处6个月以上1年以下有期徒刑的151人，占32.9%。在刑罚适用方式方面，判处监禁刑的案件308人，判处缓刑的案件152人，适用缓刑率大概33%。这与被告人庭审前被采取的强制措施类型基本一致。

5. 审查起诉时间和庭审时间。检察院审查起诉时间大大缩短，据统计，平均用时6天，最快当天完成审查起诉，最迟用时8天。法院在庭审阶段所用的时间往往缩减到以分钟计数的程度，刑事速裁程序的适用的确在庭审环节上节省了法官的很多办案时间。在正式庭审阶段的时间已经十分精短。根据统计，福田区法院对于整个案件审判阶段的处理时间平均为10天。

6. 上诉情况。适用速裁程序审理的案件，一审上诉率为8%，无一例抗诉案件。比简易程序低3个百分点，比2015年全部刑事案件上诉抗诉率低21.8个百分点。

（二）实施效果

刑事案件速裁程序，是刑事诉讼的“快车道”。试点一年多来，通过缩短办案期限、简化办案程序，最大限度地追求快速办理轻微刑事案件，刑事速裁程序带来了更加及时的公平正义。

1. 诉讼效率明显提高。速裁程序案件的证明标准和普通案件一致，因此就侦查机关而言，收集证据所花时间并没有明显缩短，侦查机关仅仅缩短了呈捕和移送审查起诉中间流转的时间。对于公诉部门而言，一份简单的贩卖毒品案件的公诉审查报告至少需要50分钟，平均提审用时50分钟，而速裁程序不需要制作审查报告，简化诉讼文书，同时利用视频提审，为公诉人审查证据节约了诉讼时间。对于法院来说，适用刑事速裁程序审理的案件，大多采取集中审理的方式，由于庭审程序省略了法庭调查和法庭辩论环节，庭审内容主要是一些程序性事项，庭审用时短则8分钟，长则15分钟，与适用简易程序审理相比，庭审速度极大提高。

2. 当庭宣判率、服判率提高。据统计，大概90%的案件均为当庭判决，增强了庭审活动的权威性，对被告人和庭审参加人员起到良好教育作用。同时，被告人上诉率仅为8%，检察机关抗诉率、附带民事诉讼原告人上诉率为零，相比简易程序和普通程序，服判率更高。这也正是由于检察院庭前对案件证据的充分把握，和在审前做好充足的准备工作，才得以保证速裁程序的运行比较平稳，当庭宣判率高，上诉率低，服判率高。

3. 法律援助全面覆盖。普通案件只针对符合法律援助条件以及指定辩护等法定情况提供法律援助。而按照速裁程序要求，在当地司法局积极配合，以及政府大力投入援助资金的情况下，确立了“有求必应”的速裁案件法律援助制度。截至目前，所有申请法律援助的犯罪嫌疑人、被告人都得到了律师的帮助，法律援助的覆盖面较简易程序有了质的改变。法律援助律师对犯罪嫌疑人、被告人选择同意速裁程序进行把关的作用值得肯定。

4. 试点创新层出不穷。福田区院根据速裁程序特点，积极探索更加快捷高效的工作机制，形成了许多成功做法和经验。为加快速裁程序进程，规范和统一速裁程序权利义务告知书、速裁程序建议书等诉讼文书格式；利用计算机信息网络技术，采取视频提审，大大缩短了检察官往返看守所路途的时间，避免了因堵车、恶劣天气等不利因素干扰速裁程序案件快速审查；配合法院开展远程视频开庭，节省和缩短了开庭时间，快速提高庭审效率。这些创新的推广使用使速裁程序如虎添翼、锦上添花。

三、存在问题及完善

（一）目前存在的主要问题

1. 刑事速裁程序适用率低

目前福田区院的适用率仅为20%左右，而简易程序案件适用率约为55%，刑事速裁程序的适用率与轻微刑事案件所占的比例相比明显偏低。其适用率越低，促进刑事诉讼程序繁简分流、优化司法资源配置等方面发挥的作用就越小，这与设立制度的初衷不符。立法者主要考虑到试行和探索阶段，出于保护犯罪嫌疑人、被告人权利的角度，严格限制适用范围，通过列举式方法规定案件类型，具有特殊时期的必要性。但是这也意味着办案部门在处理其他一些简单轻微刑事案件时，即使这些案件满足适用速裁程序的其他条件而不能适用。例如，轻微的故意毁坏财物犯罪、妨害公务、包庇、掩饰隐瞒犯罪所得、犯罪所得收益案件等。面对刑事司法案件特点的多样性，这种“一刀切”式的规定不利于司法实践中轻微刑事案件快速处理。同时，一些禁止性条款的设立，如累犯是否均不适用速裁程序，也值得商榷。实践中大量的盗窃案件，涉案金额小，犯罪嫌疑人一般犯盗窃罪前科，这类案件以往通过行政处罚、劳动教养处罚，现在是否可以考虑纳入速裁程序快速处理。

2. 量刑激励有待明确和提高

第一，目前速裁程序案件整体非监禁刑适用率不高，制约了量刑激励功能的发挥。据统计。福田区院适用速裁程序审结案件中判处非监禁刑（单处罚金、管制、缓刑）与实刑（拘役、有期徒刑）分别约占32.7%和67.2%。非监禁刑适用率较低，未能明显体现《关于在部分地区开展刑事案件速裁程序试点工作的办法》第13条提出的“人民法院适用速裁程序审理案件，对被告人自愿认罪，退缴赃款赃物、积极赔偿损失、赔礼道歉，取得被害人或者近亲属谅解的，可以依法从宽处罚”的原则性要求。

第二，部分案件对比简易程序，量刑优惠没有体现。例如福田区人民法院判处的蒋某某危险驾驶案和外国人 kashif 危险驾驶罪案，两个案件在犯罪情节、认罪态度以及血液酒精含量等方面基本相同，均被判处拘役 4 个月。可见，现行部分案件适用速裁程序的量刑和普通程序的基本一致，没有充分体现速裁程序的量刑激励。

第三，《关于在部分地区开展刑事案件速裁程序试点工作的办法》第 13 条赋予了法官依法从宽判决的自由裁量权，却没有明确规定法官自由裁量权的幅度。一般法官参照的《人民法院量刑指导意见（试行）》规定，“对于当庭自愿认罪的，根据犯罪的性质、罪行的轻重、认罪程度以及悔罪表现等情况，可以减少基准刑的 10% 以下，依法认定自首、坦白的除外”“对于积极赔偿被害人经济损失的，综合考虑犯罪性质、赔偿数额、赔偿能力等情况，可以减少基准刑的 30% 以下”“对于取得被害人或其家属谅解的，综合考虑犯罪的性质、罪行轻重、谅解的原因以及认罪悔罪的程度等情况，可以减少基准刑的 20% 以下”。该规定并没有区分速裁程序、简易程序还是普通程序适用，且这种优惠将时间点都以庭审作为参考，没有区分认罪、退赃、和解发生在侦查阶段还是审查起诉阶段。然而刑事速裁程序设置的基本理念导向是节约司法资源，实现案件繁简分流的目标，刑事速裁程序中的被告人在侦查、审查起诉阶段即早早认罪认罚，其为国家机关节约了侦查、审查起诉、庭审的司法资源，理应获得比普通案件中被告人在庭审中认罪更大的优惠。

3. 程序运行中的不足

普通程序在司法实践的运行中存在“重实体，轻程序”的问题，而在速裁程序中，就是“重效率，轻公正”。过分地强调程序，强调速裁效率，势必会对实体认定和公正价值造成损害。过分追求诉讼效率而导致对被告人、被害人的诉讼权利保障不力。目前的快速办理对于被告人和被害人的权利保障欠缺考虑，难以有效保障其知情权和程序参与权，简化程序的同时也减少了当事人权利。

同时，刑事案件速裁程序本质上是从侦查到刑罚执行的速决程序，其系统性强、整体性强，涵盖了侦查、公诉、审判、执行各个诉讼环节。《关于在部分地区开展刑事案件速裁程序试点工作的办法》主要规范公诉机关和审判机关的活动，而对侦查程序少有涉及，对侦查环节的诉讼期间以及相关强制措施等程序都没有具体规定，造成办理轻微刑事案件“提速难”的困境。也没有就社会调查评估、审理方式、格式裁判文书制作、收监执行、社区矫正等细化规定，无法解决实践过程中遇到的问题，刑事速裁程序如何实现公安机关及时侦查、检察机关集中移送、审判机关即审即判、司法行政部门无缝对接，顺利运行，仍是需要研究的问题。

（二）刑事速裁程序之完善

如何进一步健全刑事速裁程序运行机制，推动程序全程提速，既要立足刑事案件速裁程序试点的实践，也应当吸收刑事案件快速审理程序的国际经验。

1. 适当扩大适用速裁程序的案件范围

综观域外法律，无论德国命令模式的处罚令程序还是美国协商模式下的美国轻微犯罪处理程序，都没有对适用速裁程序的案件类型加以限制，而我国则对其进行了严格规定，致使符合速裁程序条件的案件并不宽泛。在德国，50%以上的刑事案件是适用刑事处罚令程序处理的。[①] 在美国，90%以上的案件是通过辩诉交易结案的。我国刑事速裁程序与德国刑事处罚令程序、美国的辩诉交易制度的适用情况相比，也有很大差距。[②] 笔者认为，现阶段应适当扩大适用速裁程序案件范围。第一，有必要取消专属罪名的限制，以将更多可能判处1年有期徒刑以下刑罚的案件纳入进来。从美国和德国的刑事案件快速处理程序的适用范围看，很少有类似我国的禁止性规定。不应当对适用案件的罪名进行过于严格的限制。只要从证据和程序上满足条件，原则上应当将可能判处1年有期徒刑以下的案件都纳入速裁程序的适用范围，但一些本身不适宜速裁的案件，例如涉及危害国家安全、恐怖活动、黑社会性质组织犯罪、故意实施的职务犯罪案件以及涉外刑事案件除外。第二，允许未成年人、盲、聋、哑人案件适用速裁案件。由于我国刑事案件的办案期限和羁押期限合二为一，在对这些特殊人群的权利能进行充分保障的情形下，适用速裁程序实际上更有利于对这些特殊人群的保护。如果因犯罪嫌疑人身体残疾而剥夺享有速裁的权利，这属于另外一种歧视性规定。另外，对量刑建议不当从而禁止适用刑事案件速裁程序也不合理。因为检察院的量刑建议对于法院来说并没有法律上的约束力，法院有权依法作出独立裁判，否则，这样的禁止性规定就会导致法院庭审的过度形式化。[③] 第三，赋予被告人及辩护人主动申请检察院或法院适用速裁程序的权利，符合规定的，应当准许。第四，建议规定在普通程序庭审过程中被告人认罪的，对案件事实没有异议的，可以由检察院或者被告人、辩护人申请变

① 陈光中、汉斯-约格·阿尔布莱希特：《中德不起诉制度比较研究》，检察出版社2002年版，第176—177页。

② 卞建林：《美国联邦刑事诉讼规则和证据规则》，中国政法大学出版社1998年版，第10页。

③ 李本森：《我国刑事案件速裁程序研究——与美、德快速审理程序之比较》，载《环球法律评论》2015年第2期。

更为速裁程序，前提是当庭告知速裁程序相关权利义务，被告人没有异议。应当注意的是，实践中遇到原可以适用速裁程序，后因犯罪嫌疑人翻供而适用普通程序的案件，这种被告人由于惧怕心理，往往在庭审时又表示认罪。笔者认为，只要符合速裁条件，也应当再给予其一次机会，以节约诉讼时间。第五，取消对累犯禁止适用的限制。对于一般累犯区别对待，前罪处罚也较轻的犯罪，可以适用速裁程序，但是量刑上不给应予过多优惠。第六，对于有和解可能性的案件，可以出台规定将刑事和解所耗费的时间不计入速裁程序审理期限。从实践来看，刑事和解需要被告人与被害人就赔偿问题达成一致而适用刑事速裁程序，而有限的审理期限，制约了适用速裁程序。

有意见提出速裁程序可以扩大适用于可能判处 3 年有期徒刑的案件。而根据目前基层刑事司法案件处理的实际情况，例如 2015 年，福田区人民检察院起诉后已判决的一审案件中，有 60% 多的案件均属于被判处 3 年以下有期徒刑，包括拘役、管制、单处附加刑、缓刑，这类案件数量巨大，是基层单位的主要案源。被判处“1 年以下有期徒刑、拘役、管制的案件，或者依法单处罚金的案件”约占所有判决案件的 40%，可见基层检察院判处 1 年以下有期徒刑案件，涉及的案件数量同样不少，可以为速裁案件适用提供丰富的案源。并且现行简易程序运行良好，其他案件可以适用简易程序审查起诉。因此，笔者对此观点保持谨慎的态度。

2. 加大量刑从宽激励

第一，增加取保候审强制措施和非监禁刑的适用。如上文所述，速裁程序中羁押率为 63%，总的案件平均羁押率为 76.5%，速裁案件和普通案件在强制措施上没有明显区别。考虑到深圳市外来流动人口较多，非本市户籍人口犯罪占大多数，办案人员因此担心取保候审措施不利于诉讼顺利进行因而采取逮捕措施。对此，建议可以参考国外收取高额保证金的做法对其取保候审。由于涉及速裁程序的都是轻微犯罪，现在公共场所人脸识别侦查技术先进，同时侦查机关具有完善的网上追逃制度，因此犯罪嫌疑人交纳高额保证金（比如 10 万至 20 万元）后，大多数情况下不会畏罪潜逃。同时，应当明确速裁程序的量刑应当轻于其他程序。美国量刑从宽后，很大比例的轻罪罪行被处以罚金而非监禁。[①] 法国庭前认罪答辩程序下，罚金得到折减，监禁刑既不得超过一年，也不得超过当处监禁刑期的一半。

第二，加大量刑优惠幅度。被告人选择刑事速裁程序是以认罪放弃一些诉

---

① 最高人民法院司法改革领导小组办公室编写：《〈最高人民法院关于全面深化人民法院改革的意见〉读本》，人民法院出版社 2015 年版，第 83—84 页。

讼权利为代价，作为价值交换的结果，因此有必要在量刑上对被告人予以优惠。例如美国《联邦量刑指南》允许对被告人有罪答辩进行量刑打折，这个折扣能够减掉相对较轻罪行67%的刑期和严重罪行14%的刑期。[①]《意大利刑事诉讼法典》第459条第2款就规定，如果被告人选择使用处罚令程序，公诉人可以要求适用相对于法定刑减轻直至一半的刑罚。[②] 意大利依当事人的要求适用刑罚程序的最高减刑幅度为法定刑的1/3，最终判刑不得超过5年有期徒刑拘役或2年有期徒刑拘役。[③] 可见，这些量刑从宽幅度都比较宽泛，建议速裁程序可以减刑20%—40%的幅度，针对多个减刑情节并存的情况，可以进行减刑幅度叠加，但不得少于应判刑期的1/2，罚金同样适用。此外，可以根据刑事政策需要，针对特定罪名进行量刑优惠幅度限制。

第三，应对认罪时间加以区别。例如英国量刑从宽的幅度依认罪答辩的时间不同而不同。在第一合理机会作有罪答辩，减少基本刑罚的1/3；在审判时间确定后作有罪答辩，减少基本刑罚的1/4；在法庭开庭之后作出有罪答辩，减少基本刑罚的1/10。[④] 这种激励制度极大地促进了被告人尽快认罪，建议我国立法也应当区分各种阶段认罪的量刑从宽幅度。只有从量刑上对被告人予以优惠，令其减少自身损害，才能引导更多的被告人自愿认罪认罚。

3. 加强侦查、起诉、审判程序的衔接配合

刑事速裁程序的顺利运转必然需要公安机关及时侦查、检察机关集中移送、审判机关即审即判、司法行政部门无缝对接，搭建轻微刑事案件快速办理的绿色通道，形成公、检、法、执行机关的协作以及与司法行政机关的协调机制等。要定期对刑事速裁程序案件进行协商，并注重形成会议纪要，出台规范性文件，对相关工作机构设置、案件协调机制、信息共享机制等内容作出详细规定，及时沟通并化解速裁案件在侦查取证、审查起诉、社会调查、审理裁判、法律援助、赃证物移转、罪犯执行交接以及社区矫正等过程中可能出现的问题，努力形成工作合力，建成配套机制，以发挥刑事速裁程序的优势，实现公正与效率相统一。结合本市情况，可以在看守所、执法办案单位等场所内建立速裁办公室，推动案件信息共享及案卷无纸化流程，促进案卷办理的简化提

① ［美］斯黛丽、弗兰克：《美国刑事法院诉讼程序》，陈卫东、徐美君译，中国人民大学出版社2002年版，第435页。

② 《意大利刑事诉讼法典》，黄风译，中国政法大学出版社1994年版，第165页。

③ 施鹏鹏：《法律改革，走向新的程序平衡》，中国政法大学出版社2013年版，第156页。

④ 最高人民法院司法改革领导小组办公室编写：《〈最高人民法院关于全面深化人民法院改革的意见〉读本》，人民法院出版社2015年版，第83—84页。

速。可借鉴北京海淀区法院的经验，在看守所建立速裁办公区、包括公检法机关的三个刑事速裁办公室、监区内的速裁法庭和院内的同步数字法庭以及法律援助律师值班室和犯罪嫌疑人视频会见室。通过公、检、法司四机关就近办公，有效压缩案件流转在途时间，方便办案人员互相沟通，迅速推进案件流转，推进侦诉辩审全程简化、职能无缝对接。[①]

① 《宽严相济“简”程序不“减”权利　刑事速裁程序试点两年办案质效双升》，载 http://legal.people.com.cn/n1/2016/0905/c42510－28690491.html，最后访问时间：2016 年 11 月 8 日。

辽宁省刑事案件速裁程序试点改革实证研究

苏中辉　吴海伦*

一、辽宁省刑事案件速裁程序试点的基本情况及特点

（一）基本情况

2014年10月10日，辽宁省检察机关收到“两高两部”《试点办法》后，于10月15日制定全省实施方案，10月27日全省第一批案件开庭审理，10月28日制定全省实施细则。2015年的3月19日和20日，在省委政法委的统一组织下，分别在沈阳和大连召开现场会，加速推进试点工作。经过历时两年多时间的探索实践，刑事案件速裁程序试点效果初显，体现在审前羁押问题得以改善、现存案件压力得以缓解、繁简分流理念得以深化等方面。试点两年期间，沈阳、大连两地检察机关共办理刑事案件25636件32798人，其中适用速裁程序办理刑事案件2707件2766人。案件数占同期办案数的10.55%（件），人数占总数的8.43%（人）。

（二）主要特点

1. 案件类型：罪名全覆盖，但类型相对集中

《试点办法》规定可以适用刑事案件速裁程序的犯罪案件为“危险驾驶、交通肇事、盗窃、诈骗、抢夺、伤害、寻衅滋事、非法拘禁、毒品犯罪、行贿犯罪、在公共场所实施的扰乱公共秩序犯罪”。目前，辽宁省试点地区在案件罪名上已实现了全覆盖，涉及19项具体罪名，分别是合同诈骗罪，容留卖淫罪，信用卡诈骗罪，非法经营罪，伪造国家机关公文、证件、印章罪，引诱、教唆他人吸毒罪，交通肇事罪，非法持有毒品罪，盗窃罪，容留他人吸毒罪，故意伤害罪，危险驾驶罪，非法拘禁罪，抢夺罪，贩卖毒品罪，诈骗罪，故意

* 苏中辉，辽宁省人民检察院公诉一处副处长，四级高级检察官；吴海伦，辽宁省沈阳市人民检察院研究室检察员，一级检察官，全国检察理论人才，首届全国优秀调研骨干人才。

毁坏财物罪，寻衅滋事罪，妨害公务罪。其中，危险驾驶犯罪 1437 件 1437 人、盗窃犯罪 418 件 448 人和毒品犯罪 533 件 569 人，共占全部适用刑速裁程序案件的 88.21% 和 88.72%（见表一）。

表一：辽宁省试点地区适用刑事速裁案件汇总

罪名	件数	人数	占比（%）	
合同诈骗罪	1	1	0.04	0.04
容留卖淫罪	1	1	0.04	0.04
信用卡诈骗罪	1	1	0.04	0.04
非法经营罪	2	2	0.07	0.07
伪造国家机关公文、证件、印章罪	2	2	0.07	0.07
引诱、教唆他人吸毒罪	2	2	0.07	0.07
交通肇事罪	115	115	4.25	4.16
非法持有毒品罪	11	11	0.40	0.40
盗窃罪	418	448	15.44	16.20
容留他人吸毒罪	316	318	11.67	11.50
故意伤害罪	260	274	9.60	9.90
危险驾驶罪	1437	1437	53.08	51.95
非法拘禁罪	3	3	0.11	0.11
抢夺罪	3	3	0.11	0.11
贩卖毒品罪	102	108	3.77	3.90
诈骗罪	14	15	0.52	0.54
故意毁坏财物罪	4	5	0.15	0.18
寻衅滋事罪	10	15	0.37	0.54
妨害公务罪	5	5	0.18	0.18

2. 程序启动：以检察机关建议为主

在辽宁省试点期间全部刑事速裁案件中，检察机关建议适用 1662 件 1697 人，分别占总数的 58.56% 和 58.62%；侦查机关建议适用 1104 件 1128 人，分别占总数的 38.94% 和 38.96%；审判机关建议适用 69 件 70 人，分别占总数的 2.43% 和 2.41%。速裁程序主要由检察机关提起（见图一）。

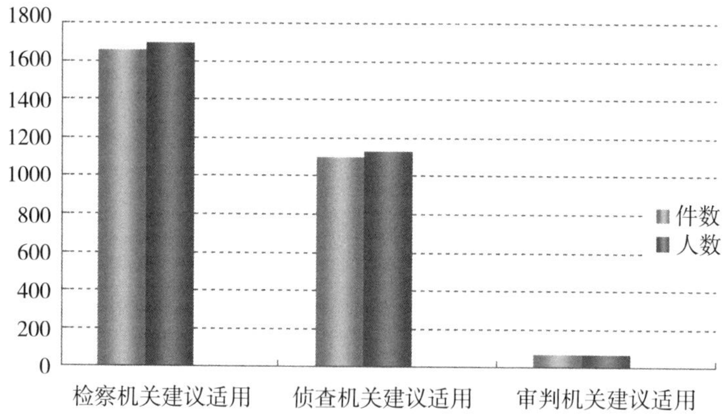

图一

3. 办案周期：与普通程序和简易程序相比周期大幅缩减

从审查起诉情况看，公诉部门审查起诉的周期从以往平均20天缩短至平均6.5天，个别案件可以在受理后次日即提起公诉；从审判情况看，人民法院速裁案件10日内审结占97.52%，比简易程序高58.40个百分点，7日内审结占88.61%，5日内审结占43.25%。案件庭审时间平均不超过5分钟，90.34%以上案件当庭宣判，法庭基本采纳检察机关的量刑建议。

4. 办案机制：全面简化流程，节约诉讼资源

（1）办案组织形式更加简化。试点地区适用刑事速裁程序办理的案件，普遍指定相对固定的办案组（主诉检察官组）办理。办案组（主诉检察官组）内人员适当分工，由同一承办人相对集中办理同类案件。基本上实现由专人分别负责案件审查和出庭公诉，根据实际需要，也可以由同一人负责案件审查和出庭公诉。

（2）尝试集约化起诉模式。将同一公诉人出庭的若干案件集中提起公诉，并随案制发《派员出席法庭通知书》或者在起诉书中署明公诉人姓名等，为法院集中开庭排期提供便利。由专门人员负责诉讼监督工作，通过集中审查法律文书、集中提出监督意见等方式，依法对诉讼程序和诉讼结果进行监督。

（3）强化法律监督。对案件判决、裁定，应由案件审查承办人和出庭公诉人共同审查。对法庭审理中违反法律规定、妨害当事人诉讼权利，可能影响案件公正处理的，出庭公诉人及时提出监督意见，并记录在案，庭审结束后报告部门负责人。除法律规定应由检察长或者检委会决定的事项，由公诉部门负责人或主诉检察官决定，必要时，也可以授权检察员决定。

（4）简化法律文书。犯罪嫌疑人承认自己所犯罪行，对量刑建议及适用速裁程序没有异议，并在《具结书》上签字具结的，不制作讯问笔录。简化制作审查报告，简单列明证据，归纳证明的案件事实。但对案件的处理意见及

理由、其他可能影响定罪量刑的问题和量刑建议，进行详细说明。起诉书中有关被告人、辩护人和被害人基本情况、案由、案件来源、案件事实等内容适当简化，但基本要点明确，重点写明指控的内容和适用法律依据。

（5）明确量刑建议原则。量刑建议结合具体案件情况采取两种方式进行：一种是原则性地提出判处1年以下有期徒刑、拘役、管制的量刑意见；另一种可以拟定明确、具体的刑罚种类及刑期，不再提出量刑幅度的建议。

（6）简化庭审程序。人民法院决定适用速裁程序办理的案件，公诉人出庭无须配备书记员。被告人当庭认罪、同意量刑建议和适用速裁程序的，不再进行法庭调查、法庭辩论（出庭公诉人无须进行宣读起诉书、讯问被告人、举证、发表公诉意见等活动）。

5. 一审判决：非监禁刑适用率偏低，量刑激励功能未得到充分发挥

试点期间，适用刑事速裁案件一审判决共2374件2410人，其中，1年以下有期徒刑200人，占总数的8.42%；拘役1613人，占总数的66.92%；管制0人；宣告缓刑508人，占总数的21.07%；并处附加刑1580人，占总数的65.56%；免予处罚4人，占总数的0.16%；无罪0人。其中判处非监禁刑人数占总数的21.08%，与全国试点地区非监禁刑34.03%相比，差距较大（见图二）。

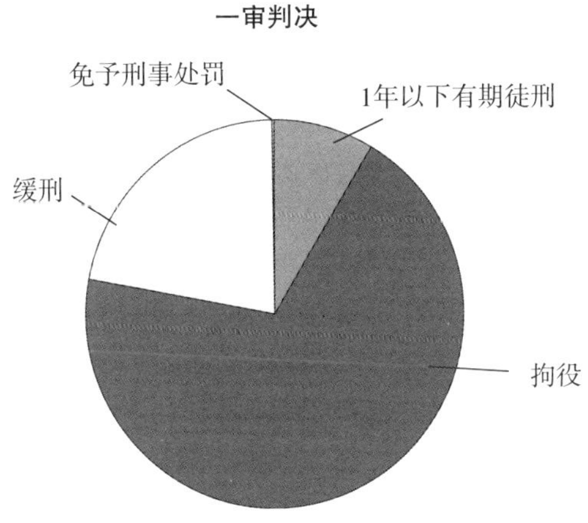

图二

6. 审后情况：服判率高，社会效果好

在试点期间适用刑事速裁程序的案件中，上诉案件为2件2人，占总数的0.08%和0.08%。附带民事诉讼原告人上诉率为零。与全国刑事速裁案件上诉率2%左右的比例相比，辽宁试点地区刑事速裁程序案件体现出服判率高的显著特点。现有2起上诉案件，均由于被告人剩余刑期在3个月以上，因不愿意到监狱服刑而选择上诉。服判率高体现出被告人在判刑以前认同检察院的指控和量刑建议，法院判决符合其内心期待，从而有助于认罪服判，实现案结事

了，恢复社会关系。经过对参与试点的法官、检察官、警察、律师、被告人共503人进行问卷调查，绝大多数对速裁程序运行效果表示满意，其中被告人满意率达98%以上。

二、适用刑事案件速裁程序存在的问题

（一）适用刑事速裁程序的案件数量尚有空间

目前辽宁省试点地区适用刑事速裁程序案件的数量虽逐步提高，但无论是刑事速裁程序案件的绝对数量还是在案件总数中的占比都还有提高的空间。究其原因有三：一是部分办案人员主观上存在顾虑，对刑事案件速裁程序的价值目标认识不足。尽管从《试点办法》的规定看，“两高两部”在速裁程序的价值取向上遵循的是公正与效率相统一的原则。但实践中仍有办案人员认为速裁程序的设计更注重案件程序的从速，对于效率的追求有可能使公正价值遭致减损。二是从目前适用速裁程序的案件看，交通肇事、故意伤害、寻衅滋事、非法拘禁案件多数都附带民事诉讼，调解工作无法在短时间内完成，盗窃、诈骗案件极少在审查起诉阶段返还赃款，上述类型案件起诉到法院后，法院难以在速裁程序规定的时限内判决。三是毒品案件中犯罪嫌疑人多数具有累犯、再犯等法定从重处罚情节，不符合速裁条件，且犯罪嫌疑人供述不稳定，导致此类案件虽然基数较大，但完全符合速裁程序办理条件的案件量比重较少。

（二）速裁程序与简易程序、普通程序的转换存在障碍

从目前辽宁省试点地区办理速裁程序的案件流程看，在审查起诉阶段对犯罪嫌疑人签字具结的不再进行讯问，在庭审中不再进行法庭调查和法庭辩论，如果一旦出现突发情况，如在案件提起公诉后，被告人不同意适用速裁程序，或者未被羁押的犯罪嫌疑人在法院准备开庭时不能到案，无法在规定期限内开庭而转为简易程序或普通程序，或宣判后被告人上诉，则办案单位在审查起诉阶段和审判阶段存在程序缺失，违反了刑事诉讼法的规定，对于此种情况如何顺畅合法地进行程序过渡，尚无明确法律依据。

（三）提出准确的量刑建议存在一定难度

一是1年刑期较难把握。《试点办法》规定，适用刑事速裁程度的案件应为“依法可能判处1年以下有期徒刑、拘役、管制或者依法单处罚金的案件”，而我国刑法中有期徒刑多以3年为分界点，如何确定1年的刑期没有明确的规定，公诉人提出准确的量刑建议存在难度。二是对于罚金刑把握不准。在办理简易或普通程序案件中，检察院所提出的量刑建议幅度较大，基本不考虑罚金刑，但在速裁案件中，主刑量刑建议幅度较小，且罚金刑与主刑的关系较大，但检察院在对罚金刑提出量刑建议方面缺少经验，且欠缺规范。此外，

由于罚金多为案件起诉到法院后才能缴纳，在检察机关建议采用刑事案件速裁程序时罚金还未到位，容易出现起诉至法院后因罚金无法缴纳而变更司法程序的情形，从而造成司法资源的浪费。三是个别罪名缺少量刑指导意见。如毒品案件中的容留他人吸毒罪、行贿罪、在公共场所实施的扰乱公共秩序犯罪等，没有量刑指导意见且量刑因素复杂。四是难以精准把握量刑激励。《试点办法》对被告人从宽处罚作了规定，但没有具体从宽情节的明确规范，由于量刑激励与刑罚的优遇难以预期，使被告人自愿认罪，退缴赃款赃物、积极赔偿的动力不足。

（四）对犯罪嫌疑人、被告人权利保障不全面

一是犯罪嫌疑人、被告人获得法律帮助权受限。由于辽宁省试点地区尚未真正建立起值班律师制度，使犯罪嫌疑人、被告人不能得到及时的法律帮助，对法律的认知和对认罪认罚后果的预期均无法充分保障。二是犯罪嫌疑人、被告人的程序选择权受限。对于犯罪嫌疑人在押的案件，随着案件的办理，可能存在案件双方当事人达成和解协议等情况，使原本不符合刑事案件速裁程序的案件变得可以适用。因此，存在在押的犯罪嫌疑人申请适用刑速裁程序的情况，需要看守所以及公检法机关等办案部门及时了解犯罪嫌疑人的诉讼请求，保证犯罪嫌疑人的合法权益。由于此类情形尚无明确具体的操作规则，只能依靠办案人个体的责任心和职业素养予以推进。如某基层检察院在一起寻衅滋事案件中，借助人民调解机构，使犯罪嫌疑人与被害人达成刑事和解，办案人积极进行释法说理，进而决定适用速裁程序，并建议法院对其宣告缓刑，取得了较好的效果。

（五）统一业务应用系统与刑事速裁程序不兼容

目前，统一业务应用系统内尚无刑事案件速裁程序相对应的法律文书及办案节点。在填写案卡时只能填写“简易程序”，不利于案件类型的区分和统计，具结书、适用速裁程序建议书等均需在系统外生成后扫描入卷，案件审批程序只能与简易程序一致，影响了办案效率。速裁程序庭审中不进行法庭调查和辩论，但在应用系统中，仍要求按照系统设定制作出庭预案、公诉意见，否则无法进入下一环节，由此在系统中仍要进行大量的不必要程序性操作。

（六）案件集中起诉较难实现

由于公安机关开展试点工作程度不一，尤其是一些案件基数本身偏少的地区，凑齐3—5个符合速裁程序的案件集中移送起诉存在困难。若单案单诉，则使得速裁案件失去了原本意义。同时案件不能集中受理，也就直接导致无法集中起诉。此外，个别基层检察院案件量大、办案人少，分出专人专门处理速裁案件无形中加大了办案压力，并且公安机关移送案件相对分散，速裁案件在

审查起诉期间无法过长停留，很难做到集中起诉，只能个案起诉。速裁案件虽只要求一名公诉人出庭支持公诉，但庭审过程中，公诉人基本无须发言，出庭意义更多在于法律监督，耗费了有效工作时间。

（七）公安司法机关之间沟通衔接不顺畅

一是侦查机关案件质量对适用速裁程序有所制约，影响办案效率。根据《试点办法》第8条规定，人民检察院一般应当在案件受理之后8个工作日内作出是否提起公诉的决定，这个审查起诉的期限比《刑事诉讼法》的规定人民检察院审查起诉要求一个月的期限缩短了22天。在适用速裁程序办理案件过程中，时常因移送审查起诉时案件质量不高，导致必须退回公安机关补充侦查后，才能继续适用速裁程序，影响了速裁程序的进程，不利于提高诉讼效率。二是部分速裁案件的庭审过程中，法官往往依照固有思维模式和习惯进行庭审，讯问环节繁琐、繁杂，使刑事速裁案件没有真正体现出快速高效的特点，在一定程度上浪费了司法资源。三是依据《刑事案件速裁程序试点工作座谈会纪要》文件精神，对没有委托司法行政机关进行调查评估的案件，人民法院经审查认为被告人符合管制、缓刑适用条件的，可以判处管制、缓刑。但司法实践中，部分试点地区法院审判仍受检察机关社会调查影响，判决缓刑案件比率始终偏低。四是与速裁程序相适应的审判配套机制尚不完善。有的法院适用速裁程序判处缓刑的案件要提交审判委员会讨论，使案件无法当庭宣判，及时审结；有的文书签发层层审批，使独任审判失去实质意义；有的法院还没有设立专人审理速裁案件，尚未形成刑事速裁的立审快速通道。五是值班律师职能缺位。《试点办法》要求试点地区单独设立值班律师制度，但由于辽宁试点地区司法机关未能达成一致意见，尚未建立此项制度，导致诉讼结构失衡，犯罪嫌疑人、被告人权利保障不足。

三、完善刑事案件速裁程序的对策与建议

（一）积极应对刑事速裁程序案件范围和条件大幅拓宽的新形势

《试点办法》规定，适用刑事速裁的案件分为两大类：一是依法可能单处罚金的案件，没有罪名限制；二是依法可能判处1年以下有期徒刑、拘役、管制的11种犯罪。而域外国家通常将刑事案件判处3年监禁作为轻罪与重罪的界限，无论是大陆法系国家的处罚令程序，还是英美法系国家的辩诉交易制度，其适用范围都包括了可能判处3年以下徒刑的大部分犯罪。[①] 笔者认为，

① 刘广三、李艳霞：《我国刑事速裁程序试点的反思与重构》，载《法学》2016年第2期。

鉴于试点两年多来，刑事速裁案件已累积了一定经验，具备进一步扩大范围的必要性和可能性，出于循序渐进和与认罪认罚从宽改革试点相对接的现实需要，笔者认为应将刑事速裁案件的范围扩大至3年以下有期徒刑案件，并取消罪名限制。目前，根据最高人民法院、最高人民检察院、公安部、国家安全部、司法部《关于在部分地区开展刑事案件认罪认罚从宽制度试点工作的办法》，第16条规定，“对于基层人民法院管辖的可能判处三年有期徒刑以下刑罚的案件，事实清楚、证据充分，当事人对适用法律没有争议，被告人认罪认罚并同意适用速裁程序的，可以适用速裁程序”，可视为对刑事速裁程序案件范围进行了扩大，但在试点地区，基于种种原因导致的速裁案件数量有限的原因并未真正消除，还需要在下一步改革实践中逐渐消除阻力，同时在适用范围、制度设计、配套保障、制约监督等方面进一步规范和完善。

《试点办法》规定，被告人对检察机关量刑建议没有异议，人民法院审查认为量刑建议不当的，不适用速裁程序。笔者认为，此规定主要基于刑事速裁案件建立在控、辩、审三方对案件事实证据、定罪量刑均无异议基础上的程序性简化，但是无形当中限制了法院的审判权独立，使审判人员在定罪量刑方面往往出于对检察机关的尊重或自身惰性而怠于实质性审查，审判易流于形式。因此，笔者认为，应赋予人民法院在查明案件事实证据的基础上，建议检察院对量刑建议进行调整的权力，并经征求被告人意见，控辩双方均无异议的，仍可继续适用速裁程序。按照《关于在部分地区开展刑事案件认罪认罚从宽制度试点工作的办法》第二十一条的规定，“人民法院经审理认为，人民检察院的量刑建议明显不当，或者被告人、辩护人对量刑建议提出异议的，人民法院可以建议人民检察院调整量刑建议，人民检察院不同意调整量刑建议或者调整量刑建议后被告人、辩护人仍有异议的，人民法院应当依法作出判决。”这条规定说明，速裁程序案件仍由人民法院依法判决，最终裁判权仍属人民法院，公、检、法机关之间的互相制约关系没有变化。对此，检察机关应加强定罪与量刑的研究，提高准确度，同时，强化对人民法院的监督制约。

（二）构建侦、诉、审集约化刑事速裁程序格局

刑事速裁程序系统性强、整体性强，涵盖侦查、公诉、审判诸多环节，特别强调各机关之间的联动配合，公安机关及时侦查、检察机关集中移送、审判机关即审即判，才能在保证办案质量的基础上实现全程提速，充分展现速裁程序的制度优势。一是将速裁程序启动的窗口期提前至侦查阶段。改变目前试点阶段以检察机关提出刑事速裁建议为主的状态，规定对于案件事实清楚，犯罪嫌疑人在案，并且认罪认罚的轻微刑事案件，侦查机关应当在立案之后10日内侦查终结，对于符合适用刑事速裁程序条件的案件，应当在移送审查起诉时

向检察机关提出适用刑事速裁程序的书面建议。二是建立侦、诉、审之间刑事速裁案件办理的绿色通道。提升诉讼环节间的紧密度和契合度，启动速裁程序的办案部门应当在案卷上标识“速裁程序”字样，发现案件不属于速裁案件范围或者不符合速裁程序适用条件的，办案部门应当在案卷上明显标识“中止速裁程序”字样，或者出具《中止速裁程序决定书》送达各方。在办案流程上，应更加注重体现简案简办的独特性，在办案人员、办案方式上逐步与普通程序和简易程序相区别，更侧重于侦、诉、审三方的对接，在机构设置、审理期限、文书格式、提讯程序、出庭程序、证据制度等方面形成完整统一的标准。在保持三方权力制衡的同时强调体现整体效能，直至使刑事案件速裁程序成为与普通程序和简易程序既可相互转换又相对脱离的新型刑事诉讼模式，使集中移送起诉、集中审理的集约化诉讼成为可能。三是推进速裁案件量刑规范化，充分体现量刑激励。公检法各机关应进一步通过会签文件达成共识，细化完善速裁程序案件量刑规则，明确规定对被告人同意适用速裁程序的案件在量刑时应当轻于未适用该程序审理的案件，并可参照量刑规范化的要求，减少基准刑的10%—30%。

（三）强化刑事速裁案件的技术信息支撑

一是开发应用共享案件信息的刑事案件速裁程序办公系统，用于公检法司的电子证据分享和文书互传。二是与法院、看守所实现数字化对接，充分利用网络信息平台技术，把远程视频引用到刑事案件速裁工作，利用远程视频实现速裁程序案件的提审、开庭，将更加节约办案时间，提高办案效率。三是架设视频系统，实现监区内犯罪嫌疑人与值班律师即时会见，及时提供法律帮助。四是开发法律文书自动生成软件，通过法律文件数据库自动生成相应文书，尝试起诉意见书、起诉书和判决书格式化，充分促进时间减省。四是通过大数据系统，进一步细化量刑标准，实现相似案件量刑的对比、识别、共享，提高刑罚适用的统一性和可预见性。五是实行电子送达文书的方式节约诉讼时间。通过传真、电子邮件、手机短信、录音电话、网络公告以及微博、微信等新型社交媒介来完成刑事速裁案件在庭前庭后法律文书的送达。

（四）全面保障犯罪嫌疑人、被告人合法权益

由于刑事案件速裁程序是一种简化的诉讼程序，法庭调查和法庭辩论等庭审环节被省略，庭审时间大幅缩短，由此导致被告人可能会丧失一些在普通程序享有的诉讼权利。因此，从程序正义和诉讼结构理论出发，刑事案件速裁程序的设计应注重对被告人知悉权、程序选择权、辩护权和救济权的保障。笔者建议，一是建立全程法律帮助机制，确保犯罪嫌疑人、被告人对刑事速裁程序

有足够的法律认知。选择业务素质强且具备一定刑事办案经验的律师，经过固定时间的培训，组建专门的值班律师库。值班律师应积极全面履行义务，向每位同意适用刑事速裁案件的犯罪嫌疑人、被告人讲清刑事速裁程序的意义、适用条件及认罪认罚可能获得的量刑奖励。对于辩护律师到看守所与犯罪嫌疑人进行直接会见的，看守所应及时安排会见，提供速裁案件绿色通道。二是制作权利保障情况相关法律文书，确保权利保障在各诉讼环节不留死角。由刑事案件速裁程序的发起机关制作《权利义务确认书》，告知犯罪嫌疑人相关诉讼权利、适用速裁程序的规定及申请法律帮助或援助的权利，征求犯罪嫌疑人是否同意适用速裁程序及是否需要法律帮助的意见。刑事案件速裁程序由侦查机关提起的，检察机关公诉部门在速裁案件提讯过程中应对犯罪嫌疑人是否在侦查阶段接受过法律帮助进行确认，并由犯罪嫌疑人在《确认书》上签字。检察机关与被告人辩护律师进行量刑协商的情况亦应在《确认书》上有相关记载，并由被告人与律师签字确认。三是强化庭审实质化，确保被告人认罪认罚真实自愿。无论是开庭审判还是远程视频开庭，均应对被告人适用刑事速裁意愿是否真实有效进行确认，重新审查被告人获得法律帮助的情况，适当听取被告人陈述并审查必要的证据，确认其认罪的自愿性。对于庭审过程中，法官认为被告人的认罪认罚不是出于本意或可能存在以非法方法收集证据情形的，应当将案件转为简易程序或普通程序审理，体现“有权利必有救济”。

（五）实行刑事速裁程序案件一审终审制

从域外实践看，意大利的辩诉交易制度和我国台湾地区实行的认罪协商制度，均规定除被迫协商等法定情形外，原则上不允许上诉；德国、法国的处罚令程序，也是一审终审。[①] 从实证数据来看，全国刑事案件速裁程序试点改革中此类案件的上诉率在2%左右，而辽宁的上诉案件仅占0.08%。且刑事速裁程序案件中提出上诉的被告人绝大多数是为了留所服刑，对判决本身并无意见。因此，笔者认为允许被告人上诉或允许检察机关抗诉并无实质意义，且违背了诉讼诚信原则，如果被告人因为认罪认罚得到从宽处罚，又提出上诉，则受上诉不加刑原则限制，二审无法撤销从宽判决，加重是其刑罚，显然有失公平，且不利于刑事案件速裁程序的进一步推广。故建议在时机成熟时，以立法的形式确认刑事速裁程序案件实行一审终审制，即犯罪嫌疑人或被告人在同意适用刑事速裁程序的同时视为放弃了上诉权，以此体现其认罪认罚、服从判

① 最高人民法院刑一庭课题组：《关于刑事案件速裁程序试点若干问题的思考》，载《法律适用》2016年第4期。

决、接受改造的诚意。如有证据证明被告人同意适用速裁程序确属违背意愿，经被告人及其近亲属申诉，人民法院应当启动审判监督，按一审普通程序重新审理，案件可以上诉，以此保障被告人的审级利益。

（六）充分对接司法体制改革和认罪认罚从宽改革

从目前改革试点情况看，刑事案件速裁程序改革赋予刑事诉讼简案简办、迅速裁判等新兴理念，在实践操作中易引起误读，以致于试点单位通常将速裁案件交给经验少的新手办理，办案人在对事实和证据的审查和提出量刑建议等方面缺少纯熟应对的能力，也在一定程度上影响了刑事案件速裁程序试点改革的效果。由于速裁改革在时间上与司法体制改革趋于同步，且最终指向均在于提升司法公信力、打造司法权威，因此，笔者建议，在内设机构改革时，公诉部门单设刑事速裁办案组，锻造专业化刑事速裁案件的队伍和人员，体现刑事速裁案件办理的严肃性和专业性；在司法责任制改革时，增加刑事速裁检察官权力清单的专项规定，体现其与办理其他案件检察官在权力设置上的区别。

党的十八届四中全会提出了“完善刑事诉讼中认罪认罚从宽制度”的改革要求。2016 年 9 月 4 日《全国人民代表大会常务委员会关于授权最高人民法院、最高人民检察院在部分地区开展刑事案件认罪认罚从宽制度试点工作的决定》施行，授权在刑事速裁程序试点地区试行认罪认罚从宽制度。该项改革与刑事案件速裁程序试点改革是一脉相承的两项重要改革，在试点的时间节点上亦具有接续性，均对于推进程序分流、优化资源配置具有重大意义。该两项改革措施表明，“未来的刑事诉讼程序将区分为两大类型：一是被告人不认罪案件的诉讼程序，二是被告人认罪案件的诉讼程序”。[①] 因此，笔者建议在认罪认罚从宽制度试点改革中，进一步对刑事案件速裁程序改革进行修正，尤其在量刑激励的政策和幅度以及量刑协商的应用方面，应建立统一规范的体系，提高量刑建议的精准度；进一步完善刑事案件速裁程序改革试点中的未尽制度建设，对程序转换、值班律师制度、社会调查评估等做新的尝试，并力争在全国范围内统筹推进；进一步理顺认罪认罚从宽制度与刑事案件速裁程序的关系，在二者的内在机理与外在形式上充分探索实践，消除矛盾点。力求在刑事案件速裁程序先期试点的成功经验基础上，加强各诉讼环节的设计与协调、体现公权与私权的平衡、强化配套制度的建立与完善。

① 张相军、顾永忠、陈瑞华：《检察环节认罪认罚从宽制度的适用与程序完善》，载《人民检察》2016 年第 9 期。

行刑衔接有关问题实证研究

——以行刑程序衔接为切入点和落点

薛正俭*

行政执法与刑事司法衔接（以下简称行刑衔接），[①] 是行政执法机关在依法查处行政违法行为过程中，发现违法行为涉嫌犯罪的，依法向公安机关、检察机关移送案件，在这一过程中，检察机关会同公安机关和有关行政执法机关，探索通过监督防止发生有案不移、以罚代刑、有罪不究等情形，使行政执法与刑事司法在衔接中形成最大规制合力。

近年来，全国各级检察机关在探索开展行刑衔接机制工作做了大量有益探索。自2001年7月，国务院首先公布了《行政执法机关移送涉嫌犯罪案件的规定》以来，高检院与有关部委陆续联合下发了多个文件、规范性意见，2008年中央政法委将“建立和完善刑事司法与行政执法执纪有效衔接机制”列入司法改革任务，特别是党的十八届四中全会明确提出健全行政执法和刑事司法衔接机制，全国各级检察机关在同级党委政府支持下，加快了行刑衔接工

---

* 薛正俭，宁夏回族自治区人民检察院政治部宣传处处长，全国检察业务专家。

① 关于行刑衔接的概念，目前学界有不同理解，主要有三种。第一种立足“刑事中心论”解释，如学者刘远在2009年《法学论坛》第1期撰文《行政执法与刑事司法衔接机制研究》中认为，行刑衔接是指刑事司法机关将行政执法机关在行政执法过程中发现的涉罪行为依法吸纳到刑事司法程序中的办案协作机制。第二种立足程序问题解释，如学者周佑勇、刘艳红在《东南大学学报》2008年第1期撰文《行政执法与刑事司法相衔接的程序机制研究》中认为，行刑衔接是由于行政执法过程中发现涉罪行为，因而在行政执法机关和刑事司法机关之间就案件侦办所形成的程序性事务。第三种立足案件移送解释，如学者周佑勇、刘艳红在《人民检察》2011年第12期撰文《行政执法与刑事司法相衔接的理论与实践》中认为，行刑衔接机制应界定为如何移送涉罪案件的衔接问题，包括行政机关向刑事司法机关的移送以及刑事司法机关向行政执法机关的反向移送；在保障立法衔接顺畅的基础上，行刑衔接的首要问题是明确衔接工作中的具体操作规程，并将行政执法活动纳入检察监督的范畴。

作推进步伐，积极探索建立案件移送标准和程序，重点建立行刑衔接信息平台，完善与政府法制办、行政执法机关、公安机关等部门的信息共享、案情通报、案件移送制度，主动开展行政执法监督工作取得了一些成效。

一、实证考察

目前检察机关通过已经建立起来的行刑衔接工作机制，试图从建好的行刑衔接信息平台来监督进入行政执法程序的犯罪案件能够及时转入刑事司法程序，促使行政处罚与刑事制裁措施依法得到落实，提高行政执法与刑事司法工作的效率与质量。那么，在行刑衔接的实践运行中情况到底如何？行政执法机关、公安机关对于已有的行刑衔接工作机制是否完全遵循？他们是如何开展工作的？运行逻辑又是什么？

基于以上考虑，笔者对于我国西北部某省、市级检察机关近年开展行刑衔接工作情况进行了全面调研。① 笔者比较全面了解和收集了某省及三市检察机关通过信息平台监督移送刑事案件的数量。同时，为了弥补分析在信息获取方面的不足，笔者还对部分市行政执法机关、公安机关行政执法人员、侦查人员进行了访谈，以期对行刑衔接工作运行情况有一个较为全面的实证研究。

（一）某省检察机关受理、监督行政执法机关移送涉嫌犯罪案件情况调查

表1：某省检察机关2013年至2016年受理、监督行政执法机关移送涉嫌犯罪案件情况

		检察机关受理行政执法机关涉罪案件线索	检察机关提出检察建议移送	监督移送	监督后行政执法机关未移送	立案	起诉	判决
2013年	件	6	6	6		6	7	4
	人	6	6	6		6	8	5
2014年	件	45	37	34	3	27	1	1
	人	50	42	39	3	32	1	1
2015年	件	39	34	29	5	28	3	2
	人	50	44	39	5	38	3	3
2016年	件	34	32	29	3	24	6	6
	人	37	55	32	23	27	11	10

① 截至2016年底，某省三级检察机关与572家行政执法单位签订协议，实现对接428家，各市县区全部纳入政府绩效年度考核。

续表

		检察机关受理行政执法机关涉罪案件线索	检察机关提出检察建议移送	监督移送	监督后行政执法机关未移送	立案	起诉	判决
总计	件	124	109	98	11	85	16	13
	人	143	127	116	31	103	22	19

表1反映的是某省检察机关2013年至2016年底监督行政执法机关移送涉嫌犯罪案件情况，呈现出以下三个特点：

一是纵向看，全省检察机关自行受理行政执法机关涉罪案件线索总体逐年处于小量增幅，四年间通过审查发送《检察建议书》建议行政执法机关移送涉罪案件109件127人，监督移送涉嫌犯罪案件116件98人，公安机关立案103件85人，起诉22人，有罪判决19人。

二是从监督行政机关移送涉嫌犯罪案件处理结果看，四年间监督移送案件起诉率（件数）为16%、判决率（人数）为16%，监督案件在证据上出现的问题较为突出。而在2014年监督移送案件32件21人中，移送起诉只有1件1人，判决1人，监督移送案件起诉率（件数）为0.03%、判决率（人数）为0.025%；2015年监督移送案件29件39人，移送起诉只有3件3人，判决3人，监督移送案件起诉率（件数）为10%、判决率（人数）为0.08%。2016年监督移送案件29件32人，移送起诉6件11人，判决10人，监督移送案件起诉率（件数）为21%、判决率（人数）为31%。

三是检察机关发送《检察建议书》后，经监督，行政执法机关最终并未移送的案件有11件31人，件数和人数分别占监督移送案件的11%和27%。

（二）某省三市检察机关监督移送涉罪案件实际情况调查

从表2看，某省检察机关监督行政执法案件移送情况具有以下特点：

第一，检察机关监督行政执法机关移送涉罪案件的数量不多，但总体趋于平稳，涉案人数逐年增加。从整体看，全省检察机关四年间通过监督共审查行政执法案件22678件，但监督立案案件起诉判决人数偏少。

表2　某省三市公安机关受理检察机关监督行政执法机关移送涉罪案件情况

		2013年	2014年	2015年	2016年
A市公安受理行政执法机关移送案件		10	13	9	2
	其中A市检察机关监督移送	10	9	7	2
B市公安受理行政执法机关移送案件		5	7	10	7
	其中B市检察机关监督移送	5	7	8	7
C市公安受理行政执法机关移送案件		2	1	1	
	其中C市检察机关监督移送			1	
合计		17	21	20	9
	合计	15	16	16	9

第二，行政执法机关对有些达到涉罪立案标准的案件做了降格处理。

第三，三市公安机关受理行政执法机关移送案件数量不多，其中移送的案件绝大多数是检察机关监督行政执法机关移送的。A市公安机关2013年、2016年，B市公安机关2013年、2014年、2016年受理的行政执法机关移送的涉罪案件100%是检察机关监督行政执法机关移送的。监督移送案件工作发展不平衡，C市公安机关受理的检察机关监督移送的涉罪案件为0。

（三）某省三市级检察机关监督移送行政执法案件主要方式的实际情况调查

表3反映出以下三个特点：

一是监督方式仍然保持了传统做法。三个市级检察院监督行政执法机关移送案件的方式和渠道主要集中在实地检查行政执法案件、收集新闻媒体报道和有关文件等途径来发现并监督移送案件。

二是检察机关寄望的“两法衔接”信息平台仍然发力不足。三市检察机关从信息平台直接发现监督移送行政执法案件涉罪案件只有1件，说明目前各级检察机关投入大量人力财力倾力打造的“两法衔接”信息平台在实践应用中并没有显现出应有的预期价值，也反映出平台信息在录入内容、时效等方面还远不能满足实际工作需要，一些衔接工作有待围绕症结进行实质性地改进和加强。

表 3－1 A 市级检察院监督行政执法机关移送案件的主要方式和渠道

	2013 年	2014 年	2015 年	2016 年
平台监督发现	1			
实地检查行政执法案件发现	2	2	2	2
新闻媒体报道、文件发现		6		
发检察建议监督移送				
提供法律引导、介入引导等	2			
其他方式发现监督移送案件	5	1	5	
跟进公安受案监督（件）				
公安立案数	9	6	3	
公安最终移送起诉涉案件、人数	9	6		
起诉件、人数	9 件 9 人	6 件 6 人	3 件 3 人	
判决件、人数	9 件 9 人	6 件 6 人	3 件 3 人	

表 3－2 B 市级检察院监督行政执法机关移送案件的主要方式和渠道

	2013 年	2014 年	2015 年	2016 年
平台监督发现				
实地检查行政执法案件发现				
新闻媒体报道、文件等发现				
发检察建议监督移送	5	7	8	7
提供法律引导、介入引导等		1	2	1
其他方式发现监督移送案件	5	7	8	7
跟进公安受案监督（件）				
公安立案数		2	6	1
公安最终移送起诉涉案件、人数			1 件 3 人	1 件 2 人
起诉件、人数			1 件 3 人	1 件 2 人
判决件、人数			1 件 3 人	1 件 2 人

表3-3 C市级检察院监督行政执法机关移送案件的主要方式和渠道

	2013年	2014年	2015年	2016年
平台监督发现				
实地检查行政执法案件发现				
新闻媒体报道、文件等发现				
发检察建议监督移送				
提供法律引导、介入引导等				
其他方式发现监督移送案件		8	2	
跟进公安受案监督（件）		8	2	
公安立案数			1	
公安最终移送起诉涉案件、人数				
起诉件、人数				
判决件、人数				

三是跟进案件后续监督不够，监督案件质量不高。表中反映出，检察机关在监督行政执法机关向公安机关移送涉罪案件，并且公安机关立案后，缺乏持续跟进引导取证和监督，一些案件要么做撤诉处理，要么不了了之，真正移送起诉、判决的没有几人，其中C市起诉、判决为0。

二、行刑衔接主要问题实证分析

某省行政执法部门、公安、检察等部门在开展行刑衔接工作上反映出的问题，虽然只是某省情况，但因调研的该省区早在2013年就率先在全国全面建成了检察机关三级“两法衔接”信息平台，实现了“三级联通、上下共享、全区覆盖”的目标，受到了高检院的充分肯定，而且选取的三个市地处该省南中北，各具代表性，反映出的问题有一定典型性和说服力，以之作为分析样本，能够较为客观地分析出当下行刑衔接面临和需要解决的问题。

通过对某省及该省A市、B市、C市检察机关监督涉罪行政执法案件移送情况及其反映的情况进行分析，目前行刑衔接主要存在以下问题：

（一）执行行刑衔接制度不到位，特别是行刑衔接信息渠道仍然不畅、运行效率不高

一些规范性文件对案件衔接中需要移送的材料程序均作了规定，并要求定期向检察机关报备移送案件情况。另外，检察机关虽然与行政执法机关建立了

联席会议、案件查询等衔接制度，但受各种因素影响，现有制度没有得到真正落实，执行不够严格，操作程序不规范，行政执法机关向检察机关移送的备案材料不及时、不全面，移送案件较少。

作为涉罪线索发现平台，全面建立“网络信息共享平台”是近年全国检察机关开展行刑衔接工作的一项重中之重的任务。从某省检察机关看，这个平台已经全部建立，但实际运行效果并不理想，目前，尽管行政执法单位与检察机关建立了联席会议机制和“网上衔接、信息共享”平台，但平台网络管理比较凌乱，有通过党政网连接的，有租用电信专线连接的，时常出现网络不通情况，各行政执法机关录入案件信息数量不均衡，有的录入多，有的录入少，行政处罚案件多的单位录入数据与实际案件处罚数据差异较大，存在信息录入不全、不及时，真正有价值的线索不多，检察机关无法实时、全面地掌握行政执法机关所有的行政处罚案件信息，是否将所有的涉罪案件信息录入平台，均由行政执法机关自行掌控。真正通过信息共享平台或由行政执法机关定期向公安机关和检察机关通报而查处的案件仍然比较少。某省行政执法机关 2013 年至 2016 年共向信息共享平台录入行政处罚案件信息 22080 件，向司法机关移送涉嫌犯罪案件仅 98 件，移送涉嫌犯罪案件仅占录入信息共享平台中行政处罚案件数不到 1%，行政执法机关向检察机关移送涉嫌职务犯罪案件立案 0 件。公安、检察机关获取涉嫌犯罪案件线索仍主要来自于主动检查行政执法案件等。行刑衔接运行方式主要还是通过检察机关办案人员与行政执法机关、公安机关办案人员之间熟悉度和关系来衔接运行，关非靠联席会议制度来进行衔接。

（二）行刑衔接工作缺乏有力的组织协调机构

实践中，行刑衔接工作涉及同级党委政法委、政府法制部门、监察部门、多个行政执法部门，衔接工作的正常运行需要大量的协调工作。目前某省检察机关省、市、县三级均成立了行刑衔接工作领导小组，对具体牵头协调者规定不一，有的是同级政法委副书记，有的是同级主管政府法制办的副市长，有的直接是同级检察长，缺乏统一性，但小组办公室基本都设在检察机关，使检察机关表面上成为召集本地“两法衔接”工作会议、行政执法机关走访座谈、协调行政执法机关向公安机关移送案件等主导者，但实际上，主管“两法衔接”工作的政府才是主导机关。诸多工作在强势的行政机关面前难以开展，行刑衔接中的检察监督更具形式意义。由于缺乏强有力的领导或者部门牵头协调，导致绝大多数地区主要是通过检察机关与各行政执法单位个别协调沟通、召开座谈会、个案协调会等方式来进行衔接，无法形成统一高效的衔接工作机制。

（三）行政执法机关不依法移送涉罪案件，移送与接收案件的程序不明确

实践中，行政执法机关对于大量应移送的涉罪案件只作为一般的行政违法

案件给予行政处罚结案，造成一些犯罪案件被当作行政违法案件。另外行政机关移送涉罪案件的程序不明确，如关于移送的标准问题、移送的期限、不依法移送和不依法接受移送的法律责任等问题，公安机关对行政执法机关移送案件的接受程序的规定也不明确。

（四）检察机关的法律监督手段有限，监督不到位

检察机关缺少行使法律监督权的法律依据，影响了法律监督作用的发挥。首先，立法不足，法律规范不完善。目前行刑衔接法律依据主要是行政法规和高检院自行下发或与有关部门会签的规范性文件，其中更多强调协调配合，缺乏有效的监督制约手段，刚性不足，操作性不强。其次，检察机关缺乏监督制约措施，缺乏强制力。法律未赋予检察机关调卷审查权，实践中调卷往往依靠公安、检察机关的沟通协调，影响监督效果。

（五）行刑衔接中的证据问题

一是行政执法机关调取的证据达不到刑事诉讼证据的标准，造成部分移送案件不能有效进入司法程序。修订后的刑事诉讼法对行政执法机关在行政执法过程中调取的客观性证据赋予了刑事诉讼证据的功能。但在司法实践中，由于行政执法主体的多样性和行政执法人员在证据意识和取证能力方面，与公安、司法人员之间存在差异，大多凭经验办案，忽视犯罪要件证据的收集、固定、审查，要么错过了取证的时机，要么收集物证的程序、方式以及对证据的固定、保存等均达不到刑事诉讼取证的要求，移送公安机关后，公安机关在转化证据时，往往因时过境迁，丧失了提取证据的有利时机，导致案件不能进入诉讼程序。此时，处于事后监督的检察机关再介入，也因某些证据不能收集，难以发挥应有的监督作用。如国土资源部门办理的非法采矿类案件，在行政执法过程中，现场查获的仅是当时行为人非法获取的矿产资源，而从破获现场看，被非法采矿取走的资源，远不止行为人当时运走的数量。由于矿产资源多处偏远山区，行政执法部门也无法做到实时监控，只能从行为人交待的情况估算大致的开采数量，作出相应的行政处罚。而进入司法程序，要有准确的开采数量标准，才能作为涉罪案件立案查处，仅从事发时查获的少量资源来考量是否涉嫌犯罪，证据明显欠缺。二是对存在犯罪现场的案件，由于行政执法工作对现场勘察的规范性和刑事司法对现场勘查的要求不一致，造成现场勘查达不到刑事诉讼证据的要求，而客观上现场又不能够再现，导致证据不能有效转化。三是行政执法机关取证不全影响案件质量。由于行政执法机关与司法机关在查办案件时关注的重点不同，再加之行政执法人员的执法水平参差不齐，对我国《刑法》及相关司法解释的规定不清楚、证据意识不强等，一些执法人员对行

政违法与刑事犯罪的界限不清晰，对违法行为是否构成犯罪理解不准。

（六）行政执法机关在移送涉罪案件后的衔接工作中存在的主要问题

一是行政执法机关移送的涉罪案件，公安机关认为不构罪或者类案无法起诉的，不予接受移送案件。如某市国土资源部门办理的12件非法占用农用地罪案件，违法手段和方法基本一样。公安机关最先接受移送的一件非法占用农用地罪案侦查终结移送起诉后，检察机关作了相对不起诉决定，其后，市国土资源部门移送的另外11件该罪名案件，公安机关均不接受移送。二是行政执法机关与公安机关在定性方面的认识不一致，导致案件监督移送接受后不能立案或者久侦不结。如在办理的一起洗钱罪案中，行政执法机关（人民银行反洗钱中心）认为通过对被调查对象涉案账户进行监控后发现大量异常交易，符合洗钱罪的客观特征。而公安机关认为该行政执法机关提供的客观特征需要大量的客观证据证实被调查对象主观上存在洗钱犯罪故意、客观上具有洗钱行为等。公安机关立案后，因客观证据无法获取，导致案件久侦不结。三是证据标准不统一，导致案件不能立案或者久侦不结，使案件无法进入司法程序。如某国税机关向公安机关移送一起涉罪的虚开增值税专用发票案。公安机关认为，税务机关对移送的案件需要以税务稽查报告、税务处罚鉴定书、税务违法行为认定书等法律文书确认涉税行为是否属于虚开增值税专用发票的行为，需要税务机关对后续侦查的涉税行为继续配合进行确认定性。但税务机关在实践操作中只对移送前的部分涉税行为进行认定，对移送公安机关后的侦查过程中发现的涉税问题，不再进行税务违法行为认定，导致在侦查过程中对部分犯罪事实的认定带来困扰。四是部分案件评估鉴定等机制不完善，导致案件无法认定。一些专业性知识要求高的领域，取证难、鉴定难，造成打击相对不力，案件搁置的情况有所发生。如某国土资源部门移送的非法采矿案件中，因涉及对被盗采资源数量的认定需要省级以上国土资源部门设立的鉴定机构的认证，但目前某省尚未建立相应机构，给此类案件的认定造成困难。实践中因缺乏专业鉴定机构，如毁损土地鉴定、有毒有害物质鉴定等，导致一引起涉罪案件的认定和查处流产。

三、行刑衔接之完善

（一）行刑程序衔接之完善

1. 完善案件移送程序性规定，解决检察监督“知情难”的问题

启动移送环节是实现刑事追诉的首要环节。只有从根本上加强检察机关对案件移送监督、完善案件移送程序与标准、严格规定案件移送法律责任，才能

有效解决有案不移、移送率低等问题。根据规定，行政执法机关在办案中，对符合刑事追诉标准、涉嫌犯罪的案件，应当制作《涉嫌犯罪案件移送书》，及时将案件移送同级公安机关，并抄送同级检察院。任何单位和个人发现行政执法机关不按规定向公安机关移送涉嫌犯罪案件的，可以向人民检察院等单位举报或控告。实践中，检察机关获取行政执法中涉嫌犯罪案件的信息渠道主要有四个，即行政执法机关抄送、单位和个人举报、工作中自行发现、其他机关移送。由于行政执法机关掌握的案件信息数量最多最全，如果该机关不主动移交涉罪案件，即使相关文件、制度、机制规定得再好，检察机关主要信息源会大打折扣，检察监督行政执法机关不移送案件工作无法真正有效开展，因此，有必要从立法层面予以完善。

第一，关口前移，建立移案监督制度。目前法律规定的立案监督权的效力只针对公安机关而不包括对行政执法机关移送案件行为的监督，因此，一旦行政执法机关不主动向公安机关移送涉嫌犯罪的案件，那么针对同向的公安机关立案监督也无实现的可能。要解决这一问题，就必须通过法律赋予检察机关对行政执法机关移送案件活动实施监督的权力。建议通过立法明确：检察机关发现行政执法机关应当移送而未移送或逾期移送案件的，要求行政执法机关说明不移送案件理由。检察机关认为不移送案件理由不成立的，应当以书面形式通知行政执法机关移送案件，行政执法机关接到通知后应当移送案件，并将案件材料移交检察机关。如果行政执法机关接到通知后仍不移送案件的，检察机关既可以以书面形式通知有管辖权的公安机关立案侦查，也可以向该行政执法机关的上级领导机关发出检察建议，由上级领导机关责令该行政执法机关限期移送。行政执法机关制作一式三份《涉罪犯罪案件移送函》，一份留档、一份交公安机关、一份交检察机关，确保案件移送到位。

第二，制定《行政执法机关依法移送涉嫌犯罪案件标准》。涉嫌犯罪案件移送标准要达到实体标准和证明标准。实体标准是指我国《刑法》规定的相关罪名具体犯罪构成要件以及相关司法解释规定的刑事犯罪追诉的立案标准。行政执法职能广泛，分散在多部法律法规中，实践中行政案件罪与非罪界限难以把握，立法机关应当梳理追诉标准，制定统一的《行政执法中涉嫌犯罪案件参考标准》，明确规范行政执法机关在执法中遇到的犯罪罪名及立案标准等，便于行政执法机关工作人员执法，避免移送中不必要的扯皮。证明标准是指行政执法机关移送的涉嫌犯罪案件已达到刑事立案标准。由于行政执法机关不具有刑事侦查权和相应手段，其侦查取证也不同于公安机关，在取证要求上有很大不同，因此，在对涉嫌犯罪案件移送标准上，行政执法机关应适当低于刑事案件立案标准，只要有证据证明有犯罪事实且系行为人所为，依法有可能追究刑事责任的，行政执法机关就应当向刑事司法机关及时移送。

第三，明确行政执法机关移送涉罪案件的职责和程序，规定不移送案件的法律后果。具体要对行政执法机关做出批准移送或者不批准移送决定的时间，对移送的期限、不依法移送和公安机关不依法接受移送的法律责任等问题做出明确的规定，以方便行政执法机关对照执行。明确公安机关接受移送涉嫌犯罪案件的职责和程序，规定公安机关对行政执法机关移送的涉嫌犯罪案件应履行规定的接受手续，并在规定的期限内开展审查，如认为有犯罪事实的应及时通知该行政执法机关；对于行政执法机关随案移送的证据，也应履行相应的接受手续，并妥善保管；如果公安机关对移交案件依法不予立案的应当说明理由，在规定的期限内将材料退回原行政执法机关，并报检察机关备案。对于行政执法机关应当移送而未移送的，依法应当追究其行政责任的，检察机关可以向行政执法机关发出检察建议督促纠正或者将违法违纪材料移送纪检监察机关（国家监察委员会），纪检监察机关应当将处理结果以书面形式告知检察机关。

2. 合理设计行刑衔接程序中的移交方式

规定行政执法机关既可以主动移交，也可以商请检察机关提前介入，对于是否涉嫌犯罪存在争议的案件，在作出行政处罚决定后，也要向检察机关移送相关案件材料，以供核查、监督。检察机关接受举报、控告，或者通过其他渠道发现行政执法机关不移送或逾期未移送涉嫌犯罪案件的，应及时向行政执法机关查询，要求行政执法机关提供有关案件材料或者派员查阅案卷材料。对行政执法机关已移送公安机关的案件，应及时依照刑事诉讼法有关立案监督规定，跟踪了解监督公安机关的立案情况。

3. 赋予检察机关行政处罚调卷审查权和督促纠正违法权

检察机关法律监督权主要是对行政执法机关滥用行政处罚权的程序性纠正，而不是监督和约束行政执法机关行政权中所有实体性内容。为保障行刑程序衔接监督工作，应通过立法赋予检察机关行政处罚调卷审查权和督促纠正违法权。只有赋予检察机关调阅行政处罚卷宗材料权，才能调查核实行政违法行为人的违法犯罪事实，彻底改变行政执法机关不主动、不及时移送涉嫌犯罪案件的局面。检察机关发现行政执法机关在行政执法中存在违法违规行为，如果情节轻微的，可以发检察建议督促纠正；如果情节严重并构成犯罪的，检察机关应当将犯罪相关材料移交具有管辖权的公安机关进行立案侦查。需要明确规定的是，行政执法机关应当在作出行政处罚决定的10日内将《行政处罚决定书》副本报送人民检察院备案审查，人民检察院审查后认为被处罚行为涉嫌犯罪而行政执法机关没有移送案件的，可以要求行政执法机关说明不移送的理由，或者调卷审查。人民检察院认为理由不成立的，应出具移送案件通知书，行政执法机关收到通知书后应当移送。对行政执法人员拒不移送涉嫌犯罪案件情节严重的，人民检察院可以移送纪检监察（国家监察委员会）追究有关行政执法人员责任。

4. 注意行刑证据衔接

行政证据与刑事证据衔接的关键在于行政证据能否用于刑事诉讼程序中。我国《刑事诉讼法》第52条确立了行政证据与刑事证据转化制度，由于证据类型、证明力大小、证据性质等方面要求不同，在行政案件证据向刑事证据的收集、转换和使用方式上要区别对待，正确理解和适用。对于实物证据，因其具有稳定性和客观性，行政执法机关在执法中收集后无须由刑事司法机关重新收集，一般从形式上进行合法性审查即可采纳。对于言词证据，因其客观性、稳定性、准确性差，证明力弱，行政执法机关在执法中收集后需要刑事司法机关重新收集，但证人因意外死亡等例外情形导致无法重新收集的可转化使用。对于鉴定意见，因其具有相对稳定性和较高证明力，一般可以在刑事程序中审查使用。对于现场笔录，属于实物证据类型的要转化使用，属于言词证据类型的要重新收集。行政证据转化刑事证据，要严格遵循刑事证据规则。行政机关移送刑事司法机关的证据形式必须符合《刑事诉讼法》规定的法定证据种类，证据收集程序必须符合《刑事诉讼法》规定的程序要求，证据能力必须具有可采性、关联性和客观性，证据转化要遵循非法证据排除规则。在证明标准方面，对涉嫌犯罪的行政案件进行刑事诉讼，在认定事实和证据上适用“证据确实、充分”的标准，与刑事诉讼的证明标准一致，有利于行刑程序衔接。

（二）建立完善影响行刑程序衔接的有关工作机制

1. 引入提前介入制度

对行政执法机关查处的发现可能涉嫌犯罪的、涉案金额大、社会影响范围大、群众反映强烈的行政违法案件，检察机关认为必要，可以派员提前介入行政执法环节进行指导，行使监督权，将事后监督转变为主动的事中监督，引导行政执法机关调查取证，就证据的固定和保全等问题提供咨询意见，防止证据灭失。

2. 深化信息共享平台建设，把保障检察知情权真正落到实处

检察机关的知情权是法律监督权行使的前提性构成要件。要实现真正意义上的信息渠道畅通，保障检察机关的知情权，最重要的前提是必须明确规定行政执法机关在信息共享平台录入信息的时间节点，建议从行政执法机关决定受理行政处罚案件的同时，就必须将案件相关主要信息同步录入平台，并随时根据案件进展程序，同步录入相关信息，以保证公安、检察机关从该案件受理之日起，就能随时同步通过平台及时了解掌握，真正将信息平台打造成日常行刑

衔接联系沟通的关键载体。另外，要由政府牵头，搭建统一的信息共享平台，对信息共享的主体、范围、标准、期限、责任等统一规范，实现当地政务网与信息共享平台的对接。实现这两点，才能实现信息共享平台的互联互通，信息资源共享，有效防止有案不查、有罪不究的情况。

3. 建立和完善行刑程序衔接所需要的重点专业鉴定机构

一方面要整顿完善行政执法机关设立的专门鉴定机构，完善鉴定机构硬件条件，规范鉴定管理办法，提高鉴定质量。另一方面要针对行政执法中的鉴定盲区，建立相应的配套鉴定机构，为行政执法机关依法打击行政违法犯罪提供证据上的有力支持。

司法改革背景下建构新型诉审关系的路径选择

吴永河　黄　胜　赖冬水*

党的十八大以来，党中央将以审判为中心作为司法改革的重要突破点，但没有新型诉侦、诉审、诉辩关系，就不可能真正有"以审判为中心"的诉讼制度。构建新型诉侦、诉审、诉辩关系，不仅是司法改革的需要，更是依法打击犯罪和保障人权的必然要求。因而司法实践中公检法配合多于制约的情形必须得到改变，公诉工作必须以证据为核心，以庭审为导向，通过构建科学合理的新型诉审关系来引领审判中心主义下的诉讼关系的建构。

一、新型诉审关系的实质：建立法官主导庭审，公诉人充分发挥诉讼主体作用的刑事诉讼结构

所谓诉审关系就是承担控诉职能的控诉者和承担审判职能的审判者之间的关系。这种关系是刑事诉讼机制的支柱性制度，① 决定了诉讼的基本形态，影响着辩护职能的存在与作用。② 新型诉审关系的建构，必须打破诉审之间的天然亲缘关系，以各履其职、加强制约为核心，通过公正程序来确立法官中立公正的裁决者的角色，充分发挥检察机关承上启下以及公诉人、辩护人的诉讼主体作用。

（一）公诉人是刑事公诉案件的发起者，也是证据审核的第一把关人

公诉案件必经检察院审查起诉才能交付法院审判。司法改革强调办案的亲历性，司法责任制赋予检察官更大的办案权限。虽然是否起诉由检察长决定，

* 吴永河，江西省赣州市南康区人民检察院党组书记、检察长，法律硕士；黄胜，江西省赣州市南康区人民检察院党组成员、检察委员会委员、研究室主任，法律硕士，全国检察理论研究人才，首批全国检察机关调研人才；赖冬水，江西省赣州市南康区人民检察院公诉科副科长，法学硕士。

① 马永平：《论审判中心主义对重构诉审关系的影响》，载《法学论坛》2016 年第 5 期。

② 卞建林：《诉审关系理想格局与程序规制》，载《检察日报》2013 年 6 月 18 日。

但在司法实践中，公诉人根据检察长的授权，独立承办公诉案件，对于犯罪事实清楚，证据确实、充分，需要提起公诉的，除重大、疑难、复杂案件、社会影响大的案件需要经检委会讨论决定外，公诉人可以独自作出起诉决定。[①] 虽然审判是刑事诉讼流程的中心和重心，侦查、起诉、执行均服务于审判，但起诉是审判程序的开启，没有起诉就没有审判。法官应当遵循不告不理原则，不得随意要求公诉人变更起诉或者追加起诉，法官审理刑事案件必须根据起诉书指控的事实来审理，不得随意超出起诉书指控的范围，未经公诉人、被告人（辩护人）同意，不得擅自变更罪名。

提起公诉的案件必须符合事实清楚、证据确实充分且排除合理怀疑的标准，因此公诉人必须通过卷宗审查和讯问犯罪嫌疑人、询问关键证人、听取辩护人的意见等活动来综合判断侦查机关所提供的证据是否符合证据的三性，排除非法证据后能够形成完整的证据锁链，得出案件的事实有证据证明，符合犯罪构成且必须处以刑罚的心证，才会提起公诉。换言之，公诉人已经对侦查机关的侦查行为进行了初步评价、对证据进行了审查，提交法庭的起诉书和证据目录就是公诉人代表国家的诉求和依据，不过尚需经受庭审的检验。

（二）法官是庭审的主持者，公诉人与被告人、辩护人均是刑事诉讼的主体

以审判为中心的实施主体，不仅是人民法院，而是由法院、公安、检察、辩护律师形成合力，[②] 共同实施。以审判为中心，就是要让诉、辩、审三方充分参与庭审，一切有关定罪量刑的事实、证据都在法庭上公开展示、质证、辩论、认证、适用，尽可能通过庭审客观全面地呈现真实完整的案件事实。公诉人代表国家出庭公诉，是主要的证据收集者和举证者，必须在法庭上依法履行证明被告人有罪的举证责任，证据必须达到确实充分的标准；被告人及其辩护人享有充分的辩护权，有权对控方证人当面质证，也有权提出有利于己方的证据，还有权对有关办案程序是否合法提出质疑，要求排除非法证据等。

理想的诉讼格局应该呈现为等腰三角形，裁判者居于顶角，控、辩双方分别居于两个底角，诉审关系体现为等腰三角形的一边，它应与另一边的辩审关

① 虽然起诉决定需要三级审批，但一般情况下，公诉人的意见会得到认同，检察长的审批基本上是履行程序而已；司法改革后，公诉人的自由裁量权会得到加强，在有的地方，检察长直接授权公诉人作出是否起诉的决定，并承担相应的司法责任。

② 樊崇义：《“以审判为中心”的概念、目标和实现路径》，载《人民法院报》2015年1月14日。

系等距。[①] 以审判为中心就是要构造理想的诉讼格局，这就要求庭审法官在庭审活动中处于不偏不倚的地位，一视同仁、等距离地对待控辩双方，居中裁判。法官应当成为庭审的主持者而不是超级指挥者，通过居中组织公诉人、被告人、辩护人以及被害人（或被害人代理人）、证人等参与庭审活动，引导庭审询问、举证质证、法庭辩论等庭审活动推动庭审的进展，对破坏庭审秩序的行为进行制止，从而解决案件事实、证据和法律适用等问题，并由法官当庭作出公正的判决，并通过判决来发挥审判对侦查、起诉环节的促进和引导作用，最大限度地防止事实不清、证据不足的案件进入审判程序。

（三）公诉人和法官是保障辩护权、实现司法正义的亲密合作者

公正、高效、权威的社会主义司法理念的实现离不开被告人、辩护人等诸多诉讼参与人的参与，只有通过众多诉讼参与人在庭审中对案件事实和证据的相互辩驳、相互校正、相互补充，才会使“事实越辩越清，真理越辩越明”。[②] 众多诉讼参与人中，辩方的诉讼权利能否得到切实有效的行使是实现个案正义的关键。因此，法官应该当保持中立，要求控方和辩方严格遵守诉讼程序，在诉讼活动中赋予辩方切实可行的诉讼权利，保证其有足够的能力来防御控方的指控，并通过律师的辩护职能的充分行使，使被告人的合法权益得到保障。

检察制度是中国政治体制的重要组成部分，体现中国司法制度的特色。[③] 中国的检察机关作为国家法律监督机关，既是诉讼参与者，也是诉讼监督者，还是诉讼权利的救济者。[④] 检察官在刑事诉讼中，不应当站在当事人立场而应站在客观立场上，不偏不倚地进行诉讼活动，忠实于案件事实真相，全面关注对被追诉人不利和有利的事实与情节，既依法追诉犯罪，又依法维护被追诉人的合法权益，以实现司法公正。律师是维护当事人合法权益、维护法律正确实施，维护社会公平正义的执业人员，法官、检察官对律师的看法和态度直接关系到律师的处境和地位，也影响到整个法治环境。只有整个法治环境的改善，才有助于提高法官、检察官的社会地位。因此，法官、检察官要严格遵照《关于依法保障律师执业权利的规定》，在各自职责范围内依法保障律师知情权、申请权、申诉权，以及会见、阅卷、收集证据和发问、质证等方面的执业

---

① 卞建林：《诉审关系理想格局与程序规制》，载《检察日报》2013 年 6 月 18 日。

② 朱孝清：《略论“以审判为中心”》，载《人民检察》2015 年第 1 期。

③ 韩大元：《论国家监察体制改革中的若干宪法问题》，载《法学评论》2017 年第 3 期。

④ 曹建明：《着力构建检察官与律师量刑互动关系》，载《检察日报》2013 年 12 月 22 日。

权利，不得阻碍律师依法履行辩护、代理职责，不得侵害律师合法权利。

（四）公诉人是法官行使自由裁量权的监督者，法官是制约公诉权滥用的纠偏者

司法活动是一项专业性很强的活动，应当实现不同职能之间的分权制衡，确保诉讼效率和程序公正。[①] 一切有权力的人都容易滥用权力，[②] 不受制约的权力必然导致腐败。审判权也不例外，因此，公诉人出席法庭，既要摆正侦诉审关系，把握监督边界，尊重和支持法官在审判活动中的主导地位和权威，又要依法全面履行法律监督职能，[③] 要有意识地严格依照法定程序进行监督，平衡好履行诉讼职能与监督职能的关系。庭审中发现审判活动违法，除不立即提出纠正、事后无法弥补的情况外，应当记录在案并在庭审后依法提出监督意见。公诉人对审判权的监督必须依法进行，只针对法官违反实体法和程序法的行为进行监督，无权干涉法官的正常工作。

检察权是一种独立公权力，是法律监督属性、司法属性、行政属性和公益属性的有机统一。[④] 法律监督是一种追诉犯罪和督促纠正违法的主动型的法律行为。[⑤] 虽然中国公诉权的本质属性是法律监督权，[⑥] 但在刑事审判中，公诉权体现为检察机关追诉的犯罪事实和量刑建议能够得到法官的采信，是实体判决请求权，[⑦] 公诉权在法律效果上并非是一种终极裁判性的权力。因此，公诉权行使的正确与否，需要法官的判决来加以确定。以往的司法实践中，由于片面强调检法之间的协调，配合大于制约，导致鲜有无罪判决。而以审判为中心，必然要求法官居中审判，以证据为核心，不仅通过证据排除机制控制审前程序，影响检察机关对于证据的审查和案件质量的把控，还可以以诉讼行为无效原则来规范审查起诉环节。[⑧] 在此情形下，法庭成为检验案件质量、起诉事

---

① 参见陈磊：《申诉检察与控告检察适当分离的理论分析与实践考察》，载《人民检察》2014 年第 7 期。

② ［法］孟德斯鸠：《论法的精神》（上），申林编译，北京出版社 2012 年版。

③ 孙谦：《关于修改后刑事诉讼法执行情况的若干思考》，载《刑事司法指南》2015 年第 1 期。

④ 参见王守安、田凯：《论我国检察权的属性》，载《国家检察官学院学报》2016 年第 5 期。

⑤ 谢鹏程：《检察规律论》，中国检察出版社 2016 年版，第 4 页。

⑥ 韩成军：《中国检察权配置问题研究》，中国检察出版社 2012 年版，第 81 页。

⑦ 徐琦：《浅析公诉权对审判权的监督》，载《学理论》2013 年第 5 期。

⑧ 单民、董坤：《以审判为中心背景下的诉审关系探讨》，载《人民检察》2015 年第 12 期。

实证据、法律适用、定性处理的最具标准化和最具权威性的环节，在形式诉讼中有着毋庸置疑的最高地位。[①] 诉讼的结局应当完全取决于法庭上的调查与辩论，公诉人指控犯罪失败可能会成为司法常态，因此公诉人必须将不符合公诉条件的案件坚决摒弃在审判程序之外。

（五）公诉人（检察院）是维护司法权威的有力保障者

司法具有权威是现代法治国家的重要标志，司法权威指司法机关享有司法终审权，包括司法活动被信仰、裁判结果被尊重。当下中国，司法权威缺失是一个不容回避的话题，法官作出的终局性裁判可能会被某些非法律因素（如案件当事人的一再上访）导致再审而丧失权威性，并过度地耗费司法资源。法官在公正的程序下独立审判所作出的裁判必须具有终局性、权威性，是一切司法裁判内在的基本功能和要求。以审判为中心，不仅应当赋予法院在审判活动中的权威地位（即其他机关应当维护法院的独立审判、中立审判，并尽最大努力配合法院开展审判工作），还应当强化裁判的终局性、权威性。

公诉人在庭审中要准确把握检法定位，"要自觉维护审判权威，在法庭上要自觉服从法官组织指挥、维护法庭尊严"。[②] 法官根据公正程序作出的裁判，不论是否支持公诉意见，公诉人都要尊重；除非该裁判存在事实认定、证据采信、量刑上的重大错误，才启动抗诉程序加以纠正。胜诉不是公诉的目的，公正司法才是基本目标，公诉人不能忘记法律监督者的角色，应当对法官维护审判的行为予以支持。针对庭审中发生的闹庭、辱骂法官等影响诉讼正常进行情形下法官依法处理相关人员的，公诉人应当给予充分的支持；对于威胁法官人身安全可能触犯刑律的，公诉人应当将该情形如实向检察长汇报，发挥检察院的法律监督职责，督促公安机关进行立案调查；对于领导干部插手具体案件影响案件公正审判的，应当如实记录并将情况通报给纪检监察部门进行查处，构成犯罪的，由职务犯罪侦查部门查处。

二、现状与困境：当前制约新型诉审关系实现的难点问题

目前在我国落实审判中心主义面临程序法治理念缺乏、全卷移送制度恢复、直接言词原则贯彻不力、辩护作用有限的困境。[③] 实现以审判为中心，必须破解困境，化解矛盾，合力解决现行体制机制的积弊。

---

① 王祺国：《论审判为中心对检察工作的影响》，载《浙江检察》2015 年第 5 期。

② 朱孝清：《略论"以审判为中心"》，载《人民检察》2015 年第 1 期。

③ 魏来：《依法治国视阈下审判中心主义的实现路径》，载《沈阳工程学院学报（社会科学版）》2016 年第 1 期。

（一）司法实践中形成的检法配合协调的思维定式阻碍新型诉审关系的实现

我国宪法要求检法两家在分工负责的前提下，通过相互配合和相互制约来共同完成刑事诉讼任务。虽然分工负责确立了诉审分离原则，为理想的诉审关系的建构提供了前提，但由于检、法两家具有天然的亲缘关系，加之刑事审判庭和公诉部门的人员长期相对固定，导致在司法过程中相对熟悉，容易结成利益共同体，甚至使得被告人在庭审中可能面对的是法官和公诉人的合力“围剿”，致使等腰三角形的诉讼格局变成倒三角形格局。刑事诉讼实际上成为国家与个人的对抗，被告人因缺乏对抗能力而处于较为弱势的地位，其权益难以得到保障和维护。[①] 其实，公诉人和法官虽然同为“法律人”，却并非“一家人”，如果控审一体，不仅无益于以审判为中心诉讼制度的建立，也有损司法权威，导致职业尊荣丧失。

（二）刑事案件考评制度的不合理设计导致诉审关系异化

有的地方考核指标存在不尽合理、标准过高等问题，致使有的地方检、法两家为了完成考评，结成利益共同体。有的法官对于检察院“带病”起诉的案件，要么无视证据、程序的缺陷，强行裁判，要么为对方出谋划策，变更起诉；有的公诉人对法官作出事实认定有误、量刑不当的错误判决也不抗诉。因此，只有清理、废止、修改违背司法规律的不合理考核指标，才能使异化的诉审关系回到正确的轨道上来。

（三）传统法文化忽视程序正义、忽略人权保障，导致被告人、辩护人的诉讼主体地位边缘化

任何人都生活在“传统”之下，任何制度背后均有相应的物质文化基础，我国的诉审关系也不例外。[②] 虽然我国司法界一直在吸收欧美国家的先进经验，但传统法文化还在以潜移默化的方式影响刑事司法。民众常常将犯罪嫌疑人等同于犯人，将限制犯人的人权视为理所当然，甚至支持为了高效打击犯罪而牺牲被告人的程序权利。传统社会形成的法律与命令不分，强调“尊尊有序”、高度重视、服从上级意见的义理秩序观还在一定程度上影响着目前的刑事司法。司法实践中片面强调“为地方、为经济建设保驾护航”的司法地方

---

① 参见卞建林、孙锐：《诉审关系论辩——兼论对诉审关系异化的程序性抑制》，载《环球法律评论》2006年第5期。

② 刘磊：《我国诉审关系的反思性检讨——从法社会学视野审视审检关系》，载《中山大学法律评论》第8卷第2辑。

主义，使法官、检察官在有的具体个案中需要权衡利弊得失而不是司法正义，对案件的处理依据也不是依据法律、证据。有的案件需要逐级请示报告，有些案件经过审委会决策而不是由合议庭成员当庭裁判，法官不敢、不能当庭宣判成为庭审实质化的最大隐患。

（四）公诉人、法官的人员结构不合理、素养能力不足制约着新型诉审关系的实现

由于历史原因，服从命令式的非专业法官在有的地方还不同程度地存在，有的司法机关抵御干扰的氛围不够。而新型诉审关系的建构必须破除行政化，解决案多人少的矛盾，提升法官、检察官的素质与能力。只有将具有真正法治意识、精通刑事法律、熟悉审判检察业务的法官、检察官充实到办案一线才能实现以审判为中心，才能重视程序正义，实现个案正义。

（五）民众无法真正参与司法，外部监督机制的失灵导致异化的诉审关系自我修复能力不足

公开审判和人民陪审员制度本应发挥民众制约司法的功能，但人民陪审员存在素质参差不齐、代表性不强、陪而不审的现象，独立发表意见不多，难以发挥制约功能；有的法官对本应公开审理案件不公告或者设置旁听门槛，导致缺乏民众监督而难以保障当事人合法权益。有的法院选择性公开终局性法律文书，导致有的疑难复杂或者敏感性案件的裁判文书不予公开，民众很难通过裁判文书来知晓案件真实，进而监督实现个案正义。要解决陪而不审的难题，必须落实“人民陪审员不再审理法律适用问题，只参与审理事实认定问题”的改革方案，法官可在控辩双方在场时，针对与本案相关的刑事法律规定给予人民陪审员指示，但应当记入庭审笔录。[①]

三、构建新型诉审关系之基层检察机关的路径选择

以审判为中心的诉讼制度改革不亚于我国刑事司法的一场革命，构建新型诉审关系，需要基层的检察院和法院共同努力。

（一）顶层设计应以办案责任制为抓手，建立和完善以审判为中心的配套制度

新型诉审关系的建立必须依靠司法改革，司法改革必须强化司法责任制，实现“谁办案，谁决定、谁负责”。一要按照有利于办案的原则来推进员额

① 参见陈学权：《刑事陪审中法律问题与事实问题的区分》，载《中国法学》2017年第1期。

制，让想办案、能办案、敢担责的司法精英主导司法。二要加快建立法官检察官单独职务序列、工资制度，享受职业尊荣。三要去除行政化，简化审批流程，落实司法责任制，真正建立插手办案记录制度，实现依法独立办案。四要贯彻直接言词证据等原则，完善相关证据制度与证据规则。不仅要设立阶段性辩论程序和心证透明化的制度，健全和完善证人出庭作证制度、确立交叉询问规则、制定非法证据排除庭审规则，还要确立自白任意性和传闻法则，提高证人出庭率，真正实现庭审实质化。

同时，要完善相应的配套制度，保障进入员额的公诉人依法办案。一要把公诉权关进制度的笼子，让公诉人依法依程序办案；区分办案责任和办案瑕疵，既防止公诉权滥用，又让公诉人勇于办案。二要健全公诉人独立办案的保障机制。制定细则让插手办案记录、通报制度落到实处；建立职业保障机制，强化公诉人的履责保障，不因依法办案而被处分、调离或停职。三要改进公诉质量评价体系，取消不起诉率、无罪判决率等不合理的考评指标，重在评价承办人是否遵循司法规律，是否全面贯彻刑事诉讼法的各项要求，是否实现了司法公正。

（二）革新司法理念，适应刑事审判新要求

以审判为中心构建诉审关系，必然要求检察机关以及公诉人在公诉司法理念上，坚持法治引领，强化五种意识，实现五个转变。即强化人权保障意识，从一元片面打击犯罪向打击犯罪与保障人权并重的二元平衡诉讼价值观转变；强化证据裁判意识，从依赖口供印证事实的书面式审查模式向综合运用客观性证据证明事实的亲历性审查模式转变；强化程序公正意识，从偏重实体向实体与程序并重的司法公正观转变；强化当庭指控意识，从以审查起诉为重心的办案观向以审查起诉与当庭指控并重的办案观转变；强化司法公开意识，从封闭孤立的司法观向公开透明的司法观转变。

以审判为中心构建诉审关系，要求公诉人必须在办案过程中真正重视现代法治理念对刑事诉讼的指引。一是要真正在办案中实现“疑罪从无”，不能够受“疑罪从有、疑罪从挂、疑罪从轻”错误理念的影响“带病起诉”，进而为酿成冤假错案埋下隐患。二是要真正树立未经法院判决不得确定任何人有罪的意识，不能够未审先判，虽然在口头上说是犯罪嫌疑人，实际在内心将其认定为罪犯，挖空心思地收集对方的犯罪证据，对无罪、罪轻证据视而不见，要以平和、理性、文明、规范的心态去办理每一起刑事案件。三是公诉人要以理性、平等的态度对待辩护律师，充分听取和高度重视其无罪、罪轻、证据合法性方面的意见，发挥律师查清事实、保障人权等方面的积极作用，以扎实的功底和过硬的作风来赢得对方的尊重，共同促进公正司法的实现。

（三）检察机关（公诉人）应当主导审前程序，积极行使公诉裁量权，强化审前调节职能

公诉是刑事诉讼的枢纽，是侦查与审判之间的桥梁，是检验侦查案件质量的关口，也是保证审判案件质量的门户。[①] 检察机关把关不严也是冤假错案发生的重要原因，导致一些不符合证据证明标准的案件进入了审判程序。必须坚持和完善介入侦查、引导取证、捕诉衔接、疑案协商等行之有效的做法，进一步提高批捕、起诉的质量和效率。[②] 公诉裁量权的行使秉承程序分流的理念，是公诉环节落实宽严相济刑事政策的主要制度形式，[③] 公诉人必须做好侦查与审判的衔接环节，对案件实行繁简分流，在确保程序公正的前提下，追求实体正义和司法效率。要积极扮好打击犯罪的合作者、疑难案件证据收集的法律顾问、不法侦查行为的监督者三种角色，构建引导、监督和过滤的侦诉关系。[④] 公诉人要以传导庭审证明标准为导向加强侦查取证的引导，以客观公正的视角，针对性地引导侦查人员及时、全面、客观、依法收集证据；要逐步建立介入命案现场勘查、分类分级提前介入侦查制度，通过健全完善重大疑难复杂案件邀请侦查人员列席讨论、侦查人员旁听庭审、存疑不起诉案件说理等配套制度，以个案研讨来引导侦查从而增强查证犯罪的合力。近年来，国内部分学者主张以大陆法系的侦诉合一模式来纠正我国实行的名为侦诉分立、实则侦查权独大的侦诉关系，以达到审前程序的优化配置。其实，侦诉合一模式与侦诉分立模式无所谓孰优孰劣，[⑤] 关键在于防止侦查权的滥用，发挥检察机关对侦查行为的引导和监督功能。以庭审为中心的诉讼制度改革，必然要求在审前程序发挥公诉机关的主导作用，构建打击犯罪的亲密合作者、介入引导侦查的法律顾问和决策者、不法侦查行为的有力监督者的新型的侦诉关系，强化公诉对侦查的引导和规制功能。同时，要落实认罪认罚从宽制度，积极行使自由裁量权。针对可能判处 3 年有期徒刑以下且被告人自愿认罪认罚的案件，公诉人可通过指定辩护律师、证据开示等方式来保障诉权、维护程序正义，达成控辩协

---

① 王祺国：《论审判为中心对检察工作的影响》，载《浙江检察》2015 年第 5 期。

② 李如林：《坚定不移地继续深入推进打黑除恶专项斗争》，载《检察日报》2014 年 9 月 13 日。

③ 蔡巍：《公诉裁量权的模式分析》，载《河南社会科学》2013 年第 1 期。

④ 王树茂：《审判中心主义视野中的侦诉、诉辩、诉审关系重构》，载《湘潭大学学报（哲学社会科学版）》2016 年第 5 期。

⑤ 赵靖、刘晴：《侦诉关系比较研究》，载《西南农业大学学报（社会科学版）》2010 年第 6 期。

商后可不起诉或者诉至法院并建议适用简易程序开庭审理而不是书面审理。[①]

（四）坚持以证据为核心，提升公诉本领，提高工作质效

以审判为中心必然加重公诉人对指控犯罪的举证责任，而证明案件存在的基本依据就是突出证据的客观性属性特别是客观性证据，[②] 因两者具有其他证据所不具备的揭示案件真相、还原案件本来面目的功能，特别受到法官的青睐。公诉人在案件证据审查中必须以客观性证据为核心，突出证据的合法性审查。公诉人在审查证据时，首先要重视审查物证、书证这两类直接原始的客观性证据；其次通过文证审查、听取专家意见来印证鉴定意见、勘验检查侦查实验等笔录、视听资料、电子数据等技术性证据，针对程序瑕疵，进行补强或补正；最后通过印证、心证、法证三种证明方式合而为一[③]的模式来证明被告人供述、被害人陈述、证人证言等言词性证据的真实性、合法性，排除可能存在的非法证据，以客观、全面、科学的证据审查来打牢案件质量基础。

抗辩式的庭审模式不仅需要公诉人打牢证据基础，更需要拥有娴熟的公诉本领。要真正发挥庭审的实质作用，检察机关必须加强公诉人员出庭能力建设，着力提高发表公诉意见和辩论意见能力，提高出庭应变能力，提高运用现代科技手段出庭能力，加强对公诉主张的说理，加强对证据合法性的证明。同时，充分尊重被告人及其辩护人的合法权益，注意听取辩护人的辩护意见，做到文明、规范、平和、理性地对抗，共同促进审判公正。[④] 一是公诉人必须具有深厚的法律功底。公诉人必须熟练的掌握刑法、刑诉法以及与之相关的部门法，深刻研读各罪的犯罪构成及专家论述、指导案例，把常见犯罪的证明标准和量刑指导意见烂熟于心，才能在法庭上以证据充分阐述意见，说服法官和旁听人员。二是公诉人必须通晓辩护技巧。知己知彼才能百战百胜，公诉人只有通过换位思考，通晓刑辩律师的法庭技巧，才能有效应对，特别是通过对证据的程序性事项和形式要件的审查来有效应对律师的程序性辩护。三是公诉人必须具有一定的专门知识。专业性较强的证据，公诉人除了依托文证审查外，还需要具有相关的知识，才能够应对专家证人出庭时的询问调查。四是必须具有较强的逻辑思辨能力、语言表达能力、应变能力。优秀公诉人应当具有细致的

① 参见陈瑞华：《认罪认罚从宽制度的若干争议问题》，载《中国法学》2017 年第 1 期。

② 王祺国：《论审判为中心对检察工作的影响》，载《浙江检察》2015 年第 5 期。

③ 高伟利等：《以审判为中心诉讼模式下证据审查与运用》，第十六届全国检察基础理论研究年会论文集，第 417 页。

④ 卞建林：《解析审判中心视野下的诉审关系》，载《检察日报》2015 年 7 月 29 日。

工作作风、缜密的思维能力、高超的文字水平、精准的归纳能力、雄辩的语言能力、灵活的应变能力。[①] 五是加强公诉人出庭能力建设，着力提高发表公诉意见和辩论意见能力，提高出庭应变能力，提高运用现代科技手段出庭能力，加强对公诉主张的说理，加强对证据合法性的证明。

（五）检察机关（公诉人）应当充分履行法律监督职能，实现对刑事诉讼的全面无缝监督

加强对司法活动的监督，是全面推进依法治国、建设中国特色社会主义法治体系的必然要求。[②] 以审判为中心，就是要求在整个刑事诉讼阶段都要严格司法。新型诉审关系要求法检之间相互制约，检察院必须依法履行宪法赋予的法律监督职能，公诉部门作为检察院的内设机构，加强刑事诉讼的监督是应有之义。法官主导、控辩对抗、直接言词的庭审实质化模式对公诉人强化审判监督、维护审判公正提出了更高要求。一是监督内容要程序与结果并重：不仅要强化审判结果的监督，更要强化庭审中程序违法的监督。二是监督手段要多样：不仅要用好纠正违法、检察建议等常规手段，更要利用高科技手段对庭审实现有效监督。三是监督领域要拓展，要将庭前会议、当庭裁判、文书公开、裁判文书充分说理等司法改革措施纳入监督范围。四是监督重点应聚焦在司法透明公开：督促法官走出“新间接审理主义”的怪圈，善于当庭裁判，不使庭审沦为一种可有可无的法律仪式[③]；法院应当制定不当庭宣判案件的具体标准，不符合标准的必须当庭宣判；督促法院公开终局性文书，限缩不宜公开的范围；督促法官强化裁判文书的说理工作，重大复杂疑难案件，必须充分叙写法官采信证据的心证过程。五是要强化量刑情节特别是酌定情节的监督，防范法官在量刑上的幅度适用自由裁量权过大，导致同案不同判现象的发生。此外，公诉人既要对庭审活动依法履行监督职责，更要倒逼对侦查人员实施的取证、强制措施等侦查活动的合法性进行审查监督，强化公诉人对刑事诉讼整个阶段的法律监督职能。

---

① 桑涛：《公诉语言学》，中国法制出版社 2016 年版，第 4 页。

② 曹建明：《加强对司法活动的监督》，载《人民日报》2014 年 11 月 17 日。

③ 参见陈瑞华：《新间接审理主义——“庭审中心主义改革”的主要障碍》，载《诉讼法学、司法制度》（人大复印报刊资料）2017 年第 1 期。

检察机关举报线索管理的现实困境与解决出路

李粤贵　韩　利*

“加强职务犯罪线索管理，健全受理、分流、查办、信息反馈制度”① 作为十八届四中全会确立的司法改革专题之一，体现了规范举报线索管理在依法治国方略中的迫切性和重要性。这一划时代的变革彰显了刑事诉讼的正当程序价值，把加强职务犯罪举报线索管理纳入优化检察权配置的重要内容，是强化法律监督、提高司法公信力的重要举措。2014 年《人民检察院举报工作规定》（以下简称《举报规定》）的修订，进一步健全了检察机关举报工作制度。② G 省检察机关更是在全国范围内率先出台了《G 省人民检察院职务犯罪线索管理工作规定（试行）》（以下简称《线索规定》），作为线索管理的办案指导手册，至今运行已一年有余，对全国检察机关规范举报线索管理起到了较好的示范效应。③

一、举报线索管理的特点

举报线索管理制度是检察机关举报中心具体依照法定程序，对举报线索进行受理、登记、审批、分流、初核、反馈、归档管理的制度，是检察机关依法查办职务犯罪的基础，其本质在于对线索归口、流转和查办的监管。2013 年

* 李粤贵，广东省人民检察院党组成员、副检察长，全国检察业务专家；韩利，广东省人民检察院举报中心主任检察官、指导科长，西南政法大学博士研究生。本文系 2016 年度最高人民检察院检察理论研究科研课题“职务犯罪境外追赃追逃制度研究”的阶段性成果，课题编号 GJ2016D26。

① 《中共中央关于全面推进依法治国若干重大问题的决定》（2014 年 10 月 23 日中国共产党第十八届中央委员会第四次全体会议通过），载《人民日报》2014 年 10 月 29 日。

② 最高人民检察院《人民检察院举报工作规定》第 3 条规定：“人民检察院举报工作的主要任务是，受理、审查举报线索，答复保护、奖励举报人，促进职务犯罪查办工作，保障反腐败工作顺利进行。”

③ 2016 年 5 月，最高人民检察院姜建初副检察长在洛阳举办的“全国检察机关规范举报工作座谈会”上，专门指出广东等地出台了举报线索管理的实施细则，对全国检察机关加强举报线索管理，提高线索利用价值具有示范作用。

到2015年，全国检察机关受理举报线索共计107.4万件，较前三年总量增加95.9%。[①] G省检察机关受理举报线索共计31625件，其中28302件线索属于初次举报，包括：举报贪污线索10143件，举报行贿线索1511件，举报受贿线索6703件，举报滥用职权线索2732件，举报玩忽职守线索984件，举报挪用公款线索432件，经群众举报后查办的案件数约占职务犯罪案件总量的六成，[②] 从归口到分流展现出线索管理鲜明的司法特征。

（一）统一受理，精细登记

为把好线索受理这个入口关，《线索规定》在《人民检察院刑事诉讼规则（试行）》（以下简称《高检规则（试行）》）第157条、《举报规定》第5条第（三）项和第12条等内容基础上，明确了举报管理员衔接侦查情报员之间的线索登记机制；区分了侦查程序中发现线索的特殊情景，即不论线索是否与原案有关，均需在法定时限内将线索报举报中心汇总，这就将举报中心可能接收职务犯罪线索的情况全部涵盖。近年来，为方便群众举报，拓展线索来源，G省三级检察机关举报中心普遍建立了集来信、来访、网络、来电“四位一体”的举报线索受理平台，省级院和96%以上地市级检察院还开通了官方微信、微博接受社会各界和群众举报，在实践中取得了良好效果。[③]

（二）集体评估，快速分流

针对职务犯罪的隐蔽性、复杂性和信息化，集体评估特有的考核分析优势已成为线索管理的重要特征。《线索规定》就集体评估环节作了专章规定，就评估主体、评估程序、评估范围、评估方式及评估后分流机制等内容，进行了详细规范。尤其首创了“3+3评估后分流类型化机制”，即根据举报材料的真实性、可查性程度，将可评估线索的范围分为三类，[④] 对经集体评估后的线索也分为三类，[⑤] 并有针对性地进行因地制宜的分流处理，确保实现举报线索服

① 郭洪平：《机关近三年受理举报线索107.4万件较上一个三年增长95.9%》，载《检察日报》2016年5月16日。

② 参见《我们欢迎实名举报，反腐大戏等你参与——各地检察机关积极开展“举报宣传周”活动》，载《检察日报》2016年6月25日。

③ 参见郭洪平：《机关近三年受理举报线索107.4万件较上一个三年增长95.9%》，载《检察日报》2016年5月16日。

④ 根据《G省人民检察院职务犯罪线索管理工作规定（试行）》第23条，一类线索指：举报内容详实、可查性强、成案可能性大的线索；二类线索指：举报内容简单、可查性一般、成案可能性一般的线索；三类线索指：举报内容空泛、可查性弱、成案可能性小的线索。

⑤ 根据《G省人民检察职务犯罪线索管理工作规定（试行）》第24条，一类线索办理交办手续，交相关职能部门办理，并确定具体反馈期限；二类线索办理移送手续，移送相关职能部门办理；三类线索办理存查、缓查或转办手续。

务职务犯罪侦查工作的最优化。目前，G省人民检察院的“线索集体评估小组”汇集了检察机关最精通职务犯罪线索管理和侦查的人员，大大提升了评估的专业化程度和组织保障力度；而举报中心作为线索评估小组办公室负责日常事务，有效解决了线索评估开展的后续事务的推进办理。

（三）追踪反馈，落实到案

线索分流后的情况反馈既是防止选择性办案和以权谋私的制约机制，也是实现举报人知情权的根本保证。《举报规定》第33条指出，举报中心对移送侦查部门的举报线索应当加强管理、监督和跟踪，但后续并未作具体可操作性的规定和指引。《线索规定》则针对检察机关长年来举报线索反馈滞后、监督乏力、跟踪不紧等普遍存在的司法现状，强化了举报中心跟踪侦查部门审查线索的可操作规范。例如，G省人民检察院确立了侦查部门向集体评估办公室回复和备案制度，对经集体评估确定为一类线索的，要求侦查部门应当自收到线索之日起三个月内向集体评估小组办公室书面回复办理结果；经初查决定不予立案的，侦查部门应当自作出不立案决定之日起十日内向集体评估小组办公室进行备案审查，强化对侦查工作的跟踪问效。

（四）严格通报，强化监督

线索管理从源头规范侦查行为，是检察机关强化内部制约、加强内部监督的有力举措。根据《高检规则（试行）》第178条和第184条之规定，对实名举报作出不立案决定的，应当由侦查部门向举报中心通报。但对于作出立案决定的线索是否需要通报却未涉及。实践中，一旦被举报人被立案后，与其有关的举报线索时常会短期剧增，为确保该类举报线索流转的准确性，《线索规定》提出了侦查部门作出立案决定的所有案件，都应当在作出决定的七日以内填写《立案案件情况通报表》，将案件的线索来源、立案时间、犯罪嫌疑人基本情况及涉嫌罪名等信息向举报中心通报。举例而言，侦查部门将已立案的职务犯罪线索及时通报举报中心，可避免举报中心再次将线索分流到其他部门，显著提升线索流转效能。

二、举报线索管理的现实困境

（一）所依据法律位阶过低、效力不强

宪法、刑法和刑诉法等法律规范仅就公民举报权的确立做了宏观性的规定，而可操作性的实体和程序规范却仍鲜见。例如举报人权利保障、举报工作法律监督对权力的制约等。虽然2014年高检院对《举报规定》作了大幅度改进，但对于线索集体评估、反馈线索处理信息的刚性责任追究等问题却鲜有涉

及，再加上受到法律位阶的限制，它只能作为检察机关的内部规范来实施，没有更广泛的调整范围。例如，作为内部规范的《线索规定》，不仅对于检察机关以外的其他机关的举报工作部门缺乏约束力，即使是对检察机关的侦查部门也是效力折损的。由于立法瑕疵和法律位阶过低，线索分流标准等具体环节尚没有相应规定或规制效力偏弱，对于侦查部门的监督制约形同虚设。

（二）线索管理方式陈旧，情报信息化研判不足

目前，检察机关受理举报线索录入电脑系统分两种情形：一种是高检院以前开发的举报业务处理系统（以下简称举报系统），由省检察院使用来管理举报线索；另一种是全国检察机关统一业务应用系统（以下简称统一系统），由市检察院和县、区检察院使用并管理举报线索。这导致举报中心在进行线索管理时遇到一系列问题：一是系统不对称、不兼容导致了信息孤岛。两个系统型号与指数互不兼容，设计区域与模块互不对称，彼此信息隔断未实现资料共享，不利于受理信息的汇总、筛查和比对；同时，两个线索管理系统并存易使数据重复录入和登记，不仅使案多人少的矛盾更加突出，还导致线索管理网上留痕记录散乱、工作量统计不准确和管理方式不规范等现象。二是12309检察机关受理职务犯罪举报电话系统（以下简称12309举报电话）尚未普及，不利于第一时间对群众来电举报信息进行保存和分析。三是线索数据库建设滞后，没有自动分析和生成模块的设计，线索研判准确率有待提高。四是12309检察机关受理职务犯罪举报网络系统（以下简称12309举报网站）更新不及时，网站设计与分级备案的要求不相符，由高检院网站统一汇总数据的模式不利于线索审查分流的程序要求。综上显示，当前检察机关线索管理的信息化水平与高检院提出的科技强检战略思路尚有较大差距。

（三）线索管理的程序机制配套不足，执行不力

1. 侦查和有关部门自行发现线索的归口管理情况仍不乐观

线索归口管理包括检察机关自侦办案中发现的线索，还包括纪检监察等机关移送检察机关经司法审查是否立案的线索。但现实困境是，侦查部门经常以办案为由长期将线索扣押，纪检等机关习惯直接将线索移交侦查部门审查，举报中心对上述两类线索情况很难掌握。例如，《线索规定》出台半年多，举报中心一直未收到此类线索的通报，直到举报中心向本院侦查部门发函查询才得到回复。这种情形下，侦查部门是否在办理案件中发现了线索、发现的线索是否超过了规定期限没有通报或移送等程序，完全由侦查部门单独掌握和决定，这暴露出举报中心在监督制约方面的乏力。

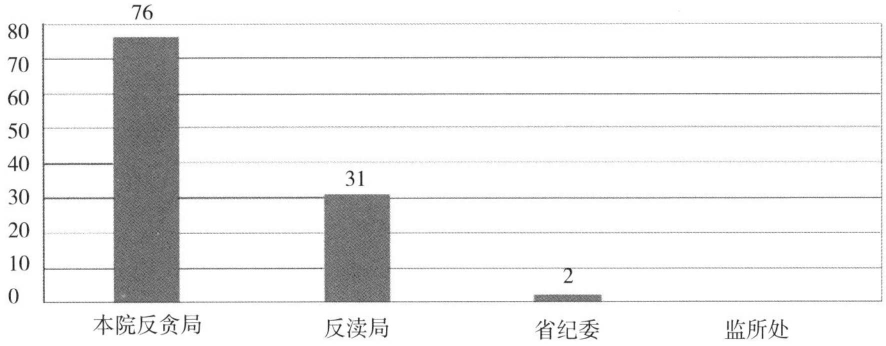

图一：办案中发现线索和有关部门移送审查是否立案线索的归口管理情况

2. 集体评估与举报初核未能形成合力，线索分流效率仍待提升

根据《高检规则（试行)》第167条和《举报规定》第41条规定的有关内容，举报中心开展举报线索初核对查清线索基本信息、明确归口性质具有重要作用。目前，由于举报线索质量参差不齐，重复举报占比较高，单凭书面审查难以客观了解举报材料的事实真相，即使是从形式要件上貌似符合评估条件和范围的线索，如果未加核实就贸然提交评估，容易影响集体评估的效率，检察长和侦查业务专家的专业素养优势难以得到最大限度地发挥。从《线索规定》实施情况看，大量举报线索由于缺乏一定量的实质性信息而导致举报中心难以通过形式审查的方式判明其管辖及归口问题，进而给集体评估小组在进行线索研判、讨论分流方向时增加客观困难，由于缺乏事前必要的线索初核，评估往往因某个举报必备要素缺乏或存在瑕疵而不得不中断，较难快速挖掘线索更深层次的价值，更谈不上缓查线索的管理和整合利用，线索评估方式仍以单纯的集体会议讨论形式为主，部分线索评估前未经初核，评估后分流存在简单化和随意性的倾向，制约了线索审查分流机制整体功能的有效发挥，这很容易使线索评估工作浮于表面、缓查线索“存而不查”成为普遍现象。

3. 反馈追踪机制缺位，内部监督执行艰难

权力总是容易被滥用，同时，权力往往不习惯被监督。司法实务中，侦查部门对于举报中心移送线索的处理情况很少能够在法定时限内主动反馈，而举报中心的监督手段显著缺乏。例如，《线索规定》出台半年多，G省检察院集体评估小组办公室尚未收到侦查部门关于线索处理情况的书面回复。一方面，自侦部门疲于处理纪检移送线索，对于自侦线索的办理可能源于一些主客观原因而失去连续性，侦查部门案多人少或承办人员消极怠工难以避免，造成监督中断或失效。同时，以可能有碍侦查为由拒绝反馈线索办理情况的也不少见，或总是以“办理当中”为由进行拖延敷衍；个别侦查人员选择性办案，有的

线索长期搁置、未安排初查或者不采纳初核意见却转到了被举报人的上级单位，甚至利用线索以权谋私，导致线索跟踪反馈形同虚设。另一方面，举报中心缺乏有效的跟踪反馈机制，对移送给侦查部门的线索难以进行高效的跟踪问责，侦查部门对线索查与不查、初查程度和初查力度拥有绝对话语权，导致监督制约难以发挥作用。①

4. 不立案审查程序的开展不够理想

一是对程序启动的审查未能落实。侦查部门及时反馈线索处理情况是举报中心启动不立案线索审查的关键，然而在实践中，举报中心与职务犯罪侦查部门在工作衔接和信息共享不畅，作为被监督的侦查部门从心理上本能排斥举报中心的监督，很少及时将经初查后不予立案的举报线索移送举报中心，或存在推诿、拖延移送等不配合现象，导致举报中心无法及时启动审查程序或往往被动启动审查程序。多数情况下，不立案线索审查的启动，寄希望于举报人到控申大厅对侦查部门不立案处理提出异议，举报中心方能启动审查程序。二是举报中心对于举报线索的查处情况无法做到有效催办。受制于“检察工作一盘棋”传统思想的影响和检察机关整体追诉职能的倾向，举报中心较侦查部门的现实地位显著弱势，难以对举报线索的查办情况进行及时有效的催办，大多现实情况下，往往出于回复实名举报人的需要，举报中心才会主动向侦查部门了解举报线索的办理情况，或者基于减缓信访矛盾升级的需要向侦查部门发出催办通知。②

三、举报线索管理的完善思路和建议

检察机关举报线索管理应在法治化、规范化和科技化的轨道上运行，但这并非朝夕之功，需要分期制定阶段性的改革计划，逐步加大职务犯罪线索管理的力度和实效。针对检察机关举报工作当前存在的突出问题，笔者提出以下解决路径：

（一）树立程序意识，丰富立法规范，增强法律约束力

1. 将线索管理置于正当程序理论之下，精准定位

树立举报工具价值与举报权利价值并重的司法理念，减弱举报业务的行政化色彩，以诉讼化思路和正当程序理念开展职务犯罪举报线索管理工作，才能便于监督，更好地惩治犯罪、保障人权，确保检察机关举报工作的规范化。③

---

① 连云港市人民检察院课题组：《职务犯罪线索管理机制的优化》，载《中国检察官》2015 年第 6 期。

② 参见常丽平、赵德军：《不立案举报线索审查制度的优化》，载《中国检察官》2015 年第 5 期。

③ 陈卫东、张桂华：《检察机关举报工作中的现实问题与对策研究》，载《中国人民大学学报》2011 年第 3 期。

2. 完善刑事诉讼法中的条文

建议将举报线索管理程序纳入刑事诉讼法律规范并细化有关内容，以刑事诉讼程序来规范检察机关举报线索管理工作，对所涉及的线索管理问题作进一步明确。加强举报线索统一管理制度的刚性规范。

3. 制定更高位阶和更高效力的法律规范

应尽快将《举报规定》上升为司法解释；在适当的时机，还要制定《举报法》和《举报人保护法》，以更大的广度和深度来完善检察机关的职务犯罪线索管理工作。[①]

（二）加强线索管理的信息化建设，完善各类线索数据库

1. 建立统一的举报线索管理系统

为改善现行两个举报系统并存的冲突局面，从规范线索管理科技化建设出发，应对近期和远期目标分步骤推进：短期方案可从先升级改造现存的两个线索管理系统着手，使彼此间的应用平台和指标数据可以对称和兼容；从长远规划看，应整合现存的两个线索管理系统，以统一系统为依托，建立全国统一的举报线索管理应用系统，实现集统一录入、统一登记、互通互联、指令筛选、精细分析、专项研判、流程追踪、报警反馈、网上审批为一体的线索管理信息自动化模式，通过线索管理信息化和电子化程度的大大提升，让每一封群众举报材料都在应用系统上留有痕迹，使各类考核统计更加科学准确。[②] 例如，G省检察机关注重线索情报分析系统建设，从四个视角对线索展开筛选、甄别、去粗取精、去伪存真。一是真实性。剖析举报人、被举报人二者关系，洞悉举报人的动机、目的，客观判断举报事项的可靠程度。二是职务性。分析被举报人的职权范围、任职经历及家庭财务概况，研判其是否具备利用职务便利犯罪的作案条件。三是可查性。根据被举报线索发生的时间、地点、手段等事实要素，探究案件调查的广度、维度和深度。四是危害性。梳理被举报线索可能涉及的法律法规及有关政策规定，判断涉案人员的行为是否具有社会危害性，是否需要追究法律责任。[③]

2. 配备举报电话录音应用系统，确保线索受理渠道无死角

随着手机等通信科技的平民化普及，举报电话已成为人民群众最认可的控

---

① 参见陈卫东、张桂华：《检察机关举报工作中的现实问题与对策研究》，载《中国人民大学学报》2011 年第 3 期。

② 参见欧阳爱辉：《大数据时代反腐情报收集的障碍及其解决途径》，载《廉政文化研究》2016 年第 2 期。

③ 参见天津市东丽区人民检察院课题组：《检察机关职务犯罪线索管理制度研究》，载《山西省政法管理干部学院学报》2012 年第 9 期。

告方式之一。因此，当前应着重加强举报电话录音系统的建设，方便对群众来电举报线索的录制、拷贝和格式转化，实现与举报线索管理系统的对接，完成线索的登记、审查和分流。在配备安装时，应充分考虑统一应用系统的设计风格，为将来互相数据兼容奠定基础。目前，G省院“四位一体”的线索受理模式已在全国范围不断扩大推广，依托中国移动IP电话系统平台，搭建的12309举报电话呼叫平台也正在建设当中，其中IVR播报、全程同录、降噪清音、语音转化、班长监控等功能，能满足举报人随时来电反映职务犯罪线索，可以将语音从录制、保存转为word文档、自动录入举报信息管理系统，实现语音—文字的无缝衔接。

3. 重视情报收集和分析，加强线索大数据库的建设和维护

检察机关应以线索情报库的构建为依托，统一管理平台，全面掌握线索的流向和查处情况，提高管理水平。第一，从受理内容看，线索数据管理应明确举报来源、举报人、被举报人、举报事项、线索领域、已有证据、线索层级、查办情况等信息，直接扫描举报信原件录入数据库，能够反映举报线索从受理到初核、缓查、办结以及外转、催办等程序工作的全部信息，全面发挥资料库、数据库、管理信息库的作用。第二，从线索查询权限看，科学界定查阅权限，是职务犯罪线索安全保密的保障。确定专职线索管理员对举报数据库统一管理，各办案主体按照权限登录查询录入的职务犯罪线索。第三，实现职务犯罪线索管理系统纵向之间的关联互通，上下级侦查部门之间、举报中心之间、举报中心与侦查部门之间实现系统联网，建立纵横畅顺的线索分流移送、交办、督办、结果反馈和查询等信息化管理机制，提高线索流转效率。

4. 网站端口权限逐步下移，扩大12309举报网站覆盖面

目前，网上受理公民举报的12309网站由高检院管理，下级院没有自己的网站端口。网站对反映地方腐败的职务犯罪线索，只开设到最低省一级的层面。即例如G省某村民举报自己所在村干部贪污扶贫款的举报线索，也必须登陆高检院的12309网站，再由高检院分流到G省并逐级往下再分流，这无疑降低了线索的流转效率。因此，建议高检院改造12309举报网站，将网点登陆端口权限下放给省、市级检察院，大大提升网上举报分流的速率，从检察工作特点和规律着手，构建涵盖举报全过程的“大管理”体系，从而规范执法行为、强化制约监督、促进管理透明。就目前广东检察机关的情况来看，“线索信息中心”的模式已初具规模，举报中心已经基本建立起较齐全的线索资料库，在办线索的跟踪管理、线索办理情况的反馈等监督环节的细化为线索信息的精准供给、为线索资源的综合再利用提供了可能。此外，重点民生领域如工程招投标、国有土地买卖、医疗及教育制度改革、国有企业改制等的经济活动等纳入信息库，为不同时期热点行业的情报信息分析提供办案参考。

（三）加强线索管理程序的配套机制建设和执行力度

1. 加强侦查和有关部门自行发现线索的归口管理

建议将《线索规定》第6条内容列入《举报规定》之中，从高检院层面建章立制，对侦查办案中发现和有关部门移送审查是否立案的线索，没移送或推迟移送的情况应建立事前提醒、事中跟踪、事后通报的追责问效制度。同时，举报中心加强主动与侦查部门和有关机关及部门的沟通联系，体现举报工作与侦查工作的互动性，争取侦查部门对线索管理的理解和支持，确立线索管理联动机制。检察机关应不断强化规范办案的意识，侦查部门主要负责人应切实承担起责任，引导侦查人员认识线索管理工作本身既是为查办职务犯罪服务，又是加强检察机关内部监督的重要途径，认真组织本部门人员学习掌握举报工作的有关法律依据，并在司法办案中不折不扣地落实好每项具体制度。

2. 强化举报初核功能，提高线索评估质量

从司法实践来看，举报中心对职务犯罪线索的审查方式主要包括形式审查和实质审查两种。形式审查是指通过对线索内容的书面审查研判举报线索的管辖、归口和移送事项，而实质审查是指通过对性质不明难以归口的举报线索展开初核，查明是否存在举报的犯罪事实，是否属于本院管辖，是否达到立案侦查程度。线索审查分流机制对侦查程序的价值是显而易见的，举报线索的评估和举报线索的质量是检验其运行效果的关键。为提高集体评估效能，建议对拟提交评估线索进行举报初核，查明分析研判时所需要的必备信息，明确线索归口情况。为此，G省在《线索规定》实施中创新工作思路，参考SZ市院举报中心总结出的12要素模式（包括：身份，地址，联系方式，涉及单位的性质，犯罪事实，涉嫌罪名，基础证据材料，举报中心知情人资料，举报时间、动机、来源，调查的法律程度），探索评估制度新举措。即对于有署名的且内容不够翔实具体的待上评估会线索，事前都要经过初核程序查明基本情况。

3. 落实线索反馈和责任追究机制

结合高检院赋予控告检察部门对检察机关或人员违法办案行为进行调查这一新职能，发挥举报中心监督职能。对违反线索管理制度的行为依法追责，对于虽没有造成严重后果但经反复提醒仍不改进的侦查部门和人员，追责方式可以通过利用线索评估会、检委会或检察长办公会等场合采取质询、通报批评或诫勉谈话，对于被采取三次质询或二次通报批评的侦查部门和人员，将由纪检组代表院党组对该部门负责人进行诫勉谈话一次，被诫勉谈话人的所在部门当年将被剥夺参评本单位年终评选先进处（科）室的资格。例如，G省检察院对于经线索集体评估小组评估的一类线索，要求侦查部门严格按《线索规定》第29条按期书面回复办理结果；对于举报中心移交的线索也应当按照规定期限回复处理情况。评估小组办公室和举报中心要进一步加强对线索办理情况的

监督检查，对于无故或拖延移交线索的行为，将按《线索规定》第 37 条要求，向有关部门提出纠正意见，涉及责任追究的，将参照检察人员违法办案情况依法追究责任。

4. 强化不立案审查的启动和催办制度

第一，明确不立案审查的主体。审查侦查部门作出的举报线索不立案决定，总体上应由同级检察机关举报中心进行，但考虑到现实中部分基层检察机关举报中心不立案审查能力尚有待提高，且容易因此引发两部门间存在较大意见分歧的情况，可参考自侦案件呈逮捕上提一级决定的做法，由本级举报中心移送上级举报中心审查。[①] 对于举报人不服侦查部门不立案决定向检察机关反映的，原则上还应由控告申诉检察部门根据不立案复议审查程序进行受理，认为需要侦查部门说明不立案理由的，交侦查监督部门办理。

第二，明确不立案审查的内容。在收到侦查部门不立案决定的回复后，举报中心应当及时审查，重点审查是否查清举报线索涉及的主要犯罪事实、不立案决定所依据的法律和事实依据是否充分准备、初查活动中是否存在违法违规初查行为这三个方面的内容，以便彰显举报线索不立案审查程序的内部监督制约价值。

第三，明确不立案审查的处理方式。经审查发现举报线索不立案决定有误的，举报中心应区别处理：一方面，对于举报线索所涉及的主要犯罪事实应查清而未查清，或有关立案的主要事实未能查清，以及存在侦查人员玩忽职守、徇私枉法行为的应当决定移送其他侦查部门重新初查或补充调查，并将侦查人员涉嫌违法违纪情况报本院纪检监察部门处理；如果违法违纪行为存在但尚未影响不立案决定作出的，可由举报中心向该侦查部门发出纠正违法通知书进行整改。另一方面，对于应当立案而侦查部门未予立案的，可以要求侦查部门书面说明不立案的情况、理由和依据，侦查部门回复后举报中心仍认为其理由和依据不成立的，可由举报中心报请检察长批准后，向侦查部门发出立案通知。[②]

---

① 温武：《检察机关职务犯罪案件举报线索管理制度实证研究——以 H 省 K 市检察系统为样本》，载《西南政法大学硕士论文集》2014 年 3 月。

② 温武：《检察机关职务犯罪案件举报线索管理制度实证研究——以 H 省 K 市检察系统为样本》，载《西南政法大学硕士论文集》2014 年 3 月。

五、检察公信力建设

强化自身监督　提升检察公信

——以完善人民检察院司法责任制为背景

刘　拥*

习近平总书记在第十八届中央纪律检查委员会第二次全体会议上强调指出，要加强对权力运行的制约和监督，把权力关进制度的笼子里。党的十八届六中全会全面分析党的建设面临的形势和任务，系统总结近年来特别是党的十八大以来全面从严治党的理论和实践，审议通过了《关于新形势下党内政治生活的若干准则》和《中国共产党党内监督条例》，就新形势下加强党的建设作出了新的重大部署，为推进全面从严治党、提高党的创造力凝聚力战斗力提供了更加有力的制度保障。《关于新形势下党内政治生活的若干准则》强调要"加强对权力运行的制约和监督"，指出："监督是权力正确运行的根本保证，是加强和规范党内政治生活的重要举措。必须加强对领导干部的监督，党内不允许有不受制约的权力，也不允许有不受监督的特殊党员。"《中国共产党党内监督条例》对党内监督的指导思想、基本原则、监督主体、监督内容、监督对象、监督方式等重要问题作出了明确规定，为新形势下强化党内监督提供了根本遵循。检察机关要牢固树立政治意识、大局意识、核心意识、看齐意识，坚定不移维护党中央权威和党中央集中统一领导，坚决把党中央全面从严治党各项部署要求落实到检察工作中去，营造检察机关风清气正的政治生态。其中一项重要的任务就是要进一步加强对检察权运行的监督制约，预防和减少司法腐败。公正是司法永恒的价值追求和与生俱来的内在品格，新的形势和任务对检察工作提出了更高的标准、更严的要求，检察机关的任务更加繁重，责任更加重大，要求更加严格，因此，必须统一思想，不断强化检察权运行监督制约，将检察权关进制度的笼子里，切实提高司法办案水平和办案质量。

检察权的公权属性、人民性，以及检察权运行的实践，要求强化检察权运行监督制约。同时，强化检察权运行监督制约对于检察公信力的建立和维护具

---

* 刘拥，湖南省人民检察院法律政策研究室副主任。

有较大的价值功能。“检察公信力是指检察机关行使法律监督权在整个社会当中所建立起来的公共信用，是社会公众普遍地对法律监督权的运行及其结果所具有的信任、信赖、认同乃至信仰，以及对该结果自觉接受、遵从的程度与状态。”[①] 它“是考量检察工作人民满意程度的评判尺度，是决定检察机关在社会主义法治进程中存在价值的重要因素，对推进我国检察事业科学发展具有重要意义”。[②] 检察权作为国家权力的重要组成部分，只有在其本身具有良好公信力的前提下，其行使的过程和结果才能使权力行使对象以及广大人民群众接受和信服，才能赢得其他执法、司法机关的尊重。检察公信力建设需要采取有效措施，广泛运用各种方法系统构建，其中非常重要的一个方面就是依法规范行使检察权，提升检察官的整体形象和良好品行，因为检察官的个人素质和整体形象直接影响到公众对检察机关的信任、信赖和认同。当前检察公信力面临诸多挑战，特别是个别检察官的不良形象影响了检察公信力的树立和提升。当前司法不公不廉，特别是司法腐败，是人民群众反映强烈的突出问题，作为国家法律监督机关和反腐败的重要职能部门，“人民群众对检察人员的公正廉洁有着高于一般国家工作人员的期待。只有自身正、自身净、自身硬，法律监督才有权威，才有公信力”。[③] 检察机关要履行好法律监督职责，必须加强对自身司法的监督，检察机关、检察人员如果利用检察权谋取私利，不能依法规范行使检察权，就不会有公信力，终将导致对检察事业发展的损害，动摇检察制度的根基。因此，检察人员在行使检察权的过程中，必须牢固树立监督者更要接受监督制约的职业理念，始终坚持强化法律监督与强化自身监督并重，强化接受监督制约的意识，突出监督制约的重点，履行接受监督制约的义务，依法自觉主动接受监督制约，不断完善接受监督制约机制，从严治检、廉洁从检，依法规范行使检察权，推进检察工作科学发展。

在当前深入推进司法体制改革的新形势下，强化检察权运行监督制约要与推进司法体制改革有机结合。完善司法责任制改革是中央司法体制改革中的重要内容和关键环节，要求突出员额制检察官在办案中的主体地位，制定检察官权力清单，实行谁办案谁负责、谁决定谁负责，同时加强对检察官的监督制约，实现权责统一。为建立健全符合司法规律的检察权力运行机制，完善人民检察院司法责任制，最高人民检察院下发了《关于完善人民检察院司法责任制的若干意见》，在健全司法办案组织及运行机制、界定检察人员职责权限的

---

① 鲁晓慧、戚进松：《检察公信力初探》，载《人民检察》2010 年第 7 期。

② 刘建、李克明：《检察公信力的生成机制初探》，载《人民检察》2013 年第 11 期。

③ 最高人民检察院政治部编：《检察工作发展理念和执法理念讲义提纲》，中国检察出版社 2012 年版，第 118 页。

基础上，明确了检察官司法责任的范围、类型、认定和追究程序等主要问题。因此，强化检察权运行监督制约，就要在完善人民检察院司法责任制的背景下，在健全司法办案组织，科学界定内部司法办案权限，完善司法办案责任体系，构建公正高效的检察权运行机制和公平合理的司法责任认定、追究机制的基础上，构建内外高度融合的制度逻辑体系。

一、完善本级检察院检察长、检察委员会的监督制约

在检察机关内部，检察官是具体行使检察权的主体，我国《检察官法》明确规定，检察官是依法行使国家检察权的检察人员。如上所述，我国《宪法》规定，人民检察院依照法律规定独立行使检察权。这个规定强调的是人民检察院作为一个整体行使检察权，因而检察官作为检察院的代表，是代表人民检察院行使检察权。在目前司法办案过程中，检察官仍然要遵循一定的审批程序，由检察官承办，办案部门即业务机构负责人审核，检察长（副检察长）或者检察委员会决定。随着检察改革的推进和检察官办案责任制的推行，员额制检察官获得了一定的司法办案决定权。在赋予检察官相关办案权和决定权的同时，必须相应地加强监督制约，保证公正司法，为此，《关于完善人民检察院司法责任制的若干意见》在赋予和扩大检察官司法办案中的决定权的同时，健全了对检察官行使检察权的监督制约机制，其中重要的一个方面就是检察长（副检察长）和检察委员会的监督制约机制。为此，完善本级检察院检察长、检察委员会的监督制约，要采取有力措施，落实《意见》的要求。

一是检察长通过案件审核进行监督制约。检察长（分管副检察长）有权对独任检察官、检察官办案组承办的案件进行审核。检察长（分管副检察长）通过审核，不同意检察官处理意见，既可以要求检察官复核或提请检察委员会讨论决定，也可以直接作出决定。

二是检察长通过要求检察官报告办案情况进行监督制约。当事人举报投诉检察官违法办案，律师申诉、控告检察官阻碍其依法行使诉讼权利，或有迹象表明检察官违法办案的，检察长可以要求检察官报告办案情况。检察长认为确有必要的，可以更换承办案件的检察官，并将相关情况记录在案。

三是检察委员会通过对案件的讨论决定进行监督制约。检察委员会主要对本院办理的重大、疑难、复杂案件，涉及国家安全、外交、社会稳定的案件进行讨论并作出决定，对检察委员会的决定，检察官必须遵照执行。检察官可以就承办的案件提出提请检察委员会讨论的请求，依程序报检察长决定。

四是检察长或检察委员会通过对检察官的业绩评价进行监督制约。检察长或检察委员会组织人员对检察官履职情况、办案数量、办案质效、司法技能、外部评价等检察官的业绩进行评价，评价结果作为检察官任职和晋职晋级的重

要依据。

五是检察长或检察委员会通过办案质量评价进行监督制约。检察长或检察委员会组织人员以常规抽查、重点评查、专项评查等方式对检察官办案质量进行专业评价。特别要深入探索个案评查机制，通过个案评查及时发现和纠正检察官办案中的各类问题，发现问题并督促整改。对一般性问题，提出改进意见，送交相关业务部门整改；对存在严重质量问题的，向相关业务部门通报并向检察长或检察委员会报告；属于司法过错责任追究情形的，移送省检察官惩戒工作办公室依照相关程序处理；对于涉嫌违纪违法办案，可能需要追究相应责任的，移送纪检监察部门处理。

二、完善上级检察院的监督制约

《关于完善人民检察院司法责任制的若干意见》明确规定，加强上级人民检察院对下级人民检察院司法办案工作的领导。上级人民检察院可以指令下级人民检察院纠正错误决定，或依法撤销、变更下级人民检察院对案件的决定；可以对下级人民检察院管辖的案件指定异地管辖；可以在辖区内人民检察院之间调配检察官异地履行职务。按照《意见》要求，要通过以下措施，完善上级检察院的监督制约。

（一）确保配置给上级检察院权力的依法有效行使

检察权根据法律规定在不同层级检察院之间进行配置，根据案件的影响程度和重大复杂疑难程度，案件办理权配置给不同层级的检察机关行使，各级检察机关依法独立行使检察权，同时上级人民检察院依法行使对下级人民检察院的领导权，根据实际情况，可以依法将案件办理权在上下级检察院或下级不同地区的检察院之间进行调整配置。

强化上级检察院的监督制约，需要完善上下级检察院之间检察权的配置，一是通过要求下级检察院将行使某些权力作出的决定报请上级检察院审查、批准或备案，强化上级检察院对下级检察院行使检察权的监督，如根据《人民检察院刑事诉讼规则（试行）》的规定，人民检察院对于直接受理的案件决定立案的，应当报送上一级人民检察院备案；人民检察院办理直接受理立案侦查案件，检察长或检察委员会决定撤销案件的，应当报上一级人民检察院审查；省级以下（含省级）人民检察院办理直接受理立案侦查的案件，拟作不起诉决定的，应当报请上一级人民检察院批准。二是将某些检察权在上下级检察院之间重新配置，从下级检察院上收到上级检察院行使，相比于报请批准或备案，这种方式更有利于加强上级检察院的监督制约。如职务犯罪侦查一体化机制运行中，上级检察院直接立案侦查下级检察院管辖的案件。又如为了加强上级人民检察院对下级人民检察院直接受理案件侦查工作的监督制约，确保逮捕案件质量，最高人民检察院《关于省级以下人民检察院立案侦查的案件由上一级人民检察院审查决定逮捕的规定（试行）》和《人民检察院刑事诉讼规则（试行）》建立了检察机关立案侦查的案件审查决定逮捕上提一级制度，规定省级以下（不含省级）人民检察院立案侦查的案件，需要逮捕犯罪嫌疑人的，应当报请上一级人民检察院审查决定。

但在司法实践中，一些下级检察院规避相关规定，采取变通的方法，使配置给上级检察院行使的权力虚化，进而虚化上级检察院的监督制约。如检察机关立案侦查的案件审查决定逮捕上提一级改革，是为了加强上级人民检察院对下级人民检察院直接受理立案侦查案件办理的监督，但一些市级检察院将本应由自己立案侦查的案件下放到基层检察院办理，根据改革的程序，审查决定逮捕权仍由市级检察院行使，实际上还是自己对自己的监督，有违改革的初衷。因此，强化上级检察院的监督制约，在权力配置上，就要求下级检察院按照权力配置的要求，不越权，不变通，确保上级检察院依法有效行使配置给其的权力。

（二）完善上级检察院的监督程序

完善上级检察院的监督制约，强化上下级检察院之间的领导关系，健全检察一体化工作机制，决定了在上下级检察院和检察官之间存在着上命下从的领导关系，这就要求下级检察院和检察官必须服从上级检察院的决定和指令，同时也要防止上级检察院滥用指令权，完善上级检察院的监督程序。

在司法实践中，上级检察院对下级检察院司法办案的监督，作出决定和指令，很多情况下是通过口头指示的方式作出，这种方式具有灵活、简便易行的特点，但过于随意，不利于对下级检察院进行有效的监督制约，甚至有些情况下容易导致上级检察院本身的滥权问题。因此，加强和完善上级检察院的监督制约，应当实行上级检察院决定和指令的法定主义和书面主义，即上级检察院对下级检察院和检察官作出决定、发出指令和指示等，不得采取口头、电话等形式，必须采取书面的方式，并予以存档。通过实行上级检察院决定和指令的法定主义和书面主义，避免上级检察院对下级检察院和检察官进行监督制约的随意性，强化上级检察院监督制约的责任机制，加强监督制约的合法性和有效性。

（三）强化上级检察院决定和指令的执行力

加强和完善上级检察院的监督制约，对于下级检察院和检察官而言，就是要强化上级检察院决定和指令的执行力，使检察一体原则能够有效贯彻落实，上下级检察机关和检察官之间存在的上命下从的领导关系能够落到实处，坚决防止对上级检察院的决定和指令贯彻执行不力、敷衍应付甚至自行其是的现象。

上级检察院认为下级检察院作出的决定确有错误的，应当指令下级检察院纠正或者依法直接予以撤销或变更；发现下级检察院已办结的案件有错误，或者正在进行的司法办案活动违反法律、司法解释以及上级检察院有关规定的，应当指令下级检察院纠正。对上级检察院交办的事项和案件，下级检察院应当在上级检察院要求的时限或法定期限内办结并报告结果；逾期不能办结的，应及时书面报告进展情况，并说明未办结原因和下一步打算。下级检察院对办理的重大疑难复杂案件，需要向上级检察院请示的，应当严格按照法定程序和报送公文、请示件的有关规定办理。对于下级检察院的请示，上级检察院要认真研究，及时办理并提出书面答复意见。

下级检察院和检察官必须执行上级检察院的决定和指令，不得擅自改变、故意拖延或者拒不执行，如果认为上级检察院的决定和指令有错误，或者在执行中遇到新情况、新问题，应当在执行的同时向上级检察院报告，坚决杜绝有令不行、有禁不止和上有政策、下有对策等不良风气；上级检察院经复议认为确有错误的，应当及时纠正。

为强化上级检察院决定和指令的执行力，要进一步完善考评机制和责任追究机制。加强和改进上级检察院对下级检察院的工作考评。按照检察工作科学发展和正确政绩观的要求，建立和完善对下级检察院司法办案和行使检察权的考评体系和办法，引导下级检察院自觉执行上级检察院的决定和指令，坚持依法规范行使检察权。进一步健全和规范司法责任制，对敷衍塞责、推诿扯皮，影响上级检察院决定和指令贯彻执行的单位和人员，要进行严肃批评；对阳奉阴违，甚至滥用职权、玩忽职守，应当报告备案或提请批准而不上报，或者严重违反法律和有关规定，造成错案或者其他严重后果的，对有关领导和直接责任人员要依法依纪严肃处理。

三、完善检察院内部案件管理部门的监督制约

根据《关于完善人民检察院司法责任制的若干意见》，人民检察院案件管理部门对司法办案工作实行统一集中管理，全面记录办案流程信息，全程、同步、动态监督办案活动，对办结后的案件质量进行评查。司法办案工作应当在统一业务应用系统上运行，实现办案信息网上录入、办案流程网上管理、办案活动网上监督。

强化检察机关案件管理机制，重点是强化案件管理部门的独立性和权威性。完善检察机关内部案件管理部门与纪检监察部门、检察委员会的衔接、配合机制，是强化案件管理、提升管理效能的有效途径。

（一）完善案件管理部门与纪检监察部门的衔接、配合机制

在检察机关内部，除了案件管理部门外，纪检监察部门也对司法办案承担不同方式的监督管理职责。在正确厘清两个部门对司法办案的不同监督管理职责基础上，做到分工明确、衔接顺畅与紧密配合。

案件管理部门与纪检监察部门从不同的角度对司法办案进行监督管理，二者既有联系，又有区别。其区别在于：一是监督管理重点不同。案件管理部门监督的对象是案件，监督的重点在于对办案期限、办案程序、办案质量、办案流程等进行管理、监督、预警，以及案后评查、统计分析、信息查询、综合考评等，预防和纠正司法办案中违法和不规范情形发生。纪检监察部门监督的对象是人，监督的重点在于司法办案人员的纪律作风，主要对检察人员违法违纪行为进行调查处理，而对办案质量关注较少。二是监督管理途径不同。案件管理部门既能够通过对办案期限、办案程序、办案质量、办案流程的管理、监督、预警，进行同步、实时监督，又能够通过案后评查、统计分析、信息查询、综合考评等，进行事后监督。纪检监察部门主要是在检察人员违法违纪行为发生后进行调查处理，属于事后监督。三是监督管理方式不同。案件管理部门发现本院办案部门或者办案人员违法办理案件的，通过提出纠正意见要求纠正，对于检察人员的违法违纪行为，无权进行实质性的调查处理，而应移交纪检监察部门调查处理。

虽然案件管理部门与纪检监察部门对司法办案进行监督管理的重点、途径和方式有所不同，但二者是从不同角度保障检察权依法规范运行，通过完善二者的衔接、配合机制，可以有效提高案件管理效能。具体而言，建立两个部门的定期通报和线索移送机制，案件管理部门将案件管理中发现的检察人员违法违纪行为线索移送纪检监察部门，强化对检察人员的监督；纪检监察部门将查处检察人员违法违纪行为中发现的案件质量问题线索移送案件管理部门，强化对案件的监督。通过发挥各自的优势，实现对案件的监督和对人的监督的统一性、及时性，有效提升对司法办案的监督管理效果。

（二）完善案件管理部门与检察委员会的衔接、配合机制

检察委员会是我国检察机关实行集体领导，讨论决定重大案件和检察工作中其他重大问题的决策机构，根据法律规定的检察委员会的职权，其对司法办案具有决策、监督、管理职能。对于案件的监督管理，检察委员会与案件管理部门存在如下区别：一是所处地位不同。在检察机关内部，检察委员会是领导、决策机构，相对办案部门，是纵向的管理者，案件管理部门是与办案部门平行的综合性业务部门。二是监督管理的方法不同。检察委员会对提交其讨论决定

的重大案件和重大事项审查把关，案件管理部门则对案件进行日常性的监督管理。三是监督管理的内容不同。检察委员会对提交其讨论决定的案件从程序和实体方面进行全面监督，案件管理部门则主要对案件进行程序和流程监督。

检察委员会与案件管理部门从不同方面对司法办案进行监督管理，通过完善二者的衔接机制，能够完善对司法办案的全方位监督，提升案件监督管理效能。具体而言，建立检察委员会办事机构与案件管理部门的定期通报和线索移送机制，案件管理部门将案件管理中发现的案件质量问题移送检察委员会办事机构，提交检察委员会讨论决定，采取有针对性的措施加以解决；检察委员会办事机构将检察委员会讨论决定案件中发现的案件质量问题移送案件管理部门，要求案件管理部门及时查明情况，强化对案件的监督。通过发挥各自的优势，实现对案件纵向监督与横向监督的有机结合，有效提升对司法办案的监督管理效果。

四、自觉接受各级人大及其常委会的监督

《关于完善人民检察院司法责任制的若干意见》强调自觉接受人大的监督，检察机关自觉接受各级人大及其常委会的监督，就要进一步增强接受人大监督的意识，采取有效措施，积极主动接受人大及其常委会的监督。

（一）主动向人大及其常委会报告工作

除每年在人大会上向人大报告工作外，对重要的工作部署、工作措施、阶段性工作情况以及专项工作等，要及时向人大及其常委会报告，以便人大及其常委会及时掌握检察机关的工作计划和工作情况，及时提出意见。在办案过程中，需要依法向人大及其常委会报告和经其许可的事项都应当及时报告。对一个时期检察工作存在的问题，要及时进行调研，为人大及其常委会的决策服务。人大及其常委会对检察机关的报告作出的决议、决定或者提出的审议意见，检察机关要及时研究处理并向人大及其常委会报告。

（二）主动接受人大及其常委会对检察机关司法办案的检查评议

检察机关应当及时了解人大及其常委会的执法检查计划，认真接受人大及其常委会组织的执法检查，在人大及其常委会组织对检察机关司法办案进行评议时，检察机关应当积极主动配合，如实汇报情况，虚心听取意见。对人大及其常委会的审议意见，检察机关要认真研究，制定整改措施，并逐项抓好落实，按时将研究处理情况向人大及其常委会报告。

（三）主动接受人大代表和常委会组成人员的询问、质询

在人大常委会会议审议相关议案和有关报告时，检察机关应当按规定指派有关负责人到会听取意见，认真回答询问。对人大常委会交由检察机关答复的质询

案，检察机关应当严格按照要求，认真、及时、实事求是地答复，并根据人大代表、常委会组成人员的建议、批评和意见，采取有效措施加强和改进工作。

（四）主动做好规范性文件的备案审查工作

对检察机关制定的在检察工作中使用的规范性文件，检察机关要主动及时向人大常委会备案审查，以便人大及其常委会及时了解和进行监督，必要时要提前征求人大常委会的意见。

（五）认真办理人大代表提出的意见和人大及其常委会交办的事项

凡是人大会、人大常委会审议涉及检察工作的议题时，要由院领导带队，组织人员认真听取意见，及时研究。对人大代表的建议、人大及其常委会交办的事项要及时办理，在办理过程中加强与人大代表、人大及其常委会的联系，按规定时限办结、反馈。不能按时办结的，要及时报告未能按时办结的原因以及办理的进展情况。

（六）切实加强与人大及其常委会和人大代表的联系

进一步完善与人大代表联系的制度和机制，使联络工作进一步制度化、规范化、经常化。检察机关要设置、完善与人大及其常委会、人大代表联络的专门部门，明确专人负责，加强与人大及其常委会和人大代表的联系，协助院领导开展联络工作，汇总整理情况。要切实保障人大代表对检察工作的知情权、参与权、表达权，主动邀请人大代表视察检察工作或参与检察机关的重大活动，通过召开代表座谈会、专门座谈会、工作汇报会等，通报检察工作情况，主动征求人大代表的意见，听取批评和建议。要通过定期不定期地向人大代表寄送工作情况材料、发放征求意见函等形式，广泛地征求意见。检察机关领导要分工联系人大代表，到代表所在单位了解情况、听取意见。对收集到的所有意见，要明确责任，归口办理，做到件件有落实、事事有回音。要重视运用信息化手段加强与人大代表联系，拉近与人大代表的时空距离，以便使联系更为快捷、更为方便。

五、自觉接受人民监督员的监督

《关于完善人民检察院司法责任制的若干意见》强调自觉接受人民监督员的监督。随着人民监督员选任管理体制机制、监督范围和监督程序的改革完善，进一步加强了对检察机关行使检察权的监督。检察机关自觉接受人民监督员的监督，应当采取有效措施，保障人民监督员的知情权，使人民监督员的监督权落到实处。

（一）建立健全检察工作通报和职务犯罪案件台账查询制度

保障人民监督员的知情权，在宏观层面，要建立健全检察工作通报制度，采取各种方式向人民监督员定期或不定期通报检察机关重大工作部署、决策和其他检察工作情况。在微观层面，要对直接受理立案侦查案件的立案情况，对犯罪嫌疑人采取强制措施情况，查封、扣押、冻结涉案财物的处理情况，以及刑事赔偿案件办理情况等程序性信息建立台账，供人民监督员查阅，方便人民监督员掌握办案情况，发现监督线索。对于台账，人民监督员既可以自行到检察机关查阅，也可以由检察机关根据人民监督员的要求送人民监督员查阅，还可以探索利用网络信息技术和案件管理系统，为人民监督员通过网络和案件管理系统查阅提供技术支持。

（二）建立健全人民监督员监督事项告知制度

检察机关在办理直接受理立案侦查案件中，应当在第一次讯问犯罪嫌疑人或者对其采取强制措施时告知犯罪嫌疑人有关人民监督员监督事项。人民检察院在接待属于本院办理的直接受理立案侦查案件的控告人、举报人、申诉人时，应当告知其有关人民监督员监督事项。为方便上述人员与人民监督员的联系，以及便于人民监督员接受监督诉求，除告知有关人民监督员监督事项外，还应当将人民监督员管理机构和人民监督员的联系方式明确告知。探索人民监督员接待日制度，明确人民监督员接待日期，在检察机关设置人民监督员接待室，拓展人民监督员与相关人员和人民群众的联系渠道，广泛接受监督信息和线索。

（三）建立健全人民监督员参与检察司法活动工作制度

检察机关对直接受理立案侦查案件开展跟踪回访、执法检查、案件评查工作，或者举行案件公开审查等活动，可以邀请、组织人民监督员参加。目前，重点在查封、扣押直接受理立案侦查案件犯罪嫌疑人财物和文件时，可以邀请人民监督员现场监督。为更有效地保障人民监督员的知情权，所有涉及检察机关直接受理立案侦查案件的司法行为可以逐步邀请人民监督员参与，进行现场监督。

六、自觉接受律师的监督

《关于完善人民检察院司法责任制的若干意见》强调依法保障律师执业权利。构建新型检律关系，共同推动法治中国建设，需要检察机关与广大律师秉持职业良知，坚持以事实为依据、以法律为准绳的履职要求，切实维护司法公正和法律尊严，把维护人民群众合法权益作为共同的价值追求，共同弘扬法治精神，推进法治社会建设。同时，构建新型检律关系，还要求检察机关和检察官自觉接受律师的监督，把保障律师依法执业作为义不容辞的法定职责，作为促进检察权依法正确行使、提高严格规范公正文明司法能力的重要途径，从而全面查清案件事实，防止错误，切实保护当事人及诉讼参与人的合法权益，提高司法公信力。

（一）依法保障律师的知情权

知情权是律师依法执业的基本权利。检察机关应当加强律师接待窗口和场所建设，畅通律师接待渠道，规范律师接待流程，通过完善对律师及时主动公开和依申请公开制度，依托案件信息公开系统，将案件程序性信息及时上网，方便律师查询。刑事诉讼中，在审查决定逮捕、移送审查起诉、退回补充侦查、提起公诉等重大程序性环节，依法及时告知律师；对辩护律师依法了解犯罪嫌疑人、被告人涉嫌或者被指控罪名、采取强制措施、延长羁押期限等情况的，及时告知相关信息。通过庭前会议及时与律师交流沟通证据，为庭审做好准备。

（二）依法保障律师的会见权

会见当事人是律师提供法律服务、维护当事人合法权益的重要途径。对于法律规定律师会见犯罪嫌疑人、被告人无须检察机关许可的，检察机关不得人为设置障碍，限制、干扰、影响律师会见。对于特别重大贿赂犯罪案件，辩护律师在侦查期间要求会见在押犯罪嫌疑人的，依法及时审查答复。对违反规定限制、干扰、影响律师会见的，根据情节和后果，依法追究责任。

（三）依法保障律师的阅卷权

阅卷是律师全面掌握证据、行使辩护权的前提和基础。检察机关应当指定专门部门接待律师，安排专门场所方便律师阅卷。加强信息化和科技建设，通过设置网上阅卷中心、提供案卷拍照记录设备、免费刻录案卷光盘等，为律师查阅、摘抄、复制案卷材料提供便利条件。要严格遵循法律和有关规定，自案件审查起诉之日起，对辩护律师提出阅卷申请的，应当当时或及时安排阅卷，不得限制辩护律师阅卷的次数和时间。积极使用、完善电子卷宗系统，将诉讼案卷材料扫描后上传至该系统，方便律师快捷、简便查阅和复制。

（四）依法保障律师申请收集和调取证据权

保障律师申请收集和调取证据权，有助于更加准确、更加全面地查明犯罪事实，保证案件依法公正处理。检察机关要认真贯彻刑事诉讼法要求，对于辩护律师书面申请检察机关调取在侦查、审查起诉期间收集但未提交的证明犯罪嫌疑人、被告人无罪或罪轻的证据材料的，检察机关应当依法及时审查，认为申请调取的证据已收集并且与案件事实有联系的，应当及时调取。辩护律师需要向被害人或者其近亲属、被害人提供的证人收集与本案有关的材料，向检察机关提出申请的，或者申请检察机关收集、调取证据的，检察机关应当在规定期限内作出是否许可或同意的决定。

（五）认真听取律师的辩护意见

通过认真听取律师的辩护意见，保障犯罪嫌疑人、被告人辩护权的实现，从而确保案件质量，有效防止冤假错案。检察机关要始终保持客观公正立场，检察官要恪守客观义务，高度重视、认真听取律师的意见，特别是对律师提出的无罪、罪轻、无逮捕必要或不需要追究刑事责任，侦查中有刑讯逼供等违法情况，证据真实性、合法性存在问题，要求排除非法证据等意见，要认真审查核实，依法及时处理，对律师正确、合理的意见应当采纳，保证案件的正确处理。

（六）认真履行对其他执法司法机关妨碍律师依法执业行为的监督职责

检察机关要落实好、履行好修改后刑事诉讼法赋予的保障律师执业权利的重要职责，强化监督力度，完善监督机制，在办案过程中发现其他执法司法机关有阻碍律师依法行使诉讼权利行为的，依法、及时提出纠正意见。对辩护律师向检察机关提出的关于办案机关及其工作人员阻碍其依法执业的申诉、控告，检察机关要依法审查办理，情况属实的，通知有关机关予以纠正，情况不属实的，做好说明解释工作。要将处理情况及时书面答复律师。

七、完善检察机关内部纪检监察部门的纪律监督

《中国共产党党内监督条例》明确规定，党委（党组）在党内监督中负主体责任，党的各级纪律检查委员会是党内监督的专责机关，履行监督执纪问责职责。因此，检察机关要切实落实“两个责任”，通过加强党内监督，强化对检察权的监督制约。《关于完善人民检察院司法责任制的若干意见》强调进一步完善内部制约机制，加强纪检监察机构的监督。而要加强纪检监察机构的监督，需要完善检察机关内部纪检监察监督的体制机制。党的十八届三中全会通过的《中共中央关于全面深化改革若干重大问题的决定》提出，全面落实中央纪委向中央一级党和国家机关派驻纪检机构，实行统一名称、统一管理。派驻机构对派出机关负责，履行监督职责。2014 年 1 月，第十八届中央纪律检查委员会第三次全体会议工作报告提出，改革和完善纪检监察派驻机构。全面落实中央纪委向中央一级党和国家机关派驻纪检机构，实行统一名称、统一管理。制定加强派驻机构建设的指导性意见，明确派驻机构的职责任务、机构设置、人员配备和工作保障。派出机关要加强管理，完善考核、激励和责任追究机制。派驻机构要对派出机关负责，全面履行监督职责，加强对驻在部门领导班子及其成员的监督，纪检组长在党组中不分管其他业务工作。驻在部门要自觉接受监督，支持派驻机构工作，提供各项保障，工作经费在驻在部门预算中

单列。积极探索加强不同层级派驻机构建设的有效途径。2015年1月，第十八届中央纪律检查委员会第五次全体会议工作报告提出，充分发挥“派”的权威和“驻”的优势。认真贯彻加强中央纪委派驻机构建设的意见，新设8家中央纪委派驻机构，完成对保留的44家派驻机构的改革和调整。坚持统筹兼顾、循序渐进、内涵发展，实现对中央一级党和国家机关的全面派驻，使党内监督不留死角、没有空白。要转变方式方法，探索归口派驻。理顺派驻机构与派出机关、驻在部门、派出纪工委的关系。健全派驻机构负责人与驻在部门领导班子成员廉政谈话、约谈、问责制度，对党风廉政建设问题该发现没有发现就是失职，发现问题匿情不报、不处理就是渎职。省区市要加强派驻机构建设，逐步实现全面派驻。2014年12月，中央制定出台《关于加强中央纪委派驻机构建设的意见》，为派驻全覆盖确定了时间表和路线图。2015年1月，经中央审批同意，中央纪委在中央办公厅、中央组织部、中央宣传部、中央统战部、全国人大机关、国务院办公厅、全国政协机关等对党和国家政治生活有重要影响的中央和国家机关新设7家派驻机构，其中5家实行综合派驻，为实现派驻全覆盖创新了方法、探索了路径。2015年底，经党中央同意，中共中央办公厅印发了《关于全面落实中央纪委向中央一级党和国家机关派驻纪检机构的方案》的通知。中央决定，中央纪委共设置47家派驻机构，其中，综合派驻27家、单独派驻20家，实现对139家中央一级党和国家机关派驻纪检机构全覆盖，并对领导体制、职能调整、主要职责、机构设置等作出了明确规定。2016年1月，第十八届中央纪律检查委员会第六次全体会议工作报告要求巩固改革成果，强化派驻监督，抓紧完成中央纪委派驻全覆盖后续工作，真正把“派”的权威和“驻”的优势发挥出来。

加强纪委派驻检察机关纪检机构建设，纪检部门实行派驻制，既有利于强化纪检部门的独立性和权威性，也有利于更加集中精力抓好检察机关党风廉政建设和自身反腐败工作，还有利于在以下三个方面充分发挥派驻体制的优势。

第一，充分发挥垂直管理优势。检察机关纪检机构由当地纪委派出，驻在同级检察机关，成为履行党的纪律检查职能的常设机构，改变过去的双重领导体制，即由当地纪委和驻在检察机关双重领导，改为当地纪委与派驻机构形成垂直领导的关系。这对于解决传统体制下纪委对同级检察机关及其成员的监督不利的问题有积极意义。

第二，充分发挥独立执纪优势。派驻纪检机构协助驻在检察机关领导班子抓好党风廉政建设和自身反腐败工作，履行对驻在检察机关领导班子及其成员监督检查的职责，体现了派驻机构履行监督职能的独立执纪优势。一是聚焦对驻在检察机关的监督。派驻机构要正确认识自己的定位，其与驻在检察机关之间的关系应是监督与被监督的关系。这就要求派驻机构不断探索创新工作机制和工作方式，充分发挥监督职能作用，促进驻在检察机关党风廉政建设和自身反腐败工作健康发展。二是专注纪律检查工作。派驻机构不再协助驻在检察机关党组分管一些业务工作，不参与驻在检察机关的业务分工，而是集中精力抓好驻在检察机关党风廉政建设和自身反腐败工作。

第三，充分发挥监督效能优势。派驻机构对驻在检察机关的监督包括组织监督和成员监督。组织监督就是派驻机构对驻在检察机关贯彻执行党的路线方针政策，遵守国家法律、法规和党纪的情况进行监督。成员监督就是对驻在检察机关领导班子及其成员的监督，检查驻在检察机关领导班子及其成员遵守法律、法规和党纪，贯彻执行民主集中制，贯彻落实党风廉政建设责任制和廉政勤政等情况。对于发现的问题，派驻机构向纪委报告，使工作衔接更加顺畅，监督效能更加突出。

检察机关加强纪检派驻机构建设，是检察机关党风廉政建设的制度和机制建设，对于检察机关内部监督制约机制，会带来新的调整和变化，其建设和完善将大幅提升检察机关党风廉政建设和自身反腐败的效能。当前派驻检察机关的纪检机构的后勤保障仍由驻在检察机关负责，派驻机构干部的工资关系、党（团）组织关系、群团关系由驻在检察机关负责管理，派驻机构干部享受驻在检察机关同职级干部待遇，工资外津（补）贴以及生活福利、住房、医疗、退休等事宜由驻在检察机关负责，由此导致派驻干部与驻在检察机关的关系过于密切，其利益与驻在检察机关紧密相关，真到需要监督的时候反而身在其中，碍于情面，影响体制上的独立性，不能充分发挥派驻体制的优势。为此，建议将派驻机构干部、业务、后勤保障全部纳入统一管理，纪委负责派驻机构和人员后勤保障事宜，派驻机构干部的工资关系、党（团）组织关系、群团关系、工资外津（补）贴以及生活福利、住房、医疗、退休等事宜，全部由纪委负责，使派驻机构干部与驻在检察机关彻底脱钩，增强纪委派驻检察机关纪检机构的垂直管理优势和独立执纪优势，充分发挥纪检监察监督机制效能。

八、认真执行和积极完善检务公开制度

《中共中央关于全面推进依法治国若干重大问题的决定》从全面推进依法治国的高度，强调保障人民群众参与司法，构建开放、动态、透明、便民的阳光司法机制，推进检务公开。《中国共产党党内监督条例》规定，要坚持党内监督和人民群众监督相结合。《关于新形势下党内政治生活的若干准则》明确指出："实行权力清单制度，公开权力运行过程和结果，健全不当用权问责机制，把权力关进制度笼子，让权力在阳光下运行。"《关于完善人民检察院司

法责任制的若干意见》强调："构建开放动态透明便民的阳光司法机制。建立健全案件程序性信息查询平台、重要案件信息发布平台、法律文书公开平台、辩护与代理预约平台，推进新媒体公开平台建设。"因此，检察机关接受人民群众的监督，就要求作为防止检察权被滥用的有效举措和检察权接受监督制约的制度保障的检务公开，需要在新的形势下全面推进和深化，进一步提高检察工作透明度，方便人民群众参与和监督检察工作，确保检察权在阳光下运行。

(一) 强化检务公开意识

有的检察机关和检察干警对检务公开的思想认识还存在偏差，认为检务公开的实施会干扰检察工作的正常开展，束缚检察人员的手脚，特别是向当事人公开了程序，告知了权利义务，教会了犯罪嫌疑人、被告人反侦查的方法，导致当事人"挑刺儿"的机会增加，助长了他们的对抗心理，造成办案难度的加大，降低了检察机关的威慑力。有的认为检务公开后检察工作没有秘密可言，一旦家丑外扬，对检察权威会造成很大影响，有损检察机关整体形象，挫伤检察人员的工作积极性。有的业务部门的干警认为实行检务公开仅仅是反腐倡廉、加强党风廉政建设、加强宣传的一项措施，是检察机关纪检、监察、宣传部门的事，不是自己的本职工作，检务公开挤占了用于检察业务的时间和精力，对检务公开抱应付、敷衍的态度，存在"说时重要，忙时不要"的思想。

检察权来自人民，应当自觉接受人民的监督，才能保证检察权为人民所用，防止检察权的滥用。人民群众要有效监督检察权的使用，就必须使检察权的运行公开透明，运行情况让人民群众知晓。"检务公开这一制度的设立，就是要把检察机关使用权力的过程、结果等公之于众，让检察权置于人民的监督之下，确保检察权的人民属性。"[①] 我们要从全面推进依法治国，保证公正司法、提高司法公信力，保障人民群众参与司法的高度，充分认识检务公开的重要意义。要充分认识到，除了作为防止检察权被滥用的有效举措和检察权接受监督制约的制度保障外，检务公开还是社会主义民主政治建设的必然要求，检察权依法独立公正行使的重要保证，尊重和满足人民群众司法需求、落实权利保障的有效途径，推进国家治理体系和治理能力现代化的客观需要，提升检察机关执法公信力的必由之路，遏制司法腐败、提升检察队伍整体素质的有力武器。从而不断强化检务公开意识，在检察工作中自觉履行检务公开职责。

(二) 履行检务公开职责

作为检察权接受监督制约的制度保障，依法履行检务公开职责，是落实接

① 天津市津南区人民检察院课题组：《完善检务公开机制研究》，载《黑龙江省政法管理干部学院学报》2015 年第 2 期。

受监督制约理念的重要举措。党的决议、司法解释和一系列规范性文件明确规定了检务公开的原则和制度，检察机关和检察人员要严格依照相关规定贯彻落实，严格按照规定的内容、范围、方式、程序推进检务公开。要认真落实检务公开的工作要求，强化组织领导，强化协作配合，强化监督指导，强化责任落实，注重规范创新，防止变通、规避、应付、敷衍和随意性。要增强检务公开的自觉性和主动性，将检务公开转化为行使检察权和从事检察工作中的自觉行动，转化为推进检察工作科学发展的强大动力，确保检察权接受监督制约达到预期的制度效果。

（三）完善检务公开机制

在履行检务公开职责的过程中，我们要结合工作实际，既坚持规范统一，又注重探索创新，积极回应和满足人民群众对检察工作的新要求、新期待。

1. 树立云理念，整合符合大数据时代要求的检务公开体系

云概念是基于“云计算”技术，实现各种终端设备之间的互联互通。用户享受的所有资源、所有应用程序全部都由一个存储和运算能力超强的云端后台来提供。其基本原理是通过使计算分布在大量的分布式计算机上，而非本地计算机或远程服务器中，企业数据中心的运行将更与互联网相似。这使得企业能够将资源切换到需要的应用上，根据需求访问计算机和存储系统。[①] 基于云概念的基本原理树立云理念，就是把分散的个体力量联合起来，有效整合后再满足每一个成员的使用需求，对信息的处理往往是分布式处理、并行式处理和网格式处理同步推进，从而实现对事件的快速反应。[②] 在大数据时代，运用云理念整合检务公开体系，主要包括以下方面：

一是整合检务公开的职能。将案件信息公开，案件信息查询，检务公开场所，行贿犯罪档案查询，人大代表、政协委员、特约检察员、人民监督员、专家咨询委员和其他社会公众的联络、检察新闻宣传、新闻发言人等工作职能有机整合，形成职能完善、内容全面的大检务公开格局。

二是整合检务公开机构。将分散在检察机关不同部门的检务公开工作有机整合，形成合力，完善专门的检务公开工作机构的职能，形成专门机构管理、组织、策划、协调、督促督察，其他机构协助配合的工作机制。

三是整合检务公开平台。在建立统一的人民检察院案件信息公开系统的基

① 参见《云概念编辑词条》，载 http://baike.haosou.com/doc/6417569－6631241.html，最后访问日期：2015 年 10 月 7 日。

② 参见周绪平、王飞扬：《深化检务公开当有“云”理念》，载《检察日报》2015 年 1 月 2 日。

础上，检察门户网站，案件信息公开系统，案件信息查询系统，检务公开场所，检察微博、微信、微视、新闻客户端、手机短信彩信、APP 手机应用软件，行贿犯罪档案查询，12309 举报电话等检务公开平台有机整合，使传统媒体与新媒体取长补短、优势互补，整合形成上下一体、纵横互联、网格式的统一互联互动平台体系。

2. 完善检务公开救济制度

“无救济即无权利”，没有救济的权利不是真正的权利。英国著名法学家戴雪说过：“对权利的保护和救济，比宣示人的权利更为重要和实在。只有具备有效的救济方法，法律下的权利才能受到尊重，名义上的权利才能转化为实在权利。”① 要使权利从法律规定的应然权利变为现实中能够享有的实实在在的权利，就需要对权利进行救济。在检务公开过程中，知情权和参与权是检务公开对象的基本权利，要使检务公开对象能够实际行使这些权利，就应当建立和完善权利救济制度，使他们能够在检察机关侵犯或阻碍其权利行使时有救济渠道，从而保障权利的享有和行使。1999 年 1 月 4 日《人民检察院“检务公开”具体实施办法》规定了没有履行告知义务的救济途径和责任追究，对于检察人员没有履行告知义务的，当事人可以向同级人民检察院检察长或者上级人民检察院投诉，检察长或上级人民检察院应当责令有关部门或者人员予以纠正。2015 年 2 月 28 日《最高人民检察院关于全面推进检务公开工作的意见》提出建立健全检务公开救济机制，规定人民群众、当事人或者其他符合条件的案件信息查询人认为检察机关应公开而不公开，或不应公开而公开有关检务信息的，可提出申请或复议，检察机关控申部门统一受理后，根据职责分工及时转交相关责任部门调查、处理和答复。这些规定比较原则，需要进一步完善并增强可操作性。

根据《最高人民检察院关于全面推进检务公开工作的意见》规定，检务公开救济机制分为两种情况，即检察机关应公开而不公开，或不应公开而公开有关检务信息的救济机制。

第一，对于检察机关应公开而不公开有关检务信息的救济。这种情况表现为两个方面：一方面是对诉讼权利侵犯的救济；另一方面是对非诉讼权利侵犯的救济。诉讼权利是诉讼参与人享有的一种诉讼利益，是程序正义的要求；非诉讼权利是社会公众对国家和社会事务享有的一种知情权和参与权，是人民主权和民主政治的要求。权利本质和属性的不同，对权利的救济方式就不同。

诉讼权利的救济主要依据诉讼法进行救济，在诉讼中这种权利主要体现为

① 李龙：《西方法学经典命题》，江西人民出版社 2006 年版，第 174 页。

检察机关的告知义务。对这种诉讼权利的救济，可以使诉讼参与人的诉讼利益得到正当法律程序的保障，同时对检察权的行使形成威慑，使其停止侵犯诉讼参与人的诉讼权利。在我国刑事诉讼法和相关司法解释中，只简单规定了检察机关应该告知的情形，并没有具体规定对诉讼参与人知情权侵害的救济方式。在这方面国外的相关规定可以为我们提供参考和借鉴，如根据美国“米兰达规则”的要求，侦查机关在侦查过程中应当明确告知犯罪嫌疑人拥有沉默权和申请律师帮助的权利，如果没有履行此项告知义务，侦查机关收集的证据应当予以排除；根据《法国刑事诉讼法》的规定，如果负有告知义务的机关没有履行告知义务而侵犯了犯罪嫌疑人的知情权，所进行的诉讼行为无效。[①] 根据《德国刑事诉讼法》的规定，违背告知规则所获得的证词将成立“证据使用禁止”，即所获得的证词不具有证据能力。[②] 我国《刑事诉讼法》第54条规定，采用刑讯逼供等非法方法收集的犯罪嫌疑人、被告人供述和采用暴力、威胁等非法方法收集的证人证言、被害人陈述，应当予以排除。《人民检察院刑事诉讼规则（试行）》第65条规定，对采用刑讯逼供等非法方法收集的犯罪嫌疑人供述和采用暴力、威胁等非法方法收集的证人证言、被害人陈述，应当依法排除，不得作为报请逮捕、批准或者决定逮捕、移送审查起诉以及提起公诉的依据。这些规定表明对未履行告知义务的检察机关收集的证据不得适用。借鉴和参考国外的规定，完善法律规定，可以针对未履行告知义务的检察机关规定应当承担一定的程序性责任，建立符合我国实际的程序性制裁方式，而这种程序性的制裁后果就包括非法证据排除和诉讼行为无效制度。[③] 根据违反告知义务侵犯权利的重要性和造成后果的不同，设立不同的救济方式，对于检察机关违反告知义务侵犯诉讼参与人重要权利和造成严重后果的，其获得的证据应当依法排除；对于违反告知义务侵犯诉讼参与人非重要权利或造成后果不严重的，应当予以补救，立即告知。

非诉讼权利的救济主要是保障社会公众对国家和社会事务享有的知情权和参与权，社会公众并不参与诉讼程序，对这种权利的救济不需要使用程序性制裁方式，而需要制定另外的救济程序，建议设立复议和复核制度，检务公开对

---

① 参见高一飞、张绍松：《检务公开的救济：依据、主体与方式》，载《西部法学评论》2014年第5期。

② 刘梅湘：《刑事诉讼中的告知规则研究》，载《广西民族学院学报（哲学社会科学版）》2006年第1期。

③ 参见高一飞、张绍松：《检务公开的救济：依据、主体与方式》，载《西部法学评论》2014年第5期。

象申请检察机关公开信息而检察机关不公开的，有权向该检察机关提出复议，收到复议申请的检察机关应当在一定的期限内进行审查并将复议结果告知申请人；检务公开对象不服该检察机关复议决定的，有权向上一级检察机关申请复核，上一级检察机关应当在一定期限内进行审查并作出责令公开或维持不公开决定等处理决定；检务公开对象不服检察机关复核决定的，可以向人大或人大常委会控告、举报。

第二，对于检察机关不应公开而公开有关检务信息的救济。在这种情况下，检务公开对象可以向公开信息的检察机关反映或向其上级检察机关进行举报，该检察机关或其上级检察机关应当在一定期限内调查处理并予以答复。检务公开对象不服的，可以向人大或人大常委会控告、举报。当检察机关公开相关信息侵害具体人的商业秘密、个人隐私等权利时，由于检察机关不是行政机关，检务公开的行为既不是行政行为，也不是民事行为，当事人不能通过民事诉讼或行政诉讼进行救济，但可向检察机关要求赔偿，可考虑扩大国家赔偿的范围，通过国家赔偿的方式予以救济。

3. 完善检务公开追责机制

1999 年 1 月 4 日《人民检察院“检务公开”具体实施办法》规定，对于检察人员严重违反规定、不履行告知义务而影响当事人诉讼权利行使的，任何单位或者个人均可以向检察机关纪检、监察部门控告或者举报，纪检、监察部门应当认真查处，依法追究有关人员的违法违纪责任。2006 年 6 月 26 日《关于进一步深化人民检察院“检务公开”的意见》规定建立责任追究制度，对于检察人员严重违反“检务公开”规定，不履行告知义务而影响诉讼参与人行使权利的，应当予以追究；情节严重的，要按照《检察人员纪律处分条例（试行）》严肃处理。由于《检察人员纪律处分条例（试行）》对违反检务公开规定的情形并未作出规定，建议根据条例，在相关检务公开的规定中细化违反检务公开规定的具体行为、责任承担方式以及追责程序，促进检务公开制度的顺利实施。

九、严格司法责任认定和追究

《关于完善人民检察院司法责任制的若干意见》指出：“完善人民检察院司法责任制的目标是：健全司法办案组织，科学界定内部司法办案权限，完善司法办案责任体系，构建公正高效的检察权运行机制和公平合理的司法责任认定、追究机制，做到谁办案谁负责，谁决定谁负责。”可见，完善检察机关司法责任制，就是要按照“谁办案谁负责，谁决定谁负责”的要求，通过明确检察人员职责权限和完善检察权运行机制，使检察官既成为司法办案的主体，也成为司法责任的主体。特别是通过完善司法责任制，建立公平合理的司法责任认定、追究机制，使检察人员对其履行检察职责的行为承担司法责任，在职责范围内对办案质量终身负责，并通过严格司法责任认定和追究，有利于将司法责任落到实处，增强检察人员司法办案的责任心，监督检察人员依法公正履行职责，促进提高司法办案的质量和效率，努力让人民群众在每一个司法案件中感受到公平正义。

（一）明确承担司法责任的情形

根据《关于完善人民检察院司法责任制的若干意见》的规定，对检察人员司法责任的界定不限于错案责任，而是包括检察人员在司法办案活动中故意违反法律法规的责任、重大过失造成严重后果的责任和监督管理责任。故意违反法律法规的责任实际上是一种行为责任，只要检察人员在司法办案中故意实施了有关行为或不作为，就应该承担相应的司法责任。对此，《关于完善人民检察院司法责任制的若干意见》规定了十一种情形：（1）包庇、放纵被举报人、犯罪嫌疑人、被告人，或使无罪的人受到刑事追究的；（2）毁灭、伪造、变造或隐匿证据的；（3）刑讯逼供、暴力取证或以其他非法方法获取证据的；（4）违反规定剥夺、限制当事人、证人人身自由的；（5）违反规定限制诉讼参与人行使诉讼权利，造成严重后果或恶劣影响的；（6）超越刑事案件管辖范围初查、立案的；（7）非法搜查或损毁当事人财物的；（8）违法违规查封、扣押、冻结、保管、处理涉案财物的；（9）对已经决定给予刑事赔偿的案件拒不赔偿或拖延赔偿的；（10）违法违规使用武器、警械的；（11）其他违反诉讼程序或司法办案规定，造成严重后果或恶劣影响的。

对于重大过失的责任，根据《关于完善人民检察院司法责任制的若干意见》的规定，不仅要求主观上存在重大过失，客观上有怠于履行或不正确履行职责的行为，还要具有因重大过失而产生的严重后果，包括造成错案、遗漏重要犯罪嫌疑人或重大罪行等，对此，《关于完善人民检察院司法责任制的若干意见》规定了八种情形：（1）认定事实、适用法律出现重大错误，或案件被错误处理的；（2）遗漏重要犯罪嫌疑人或重大罪行的；（3）错误羁押或超期羁押犯罪嫌疑人、被告人的；（4）涉案人员自杀、自伤、行凶的；（5）犯罪嫌疑人、被告人串供、毁证、逃跑的；（6）举报控告材料或其他案件材料、扣押财物遗失、严重损毁的；（7）举报控告材料内容或其他案件秘密泄露的；（8）其他严重后果或恶劣影响的。

监督管理责任则是指负有监督管理职责的检察人员因故意或重大过失怠于行使或不当行使监督管理权，导致司法办案工作出现严重错误的，应当承担的相应司法责任。

对司法责任的认定，要坚持主观过错与客观行为相一致的原则，检察人员不存在主观过错的，应当豁免其司法责任。对此，《关于完善人民检察院司法责任制的若干意见》明确规定，司法办案工作中虽有错案发生，但检察人员履行职责中尽到必要注意义务，没有故意或重大过失的，不承担司法责任。检察人员在事实认定、证据采信、法律适用、办案程序、文书制作以及司法作风等方面不符合法律和有关规定，但不影响案件结论的正确性和效力的，属司法瑕疵，依照相关纪律规定处理。

（二）完善司法责任认定和追究程序

域外很多国家和地区设立相对独立的司法官惩戒机构参与对检察官的惩戒，基本分为两种模式，一种是设立类似委员会的合议制机构，如根据法国《司法官组织法》的规定，司法部长或上诉法院检察长收到针对某检察官的违纪行为举报，应通知驻最高法院检察院总检察长，总检察长将以最高司法官委员会“检察官事务会议”主席的身份受理举报，并可通过司法部长，委托司法部的调查总局对举报的真实性进行调查。总检察长还有权指定一名委员会成员以报告人的身份进行补充调查。当调查结束或不需要调查之时，被指控的检察官将被传唤至最高司法官委员会接受讯问。委员会经审议后，作出制裁决定，并说明理由。该决定需送交司法部长审阅，决定将以行政命令的形式通知被指控检察官。[①] 日本法务省设检察官资格审查会，由从国会议员、法官、律师及日本学士院会员以及其他有学识经验者中选任的11名委员组成，可以依法采取罢免检察官的处分。[②] 另一种是设立职务法庭，按照程序进行审理，如在德国，检察官轻微的不正当行为由检察长通过警告或训诫方式予以惩戒，对于重大的不正当行为，由司法部启动职务法庭的正式纪律惩戒程序。德国在州设立职务法庭，由一名庭长和其他成员组成，其他成员中常任成员和非常任成员人数各占一半，所有成员都必须是获得终身任命的法官。[③] 在我国台湾地区，对于检察官的惩戒事项送法务部的检察官人事审议委员会审议，决议后报请法务部长核定，并送公务员惩戒委员会审议。对于检察官的弹劾案和惩戒案，由司法院公务员惩戒委员会负责审理，公务员惩戒委员会应采法院体制，惩戒案件的审议，应本着正当法律程序的原则，对交付惩戒的人予以充分的程序保障。[④]

① 金邦贵主编：《法国司法制度》，法律出版社2008年版，第327页。
② 何家弘：《检察制度比较研究》，中国检察出版社2008年版，第292页。
③ 魏武：《法德检察制度》，中国检察出版社2008年版，第273页。
④ 万毅：《台湾地区检察制度》，中国检察出版社2011年版，第10页。

参考和借鉴域外国家和地区的司法官惩戒制度，需要成立一个相对独立于检察机关的惩戒机构。根据各地司法体制改革试点方案，成立省级检察官惩戒委员会，对检察官违反司法纪律和职业伦理的行为提出惩戒意见，交纪检监察部门或者组织人事部门处理。笔者认为，通过成立检察官惩戒委员会，明确地位和期限，完善运行机制，可以有效增强对检察官惩戒的公开透明，防止人情干扰、照顾关系等问题，惩戒委员会作为独立于检察机关的机构，可以更加中立、客观地对检察人员是否应当承担司法责任作出判断。对此，《关于完善人民检察院司法责任制的若干意见》作出具体规定。

一是启动问责程序。对检察人员承办的案件发生被告人被宣告无罪，国家承担赔偿责任，确认发生冤假错案，犯罪嫌疑人、被告人逃跑或死亡、伤残等情形的，应当启动问责程序，核查是否存在应予追究司法责任的情形。

二是受理和调查。人民检察院纪检监察机构受理对检察人员在司法办案工作中违纪违法行为和司法过错行为的检举控告，根据检举控告启动问责程序，并进行调查核实。

三是移送和审议。为了保障客观公正地认定检察人员的司法责任，由检察官惩戒委员会对检察官是否应当承担司法责任进行审议。人民检察院纪检监察机构经调查后认为应当追究检察官故意违反法律法规责任或重大过失责任的，应当报请检察长决定后，移送省、自治区、直辖市检察官惩戒委员会审议。人民检察院纪检监察机构应当及时向检察官惩戒委员会通报当事检察官的故意违反法律法规或重大过失事实及拟处理建议、依据，并就其故意违反法律法规或重大过失承担举证责任。当事检察官有权进行陈述、辩解、申请复议。检察官惩戒委员会根据查明的事实和法律规定作出无责、免责或给予惩戒处分的建议。

四是作出处理决定。对经调查属实应当承担司法责任的人员，根据《检察官法》《检察人员纪律处分条例（试行）》《检察人员执法过错责任追究条例》等有关规定，分别按照下列程序作出相应处理：（1）应当给予停职、延期晋升、调离司法办案工作岗位以及免职、责令辞职、辞退等处理的，由组织人事部门按照干部管理权限和程序办理；（2）应当给予纪律处分的，由人民检察院纪检监察机构依照有关规定和程序办理；（3）涉嫌犯罪的，由人民检察院纪检监察机构将犯罪线索移送司法机关处理。

十、完善员额检察官退出机制

检察人员分类改革后，要加强对员额制检察官的管理和监督，建立和完善以履职情况、办案数量、办案质效、司法技能、外部评价等为主要内容的检察官业绩评价体系，评价结果作为检察官任职和晋职晋级的重要依据。对能力素质、廉政作风等不适应岗位要求的检察官实行退出机制，不能独立办案或办案数量和质量达不到要求的检察官，要退出员额，促进员额内检察官履职尽责，推动形成“能者上、不胜任者下”的良性机制，促使检察官既要提高办案质量，又能敢于拍板，独立决策。为此，要建立和完善以下制度和工作机制。

一是设置检察官办案量化标准。根据员额检察官所在单位层级、所在单位案件数量以及不同业务部门职能和本地检察工作实际，根据不同业务部门及职能特点设置不同的员额检察官办案量化标准和工作效果指标。

二是构建检察官办案动态评查机制。成立由检察机关领导、相关部门负责人参加的案件质量评查工作领导小组，对员额检察官司法办案进行全程监控，对员额检察官办结的案件进行动态评查，发现问题并督促整改。案件质量评查的内容包括事实认定、证据采信、法律适用、办案程序、统一业务应用系统使用、风险评估、文书制作和使用、涉案财物处理、办案效果等方面。案件质量评查的方式包括自我评查、逐案评查、专项评查、个案评查等。案件质量评查工作领导小组区分不同评查结果，提出相应处理意见：（1）对一般性问题，提出改进意见，送交相关业务部门整改；（2）对存在严重质量问题的，向相关业务部门通报并向检察长报告；（3）属于司法过错责任追究情形的，移送省检察官惩戒工作办公室依照相关程序处理；（4）对于涉嫌违纪违法办案，可能需要追究相应责任的，移送纪检监察部门处理。

三是建立员额检察官司法档案。对员额检察官的政治素质、办案业绩、职业操守、廉洁自律等情况进行全面记载，作为对员额检察官考核的基础依据。

四是完善考核评价机制。员额检察官考核以司法办案为重点，同时对研修成果、职业操守及承担工作总体情况进行全面评价，考核结果作为员额检察官提拔使用、等级晋升、绩效考核奖金分配、是否退出员额等事项的重要依据。考核内容包括办案工作评价和综合业务工作评价，办案工作评价主要考查员额检察官办案数量、办案质量、办案效果等；综合业务工作评价主要考查员额检察官的研修成果、职业操守及承担工作总量等。

五是完善奖惩机制。通过完善考核评价机制，充分发挥考核评价的奖优罚劣作用，建立与员额检察官办案数量、质效直接挂钩的绩效考核奖金分配办法。员额检察官根据考核评价的不同等次，享受相应奖金和其他福利待遇。员额检察官考核被确定为不称职的，停发年度绩效奖金；因违法违纪受到党纪、政纪处分的，在政纪处分期间及党纪处分影响期内，停发绩效考核奖金，已发放的，如数追回。员额检察官具有不能独立办案、无正当理由不能完成最低办案量、考核评价不称职等不适合司法办案岗位情形的，以及有违法违纪情形的，依照相关程序退出员额。

改革立信与监督促信：新形势下检察公信力建设的方向与路径

罗　军　刘　毅*

一、制度信任：检察公信力的实质体现

对于检察公信力的实质，可以从检察公信力的影响因素的分析中来加以判断。有研究者从内外两个层面将制约公信力有效生成的因素分别归于权力干涉与权力滥用，[①] 有的学者则在对公信力内涵与外延的描述过程当中将司法水平、司法透明度、司法队伍自身的个人素质和廉洁情况、司法权威乃至法制统一性一并纳入公信力建设的影响因素范畴。[②] 诚然，在不同的逻辑进路下，检察公信力的塑成实则可以通过不同的实现方式予以呈现。然而，无论是抽象因素的概括还是具体因素的总结，制度性障碍实则是制约检察公信力建设的根本“瓶颈”。

首先，制度环境是检察公信力的培育土壤。从某种意义上而言，制度环境是司法信任构建中的深层次影响因素。从检察实践出发，就是要求为检察制度提供最佳的运作环境。唯其如此，检察制度才能拥有公众信任的根基。良性制度环境的塑造主要涉及对信任文化、政体和法律制度三大因素的汲取，而后两者本身即属于制度构造的范畴。值得注意的是，信任文化的孕育并非是一蹴而就的，其归根结底仍系在对漫长历史进程中法律制度实施的反复接纳与抵触中所逐渐形成。由此可见，制度环境的培育仍系以制度本身为原点和依归。因此，实现检察执法的独立化和去行政化、完善检察制度所置身的

---

* 罗军，江西省人民检察院检察委员会委员、法律政策研究室主任；刘毅，江西省吉安市人民检察院法律政策研究室科员、助理检察员，首批全国检察机关调研骨干人才。

① 参见周莉：《论检察公信力缺失原因及应对措施》，载《河南警察学院学报》2011年第5期。

② 参见莫纪宏：《司法公信力的制度保障》，载《中国法学》2013年第3期。

宏观法律体系、维系检察制度的科学合理运作是创造良好制度环境以培育检察公信力的三大路径，而这些目标的达致均需要在具体制度的构建与完善之中予以落实。

其次，具体制度是检察公信力的生成保障。从制度层面而论，检察监督制度的不尽健全、检察体制构建的不尽合理相对制约了检察监督权的有效行使、影响到检察权的独立运作，导致了公民权利维护成本的相对较高以及权利期待满足的相对较难，从而使得检察公信力受到影响。因此，提升检察公信力应当循着这一因果发展的逆向顺序而寻求破解路径。“从本质上看，司法的公信力萌生于公众之内心，信任来源于理性的利益预期。司法公信力就是公众对权利的预期”。[①] 伴随着民主法治的深入人心，对公民日益增长的权利需求与公信力建设相对滞后之间矛盾的调和，应围绕提升检察监督能力（即“检察监督力”）、制约能力（即“检察自制力”）、抗干扰能力（即“检察排扰力”）这一中心，开展新的制度建设和有益尝试，通过检察制度的内外兼修不断加强检察公信力建设。

最后，主观因素需以制度建设为有效规制。在对制约司法公信力因素的分析中，司法腐败、执法水平低下、执业素质偏低等问题成为众多研究者的共识。在这类主观性因素的克服中，单纯的政治宣教是远远不够的，打破上述瓶颈还必须依靠制度建设。检察公信力建设需要但不能限于将希望寄托于检察官依法履职的自觉性，在此之外还需要通过一系列制度的创设对检察官的执法行为进行规范。制度健全下约束机制的发挥，是对现代法治所提倡的制度信任的回应，在很大程度上能够帮助公民与检察官共渡人格信任危机，增强检察执法的公信力。

德国著名社会学家卢曼在《信任：一个社会复杂性的简化机制》一书中将信任区分为人际信任与制度信任，[②] 而“正是制度的实际质量，它们产生令人佩服的能力，决定了他们能够提高那些行为被假定由其调整的人们的忠诚度”，[③] 因此从本质上而言，检察公信力的生成与培育，即是制度信任不断强化和提升的集中彰显。

---

① 孙海龙：《提升司法公信力的路径与实现方式——司法自信、他信与公信研讨会综述》，载《人民司法》2013 年第 3 期。

② 参见［德］尼克拉斯·卢曼：《信任：一个社会复杂性的简化机制》，瞿铁鹏、李强译，上海人民出版社 2005 年版。

③ ［美］马克·E. 沃伦：《民主与信任》，吴辉译，华夏出版社 2004 年版，第 65 页。

二、契合性分析：检察体制改革、监督体系完善与制度信任构建的内在理路

以制度信任为核心的检察公信力建设，实际上可以从宏观、中观与微观三个层次予以推进。相较于宏观层面的政治体制改革与微观层面的具体工作机制优化，检察体制改革和检察监督体系的完善，则系检察公信力建设在中观层面的推进措施。概言之，检察体制改革、检察监督体系的构建与制度信任构建在如下层面存在较高的契合性。

（一）目标价值的互促性

1. 检察体制改革和检察监督体系完善，均应以提升检察公信力为根本目的

作为对客观制度运作的主观反映，检察公信力实质上体现为社会公众对静态存在的检察制度的信任与遵从，对动态之检察权运作的信服力与认同度。在检察体制改革层面，由于此前的检察改革“基本上是在现行体制和法律框架内进行的工作层面的机制创新，具有比较明显的局限性，制约检察工作发展的一些深层次问题、体制性障碍没有得到很好解决”。[①] 不可否认，一些制约检察权运作的机制性问题在既往改革中得到了一定程度的缓解，但是影响检察权独立行使的体制性障碍并未从根本上予以扫除，提升检察公信力的根本性渠道还未获得有效畅通。而十八大所提出的深化司法体制改革的目标直接将检察改革推入深水区，使其直面“影响司法公正、制约司法能力的体制性、机制性、保障性障碍”，[②] 这就必然从源头上扫除制约公信力生成的体制性障碍。在完善检察监督体系层面，检察监督的具体制度建构还不尽完善，监督制度设计层面暴露的某些不足或者缺失，已对检察监督权的有效行使形成了一定的制约。因此，应着重围绕健全监督制度这一中心，重新审视现有的监督体系，通过检察监督体系的不断完善为加强检察公信力建设打下一个扎实的基础。

2. 检察公信力建设是确定改革方向和检察监督体系调整方向的重要指针

其一，“检察改革的直观表征是建构与检察价值目标相匹配的检察体制与检察机制，根本目的则是要提升检察执法公信力，营造法律被信仰、司法受到尊重和信任的社会氛围”，[③] 因此，是否有利于检察公信力建设，应当成为评

---

① 童建明、万春主编：《中国检察体制改革论纲》，中国检察出版社 2008 年版，第 2 页。

② 孟建柱：《深化司法体制改革》，载《新华文摘》2014 年第 3 期。

③ 向泽选：《新时期检察改革的进路》，载《中国法学》2013 年第 5 期。

判检察体制改革是否成功的重要标准。检察体制改革并不能在缺乏正确指引下盲目推进；相反，应寻找有益于机制完善和体制重建的着力点。制度优劣应由作为制度受众的社会和公民来评价，因此，应根据检察公信力的塑造在检察体制上的投影来确定具体的改革着力点。如果改革后的检察体制仍无法满足公众对权利维护的期待，无法成为树立检察信用的有力保障，那么相应的改革也必然会因遭受到重重阻力而难以为继。相反，如果能够使制度信任牢固地根植于检察实践之中，那么检察改革的推进也必然会因人力物力耗费的相对减少而得以更为顺利的实现。

其二，检察机关是宪法定位的法律监督机关，因此，是否履行好监督职责，是树立检察公信力的关键；而是否拥有一套系统完整的监督体系，则是全面履行监督职责的重要前提。真正的法律监督机关，必须有能力在国家权力分工的层面与立法机关、行政机关、审判机关和正在试点中的监察机关等各大国家机构进行“对话”，并通过衔接机制的构建建立起以相互制约为核心的监督体系，建立起名副其实的法律监督关系。随着国家监察体制改革的深入推进，检察机关的监督职能即将迎来重大调整，能否因应形势变化、精耕监督主业，关系到监察工作的长远健康发展，必须提前谋划、前瞻应对。换言之，要在新形势下强化检察公信力建设，检察机关就必须走出诉讼监督的“小天地”，走向法律监督的大舞台，体现监督制约其他公权力的宪法价值。只有这样，检察机关独立的宪法地位才能够真正体现和落实。

（二）具体进路的重合性

从制度保障上而言，检察公信力的生成在内外兼修的双重层面分别对检察权运作特别是检察监督权能的独立性、合法性和有效性提出了要求，具体则需要通过制度建设对检察排扰力、检察监督力、检察自制力予以培育与增强。

1. 检察体制改革和检察监督体系完善是强化检察排扰力的重要前提

所谓的“检察排扰力”，是指检察机关在履行法律监督职责时所具有的排除内部和外部干扰的能力。提升检察排扰力，是对检察监督权运作所提出的最为根本的要求，也是强化社会公众对检察监督信任的重要保障。这种排扰力的强化，需得益于两个方面的努力：

一是通过检察体制改革，强化检察排扰力。司法活动的地方化和行政化，将大大贬损公众对司法机关的信任，催生出“信访不信法”等病态现象，从而从根本上破坏制度信任的根植土壤。而检察体制改革所提出的检察领导体制改革与经费保障体制构建，便是实现检察权运作过程中的相对去地方化和去行政化的重要保障。因此，赋予检察机关以充足排除行政权干预的底气，是引导信任回归检察权的治本之策，也是检察公信力建设的必然要求。

二是通过检察监督体系的完善，强化检察排扰力。在国家监察体制改革之后，检察公信力的建设和树立，与检察监督能否在排除外部干扰的环境下有效的发挥作用，可谓是紧密相关。这种检察排扰力的强化，不能单纯依靠对外部的约束，甚至寄希望于外部因素的自律，而是必须从检察监督体系的打造和检察监督制度的设计上下功夫。一方面，健全并努力形成“无死角、无遗漏”的检察监督体系，将国家的法律适用活动均置于检察监督视野之内，避免某些对象游离于监督范围之外，是强化检察排扰力的第一方面的要求；另一方面，构建硬性的监督制度，赋予检察机关刚性的监督权力，既是强化检察排扰力一方面的要求，也是引导公众信任回归检察权的治本之策。

2. 检察体制改革和检察监督体系完善是加强检察监督力的有力支撑

所谓的“检察监督力”，是检察机关全面正确履行检察监督职能、最大限度地提升检察监督实效的能力。作为宪法赋予检察机关的职能属性，倘若检察监督在实践中无法取得与社会公众满意度相匹配的实际效果，那么检察公信力必将大打折扣。而加强检察监督力的核心步骤，依然需要落到检察体制改革和检察监督体系完善两大平台之上。

首先，检察监督力的加强，离不开检察体制改革的有力支撑。检察监督力的形成和发挥，体现为对不法公权力运作的监督和制止，它同样也是公信力建设的题中之义。然而必须看到的是，受制于司法体制和工作机制建设上的相对滞后，检察监督职能的履行难以顺利展开，这就必须借力于检察体制改革，为检察监督创造一个良好的制度运行环境。通过体制改革强化法律监督，以拓宽公民权利维护的渠道，降低公民权力维护的成本，从而在直接提升民众对检察制度信任和认可程度的同时，助推司法公信力的整体构建，为检察公信力培育出良好的制度环境。

其次，检察监督力的加强，也离不开健全的检察监督体系的有力保障。“强化法律监督”口号的提出，不仅仅是对宪法所赋予职责的回应，更应作为公信力建设中的重要手段。“每个公权力都有其作为组织意义上的不可替代的功能价值定位，这是保证该组织权威性的价值基础，也是应先该组织公信力评判的最关键因素。”[①] 因此，作为我国检察制度设计的基本出发点，以监督权为中心展开对检察权配置的重新审视和构建，通过检察监督体系和检察监督制度的完善，不断提高检察机关的监督能力和监督水平，理应成为检察公信力建

① 陈立军、陈立民：《检察公信力内涵及建设策略分析》，载《求索》2012 年第 1 期。

设的重要途径。

3. 检察体制改革和检察监督体系完善是提升检察自制力的必由之路

所谓的“检察自制力”，是指检察机关自我监督的能力。强化检察公信力的核心，是加强社会公众对检察工作特别是作为核心地位的检察监督工作的认同和信任。在这个过程中，通过监督实效来获得这种社会公信，是一个方面；而加强对自身监督机制的建设来赢得这种信任感，则是另一种同等重要的努力。

首先，无论是司法腐败还是执法素质的低下，均是检察自制力缺乏的具体表现样态。检察自制力的塑造不仅要求从纯粹的职业道德建设入手，更要求加强对自身监督机制的建设来加以完成。如公诉权与审判监督权的适度分离、检察内设机构尤其是业务机构的监督制约机制的构建，都可以成为提升检察自制力、维护检察权良性运作的重要保障。而这些无一例外地均属于当前检察体制改革中的重要内容。

其次，在开展对外监督的同时，如何通过制度上的设计，使检察机关拥有不容置疑的监督地位和监督合法性，也是加强检察公信力的重要内容。对不同类别的具体监督权之间的关系展开思考和探索，构建一套环环相扣的监督权能体系，并通过在相应的制度中体现出来，应当成为加强检察公信力的内部进路。由此可见，检察体制改革和检察监督体系的完善，与检察公信力建设在具体进路层面实则具有步履上的一致性。

要而言之，检察公信力建设、检察体制改革、检察监督体系完善之间的关系如下所示：

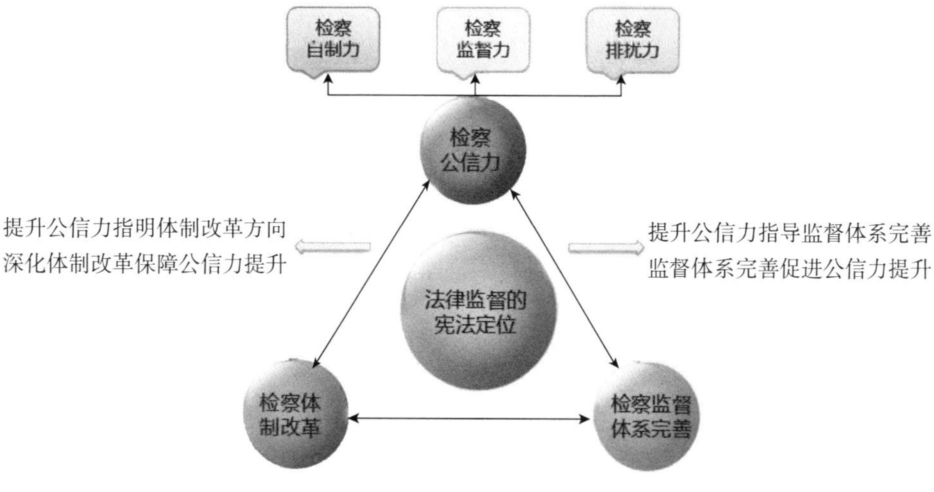

图一：三者逻辑结构

三、向改革和监督要公信力：公信力建设的具体进路

由检察公信力建设与检察体制改革、检察监督体系完善的契合性所决定，检察公信力的建设，应当于检察体制改革和检察监督体系的完善中确定具体之进路，即“将检察权配置、检察组织结构以及检察机制的实然情况，与应然状态下的检察权配置、检察组织结构及检察机制模式进行对比，找出两者之间的缝隙，再按照提升检察执法公信力的具体要求，制定出新时期的检察改革方案”。[①] 具体而言，可以从如下几个层面予以展开。

（一）检察体制改革层面的具体进路

1. 完善检察组织体系

一是构建以条线领导为主的检察领导体制。从当前的检察实践来看，“宪法规定的检察机关领导体制没有很好落实，管人与管事相脱节，事权与财权不统一，造成了不少难以克服的弊端”，[②] 不仅严重影响了检察机关法律监督职能的发挥，也同时为检察公信力建设带来了体制上的障碍。为此，必须对检察领导体制予以适当的调整，以适应检察公信力建设的需要。需要具体而言，就是要建立条线领导为主的检察领导体制，改变上级检察机关对下级检察机关在干部管理权和业务领导权上缺乏制度保障的局面，以统一高效的干部管理机制和业务领导机制的构建强化检察机关的独立性，走出检察机关用人权和事权受制于地方的窘境，以形成对地方保护主义和部门保护主义干扰的有效抵制，为检察机关依法独立公正行使检察权提供制度保障。

二是探索彼此制约的内设机构设置模式。检察内设机构改革是检察体制改革的重要内容，它将在两个层面对检察公信力的建设提供有力的支撑：其一是通过机构设置的精简和合理提升检察执法的效率，加强各内设机构之间的协调性，从而降低公民在权利维护上所投入的时间和精力成本，强化公民对检察权运作的认可与依赖；其二是通过机构设置的彼此监督和制约，实现履职上的有效监控，提升检察自制力，在一定程度上防止权力滥用现象的出现，避免因为在个案上对公民权利保障的不利而影响检察公信力的整体有效构建。

2. 优化检察管理制度

一是实行检察官分类管理制度，强化检察队伍素质建设。对检察官的管理

---

① 向泽选：《新时期检察改革的进路》，载《中国法学》2013 年第 5 期。

② 童建明、万春主编：《中国检察体制改革论纲》，中国检察出版社 2008 年版，第 347 页。

长期套用行政公务员的管理模式，尤其是在检察机关业务活动中行政化色彩较浓，层层把关、严格审批的工作模式弱化了普通检察官在检察机关中的重要地位，使检察官在履行检察权的过程中难以真正发挥作用，制约了检察官积极性和能动性的发挥，这无疑在较大程度上影响了检察权行使的独立性。对此，有必要建立单独的检察官职务序列，科学地确定检察官职务与行政职级的关系，改变检察官职务完全依附于行政职级体系的制度模式，同时废除层层审批的办案模式，突出检察官的独立性主体地位，实现检察官队伍的专业化。与此同时，还必须加强检察队伍建设，严格检察官选任制度，推行严格的检察官职业准入机制，把好用人关。加强检务督查力度，对有损于检察公信力建设的不法行为从严惩处，通过检察队伍整体素质的提高为检察公信力建设提供扎实的人力基础。

二是改革完善检察经费保障机制，实现检察权去地方化。当前推行的“分级财政、分灶吃饭”的检察经费管理体制是导致检察权地方化色彩过浓的关键性因素，由政府拨给给养的财政体制对检察机关依法独立公正行使职权形成了较大的不利影响，一些地方的检察机关在涉及地方利益的具体办理中甚至不得不看政府的脸色行事，制度信任在地方保护主义的强压下难以顺利成长。为此，十八大提出了建立省以下人财物统一管理的改革要求，通过对检察经费实行省级统筹管理，在一定程度上扭转“吃财政饭”下地方行政权对司法权的过分干涉局面。具体而言，可以探索并推行业务经费由省级统筹、其他经费分级负担的经费管理体制，在兼顾由中央财政统一拨付压力较大现状的同时，实现检察业务经费与地方财政的的适度分离，减少市县两级检察机关对同级财政的依赖，增强对行政干涉进行抵制的能力，为制度信任的构建提供一个相对独立而可靠的经济基础。

（二）健全检察监督体系层面

作为我国检察制度设计的基本出发点，检察监督制度的完善理应成为检察公信力建设的重要途径。在检察体制改革和国家监察体制改革后，检察机关的自侦职能将面临划转，这就要求检察机关重新梳理与定位法律监督体系构建的重点，即不仅要注意占据诉讼监督等传统重点领域，也要开辟一些新兴的监督重点战场，在法律范围内审慎地拓宽监督范围，构建全方位的监督体制。具体包括以下三大方面：

一是进一步加强诉讼监督。首先，就刑事诉讼而言，长期以来，对于刑事诉讼尤其是刑事审判活动的监督职责都是由公诉人在履行，这种同时扮演两种角色的现象实则不利于审判权的公正运作和辩护权的正常运行。对此，可以结合检察机关内设机构改革，通过设立专门的刑事诉讼检察部门等方式来加以解决。而在刑事诉讼监督的具体环节，检察机关应当更加关注非法证据排除，加强对强制性侦查措施、刑事诉讼强制措施的监督，尤其应当把握好批捕环节。对超期羁押、重新计算羁押期限、死刑案件复核活动等的监督也不能放松。此外，应当加强对涉案财物的收缴、暂扣、查封、非法使用等行为的监督。值得一提的是，检察机关还应当加强对量刑的监督，避免畸轻畸重的刑罚，力求法律的统一、公平适用，实现对刑事案件从审查起诉、庭审量刑到判决执行全过程监督。其次，需要加强对民事、行政诉讼的监督。对民事、行政诉讼进行法律监督，是我国《民事诉讼法》《行政诉讼法》明确规定的检察机关监督范围，但往往不如对刑事诉讼监督一般重视。其实这是一个误区。维护法律的统一适用、社会公平，是检察机关的职责所在，不应因事情的“大”“小”而厚此薄彼。除了对民行案件的传统的以抗诉为主要表现形式的事后监督和庭审监督外，对民行立案监督、民事执行、行政诉讼执行的监督，也应当予以重视。

二是强化刑事执行检察监督。主要包括监所和社区矫正监督。其中监所监督，包括检察机关对监狱、看守所的监督，还应当加强对拘留所等驻监所检察室范围不及的地方的监督。其一，在这些限制或者剥夺人身自由的场所，及时发现、纠正其中非法侵害被监禁人人权的行为，依法处理牢头狱霸、极少数干警的违法行为，维持监所的正常管理秩序，意义重大。其二，应当加强对刑事执行程序的监督，尤其是减刑、假释、暂予监外执行的监督。而对社区矫正的监督提出虽然相对较晚，但其重要性不容小觑。社区矫正法律监督是指人民检察院依据法律赋予的职权、按照法律规定的程序，对公安、法院、司法行政机关在对被管制、缓刑、假释和暂予监外执行的四类罪犯实行社区矫正过程中（包括适用矫正、交付矫正、监督管理、教育矫正、帮困扶助、变更与终止矫正等环节）的执法、司法活动是否合法进行监督，以保证社区矫正依法公正实施的活动。社区矫正法律监督是检察权的有机组成部分，是刑罚执行与监管活动监督的重要表现形式。

三是大力推进行政监督。行政执法是贯彻执行法律的行为，理应纳入检察监督的范畴。检察机关对行政机关的监督，目前主要体现在对行政机关工作人员严重犯罪行为的侦查和追诉，而对行政权依法运行、行政行为合法性的监督则相当欠缺。在自侦权转隶之后，检察机关对于行政执法的监督不仅不能放松，反而应当加强，其中特别需要加强的是对刑事执法活动的监督。检察机关可以通过在基层公安机关试行派驻检察站点和人员，加强对公安机关在内等行政机关及其工作人员的法律监督，建立健全监督机制和手段，进一步帮助促进依法行政、提高行政服务水平和建设法治政府。

四是创新其他监督种类。近年来，检察机关在涉及民生利益维护领域的作用越来越凸显，这些方面都可以作为检察监督体系的新兴重点领域。比如作为全国森林覆盖率最高的省份，江西省近些年来充分发挥检察监督职能，密切结合江西本省实际，大力开展生态检察专项监督活动，取得了良好效果。因此，高检院可以鼓励各地结合本地实际，积极探索非公经济检察监督、互联网检察监督、金融检察监督等监督种类和形式，为检察监督体系的健全添入地方元素，形成具有特色、丰富多彩的全国检察监督“拼图”。

最后尤其需要说明的一个问题是，在国家监察体制改革后，对于监察机关适用法律的相关活动，特别是职务犯罪查办活动，是否需要监督以及如何监督是个重大命题。需要注意的一点是，在监察体制改革之后，检察机关作为法律监督机关的宪法地位并没有改变，对于法律适用活动享有当然的监督权力、承担当然的监督责任；同时检察机关作为国家追诉机关，无论是大陆法系还是英美法系，追诉权是当然包括立案侦查权或者侦查指挥权，目前我国的监察体制改革赋予国家监察委员会行使包括侦查手段的调查权，这并未当然剥夺检察机关的职务犯罪侦查权，比较合理的做法是应当强化检察机关对监察委员会的立案监督权，对国家监察委员会应当立案调查而不调查或者不应当立案调查而调查的职务犯罪案件进行监督，必要时对少数监察委员会应当立案调查而不调查的重大职务犯罪案件进行代位侦查，这样便可以强化检察机关作为法律监督机关的监督刚性，也可使检察机关从过去大量的日常的职务犯罪侦查工作中脱出身来开展其他检察监督工作，进一步拓展检察机关法律监督工作的广度和深度。对此，需要通过创新构建办案衔接和制约机制来加以监督，包括成立职务犯罪检察部等专门内设机构、建立案件审查机制、立案监督机制、强制措施衔接监督机制、互相制约机制等方式，进一步拓展监督职权，更好地履行好检察机关的监督使命，回应人民群众对于检察监督的期待和信任，这也是强化检察机关公信力的必然要求和重要举措。

检察公信力建设的一个重要着力点，就是全面提高检察监督能力，通过监督实效赢得公众信任。这就要求检察机关把加强检察监督作为检察机关重拾荣光的发力点，构建具有特色的检察监督体系，实现法律监督的真正蜕变，努力为改革背景下检察工作转型发展、为检察公信力的全面建设注入强大的动力。

完善新形势下推进检察公信力建设机制的思考

王和信*

一、正确把握检察公信力的内涵

“公信力”一词的出现，是国家与社会二元分立后权力与权利博弈的结果，是社会政治民主化、经济市场化、文化多元化、管理法治化的综合产物。①《现代汉语词典》对公信力的解释是：使公众信任的力量。

关于“检察公信力”的含义众说纷纭，但主要有以下几种观点：有的认为，检察公信力是“检察机关通过公正严格文明执法，全面履行职责，赢得党、国家和人民信任的能力。”② 有的认为，检察公信力是“检察机关通过履行法律监督职能积累起来的在社会公众中的信任度、权威性和影响力，反映了社会公众的主观评价、心理反应和价值判断”。③ 也有的认为，检察公信力是“检察机关行使法律监督权在整个社会当中所建立起来的公共信用，是社会公众普遍地对法律监督权的运行及其结果所具有的信任、信赖、认同乃至信仰，以及对该结果自觉接受、遵从的程度与状态”。④ 笔者认为，检察公信力是检察机关及检察人员依法行使检察权的客观表现，是社会公众对检察制度以及在该制度下的检察官履行其检察职能的信心与信任的程度，是检察过程和检察结果得到社会公众充分信任、尊重与认同的高度反映。它既是司法公信力的重要组成部分，也是党和国家公信力的重要组成部分；既是法治社会的基石，也是建设和谐社会的基础，是整个社会诚信体系的重要组成部分。它是对检察机关所产生的一种依赖性、可信服的情感认可，是在社会公众心中建立起的诚实、公正的信任度和影响力。

---

* 王和信，新疆维吾尔自治区人民检察院喀什分院检察委员会专职委员。

① 刘建、李克明：《检察公信力的生成机制初探》，载《人民检察》2013 年第 11 期。

② 谢鹏程：《公正与责任：公信力建设的主题》，载《检察日报》2008 年 9 月 12 日。

③ 刘继国：《和谐视野下的检察公信力》，载《人民检察》2007 年第 13 期。

④ 鲁晓慧、戚进松：《检察公信力初探》，载《人民检察》2010 年第 7 期。

检察公信力是指检察机关及其检察人员在“四个意识”（即政治意识、大局意识、核心意识、看齐意识）支配下，通过依法履行检察监督职能，服务党和国家工作大局，回应、满足社会的司法需求，维护和实现公平正义，从而逐步形成、积累起来取得的社会公众普遍地对检察权的运行及运行结果具有信任、尊重、心理认同感和自觉服从的程度，以及检察机关在社会生活中的权威性和影响力。它主要表现为社会公众对检察机关及其检察人员执法能力、执法效果的认同、信任和期待，反映了社会公众对检察机关及检察人员的主观评价、心理反映及价值判断，是衡量社会公众对检察机关满意程度、信赖程度、认同程度的重要标尺。

二、推进检察公信力建设面临的形势与挑战

从检察实践来看，影响检察公信力的因素很多。所以，推进检察公信力建设所面临的形势和挑战不容乐观，可以概括为以下几个方面。

（一）人民群众对办案质量和公平正义的期望越来越高

随着依法治国方略的不断推进，改革开放的深入发展，社会化转型速度加快，经济结构和利益格局不断深刻调整，各种社会利益矛盾和冲突逐渐显现，人民群众的法治观念越来越深入人心，对维护自身权益和办理案件的质量越来越关切，对政法机关公正廉洁执法以及实现社会公平正义有了更加迫切的期盼和更高的要求。如果办案质量或廉洁从检方面一旦出现问题，尤其是出现冤假错案，那么检察公信力就会明显下降。

（二）人民群众监督检察机关的方式日益多元和普遍

当前，除传统的来信来访、电话举报等方式外，网络正日益成为一种新型的监督载体或途径，并得到迅速发展。网民的民主参与意识和监督意识也不断增强，频繁地通过网络举报腐败现象或提供反腐线索，许多执法不公的案件都是通过网络曝光、网友热议、网上提供线索等方式发现的，网上言论甚至对腐败案件的处理产生了重要的影响，网络监督已成为畅达民意、鞭挞腐败的便捷而有效的手段，这也给检察机关提升检察公信力带来了新的挑战。

（三）内部监督机制的不完善影响检察公信力的提升

以往对案件的监督往往是根据上级检察院的安排临时组织人员进行抽查，随意性较大，具有一定的片面性，加上一些地方检察机关纪检监察部门作用发挥不明显，检务督察作为内部监督制度在执行中有时走过场，使案件监督审查往往流于形式。对查出来的问题大事化小，小事化了，处罚力度不够的现象时有出现，往往使办案质量、监督能力和司法不规范、不严格等方面存在的问题

得不到及时有效的解决。尽管只是个别检察人员办案质量不高、司法能力不强、执法不规范或工作作风不正，也会直接损害或影响检察公信力。要保障公正廉洁、高质高效行使检察权，提升检察公信力，就要健全完善内部监督制约机制。

（四）各类公共事件的突发或频发也对检察公信力提出了挑战

随着事故灾难、公共卫生事件、社会安全事件等突发公共事件频繁发生，严重损害人民群众的生命和财产安全，甚至危及社会稳定安全。某些群体性事件一旦有适当的导火索，往往迅速爆发，呈现出冲突升级快、对抗激烈、社会破坏力强、处置难度大的特点，而检察机关特别是基层检察机关在面对一些突发事件时，有时因为缺乏经验的指导和必备的应对能力，使检察公信力受到了挑战。这些对检察机关的执法办案都提出了更高的要求。

三、完善新形势下推进检察公信力建设机制的建议

要推进新形势下检察公信力建设，必须健全完善机制。检察机关必须强化队伍建设，强化自身监督，用比监督别人更加严格的要求来监督自己，通过强化自身监督，深入推进公正廉洁高效执法，全面提升执法公信力。

（一）不断创新队伍管理机制，全面提升检察公信力

检察队伍是全面提升检察公信力的主体，是深入推进公正廉洁高效执法的关键。检察机关必须坚持以队伍建设为根本，以提高检察监督能力为核心，努力建设一支思想政治坚定、执法能力过硬、素质作风优良的检察队伍，以“为民、务实、清廉”的形象提升检察公信力。

1. 完善加强思想政治建设和教育培训工作机制，提升综合素质和检察公信力

第一，健全理论学习制度。各级检察院要坚持党组中心理论组学习制度，以此带动全院干警的学习。通过学习，牢固树立和自觉强化“四个意识”，坚持检察工作的正确政治方向，牢固树立社会主义法治理念，真正做到为民掌权、为民执法、为民服务，坚持以社会主义核心价值体系武装干警头脑，以形式多样、丰富多彩、检察干警喜闻乐见的检察文化活动为载体、平台，坚持开展向身边先进典型和模范人物学习等活动，营造学先、争先、创优的浓厚氛围，为严格、公正、文明、廉洁执法奠定扎实的思想基础。

第二，完善纪律教育机制。一是坚持纪律教育与道德教育相结合。积极探索加强纪律教育和职业道德教育的工作载体，始终把纪律教育寓于道德教育活动之中，采取每周一次集中学习，不定期地检查检察纪律执行情况，促进职业

道德教育、宗旨观念教育和职业纪律教育的深入开展，不断增强检察干警的纪律道德观念，提高自我约束能力；强化执法为民的宗旨意识，真正从思想上解决为谁掌权、怎样掌权和为谁服务、如何服务的问题，同时解决少数检察干警在执法工作中存在的突出问题，确保检察干警在执法工作中严守检察纪律，做到廉洁从检。二是坚持纪律教育与谈心交流相结合。把纪律教育融于党组书记、检察长、分管领导、部门负责人和一般干警的双向谈心交流活动之中，做到办案之前讲清检察纪律规定，办案之中检查纪律执行情况，办案之后总结落实纪律经验，使检察纪律教育融于整个办案全过程，促进检察干警的执法活动符合检察职业纪律的要求。同时，根据干警的不同特点，有针对性地加强纪律教育，做到发现有苗头性倾向、群众有不良反映、思想有抵触情绪、职务变动和闹不团结等问题时，适时进行谈心交流，促进检察干警自觉规范自己的行为，树立良好的形象。三是坚持纪律教育与典型示范相结合。首先，领导必须率先垂范，处处严格要求自己，凡要求干警做到的自己首先做到，凡要求干警不做的自己坚决不做，以自己的行为促进检察纪律的执行。其次，组织检察干警学习发生在检察系统内部的违法违纪典型案件，剖析违法犯罪产生的根源，通过反面典型教育，促进检察干警增强自律意识，时刻绷紧检察纪律这根弦，防患于未然。最后，总结纪律教育的经验，及时发现和培育先进典型，促进检察干警创优、争先，赢得公众的信任与好评。

第三，健全培训工作机制。省级以下地方尤其是少数民族地区各级检察院应当制定检察人员培训规划（县级院可以制定计划），进一步加大教育培训的力度，充分发挥教育培训的作用，切实全面提升检察人员的执法能力和水平，包括少数民族地区的“双语”（即少数民族地区的通用语言和汉语）水平；通过组织参加辩论赛、岗位练兵等途径着力提高检察干警的学习力、创新力、执行力，特别是提升检察干警的办案能力；通过大力开展多层次、多形式的岗位培训和专项业务培训，多措并举地提高干警的文化素质、知识水平、学历层次、岗位技能、办案水平和服务群众的工作能力。同时，坚持开展“学习型检察院”和“读书日”等活动，倡导终身学习理念，营造浓厚的学习氛围，进一步带动广大干警读书、学习的热情，为提升检察人员的执法能力和水平奠定基础。

2. 进一步加强制度建设，做到以制度管人管事

第一，建立健全检察工作机制。检察机关应当建立健全并严格执行检察官办案责任制、办案风险评估机制、案件评查机制、案件纠错机制、问责机制、错案责任追究机制等，确保每一起案件都经得起社会的监督和历史的检验，确保制度执行到位，确保公正廉洁高效执法，努力营造检察人员人人遵守制度的

良好氛围，充分发挥工作机制的“防火墙”和监督制约作用。

第二，完善作风建设制度。结合一些省、区正在开展的作风建设年活动，充分认识作风不实的危害，切实转变工作作风，牢固树立服务意识，坚决摒弃官油子气，把服务放在首位，不断满足人民群众对法律保障、法律服务、法律宣传和依法办案的要求上来；牢固树立大局意识，引导检察干警从社会经济发展的高度去谋划检察工作，在服务大局中发挥职能作用，不折不扣地落实上级检察机关和当地党委的决策部署，促进各项检察工作任务（在新疆，首要任务是反恐维稳）高效完成，赢得社会公众的认同与支持，提升检察权威。

第三，健全完善激励关爱制度。在队伍管理中，要建立良好的激励机制，多用“加法”，少用或不用“减法”，激发干警的工作热情与激情。同时，坚持以人为本、和谐建院，做到真心关爱干警、尊重干警，设身处地从干警角度出发，营造良好的工作环境、干事氛围，进一步提高检察干警的工作积极性，进一步增强工作责任心。

第四，完善考核、办案、用人机制。应当建立健全科学的考核、办案、用人机制，在干部培养、选拔、任用上，始终坚持政治可靠、品行端正、工作争先、作风过硬的用人导向，使检察人员干有目标、干有动力；要结合不同执法部门的工作特点，建立一套岗位明确、权责分明的执法规范，确保严格、文明、规范、廉洁办案；健全完善一套科学、合理的考核机制，调动干警的工作积极性。以良好的检察形象树立检察权威，赢得社会公众的信赖。

第五，建立人才引入机制。尤其是在少数民族地区和边远落后地区更要进一步加大人才引入的力度，建议高检院想方设法（包括给予高薪待遇）将那些热爱检察事业的人才吸引到少数民族地区和边远落后地区工作，并千方百计地把现有人才留住，重视在检察机关解决干警青黄不接问题和进行新老交替的转换。通过抓队伍管理和制度建设，为提升检察公信力提供组织和制度保障。

（二）完善内部监督制约机制，努力提高检察公信力

检察监督职责是否充分履行，加强内部监督是重要的保证，如果不重视对自身的监督，就不可能解决好检察工作中的突出问题，就会直接影响检察公信力的提升。

1. 健全完善检务督察机制

各业务部门要按照法律、法规的规定和要求，结合工作实际，制定、完善可操作性的业务流程，确保规范执法。每起案件或案件线索自受理之时起，就按照规范的流程进行运作，完全避免或减少程序上、实体上人为因素的影响和干扰。通过健全完善并全面推行检务督察机制，努力形成对检察机关自身执法活动和检察人员全过程、全方位的监督。

一是强化对自侦案件规范执法行为的全程监控，才能有效保证办案质量。其一，建立初查环节的内部检务督察机制。对于自侦部门初查后不予立案或立案后撤案的案件，要进入检务督察程序，进行认真审查。其二，建立采取和变更强制措施环节的内部检务督察机制。凡进入采取和变更强制措施环节的自侦案件，都应纳入检务督察的范围。重点审查犯罪嫌疑人是否符合取保候审条件，严格把关，慎做决定，做到不放纵一个罪犯，也不冤枉一个好人。其三，建立决定不起诉案件环节的内部检务督察机制。重点督察是否存在人为因素导致有罪定无罪、重罪定轻罪的现象；是否有因利益驱动"以罚代刑"的情形。其四，建立扣押款物环节的内部检务督察机制。主要督察是否存在将案件无关的款项、物品、文件非法扣押的情形；是否有非法使用、损坏甚至丢失扣押款物的现象；是否有该返还不返还、该移送不移送、该上缴不上缴以及不及时依法处理扣押款物的问题；特别是要坚决纠正违规使用扣押款物的问题。其五，建立收集证据环节的内部检务督察机制。在侦查过程中，凡是有犯罪嫌疑人、公民、律师等反映办案人员有非法取证行为的案件，应该进入检务督察程序。重点督察在取证过程中，是否有打、骂、体罚、虐待犯罪嫌疑人以及诱供、指供、逼供等违法违纪现象；是否只注重收集犯罪嫌疑人有罪、罪重的证据而忽略甚至拒绝收集其无罪、罪轻的证据。

二是全面建立执法办案内部监督机制，加强对侦查监督、公诉、刑事执行检察等其他检察业务工作的内部监督。健全对批捕案件质量开展不定期抽查的内部监督机制，并将抽查评议结果纳入年度目标考核。监督检查内容主要是对案件的办理是否符合程序法和实体法的规定。主要抽查、核对办案人的意见和主管领导的意见记载，检查主管领导是否改变了办案人的意见，改变的理由是否合法、得当，办案人有何建议。重点是对不批捕案件进行审阅，主要审查不批捕案件的事实认定和适用法律是否准确，审查不批捕案件是否有"关系案""人情案""金钱案"等问题。并对在督察中发现的问题及时进行通报，提出指导性建议和整改建议。对于公诉案件在提起公诉时有从轻、减轻情节的认定和对犯罪事实有取舍的，应进入检务督察程序。重点审查自首、立功的认定是否符合法律依据以及审查对侦查机关和自侦部门移送审查起诉的案件事实进行取舍是否有足够充分的理由，有无索贿受贿、徇私枉法、办关系案人情案的情形。对刑事执行检察的督察范围，重点包括派驻监管场所检察人员执行工作制度和工作纪律情况。主要监督检查检察日志、在押人员台账、报表建立和填写情况；与监管机关工作联系制度落实情况；监管场所重大事件报告、职务犯罪案件线索管理和查办职务犯罪案件备案审查制度执行情况；对超期羁押、体罚虐待被监管人等违法监管问题是否及时发现、监督纠正，对构成犯罪的行为人是否依法追究刑事责任的情况进行督察。检务督察还应关注有无执法不作为的问题。监督检查有无对应初查、立案、起诉的案件不依法办理；对诉讼活动中执法不严、司法不公的问题监督不力，实效不强；对上访群众的信访、申诉案件办理、反馈不及时等。

通过加强对案件的管理、监督，严肃查处检察人员不作为、乱作为、慢作为和检察人员违纪违法案件，不断提升社会公众特别是案件当事人及其近亲属对检察机关及检察人员的信任度。

2. 建立健全巡视、巡察工作机制

最高人民检察院和省级检察院要加大对下一级检察院的巡视工作力度，3—5年对下一级检察院巡视一轮。最高人民检察院应当根据中央关于加强巡视、巡察工作的指示精神，参照地、州、市党委对县、乡两级开展巡察工作的做法，建立地州市检察院对基层检察院开展巡察工作的机制，制定一套巡察工作流程和制度，可先行试点，尽快开展巡察工作。检察机关要以巡视、巡察工作的实效树立检察权威。

（三）完善外部监督机制，确保自身公正廉洁高效执法

监督别人必须首先主动接受别人监督。检察机关必须以强化自身监督为核心，自觉接受外部监督，着力加强自身监督制约和执法规范化建设，确保检察机关严格公正廉洁高效执法，提高检察公信力。

1. 完善接受人大监督、政协监督

根据《关于加强同人大代表联系工作的意见》和《关于加强同政协联络，自觉接受民主监督的意见》，建议地州市及以上检察院应当设立人大代表、政协委员联络办公室，编制人数较多或有必要的县级检察院也应设立人大代表、政协委员联络办公室，配备专职人员，其他不设立该办公室的县级检察院也应当有专人负责这项工作。各级检察院都要自觉接受人大代表和政协委员的监督，尤其是要主动向人大及其常委会（地区人大工委）汇报工作，接受监督。

2. 完善人民监督员监督、人民群众监督和舆论监督机制

一是继续深化人民监督员工作，完善相关制度。坚持对直接立案侦查的职务犯罪案件中犯罪嫌疑人不服逮捕决定、拟撤案、拟不起诉等案件全部进入人民监督员监督程序。“随着人民监督员制度的不断健全完善，针对一些公众高度关注的普通刑事案件，涉及检察权运行的环节也可以纳入人民监督员监督范

围。"[①] 二是完善新闻发言人等制度。一要在全国各级检察机关全面推行检察机关新闻发言人制度，二要建立网络新闻发言人制度。利用新闻发言人、网络平台，多渠道加大宣传力度，定期适时发布信息，客观真实地反映案件情况，正确引导公众，在舆论监督和检察权的独立行使之间保持合理限度。既满足公众的知情权，伸张社会正义，又能维护检察权的独立行使，保证程序公正，确保司法公正和法律权威，最大限度地发挥舆论监督对检察活动的积极作用。三是完善人民群众依法有序监督检察工作的机制。检察机关应接受来自于人民群众的监督，以过硬的办案质量赢得人民的信任，以规范的司法行为提升自身公信力。

（四）健全检务公开机制（包括建立保障检务公开的相关机制），以检务公开树立检察公信

司法公开能倒逼司法公正，检务公开能促使检察人员规范司法行为，追求公平正义，树立良好检察形象，提高检察公信力。实践证明，检务公开是提升检察公信力的必由之路。

1. 创新检务公开机制

全面贯彻落实《关于在全国检察机关实行"检务公开"的决定》和《关于进一步深化人民检察院"检务公开"的意见》，充分运用信息、宣传及互动平台，创新检务公开方式，加大检务公开力度，从而增进检察机关与社会公众的互信。检察机关应当充分运用新闻、网络、微信、微博、自媒体等媒体和检务公开宣传栏及"举报宣传周""检察开放日"等载体，大力开展检务公开，通过信息共享平台，公布应当公开的案件信息、法律文书等检务活动。通过网页将检察职能、内设机构、查办职务犯罪案件、诉讼监督、控告申诉案件、举报须知、工作报告等有关检务信息及时向社会公众发布。通过通讯工具访问、网络交流等形式与社会公众互动，征求社会公众对检察工作的意见、建议，解答相关法律咨询，让社会公众心服口服。以此加强与社会公众的沟通，增强检察工作的透明度，保障社会公众对检察工作的知情权、参与权、表达权、监督权，增进社会公众的理解与支持，以公开提升公信力。

2. 建立保障检务公开的相关机制，进一步明确应该公开的检务内容

如地方各级检察机关都应当制定《关于终结性法律文书网上公开实施意见》，明确侦查监督、公诉、刑事执行、民事行政、刑事申诉等十余种终结性

---

① 孙灵珍：《让检察权在人民监督下依法独立公正行使——专家学者纵论深化人民监督员制度改革》，载《人民检察》2015年第5期。

法律文书网上公开的范围、内容和形式，并建立接访、调查、答复和信息反馈等制度，进一步增强检务公开的实效。目前，在增强法律文书说理的情况下，可以向社会公众公开起诉书、刑事抗诉书、民事抗诉书、批准（决定）逮捕书等司法文书，从而拉近检察人员与社会公众在法律上的认识距离，以高质量的文书解疑释惑，彰显检察公信力。检察机关“要下大力气解决一些地方检务公开重形式轻实质、重载体轻内容、重广度轻深度的问题，最终实现依法应当公开、依规可以公开的检务内容都要公开的目标。通过实实在在的检务公开活动，提升社会公众特别是当事人对检察机关及检察官的信赖度”。[①]

（五）建立健全检察公信力测评机制

检察公信力属于关系范畴，是检察权运行与受众之间的一种关系，包括信任和信用。虽然检察公信力主要体现为一种价值判断抑或主观认识，但这种主观认识是建立在客观存在的基础上的。指标体系的标准不同，对检察公信力高低的研究得出的结论也不同。因此，在立足检察工作实际的基础上，检察机关应当建立一套科学、系统、有效的检察公信力指标体系。

检察机关在推进检察公信力测评考核工作机制建设上，要“在专题研究、深入调研、多方论证、长期实践基础上，加快构建起成熟、稳健、可推广、可复制的测评考核体系，增强司法公信建设的科学性、规范性和长效性，为司法公信建设持续深入开展提供有效支撑。”

构建检察公信力指标体系首先需要解决宏观方面的总体框架问题，检察公信力测评指标可以划分为一级指标、二级指标、三级指标等层次，并逐层细划。在一级指标中设置基础性指标指导检察公信力测评的总体方向，设定协调性指标减少测评主体所带来的区域性差异因素，并在二级指标中设置特殊指标提高测评结果的客观性，使检察公信力测评指标能够在总体框架内系统性、合目的性地运转。[②]

在构建检察公信力测评指标机制过程中，笔者认为，应当坚持和把握三个原则：

1. 尊重检察客观规律

检察工作具有内在的本质特征和特点，这就要求测评指标机制必须适应这种客观规律性，科学设置相关指标，以实现对检察工作全方位的评估。要合理

---

① 邴志凯：《检察机关司法公信力形成要素与提升路径》，载《人民检察》2013 年第 19 期；童建明：《加强司法公信建设让公平正义落地生根》，载《人民检察》2016 年第 21 期。

② 徐建、陈龙鑫：《检察公信力测评指标的设置》，载《人民检察》2015 年第 7 期。

设定指标的区间，注重评价指标之间的关联、制约和综合指数的协调作用，限制、减轻和消除个别评价指标可能产生的负面影响，消除情绪化、非理性的社会评价对检察工作带来的压力和影响。同时，测评机制要全面反映办案质量、效率和效果，彰显公正高效，形成正确的导向和激励机制，把检察机关及检察人员对指标的追求引导到对检察内在价值的追求上，最大化地实现检察的目的和功能。

2. 坚持内外部测评（评价）相结合

目前的检察公信力评价机制缺乏社会公众的参与性和认同感。检察公信不仅仅是检察机关及检察人员认为的公信，更应当包括诉讼参与人等在内的社会公众感受到的公信。众所周知，检察公信力最根本的评价标准在于社会公众，评价主体首先是社会公众（人民群众）。也就是说，群众满意不满意是我们的标准。因此，在进行检察公信测评时，应当更多地引入社会评价，提高外部评价指标的比重，降低内部评价指标的比重，建立健全检察机关及检察人员与社会公众共同测评检察公信的机制。

3. 建立健全检察公信力测评与检察公信力建设的互动机制

检察公信力的测评（结果表现为检察公信力指数和综合分析报告）是一种反映社会各界对检察工作的认可程度、满意程度和信任程度的实证研究方法，是检察业务考评体系的重要补充，是推进检察公信力建设的有力措施。同时，检察公信力建设的进程和成效也在一定程度上影响检察公信力的测评工作。也就是说，检察公信力比较高时，测评工作会受到欢迎和支持；反之，可能受到抵制和阻挠。当然，检察公信力的测评毕竟是一种不断完善的体系，只能无限地接近客观现实的检察公信力，永远不会完全等同于客观的检察公信力。所以，我们要正确对待和运用测评结果，留有余地。检察公信力测评只是一种相对科学的方法，获得的结果也只是一种相对客观的真实或者主观性真实，它的准确性、全面性和客观性都是有限的。总之，检察公信力测评与检察公信力建设是相互影响、相互促进的，建立健全检察公信力测评与检察公信力建设互动机制，更加有利于检察机关自觉地、科学地推进检察公信力建设。

司法改革背景下检察公信力及其提升策略研究

樊　杉*

司法具有公信力是依法治国、建设社会主义法治国家的必然要求。依法治国不仅要有完备的法律体系，还要靠人们对法律的忠诚的信仰。现代西方政治学家认为“如果大多数公民都确信权威的合法性，法律就能比较容易地和有效地实施，而且为实施法律所需的人力和物力耗费也将减少。”党的十八大明确提出来了全面推进依法治国和提升司法公信力的要求，2014 年 10 月 23 日，中国共产党第十八届中央委员会第四次全体会议通过了《中共中央关于全面推进依法治国若干重大问题的决定》，提出了建设中国特色社会主义法治体系，建设社会主义法治国家的总目标，明确“保证公正司法，提高司法公信力”是全面推进依法治国的重大任务之一。公正是司法工作的生命线，检察机关作为我国的司法机关及法律监督机关，司法公信力的建设尤为重要。而在当前依法治国的形势和司法体制改革的背景下，检察机关面临着司法公信力如何提高的问题。本文即是从检察公信力的基本概念出发，分析目前我国检察公信力面临的问题和挑战，探索建立完善、提升我国检察公信力的有效路径。

一、检察公信力概述

（一）检察公信力的内涵

何谓“公信力”，从字面上看，“公”我们可以将之理解为公共、公家、公众及公权机关，“信”理解为诚实、真实、信任、信用等，“力”有力量、威力之意，综合起来，在字面上公信力可以包含两方面的含义：一方面是指人民大众对于公共权力机关的信任度所产生的推动力，另一方面是指公共权力机关对人民大众的信用度所产生的威慑力。西方大众传媒研究中最早使用了公信力的概念，尽管其定义迄今尚无规范表述，但其存在的必要性与意义却世所公认。《华盛顿邮报》执行编辑费维曾说过：“我不知道公信力是什么，但失去

* 樊杉，江苏省盐城市亭湖区人民检察院干部。

了它就能感觉到它的存在。我们花了许多年才能把那些信任找回来”。一语道出了公信力存在的价值。随着现代社会科学之间的相互渗透，公信力概念被逐渐应用于政治领域，形成了检察公信力概念。谢鹏程认为检察公信力是“检察机关通过公正严格文明司法，全面履行职责，赢得党、国家和人民信任的能力”。[①] 鲁晓慧认为检察公信力是“检察机关行使法律监督权在整个社会当中所建立起来的公共信用，是社会公众普遍地对法律监督权的运行及其结果所具有的信任、信赖、认同乃至信仰，以及对该结果自觉接受、遵从的程度与状态”。[②] 于慎鸿认为“公信力是社会现象和事物赢得社会公众依赖的能力，是社会现象和事物权威性、信誉度和社会影响力的重要标尺。”[③] 刘继国认为检察公信力是“检察机关通过履行法律监督职能积累起来的在社会公众中的信任度、权威性和影响力，反映了社会公众的主观评价、心理反映和价值判断”。[④] 笔者认为，检察公信力是检察机关通过自身行为获取社会公众信任、拥护和支持的一种能力，它包括检察信用和检察信任两个方面的内容。所谓检察公信力，是指检察机关履行自己的责任和义务，严格公正文明司法，信守对公众的承诺，从而获得公众对检察机关的运作方式、司法行为以及与司法行为相关的整个检察制度的理解、信任、确认、认同。简而言之，检察公信力是公众对检察机关的动态、均衡的信任与评价。检察机关的公信力越高，人民群众对检察机关活动信赖度就越强，检察机关的职能和作用也就越能得到充分的发挥。检察公信力就是检察机关赢得公众信任的能力或程度，具体来说包括三个方面的内容：一是检察机关诚信的信任度，即检察机关是否公正、公平办案，在这方面是否取得了公众的信任；二是检察机关能力的认可度，即检察机关是否拥有对内管理好自身事务、对外管理好社会事务的能力，能否得到公众的认同和满意；三是检察机关各项规定的信赖度，即检察机关出台的各项规定、意见、司法解释是否具有科学性和连续性，能否得到公众的信赖。

（二）检察公信力的特征

1. 检察公信力的内在价值特征。19 世纪德国法学家鲁道夫·冯·耶林曾说过：“罗马帝国曾三次征服世界，第一次以武力，第二次以宗教，第三次以法律。武力因罗马帝国的灭亡而消亡，宗教随人民思想觉悟的提高、科学的发

---

① 谢鹏程：《公正与责任：公信力建设的主题》，载《检察日报》2008 年 9 月 12 日。

② 鲁晓慧、戚进松：《检察公信力初探》，载《人民检察》2010 年第 7 期。

③ 于慎鸿：《影响司法公信力的因素分析》，载《河南师范大学学报》2006 年第 4 期。

④ 刘继国：《和谐视野下的检察公信力》，载《人民检察》2007 年第 13 期。

展而缩小了影响，惟有法律征服世界是最为持久的征服。”法律在国家生活中的重要地位是我国要建设社会主义法治国家，提升检察公信力是必然要求。自检察机关在历史上出现，公信力就是各国检察机关不断努力争取实现和营造的司法目标之一。司法公正是宪法对检察工作的基本要求，既是检察工作的核心价值目标，也是检察公信力的前提。具体体现为公众对检察机关诚信的信任度、检察机关能力的认可度、检察机关政策的信赖度。自古均认为，社会诚信应以“义”为最高标准，如孔子弟子曰“信近于义，言可复也。”朱熹则讲：“言约信而合其宜，则言可践矣”。[①] 作为法律监督机关，“打铁更需自身硬”，检察诚信更当恪守“公开、公平、公正”的要求。其次，检察公信力要求严格诚实的适用法律、规范合理行使检察权，对于检察人员来说，其基本使命就是对法律负责，做到尊重现行法，适用现行法，守护现行法，以法律为准绳，做到处理结果与法律条文规定的本意相一致。最后，检察公信力还必须遵守廉洁的职业操守。廉洁是检察公信力的基石，公正是检察公信力的基础，基础不稳固，其他一切努力都将是徒劳。

2. 检察公信力的外在特征。首先，公信力是获得司法权威的基础，检察机关是依法治国的重要力量。提升司法公信力，有助于国家依法治国战略的有效实施。在依法治国的大背景下，检察公信力体现出法律的本质属性。检察公信主要由检察行为本身的特性所决定的，而检察行为无时无刻不被法律所“包裹”。检察诚信是诚信原则贯彻于司法行为的必然选择。当检察机关面临事关公信的价值冲突时，作出明确的是非曲直的决断，并选择相应的行为模式。而由于法律的刚性，检察公信也相应会逐渐衍生出一种“诚实守信”的外在强制，它要求检察官无条件地遵守，并以必要的强制机构和惩罚措施保证其实施，这是法律作为工具价值功能的集中体现。其次，检察公信某种程度上成为社会诚信的有力保障。这突出地表现为检察机关诚信是社会诚信的最后防线和屏障。正如澳大利亚著名法官马丁所言：“在一个秩序良好的社会中，司法部门应得到人民的信任和支持，公信力丧失就意味着司法权的丧失。”

（三）提升检察公信力的重要意义

检察公信力的高低与检察机关的形象和权威挂钩，直接关系到社会信誉体系的建立和完善。检察机关要不断完善自身建设，用实际行动获得群众的信任，推进依法治国，只有这样才能得到人民的真正信任。

1. 检察公信力是衡量检察工作的重要标志。如果检察机关司法办案不能

---

① （宋）朱熹：《四书章句集注》，中华书局1983年版，第52页。

获得人民群众的信赖和认同，群众对我们司法办案的公正性产生了怀疑，司法公信力遭受危机，“司法为民”就成了一句空话。司法公信力问题之所以集中体现了检察机关司法能力，就在于它综合反映了检察人员能不能很好地把执行法律与贯彻党的意志主张、实现群众的利益诉求有机结合起来，把社会主义法治理念真正贯彻于司法实践、体现在群众满意的效果上来。司法公信力是新时期检察机关必须面对的重大课题，当前有的地方检察机关司法办案工作还难以满足人民群众对于公平正义的需求。有的地方涉检信访不断，集体访、越级访、重复访等问题难以解决，根本原因就在司法公信力不高。对这一问题，我们必须认真反思，必须通过提高自身的素质、提高司法水平，提高办案质量，以赢得群众的信任，在全社会树立起检察机关的良好形象。

2. 有利于维护司法尊严，推进司法改革进程。司法机关是国家法律的执行者和维护者，是社会公平与正义的化身，通过检察机关公正司法，获得社会公众的信任，从而支持、配合检察机关工作，才能使社会纠纷、社会矛盾最终通过法律的渠道得以化解，解决矛盾、修复被破坏的社会关系，实现司法维护稳定、构建和谐的职能目的。而检察机关的司法能力和办案水平与公信力息息相关，只有人民信任的检察机关才能有效地得到人民的支持与拥护。自2008年开始，我国启动新一轮司法改革，2013年十八届三中全会通过《中共中央关于全面深化改革若干重大问题的决定》，重点提及新一轮司法改革的内容。2014年全面深化改革领导小组审议通过《关于司法体制改革试点若干问题的框架意见》，对新一轮司法改革若干重点、难点问题确定了政策导向，并决定在全国6省市先行试点。新一轮司法改革围绕十八大确立的改单目标，重点解决影响司法公正和制约司法能力的深层次矛盾和问题，消除不适应社会主义政治制度要求以及有违司法规律的组织障碍、制度障碍，切实提高司法机关的宪法地位，充分发挥司法权在宪法法律中的独特作用。司法活动是保障法律公正的最后一道防线，个案的公平正义是法律公正的集中体现。提升司法公信力，让民众在每一个司法案件中都感受公平正义，成为当下司法改革的主要任务。换句话说，不断提升检察公信力，其实就是推进司法改革、维护司法权威和尊严的应有之义。

3. 有利于维护检察机关权威，维护社会稳定。在现代社会，利益格局更趋多元，思想观念深刻变化，公众维护自身权益的意识和诉求更加强烈，检察机关面临的公共问题日益繁杂，更容易遭遇信任挑战。当检察公信力得到提升时，人们对司法行为寄予更高的信任，那么对于基于信任之下的司法决策、决定及司法行为、效果也容易接受，一些纠纷矛盾就可以避免或者得到有效化解。近年来的一些突发事件和群体性事件中，也不时暴露了制度问题造成的公信力软肋。事实表明，当检察公信力受到公众怀疑时，在发生矛盾纠纷时就会寻求其他的解决方式。因此，在一定程度上，检察公信力是构建稳定社会秩序的有力手段。

4. 有利于促进检察机关自身建设，节省司法资源。法律监督需要权威，而法律监督的权威一方面来源于检察权的约束力，另一方面就是检察机关的司法公信力。前者是法律监督权威的必要条件，后者是法律监督权威的核心要素。司法公信力的确立，离不开检察人员素质的整体提高，更离不开高水准的案件质量。近年来学者们的共识在于，提高检察公信力是降低检察机关司法成本的唯一途径。检察公信力高，公众对检察机关的信任度上升，从而达到降低检察机关成本、节约司法资源的目的。检察公信力低，则规则被视为儿戏，公平不在，正义远离，甚至检察机关自身存在的合法性与必要性无从建立。

二、检察公信力现状及原因分析

近年检察机关执法公信力有所提升，但依然存在诸多亟待改进的地方。比如，一些地方的检察机关和检察人员检察公信力意识不强、重视程度不高；司法水平、社会形象在公众中认可度不高；法律监督能力不够；检察宣传不到位。司法公信力依然面临着挑战，“我国法治建设中存在的主要问题是没有完全做到有法必依、执法必严、违法必究”。[①] 检察公信力不足的具体表现有：司法改革进入深水区，相关配套制度亟待完善，对改革政策正面解读和改革成效宣传不够；一些案件办理质量和效率不高，程序违法，处理不公；有的检察人员理想信念动摇，权力寻租、以案谋私、知法犯法，办关系案人情案金钱案；一些检察人员特权思想、霸道作风严重，违法取证、违法查封扣押冻结处理涉案款物、滥用强制措施、限制律师合法权利等司法不规范行为时有发生。上述行为严重损害了司法公信力。从2006年到2014年，“两高”报告赞成率从未超过85%，2015、2016年高检院赞成率分别为87.9%、89.54%，而同期最高人民法院赞成率分别为91.03%、90.94%，且远低于政府工作报告赞成率。最高人民检察院工作报告的赞成率偏低，主要有以下几个原因：

（一）司法体制因素

“这些年来，群众对司法不公的意见比较集中，司法公信力不足很大程度上与司法体制和工作机制不合理有关。”[②] 从目前检察机关的管理体制看，由

① 孟建柱：《深化司法体制改革》，载《人民日报》2013年11月25日。

② 习近平：《关于〈中共中央关于全面深化改革若干重大问题的决定〉的说明》，载《人民日报》2013年11月16日。

于改革尚未推进到位，检察机关的人事权、财政权受制于地方党委、政府，依法独立行使检察权难以落实到位。同时，检察人员的工资待遇、工作条件和检察机关的办案装备，不仅影响检察人员的整体素质，而且影响检察机关的司法能力。显然，靠办案获得经费补充，难以保证司法的公正；靠检察长个人能力争取财政支持，难以防止检察权滥用。目前，一些基层检察院由于经费无法实现足额保障，受利益驱动违法违规办案的现象依然存在，这必然给检察机关司法公信力造成不良影响。如诉讼监督方面，一些地方不敢监督、不愿监督、不善监督，以及监督越位、错位和缺位的问题，在很大程度上损害了法律监督的公信力。

（二）司法理念因素

现实中，少数检察人员司法为民信念淡薄、法律意识不强，这是影响基层检察公信力的主观性障碍。现实中，这种主观性障碍主要表现为两种情况：一种是在检察队伍中尚有少数人不具备全心全意为人民服务的思想，没有树立司法为民的信念，甚至还存在以权谋私的错误想法；另一种是部分检察官司法办案过程中重实体轻程序、重打击轻保护，人权观念淡薄，司法过程中不严格遵守法定程序和法律规定。由于存在以上两种错误的思想意识，使得极少数检察官在履职过程中很容易被金钱、女色、权力等诱惑，容易被人情所困扰，容易在司法中背离公平和正义，甚至在利益的驱动下出现以权谋私、权钱交易等违法违纪行为，在司法过程中带有恣意性，严重影响了司法行为的公平性、正义性和廉洁性。

（三）司法素能因素

目前，一些检察官的业务水平还不能满足日益复杂的司法工作的需要。一方面，社会正处于飞速发展阶段，新生事物不断涌现，知识更新速度加快，新的社会矛盾和社会问题也不断产生，新的形势对检察官的业务水平和司法能力提出了更高的要求。另一方面，由于日常任务繁重，部分检察官忽视业务学习，业务能力跟不上日益发展的社会现实的需要。一旦遇到新情况、新问题，如突发群体性事件，就会因缺乏应急判断能力和处置能力而贻误战机，直至影响司法质量。尤其是少数检察人员的腐败问题和其他作风问题，对社会产生的负面作用更是不容忽视，影响公众对检察公信力的评价。

（四）司法行为因素

司法行为的好坏直接影响司法效果的好坏，而司法效果的好坏又会影响公众对检察工作的评价和判断。对于检察机关来说，自觉规范司法行为，才能实现维护社会公平正义的首要价值追求，才能得到党和人民的重视和信任，才能广泛争取社会各界和人民群众对检察工作的理解和支持，才能树立检察机关的良好形象和法律监督权威。近年来，随着各种教育活动的深入开展，检察机关整体司法行为进一步规范化，人民群众对检察工作的认可度也不断提高。但不容回避的是，检察行为的不规范和随意性问题仍然存在，个别检察人员滥用检察权、以权谋私的问题时有发生，导致群众对检察工作的信任危机，进而对检察机关司法的公正性产生质疑，损害了检察机关的司法公信力。

（五）司法绩效因素

司法绩效能够直接影响公众对检察机关的印象，社会公众对检察机关的评价和信任度还要受到检察机关司法绩效的重大影响。检察机关司法绩效和检察公信力呈正比关系，如果检察机关能够通过具体的司法行为，实现法律效果和社会效果的有机统一，就会提升检察公信力，反之则会降低检察公信力。比如，“一些检察人员对经济社会发展新情况研究不够，就案办案、机械司法；一些案件办理质量不高，程序违法，处理不公。

（六）社会监督因素

一方面，随着网络的发达，舆论业也更加发达，舆论是一把“双刃剑”，在充分实现人民的言论自由、参与监督权限的同时，也带来了很多不实的报道，并出现了新闻媒体“要挟”检察机关的现象，这就带来了公众对检察机关的误解，也是检察公信力低下的一个主要原因；另一方面，在社会环境方面，司法与信访民众缺乏良性互动、司法和新闻媒体缺乏良性互动、司法与社会公众缺乏良性互动。一个社会心理学公式是：流言的强度等于事情的重要性乘以情况的模糊程度。把公众最关心、最疑惑、最焦虑的信息公开，才是提升司法公信力之路。关键信息越是缺乏能见度，回应的可信度就越低，各种质疑就越是有市场。[①] 受传统观念的影响，我国的公众参与意识薄弱，运用法律维护自己权益、监督司法行为的意识也非常薄弱，这也成为检察公信力长期难以形成的一个间接原因。

三、提升检察公信力的策略和路径

（一）建立科学合理测评体系，准确把握检察公信力状况

提升检察公信力，首先需要对目前的信任状况有清晰的了解，知道普通民众对哪些方面的工作是满意的，对哪些方面的工作是不满意的。检察公信力测评是通过民意调查等，运用量化分析和评估的实证研究方法，分析社会和有关

---

① 詹勇：《“聚光灯”下的信任生长》，载《人民日报》2012 年 9 月 6 日。

方面对检察工作的满意度、信任度和意见建议，综合评估检察机关执法办案水平和队伍建设状况，将此作为检察机关改进工作的参考依据，以促进检察机关公信力建设。目前，尽管国内出现了一些对司法公信力的调查数据，其中也有涉及检察公信力的一些测量，但这些调查并非关于检察公信力的专题调研，数据的全面性不足，尤其是缺乏一些关键的指标或变量信息，从而影响了利用这些数据进行定量统计分析的效果。因此，完善检察公信力评估体系，制定科学合理的评价标准，进行检察公信力全面、专项评估必要而且重要。从2014年年初开始，高检院检察理论研究所与河北省检察院和浙江省宁波市检察院两个试点单位的课题组合作，制定了检察公信力测评指标体系和工作机制，形成了《检察公信力测评办法（试点适用）》《社会公众评价指标问卷（电话问卷）》《特定主体评价指标问卷（面访问卷）》和《客观指标数据和计分方法》等四个检察公信力测评工作规范性文件。此后，委托国家统计局社情民意调查中心对社会公众和特定主体进行调查，高检院案管办提供客观指标数据，在此基础上形成了《2014年度检察公信力测评调查报告》。[①] 山东省胶州市检察院研发了集电话访问、问题收集、二次回访等于一体的民意调查系统，现已开展回访和调查1万余人次，有效提升了检察机关的公信力和影响力。[②] 笔者认为，检察机关自己或者委托他人测评检察公信力，中立性和公信度不足，不仅会影响公众对检察公信力的认同，而且也会影响检察机关的决策。因此，笔者建议，除了检察系统内部的公信力测评外，还应当由第三方，比如人大常委会主持，委托专业机构对法院、检察院公信力进行测评，第三方主持测评，结果更加客观公正。

获得宝贵的数据资源，通过截面数据分析，观察特定时间点上的检察公信力状况；通过追踪数据分析，捕捉公众对检察人员或机构信任态度的变化。进而，有的放矢，促进各地各级检察机关及时发现自身不足，积极采取措施，有效解决问题，提升检察公信力。

（二）深化司法体制改革，严格落实办案责任

人们对检察机关的信任在很大程度上取决于政治制度的安排和国家法治化程度。如果检察机关的行为受不到法律的有效约束，人们对检察机关的信任就会降低。党的十八大召开后，习近平总书记明确指出要把公权力关进制度的笼

① 刘卉：《检察公信力测评：客观反映人民群众的认可度、满意度》，载《检察日报》2016年5月16日。

② 郭树合、丰建平：《山东胶州：研发民意调查系统提升检察机关公信力》，载《检察日报》2016年12月26日。

子，这表明了党和检察机关约束和限制公权力的决心。从人民群众反映强烈的问题入手，从制约司法公正的环节着力，推进司法体制改革是确保检察权公正依法行使，提升检察公信力的必由之路。2014 年全面深化改革领导小组审议通过《关于司法体制改革试点若干问题的框架意见》对司法制度改革中检察官的选任、检察人员的管理、办案责任制作出了规定，具体包括：（1）关于检察官选任。在省一级设立检察官遴选委员会，提出检察官人选，建立逐级遴选制度，上一级检察机关的检察官原则上从下一级择优遴选，拓宽选任渠道，吸收优秀法律人才进入检察官队伍。（2）关于检察人员分类管理。提出把检察院工作人员分为检察官、检察辅助人员、司法行政人员。（3）办案责任制。《中共中央关于全面深化改革若干重大问题的决定》要求，探索建立突出检察官主体地位的办案责任制，明确检察官办案的权力和责任，对所办案件终身负责，严格错案责任追究，形成权责明晰、权责统一、管理有序的司法权力运行机制。[①] 目前，司法体制改革正在如火如荼地进行之中。如江苏省检察院出台《江苏省检察机关司法责任制改革规范性文件汇编》，推出了 20 项制度，开出了“权力清单”，员额制检察官该干什么、不该干什么、错案如何追责，一目了然。以公诉业务类检察官为例，共有 15 项职权，包括独立决定适应简易、速裁程序；决定延长办案期限；决定对非重大案件提起公诉并提出量刑建议，等等。以确保检察官独立办案，并在其各自职责内负责办案质量。凸显了检察官办案主体，确立了权责统一、终身负责的检察官办案责任制，“谁办案谁负责，谁决定谁负责”。检察官办案主体地位得到凸显，确保办案质量的要求也更高了，建立符合职业特点的检察官选拔和检察人员管理制度，明确和落实办案责任制是提升检察人员素质的有效保障，也是把公权力关进制度的笼子的重要途径，对于提升检察公信力无疑具有重要的基础作用。

（三）坚持公正依法文明办案，深入推进检务公开

其一，检察机关要严格公正规范文明办案。公平正义是司法工作的最高价值和最终目标。“人民群众对于法律的感知，是通过发生在自己身上或者生活周围的一个个鲜活的案件逐渐得以明晰的”。[②] “创设检察官制之根本构想，本来在于防范滥权，更具体而言，乃在刑事司法的范围内，援引“以权力约束权力”之原理，通过追诉、审判权力分立之方式防范法官恣意，其后兼有节制检察滥权的功能”。我国宪法对于检察机关的职能定位是法律监督，‘以权

① 中央司改办负责人就司法体制改革试点工作答记者问［EB/OL］. 载 http://news.xinhuanet.com/poli 原 tics/2014－06/15/c_1111149887.htm。

② 龚佳禾：《规范执法提高检察公信力》，载《检察日报》2008 年 6 月 17 日。

力约束权力’的现实运用，也是我国检察制度设计的基本出发点，是检察机关的立身之本。法律监督是检察机关最主要的职能活动，公众对检察机关的评价，主要取决于对检察机关法律监督水平的认知。检察机关应当责无旁贷地担当起属于自己的法律监督责任，进一步加强对诉讼活动的法律监督，监督纠正执法不严、执法不规范、执法不文明等问题，维护法制权威和社会公平正义，“通过司法个案的公正塑造公众对司法的整体意识，形成产权、信息与信任的良性循环”。[①] 以出色的工作业绩赢得民众的依赖，以此来全面提升检察公信力。其二，司法公开的目的在于推进司法过程的良好运作和结果公正，这两者恰恰是司法公信力的来源。[②] 其三，要推进检务公开。推进司法公开，将司法权置于阳光下运行，满足公众对司法工作的知情权、表达权、参与权和监督权，公众就会亲身感受到司法的公正，从而对司法工作更加理解和信任。[③] 检务公开是树立检察权威、提高检察公信力、克制司法专断的有效方法，也是提升检察人员的业务素质、司法能力、防止外部干扰能力的有效途径。因此，检察机关应切实贯彻落实《人民检察院案件信息公开工作规定（试行）》等，应坚持以公开为原则、不公开为例外。坚持案件信息公开为常态、不公开为特例，主动接受广大人民群众的监督。借助现代媒体技术，优化案件信息公开制度，及时发布检务信息，提高案件信息发布的效率、质量，保障公开信息的有效性、真实性。

（四）营造良好环境，加大外部监督力度

《中共中央关于全面深化改革若干重大问题的决定》中强调，“发展社会主义民主政治，必须以保证人民当家作主为根本”。首先要加强党的领导和人大监督。进一步加强党对检察机关的组织、纪律监督。加强人大监督，通过强化监督手段、完善监督程序，规范检察行为，预防“系统性的司法不公”。[④] 其次，畅通群众利益的表达渠道，保障和改善民生，促进社会公平正义，维护

① 孙日华：《社会转型期司法公信力的生长》，载《中南大学学报（社会科学版）》2012 年第 4 期；龚佳禾：《规范执法提高检察公信力》，载《检察日报》2008 年 6 月 17 日。

② 杨小军：《法治中国视域下的司法体制改革研究》，载《法学杂志》2014 年第 3 期。

③ 公丕祥：《司法公开：提升司法公信力的重要保证》，载《中国党政干部论坛》2012 年第 7 期。

④ 郑成良、袁登明、吴光荣：《司法监督与司法公正》，载《中国司法》2004 年第 6 期。

群众的合法权益，也就是保障民权。[①] 目前我国网民数量稳居世界第一，并保持平稳上升的态势。网民的民主参与意识和监督意识也不断增强，许多司法不公的案件都是通过网络曝光、网友热议、网上提供线索等方式发现的，网络监督已成为畅达民意的便捷而有效的手段。我们要加强检察宣传，更加重视培养提升检察人员研判受众需求、掌握传媒讯息内容、分析传播趋势、影响和运用传媒等媒介素养。一是要适应新媒体时代的舆论生态，正确对待新媒体政法新闻语态夸张化、信息碎片化、态度极端化等负面因素。二是要以宣传岗位工作人员为重点，引导检察人员正确筛选各类信息并分析其意义及价值，提高与社会公众媒介有效沟通的能力。三是要加强检察人员研判群众信息公开需求能力的培训，利用官方网站、微博、微信等平台，收集群众对有关信息公开的直接诉求。四是要善用媒体传播“正能量”和“好声音”，引领舆论风向。五是要完善新闻发布会、网络舆情监控等制度，加强检察宣传、释法说理等，构建检察机关良好公共关系。

（五）坚持从严治检，强化过硬队伍建设

最高人民检察院曹建明检察长在全国检察长会议上强调，“检察机关要以提高执法公信力为核心，加强自身建设……”他在江苏调研时指出：“要把人民作为检察工作全部价值的最高裁决者，把履行法律监督职能作为践行执法为民宗旨的基本途径，进一步提高检察工作亲和力、公信力和人民群众满意度。”首先，要抓好队伍专业化、职业化建设，积极推进员额制改革，完善配套制度，实施检察人员分类管理。同时，加大培训培训力度，重点学习实际司法办案所依据的法律、法规和司法解释之外，并且要把正确运用党的路线方针政策有机结合起来的成功案例作为培训的重要补充。除此之外，教育培训还应当重视新型犯罪、职务犯罪新趋势、突发事件的处理、信息网络化背景下的司法应用能力、媒体监督舆论引导能力等内容的学习，从而使检察人员整体素质得到全面提升。其次，建立健全检察官个人信用信息库，为检察官建立“信用档案”。出台信用等级评价机制，对检察官的信用情况进行分类评价，确定信用等级，信用等级高低直接与检察官评先评优挂钩。最后，坚持把纪律和规矩挺在前面，从严执行检察机关的各种规章制度。进一步完善责任追究制，坚持不懈抓好党风廉政和司法规范化建设，实施严格惩戒制度。健全信息发布制度，对追责信息要及时向全社会公示，自觉接受社会评议和人民监督，积极重

---

① 吴毅君：《保障和改善民生是巩固我党执政基础的要务》，载《华侨大学学报（哲学社会科学版）》2014 年第 3 期。

建检察公信力，最大限度地挽回检察机关形象损失。

（六）培育检察文化，强化“公信检察”理念建设

注重加强检察文化建设，发挥文化特有的引导力、感染力，以文化人、以文育人。首先要积极塑造精神文化，加强社会主义核心价值观和法治理念教育，引导检察干警牢固树立法律至上的理念，准确领会检察公信力的深刻内涵，牢固树立依法治国、司法为民、公平正义、服务大局的理念，不断提升检察机关亲和力。组织开展检察职业精神大讨论等学习实践活动，进一步培育和弘扬检察职业精神。加强职业伦理、司法良知教育，促进养成崇尚法治、恪守良知、客观公正、理性平和的检察职业品格。其次，积极营造环境文化。加强楼道文化、图书室、电子阅览室、文化长廊、干警文体活动室建设，开展技能竞赛、演讲比赛、读书研讨会等内涵丰富、形式多样的文体活动，陶冶干警情操，提升人文素养。积极组织各项丰富多彩的文体活动，活跃机关气氛，缓解工作压力。用健康向上的检察文化占领和覆盖干警八小时外的思想文化阵地，引导干警远离是非之地，远离是非之人，远离不良的生活方式，养成有益于身心健康格调高雅的良好生活习惯。通过多种形式的文化建设，发挥文化“软实力”作用，将先进文化的柔性导向融于严格司法的刚性之中，培育具有完备人格、高尚情操、高雅情趣的检察队伍，形成人文和谐之气、干事创业之风和蓬勃发展之势。最后，要推进检察诚信文化建设。结合自身实际，加强诚信建设的理论研究，列出工作计划，细化工作措施，努力构建健康向上、奋发进取的检察诚信文化，通过检察诚信文化的强大感染力，促进检察人员诚信的自觉养成。

（七）依托教育培训，提高队伍素质

坚持“传、帮、带”和“练、学、赛、用”相结合，本着干什么、练什么，缺什么、补什么，弱什么、固什么的原则，统一部署，分层实施，全员参与，立足岗位，着眼实战，全面开展形式多样的全员教育培训和岗位大练兵活动。建立岗位目标机制。坚持把加强学习、提高能力、增强本领作为履行职责重要内容，纳入岗位责任制当中，与业务工作，一道部署，一起考核。建立激励约束机制。采取奖罚分明的措施，鼓励和鞭策全体干警加强学习，通过引入激励约束机制，调动大家的积极性。结合本院实际情况，组织干警积极参加上级检察机关安排的年度各种教育培训和业务竞赛活动，完成规定的任务要求；邀请法律实务专家对如何提高基层检察干警的业务工作能力进行专题讲座；倡导立足本职岗位坚持自学，鼓励参加各级组织的调研、论文等评比竞赛活动，达到提升业务水平和工作能力的目的。

司法改革视野下检察公信力重塑

刁岚松*

2014年10月23日，十八届四中全会通过《中共中央关于全面推进依法治国若干重大问题的决定》（以下简称《决定》），将“保证司法公正，提高司法公信力”作为一节，并从“完善确保依法独立公正行使审判权和检察权的制度、优化司法职权配置、推进严格司法、保障人民群众参与司法、加强人权司法保障、加强对司法活动的监督”六个方面作了深入阐述。两年多来，在司法改革深入推进的新形势下，作为司法公信力重要组成部分的检察公信力构建成为检察权正确依法独立公正行使的内在的、必然的要求。

一、构建以检察为中心的诉讼监督格局是前提

《决定》提出的推进以审判为中心的诉讼制度改革，是破解制约刑事司法公正突出问题、加强人权司法保障的必由之路。① 其终极目标就是防止冤假错案，努力实现司法公正，② 其中的关键词为司法公正和人权保障。司法公正是司法获得民众信任即司法公信力的决定性要素。③ 而对人权的保障则是司法公正的根本。因此，在推进以审判为中心的诉讼制度改革进程中，应牢牢把握人权保障这个根本，规范司法权力及其运行。就检察权来说，应当以人权保障为中心构建完善的检察权运行机制，规范司法行为，实现司法公正，为检察公信力提供制度和行为支撑。

在我国，检察权是在二元司法体制下运行的，一是作为诉讼参与人，代表国家指控犯罪；二是作为诉讼监督者，维护公平正义。在刑事诉讼中，检察机

---

* 刁岚松，南京大学法学院博士研究生，安徽省郎溪县人民检察院检察委员会委员。

① 沈德咏：《论以审判为中心的诉讼制度改革》，载《中国法学》2015年第3期。

② 陈国庆、周颖：《“以审判为中心”与检察工作》，载陈国庆主编：《刑事司法指南》2015年第4集，法律出版社2016年版，第7页。

③ 龙宗智：《影响司法公正及司法公信力的现实因素及对策》，载《当代法学》2015年第3期。

关应当坚持这两个角色定位，在指控犯罪的诉讼过程中完成诉讼监督责任。围绕以审判为中心的诉讼制度改革，认真研究检察环节指控犯罪的诉讼制度变革，构建以公诉为主导的刑事指控体系，更为重要的是，在诉讼活动中，要形成以检察为中心的诉讼监督格局，确保司法公正，保障人权，促进公信。本文主要围绕构建以检察为中心的诉讼监督格局展开论述。

刑事司法所涉人权保障，既包括诉讼程序内的人权保障，即使被认定有罪的人也要保障其基本人权和诉讼权利；又包括诉讼程序外的人权保障，非经正当法律程序，不得对任何人认定有罪和施以刑罚，包括民间的私力报复和以公权名义施以私刑。①

在侦诉审三者关系中，诉居中而立，审前可以制约侦查，又深嵌审中和审后，对审判过程和结果全程参与，最具监督优势。为此，检察监督中，要切实统一监督效力的内在标准和外在标准，② 在两个环节加大监督力度。其一，侦查监督环节。检察机关理当作为审前程序的主导者，其监督应该是深入、有效地监督和制约侦查活动。这种监督制约标准应该以裁判定罪的标准来要求，全面指导、规范公安机关的侦查活动。另外，检察院还可以通过个案介入来指挥和引导侦查活动，特别是涉及重大案件、公民重要权利的侦查行为，以确保侦查机关依法行使职权、严守法定程序，避免应当收集的证据而未收集，或者以非法手段收集证据。③ 抓住侦查活动中违法违规的关键问题施以有重点的监督。④ 真正落实《决定》为完善检察权力的侦查监督职能提出的新目标，即“完善对限制人身自由司法措施和侦查手段的司法监督，加强对刑讯逼供和非法取证的源头预防，健全冤假错案有效防范、及时纠正机制”。其二，刑事审判环节，构建完善的以抗诉为中心的刑事审判监督机制。在推进法官办案责任

① 沈德咏：《论以审判为中心的诉讼制度改革》，载《中国法学》2015 年第 3 期。

② 当代西方法哲学中关于法的效力主要形成了四种效力观，即实证主义法学派的逻辑效力观、自然法学派的伦理效力观、社会法学派的事实效力观和现实主义法学派的心理效力观，其中逻辑的效力观（即法具有形式上的效力）是法的效力的内在标准，而伦理效力观（法的权威）、事实效力观（法的效果）和心理效力观（法的强制力和约束力）则是法的效力的外在标准。本文在此引用，认为，监督作为一种法的存在形式，也应当具有法的效力观的内在标准和外在标准。参见张文显：《二十世纪西方法哲学思潮研究》，法律出版社 2006 年版，第 378 页。

③ 左卫民：《健全分工负责、互相配合、互相制约原则》，载《法制与社会发展》2016 年第 2 期。

④ 苗生明：《构建以公诉为主导的刑事指控体系》，载人大复印报刊资料《诉讼法学、司法制度》2016 年第 6 期。

制改革、合议庭和审判法官独立性增强、法院内部监督制约减少的情况下，更应依法强化检察机关对刑事审判活动的法律监督，特别是注重发挥刑事抗诉的刚性监督作用，促进人民法院依法正确行使审判权。[①] 一要切实加强刑事抗诉，强化裁判审查，找准抗点，加强抗诉法理论证，纠正定罪不当、量刑严重失衡问题。二要对法院自行启动再审后改判或判缓刑和免于刑事处罚案件的监督，开展对上诉后改判或发回重审案件的监督。三要通过纠正审判程序违法、检察建议、情况通报或联席会议等方式积极开展监督。四要探索建立法院裁判改变起诉指控事实、罪名的案件报上一级检察院备案审查制度，认真落实职务犯罪案件第一审判决上下两级检察院同步审查机制。完善对法院指令异地再审案件监督机制。[②]

另外，在实施检察监督以及自我监督过程中，要遵循正当法律程序要求，引入并构建社会公众参与和商谈机制，以公开、透明的检察监督方式，让社会公众看得见、信得过。一是参与。众所周知，检察监督对侦、审违法行为等一般采取纠正违法通知、检察建议、抗诉等方式，也仅限于互相之间送达法律文书等行为，除涉事当事人外，很少为社会公众所知情，至于纠正、采纳建议、改判与否，更难为社会公众所知，因此，社会公众参与就显得尤为重要，一方面检察机关要主动在各类媒体上对侦审机关违法行为曝光亮丑，公开检察监督行为和监督结果，让社会公众知情；另一方面邀请一定范围内社会公众参与点评检察监督及其效果。二是商谈。建构监督者、被监督者与具有一定代表性的社会公众（如人民陪审员、人民监督员、执法监督员、人大代表、政协委员、社区人员、党员干部等）就监督事项或行为商谈机制，为形成共识搭建平台，在此过程中，对一些敏感、有影响的案件可以邀请媒体介入报道。参与和商谈方式，有利于合意并达成共识，有利于所作决定的合法性，有利于规范司法行为、公正司法、获取公信。

只有实现以检察为中心的诉讼监督格局，完善对限制人身自由审查措施和侦查手段的检察监督，才能及时制止和纠正违法行为，及早从源头上防范刑讯逼供和非法取证；只有实现以检察为中心的诉讼监督格局，切实发挥检察监督效用，及时采取司法救济手段，才能有效落实罪刑法定、疑罪从无、非法证据排除等法律原则和制度，确保有罪的人受到应有制裁、无罪的人不受追究，促

---

① 张相军：《顺应以审判为中心的诉讼制度改革，加强和改进公诉工作》，载人大复印报刊资料《诉讼法学、司法制度》2016 年第 6 期。

② 最高人民检察院：《构建以抗诉为中心的刑事审判监督格局》，载 http://www.spp.gov.cn/zdgz/201701/t20170114_178542.shtml，最后访问时间：2017 年 1 月 18 日。

进人权保障真正落到实处，以看得见的方式实现司法公正，让社会公众发自内心地认同、信服检察监督行为和制度的效力和权威。

二、健全的检察员额制是关键

司法活动是司法官主导的，个案公正是由司法官的判断和裁决来体现的，司法官的素质是影响司法公正和公信力的决定性因素。尤其在司法改革确立并贯彻“审理者裁判，裁判者负责”的原则后，在一线办案的司法官的素质，对司法公正和公信力的作用更加凸显。[①]《决定》将“推进法治专门队伍正规化、专业化、职业化，提高职业素养和专业水平”作为建设高素质法治专门队伍的一项重要内容，符合司法规律，也是司法公正和司法公信力建设的现实要求。

目前，司法改革推行“员额制”正是要实现检察官的精英化、专业化，把能力更强、经验更丰富的检察官留在办案一线。让既具备中国传统儒家强调的道德训练和修养，又具有法律职业化、专业化素质的员额制检察官作为检察制度和检察权运行的主体，势在必然。唯有高素质的、专业化的职业检察官，才会赢得社会的认同和信任。

那么，员额制检察官需要具备什么样的素质和条件才能胜任检察职业要求？伯尔曼初步概括了西方法律传统十项主要特点，其中前四项[②]与法律职业条件和要求相关，即法律职业的自治性、职业化、专业化、阐述能力（概念化和系统化），从其位列可见，法律职业及其人员应当具备的条件和要求在整个西方法律传统中的基础性和重要性。我国学者在此基础上，结合一般职业特

---

① 龙宗智：《影响司法公正及司法公信力的现实因素及其对策》，载《当代法学》2015 年第 3 期。

② 这四个特征的具体内容是：（1）在西方，法律被认为具有它自己的特征，具有某种程度的相对自治，当然，持这种观点的不仅仅是西方；（2）在西方法律传统中，法律的施行被委托给一群特别的人们，他们或多或少在专职的职业基础上从事法律活动；（3）法律职业者，无论是在英国或美国那样具有特色地称做法律家，还是像在大多数其他欧洲国家那样被称作法学家，都是一种具有高级学问的独立机构中接受专门的培训，这种学问被认为是法律学问，这种机构具有自己的职业文献作品，具有自己的职业学校或其他培训场所；（4）法律不仅包括法律制度、法律命令和法律判决，而且还包括法律学者（其中有时包括像法律学者那样一些从事讲述和撰写的立法者、法官和其他官员）对法律制度、法律命令和法律判决所做的阐述。参见［美］哈罗德·J. 伯尔曼：《法律与革命——西方法律传统的形成》（第一卷），贺卫方、高鸿钧、张志铭、夏勇译，法律出版社 2008 年版，第 7—8 页。

征和法律职业的要求，概括了法律职业的四个特征：（1）法律职业或法律家的技能以系统的法学理论或法律学问为基础，并不间断地培训、学习和进取。（2）法律职业或法律家专职从事法律活动，具有相当大的自主性或自治性。（3）法律职业形成法律家集团，其内部传承着职业伦理，从而维系着这个集团的成员以及团体的社会地位和声誉。（4）加入法律职业必将受到认真考查，获得许可证，得到头衔，如律师资格的取得。[①] 还有学者提出了法律职业人员的三个衡量标准：一是德性；二是阅历和年资；三是专业学问和技艺。[②] 令人鼓舞的是，当下中国司法正规化、职业化、专业化改革正朝着这一方向迈进。

本文认为，从能力角度看，员额制检察官至少还应当具备三种能力：资格能力、行为能力和责任能力。其一，资格能力。从事检察职业必须具备取得职业伦理以及法律知识的资格能力，获取资格证书和执业许可证书。但这并非是一蹴而就的，还要建立和完善职业过程中不断修业的制度体系，以适应和满足情势变化的需要。其二，行为能力。具有在检察实践中判断价值、适用规范和认定事实的能力；同时还应具备不受干扰、抗拒干扰、依法独立自主作出判断和决定的水准以及与此相适应的内、外部环境条件。其三，责任能力。形成员额制检察官独立承担责任的制度条件以及具备责任担当的心理条件，要敢于对自己的行为负责，办了错案要勇于承担责任。

当前，对于检察官员额制规定尚处于政策层面，还没有规范性文件，期待随着改革的深入，可在未来修订《人民检察院组织法》《检察官法》时将实践中形成的成熟的检察官员额制经验加以总结并规定纳入其中，以利于实践中执行。

三、完善的司法责任制是核心

经深化改革领导小组审议通过，2015 年 9 月高检院出台了《关于完善人民检察院司法责任制的若干意见》（以下简称《意见》），《意见》共 48 条。重点围绕三个方面的问题作出规定：一是明确检察人员的职责权限；二是完善检察机关司法办案组织及业务运行方式，即完善检察权运行机制；三是完善司法责任体系。这些规定对解决当前检察机关司法办案责任问题、提高司法公信力提供了制度支持。通过完善人民检察院司法责任制，建立权责统一、权责明晰、权力制约的司法权力运行机制和公平合理的司法责任认定、追究机制，有

① 孙笑侠：《程序的法理》，商务印书馆 2005 年版，第 144—145 页。

② 刘斌：《从法官“离职”现象看法官员额制改革的制度逻辑》，载人大报刊复印资料《诉讼法学、司法制度》2016 年第 2 期。

利于完善办案机制，减少内外部人员对司法办案的不当干预，增强检察官司法办案的责任心，提高司法办案的质量和效率。通过研读《意见》文本，本文认为，以下四个方面有待完善。

（一）司法责任认定

众所周知，司法责任制的核心在于错案责任追究制度，即对在司法办案中，因故意或重大过失造成错案的予以责任追究。但从《意见》文本规定来看，仅在第33条提到“错案”二字，第34条、第35条分别通过列举的方式对在司法办案中的若干故意违法行为或重大过失并造成一定后果的追究司法责任作出规定。第36条对负有监督管理职责的检察人员因故意或重大过失怠于行使或不当行使监督管理权，导致司法办案工作出现严重错误的，作出应当承担相应的司法责任的规定。文本显然回避了对“错案”的界定，因为实践中对错案之“错”存在定性和定量两个方面问题，司法“错案”的认定标准、范围、表现形式仁者见仁智者见智，难以做出科学化、合理化规定。因此，本文建议，明确将司法责任的认定分为故意或重大过失造成的程序性违法和实体性违法两种基本类型，并在两种类型项下列举行为种类，视情节和结果的轻重分别予以制裁和处罚。

1. 程序性违法的认定和处罚。主要指参与刑事诉讼司法主体违反法律所规定的诉讼程序的行为。如违反回避制度，非法羁押，通过非法搜查、非法侵入公民住宅、侵犯沉默权、辩护权获取的证据，非法查封、扣押、冻结、处理涉案财物以及非法剥夺被追诉人政治性权利等都属于程序性违法行为，这种行为由于程度不同地侵犯了公民的基本权利，因此又具有公共侵权行为的性质。与此相对应，作出程序性制裁的规定，即在刑事诉讼程序范围内针对程序性违法而确立的程序法律后果。对于程序性违法行为的实施者来说，程序性制裁具有惩罚作用；而对于那些公共侵权行为的受害者来说，程序性制裁又具有权利救济的作用。[①] 实施程序性制裁措施的目的在于促使司法主体遵守法律程序，尊重犯罪嫌疑人、被告人的各项公民权利，从而维护刑事诉讼程序的实施，以保障程序正义不受违背。[②] 对于程序性违法行为，一般作出两种处罚，一是宣布程序无效；二是追究行为者纪律或行政上的责任。

2. 实体性违法的认定和处罚。即由于程序性违法行为达到实体性违法程度，对被追诉人人身、财产、平等、政治性权利造成伤害的，如对刑讯逼供、

---

① 陈瑞华：《程序性制裁制度研究》，载《中外法学》2003年第4期。

② 张曙：《刑事司法公正论》，中国人民公安大学出版社2009年版，第237页。

暴力取证、隐匿伪造证据等行为属于实体性违法行为，视情节和结果，可以分别采取纪律处分、行政处理和追究民事、刑事责任等制裁措施。

另外，对负有监督管理职责的检察人员因故意或重大过失怠于行使或不当行使监督管理权，导致司法办案工作出现严重错误的，也应当将严重错误分为程序性违法和实体性违法两种类型分别作出上述类似规定，追究行为者相应的司法责任。

（二）司法责任主体

关于司法责任主体，有学者根据过错的归属和属性，从法官的角度分析认为，在理论上和逻辑上，司法过错如果指司法机关的过错，那么，其责任主体就是某个具体的司法机关（法院），其“法定代表人”也将承担相应的责任。司法过错如果指的是司法人员的过错，那么，其责任主体就是某个具体的法官。司法过错如果指的是司法性质的过错，那么，其责任主体则要比上述人员广，可能还要包括其他执行具有司法性质工作的人员。如果司法过错指的是司法过程中的过错，其责任主体则要看在哪个具体过程中的司法人员了。[①] 这对司法责任主体的认识是比较全面的。《意见》第 37 条至第 40 条对检察机关各类办案主体在司法办案中的责任作了划分，但关于检察委员会委员责任承担问题除《意见》第 40 条规定的情形外，没有对重大、疑难、复杂案件正确汇报、讨论并导致错误决定的责任承担作出具体规定。对此应当增加规定，明确个体委员、少数委员或多数委员对错误决定承担相应责任，以及持正确意见的不承担责任。

对因法律不确定而产生的判断错误或失误，各类办案主体的责任承担问题，《意见》也没有作出规定。本文认为，此种情形，不应当承担责任。

另外，《意见》第 39 条规定：“对于检察官在职权范围内作出决定的事项，检察长（副检察长）不因签发法律文书承担司法责任。”显然，授权范围内案件的司法责任仍然由检察官承担。这样一来，有权签发法律文书的不承担责任，实际承担责任的无权签发文书，造成司法责任制下责权关系的不对等。[②] 为了责权关系的对等，使承办案件的检察官更加审慎用权，明晰责任，终身负责，应当赋予承办案件的检察官文书签发权。

---

① 杨春福：《司法过错责任及其追究机制法理分析》，载《法制与社会发展》2014 年第 6 期。

② 王玄玮：《检察机关司法责任制之规范分析》，载《国家检察官学院学报》2017 年第 1 期。

（三）司法责任形式

《意见》第44条规定了三种追究司法责任的形式：即刑事责任、行政责任或行业责任和纪律责任（纪律责任不属于法律责任）。在司法责任形式上，应当增加规定对造成当事人人身或财产损失未达刑事责任标准的，由司法责任主体承担相应的民事责任。

我国现行法律虽然没有规定可以通过民事诉讼要求司法人员就特定行为承担民事赔偿责任，但《国家赔偿法》规定，赔偿义务机关依法赔偿损失后应当向负有责任的工作人员追偿。被追偿人实际上承担的是侵权赔偿责任。如果《国家赔偿法》关于向责任人追偿的制度得不到落实，何妨设定民事责任，允许错案的受害人及其近亲属、法定代理人向责任人直接提起民事诉讼加以追偿？不过，要建立这一责任承担形式，需重新设定错案责任人员承担的民事责任与国家承担的赔偿责任的关系，划定两者的界限，这将是该制度设计时需要解决的一个难题。①

（四）司法责任程序

根据《意见》文本规定，追究检察官司法责任的程序中涉及三个主体，一是人民检察院纪检监察机构；二是检察官惩戒委员会；三是当事检察官。文本只粗线条规定了，人民检察院纪检监察机构享有调查核实权，检察官惩戒委员会享有作出无责、免责或给予惩戒处分的建议权以及当事检察官的陈述、辩解、申请复议权。但相关移送材料、审查材料、作出惩戒建议以及当事检察官陈述、辩解、申请复议等如何行使的程序规定阙如，应当在修改《意见》中予以进一步完善或在制定《检察官惩戒委员会工作章程》等相关法律文件中给予规定。

更为重要的是，《意见》没有规定对作出处理或处罚决定是否公开、如何公开的办法和程序，使社会公众无从知晓具体故意违反法律法规责任或重大过失责任的处罚或处理情况，不利于检察公信的树立。

① 张建伟：《错案责任追究及其障碍性因素》，载《国家检察官学院学报》2017年第1期。

新形势下检察公信力建设推进策略

张宝印　周习武*

《中共中央关于全面推进依法治国若干重大问题的决定》（以下简称《决定》）中强调，要保证公正司法，提高司法公信力，努力让人民群众在每一个司法案件中感受到公平正义。检察公信力作为司法公信力的重要组成部分，是人民群众对检察司法是否公正的主观评价，承载着人民群众对于检察机关依法行使检察权、保障法律的统一与正确实施、维护国家与人民利益的积极诉求。在目前司法改革的大背景中，如何正确、有效地推进检察公信力建设，本文提出三项策略，以期妥善应对新形势，充分保障检察权。

一、总体指导方略

我国的司法公信力建设具有明确的指导方略，《决定》对如何提升司法公信力从完善确保依法独立公正行使审判权和检察权的制度、优化司法职权配置、推进严格司法、保障人民群众参与司法、加强人权司法保障、加强对司法活动的监督等六个方面做出了明确的要求。新形势下的检察公信力建设仍然应当围绕《决定》中的要求进行制度完善与探索，在改革中推进检察公信力建设。

二、主体维度策略

（一）检察维度

检察维度即从检察人员、检察工作、检察机关三个层次进行检察公信力建设。

1. 在检察人员层面，应当加强检察官职业道德建设。职业道德建设是检察机关正规化、专业化、职业化建设的重中之重。2016 年 11 月，最高人民检察院通过了《中华人民共和国检察官职业道德基本准则》，明确了五个坚持，

---

* 张宝印，辽宁省沈阳市沈河区人民检察院检察员；周习武，辽宁省人民检察院调研员。

即坚持忠诚品格、坚持为民宗旨、坚持担当精神、坚持公正理念、坚持廉洁操守。检察人员应当坚守忠诚、为民、担当、公正、廉洁的职业道德，内化于心，外化于行，做合格的检察人员，以检察官的魅力获得人民群众的信任。

2. 在检察工作层面，应当做到应然司法。应然司法即检察机关在应然层面应当如何进行司法，即严格规范公正文明司法。严格、规范、公正、文明分别在司法基本要求层面、司法行为准则层面、司法的目标层面、司法职业素养与伦理层面体现着应然司法的价值取向。作为应然司法价值取向的严格规范公正文明具有丰富的内涵，既是行动的准则，也是追求的目标。严格是司法基本要求层面的价值取向，强调面对司法基本态度的严肃认真。严格司法就是要做到以事实为依据、以法律为准绳，严肃认真对待司法。《决定》明确指出，要坚持以事实为依据、以法律为准绳。检察官应当严格依据事实与法律行使人民赋予的职权，不得马虎放松。规范是司法行为准则层面的价值取向，强调司法行为过程的规范化。规范司法就是要严格依照司法的制度规范适用法律，实现司法的规范化。“当前司法行为的规范性标准已相当完备”，[①] 同时高检院不断出台规范司法行为的相关规定标准，广大检察官应当树立规范意识，严格按照司法的制度规范进行司法，做到司法行为有规可依。公正是司法的目标层面的价值取向，也是司法的终极价值取向，“公正是司法永恒的和最高的价值”。[②] 公正是法治的生命线，当然也是司法的生命线。学者对公正司法的研究较多，对公正的内容做出很多分析，程序公正与实体公正作为公正的基本内容得到多数学者的认同。检察官司法要兼顾实体与程序的双重公正，既要使司法的结果达到公正，同时司法的程序也要符合公正的要求；文明是司法职业素养与伦理层面的价值取向，要求司法行为要符合司法行为伦理规范。检察官文明与否直接影响到检察官在人民群众心中的形象。最高人民检察院已经颁布检察官职业道德基本准则、职业行为基本规范、检察机关文明用语规则等，广大检察官应当恪守检察官言行规范，严守检察官职业伦理，树立检察官的文明形象。

3. 在检察机关层面，应当做好公众应对。新时期下检察机关如何与人民群众进行积极有效的二元互动将直接影响人民群众对检察公信力的评价。我国建立人民检察院新闻发言人制度就是对二元互动的有益探索。二元互动能够实现人民群众对检察司法信息的占有，并在互动的过程中理解司法的公正程度，提升人民群众的法治素养，进而通过检察公信力建设促进法治社会的生成。

---

① 陈卫东、杜磊：《司法改革背景下规范司法行为的进路》，载《学习与探索》2015年第11期。

② 袁兵喜：《司法文化评价指标分析》，载《国家检察官学院学报》2015年第2期。

“概言之，提升司法公信力要求在坚持法治理念和尊重司法规律的基础上，在刑事司法与公众之间努力形塑如下关系：值得信任的主体，相信有良好声誉的相对方，能够从事互动性的社会交往，在成本合适的情况下，做出理性的选择。”①

（二）公众维度

人民群众是检察公信力的重要主体，人民群众的法治素养水平直接决定其对检察司法的了解以及理解程度。检察机关在完善自身司法的同时，应当参与推进法治公民建设，提升人民群众的法治认知水准，使人民群众能够对检察司法做出理性评价。2016 年 12 月，中共中央办公厅、国务院办公厅印发了《关于进一步把社会主义核心价值观融入法治建设的指导意见》，对弘扬社会主义法治精神的路径进行了明确。检察机关应当以此为契机，落实《关于实行国家机关“谁执法谁普法”普法责任制的意见》，深入开展法治宣传教育，推动全社会树立法治意识，增强法治观念。

三、测评与监督

检察公信力建设的前途是光明的，道路是曲折的。在将检察公信力建设至理想状态之前的过程当中，必然要对检察公信力建设现状进行必要的测评与监督，以促使检察公信力建设之路继续前行。在测评方面，可在可行性论证的基础上尽快建立检察公信力测评机制，从而实现检察机关内部测评与外部测评的双重测评格局，以实现检察机关的司法公正。自 2014 年以来，各地检察机关及诸多学者对检察公信力测评课题进行深入研究，并取得了初步成果。2016 年 5 月，高检院检察理论研究所主办的检察公信力测评项目研讨会在北京召开。检察公信力测评必将有助于检察机关及时发现自身工作存在的不足，促使检察机关积极采取措施，有效解决问题。

在监督方面，应当对人民监督员制度进行重新定位。按照现行关于人民监督员的制度规定，如《最高人民检察院关于人民监督员监督工作的规定》，人民监督员主要对人民检察院直接受理立案侦查案件工作中存在的问题进行监督。但在当前我国改革的背景下，国家监察体制改革将改变人民检察院的案件办理范围，人民监督员制度必然发生改变。在改革进程中，检察机关应当积极应对，参与建立检察机关与监察机关的业务衔接机制，合理界定检察官惩戒委员会的惩戒范围，实现改革的整体有序推进。

---

① 胡铭：《司法公信力的理性解释与建构》，载《中国社会科学》2015 年第 4 期。

新形势下推进检察公信力建设的政策和策略

王　平*

中共中央总书记习近平就做好新形势下政法工作强调，全国政法机关要全面贯彻落实党的十八大、十八届三中全会精神，切实肩负起中国特色社会主义事业建设者、捍卫者的职责使命。要顺应人民群众对公共安全、司法公正、权益保障的新期待，进一步提高政法工作亲和力和公信力，努力让人民群众在每一个司法案件中都能感受到公平正义，保证中国特色社会主义事业在和谐稳定的社会环境中顺利推进。笔者认为，习近平总书记的重要指示，透出一个重要问题，那就是新形势下如何推进检察公信力建设的问题。要在中国特色社会主义司法体系制度框架下严格执法、文明执法、公正执法，要针对执法中存在的诸如随意执法、徇私枉法、错位执法等失信于民的突出问题认真整改，真正做到为社会经济稳定、和谐、健康、科学发展提供最优质的法治保障。为此，笔者结合检察工作实践，就新形势下推进检察公信力建设的政策和策略问题，谈几点看法与大家共同商榷。

一、关于检察公信力的科学内涵问题

正确理解检察公信力的科学内涵十分重要，了解和掌握检察公信力的来源、特性和构成要素是我们构建公信力的基本前提，明确和重视构建检察公信力的重要现实意义是我们推动检察工作科学发展的思想保障。

（一）如何理解检察公信力的内涵

何为“公信”？普遍认为，“公”是指公众，而不是指个人或少数人，在我国即指广大人民群众；“信”是指信仰、信赖、信誉、信用，狭义讲是指信服；“力”是指作用力、影响力、权威力。司法公信力具有双重涵义，包括执法机关是否依法执法和公众是否信服。简言之，司法公信力就是司法机关的执

---

* 王平，河北省张家口市万全区人民检察院党组成员、政治处主任兼法律政策研究室主任。

法活动得到广大人民群众普遍的认同的一种能力。[①] 具体到检察机关来讲，检察公信力是检察机关在行使法律监督权过程中对社会的信用和社会公众对检察机关行使法律监督权过程和结果的信任。其中，“信用”是前提和基础；“信任”是检察机关执法公信力的主要评价标准。检察公信力的核心是社会公众对检察机关公共信用理性认知基础上的心理认同，具有主体交互性、制度性、法律监督性、评价主体的普遍、易碎性等五个特征。[②]

（二）检察公信力的构成要素

司法公信力的来源具有多元性，评价主体具有广泛性，主客观表现具有差异性。司法公信力在根源上具有坚实的宪法基础，以人民授权为根本；在内容上具有明确的职能要求，如检察机关执法以履行法律监督为基本途径；在目标上具有鲜明的工作指向，以满足人民群众的要求和期待为宗旨。从司法公信力的流变来看，司法公信力具有历史性、稳定性和不均衡性等特性；从司法公信力的主体来看，其具有公共性、权威性、公正性、能动性和不对称性等特性。司法公信力的构成要素是：法律规则的权威性、执法主体的公正性、执法过程的开放性、执法裁判的权威性等。从内部要素来讲，司法公信力由司法主体要素、过程要素、结果要素构成。在司法主体要素方面，司法人员具备良好的司法职业道德和高超的司法技能；在司法过程要素方面，要遵循法律的正当程序；在司法结果要素方面，要实现实体公正。由此看来，检察公信力应由检察工作的影响力、对公众诉求的回应力、检察决定的说服力、检察官的战斗力和检察监督的约束力等五个相互联系的基本要素构成。[③]

（三）推进检察公信力建设的重要现实意义

司法公信力是人民群众对司法认知度、认同度、信任度的综合反映，是衡量司法文明程度乃至法治文明程度的基本标尺。提高司法公信力是全面建成小康社会的重要目标，是全面推进依法治国的重要保障，是坚持司法为民的内在要求，是检察工作科学发展的迫切需要，是检察机关必须担当的重大使命。加强司法公信建设，符合中央精神和高检院要求，符合广大人民群众愿望，符合对当前检察机关形势和任务的判断，符合检察工作发展规律，体现了检察机关

---

① 周理松、阮志勇：《执法公信力：检察权运行的重要前提》，载《检察日报》2010年9月28日。

② 王金贵、王渊：《公信力是检察权的天然品质》，载《检察日报》2010年9月28日。

③ 周理松、阮志勇：《执法公信力：检察权运行的重要前提》，载《检察日报》2010年9月28日。

的主动作为和责任担当，具有十分重要的现实意义。当前检察公信力在某种程度上还存在一些缺失现象，仍然面临诸多挑战和考验，人民群众对检察机关的满意度和信任度并不容乐观。检察公信力建设还存在理论缺失、制度缺失、公众法律意识欠缺、司法活动较易受到干扰等亟待解决的问题。因此，推进检察公信力建设是目前极为重要而且十分紧迫的问题。第一，推进检察公信力建设，是新时期对检察工作的新要求，是落实依法治国方略的重要组成部分，是依法、严格、公正、廉洁执法的最终体现。第二，推进检察公信力建设，是摆在我们面前的一项重要而紧迫的战略性任务，现实社会中的民生问题、司法腐败等社会热点，应当引起我们高度重视。第三，推进检察公信力建设，是我们赢得社会公众对检察机关行使法律监督权过程和结果信任的必要前提。第四，推进检察公信力建设，对处理案件、解决矛盾纠纷、构建和谐社会具有重要的促进作用。第五，推进检察公信力建设，是加强检察队伍建设，加强和改善检察机关的执法活动，加强检察机关制度建设的现实路径和必要措施。

二、关于检察公信力建设的政策问题

政策是指国家政党在一定时期为实现一定的任务而规定的行动依据和准则，具有总体性、根本性、全局性。政策是党的生命。政策的制定主要是依据政治形势、阶级关系的实际情况，以及人民的意志和要求等来制定的。当前社会转型过程中，刑事犯罪、民事纠纷、群体性事件和各种治安案件持续高发，大量的社会纠纷以司法诉求的形式进入检察工作领域。在这种形势下，应当明确检察公信力建设的主要任务，坚持适应新时期，满足新情况、新要求的特有原则和方法，以指导和实践检察公信力建设。

（一）新形势下检察公信力建设的主要任务

1. 实施素质能力提升工程，坚持从源头抓起，着力提升队伍素质，让实现公平正义有根基。大力提高思想政治素质，巩固和拓展“三严三实”专题教育和“学党章党规、学系列讲话，做合格党员”学习教育成果，用新的理念引领检察工作创新发展。加强以司法为民为主要内涵的职业良知和职业道德教育，牢固树立人民至上的群众观。认真组织学习检察机关执法工作基本规范、三大诉讼监督规则以及高检院近期出台的一系列规范性文件、检察改革文件。认真落实检察机关岗位素能基本标准（试行），组织开展标准应用及试行试点工作。积极开展分类业务培训，定期组织网络考试，大力组织各业务条线开展业务实训、岗位练兵、知识竞赛、业务能手评选、精品案件评选等活动。加强对现代管理、互联网、金融等新领域知识和现代科技手段应用能力的教育培训。加强检察人员沟通协调、释法说理、服务群众、舆情应对等方面能力的培训和提升。

2. 实施办案精细化管理工程，严格办案管理，提高司法产品品质，让公平正义在每个案件中得以实现。加强检察业务、检察队伍、检务保障的规范化管理。健全完善司法行为档案管理制度，把检察人员履行权力和承担的司法责任情况记入司法档案，作为考评、奖惩的重要依据。突出对办案重点环节的监督，加强对法律文书和涉案文书的统一监管，加强统一业务应用系统的深度准确应用。加强案件质量评查，推广先进检察院经验做法，修订完善评查规定，建立检察机关案件质量评查人才库。把深化抽样评估机制建设作为检察院建设和规范司法行为的重要抓手，推动建立动态化、全覆盖、循环式抽样评估体系。巩固规范司法行为专项整治工作成果，进一步健全司法办案各项制度，健全有利于实现程序公正的办案制度，建立案管部门主导、各业务部门主责的司法规范化建设长效机制，实行年初部署、年中检查、年底报告制度。精准聚焦执行同步录音录像不严格、适用指定居所监视居住强制措施不规范、违法扣押查封冻结处理涉案财物、限制律师权利等司法不规范行为的痼疾顽症，开展深层次重点整治。改进业务考核工作，科学修订考核办法，强化对考核结果的运用。深化检察公信力测评研究，建立司法公信力考核评价及结果反馈运用机制，有针对性地倒逼司法公信建设。

3. 构建立体动态监督工程，强化监督制约，确保正确行使权力，让实现公平正义有保障。健全办案质量终身负责制和错案责任倒查问责制，健全检察机关办案部门和办案人员违法行使职权的纠正机制和记录、通报、责任追究制度。加强司法作风和自身反腐倡廉建设，认真学习贯彻《中国共产党廉洁自律准则》和《中国共产党纪律处分条例》，全面落实“两个责任”，充分运用执纪监督“四种形态”，组织专项检务督察，加强对广大检察人员特别是党员干部的日常管理监督，进一步增强检察人员的纪律意识，切实把纪律和规矩挺在前面。加大对检察人员有法不依、司法不严、办案行为不规范、侵害律师和当事人诉讼权利等严重影响司法公信力案件的查处力度，定期通报典型案例。更好地接受人大监督和政协民主监督，广泛接受社会监督，充分保障人民群众参与司法，增强接受监督的自觉性和主动性，探索接受监督的新途径。

4. 推进检察改革工程，抓好各项改革举措落实，让公平正义更好地实现。全力推进以司法责任制为核心的司法体制改革，严格按照既定目标任务和时间节点有序推进。深入推进以审判为中心的诉讼制度改革，进一步完善证据制度。加强和改进优先办理群众来信工作，认真落实涉检信访案件受理导入、瑕疵补正、终结退出等机制。全面推进人民监督员制度改革。着力探索财产刑执行检察工作，加强对执行罚金刑、没收财产刑以及没收违法所得和其他涉案财产活动的监督。

5. 实施“互联网＋”工程，加快“互联网＋”技术应用，让公平正义实现途径更便捷高效。实施电子检务工程，推进司法办案、检察办公、队伍管理、检务保障、检察决策支持、检务公开和服务等六大平台建设，努力打造“数字检察”“智慧检察”。依托统一业务应用系统、侦查信息综合查询平台、“两法衔接”信息共享平台、检察机关“检务云”，强化对各项业务工作的信息化支持。加快推进电子卷宗系统应用工作。强化电子数据、司法会计、文件检验等专门技术在办案中的应用。重点推进检务公开大厅、案管中心、涉案财物保管室和远程视频接访室等专业用房建设，建立健全以信息化为重点的科技装备体系。深入组织开展科技强检示范院创建活动。

6. 打造“阳光检务”工程，推进阳光检察，让公平正义看得见。深化检务公开，加大案件信息发布和终结性法律文书公开力度。加强诉讼权利保障工作，探索推行对相关律师和当事人家属的信息主动推送服务。以实施案件公开审查为重点，总结推广审查逮捕案件公开审查、涉检信访案件公开听证、不起诉案件公开宣布等经验，健全完善相关机制。优化检务公开场所和网上平台的服务功能、便民功能。加强门户网站、官方微博微信和新闻客户端等网上公开平台建设，加大新媒体运行管理力度，扩大新媒体影响力。加强检务公开组织机构和检察新媒体人才库建设。健全和完善涉检舆情收集、分析、处置、引导机制，妥善处理影响检察公信力建设的公共关系事件。积极开展规范司法行为文化建设，在控申接待、案件管理、检务大厅等“窗口”开展形象创建活动。构建“大宣传”工作格局，强化主动宣传、立体传播，以司法公信建设为主题，以宣传部门为主导，以业务部门为主体，形成全媒体、多层次、宽领域的宣传格局；大力宣传检察机关司法公信建设的重大举措、重要成果、创新经验和典型案例，弘扬检察机关正能量。

（二）推进检察公信力建设应遵循的基本原则

1. 坚持党对检察工作绝对领导的原则。坚持党对检察工作的绝对领导，是摆在我们面前首先要解决的问题。否则，检察工作就会偏离正确的政治方向，将不会满足广大人民群众的根本愿望和诉求，检察公信力的确立和提升也就无从谈起。作为特色社会主义制度下的我国检察机关，宪法给予了法律监督权的明确定位，是在我国特定国情下行使法律监督权，与西方国家的检察制度有着本质的区别。新中国六十多年的检察发展史证明，在日益发展壮大的新中国，必须坚持中国共产党对检察工作的绝对领导，必须坚持在党委领导下、主动接受人大监督、围绕经济建设大局扎实开展好各项检察工作。

2. 坚持“立检为公，执法为民”检察工作方针的原则。检察机关作为国家的法律监督机关，其根本职责就是维护国家法律正确统一实施。围绕此项根本职责，坚持“立检为公，执法为民”的工作方针是我们的执法前提，否则就会偏离正确的工作方向。检察机关的国家性、人民性确立了我们的执法行为只能是为国家、为人民。那些执法为己、损害公众合法权益的执法行为，必将受到法律的制裁，必将受到广大人民群众的唾弃，最终也必将削弱和阻碍检察公信力的确立和提升。这是我们每一位检察干警所不愿为之、不愿看到的结果。

3. 坚持主动接受权力监督和社会监督的原则。检察机关的法律监督权是全国人民代表大会所授予的，是国家宪法所赋予的，代表着全国人民的根本利益。行使法律监督权，必须要接受人民代表大会的监督，应当是主动的。那些擅自执法、超越权限执法的行为是违背人民根本利益、违背宪法定位的，是错误的，是应当坚决杜绝的。行使法律监督权，还必须要接受社会公众的舆论监督，接受广大人民群众的执法监督，人民群众有权对检察机关的执法行为提出意见和建议并作出评价。那些贪赃枉法、执法犯法、无视人民群众根本利益的执法行为只能被公众所不容，只能受到人民群众的批判和抛弃。

4. 坚持维护社会和谐稳定、服务经济发展的原则。检察机关的职责中重要的一条，就是维护社会稳定，打击各种犯罪行为，保障国家安全，维护国家和人民群众的合法权益不受侵害。这就要求我们检察干警在执法过程中，要始终坚持维护社会和谐稳定，服务社会经济稳步健康发展。要充分发挥检察职能作用，积极化解社会矛盾，严厉打击影响社会和谐稳定的各种严重刑事犯罪，做到公正廉洁执法。要严肃查处影响社会经济有序健康发展的各类职务犯罪，积极开展行之有效的职务犯罪预防工作，使社会经济建设达到真正的科学发展。

5. 坚持检察事业全面健康科学发展的原则。当前各地检察工作存在发展水平不平衡的问题，以及存在执法瑕疵的问题，反映出检察事业的发展不够全面、不够健康、不够科学，在基层建设、执法办案、人才战略、科技强检、形象树立等方面还存在比较突出的问题，这些问题的存在很大程度上影响了检察公信力的确立和提升。为此，必须着眼检察事业发展的根本方向，必须着眼检察执法的能力水平，必须着眼服务社会经济建设中心大局，必须着眼打造一支忠于党、忠于国家、忠于人民的高素质检察队伍，以扎实的各项检察工作，严格、公正、廉洁的执法行为，积极推进检察事业科学健康发展，努力实现检察公信力的全面提升。

（三）推进检察公信力建设的具体要求

强化法律监督，维护公平正义，是我们检察机关的立身之本、立业之基，是检察工作的本质追求。围绕这个本质追求，我们要把它作为一项长期战略任务来抓好、抓实，要贯彻依法、严格、公正、廉洁总要求，着力推进检察公信力建设，并把它作为检验检察工作水平的重要标准。

1. 把推进检察公信力建设作为一项长期战略任务来抓好、抓实。推进检察公信力建设不是某一时期、某一阶段就能够完成的，而是一项长期的工作任务，不能一蹴而就。新中国检察六十多年的发展史告诉我们，凡是检察工作在当地具有影响力、感召力的检察机关，都十分注重检察公信力的培育。这种关注并不因领导者的变换而停止或消失，反而有所加强和巩固。这就说明，检察公信力建设并不是某一任领导所为，而是需要几代领导人共同所为，具有很强的历史性、延续性。从另一个方面来讲，检察工作的社会方向更加趋向于公众，更加贴近于民众，工作方向更加融入社会发展大局之中。这样的检察机关媒体多有报道，不胜枚举。相反，有的检察机关在当地没有影响力，没有感召力，确切地讲就是没有树立起检察权威，检察公信力低下。究其原因，无外乎检察工作能力水平不高，检察队伍建设问题突出，服务当地经济建设的主动性、能动性不强等问题的存在，从领导班子决策到检察干警执法，都存在或多或少不适应时代发展的要求，没有从思想上、组织上和行动上真正把检察工作融入社会经济发展大潮之中，由此势必不能建立起检察公信力，必然不被公众所信任。

2. 认真贯彻落实“依法、严格、公正、廉洁”的执法总要求。“依法、严格、公正、廉洁”是新形势下对检察工作的总体要求，我们的各项检察工作都要围绕这个总体要求而开展。“依法”是前提，是我们检察执法的法律依据，要认真贯彻宪法法律精神，落实罪刑法定原则，要以事实为依据，不枉加罪名，不随意执法；“严格”是根本，是我们检察执法的重要手段，我们的执法不仅要程序严格，而且要实体严格，要做到程序与实体的严格的有机统一，两者联系紧密，不可偏颇；“公正”是保障，是检验我们执法思想、执法行为的唯一标尺，要充分考虑执法办案的法律效果，要杜绝金钱案、人情案、美色案的发生，确保事实公正、检察公正，切实维护社会公平正义；“廉洁”是目标，是达成检察机关国家形象、公仆形象的最终体现，要杜绝“吃、拿、卡、要”等违纪现象的出现，要确保执法廉洁、队伍廉洁，切实树立起检察公仆新形象，使检察公信力在全社会得到真正确立和提升。

3. 突出“强化法律监督，维护公平正义”的检察工作主题。维护国家法律的严肃性，是我们行使检察权的根本工作定位。对于恣意践踏法律、损害公平正义的犯罪行为，我们要坚决予以打击和惩处。在全社会实现公平正义，是一项长期的政治任务和法治任务。办案是检察工作的基本内容和实施法律监督的基本形式，是检察机关维护改革发展稳定大局，为第一要务服务的基本工作。面对当前社会治安和反腐败斗争的新形势，面对执法和司法现状，面对人民群众反映强烈的社会热点问题，我们检察机关应在以往的基础上，继续加大力度，不断加强各项检察工作，始终保持对各种犯罪活动、对各种诉讼违法行为的监督力度。要在办案中始终坚持以事实为根据、以法律为准绳，坚持“一要坚持，二要慎重，务必搞准”的原则，通过扎实细致的工作，把每个案件都办成经得起人民和历史考验的铁案。

4. 把检察公信力的高低作为检验检察工作水平的重要标准。“天地之间有杆秤，那秤砣就是老百姓”。的确是这样，检察工作开展的如何，老百姓最有发言权，群众的公信力最具有说服力，是检验检察工作水平的重要标准。因此，构建检察公信力就显得极为重要。忽视正确行使检察权和不注重树立检察新形象，都将无助于检察公信力的构建和提升。积极构建和提升检察公信力有助于检察工作水平的提高，有助于检察事业的科学发展，应当成为我们全体检察干警的一种自觉行动。通过正确行使检察权，达到执法公正和社会公正的确立；通过树立检察新形象，让广大人民群众充分了解、支持、信任检察工作，从而达到检察公信深入人心。

三、关于推进检察公信力建设的策略问题

策略，指计策、谋略。一般是指可以实现目标的方案集合；根据形势发展而制定的行动方针和斗争方法；有斗争艺术，能注意方式方法。总体讲，策略就是为了实现某一个目标，首先预先根据可能出现的问题制定的若干对应的方案，并且在实现目标的过程中，根据形势的发展和变化来制定出新的方案，或者根据形势的发展和变化来选择相应的方案，最终实现目标。推进检察公信力建设是一项综合的社会系统工程，既需要检察机关和检察干警的不懈努力，也需要与社会公众的良性互动。推进检察公信力建设，要在科学发展观的统领下，以“内强素质创品牌，外强宣传树形象”为目标，在中国特色社会主义核心价值体系框架下，着力加强对干警进行政治教育和文化教育，使干警普遍认识到，检察机关和检察干警只有牢固树立和深入实践执法为民思想，增强检察工作与公众之间良好的双向互动，真正做到在思想观念上为民、在工作措施上便民、在实际效果上利民，才能在公信力的构建中取信于民。

（一）加强社会主义法治理念、检察职业道德、作风建设等教育工作力度，进一步增强维护法律正确统一实施的责任意识

思想支配意识，意识决定行为。推进检察公信力建设，增强维护法律正确统一实施的责任意识至关重要。强化社会主义法治理念的教育，使全体检察干警树立正确的执法理念，坚持理性、平和、文明、规范执法，始终保持执法者应有的理性，学会以平和态度做工作，做到语言、行为、作风文明，使每一项

执法办案活动都于法有据，每一个执法办案环节都合乎规范。加强检察职业道德教育，认真学习实践以忠诚、公正、清廉、文明为核心的《检察官职业道德准则（试行）》，明确当代政法干警的核心价值所在，确保检察人员始终保持“三个至上”（党的事业至上、人民利益至上、宪法法律至上）、“四个在心中”（党在心中、人民在心中、法在心中、正义在心中）。进一步推进作风建设进程，严格政治纪律、办案纪律、工作纪律、廉洁纪律，认真落实好高检院“十个严禁”和“禁酒令”等各项规定，通过检务公开、征求意见、开通微博等方式，多途径、全方位广泛接受人民群众的社会监督，巩固发展干部作风建设成果，弘扬好作风，以良好的作风和严明的纪律确保各项检察工作任务出色完成。

（二）加强检察业务培训工作力度，进一步提高检察执法能力水平和办案质量

当前检察执法能力水平不高的问题，在部分基层检察院表现比较突出，除了执法思想、执法理念比较陈旧外，检察业务不精是一个重要原因。为此，应当加强检察业务培训工作力度，抓好各类检察人员的教育培训，以领导干部和执法一线检察官为重点，以专业化建设为方向，加强正规化岗位培训，广泛采取检察官教检察官、案例教学、岗位练兵、远程教育、在线学习等模式，增强教育培训实效。建立健全系统化、高标准的规范执法养成机制，特别是要抓好《检察机关执法工作基本规范（2013 年版）》的学习和执行，抓好对下级院领导班子成员和业务部门负责人的轮训，抓好新进、新任人员的岗前、任前培训，大力培养优秀公诉人、优秀侦查员及其他各类专业人才，切实提高发现违法犯罪、侦查突破案件、收集固定审查运用证据、开展诉讼监督、适用法律政策的能力。加快实施科技强检战略，提高检察工作中的科技含量，认真解决基层检察院人才短缺、检察官断层等突出问题，围绕维护社会稳定、服务经济发展、保障和改善民生、促进社会和谐、查处腐败案件和维护司法公正六种能力，努力实现检察执法能力水平的真正提高。

（三）严厉打击各种严重刑事犯罪，切实维护社会和谐稳定发展环境

和谐稳定的环境是社会经济发展的根本保障。要全面贯彻宽严相济刑事政策，依法打击各种刑事犯罪。深入开展打黑除恶等专项斗争，依法严厉打击黑恶势力犯罪、严重暴力犯罪、多发性侵财犯罪和毒品犯罪。加大打击走私、骗税、制售伪劣商品等经济犯罪特别是涉众型犯罪力度，严厉打击侵犯知识产权犯罪和网络犯罪，维护市场经济秩序和群众切实利益。积极推进量刑建议、刑事和解、轻微刑事案件快速办理等工作，完善未成年人犯罪案件办案机制，探

索附条件不起诉等办案方式，落实依法从宽政策，促进社会和谐稳定。要把化解社会矛盾贯穿于执法办案始终，在坚持公正执法、规范执法行为、提高办案质量的同时，加强源头治理，完善工作机制，努力从源头上化解矛盾，防止和减少涉检信访的发生。要高度重视敏感事件的办理及法律、政治和社会效果的统一，防止激化矛盾或引发新的矛盾。要组织检察人员深入基层、深入群众，了解诉求、解决困难，切实把排查化解矛盾工作做深、做细、做到位。

（四）积极查办和预防各类职务犯罪，努力营造良好的经济发展环境

社会主义市场经济条件下，各类经济犯罪案件出现多发的趋势，我们要积极查办和预防各类职务犯罪，为社会主义经济建设提供有力的司法保障。要进一步加大执法办案工作力度，始终坚持“老虎”“苍蝇”一起打的思路，保持惩治腐败的高压态势。严肃查处发生在领导机关和领导干部中的滥用职权、贪污贿赂、失职渎职案件，严肃查办商业贿赂犯罪和严重侵害群众利益案件，严肃查办群体性事件和重大责任事故背后的职务犯罪案件，积极参与工程建设、房地产开发、土地管理和矿产资源开发、国有资产管理、金融、司法等领域专项治理。重点围绕中央加快经济发展方式转变、保持经济平衡较快发展的重大决策部署，紧密结合中央部署开展的专项治理工作和检察机关查办职务犯罪工作，加强犯罪分析、对策研究、预防建议、警示教育和预防调查、宣传、咨询等工作，完善行贿犯罪档案查询系统，推进侦防一体化机制建设和预防工作规范化建设。

（五）加强对诉讼活动的法律监督，努力创造公正廉洁的执法环境

加强刑事诉讼监督，重点监督有罪不究、以罚代刑和动用刑事手段插手经济纠纷等问题，重点监督纠正违法采取强制性侦查措施和刑讯逼供、暴力取证以及错捕漏捕、错诉漏诉等问题，重点监督纠正有罪判无罪、无罪判有罪、量刑畸轻畸重以及严重违反法定程序等问题，加强对职务犯罪案件、法院自行决定再审案件和死刑复核案件的监督。加强民事审判和行政诉讼监督，注重监督纠正涉及民生和损害国家利益、社会公共利益，以及严重违反法定程序或审判人员贪赃枉法、徇私舞弊导致的错误裁判，切实加大提出抗诉、再审检察建议力度。加强刑罚执行和监管活动监督，重点监督纠正违法减刑、假释、暂予监外执行以及超期羁押、体罚虐待被监管人等问题，依法妥善处理在押人员非正常死亡等事件，建立刑罚变更执行同步监督机制，积极探索适应社区矫正特点的检察方式，加强对社区矫正各执法环节的法律监督，完善换押制度和久押不决等备案制度，进一步加大纠防超期羁押力度，规范死刑执行临场监督，保障死刑执行依法进行。

（六）进一步强化检察执法内部监督制约机制，确保检察权正确运行

检察机关作为国家法律监督机关，必须高度重视、始终坚持和不断强化对自身执法活动的内部监督制约，才能维护检察机关的执法公信力，实现“强化法律监督，维护公平正义”的检察工作主题。从执法过程、案件质量管理、队伍管理三个方面全方位入手，着力构建立体化的业务条块监督制约机制，建立对执法活动、业务部门之间和执法过程的实时监督制约机制，强化对执法办案全过程的监督；着力构建系统化的案件质量管理机制，建立对自身办案质量、错案和重大质量问题的评价机制、责任划分和责任追究的处罚监督机制，加强对执法办案质量效果的监督；着力构建规范化的队伍管理机制，强化党风廉政建设责任制，建立领导决策机构内部监督制约机制，健全检察权力运行监控机制，健全违纪违法问题发现和查处机制，完善目标管理考评机制，加强对执法人员的监督，以高效、有力的监督机制建设，确保内部监督常抓不懈、抓出成效，保证检察权正确运行。

（七）主动延伸检察工作职能，切实把检察执法融入经济建设大局

围绕服务社会经济发展大局，积极为经济主体提供最优质、最快捷的法律服务和法治保障，是检察机关除查办案件之外的又一重要社会职能，是法律监督职能作用的社会化延伸。积极推进社会主义新农村建设，进一步完善涉农检察工作新机制，严肃查处涉农职务犯罪，结合案件的查办进行如现身说法等多种形式的法律宣传活动，进一步增强广大农民群众的法律意识。主动深入经济建设第一线，了解、掌握经济主体发展状况及面临的难题，协调、帮助解决基层农村和企业发展中的困难，促进市场经济主体科学发展。积极参与社会重点工程项目建设，从招投标、制度建设、资金运作以及涉法诉讼等方面提出有效检察建议，确保国家重点投资项目和专项资金的安全。积极参与社会公益建设，主动探索和实践社会公益诉讼，努力为全社会做出积极贡献。

经不起群众评议和考核的干部，要调整“位子”、摘去“帽子”，必须以人民群众和市场主体的评判作为检验工作的主要标准。同样，经不起评判和实践检验的执法，也是不被群众所认同、无助于检察公信力的确立和提升。紧紧围绕“强化法律监督，维护公平正义”的工作主题，充分发挥检察职能作用，强化法律监督，严格执法，规范执法，深入推进平安中国、法治中国、过硬队伍“三大建设”，着力提升群众工作、维护正义、舆论引导、科技应用和拒腐防变“五个能力”，要努力让人民群众在每一个司法案件中都感受到公平正义，切实推动检察工作科学发展，这应当成为检察机关推进检察公信力建设的现实途径。

军事司法体制改革背景下军事检察机关提升检察公信力对策研究

耿　阳*

所谓“司法公信力”，通常是指社会公众对司法制度及在该制度下司法工作者履行职责的信心与信任的程度。① 就我国而言，检察机关作为国家法律监督机关，是司法机关的重要组成部分，如果没有社会公众认可，便无权威可言。② 军事检察机关作为国家设置于军队的专门法律监督机关，其检察权源于国家检察权，其公信力亦源于国家检察机关的公信力。2016 年军事司法体制改革后，军事检察机关的组织结构、隶属关系、人员构成、保障模式等发生重大变化，如何维护和提升军事检察公信力，成为需要我们关注和研究的重大问题。

一、军事检察公信力的含义

（一）生成机制

就检察公信力而言，公众是检察机关“应然行为”的评判者，因为公众对检察机关的社会期望是其对检察公信力进行评判的基点。对于军事检察公信力而言，官兵是军事检察机关“应然行为”的评判者，官兵对军事检察机关权力行使以及所取得效果的评价，反映出军事检察公信力的状况，是军事检察公信力生成的重要环节。

军事检察机关的具体表现和全体官兵心理预期两者之间的关系，可分为三

---

* 耿阳，解放军中部战区军事检察院公诉处检察员（正营职）。

① 毕玉谦主编：《司法公信力研究》，中国法制出版社 2009 年版，第 3 页。

② 与西方的检察制度不同，检察机关是国家权力机关的法律监督机关，检察权国家权力机关控制和约束国家权力，维护和保障法律统一、完整实施的权力。因此，从国家结构看，中国的检察权是一种独立的国家权力，具有与其他国家机关明确不同的国家职能。参阅蒋德海：《宪法的法治本质研究》，人民出版社 2014 年版，第 218 页。

种情况：一是没有满足预期；二是符合预期；三是超出预期。不同情况对军事检察公信力具有不同的影响。如果官兵期望得到落实，将对军事检察公信力起到正面效用，比如依法严厉打击军队贪污贿赂等职务犯罪，将促进部队风气建设、增强凝聚力、战斗力；如果官兵期望没有在军事检察机关实际表现中落实，则军事检察公信力将受到负面影响，比如执法不公、不严现象的存在，将使依法治军权威下降，甚至助长歪风邪气；如果军事检察机关的表现能有效超越官兵期待，相应地会对其公信力的提高有显著影响。

军事检察公信力的生成机制可以用下述示意图进行表述：

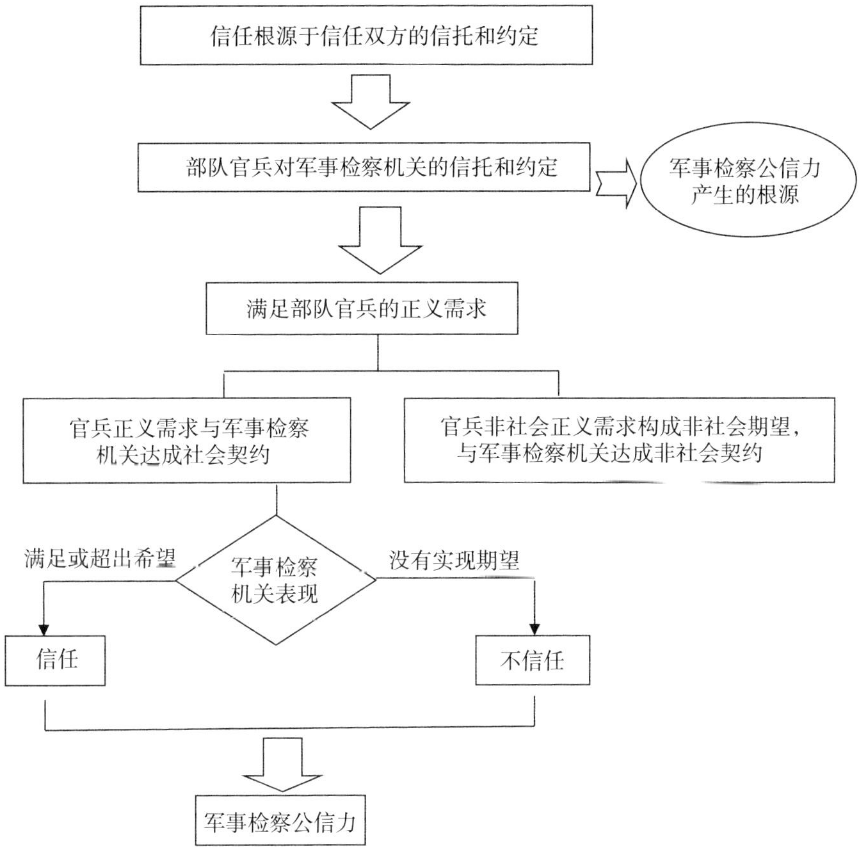

军事检察公信力生成机制示意图

（二）内涵属性

从上述生成机制出发，可对军事检察公信力的内涵作如下概括：军事检察公信力的本质含义是，军事检察机关通过依法、全面、有效地履行法律监督职能，维护和实现公平正义，服务军队建设改革大局，回应和满足军事司法需求，推动依法治军进程中逐步积累起来的，在部队官兵中的信任度、权威性和影响力，体现了官兵对军事检察机关、军事检察工作和军事检察人员的主观评价、心理反映和价值判断。简言之，军事检察公信力就是官兵对军事检察机关的期望与军事检察机关实际行为表现之间的契合程度在官兵心理上的现实反映。

（三）外延维度

英国学者米什拉从组织学角度认为，一方当事人愿意对另一方表现信任时，其基础在于后者是：A. 能胜任的；B. 公开的、；C. 关切的；D. 可信赖的。[①] 对比而言，这四个维度在军事检察公信力中同样适用，即军事检察公信力的外延维度包括：

1. 军事检察信息的公开性。公开不必然带来公信，但没有公开就无法实现公信。当然，由于军事检察机关在行使职权时可能涉及国家、军队的涉密领域，无法做到将相关军事检察信息完全、充分地向每一名官兵予以公开。但是，在法律和军队条令条例允许的前提下，仍可以军内通报、报纸、网络等途径公示部分军事检察信息。比如军事检察官任职资格和管理、保障军队律师依法执业规定等事项，揭开军事检察机关的“神秘面纱”，让广大官兵真正了解军事检察机关的业务职能、职权范围，甚至工作动态，以公示获取官兵的理解、信任与支持。

2. 军事检察活动的公正性。公正是司法权的天然和本质属性，是司法的生命线和灵魂。司法公正包括程序公正和实体公正。程序公正，又被称作过程公正，是指司法机关在办理各类案件时，严格遵守程序法的相关规定，保障案件及时、正确处理。实体公正就是要按照经过依法审查的证据来认定案件事实，准确适用法律，使裁判结果或有关决定符合公正的价值观念。[②] 就军事检察机关而言，程序公正要求军事检察权的运行必须遵循正当法律程序，充分保障官兵和辩护人对军事检察活动的知情权、表达权和监督权；实体公正则要求军事检察机关的职权行为应切实实现政治、社会和法律效果的有机统一，既能实现法律的价值追求，又能满足广大官兵的心理期待。

---

① 牟永福、胡鸣铎：《诠释“信任”：基于西方多学科理论的分析视角》，载《中共福建省委党校学报》2012 年第 1 期。

② 汪习根、汪火良、武小川：《法治中国：民主法治精神举要》，中国人民大学出版社 2014 年版。

3. 军事检察队伍的胜任性。军事检察队伍是军事检察机关执法办案的主体，军事检察人员的个人品质和人格魅力是赢得官兵对其信赖和好感的关键因素之一。为此，军事检察公信力对检察队伍提出了“胜任性”要求，这里的“胜任”不仅包括业务水平方面的专业化和职业化，还包括职业道德、清正廉洁等内容。努力建设一支政治过硬、业务过硬、责任过硬、纪律过硬、作风过硬的军事检察队伍，是军事检察机关必须持之以恒、常抓不懈的工作之一。[①]

4. 军事检察机关的服务性。服务官兵是军事检察机关工作的出发点和落脚点。军事检察机关必须切实增强服务属性，具有“为官兵服务”的人文关怀。同时，要把官兵是否满意作为衡量军事检察工作成效的重要标准，与官兵建立起和谐平等、良性互动的关系，进而获得官兵对军事检察工作的认可和理解。

二、军事检察公信力的价值功能

（一）法律权威和依法治军目标的实现

“法律的意义和功能都取决于司法制度本身的能力，或者是其他旨在提供法律保护的制度的能力。”[②]“只有在被社会公众所接受的司法结构中被解释和应用，法律才能得到尊重——即使短期内未必总是如此，时间久了则必然如此。”[③] 可见，法律作为公共理性的表达，为我们的公共生活提供了基本制度框架。由于立法具有相对滞后性和语言表达的局限性，司法对于法律权威的实现和维护便起到了不可替代的作用。军事检察公信力作为司法公信力的一部分，便来自部队官兵公共理性的建构之中，这种建构是军队依法治军过程中法律法规同全体官兵之间交流、沟通的产物，反映了官兵对军事检察机关整体上的认同和信服，体现了军事司法的权威性程度，因而对法律权威在军队内部的实现具有极其重要的意义。

（二）官兵法治观念的培育和巩固

“法律影响人们意识的力量依靠它两个方面的能力，一方面是创造构成这

---

① 习近平主席于2014年1月7日在中央政法工作会议上的讲话中强调，“要按照政治过硬、业务过硬、责任过硬、纪律过硬、作风过硬的要求，努力建设一支信念坚定、执法为民、敢于担当、清正廉洁的执法队伍”。

② ［美］尼尔·K. 考默萨：《法律的限度——法治、权利的供给与需求》，申卫星、王琦译，商务印书馆2007年版，第9页。

③ ［美］亨利·J. 亚伯拉罕：《司法过程的性质》，泮江伟等译，北京大学出版社2009年版，第1页。

个社会的符号和范围的能力，另一方面是能在这些符号和范围背后施加强制力，使人们服从于它对事件和关系解释的能力。”[①] 对于部队官兵而言，除了部队的条令条例、纪律命令和各项规章制度，国家的相关法律以及军事司法过程，也在深深影响着其行为。当一个年轻的战士，看到身边的战友因涉嫌盗窃罪被军队保卫部门执行拘留、逮捕，被军事检察机关提起公诉，被军事审判机关判处入狱服刑、剥夺军衔时，这发生在身边的一系列过程，使其对法律以及触犯法律产生危害的理解和认识变得更加深刻而鲜明。当部队官兵看到军内“大老虎”、身边“小苍蝇”因贪腐被绳之以法，得到应有的法律制裁时，他们对法律的敬畏，对军事司法机关的信任，遵纪守法、拒腐防变的意识便会逐渐强化，进而形成信仰法律的心理动力。因此，在军事检察公信力良好的前提下，部队官兵才会自觉尊法、学法、守法、用法，选择司法途径以解决彼此间及其亲属所遇到的矛盾纠纷。长此以往，法律便自然而然地内化为部队官兵规划生活、规范行为的权威机制和价值理念。

（三）部队秩序的维护和战斗力的生成

如美国法哲学家博登海默所言，人具有重复过去经验或安排的心理取向，有对生活秩序的心理需求，但同时人类还有将自身利益最大化的冲动，甚至有可能会为之突破既定法律规则，侵犯其他社会主体的权利，破坏法律确立的分配正义，随之，矫正正义开始发挥作用。[②] 这里的“矫正正义”便是通过司法机制发挥作用的。就军事司法系统而言，如果存在司法不公现象，矫正正义无法实现，广大官兵就会表现出对军事司法的不信任，从而导致本应由公力救济的解决问题转为私力救济，严重威胁部队安全稳定和战斗力生成。反之，如果包括军事检察机关在内的军事司法具有较高公信力，官兵在有问题找组织的同时，能够善于运用法律武器保护自己、保护他人，将潜在的矛盾问题转化为显性的人际关系处理和法律救济问题，这无论是对于官兵的心理健康，还是对于部队整体秩序和安全稳定都将起到至关重要的作用。同时，军事司法公信力所发挥的制度导向功能，也能够使官兵摒弃人治思想下的庸俗关系理念，更加心无旁骛地专注于军事训练和战斗技能的提升，这无疑会对军队战斗力的提升起到积极促进作用。

---

① ［美］萨利·安格尔·梅丽：《诉讼的话语——生活在美国社会底层人的法律意识》，郭星华等译，北京大学出版社 2007 年版，第 16 页。

② ［美］E. 博登海默：《法理学：法律哲学与法律方法》，邓正来译，北京大学出版社 1999 年版，第 266—267 页。

三、军事司法体制改革后军事检察公信力的现状

（一）现行体制

2015年11月24日至26日，习主席在中央军委改革工作会议上指出，要重点解决军队纪检、巡视、审计、司法监督独立性和权威性不够的问题，以编密扎紧制度的笼子，努力铲除腐败现象滋生蔓延的土壤；要组建新的军委政法委，领导解放军军事法院和解放军军事检察院，调整军事司法体制，按区域设置军事法院、军事检察院，确保司法机关依法独立公正行使职权。按照新的体制编制，军事检察机关的党组织设置、领导管理方式、后勤供应关系、司法案件管辖范围、内设机构等均发生了重大变化，有利于依法独立公正行使检察权。

（二）现行体制对提升军事检察公信力的正面效应

1. 目的性更加明确。军事检察活动担负着维护军队秩序与安全稳定，维护国家军事利益和军人合法权益，服务军事斗争准备的重要任务。现行体制对军事检察系统进行了优化整合，军事检察机关职权行使的目的更加明确，主要包括：(1) 坚持首位首抓，坚决维护政治安全；(2) 恪守公平正义，严格执法办案；(3) 主动跟进融入，服务备战打赢；(4) 自觉发挥优长，服务部队官兵。可以说，军事检察权运行目的特定性是其公信力产生的基础之一，决定了军事检察机关是国防建设、军队建设和军事活动的重要保障。

2. 独立性显著增强。新体制下，按区域设置军事检察院，打破了过去主要按照行政隶属关系设置的固有模式。军事检察院作为国家设在军队中的法律监督机关，依法独立公正行使检察权，下级院在业务上接受上级院领导、指导和监督。这样，就为军事检察权依法独立公正行使提供了有效的制度保证。

3. 工作质效有力提升。现行体制下，更加注重加强军事检察系统内部党风廉政建设，严格教育、管理、监督，不折不扣地落实中央八项规定和军委十项规定精神，严明各项办案纪律，切实做到依法、文明、廉洁办案；更加充分发挥检察一体化优势，加强军地检察机关协作以及与军队纪检、审计等部门的协作，形成办案整体合力，进一步把查案惩腐、打击犯罪等工作引向深入。

（三）制约军事检察公信力建设的因素

一方面，从依法履行职权看，军事检察相关制度规定尚不完善。首先，军事检察权行使缺乏专门的法律依据。目前，军事检察活动主要依据的是《刑事诉讼法》《人民检察院组织法》，而《军事检察院组织法》至今尚未出台。其次，缺乏系统完整的军事检察法律法规体系。我国还缺乏调整军事检察活动

的各项法律制度，军事检察权行使所依据的规定出自不同部门，形式不一，彼此之间缺乏有效衔接。最后，军事检察活动所依据的法律规定效力层次较低。军事检察权的行使过多地依赖军委制定的军事法规和原总政治部制定的军事规章，这些规定的效力层级较低。

另一方面，从官兵法治素养看，对依法治军的理解和重视程度不够。目前部队中，相当一部分官兵的法律意识和法律知识水平尚不能完全适应军事检察公信力建设的要求，部分领导干部缺乏对依法治军、从严治军的共识和重视。官兵对法治共识的缺乏，在思想上表现为对依法办事、据法维权的认同度不高，在行动上表现为对军事检察机关依法打击犯罪活动的理解和配合度不够，这在一定程度上对军事检察机关公信力建设起到制约作用。

四、提升军事检察公信力的对策办法

（一）基于军事检察工作之内在考量

1. 依法独立行使检察权，以司法公正赢得公信力。公正是司法的生命和灵魂，公正的司法能够给社会带来光明和希望，给社会公众带来信心和活力。[①] 司法公正要求审判机关、检察机关依法独立公正行使审判权、检察权。“独立”要求司法机关行使司法权不受其他机关干涉，“公正”则要求司法活动遵从“以事实为依据，以法律为准绳”原则。[②] 对于军事检察机关而言，司法公正体现在始终坚持依法独立公正行使军事检察权，在排除权力、人情、利益及其他因素干扰的基础上，严格遵守法定程序，理性分析事实证据，正确适用法律规定，始终保持理性法治思维和顺应官兵情感相统一，坚持维护法律正义与自然正义相统一，切实让官兵在每一起案件的处理中都能感受到公平正义。

2. 不断提高检察工作透明度，以司法公开赢得公信力。首先，加大军事检务公开力度，广泛听取官兵意见。建议在年底考评时，采用调查问卷、走访等形式，考察军事检察工作开展情况、案件办理情况、官兵影响力情况，综合反映军事检察公信力，为军事检察工作开展提供有效指导。其次，提高军事检

① 当前我国法治建设存在着司法公信力程度较低的困境，诸如“打官司难”“司法腐败”“司法不公”“执行难”等案例和随之产生的社会公众评论层出不穷，往往一个个案的揭示就会掀起轩然大波，这与我国追求客观真实而忽视程序的作用有很大关系。参阅李洁：《再论审判程序正义的价值与功能——以对司法公信力的保障为视角》，载《科技经济市场》2016 年第 6 期。

② 孙国华、周元著：《公平正义：社会主义法治的核心价值》，中国人民大学出版社 2014 年版。

察机关网站的利用率。通过军事检察门户网站与信件举报相结合的方式，挖掘职务犯罪线索，让官兵广泛参与信访、举报。同时，在保密的前提下，开通军事检察网站在线咨询接访、检察微博微信等网络互动平台，向官兵宣传军事检察工作，听取官兵和人民群众对军事检察工作的意见建议，接受其监督。最后，深化法律文书的释法说理工作。通过对办理案件释法说理的及时跟进，突出证据展示和法律条文的说明、法理的诠释等，提升法律文书说理性，赢得当事人及家属的理解和支持，提高军事检察公信力的透明性和影响力。

3. 不断提升办案质效，以司法效率赢得公信力。公正与效率是司法的两个永恒主题。意大利著名刑法学家贝卡利亚在其名著《论犯罪与刑罚》中指出，“惩罚犯罪的刑罚越是迅速和及时，就越是公正和有益。”正所谓“迟来的正义非正义”。倘若因程序迟延导致正义姗姗来迟，势必造成当事人的权利得不到有效保障，遭到破坏的社会关系得不到及时修补，致使当事人及公众对正义的信任和期盼被慢慢蚕食，对法律和司法机关的不信任油然而生。[①] 对于军事检察机关而言，办案效率与质量缺一不可。建议依托办案管理系统对现有案件进行科学管理，建立有效的办案时限监管、催办机制；在遵循法定程序和期限、确保办案质量的前提下，完善轻微刑事案件快速办理机制，实现该类案件办理全程提速。除了办案效率之外，办案质量的高低直接影响官兵对军事检察机关的信任度，必须不断加强执法规范化建设，坚决避免冤假错案的发生，这是提升军事检察公信力的根本保证。

4. 不断满足官兵司法新期待，以司法为兵赢得公信力。当前我国正处于经济体制深刻变革、社会结构深刻变动、利益格局深刻调整、社会矛盾深刻变化的新时期，涉及人民群众包括部队官兵权益、保障的问题纠纷日益增多。有鉴于此，军事检察机关应将官兵的关注点作为军事检察工作的着力点，把让官兵满意作为检验军事检察工作成效的标准，亲兵心、顺兵意、应兵事，让官兵感受到公平公正就在自己身边，切实以公正、文明、清廉的形象和看得见、摸得着、感受得到的服务，拉近军事检察机关与官兵之间的心理距离，以亲和力赢取公信力。

5. 塑造职业化军事检察队伍，以职业素养赢得公信力。“司法机关给予社会的，不应只是对讼争的公正裁断，更应传递法律对弱者的体恤和关怀；而民众所期待的，也不仅仅是一份捍卫正义的裁决，更有精神的抚慰和人性的温暖。”[②] “徒法不足以自行”，这些都需要通过道德纯净、人格高尚、法律精通

① 梁治平：《迟到的正义与司法为民》，载《东方早报·上海书评》2013年3月31日。

② 姚宏科：《法官如何摆脱“匠气”》，载《法制日报》2013年5月8日。

的执法者来传递和表达。现行军事司法体制下，应按照正规化、职业化、专业化的要求，参照地方检察机关改革的成熟做法，探索建立符合军事检察职业特点的检察官选拔与培养模式，实施科学合理、客观公正的军事检察官任免与惩戒制度，着力突出崇高检察人格和高尚职业道德的塑造，努力打造兼具智慧、仁德和勇气的优秀军事检察队伍，并保证其充满职业自豪，敬畏法律，心存正义，公正独立而满怀激情地工作。只有当越来越多的军事检察官带着欣赏作品的成就感而不是制造产品、完成任务的厌倦感去开展工作时，部队公平公正才能被更坚定地守护，军事检察机关才能被更充分地信任。

（二）基于军事检察工作之外部考量

1. 完善法律制度，构筑军事检察公信力的法律基础。加强军事立法是提升军事检察公信力的重要途径。首先，在宪法中明确军事检察权的地位及性质，结合《人民检察院组织法》的修改，尽快出台《军事检察院组织法》，使军事检察机关在行使军事检察权时有法可依。其次，完善现有法律法规的不足，增强军事检察权的可操作性。比如，《刑事诉讼法》第111条规定：“人民检察院认为公安机关对应当立案侦查的案件而不立案侦查的，或者被害人认为公安机关应当立案侦查的案件而不立案侦查，向人民检察院提出的，人民检察院应当要求公安机关说明不立案的理由。人民检察院认为公安机关不立案理由不能成立的，应当通知公安机关立案，公安机关接到通知后应当立案。”这里的“通知”具有指令性，公安机关必须执行。因此，有必要对军事检察机关的立案监督权作出硬性规定，切实增强军事检察监督的刚性和实效。最后，从法律上强化军事检察机关对军内民事案件提起诉讼和参与诉讼的权力，完善军内公益诉讼和民事抗诉程序立法，着力加强军事检察机关的民事检察工作。

2. 增强官兵法治意识，进一步形成依法治军共识。推进军事检察公信力建设，必须着力提高部队官兵的法治意识，不仅要在提高普法宣传度上下功夫，更要将法律与道德、文化知识等同视之，不断健全普法教育机制，为军事检察公信力建设提供肥沃土壤。

3. 强化外部监督，构建军事检察公信力“防火墙”。建立健全重大事项请示报告制度，同军队保卫、纪检、巡视、审判、审计等机关定期联系制度，保障律师依法执业制度和纪律作风监督制度，确保军事检察机关执法办案得到正确领导、有效监督和大力支持。鼓励部队官兵监督，对涉及军事检察人员的控告检举，应认真受理和查处，及时答复举报人。同时，充分尊重媒体负面监督权，及时改正问题和不足。

新形势下提升检察公信力可取路径研究

——基于基层人民检察院司法实践的现实主义考量

赵　剑　谢刘权*

根据我国《宪法》第129条规定，中华人民共和国人民检察院是国家的法律监督机关。而根据《人民检察院组织法》规定，我国检察机关的基本职权主要分为职务犯罪侦查权、刑事犯罪起诉权、逮捕权、对诉讼活动的法律监督权，兼具监督属性、司法属性和行政属性。因此，简单地说，检察公信力就是检察机关通过特定的执法、司法活动履行公共管理职能和提供法律服务时获得社会公众肯定性评价和心理认同的能力，以及共同体整体对检察机关及其工作人员的评价和认同程度。

检察机关通过改进工作方式方法，为公众提供更加到位的司法服务有利于提升检察公信力，检察公信力的提升也有利于维护检察机关的权威，减少执法对象的抵触和对抗情绪，进一步提升检察机关履职效果和效率，反之则容易削弱检察机关的权威，不利于检察机关落实国家法律政策，维护国家长治久安。可以说，检察公信力就是检察机关履职能力和履职效果的一面镜子，其程度的高低直接指向检察工作的成效和不足。当前，国家处于社会转型过程中，属于各种社会矛盾的多发期，刑事犯罪、民事纠纷、群体性事件和各种治安案件持续高发，大量的社会纠纷以司法诉求的形式进入检察工作领域。由于客观上的工作不足和不公平现象的存在，人民群众的诉求无法得到有效的满足，深处社会矛盾化解第一线的检察机关公信力受到了严峻的考验，着力提升检察公信力已是一项迫切的政治任务。从基层人民检察院的司法实践出发，在不改变现有制度体系和法律授权的情况下，强化检察公信力建设研究，提出切实可行的路径措施，更具有经济性和现实意义。

---

* 赵剑，广州市南沙区人民检察院党组书记、检察长；谢刘权，广州市南沙区人民检察院办公室科员。

一、当前检察公信力建设存在的问题

在缺乏权威明确的检察公信力考核评价指标体系的情况下，简单的问卷调查或者民意测评的量化结果在一定程度上反映了被调查的检察机关在样本人群中的公信力程度，具有一定的参考价值，同时也具有先天的缺陷：调查的方法、调查的时间、调查的内容可能不够科学严谨，样本可能缺乏普遍性和代表性。而公信力属于主观认识和评价范畴，其最真实的表达在于社会公众对检察机关工作人员的态度，因而对检察公信力建设情况最直接的感知群体应当是在一线执法的基层检察工作人员。在实际工作中，目前检察公信力建设不甚理想的直观表现主要为以下几种情况。

（一）执法办案过程当事人配合程度存在提升空间

在普通刑事案件办理过程中，检察机关工作人员代表国家行使打击犯罪和保障人权职权，案件证人、鉴定人、诉讼代理人等相关当事人均能较好地配合检察机关工作。检察公信力不足的情况主要发生在职务犯罪侦查、民事行政检察监督和公益诉讼等领域，一些当事人出于自身利益考虑存在拒不接受调查询问、拒绝提供案件线索甚至阻碍执法人员正常办案的情况。如广州市某基层人民检察院民行科干警接到举报后，在对辖区木材加工厂污染环境行为开展调查的过程中，即出现一些企业人员试图阻挠执法人员开展工作的情况。事情虽然未造成不良后果，但是在一定程度上反映出部分群众在关涉自身利益时，对检察机关正常工作开展缺乏必要的尊重和敬畏。

（二）检察环节终局处理决定效果存在提升空间

司法终局是指一切案件或纠纷，一旦进入司法程序，由司法机关依法作出生效的判决、裁定或决定，便应得到最终解决或平息，任何机关和个人都不应再作处理，以维护法律的权威，维护社会关系的稳定。[①] 在具体案件中，人民检察院依法作出的不起诉、不抗诉、决定终结审查、不支持监督申请，对直接受理立案侦查的案件，决定不立案、撤销案件以及复议、复核、复查，决定检察人员的回避等均属于涉及当事人诉讼利益的终局性决定，当事人应当予以确认和接受。但是，当事人不服检察机关终局性处理决定，向上级检察机关或其他国家机关投诉信访，到办案机关闹访缠访的情况仍不鲜见。在涉检社会矛盾化解方面，案结事不了、涉诉信访终结难情况仍然突出。

---

① 参见百度百科词条：司法终局，http://baike.baidu.com，最后访问时间：2017年2月17日。

（三）检察机关正常执法工作容易遭受舆论干预

在现代传媒高度发达的当今社会，各种新闻媒体都能够自由地搜集和发布不同的观点，行使舆论监督权利，而自媒体的兴起，更是将舆论监督推向了更加强劲的地位。舆论如何监督检察机关执法办案活动，检察机关应当如何正确回应舆论监督需要是一个非常现实的问题。在检察公信力不足的情况下，检察机关的执法行为容易遭受来自外界的干扰和压力，出现舆论裹挟司法的情况，难以中立、公正地对案件作出决定，容易出现“曲法以申情”的情况。如在近年炒作得火热的“唐慧案”“贾敬龙案”“雷洋案”“老太太摆枪摊案”等一批热点案件中，我们都可以看到依靠片面、主观材料妄下定论误导民意的情况出现，公安、检察、法院等主体的执法司法行为遭受不当质疑，证据裁判、司法中立等基本价值追求被忽视。

二、影响检察公信力提升的突出因素

（一）社会转型时期特殊的司法实践环境

1. 社会矛盾多发易发。在过去，随着我国经济转轨、社会转型的持续推进，国企改革、城市建设、人口管理等方面均存在逐步提高社会治理水平的过程。囿于历史局限，存在许多用今天的标准衡量显得并不公平正义的做法和事件。作为执法部门，检察机关除了严格执行当时国家法律政策，并不具备其他更多的解决社会矛盾办法，一些案件处理决定可能仅符合形式正义而未达到实质正义标准。而当前我国正处于经济转轨、社会转型的关键阶段，经济增速从高速增长转向中高速增长的新常态。在经济增速放缓的情况下，劳动就业、社会保障、利益分配等社会问题将会更加凸显，社会矛盾化解难度将继续加大。而在法治社会的推进中，司法机关在社会利益纠纷裁决方面扮演的角色将更加重要。检察机关在处理涉及人民群众切身利益的案件、事件时将面临更加复杂的局面，稍有不慎即可能引发社会公众不满。

2. 社会治安形势依然严峻。经过不懈努力，我国社会综合治理能力得到了不断的加强，社会治安形势持续好转，是当前世界上杀人案件发案率最低的国家之一。但是，伴随世界多极化、经济全球化、文化多样化、社会信息化深入发展，不稳定不确定因素增多，社会治理面临新的阶段性特征。[①] 国际因素的倒灌效应和国内因素的溢出因素相互交织，新旧发展动能转换带来潜在的风

① 参见孟建柱：《社会治安面临新挑战原有管理手段逐渐弱化》，载 http://legal.people.com.cn，最后访问时间：2017 年 2 月 17 日。

险，社会阶层结构分化导致一些群体间的利益摩擦加剧，少数社会成员焦虑心态突出，社会治理难度加大。同时，传统犯罪向网上蔓延趋势明显，涉众型经济犯罪、金融犯罪及其他新型犯罪手法增加，检察机关必须与时俱进加强执法办案管理才能适应社会治安形势发展需要。

3. 冤错案件的客观存在。从案件办理实务角度出发，检察机关证明犯罪事实、代表国家追诉犯罪嫌疑人相关刑事法律责任的过程实质上是刑事案件发生后的一种历史回溯，检察人员依靠逻辑思维推理论证行为人与犯罪事实之间的因果关系及法律上的有责性。在不考虑办案人员主观过错的情况下，由于受时过境迁、认识手段的局限，办案人员在有限的客观证据材料和当事人带有主观成分的供述时，证明的只是一种接近客观真实的“拟制事实”，即使符合逻辑，也有可能因为存在认识盲区和误区，导致冤错案件的发生。但是人民群众心中对案件公正的要求一般都是完美无瑕的实质正义，在案件处理结果与其心理期待存在落差的时候，检察公信力势必会受到负面的评价。

（二）检察机关自身存在的问题和困难

1. 执法廉洁性问题。毋庸讳言，检察人员的司法廉洁性问题对检察公信力的建设伤害最大。当前少数检察干警依法办案、秉公办案的意识不够强，以权谋私办理关系案、人情案、金钱案等情况仍然存在。而检察人员执法腐败现象情况的发生对检察机关声誉和形象的破坏性影响是巨大的，纵使在内部监督系统发挥作用的情况下，案件处理结果在法律上是公正的，社会公众也不会相信检察机关自身的澄清和解释。同时，在信息传播高度发达的时代，检察人员的司法腐败问题会迅速地传播和渲染，非议和猜测会不断消解和削弱检察公信力。

2. 执法规范化问题。一些检察机关工作人员服务意识不够高，在接待人民群众过程中，存在“冷硬横推”情况。一些检察人员执法能力有限，在办案过程中难以及时有效地对证据材料进行判断和处理，导致检察机关案件办理质量下降。一些检察人员执法着装、器械、车辆使用不规范、不严肃，容易引发社会公众对检察机关队伍管理工作的误解，进而削弱检察机关执法公信力。一些检察机关内部执法尺度不一，对相同性质、相似情节的案件作出不同等的处理决定，容易引发案件当事人不满情绪。

3. 执法说理性问题。一些检察人员执法能力有限，在办案过程中机械地适用法律，不能用群众听得懂的语言、浅显的道理将检察机关处理决定说通说透，导致案件办理效果不佳。一些检察人员缺乏群众工作意识，因为业务繁忙原因，不愿意及时、耐心、全面回应当事人知情需求，容易引发当事人不满意情绪。一些检察机关法律文书过于概括简练，缺乏必要的法律事实和现有证据的关系描述、法律适用原因解释和引导性解释性语言，普通群众往往难以完全明白检察机关处理决定的内涵。同时以审判为中心的诉讼制度改革实施以来，检察机关庭审实质化程度有了较大的加强，但是一些检察机关囿于案多人少矛盾突出的实际，部分案件在法庭调查、证据质证、法庭辩护等环节仍然对抗性不足，不利于充分发挥法庭庭审引领作用。

（三）社会评价环境的变化

1. 社会主义法治建设的进步。全面推进依法治国建设社会主义法治国家已经成为我国的一个基本方略，“科学立法、严格执法、公正司法、全民守法”十六字方针得到严格贯彻落实，法治国家、法治政府、法治社会一体同步建设。就检察工作而言，无罪推定、疑罪从无、排除非法证据等司法观念深入人心，公民有序参与的机制平台不断拓宽，对检察机关案件办理质量提出了更高的要求。

2. 公民个体权利意识的觉醒。公民权利意识是指公民对宪法和法律规定的，人们以作为或不作为的方式取得利益的制度在观念中的反应。[①] 普通公民对自己在社会法律关系中的地位、能力和价值的主体意识更加强烈，对自由、平等、公正的要求越来越高，一旦利益受损或者未获得期待利益，维护自身合法权益的观念越来越强。同时，由于对自身权益的越发关注，公众对检察机关服从、配合、支持的程度降低，对检察机关履职提出了更大的挑战。

3. 新闻传媒的高度发展。就普通公民而言，其真正作为刑事诉讼或者民事行政监督案件当事人参与检察机关案件办理的“机会”相当有限。在实际参与诉讼机会有限的情况下，社会公众对检察机关执法办案的信赖或者不信赖作出认识判断的信息资料来源主要基于自身经历之外的他人描述及新闻作品。同时，由于互联网的高度普及，博客、微信、微博等自媒体的发展，信息发布主体、传播方式、传播速度及影响效果均得到了前所未有的发展，检察机关执法活动随时可能被置于舆论的漩涡，执法办案的压力更大。

三、检察公信力提升的可取路径

（一）认真夯实检察公信力建设根基

1. 强化执法办案实时监测管理。古语有云，“公生廉，廉生威”。检察公信力的提升必须是“以信取威”的过程，即以高质量的个案办理水平的积累，

① 参见易联树、吴佩林：《论我国公民权利意识的觉醒与发展》，载《西华师范大学学报（哲学社会科学版）》2005年第6期。

让案件当事人获得法律拟制期待诉讼利益，逐步提升社会公众对检察机关案件处理结果的信任和肯定性评价。各级检察机关应当强化执法办案规律研究分析，强化云计算、大数据、物联网、人工智能等新技术应用，促进检察工作与信息化深度融合，通过后台数据分析实时抓取案件办理重要节点信息，自动生成监测预警报告，同步跟进案件质量问题倒查和内部监管系统干预，确保检察人员依法依规办案，案件得到公平公正处理。

2. 不断提升法律监督水平。强化法律监督主业意识，切实增强法律监督的主体责任感和使命感，努力提升监督品质，维护社会公平正义。深入推进检察机关派驻公安派出所检察官办公室建设，强化侦查活动监督平台应用，完善重大案件提前介入机制建设，引导提升侦查取证工作水平。深入推进“两法衔接”信息共享平台建设，不断加强食品药品安全监管、环境保护、文化市场管理等关乎普通群众饮食起居领域行政执法监督，着力提升民生领域行政执法水平。扎实推进检察机关提起公益诉讼制度落实，积极回应人民群众关切，充分发挥检察机关在环境保护、防止国有资产流失等社会热点领域的法治引领作用，夯实检察公信力民心基础。

3. 持续提升检察队伍素质。严格按照习近平总书记“五个过硬，五个坚持”要求，从严从实抓好检察队伍管理。坚持全面从严治检，狠抓党风廉政建设和自身反腐败工作，坚决纠正查处作风不正、为检不廉、司法行为不规范等组织纪律、工作作风和执法司法腐败突出问题，努力提升检察队伍整体形象。深入推进检校合作、实地走访、网络互动等机制平台作用，动态调整检察机关在不同地域、不同时间的工作重点和目标，努力提升人民群众安全感。抓好新时期群众工作能力建设，从严从细抓好检察工作人员言行举止管理，努力用群众看得明、听得懂、内心认可的方式开展工作。

（二）深入推进检察公共关系建设

1. 畅通公众参与检察工作渠道。要深化检务公开工作，完善“两微一端”平台建设和内容更新，充分保障社会公众知情权需求。要积极完善人民监督员、特约检察员及专家咨询委员管理机制，增加“三员”参与检察案件办理的深度和广度，充分发挥“三员”特殊优势，参与案情分析论证、社会矛盾化解、普法教育宣讲等工作，努力提升社会监督参与实效。要强化人大代表、政协委员联络，常态开展法治进校园、进社区、进企业和检察开放日活动，强化沟通协调互动，切实提升检察工作透明度、亲和力。

2. 完善检察机关便民服务机制。要强化服务意识，努力在检务公开平台增设人性化服务板块，及时满足诉讼参与人需求，努力让数据多跑路、群众少跑腿。要深入社区、农村开展走访和调研，及时了解辖区社会公众需求，开展针对性的打击、预防、教育活动。要深入推进柔性执法模式创新，强化执法办案人性关怀，谨慎适用人身强制措施和查封、扣押、冻结财产手段，尽量减少执法办案对当事人本身、家庭及所在企业的负面影响。

3. 与时俱进加强检察宣传工作。要深化信息传播规律认识，找准新时期检察宣传工作方向，做好重大新闻项目的策划、推动和总结，讲好检察故事、传播法治正能量。要强化舆论阵地意识，夯实检察机关自媒体建设，不断拓宽检察机关主动发声渠道。要深化检察队伍精英人才建设，着力培养一批检察系统“意见领袖”，提升社会舆论导向能力。要强化危机公关意识，组建符合各级检察机关需要的检察公共关系建设团队，及时应对各类检察负面信息和突发情况。

（三）着力加强检察工作的辐射力

1. 努力提升检察环节普法效果。对各级检察机关而言，实行国家机关“谁执法谁普法”的普法责任制是发挥检察人员的优势，增强全民法治观念，提高人民群众法律信仰的重要举措。全体检察人员必须从加快建设社会主义法治国家的战略高度，深刻认识实行“谁执法谁普法”责任制的重要意义，强化普法工作主体责任意识，自觉在司法办案活动中开展普法，传递法治精神，努力使全体公民成为社会主义法治的忠实崇尚者、自觉遵守者、坚定捍卫者。

2. 努力培育特色检察工作品牌。强化服务保障大局意识，围绕辖区重点产业、重点项目和重点民生事业发展要求，调整检察工作部署，推进检察管理体制创新，努力为辖区经济社会发展提供更加到位的司法保障。深入推进检察文化建设，确实抓好“一院一品”建设，积极打造地方检察文化名片，形成有亮点、有影响的特色检察文化品牌。围绕“12·4”国家宪法日、举报宣传周、“规范司法行为专项整治”等检察机关专项活动、重大节庆日，精心开展检察文化对外交流传播活动，扩大检察文化品牌的社会影响力。

3. 努力推进法治社会共建共享。强化社会治理创新一盘棋意识，确实加强与行政执法机关、司法行政机关、公安机关、人民法院等主体的协调配合，准确把握社会安全稳定形势，深化治理方式协同创新，不断提高对各种矛盾风险发现、防范、化解、管控能力。强化社会矛盾化解“一盘棋”意识，主动加强与其他司法机关、行政机关、社会公益机构的工作联系和沟通，穷尽法律救济、行政救济、社会救济手段努力帮助解决当事人合法诉求和确实困难。强化法治环境建设一盘棋意识，充分发挥法律监督职能作用，确保国家各项法律制度得到严格执行，努力推动形成全社会办事依法、遇事找法、解决问题用法、化解矛盾考法的法治环境。